MICHAEL PETZET · z. A. Presse GK
Ein Vierteljahrhundert bayerische Denkmalpflege im Spiegel der Presse
Band 2 1985–1999

Schloß Seehof b. Bamberg – Große Außenstelle des Bayerischen Landesamtes für Denkmalpflege

MICHAEL PETZET

z. A. Presse GK

Ein Vierteljahrhundert bayerische Denkmalpflege
im Spiegel der Presse

2
1985–1999

ARBEITSHEFTE DES BAYERISCHEN LANDESAMTES FÜR DENKMALPFLEGE, BAND 110

Arbeitshefte des Bayerischen Landesamtes für Denkmalpflege

Die Drucklegung wurde ermöglicht durch die großzügige Unterstützung der Messerschmitt Stiftung

sowie

durch das freundliche Entgegenkommen der Firma Lipp GmbH, Graphische Betriebe

Umschlagabbildungen

Band 1: „Eine Schlittenfahrt König Ludwigs II. von Bayern zu Füßen von Hohenschwangau",
Stahlstich aus „Das Buch für alle", 1866, nach Zeichnung von K. Pitzner

Band 2: Michael Petzet als Heerführer einer „chinesischen" Tonfigurenarmee in exotischer Tracht,
nach einer Karikatur von Heinz Birg (vgl. Artikel Süddeutsche Zeitung, 25. September 1996, hier S. 666 f.)

Frontispiz-Aufnahmen: Eberhard Lantz, Bayerisches Landesamt für Denkmalpflege.

© Bayerisches Landesamt für Denkmalpflege, München 2000
Layout und Redaktion: Karlheinz Hemmeter und Johannes Hallinger
Mitarbeit: Claudia Sorhage

Gesamtherstellung: Lipp GmbH, Graphische Betriebe, Meglingerstraße 61, 81477 München
Vertrieb: Karl M. Lipp Verlag, Meglingerstraße 61, 81477 München

ISBN 3-87490-705-8

Im Ersten Weltkrieg errichtet, im Zweiten mit Bauschäden davongekommen, aber ihrer Gemeinde beraubt und jetzt nach Jahren drohenden Verfalls in fast alter Ansehnlichkeit: Die Augsburger Synagoge, die im Innern orientalische Pracht entfaltet. Bilder: Wyszengrad

Augsburger Synagoge: eine der wenigen erhaltenen jüdischen Kultstätten der Bundesrepublik

Augsburger Allgemeine
1. Dezember 1985

Wieder ein würdiger Tempel

Nach zehnjähriger Instandsetzung zum Zweitausend-Jubiläum der Stadt als Museum zugänglich

Zehn Jahre hat es gedauert, bis die Augsburger Synagoge aus der Vergessenheit wieder ins Licht gerückt wird. Die umfassende Restaurierung des einzigartigen jüdischen Kultbaus soll 1985, zum Zweitausend-Jubiläum der Stadt, abgeschlossen und der Tempel dann das bedeutendste Exponat eines neueröffneten Kultmuseums sein. Der Präsident der Israelitischen Kultusgemeinde, Senator Julius Spokojny, der durch eine Stiftung unterstützt wird, möchte die Kultstätte später um eine Geschichtsabteilung erweitern. Sie soll als Informationsquelle über die Juden in Bayern und als christlich-jüdisches Begegnungszentrum weit über Augsburg hinauswirken.

Ende der sechziger Jahre hielt sich hartnäckig das Gerücht, die Augsburger Synagoge solle verkauft werden. Der große Baukomplex an der Halderstraße, im Ersten Weltkrieg 1914 bis 1917 errichtet, im Zweiten beschädigt, aber nicht völlig zerstört, hatte seinen Zweck verloren. Die jüdische Gemeinde, die im Dritten Reich vernichtet worden war, zählt jetzt in der bayerisch-schwäbischen Diaspora kaum noch zweihundert Mitglieder. Für sie wurde 1958 ein kleiner Kultraum geschaffen. Die große Tempelhalle spielte nur noch bei Führungen während der Woche der Brüderlichkeit ein Rolle. Ein desolater Anblick heruntergekommener Pracht bot sich den Besuchern, und das Wort „Schandfleck" sprach sich bald herum.

Rettender Sonderstatus

Drei Dinge verzögerten die Restaurierung: die unbeantwortete Frage nach einer neuen Nutzung, das fehlende Eigenkapital der kleinen Kultusgemeinde und nicht zuletzt der nach dem Krieg in Ungnade gefallene Baustil. Nur die „ehrliche" Architektur ohne jeden Zierat galt etwas. Gebäude des 19. Jahrhunderts, die von Bomben verschont geblieben waren, wurden „purifiziert", das heißt radikal von Stuck und anderem Schmuck „befreit". Die Synagoge blieb dank ihres Sonderstatus davon verschont, wurde dafür aber dem Verfall überlassen. Wie schwer allein die Wasserschäden waren, ist erst jetzt bei der Restaurierung deutlich geworden.

Forderung auf Flugblättern

Als die Kultusgemeinde während des Ökumenischen Pfingsttreffens 1971 ihren Tempel auch den Christen bei einer Schabatt-Feier öffnete, wurde die Öffentlichkeit auf den schlechten Zustand der Synagoge aufmerksam. Flugblätter forderten eine sofortige Instandsetzung. Es dauerte dann freilich noch drei Jahre, bis ein Geldgeber-Quartett in die Kassen griff. Im Teamwork sorgen der Entschädigungsfonds des Landesamtes für Denkmalpflege, die Bayerische Landesstiftung, der Bezirk Schwaben und die Stadt Augsburg für die Zuschüsse.

Begonnen wurde mit bescheidenen Mitteln von 380 000 Mark für die substanzerhaltenden Maßnahmen. An die Innenrestaurierung war damals noch gar nicht zu denken. Dennoch wurden die Arbeiten langsam, aber stetig, dem Geldfluß entsprechend (insgesamt über vier Millionen Mark), fortgeführt. Ein wesentlicher Faktor war dabei das immerwährende Bohren und Drängen des Vorsitzenden der Kultusgemeinde, des Senators Spokojny.

Originaltechnik zu aufwendig

Nach zehn Jahren ist die Synagoge annähernd wieder das Baukunstwerk, als das sie in ihrer Entstehungszeit gepriesen wurde. Die Münchner Architekten Fritz Landauer und Heinrich Lömpel, Preisträger eines umfangreichen Wettbewerbs, hatten einen Komplex geschaffen, der sich mit seinen symmetrischen Vorgebäuden dem damaligen Straßenbild einfügte (das heute leider total verändert ist), dahinter aber die Kultstätte in orientalischer Pracht emporwachsen ließ. Ein ruhiger Innenhof mit dem reinigenden Brunnen wirkt als Bindeglied.

Die Wiedergabe des Innenraumes, der damals in künstlerischer Freizügigkeit gestaltet wurde, stellte die Restauratoren vor Probleme. Raffinierte Vortäuschungen von Kupfer, Gold und Marmor ließen sich schwerer wiederherstellen als die echten Materialien. Selbst wenn, wie bei der „Stucco-lustro"-Technik der Wandbehandlung, das handwerkliche „Know-how" noch vorhanden ist, scheiterte die Ausführung an den Kosten. Das mühsame Stuckauftragen mit heißer Kelle, das Glätten, Wachsen und Polieren hätte allein eine Million Mark bei der Innensanierung verschlungen. Statt der aufwendigen Originaltechnik wurde eine graue Kunststoffbeschichtung gewählt, die den Wänden natürlich nicht die elegante und gleichmäßige Wirkung verleiht wie die ursprüngliche Fassung.

Von mystischer Wirkung

Ganz ohne Kompromisse habe sich die große Maßnahme aber nicht machen lassen, meint dazu Landeskonservator Dr. Michael Petzet. Den Gesamteindruck hält er ebenso wie Franz Brugger, Leiter des Landbauamtes, das die Bauleitung hat, für überzeugend. Tatsächlich hat der hohe Kreuzkuppelraum seine mystische Wirkung wie in assyrisch-babylonischen oder byzantinischen Kultbauten zurückbekommen. Die Anklänge an den Jugendstil oder besser noch an die Art deco sind in der vielfältigen Ornamentik unverkennbar. Jetzt — in der Endphase der Restaurierung — geht es noch um die richtige Beleuchtung, die das Netz des Goldmosaiks auf den breiten dunkelgrünen Tonnenbögen, die Mosaiken und vergoldeten Kapitele zum Funkeln bringen soll.

Wenn der Tempelraum zusammen mit dem jüdischen Kultmuseum der Öffentlichkeit zugänglich gemacht wird, dürfte das ein besonderes Ereignis für das 2000jährige Stadtjubiläum sein, in seiner Wirkung aber weit über dieses Festjahr hinausgehen.

Ingrid Bergmann

Fränkisches Volksblatt (Würzburg)
12. Dezember 1985

Baureferent Domkapitular Fink zur Halbzeit der Restaurierung von Vierzehnheiligen

Diözese vertraut auf Wort des Generalkonservators

Streit um Goldfassung entschärft – Höhe der verausgabten Summe solle nicht erschrecken

Vierzehnheiligen. Die große Restaurierung der fränkischen Wallfahrtskirche Vierzehnheiligen hat die Halbzeit erreicht: Chorraum und Querschiff mit den berühmten Appiani-Fresken sind wieder in ihren Urzustand versetzt. Bei einem Festgottesdienst am dritten Adventssonntag dankte der Baureferent der Erzdiözese Bamberg, Domkapitular Klemens Fink, dem bayerischen Staat und der Staatsregierung für die Bereitstellung hoher Finanzmittel – fast zwölf Millionen Mark ingesamt – zur Renovierung der Basilika.

Fink merkte dazu an, daß man über die Höhe solcher Beträge nicht erschrecken solle: Solche monumentalen Kunstwerke wie das Kleinod Vierzehnheiligen im Gottesgarten am Obermain kosteten zur Erhaltung und Pflege ihren Preis. „Dies ist der Auftrag der Geschichte an uns, daß wir diese bedeutenden sakralen Kunstwerke, in diesem Fall auch einen der größten Wallfahrtsorte Deutschlands, erhalten und wiederherstellen – trotz vieler Not und Sorge auf vielen Gebieten im Lande und in der dritten Welt", sagte Fink wörtlich.

Das eigene Haus in Ordnung halten und fremde Not sehen und helfen – diese Doppelverpflichtung erwähne er immer wieder, wenn er zur Einweihung kirchlicher Häuser in Pfarreien weile. Das gelte auch für Vierzehnheiligen.

Dank sprach Domkapitular Fink auch dem Rektor der Wallfahrtskirche, P. Dominik Lutz OFM, aus, wobei er besonders auf dessen Engagement für das Erbe Balthasar Neumanns, des Erbauers von Vierzehnheiligen, hinwies. In diesem Zusammenhang ging der Baureferent des Erzbistums auch auf die „große Sorge" von P. Dominik ein, der gerne die Goldpartien in der Basilika aufleuchten, sprühen lassen möchte.

Das Konzept des Landesamtes für Denkmalpflege hat aber bisher die Frage nach Art und Intensität der Vergoldungsarbeiten bewußt offengelassen, so daß die Vergoldungen zur Zeit ziemlich matt erscheinen. Fink berief sich in seiner Ansprache auf Generalkonservator Prof. Dr. Michael Petzet, der sich bezüglich des „Goldstreites" dahin geäußert habe, daß man, was die Vergoldung angehe, erst die Gesamtrestaurierung abwarten wolle.

Der Baureferent meinte, man sollte diesem Wort vertrauen. Die Forderung von P. Dominik, in Vierzehnheiligen die unverzichtbare Dimension der Transzendenz einzubeziehen durch leuchtendes Gold sowie durch Licht und Helligkeit, seien überzeugend und würden von den Experten sicherlich anerkannt. Die Erzdiözese Bamberg werde P. Dominik bei diesem Bemühen um die beste Lösung unterstützen.

Fränkischer Tag (Lichtenfels)
17. Dezember 1985

Vogt stellt Nachschlagwerk der Öffentlichkeit vor

Heimische Denkmäler im Buch

Amt für Denkmalpflege erfaßt in Bayern über 120 000 Denkmäler

Würzburg. (PN) Die Buchreihe „Denkmäler in Bayern" stellt das Ergebnis einer mehr als zehnjährigen Bestandsaufnahme dar: Von den Alpen bis zum Main, vom Bayerischen Wald bis zum Bodensee haben die Mitarbeiter des bayerischen Landesamts für Denkmalpflege in Stadt und Land etwa 120 000 Baudenkmäler erfaßt. In der Regierung von Unterfranken in Würzburg präsentierte gestern Regierungspräsident Dr. Franz Vogt gemeinsam mit dem Herausgeber Generalkonservator Prof. Dr. Michael Petzet und dem Autor Denis André Chevalley, beide vom Landesamt für Denkmalpflege in München, der Öffentlichkeit den Band „Unterfranken", das inzwischen sechste Nachschlagwerk in der Reihe „Denkmäler in Bayern".

Mittels großformatiger Luftaufnahmen von Otto Braasch, die in ihrer Qualität Einblicke in die detailliertesten Orts- und Stadtpläne und kurzer Beschreibungen werden die bedeutendsten Ortskerne, Platzanlagen und Straßenzüge dokumentiert und als Ensembles in die Denkmalliste aufgenommen. Zusammen mit den Verzeichnis von etwa 17 000 Denkmälern aller Gattungen und 600 archäologischen Geländedenkmälern geben die etwa 100 Ensembles Aufschluß über den Reichtum an Denkmälern und über die charakteristischen Siedlungsformen in Mainfranken und im Gebiet vom Spessart bis an die thüringische Grenze.

Neben den Zentren der Kulturentwicklung, Würzburg und Aschaffenburg rückt der Autor auch die Burgorte am Untermain ins Blickfeld, die umwehrten Weinbauerndörfer des Mittelmains, die über die gesamte Landschaft verstreuten Städte und Märkte des Hochmittelalters mit ihren geometrischen Grundrissen, die fürstlichen Bäderorte des Spätbarock und des Biedermeier sowie die typisch unterfränkischen Straßendörfer und Bachzeilendörfer.

Daß Bayern als erstes Bundesland ein umfassendes Verzeichnis seiner Denkmäler vorweisen kann, ist nach den Worten von Petzet in erster Linie der nicht immer leichten Erfassungsarbeit vor Ort zu verdanken. Die zahlreichen Mitarbeiter des Landesamtes für Denkmalpflege konnten bei einem Großteil der Gemeinden und stützung der Eigentümer konnten entsprechende Bedenken weitgehend abgebaut werden. In weiterer enger Zusammenarbeit mit Gemeinden und Eigentümern will das Landesamt für Denkmalpflege Neuauflagen der Buchreihe auf dem jeweils neuesten Stand bringen.

Neben der Verwendung als wissenschaftliches Hilfsmittel für den Vollzug des Denkmalschutzes sowie der Denkmälererfassung, so hoffen die Herausgeber, wird das Nachschlagewerk auch in öffentlichen Verwaltungen, bei Heimatpflegern und Architekten und nicht zuletzt bei an der Geschichte ihrer Heimat interessierten Bürgern Verbreitung finden. Der Band „Unterfranken" ist in der Reihe „Denkmäler in Bayern" im R. Oldenbourg Verlag, München, erschienen und zum Preis von 148 DM im Buchhandel erhältlich.

Denkmaleigentümern mit Kooperationsgemeinschaft rechnen, ohne die die Erstellung einer Denkmälerliste nicht möglich gewesen wäre. In einigen Fällen jedoch stieß man auf Vorbehalte, die im wesentlichen mit der Sorge um unüberschaubare Belastungen für die Erhaltung der in die Liste aufgenommenen Denkmäler in Zusammenhang standen. Durch intensiv geführte Gespräche sowie durch Beratung und Unter-

Eine Schlappe für den Denkmalschutz

Dem gotischen Saustall den Garaus gemacht

Trotz langem Hin und Her setzt sich in Weiden das Interesse an einem Kaufhausneubau durch

Süddeutsche Zeitung
23. Dezember 1985

WEIDEN (Eigener Bericht) – „Stupende Borniertheit" glaubte Martin Neuffer vom Deutschen Nationalkomitee für Denkmalschutz bei einer Tagung in Frankfurt bei jenen privaten und öffentlichen Hauseigentümern anzutreffen, die immer noch „abräumen, was geschichtliche Aussagekraft und der wissenschaftliche Quellenwert der Kulturdenkmäler werde dabei auf ein Minimum reduziert oder verschwinde zur Gänze, klagte der Denkmalschutz-Experte. Nach Meinung des Architekten und Konservators Paul Unterkircher vom bayerischen Landesamt für Denkmalpflege treffen Neuffers Aussagen ohne Abstriche auf einen Fall von Denkmalvernichtung in der oberpfälzischen Stadt Weiden zu. Dort hatten sich, wie berichtet, Oberbürgermeister Hans Schröpf (CSU) und die meisten der Stadträte im Frühjahr dieses Jahres über alle denkmalschützerischen Vorbehalte hinweggesetzt und in rascher Folge zuerst dem Totalabbruch eines historischen Altstadtquartiers mit einem halben Dutzend Gebäuden zugestimmt und anschließend einen Kaufhausneubau an derselben Stelle genehmigt.

Das bundesweite Aufsehen, das der bevorstehende Eingriff in ein nach einem Stadtbrand vor über 400 Jahren wiederaufgebautes und seither kaum verändertes Ensemble auf sich zog, veranlaßte die Bezirksregierung in Regensburg, korrigierend einzugreifen. Der Stadt wurden in einer *Dissensentscheidung* einige denkmalpflegerische Zugeständnisse abgerungen. Dem Zugriff der Bagger auf die gotisch geprägten Häuser wollte sich Regierungspräsident Karl Krampol jedoch nicht entgegenstemmen. Nur ein auslaufendes Eckgebäude und ein Hinterhaus, das einmal Stall und Scheune zugleich gewesen war, sollten nicht zerstört werden.

Kompromiß ohne Nutzen

Mit diesem Kompromiß, der in den Augen des bayerischen Generalkonservators und Leiters des Landesamtes für Denkmalpflege, Michael Petzet, gar keiner ist, weil die Placierung eines Warenhauses mitten in ein spätmittelalterliches Platzensemble allen Bemühungen um die Stadtbildpflege zuwiderlaufen müsse, wollte die Stadt Weiden ihr angekratztes Image ein wenig ausbessern. Inzwischen ist auch diese kosmetische Übung zugunsten der kommerziellen Erwartungen der finanzstarken Bauherrengemeinschaft aufgegeben worden. Das Nebengebäude, um dessen Erhalt die Denkmalschützer sich so sehr bemüht hatten, durfte mit Billigung des Regierungspräsidenten abgerissen werden. Die noch im Sommer von der Bezirksregierung akzeptierten Gründe für die Verschonung des Hauses spielten für Krampol nach einem Lokaltermin keine Rolle mehr. Immerhin handelte es sich bei dem spitzgiebeligen Stall-Scheunen-Anbau um ein auch in Weiden rar gewordenes bau- und sozialgeschichtliches Dokument. Die Anwesen am Unteren Markt deuteten mit ihren gotischen, zum Rathaus hin gewandten Schmalfassaden den Bürgerstolz ihrer Besitzer an; obgleich die Städter nach wie vor Landwirtschaft betrieben, hielten sie die dafür benötigten Gebäude schamhaft versteckt.

Regierungspräsident Krampol maß „diesem sogenannten gotischen Schweinestall" geringe kulturhistorische Bedeutung bei und gab ihn zum Abbruch frei. „Damit wurde für das Warenhaus zusätzliche Verkaufsfläche geschaffen", nennt Denkmalpfleger Unterkircher eine Auswirkung dieser Entscheidung. Generalkonservator Petzet quittierte das Eingreifen des jahrzehntelang mit Polizeiaufgaben befaßten Juristen Krampol in denkmalschützerische Belange mit kopfschütteln. In, der Denkmalbehörde wartet man nun darauf, ob es den Bauherren gelingt, für den Totalabbruch des Viertels und den Kaufhausneubau öffentliche Förderung aus den für die Stadtsanierung bestimmten Töpfen zu erhalten. Darüber entscheidet ebenfalls die Regensburger Bezirksregierung.

Der Justizminister kümmert sich

„Die Dissensentscheidung zur Dissensentscheidung", wie Architekt Unterkircher den Rückzieher des Regierungspräsidenten bezeichnet, hat auch eine Vorgeschichte: Schon vor Krampol hatte sich der bayerische Justizminister August Lang (CSU), selbst Weidener, zum Unteren Markt begeben und hinterher mit seiner Meinung über „Denkmalschutz als Schikane für Bürger" nicht zurückgehalten. Der Justizminister versprach Oberbürgermeister Schröpf auch gleich, sowohl mit Generalkonservator Petzet als auch mit dem Vorsitzenden des Landesdenkmalrates und CSU-Landtagsabgeordneten Erich Schosser über die Angelegenheit reden zu wollen.

Freilich konnte Lang seinen Parteifreund Schosser nicht zur Rücknahme von dessen öffentlich geäußerter Kritik am Vorgehen der Stadt Weiden bewegen. Schosser stellte sich in einem Brief an den Oberbürgermeister sogar ausdrücklich hinter Denkmalpfleger Unterkircher, dem Schröpf unter anderem „fanatisches Denkmalschutzgebaren" vorgeworfen hatte. Auch Petzet weiß von keinen Versuchen des Justizministers, im Fall Weiden „politischen Einfluß auf das Landesamt zu nehmen". Ungeachtet der unter Umständen vorhandenen Möglichkeit für ein Kabinettsmitglied, auf die der Staatsregierung unterstellte Bezirksregierung Einfluß zu nehmen, steht für Konservator Unterkircher fest, „daß Bezirksregierung und Stadt sich schon sehr lange einig sind", den Denkmalschutz beiseitezuschieben, um den im Rathaus dringend gewünschten Kaufhausneubau zu ermöglichen. Aus diesem Grund wurde seiner Meinung auch das Landesamt gar nicht erst konsultiert, als es um die Beseitigung des Hinterhauses ging. Daß gleich auch noch vergessen wurde, die Miteigentümerinnen des massiven Stadels vom bevorstehenden Abbruch zu verständigen, paßt in Unterkirchers Indizienkette.

Dem Regierungspräsidenten dient hingegen die angebliche Baufälligkeit des nicht zu einem der ohnedies abgerissenen Wohnhäuser gehörenden Anbaues als Entschuldigung für sein Handeln. Die für die Sanierung notwendigen öffentlichen Zuschüsse stünden „in keinem Verhältnis zu dem Erreichbaren", heißt es in Krampols Brief an den Weidener Oberbürgermeister. Architekt Unterkircher hält dagegen, die Standfestigkeit des mehrere Jahrhunderte überdauernden Nebengebäudes sei erst durch das Ausheben der Baugrube für das Kaufhaus gefährdet worden. Schon einige Wochen vor Krampols Entscheidung hatte Unterkircher Bezirksregierung, Stadt und Bauherren auf die drohende Gefahr aufmerksam gemacht und (erfolglos) Absicherungsmaßnahmen gefordert. Nicht mehr ganz so forsch wie beim Abbruch des Quartiers geht die Stadt beim Wiederaufbau vor. Nachdem mit der Dissensentscheidung auch die ersten Baupläne hinfällig geworden waren, fanden neue Entwürfe zunächst wenig Gefallen im Rathaus. Der Landesbaukunstausschuß urteilte knapp „nicht gelungen". Immerhin hatte der Architekt jede irreführende historisierende Angleichung des Neubaus an die Umgebung vermieden. Favorit der Stadträte ist aber neuerdings eine nostalgisch-anpaßlerische Fassadengestaltung. *Peter Schmitt*

In der Buchreihe „Denkmäler in Bayern" präsentierten der Autor Denis André Chevalley und der Herausgeber Prof. Dr. Michael Petzet gemeinsam mit Regierungspräsidenten Dr. Franz Vogt (rechts) den Band „Unterfranken" bei einem Gläschen Wein der Öffentlichkeit.
Foto: Ruppert

Auf den Spuren der frühen Bajuwaren

Auch die Enkel können noch fündig werden

Die Archäologen müssen sich oft auf Notgrabungen beschränken / Zahlreiche Funde in Niederbayern

LANDSHUT (Eigener Bericht) – Fortschreitende Bodenerosion und intensive Landbaumethoden bringen die Archäologie in Bayern mehr in Bedrängnis als der Landanspruch der Straßen- und Siedlungsbauer. „Da reißt heute schon mal ein tiefgehender Pflug ein halbes menschliches Skelett weg", schildert Bayerns Generalkonservator Michael Petzet die Lage. Schuld an diesen Zuständen ist nicht zuletzt die Flurbereinigung, die insbesondere die seit langem schon ihrer natürlichen Schutzwälder entledigte niederbayerische Gäubodenebene in jüngerer Vergangenheit auch noch der letzten verbliebenen Hecken und Buschgruppen beraubt hat. Hinzu kommt der verstärkte Anbau von Mais, der ebenfalls der Erosion Vorschub leistet. Archäologen haben an einigen Stellen im Land südlich der Donau innerhalb von fünf bis sechs Jahren Bodenabtragungen von bis zu einem halben Meter beobachtet.

Reservate vorgeschlagen

Die auf ausgedehnten landwirtschaftlichen Flächen in kurzer Zeit zutage tretenden geschichtlichen Funde zu bergen, fehlen dem zuständigen Landesamt für Denkmalpflege die Mittel. Landesamtschef Petzet spricht sich deshalb für archäologische Reservate aus. Dort, wo wichtige Zeugnisse vergangener Epochen unter der Erde verborgen liegen, soll es seiner Meinung nach keine direkten Eingriffe mehr geben und auch die landwirtschaftliche Nutzung auf ein Mindestmaß beschränkt werden. Der Konservator kann sich hierbei eine Zusammenarbeit mit dem Naturschutz vorstellen.

In Niederbayern sind in jüngerer Vergangenheit zahlreiche Funde gemacht worden, die das Bild vom Alltagsleben der frühen Bajuwaren aufhellen. In Landshut hat deshalb schon vor mehr als zehn Jahren das Landesamt für Denkmalpflege eine Außenstelle eingerichtet, in der nicht nur Grabungstechniker und Keramik-Restauratoren arbeiten. Der pensionierte Fliegeroffizier Otto Braasch hat beinahe 200 000 Luftbilder von ganz Bayern „geschossen", die nun in Landshut aufbewahrt werden. Dieser Luftbildarchäologie verdanken die Vor- und Frühgeschichtsforscher eine ganze Reihe bedeutsamer Entdeckungen. In Landshut bedient sich aber des Computers, der in Windeseile Karten mit allen bekannten Denkmälern liefert, die allerdings vorher immer noch mühsam in der freien Natur vermessen werden mußten. Allein 12 000 solcher Objekte kennt man derzeit in Niederbayern.

Freilich wollen die Archäologen beileibe nicht alles ausgraben, was sich an Altertümern noch in der Erde verbirgt. „Nachfolgende Generationen sollen auch noch etwas vorfinden, das dann mit heute noch unbekannten Methoden viel sauberer geborgen und untersucht werden kann", sagt Generalkonservator Petzet. Außerdem fehlt es im Denkmalpflegeforschung das Geld, um überall dort im Boden zu graben, wo sich etwas finden ließe. Man beschränkt sich auf Notgrabungen, die immer dann anstehen, wenn eine neue Straße gebaut wird oder Siedlungen und größere Industriebetriebe entstehen sollen.

Weil ihre Etats schmal sind – nur vier Millionen Mark sind gegenwärtig im Staatshaushalt für Grabungen in ganz Bayern vorgesehen –, behelfen sich die Vor- und Frühgeschichtsforscher auf andere Weise. Von den 22 Mitarbeitern in Landshut werden nur vier vom Landesamt für Denkmalpflege bezahlt. „Die Lohnkosten der übrigen trägt zum Großteil das Arbeitsamt", erklärt Bernd Engelhardt, der Leiter dieser Außenstelle.

Mit ihren Arbeitsbeschaffungsmaßnahmen stärkt die Bundesanstalt für Arbeit der Archäologie den Rücken. Das gilt für Wissenschaftler ebenso wie für die 130 Hilfskräfte, die in ganz Niederbayern unter ihrer Anleitung nach Scherben und Knochen graben. Der besonders auf Kontinuität angewiesenen Geschichtsforschung ist hingegen der Druck, den Zeitverträge nun einmal ausüben, nicht gerade dienlich. Die Ankündigung der CSU-Landtagsfraktion, im Nachtragshaushalt für 1986 die Mittel für die Denkmalpflege um 30 Millionen Mark auf 47 Millionen Mark aufzustocken, kommt Generalkonservator Petzet sehr gelegen.

Einstweilen greift man stark auf das Engagement ehrenamtlicher Helfer zurück. Mitglieder von Amateurarchäologenvereinen gehen nicht nur auf Fundsuche, sie graben gelegentlich selbst mit aus und kartieren die Lage der Altertümer. Daneben gibt es Glücksfälle wie im Landkreis Dingolfing-Landau, wo nicht zuletzt ein Automobilkonzern zur Anstellung eines Kreisarchäologen beigetragen hat.

Für ihn gibt es mehr als genug zu tun, seit Bauarbeiter beim Verlegen von Wasserleitungsrohren in der Nähe von Pilsting auf Reste eines Gräberfeldes aus dem sechsten und siebten Jahrhundert stießen. Der Dingolfinger Archäologe Ludwig Kreiner hat inzwischen über 100 Grabstätten freigelegt. Zu seiner Freude ist keines der Gräber von frühen Schatzsuchern geplündert worden, wenn auch Bagger bei der Kiesausbeute in unserer Zeit deutliche Spuren hinterlassen haben. Es konnte eine ganze Sammlung kleiner Schmuckstücke und Waffen geborgen werden. Einzelne Gegenstände stammen aus den Werkstätten langobardischer Meister. Sie sind vermutlich über eine in der Nähe vorbeiführende Römerstraße von Oberitalien zu den bajuwarischen Gäubodenbauern gelangt. Kreiner rückt die Bedeutung seines Fundes in die Nähe eines Gräberfeldes aus dem 5. Jahrhundert, das vor einigen Jahren in Straubing entdeckt worden ist.

Ein karolingisches Dorf

Die Forschung zur Sozialgeschichte der frühen Bayern bringt die Pilstinger Ausgrabung nach Meinung von Erwin Keller, Leiter der Abteilung Vor- und Frühgeschichte beim Landesamt in München, ein gutes Stück voran, wenn auch das zum Friedhof gehörige Dorf kaum mehr gefunden werden dürfte, da seine Reste vermutlich unter einer neuzeitlichen Siedlung verborgen liegen. Um so erfreuter waren die Bodenforscher daher, als sie in einigen zum Bauland erklärten Äckern in der Landshuter Stadtrandgemeinde Ergolding gleich auf ein ganzes karolingisches Dorf aus dem siebten bis neunten Jahrhundert stießen. Offensichtlich hatte zu Zeiten der Agilolfinger-Herzöge und Karls des Großen dort ein Herzogshof gestanden. Die Überreste dieser Anlage konnten zwar nicht mehr gefunden werden, doch traten die Umrisse von Hofstellen und eines Vieh- und Schlachthofes zutage. Bedeutsam sind erhalten gebliebene Reste von Holzpfosten, die nun zur Datierung der Siedlung dienen sollen. Erforschung frühmittelalterlicher Bautechniken ermöglichte die ebenfalls von dem feuchten Boden konservierten Tröge und Brunnen.

Peter Schmitt

Süddeutsche Zeitung, 30. Dezember 1985

Restauratoren-Ausbildung weiter umstritten

Internationaler Protest gegen bayerische Vorstellungen / Es geht um das wissenschaftliche Niveau

MÜNCHEN (SZ) – In diesen Tagen werden die Weichen für die Ausbildung von Restauratoren in Bayern gestellt. Für die Beratung im Haushaltsausschuß des Landtags wird über die von der CSU zwar *Fachakademie* genannte, aber nur den Rang einer *Fachoberschule* besitzende Institution verhandelt, über die – vermutlich im Februar – im Rahmen der „Änderung des Gesetzes über das berufliche Schulwesen" im Plenum abgestimmt werden soll.

Unser Bericht über die von der CSU am 10. Dezember veranstaltete Sitzung (in der SZ vom 13. 12. 85) hat uns unerwartet viele Zuschriften aus der Bundesrepublik und dem Ausland gebracht. Nur drei davon konnten aus Platzgründen auf der Leserbriefseite vom 22. Januar berücksichtigt werden. Restauratoren, Hochschulprofessoren und Vertreter der verschiedenen Restauratorenverbände stimmen darin überein, daß die von der CSU vertretenen Pläne für die „Fachakademie" – also *unter* dem Rang von *Fachhochschule, Kunsthochschule* oder *Universität*-Bayern auf das unterste Niveau der Restauratorenausbildung in Europa und Amerika stellen. Viele Schreiber, allen voran Professor Paul Philippot von der Freien Universität Brüssel, früher jahrelang Direktor von ICCROM (der internationale Rat für Restaurierungsfragen) in Rom, drücken ihr Befremden darüber aus, daß so etwas für Bayern ausgerechnet in München geplant wird, wo, so Philippot „Max Doerner, Christian Wolters und Johannes Taubert so viel zur modernen Auffassung der Restaurierung und Denkmalpflege beigetragen haben, daß München eine international anerkannte leitende Rolle erworben hatte". Die heutigen Pläne, fährt Philippot fort, bedeuteten „einen deutlichen Rückschritt zu international lang überholten Auffassungen" und seien darum „desto unbegreiflicher, ja schmerzlicher".

Der Restauratoren-Beruf hat sich einmal aus handwerklichen und künstlerischen Grundlagen entwickelt und ist inzwischen zu einem wissenschaftlichen, Naturwissenschaften sowie Geistes- und Kulturwissenschaften umfassenden Beruf geworden, der ein Studium auf dem Niveau *nicht unter der Fachhochschule* verlangt. Auch die in Bayern immer wieder geäußerte Ansicht, „den akademisch gebildeten Kunsthistoriker haben wir, was wir zusätzlich brauchen, ist die Kombination von wissenschaftlich geprägtem Verstehen und hervorragendem manuellen Können", (so formuliert in einer Zuschrift vom stellvertretenden Vorsitzenden der CSU-Landtagsfraktion, Hans Maurer, in einem Brief vom 22. Januar 1986), ist von vorgestern. So arbeitsteilig – fast mechanistisch läßt sich die Tätigkeit von Restauratoren und Kunsthistorikern heute nicht mehr betreiben. Es geht künftig nur noch um Diskussion und Beschlußfassung auf Grund einer Ausbildung von gleichem, das heißt von Hochschulrang. Der Grund dafür: In den letzten 15 Jahren hat das Studium der Kunstgeschichte auf unseren Universitäten sich mehr und mehr in Richtung auf Abstraktion, geistesgeschichtliche, sozialgeschichtliche, stilistische, theorieträchtige Methoden konzentriert. Die heute erreichte Spezialisierung dieses Studiums hat eine Polarisierung von Wissenschaft und manueller Restaurierungspraxis gebracht, die nur durch eine gleichrangige Ausbildung zu sinnvollen Ergebnissen zur Erhaltung und Restaurierung von jeder Art von Kulturgut führen kann.

In der Sitzung im Ausschuß der CSU am 10. Dezember 1985 wurden Restauratoren als Sachverständige gehört wie seinerzeit beim Hearing der SPD. Es äußerten sich bei der CSU auch die Generaldirektoren der Bayerischen Staatsgemäldesammlungen, des Bayerischen Nationalmuseums, der Chef des Bayerischen Landesamt für Denkmalpflege, der Präsident der Bayerischen Schlösserverwaltung und ein Direktor der Bayerischen Staatsbibliothek. Natürlich zeigten sie sich über die in ihren Institutionen bestehenden, hierarchisch aufgebauten Restaurierungswerkstätten zufrieden; außerdem gebe es das Doerner-Institut. Man mußte durch ihre Äußerungen den Eindruck gewinnen, daß es 1. jetzt nur um die Ausbildung von Restauratoren für den öffentlichen Dienst gehe, und 2., daß sie bestimmte gleichlautende Weisungen beamtenrechtlicher Natur vom Kultusministerium erhalten hatten. Den Restauratoren der staatlichen Museen wurde ohnedies vor einiger Zeit verboten, sich zu den Fragen ihres Berufes öffentlich zu äußern.

Was wir brauchen

Bei einer künftigen Ausbildung für Restauratoren geht es keineswegs in erster Linie um jene in den staatlichen Institutionen arbeitenden Restauratoren, sondern in erster Linie um Restauratoren, die sich frei niederlassen und den Kunst- und Kulturbesitz in nichtstaatlichem, also in kirchlichem und in privatem Besitz, einmal behandeln werden. Bayern ist daran ungewöhnlich reich. Wir brauchen dafür den *freiberuflichen Restaurator* mit wissenschaftlicher Ausbildung und entsprechendem Abschlußdiplom einer Hochschule. Man kann nach einer Berufsentwicklung von 40 Jahren die Ausbildung heute schwerlich hinter dessen Anfänge zurückverlegen, wenn unser privater Kulturbesitz erhalten bleiben soll. Angehörige eines so wichtigen, friedlichen Berufes außerhalb der international getroffenen und zuletzt in Kopenhagen 1984 verbindlich formulierten Grundsätze heranbilden zu wollen, wäre nicht nur anachronistisch – es wäre unverantwortlich.

Doris Schmidt

Das Auto als Büro

Denkmalschutz kennt keine Rast

Generalkonservator Michael Petzet nutzt auf seinen Dienstreisen selbst die Fahrzeit zur geistigen Arbeit

Von unserer Mitarbeiterin Kornelia Schmidt

Krailling, 30. Januar

„Oh, dann muß ich ja meinen Schreibtisch aufräumen, wenn Sie hier photographieren wollen!" – Michael Petzet, Generalkonservator im Bayerischen Landesamt für Denkmalpflege, macht auf mich überhaupt nicht den Eindruck einer „Amtsperson", eines jener gesetzten, etwas reservierten Herren, die man in Ämtern anzutreffen erwartet. Vielmehr sieht man sich einem sympathischen, aufgeschlossenen Menschen gegenüber, der auch mal über sich selbst lachen kann.

1933 als „Münchner Kindl" in Schwabing geboren, wurde er „wohl im Kinderwagen durch den Englischen Garten gefahren". Sein Vater, Schriftsteller, Theater- und Kunstkritiker, erwarb 1938 in Krailling ein Haus, in welchem Michael Petzet noch heute mit seiner Familie wohnt. Tochter und Sohn, beide über zwanzig, leben ebenfalls erst kurz zuvor das neue Denkmalschutzgesetz erlassen worden, und es oblag ihm, nun ein völlig neues Konzept für die Organisation zu entwerfen. Unter seiner neuen Anleitung entstand ein Netz von Gebietsreferenten für die praktische Denkmalpflege, die Grabungstätigkeit. Die Arbeit der Restaurierungswerkstätten wurden stark erweitert und das „Zentrallabor für Denkmalpflege" gegründet.

Mittlerweile hat Bayern als einziges Land der Welt sämtliche Denkmäler in Listen erfaßt und publiziert – und das bei einem Bestand von zirka 120 000 Denkmälern, wie Kirchen, Klöster, Bauernhäuser, Burgen, Grenzsteine.

Im Denkmaljahr 1975 konzipierte Petzet eine Wanderausstellung und erweckte damit großes öffentliches Interesse für den Denkmalschutz. Die Pressearbeit wurde angekurbelt, und seitdem

„Aber es ist wichtig, daß ohne Not nichts zerstört wird", betont der Generalkonservator.

Unter Petzets Organisation wurde auch die Grabungstätigkeit stark erweitert; 90 Prozent aller Grabungen, bei denen oft Arbeitslose beschäftigt werden, führt das Landesamt selbst aus. So fährt Petzet, der „mindestens alle 14 Tage" die Außenstellen besucht, mit seinem Dienstwagen immer noch 50 000 Kilometer pro Jahr – und während der Fahrt korrigiert er dann Aufsätze für die Arbeitshefte und Jahrbücher.

Für ihn ist die wissenschaftliche Basis der Denkmalpflege besonders wichtig. Unter den 258 Mitarbeitern des Amtes befinden sich zirka 70 Wissenschaftler, wie Vor- und Frühgeschichtler, Mineralogen, Kunsthistoriker, Architekten, Chemiker und Juristen.

Zum 2000jährigen Bestehen der Stadt Augsburg wurde der Dom vorbildlich restauriert, und die Ausstellung „Die Römer in Schwaben", ebenfalls von Petzet konzipiert, erlebte einen Besucherrekord von 112 000 Gästen. Allerdings sei das eine außergewöhnlich umfangreiche Ausstellung gewesen, betonte er, und ähnliche Projekte seien für die nächste Zeit nicht vorgesehen.

Daß seine Arbeit anerkannt wird, beweist nicht zuletzt der vor einiger Zeit im Nachtragshaushalt 1986 bewilligte zusätzliche Betrag von 30 Millionen Mark. „Wofür ich mich ganz besonders bedanke", freut sich Petzet, „weil mit diesen Mitteln die bayerische Denkmalpflege entscheidend vorankommt."

In diesem Jahr wird dann auch das ganze Gebäude der „Alten Münze", in dem das Landesamt heute untergebracht ist, frei für das Denkmalamt, alle Abteilungen kommen dann unter ein Dach, was für die Zusammenarbeit von unschätzbarem Wert ist. „Der Umbau wird natürlich streng nach denkmalpflegerischen Richtlinien durchgeführt", sagt der Generalkonservator, und es ist ihm die Vorfreude auf das neue Projekt anzusehen.

„Bühne eines königlichen Lebens"

Neben all diesen Aufgaben bleibt für ihn eigentlich nicht mehr viel Freizeit, zumal er an Wochenenden oft an Kongressen und Tagungen teilnimmt oder Einweihungsreden hält. „Aber wenn ich Zeit habe, spiele ich oft mit meinem Sohn Tischtennis." Neulich nahm er an einem Turnier zwischen den Mitarbeitern des Amtes und der Schlösserverwaltung teil. „Für mein Alter bin ich noch ganz gut", lobt er sich selbst. Fast „nebenbei" führt er an den Universitäten Bamberg und München (TU) sowie an der Akademie der bildenden Künste Übungen und Vorlesungen durch, wobei Restaurierungen, Grundsätze und Organisation des Denkmalschutzgesetzes, aber auch „Denkmalschutz und Handwerk" oder „Denkmalschutz und moderne Architektur" Hauptthemen bilden. Überhaupt, er findet „die Praxis im Studium am wichtigsten".

Kostbares Erbe der Vergangenheit

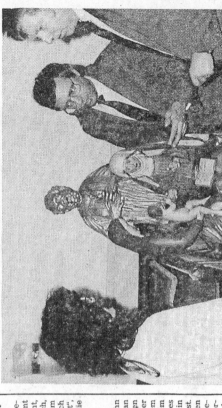

ZEIT DER BEWÄHRUNG: Als Michael Petzet 1974 seinen Posten als Generalkonservator beim Landesamt für Denkmalpflege antrat, war erst kurz zuvor das neue Denkmalschutzgesetz erlassen worden, und es oblag ihm, ein völlig neues Konzept für die Organisation zu entwerfen. Unter seiner neuen Anleitung wurde die Grabungstätigkeit (Bild oben) und die Arbeit in den Restaurierungswerkstätten (Bild in der Mitte) erheblich verstärkt.

ARBEIT, die Früchte trägt: Innerhalb von nur zehn Jahren hat Michael Petzet durch Wanderausstellungen, Vorträge und eine verstärkte Pressearbeit das öffentliche Interesse für den Denkmalschutz geweckt. In diesem Zeitraum rettete er zahlreiche Baudenkmäler, die vom Abbruch bedroht waren. Dabei verlor er sein Herz an das Schloß Seehof bei Bamberg, das er mit besonderem Engagement wiederherstellte.

VORFREUDE auf ein neues Projekt: Um alle Abteilungen des Landesamtes für Denkmalpflege unter ein Dach zu bringen, soll das ganze Gebäude der „Alten Münze" in der Pfisterstraße künftig den Wissenschaftlern zur Verfügung stehen. „Schon bald nach dem nötigen Umbau wird dann der schönste Renaissancehof Münchens der Öffentlichkeit zugänglich sein", erwartet Generalkonservator Michael Petzet, der Chef des Landesamtes (unser Bild).

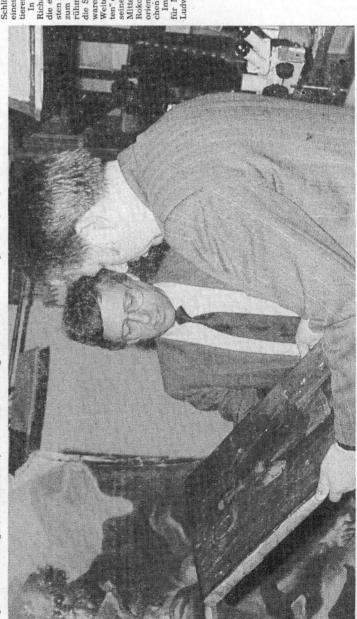

VERANTWORTUNG für das Werk der Vorväter: Viele Kunstschätze, die heute wieder das Auge des Betrachters erfreuen, verdanken ihr Fortbestehen allein der gewissenhaften Arbeit der Konservatoren. In der Restaurierungswerkstätte des Landesamtes für Denkmalpflege in München konnte schon manches alte Bild vor dem Verfall bewahrt werden.
Photos: Merk (3)/SZ-Bildarchiv

Petzets Vielseitigkeit ist erstaunlich; im Laufe seiner Ausbildung scheint es kaum ein kunsthistorisches Thema gegeben zu haben, mit dem er sich nicht befaßt hätte. Anschließend an sein Studium der Kunstgeschichte mit den Nebenfächern klassische Archäologie, geschichtliche Hilfswissenschaften und Philosophie („eigentlich wollte ich Archäologie studieren – ich weiß auch nicht, warum ich's dann nicht gemacht habe"), war er sieben Jahre beim Landesamt für Denkmalpflege angestellt, wo er sich erstmals mit der Inventarisierung von Kunstdenkmälern befaßte. Es folgten fünf Jahre Mitarbeit bei der Bayerischen Schlösserverwaltung. 1972 bis 1974 war er Direktor der Städtischen Galerie im Lenbachhaus: „Damals haben wir massenhaft Ausstellungen gemacht." 1972 organisierte er, anläßlich der Olympischen Spiele in München, die vielbeachtete Ausstellung „Bayern – Kunst und Kultur" im Stadtmuseum.

Bereits 1968 führte Petzet die Ausstellung „König Ludwig II. und die Kunst", ein Thema, mit dem er sich lange beschäftigte, in der Münchner Residenz durch. Als einer der ersten befaßte er sich mit der lange mißachteten Architektur der zweiten Hälfte des 19. Jahrhunderts, und es gelang ihm, die bis dahin zum Teil verkannten Schlösser des Märchenkönigs als „Höhepunkte eines internationalen Historismus" zu rehabilitieren.

In dem 1970 veröffentlichten Buch über „Die Richard-Wagner-Bühne Ludwigs II." weist er auf die enge Beziehung des Königs zum Komponisten hin und definiert die Bauten Ludwigs II., die zum Teil nach Dekorationen für Wagners berühmte Münchner „Musteraufführungen" und die Separatvorstellungen des Königs konzipiert waren, als „Bühne eines königlichen Lebens". Weiter zeichnet Petzet in diesem Buch die „Welten" des Königs auf, welche sich in den Bauteilen seiner Märchenschlösser widerspiegeln, so das Mittelalter in Neuschwanstein, Spätbarock und Rokoko in Linderhof und Herrenchiemsee, der orientalische Stil der „Berghütte" auf dem Schachen oder der Maurische Kiosk von Linderhof.

Im Mittelpunkt dieser Forschungen aber stand für Michael Petzet nicht etwa die Biographie Ludwigs II., sondern den kulturhistorischen Hintergrund; er versteht den König in erster Linie als großen Bauherrn und Theaterfürsten.

Auf die Frage, ob er selbst, in Hinsicht auf sein großes Interesse für Ludwig II., ebenfalls als „Fan" Richard Wagners zu verstehen sei, winkt Petzet lächelnd ab: Die Oper sei nicht unbedingt sein Thema, mit dem er sich näher befaßt habe. „Mei, in meiner Jugend habe ich viel Musik gehört, damals im Hot Club mit Bill Haley und so..." Mit den Bauwerken Ludwigs II. beschäftigt er sich noch heute, auch im Zusammenhang mit dem „Ludwig-Jahr" 1986, und wird einen Beitrag zum Katalog des Ludwig-II.-Museums in Herrenchiemsee schreiben.

Und was wünscht er sich persönlich zum Ludwig-Jahr? Ein langgehegter Wunsch wäre die Restauration der Hundinghütte (ein nachgebautes Bühnenbild der „Walküre") bei Linderhof, die 1945 von einem Förster niedergebrannt wurde, „weil die Besucher immer die Rehe gestört haben."

Bad Tölz-Wolfratshauser
Neueste Nachrichten (Süddeutsche Zeitung)
31. Januar 1986

AZ (Abendzeitung), München
6. Februar 1986

Hofgarten-Streit: Stadt nimmt Fehdehandschuh auf

Neuer Bebauungsplan soll Staatskanzlei-Koloß verhindern

Von Peter M. Bode

München – „Der Freistaat hat uns in Sachen Neubau Staatskanzlei den Fehdehandschuh hingeworfen und zwingt uns durch seine starre Haltung ihn aufzunehmen" erklärte Oberbürgermeister Kronawitter gestern in der Vollversammlung des Stadtrats. Dieser beschloß anschließend mehrheitlich die Ausstellung eines neuen Bebauungsplans für den östlichen Hofgartenbereich, um auf diese Weise den umkämpften Behördenbau der Staatskanzlei in diesem Park zu verhindern.

Sichtlich empört über das Benehmen von Staatskanzleichef Stoiber, der beim letzten Gespräch die Stadtratsdelegation kaum anhören wollte und den neuen Standortvorschlag (auf dem Marstallplatz) überhaupt nicht diskutiert hat, rief der OB aus: „Das kann sich der Freistaat mit seiner Landeshauptstadt nicht erlauben."

Er habe bis zuletzt gehofft, daß der Ehrenbürger Franz Josef Strauß seinen Münchnern und Münchnerinnen die Zerstörung des Hofgartens durch ein massives Amtsgebäude ersparen werde.

Da aber noch nichts gebaut sei, bestehe die Möglichkeit, diese Fehlplanung rückgängig zu machen, meinte der OB, und deshalb müsse man jetzt gegen den Freistaat vorgehen.

Funde sorgten für neue Situation

FDP-Stadtrat Haffner griff den Umstand auf, daß die überraschenden kunsthistorischen Funde unterm östlichen Hofgarten die Situation verändert hätten. Dies habe jedoch die Staatskanzlei der Stadt verschwiegen, weshalb der alte Bebauungsplan nicht mehr rechtens sei.

Fraktionschef Zöller von der CSU verteidigte die Position der Staatskanzlei und erinnerte daran, daß vor zwei Jahren der gesamte Stadtrat für den Bau gestimmt habe. SPD-Stadtrat Czisch hielt ihm entgegen: „Damals wußten wir nicht, daß die Architektur so schlimm wird und daß 170 Bäume gefällt werden sollen, um ein freies Schußfeld für die Sicherheitskräfte zu haben."

Nun müssen die Gerichte entscheiden, wo die Staatskanzlei letztlich gebaut wird. Es ist darum davon auszugehen, daß für die nächsten Jahre der Hofgarten unangetastet bleibt.

Was wird aus Klenzes Pumpwerk?

Wie auch immer der Kampf um den Neubau der Staatskanzlei im Hofgarten schließlich enden wird: Ein Problem muß so oder so gelöst werden – und das ist das künftige Schicksal des kürzlich wiederentdeckten Gewölbegangs aus dem 16. Jahrhundert unter den nördlichen Hofgartenarkaden und das technisch faszinierende Pumpwerk von Klenze aus dem 19. Jahrhundert. Die AZ sah sich in den Hofgarten-Katakomben um.

Riesige Hebel, Zylinder, Behälter und Zahnräder in der Tiefe eines gemauerten Gewölbes. Man glaubt im Deutschen Museum zu sein. Und im anschließenden langen Arkadengang, der lange Zeit verschüttet war, kommen rote Marmorsäulen, Reste von Deckenmalerei und barocke Geländer-Relikte zum Vorschein.

Was sagt der Chef des Denkmalamts zu diesem Fund?

Michael Petzet: „Das war eine große Überraschung für uns, denn bis vor kurzem nahm man an, das sei alles längst verschwunden. Was wir da ausgraben, ist sehr wichtig für die Geschichte des Hofgartens und der Residenz."

Was geschieht damit, wenn darüber gebaut werden sollte?

Petzet: „Das Landbauamt hat uns zugesagt, daß diese Gewölbe – soweit dies technisch möglich ist – in den Bau der Staatskanzlei integriert würden. Das Pumpwerk von Klenze wäre ein Fall fürs Deutsche Museum. Aber aufhalten könnten wir mit unserem Fund die Staatskanzlei wohl nicht."

Peter M. Bode

EIN DENKMAL früher Technik: Die beeindruckende Mechanik der lange Zeit verschütteten Hofgarten-Brunnstube.

ROTE MARMORSÄULEN, ausgegraben im Gewölbegang unterm Hofgarten.

DAS PUMP-WERK unterm Hofgarten von Leo von Klenze wird im Kampf um den Neubau der Staatskanzlei eine Rolle spielen.

Fotos: Ludwig Hübl

Oberbayerns Kunstwerke in Luftaufnahmen präsentiert der neueste Band der Reihe „Denkmäler in Bayern". Freigabe GS 300/9414/83 Reg.v.Obb. Foto: Landesamt für Denkmalpflege

Münchner Merkur
11. März 1986

Für Oberbayern in die Luft gegangen
Neuer Bildband präsentiert die Denkmäler im Freistaat von oben

Von Hildegard Merzenich

Ingolstadt – Es war nicht zu übersehen: Voll Freude gaben jetzt in Ingolstadt Oberbayerns Regierungspräsident Raimund Eberle und Generalkonservator Michael Petzet die Geburt eines bedeutungsvollen „Sechseinhalbpfünders" bekannt. An historischer Stätte im renovierten Alten Rathaus präsentierten Regierungsbezirk und Landesamt für Denkmalpflege den jüngsten Sproß der Reihe „Denkmäler in Bayern". Auf über 1000 Seiten enthält Band I. 2 „Oberbayern" neben 120 Ensembles, die in großformatigen und gestochen scharfen Luftaufnahmen, überarbeiteten Katasterplänen und knappen Beschreibungen dokumentiert sind, weitere 20 000 Einträge von Einzeldenkmälern; eine wahre Sisyphusarbeit, die ihresgleichen auf der Welt sucht und eine Materialfundgrube ersten Ranges für Wissenschaft und Verwaltungen darstellt.

Dementsprechend sieht Regierungspräsident Eberle die Denkmalliste als wertvolle Hilfe für seine Beamten an, die sich wegen der hervorragenden Dokumentation so manche Kunstreise ersparen könnten. Denn dieses umfassende Denkmalbuch spiegelt im Detail die außerordentliche Vielfalt der Kunst und Hauslandschaften, den Reichtum an regional geprägten Sakral- und Profanbauten wieder.

Münchner Merkur (Wolfratshausen)
21. Februar 1986

Neun Jahre dauert jetzt schon die Sanierung der ehemaligen fürstbischöflichen Residenz Seehof

Ein altes Schloß wartet immer noch darauf, bald in neuer Pracht erstrahlen zu dürfen
Renovierung kostet insgesamt rund 25 Millionen Mark – Abgeordnete fordern mehr Geld

Bamberg (lby) – Heuer wird es neun Jahre, daß Kultusminister Hans Maier und Generalkonservator Michael Petzet in Schloß Seehof bei Bamberg den Grundstein für die Wiederherstellung der Kaskade mit ihren einstmals wunderschönen barocken Wasserspielen legten. Wesentliche Fortschritte sind bis heute nicht zu erkennen. Auch die Sanierung des Schlosses selbst, ehemals fürstbischöfliche Sommerresidenz und seit 1976 Außenstelle des Landesamtes für Denkmalpflege, geht nur schleppend voran.

In einem Parlamentsantrag fordern die Vorsitzende des kulturpolitischen Ausschusses des Landtags, Christa Meier, und sechs oberfränkische SPD-Abgeordnete jetzt mehr Mittel, um für einen zügigen Abschluß der Renovierungsarbeiten am Schloß und den dazugehörigen Parkanlagen zu sorgen. Gleichzeitig ersuchen sie die Staatsregierung, für die Restaurationswerkstätten für Textil und Stein in dem kastellartigen Baudenkmal mehr Personal einzusetzen. Auch im Bereich Archäologie fehle es an ausreichenden Personal- und Finanzmitteln, um neben Notgrabungen auch Plangrabungen zur Dokumentierung historischer Gegebenheiten mit schriftlichen Quellen durchführen zu können.

Insgesamt sind für die Restaurierung des Schlosses 22 Millionen Mark nötig. Knapp die Hälfte wurde inzwischen verbaut. Heuer soll nach Angaben des Landesamtes für Denkmalpflege der Festsaal fertiggestellt werden, der dann für kulturelle Veranstaltungen dienen soll. Die Bauuntersuchung der in Bayern einzigartigen Kaskade ist bislang ausschließlich von der Messerschmitt-Stiftung bezahlt worden. In Übereinstimmung mit der SPD fordert die Stiftung die Finanzierung der auf drei Millionen Mark geschätzten Instandsetzung der Wasserspiele aus Staatsmitteln.

Auf Kritik stößt bei der SPD, daß der Erwerb des Schlosses 1975 für 6,7 Millionen Mark aus dem Entschädigungsfonds bezahlt wurde, der zur Hälfte vom Staat gespeist wird. Diese Mittel fehlten den Kommunen für andere wichtige Denkmalschutzaufgaben. Der Sprecher der oberfränkischen SPD-Landtagsabgeordneten, Walter Engelhardt, kommentiert: „Der Staat versucht anderen in die Tasche zu greifen, um seine ureigensten Aufgaben zu finanzieren."

Nach Auskunft des Landesamtes sind jetzt zumindest die Untersuchungen abgeschlossen, die nötig waren, um die heruntergekommene und teilweise mit Bauschutt verfüllte Kaskade wieder in ihren ursprünglichen Zustand aus dem 18. Jahrhundert zu versetzen.

Seit neun Jahren eine Baustelle: Das Schloß Seehof bei Bamberg mit der für Bayern einzigartigen Kaskade. Foto: dpa

Krampol und die Denkmalpflege

„Zum Wohle der Oberpfalz"

Denkmalpfleger Hubert Bauch, vor fünf Jahren zuständig für die Stadt Regensburg, wird aus privaten Gründen vom fränkischen Bamberg in die Oberpfalz zurückkehren. Ihm obliegen dann die Oberpfälzer Kirchen, denen unter anderem seine denkmalpflegerische Fürsorge auch schon in seiner Regensburger Zeit galt.

Der Heimkehrer, er bewohnt in See bei Lupburg einen selbst sanierten Pfarrhof, wird schnell bemerken, daß sich in den knappen fünf Jahren seiner Abwesenheit im Bereich der Denkmalpflege nicht viel geändert hat. Der aufgeschlossenen Stadt Regensburg stehen im näheren und vor allem weiterem Umfeld Kommunalpolitiker gegenüber, deren Denkmalschutzbemühungen sich darauf beschränken, ein romantisierendes Heimatbewußtsein fleißig im Munde herumzuführen. In der Praxis aber beweisen sie eine Abräummentalität, die nichts mehr übrig läßt von den Postkartenidyllen.

Schlimmste Beispiele sind die Bereiche Weiden und Cham, in denen resignierte Heimatpfleger schon lange auf verlorenem Posten stehen. Und genau hier ist das Arbeitsgebiet des Denkmalpflegers Paul Unterkircher, der in diesen Wochen schwer unter Beschuß gekommen ist.

Nach bitteren Pressekampagne zum Abriß einer Häuserzeile im schönsten Bereich der Weidener Altstadt wurde es den CSU-Oberen zuviel. In einem Brief an Kultusminister Dr. Hans Maier forderte die CSU-Stadtratsfraktion, „Herrn Unterkircher von seinem Amt als Gebietsreferent abzulösen".

Ähnlich hatte sich zuvor auch Regierungspräsident Karl Krampol in einem Schreiben an Generalkonservator Dr. Michael Petzet geäußert: „Ich wäre Ihnen persönlich sehr dankbar, wenn Sie überprüfen könnten, ob nicht durch Auswechseln des Gebietsreferenten der ehemals so gute Zusammenarbeit mit dem Bayerischen Landesamt für Denkmalpflege zum Wohle des wertvollen Kulturguts in der Oberpfalz wieder hergestellt werden könnte."

Glücklicherweise aber hat sich zwischenzeitlich die Lage zugunsten des aufmüpfigen Denkmalschützers Unterkircher entschärft. Persönliche Gespräche zwischen Petzet und Krampol brachten die Anerkennung, so Regierungspressesprecher Joachim Merk der WOCHE, daß Unterkircher „fachlich immer hervorragend" zu beurteilen sei („fast zu gut"), nur mit seiner Kompromißbereitschaft hapere es und mit dem Willen, einmal getroffene Beschlüsse der als Schiedsrichter angerufenen Regierung zu akzeptieren. Die Sache sei nach intensiven Gesprächen nun ausgeräumt, so daß man auf eine weitere gedeihliche Zusammenarbeit hoffen könne.

Peinliches kam im Streit um Denkmalpfleger Unterkircher zutage. Als Beamte der Regierung der Oberpfalz zur Kummerbaustelle nach Weiden eilten, mußten sie feststellen, daß Stuckdecken „ausgebaut" worden waren, und zwar „am Rande der Legalität" (Merk). Die von der Stadt so sehr verteidigten Bauleute erschienen plötzlich in einem ganz anderen Licht. Unterkircher wird wohl, man sieht's, zum Wohle alter Bauten weiter kämpfen dürfen.

Statt den tapferen Streiter abzuziehen, wäre es eher nötig, ihm eine weitere sachkundige und durchsetzungsfähige Kraft beiseite zu stellen. Denn zwischen den zahlreichen Brennpunkten – vom Marktplatz in Weiden bis zur Fabrikantenvilla am Osser, die der Bischöfliche Stuhl zu Regensburg abreißen will, von immer häufiger zerstörten Waldlerhäusern gar nicht zu reden – wird ein Mann förmlich aufgerieben.

Daß Verstärkung notwendig ist, haben Petzet und Krampol gemeinsam erkannt. Diesem Wunsch mit Briefen an den Kultusminister Nachdruck zu verleihen, wäre ein echter Dienst „zum Wohle des wertvollen Kulturguts in der Oberpfalz". Wenn der Regierungspräsident dies schnell erreicht, sei ihm der Versuch, den kämpferischen Denkmalpfleger abzuschießen, nochmals nachgesehen!

Günter Schießl

Die Woche (Regensburg)
13. März 1986

Keine Zustimmung mehr für Hochwassermauer

Stadtamhof hofft auf Denkmalschutz

Ob das ungeliebte Mauermonster neben der Steinernen Brücke ab Herbst 1986 gebaut wird oder nicht, hängt entscheidend vom Stadtrat ab, der sich mit dem brisanten Thema nochmals befassen muß. Unter dem Eindruck der Bürgerversammlung, in der die einhellige Ablehnung von seiten der Stadtamhofer nicht deutlicher zum Ausdruck hätte kommen können, erklärten Kommunalpolitiker, sich diesem Bürgerwillen anzuschließen. Schützenhilfe bekommen die Mauergegner jetzt auch nochmals von den Denkmalschützern. Der Landesdenkmalrat wird sich des Themas in einer Sitzung in Regensburg annehmen. Auf Anfrage der WOCHE erklärte ferner Landeskonservator Dr. Michael Petzet: „Aus heutiger Sicht wäre es mir lieber, die Mauer würde nicht gebaut."

Die Planung, die weit über zehn Jahre zurückliegt, ist längst überholt. Dies ergibt sich auch aus der Sicht der Denkmalpflege, die im Planungsverfahren zu einer Zustimmung förmlich gedrängt wurde. Im Vergleich zu anderen in der damaligen Zeit durchgeführten Hochwasser-Mauern, wie etwa dem Koloß in Burghausen, fiel damals die Regensburger Lösung „verhältnismäßig zurückhaltend" (Dr. Petzet) aus – die Zustimmung ergab sich aus dem Gesichtspunkt, etwas verheerendes abgewendet zu haben.

Mehr als zehn Jahre sind inzwischen vergangen, und das Bewußtsein gegenüber städtebaulichen Problemen hat sich gewandelt. Auch im Hinblick auf die Bedeutung der Steinernen Brücke spricht sich Dr. Petzet vom Landesamt für Denkmalpflege gegen den Mauerbau aus.

„Lieber nicht"

Noch nicht endgültig festgelegt hat sich der Landesdenkmalrat, ob-

Die Woche (Regensburg)
15. Mai 1986

Der Freistaat verfügt ab dem Sommer 1986 als erstes Land der Welt über eine komplette Denkmalliste

Riesenkatalog in Sachen Denkmalschutz

Das Landesamt veröffentlichte nun den Mittelfranken-Band mit fast 20 000 historischen Bauten und Bodenfundstätten

ANSBACH — Als erstes Land der Welt wird Bayern ab dem Spätsommer dieses Jahres über eine nach dem aktuellen Forschungsstand komplette Liste seiner Bau- und Bodendenkmäler verfügen.

Mit topographischen Karten, Luftaufnahmen und kurzen Geschichtsabrissen ergänzt, wird das Verzeichnis nach Regierungsbezirken gegliedert in sieben Bänden publiziert. Als jüngster Band der Reihe „Denkmäler in Bayern" ist raum das 588 Seiten dicke, großformatige Werk über Mittelfranken erschienen.

Die Veröffentlichung der Denkmallisten beschließt eine zehnjährige Arbeit des Landesamtes für Denkmalpflege. Dessen Chef, Generalkonservator Michael Petzet, verwies bei der Vorstellung des Buches im Ansbacher Schloß stolz darauf, daß Bayern damit eine weltweite Führungsposition in der Denkmal-Inventarisierung einnimmt". Die anderen Bundesländer hinken nach Petzets Worten bei der Aufstellung ähnlicher Verzeichnisse hinter dem Freistaat her. Im weltweiten Vergleich habe nur noch Australien allerdings nur 9000 Denkmäler aufgeführt seien.

Rund 110 000 Baudenkmäler, 1113 Ensembles und 10 000 archäologische Bodendenkmäler wurden hingegen in den bayerischen Denkmallisten erfaßt. Mittelfranken gilt mit 19 000 Einzelbauwerken, 160 Ensembles und 850 herausragenden Bodenfundstätten als einer der „denkmalreichsten" Bezirke Bayerns. Man denke nur an die bedeutenden Reichsstädte Nürnberg, Rothenburg und Dinkelsbühl. Es gibt aber auch wichtige Beispiele bäuerlicher Siedlungsformen und durch die starke Industrialisierung interessante Zeugnisse historischer Stadterweiterungen.

Das Landesamt für Denkmalpflege gibt mit der Liste den Gemeinden und unteren Denkmalschutzbehörden einen „praktischen Führer" zum Vollzug des 1973 in Bayern erlassenen Denkmalschutzgesetzes an die Hand. Wie Petzet erläuterte, wurde dabei auf eine „Bewertung" bewußt

Das unter Schutz gestellte „Ensemble Herrieden" im Kreis Ansbach.

Luftbild freigegeben (GS 300/9573/83)

verzichtet, „um die Pflege nicht nur auf Denkmäler erster Klasse zu beschränken und damit historische Bauten zweiter Klasse zum Abschuß freizugeben".

Als schutzwürdig gelten — anders als noch in den 60er Jahren — auch Wohnbauten aus dem 19. Jahrhundert, frühe Industriegebäude, Siedlungen der 20er Jahre und schließlich die Monumentalbauten der Nazizeit, wie auf dem Nürnberger Zeppelinfeld. Entscheidend für den Denkmalrang ist die geschichtliche Bedeutung; dahinter rangieren volkskundliche, wissenschaftliche, künstlerische, städtebauliche und soziale Aspekte. Die zeitliche Spannbreite reicht von altsteinzeitlichen Bodenfunden um 200 000 v. Chr. bis zu Bauten der Nachkriegsjahre.

Ausgangspunkt für die aktuelle Festschreibung dieser „offenen", ergänzbaren Liste waren alte Inventarisierungskataloge, die teilweise schon vom damals „Königlichen Generalkonservatorium der Kunstdenkmale und Altertümer Bayerns" (ab 1917 Landesamt für Denkmalpflege) begonnen wurden. Heimatgeschichtsbücher und Archive dienten als weitere Quellen für das Konservatorenteam, das, so Petzet, „Millionen von Kilometern durch Bayern reiste, alles ansah und rund 90 000 Gespräche mit Eigentümern und Gemeinden führte".

Bisher veröffentlicht sind die Bände Oberbayern (in zwei Teilen), Unterfranken und nun Mittelfranken. Bis zum Mai werden die Werke für Niederbayern und die Oberpfalz publiziert, zuletzt Schwaben im Juli. Der Mittelfranken-Band, erschienen beim R. Oldenbourg Verlag München, ist in einer Erstauflage von zunächst nur 1000 Stück im Buchhandel erhältlich (Preis um 200 ger Mark).

wohl in einer Sitzung bereits angesprochen wurde, am besten würde die Mauer nicht gebaut. Spätestens bei der Jahrestagung des Landesdenkmalrates, die am 25. Juli in Regensburg stattfindet, wird wohl eindeutig Stellung bezogen werden müssen. Im Anblick der Donauuferzone entlang der Wassergasse und des Spitalgartens wird es kaum schwerfallen, sich eine klare Meinung zu bilden.

Die Stadträte allerdings sind schon viel eher am Zuge. Alle Fraktionen außer der CSU haben ohnehin schon ihr klares Veto ausgesprochen, nun muß die CSU zu einer Entscheidung kommen. Vermutlich bei der nächsten Fraktionssitzung am 2. Juni soll das heiße Eisen angepackt werden.

Tauziehen

Die Stadtamhofer hoffen, daß viele der Stadträte sich ihrem Wunsch anschließen und vom Stadtrat die ganz klare Aussage mitgetragen wird, auf die geplante Mauer völlig zu verzichten. Der Freistaat könnte sich diesem Wunsche wohl kaum entziehen, auch wenn, wie es zur Stunde aussieht, hinter den Kulissen mit aller Kraft ein Tauziehen um das Projekt einsetzt hat. Um so mehr fällt auch die Mahnung des Denkmalschutzes ins Gewicht: „Am besten wäre es, diese Mauer würde nicht gebaut!" *schi*

Fürther Nachrichten
3. April 1986

Neue Erkenntnisse bei Renovierung des Lindenhardter Altars gewonnen

LINDENHARDT. – Der Altar in der St. Michaelskirche in Lindenhardt in der Fränkischen Schweiz wird immer interessanter, je länger sich die Fachleute damit beschäftigen. Neue Überraschungen förderte jetzt Eike Oellermann aus Heroldsberg zutage, der in jüngster Zeit die Vorderseite überarbeitet hat: „Es handelt sich eigentlich um einen Wolgemut-Altar mit Grünewald-Flügeln. Die Vorderseite verdient mindestens genausoviel Beachtung wie die von dem berühmten Künstler bemalte Rückseite." Welcher Schnitzer allerdings hierfür verantwortlich zeichnet, steht bislang noch nicht fest.

Eines ist für Oellermann sicher: „Sowohl die Vorder- als auch die Rückseite sind in der Nürnberger Werkstatt von Michael Wolgemut entstanden." In dem für die damalige Zeit bedeutenden Atelier seien nicht nur die Figuren geschnitzt und bemalt worden, dort müsse auch Matthias Grünewald während seiner Lehr- und Wanderjahre die rückwärtigen Flügel geschaffen haben. Diese Erkenntnis werte die Vorderseite ungemein auf: „Die Figuren des bislang namentlich noch nicht bekannten Künstlers sind von ausnehmender Qualität. Sie sind gleichrangig mit den Grünewald-Tafeln, Frühwerken des Meisters, zu sehen. Der Altar muß künftig als hervorragendes Gemeinschaftswerk verschiedener Künstler gewürdigt werden. Die Kunstgeschichte muß sich verstärkt mit der Vorderseite beschäftigen." Oellermann ist sicher, daß sich im Nürnberger Raum weitere Figuren aus dieser Werkstatt befinden, so daß vielleicht daraus Rückschlüsse auf den Schnitzer möglich sind.

Oellermann, der auf Anraten des Landesamtes für Denkmalpflege von der Pfarrei Lindenhardt mit den Arbeiten beauftragt worden war, beschäftigte sich auch mit der Frage, ob die Vorderseite des Altars wieder in ihren einstigen

Der berühmte Lindenhardter Altar hat nach der Renovierung durch Restaurator Eike Oellermann aus Heroldsberg neue Geheimnisse preisgegeben

Originalzustand versetzt werden solle oder nicht. Da in den vergangenen Jahrhunderten oft im großzügigen Stil und auch unsachgemäß an dem Werk gearbeitet wurde, verzichtete Oellermann auf radikale Eingriffe. Nicht nur die Originalbemalung war immer wieder überarbeitet worden, vielmehr hatte die Nürnberger Firma Stärck 1897 auch einen reichverzierten Rahmen hinzugefügt. Dieses alles wieder zu entfernen erschien Oellermann des Guten denn doch zu viel. Er entschied sich für einen Kompromiß, zumal auch die Originalbemalung wegen ihrer großen Lücken nicht mehr schlüssig festzustellen ist.

Oellermann beschränkte sich weitgehend auf eine Auffrischung der Bemalung und auf eine Konservierung der ansonsten sehr gut erhaltenen Figuren. Darüber hinaus wurde das Holz vorbeugend mit Schutzmittel gegen Wurmbefall behandelt.

Der in einer Seitenwange eingravierten Jahreszahl 1503 galt die besondere Aufmerksamkeit des Restaurators. Bisher wurde die Richtigkeit dieser Angabe angezweifelt, war doch auch Ort und Ausführung dieser Notiz äußerst ungewöhnlich. Oellermann stellte jetzt fest, daß die Ziffern 03 noch die originale Fassung darstellen, daß aber die 15 bei der grundlegenden Überarbeitung 1897, als der Altar mit Brettern stabilisiert worden war, zugedeckt und neu aufgetragen worden war, sein muß. Das Datum gelte als gesichert.

Die Gläubigen und Pfarrer Klaus Wende, der sich bei Oellermann für die sorgfältige Arbeit bedankte, hörten die neuen Erkenntnisse mit wachsendem Stolz. Ist doch ihr Kirchendenkmal, ohnehin schon eines der bedeutendsten weit und breit, erneut enorm aufgewertet worden. In jahrzehntelangen umfangreichen Renovierungsarbeiten an Gotteshaus und Altar wurde ein Kleinod geschaffen, das enorme Anziehungskraft ausübt. Die Eintragungen im Gästebuch beweisen es. Die Lindenhardter sind stolz auf ihre Kirche. **-rr-**

Frankenpost (Hof)
24. Mai 1986

9900 Oberpfälzer Denkmäler in einem Band
Amberger Altstadt als „Ensemble" geschützt
Band „Oberpfalz" der Buchreihe „Denkmäler in Bayern" vorgestellt – Bibliophiles Standardwerk

In der Archivstube des Amberger Rathauses wurde der Band „Oberpfalz" der Reihe „Denkmäler in Bayern" vorgestellt. Auf unserem Bild (v. l. n. r.) Konservator Sixtus Lampl, der den Band bearbeitete, Oberbürgermeister Franz Prechtl, Bezirkstagspräsident Alfred Spitzner, Generalkonservator Dr. Michael Petzet und Oberkonservator Paul Unterkirchner. Bild: Heider

Amberg. (sta) Etwa 9900 Objekte in der Oberpfalz dürfen sich mit der Bezeichnung „Denkmal" schmücken. Dazu kommen etwa 1000 archäologische Bodendenkmäler und 91 Ortsensembles. Sie alle sind aufgeführt im eben herausgegebenen Band „Oberpfalz" der siebenteiligen Buchreihe „Denkmäler in Bayern", den Bezirkstagspräsident Alfred **Spitzner** und der Generalkonservator des Bayerischen Landesamtes für Denkmalpflege, Dr. Michael **Petzet**, am Mittwoch in der Archivstube des Amberger Rathauses im Beisein von OB Franz **Prechtl** und Bearbeiter Sixtus **Lampl** der Oberpfälzer Presse vorstellten. Spitzner nannte die Publikation ein „großartiges, bibliophiles Standardwerk", das die architektonische Lebendigkeit mittelalterlicher Städtebilder verdeutliche und dazu beitrage, unter den Oberpfälzern Verständnis für alte Baukultur zu wecken.

Daß die Buchpräsentation in Amberg stattfand, wertete Bezirkstagspräsident Spitzner „als Kompliment für eine vorzügliche Stadtsanierung" und eine harmonische Zusammenarbeit mit dem Landesamt für Denkmalpflege, speziell auch in der Person des Oberkonservators Dipl.-Ing. Paul Unterkircher, der ebenfalls zur Vorstellung gekommen war. So steht denn Amberg auch ganz am Anfang eines Werkes, das im Rahmen der Reihe „Denkmäler in Bayern" das Ergebnis einer mehr als zehnjährigen Bestandsaufnahme von den Alpen bis zum Main, vom Bayerischen Wald bis zum Bodensee darstellt.

Nur in Bayern und Australien

Rund 120 000 Baudenkmäler und archäologische Geländedenkmäler haben die Mitarbeiter des Landesamtes für Denkmalpflege in den sieben Bänden erfaßt. Bayern verfügt damit als erstes Bundesland über ein umfassendes Verzeichnis seiner Denkmäler. Auch weltweit wurde damit eine Art Pionierleistung vollbracht... denn nur im fernen Australien existiert eine ähnliche Zusammenstellung.

Freilich entbrannte um so manche Eintragung in die Denkmalsliste oft ein harter politischer Kampf. So bedurfte es z. B. großen Zuredens, den Freystädter Rat zu bewegen, die Abbruchpläne für das historische Rathaus in die Schublade zu legen. Und auch in Riedenburg sollte einst das Rathaus der Spitzhacke zum Opfer fallen: an seiner Statt wäre ein Parkplatz geplant worden. So konnte das Landesamt für Denkmalpflege in oft harten Diskussionen landauf landab zu einer Art Bewußtseinsbildung beitragen, die heute in eine scheinbar selbstverständliche Bejahung der Aufgaben und Bedeutung der Denkmalpflege eingemündet ist.

91 Ortsensembles festgelegt

Mit dem Erlaß des Bayerischen Denkmalschutzgesetzes vor zwölf Jahren war der Auftrag formuliert worden, die Bau- und Bodendenkmäler in ein „nachrichtliches Verzeichnis" aufzunehmen. Man hatte nämlich erkannt, daß ein effektiver Denkmalschutz sich nur dann praktizieren läßt, wenn man über einen Überblick über den schützenswerten Bestand verfügt.

Die Oberpfalz ist mit rund 9900 Denkmälern „gesegnet", die in die Liste als Baudenkmäler aufgenommen werden konnten. Dazu kommen etwa 1000 archäologische Bodendenkmäler und 91 Ortsensembles wie historische Altstädte, Ortskerne, Platzanlagen oder Straßenzüge. So z. B. gilt die Amberger Altstadt in ihrer Gesamtheit als denkmalgeschütztes Ensemble. In dem Band Oberpfalz findet sie auch entsprechende Würdigung, wobei nicht nur die geschichtliche Entwicklung berücksichtigt wurde, sondern auch neuere Eingriffe. Das liest sich dann so:

Hilfe für Forschung und Heimatpflege

„Als Folge der allgemeinen Stagnation nach der Säkularisation und der Verlegung der Regierung nach Regensburg änderten sich die baulichen Gegebenheiten Ambergs bis in die fünfziger Jahre des vorigen Jahrhunderts kaum. Den Anschluß an das Eisenbahnnetz forderte den ersten Stadtmauerdurchbruch an der Ostseite... und die erste Preisgabe von Grünanlagen für den Verkehr. Die alte Stadtmauer wurde in der Folgezeit zwischen Nabburger Tor und Zeughaus zum großen Teil an Private verkauft und für Wohnzwecke ausgebaut. Zwischen Vilstor und St. Georg hat man sie weitgehend des Wehrgangs beraubt, zwischen St. Georg und dem Wingershofer Tor wurde die gesamte mittelalterliche Befestigung einschließlich des Neutors durch eine Ringstraßenbebauung mit Villen im Stil der Jahrhundertwende ersetzt. Neubauten innerhalb der Altstadt paßten sich weitgehend in Gestalt und Größe ihrer Umgebung an.

Erst die Zeit nach dem Zweiten Weltkrieg brachte weitere Eingriffe: Alte Gebäude gingen ihrer speziellen Details verlustig; maßstabssprengende Neubauten gefährden das Ensemble. Dem Verkehr opferte man bis 1975 die gesamte Wallanlage zwischen Bahnhof und Nabburger Tor. Die Ringstraße, einst Teil der Allee, ist vor allem an der Südseite hart beschneidend vor die Stadtbefestigung getreten und hat weitgehend den Zusammenhang zwischen mittelalterlicher und barocker Stadtbefestigung verwischt."

Der Band „Oberpfalz" der Reihe „Denkmäler in Bayern" wurde zunächst in 1500 Exemplaren aufgelegt und soll bei Bedarf ständig aktualisiert werden. Generalkonservator Dr. Michael Petzet sieht in ihm ein Nachschlagewerk, das über die Arbeit in der Denkmalpflege hinaus ein nützliches Hilfsmittel für Wissenschaft und Forschung, für Heimatpfleger und Architekten und auch für den an der Geschichte seiner Heimat interessierten Bürger darstellt.

Der Band „Oberpfalz" ist im Oldenbourg Verlag, München, erschienen, 464 Seiten mit 71 Luftaufnahmen und 69 Karten, 98 DM.

Amberger Zeitung
30. Mai 1986

Er skizzierte des Königs Träume
Ausstellung mit neu entdeckten Entwürfen des Theatermalers Christian Jank

Süddeutsche Zeitung
10. Juni 1986

Heute ist wohl der Sohn der bekanntere von beiden: Angelo Jank (1868–1940), der bis 1937 an der Münchner Akademie gelehrt hat und sich als Jagd-, Reit- und Pferderennenmaler einen guten Namen machen konnte. Wenn jetzt in der Dresdner Bank am Prinzregentenplatz 7 (bis 26. Juni) Vater Christian Jank (1833–1883) in den Mittelpunkt einer Ausstellung gerückt wird, so nicht deshalb, weil er, ein Schüler Emil Kirchners, zu seiner Zeit ein geschätzter Landschaftsmaler gewesen ist, sondern weil er (wir befinden uns im Ludwig-II.-Jahr) für den Märchenkönig eine besondere Rolle gespielt hat.

Am damaligen Volkstheater entdeckt

Belege dafür, daß ihn der menschenscheue Monarch je persönlich empfangen und gesprochen hat, gibt es nicht. Dennoch hat ein fruchtbarer Kontakt zwischen beiden bestanden. Jank fiel dem König auf, als er in den Jahren 1865/66 als Dekorationsmaler am neugegründeten Volkstheater, dem heutigen Staatstheater am Gärtnerplatz, tätig war. Anläßlich der Vorbereitungen zur Uraufführung von Richard Wagners „Meistersinger" (1868) berief ihn der König ans Hoftheater, wo Jank später auch die Bühnenbilder zu anderen Wagner-Opern entwarf.

Vor allem aber wurde er zu den königlichen Bauplänen herangezogen. Er unternahm Studienreisen ins In- und Ausland, besuchte mehrmals die Wartburg, um sich inspirieren zu lassen, und entwarf, angeregt von Burgen am Rhein, für das Künstlerfest von 1862 eine hochromantische Höhenburg, die er später zu dem Entwurf der vom König gewünschten Raubritterburg Falkenstein ausarbeitete – ein bei Pfronten im Allgäu anno 1883 vorgesehenes Projekt, das nicht mehr zur Ausführung gelangt ist. Hingegen hatte Jank entscheidenden Anteil an der Ausgestaltung von Schloß Neuschwanstein, desgleichen an der von Herrenchiemsees Spiegelgalerie, deretwegen der König seinen Hoftheatermaler nach Versailles reisen ließ.

Fundstücke in der Akademie

Bekannt waren diese Fakten bisher schon, aber es fehlten Janks Skizzen und Entwürfe: sie waren weder im Besitz der Schlösser- und Seen-Verwaltung noch der Wittelsbach-Familie. Vor einiger Zeit hat Professor Franz Seitz sie unter den Beständen der Akademie der Bildenden Künste, deren Präsident er ist, aufgestöbert: attraktive Fundstücke, welche die jetzt von Detta Petzet gestaltete und von Generalkonservator Michael Petzet bei der Vernissage sachkundig erläuterte Ausstellung erst ermöglicht haben.

Gezeigt werden neben Blättern aus Janks Nachlaß, die sich durch minutiöse Strichführung auszeichnen, eine Reihe von Bühnenbildskizzen, auch in Dioramen (Hunding-Hütte), vor allem aber Vorentwürfe und Ansichten von Schloß Neuschwanstein wie zu weiteren Projekten des Königs. Die übersichtlich und informativ gegliederte Präsentation, die durchaus des staatlichen Theatermuseums würdig gewesen wäre, bestätigt das, was Kunsthistoriker Christian Janks Architekturvisionen und Bühnenbildentwürfen vordem schon nachgerühmt haben: daß sie in ihrem pittoresken und dekorativem Charakter „nicht nur kongeniale Umsetzungen der Wünsche Ludwigs II., sondern gleichzeitig exemplarische Dokumente der Gründerzeit" seien. *Karl Ude*

ZUNÄCHST FÜR EIN KÜNSTLERFEST, *dann für den König entwarf Christian Jank die Ritterburg Falkenstein, die nur auf einem Plakat, aber nicht mehr in der Landschaft von Pfronten ausgeführt wurde.*

Generalkonservator Prof. Dr. Michael Petzet erläuterte die besondere Problematik der Restaurierungsmaßnahmen   Foto: FT-oh

Pater Dominik hat einen Wunsch zum Jubiläumsjahr Balthasar Neumanns:

Strahlende Kirche als „Geburtstagsstrauß"

Basilika Vierzehnheiligen im Rahmen einer Dienstbesprechung über Denkmalpflege Besuch abgestattet

Vierzehnheiligen (oh). Unter der Leitung des Regierungspräsidenten Wolfgang Winkler tagten im Landratsamt Lichtenfels Justizbeamte der oberfränkischen Landratsämter sowie der kreisfreien Städte. Im Mittelpunkt der Dienstbesprechung stand die Denkmalpflege. Zu Gast waren Repräsentanten der Verwaltungsgerichte mit Präsident Dr. Karl Heinz Platz sowie Vertreter der Flurbereinigungsdirektionen und der Straßenbauämter. Hauptreferenten waren Generalkonservator Prof. Dr. Michael Petzet, München, und die für Oberfranken zuständigen drei Konservatoren der Außenstelle Seehof des Bayerischen Landesamtes für Denkmalpflege.

Interessiert ließen sich der Präsident des Verwaltungsgerichtes, Dr. Dr. Heinz Platz (links), Regierungsvizepräsident Dr. Helmut Weidelener (2. v. l.) und Weismains Bürgermeister Max Goller (rechts) von Pater Dominik Lutz informieren   Foto: FT-oh

Nach einem Grußwort von Landrat Ludwig Schaller ging es um Fach- und Rechtfragen sowie um die Umsetzung der Vorstellung von Denkmalpflege in die Praxis. Am Nachmittag besichtigte die Gruppe die „Baustelle Vierzehnheiligen", um vor Ort die Schwierigkeiten dieses Zwölf-Millionen-Projektes kennenzulernen. Die Besichtigung leitete Vizepräsident Dr. Helmut Weidelener. In der Basilika stieß auch Erster Bürgermeister Reinhart Leutner zur Kommission. Der Direktor der Basilika Pater Dominik Lutz, begrüßte.

Zunächst ging der Pater auf die Wallfahrts- und Baugeschichte ein: „Im Anschluß daran berichtete er über den Verlauf der Restaurierungen.

Ein denkwürdiges Datum sei der 3. Mai 1835, als ein Blitzschlag im Südturm einen Brand auslöste, der die Deckenfresken von Appiani in Mitleidenschaft zog.

Die Innenrenovierung erfolgte nach dem künstlerischen Konzept des „Nazarener Stils". Unter der Leitung des Bayreuther königlichen Kreisbaurates Wilhelm Josef Frank wurden die Denkmalereien und Altarbilder von dem Historienmaler August Palme ausgeführt. Dabei wurden die Fresken von Appiani teilweise abgeschlagen. Eine weitere Innenrenovierung geschah zwischen 1915 und 1918, zu einer Zeit also, als die Wertschätzung der Kunst des 18. Jahrhunderts wieder einsetzte. Hier stellte sich nach Abnahme vieler Palme-Bilder das ganze Ausmaß der Zerstörung der Appiani-Fresken heraus. Der Maler Anton Ranzinger aus München war zu Rekonstruktionen anderer Appianiarbeiten gezwungen. Eine letzte Innenrenovierung in den 50er Jahren wurde bewußt unruhig gehalten. Die originale Raumfarbigkeit wurde in Hinblick auf die reduzierte Farbigkeit der Malereien im Ton verändert.

Die derzeitige Gesamtrestaurierung bedingte schwierige Untersuchungen mit Hilfe eines Hebewagens und einer Probeachse im südlichen Querhaus.

Die bisherigen Arbeiten zielen auf eine Rekonstruktion von Appiani-Werken ab. Pater Dominik machte auch einige kritische Anmerkungen zur Generalrenovierung. Er glaube, daß eine Oberbauleitung, eine Stelle also, an der die Fäden zusammenlaufen, fehle. „Das kann doch bei einem Zwölf-Millionen-Projekt kein Luxus sein."

Dank ging an den Freistaat Bayern für großzügige finanzielle Unterstützung. Der Franziskaner ließ aber auch ein wenig seine Ungeduld spüren und wünschte sich ein bißchen mehr „Zügigkeit".

Abschließend stellte er seine bekannte Forderung nach mehr „Gold und Glanz" für das sakrale Bauwerk.

Generalkonservator Prof. Dr. Petzet ließ keinen Zweifel: „Vierzehnheiligen rechtfertigt jede Anstrengung!" Er führte die erheblichen Schäden an und betonte die sorgfältigsten Untersuchungen seitens der Denkmalpflege. Allein die Farben seien 14 Mal chemisch untersucht worden, um der Originalfassung nahe zu kommen. Dr. Petzet hob hervor, daß die Problematik einer solchen Restaurierung durch die wechselvolle Geschichte des Bauwerks bedingt sei. Auch auf die Vergoldung wurde eingegangen und darauf hingewiesen, daß die Vergoldung aus verschiedenem Material resultiere. Dr. Petzet betonte die Zuständigkeit des Landbauamtes Bamberg für die „Baustelle Vierzehnheiligen". Die Frage der Dauer der Renovierungsarbeiten blieb offen.

Pater Dominik wünschte sich zum 200. Geburtstag von Balthasar Neumann im kommenden Jahr eine leuchtende Kirche als „Geburtstagsstrauß".

Zum Abschluß der Besichtigung wurden die hohen Gerüste bestiegen. Unter der Kirchendecke schaute man den Restauratoren bei ihrer schwierigen Arbeit über die Schulter.

Fränkischer Tag (Lichtenfels)
27. Juni 1986

Landesamt für Denkmalpflege demonstrierte Erfolge seiner Arbeit

Der Denkmalpfleger lebt nicht vom Frust allein

Kreis Forchheim führt bei Abbrüchen – Generalkonservator: Klima für Denkmalschutz wurde besser

Schloß Seehof. Keine Rückschläge für die Denkmalpflege in Bayern seit 1975, dem „Europäischen Jahr des Denkmalschutzes", sieht Generalkonservator Prof. Dr. Michael Petzet. Der Leiter des Landesamtes für Denkmalpflege steht mit dieser positiven Einschätzung im Gegensatz zu seinen Kollegen in anderen Bundesländern, vor allem Baden-Württemberg und Hessen. Petzet traf diese Aussage anläßlich einer Besichtigungsfahrt zu Vorzeigeobjekten der Denkmalpflege in den Landkreisen Forchheim und Bayreuth. Während aber der zuständige Gebietsreferent Dr. Karl-Heinz Betz dem Landkreis Bayreuth gute Noten in der Behandlung denkmalgeschützter Bausubstanz gibt, kommt der Kreis Forchheim ausgesprochen schlecht weg. Er sei in der Abbruchquote führend in Bayern – gemeinsam mit Mühldorf/Inn, wie der Generalkonservator ergänzte.

Petzet, der dem Landesamt seit 1974 vorsteht, attestiert Bayern ein stark verbessertes Klima für den Denkmalschutz. Neue Verbündete des Denkmalpflegers seien Umwelt-, Natur-, ja sogar Tierschützer (wenn etwa der Fledermausschutz zum Argument für die Erhaltung alter Dachstühle wird) geworden.

Initiativen zur Luftreinhaltung dienten auch dem Denkmalschutz, zu dessen größten Feinden ja der Smog gehört. Als lokale Beispiele nannte Petzet das Fachleuten noch Rätsel aufgebende lepröse Fürstenportal am Bamberger Dom und die Figuren in Seehof, die wohl nicht als Originale, sondern nur als Kopien ins Freie gestellt werden können.

Flankierende Schützenhilfe erhält die Denkmalpflege auch durch die Erkenntnis, daß neue Häuser so schnell baufällig werden. Beispiele sind die (Schul)Gebäuden oder die zur Totaloperation geratene Sanierung der gerade 20 Jahre alten Heiligenstadter Kirche St. Paul.

Althauten sind in der Regel reparaturfreundlicher als neue Häuser aus Beton und Stahl: Ein Holzbalken läßt sich nun einmal leichter austauschen als eine Spannbetondecke.

Wenn auch die Wiederherstellung großer Baudenkmäler – wie Banz, Vierzehnheiligen, Bamberger Dom oder Schloß Seehof – immense Summen verschlingt, so sind doch nicht sie die wahren Sorgenkinder der aktuellen Denkmalpflege.

Viel schwerer ist es, die Besitzer einfacher Bauern- und Bürgerhäuser zur fachgerechten Sanierung, die ja durchaus modernem Wohnkomfort nicht im Wege steht, zu ermuntern. Auf diesem Feld führt der Denkmalpfleger ein permanentes Rückzugsgefecht, wie der Verzicht älterer Inventarlisten mit der Realität beweist.

So hätte denn auch das Landesamt das Thema seiner Besichtigungsfahrt verfehlt, wenn es sich auf positive Renovierungsbeispiele beschränkt hätte: Der Alltag des Denkmalpflegers, den Petzet und Betz vor Augen führen wollten, ist nicht die Rettung eines Hauses.

So besteht die Arbeit des Denkmalpflegers zu „95 Prozent" (Betz) aus reinem Reagieren – zumeist auf Abbruchanträge. Bleiben fünf Prozent übrig für das vom Generalkonservator ausdrücklich von dem Referenten geforderte „offensive Agieren".

Manchmal hat ein Denkmalpfleger Glück: Wenn er, wie in dem Architekten Günter Schmidt, einen Partner findet, der sein Haus Schloßberg 7 in Pretzfeld (Landkreis Forchheim) mit „Neigung", Sachkenntnis und Überzeugung" (Betz) renoviert hat. Schmidt gab die Blumen zurück und lobte ausdrücklich „das seit dem ersten Tag bestehende herzlichste Einvernehmen mit Betz".

Der gefundene Kompromiß zwischen Denkmalpflege und moderner Wohnnutzung sei für beide Seiten „ein Optimum". Schmidt untrestrich, daß die Beratung des Landesamtes stets kostenlos ist.

Überzeugen mußte Betz dagegen die Besitzer der Fachwerkscheune Nr. 30 in Gosberg (Landkreis Forchheim), die erst mit fortschreitender Sanierungsdauer daran glauben mochten, „daß es schön wird", wie Senior Leonhard Wiemann jetzt begeistert feststellt.

Daß für diesen aus dem späten 18. Jahrhundert stammenden Fachwerkstadel Abbruchantrag gestellt wurde, sei „signifikant für die Gegend", sagte Betz. Er attestiert dem Forchheimer Landrat Otto Ammon durchaus ein „allgemeines Verständnis für den Denkmalschutz", das sich aber in der Praxis nicht durchsetze.

Der Baujurist am Forchheimer Landratsamt, Emil Hofmann, setze sich häufig diametral über die baulichen Fachgutachten des erhaltungswilligen Kreisbaumeisters Gottlieb Bail hinweg.

Folge: Im Zählzeitraum von einundeinhalb Jahren 1984/85 seien im Landkreis Forchheim 20 Abbruchgenehmigungen erteilt worden, von denen 14 bereits in die Tat umgesetzt wurden.

Dagegen seien im Landkreis Bayreuth nur fünf denkmalgeschützte Häuser abgerissen worden – allerdings in zehn(!) Jahren, wie Bayreuths Kreisbaumeister Robert Munz vorrechnete. Munz weiß Landrat Dr. Klaus-Günter Dietel auch bei unpopulären Entscheidungen hinter sich.

Erste Aufgabe: Substanzerhaltung

Freilich könne nicht jedes denkmalgeschützte Haus gehalten werden, sagte Generalkonservator Petzet, der das bestehende bayerische Denkmalschutzgesetz und seine Ausführungsbestimmungen fordere, bei Neubaugestaltungen gefordert, wenn sie in denkmalpflegerisch empfindlicher Umgebung entstehen. So müsse von Einzelfall zu Einzelfall entschieden werden, ob Ersatzbauten als

ANZEIGE

Wir haben **reduziert**

SPEER KLEIDET BUBEN, MÄDCHEN UND JUNIOREN
speer
Grüner Markt 13 + Austr. 12

Fränkischer Tag (Bamberg)
3. Juli 1986

Die Denkmalpflege fast überall im Aufwind

Landesdenkmalrattagung: Mehr Verantwortung bei Gemeinden – Weiden als Negativbeispiel

Von unserem Redaktionsmitglied Inge Roegner

Die erste Garnitur bayerischer Denkmalpfleger war am vergangenen Freitag bei einer Pressekonferenz aufgeboten, als der Landesdenkmalrat in Regensburg tagte. Auf unserem Bild von links und rechts: Generalkonservator Dr. Michael Petzet vom Bayerischen Landesamt für Denkmalpflege, Ministerialrat Dr. Werner Schiedermaier vom Kultusministerium, CSU-MdL Dr. Erich Schosser, Vorsitzender des Landesdenkmalrates, SPD-MdL Volker Freiherr von Truchsess, stellvertretender Vositzender, und Professor Hubert Glaser, Vositzender des Regionalausschusses Niederbayern/Oberpfalz des Landesdenkmalrates.
Bild: Inge Roegner

Regensburg. "Die meisten Gemeinden haben die Bedeutung des Denkmalpflege längst erkannt. Private Eigentümer sind ebenfalls bereit, ihr kostbares Erbe zu erhalten und wieder mit Leben zu erfüllen. In Regensburg wurde in dieser Hinsicht vorbildliche Arbeit geleistet worden." Dieses Lob kam vom Vorsitzenden des Landesdenkmalrates, MdL Dr. Erich Schosser, als der Bayerische Landesdenkmalrat in Zusammenarbeit mit dem Bayerischen Landesverein für Heimatpflege zum festlichen Empfang in den Reichssaal des Alten Rathauses geladen hatte.

Bei einer Pressekonferenz, die anläßlich der Jahrestagung des Landesdenkmalrates dem Empfang vorausging, fand Dr. Schosser auch mahnende Worte. Herbe Kritik gab es für die Stadt Weiden, „wo im vorigen Jahr Abbrüche passierten, die mir wieder gut zu machen sind." Die Stadt sei nun ärmer geworden, sagte Dr. Schosser, und er hielt es für sehr bedenklich, spätgotische Häuser abzureißen, um ein Kaufhaus in die Altstadt zu stellen.

Der Abgeordnete räumte ein, daß man aus Städten keine Museen machen könne, aber es müsse genau abgewogen werden zwischen der ökonomischen Seite und der Möglichkeit, Substanz zu erhalten. Daß die Bezirksregierung der Stadt Weiden auch noch Recht gegeben habe, sei etwas sehr Bedauerliches. Schosser meinte außerdem, daß Denkmäler dem gesamten Volk gehörten und nicht nur Sache einer Gemeinde seien.

Dem „Fall Weiden" sei die Krone aufgesetzt worden, als man (CSU-Stadtratsfraktion) die Aberufung der zuständigen Gebietsreferenten gefordert habe, „weil er in Erfüllung seiner Pflicht nach bestem Wissen und Gewissen urteilte". Der „beispiellose Vorgang", von dem Dr. Schosser hoffte, daß er einmalig bleiben möge, sei durch die Haltung von Kultusminister Maier „entschärft" worden. Ihm sei dafür zu danken. „Abschließend sagte Dr. Schosser, daß er hoffe, daß nun keine Verbitterung aus diesem Fall entstehe, und er bestätigte: „Bis dahin hat Weiden sehr viel für sein Stadtbild getan."

Viel getan hat auch der Landesdenkmalrat, der in Zusammenarbeit mit dem Landesamt für Denkmalpflege, in den 13 Jahren seines Bestehens 663 bayerische Ensembles – 75 davon in der Oberpfalz – festgelegt hat. In der Oberpfalz seien weitere 14 in Planung, teilte Dr. Schosser mit. Besonders erfreulich sei, daß weit über 90 Prozent der betroffenen Gemeinde ihre Zustimmung gegeben haben.

Bedauerlich sei dagegen, so Schosser, daß in der Oberpfalz die Abbruchquote sich erhöhte, seit die Untere Denkmalschutzbehörde (Gemeinde) mehr Vollzugsermächtigung habe. Er appellierte an die größere Verantwortlichkeit dieser Vollzugsinstitution, zu deren Aufgabe es zähle, den Bestand zu sichten, bei geplanten Veränderungen zu beraten und Abbrüche zu verhindern (!).

Zum wahren Segen für die Erneuerung der Dörfer könnten die geänderten Dorferneuerungsrichtlinien vom 1. Juni dieses Jahres werden, wenn sie denkmalbewußt ausgelegt und in die Praxis umgesetzt würden. Auch die Bauberater bei den Ämtern für Landwirtschaft seien

gefordert. Sie sollten ihre Aufgabe stärker als bisher im Sinn der Denkmalpflege sehen.

Hochinteressant sei die echte Kooperation zwischen der Stadtsanierung und der Denkmalpflege, wie sie beispielsweise in Regensburg erfolge.

Kritik übte Dr. Schosser an der Zahl der Konservatoren. „Ich kenne Konservatoren, die mit 80 bis 90 Wochenarbeitsstunden ihre Gesundheit aufs Spiel setzen".

Eine echte Gefahr, daß das Interesse von Privateigentümern denkmalgeschützter Häuser wieder erlahmen könnte, sieht Dr. Schosser in geplanten Wegfall steuerlicher Vergünstigungen durch die Paragraphen 82i und k der Einkommensteuerdurchführungsverordnung. „Alle Parteien waren so leichtfertig, für den Wegfall im Jahr 1992 zu plädieren", sagte CSU-MdL Dr. Schosser. Der stellvertretende Landesdenkmalratsvorsitzende, SPD-MdL Volker Freiherr von Truchsess, nannte die ersatzlose Streichung „einen Schildbürgerstreich".

„Denkmäler in der Oberpfalz" hieß der Lichtbildervortrag von Regierungspräsident a. D. Prof. Dr. Ernst Emmerig beim Empfang im Alten Rathaus. Fachkundige Zuhörer aus Politik, der Geistlichkeit, der Kommunen und Behörden wurden dazu von Oberbürgermeister Friedrich Viehbacher begrüßt. Auffallend viele Bilder von Amberg waren der Beweis, daß die Stadt wie auch die Bedeutung ihrer sakralen und profanen Baudenkmäler weiß und sie zu erhalten versteht. Aber auch in der nördlichen Oberpfalz hatte Dr. Emmerig viele denkmalpflegerische Musterbeispiele im Bild festgehalten.

Süddeutsche Zeitung
29. Juli 1986

bestimmungen grundsätzlich für ausreichend hält. Ohne die ernsthafte Mitarbeit aller Beteiligten aber nütze das beste Gesetz nichts …

Vor der Sanierung steht im Landkreis Forchheim der Hackermühle bei Obertrubach. Problem hier: Das Landesamt hat einen 40 000-Mark-Zuschuß für die dringend notwendige Dachsanierung zur Verfügung gestellt, der aber noch nicht abgerufen worden ist. Zum Jahresende würde diese Förderung verfallen – verfallen dann in absehbarer Zeit auch das schützenswerte Anwesen.

Ein anderes Problem der Denkmalpflege wurde in Weidensees (Kreis Bayreuth) sichtbar. Hier wurde eine für Oberfranken einmalige Architekturgliederung aus leuchtend bunten korinthisierenden Pilastern, Gesimsbändern, Fensterumrahmungen und Dreiecksgiebeln mit Ornamentfüllungen an der ehemaligen Schmiede freigelegt.

Das Problem? Die Besitzerin, eine Bauersfrau, stört sich an den „schwarzen" Resten der Originalbemalung, die das Landesamt nicht „so sauber" wie die rekonstruierte Malerei an weiteren Fassadenteilen ausführen ließ.

Generalkonservator Petzet versuchte die Frau mit dem Hinweis darauf zu überzeugen, daß die konservierte Originalbemalung wie eine „alte Urkunde" zu verstehen sei.

Entscheidend für die weitere Zukunft eines denkmalgeschützten Hauses ist seine weitere Nutzung. Während die Scheune in Gosberg weiter Lagerzwecken dient, werden die Häuser in Pretzfeld (an Wochenenden) und Weidensees (ständig) bewohnt. Die Hackermühle soll Ferienwohnungen aufnehmen, die seit Jahrzehnten leerstehenden Austragshäuser in Schwürz (Sanierung beginnt jetzt) und Großweiglareuth (erfolgreich saniert) im Landkreis Bayreuth werden als Zweitwohnungen inseriert.

Mangelnde Verkaufsbereitschaft behindere in der Fränkischen Schweiz die materielle Erhaltung von Baudenkmälern, klagt Betz, der natürlich um die Gefahren weiß, die aus der Veränderung dörflicher Sozialstruktur wachsen kann.

Als erste Aufgabe des Denkmalpflegers bezeichnete Petzet die Substanzerhaltung über „schöne Fassaden hinaus". Dagegen sei sein Amt nur dann

Rekonstruktion (wie in vielen kriegszerstörten Städten), ob sie historisierend und modern-kontrapunktisch gestaltet werden. Ein „Stadtbildpfleger" aber könne der Denkmalpfleger nicht sein.

Petzet kündigte noch für dieses Jahr die Veröffentlichung der neuen Denkmalschutzliste Oberfranken an, die damit als letzte in Bayern herausgegeben wird.

Daß er in Schloß Seehof – Ausgangs- und Endpunkt der ganztägigen Rundfahrt – auch ein zehnjähriges Jubiläum hätte feiern können, erfuhr er erst vom Hausmeister: Am 1. Juli 1976 wurde die Außenstelle Bamberg des Landesamtes für Denkmalpflege in Schloß Seehof eingerichtet. (Nähere Einzelheiten über die Besichtigungsfahrt lesen Sie heute in unserer Forchheimer Ausgabe.) Wolfgang Kreiner

1819" datiert ist dieses Austragshaus in Schwürz, Landkreis Bayreuth. Seine Sanierung steht unmittelbar bevor. Wer sich ansehen möchte, wie das zweite erhaltene Austragshaus dieses Landkreises vorbildlich wiederhergestellt worden ist, der fahre weiter ins ein paar Kilometer entfernte Großweiglareuth
Foto: FT-Hans Grün

Münchner Glanzstück wird Schaustück

Arkadenhof der Alten Münze jetzt geöffnet / Das Denkmalamt zieht ein

Bei einer Feier hat Finanzminister Max Streibl das ehemalige Marstallgebäude am Hofgraben an den neuen Hausherrn, das Bayerische Landesamt für Denkmalpflege, übergeben. Gleichzeitig wurde der Innenhof der „Alten Münze" an der Burgstraße für die Bevölkerung geöffnet. Das Bayerische Hauptmünzamt ist kürzlich aus dem Gebäude ausgezogen und hat einen Neubau im Osten der Stadt bezogen. Für Umbau und Sanierung des früheren Marstallgebäudes müssen rund 20 Millionen Mark aufgewendet werden.

Nach der offiziellen Feier für eingeladene Gäste nutzten von Mittag an bis abends viele Einheimische und Fremde die Möglichkeit, den Arkadenhof, einer der schönsten Renaissancehöfe nördlich der Alpen, zu besichtigen und sich auch bewirten zu lassen. Der Hofbräuhauswirt hatte nur für diesen Tag Tische und Bänke für etwa 600 Besucher aufstellen lassen. Die Halbe kostete bei Selbstbedienung 2,70 Mark. Zu essen gab es Leberkäs mit Kartoffelsalat.

Restaurierung in der Originalform

Insgesamt war in dem Gebäude 177 Jahre lang die staatliche Münzanstalt untergebracht. Darauf wies Finanzminister Max Streibl in seiner Festrede hin. Bereits 1974 hätten sich die Planer von Finanz- und Kulturressort und der Staatsbauverwaltung auf ein Junctim zwischen dem Bau einer neuen Münze und der Überlassung des alten Münzgebäudes an das Landesamt für Denkmalpflege geeinigt. Der Neubau für das Hauptmünzamt habe 19 Millionen Mark gekostet. Für die Renovierung des Marstallgebäudes wurden 20 Millionen Mark veranschlagt. „Denkmalpflege ist nicht billig. Ich glaube aber, daß gerade dieses Gebäude hier das viele Geld wert ist."

Den Arkadenhof nannte der Finanzminister das Glanzstück der baulichen Anlage, den man in seiner originalen Form restaurieren werde. Mit der Öffnung des Arkadenhofes erfülle der Freistaat auch einen Wunsch der Landeshauptstadt. Für die Touristen biete sich mit der Freigabe eine weitere kulturelle Sehenswürdigkeit ersten Ranges an. Streibl sprach die Erwartung aus, das geschichtliche und künstlerische Erbe des Gebäudes werde das Landesamt für Denkmalpflege „sicher inspirieren". Für den Denkmalschutz gebe der Freistaat in diesem Jahr insgesamt 84,4 Millionen Mark aus.

Der Leiter des Landesamtes für Denkmalpflege, Generalkonservator Professor Michael Petzet, nannte die Hausübergabe, in dem das Landesamt schon vor vielen Jahren zwei Stockwerke bezogen hat, „einen ganz großen Tag für unsere Arbeit". Nach dem Ende der Sanierungsarbeiten 1989 bestehe dann die Möglichkeit, die über die Stadt verstreuten Dienststellen in der Alten

Fortsetzung auf Seite 14

Münchner Glanzstück wird Schaustück

Fortsetzung von Seite 13

Münze zusammenzuführen. „Die Zusammenführung ist eine entscheidende Voraussetzung für eine sinnvolle Arbeit."

Petzet kündigte die Absicht an, den Arkadenhof gelegentlich auch für Veranstaltungen zur Verfügung zu stellen. Während des Umbaus, der im Winter dieses Jahres beginnen soll, werde es zeitweise Einschränkungen bei der Besichtigung des Hofes geben. In einem Grußwort überbrachte Bürgermeister Winfried Zehetmeier den Dank der Stadt für die Öffnung des Hofes.

Der Arkadenhof ist für Besucher montags mit freitags von 7.30 bis 18 Uhr geöffnet und über den Eingang Hofgraben 4 zu erreichen. *Martin Rehm*

DIE ERSTEN GÄSTE *wurden gestern vormittag von Finanzminister Max Streibl (Mitte), Bürgermeister Winfried Zehetmeier (links) und Generalkonservator Michael Petzet im Arkadenhof der Alten Münze willkommen geheißen. In dem Gebäude wird das Landesamt für Denkmalpflege einziehen, das bislang noch auf mehrere Stellen verstreut ist.* Photo: Fritz Neuwirth

Süddeutsche Zeitung
1. August 1986

Neuer Denkmalfund auf Baugelände für Staatskanzlei

Süddeutsche Zeitung, 7. Juli 1986

Bereits kurz nach Beginn der Bauarbeiten für die heftig umstrittene neue bayerische Staatskanzlei am Rand des Münchner Hofgartens sind die Denkmalpfleger auf neue historische Funde im Untergrund des Baugeländes am Armeemuseum gestoßen. Die Bagger brachten eine Ziegelmauer zutage, die das Landesamt für Denkmalpflege nach erstem Augenschein vorerst für einen Teil einer Befestigungsmauer im Vorfeld der ehemaligen spätmittelalterlichen Neuveste hält, ein Vorläuferbau der heutigen Münchner Residenz. Der Fund werde jetzt archäologisch untersucht, sagte Generalkonservator Michael Petzet am Mittwoch der dpa auf Anfrage.

Petzet glaubt jedoch, daß der Fund, über dessen Denkmalwert derzeit ein Urteil noch zu früh erscheint, Auswirkungen auf den Baufortschritt der neuen Regierungszentrale haben könnte. Die historische Mauer liegt nach ersten Schätzungen offenbar am äußeren Rand der geplanten Tiefgarage. Die Denkmalpfleger sind auch noch auf Spurensuche nach zwei großen Wasserbecken.

Sicher ist sich Petzet aber, daß es sich bei dem mehrere Meter langen bisher entdeckten Mauerwerk nicht um einen Teil der alten Münchner Stadtmauer aus dem Mittelalter handelt. Ein Teil dieser Zwingermauer war erst vor einiger Zeit entfernt am Münchner Isartorplatz entdeckt worden. Daraufhin mußte die Stadtsparkasse München ihre ursprünglichen Baupläne so verändern, daß das Denkmal erhalten bleibt. lby

---

Nach eingehender Besichtigung im Cambodunum-Gelände:

Landesamt für Denkmalpflege begrüßt Rekonstruktion des Tempelbezirks

Generalkonservator Petzet spricht von Wiedergutmachung einstiger „Sünden"

Der Allgäuer (Kempten), 5. August 1986

KEMPTEN (jw). Gleichsam als ein Stück Wiedergutmachung einstiger großer Bausünden würdigte gestern Generalkonservator Prof. Dr. Michael Petzet die Rekonstruktion des gallo-römischen Tempelbezirks im Cambodunum-Gelände und das Bemühen der Stadt, noch weitere Teile der einstigen Römerstadt freizulegen und wieder sichtbar zu machen. Wiedergutmachung insbesondere in Erinnerung an die Überbauung zentraler Bereiche der Römerstadt in den Nachkriegsjahren.

„Hätte man schon bei den Grabungen um die Jahrhundertwende Teile des römischen Kempten wieder präsent gemacht - ich glaube, die Überbauung wäre dann nicht erfolgt", meinte der Chef des Landesamtes für Denkmalpflege weiter. Zusammen mit mehreren Fachleuten besichtigte er gestern, geführt vom Stadtarchäologen Dr. Gerhard Weber, die Ausgrabungsstätten.

Der Tempelbezirk stehe jetzt schon „wie selbstverständlich" da, erklärte Dr. Petzet. Er hätte diesen positiven Eindruck zuvor nicht erwartet und begrüße es, daß die Stadt nun eine wichtige Zeit ihrer Geschichte der Öffentlichkeit wieder deutlich mache.

Die rekonstruierten Gebäude sind im Rohbau fertig; vom künftigen Umgang her zeichnet sich ein prachtvoller Blick auf die Stadt ab. Bekanntlich soll der Tempelbezirk 1987 der Öffentlichkeit übergeben werden. Und was die nahen „kleinen Thermen" betrifft: Hier hoffte der Generalkonservator, daß es gelinge, trotz größerer Konservierungsprobleme ein gleich gutes Ergebnis zu erzielen.

Dr. Erwin Keller, Leiter der Abteilung für Vor- und Frühgeschichte des Landesamtes, selbst Allgäuer, würdigte ebenfalls die optisch ansprechende Gestaltung des Tempelbezirks; und der Augsburger Außenstellenleiter des Landesamtes, Dr. Günther Krahe - er grub vor einem Vierteljahrhundert selbst in Kempten -, begrüßte es, daß die Stadt mit dem OB an der Spitze sich zu diesem Vorhaben entschlossen habe.

Professor Dr. Günter Ulbert (Universität München) bezeichnete es in diesem Zusammenhang als einen Glücksfall für die Stadt, in Dr. Weber einen hervorragenden Fachmann gefunden zu haben. Er ist überzeugt, daß die Rekonstruktion des Tempelbezirks neue wissenschaftliche Erfahrungen zeitigen wird, und weist darauf hin, daß es in der Bundesrepublik zwar rekonstruierte Theater, Mauern und Kastelle aus römischer Zeit gibt, nicht aber einen gallo-römischen Tempelbezirk dieser Art.

Mit von der Partie waren gestern Dr. Johannes Eingartner, der die Ausgrabungen eines stadtrömischen Tempelbereichs in Faimingen leitet, sowie Architekt Dipl.-Ing. Wolfgang Schmidt, der in Kempten und Faimingen bei den Rekonstruktionen mitwirkt.

IM ROHBAU STEHEN SIE SCHON, die rekonstruierten Gebäude des gallo-römischen Tempelbezirks. Bei einer Ortsbesichtigung zollten gestern leitende Männer des Landesamtes für Denkmalpflege dem Bemühen, einen Archäologischen Park Cambodunum zu gestalten, viel Anerkennung. Auf dem Bild (von rechts): Prof. Dr. Günter Ulbert (Universität München), Generalkonservator Prof. Dr. Michael Petzet, Architekt Wolfgang Schmidt und Stadtarchäologe Dr. Gerhard Weber. Bild: Erika Bachmann

Freskotechnik oder Mineralfarben für die Südfassade des Klosters?

Zwischen Denkmalpflegern und Politikern noch keine Entscheidung

THIERHAUPTEN. Noch in diesem Jahr soll wenigstens ein Teil der Schauseite des Thierhaupter Klosters, die Südfassade am ehemaligen Klausurgebäude, in neuem Farbenglanz erstrahlen. Doch ganz so einfach ist das nicht, denn die Experten streiten sich noch darüber, was besser ist: die historische Freskotechnik oder die sogenannte Silikatfarbentechnik? (Bei der Freskotechnik wird die Wandmalerei auf frischen Kalkputz aufgetragen, bei der Silikatfarbentechnik wird die Mineralienfarbe auf den trockenen Grund aufgemalt.) Eine Grundsatzfrage, die auch bei der Besprechung vor Ort mit den Vertretern vom Landesamt für Denkmalpflege und den Kommunalpolitikern nicht endgültig geklärt wurde.

Die politisch Verantwortlichen favorisierten nachhaltig die Silikatfarbentechnik. Die Freskotechnik habe nämlich „so ihre Tücken", gab Thierhauptens Bürgermeister Fritz Hölzl zu bedenken, der in erster Linie an die Steuergelder dachte: „Wenn das in zwei oder drei Jahren wieder abbröckelt, dann würden das die Bürger sicher nicht verstehen." Angesichts der immer stärker zunehmenden Umweltbelastung, beispielsweise durch die vielen Ölheizungen, würde nach neuesten Erfahrungen das entstehende Schwefeldioxyd nämlich die bemalten Fassaden viel schneller und stärker angreifen als eben noch vor Jahrzehnten. Mineralienfarbe aber sei in diesem Fall beständiger, so Hölzls Meinung.

Auch Landrat Dr. Franz Xaver Frey sprach von einem „hohen Risiko", wenn man sich für die Freskotechnik entscheiden sollte, schlug aber einen Kompromiß vor: einen Teil in der historischen Technik, den Rest mit Mineralienfarbe machen.

Generalkonservator Professor Dr. Michael Petzet ließ aber keinen Zweifel aufkommen. Er favorisierte eindeutig die Freskotechnik, „die hat doch einen ganz anderen Farbcharakter". Und was die Schwefelsäure auf Putz betrifft, so sei dies „alles noch unsicher". Zwar sei das Ganze für das Landesamt keine „Glaubensfrage", sagte Petzet, „aber das Fresko hat eben eine ganz andere Brillanz".

Dr. Peter Böttger, für Thierhaupten zuständiger Oberkonservator, hatte ein weiteres Argument parat: „Fresko ist viel haltbarer." Und er wollte sich auf die Umwelt-Einwände der Politiker nicht einlassen: „Entscheidend ist vielmehr, daß man die Technik exakt beherrscht." Angst vor einem Abblättern habe er nicht.

Da heuer die Zeit sowieso nicht mehr ausreicht, um die Südfassade komplett fertigzumachen, wird Kirchenmaler Alfred Binapfl (Friedberg) zunächst mit einem Teil (etwa 15 Prozent) in Freskotechnik beginnen, sich das endgültige Ergebnis anschauen und dann die endgültige Entscheidung treffen. Durchaus möglich, daß dann der Rest in Silikatfarbentechnik ausgeführt wird.

Die Politiker schienen mit diesem Kompromiß zufrieden, ihnen war's vor allem darum gegangen, die Denkmalpfleger rechtzeitig auf mögliche Risiken beim späteren Bauunterhalt hinzuweisen. Dazu nochmals Hölzl: „Jetzt steht das Gerüst schon fast drei Jahre, da hätten die Leute kein Verständnis, wenn schon nach wenigen Jahren wieder eins hinkäme."

So soll die Klosterfassade werden ...

Der imposante Thierhauptener Klosterkomplex aus der Vogelperspektive. Luftbild: Bertram, freigegeben Reg. v. Obb. G 4/30 924.

Neuburger Rundschau (Neuburg a.d. Donau), 9. August 1986

Simnacher: „Das wird was sehr Gutes"

Der Bezirkstagspräsident ist überzeugt vom Nutzungskonzept für das Kloster Thierhaupten

Von unserem Redaktionsmitglied Gerd Horseling

THIERHAUPTEN. Bürgermeister Fritz Hölzl war die Erleichterung deutlich anzusehen — endlich ist das Nutzungskonzept fürs Kloster unter Dach und Fach. Bei der „Elefanten"-Besprechung vor Ort mit den Vertretern des Landesamtes für Denkmalpflege und mit Bezirkstagspräsident Dr. Georg Simnacher wurden nun die entscheidenden Weichen für das Jahrhundert-Projekt der Marktgemeinde gestellt. Vor allem wissen jetzt auch die Thierhauptener, woran sie sind. „Uns ist ein großer Stein vom Herzen gefallen, daß der Bezirk das Konzept des Landesamtes akzeptiert und nun den ganzen ehemaligen Klausurtrakt übernimmt" sagte Bürgermeister Hölzl, der besonders froh darüber ist, „den Bezirk als Partner für das bayerische Bauarchiv zu haben".

Die Gemeinde Thierhaupten will auf jeden Fall noch dieses Jahr die Detailplanung für den von ihr betreuten Westflügel des Klosterkomplexes vorantreiben. Dort sollen ja die Gastronomie eingerichtet, Übernachtungsmöglichkeiten geschaffen und im Schweinehaus sowie dem gotischen Anbau Musikverein und Heimat- und Trachtenverein untergebracht werden.

hung zu lernen", so Simnacher, „das Kloster als lebendige Werkstatt."

Generalkonservator Michael Petzet machte nochmals deutlich, eine Ausbildung von Lehrlingen oder Gesellen sei natürlich nicht möglich. Die Chance zur Weiterbildung sollten seiner Meinung nach neben den Handwerksmeistern auch all diejenigen haben, „die bereit sind, in der Denkmalpflege mitzuarbeiten und sich in der Restaurierung

zung noch Doppelfenster eingebaut werden müßten". Überhaupt sei der Klausurtrakt „spektakulär gut erhalten", sagte Böttger, „besonders die vielen alten Fenster und Böden". Im Ostflügel werden nach einem behutsamen Ausbau der Werkstätten und in der alten Schmiede auch wieder die Schmiede entstehen. Die riesigen Stallungen von einst werden kaum verändert, dort sollen die Lager unterkommen.

▽

Ersten Kurs ausschreiben

Sowohl das Landesamt für Denkmalpflege als auch der Bezirk und die Handwerkskammer für Schwaben sind stark daran interessiert, daß es mit den Übernachtungsmöglichkeiten (in der Endausbaustufe stellt sich Hölzl etwa 40 bis 50 Betten vor) schnell vorwärtsgeht. Denn: Schließlich sollen das ab 1. Oktober dort im Aufbau befindliche bayerische Bauarchiv sowie der angegliederte Landesbauhof und die Werkstätten „leben".

Für die Weiterbildung von Handwerksmeistern soll schon heuer ein erster Kurs ausgeschrieben werden. Max Rauch, Geschäftsführer der Handwerkskammer, denkt da an einen kleineren Kreis von etwa 15 bis 20 Leuten, die aus Bauberufen kommen und sich dann im Kloster Thierhaupten fortbilden können. Sie sollen dort alte Reparaturtechniken lernen und den Umgang mit alten Substanzen. Für Bezirkstagspräsident Dr. Georg Simnacher ist diese Verbindung „ein Modellfall", der möglichst rasch beginnen sollte. Gerade die Aufbauphase des Bauarchives und die weitere Sanierung des Klosters Thierhaupten könnten die Handwerksmeister nutzen, um „bei der Entstehung und Renovierung weiterzubilden". Petzet brachte auch die Vergabe von Stipendien ins Gespräch, beispielsweise für Architekten, die „gerne hier mitarbeiten würden". Für den Generalkonservator kommt's darauf an: „Der wissenschaftliche Hintergrund ist wichtig!" Und Dr. Georg Simnacher meint: „Das soll in Bayern einmalig werden, ich bin überzeugt, daß das was sehr Gutes wird."

Ein Restaurator kommt

Bereits am 1. Oktober wird der erste von später einmal vier Restauratoren (Planstellen beim Kultusministerium) des Landesamtes für Denkmalpflege im Kloster Thierhaupten seine Zelte aufschlagen. Dann werden auch die ersten Exponate fürs Bauarchiv herangekarrt. Eine historische Decke aus Kempten ist übrigens schon eingelagert. Der Aufbau dieses ersten bayerischen Bauarchives beginnt im östlichen Teil des ehemaligen Klausurtraktes, in den früheren Mönchszellen.

Wie Dr. Peter Böttger erläuterte, seien die Bedingungen dort geradezu „optimal" für das Bauarchiv. Große Umbaukosten entstünden auch nicht, „weil weder eine Hei-

...so sieht sie heute noch aus.

Zehn Jahre bis zur Endstufe

Dr. Peter Böttger rechnet mit rund zehn Jahren, bis das Bauarchiv komplett ausgebaut sein wird. Dann sollen den vier Restauratoren auch einige Handwerksmeister zur Hand gehen, um das Lehrmaterial zu sichten und zu erhalten. Überstürzen möchte das Landesamt für Denkmalpflege freilich nichts. „Wir werden bescheiden anfangen", so Generalkonservator Michael Petzet, der bei der Visite in der Marktgemeinde sein Herz noch an ein anderes Objekt verloren hat: an die alte Klostermühle von Franz Xaver Reiter.

In Gesprächen deutete Petzet an, man könnte dieses Haus eventuell ins Gesamtkonzept des Klosters integrieren. Auf jeden Fall aber müßte sie erhalten werden. Bürgermeister Fritz Hölzl soll nun mal vorfühlen, ob nicht die Gemeinde dieses historische Gebäude kaufen könnte. Über eine mögliche Nutzung freilich wollte Generalkonservator Petzet noch nichts Konkretes sagen, wenngleich er erste Vorstellungen schon im Hinterkopf hat, die zwischendurch herauszuhören war...

Was passiert mit der alten Klostermühle? Generalkonservator Professor Dr. Michael Petzet würde sie auch gerne ins Klosterkonzept integrieren.   AZ-Bild: Wolfgang Diekamp

Das Nutzungskonzept für das Kloster Thierhaupten.   Grafik: Schadewitz

Bagger im Hofgarten graben Historie aus

Denkmalschützer wollen die Sensationsfunde „mit ihrem Körper retten"

Das dürfte schon kein Zufall mehr sein: Immer im August, wenn die meisten Verantwortlichen nicht da sind, tun sich entscheidende Dinge in Sachen Staatskanzlei-Neubau. Aber diesmal könnte es für die Betreiber des leidenschaftlich umstrittenen Behördenprojekts im Hofgarten genau andersrum kommen. Denn obwohl noch gar keine endgültige Baugenehmigung vorliegt und die Gerichte in letzter Instanz noch gar nicht entschieden haben, wühlen sich die Bagger auf dem östlichen Hofgartengelände immer tiefer, um die Baugrube auszuheben, um vollendete Tatsachen zu schaffen, um den Bürgerprotest zum Resignieren zu bringen. Nun haben sie aber etwas ans Tageslicht geschaufelt, was sensationell ist: Eine Bastion der mittelalterlichen „Neuveste", des einstigen Herzstücks von München, ist wiederentdeckt worden.

Zwar behauptete Michael Petzet, der Chef des Denkmalamtes, noch zu Anfang der Freilegungsarbeiten, diese massiven Mauern seien sicherlich nicht ein Teil der alten Stadtmauer, aber inzwischen sind die vor Ort grabenden Leute seines Amtes ganz fest davon überzeugt, daß es sich bei der gefunden haben, um den nördlichen Brückenkopf der Veste handelt, die um 1570 ihre größte Ausdehnung hatte und ringsum von Wasser umgeben war.

Beim Thema Staatskanzlei-Neubau ist es nun so, daß sich unser oberster bayerischer Denkmalschützer auffällig zurückhält. Statt wie ein Löwe um den Hofgarten zu kämpfen, hat er seinerzeit gegen den verpönten Neubauentwurf kaum etwas einzuwenden gehabt. Und auch die ersten bedeutenden Denkmalfunde vor einem halben Jahr auf der östlichen Hofgartenseite (Brunnenhaus von Klenze,

Schließlich kann so ein historischer Fund durchaus einiges an Verhinderung bewirken. So ist, als ein Stück verschollene Stadtmauer bei den Ausschachtungsarbeiten für den Stadtsparkassen-Neubau am Isartor entdeckt wurde, der Bau völlig gestoppt worden; er mußte total umgeplant werden, und mit ihm hat man bis heute noch nicht anfangen können. Damals hat sich Michael Petzet enorm ins Zeug gelegt und auch Erfolg gehabt.

Ans Tageslicht geschaufelt: eine Bastion der mittelalterlichen „Neuveste" im Münchner Hofgarten.   Fotos (2): Hübl

Dieses befürchtete *Fait accompli* will allerdings FDP-Fraktionsvorsitzender Horst Haffner dadurch verhindern, daß er durch eine Eilanfrage bei der „Unteren städtischen – Denkmalbehörde" den Sachverhalt im Rathaus publik macht. Außerdem wollen die Denkmalschützer, die zur Zeit an Ort und Stelle wirken, eher mit ihren Körpern die Mauern bedecken, als daß sie das Zerstörungswerk der Bagger zulassen.

Was bis jetzt schon ausgegraben ist, berührt übrigens die vorgesehene Tiefgarage des Staatskanzlei-Neubaus und ragt gegebenenfalls, wenn man noch weiter gräbt, auch unter den geplanten südlichen Querflügel der Staatskanzlei. Diese Umstände sind im wahrsten Sinne des Wortes so gravierend, daß unter normalen Bedingungen das Staatskanzlei-Vorhaben sofort gestoppt werden müßte.

Damit auch für die Staatskanzlei wieder die Regeln der Normalität zu gelten haben, ist eiligst der Mannesmut von Michael Petzet gefordert. Auch dürften diese Denkmalfunde vor Gericht letztlich zur schärfsten Waffe beim Kampf um die Aufhebung des Staatskanzlei-Bebauungsplans werden.

Peter M. Bode

△ AZ (Abendzeitung), München
16. August 1986
▽

Kultusminister stellte neuen Niederbayern-Band vor:

Ein Schlaglicht bayerischen Denkmalschutzes

Umfassende Publikationsreihe kurz vor dem Abschluß — Pionierleistung des Landesamtes für Denkmalpflege

▽

Straubinger Tagblatt
11. August 1986

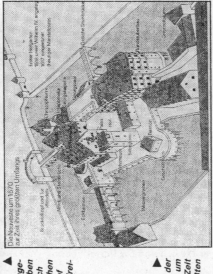

Die Ausbaggerungen haben offensichtlich den nördlichen Brückenkopf der Veste freigelegt.

Ansicht der Neuveste um 1570, zur Zeit ihres größten Umfangs.

An der Pressekonferenz von Kultusminister Prof. Dr. Hans Maier nahmen unter anderem auch Staatsminister Alfred Dick, Leitender Ministerialrat Dr. Max Obermeier, Generalkonservator Prof. Dr. Michael Petzet und Regierungspräsident Dr. Gottfried Schmid (v.l.) teil.

Straubing. Im Rahmen einer Pressekonferenz der Bayerischen Staatsminister für Unterricht und Kultus, Professor Dr. Hans Maier, im Straubinger Rathaus den druckfrischen Niederbayern-Band aus der Reihe „Denkmäler in Bayern" vor. Damit steht die insgesamt acht Bände – Oberfranken wird bald folgen – umfassende bayerische Denkmalliste unmittelbar vor dem Abschluß. Maier hob hervor, daß es europaweit keine vergleichbar geschlossene Dokumentation in diesem Bereich gebe. Das im Oldenburg Verlag erschienene, 476seitige Werk listet rund 13 000 Baudenkmäler, 117 Ensembles und etwa 800 archäologische Geländedenkmäler auf.

Eine hochglänzende Luftaufnahme des historischen Stadtkerns von Straubing ziert den wuchtigen Niederbayern-Band, der als offizielle bayerische Denkmalliste sämtliche schützenswerte Gebäude und archäologische Funde des Regierungsbezirks erfaßt. Mit seiner Publikation steht die in Zusammenarbeit zwischen dem Bayerischen Landesamt für Denkmalpflege und dem Oldenburg Verlag herausgegebene, insgesamt achtbändige Reihe „Denkmäler in Bayern" kurz vor dem Abschluß. Während Maier betonte, daß es sich bei diesem Projekt in erster Linie um ein verlegerisches Unternehmen handle, konnte die Frage gerichteter finanziellen Unterstützung durch das Landesamt nicht eindeutig beantwortet werden. Einige hunderttausend Mark seien es jedoch gewesen, stellte Generalkonservator Professor Dr. Michael Petzet lakonisch fest.

Die Buchreihe sei als ein Ergebnis des vor zwölf Jahren in Kraft getretenen bayerischen Denkmalschutz-Gesetzes zu sehen, führte Maier aus, indem es schlagartig „die Entwicklung des Bayerischen Landesamts für Denkmalschutz selbst ins Gedächtnis zurückruft." So sei das Personal in der Behörde in den vergangenen 13 Jahren mehr als verdreifacht worden, während die Zuschuß- und Grabungsmittel sowie der Entschädigungsfonds derzeit auf insgesamt 84 Millionen Mark belaufen. In diesem Zusammenhang müsse die Reihe „Denkmäler in Bayern" als umfassende Kataloglisierung aller schützenswerten Gebäude, Ensembles und archäologischen Geländedenkmäler gesehen werden.

Vorbehalte abgebaut

Während der Anfangsphase der Denkmälererfassung vielfach noch Bedenken gegen die Erstellung einer entsprechenden Liste laut geworden wären, habe sich gerade auf dem Hintergrund der Vorarbeiten zu dem Niederbayern-Band gezeigt, daß die Kooperationsbereitschaft der Gemeinden und Denkmaleigentümer ständig wachse. Somit liege nun auch den Behörden mit dem Vollzug des Denkmalschutzgesetzes „ein wesentliches Hilfsmittel für die Klärung der Architekturgeschichte vor." „Wir wissen nun sehr viel genauer, was wir besitzen, leider aber auch, was wir unwiederbringlich verloren haben", heißt es dazu in einer Erklärung des Landesamtes.

Maier und Petzet wiesen darüber hinaus auf den wissenschaftlichen Wert der Publikation hin, der sich quasi als „eine Materialfundgrube für die Kunstgeschichte" darstelle. So werde beispielsweise gerade im Bereich der Sakralbauten offensichtlich, von Niederbayern mit Ausnahme der ehemaligen Reichsgrafschaft Ortenburg vor unübersehbarer katholischer Tradition geprägt sei. Das Kloster Niederalteich beweise dies ebenso wie spätgotische Hallenkirchen Sankt Jakob in Straubing oder die Heilig-Geist-Kirche in Landshut. Daneben werde jedoch auch die eindeutig agrarische Prägung Niederbayerns deutlich sowie traditionelle Strukturen handwerklicher Produktion in ländlichen Gebieten nachgewiesen und dokumentiert seien.

Kein Schlußpunkt

Über die Vorstellung des Buches hinaus umriß Maier weitere langfristige Aufgaben des Denkmalschutzes. Neben der exakten Erforschung der Glas-, Metall- und Steinkonservierung müßten ebenso moderne wissenschaftliche Methoden zur Bestandsaufnahme von Bodendenkmälern vorangetrieben werden. Darüber hinaus müßten Möglichkeiten zum verstärkten denkmalpflegerischen Schutz bedeutsamer handwerklicher Traditionen entwickelt werden. Mittels der Anhebung des fachlichen Niveaus von in der Restaurierung tätigen Handwerkern erwartet sich Maier zudem eine verbesserte Erhaltbarkeit von Denkmälern. So habe bereits der Bayerische Landtag entschieden, die Ausbildung von Restauratoren in einer Art Akademie neu zu ordnen.

Abschließend resümierte der Kultusminister, daß Denkmalschutz und -pflege „auch in Niederbayern in immer stärkerem Maße im politischen und gesellschaftlichen sowie kulturellen Leben Fuß gefaßt" habe. In diesem Zusammenhang sei der Band aus der Reihe „Denkmäler in Bayern" als ein herausragender und wichtiger Beitrag zur weiteren Förderung des Denkmalschutzes im Regierungsbezirk zu betrachten. Das reich bebilderte, 476 Seiten starke Buch wurde in einer Auflage von 1 500 Exemplaren herausgegeben und ist im Buchhandel zu einem Preis von 148 Mark zu erhalten. -mic-

alte Arkaden etc.) haben ihn keineswegs alarmiert. Er meinte nur matt, damit könne man auch nichts gegen den Neubau machen, und die Funde ließen sich ja ganz gut in den Staatskanzlei-Keller integrieren.

Dabei ist es rechtlich so, daß – während die Denkmalrelikte rechtzeitig bekannt gewesen – der Bebauungsplan für die Staatskanzlei den Stadtrat in der vorliegenden Form gar nicht hätte passieren können. Es gibt nun Stimmen, die glauben, im Denkmalamt habe man sehr wohl schon lange vom Hofgartens brisanten Untergrund des Hofgartens Kenntnis gehabt, aber dieses Wissen sei ganz bewußt nicht eingesetzt und auch der Öffentlichkeit vorenthalten worden, um der Strauß-Regierung zu Gefallen zu sein.

Bei der „politischeren" Staatskanzlei jedoch mimt er den Leisetreter. Warum? Will er vielleicht noch höher hinauf auf der Karriereleiter? Hat er auf das Ambitionen auf das Amt des Generaldirektors der Bayerischen Staatsgemäldesammlungen, das im nächsten Frühjahr vakant wird und womöglich über der Ministerrat (womöglich nach Wohlverhalten) entscheidet?

Das Problem ist nun: Wenn die Spitze des Denkmalamtes auch jetzt wieder schweigt oder die enorme stadthistorische Bedeutung der Mauer im Hofgarten herunterspielt, dann könnte die staatliche Bauverwaltung ihre Absicht wahrmachen und Anfang nächster Woche die Mauer einfach wegbaggern lassen. Was dann geschehen ist, ist geschehen. Es war dann halt ein Versehen der Erdarbeiter.

Das Leipheimer Rathaus wird nun ockerfarben

Denkmalpfleger mit Minister Maier auf Landkreistour

Leipheim (uc). Ockerfarben und nicht wie gewünscht blau wird die Fassade des Leipheimer Rathauses gestrichen. Darauf einigten sich Denkmalpfleger und Stadtvertreter am Montag im Beisein von Kultusminister Hans Maier. Der Minister kam aber hauptsächlich wegen des Anwesens in der Hinteren Gasse 12 nach Leipheim, einer Station seiner Landkreistour, bei der er sich ein Bild von Denkmalschutzproblemen in seinem Stimmkreis machen wollte. Bei rund der Hälfte der von ihm im Landkreis besuchten Denkmalprojekte sei er von der anliegenden Bevölkerung um Hilfe gebeten worden, bei der anderen Hälfte habe es sich um Wünsche des Bayerischen Landesamtes für Denkmalpflege gehandelt, erklärt Maiers persönlicher Referent Fritz Dörre.

Zum Leipheimer Rathaus kam der Minister aus aktuellem Anlaß. Zwischen der Stadt Leipheim und dem Bayerischen Landesamt für Denkmalpflege, das mit seinem Leiter Professor Dr. Michael Petzet auch hochkarätig vertreten war, hat sich nämlich etwas Mißstimmung entwickelt. Mit der Planung des Leipheimer Altstadtsanierungsprogramms ist ein Münchner Architekturbüro beauftragt worden. Und die Leipheimer Stadtväter waren der Meinung, das Münchner Sanierungsbüro habe die gewünschte Farbe Blau für das Rathaus mit dem bayerischen Landesamt für Denkmalpflege abgesprochen, erklärte Peter Boesveld, Hauptamtsleiter in der Stadtverwaltung, auf Anfrage.

Unhistorisch

Wie Dr. Bernd Vollmer, Konservator beim Landesamt, bei der Ortsbesichtigung sagte, sei er überrascht gewesen, als er in einem GZ-Bericht von diesem Farbenbeschluß des Stadtrates gelesen habe. Da Blau eine unhistorische Farbe sei, sollte man von einer solchen Lösung absehen. Deshalb habe sich das Landesamt auch dagegen ausgesprochen. Vollmers Chef, Dr. Michael Petzet, Bayerns oberster Denkmalschützer, unterstützte ihn in dieser Hinsicht: „Blau paßt nicht."

Kultusminister Dr. Hans Maier gab den Stadtvertretern, an der Spitze Bürgermeister Gerhard Hartmann, zu bedenken, daß die Stadt ein gutes Beispiel für ihre Bürger abgebe, würde sich der Stadtrat den Vorschlägen des Landesamtes fügen. So einigten sich dann auch die Stadtvertreter und die Denkmalschützer darauf, die Rathausfassade in einem Ockerton streichen zu lassen.

Nächste Station der Landkreisvisite von Minister Maier war das Anwesen „Hintere Gasse 12" in Leipheim. Der Eigentümer habe dafür einen Abbruchantrag sowie eine Bauvoranfrage an den Stadtrat gestellt, da er dort einen Neubau errichten möchte, erklärte Boesveld auf Anfrage. Bürgermeister Hartmann erläuterte vor Ort, ein Wohnhaus mit Garagen sei vorgesehen, wobei die Fassade ununterbrochen sei.

Warum dieses Objekt der Zustimmung des Landesamtes für Denkmalpflege bedürfe, begründete Dr. Vollmer damit, daß das Gebäude zu dem ehemaligen Spital aus dem Jahre 1684 gehöre. Die Vertreter des Landesamtes haben empfohlen, den Wohnbereich stehen zu lassen, der Stadel wie auch der Stall könnten abgerissen werden.

Der alte Pfarrhof in Limbach stand als nächstes Denkmalprojekt auf dem Programm der Landkreistour von Maier. Die Limbacher Kirche ist bereits vor vier bis fünf Jahren renoviert worden, wie Minister Maier feststellte. Das Pfarrhaus jedoch steht noch aus, der Putz von der Außenmauer bröckelt ab. Genutzt wird im alten Pfarrhaus nur das untere Stockwerk. Eine staatliche Förderung ist jedoch nur dann möglich, wenn das gesamte Gebäude einer pfarrlichen Nutzung unterliegt, erklärte Fritz Dörre. Wird eine solche Nutzung von den Limbachern nachgewiesen, können sie, wie von den Denkmalpflegern zu hören war, auch mit einer staatlichen Förderung rechnen.

Von überregionaler Bedeutung ist die Kirche in Unterknöringen hauptsächlich wegen der dortigen Arbeiten von Loy Hering und seiner Schule. Deshalb hat auch das Bayerische Landesamt für Denkmalpflege gleich bei der Kirchenbesichtigung einen Zuschuß zu den Renovierungskosten von 10 000 Mark zugesagt. Denn bei Renovierungskosten dieser Kirche von 1,1 Millionen Mark klafft eine Finanzierungslücke von 200 000 Mark. Außerdem wurde bei der Besichtigung der Kirchenverwaltung empfohlen, einen Zuschußantrag an die Bayerische Landesstiftung zu stellen.

Pfarrhöfe

Auf dem weiteren Besichtigungsprogramm des Ministers standen am Montag die Pfarrhöfe in Hafenhofen, Winterbach und Rechbergreuthen. Dabei ging es in allen drei Fällen um die Erhaltung dieser Gebäude. Dazu seien aber, wie Fritz Dörre erklärt, umfangreiche Sanierungsarbeiten der Diözese erforderlich, um die sich das Landesamt für Denkmalpflege bemühen möchte.

Statt einer blauen eine ockerfarbene Fassade für das Leipheimer Rathaus. Darauf verständigten sich (v. l.) Bürgermeister Gerhard Hartmann, 3. Bürgermeister Hans Leibing, SPD-Stadtrat Leo Schmitt, Kultusminister Hans Maier, Josef Bayer vom Leipheimer Stadtbauamt, Dr. Michael Petzet, Leiter des Landesamtes für Denkmalpflege, Stadtbaumeister Lothar Ehrlich und Dr. Bernd Vollmar vom Landesamt für Denkmalpflege.   Foto: Böttcher

Günzburger Zeitung
2. Oktober 1986

AZ feuilleton

Die historischen Hofgarten-Arkaden: Laut Gutachten können diese wertvollen Relikte erhalten werden. Foto: Hübl

Retten die Arkaden den Hofgarten?

FAKTEN & MEINUNG: Der oberste Denkmalpfleger schlägt sich auf die Seite der Staatskanzlei

Die nächste Gerichtsrunde in Sachen Neubau der Staatskanzlei wird in der nächsten Woche entschieden. Dabei wird das 140seitige Gutachten der Denkmalpfleger über den Wert der Hofgartenarkaden mit ihren Kreuzgewölben und des Brunnenhauses von Klenze eine große Rolle spielen: Weil diese historischen Bauten der geplanten Staatskanzlei entschieden im Wege stehen. Das unter Verschluß gehaltene Gutachten liegt uns vor. Daraus geht ganz klar hervor: Eine Sanierung und statische Sicherung der Arkaden ist möglich. Der Chef der Denkmalpflege, Michael Petzet, empfiehlt trotz dieser Aussage, nur die unteren Arkaden teilweise zu retten und im Untergeschoß der Kanzlei verschwinden zu lassen. Damit liegt er genau auf der Linie der bayerischen Regierung.

Während die Stadt München auch vor Gericht so argumentiert – daß sie, wäre ihr die Kenntnis von der Bedeutung der Hofgartendenkmäler nicht vorenthalten worden, niemals dem Staatskanzlei-Bebauungsplan zugestimmt hätte –, kämpft Bayerns oberster Denkmalschützer keineswegs um die seiner Obhut anvertrauten geschichtlichen Funde. Er gibt sich damit zufrieden, daß nur ein Rest erhalten und gleichsam in den Keller der Staatskanzlei „integriert" wird.

Da reagiert Stadtbaurat Zech, der wirklich kein Feind der Staatskanzlei ist, immerhin ganz anders: Er hat durch Vermessung feststellen lassen, daß der Stadt 700 Quadratmeter Grund gehören, den die Regierung für den nördlichen Bereich ihres Neubaus braucht. Die Vermessung hat zudem ergeben, daß ein Teil des Klenzeschen Brunnenhauses auf städtischem Gebiet liegt. Mit diesem doppelten Faustpfand kann die Stadt, wenn sie genügend Rückgrat besitzt, den Staat zu Verhandlungen zwingen.

Zech macht sich auch die Auffassung des Kreisheimatpflegers Alexander von Branca zu eigen, daß auch „die oberen Arkaden in einer geeigneten Form wiederhergestellt werden müssen". Für Branca hat das zur Konsequenz, daß zumindest der nördliche Seitenflügel der geplanten Staatskanzlei entfallen muß.

Zech findet übrigens die Wiederentdeckung der 1560 entstandenen Arkaden „geradezu sensationell. Dieser Arkadengang ist damit als Urzelle und Maßstab des späteren Hofgartens anzusehen." Zech meint außerdem, daß der Stadt schon 1985 „wegen der Denkmalfunde Gelegenheit zur Neuplanung hätte gegeben werden müssen".

Die merkwürdige Rolle, die Michael Petzet im Streit um die Staatskanzlei und die Hofgarten-Denkmäler spielt, wird durch zwei Tatsachen besonders deutlich.

Als fast per Zufall in diesem Sommer die historischen Mauern der frühen Hofburg auf der südlichen Hofgartenseite gefunden wurden, wußte der Generalkonservator der Denkmalpflege schon in den ersten Tagen, daß es sich „mit Sicherheit" nicht um die alte Stadtmauer handeln könne, obwohl die Ausgrabungen erst später auf die interessantesten Einzelheiten stießen und erst im kommenden Frühjahr abgeschlossen sein werden. Denn wenn sich am Ende herausstellen sollte, daß auch auf dieser Seite des Hofgartens wichtigste bauliche Zeugen der Stadtgeschichte zu erhalten sind, käme die Planung der Staatskanzlei vollends in Bedrängnis.

Verblüffend ist auch, daß Petzet mit seiner Zustimmung zur Einbeziehung der Teilarkade in die Untergeschosse der Staatskanzlei so lange gewartet hat, bis er entsprechend geänderte Pläne der Staatskanzlei-Architekten eingesehen hatte, auf denen die Kombination von Restarkade und Bürokeller dargestellt war, die der Regierung für ihre Absichten als am wenigsten störend erschien. Daß sich aber die Statiker auch eine sichtbare äußere Verbindung der oberen Arkaden mit der Fassade des Neubaus vorstellen können, nimmt Petzet in seiner abschließenden Stellungnahme nicht zur Kenntnis: Wohl weil diese Forderung den Staatskanzlisten gar nicht recht ist, denn dann müßten sie gewaltig umplanen.

Das Landesamt für Denkmalpflege hat es auch abgelehnt, an dem nun doch stattfindenden Entwurfsseminar für den Hofgarten teilzunehmen, das vom 6. bis 13. Dezember über die Bühne gehen wird. Daß die Mannschaft der Staatskanzlei das Seminar ignorieren würde, war abzusehen. Aber daß die Denkmalschützer, die inzwischen zur Überraschung aller im Hofgarten ihr reichstes Betätigungsfeld gefunden haben, kein Interesse am letzten Versuch zeigen, die Staatskanzlei von der Zerstörung des Hofgartens abzuhalten, offenbart denn doch zuviel vom Geist des untertänigsten Staatsdieners.

Peter M. Bode

AZ (Abendzeitung), München, 10. Oktober 1986

Süddeutsche Zeitung, 24. Oktober 1986

Ein Pfleger als Totengräber

Landesdenkmalamt billigt den Teilabriß der Hofgarten-Arkaden

Bayerns oberster Denkmalschützer, Generalkonservator Michael Petzet, dessen Amt sich mit Vehemenz für die Bewahrung historischer Ensembles einsetzt, erhebt gegen die mehrheitliche Zerstörung der Renaissance-Arkaden auf dem vorgesehenen Bauplatz der neuen Staatskanzlei am Hofgarten keinen Einspruch. Dies geht aus einem 130seitigen Gutachten des Landesdenkmalamts hervor, das bereits vom vergangenen Juni datiert, aber erst jetzt über den Münchner Stadtrat bekannt wurde.

Petzets Einverständnis mit dem von der Regierung von Oberbayern schon genehmigten Abriß ist umso unverständlicher, als die Einzelgutachten des mit Photographien, Plänen und technischen Daten gespickten Konvolut im Detail nachweisen, daß beide historischen Bauteile sowohl unter statischen als auch unter sanierungstechnischen und restauratorischen Aspekten voll erhalten werden können: die Gewölberäume des alten Brunnhauses aus der Zeit um 1560 wie die Anfang des 17. Jahrhunderts errichteten oberen Arkaden, die dann in das frühere, im Zweiten Weltkrieg schwer beschädigte und anschließend abgebrochene Kunstvereinsgebäude integriert wurden.

Allerdings weist das statische Gutachten darauf hin, „daß eine Verwendung der historischen Baureste als tragende Unterkonstruktion für eine neuerliche Überbauung ausgeschlossen werden muß." Mit anderen Worten: Ohne den geplanten Neubau der Staatskanzlei, dessen nördlicher Flügel den Bereich der beiden Denkmäler beansprucht, wären die stadtgeschichtlich so bedeutsamen Funde ohne Schwierigkeiten zu sichern und wiederherzustellen.

Deshalb fordert Kreisheimatpfleger Alexander von Branca, daß „zumindest" dieser Nordflügel entfallen müsse, falls für die Staatskanzlei vorgesehene Standort nicht zu verhindern sei. Noch deutlicher äußert sich Stadtbaurat Uli Zech, dem gewiß keine Gegnerschaft zum geplanten Neubau unterstellt werden kann. In seinem jüngsten Bericht an den Stadtrat bestätigt er nicht nur die „hohe geschichtliche, künstlerische und wissenschaftliche Bedeutung" beider Denkmäler, sondern bezeichnet die Gewölberäume, die Petzet zur Hälfte zu opfern bereit ist (neben den gesamten oberen Arkaden), sogar als „Urzelle und Maßstab des Hofgartens". Außerdem macht Zech die interessante Mitteilung, daß sich die Bayerische Staatskanzlei als Bauherr schriftlich verpflichtet hier als Totengräber, weil er sich zum willigen Anwalt des Bauherrn Staatskanzlei macht, statt seinem gesetzlichen Auftrag zu folgen, den ja auch alle Gutachten bestätigen.

Die Stadt München aber hat nicht nur alle Argumente auf ihrer Seite, sondern besitzt zugleich ein Grundstück, ohne dessen Hergabe die Staatskanzlei nicht gebaut werden kann. Kommende Woche geht das Verwaltungsstreitverfahren zwischen Stadt und Staat in die nächste Runde: München hat mehr denn je gute Gründe, auf seiner Position zu bestehen.

WOLFGANG JEAN STOCK

★

Oberbürgermeister Georg Kronawitter fordert den obersten bayerischen Denkmalpfleger, Michael Petzet, auf, endlich Farbe zu bekennen. „Die Stadt und ihre Bürger haben ein Recht, im Detail zu wissen, welche Konsequenzen aus den Denkmalfunden gezogen werden müssen.

Es wäre ein Skandal, wenn der Denkmalpfleger mit zweierlei Maß messen würde, wie das der Fall zu sein scheint. Als auf dem Grundstück der Stadtsparkasse am Isartorplatz Mauerreste entdeckt wurden, hat der Denkmalpfleger innerhalb weniger Stunden die Einstellung der Bauarbeiten verfügt. Stadtsparkasse und Oberbürgermeister sind diesen Forderungen sofort nachgekommen. Diese Mauerreste sind jetzt freigelegt und wurden in die weitere Planung mit einbezogen. Sie sind meiner Ansicht nach im Vergleich zu den Funden im Südteil des Hofgartens, die jetzt erst kürzlich entdeckt worden sind, geradezu nachrangig, wie sich jeder selbst überzeugen kann.

Ich bin ganz sicher, daß solche Funde bei einem Privaten oder bei der Stadt sofort zur Einstellung des Baues geführt hätten, übrigens mit Recht, wie ich meine", betonte OB Kronawitter. Die Qualität der Funde im Nordteil, die bis ins 16. Jahrhundert zurückgehen und als geradezu sensationell bezeichnet wurden, erzwinge, so Kronawitter, deren uneingeschränkte Erhaltung. Offensichtlich aber möchte sich der Denkmalpfleger mit der Staatskanzlei nicht anlegen und schweigt hier wie ein „untertäniger Staatsdiener".

„Gerade hier aber darf nicht nach tagespolitisch-opportunistischen Gesichtspunkten vorgegangen werden", verlangt der OB. „Von einem Denkmalpfleger erwartete die Bürger zu Recht, daß er unabhängig, frei und nur seinem Gewissen verpflichtet handelt und dazu auch die persönliche Zivilcourage mitbringt."

SZ

Generalkonservator Petzet stellt sich hinter Staatskanzlei

Generalkonservator Michael Petzet hat sich hinter das umstrittene Neubauprojekt der Staatskanzlei am Hofgarten gestellt. In einer Antwort an OB Georg Kronawitter, der die Haltung des Landesamtes für Denkmalschutz kritisiert hatte, formulierte Petzet, der Bebauungsplan des von Architekten, Städteplanern und Bürgern bekämpften Vorhabens erfülle die Forderungen der Denkmalpflege nach Rettung der Armeemuseum-Kuppel und nach Erhaltung des Hofgartens als Teil eines einzigartigen Ensembles. Der untere Hofgarten bleibe von jeder weiteren Bebauung frei.

Nach Petzets Ansicht bildet das seit vielen Jahren geplante Projekt auch aus städtebaulicher Sicht „einen sinnvollen und notwendigen Abschluß des Hofgartens gegen den Altstadtring". Der Kuppelbau bleibe ein dominanter Akzent der Stadtsilhouette.

Petzet verwahrte sich auch ausdrücklich gegen Kronawitters Vorwurf, das Landesamt messe hinsichtlich der jüngsten Bodenfunde im Hofgarten „mit zweierlei Maß". Das Amt kümmere sich, wie auch in anderen Fällen, um eine Integration dieser Funde in den geplanten Neubau.

lby

Oberfrankens Denkmäler

Generalkonservator stellte in Bayreuth neues Buch vor

BAYREUTH. – Das Bayerische Landesamt für Denkmalpflege hat in der Reihe „Denkmäler in Bayern" den Band „Oberfranken" herausgegeben. Die erste Ausgabe überreichte gestern in Bayreuth Generalkonservator Professor Dr. Michael Petzet an Regierungspräsident Wolfgang Winkler.

Siedlungen aus der Zeit der Markgrafen von Schweinfurt – wie etwa Kronach, Burgkunstadt oder Creußen – eine frühe Phase der Landserschließung. Das Hauptkontingent bilden dann die hochmittelalterlichen Gründungen mit ihren regelmäßigen Strukturen in Rodungsdörfern des Frankenwaldes und den biet besitzt seinen eigenen Typus des Bauernhauses, vom verschieferten Blockbau des Frankenwaldes über das Fachwerkhaus des Bamberger Umlandes bis zum biedermeierlichen Massivbau mit Halbwalmdach rund um das Fichtelgebirge. Zwar weisen die Dörfer kaum noch geschlossene Ortsbilder auf,

pflichtet habe, „das Baudenkmal, soweit es erhaltungsfähig ist", in den Neubau aufzunehmen.

Aus allem läßt sich der Schluß ziehen, daß die Staatsregierung, die den Neubau am Hofgarten nach wie vor als Prestigefrage betrachtet, in diesem Fall ihr eigenes Denkmalschutzgesetz ausschalten will, noch dazu unter Vortäuschung seiner Erfüllung. Und der Generalkonservator, zur Pflege unserer bayerischen Denkmäler berufen, doch findet man vielfach Märkte und Kleinstädte mit gut erhaltener historischer Bachzeilendörfern der Fränkischen Schweiz. Mit der Territorienbildung

Hilfsmittel

Mit Erlaß des bayerischen Denkmalschutzgesetzes vor zwölf Jahren war der Auftrag formuliert worden, die Bau- und Bodendenkmäler in ein nachrichtliches Verzeichnis aufzunehmen, in die sogenannte Denkmalliste. Von den Alpen bis zum Main, vom Bayerischen Wald bis zum Bodensee waren zirka 110 000 Baudenkmäler und rund 10 000 archäologische Geländedenkmäler in die Liste einzutragen, betonte Professor Dr. Petzet. Mit der Publikation der Denkmallisten in der Reihe „Denkmäler in Bayern" liege nicht nur ein wesentlicher Teil für den Vollzug des Denkmalschutzgesetzes vor, es erweitere sich damit auch in ganz beträchtlichem Maße unsere Kenntnis der Denkmäler in den verschiedenen bayerischen Landschaften. „Wir wissen nun sehr viel genauer, was wir besitzen, leider aber auch, was wir bereits unwiederbringlich verloren haben", sagte der Generalkonservator.

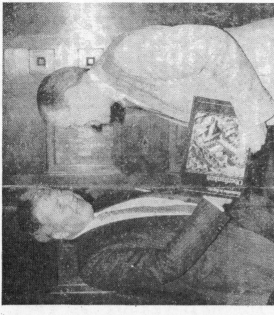

Den ersten „Oberfranken"-Band in der Reihe „Denkmäler in Bayern" überreichte Generalkonservator Professor Dr. Michael Petzet (links) an Regierungspräsident Wolfgang Winkler

Zeugnisse

Im Regierungsbezirk Oberfranken sind rund 13 500 bauliche Einzeldenkmäler, 111 Ensembles und 800 archäologische Geländedenkmäler verzeichnet. Unter den letzteren stellen die Höhen des Fränkischen Jura und das Hochplateau des Staffelberges landschaftsspezifische Zeugnisse von Vorzeitkulturen dar. Auf der Grundlage der Ensembles, die in dem Band in Wort und Bild dargestellt sind, kann die historische Besiedlung dieses östlichen Teils von Franken nachgezeichnet werden. Zunächst bezeichnen die Höhen entstehen als Schwerpunkte die drei Residenzen Bamberg, Kulmbach-Bayreuth und Coburg, deren Eigenheiten jeweils auch das zugehörige Herrschaftsgebiet prägen. Nach der Reformation formte das katholische Bamberg seinen Charakter als reichstreues geistliches Zentrum weiter aus, während sich die evangelischen Fürstentümer in Richtung auf den absolutistisch aufgeklärten autonomen Staat entwickelten. Dies führte im Barock zu unterschiedlichen Tendenzen in der Architekturauffassung, die sich ebenfalls zumindest als Überreste in dem Oberfranken-Band wiedergegeben werden. Jedes in dem Bild- und Kartenband dargestellte Teilgebiet zeigt seine Besonderheit: Bausubstanz. Eine Besonderheit sind die zahlreichen Ortschaften im Nordosten des Gebiets, die – wie Hof und Wunsiedel – nach Ortsbränden im frühen 19. Jahrhundert einheitlich im Biedermeierstil wieder aufgebaut wurden. Stadtkomplexe von europäischer Bedeutung mit einer vielfältigen bis in unser Jahrhundert reichenden Schichtung von Einzeldenkmälern sind die drei Schwerpunkte des Regierungsbezirks: Bamberg, Bayreuth und Coburg.

Der Band „Oberfranken" ist im Oldenborg-Verlag München erschienen und wird im Buchhandel zum Preis von 140 Mark angeboten.

S. W.

Frankenpost (Hof), 17. Oktober 1986

Süddeutsche Zeitung 11. Oktober 1986

Bayerns oberster Denkmalschützer lobt die Staatskanzlei im Hofgarten

Michael Petzet, der Chef der bayerischen Denkmalpflege, hat jetzt auf die Angriffe der „Abendzeitung" und von Oberbürgermeister Kronawitter reagiert. Dem Generalkonservator war vorgeworfen worden, er habe nichts unternommen gegen die Zerstörung des östlichen Hofgartens durch den geplanten Neubau der Staatskanzlei, obwohl durch dieses umstrittene Vorhaben auch die neuesten Denkmalfunde im Hofgarten gefährdet seien.

Petzet verteidigt nun ausdrücklich die bekämpfte Architektur des Staatskanzleiprojekts. Wörtlich: „Der Neubau bildet nicht nur aus denkmalpflegerischer sondern auch aus städtebaulicher Sicht einen sinnvollen und notwendigen Abschluß des unteren Hofgartens gegen den Altstadtring." Und was die Rettung der Denkmalfunde angeht, so begnügt sich Petzet staatsergeben mit der Aussicht, daß das Brunnenhaus von Klenze und die Arka- den ins Untergeschoß bzw. in die Tiefgarage der Staatskanzlei „integriert" werden.

★

Statt wie ein Löwe um die Erhaltung der Gesamtgestalt des Hofgartenjuwels und um wertvollste Zeugnisse der Geschichte Münchens zu ringen, läßt es Petzet bei einer Ergebenheitsadresse an die Regierung bewenden. Ich glaube, hier hat man den Bock zum Gärtner der bayerischen Denkmalpflege gemacht.

Peter M. Bode

AZ (Abendzeitung), München, 24. Oktober 1986

Miesbacher Kurier, 20. November 1986

Am Hofgarten keine Bedenken

Stellungnahme der Denkmalpflege zum Neubau der Staatskanzlei

Dem Neubauprojekt der Bayerischen Staatskanzlei am Ostrand des Münchner Hofgartens stehen keine denkmalpflegerischen Bedenken entgegen. Diesen Standpunkt hat Dr. Michael Petzet, der Generalkonservator des Bayerischen Landesamtes für Denkmalpflege, jetzt erneut in einer Stellungnahme bekräftigt, in der er zugleich den Vorwurf des Münchner Oberbürgermeisters Kronawitter, daß hier denkmalpflegerisch „mit zweierlei Maß gemessen" werde, entschieden zurückweist. Nach Petzets Einschätzung bildet das Neubauprojekt „nicht nur aus denkmalpflegerischer Sicht, sondern auch städtebaulich einen sinnvollen und notwendigen Abschluß des Unteren Hofgartens gegen den Altstadtring". Die beiden entscheidenden denkmalpflegerischen Anliegen seien mit dem Neubauplanung erfüllt: die „Rettung des lange vom Abbruch bedrohten Kupferbaus des ehemaligen Armeemuseums", dessen historische Bedeutung das Landesamt „gegen erbitterte Angriffe" verteidigt habe, und die „Freihaltung des Unteren Hofgartens mit dem Kriegerdenkmal von jeder zusätzlichen Bebauung, wie sie in einer Reihe von Alternativprojekten vorgesehen war". Mit der Erfüllung dieser beiden „Grundforderungen" seien die Weichen „für die unversehrte Bewahrung des Hofgartens als Teil eines einzigartigen Ensembles gestellt". Denn der geplante Bau übernehme „in etwa die Dimensionen seiner historischen Vorgängerbauten", da er sich „im wesentlichen an den Flügeln des ehemaligen Vorgängerbaus, der Hofgartenkaserne)

orientiert".

Petzet, der sich mit dieser Stellungnahme in Gegensatz zu der Meinung zahlreicher Kunsthistoriker, Architekten und Städtebauer des In- und Auslandes stellt, legt Wert auf die Feststellung, daß das Landesamt „in allen Verfahren, auch in den verschiedenen Wettbewerben, beteiligt wurde und – im Gegensatz zu einer Reihe von Experten, die heute verdammen, was sie noch gestern gepriesen haben – keinen Anlaß sieht, die in seinen bisherigen Gutachten vertretene Auffassung zu revidieren". Wie immer sei im übrigen die Aufgabe der Denkmalpflege nur gewesen, „auf die Erhaltung des vorgegebenen historischen Baubestandes hinzuwirken, die Neubauplanung mit Rücksicht auf das Ensemble zu beurteilen, nicht aber in Einzelfragen der Neubaugestaltung einzugreifen."

Auch die „für die Geschichte des Hofgartenareals außerordentlich wichtigen Entdeckungen der vergangenen Monate" begründen in Petzets Einschätzung aus denkmalpflegerischer Sicht nicht die Forderung nach einer Modifikation oder Verzögerung des Neubaues. Die Funde seien in Zusammenarbeit mit der Schlösserverwaltung „gründlich erforscht und umfassend dokumentiert" worden. Auch die neuen Funde im südlichen Bereich des Unteren Hofgartens seien „keineswegs Zufallsfunde, sondern das Ergebnis einer systematischen Erforschung des Geländes, wie sie das Landesamt gefordert hat". Eine vollständige Beurteilung sei erst nach Abschluß der Grabungen des Landesamtes hätten in diesen Tagen in der Nordostecke des Areals begonnen; dabei werde unter anderem „nach vielleicht unter der Erde verborgenen Spuren des Lusthauses Albrechts V. gesucht". Über die Ergebnisse der Grabungen werde das Landesamt zu gegebener Zeit berichten.

Bayerische Staatszeitung
31. Oktober 1986

Präsentieren stolz den neuen Band über die Baudenkmäler im Landkreis Miesbach: Landrat Wolfgang Gröbl, Oberkonservator Dr. Klaus Kratzsch und Prof. Dr. Michael Petzet (von links).

Man muß zweimal lesen und sich die Augen reiben: doch im Lokalteil der gestrigen SZ, auf Seite 19 in der dritten Spalte, stand es schwarz auf weiß: Generalkonservator Professor Michael Petzet, oberster Denkmalschützer im Freistaat Bayern, stelle sich hinter das Projekt Staatskanzlei am Hofgarten, das im Volumen das im Krieg nur teilweise zerstörte viel zu große Armeemuseum noch weit übertrifft. Petzet tut das wenige Tage vor der Sitzung des Bayerischen Verwaltungsgerichtshofs, der in der bisher so unglücklich verlaufenen Hofgarten-Angelegenheit das letzte Wort sprechen wird.

Petzets Erklärung in diesem Moment, das ist mindestens schlechter Stil, auch dann, wenn man sich in der Frage der denkmalpflegerischen Erhaltung des Hofgartens wohl weniger Hoffnungen machen kann als vor Jahren, als es vor eben diesem Gericht um die Erhaltung des von Elias Holl erbauten Augsburger Zeughauses ging.

Süddeutsche Zeitung, 25./26. Oktober 1986

Sünde wider den Geist

Durch Verwaltungsgerichtsurteil – das Bayerische Denkmalschutzgesetz existierte damals noch nicht – wurde das Zeughaus davor bewahrt, Teil eines Warenhauses zu werden. Heute dient der prachtvolle Bau als Bildungsstätte und Bürgerhaus und erfüllt als Geschichtsdenkmal seinen Sinn.

Man hätte erwarten können, Michael Petzet werde noch einmal ein öffentliches Wort für die unverminderte Erhaltung des Hofgartens sprechen – und wenn für eine Bebauung, dann für eine möglichst unauffällige, womöglich kulturell zu nutzende. Selbst wenn Petzet sich damit höheren Ortes unbeliebt gemacht hätte: dem geschichtlichen Erbe wie auch dem Denkmalschutz hätte er damit gebührend Gewicht und Würde gegeben, hätte seine Autorität in dem hohen Amt, das er bekleidet, gestärkt.

Hätte er sich mit einem Veto mißliebig gemacht, wir hätten ihm gerne einen öffentlichen Kranz gewunden, ihn als Beispiel historischen Gewissens gerühmt. Nun hat er sich und auch der Denkmalpflege im Freistaat, an einem der schönsten Orte in Bayern, in jenem Hofgarten, der für so viele das eigentliche Herz von München ist, um seine Glaubwürdigkeit gebracht; hat sich gegen die Meinung einer ganzen Phalanx von in- und ausländischen Historikern, Kunsthistorikern, Denkmalpflegern und modernen Architekten (jawohl) die Schneid abkaufen lassen. Wir hätten erwartet, daß er die Staatsregierung warnt; ihr sagt, wie unglaubwürdig sie Bayerns macht, wenn an dieser empfindlichen Stelle Münchens ein viel zu großer Neubau die zugleich geborgene und öffene Situation unseres Hofgartens zerstört – und das im Jubeljahr von Ludwig I. und Ludwig II. Hier droht ein Projekt, das nur als 'Sünde wider den Geist bezeichnet werden kann. d.s.

‚Durcheinander von Retuschen'

Restaurierung in Vierzehnheiligen besonders schwierig – Lob vom Ausland

VON UNSEREM REDAKTIONSMITGLIED MICHAEL ANGER

VIERZEHNHEILIGEN. Als erfolgreiche Arbeit werten internationale Experten die Restaurierung der Wallfahrtskirche Vierzehnheiligen bei Lichtenfels. Es sei das schwierigste Unternehmen dieser Art im deutschen Sprachraum, versicherten sie bei einer Pressekonferenz in dem Gotteshaus. 1987, im Gedenkjahr an Balthasar Neumann, den Erbauer der Basilika, soll der Innenraum so weit wie möglich von Gerüsten befreit werden.

Auf rund 12 Millionen Mark sind die Kosten der 1983 begonnenen Restaurierung veranschlagt, erläuterte Norbert Neumann vom Landbauamt Bamberg, das für die Arbeiten zuständig ist, da die Kirche seit der Säkularisierung dem Staat gehört. Der erste Bauabschnitt, die Osthälfte, sei jetzt beendet, nach dem zweiten würden die Gerüste abgebaut, so daß der Besucher wieder einen Eindruck vom Gesamtraum erhalte. Im dritten Bauabschnitt werde man sich den Altären und anderen Ausstattungsstücken widmen.

Die Schwierigkeit der restauratorischen Aufgabe hob der Leiter des Landesamtes für Denkmalpflege, Professor Michael Petzet, hervor. Da es sich um ein Bauwerk von internationaler Bedeutung handle, habe man sich vor Beginn der Arbeiten auch mit internationalen Experten beraten. Dieser Tage seien sie zu einer Zwischenbilanz eingeladen worden. Es habe ihr bis auf Details einhelliges Lob gegeben.

Die Restaurierung war deshalb so schwierig, weil die Kirche 1835 durch Brand schwer geschädigt wurde und bei einer Restaurierung vor 100 Jahren alle Fresken aufgehackt und mit anderen übermalt wurden. Alles Weiß wurde übermalt, 1914 versuchte man, 1957 wurden die Wände neu getüncht, ohne – aus Kostengründen – auf die ursprüngliche Malerei Rücksicht zu nehmen. Die ganze Kirche sei ein „untrennbares Durcheinander von Retuschen", so Petzet. Manche Schäden hätten sich erst vom Gerüst aus ermessen lassen.

Jetzt gelte die Devise: „Soviel aus dem 18. Jahrhundert wie möglich, ohne das Hinzugekommene zu verneinen", erläuterte Petzet.

Die Deckengemälde seien, soweit irgend möglich, im Stile ihres Schöpfers Guiseppe Appiani wiederhergestellt. Dies sei eine schwere Aufgabe, da sie mit Tausenden von Hacklöchern aus dem 19. Jahrhundert übersät seien. Etwas ungewohnt könnte der neue strahlende Innenraum schon sein, räumten die Experten ein. Die Farbgebung der Barockzeit habe den Lichteinfall mit bedacht. Es sei Absicht gewesen, daß die weißen Wände, die Vergoldungen oder die Deckenfresken zu verschiedenen Tageszeiten verschieden wirkten. Diesen Effekt habe man durch die Restaurierung wieder erreicht. 1957 sei die Kirche in ein falsches Dunkel gehüllt worden. Dadurch erschienen die Kontraste zwischen den einzelnen Farben jetzt stärker.

Eine Sensation war die Freilegung von acht Kartuschengemälde neben dem Hauptdeckengmälde über dem Gnadenaltar in der Mitte der Kirche. Sie gehen auf nicht vollendete Zeichnungen Appianis zurück, die die acht Seligkeiten darstellen.

Coburger Tagblatt
19. November 1986

Landesamt für Denkmalpflege stellt in Tegernsee neues Werk vor

Sammelband über Baudenkmäler bringt fünf Pfund auf die Waage

Generalkonservator Petzet spendet privaten Bemühungen großes Lob

Tegernsee (xt) – Stattliche fünf Pfund und etliche Gramm wiegt der in diesen Tagen fertiggestellte Band über die Baudenkmäler im Landkreis Miesbach, herausgegeben vom Bayerischen Landesamt für Denkmalpflege. Aus der Taufe gehoben wurde er bei einem Festakt im Barocksaal des Gymnasiums Tegernsee, begrüßt von den Klängen der Westenhofener Brarockmusikfreunde. Landrat Wolfgang Gröbl nannte in seiner Ansprache die Denkmalpflege eine Möglichkeit, unsere Geschichte zu erleben und sie kontinuierlich an die jeweilige Gegenwart weiterzugeben.

Generalkonservator Professor Dr. Michael Petzet konnte den denkmalpflegerischen Bemühungen der Eigentümer von historischen Bauten sowie den Behörden und Kommunen im Landkreis Miesbach ein hohes Lob spenden, weil man hier bisher schon so vieles erhalten habe.

Deshalb treffe es sich gut, daß für den Landkreis Miesbach als erstem unter allen bayerischen Landkreisen ein solch umfassender Band erarbeitet worden sei. In ihm werden mit mehr als 2000 Abbildungen und kommentierenden Texten sämtliche der rund 1300 Baudenkmäler des Landkreises vorgestellt.

Seit über 10 Jahren wurde daran gearbeitet, Landeskonservator i. R. Wilhelm Neu und der verstorbene Kreisheimatpfleger Fritz Gloetzl hatten die Grundlagen für die Erfassung der historisch, künstlerisch und volkskundlich bedeutsamen Objekte geschaffen, die Oberkonservatoren Dr. Klaus Kratzsch und Dr. Sixtus Lampl nach vielen weiteren Forschungen die Texte verfaßt. Dr. Lampl gab in dem Festakt einen Überblick über die Kulturlandschaft des Landkreises, Dr. Kratzsch über die Grundsätze bei der Inventarisation von Denkmälern.

Nachdem die Inventarisation im Lankreis Miesbach schon um 1895 erfolgte und damals nur knapp einhundert Objekte beschrieb, kommt dem jetzt im Verlag Schnell und Steiner erschienenen Werk um so größere Bedeutung zu. Unentbehrlich dürfte es für Heimatfreunde, bauliche Gestalter und Schulen sein. Daß dieses Buch bei allen Buchhandlungen für nur 78 DM erworben werden kann, ist den Vorleistungen des Landesamts für Denkmalpflege zu verdanken, das die Manuskripte und Fotos unentgeltlich zur Verfügung stellte, sowie einem Druckkostenzuschuß der Messerschmidt-Stiftung.

Die Gesangssolisten und das Orchester der Barockmusikfreunde betätigten sich mit ihrem Rahmenprogramm von Werken aus den Klöstern Tegernsee und Weyarn selbst als musikalische Denkmal- und Heimatpfleger, denn ohne dieses Liebhaber-Ensemble und seinen Leiter, der die alten Noten aus Archiven ausgräbt, würden Kompositionen wie die Missa ruralis von Bernhard Haltenberger oder der Phoenix redivivus vom Tegernseer Benediktiner Marian Praunsberger weiterhin stumm bleiben.

Acht Seligkeiten bereiten Kopfzerbrechen

Experten zogen in Vierzehnheiligen Zwischenbilanz / Auch der Bayerische Rundfunk dabei

Vierzehnheiligen (y). Zwei Tage lang wurde in Vierzehnheiligen informiert, gefragt, gerungen und Zwischenbilanz gezogen. 1979 begann die umfassendste Restaurierung der Balthasar-Neumann-Kirche. 1983 wurde die Osthälfte der Basilika eingerüstet, 1985 war das Ergebnis der fertiggestellten Ostseite – Raumschale, Bilder, Stuckmarmor, Ausstattung, Altäre, Vergoldung – »auf dem Tisch«. Das zweitägige Fachgespräch fand mit einer Pressekonferenz in der Basilika seinen Abschluß. Leitender Baudirektor Norbert Neumann von Landbauamt Bamberg moderierte das Pressegespräch, an dem auch der Bayerische Rundfunk teilnahm (wir berichteten bereits).

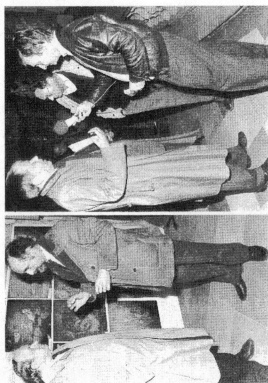

Rundfunkreportage mit Generalkonservator Prof. Dr. Michael Petzet (rechtes Bild, links) und Baudirektor Norbert Neumann. Der Schweizer Professor Emmenegger im Gespräch mit dem Restaurator der Appianibilder in Vierzehnheiligen, Meister Pracher, Würzburg (linkes Bild). Foto: y

Zunächst wurden die Teilnehmer des zweitägigen Fachgesprächs vorgestellt: Ministerialrat Heid vertrat die Oberste Baubehörde im Bayerischen Innenministerium, für das Ministerium für Wissenschaft und Kunst kam Ministerialrat Dr. Schiedermair, Leitender Baudirektor Albrecht war für die Regierung von Oberfranken präsent und die Herren Baudirektor Neumann, Oehm und Schwarz vertraten das Landbauamt Bamberg. Anwesend waren außerdem Generalkonservator Prof. Dr. Petzet, Hauptkonservator Dr. Dasser, Leitender Restaurator Emmerling, Leitender Restaurator Pursche und Konservator Dr. Schelter (alle Appiani-Bilder als die schwerwiegendste Entscheidung im ersten Bauabschnitt. Gemeint sind die Bilder im Chorraum und im Hauptraum über dem Gnadenaltar.

Jetzt stehe man zudem vor anderen wichtigen Entscheidungen, nämlich der Wiederherstellung der Grisaillenmalereien der »Acht Seligkeiten« in den Kartuschen unter dem Hauptbild.

Die Rekonstruktion dieser Gemälde hat erhebliche Konsequenz für die Raumstruktur, da nur so eine sinnvolle optische Verbindung zwischen dem Hauptbild über dem Gnadenaltar und den tragenden Elementen der Architekturgliederung hergestellt werden kann. Für die Diskussion ist von wesentlicher Bedeutung, daß in diesen Kartuschen unter Tünchschichten die Vorzeichnungen zu den Darstellungen entdeckt wurden, so daß es für eine eventuelle Wiederherstellung wichtige Anhaltspunkte gibt.

Baudirektor Neumann ging auf die bisherige Restaurierungsgeschichte ein. Das Bauwerk Basilika ist seit der Säkularisation im Besitz des Staates, der für Unterhalt und Pflege verantwortlich ist. Das Landbauamt Bamberg ist zuständig für die derzeitige Restaurierung. Der Zeitablauf der Arbeiten werde von verschiedenen Fakten beeinflußt: Jahreszeit, Temperatur, Konditionen. Nur hochqualifizierte Arbeitskräfte seien eingesetzt. Die Maßnahmen kosten zwölf Millionen Mark und sind in drei Bauabschnitten eingeteilt: Bauabschnitt I ist der Ostteil, der bereits fertig ist, Bauabschnitt II ist der zur Zeit eingerüstete Restteil der Basilika und Bauabschnitt III bezieht sich auf die Restaurierung der Einrichtung und Ausstattung, wie Kanzel, Altäre, Gnadenaltar, Beichtstühle, Figuren, usw.

Noch keine einzige Stunde geschlossen

Der Referent der Bauabteilung im Erzbischöflichen Ordinariat, Domkapitular Klemens Fink, meinte, daß die Notwendigkeit der Restaurierung nie in Frage gestanden habe. Er richtete den Freistaat Bayern und den einschlägigen Behörden Dank für die Finanzierung und für bildes des 18. Jahrhunderts, ohne dabei die Spuren der bewegten, über den Bau hinweggegangenen Restaurierungsgeschichte zu beseitigen. Prof. Petzet bezeichnete die Frage nach der Freilegbarkeit der beiden die Arbeiten aus. Kirchlicherseits wurde mit Pater Dominik Lutz ein versierter Fachmann von München nach Vierzehnheiligen gerufen, der allseitig respektiert werde.

Generalkonservator Dr. Petzet sagte, daß die Zwischenbilanz zeige, daß bisher großartig gearbeitet wur-

Das riesige Baugerüst wurde jetzt noch durch Planen verdeckt. Teilweise soll es zu den Festveranstaltungen des Balthasar-Neumann-Jubiläums 1987 fallen. Foto: y

Obermain Tagblatt (Lichtenfels) 21. November 1986

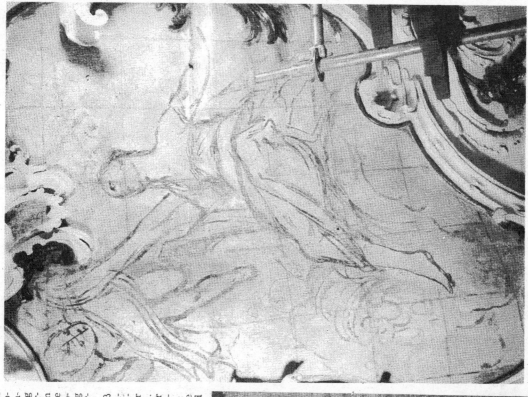

Diese Nachbildungen der acht Seligkeiten sollen rekonstruiert werden. Foto: y

vom Bayerischen Landesamt für Denkmalpflege) sowie Domkapitular Fink als Vertreter der Erzdiözese, begleitet von Direktor Neundorfer und natürlich der Guardian der Basilika, Pater Dominik Lutz. Als internationale Experten fungierten Prof. Emmenegger von der ETH Zürich und Dr. Koller vom Bundesdenkmalamt Wien.

Diskutiert wurden im Haus »Frankenthal« und teilweise vor Ort am Baugerüst in der Basilika das Ergebnis des fertiggestellten Ostteils der Kirche, der technische und künstlerische Aufbau der Retuschen innerhalb der freigelegten Appiani-Bilder im derzeitigen zweiten Bauabschnitt, die Wiederherstellung der Grisaillemalereien in diesen Kartuschen und die Restauration der Außenrenovierung, wo es namentlich um Steinkonservierung, Ergänzungen und Baufugen geht.

Ausgangspunkt des Restaurierungskonzepts für Vierzehnheiligen ist die Wiedergewinnung des Raum-

de. Jetzt bereite das Hauptfresko über dem Gnadenaltar Schwierigkeiten. Die eventuelle Wiedererneuerung der »aufgefundenen« acht Seligkeiten würden auch ästhetisch großen Gewinn bedeuten. »Wir hoffen, daß eine Rekonstruktion gelingt«.

Zur Vergoldung: Endgültiges sei nach Ende des Zweiten Bauabschnitts zu sagen. Da werde man unter dem Eindruck der Raumwirkung manches besser verstehen. »Wir werden über jeden Punkt noch zu reden haben«. Beispielsweise bekräftigte Dr. Petzet die Vorstellung von P. Dominik, am Hochaltar beim Auszug mit dem Glorienschein das darin vorkommende Kreuz zu vergolden.

Herausheben muß man auch, daß es machbar war, während der umfangreichen und vielseitigen Arbeiten beinahe ungestört den Ablauf der Gottesdienstordnung zu sichern. »Die große Baustelle Basilika« war noch keine einzige Stunde zugesperrt. In bezug auf den Zeitplan wollte sich verständlicherweise niemand

festlegen. Ein »Balthasar-Neumann-Jubiläum 1987« in einer fertig restaurierten Kirche gibt es nicht. Man versucht der Bitte von Pater Dominik Lutz nachzukommen, in Kürze das bisher schwierigen Restaurierungsprobleme hervorragend gelöst Gerüst so zu dezimieren, daß zum Jubiläumsjahr der Durchblick wieder frei ist. Prof. Emmenegger aus Zürich bestätigte zum Abschluß, daß die worden seien.

Foto: y

Dem Kreuz über dem Hochaltar hat Dr. Petzet Glanzgold zugesichert. Foto: y

Zur Zeit in Arbeit: das Hauptfresko über dem Gnadenaltar. Tausende Löcher machen den Restauratoren zu schaffen. Foto: y

Süddeutsche Zeitung
4. Dezember 1986

Die Fundgrube vor dem Armeemuseum

Landesamt für Denkmalpflege zieht an der Staatskanzlei-Baustelle erste Ausgrabungs-Bilanz

Von unserem Redaktionsmitglied Heinrich Breyer

Die Reste alter Fundamente, die auf der Baustelle der künftigen Staatskanzlei am Hofgarten zutage gekommen sind, wurden in den letzten Tagen mit einer Sandschicht zugeschüttet. Jedoch nicht, um sie möglichst schnell wieder verschwinden zu lassen, nachdem sie bei den vielen Gegnern des Projekts die (vergebliche) Hoffnung erweckt hatten, sie könnten noch einen Baustop bewirken. Das brüchige Mauerwerk soll vielmehr auf diese Weise geschützt überwintern. Was die Forschungen im geschichtsträchtigen Untergrund bisher ergeben haben, erläutern indes die Denkmalpfleger in einer ersten Zwischenbilanz.

Die archäologische Arbeit, mit der am 27. Juli begonnen wurde, konzentrierte sich nach diesem Bericht auf das Areal zwischen der Kuppelruine und der Hofgartenstraße. Ziel war es, die Teichanlage zu orten, die um 1615 unter Kurfürst Maximilian angelegt wurde. Ihr Aussehen, mit einer Insel samt Pavillon in der Mitte – an der Stelle des heutigen Kriegsopferdenkmals –, mit Wasserspielen und Wasservogelhäuschen, ist auf etlichen barocken Kupferstichen festgehalten.

Der Weiherboden mit Pfahlresten

Viereinhalb Meter unter dem heutigen Niveau wurde bei den Grabungen in der Tat der Weiherboden mit den Bohlen- und Pfahlresten der Ufersicherung freigelegt; und auch der Verlauf des Stadtbachs von der ummauerten Zuleitung bis zum Abfluß, der mit einer aufwendigen Dielenverbauung gesichert war, ist sichtbar geworden. Es fanden sich ferner Spuren eines zweiten Arms des Stadtbachs, aus denen sich erschließen läßt, wie diese beiden Kanäle geflossen sind, ehe das heitere Wasserwerk angelegt wurde.

Ein Turmfundament – und ein Zwinger?

Rätsel gibt jedoch nach wie vor ein sozusagen außerplanmäßiger Mauerfund auf, der wenige Meter westlich vom ehemaligen Beckenrand gemacht wurde: Fundamente auf Ziegelbögen, von denen eines, mit 26 Metern beachtlich groß dimensioniert, in stumpfem Winkel auf das andere zuläuft. Die Fortsetzung einer der Mauern ins Becken hinein beweist eindeutig, daß diese Reste zu einem Bauwerk gehörten, das älter als die Teichanlage war und bei deren Bau abgebrochen wurde. Was das jedoch war – darüber liefert kein bekannter Stich und keine andere Quelle einen Hinweis. Der Chef des Landesamts, Michael Petzet, hält es für denkbar, daß das eine spätmittelalterliche Befestigungsanlage im Vorfeld der ehemaligen Residenz, der Neuveste, gewesen ist, zwischen Galeriestraße und Altstadtring, in der Gegend der Arkadenruinen, im Untergrund weiterforschen. Hier stand nämlich einmal das Lusthaus des kunstsinnigen Herzogs Albrecht V. (1528–1579). Und hier könnten vielleicht auch – was im Umfeld der Teichanlage vergeblich erhofft wurde – irgendwelche Bodenfunde zutage kommen – Geschirrscherben beispielsweise –, die mehr über Zeitdaten aussagen als Ziegel- oder Tuffsteinfragmente.

Gelände wurde bei jedem neuen Projekt höher aufgeschüttet. Zunächst, als Hofgarten- und Seidenhauskaserne samt Exerzierfeld Anfang des 19. Jahrhunderts auf dem Gelände des ehemaligen

---

Morgen aktuell im Münchner Stadtanzeiger

- Bürger leiden unter dem „Bayerischen Nationalrausch"
- Ausgabe Nord: Bald nur noch Erdgas im Heizkraftwerk
- Ausgabe Ost: Mehrheit gegen Öffnung der Geiselgasteigstraße
- Ausgabe West: Monachia will Pasinger „Post"-Gelände attraktiv machen
- Ausgabe Süd: Im Waldfriedhofviertel eröffnete Alten- und Service-Zentrum

Münchner Stadtanzeiger
Die Münchner Stadtviertel auf eigenen Seiten.

Bayerische Staatszeitung
19. Dezember 1986

Kein Ächzen unter der Last der Kultur

Zu einer Denkmaltopographie für den Landkreis Miesbach

Da sitzen sie beieinander wie eine große Familie, in Loden und Hirschhorn: die Denkmalschützer. Ansässige und Hergefahrene der Unteren und Mittleren und ganz Hohen Denkmalbehörde strahlen, denn gemeinsam ist ihnen erstmals gelungen – ein Sinnbild ihres Engagements liegt auf im Recreationssaal des Klosters Tegernsee, gebunden zwischen zwei Buchdeckel: die Denkmaltopographie des Landkreises Miesbach und seiner 1300 Denkmäler. Klaus Kratzsch hat unter Mitarbeit von Sixtus Lampl auf 521 Seiten die Denkmäler abgebildet, beschrieben und bestimmt. Alte und neue Karten und Pläne geben das Vorsatzpapier ab. Den schwarzen Band schmückt auf der Titelseite ein fertiges Bild der Wallfahrtskirche Wilparting am Irschenberg, auf der Rückseite „Die Verkündigung an Maria" von Ignaz Günther aus der Klosterkirche Weyarn. Ein Orts- und Personenregister erlaubt rasches Auffinden des gewünschten Gegenstands.

Machen wir doch gleich eine Probe aufs Exempel, während auf dem Podium ein meist überragten. Als 1857 die Eisenbahn von München nach Holzkirchen geführt wurde (die schließlich 1902 bis Tegernsee verlängert wurde), entstand ein neuer Bauboom mit stärker ausgeprägtem Hang zum Großspurigen. Aber es ist, als ob die Landschaft eine kulturelle Prägekraft besäße. Bis auf den heutigen Tag – trotz Dauertourismus – dominieren die bodenständigen Architekturformen. Viele alte Bauernhäuser mit der „Katzenlaube" unter dem vorstehenden Giebeldach sind im Originalzustand verblieben oder erhielten ihn unter fachmännischer Leitung in unserer Zeit wieder zurück. Die Neubauten, heutzutage streng dezimiert, passen sich gemäßigt an.

Die bäuerliche Haglandschaft mit ihrer aufgelockerten Struktur scheint noch immer Proportionen zu besitzen, die dem menschlichen Auge besonders angemessen sind, es in ein Wohlbehagen versetzen, das möglicherweise auch modernen Spekulanten aufs Gemüt geht. Obwohl gerade diese Gegend von einer der meistbefahrenen Autobahnen Europas zerschnitten worden ist, hat sie ihre alte Binnengliederung nicht ganz verloren.

Das Buch zählt drei Landschaftsbereiche auf: „1. Den Kamm des Mangfallgebirges, in dem die Besiedelung naturgemäß dünn ist und das Bauwesen sich hauptsächlich auf Almhütten beschränkt. 2. Daran nördlich anschließend den Gürtel der Vorberge, die ebenfalls aus Kalkfelsen bestehen, aber durch die Gletscher abgeschliffen wurden und heute bewaldet sind; in diesem Gürtel liegen als Relikte der Gletschertätigkeit die beiden Wasserbecken des Tegernsees und des Schliersees. 3. Das noch etwas niedriger gelegene Vorland des Moränengürtels, dessen Untergrund aus Geschiebeablagerungen der Gletscher zusammengesetzt ist, und das eine lebhafte Hügelstruktur aufweist; dieses Vorland ist der Hauptbereich des bäuerlich genutzten Landes."

Nur hierzulande gibt es so ausführliche Denkmallisten. Die Beamten sind stolz, zeigen gern vor, was auch mit ihrer Hilfe erhalten geblieben ist. Allerdings haben sie Vorgänger. In einem straff organisierten Verwaltungsstaat wie dem jungen Königreich Bayern sind Denkmallisten schon durch Verordnungen aus den Jahren 1882, 1904 und 1908 ausgelegt worden, wie das Vorwort von Amtschef Michael Petzet erklärt. „Auch die Erfassung der circa 110 000 Baudenkmäler in den vergangenen Jahren mußte nicht vom Nullpunkt anfangen, sondern fußt auf der seit den neunziger Jahren des vorigen Jahrhunderts vom Kgl. Generalkonservatorium der Kunstdenkmale und Altertümer Bayerns' geleisteten Inventarisationsarbeit.

Worauf die Denkmalschützer im Landkreis Miesbach besonders stolz sind: Überall sonst versuchen private Besitzer gerne, den Maschen der Denkmalpflege zu entkommen. Im Tegernseer Tal beantragen sie, zusätzlich in die Listen aufgenommen zu werden. Diese Besonderheit paßt in die Gegend. In diesem Bilderbuchwinkel vor dem Alpenriegel ächzt man offenbar nicht unter der Last der Kultur und ihres Erbes. Man nähert sich ihr fröhlich, positiv. Sicher ist es kein Zufall, daß Kloster Tegernsee auch als die Wiege des abendländischen Theaters anzusehen ist. Das älteste Manuskript eines ersten Osterspiels mit verteilten Rollen, um Christi Auferstehung aufzuführen, entstand just hier im 12. Jahrhundert – und ist erhalten geblieben.

Anne Rose Katz

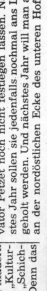

sein könnte. Der östliche Teil des Mauerwerks läßt sich jedenfalls als Turmfundament deuten. Doch auch an einen Zwinger könnte man denken.

Drei „Kulturschichten"

Natürlich haben die Grabungen auch Mauerreste freigelegt, die den darauffolgenden „Kulturschichten" zugehören. Wobei das Wort „Schichten" in diesem Fall ganz real zutrifft. Denn das handfestes Laienorchester unbekannte Noten aus der Klosterbibliothek in barocken Klang umsetzt. „Tegernsee" Seiten 366–394: „Der Ort Tegernsee, 1954 zur Stadt erhoben, liegt am Ostufer des gleichnamigen, durch den tertiären Tegernseegletscher entstandenen Sees (725 m über NN) und umfaßt jene Stelle, wo vor mehr als 1200 Jahren das nachmals berühmte Benediktinerkloster gegründet wurde."

Mit dem Kloster hat alles angefangen. In der Kirche steckt noch Mauerwerk des 11. Jahrhunderts. Was wir sehen, ist die Barockanlage, die im 19. Jahrhundert dezimiert wurde. Vorher betrug ihre Ausdehnung sechs Siebtel des Escorial – sie war die größte in Altbayern. 1803 wurde der Komplex säkularisiert. 1817 ersteigerte ein Edelmann alle Gebäude für 44 000 Gulden. Er ließ die westliche Klosterhälfte und die gotische Pfarrkirche St. Johann abbrechen, verkaufte das Material und bekam damit die Kaufsumme wieder herein. „Besonders schmerzlich ist dabei die Abtragung des Südwesttraktes mit dem Stiegenhaus vor der Abtei und mit dem großen Festsaal samt seiner Rokoko-Ausstattung (u. a. Fresken von Matthäus Günther)."

Für die dreifache Summe verkaufte der Biedermeier-Spekulant seinem König Max I. Josef im selben Jahr die Reste im Osten als Sommerresidenz. Doch der Monarch entfernte nun seinerseits für die Bedürfnisse seiner Familie Innendekorationen erlesenster Art. Die Königin Karoline hatte ihn zum Kauf gedrängt. Er löste die Bibliothek auf und verkürzte die Klosterkirche. Leo von Klenze hat das Portal von St. Quirin klassizistisch umgestaltet.

Im Rest also sitzen wir. Durch die hohen Fensternischen schaut ein blauer Himmel, wie von Kobell gemalt. Das Deckenfresko des doppelgeschossigen Recreationssaales, der als einziger in seinem ursprünglichen Zustand erhalten geblieben ist, stammt von einem Schüler des Asam-Vaters Georg (der in der Klosterkirche gemalt hat), von Melchior Pucher aus Ingolstadt, und der Stuck wohl auch Thomas Glasl (um 1728). In anderen Räumen hat auch Johann Baptist Zimmermann seine Hand im Spiel gehabt.

Im Gefolge der Königsfamilie siedelten sich Adelige und Künstler in Tegernsee an, deren landhausartige Neubauten sich den alten Bauernhäusern zugesellten, sie aber

Suche nach Herzog Albrechts Lusthaus

Was von den Mauerresten in den Neubau einbezogen werden kann – an der Stelle des Wasserwerks ist eine Tiefgarage vorgesehen – und ob überhaupt etwas, darauf will sich Generalkonservator Petzet noch nicht festlegen lassen. Nächstes Jahr sollen sie jedenfalls nochmal ans Licht geholt werden. Und nächstes Jahr will man auch an der nordöstlichen Ecke des unteren Hofgar-

Blick aufs Grabungsfeld . . .

. . . auf dem Baugelände für die Staatskanzlei: Über dem Geviert des Kriegerdenkmals ist ein Teil der Teichanlage aus der Zeit Kurfürst Maximilians zu erkennen. Rechts davon, an der Wegachse, die zur Residenz führt, das trapezförmige Mauergebilde, das vielleicht zu einer Befestigungsanlage im Vorfeld der Neuveste gehört hat. Im unteren Bildteil sieht man die Arkadenreihe an der Galeriestraße, unter der eine zweite Arkadenarchitektur aus der Renaissancezeit liegt. In dieser nordöstlichen Ecke soll im nächsten Jahr weitergeforscht werden.

Luftbild: Landesamt f. Denkmalpflege
Freig.-Nr.
GS 300/9505-83

Münchner Merkur, 14. Januar 1987

Verglaste Staatskanzlei fast ohne Freunde

Kommission für Stadtgestaltung fordert wieder Änderungen: „Die Seitenflügel müssen weg"

> Heiße Diskussionen in der Stadtgestaltungskommission über den Staatskanzleibau am Hofgarten: Es ging gestern jedoch nicht um den Standort (das Thema wurde „ausgeklammert"), es ging vielmehr um die optisch veränderten Architektenpläne für das künftige Domizil der Staatskanzlei. Ergebnis: Den städtischen Fachleuten gefallen sie nicht.

Heftige Kritik aus den Reihen der freiberuflichen Architekten und ein Fassadenstreit ums Historische zwischen dem Münchner Kulturreferenten Jürgen Kolbe und dem Landesgeneralkonservator Michael Petzet, dem Chef des Landesamts für Denkmalpflege. Der sieht in dem Staatskanzlei-Museumskomplex am Hofgarten eine historische Tradition („selbst der berühmte Architekt Semper hat hier ja mal ein gigantisches Festspielhaus geplant"). Kolbe dagegen nannte Petzets Einsatz für den Bauentwurf „unverständlich" und die jetzt geplante Fassadengestaltung „unwürdig" für Bayern.

Viel Glas in der Natursteinfassade, verglast auch das Tonnengewölbedach rechts und links von der Armeemuseumskuppel – damit erhoffen die nun schon so oft gescholtenen Wettbewerbs-Architekten und die mitgestaltenden Kollegen vom Landesbauamt, den unbestreitbar großen Baukomplex optisch verkleinern zu können. Tatsächlich wurden auch die Maße etwas reduziert, das Tonnendach abgesenkt. Die Fassade im Hofgarten ist etwas zurückgenommen, weil dort im Untergeschoß die aufgefundenen sieben historischen Arkaden teilweise eingefügt werden sollen. Doch den Kritikern, die immer wieder von der riesigen Baumasse sprechen, gefällt die Spiegelungs-Idee gar nicht: „Wie eine Fabrik mit Sonnenkollektoren", so schimpfte etwa Architekt Peter Lanz, und Architekt Hans-Jürgen Schmidt-Schickedanz meinte, der Bau werde „nur noch aus Attrappen zusammengesetzt". Dazwischen kamen dann noch die verschiedensten (Alt-)Wünsche zur Sprache – vom Weglassen der Kuppel bis zum Wegschieben des Hauses der

Die Architekten S
lei-Projekts übera
leute.

Im Modell: Blick auf den Hofgarten und den geplanten Staatskanzlei-Bau.

bayerischen Geschichte auf den Marstallplatz... Auch das Thema „anderer Standort" geisterte trotz gegenteiliger Absprache mit dem Oberbürgermeister immer wieder durch die Diskussion.

Schließlich aber waren die Fronten klar: Die Mehrheit der Kommissionsmitglieder (auch von der CSU) votierte gegen Generalkonservator Petzet und die beiden Vertreter von Oberster Baubehörde und Regierung von Oberbayern. Gegen diese Minderheit gab die Kommission zu Protokoll: Der jetzige Entwurf sei keine Verbesserung gegenüber dem Wettbewerb und den früheren Empfehlungen vom April 1985. Als Kompromiß schlage man vor, die beiden Seitenflügel wegzulassen, die vom Mittelbau in die Hofgarten- und die Galeriestraße führen.

Kommissions-Fazit (gegen diesmal vier Stimmen): Bleibe das Raumprogramm wie geplant bestehen, werde „auch mit gestalterischen Kunstgriffen" wie Verglasung die „außerordentliche Massivität" des Baus nicht gemildert.

Irmi Schwartz

So soll die Fassade auf der Hofgartenseite aussehen.   Fotos: rk

Staatskanzlei-Neubau Entsetzen über Glas-Fabrik

Gestaltungsfachleute haben zum zweiten Mal das umstrittene Projekt am Hofgarten abgelehnt

Siegert und Gansser haben auch die Fassaden des Staatskanz-[l]rbeitet, fanden damit aber keine Gnade in den Augen der Fach-
Fotos: Alfred A. Haase

AZ (Abendzeitung), München
14. Januar 1987

Von Peter M. Bode

München – Vorletzter Akt im Drama „Neubau Staatskanzlei". Die Stadtgestaltungskommission hat jetzt zum zweiten Male das umkämpfte Hofgarten-Projekt nahezu einstimmig abgelehnt. Verlangt wird nun erneut eine entschiedene Verbesserung der Fassaden – die sogar als „unappetitlich" empfunden wurden – und eine Reduzierung der Baumassen durch das Weglassen der nördlichen und südlichen Seitenflügel. Ob sich die bayerische Regierung diesem kritischen Votum der Fachleute beugen wird, wäre allerdings nur dann zu erwarten, wenn vor allem das laufende Enteignungsverfahren wegen eines städtischen Sperrgrundstücks den Baubeginn noch stark verzögern könnte.

Die Kommission war zuerst verdutzt, dann bestürzt und verärgert darüber, daß ihr seinerzeitiger Auftrag, die Architektur des Staatskanzlei-Neubaus mit der Würde und dem Anspruch des Hofgartens in Übereinklang zu bringen, so schlecht ausgeführt worden ist. Besonders entsetzt war man über den Versuch der Planer, die Höhe und Massivität des Projekts durch spiegelverglaste Geschosse und Fassadenteile optisch abzuschwächen (ein tatsächliches Verringern des Bauvolumens hatte der Bauherr nicht haben wollen).

Selbst der Fraktionsvorsitzende der CSU, Walter Zöller, stellte fest, daß die Fassaden keinesfalls besser geworden seien und daß man durch solche „peinlichen" Spiegelglaseffekte „nicht wegdrücken kann, was nicht wegzudrücken ist". Und Kulturreferent Jürgen Kolbe, über die vorgelegten Pläne sichtlich empört, setzte noch eins drauf: „Diese Fassaden sind unwürdig, austauschbar, nichtssagend. Was ist das für ein Denken, das nichts dabei findet, wenn hier Büroräume und Museumsräume – für das Haus der Bayerischen Geschichte – von außen völlig gleich aussehen? Das sollte in München nicht gebaut werden!"

Bayerns oberster Denkmalschützer Michael Petzet.

Kolbe meinte auch, es sei gespenstisch, daß ausgerechnet Michael Petzet, Bayerns oberster Denkmalschützer, den Staatskanzlei-Neubau im Hofgarten verteidige. Petzets Argumente: Dieser hohe Baukörper schirme den Hofgarten vom Altstadtring ab, er entspreche in den Umrissen in etwa dem früheren Armeemuseum, und der untere Hofgarten selbst werde ja von jeder Bebauung freigehalten.

Ob freilich die umstrittene Architektur wegen mangelnder Qualität dem Hofgarten Schaden zufügt, darüber äußerte sich der Chef der Denkmalpflege merkwürdigerweise nicht, was allseits Kopfschütteln hervorrief.

APOLLO-Sofortdruck-GmbH
Wir drucken's – was sonst –
Schwanthalerstr. 69, Tel. 089 / 53 53 70

Um so heftiger legten sich dafür andere ins Zeug: Der prominente Architekt Peter Lanz' verglich die vorgeschlagenen Glaszutaten am Staatskanzlei-Neubau mit Sonnenkollektoren für eine Fabrik", und sein Kollege Schmidt-Schickedanz sagte, durch die vorgesehenen Glasumrandungen erschienen die verbliebenen Steinfassaden aus Granit wie „unstabile Attrappen".

Bemerkt wurde auch, daß zwei Notausgänge der Tiefgaragen mitten im unteren Hofgarten an die Oberfläche kommen werden. Es blieb also im Ganzen und in den Details kein gutes Haar an der Planung.

Ortstermin bei der Landelektra
Abriß wird bis auf weiteres eingestellt

„Wie kommt man dazu, diese mittelalterliche Wand abzureißen – wurde Würzburg nicht im Krieg genug zerstört?" Mit diesen Worten drückte gestern am späten Nachmittag Landeskonservator Prof. Dr. Michael Petzet vom Bayerischen Landesamt für Denkmalpflege sein Entsetzen über den laufenden Abriß des ehemaligen Gebäudes der Landelektra aus. Petzet besichtigte die Baustelle in der Pleich, auf der im Auftrag der Stadt von einer Bietergemeinschaft zweier Baufirmen das Gebäude abgebrochen wird. Auf dem Gelände will das Bruno-Werk im Wege des sozialen Wohnungsbaus 64 Wohnungen und 130 Tiefgaragenplätze bauen. Wie bereits gestern berichtet, sind beim Abbruch zahlreiche hervorragend erhaltene Teile des ehemaligen jüdischen Friedhofs im Bereich des heutigen Juliusspitals gefunden worden.

Petzet, der sich gestern in Nordbayern befand, besichtigte ungeplant mit Vertretern der Stadt, des Denkmalschutzes und des CSU-Landtagsabgeordneten Walter Eykmann die Baustelle, auf der die Arbeiten vom Bauaufsichtsamt der Stadt bereits gestern früh eingestellt wurden, allerdings nur für einen Tag.

„Ich verstehe das nicht, wie man im 20. Jahrhundert einen solchen Abriß durchführen kann", sagte Petzet, „so etwas ist mir in meiner Amtszeit noch kaum passiert, mir graust das." Seiner Meinung nach bedeuten die Funde wichtige Dokumente, deren historischer Wert für die Stadtgeschichte noch nicht abschätzbar sei. Dies vor allem dann, wenn es sich um – wovon Beobachter ausgehen – den Grobteil der Grabsteine des ehemaligen jüdischen Friedhofs handelt. Petzet regte an, die Baustelle bis zu den Zeitpunkt einzustellen, soweit es sich um den betroffenen Baukomplex der ehemaligen Klosterkirche handelt – und erst nach einer Baufreigabe durch das Landesamt weiterzufahren. Das Landesamt werde für Würzburg zuständigen Dr. Kahle an die Baustelle abordnen. Vor dem Fortgang der Arbeiten solle zudem geklärt werden, inwieweit der eingeleitete Abriß mittels Baggern fortgeführt werden kann.

Alfred Wilhelm vom Bauaufsichtsamt der Stadt erklärte im Anschluß an die Besichtigung der Baustelle, er werde entsprechend dem Vorschlag des Landeskonservators den Abriß bis auf weiteres einstellen lassen. Petzet erklärte weiter, es gehe jetzt darum, sämtliche Fragmente auszusondern und zu sichern. David Schuster, der Vorsitzende der jüdischen Kultusgemeinde, bot als Fundstücke im jüdischen Friedhof in der Werner-von-Siemens-Straße zu lagern, ein Vorschlag, dem auch gefolgt werden soll.

Geklärt soll auch die Frage werden, auf die insbesondere Eykmann aufmerksam machte, inwieweit aus dem Entschädigungsfonds des Landesamtes Gelder zur Verfügung gestellt werden können, wenn es für das Bruno-Werk „nicht zumutbar" ist, die Kosten für die denkmalpflegerischen Maßnahmen zu tragen.

Professor Dr. Dr. Karlheinz Müller, Mitvorstand der Christlich-jüdischen Gesellschaft, vertrat gestern auf Anfrage die Ansicht, es handle sich „zweifellos um den ganzen jüdischen Friedhof". Bis heute seien von den Grabsteinen nur ganz wenige gefunden worden, dort, wo heute der Juliusspital-Pavillon steht.

„Die Wertung des Materials aus dem ehemaligen jüdischen Friedhof hat so zu erfolgen, wie man mit historischen Funden allgemein verfährt. Dies hat mit Wiedergutmachung des damaligen Unrechts an jüdischen Friedhof nichts zu tun", erklärte gestern David Schuster zur Sachlage.

Heiner Reitberger erklärte in einer Meinungsäußerung, es handle sich um „außerordentliche Funde, deren nicht nur kunsthistorische sondern auch politische und historische Bedeutung noch gar nicht ermessen werden kann. Allein die Tatsache, daß die Umfassungsmauer eines mittelalterlichen christlichen Sakralbaues aus Grabsteinen und Bruchstücken eines uralten jüdischen Friedhofes gebaut worden, darauf hindeuten, daß sie benutzt worden, als etwa um 1500 die romanische Kirche zu einer gotischen umgebaut wurde, was noch in und unter der jetzigen Ruine steckt. Es wäre unerträglich, wenn nicht alles noch Rettbare gerettet würde."

Architekt Karl Klüpfel vom Bruno-Werk vertrat die Ansicht, vom Zeitablauf her müsse die Tatsache, daß die Grabsteine in den Mauern bis in oberen Geschossen des Gebäudes gefunden werden, darauf hindeuten, daß sie benutzt worden, als etwa um 1500 die romanische Kirche zu einer gotischen umgebaut wurde.

Adolf Käser

Der Stich einer Stadtansicht von 1548 von Sebastian Münster, entnommen aus „Würzburg, Geschichte in Bilddokumenten. Hrg. Alfred Wendehorst, München, 1981" zeigt deutlich die Lage des fraglichen jüdischen Friedhofes (rot). Auf der linken Seite ist rechts neben dem Dom das Neumünster und daneben rechts der mit einem „A" gekennzeichnete Platz als „Judenplatz" bezeichnet.

Zur Geschichte der Würzburger Juden
Von Anbeginn an immer wieder verfolgt

Zu Beginn des 12. Jahrhunderts flüchteten Juden aus ihren von Kreuzfahrern heimgesuchten Gemeinden am Rhein nach Würzburg. Sie siedelten in der Gegend des heutigen Marktplatzes und in der Vorstadt Pleich.

Bischof Gottfried von Limburg (1443–1455) gibt den Juden zu Beginn seiner Amtszeit den Friedhof zurück, freilich nicht ohne dafür eine einmalige Zahlung von 300 Gulden und eine jährliche Abgabe von 35 Gulden zu verlangen. Im Kaufbrief verpflichtet der Oberhirte seine Nachfolger, die Abmachung heiligzuhalten.

Im 15. Jahrhundert praktizieren mehrere jüdische Ärzte im Hochstift Würzburg, darunter als Leibarzt des Bischofs. Gleichzeitig verschärft die Kirche die auf Absonderung zielenden diskriminierenden Maßnahmen und Kleidungsvorschriften. Es kommt 1422 und 1453 zu ersten Versuchen, die Juden aus dem Hochstift zu vertreiben; im Domkapitel und Bürgerschaft verstärkt sich die judenfeindliche Stimmung. Unter den Fürstbischöfen Friedrich von Wirsberg (1558–1573) und Julius Echter von Mespelbrunn (1573–1617) müssen die meisten Juden das hochstiftische Territorium und die Residenzstadt Würzburg verlassen.

Seit 1562 leben praktisch keine Juden mehr in Würzburg. Julius, der in der Stadt mit eisernem Katholizismus ins Werk setzt, vertreibt freilich auch alle Anhänger der Lehren Martin Luthers aus der Stadt.

Viele Juden wohnen nun auf adelig-ritterschaftlichen Territorien der Umgebung. Mit Erbitterung verfolgen sie, daß Julius den Friedhof, den sie erst 1447 auf ewige Zeiten gekauft haben, in Besitz nimmt. Die Juden beschweren sich beim Kaiser; der Bischof behauptet, in seinem Archiv befinde sich kein Kaufbrief. 1576 beginnt er auf dem eingeebneten Friedhof mit dem Bauarbeiten für das Juliusspital.

Auf einer Inschrifttafel lobt er sich, daß eine Kultstätte der Ungläubigen nun einem „Werk christlicher Barmherzigkeit" diene. Alle Proteste der Juden, die sich erneut an den Kaiser wenden, sind vergeblich. Zwar verschärfer eine Kommission spricht dieser, eine Kommission einzusetzen und die Angelegenheit untersuchen zu lassen, doch bleibt es bei der Ankündigung.

Mit der Einebnung des Friedhofs ist die letzte Erinnerung an die einstige jüdische Gemeinde in Würzburg verschwunden. Die Tat des Fürstbischofs wiegt um so schwerer, als jüdische Friedhöfe wegen der Lehre von der Wiederaufstehung der Toten niemals aufgelassen werden dürfen. Die Errichtung des Juliusspitals auf geheiligtem jüdischem Boden ist nur vergleichbar mit dem Bau der Marienkapelle auf dem Platz, auf dem zuvor die Synagoge stand.

Roland Flade

zes, in enger Nachbarschaft zu christlichen Bürgern und errichteten eine Synagoge. Am 24. Februar 1147 werden 22 Würzburger Juden von Teilnehmern des zweiten Kreuzzuges getötet, darunter drei Rabbiner.

Bischof Siegfried, der versucht hatte, die Juden zu schützen, läßt die Leichen in seinem Garten vor der Stadtmauer im östlichen Teil der Vorstadt Pleich begraben. Später kauften die Juden dem Bischof den Garten ab und bestimmten ihn zu ihrem Begräbnisplatz, der von manchen umliegenden Gemeinden mitbenutzt wird.

Im 13. Jahrhundert entwickelt sich Würzburg zur führenden Gemeinde Frankens. Von weither kommen Talmudschüler, um an der Jeschiwa bei bedeutenden Rabbinern (Isaak ben Moses, Meir von Rothenburg u.a.) zu studieren. Die Würzburger religiöse Praxis wird beispielhaft für andere Städte. Der Arzt Süßkind, wahrscheinlich identisch mit dem Minnesänger Süßkind von Trimberg, wirkt einige Jahre am Dietrichspital. Dem bischöflichen Stadtherrn dienen die Juden Jechiel als Münzmeister und Michelmann als Verwalter Iphofens.

Der Vorwurf der Hostienschändung (1298) und der Brunnenvergiftung (1349) führt zu schweren Verfolgungen, denen jeweils die gesamte jüdische Gemeinde zum Opfer fällt. Durch Zuzug von außen wächst sie langsam wieder an. Auf dem Gelände der Synagoge entsteht 1377 die Marienkapelle.

Die bis zur Jahrhundertwende sehr kleine und arme Gemeinde beginnt unter Johann I. von Egloffstein (1400–1411), sich wieder zu organisieren.

Sein Nachfolger Bischof Johann II. von Brun (1411–1440) preßt den Würzburger Juden fast ihr gesamtes Vermögen ab und verschärft auch sonst antijüdische Bestimmungen. Als Konsequenz geht die Zahl der Juden in der Stadt stark zurück.

Im Jahr 1429 verpfändet der hochverschuldete Bischof Johann II. den jüdischen Friedhof an einen Metzger, dessen Fleischrechnung er nicht bezahlen kann. Die kleine Schar der Würzburger Juden ist nicht in der Lage, ihn daran zu hindern. Ehemalige jüdische Wohnhäuser am Marktplatz (die nun wegen des Wegzugs vieler Juden leerstehen) werden abgebrochen. Die wenigen noch in Würzburg verbliebenen Juden wohnen jetzt über die Stadt verstreut, die meisten wohl in der Nähe des inzwischen geraubten

---

Professor Dr. Dr. Karlheinz Müller übersetzte die Inschrift auf diesem außerordentlich gut erhaltenen Teil eines Grabsteines (links). Rechts oben ist zunächst zu erkennen, auf einer entsprechenden Schreibmaschine geschrieben, was an althebräischen Schriftzeichen auf dem Grabstein steht. Darunter der deutsche Text.
Foto: Heußner

דוה ידון א
לראשות אפרים
בן יצחק
מרכישוון
שנפטר בחודש
תקופת תשרי
קפ״ג לפרט
נוחו עדן בגן

★

*Dieser Stein (steht)
zu Häupten des jungen Mannes
Efrajim, des Sohnes des Isaak,
der gestorben ist im Monat
Marcheschwan)
an Tequfat Tischri 1423 nach der
kleinen Zahl.
Seine Ruhe (sei im Garten) Eden.
Amen.*

Ungeplant besichtigt hat gestern Landeskonservator Dr. Michael Petzet (links) die Landelektra-Baustelle. Mit im Bild (v.l.n.r.): Architekt Hermann Schönewolf, Professor Dr. Dr. Karlheinz Müller, Walter Eykmann (MdL) und David Schuster.

Die Bagger müssen auf der Abbruchhalde des Landelektra-Gebäudes bis auf weiteres ruhen. Grünes Licht gibt erst nach weiteren Prüfungen und der Planung des Baufortschritts das Landesamt für Denkmalpflege.
Foto: Heußner

Die umfassende Liste von „Kunst-Stücken" ist auf der ganzen Welt bisher einmalig

120 000 Denkmäler wiegen drei Kilo

Generalkonservator Petzet präsentierte das Ergebnis einer dreizehnjährigen Arbeit

Von Michael Müller

München – Das Unternehmen ist einzigartig in der ganzen Welt, hat seinen Anfang genommen mit gesetzlichem Auftrag: Als 1973 das Bayerische Denkmalschutzgesetz in Kraft trat, war damit gleichzeitig die Forderung nach einem Gesamtverzeichnis ergangen, das alle Bau- und archäologischen Denkmäler des Landes festhalten soll, ausgehend von der Einsicht, daß man vor einer effektiven Wirkung erst einmal wissen müsse, was denn eigentlich zu schützen sei.

Nach dreizehnjähriger Arbeit weiß man es nun: es sind in Bayern etwa 120 000 Objekte zuzüglich der rund 800 Ensembles. Diesen immensen Schatz in knappster Form zu dokumentieren, erforderte acht schwergewichtige Bücher, die, auf die Waage gelegt, zusammen drei Kilo bedruckten und bebilderten Papiers ergeben.

Ihre Präsentation im Münchner Landesamt für Denkmalpflege gab Bayerns neuem Kultusminister Wolfgang Wild Gelegenheit für einen Antrittsbesuch in diesem Amt, das seinerseits in sanierungsbedürftigen Räumen haust. Vier Jahre, so rechnet Generalkonservator Michael Petzet, wird die Renovierung des alten Münchner Münzamtes wohl dauern. Petzet ließ Revue passieren, welche Mühe die Auflistung aller schutzwürdigen Objekte zwischen Spessart und Alpen, Böhmerwald und Bodensee bereitet hat, etwa bei den Verhandlungen mit Kommunen und privaten Eigentümern. Deren Augenmerk, so Petzet, war darauf gerichtet, tunlichst in das amtliche Inventar aufgenommen zu werden, denn: als Denkmal deklariert, genießt ein Anwesen steuerliche Privilegien. Der Generalkonservator legte deshalb von vornherein Wert auf den Umstand, daß das Verzeichnis „ein nachrichtliches Ereignis und nicht juristische Entscheidung ist".

Natürlich sind die acht im Münchner Verlag R. Oldenbourg erschienenen Bände – einer für München, die übrigen für die sieben Regierungsbezirke – kein für alle Zeit gültiges Werk. Mit Nachträgen, die Neuentdeckungen und Verluste dokumentieren sollen, ist zu rechnen. Zur Zeit beispielsweise wird diskutiert, welche Nachkriegsbauten wohl daumalig schutzwürdig sein könnten.

Gravierender als solche Einschätzungsfragen sind wohl die Verluste. Sie haben sich, sagt Petzet, seit 1973 zwar erheblich verringert, in einigen stadtnahen Landkreisen aber sind sie doch arg; etwa im Landkreis Fürstenfeldbruck, wo die Zahl historischer Bauernhöfe inzwischen beinahe bei Null liegt.

Für den laienhaften Kunstliebhaber sind die acht Oldenbourg-Bände vermutlich von begrenztem Nutzen. Sie enthalten beinahe ausschließlich Luftaufnahmen, die in einer, wie Petzet lobt, „generalstabsmäßigen Aktion" von Otto Braasch aufgenommen wurden. Kunststück, Braasch ist Oberstleutnant a. D.

Wer's genauer wissen und im Detail betrachten will, muß zurückgreifen auf eine andere Dokumentationsreihe: „Die Kunstdenkmäler Bayerns". Sie umfaßt bis heute 103 Bände, geht zurück noch auf den seligen Prinzregenten, ist zum größeren Teil aber schon überholt vom Zahn der Zeit; die meisten Bände sind vor dem zweiten Weltkrieg verfaßt worden und in den Abbildungen manchmal blasse Reprints eines schon vergangenen Zustandes (ebenfalls im Verlag Oldenbourg, Gesamtpreis aller 103 Bände: 6997,25 DM).

Diese vor allem für den privaten Benützer dienliche Bilddokumentation ist, wenn sie erst einmal vollständig sein wird, das Gesamt-Inventar aller Kunst-Stücke in Bayern. Petzet, schon von Berufs wegen Optimist, hofft auf zwei neue Bände pro Jahr, nächstens beispielsweise auf solche über die Kirchen Rothenburgs und den Augsburger Dom.

Die Reihe „Denkmäler in Bayern" kostet pro Band zwischen 98 und 148 Mark, Gesamt 1 184 DM.

Eine Ingolstädter Ansicht ziert den Band Oberbayern der achtteiligen Reihe über die Denkmäler im Freistaat. *Foto: Braasch*

Münchner Merkur
22. Januar 1987

Mainpost (Würzburg)
10. Februar 1987

Denkmalpflege zur St.-Markus-Kirche

Erbe: Preisgabe oder Bewahrung?

Oberbürgermeister Dr. Klaus Zeitler hat in der vergangenen Woche erklärt, es gebe Denkmodelle bei der Frage nach der Zukunft des Landelektra-Gebäudes in der Pleich, an dessen Stelle heutige Planungen nach sozialer Wohnungsbau des Bruno-Werkes treten soll. Landesweites Aufsehen hat der Abbruch dieser Gemäuer, an den Außenmauern der mittelalterlichen Markuskirche erregt, als Generalskonservator Professor Dr. Michael Petzet innerhalb kurzer Frist zweimal die Baustelle besichtigt hat. Der Generalkonservator hat jetzt einen Brief an Dr. Zeitler geschrieben. Wir zitieren aus dem Schreiben in seinen wesentlichen Teilen.

„Während die Gebäude des 1803 säkularisierten ehemaligen Dominikanerinnenklosters St. Markus, soweit sie nach dem Zweiten Weltkrieg noch bestanden, offenbar schon vor langer Zeit gänzlich beseitigt worden sind, zeigte sich im Verlauf des Abbruchs, daß die erhaltenen Umfassungsmauern der zugehörigen, bereits 1863 in Wohnungen unterteilten Markuskirche auch nach dem Bau der Landelektra hinter den modernen Eisenbetonkonstruktionen im Inneren und unter dem modernen Außenverputz trotz neuer Fensterteilungen und zusätzlichen An- und Ausbauten weit vollständiger erhalten waren, als ursprünglich vermutet …

Wenn die (laufenden) Dokumentationsarbeiten, wie abzusehen, bis Ende Februar abgeschlossen sind, würde das für den bisher zwischen Bauherrn und Unternehmer vereinbarten Zeitplan zwar nur eine Verzögerung von vierzehn Tagen bedeuten. Darüber hinaus muß jedoch das Gelände auch noch archäologisch untersucht werden, was sehr viel mehr Zeit erfordern dürfte. Das Landesamt für Denkmalpflege hat darauf und auf die notwendigen bauforscherischen Untersuchungen u. a. in seiner Stellungnahme vom 4. Juli 1983 hingewiesen: ‚Da jedoch in Teilen der vorhandenen Bausubstanz verborgene Reste des ehemaligen St.-Markus-Klosters vermutet werden müssen, sollte in Abstimmung des Bebauungsplans eingefügt werden, daß bei abzubrechenden Gebäuden Voruntersuchungen zur Abklärung von Art und Umfang historischer Bausubstanz durchgeführt werden müssen.'

so (um) die Reste der Nordwand und vor allem die mit ihren wichtigen Baubefunden erst jetzt in ihrer ganzen Bedeutung erkennbare Südwand erhalten bleiben. Denn gerade in der Südwand des ehemaligen Langhauses ist noch der Umriß der Markuskirche erhalten, die als Gegenüber zu der parallel liegenden Kirche St. Gertraud mit dem ursprünglichen dazwischenliegenden Kirchhof eine bedeutende Situation verkörpert und gewissermaßen in kleinem Maßstab die Situation von Dom und Neumünster wiederholt.

Natürlich bin ich mir dessen bewußt, daß der Bebauungsplan für die neue Wohnanlage des St.-Bruno-Werkes samt einer das gesamte Gelände umfassenden zweigeschossigen Tiefgarage gültig, die Baugenehmigung erteilt, die Zuschüsse im Rahmen des sozialen Wohnungsbaus bewilligt sind.

Noch Chance

Doch das Geschichtsdenkmal Markuskirche ist, wenigstens in großen Teilen, immer noch vorhanden, und das Gelände ist immer noch im Eigentum der Stadt Würzburg. Es gibt also noch die Chance, aufgrund der neuen Erkenntnisstandes die erteilte Baugenehmigung aufzuheben bzw. zu revidieren. Daß dies völlig unmöglich sei und damit das Gesamtprojekt in Frage gestellt würde, wie man mir beim letzten Ortstermin entgegengehalten hat, vermag ich nicht recht einzusehen, da ja eine Wohnbebauung, auch mit anderer Geschoßeinteilung als das bisherige Gebäude

Fakten und Meinung:

Staatskanzlei: Talmi-Look macht alles noch schlimmer

Jetzt sollte der Heimatpfleger auf die Barrikaden gehen

Die Erregung und Empörung über den geplanten Neubau der bayerischen Staatskanzlei im Hofgarten kommt nicht zur Ruhe. Denn durch die beflissene Überarbeitung haben die inzwischen völlig verunsicherten Entwerfer der Beamtenfestung ihre Architektur noch viel schlimmer gemacht, als sie in der bisherigen Version schon war. Die krampfige Anstrengung, die kolossale Baumasse durch die überreichliche, beinahe wahllose Verwendung verspiegelter Glaswände harmloser erscheinen zu lassen, ist sogar bei einigen CSU-Leuten auf herbe Ablehnung gestoßen.

Wenn nämlich die Staatskanzlei im jetzt vorgesehenen Nobelboutiquen-Stil errichtet werden sollte, würde der Hofgarten nicht nur durch die massiv vorgezogene Baumasse eingemauert, sondern auch – bedrängt von solchen auf schick getrimmten Modefassaden vollends um seine Würde gebracht. Doch die Stoiber-Mannschaft in der Staatskanzlei versucht immer wieder, die Gegner dieser ebenso unsoliden wie unangemessenen Architektur (mittlerweile sind es fast 50 000) als inkompetente, „selbsternannte Fachleute" zu disqualifizieren.

Abgesehen davon, daß außer dem beamteten obersten bayerischen Denkmalpfleger alle ausgewiesenen Experten vom Staatskanzlei-Projekt in der vorliegenden Form abgerückt sind (selbst die, die einst die ursprüngliche Planung für machbar gehalten hatten): Woher nehmen denn die Politiker um Strauß, architektonische Laien allesamt, das Recht her, unerschütterlich zu behaupten, so wie der Entwurf jetzt aussehe, sei er richtig, gut und mitnichten eine Beleidigung für Münchens schönsten historischen Garten?

Staatssekretär Rosenbauer, der nun völlig unbeleckt von ästhetischen Erwägungen ist, hält gar die vehemente Kritik am Staatskanzlei-Neubau für „absurd" und für „Narretei". Nachdenklichere Beamte hingegen, die beruflich nahe an diesem Projekt dran sind, sprechen von einer „Tragödie". Man ist ratlos und unglücklich und muß doch an einer Sache mittun, von der man nicht mehr überzeugt ist. Diese kritischen Stimmen im Bereich der bayerischen Verwaltung bräuchten jedoch Unterstützung von außen.

Alexander von Branca, der – seinerzeit – im Wettbewerb – den befehdeten Entwurf positiv beurteilt hat, seine heutigen Einwände gegen das Projekt nicht mit der sonst bei ihm üblichen Entschiedenheit vorträgt. Nach der Satzung soll der Heimatpfleger „verderbliche Entwicklungen verhindern". Die Initiative fordert von Branca auf endlich „gegen die sich anbahnende Jahrhundertsünde im Hofgarten, gegen diesen grauenhaften Bau einzuschreiten".

Die Stadt will im übrigen nochmals versuchen, mit der Regierung über einen neuen Staatskanzlei-Standort (neben dem Marstall) zu verhandeln, oder wenn das nicht mehr zu erreichen ist, wenigstens auf eine wirklich verbesserte Architektur und deutlich verringerte Baumassen dringen. Man will aber mit dem „Herrn und nicht mit dem Hund" sprechen, bemüht sich daher um einen Termin bei Strauß, nachdem die letzte Runde mit Stoiber so frostig-frustvoll endete. Auch wird sich die Stadt nicht klaglos vom Freistaat das ihr noch im unteren Hofgarten gehörende kleine Sperr-Grundstück wegnehmen lassen.

Noch ein Wort zur Mär von der dreißigjährigen Planungsgeschichte" in Sachen Staatskanzlei am Hofgarten. Da wird der Öffentlichkeit von Edmund Stoiber schlicht an der Nase herumgeführt. Es gab zwar schon mal ganz früher die vage Gedankenverbindung Staatskanzlei-Hofgarten. Doch seit 1969 sollte die Kanzlei am Finanzgarten geführt werden. Es existierte ein ausführungsreifer Entwurf, für den schon Millionen ausgegeben wurden. Das Vorhaben ist schließlich aus Sicherheitsbedenken gestoppt worden.

Erst seit 1980 gilt der Beschluß, mit der Staatskanzlei in den Hofgarten zu gehen. Das heißt: Wenn vom jetzigen Projekt gesprochen wird, kann fairerweise nur auf eine Planungszeit von sieben Jahren verwiesen werden. Wenn also doch noch einmal für ein anderes Grundstück geplant werden sollte, käme im Höchstfall zehn Jahre Vorlauf bis zur Realisierung zusammen. Das wäre für ein Regierungsgebäude von dieser Wichtigkeit und Brisanz eigentlich ganz normal.

Peter M. Bode

'terra sancta'

Was den schwer abzuschätzenden Umfang der archäologischen Untersuchungen betrifft, so ist nicht auszuschließen, daß unter der Erde, zum Beispiel im ehemaligen Chorbereich der Markuskirche, eine Art Krypta oder eine Gruftanlage verborgen sein könnte, etwa mit den Gräbern der Äbtissinnen. Abgesehen von der Frage der Erforschung und Dokumentation, würde ich in diesem Fall als Denkmalpfleger die Auffassung vertreten, daß dies dann in gewissem Sinn ‚terra sancta' sei, in der man die Toten in Frieden ruhen lassen sollte – selbst wenn ein paar Autoabstellplätze weniger entstehen würden.

Die Dokumentation der erhaltenen Mauerreste der Markuskirche sowie eine von unserer archäologischen Außenstelle Würzburg unter Leitung von Hauptkonservator Dr. Wamser trotz der starken Arbeitsbelastung noch für dieses Jahr irgendwie einzuplanenden archäologischen Untersuchung des Geländes sind wohl ein selbstverständliches Anliegen der Öffentlichkeit...

auch wenn die Bergung der jüdischen Grabsteine und die Bergung von sonstigen Spolien vom Bau der ehemaligen Markuskirche ebenso gesichert scheint, wie eine Dokumentation der aufrechtstehenden Mauerpartien der Kirche und eine archäologische Untersuchung des Geländes, muß das Bayerische Landesamt für Denkmalpflege darüber hinaus schon jetzt nicht nur die wohl selbstverständliche Dokumentation sondern auch die Erhaltung der auf die Gründung des Klosters im 13. Jahrhundert zurückgehenden Umfassungsmauern der Kirche fordern. Diese denkmalpflegerische Forderung wird im einzelnen durch die in den kommenden Wochen zu erwartenden Ergebnisse der Bauforschung noch zu präzisieren sein.

‚Erhalten'

Es geht also nicht nur um den nach der Baugenehmigung zu erhaltenden Treppenturm von 1610 an der Nordwestecke und die jetzt nach Abbruch des Anbaus vollständig sichtbare Westgiebelwand mit der spitzbogigen Gewände des großen Westfensters... sondern genau-

der Landelektra, durchaus mit dem historischen Bestand vertretbar wäre und nur die Tiefgarage angesichts des großen Geländes wohl vertretbares Ausmaß reduziert werden müßte.

Vom „Stand des Verfahrens" her gesehen, steht das Landesamt für Denkmalpflege bei seinen Bemühungen um Erhaltung der Reste der Markuskirche und ihre Integration in die Neubauplanung des St.-Bruno-Werkes vielleicht auf verlorenem Posten. Doch unabhängig von der verfahrensrechtlichen Situation und den in solchen Fällen gern vorgeschobenen, aber doch sicher lösbaren technischen Problemen sowie der natürlich nicht unwichtigen Kostenfrage (hier wären die Voraussetzung für eine Inanspruchnahme des Entschädigungsfonds zu prüfen), scheint mir das Ganze doch in erster Linie, wie so oft in der Denkmalpflege, vor allem auch eine Frage des guten Willens.

‚Zerstörung'?

Jetzt, wo die große Bedeutung nicht nur der Funde, sondern auch der Rest der Kirche deutlich geworden ist, und im Laufe der kommenden Untersuchungen wohl noch deutlicher werden wird, lassen sich die anstehenden Entscheidungen jedenfalls mit rein verfahrensrechtlichen ‚Sachzwängen' allein kaum begründen, sondern angesichts unserer Verantwortung für die Zeugnisse unserer Geschichte stellt sich hier unausweichlich die Frage: Will die Stadt Würzburg, die im letzten Krieg schon so furchtbare Verluste erlitten hat, ihr baugeschichtliches Erbe soweit als irgend möglich bewahren oder will sie die letzten Reste der Markuskirche der Zerstörung preisgeben und damit hier in gewissem Sinn das Werk der Säkularisation vollenden?

Sehr verehrter Herr Oberbürgermeister... da ich Ihr besonderes Engagement für das historische Erbe der Stadt Würzburg kenne, hoffe ich nun auch in dieser von der Öffentlichkeit verständlicherweise stark beachteten Angelegenheit auf Ihre Hilfe und bin, ehe weitere Entscheidungen fallen, auf jeden Fall sehr dankbar für ein weiteres Gespräch mit Ihnen, in das auch die in den kommenden Wochen zu erwartenden Untersuchungsergebnisse einzubeziehen wären."

Hier setzt die unermüdliche Initiative „Rettet den Hofgarten" an, die den bestellten Kreisheimatpfleger gehörig in die Pflicht nehmen will. Es ist der honorige Boden argumentiert die Stadt

AZ (Abendzeitung), München 14./15. Februar 1987

Wertvolle Zeugnisse der bäuerlichen Kultur

Ausstellung „Bauernhäuser aus Niederbayern, die es nicht mehr gibt" eröffnet – Prof. Petzet: „Abbruchwelle ist völlig gestoppt"

Oberbürgermeister Josef Deimer, MdS, und Generalkonservator Prof. Dr. Michael Petzet (links) eröffneten am Samstag im Beisein zahlreicher Gäste die Ausstellung „Bauernhäuser aus Niederbayern... die es nicht mehr gibt" (Fotos: tr)

„Bauernhäuser aus Niederbayern... die es nicht mehr gibt" ist eine Ausstellung des Bayerischen Landesamtes für Denkmalpflege, die anhand von Fotos und Kopien der vor Ort gezeichneten Originale zeigt, was von zehn historischen Bauernhäusern in Niederbayern wenigstens auf dem Papier der Nachwelt überliefert bleibt. Eröffnet wurde die von Heinz Strehler und Ulrich Hartmann konzipierte Ausstellung am Samstag im Rathaus-Foyer in Landshut von Oberbürgermeister Josef Deimer, MdS. Wie Generalkonservator, Prof. Dr. Michael Petzet, erklärte, gebe es gerade auch in Niederbayern insbesondere seit dem Denkmalschutzgesetz großartige Beispiele von Instandsetzungen alter Bauernhäuser. Die bayernweite Abbruchwelle der 50er und 60er Jahre sei inzwischen völlig gestoppt worden, wenn heutige Verluste zu beklagen seien, dann durch eine zu perfekte Sanierung. Die Denkmalpflege sei verpflichtet, zu dokumentieren, was verloren gehe, zwar sei das erste Ziel immer die Erhaltung des Originals, doch bestehe gelegentlich nur mehr die Möglichkeit, historische Zeugnisse wenigstens für die Geschichtsbücher zu retten. Die Ausstellung ist im Rathaus-Foyer bis zum 30. April täglich von 9.30 bis 18 Uhr zu besichtigen.

Am Samstag vormittag wurde im Rathaus-Foyer in Landshut die Ausstellung „Bauernhäuser aus Niederbayern... die es nicht mehr gibt" des Bayerischen Landesamtes für Denkmalpflege eröffnet. Das Referat Bauforschung dieses Amtes kann neben seinen sonstigen Aufgaben gelegentlich Abbruchfälle von historischen Bauernhäusern dokumentieren. Dabei werden aus Personalmangel nur selten exakte, verformungsgerechte Bauaufnahmen erstellt, zu denen auch eine knappe Beschreibung der wichtigsten historischen Eigenschaften des Objektes bis hin zu Ausstattungsmerkmalen gehört. Häufiger sind Notdokumentationen, wobei manchmal für ein Baudenkmal ein einziger Arbeitstag reichen muß. Gezeigt werden im Rahmen dieser Ausstellung zehn solcher inzwischen abgerissenen alten Bauernhäuser aus ganz Niederbayern.

Dokumentation dessen, was nicht mehr ist

In seiner Eröffnungsansprache betonte Oberbürgermeister Josef Deimer, daß man angesichts dieser Ausstellung, die dokumentiere, was nicht mehr sei, eine gewisse Traurigkeit empfinde. Gleichwohl wisse man auch, daß man über die eigenen vier Wände hinauswachse und es auch müsse, dabei aber oft die Grenzen übersehe. So sei es auch bei dem Abbruch dieser alten, historischen Bauernhäuser gewesen, glücklicherweise jedoch habe man das Wertvolle, bevor man es aufgegeben habe, noch festgehalten.

Er sei froh, so Oberbürgermeister Josef Deimer, daß diese Ausstellung in Landshut gezeigt werde und er dankte hierfür Generalkonservator Prof. Dr. Michael Petzet vom Bayerischen Landesamt für Denkmalpflege, dem man gerade auch in Landshut viel verdanke. Gemeinsam sei in den letzten eineinhalb Jahrzehnten eine Vielzahl an Maßnahmen der Stadterneuerung und des Städtebaues durchgeführt worden, wobei einer den anderen respektiert habe. OB Deimer erinnerte an die Charakteristik der Bauernhäuser im Landshuter Raum, ehe er dazu aufrief, gemeinsam die Zukunft besser zu gestalten, hellhörig und aufmerksam zu sein. Der Oberbürgermeister konnte schließlich eine stattliche Anzahl von Ehrengästen begrüßen, unter ihnen Bürgermeister Karl Holzer, stellvertretenden Landrat Josef Zeiler, Vertreter des Stadtrates, Heimatpfleger Dr. Hans Bleibrunner, Stadtheimatpfleger Dr. Georg Spitzlberger, Abteilungsdirektor Schmid von der Regierung von Niederbayern, Bauinnungsobermeister Hans Huber, sowie zahlreiche Vertreter der Ämter, Behörden und Schulen.

Einen Dank an die Stadt Landshut insbesondere auch für die enge Zusammenarbeit richtete Generalkonservator Prof. Dr. Michael Petzet vom Bayerischen Landesamt für Denkmalpflege. Er wies zunächst darauf hin, daß die Ausstellung von Heinz Strehler, Baureferent in der Bauforschung, und Ulrich Hartmann, Gebietsreferent in Niederbayern, konzipiert worden sei. Seit dem Denkmalschutzgesetz, so Prof. Petzet, habe man mehr Verständnis gefunden, es gebe großartige Beispiele von Instandsetzungen wichtiger Bauernhäuser gerade auch in Niederbayern. In den 50er und 60er Jahren seien grandiose Bauernhäuser abgebrochen worden, Derartiges jedoch könne heute nicht mehr passieren, die Abbruchwelle in Bayern sei völlig gestoppt.

Wenn heute größere Verluste zu beklagen seien, so der Generalkonservator, dann durch eine zu perfekte Sanierung, durch eine Kaputt-Sanierung. Inzwischen aber sei die Öffentlichkeit sensibler geworden. Die in dieser Ausstellung gezeigten zehn Bauernhäuser seien wichtige Zeugnisse bäuerlicher Kultur, wichtige Dokumente für die Volkskunde. Die Denkmalpflege, bekräftigte Dr. Petzet, sei verpflichtet zu dokumentieren, was verloren gehe und so seien die Aufmaße dieser Bauernhäuser oftmals in der letzten Minute angefertigt worden. Man sehe hier ein Portrait mit allen Narben der Geschichte.

Ziel ist die Erhaltung des Originals

Über den Verlust dieser Bauernhäuser müsse man trauern, doch sei es entscheidend, daß die Forschung in den kommenden Jahren mit solchen Dokumenten arbeiten könne. Eine solche Dokumentation sei in vielen Fällen auch Anlaß für die Rettung des betreffenden Hauses, sie sei Basis für die Sanierung des Hauses gewesen, habe beim Eigentümer eine Haltungsänderung bewirkt. Erstes Ziel der Denkmalpflege sei, wie auch bei der Archäologie, die Erhaltung des Originals, des historischen Zeugnisses, gelegentlich aber müsse man sich auch mit einer Dokumentation wenigstens für die Geschichtsbücher begnügen.

Auf die Stadt Landshut eingehend meinte Prof. Petzet, man sei sehr froh darüber, wie sich diese Stadt in den letzten Jahren engagiert habe, was hier alles erhalten und gerettet worden sei. Der Denkmalpfleger fühle sich als Anwalt dieser Objekte, müsse freilich auch Kompromisse machen, er müsse immer wieder herausstellen, was verlorengehen könne. Gerade angesichts der Tatsache, so Prof. Petzet, daß die Möglichkeiten der Zerstörung heutzutage gewaltig seien, sei die Denkmalpflege von großer Bedeutung. Das schönste Ergebnis wäre es, betonte er, wenn man bei dem einen oder anderen desolaten Fall darüber nachdenken würde, welche Möglichkeiten es gebe, ein solches Gebäude erhalten zu können. Immer wieder ließen sich Lösungen finden. Prof. Dr. Petzet bedankte sich abschließend bei Oberbürgermeister Josef Deimer dafür, daß diese Ausstellung hier gezeigt werden dürfe und erklärte, daß sie auch eventuell in anderen Städten vorgestellt werde. Schließlich gab er bekannt, daß das Landesamt für Denkmalpflege eine Denkmalliste der Stadt Landshut mit Bildern und Kommentaren plane, eine Dokumentation, die voraussichtlich noch in diesem Jahr veröffentlicht werden solle. Die Ausstellung „Bauernhäuser aus Niederbayern... die es nicht mehr gibt" ist im Rathaus-Foyer bis zum 30. April täglich von 9.30 bis 18 Uhr zu sehen. -rd-

Landshuter Zeitung, 6. April 1987

Strauß beschimpft OB Kronawitter: „Verschwender"

Erboster Brief zum Staatskanzlei-Neubau am Hofgarten

Von Rolf Henkel

München – Neue Schelte von Franz Josef Strauß für Oberbürgermeister Georg Kronawitter. Weil die Stadt sich noch immer nicht mit dem Staatskanzlei-Neubau am Hofgarten abfindet und Kronawitter deshalb kürzlich wieder bei Strauß protestierte, schrieb der CSU-Chef jetzt erbost an den OB: „Ich bin nicht bereit, die Komödie der Irrungen fortzusetzen. Sie haben bereits Steuermittel von nahezu einer Million Mark für utopische Alternativplanungen verschwendet. Sie sind unter dem Druck Ihrer Linken und der Grünen ... der große Hemmschuh für eine großartige architektonische Lösung."

Der neuen Strauß-Schelte ging ein Briefwechsel zwischen dem OB und dem Münchner Ehrenbürger Strauß voraus, in dessen Verlauf sich Kronawitter schon einmal harsche Kritik gefallen lassen mußte. Im Februar wehrte er sich, jetzt antwortete Strauß. Sein erster Satz: „Ich komme zurück auf Ihren unfreundlichen Brief vom 13. Februar."

Strauß dann selbst unfreundlich: „Sind Sie sich eigentlich im klaren, daß Sie die Stadt und ihre Gremien der letzten Wahlperiode schwer beleidigen?"

Auch die Gutachter bekommen ihr Fett. Es sei „erschütternd", daß Fachleute, die vorher an der Planung mitarbeiteten, jetzt unter dem Schlagwort „Zerstörung des Hofgartens" einen „Irrtum" eingestünden. Strauß: „Ich frage mich aber, warum die sorgfältige Planung der Irrtum ist und nicht der spontane Gesinnungswechsel."

Kronawitters Vorschlag, den „Bayern-Kreml" am Marstall zu bauen, nennt Strauß „Flucht in das Niemandsland". Außerdem sei im Stadtrat die Aussicht, daß ein neuer Bauplan durchkomme, „so ungewiß wie ein Lotteriegewinn".

Strauß an Kronawitter: „Nicht wir sind die Zerstörer des Hofgartens..., sondern Sie wollen der Verhinderer einer großartigen architektonischen Lösung sein."

Kritik gestern auch im Haushaltsausschuß des Landtags. Der Grüne Hartmut Bäumer nannte den Bau „Mischung aus Mausoleum und Gewächshaus", der SPD-Abgeordnete Max von Heckel forderte einen Baustop, bis die Bodenfunde aus dem 17. Jahrhundert gerettet sind.

Dazu meldete sich erstmals Landeskonservator Michael Petzet: „Ich muß offen sagen: die Staatskanzlei ist dort am richtigen Platz. Wir waren glücklich über den Bebauungsplan".

Petzet will sieben gut erhaltene Arkaden unter dem Bauplatz erhalten und später der Öffentlichkeit zugänglich machen. Wegen der Klage der Stadt gegen den Bau seien aber „vernünftige Überlegungen völlig unmöglich".

Am Etat der Staatskanzlei erhitzten sich die Gemüter im Haushaltsausschuß

„Bedingt demokratiefähig"

Neubau im Münchner Hofgarten wieder in der Kritik — Auch politische „Abrechnung"

MÜNCHEN – Die Beratung des Haushaltsplans der Staatskanzlei im Haushaltsausschuß des Landtages wurde von den Oppositionsparteien SPD und Grüne zu einer Art „Generalabrechnung" mit der Politik des Ministerpräsidenten und seiner Steuerungszentrale genutzt. Die Gesamtausgaben der Staatskanzlei sollen immerhin von 62,3 Millionen Mark im Vorjahr auf 69,4 Millionen Mark im laufenden Jahr und auf 92,3 Millionen 1988 steigen.

Als Stein des Anstoßes entdeckten die Oppositionssprecher vor allem den umstrittenen Neubau der Staatskanzlei am Münchner Hofgarten. Die SPD beantragte, die im Haushalt vorgesehenen Mittel für das Großprojekt ersatzlos zu streichen und die Gelder besser auf andere staatliche Baumaßnahmen umzuschichten, die politisch und rechtlich unproblematischer seien.

Aber auch die Aufblähung der Regierungszentrale mit zusätzlichen Stellen stieß auf Kritik von SPD und Grünen. Die Sozialdemokraten halten den Personalkörper der Staatskanzlei im Vergleich zu anderen Bundesländern für „weit überbesetzt". Statt der bisherigen 153 Beamten sollen künftig 171 in der Schaltstelle der Bayernpolitik beschäftigt werden. Das sind für die SPD „mindestens 30 Prozent zuviel".

Doch nicht nur der Stellenplan, auch die Öffentlichkeitsarbeit der Staatsregierung, weckte den Widerspruch der Opposition. Die SPD war der Meinung, dafür genügten jährlich 1,9 Millionen Mark statt der im Haushalt für 1987 ausgewiesenen 3,6 Millionen. „Weil", wie ihr Haushaltssprecher Max von Heckel meinte, „damit eher Volksverdummung und nicht Volksaufklärung" betrieben werde. Wenn die Staatsregierung eine Öffentlichkeitsarbeit in diesem Umfang für nötig halte, dann solle sie die gefälligst aus der Parteikasse der CSU bestreiten.

Heftig kritisiert wurde im übrigen auch die bayerische Medienpolitik, die „mit der Verfassung, der Verteilung der Gewalten und dem Recht der Rundfunkanstalten" nichts mehr zu tun habe. Heckel: „Uns stört, welchen Umgang die Staatsregierung, besonders aber Staatsminister Edmund Stoiber und Franz Josef Strauß, in wichtigen politischen Dingen treiben." Dabei hielt der SPD-Sprecher Strauß dessen „Waffengeschäfte mit den Saudis" ebenso vor wie die „unnötigen Angriffe gegen politische Persönlichkeiten in Österreich".

Vor allem aber die „sture Haltung" in Sachen Staatskanzlei-Neubau warf er den beiden Repräsentanten der Regierungszentrale vor. Die SPD verkenne nicht die Raumnot der dort Bediensteten: „Doch das liegt vor allem an der Größe des Personalkörpers", hielt er Strauß vor, der wie kein anderer deutscher Ministerpräsident von Beamten umgeben sei.

Kleinkrämer-Geist

Überraschende Schützenhilfe im Streit um den Neubau erhielt die Staatsregierung vom Präsidenten des Landesamtes für Denkmalpflege, Michael Petzet: „Die Staatskanzlei steht in den Augen der Denkmalpflege am Hofgarten am richtigen Platz", betonte er. Die Auseinandersetzungen mit der Stadt München bezeichnete er als „absurden Streit um kleine Verbesserungen". Auch der haushaltspolitische Sprecher der CSU, Jakob Mittermeier, verteidigte die Neubaupläne: „Baukunst ist eben nur bedingt demokratiefähig".

SPD und Grünen warf er „kleinkrämerischen Geist" in dieser Auseinandersetzung um den Haushaltsplan für die Staatsregierung vor. Wenn Mittermeier, in früheren Zeiten ein 30jähriger Verfahrenskampf um Bauwerke ausgetragen worden wäre, „dann hätten wir weder einen Dom, noch ein Nationaltheater, noch eine Residenz, gar nicht zu denken an die Schlösser". Was ihm von Max von Heckel die hämische Erwiderung einbrachte, die CSU werde wohl nicht erwarten, daß eines Tages Amerikaner scharenweise wie nach Schloß Linderhof pilgerten, „weil sie solches Zeug zur Genüge daheim haben".

FRIDOLIN ENGELFRIED

Nürnberger Nachrichten
30. April 1987

Süddeutsche Zeitung
29. April 1987

Minister ohne Aktenkenntnis?

Die Diskussion um den Münchner Hofgarten verschärft sich

Auch der neue Minister für Wissenschaft und Kunst, Wolfgang Wild, ist offenbar nicht bereit, sich für die Erhaltung der vom Abbruch bedrohten Baudenkmäler im Münchner Hofgarten einzusetzen. Dies geht aus einem knappen Brief hervor, den die Initiative „Rettet den Hofgarten" erst jetzt auf ihre detaillierte Anfrage von Ende März erhalten hat. Mit Verweis auf die Stellungnahmen des Landesamts für Denkmalpflege heißt es in der Antwort kurz und bündig: „Von hier aus besteht kein Anlaß, unter dem Gesichtspunkt von Denkmalschutz und Denkmalpflege über die fachlichen Anforderungen hinauszugehen, die von der zentralen Fachbehörde für Denkmalpflege gestellt worden sind."

Freilich sind Zweifel angebracht, ob der Minister überhaupt die Aktenlage kennt. Auch in einem Interview mit der *Abendzeitung* hat er ja „keine Bedenken gegenüber der Beseitigung der Reste alter Bauten". Davon kann wohl keine Rede sein. Vielmehr hat Generalkonservator Michael Petzet in seiner Stellungnahme vom 4. März des Jahres erneut auf die Erhaltungswürdigkeit der aus dem 16. Jahrhundert stammenden Gewölberäume (untere Arkaden) hingewiesen. Die überarbeitete Planung für die Staatskanzlei werde von ihm „hingenommen, nachdem die planungsrechtlichen Vorgaben und funktionalen Zwänge eine aus denkmalpflegerischer Sicht wünschenswerte Erhaltung aller Joche des Arkadengangs ausschließen."

Im gleichen Interview hat Minister Wild geäußert, er müsse sich als „Expertenwissen" verlassen. Da sollte es ihn eigentlich stutzig machen, daß beim Ministerpräsidenten bereits vor Ostern ein Appell eingegangen ist, der von nahezu allen Professoren für Architektur und Städtebau der TU München, der Münchner Fachhochschule und der Akademie der Bildenden Künste unterschrieben wurde. Zu den insgesamt 35 Unterzeichnern zählen Gerd Albers und Otto Meitinger, Friedrich Kurrent und Winfried Nerdinger, Helmut Gebhard und Manfred Kovatsch, Hubert Caspari und Horst Fischer.

Diese Fachleute mit teilweise sogar internationalem Ruf und Rang sehen dem Neubau der Staatskanzlei „mit großer Sorge" entgegen. Deshalb fühlen sie sich verpflichtet, „in letzter Stunde an die Staatsregierung zu richten, die Haltung der Verweigerung jeglichen Gesprächs über dieses Thema aufzugeben. Die Verwirklichung des jetzt vorgesehenen Projekts wäre für München, für die Gestalt und Atmosphäre seiner städtebaulichen Mitte, ein großes Unglück."

Da im Fortgang des Planungsprozesses neue Tatsachen (etwa die Denkmäler) aufgetaucht und neue Erkenntnisse gewonnen worden seien, könne einer „Neubewertung früherer Standpunkte" nicht ausgewichen werden. Dieser Appell wird mit der Bitte um ein „baldiges Zeichen einer grundsätzlichen Gesprächsbereitschaft" verbunden.

Der durch die historischen Funde verschärfte Streit um die Kanzleiplanung wird Ende Mai auch den Landesdenkmalrat beschäftigen. Schon jetzt zeichnet sich dort eine Entscheidung für den Erhalt der Gewölberäume ab, die neben der Alten Münze und dem Antiquarium als drittes bedeutendes Zeugnis der Renaissance in München gelten. Minister Wild wäre deshalb gut beraten, seine Haltung zu überdenken. Kaum vorstellbar, daß er an einer Entscheidung festhält, die dem Urteil der namhaftesten Experten im Lande Bayern widerspricht.

WOLFGANG JEAN STOCK

Fakten & Meinung: Staatskanzlei – Gutachten kontra Abbruch der Hofgartenarkaden

Zustand um 1910: So sah es im nordöstlichen Hofgarten einst aus. Die Renaissance-Arkaden waren – sichtbar – in das Gebäude des früheren Kunstvereins integriert, das seinerzeit direkt an das Armeemuseum anschloß.

Zustand heute: Von den noch vorhandenen Arkaden will die Regierung den größten Teil abreißen lassen und den Rest – praktisch unsichtbar – in den Keller der Staatskanzlei verbannen.

Fotos: Hübl

Ein Denkmal neben den Toiletten?

Wenn Franz Josef Strauß und seine ihm willfährig ergebenen Behörden im Münchner Hofgarten so weiter verfahren wie bisher, dann werden dieser bayerische Ministerpräsident und insbesondere das Landesamt für Denkmalpflege als Zerstörer der „einzigen in Deutschland noch vorhandenen Renaissance-Gartenarchitektur dieses Typs" in die Geschichte eingehen. Das ergibt sich aus dem jetzt veröffentlichten Gutachten des renommierten Kunstwissenschaftlers Professor Gunter Schweikhart. Diese fundierte Expertise ist auch für Oberbürgermeister Kronawitter ein Grund mehr, weiterhin mit allen Mitteln juristisch gegen den drohenden Neubau der Staatskanzlei im Hofgarten zu kämpfen.

Immer unverständlicher erscheint allen Fachleuten und besorgten Bürgern die regierungsfromme Demutshaltung unseres obersten Denkmalschützers: Obwohl Michael Petzet nicht erst seit Schweikharts Untersuchung weiß, welch unschätzbares historisches Ensemble er im nordöstlichen Hofgarten zu verteidigen hätte, nimmt er es protestlos hin, daß die Regierung wegen ihres Neubaus einen Großteil der prachtvollen Renaissance-Arkaden abbrechen will. Petzet beugt sich den „planungsrechtlichen Vorgaben und funktionalen Zwängen", obgleich dieses Planungsrecht ganz anders gelaufen wäre, wenn Petzets Amt seinerzeit nicht geschlafen und den Stadtrat nicht falsch unterrichtet hätte.

Denn das Kommunalparlament ging bei der Zustimmung zum Bebauungsplan für die neue Staatskanzlei irrtümlich davon aus, daß es sich bei den oberen Arkaden um einen Bau aus dem 19. Jahrhundert handle. Und für diese unverzeihliche und verhängnisvolle Fehlinformation ist allein das Denkmalamt verantwortlich. Die hiesigen Denkmalpfleger hätten nämlich schon vor Jahren feststellen können, daß die unteren Arkaden von 1560 und die oberen von 1613 das architektonische Herzstück des östlichen Hofgartens sind.

Gutachter Schweikhart erklärt dazu: „Es handelt sich (hier) um ein besonders wertvolles Baudenkmal. Der geplante Abbruch des Obergeschosses und die Beseitigung von sieben Achsen des Untergeschosses einschließlich der noch aus dem 16. Jh. vorhandenen Mauern, Säulen, Bögen, Gewölbe, Fenster und Dekors wären eine unvertretbare Reduzierung dieses historischen Denkmals. Allein wegen seiner singulären Bedeutung müßte der Bau vollständig erhalten werden".

Michael Petzet hingegen gibt sich damit zufrieden, daß ein paar kümmerliche Arkadenreste im Untergeschoß der künftigen Staatskanzlei – eingeklemmt zwischen Aktenregistratur und Toilettenanlage – „überleben" sollen. Hat er vielleicht übersehen, daß sich die rüden Neubauplaner nicht scheuen, auch noch dieses armselige Relikt durch eine Decke in der Mitte zu halbieren?

OB Kronawitter hat jedenfalls durch Schweikharts Gutachten neue Munition und neuen Mut bekommen, auf dem Rechtsweg weiter gegen das Staatskanzlei-Monstrum zu Felde zu ziehen. Das schwerste Geschütz ist dabei, wie auch der bekannte Rechtsanwalt Christian Seiler betont, daß der betreffende Bebauungsplan eigentlich nichtig ist, weil dem Stadtrat die geschichtliche Bedeutung der „im Wege stehenden" Arkaden verschwiegen wurde.

Peter M. Bode

AZ (Abendzeitung), München
6. Mai 1987

Im Durchgang zum Münzhof:

Anregungen zur Dekorationsmalerei
Landesamt für Denkmalpflege zeigt Beispiele aus der Gründerzeit

Den Besuchern des Landesamtes für Denkmalpflege soll künftig im Durchgang zum Renaissance-Münzhof zusätzlich Sehenswertes geboten werden – und dem Sinn des Amts entsprechend auch Belehrendes, anschauliche Öffentlichkeitsarbeit. Die erste kleine Lehrschau dieser Art gilt dem Thema „Bürgerliche Dekorationsmalerei von der Gründerzeit bis nach dem 2. Weltkrieg". Zwei Mitarbeiter des Amtes, Erwin Meyer und Reinhard Zehentner, haben – auch als privates Hobby – vielseitiges Material darüber zusammengetragen, wie Väter und Vorväter ihre vier Wände schmuck bemalen ließen – mit Hilfe von Schablonen und Musterwalzen, die Blüten, Vögel, Bäume und auch Holzmaserungen auf den getünchten Grund zauberten.

Die kleine Ausstellung zeigt aber auch, daß dies nicht nur Tapeten-Imitationen für den kleinen Mann waren, daß vielmehr zur Zeit des Jugendstils auch in aufwendig ausgestatteten Villen Dekorformen verwendet wurden, wie sie diverse Musterbücher samt Schablonen zum „Ausradeln" angeboten haben. In Vitrinen ist auch das entsprechende Material und Handwerkszeug präsentiert; von den Farben und den Walzen bis zu großen, kreisrunden Spezialpinseln, mit deren Hilfe man „Eisblumenmuster" herstellen konnte. Dazu natürlich die Vorlagen – auch solche, die die stilvolle Bemalung von Kirchen in neugotischer oder romanischer Manier nach Schablone erlaubten.

Bei den Tapetenbeispielen aus dem hauseigenen Archiv, in dem seit einiger Zeit auch typische Produkte jüngeren Datums gesammelt werden, sticht das Renaissancedekor eines Velourstücks aus den Pschorr-Räumen im Alten Hackerhaus hervor. Nach zerfetzten Resten, die sich bei der Restaurierungsaktion 1983/84 im Herrenzimmer fanden, rekonstruierten Mitarbeiter des Amtes damals das Muster, und nach dieser Vorlage druckte eine hessische Spezialfirma dann die Tapete nach – nicht nur fürs Hackerhaus, sondern auch für ihr „historisches" Sortiment.

Auf praktische Auswirkungen dieser Art sollen die Ausstellungen abzielen, wie Generalkonservator Michael Petzet bei der Eröffnung dieser ersten erläuterte. In diesem speziellen Fall könnten Hausbesitzer ermutigt werden, bei Renovierungsarbeiten auf schöne und originelle Muster zu achten, die unter Umständen unter mehreren Tapeten- oder Tünchschichten zum Vorschein kommen. Qualifizierte Maler- und Kirchenmalerbetriebe seien heute durchaus wieder in der Lage, in den traditionellen Techniken alte Muster wieder aufzugreifen und in der traditionellen Technik zu reproduzieren.

Mit der Herstellung von Schablonen für derlei Wandmuster war um die Jahrhundertwende eine ganze Industrie beschäftigt.

Das nächste Thema soll eines „mit Trauerrand" sein: die Dokumentation alter Bauernhäuser, die in den letzten Jahrzehnten in Niederbayern abgebrochen wurden. Danach dann das Kapitel „Photorestaurierung", dargestellt an einer Auswahl der etwa 40 000 Glasplatten, die sich aus der Zeit vor dem 1. Weltkrieg im Denkmalamt erhalten haben – als wichtige Zeugnisse der damaligen Inventarisierungsaktionen im Land. (Die Ausstellung ist bis 30. Juni an Werktagen von 8–18 Uhr in der Alten Münze, Hofgraben 4, zu besichtigen.)

Heinrich Breyer

Süddeutsche Zeitung, 16./17. Mai 1987

Fachtagung der Kirchenmaler
Restaurierungskonzepte für Sakralbauten im Stadtgebiet vorgestellt

Mittelbayerische Zeitung (Regensburg)
19. Mai 1987

rt. Kirchenmaler aus ganz Bayern konnte Hermann Wiedl, Fachgruppenleiter der Kirchenmaler in Bayern, gestern zu der im zweijährigen Turnus durchgeführten Fachtagung im Dom St. Peter begrüßen. In Zusammenarbeit mit dem Bayerischen Landesamt für Denkmalpflege wird versucht, Probleme, die bei der Renovierung von historischen Räumen entstehen, gemeinsam zu erörtern und zu diskutieren.

Im Beisein von Domprobst Vinzenz Guggenberger und Professor Dr. Michael Petzet, Generalkonservator des Bayerischen Landesamtes für Denkmalpflege, eröffnete Hermann Wiedl die Tagung, in deren Mittelpunkt er die Zusammenarbeit der Kirchenmaler mit dem Landesamt für Denkmalpflege stellte. Gerade bei der Restaurierung von historischen Räumen ergäben sich oft Probleme, die nur durch eine sinnvolle und fruchtbare Zusammenarbeit beider Institutionen zu lösen wären. Dies bestätigte auch Professor Petzet in seinem kurzen Grußwort. Besonders freue es ihn demnach, daß diese notwendige Abstimmung aufeinander hier besonders gut gelungen sei, wofür beispielsweise auch die Restaurierung des Domes Zeugnis ablege.

Im Mittelpunkt des zweitägigen Programms stehen heuer die Sakralbauten. So wurde auch gleich zum Auftakt der Veranstaltung das von Dr. Michael Kühlenthal in Zusammenarbeit mit der ausführenden Firma, Gebrüder Preis, erarbeitete Konzept für die Restaurierung des Domes vorgestellt. Weitere Schwerpunkte bilden die Kirchen Niedermünster, die Klosterkirche Hl. Kreuz, die Schottenkirche sowie die Kirche im Institut der Englischen Fräulein.

Die erstellten Restaurierungskonzepte sehen dabei unter anderem vor, die Gewölbemalereien in der Niedermünsterkirche zu erhalten und die Fenster in diesem Sakralbau besser gegen eindringenden Schmutz zu sichern.

Mit der Untersuchung der Fassung der romanischen Kreuzigungsgruppe befaßte sich die Tagung in der Schottenkirche. Dabei wurde festgestellt, daß alle drei Figuren dreimal gefaßt worden sind, wobei heute von der als Originalfassung anzusehenden ältesten Bemalung nur noch einige Reste erhalten sind. Weitere interessante Aufschlüsse erwartet man sich jetzt von einer eingehenden naturwissenschaftlich fundierten Werkstattuntersuchung.

Gelegenheit, die vor Ort erhaltenen Informationen zu besprechen und zu diskutieren, bietet sich den Teilnehmern am heutigen Dienstag, wenn Referate und Vorträge die Problematik und die Schwierigkeiten, die sich im Zusammenhang mit der Renovierung und Erhaltung von historisch wertvoller Substanz stellen, diskutiert und erörtert werden.

Im Mittelpunkt der diesjährigen Veranstaltung steht die Restaurierung von Sakralbauten. Foto: Nübler

Kirchenmaler aus dem gesamten Freistaat waren der Einladung zur Fachtagung nach Regensburg gefolgt. Zum Auftakt der zweitägigen Veranstaltung erörterte Dr. Michael Kühlenthal das von ihm erarbeitete Restaurierungskonzept für den Dom St. Peter. Foto: Nübler

Verhandeln statt kämpfen!

Kunsthistoriker nehmen Petzet in die Pflicht

Unverständlich spät hat sich jetzt die Prominenz der Münchner und auswärtigen Kunsthistoriker dazu aufgerafft, dem Chef der bayerischen Denkmalpflege klarzumachen, daß er kraft seines hohen Amtes die Pflicht habe, mit seiner ganzen Autorität für die Rettung der Renaissance-Arkaden und Gewölbe im Hofgarten einzustehen, und daß es ihm nicht zukomme, den zerstörerischen Staatskanzlei-Neubauplänen das Wort zu reden. Nach dieser Diskussion in der Akademie der Schönen Künste hat auch der einflußreiche Landesdenkmalrat zum Hofgarten-Streit Stellung genommen. Seine Forderungen: Waffenstillstand der kämpfenden Parteien, Eintritt in Verhandlungen, keinerlei Abbruch der Arkaden.

Stehen Sie zu Ihrer Fahne!

Wie auch der Bund der deutschen Museumsleute (in ihrem Protesttelegramm an Franz Josef Strauß heißt es: Der Abriß der Arkaden wäre eine „Kulturschande"), brandmarkten die renommierten Kunstgeschichts-Professoren Belting, Bauer, Sauerländer und Schweikhart die Absichten der Staatsregierung, den größten Teil der doppelstöckigen Arkaden zu beseitigen, als unverzeihliche Rücksichtslosigkeit gegenüber wertvollster, historischer Substanz.

Und diese Wissenschaftler griffen auch vehement aber auf höchstem Niveau Michael Petzet, den Direktor des Landesdenkmalamtes an. Seine Fachkollegen können einfach nicht begreifen, wie gerade er – dem die bayerische Verfassung den Schutz und die Pflege der Denkmäler zwingend auferlegt – den Abbruchplänen zustimmen konnte.

Petzet, der sich mutig in diese brillante gegnerische Runde gewagt hatte, weiß inzwischen die stadtgeschichtliche Bedeutung der Arkaden-Funde durchaus einzuschätzen, trotzdem beugt er sich dem seinerzeit beschlossenen Bebauungsplan, zuckt die Achseln und meint, mehr als nur ein Arkadenrelikt im Untergeschoß der künftigen Staatskanzlei sei eben rechtlich-politisch nicht drin.

Dieses widerstandslose Sich-Abfinden mit den Maßnahmen der Regierung erboste Willibald Sauerländer so sehr, daß er rief: „Herr Petzet, stehen Sie endlich zu der Fahne, zu der Sie gerufen sind. Es ist nicht Ihre Aufgabe, den Staatskanzlei-Bau durchzusetzen. Sie müssen Strauß beschwören umzuplanen. Die Zerstörung der Arkaden darf nicht geschehen." Ein anderer Kombattant ergänz-

Eine der aufgefundenen roten Marmorsäulen in den historischen Hofgarten-Arkaden. Um diese zu retten, hat jetzt OB Kronawitter Franz Josef Strauß nochmals zu Verhandlungen aufgefordert. Foto: Hübel

te: „Die Arkaden sind kein Fragment, sondern ein Monument. Wenn dieses Denkmal in einem Behördenkeller eingekapselt wird, ist es keines mehr."

Ein wichtiges Argument in der Debatte war: Sobald der Staat hier aus Eigeninteresse ihm anvertraute Denkmäler abbricht, wird das exemplarische Signalwirkung haben, denn darauf werden sich alle privaten Denkmalbesitzer, die etwas abreißen wollen, sofort berufen.

Petzets neue Linie ist, den Verteidigern der Arkaden insoweit entgegenzukommen, als er nun

Umstrittener Denkmalschützer: Michael Petzet.

empfiehlt, diese Bögen in die Fassade des Staatskanzlei-Neubaus sichtbar zu integrieren. Dafür müsse aber die Stadt bereit sein, zuzulassen, daß der nördliche Staatskanzleiflügel entsprechend verschoben wird. Aber auch dieser Lösung widersprachen die Kunsthistoriker mit Nachdruck: Sie wollen die Arkaden völlig ungestört von Einbauten, Anbauten und Umbauten – gleichsam als archäologische Entdeckung – im Hofgarten erhalten wissen. Wenn diese Einsicht sich durchsetzt, müßte die Staatskanzlei auf ihren Nordflügel verzichten. Das wäre immerhin ein Teilerfolg. *Peter M. Bode*

Wer legt Hand an das Kernstück des Gartens?
Ein kunsthistorisches Kolloquium über die Denkmalfunde im Münchner Hofgarten

Bei der ersten großen Diskussion über den Neubau der Staatskanzlei in der Akademie der Schönen Künste, 1985, hatte der eingeladene Vertreter der staatlichen Baubehörde sich wenige Minuten vor Beginn mit fadenscheinigen Ausreden vor den Fragen der Bürger gedrückt. Diesesmal, wo Kunsthistoriker die Bedeutung der wiederentdeckten Renaissance-Arkaden im unteren Hofgarten definieren wollten und das Versagen des bayerischen Denkmalschutzes zur Debatte stand, hat sich der eingeladene Vertreter der zuständigen Behörde tapfer dem prominent besetzten Podium gestellt und dafür das ausdrückliche Lob der Veranstalter empfangen. Es sollte freilich das einzige Lob bleiben an diesem Abend. Hätte Generalkonservator Michael Petzet geahnt, welches Debakel ihm im dritten Stock der Residenz bevorstand, wäre er wohl kaum in die Räume der Akademie hinaufgestiegen. Eigentlich hätte er, als oberster bayerischer Denkmalschützer, in dieser Runde die Rolle des Anklägers übernehmen müssen, doch er wurde zum Angeklagten, der sich bei seiner Verteidigung immer tiefer in ein Netz von Peinlichkeiten verstrickte.

Im einleitenden Referat vermittelte der Bonner Kunsthistoriker Gunter Schweikhart den Zuhörern eine anschauliche Vorstellung von der Entstehung des Hofgartens, vom Rang der Arkaden, aber auch von deren rätselhaftem Versinken im Untergrund der Geschichte. Der verschüttete Gang, der beim Roden des unteren Hofgartens zum Vorschein kam und in den letzten Monaten von außen her freigelegt wurde, ist nicht ein zufällig übriggebliebener Rest vom ältesten Garten, er ist die eigentliche architektonische Urzelle, aus der sich im Laufe der Zeit die endgültige Form des Hofgartens entwickelt hat.

Als Albrecht V. um 1560 den Lustgarten von der Ostseite der Residenz auf die Nordseite verlegte, ließ er dort am Fuß der Isarhangkante zunächst diesen reich ausgestatteten Arkadengang bauen, der nach Süden hin offen war und in italienischer Manier einem Wasserparterre einen festlichen architektonischen Rahmen gab. Maximilian I. nahm dann 1613 das Maß dieser Arkaden auf. Er erweiterte den Garten um die Fläche oberhalb der Hangkante, steckte also die heutige Form des Gartens ab und zog den leichten Arkadengang, den er auf die Loggia seines Großvaters gesetzt hatte, im oberen Garten um die neugeschaffenen geometrischen Parterres herum. Mit einer Dreiergruppe von Lustgebäuden auf der Ostseite krönte er seine Komposition.

Dieser Zustand ist in zahlreichen Ansichten aus der Vogelschau überliefert – und wer eine Luftaufnahme aus jüngster Zeit daneben hält, der muß verblüfft sein, wie nahe der Hofgarten durch die Abbruchvorbereitungen seinem Idealzustand aus der Renaissancezeit gekommen ist.

Fast alles, was den Garten weltberühmt gemacht hat, ist noch – oder wieder – zu erkennen und läßt sich leicht nach alten Plänen restaurieren und ergänzen. Die Bausünden des 19. Jahrhunderts am Ostrand sind von den Bomben des Weltkrieges auf ein erträgliches Minimum reduziert worden; sie gerade jetzt, wo sich allenthalben Interesse an den künstlerischen Werten der Vergangenheit regt, mit dem Pomp der Postmoderne um ein Vielfaches übertrumpfen zu wollen, ist ein instinktloser Akt von erschreckenden historischen Dimensionen.

Schweikhart plädierte in seinem Vortrag denn auch dafür, daß die ans Licht gekommenen Ur-Arkaden, die dem Garten über Nacht eine völlig neue historische Bedeutung gaben, erst einmal freigelegt und saniert werden. Dann erst könne man entscheiden, was mit diesem einzigartigen Architekturdenkmal aus der gloriosen Zeit des Antiquariums, des Grottenhofs, des Münzhofs und des ersten deutschen Kunstkabinetts geschehen könne. Die internationale Kunstwelt würde jedenfalls entsetzt reagieren, wenn sie erfahren würde, daß ausgerechnet im konservativen Bayern im Jahr 1987 ein Hauptwerk der deutschen Renaissance einem staatlichen Bürogebäude geopfert wurde.

Freiheit für Arkaden

Im anschließenden Kolloquium kritisierten die eingeladenen Münchner Kunsthistoriker den geplanten Neubau noch mit sehr viel deutlicheren Worten. Willibald Sauerländer stellte eine Reihe provokativer Fragen: Warum hat der Generalkonservator, der ja den Wert der Arkaden von Anfang an abschätzen konnte und durch eine Reihe von Gutachten wußte, daß der Fund großenteils gut erhalten und leicht zu restaurieren war, dem Teilabriß zugestimmt? Wie ist es möglich bei dem Ernst, mit dem heute Denkmalschutz betrieben wird, daß ein gewölbter, ausgemalter Renaissancegang als Substruktion für einen Verwaltungsbau herhalten muß? Warum sagt der Denkmalschützer den Politikern nicht, daß nach den Ausgrabungen eine völlig neue Verantwortung am Hofgarten auf sie zukommt? Die offenen Arkaden dürften jedenfalls niemals in ein Haus „integriert" werden, sie müßten wieder ein Teil des alten Gartens werden.

Hermann Bauer bekräftigte diese Forderung. Das hervorragende kunsthistorische Monument, das plötzlich wieder da sei, wo es immer war, verlange nach einer neuen Planung. In Weiden habe man, ähnlich wie jetzt am Hofgarten, versucht, ein historisches Bauwerk in einen modernen Komplex einzubauen; das Ergebnis könne man nur als Schändung der Geschichte bezeichnen. Auch sei zu befürchten, daß der aufsehenerregende Abriß eine ganze Lawine von Abbruchgenehmigungen auslöst, also viele weitere Denkmäler in Gefahr bringt. Anhand von aktuellen Plänen erläuterte Bauer dann, wie die von Petzet beschworene „Rettung" der sieben Freiluftarkaden im Neubau aussehen wird: Zwischen zwei Stockwerken der Registratur werden sie haltlos hängen, von Zwischendecken zerschnitten, von Toiletten flankiert, also eingeklemmt zwischen Akten- und Abortdeckeln. Und natürlich wird nie wieder ein Besucher etwas von den eingesargten Gewölben zu sehen bekommen, denn bekanntlich wird in Registraturen das Allerheiligste verwahrt, was in Amtsstuben produziert wird.

Hans Belting zog in brillant ironischer Diktion Verbindungen zwischen dem sensationellen historischen Fund, der, obwohl gut erhalten, nun verschwinden soll, und der „kuriosesten Ruine Deutschlands", der Kuppel, die eigentlich niemand so recht liebt, die aber aufwendig gepflegt wird, damit sie der schwachen postmodernen Neubauarchitektur zu einer fadenscheinigen Bedeutung verhilft. Das fatale Nacheinander von Kaserne, Armeemuseum und Staatskanzlei am Hofgarten habe eine Folgerichtigkeit, über die man eigentlich gar nicht nachdenken dürfe. Doch habe das Volk sein Anrecht am Hofgarten dadurch nicht verloren. Es gehe im Residenzbereich um ein rein städtebauliches Problem; neue Erkenntnisse der Kunstgeschichte verlangten also auch neue städtebauliche Entscheidungen. Aufgabe der Denkmalschützer wäre es nun, den Politikern klarzumachen, daß diese neuen Entdeckungen einen Planungswechsel nötig machen.

Schon am Anfang des Abends hatte der Rechtsanwalt Christian Sailer bezweifelt, daß am Hofgarten die Forderungen des Denkmalschutzgesetzes richtig befolgt worden sind. Jedenfalls sei der Bebauungsplan für die Staatskanzlei unter falschen Voraussetzungen beschlossen worden – und darum juristisch nichtig. Diese Feststellung provozierte Petzet zu einem Ausfall gegen die Juristen, der in seiner Emotionalität noch einigermaßen verständlich war. Was später kam, war dann nur noch peinlich. Mit allen Mitteln versuchte der Generalkonservator die Arkaden herabzuwürdigen, anzuschwärzen, lächerlich zu machen. Jedes mögliche Hindernis für eine Wiederherstellung kostete er genüßlich aus. Selbst für den abenteuerlichen Stil-Verhau in der Registratur fand er noch lobende Worte. Und wenn er der Stadt den Schwarzen Peter zuschieben wollte, stellte er sich per Zitat demonstrativ in den Schutz des Landesherren. Keine Frage: Nach diesem Auftritt dürfte dem Generalkonservator eine Ehrennische in der Registratur der neuen Staatskanzlei mit Blick auf die eingemauerten Arkaden sicher sein.

GOTTFRIED KNAPP

Süddeutsche Zeitung, 23./24. Mai 1987

◁ AZ (Abendzeitung), München
23./24. Mai 1987

Main-Echo, 6. Juni 1987

Kunsthistorischer Fund von Weltrang

Ein Ölbild läßt das Mittelalter aufleben

In Aschaffenburg entdecktes Tafelgemälde aus der Zeit um 1230 wird in München restauriert

Süddeutsche Zeitung, 6. Juni 1987

Im Stiftskapitelhaus wurde ein 750 Jahre altes hochwichtiges Christusbild gefunden

Es war im Holz-Recycling-Verfahren in einem Fehlboden verbaut worden und wird jetzt konserviert

Von Heinrich Breyer

Auf den ersten Blick ist nur ein wurmstichiges altes Brett zu sehen, knapp zwei Meter lang, das fast zur Hälfte mit weißer Kalkfarbe überstrichen ist; an den Rändern stehen zerknitterte Pergamentfetzen in die Höhe; nur in der Mitte sind bei näherem Zusehen auf Goldgrund der fragmentarische Kopf und die erhobene Hand einer Christusfigur erkennbar. Doch die Experten sind sich einig: Was da am Freitag in einer Restaurierungswerkstatt des Landesamts für Denkmalpflege erstmals öffentlich präsentiert wurde, bedeutet eine kunsthistorische Entdeckung von Weltrang – das früheste Tafelbild Süddeutschlands, um 1230 gemalt, und das einzige bekannte Ölgemälde aus dieser Zeit, das sich völlig im Originalzustand erhalten hat.

Entdeckt wurde das bedeutsame Werk im vergangenen Jahr beim Umbau des „Himmelthaler Raums" im Stiftsmuseum Aschaffenburg. Bei den Sanierungsarbeiten sollten die Balken einer Decke geborgen werden, weil sie noch aus dem frühen Mittelalter stammten. Und dabei fiel ein Mitarbeiter des Museums ein Brett im Fehlboden auf, das auf der Unterseite Spuren einer alten Malschicht aufwies. Wäre da nicht jemand mit Kennerblick dabei gewesen, wäre das Brett sicher samt Bauschutt abtransportiert worden", berichtet Aschaffenburgs Oberbürgermeister Willi Reiland bei der Präsentation des Fundes. Der Museumsrestaurator barg danach auch Hunderte von Farbpartikeln, die von der Malschicht abgefallen waren und lose im Fehlboden lagen.

Mit Hilfe dieser in kleinen Kästchen geborgenen Partikel wird es nach Meinung des zuständigen Restaurators im Denkmalamt, Erwin Emmerling, möglich sein, innerhalb von etwa vier Jahren das fast bis zur Unkenntlichkeit ruinöse Bild nach Art eines Puzzles wiederherzustellen. Knapp die Hälfte der Malfläche ist ohnedies unter der weißen Kalkfarbe nahezu komplett erhalten, wie erste Untersuchungen ergeben haben.

Das sakrale Programm der Tafel kann also wieder völlig sichtbar gemacht werden. Im Mittelpunkt der Darstellung steht danach die Figur des Pantokrator (Christus als Weltherrscher), wie sie meist in der Apsis romanischer Kirchen thront. Zu seinen Füßen sind Petrus und Maria, Johannes und eine vierte Gestalt aufgereiht, von

verbaut. Dabei ging man sogar mit einem letzten Rest von Respekt ans Werk. Man wendete die Bildseite nach unten, sodaß sie in den toten Raum hineinbing und niemand auf dem beschwörenden Antlitz des Weltenrichters herumtrampeln konnte. Und man überzog die Bildseite mit einer schützenden Kalkschicht. Diese Kalkschicht ist bis heute die einzige spätere Zutat geblieben.

Die Stadt Aschaffenburg darf erwarten, in einigen Jahren um ein bodenständiges, aber jahrhundertelang arg mißachtetes Kunstwerk reicher zu sein. Es handelt sich um ein Gemälde mit einer »Pantokrator«-Darstellung. Das Bild entstand um 1240 auf einer Eichentafel, gehörte aller Wahrscheinlichkeit nach dem ehemaligen Stift und wurde offenbar schon vor Jahrhunderten in einem Fehlboden des Stiftskapitelhauses verbaut. Bei den gegenwärtigen Umbauarbeiten wurde es zufällig gefunden. Den Untersuchungen, die bereits begonnen haben, wird die Restaurierung folgen.

»Von europäischem Rang

An seinem stillen und demütigen Ort erlebte das Bild das Ende des Kollegiatstifts. Es erlebte die Zeit, in der das Gebäude ein Mehrzweck- und Verlegenheitsbau war, das Gebäude war drin, eine bekannte Bibliothek wurde dort verstaut und eine unbekannte wurde dort entdeckt, das Archiv kam hinein und schließlich wurde es Museum. Der Pantokrator wurde rissig, streifig, blätterte still in den Fehlboden hinein. Das Gebäude erlebte viele Museumsbesucher und manchen Umbau und beim jetzigen Umbau, im vergangenen Jahr, wurde das Bild gefunden.

Es hing einerseits in Fetzen von der Decke und lag andererseits in zahllosen Partikelchen im Fehlboden herum. Und als ob das nicht geheimnisvoll genug wäre, kam ein weiteres Geheimnis dazu. Noch eine zweite Eichenholztafel war in den Fehlboden verbaut worden, genauso groß und genauso ohne Rahmen wie die mit dem Pantokratorbild, wie sie auch von derselben dicken einsamen feuchten Eiche stammend – aber ohne die geringste Spur einer Bemalung.

Nach Aschaffenburg zurück

Der Aschaffenburger Pantokrator befindet sich zur Zeit in München in den Werkstätten des Landesamts für Denkmalpflege. In einer Veranstaltung, die einem denkmalpflegerischen Staatsakt gleichkam, wurde er am Freitag der Öffentlichkeit vorgestellt. Das Landes-

Für den Laien, der das Entzücken der Wissenschaftler über den Fund des Aschaffenburger Pantokratorbildes noch im Ohr hat, ist der Zustand des Bildes eine Enttäuschung. Er findet nach mühsamem Hinsehen das Fragment eines Schattens, der einmal das Haupt und den erhobenen rechten Arm Christi bildete. Die anatomische Analogie führt dann auch zu Spuren des linken Armes. Die der Christusgestalt beigegebenen vier Heiligen, die auch nur schwach zu erkennen sind, liegen außerhalb des Bildausschnitts.

der noch nicht klar ist, ob ein St. Paulus oder ein heiliger Alexander – einer der Patrone der Aschaffenburger Stiftskirche – dargestellt ist. Die durchgehende Bespannung der Tafel mit Pergament als Malgrund läßt nach Meinung des Restaurators auf eine aufwendige Arbeit für einen Altarteil schließen.

Wie Generalkonservator Michael Petzet bei der Pressekonferenz mitteilte, haben alle Experten, die das Tafelbild bisher begutachtet haben, seinen künstlerischen Rang bestätigt – darunter Hubertus von Sonneburg, der Generaldirektor der Bayerischen Staatsgemäldesammlungen, Johann Georg von Hohenzollern, der Chef des Bayerischen Nationalmuseums, und ein Kunstwissenschaftler aus Pisa. Insgesamt seien in dieser Zeit nur etwa 50 vergleichbare Objekte aus dieser Zeit bekannt – darunter aber nicht ein einziges, das an den unveränderten Originalzustand bewahrt hat. Petzet erwartet deshalb, daß die naturwissenschaftliche Untersuchung des Fundes Experten aus aller Welt nach München führen wird.

Im übrigen versicherte er dem Aschaffenburger Oberbürgermeister, daß es in München von keiner Seite „Annexionsgelüste" gebe. Selbstverständlich werde die Tafel nach der Restaurierung in das Aschaffenburger Stiftsmuseum zurückkehren.

Der Fund ist 190 Zentimeter breit und 90 Zentimeter hoch. Auf einer Eichenplatte war Pergament gespannt, auf das eine starke weiße Grundierungsschicht als Malgrund und Träger der Farbe aufgegeben war. Im oberen Teil der Holztafel, wo das Pergament noch am weitestflächigen aufliegt, tritt aus einem Gemisch von erhalten gebliebenen Malschichtflächen und den bräunlichen Stellen, an denen die Schicht abgeblättert ist, der fragmentarische Schatten eines Christus Pantokrator hervor. Der Christus Pantokrator ist eine vor allem in der Ostkirche beliebte Darstellung des herrscherlich thronenden, dem Beschauer in unmittelbarer Direktheit zugewandten Christus.

In dem recht einheitlich aufgebauten Darstellungen dieses Typs ruht die Gestalt auf einem Thronsitz, die Oberarme sind achtunggebietend erhoben, die Hände verharren in Schwurhaltung, ein in vier Segmente geteilter Heiligenschein umgibt das Haupt. Über die Oberfläche des Gewandes zieht das Spiel der Falten. Die Gestalt ist in eine hochgestellte Ellipse (Mandorla) eingeschlossen. So treten uns Pantokrator-Bilder vor allem in sehr alten Kirchen entgegen, wo sie die Chorwand hinter dem Altar füllen. Der Eindruck, schwebend, weltentrückt und weltbeherrschend. Viele Einzelheiten erinnern an Ikonen.

Christus Pantokrator

Das Aschaffenburger Bild ist in seiner Oberflächenerscheinung verwüstet, doch ist das, was erhalten ist, ohne jede spätere Einwirkung ursprünglich und unberührt. Die kunsthistorischen Begleitwissenschaften, die sich nicht nur um das »Was«, sondern auch um das »Wie« bemühen, haben hier den seltenen Fall eines Einblicks in die Malerwerkstatt des 13. Jahrhundert: welche Farben, welche Mischungen, welche Materialien, welche Bindemittel, welche Pigmentierungen, welche Auftragungstechniken?

Der Laie freilich wird fragen: welcher Bildinhalt? Er findet nicht viel. Im oberen Teil der Holztafel, wo das Pergament noch am weitestflächigen aufliegt, wurde vergoldet und versilbert, die Metallauflagen mit Lack und Leim abgedeckt. Das Bild war von einem Holzrahmen umschlossen, auch über den Rahmen lief das Pergament.

Der Rahmen ist verloren. Das Pergament liegt nur noch stellenweise auf der Holztafel auf. In anderen Teilen hat es sich gelöst, steht verhärtet und zerknittert ab oder hat sich zu Streifen gerollt und zum Tummelplatz für Schimmelpilze geworden. Die Malschicht hat sich über weite Fläche in kleine Partikel aufgelöst, die abgefallen sind.

Dennoch (und in einer bestimmten Beziehung gerade deshalb) ist das Entzücken der Fachleute groß. Andere Bilder, die so alt sind, befinden sich in besserem Zustand, doch sie verdanken diesen Zustand vielen Restaurierungen, die die Bilder zwar gerettet, sie aber auch verändert und den Blick auf die alte Maltechnik verdeckt haben.

amt bezeichnete das Bild als eines der frühesten und bedeutendsten Tafelbilder Deutschland, für das ist im süddeutschen Raum Vergleichbares nicht zu finden ist. Die Malerei ist, sagen die Münchner, von herausragender Qualität bei perfekter Ausarbeitung im Detail. Für die Erforschung der Maltechnik des 13. Jahrhunderts sei das Bild ein hochbedeutender Fund. Die DPA-Meldung, die von dieser Veranstaltung in die Welt ging, erhob das Aschaffenburger Werk sogar zum »Tafelbild von europäischem Rang«.

Das Bild wird nach allen Regeln der Kunsthistoriker-Kunst untersucht, weil es einen so direkten Weg zu den Geheimnissen einer Malerwerkstatt des 13. Jahrhunderts weist. Dann wird es restauriert, eine Arbeit, die mehr Jahre und eine geschätzte Viertelmillion in Anspruch nimmt und bei der die Würzburger Restauratorin Britta Pracher mitwirkt, die künftig zwischen Würzburg und München hin- und herpendelt. Landesamts-Chef Professor Michael Petzet und Oberbürgermeister Dr. Willy Reiland versicherten, daß das Bild nach Aschaffenburg zurückkehren wird. Reiland hat auch schon eine Idee, wohin: In die Eckkebauung Dalbergstraße/Stiftsplatz, die unter dem Arbeitstitel »Löwenapotheke« betrieben wird.

E.P.

△ Main-Echo
6. Juni 1987

eines Altartisches oder es bildete die Front eines Möbelstückes, das liturgischen Zwecken diente. Damit sind nicht alle Fragen beantwortet: War es als Einzelbild zur Verehrung ausgestellt, hatte es einen Platz in der Kirche oder in einem Kapitelgebäude?

Die Stiftspatrone?

Auf der Aschaffenburger Tafel sind (sind) man müßte sagen: waren und werden wieder sein) außerhalb der Ellipse vier Arkaden angeordnet, zwei rechts und zwei links, alle vier umrahmen je vier Heiligendarstellung.

Die beiden linken werden derzeit für Petrus und Maria gehalten. Die Existenz der beiden rechten kann nur erschlossen werden. Sollte sich bei der Restaurierung herausstellen, daß einer von ihnen den heiligen Alexander meint, so hätte damit das Bild selbst einen ersten Hinweis auf seine Zugehörigkeit zum alten Kollegiatstift Sankt Peter und Alexander gegeben. Eie solcher Hinweis würde die Vermutung ausschließen, das Bild wäre aus einer anderen Kirche oder einem anderen Kloster nur zufällig nach Aschaffenburg geraten und hier gering geachtet worden.

Zur Geschichte des Bildes hat die Untersuchung des Holzes einen Anhaltspunkt geliefert. Die Eiche, aus der die Tafel hergestellt wurde, wurde um 1240 gefällt. Die Untersuchung war so ergiebig, daß diese Eiche beschrieben werden kann: sie war sehr mächtig, stand allein und in einer feuchten Gegend.

Nach dem Format, mehr als doppelt so breit wie hoch, kann es sich um kein Altarbild gehandelt haben, dann wäre es hochrechteckig gewesen. Eher schmückte es die Vorderseite

Das Holz war wichtiger als das Bild

In der Zeit, in der die Tafel entstand, war das heutige Stiftskapitelhaus noch eine Gruppe von unzusammenhängenden kleinen Einzelgebäuden. Sie wurden im 16. Jahrhundert so um- und zusammengebaut, daß ein einheitlich wirkendes Pantokratorbilder aus der Mode, war das Aschaffenburger Bild unansehnlich geworden, war es schon für längere Zeit unbeachtet in einer Ecke gestanden? Fieles während eines Bildersturms in Ungnade oder sollte es gerade davor geschützt werden?

Solange wir nicht mehr wissen, müssen wir uns an den materiellen Befund und an die nächstliegende Möglichkeit und die lauten: Holz-Recycling. Irgendwann war das Holz mehr wert als das Bild. Es wurde, vielleicht schon während der Umwandlung der Häuser des an Ecken, Winkeln, altem Gemäuer und blinden Bauteilen reichen Mehtach-Hauses

Der bayerische Generalkonservator Professor Michael Petzet (rechts) beschäftigte sich gestern in München mit einem Aschaffenburger Phänomen, das ein biblischer aller ist als Oberbürgermeister Dr. Willy Reiland, der ins Landesamt für Denkmalpflege geeilt war. Es galt, der Kunstwelt ein 750 Jahre altes Bild vorzustellen, das im Stiftskapitelhaus unerwarteter Vorschein gekommen war und das im Landesamt mit der Bereicherung wir die Stimmung richtig aufgefallt, so will sich das Landesamt mit der Bereicherung begnügen, die die Wissenschaft aus dem Aschaffenburger Bild erfährt. Reiland rechnet jedenfalls damit, daß die so plötzlich aufgetauchte Kostbarkeit für die Stadt kostenlos ist.

Denkmalpfleger steigen auf Computer um

Anders ist die Arbeitsflut im Freistaat nicht mehr zu bewältigen

Von unserem Redaktionsmitglied Karl Roithmeier

MÜNCHEN. Bayerns Denkmalpfleger rufen zur großen Bestandsaufnahme: 13 hochkarätige Experten haben sich deshalb im Antiquarium der altehrwürdigen Münchner Residenz, einst Sitz von Herzögen und Königen, zusammengefunden, um vor rund 500 weiteren Fachleuten und Interessenten aus dem In- und Ausland die effektivste Inventarisation zu beraten. Zu schützen, zu unterstützen und wissenschaftlich auszuwerten gibt's schon eine ganze Menge in Bayern. 110000 Baudenkmäler sind in den zu acht dicken Bänden zusammengefaßten Denkmallisten, im Fachjargon „Telefonbücher" genannt, aufgeführt.

10000 archäologische Kostbarkeiten sind extra archiviert. Fast täglich kommt eine „erdrückende Fülle von Material", erklärte dazu Generalkonservator Prof. Dr. Michael Petzet, dazu. Neuerdings spielt auch die Inventarisation von „architektonischen Baudenkmälern aus den fünfziger Jahren" eine immer größere Rolle. Um der Flut Herr zu werden, bedienen sich die Denkmalspfleger in zunehmendem Maße der Computer-Speicherung – das gilt besonders für Kleinodien aus dem archäologischen Bereich.

Petzet: Mut zum Buch

Trotzdem dürfe auch im Computerzeitalter der „Mut zum Buch" nicht fehlen, warnte Dr. Petzet das Auditorium: „Unsere Denkmäler nur in losen Blättern wiederzufinden, wäre zu wenig." Diesen von Petzet erwünschten „Mut zum Buch" haben Bayerns Denkmalpfleger erst vor kurzem mit einem neuen Bildband (500 Seiten, 2000 Abbildungen) über die baulichen Kostbarkeiten und sonstige erhaltenswerte Schätze des oberbayerischen Landkreises Miesbach eindrucksvoll unter Beweis gestellt. 150 weitere solcher Landkreisbücher sollen folgen. Mit solchen Büchern befreien sich die Denkmalpfleger selbst aus einem großen Dilemma. Der Teufel steckt nämlich auch bei der Inventarisierung im Detail. Beispielsweise ein Gotteshaus einzuordnen ist schon leicht. Schwieriger wird es schon mit der Zuordnung von Kunstgegenständen, die sich in der Kirche befinden. Mit solchen Landkreisbüchern wird das Problem einfach und übersichtlich gelöst.

Der Freistaat Bayern läßt sich die Denkmalpflege übrigens jährlich 50 Millionen Mark kosten. Etwa die gleiche Summe steuern die Kirchen aus der Kirchensteuer bei. Landkreise, Bezirke, Gemeinden und private Förderer greifen ebenfalls tief in die Tasche. Die Gesamtsumme läßt sich auf Anhieb nicht genau beziffern.

Das zweitägige Experten-Hearing im Antiquarium endet heute, Freitag, mit vier Exkursionen. Besichtigt werden die von Herzog Maximilian I. (1600–1619) erbaute Residenz, die Altstadt und der Ostfriedhof der Landeshauptstadt sowie bedeutende Baudenkmäler in Landsberg/Lech.

Augsburger Allgemeine
3. Juli 1987

„Aus dem zeitlichen Abstand wird der Stil deutlich"

Denkmalschützer nähern sich der Architektur der 50er Jahre

Bemerkenswerte Nachkriegsbauten sollen dokumentiert werden

MÜNCHEN (SZ) – Der Blick der Denkmalpfleger ist nach rückwärts gerichtet. Ihre Aufgabe ist es bekanntlich, Zeugnisse der Vergangenheit – sofern von Menschenhand geschaffen – zu bewahren. Auch wenn es sich nicht unbedingt um bedeutende Kunstwerke handelt, sondern nur um einstmals Alltägliches, das jedoch zeigt, wie und wo Menschen früher gelebt und gearbeitet haben. Der Denkmalbegriff hat sich erst in den letzten Jahrzehnten derart ausgeweitet. Als die königliche bayerische Kunstkommission vor 100 Jahren am 12. Juni 1887 beschloß, die Baudenkmäler des Landes zu erfassen und zu beschreiben, dachte man noch streng hierarchisch: zuerst die Kirchen und Klöster, dann die Schlösser und die Rathäuser und dann vielleicht auch mal ein prächtiger Kornspeicher. Die Inventarisierung ist eine Sisyphusarbeit, die heute noch nicht abgeschlossen ist.

Die vierte Jahrestagung der bayerischen Denkmalpflege hat sich anläßlich des hundertjährigen Jubiläums der Inventarisierung bayerischer Denkmäler mit der Frage befaßt, inwieweit diese mit Akribie und Sachverstand zu betreibende Arbeit die eigentliche Grundlage des Denkmalschutzes darstellt und welche Kriterien und Regeln dafür zu gelten haben. „Der Denkmalbegriff ist in heftige Turbulenzen geraten, und wir stehen vor einer erdrückenden Fülle des Materials", stellte bei der Tagungseröffnung im Antiquarium der Münchner Residenz Michael Petzet, Generalkonservator der Landesdenkmäler fest. Die Inventarisierung der Denkmäler sei schwieriger, aber auch notwendiger geworden in einer Zeit, wo historische Substanz galoppierend verschwinde. Petzet meinte dazu, daß es falsch wäre, sich als Denkmalpfleger nur nach den momentanen Ansichten der Gesellschaft zu richten, was ein Denkmal sei und was nicht. „Es gibt zwar Denkmäler, die keine sind, aber noch viel mehr, die welche sind, aber die man dafür keine hält."

Elemente der Bauhaustradition

Beispielsweise die deutsche Nachkriegsarchitektur der 50er Jahre, die viele Elemente der putern zu speichern. Petzet forderte den „Mut zum Buch" – also ausführlicher Inventarbände mit genauen Beschreibungen und Wertungen. Zur Zeit sind Großinventare von Bamberg, Erlangen und Günzburg in Vorbereitung.

Staatssekretär Thomas Goppel vom Wissenschaftsministerium sagte in seiner Festrede zum Thema Inventarisation: „Sie muß das Denkmal zum Sprechen bringen. Nur es selbst macht verständlich, weshalb das Gebäude ein Denkmal und im Interesse der Allgemeinheit erhaltenswürdig ist." Gleichzeitig wandte sich Goppel jedoch gegen eine Ausuferung des Denkmalbegriffs. Er kündigte eine Intensivierung der Forschung auf dem Gebiet der Konservierung an. Die Forschungslabors des Denkmalamts sollen um den Bereich Metall-Konservierung erweitert werden. Ferner will man Bauhöfe einrichten, um alte handwerkliche Traditionen zu pflegen. Außerdem erwägt das Ministerium, Grundstücke zu kaufen, auf denen Archäologen Bodendenkmäler in besonders großer Dichte gefunden haben.

Ursula Petzers

Süddeutsche Zeitung
4. Juli 1987

Fränkisches Volksblatt (Würzburg)   17. Juni 1987

In der Altstadtsanierung

Karlstadt gilt als „Vorreiter"

Fachtagung in der Main-Spessart-Kreisstadt gab viele Impulse

Karlstadt. (matz) „Karlstadt ist ein guter Platz für eine Fachtagung zum Thema Altstadtsanierung und Denkmalpflege", erklärte Regierungspräsident Dr. Franz Vogt, zusammen mit dem Landeskonservator vom Landesamt für Denkmalpflege, Dr. Michael Petzet, der Schirmherr der Veranstaltung. Karlstadt, Kreisstadt des Landkreises Main-Spessart, gilt als Vorreiter einer gelungenen Altstadtsanierung. Nach zwölf Jahren ist der erste von vier Sanierungsabschnitten abgeschlossen. Zu einer fachlichen Zwischenbilanz luden aus diesem Anlaß die Stadt Karlstadt, Regierung von Unterfranken und Landesamt für Denkmalpflege ein.

Karlstadts Bürgermeister Werner Hofmann begrüßte Handwerker, Architekten und Fachleute, die nach Karlstadt gekommen waren, um Anregungen nach Hause zu nehmen und bei einem Rundgang durch die Altstadt die abgeschlossenen Maßnahmen zu begutachten. Hofmann betonte, die Stadt sei bestrebt, die Sanierung als zweite Sanierungsgebiet – das gesamten Altstadt – das bereits in Angriff genommen – bis in die nächsten Generationen hinein fortzusetzen; auch wenn dies ein unbequemer und dornenreicher Weg sein werde.

In Karlstadt seien viele alte Häuser erhalten und einer zeitgerechten Nutzung zugeführt worden. Nicht nur in den Bürgerhäusern an der Hauptstraße, sondern auch in den Gebäuden der Nebengassen sei hochwertiger Wohn- und Lebensraum geschaffen worden, der sich auf junge Familien wieder anziehend wirke, sagte Regierungspräsident Vogt. Es sei eine wirtschaftliche Belebung durch kleine Schritte erfolgt, lobte der Regierungspräsident. An das Landesamt für Denkmalpflege appellierte Dr. Vogt, bei allen ernsthaften Bemühungen, das Alte zu erhalten, auch und zeitgerechtes Leben in den Wohnungen für die Menschen zu schaffen.

Dr. Michael Petzet, Generalkonservator vom Landesamt für Denkmalpflege, betonte, Denkmalpflege und Sanierung seien keine totale Erneuerung, sondern eine Stadtreparatur. In Karlstadt habe man die Anfangsschwierigkeiten zwischen Stadtrat und Bür-

pflege in Karlstadt, und der bei der Stadt Karlstadt zuständige Bauleiter Karlheinz Keller berichteten in ihren Referaten, wie aus Fehlern gelernt, Mißverständnisse mit den privaten Bauherren ausgeräumt und wie wichtig die Voruntersuchungen am Objekt seien, wie sich Baufachleute bereitfanden, neue Methoden und Verfahren zu lernen, technische Risiken mitzutragen und bislang unübliche Qualitätsmaßstäbe zu akzeptieren.

„Wir sind bereit, anderen Städten und Gemeinden mit Informationen über unsere Erfahrungen bei der Altstadtsanierung zu dienen", bot Bürgermeister Werner Hofmann nach der Fachtagung an. Auch wenn die Stadt die Geburtswehen nach dem ersten Sanierungsviertel gut überstanden habe und mit mehr Wissen an das zweite Quartal gehe, werden gerade in naher Zukunft neue Probleme aufgeworfen.

stadt, sprach Referent Jochen Wilke, Bauoberrat der Regierung von Unterfranken, über die Entwicklung der mittelalterlichen Stadt und der Erneuerung der Altstadt. Über die Erfahrungen zwölfjähriger Sanierung, mit allen Fehlern, Mißverständnissen und den immer wieder neu einsetzenden Lernprozessen aller Beteiligten berichtete Gerhard Heuser von der Planungsgruppe 7.

Wie ein roter Faden ging diese konstruktive Kritik durch die Fachvorträge. Auch Dr. Wolf Schmidt, zuständiger Konservator vom Landesamt für Denkmal-

gern einerseits und dem Landesamt andererseits gegeben, gab Dr. Petzet zu, der aber auch für die nun gedeihliche Zusammenarbeit dankte.

Landrat Armin Grein betonte, die gelungene Verbindung von praktischem Denkmalschutz und städtebaulichen Erfordernissen des 20. Jahrhunderts habe die Kreisstadt lebens- und erlebenswert gemacht.

In der sich anschließenden Fachtagung, unterbrochen von einem Rundgang durch das sanierte Altstadtviertel von Karl-

Bauhaustradition, der Gebäude von Mies van der Rohe, Walter Gropius und Le Corbusier aufgegriffen hat. Man sollte auch, so meinte Hans-Wolfram Lübbeke vom Landesamt für Denkmalpflege in seinem Lichtbildervortrag, die typischen Notkirchen der ersten Nachkriegsjahre dokumentieren oder den Typus der ganz asketischen Gotteshäuser mit dem „Mut zur kahlen Wand". Typisch für diese Zeit sei auch die „Dramatik der geschwungenen Form", beispielsweise der Münchner Matthäuskirche.

Es kam Lübbeke darauf an, die Augen seiner Kollegen auch für diese Bau-Zeiterscheinungen zu schärfen, sie als Geschichtsdokumente zu sehen und deshalb zu inventarisieren – bis hin zum charakteristischen Material wie Beton, Glas oder Glasbausteinen. Und zwar vorsorglich, denn zum einen seien die Nachkriegsbauten wegen häufig schlechter Technik nicht sehr haltbar, zum zweiten habe das Repräsentationsbedürfnis der 60er und 70er Jahre bereits viele dieser Gebäude durch Umbau „vermasselt". Die Dokumentation typischer Nachkriegsbauten sei notwendig, um sie vielleicht später in Denkmallisten aufnehmen zu können. „Aus dem zeitlichen Abstand erst wird der Stil deutlich und die Methode."

Auf der Tagung wurde auch klar, daß es keineswegs genügt, Denkmäler summarisch in den Denkmallisten festzuhalten oder Daten in Computer einzuspeichern.

Ein Spaziergang durch die Altstadt rundete die Fachtagung „Altstadtsanierung und Denkmalpflege" in Karlstadt (Lkr. Main-Spessart) ab. Die 150 Teilnehmer aus der ganzen Bundesrepublik besichtigten in Gruppen die erste von vier sanierten Vierteln der Karlstadter Altstadt und begutachteten spezielle Objekte. Auf unserem Foto geht es schon in das zweite, jetzt angefangene Sanierungsgebiet mit (von links) Konservator Dr. Wolf Schmidt, Hauptkonservator Dr. Manfred Mosel und Generalkonservator Dr. Michael Petzet, alle vom Landesamt für Denkmalpflege, sowie Karlstadts Bürgermeister Werner Hofmann, und de- Leiter der städtischen Bauverwaltung, betraut' mit der Altstadtsanierung, Karlheinz Keller   Foto: Amkreutz-Götz

Landeskonservator Dr. M. Petzet war zu Gast

Er hielt sich gestern mit führenden Mitarbeitern in Wolframs-Eschenbach auf und informierte dort über Bemühungen speziell kleiner Städte für die Erhaltung ihres historischen Erbes – Bürgermeister Anton Seitz erhielt Lob: „Wenig Klagen"

Landeskonservator Dr. Petzet (dritter von links) und seine Begleitung wurden von Bürgermeister Anton Seitz begrüßt.
Fotos: Falk

WOLFRAMS-ESCHENBACH. Der Leiter des Landesdenkmalpflegeamts, Dr. Michael Petzet, und weitere führende Mitarbeiter seines Amts weilten gestern vormittag in der Wolframstadt, um Vertretern der Presse das Engagement und den Erfolg der kleinen Städte für die Erhaltung ihres historischen Erbes vor Augen zu führen. Die zweite Station war das Wildbad Rothenburg.

Zur Begrüßung im alten Rathaus, der früheren Knabenschule, fand sich auch Landrat Georg Ehnes ein, der dem Landesamt für Denkmalpflege dankte für die Mittelgewährung und die fachliche Beratung. Ehnes überreichte dem Amtschef einen Bierkrug zur Erinnerung an seinen Aufenthalt im Landkreis Ansbach.

Dr. Michael Petzet bekannte, das Landesamt habe in den letzten Jahren – gemessen an den Problemen in der Zeit davor – „wenig Klagen und nur Positives" bezüglich Wolframs-Eschenbach zu vermelden. In der Begleitung Petzets befand sich Bauoberrätin Ursula Mandel, die für den Eschenbacher Sanierungsbereich zuständig ist. An der Führung beteiligten sich auch Leitender Baudirektor Günther Drossel von der Regierung von Mittelfranken, Architekt Wolfgang Gsaenger aus Petersgmünd und Kreisbaumeister Asmus von Esebeck.

Als eine Anerkennung der hier geleisteten Denkmalpflege wertete Bürgermeister Anton Seitz den Besuch des obersten bayerischen Denkmalschützers. Seit zehn Jahren sei man in verstärktem Maße damit befaßt, die alte Bausubstanz in der Stadt zu erhalten und nächsten Generationen zu sichern. Rund zwei bis drei Millionen DM seien in diesem Zeitraum investiert worden. Die „größten finanziellen Anstrengungen" seien nicht möglich ohne die Unterstützung des Staats. Seitz erinnerte an die fast abgeschlossene Sanierung der Stadtbefestigung und an die Aufnahme der Stadt in das Städtebauförderungsprogramm. Als positiv wertete Seitz die Tatsache, daß zwischenzeitlich die Bevölkerung „wirklich mitzieht". Ganz eindeutig sei ein Umdenken erfolgt. An die Fachleute appellierte er, sich auf das Schützenswerte zu konzentrieren und dafür Auflagen im Außenbereich zu lockern.

Nach einem kurzen Umtrunk im renovierten alten Rathaus besichtigten die Gäste die Fürstenherberge, die Stadtmauer, das Rathaus und unternahmen einen Streifzug durch die historische Altstadt. -fa-

Im sanierten alen Rathaus stellte Dr. Petzet die einzelnen Maßnahmen vor. Landrat Ehnes dankte mit einem Krug.

Michael Petzet erläuterte am Beispiel Wildbad die Arbeit der Denkmalpflege in Mittelfranken

Im Oktober ist Einweihung

Lobesworte für die handwerklichen Leistungen — Über neun Millionen Mark werden in das Projekt investiert

Fränkischer Anzeiger (Nürnberg)
23. Juli 1987

ROTHENBURG — Anfang Oktober wird das mit einem Millionenaufwand renovierte und restaurierte Wildbad während eines Gemeindefestes der Öffentlichkeit vorgestellt, verriet „Hausherr" Pfarrer Dr. Siegfried Hanselmann am Dienstagnachmittag einem Kreis von Journalisten, Experten des Denkmalschutzes und Vertretern von Ämter und Behörden. Bis dahin soll die evangelische Tagungsstätte bis auf den Theatersaal und einem Trakt im Villenbau fertiggestellt sein.

Schreiner, Elektriker, Tüncher und Kirchenmaler werkelm momentan emsig hinter den jahrhundertealten Mauern der ehemaligen Hessingschen Klinik. Nachdem das quergerichtete Kurhaus, das im Erdgeschoß Badeeinrichtungen enthielt und im Obergeschoß zum rückwärtig angebauten Theatersaal überleitet, renoviert und restauriert ist, arbeiten die Handwerker momentan im längsgerichteten Mittelbau. Das dreigeschos-

Pfarrer Dr. Hanselmann führte die etwa 20köpfige Gruppe, die sich über die denkmalpflegerischen Leistungen bei der Renovierung informierten, am Dienstagnachmittag durch das Wildbad. Darunter befand sich eine Kommission des Münchner Landesamts für Denkmalpflege. An der Spitze Generalkonservator Professor Michael Petzet, außerdem Oberkirchenrat Dr. Helmut Kamm, zuständig für die Finanzen der bayerischen Landeskirche, Oberbürgermeister Oskar Schubart, Stadtbaumeister Michael Severini und Journalisten aus ganz Bayern.

Der Generalkonservator wollte mit dieser Besichtigungstour Einblicke in die praktische Denkmalpflege in Mittelfranken geben. Vor dem Wildbad-Besuch nahmen die Denkmalschützer Wolframs-Eschenbach unter die Lupe. Die mittelfränkische Reichsstadt unternimmt ebenfalls wie die Rothenburger große Anstrengungen, um seine geschichtsträchtige Bausubstanz zu erhalten.

Erstaunte Ausrufe

Bei der Besichtigung durch den zehnstöckigen, an einen Hang angebauten Gebäudekomplex,

Mark, das heißt etwa ein Fünftel der Bausumme.

Die Finanzierung sei weitgehend gesichert, meinte Petzet mit einem Seitenblick auf Oberkirchnrat Dr. Kamm. Petzet rechnete zusammen: Stadt, Bezirk und Landkreis schießen rund 350 000 Mark zu. Etwa 692 000 Mark erhofft er sich aus dem Entschädigungsfonds für Wissenschaft und Kunst, Geld, das vom Landesamt verwaltet wird. Den größten Brocken zahlt die Evangelisch-Lutherische Landeskirche in Bayern.

Aus Kostengründen wird die Renovierung des Theatersaales vorläufig ausgespart. Aus demselben Grund werden auch die Farbfassungen in den Gästezimmern und in den Fluren nicht rekonstruiert — mit Ausnahme von je einem Demonstrationsraum im Kurhaus und im Villenbau. Bei der Wiederherstellung der Farbfassungen handelt es sich um Rekonstruktionen nach Befund, erläuterte Petzet.

Ende in drei Monaten

Ausnahmen sind das Deckenbild und die Lambrien im Rokokosaal, die in jedem Feld verschiedene Malereien enthalten, sowie die Wandverkleidung im Speisesaal, die ebenfalls freigelegt wird. Statt der bunten Glasgemäldezyklen zieren derzeit noch normale Fensterscheiben die Maueröffnungen. Ein Großteil von ihnen befindet sich in den Händen von Münchener Glasermeistern, die die Glasteppiche teilweise ergänzen müssen.

Ein Detail aus dem ehemaligen Speisesaal, der künftig als Tagungsraum genutzt werden soll. Fotos: Schäfer

sige Gebäude bildet das Zentrum des Tagunsbetriebes, das an der Stirnseite zwei reich ausgestaltete Gesellschaftsräume — einen ehemaligen Restaurationsraum und das ehemalige Billardzimmer — enthält und darüber den durch zwei Geschosse reichenden Speisesaal, den Rokokosaal.

Bis 1989 belegt

Nachdem das Wildbad vor neun Jahren von der evangelischen Kirche erworben wurde, genehmigte drei Jahre später die Synode der Evangelisch-Lutherischen Kirche in Bayern den Ausbau der Tagungsstätte für Jugendliche und Erwachsene. Ziel war es, ein kirchliches Tagungshaus zu schaffen, in dem Menschen Geborgenheit in christlichem Geist finden können.

Inzwischen hat die ehemalige Kur- und Erholungsanlage am Rande der Altstadt inmitten des parkähnlichen Geländes von mehr als fünfeinhalb Hektar Fläche den Tagungsbetrieb voll aufgenommen. Für die kommenden zwei Jahre ist Hanselmanns Terminkalender proppenvoll. Die insgesamt 94 Betten in den Drei-, Zwei- und Einpersonenzimmern sind bis ins Jahr 1989 belegt, freut sich Pfarrer Hanselmann. Den Übernachtungsgästen und Tagungsgruppen stehen mehrere Gruppenräume, ein Kaminzimmer, ein Feierabendkeller und eine Tischtennishalle zur Verfügung.

◁ Altmühl-Bote (Gunzenhausen)
22. Juli 1987

der vierzig Meter Höhenunterschied überbrückt, gab es viele bewundernde „Ah-" und „Oh"-Rufe für die handwerklichen Leistungen. Dr. Petzet sparte nicht mit Lobesworten. Über neun Millionen Mark wird die gesamte Baumaßnahme vermutlich kosten, meinte der Denkmalschutz-Fachmann. Der denkmalpflegerische Mehraufwand beläuft sich dabei auf rund 1,5 Millionen

Während die Renovierung des Wildbades, bis auf die bereits erwähnten Ausnahmen, in knapp drei Monaten zum Abschluß kommt, arbeiten die Münchner Denkmalschützer bereits am nächsten Projekt in Rothenburg. In den nächsten Wochen sind sie mit der Bestandsaufnahme in der Franziskanerkirche beschäftigt. Eine Mitarbeiterin: „Vor allem die Malereien auf dem Lettner sind gefährdet.
sis

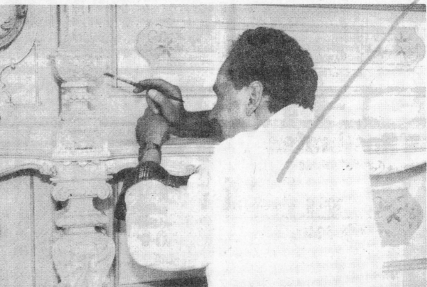

Mit sicherem Pinselstrich zieht dieser Kirchenmaler die Wandmalerein mit frischer Farbe nach.

Die Prähistorische Staatssammlung zeigt:

Womit die Kelten einst bezahlten

328 Goldmünzen vom Freistaat für eine Million Mark erworben / 1986 in der Oberpfalz gefunden

Von Rudolf Reiser

In der Prähistorischen Staatssammlung ist jetzt einer der bedeutendsten Keltenfunde zu besichtigen. Wissenschaftsminister Wolfgang Wild präsentierte gestern 328 Goldmünzen aus dem ersten vorchristlichen Jahrhundert. Gefunden wurde dieser Schatz 1986 bei Hohenfels in der Nähe von Neumarkt Oberpfalz. Nach vielen Verhandlungen konnte der Freistaat für 1,067 Millionen Mark den „Jahrhundertfund", wie sich Generalkonservator Michael Petzet ausdrückte, erwerben. Nach Darstellung von Hermann Dannheimer, dem Leiter der Prähistorischen Sammlung, sind mehrere Prägungen bis zum Fund völlig unbekannt gewesen. Hergestellt wurden die Münzen in Vindelicien und in Böhmen.

„Der keltische Münzfund übertrifft an Umfang und Bedeutung alle bekannten Münzfunde in diesem Land", sagte bei der ersten Vorstellung Wissenschaftsminister Wild. Möglich geworden sei dieser Erwerb nicht nur wegen „des Entgegenkommens und der Einsicht von Entdeckern und Eigentümern", sondern auch durch eine wie mir scheint sehr sinnvolle Regelung des Bayerischen Denkmalschutzgesetzes", meinte der Minister weiter. Das Gesetz sehe nämlich vor, Bodenfunde gegen volle Entschädigung in öffentliches Eigentum zu überführen.

Ins Schwärmen gerieten Petzet und Dannheimer. „Ein einmaliges Geschichtsdenkmal", betonte Petzet. „Nach dem Weißenburger Schatzfund ist dies die bedeutendste Erwerbung, die dem Museum nach dem Krieg vergönnt war", meinte Dannheimer. Nach seiner Darstellung sind die derzeitigen Kenntnisse in der keltischen Numismatik gering.

Münzexperte Hans-Jörg Kellner (der vormalige Leiter der Prähistorischen Staatssammlung) erklärte, daß die Münzen nur bis in die Mitte des ersten vorchristlichen Jahrhunderts geölten hätten. „Beim Einmarsch der Römer (15 vor Christus) sind sie schon nicht mehr im Umlauf gewesen." Es gebe viele Hinweise, daß zu diesem Zeitpunkt die keltischen Siedlungen ein Ende gefunden hätten. Doch sei diese archäologische Erkenntnis nicht mit der Literatur, insbesondere nicht mit den Schilderungen von Horaz, in Übereinklang zu bringen. Kellner: „Das klappt zur Zeit noch nicht."

Die in einer großen Vitrine liegenden 328 Münzen haben unterschiedliche Größen und Prägungen. Woher das Gold stammt, wisse man derzeit noch nicht, sagte Dannheimer. Theoretisch könnte es auch aus der Isar stammen, wo bis ins Mittelalter Gold gewaschen wurde. An der Färbung sei allerdings zu erkennen, ob die Münzen in Vindelicien oder in Böhmen bei den Boiern geprägt worden sind. Sehr viele Stücke weisen sternförmige Gebilde auf, andere sind mit Halbkreisen und Punkten geschmückt. In Ausnahmefällen sieht man auf den Goldstücken Arabesken.

Derzeit kann man nach Darstellung Dannheimers überhaupt keine Auskunft darüber geben, wem dieses viele Geld gehört hat. Zu denken sei an einen reichen Kaufmann ebenso wie an die „Kasse einer Gemeinschaft". Vermutlich lagen die Goldmünzen seit einer Unruhezeit im Keltenland unter der Erde. Später sei der Besitzer dann nicht mehr in der Lage gewesen, sie auszugraben. Untergebracht hat er sie beim Vergraben in einem eisernen Behälter, der aber infolge von Feldarbeiten im Lauf der Jahrhunderte zerstört worden ist.

Süddeutsche Zeitung, 28. Juli 1987

DER GENERALKONSERVATOR des Bayerischen Landesamtes für Denkmalpflege, Dr. Michael Petzet (links) erhielt aus der Hand des Staatsministers für Wissenschaft und Kunst, Professor Dr. Wolfgang Wild (rechts), das Bundesverdienstkreuz am Bande. Petzet, der in Krailling lebt, leitet das Landesamt seit 1974 und befaßte sich intensiv mit Fragen der Inventarisation von Kunstdenkmälern. Er stand bei der Neueinrichtung der Vatikanischen Museen in Rom als Berater zur Verfügung. Wild würdigte das „hervorragende fachliche, organisatorische und publizistische Wirken" von Michael Petzet, der dazu beigetragen habe, daß das Landesamt „national wie international einen ausgezeichneten Ruf" genieße.

Süddeutsche Zeitung, 1./2. August 1987

Goldene Zeiten sind in der Prähistorischen Staatssammlung angebrochen. Ein Blick in den „Jahrhundertfund" von 328 keltischen Münzen. Photo: Prähistorische Staatssammlung

Weilheimer Tagblatt, 7. August 1987

Im bedeutendsten Rokoko-Juwel Deutschlands befassen sich mehrere Handwerker mit der Renovierung:

In der Wies sind jetzt die Stukkateure am Werk

Generalkonservator Petzet, MdL Widmann und Kurat Kirchmeir: Fertigstellung anno 1990 „optimistisch"

Wies (jj) – Fast ein Dutzend Gerüstetagen beherrscht das Gotteshaus, zwei Meter unter einem Deckengemälde im Chor wurde ein provisorisches Büro eingerichtet, und die Brotzeitecke befindet sich über der Orgelempore: In der Wieskirche sind die Handwerker eingezogen. Zunächst befassen sich die Stukkateure mit dem Ausbessern der Schäden. Kurat Georg Kirchmeir meinte bei einer Besichtigung mit Generalkonservator Michael Petzet und Landtagsabgeordnetem Peter Widmann, 1990 sei ein „optimistisches" Datum für das Ende der Restaurierung.

Als „realistischen" Termin für den Abschluß der Renovierungsarbeiten nannte der Wies-Pfarrer gestern Mittag das Jahr 1992. Mit fünf Jahren müsse man rechnen, erklärte er. Kurat Kirchmeir begrüßte ausdrücklich das Nachhaken von Landtagsabgeordnetem Widmann aus Wildsteig, der bei einer mündlichen Anfrage im Landtag bemängelt hatte, daß die Arbeiten nicht so recht in Gang kommen. Widmann vertrat gestern die Ansicht, „man muß bei staatlichen Stellen auch manchmal anschieben".

Die Federführung für die Renovierung obliegt dem Landesamt für Denkmalpflege. Dessen Chef, Generalkonservator Dr. Michael Petzet, erläuterte, daß seit vier Wochen die Stukkateure am Werk sind. Derzeit sind sechs Facharbeiter zu Gange. Beauftragt wurden damit zwei renommierte Firmen aus Buching und aus Augsburg. Zunächst legen die Handwerker Musterfelder und Musterachsen an, um mehr Aufschluß über die Beschaffenheit des Stucks zu gewinnen. Auch werden derzeit statische Vermessungen angestellt. Es gehe darum, genau festzustellen, wo Risse auftreten. Darüberhinaus müssen die Befunde genau untersucht und dokumentiert werden.

Große Herausforderungen warten auf die Stukkateure. Obwohl die Statik nach den Worten von Generalkonservator Dr. Petzet meist in Ordnung ist, löst sich an der Raumschale, die lediglich aus Holz gefertigt ist, der Putz. Zum Teil wurde der Stuck nur mit dünnen Drähten befestigt, die jetzt durchgerostet sind. Die glänzenden Vergoldungen, die bei Renovierungsarbeiten in den Fünfziger Jahren erneuert wurden, sollen wieder den warmen und matten Original-Farbton erhalten. Das gleiche trifft auch auf Überarbeitungen und malerische Fassungen zu, die in „großen Variationen" vorhanden sind, wie Dr. Petzet ausführte. Zu einem beachtlichen Teil sind jedoch Originalpartien aus dem 18. Jahrhundert erhalten. Von 1745 bis 1749 war der Chor und von 1750 bis 1759 der Zentralraum erbaut worden. „Nicht so gravierend" gestalten sich nach den Worten des Generalkonservators die Ausbesserungen am Deckenbild.

Die Renovierung der Wieskirche steht in der Baulast des Staates. Der Landtag hat für die Restauration 7,6 Millionen Mark bewilligt. Dennoch meint Kurat Kirchmeir: „Das wird wohl nicht reichen." Und er fügt hinzu, daß auch die Kirche noch „einige hunderttausend Mark" aufbringen müsse, etwa für die Elektroinstallation oder die Orgelrenovierung. Großen Wert legt der Geistliche Rat darauf, daß das bedeutende Gotteshaus auch während der Arbeiten kein „musealer Raum", sondern ein lebendiges Gotteshaus bleibt. Deswegen habe er sich mit Nachdruck dafür eingesetzt, das Rokoko-Juwel während der Restauration für Wallfahrer und Gottesdienstbesucher offen zu halten.

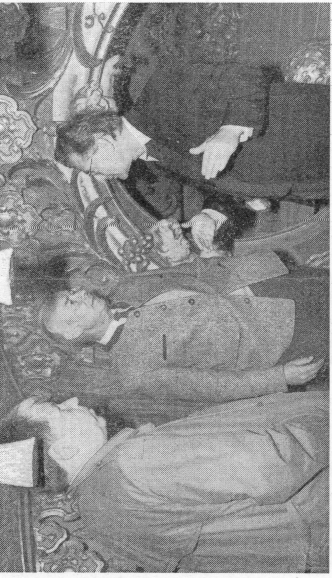

Generalkonservator Dr. Michael Petzet (von links), Landtagsabgeordneter Peter Widmann aus Wildsteig und Wies-Kurat Georg Kirchmeir im Chorraum der Wieskirche.
Foto: Michel

Staatskanzlei: AZ-Interview mit Edmund Stoiber

Von Peter M. Bode

Es gibt keinen Waffenstillstand, jedoch eine Atempause im erbitterten Streit um den Neubau der bayerischen Staatskanzlei im Hofgarten. Denn seit das Bundesverwaltungsgericht überraschend entschieden hat, daß der juristische Kampf zwischen Stadt und Staat um die Baugenehmigung nochmals - und diesmal vor der höchsten deutschen Instanz verhandelt wird - herrscht Ruhe auf der Baustelle; die Bagger sind abgezogen. Man wartet auf das Endurteil aus Berlin. Aber bis dieser Spruch kommt, können noch anderthalb Jahre vergehen. Der Münchner Stadtrat nützt die Zeitspanne und will mit Hilfe eines neuen Bebauungsplans eine insgesamt bessere Lösung durchsetzen. Etwas umständlich formuliert hat er dem Freistaat inzwischen zu verstehen gegeben, daß es der Stadt am liebsten wäre, wenn die Staatskanzlei möglichst nicht im Hofgarten errichtet würde. Doch für den Fall, daß die Regierung nach wie vor auf ihrem Standort beharrt, sollten - abgesehen von der geforderten Erhaltung der historischen Arkaden - die beiden Seitenflügel wegfallen und die Hauptflügel niedriger werden. Mit diesen Absichten im Gepäck hat OB Kronawitter Anfang der Woche Ministerpräsident Strauß um ein klärendes Gespräch ersucht. Die erste Antwort auf das Verhandlungsangebot der Stadt gibt der Leiter der Staatskanzlei, Minister Edmund Stoiber, im folgenden AZ-Interview.

Neue Staatskanzlei: Modische Architektur ohne Würde. Foto: Hübl

Ich habe mit allem gerechnet . . .

Wie die bayerische Regierung auf die überraschende Entwicklung im Hofgarten-Streit reagiert

AZ: Herr Minister, die Situation hat sich dramatisch verändert: Der Ausgang des Ringens um den Staatskanzlei-Neubau ist juristisch wieder völlig offen, die Denkmalfunde im unteren Hofgarten sind historisch wesentlich bedeutsamer und damit schützenswerter als bisher angenommen, und es gibt ein neues Bebauungsplanverfahren, dem hat auch die Stadtratsfraktion der CSU unisono zugestimmt. Wie reagieren Sie darauf?

Edmund Stoiber: „Als Jurist habe ich immer mit allem gerechnet; solange noch nicht alle Rechtszüge beendet sind, muß man davon ausgehen, daß die Gerichte so oder so entscheiden. Der Rechtsstreit wird nun weitergeführt. Ich nehme an, in Berlin wird 1988 entschieden werden, dann werden wir weitersehen. Die Entscheidung im Stadtrat ist insoweit zu begrüßen, weil von der breiten Mehrheit der Standort der Staatskanzlei am genau diese Fehleinschätzung war es doch, die zum Stop der Baumaßnahmen im unteren Hofgarten geführt hat.

Stoiber: „Hier möchte ich eindeutig klarstellen, daß es der Freistaat als Bauherr war, der gesagt hat, er möchte wissen, was da an Denkmälern betroffen ist. Dabei kam heraus, daß diese Denkmäler einen größeren Wert haben, als man ursprünglich vermutet hat. Danach haben wir die Lösung erarbeitet, einen Teil der Arkaden durch Integration in das Innere der Staatskanzlei zu erhalten. Aber Professor Petzet hat immer gesagt, es sei die bessere Lösung, die gesamten Arkaden zu bewahren und freizustellen; dafür müsse jedoch einer der Seitenflügel der Staatskanzlei um einige Meter nach Norden verschoben werden. Dieses Angebot hat Ministerpräsident Strauß dann auch dem Oberbürgermeister gemacht. Aber darauf ist er ja nicht stischen Clinch herausfindet? Im Klartext: Könnte die Staatskanzlei auf die beiden Seitenflügel verzichten und der Längsbau niedriger werden? Oder würde man sich von Ihrer Seite gegebenenfalls auch mit einem anderen Standort abfinden?

Stoiber: „Das Gespräch wird selbstverständlich stattfinden. Nur, dieses Angebot der Stadt bedeutet eine völlige Neuplanung und bedeutet auch, daß niemand mehr sagen kann, ob die Staatskanzlei noch jemals am Hofgarten gebaut werden kann. Wenn ich aber eine total andere Planung von Grund auf machen muß, mit mindestens zehnjähriger Dauer, dann warte ich lieber das Urteil aus Berlin ab. Sie müssen auch bedenken, daß nach den Vorstellungen der Stadt ein Zusammenbleiben der Staatskanzlei und des Hauses der Bayerischen Geschichte unter einem Dach nicht mehr möglich wäre. Diese Einheit zuraufen?

Stoiber: „Was die Stadt von uns fordert, ist kein Angebot, es ist auch kein Kompromiß. Mehr könnte auch ein Gerichtsurteil, wenn es den jetzigen Bebauungsplan der Staatskanzlei wirklich für nichtig erklären würde, nicht verlangen. Aber wir glauben nicht, daß wir in Berlin verlieren werden. Ich kann mir allenfalls vorstellen, daß das Gericht überprüft haben will, ob den denkmalpflegerischen Belangen nicht noch besser Rechnung getragen werden kann. Deshalb nochmals unser Gegenangebot: Erhaltung und Freistellung der Arkaden, wenn wir den Nordflügel verrücken dürfen."

AZ: Was halten Sie denn von dem Alternativ-Vorschlag des Stadtbaurats Zech, die Staatskanzlei am Marstallplatz zu bauen?

Stoiber: „Im Marstallgelände würden wir garantiert dasselbe Problem mit der denkmalgeschütz- des Staatskanzlei-Entwurfs; der ist doch nur modisch, unangemessen und hat keine Würde?

Stoiber: „Wir halten die Gestaltung für gelungen, wobei es natürlich darüber Diskussionen geben kann. Über die Ästhetik von Architektur läßt sich immer streiten. Da gibt es durchaus unterschiedliche Meinungen. Wir sehen diese Architektur als eine gute Lösung an; aber das bedeutet nicht, daß es nichts Besseres geben kann. Wir waren immer offen für Verbesserungsvorschläge, aber man wollte doch nur über den Standort diskutieren."

AZ: Was werden Sie denn unmittelbar unternehmen in der Zeit, bis das Urteil in Berlin gefällt wird; Sie werden doch diese Frist nicht tatenlos verstreichen lassen?

Stoiber: „Wir werden auf jeden Fall für alle staatlichen Grundstücke in der Stadt alsbald einen Planungsstop beschließen, also z. B. für die Türkenkaserne und den

Leidenschaftliches Pro und Contra

AZ: Sie sehen demnach keine Verbesserung in den Zielen des neuen Bebauungsplans?

Stoiber: „Nein, denn unterstellen wir mal, man müßte auf dieser Beschlußlage neu aufbauen, dann brauchen Sie wieder zehn Jahre, um dahin zu kommen, wo wir heute stehen. Allein der durchaus anerkennenswerte Vorschlag einer Verschiebung des Altstadtrings vor dem Armeemuseum nach Osten wird zu einer gewaltigen Diskussion führen, mit leidenschaftlichem Pro und Contra. Und dann kommen die Einsprüche der Nachbarn, die alle ihre Rechte ausschöpfen werden. Schließlich sind ja sieben Bebauungspläne von dem Beschluß des Stadtrats betroffen."

AZ: Sie äußern sich über den Ausgang des Rechtsstreits in Berlin sehr vorsichtig. Heißt das, daß Sie womöglich doch von einem für Sie negativen Urteil ausgehen, welches Sie zwingen würde, mit dem neuen Bebauungsplan zu leben?

Stoiber: „Es ist natürlich für das Gericht eine juristisch sehr interessante Frage, ob ein veränderter Sachverhalt (wie die Denkmalfunde) Auswirkungen auf die Baugenehmigung hat. Ich bin dennoch zuversichtlich, daß das Urteil nicht unsere gesamte langjährige Planung über den Haufen werfen wird."

*AZ: Hat Ihnen nicht Michael Petzet, der Leiter des Denkmalamtes, mit dem Herunterspielen der Bedeutung der Arkaden-Denkmäler einen Bärendienst erwiesen? Denn Hofgarten anscheinend nicht mehr so bestritten wird, wobei freilich der Beschluß sehr unklar ist; und er wird ja auch unterschiedlich ausgelegt: Die einen bejahen den jetzigen Standort, aber die anderen meinen damit – entsprechend dem Entwurfsseminar – etwas ganz anderes. Also aus meiner Sicht bringt der Beschluß keine entscheidende sachliche Veränderung."

eingegangen, denn man will offensichtlich nicht in erster Linie die Denkmäler retten, sondern die ganze Staatskanzlei von diesem Standort weg haben."

*AZ: Wird denn der Ministerpräsident das erbetene Gespräch mit OB Kronawitter führen, und besteht dabei die Chance, daß man sich politisch einigt und aus dem juristischen Umgebung bekommen wie im Hofgarten. Ich halte die Marstall-Idee auch für ein absolut unehrliches Angebot, denn es ist doch klar, daß wir dort höher als die Residenz bauen müßten, um das Raumprogramm zu erfüllen. Die Proteste dagegen würden immens sein."

AZ: Stört Sie eigentlich überhaupt nicht die mindere Qualität

Die Stadt bietet keinen Kompromiß

AZ: Sehen Sie gar keine Möglichkeit, sich mit der Stadt zusammen- war jedoch immer die grundsätzliche Bedingung des Landtags für den Neubau."

Marstallplatz, denn als Realisten müssen wir auch ein für uns ungünstiges Urteil in Berlin einkalkulieren. Dann müssen alle staatlichen Grundstücke geprüft werden, ob nicht dort die Staatskanzlei anstelle von Museen, Theatern und Hochschulen errichtet werden soll. Ich denke, daß das manchem auch nicht gefällt."

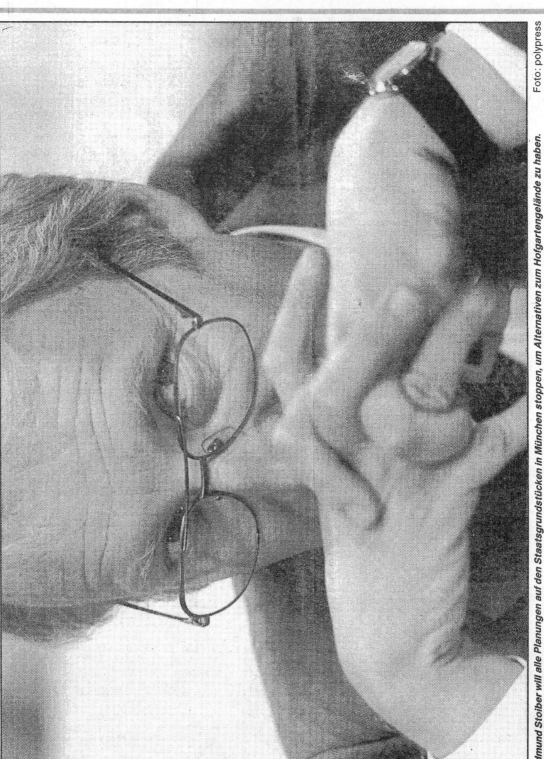

Edmund Stoiber will alle Planungen auf den Staatsgrundstücken in München stoppen, um Alternativen zum Hofgartengelände zu haben.
Foto: polypress

473

Landeskonservator Prof. Dr. M. Petzet würdigte Bemühungen der Stadt um Wülzburg

In den Hauptanliegen Übereinstimmung

Gespräch mit dem Chef des Landesamtes für Denkmalpflege galt der Entwicklung im Norden der Stadt vom Plärrer über den Wallgraben bis Ellinger Tor

WEISSENBURG — Der Schießgraben mit seinem Kinderspielplatz ist seit jeher für die Bevölkerung eine Selbstverständlichkeit. Die gepflegte Anlage im südlichen Wallgraben bildet eine Augenweide. Aber mit den heutigen Lösungen am Plärrer und der Situation im nördlichen Wallgraben kann man nicht recht zufrieden sein. Die Stadt legt ihr ganzes Augenmerk darauf, auch hier im Norden Entwicklungen einzuleiten, die für die Zukunft entscheidend sind — und die Gelegenheit am Schopfe zu ergreifen. Nägel mit Köpfen werden gemacht.

Man muß schon lange zurückblättern; aber nicht immer waren die Verhältnisse zwischen dem Bayer. Landesamt für Denkmalpflege und der Stadt Weißenburg sehr erfreulich. Da gab es doch in der Vergangenheit so manches Ungemach, etwa über die für Altstadtfenster vorgeschriebene Sprosseneinteilung oder den Abriß und Wiederaufbau des Landratsamt-Südflügels. Diese Mißstimmungen sind längst ausgeräumt, und wie erfolgreich enge Zusammenarbeit sein kann, beweist die von allen Besuchern mit Recht gelobte vorbildliche Umgestaltung der Karmeliterkirche. Diese verständnisvolle Zusammenarbeit Landesamt/Stadt setzt sich fort.

Bei der Eröffnung der Reichsstadtausstellung in Rothenburg hatte OB R. Schwirzer Landeskonservator Prof. Dr. Michael Petzet gesprochen. Prof. Petzet ist Chef des Bayer. Landesamtes für Denkmalpflege. OB Reinhard Schwirzer äußerte bei dieser Gelegenheit die Bitte, der Landeskonservator möchte doch die Stadt einmal besuchen, damit man gemeinsam eine Reihe von künftig möglichen Entwicklungen besprechen könne. Überraschend schnell kam — wie berichtet — Prof. Petzet dieser Bitte nach und besuchte die Stadt.

Projekt nach dem Parkhausbau

Nach der Ankunft des Bayer. Landeskonservators fand eine eingehende Besprechung im Amtszimmer des Oberbürgermeisters statt. In den Vordergrund traten dabei die Stadtplanungen, die sich auf den nördlichen Wallgraben und den Plärrer erstrecken. Diese Überlegungen stützen sich einerseits auf den Grundsatzbeschluß des Stadtrates, den Wallgraben von Bebauungen freizuhalten, zum anderen aber auf die dringende Notwendigkeit, den Parkplatz im Wallgraben so wirtschaftlich wie möglich zu nutzen und die ungeordneten und unfallträchtigen Verhältnisse auf dem Plärrer einer vernünftigen Lösung zuzuführen. Das ganze Gebiet vom Ellinger Tor bis zum Plärrer bildete daher Gesprächsgegenstand des Landeskonservators mit dem Oberbürgermeister.

OB R. Schwirzer bezog sich aber auch auf den Stadtratsbeschluß, den Parkplatz im nördlichen Wallgraben zu befestigen und dabei die Vorkehrungen zu treffen, daß über diesem Parkplatz später eine Zwischendecke eingezogen werden kann. Für dieses Parkdeck liegt ein Stadtratsbeschluß vor. Vom Oberbürgermeister wurde massiv darauf gedrängt, das Wallgrabenstück zu befestigen und der Standpunkt der Stadt zu diesem Parkplatzprojekt unterbreitet. Ergänzend teilte dazu OB R. Schwirzer mit, daß dieses Parkdeckobjekt im Herbst mit der Regierung diskutiert wird. An eine Ausführung ist später, nach dem Parkhausbau, zu denken.

In den Vordergrund rückt jedoch — als dringender Fall — die Frage, wie man den Plärrer umgestalten kann. Die gegenwärtige Situation, daß auf diesem Platz Omnibusse eintreffen und rangieren, dazwischen die Schüler des Schulzentrums warten und zudem noch Privatfahrzeuge in die Standspuren kurven, ist unfallträchtig und damit sehr unbefriedigend. An eine Umgestaltung des Plärrers könnte man nach der Befestigung des Parkplatzes im Wallgraben und weiteren Schritten zu einer Parkdecklösung herangehen.

Landeskonservator Prof. Dr. Michael Petzet zeigte sich beeindruckt von den Überlegungen und Planungen der Stadt und dem Bemühen, Anliegen des Denkmalschutzes und lebensnotwendige Entwicklungen der Stadt in Übereinstimmung mit der Denkmalpflege unter einen Hut zu bekommen.

Sehr großes Interesse bewies der Chef des Landesamtes für Denkmalpflege für die nun Jahr für Jahr getreulich von der Stadt durchgezogenen Erhaltungsmaßnahmen auf der Wülzburg. Prof. Petzet setzte sich nachhaltig für dieses national erhaltenswerte Bauwerk ein. Er bedauerte dabei, daß Versuche der Stadt, einen übergeordneten und leistungsfähigen Geldgeber für die Sanierung der Wülzburg zu finden, bisher gescheitert sind. Wie bekannt, hatte sich die Stadt bemüht, das Bayer. Landesamt für Schlösser, Gärten und Seen zu einer Übernahme der Wülzburg zu bewegen. Das Amt sah sich jedoch angesichts der vielen Projekte, die es zu wahren hat, außerstande. Die Bemühungen der Stadt um die Wülzburg fanden die Anerkennung des hohen Besuchers.

Nach der Aussprache fand ein Stadtrundgang statt, an dem sich außer dem Landeskonservator und dem Oberbürgermeister auch Rechtsdirektor Dr. M. Ostermeier und Stadtbaumeister E. Loock beteiligten. In der Praxis konnte man dabei die Probleme kennenlernen, die die Stadt Weißenburg in Zukunft zu bewältigen hat. -cd-

Weißenburger Tagblatt, 10. August 1987

Archäologen schlagen Alarm
Wenn Denkmäler unter den Pflug kommen
Grabhügel und Keltenschanzen verschwinden / Reservate sollen Zeugen der Vorgeschichte schützen

MÜNCHEN (SZ) – „Die Erde ist der beste Konservator", lautet ein Grundsatz der Archäologie. Was früher uneingeschränkt galt, trifft heute nur noch auf Wiesen und Wälder zu. Auf den Äckern dagegen breitet sich ein immer größeres „Sterben archäologischer Denkmäler" aus. Der Leiter der Archäologischen Abteilung des Bayerischen Landesamtes für Denkmalpflege, Erwin Keller, liefert für diese etwas poetische Aussage auch Zahlen: In den Landkreisen Dingolfing-Landau und Erding verschwanden in den letzten zehn Jahren 30 bis 40 Prozent der sichtbaren Bodendenkmäler. Viele vorgeschichtliche Grabhügel und keltische Viereckschanzen sind damit unwiederbringlich verloren. Archäologische Reservate in landwirtschaftlich genutzten Flächen sollen dieses „Sterben" in Zukunft verhindern helfen.

Gefährliche Erosion

Mit den Reservaten, es gibt auch schon das Fachwort „Archäotop", will Generalkonservator Michael Petzet „die Spuren menschlicher Geschichte" erhalten und sichern. An Ausgrabungen denkt er dabei nicht. Bei der Fülle der gefährdeten Denkmäler sei es hoffnungslos, alles ausgraben und archäologisch dokumentieren zu wollen, sagt Petzet. Für ihn kann die Lösung nur lauten, gefährdete Gebiete aus der landwirtschaftlichen Produktion herauszunehmen. Denn gerade die intensive Nutzung der Felder bereitet den Archäologen Kopfzerbrechen. Die Ausdehnung des Ackerbaus und die Schaffung großflächiger „Wirtschaftseinheiten" fördern die Wind- und Wassererosion. Die Humusdecke wird dadurch abgetragen, die Bodendenkmäler freigelegt. Durch häufiges Überpflügen werden sie dann endgültig zerstört. Um diesem Kreislauf zu beenden, ist nicht immer eine völlige Stillegung der Flächen nötig. Denkbar sei auch eine Verringerung der Pflugtiefe oder eine Umwandlung der Äcker in Wiesen, erklärte Keller. In Betracht komme auch der Ankauf einzelner Grundstücke.

Erste Gespräche der Denkmalpfleger mit dem Landesamt für Umweltschutz und dem Landwirtschaftsministerium verliefen erfolgversprechend. Sollen doch in diesen Zeiten der Überproduktion ohnehin Flächen stillgelegt werden. Und auch mit den Naturschützern ziehen die Archäologen in diesem Fall an einem Strang. Bisher weiß allerdings niemand, wie viele Flächen in Bayern gefährdet sind. Keller schätzt, daß im Regierungsbereich Niederbayern – der besonders reich an vorgeschichtlichen Funden ist – etwa 110 Hektar in Reservate umgewandelt werden müßten. Um genaue Zahlen zu erhalten, hat das Landesamt für Denkmalpflege im Juni begonnen, einen Erosionsatlas mit den wichtigsten Denkmälern, die unter Schutz gestellt werden sollen, zusammenzustellen. Dank der Luftbildarchäologie und Magnetfeldmessungen ist dies möglich. Auf den Luftbildern lassen sich die Bodendenkmäler nicht nur hervorragend erkennen (auch wenn man sie am Boden kaum bemerkt), man sieht auch, wie weit die Zerstörung bereits fortgeschritten ist. In einem ersten Schritt sollen hundert Bodendenkmäler per Computer in die Flurkarten eingezeichnet werden. Damit können die Besitzverhältnisse geklärt und konkrete Verhandlungen aufgenommen werden. Schon jetzt will man aber mit ersten Projekten Erfahrungen sammeln. Die Zeit drängt. Beobachtungen zeigten, daß Grabhügel und Wälle von keltischen Viereckschanzen oder neolithischen Kultstätten – in nur drei Jahren einen Meter an Höhe verlieren können.

Dünger greift Metall an

Gefährdet sind aber auch archäologische Funde im Boden. Dünger und Schädlingsbekämpfungsmittel greifen die alten Metalle an. Ihre Qualität hat sich gegenüber früheren Funden immer weiter verschlechtert. Die Umwandlung der Äcker in Wiesen könnte hier eine Besserung bringen. Und auch die „Grabräuber", die in Gebieten mit römischen Gutshöfen oder Castellen nach Schätzen suchen, tun sich auf Wiesen wesentlich schwerer mit ihren Raubzügen.

Sebastian Haberl

Süddeutsche Zeitung
12. August 1987

Alt-Neuöttinger Anzeiger
14. August 1987

Feuchte Brotkrumen gegen Schmutz der Jahre
Panoramagemälde restauriert – Prof. Dr. Michael Petzet zu Besuch – Theatralische Eingangsgestaltung

Altötting. (ra) Die Restaurierung des größten Leinwandbildes in Bayern ist nahezu abgeschlossen. Generalkonservator Prof. Dr. Michael Petzet kam nun nach Altötting, um sich über den Stand der Restauration zu informieren und letzte Details zu besprechen.

Das kolossale Wandgemälde ist das einzige Panorama dieses Ausmaßes in Deutschland. Originale Kreuzigungspanoramen dieser Größenordnung gibt es auf der ganzen Welt nur zwei: eines hängt in Kanada, das zweite ist das in Altötting. Es entstand in den Jahren 1902/3 aus künstlerischer Eigeninitiative von Gebhard Fugel. Fugel gehörte damals zu den renommiertesten Künstlern der christlichen Kunst. Durch sein Gemälde „Christus heilt die Wunden", das 1885 im Münchner Kunstverein ausgestellt war, wurde er schlagartig bekannt.

Das Altöttinger Panorama entstand in Eigeninitiative des Künstlers. Es sollte von Anfang an in einem eigens dafür errichteten Zwölfeckbau gezeigt werden. Der Bau ist eine Einmast-Zeltkonstruktion in Fachwerkbauweise. Das Gemälde hängt zylindrisch an der Innenseite des zwölfeckigen Gebäudes.

Nachdem die Renovierung des Gebäudes 1984 abgeschlossen war, begann die fachmännische Restaurierung des 1200 Quadratmeter großen Gemäldes. Drei, zeitweise sogar vier Restauratoren waren am Werk, um das aus zwanzig Bahnen genähte Gemälde wieder in seinen ursprünglichen Zustand zu bringen. Für die Restauratoren gab es viele technische Schwierigkeiten. Das größte Problem war die Reinigung der Leinwand.

Dr. Gebhard Streicher, Mitbesitzer des Panoramas und Enkel Gebhard Fugels, freut sich, daß die Arbeiten so rasch vorangeschritten sind: „Fugel hat damals eine qualitätvolle Leinwand benutzt. Sie hat die Jahre gut überdauert. Nur an den Nähten gibt es bei der Restauration noch Probleme. Die Lichtverhältnisse haben wir wieder toll hingebracht. Die Reinigung wurde mit feuchten Brotkrumen vorgenommen."

Generalkonservator Prof. Dr. Michael Petzet beurteilt die Restaurierungsarbeiten, die von Spezialisten aus den Restaurierungswerkstätten des Bayerischen Landesamtes für Denkmalpflege durchgeführt wurden, als optimal. Er und seine Frau, die Bühnenbildnerin war, machten Vorschläge zur Gestaltung des Eingangs. Die Kassen sollen auf die andere Seite verlegt, der Eingang mit einem Vorhang ausgestattet werden. Dieser Vorhang – die Farbe wird noch diskutiert – soll den Besucher bereits in die Illusion des bühnenbildartigen, plastischen Rundum-Arrangements einführen.

Insgesamt hat die Restaurierung des Panoramas 1,5 Millionen Mark gekostet. Mehrere Sponsoren haben kräftig in die Tasche gelangt, um dieses einmalige Kunstdenkmal zu erhalten. Neben den Besitzern haben die Stadt und der Landkreis, Marienwerk, die Bayerische Landesstiftung, der Entschädigungsfond und das Staatsministerium für Wissenschaft und Kunst bewilligte Denkmalmittel locker gemacht.

Ostern 1988 soll das Kunstwerk wieder für die Öffentlichkeit zugänglich sein.

Dr. Gebhard Streicher und Generalkonservator Prof. Dr. Michael Petzet (rechts) informieren sich über den Stand der Restaurierungsarbeiten. (Foto: Rabenstein)

Immer mehr prähistorische Gräber kommen un

Zu ihrem Schutz wollen Bayerns Bodendenkmalpfleger auf Äckern „archäologische Reser

Die modernen Formen der Landwirtschaft beunruhigen nicht nur Natur- und Umweltschützer, sondern haben jetzt auch die Archäologen alarmiert. Sie sorgen sich um Bodendenkmäler, die bisher Jahrtausende unbeschadet überstanden haben. Tiefpflügen, Wind- und Wassererosion, Überdüngung, chemische Schädlingsbekämpfung und Trockenlegung bedrohen in zunehmendem Maße die Grundmauern römischer Gutshöfe, Gräberfelder, neolithische Kultplätze und hallstattzeitliche Herrensitze. Der Leitsatz der Archäologie, daß die Erde „der beste Konservator" ist, gilt schon lange nicht mehr.

Mit „archäologischen Reservaten", neumodisch könnten sie auch „Archäotope" heißen, will nun das Bayerische Landesamt für Denkmalpflege dem Schwund der vor- und frühgeschichtlichen Zeugnisse Einhalt gebieten. „Unsere Aufgabe ist es zunächst, die Denkmäler zu erhalten, ob man sie nun sieht oder nicht", betonte der Leiter des Landesamts, Generalkonservator Michael Petzet bei der Vorstellung des Programms vor der Presse in München. „Wir können nicht ständig mit Notgrabungen hinterherlaufen." Der Leiter der Bodendenkmalpflege, Erwin Keller, berichtete, daß in den neu inventarisierten Landkreisen Dingolfing-Landau und Erding in einem Jahrzehnt 30 bis 40 Prozent der früher noch sichtbaren Bodendenkmäler eingeebnet worden seien.

Von den über Tage sichtbaren Bodendenkmälern sind vor allem die vorgeschichtlichen Grabhügel und die keltischen Viereckschanzen gefährdet, weil sie mit modernen Landmaschinen überfahren oder mit entsprechend ausgerüsteten Traktoren mühelos beseitigt werden können. Auch stetiges Überpflügen macht sie mit der Zeit dem Erdboden gleich. Der Prozeß der Einebnung beschleunigt sich, wenn Wind- und Wassererosion dazukommen. Die Archäologen haben beobachtet, daß Grabhügelschüttungen und Wälle von Viereckschanzen in nur drei Jahren einen Meter Höhe verlieren können. Meist bleibt es jedoch nicht bei der Einebnung der sichtbaren Teile. Einige Wolkenbrüche und Pflugeinsätze können ausreichen, um die Denkmäler bis in die tiefsten Schichten zu zerstören.

Da keine Möglichkeit besteht, alle gefährdeten Plätze auszugraben, gewinnt der Schutz „vor Ort" zunehmende Bedeutung. Ein Allheilmittel wollen die Archäologen darin jedoch nicht sehen. Zumindest können auf diese Weise künftigen Generationen die vielfältigen Arten vor- und frühgeschichtlicher Denkmäler in Beispielen vor Augen geführt werden. Generalkonservator Petzet hat inzwischen mit Vertretern des Landesamts für Umweltschutz und mehrerer Staatsministerien Gespräche geführt und ist auf „sehr großes Interesse und Verständnis gestoßen".

„Erhalten durch Stillegen" will das Landesamt für Denkmalpflege zunächst rund 100 gefährdete Objekte. In Niederbayern würden dafür rund 110 Hektar Fläche benötigt, in Oberbayern sogar weniger. „Unsere Bemühungen decken sich hervorragend mit denen von Landwirtschaft und Umweltschutz, die bewirtschafteten Flächen zu reduzieren", sagte Petzet. Konkret stellt er sich vor, daß weniger tief gepflügt oder aus einem Acker eine Wiese gemacht werden sollte. Auch den Ankauf einzelner Grundstücke zieht er in Betracht. In Baden-Württemberg geschieht dies schon seit Jahren. Dort gibt es einen eigenen Fonds für Grundstücksankäufe und Entschädigungen.

Als ersten Schritt werden die Bodendenkmalpfleger von den ausgewählten Objekten maßstäbliche Pläne zeichnen. Diese werden dann in die entsprechenden Flurkarten eingetragen, um die Grenzen der geplanten „Reservate" ziehen zu können. Mit Zwang sei nichts zu erreichen, betonte Keller. Auch eine konsequente Anwendung des Denkmalschutzgesetzes brächte nichts, denn dann „müssen wir Landwirtschaft und Bauwirtschaft lahmlegen", meinte er.

Grabhügel sind Zeugnisse der Totenverehrung unserer Vorfahren. Sie kommen einzeln, in kleineren und größeren Gruppen, aber auch in ausgedehnten Feldern vor, die 200 und mehr Begräbnisstätten umfassen können. Sie zeigen sich als gleichmäßig gewölbte Erd- oder Steinschüttungen und erreichen selten mehr als eine Höhe von drei Metern. Meist wurden sie etwa zwischen 750 und 450 v. Chr. in der Hallstattzeit angelegt.

Für die Verstorbenen errichtete man zu ebener Erde Holz- oder Steinkammern und bezeichnete die Ränder der Grabbezirke mit verschieden weiten Steinkränzen, aber auch mit dicht an dicht in einer Kreisbahn angeordneten Pfählen. Ihrer sozialen Stellung im Leben entsprechend erhielten die Toten Waffen, Schmuck und Trachtzubehör, aber auch Speisen und Getränke mit ins Grab. Während die Gräber in Äckern dem Untergang geweiht sind, haben sie in

SPÄTKELTISCHE VIERECKSCHANZE bei Utting am Ammersee (Lkr. Landsberg am Lech). Der „heilige Platz" war in vorchristlicher Zeit mit hölzernen Umgangstempeln und Opferschächten ausgestattet (freigegeben durch die Reg. von OB Nr. GS 300/0039-85, Archiv-Nr. 7932/001-SW 2847 5a). Bild: O. Braasch

GUT ERHALTENE GRABHÜGEL auf einer Wiese bei Pürgen (Lkr. Landsberg am Lech). In Wäldern und auf Wiesenland haben die prähistorischen Begräbnisstätten Jahrtausende überdauert (freigegeben durch die Reg. von OB Nr. GS 300/0340-85, Archiv-Nr. 7930/021-SW 1113-20). Bild: O. Braasch

ter den Pflug

vate" schaffen

Wäldern und auf Wiesen Jahrtausende überdauert und sind dort auch heute noch relativ sicher.

Das gleiche gilt für die spätkeltischen Viereckschanzen. Sie bestehen aus Wall und Graben und sind mit einem Tor ausgestattet. Der Grundriß ist gewöhnlich quadratisch bis rechteckig. Die Schanzen haben 60 bis 90 Meter lange Seiten und bei gutem Erhaltungszustand innere Wallhöhen von mehr als 1,5 Meter. Die Ausgrabungen ergaben, daß es in den beiden letzten vorchristlichen Jahrhunderten heilige Orte waren, ausgestattet mit hölzernen Umgangstempeln und Opferschächten, die, wie in der Anlage von Holzhausen im Landkreis München, bis zu 35,6 Meter tief sein können.

Die Gefahr, daß die archäologischen Schutzzonen zu „Raubgrabungen" einladen könnten, schätzt Petzet gering ein. Sondengänger suchen vor allem auf Äckern nach Schätzen. Dabei bevorzugen sie Gebiete, in denen einst römische Kastelle oder Gutshöfe lagen. Wiesen, wo eine Grabung mehr ins Auge sticht, könnten sogar einen Schutz gegen Hobbyarchäologen bieten.

pjk

Bayerische Staatszeitung
21. August 1987

Informativen Charakter hatte die Visite von Dr. Thomas Goppel (zweiter von rechts) und Generalkonservator Dr. Michael Petzet (rechts), die von Bürgermeister Franz Hofmann (links) und Staatssekretär Albert Meyer über den Stand des Schloßausbaues in Oberschwappach unterrichtet wurden. Das ca. Neun-Millionen-Projekt soll 1989 fertig sein. Die Gemeinde Knetzgau ist mit zehn Prozent von den Gesamtkosten beteiligt. ck/Foto: Weck

Prominenz aus München zu Besuch
Schloßrenovierung geht zügig voran

Knetzgau-Oberschwappach – Hohe Prominenz weilte in den historischen Räumen des Schlosses Oberschwappach: Mit Staatssekretär Dr. Thomas Goppel (Wissenschaft und Kunst) kam auch der Präsident des Landesamtes für Denkmalschutz, Generalkonservator Dr. Michael Petzet, um sich selbst ein Bild von der zügig vorangehenden Renovierung des Schlosses Oberschwappach zu machen. Die Visite war Teil eines Besichtigungsprogrammes bei mehreren nordbayerischen Schlössern, die derzeit ausgebaut werden.

Hausherr und Bürgermeister Franz Hofmann (Knetzgau) übernahm die Rolle des Kunstführers und Informanten in Sachen Ausbau.

Im Frühjahr sei der Kindergarten im westlichen Flügel der Anlage fertigzustellen. 30 Kinder aus Unter- und Oberschwappach sollen dann im Schloß zum Vorschul-Unterricht gehen.

Der Schloßinnenhof dient im Sommer als Biergarten. Architekt Reiner Bauernschmitt (Haßfurt) will auch den derzeit noch verwilderten Park wenigstens sonntags zugänglich machen. Von den Innenräumen sind gesondert das Sterbezimmer von Abt Eugen Montag und der Spiegelsaal zu nennen. Zwei Räumlichkeiten, die von der noch vorhandenen Stukkatursubstanz Ansätze für aufbauende Renovierung bieten. Andere Räume sollen einmal Ausstellungen Platz machen oder ein Heimatmuseum beherbergen.

Das „dicke Ende": Von den veranschlagten neun Millionen Mark Gesamtkosten wurden für die derzeitigen Arbeiten bereits 3,5 Millionen Mark verbraucht.

Die Gemeinde Knetzgau hat sich verpflichtet, zehn Prozent der Gesamtkosten zu tragen. Die Kosten für die Parkgestaltung sind mit ca. 900 000 Mark veranschlagt. Doch betonte Bürgermeister Franz Hofmann, daß Architekt und Bauträger an eine vielfältige Nutzungsmöglichkeit der weitflächigen Anlage denken, um das Schloß einer breiten Öffentlichkeit nutzbar zu machen. Nicht zuletzt hat die Gemeinde auch an die Kinder gedacht mit der Anlage eines Kinderspielplatzes. ck

Schweinfurter Tagblatt
3. September 1987

Generalkonservator Prof. Petzet Gast bei Bürgermeister-Versammlung

Denkmalschutz in Maßen

Oberhäupter der Kommunen übten zum Teil herbe Kritik an den Auflagen der Denkmalschützer — Im Landkreis Nürnberger Land nur sehr wenige Probleme mit Dissensfällen

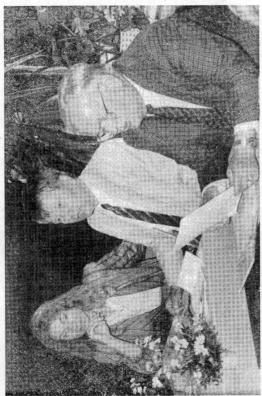

Die Gäste des Denkmalamtes in der Bürgermeisterversammlung (Dr. Schädlich-Saub und Generalkonservator Prof. Dr. Petzet), neben Landrat Hartmann. Fotos: Fischer

SCHNAITTACH — Eine rege Diskussion war vorprogrammiert und ergab sich auch, als Landrat Klaus Hartmann zur jüngsten Bürgermeisterversammlung das Thema „Denkmalpflege — Baurecht" auf die Tagesordnung gesetzt und als fachkundige Gäste den Bayerischen Generalkonservator Prof. Dr. Petzet und die für den Kreis Nürnberger Land zuständige Denkmalschützerin Dr. Schädler-Saub eingeladen hatte.

Die Bürgermeister forderten dann auch von den Denkmalpflegern mehr Kompromißbereitschaft bei der Behandlung von Bau- oder Umbaugesuchen und mehr Verständnis für die Nöte von Denkmalseigentümern. „Wenn man die Sache überzieht, wie schon öfter geschehen", so Bürgermeister Weißkopf aus Altdorf, „so erreicht man am Ende das Gegenteil von dem was man wolle."

Bürgermeister Weißkopf war es auch, der den Reigen der Diskussionsredner nach den Referaten von Prof. Petzet und Dr. Schädler-Saub eröffnete. Er bat, doch das Kosten/Nutzenverhältnis nicht vollkommen aus den Augen zu verlieren und etwa ein Gebäude durch die Auflagen der Denkmalpflege für den Besitzer wertlos zu machen. Wenn nämlich jemand finanziell nicht in der Lage ist, die Auflagen zu erfüllen, macht er in vielen Fällen lieber gar nichts, so die Erfahrung des Bürgermeisters. Wenn man seitens der Baurecht. Er wertete seine oft seltenen Besuche im Landkreis Nürnberger Land als Indiz dafür, daß es nur sehr wenige Probleme in der Zusammenarbeit mit dem Denkmalamt (Dissensfälle) gebe.

Verordnungen zum Denkmalschutz existieren nicht erst seit Inkrafttreten des Bayerischen Denkmalschutzgesetzes im Jahre 1973, sondern schon die alten Römer erließen Vorschriften zur Erhaltung von Kulturgütern. Die Arbeit des Denkmalamtes gliedere sich in zwei Bereiche, so der Professor, die Archäologie und die Baudenkmäler. Im ersteren Fall sei eines der großen Ziele im Augenblick, die Schaffung von sogenannten „Archäologischen Reservaten", aus denen dann beispielsweise auch die Landwirtschaft herausgenommen werden könnte, um eine weitere Veränderung der Landschaft zu verhindern.

In Bayern gibt es derzeit 110 000 Baudenkmäler, angefangen vom Bamberger Dom bis hin zum kleinen Grenzstein. Das Landesdenkmalamt versucht in jedem Bezirk mit zwei Architekten und zwei Kunsthistorikern präsent zu sein und die Probleme vor Ort zu lösen. Dieser Problemlösung dienen auch die Sprechtage der Referenten in den Landratsämtern (in Lauf alle zwei Wochen), wo in Gesprächen mit den Bauabteilungen Einzelfälle erörtert werden können. Und hier müsse gesagt werden, so Prof. Petzet, daß das Baurecht allein schon in weiten Bereichen den Denkmalschutz mit abdecke.

▷

Fränkischer Anzeiger, 16. Oktober 1987

Generalkonservator Prof. Dr. Michael Petzet skizziert die Grundlagen der Denkmalpflege in der heutigen Zeit

Ein gewaltiges Umdenken ist nötig

Anstatt ohne Not das ganze Dach zu erneuern, lieber nur die kaputten Ziegel nachstecken — Die Orginalität ist zu bewahren

Am „denkmalpflegerischen Gesamtkunstwerk" Rothenburg gibt es bei strengen Maßstäben im Detail viel Kritik.

ROTHENBURG — Die Originalität eines Denkmals muß sich nicht immer auf einen wirklich ursprünglichen Zustand beziehen, sondern umfaßt genauso die späteren Veränderungen — das läßt die praktische Denkmalpflege häufig zur Gratwanderung werden, weil man lange darüber streiten kann, welche Zeit als Vorbild für die Renovierung, Restaurierung oder Rekonstruktion hergenommen werden soll. Mit solch grundsätzlichen Fragen hat sich Generalkonservator Prof. Dr. Michael Petzet in einem ausführlichen Beitrag befaßt, auf den wir auszugsweise und zusammenfassend eingehen, da er eine für Rothenburg ständig aktuelle Thematik beinhaltet.

„Denkmalpflege heißt Denkmäler pflegen, bewahren, erhalten, nicht Denkmäler verfälschen, beschädigen, beeinträchtigen oder gar gänzlich zerstören", betont Michael Petzet in seinem Vortrag, den er im Rahmen einer Veranstaltung der Hanns-Seidel-Stiftung gehalten hat. Mit der Charta von Venedig, die im Mai 1964 vom Zweiten Internationalen Kongreß der Architekten und Techniker in der Denkmalpflege verabschiedet wurde, gibt es sogar ein internationales Grundsatzpapier, das bis heute gültig ist.

Demnach umfaßt der Begriff des historischen Denkmals „sowohl das einzelne architektonische Werk als auch die städtische und ländliche Stätte, die Zeugnis ablegt von einer besonderen Kultur einer bedeutsamen Entwicklung oder einem historischen Ereignis." Es gehe also, so Petzet, um die Fülle der geschichtlichen Zeugnisse in ihrem originalen materiellen Bestand, wobei Orginalität genauso die späteren Veränderungen umfassen kann, also der originale Zustand als Summe verschiedener Zustände, die sich wie die Jahresringe eines Baumes überlagern.

▷

Denkmalpflege zu unnachgiebig sei, fördere man die Schwarzarbeit und den Verfall.

Er glaube nicht, so Dr. Petzet in seiner direkten Antwort, daß die Denkmalpflege „Exzesse in Sachen Denkmalschutz" produziere und er verstehe seine Kollegin Schädler-Saub durchaus, wenn sie sich vehement für ihre Sache einsetze. Außerdem sei doch die heimische Denkmalschützerin durchaus konziliant, mildere er den Vorwurf des Altdorfer Stadtoberhauptes etwas ab.

Beispiele, in denen die Zusammenarbeit mit den Denkmalschützern nicht so gut funktionierte, wurden unter anderem auch von Bürgermeister Pompl aus Lauf und Bürgermeister Hess aus Rückersdorf angeführt. So sei einmal die Abrechnung (für ein Farbgutachten, das 8000 Mark kostete, gab es nur 1000 Mark Zuschuß) und einmal die Zuschußzahlung (die für die Sanierung verantwortlichen Bauherren haben ihm noch nicht bekommen) „vollkommen schiefgelaufen". Zumindest im letzteren Fall konnten die beiden Gäste eine für die Bauherren positive Entscheidung in Aussicht stellen.

Bürgermeister Hess wußte schließlich von einem Fall zu berichten (Kinderheim), bei dem weder die Gemeinde Rückersdorf als Heimat des Denkmals noch die Stadt Nürnberg als Besitzerin von der Eintragung des Gebäudes in die Denkmalliste erfuhren. Das darf und kann eigentlich nicht passieren, meinte dazu Prof. Dr. Petzet, daß es sich hier um ein Versehen handelt, für das es sich zu entschuldigen gilt.

Aber auch Positives bekamen die Denkmalschützer zu hören. So dankte ein Bürgermeister, selbst Besitzer eines denkmalgeschützten Hauses, ganz ausdrücklich Dr. Schädler-Saub für die „hervorragende und prompte Beratung".

Landrat Klaus Hartmann war schon vor der Bürgermeisterversammlung mit Prof. Dr. Petzet und Dr. Schädler-Saub im Landkreis unterwegs gewesen, um Eindrücke vor Ort zu sammeln. So besuchte man Altdorf und Burgthann und anschließend das Frühindustriemuseum in Lauf, von dem sich der Generalkonservator sehr angetan gezeigt hatte. In diesem Zusammenhang teilte der Landrat auch mit, daß der Landkreis Nürnberger Land für dieses Laufer Museum insgesamt 160 000 Mark an Zuschüssen gewährt.

Begonnen hatte die Bürgermeisterversammlung im Gasthof Kämpfer in Schnaittach mit einem Referat des Bayerischen Generalkonservators zur Geschichte der Denkmalpflege und zum

Grundsätzlich, so der Referent weiter, entscheide das Landesamt für Denkmalpflege nichts, es berät lediglich. „Entscheiden tut der Landrat", so Petzet. Allerdings könne die Denkmalamt darauf drängen, „wir können veranlassen, daß die nächste Verwaltungsebene, die Regierung von Mittelfranken, entscheidet, wenn die untere Denkmalschutzbehörde, das Landratsamt, keine Entscheidung, entsprechend dem Vorschlag des Denkmalamtes (Streitfälle) trifft. Besonders Dr. Petzet die Bürgermeister, „die grundsätzlich pro Denkmal stimmen."

In der Bevölkerung, so der Redner weiter, habe sich in den letzten Jahren eine Entwicklung zugunsten des Denkmalschutzes gezeigt, sicher nicht zuletzt auch auf Grund der finanziellen Unterstützung durch das Amt. So seien die jährlichen Zuschüsse in Bayern auf derzeit 47 Millionen Mark im Jahr ausgeweitet worden, der Entschädigungsfonds, der hauptsächlich dann zum Tragen komme, wenn man die Erhaltung eines Denkmals dem Besitzer finanziell nicht zumuten kann, besitzt einen Etat von noch einmal rund 30 Millionen Mark.

Dazu gehört auch die Beziehung des Denkmals zu seiner Umgebung. Die Charta sagt dazu: „Das Denkmal ist untrennbar mit der Geschichte verbunden, von der es Zeugnis ablegt, sowie mit der Umgebung, in welcher es sich befindet". Die Nutzung eines Denkmals dürfe weder die Anordnung noch die Ausstattung der Bauwerke verändern. Die Wissenschaftlichkeit der Denkmalpflege sei heute eine akzeptierte Forderung, die auch wirtschaftlich sinnvoll erfüllt werden kann. Dies gelte für die Vorbereitung und die abschließende Dokumentation jeder Maßnahme.

Die Dörfer werden dank staatlicher Programme erneuert, ganze Altstadtquartiere „total saniert". Zur Instandhaltung gehören Maßnahmen wie die Säuberung von Nachstecken beschädigter Dachziegel — Dinge, wie sie der Eigentümer selbst durchführen kann,

Herlin-Altar in der St.-Jakobs-Kirche haben wir dieser Tage über eine Maßnahme im Rahmen eines solchen Vertrages berichtet. Auf diese Weise können kleine Anfangsschäden erkannt und ohne großen Aufwand behoben werden. Dies dient dem Kunstwerk und erspart langfristig enorme Summen für eine eventuell nach Jahren oder Jahrzehnten notwendige völlige Restaurierung.

Dieses Modell, so meint Dr. Petzet, ließe sich sinnvollerweise auch auf die allgemeine Baudenkmalpflege übertragen, wo auf bestimmte Fachgebiete spezialisierte Restauratoren bzw. Handwerker in Abstimmung mit den Denkmalämtern bestimmte Baudenkmäler betreuen könnten, wie ja auch der Kaminkehrer seine routinemäßigen Inspektionen mache.

Was die Instandsetzung betreffe, so müsse gelten: Jede Maßnahme ist nach gründlicher Prüfung wirklich auf das Notwendigste zu beschränken! Die Reparatur habe vor der Erneuerung Vorrang. Man sei es üblicherweise gewohnt neue Türen zu schreinern, einen neuen Dachstuhl zu zimmern oder gleich das ganze Dach neu zu decken. In der Denkmalpflege sei aber die Beschränkung auf das unbedingt Notwendige und damit zunächst einmal die tatsächlichen Schadensausmaß angepaßte Reparatur geboten — „daß die Mauer gesichert und ausgebessert werden soll, der an einigen Stellen abgefallene Verputz ergänzt, die Dachdeckung nachgesteckt, die schlecht schließenden Fenster, die altehrwürdige Tür ausgebessert werden soll erfordert oft ein gewaltiges Umdenken nicht nur bei den Planern und Handwerkern, sondern erst recht beim Eigentümer.

In unserer modernen Wegwerfgesellschaft, so meint Dr. Petzet, die gewissermaßen am Fließband nicht nur Gebrauchsgegenstände, sondern ganze Gebäude produziere, sei die in früheren Jahrhunderten schon aus wirtschaftlichen Gründen selbstverständliche Fähigkeit zur Reparatur und zum sparsamen Umgang mit dem Material vielfach unterentwickelt oder ganz abhandengekommen. „Daß der durch Reparatur instandgesetzte alte Bauernschrank seinen Zweck als Schrank gut erfüllt und gleichzeitig ein kostbares Original darstellt, während ein neuer Bauernschrank nach altem Vorbild einen vergleichsweise geringen Wert besitzt, wird heute wohl jeder einsehen". Es gelte in historischen Materialien und Techniken zu reparieren.

Die Bürgermeister und Gemeindevertreter waren dieses Mal im Gasthof Kämpfer in Schnaittach auf Einladung des Landrats zusammengekommen

Pegnitz-Zeitung (Lauf a.d. Pegnitz), 10. September 1987

Lokaltermin: Mitglieder der Dehio-Vereinigung informierten sich anläßlich ihrer Jahresversammlung über kunsthistorisch bedeutsame Gebäude in Göttingen. Foto: Hornig/x

Kunstgeschichte
Nicht nur für Wissenschaftler gedacht

Sie tragen alles Wissenswerte über Kunstdenkmäler in einem Handbuch zusammen: Die Mitarbeiter der Dehio-Vereinigung trafen sich in Göttingen zu ihrer Jahresversammlung.

Die kunsthistorische Bedeutung der Lokhalle wird in den nächsten Jahren eine Aufwertung erfahren. Das bedeutendste Handbuch dieses Forschungsbereiches, der „Dehio", wird ab der nächsten Ausgabe eine ausführliche Beschreibung des kommunalpolitisch umstrittenen Bauwerkes enthalten. Dies teilte der Vorsitzende der Dehio-Vereinigung, Professor Dr. Michael Petzet, während der Jahresversammlung dieser Institution in Göttingen mit.

Ziel der Dehio-Vereinigung ist die Neubearbeitung des Handbuches der Deutschen Kunstdenkmäler, das im Jahr 1900 vom Tag für Denkmalpflege begründet wurde. Fünf Jahre später erschien die erste Auflage, herausgegeben von dem bedeutenden Kunsthistoriker Georg Dehio (1850 bis 1932).

In ständigen Neubearbeitungen wird das Handbuch für das gesamte Gebiet der Bundesrepublik nach einheitlichen Grundsätzen und Richtlinien veröffentlicht. Zugleich ist es eines der wenigen wissenschaftlichen Projekte, die für das Gebiet der Bundesrepublik Deutschland und der Deutschen Demokratischen Republik gemeinsam durchgeführt werden. Mehrere Wissenschaftler aus der DDR waren daher auch zur Göttinger Tagung angereist.

„Wir wollen mit dem ‚Dehio' aber keinesfalls nur wissenschaftlich interessierte Menschen ansprechen", betonte Petzet. „Vielmehr kann das Handbuch auch bei der Planung einer Urlaubsreise von Interesse sein."

Die Herausgabe der einzelnen Bände ist heute eng verknüpft mit der Tätigkeit von Denkmalfachbehörden. So entsteht auch die Neubearbeitung des Bandes Bremen/Niedersachsen in enger Abstimmung mit dem Institut für Denkmalpflege des Niedersächsischen Landesverwaltungsamtes. Die Neubearbeitung war auch Anlaß dafür, die diesjährige Jahresversammlung in Göttingen abzuhalten. So besichtigten die Mitglieder der Dehio-Vereinigung am Donnerstag mehrere kunsthistorisch bedeutsame Gebäude in Göttingen. Zu den Höhepunkten zählte dabei ein Besuch in der Niedersächsischen Staats- und Universitätsbibliothek. Außerdem wurden baugeschichtlich wertvolle Häuser in der Roten Straße und in der Kurzen Geismarstraße sowohl von außen als auch von innen betrachtet.

„Für uns ist es immer wichtig zu überprüfen, inwieweit wir mit unseren Worten eine richtige Einschätzung und Beschreibung von Kunstdenkmälern vornehmen", erläuterte Landeskonservator Professor Dr. Hans-Herbert Möller aus Hannover, der zweiter Vorsitzender der Dehio-Vereinigung ist. So dienten die Arbeitssitzungen im Kunsthistorischen Seminar der Universität auch dazu, mit den Bearbeitern des Göttinger Manuskripts über Probleme und Schwierigkeiten bei der Gestaltung ihres Manuskriptes zu beraten.

Göttinger Tagblatt
19./20. September 1987

Das Wildbad als Bildungsstätte
Denkmalschützer rühmen die behutsame Sanierung

ROTHENBURG (Eigener Bericht) – Wo der bayerische Hofrat Friedrich von Hessing um die Jahrhundertwende feineren Herrschaften wieder zu Gesundheit verhalf, hat jetzt die Evangelische Kirche mehr die Bildung im Visier: Das berühmte Wildbad von Rothenburg ob der Tauber ist zu einer Tagungsstätte geworden. Daß mit der neuen Nutzung auch eine architektonische Einmaligkeit gerettet werden konnte, freut nicht nur die Denkmalpfleger. Kürzlich wurde der zweite Bauabschnitt der stilgerechten Renovierung fertiggestellt.

Schon die Lage dieser Kuranstalt ist bemerkenswert. Von der Altstadt von Rothenburg staffelt sich den ganzen Abhang hinunter bis ans Ufer der Tauber über rund 40 Meter Höhenunterschied eine Kette palazzoartiger Gebäude. Deren Baustil – eine Mischung von Neurenaissance und Jugendstil – macht die Kuranlagen auch für Kunsthistoriker und Denkmalpfleger interessant. Der Bau entstand zwischen 1898 und 1903.

Die Übernahme des Wildbads durch die Evangelische Landeskirche erweist sich als Glücksfall, denn dieser Bauherr verfuhr mit der alten Bausubstanz sehr pietätvoll und investierte viel Geld in die stilgetreue Restaurierung der ornamentenreichen Innenausstattung – von Jugendstil-Glasgemälden an den Fenstern bis zum bronzierten Treppengeländer mit Blumen und Arabesken. Die Zimmer des ehemaligen Sanatoriums wurden selbstverständlich modernisiert und mit WC und Dusche ausgestattet. „Alle neuen Teile haben wir bewußt modern gehalten", sagte der Chef der Tagungsstätte, Pfarrer Siegfried Hanselmann.

Das alte Mobiliar ist nämlich – bis auf einige Reststücke – nicht mehr vorhanden. Dafür waren die Zeiten und Nutzungen seit Hessings Tod im Jahre 1918 zu turbulent. Schon 1917 hatte Hessing sein Sanatorium der Genossenschaft deutscher Bühnenangehöriger als „Künstlerhaus" vermacht. 1925 wurde es Kassen-Erholungsheim, bei den Nazi Reichsmusikschule, im Krieg Lazarett, von 1951 bis 1977 Polizeischule.

Nach kurzfristiger Nutzung zur „Transzendentalen Meditation" kam die umfangreiche Anlage in ziemlich verlottertem Zustand an die Evangelische Landeskirche. „Es ist ein Idealfall, daß die neue Nutzung sich an der alten orientiert", stellte Generalkonservator Michael Petzet vom Landesamt für Denkmalpflege fest, als er die Restaurierungsarbeiten unlängst in Augenschein nahm. Sowohl die Patientenzimmer als auch die prächtigen Gesellschaftsräume und Speisesäle sind wieder bestimmungsgemäß in Gebrauch. Der ehemalige Rokokosaal im obersten Haus mit weitem Blick über das Taubertal dient zum Beispiel jetzt als Café für die Tagungsteilnehmer, nachdem die Wandtäfelungen, Stuckverzierungen und Deckengemälde (waren einfarbig überstrichen) wieder in neuem Glanz erstrahlen. Grundsätzlich wurde überall „nach Befund", also in der ursprünglichen Farbigkeit restauriert.

Das Wildbad geht als Einrichtung auf das Jahr 1356 zurück, als unterhalb des Rothenburger Spitals, wohl als Folge eines Erdbebens, eine Schwefelquelle entsprang. Diese versiegte Mitte letzten Jahrhunderts, und als Hessing das Wildbad 1894 erwarb, sprudelte kein heilkräftiges Wasser mehr. Hessing betrieb damals schon in Göggingen bei Augsburg eine florierende orthopädische Heilanstalt, in der sogar kaiserliche Hoheiten Genesung suchten. Die dortige Kuranstalt, von der noch das schöne Kurhaustheater in Glas- und Eisenarchitektur erhalten ist und auf seine Wiedererweckung wartet, war noch um vieles prächtiger.

Ohne Theater ging es aber auch im Wildbad an der Tauber nicht, meinte der kulturbeflissene Hofrat. Auf halber Höhe des Gebäudekomplexes befindet sich dort der Theatersaal, üppig stukkiert mit Säulen, Statuen und großen Bogenfenstern. „Einzigartig in Bayern", urteilte Petzet. Die Restaurierung des Theatersaals wurde vorerst noch zurückgestellt. Man will dort aber später Laientheater aufführen oder Konzerte veranstalten.

Zum Komplex gehören auch ein großer Park, Liegeterrassen, ein freistehender Arkaden-Wandelgang am Ufer der Tauber. Jenseits des Flusses stand früher der Gutsbetrieb, der das Sanatorium mit Naturprodukten versorgte. Von ihnen versprach sich Hessing im Verein mit guter Luft und Bädern Heilung für seine Patienten. „Das Sanatorium eignet sich für Blutarme, Operierte und Abgearbeitete", stand seinerzeit im Werbeprospekt: „Die niedrig gestellten Pensionssätze ermöglichen auch dem Mittelstand den Gebrauch der Kuren." Auch jetzt sind die Preise in der Tagungsstätte noch recht bescheiden. Man ist auf Monate im voraus ausgebucht. *Ursula Peters*

Süddeutsche Zeitung
4. November 1987

SELTEN GUT ERHALTEN – *von Gebrauchsspuren abgesehen – ist dieser opulente Theatersaal im Rothenburger Wildbad. Er entstand um die Jahrhundertwende zur Unterhaltung der Sanatoriumsgäste. Unser Bild stammt aus einem alten Photoalbum im Besitz des Landesamts für Denkmalpflege.*

ÜBER VIELE GELUNGENE, gelegentlich jedoch auch nicht zufriedenstellende Bemühungen berichten die bayerischen Denkmalpfleger in ihrem soeben vorgelegten Jahrbuch für 1984, dem 38. dieser Reihe. Von einem »leider etwas verspätet erscheinenden« Werk spricht auch Bayerns oberster Denkmalpfleger, Michael Petzet, in seinem Vorwort und nennt als Gründe Personal- und Geldmangel. Und außerdem: Was bedeuten für Archäologen und Historiker schon Zeitspannen von wenigen Jahren? In dem Buch informieren Experten über ihre Tätigkeit und über alles, was im Jahre 1984 in Bayern ausgegraben, vor Verfall und Abbruch gerettet (das Hauptproblem der Denkmalpfleger!) oder renoviert werden konnte. Die nach Regierungsbezirken geordnete Bilanz weist auch für das Untermaingebiet eine Fülle von denkmalpflegerischen Aktivitäten aus, die ihre mehr oder weniger ausführliche Darstellung finden. So in Alzenau, Amorbach, Burgsinn, Collenberg, Elsenfeld, Gemünden, Großheubach, Großostheim, Karlstadt, Klingenberg, Lohr, Marktheidenfeld, Miltenberg, Mömlingen, Niedernberg, Rechtenbach, Retzbach, Rothenfels, Strötzbach, Weilbach. Unser Bild führt an den Bodensee und zeigt die »Villa Leuchtenberg« in Lindau-Reutin. Im 19. Jahrhundert entstand dort eine bislang nahezu unerforschte Villenlandschaft, darunter auch das hier gezeigte, um 1850 für eine Tochter des Herzogs von Leuchtenberg im frühklassizistisch-neugotischen Stil erbaute Objekt. Das »Jahrbuch der Bayerischen Denkmalpflege für 1984« erschien im Deutschen Kunstverlag, München, hat 553 Seiten, ist reich illustriert und kostet 48,- Mark.   at

Grenzen der Denkmalpflege

Main-Echo (Obernburg)
17. Dezember 1987

Geschichte – vom Pflug bedroht

Landesamt schlägt archäologische Reservate vor

MÜNCHEN (SZ) – Die ständig wachsende Zahl erforderlicher Ausgrabungen bereitet dem Bayerischen Landesamt für Denkmalpflege zunehmend Probleme. So werden die für die archäologische Denkmalpflege jährlich zur Verfügung stehenden Mittel in Höhe von 17 Millionen Mark überwiegend für Ausgrabungen im Zusammenhang mit Tiefbaumaßnahmen verwendet. Für andere wichtige Aufgaben bleibe kein Geld mehr übrig, erklärte der Generalkonservator der Landesanstalt, Michael Petzet, vor der Presse. Denkmäler in landwirtschaftlich genutzten Gebieten seien besonders gefährdet. Die Anbaugebiete seien voll mit Fundstätten der Vor- und Frühgeschichte, die durch Pflug und Bodenerosion von der Zerstörung bedroht seien.

Um die Spuren von Jahrtausenden menschlicher Geschichte zu retten, hat sich das Landesamt dafür ausgesprochen, archäologische Reservate zu schaffen. Petzet schätzt, daß – auf Luftbildern zu erkennen – rund 100 000 archäologische Denkmäler unter der Erde verborgen liegen. In Zusammenarbeit mit dem Landwirtschaftsministerium und den Landwirtschaftsämtern soll jetzt geprüft werden, wie sie sich bewahren lassen. Da nicht alle Funde ausgegraben werden können, denkt Petzet zum Beispiel an die Umwandlung von Ackerflächen in Weideland, wobei die Landwirte für den Ertragsausfall entschädigt werden sollen.

Wesentlich erhöht hat der Landtag die allgemeinen Zuschußmittel des Landesamts. Seit 1986 stehen der Behörde jährlich 47 Millionen Mark zur Verfügung, mit denen denkmalpflegerische Maßnahmen von Kirchen, Kommunen und Privatpersonen unterstützt wurden. Im Doppelhaushalt 1987/88 wurden insgesamt 87 Millionen Mark bereitgestellt. Allein im vergangenen Jahr hat das Landesamt 4700 Zuschußanträge in einer Gesamthöhe von 69 Millionen Mark bewilligt; die Bau- und Renovierungskosten der Denkmäler betrugen rund eine halbe Milliarde Mark.

Durch die Zuschüsse der Denkmalpflege wird laut Petzet auch ein wirtschaftlicher Effekt erzielt, da die Mittel den kleineren und mittelständischen Handwerksbetrieben zugute kämen. Dies stelle auch eine wesentlich effektivere Wirtschaftsförderung dar als manche kurzfristigen Konjunkturprogramme. Neben den Mitteln des Landesamts stünden ferner jährlich 30 Millionen Mark aus dem von Staat und Kommunen gemeinsam finanzierten Entschädigungsfonds zur Verfügung.   ib

Süddeutsche Zeitung
5. Februar 1988

Augsburger Allgemeine, 5. Februar 1988

Abgase machen den Ajaden zu schaffen

Brunnenfiguren in bedenklichem Zustand — Denkmalpfleger empfehlen regelmäßige Wartung

(aba). Die Restaurierung der Bronzefiguren an den Augsburger Prachtbrunnen wird noch eine Weile auf sich warten lassen, obwohl im städtischen Haushalt dafür bereits vorab eine Million Mark eingeplant ist. Die chemisch-technischen Untersuchungen sind nämlich bei weitem noch nicht abgeschlossen. Inzwischen nehmen die Schäden an den wertvollen Kunstwerken zu, denn die Luftverschmutzung durch Autoabgase macht auch vor Denkmälern nicht halt. Eine der Najaden am Augustusbrunnen ist durch Korrosion, die die bronzene Oberfläche zerfrißt, bereits in bedenklichem Ausmaß geschädigt.

Einen sehr gefährlichen Zustand der Augsburger Brunnenfiguren bescheinigte gestern Generalkonservator Prof. Dr. Michael Petzet, der Chef des Bayerischen Landesamtes für Denkmalpflege, gegenüber der AZ. Durch den Abrieb der Autoreifen entstehen Schmutzkrusten auf dem Metall, der Lochfraß führt zu Auflösungserscheinungen der Bronze und zu Kraterbildungen. Die natürliche Patina kann sich durch die Umweltverschmutzung nicht mehr im früheren Maße bilden, und damit verlieren die Bronzefiguren ihren Schutz.

Allerdings sind die Schäden an den „bedeutendsten Bronzedenkmälern im süddeutschen Raum" (Petzet) bereits seit Jahren bekannt. Bis jetzt sind sich die Experten jedoch noch weitgehend im unklaren darüber, wie ihnen zu begegnen ist.

Das Landesamt hat mit Hilfe der Stiftung Volkswagenwerk vor zwei Jahren ein eigenes Forschungsprojekt zur Konservierung von Bronzeplastiken im Freien eingerichtet.

Zur Zeit befindet sich ein Wasserspeier vom Augustusbrunnen in einer der amtseigenen Werkstätten zur Untersuchung. Wann diese abgeschlossen sein wird, ist derzeit noch nicht abzusehen. Die Fachleute des Landesamtes experimentieren mit verschiedenen Verfahren, die die Oberfläche schützen sollen. Kunststoffmittel, wie zum Beispiel ein Acrylüberzug, hätten sich, so Petzet, als nicht sinnvoll erwiesen, da die Masse auf Dauer zu hart werde und dann nicht mehr zu entfernen sei.

Da die Experten eine bahnbrechende Entdeckung zur Konservierung der Denkmäler noch nicht gemacht haben, empfehlen sie neuerdings wieder simple althergebrachte Pflegemaßnahmen: Man sollte die Bronzefiguren regelmäßig waschen und ölen, sie also warten, wie man das mit Autos auch praktiziert, und nicht gleich zur Chemie greifen. Diesem Vorschlag steht jedoch Augsburgs Stadtbaurat Friedrich-Hermann Stab skeptisch gegenüber. Er hält es für sinnvoller, solange noch keine Untersuchungsergebnisse vorliegen, die Brunnen nach wie vor nur im Winter mit Holz abzudecken.

Die letzte Möglichkeit, wenn nicht rechtzeitig mit der Restaurierung begonnen wird, besteht nach übereinstimmender Auffassung von Stab und Petzet darin, die kostbaren Brunnenfiguren durch Kopien zu ersetzen und die Originale ins Museum zu schaffen. Wo sie dann allerdings stehen sollten, ob im Münchner Nationalmuseum oder im Augsburger Maximilianmuseum, darüber gibt es noch keine Entscheidung. Dieser Schritt wird jedoch von allen Beteiligten nur als Ultima ratio angesehen; zuvor sollten Maßnahmen zur Erhaltung dringend erprobt werden.

Ein erfreulicheres Kapitel als der Zustand der Brunnen ist laut Professor Petzet das gestiegene Interesse an privater Denkmalpflege und deren expandierende Entwicklung. So wurden in Augsburg im vergangenen Jahr rund zehneinhalb Millionen Mark in diesem Bereich von privater, staatlicher und kirchlicher Seite investiert. Das Landesamt gab in diesem Zeitraum 663 500 Mark an Zuschüssen allein nach Augsburg; über eine halbe Million davon an Bauherren zur Restaurierung denkmalgeschützter Häuser. Dazu konnten die kunstsinnigen Hausbesitzer noch Geld aus dem bayerischen Entschädigungsfonds und Mittel der Städtebauförderung beantragen. Denkmalpflege ist damit ein beachtlicher Wirtschaftsfaktor geworden, von dem vor allem mittelständische Betriebe — vom Dachdecker bis zum Kirchenmaler — profitieren, so Petzet.

Auch der Singold auf dem Rand des Augustusbrunnens geht die Luftverschmutzung „an die Haut". Schmutzkrusten und Korrosionskrater sind auf unserem Bild deutlich zu sehen.
AZ-Bild: Fred Schöllhorn

Damit ein Baujuwel nicht verrottet

Die Stuck-Villa soll saniert werden

Landesamt für Denkmalpflege unterstützt den Jugendstilverein

Bis auf abgewetzte Stuhl- und Sofabezüge ist auf den ersten Blick nichts Alarmierendes zu entdecken, wenn man die ehemalige Wohnräume Franz von Stucks in seiner Villa am Friedensengel betritt – das Empfangszimmer und den Musiksalon, in dem die Fußböden bis zur Tapetenumdecke, von den Wandbildern – vom Tänzerinnen, von den Reliefs bis zum Mobiliar alle Details zu einem Raumkunstwerk komponiert sind. Da muß schon ein Fachmann auf Sprünge und abgeplatzte Stellen im Wanddekor, auf die abgeblätterten Stellen einer verspiegelten Jalousie hinweisen.

Doch der Schein trügt offenbar. Als erste Konsequenz der Untersuchungen, die das Landesamt für Denkmalpflege seit einiger Zeit über den Zustand und Schäden unternimmt, verwies Generalkonservator Michael Petzet jetzt bei einer Pressekonferenz auf die Dringlichkeit einer grundlegenden Restaurierung. Denn seit den Kriegsschäden durch Brandbomben sei hier im Grunde immer nur provisorisch repariert worden. Auch bei Installationsarbeiten haben man beispielsweise Eingriffe in die Wandgestaltung nur simpel übermalt oder kaschiert. Schwer gelitten habe das Ensemble durch ausgedehnte gastronomische Nutzung. „Jeder, der die Räume für abendliche Festivitäten mieten wollte, konnte das tun. Und so wurde fast Abend für Abend gefeiert, ohne Rücksicht auf die Empfindlichkeit der Wandbilder oder das originale Mobiliar."

Das Engagement seines Amtes begründete Petzet mit dem hohen Rang der Villa. Es sei dies nicht nur die einzige der berühmten Münchner Künstlerresidenzen, in der sich wesentliche Teile der Einrichtung erhalten haben, es sei auch die künstlerisch bedeutendste. „Stuck hat hier als Architekt, Maler, Bildhauer und Designer wohl sein gewichtigstes Werk überhaupt geschaffen." Das Landesamt will deshalb nicht nur bei der Dokumentation des Bauzustands und mit der Arbeit seiner Werkstätten (für die Restaurierung von Möbeln, Stoffbezügen oder auch dem plastischen Reliefschmuck der Fassade) helfend mitwirken, sondern auch mit beträchtlichen finanziellen Mitteln.

Zuversichtlich, daß man noch heuer, im Jubiläumsjahr des 125. Geburtstags von Stuck, mit den Arbeiten beginnen könne, zeigte sich auch Helmut Dotterweich, Vorstandsvorsprecher des Stuck-Jugendstilvereins, dem die Villa gehört. Er versicherte, daß der Verein an einer sorgfältigen Renovierung nach konservatorischen Grundsätzen sehr interessiert sei. Man werde das auch – unter Mithilfe der Stadt und des Landesamtes – wohl finanziell verkraften können. Bei dieser Gelegenheit wies er auf eine gegluckte Sanierung des Jugendstil-Vereins hin, der noch vor wenigen Jahren unter einer schweren Schuldenlast gelitten hatte. Inzwischen habe das Ausstellungsunternehmen ein „ergebnisorientiertes Management" erhalten. Durch einen kürzlich abgeschlossenen Nutzungsvertrag mit der Stadt, der das angrenzende Ateliergebäude gehört, sei die Ausstellungstätigkeit langfristig gesichert, und auch die konservatorischen Bedingungen – vom Alarmsystem bis zum Wächterdienst – seien so weit verbessert, daß es keine Probleme mehr mit besorgten Leihgebern gebe. Da das Haus, nicht zuletzt dank der Hilfe von Sponsoren, in dieser Hinsicht in Ordnung sei, könne man hoffen, daß es auch als Kunstwerk wieder in Ordnung komme. Die Restaurierungsarbeiten könnten so alle Fälle etappenweise so organisiert werden, daß die Villa geöffnet bleiben könne.

Heinrich Beyer

Ein Hauptwerk deutscher Kunst der Jahrhundertwende: Der Musiksalon der Villa, in dem Stilwille und Vorstellungswelt Franz von Stucks am vollkommensten ausgedrückt sind. Bei genauem Hinsehen zeigen sich Risse und wellenförmige Verformungen in den Wänden.
Photo: Landesamt für Denkmalpflege

Süddeutsche Zeitung
3. März 1988

In alte Pfarrhöfe ziehen junge Familien ein

Viele „Denkmäler" in Kirchenbesitz haben nur durch weltliche Nutzung eine Zukunftschance

AUGSBURG. Das Zukunftsmodell zur Erhaltung historischer Pfarrhöfe wird vermutlich einen recht profanen Charakter haben: Im Untergeschoß sollen Gemeinschaftsräume bereitstehen (etwa für Jugendliche oder den Pfarrgemeinderat), das Obergeschoß kann als normale Wohnung vermietet werden. Eine „tragfähige Lösung" wäre das, wie Landeskonservator Prof. Michael Petzet auf einer Rundreise zur Besichtigung alter Pfarrhöfe sagte. Denn schwieriger als die Frage der Restaurierung hat sich bis vor kurzem immer noch die Frage ihrer Nutzung in Zeiten des Priestermangels erwiesen. Zwar gebe es eine Reihe von Interessenten, die ein solches Gebäude kaufen und auf eigene Kosten sanieren würden, doch ist die Kirche dazu nur selten bereit. Sie will nach Auskunft des bischöflichen Kämmerers Dr. Helmut Weber das „geistliche Ensemble" aus Kirche, Friedhof und Pfarrhaus nicht zerstören.

In Obermauerbach (Kreis Aichach-Friedberg) ist beides gelungen: Sanierung und Nutzung nach heutigen Gegebenheiten. Das Gebäude, um 1870 im Stil einer italienischen Villa erbaut, präsentiert sich eher als kultivierter Landsitz denn als kirchlicher Zweckbau. Im Erdgeschoß wurden zwei Räume zu einem Pfarrsaal verbunden. An den Wänden wurde die verspielte Schablonenmalerei rekonstruiert. Im Obergeschoß wohnt seit einem Jahr eine junge Familie. Ihr Wohnzimmer zeigt den wiederhergestellten Originalzustand des pfarrherrlichen Prunkzimmers: Wände in kräftigem Blau, zarte Deckenverzierung und einen bemalten Dielenboden.

Alterssitz für Geistlichen

Eine andere Lösung hat sich für das Pfarrhaus von Zöschingen (Kreis Dillingen) ergeben: Die Gemeinde hofft, daß hier bald ein Geistlicher im Ruhestand einziehen wird. Zehn Jahre stand das aus dem 17. Jahrhundert stammende Gebäude leer und geriet so in einen Zustand, den Sachverständige als hoffnungslos einschätzten. Dank Sondermitteln der Denkmalpflege hat das klassizistisch sanierte Haus sein Erscheinungsbild zurückgewonnen.

So positiv sieht es nicht überall aus: Das Pfarrhaus von Altenbaindt (Kreis Dillingen) und der stattliche Pfarrhof von Hochdorf (Kreis Aichach-Friedberg) sind so stark vom Verfall gezeichnet, daß bei der Sanierung dramatische Kostenentwicklungen zu erwarten sind. In Altenbaindt sollen Mittel aus der Dorferneuerung die geschätzte Kostenlast von mindestens 500 000 Mark senken. Auch ist das Gebäude in das Pfarrhof-Notprogramm des Landkreises aufgenommen.

Für den Pfarrhof von Hochdorf ist die Finanzierung noch nicht gesichert. Fast zwei Millionen Mark wird es kosten, das seit über 30 Jahren leerstehende Gebäude – ein wertvolles barockes Baudenkmal, wie die Denkmalschützer bestätigen – inmitten eines prachtvollen Ensembles (Pfarrstadel und parkähnliche Anlage) wiederherzustellen. Dem Kirchenpfleger, der mit seinen Bemühungen um den Erhalt des Gebäudes im Dorf einen schweren Stand hat, und dem Landkreisvertretung sprach Professor Petzet, tatkräftige Unterstützung. Doch selbst wenn Mittel aus dem Entschädigungsfonds bereitstünden, wäre damit erst der weitere Verfall aufgehalten. Für die eigentliche Restaurierung müsse zu einem Großteil die Diözese aufkommen, wobei, so Petzet, das für Denkmalpflege ausgegebene Geld auch dem heimischen Handwerk zugute komme.

Angela Bachmair

Der Pfarrhof in Hochdorf war nach dem Krieg von Flüchtlingen bewohnt und steht seitdem leer. Bild: Privat

Augsburger Allgemeine
1. März 1988

Münchner Merkur, 3. März 1988

„Da muß man mit Liebe rangehen"
Große Bauschäden: Die Villa Stuck wird für über eine Million Mark restauriert

Mosaik zerbröckelt, Wände haben Risse, kostbarer Fußboden ist abgewetzt: Die Villa Stuck ist restaurierungsbedürftig. Der Stuck-Jugendstil-Verein, Eigentümer der 1897/98 erbauten Künstlerresidenz, will das Gebäude nun restaurieren lassen. Das Millionenprojekt, das vom Bayrischen Landesamt für Denkmalpflege betreut wird, soll noch in diesem Jahr in Angriff genommen werden.

Das vom „Künstlerfürsten" Franz Stuck entworfene und ausgestattete Gebäude gilt als eine Art Gesamtkunstwerk, die Innenräume als seltenes Beispiel Münchner Raumkunst um die Jahrhundertwende. Im zweiten Weltkrieg wurde die Villa des 1928 verstorbenen Malers nur leicht beschädigt und beherbergte nach Kriegsende die Musikhochschule. 1968 richtete der Stuck-Jugendstil-Verein dann das Museum ein.

Nicht nur Tausende von Besuchern haben seitdem ihre Spuren hinterlassen. Schäden am Gebäude wurden meist nur provisorisch oder unsachgerecht repariert, im Garten verwittern die Skulpturen.

Voraussetzung für die mindestens eineinhalb Millionen Mark teuren Baumaßnahmen war eine ausgeglichene Finanzlage des 230 Mitglieder zählenden Vereins. „Wir haben unsere Schulden abgetragen und ein ergebnisorientiertes Management geschaffen", so Helmut Dotterweich, Vorsitzender des Vereins. Erst diese Woche wurde eine Computeranlage angeschafft und die Unternehmensberatung McKinsey analysiert, wo Verbesserungen in der Leitung des Hauses vorgenommen werden könnten. „Wärterdienst, Alarmanlagen und ein adäquates Depot sind schließlich auch Voraussetzung für das Vertrauen von Leihgebern."

Das angegliederte Atelier, für das der Verein einen Nutzungsvertrag von der Stadt München bekommen hat, soll mit gewährleisten, daß auch während der Renovierungsarbeiten der Ausstellungsbetrieb weitergehen kann. Das Bürgerinteresse ist für das Museum schließlich ein vorrangiger Aspekt: Am Tag der offenen Tür erschienen kürzlich mehr als 4000 Besucher.

Der Entschluß zur Restaurierung der Villa, kommt rechtzeitig zum 125. Geburtstag des Münchner Künstlers. Ein Projekt, „an das man mit Liebe rangehen muß, weil die Stuck-Villa etwas Einzigartiges ist", wie Konservator Michael Petzet schwärmt. Der Vorstand der Architekturabteilung der Technischen Hochschule München erkannte den kulturhistorischen Wert noch in Stucks Todesjahr, als er dem Künstler den Titel des „Dr.-Ing." ehrenhalber verlieh. „Das Haus", so die Begründung, „hat geradezu zielweisend auf die Entwicklung des modernen Kunstgewerbes gewirkt. Stuck ist ein Künstler von Weltruf."

Stephan C. Bachenheimer

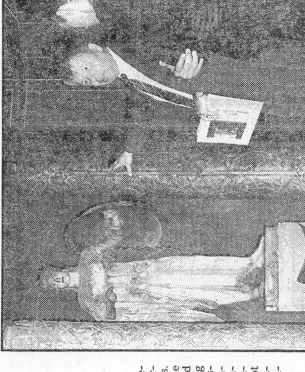

Generalkonservator Michael Petzet in der Stuck-Villa: „Dieser Bau ist etwas Einzigartiges."

Nürnberger Nachrichten
8. April 1988

Regelmäßige Inspektion von Denkmälern
„Wartung spart Geld"
Generalkonservator stellt neues Modell vor

MÜNCHEN — Wartungsverträge für Denkmäler könnten nach Ansicht des bayerischen Generalkonservators Professor Michael Petzet künftig größere Restaurationsmaßnahmen überflüssig werden lassen. Mit diesem zukunftsweisenden Modell überraschte er Architekten und Denkmalschützer in München.

Die Vorteile solcher Wartungsverträge für Spezialisten für Baudenkmale liegen nach Ansicht des Generalkonservators auf der Hand: Gefahren durch unterlassene Instandsetzung könnten beispielsweise rechtzeitig erkannt, kleine Schäden kontinuierlich und ohne besonderen Aufwand vom Fachmann behoben werden.

„Dieser Idealfall der Instandhaltung ist nichts anderes als die übliche Pflege, die fast jeder seinem Auto, seiner Waschmaschine oder Heizung angedeihen läßt", meinte Petzet. So könnte er sich spezialisierte Handwerker vorstellen, die in Abstimmung mit den Denkmalämtern Ensembles betreuen, „wie auch der Kaminkehrer seine routinemäßige Inspektion macht".

Der Generalkonservator wandte sich vor den Architekten und Denkmalpflegern vehement gegen eine „gezielte Verwahrlosung, mit der gelegentlich ganz bewußt die Voraussetzung für die Abbruchgenehmigung geschaffen werden soll".

Die Kulturstiftung der Bayerischen Hypotheken- und Wechsel-Bank hat ihren mit 60 000 Mark dotierten Denkmalpreis 1988 für die Rettung von Denkmälern aus privater Initiative nach Oberbayern, Unterfranken und Oberfranken vergeben. Der Denkmalpreis wird seit 1986 jährlich verliehen und richtet sich an private Eigentümer, die aus eigenem Engagement und unter erheblichen persönlichen Opfern zur Rettung von Denkmälern beigetragen haben.

Fränkisches Volksblatt (Würzburg), 12. April 1988

Initiativkreis: „Prestigeprojekt sofort aufgeben"

Landesamt sagt ein klares „Nein" zum Burgaufzug

Mit unmißverständlicher Deutlichkeit hat jetzt das Landesamt für Denkmalspflege das – ohnehin hart umstrittene – Projekt eines sogenannten Festungsaufzugs abgelehnt. Dies geht aus einem ausführlichen Schreiben von Generalkonservator Prof. Dr. Michael Petzet an das Staatsministerium für Wissenschaft und Kunst, die Bayerische Schlösserverwaltung, die Regierung von Unterfranken, an das Landbauamt Würzburg sowie an die Stadt Würzburg hervor. Der Initiativkreis zur Erhaltung historischer Denkmäler, vertreten durch seinen Vorsitzenden Willi Dürrnagel, hat aus dieser harschen Stellungnahme der obersten staatlichen Denkmalschützer seinerseits postwendend Konsequenzen gezogen: unter Hinweis auf das „eindeutige Nein" des Landesamtes bat Dürrnagel nun Wirtschaftsminister Anton Jaumann sowie die Würzburger Abgeordneten, ihr ursprüngliches Versprechen „wahrzumachen und ihre Zustimmung zu dem Projekt zurückzuziehen". Der Minister und die Abgeordneten hätten noch vor wenigen Wochen erklärt, sie könnten nicht zustimmen und damit auch keine Zuschüsse „locker" machen, wenn es aus denkmalschützerischer Sicht Bedenken gegen das Aufzugsprojekt gäbe.

Zur Erinnerung: der unterirdische Schrägseilaufzug soll – so zumindest die optimistische städtische Berechnung – 7,75 Mio. DM kosten. Minister Jaumann hatte einen 50prozentigen Investitionszuschuß zugesagt. Weiterhin forderte der Initiativkreis die Stadt Würzburg auf, das „unsinnige Prestigeobjekt sofort aufzugeben und auch die Verkaufsverhandlungen für das Spitäle-Grundstück unter der Vorgabe Festungsaufzug sofort abzubrechen...". Seine klare Ablehnung faßt Generalkonservator Prof. Dr. Michael Petzet in vier Punkten zusammen: 1. Für die talseitige Schildmauer der Festungsbastion „St. Georg" müßten so lange eventuelle Folgeschäden geltend gemacht werden, „bis durch glaubhaft nachgewiesene ingenieur-geologische Untersuchungen diese Befürchtungen ausgeräumt werden". 2. „Stärkste Bedenken" in puncto Folgeschäden müßten auch für die nördliche Schildmauer der Bastion „St. Johann und Nepomuk" vorgetragen werden, da die geplante Trasse des Schrägseilaufzugs diesen Teil der Bastion bei nur geringer Überdeckung unterfahren soll. 3. Die Anordnung der Bergstation im Unteren Husarenkeller sei aus denkmalpflegerischer Sicht „äußerst bedauerlich und widerspricht in ihrer jetzigen Konzeption konservatorischen Prinzipien". Denn hierbei handele es sich um „überwiegend ungestörte, ursprünglich erhaltene Substanz des 17. Jahrhunderts, die ... durch die Einmündung des Fahrstollens unwiderbringlich zerstört würde". 4. Ebenso „massive Bedenken" müßten aus der Sicht des Landesamtes gegen eine weitere Anbindung der geplanten Bergstation an die Innere Festung erhoben werden. Prof. Petzet: „Bei einer Nutzung des östlichen Wehrturmes als Fahrstuhlschacht wäre eine Erhaltung in denkmalpflegerisch vertretbarer Weise nicht mehr zu gewährleisten." Wir meinen: selten wurde eine kommunalpolitische „Schnapsidee" (wie der Burgaufzug) so nüchtern ad absurdum geführt.

Klaus M. Hövnck

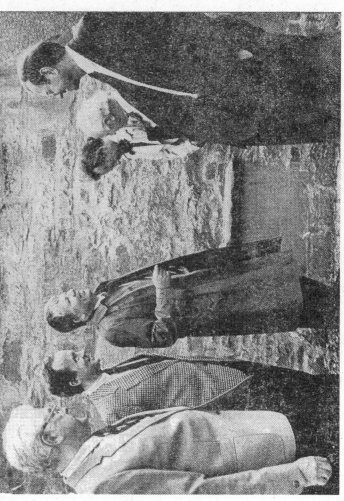

Einen Rundgang durch die Innenstadt unternahm Professor Michael Petzet (dritter von links) sowie Vertreter der Stadt und des Arbeitskreises Innenstadt. Von links: Ludwig Bossle, Heinz-Günther Mömken, Vorsitzender des Arbeitskreises Altstadtsanierung, Baureferent Hartmut Roggatz, Dr. Adolf Pahl und German Cramer, Vorsitzender des Arbeitskreises Innenstadt.
Foto: Renate Wiener

Schweinfurter Tagblatt, 23. April 1988

Perfektes Restaurieren verwischt Informationen

Professor Michael Petzet sprach zum Thema Denkmalpflege

Zum Thema „aktuelle Fragen der Denkmalpflege in Bayern" sprach in der Rathausdiele Professor Michael Petzet aus München. Petzet, Präsident des Bayerischen Landesamtes für Denkmalpflege, kam auf Einladung des Arbeitskreises Innenstadt nach Schweinfurt. Der Veranstaltung ging ein Rundgang durch die Schweinfurter Innenstadt voraus, an dem neben Oberbürgermeister Kurt Petzold auch German Cramer, Vorsitzender des Arbeitskreises Innenstadt, teilnahm.

Beeindruckt zeigte sich der Gast vor allem von der Bausubstanz des „Ebracher Hofs" im Stadtteil Zürich und des Schrottturms, „Wahrzeichens", des Schweinfurt. Beide Gebäude sollen in den nächsten Jahren renoviert und „wieder der Allgemeinheit" zugeführt werden, erklärte Petzold. Als „gelungen" bezeichnete Petzet die Sanierung der Schweinfurter Altstadt.

In seiner Begrüßungsrede ging Cramer auf die Probleme und die Historie der alten Reichsstadt Schweinfurt ein. Zahlreiche Baudenkmäler seien heute noch Zeugen einer reichen Geschichte, meinte Cramer. Er hob hervor, daß der Denkmalpflege in der heutigen Zeit eine große Bedeutung zukomme, in der nicht selten Interessenkollisionen zwischen Bauherren und der Denkmalpflege entstünden.

Die Denkmalpflege existiert in Bayern bereits seit 1835 und hat eine lange Tradition. Ziel der Denkmalpflege, zu der u. a. die Bereiche Bodenpflege und archäologische Denkmalpflege zählten, sei es, einerseits „die Bodendenkmäler zu erhalten", andererseits „unnötige Ausgrabungen zu vermeiden", meinte Petzet. Bayernweit finden heute pro Jahr etwa 250 Grabungen statt.

Viel Arbeit mache sich die Denkmalpflege in Bayern mit der Inventarisation, meinte der Redner. So seien nicht nur 110000 Baudenkmäler in einer offenen Denkmalliste registriert, sondern darüber hinaus auch 400000 (!) Luftaufnahmen im Archiv festgehalten.

Probleme bereiten der Denkmalpflege die Aufnahme von Gebäuden in die Liste, die zeitliche Grenzwerte darstellten. Es sei schwierig, die Frage zu beantworten, ob die Alabama-Halle in München oder das ehemalige Kaufhaus Kretzschmar in Schweinfurt Denkmäler sind, erläuterte den Verantwortlichen allerdings auch die zunehmende Umweltbelastung. Größter Feind der Denkmäler sei hier der Steinfraß. Mit einem Blick in die Zukunft wäre es nach seinen Vorstellungen geradezu ideal, „archäologische Reservate", ähnlich den Landschaftschutzgebieten, zu schaffen.

Was die Restauration betrifft, so sollte man sich zukünftig noch mehr auf das Notwendige beschränken. Reparieren, so Petzet, sei oftmals sinnvoller als perfektes Restaurieren. Durch einen solchen Perfektionismus würden letztlich Perfektionismus über die handwerkskunst vergangener Jahrhunderte verlorengehen.

In puncto Altstadtsanierung in Schweinfurt sagte er der Stadt finanzielle Hilfe zu.

kj

Alte Höfe im Kreis Mühldorf werden „aufgeputzt"

Landesamt für Denkmalpflege will seltene Zierputz-Architektur erhalten – Manche Bauern legen bei Renovierung selbst Hand an

Neu-Alföttinger Anzeiger
10. Mai 1988

Von *Mariele Vogl-Reichenspurner*

Schönberg. Wegen seiner großartigen Zierputzornamentik ist er ein Baudenkmal, das die Kulturlandschaft prägt: der idyllisch gelegene Vierseithof in Osenhub, der einst zum Schloß Schönberg gehörte. „Woana hätt' i kenna" beschreibe die Schwaiger-Bäuerin das Gefühl, das sie damals – vor nunmehr 15 Jahren – hatte, als sie aus dem alten in den neuerbauten Hof daneben umzog. Jetzt aber schlägt dem alten Gebäude die große Stunde. Es wird renoviert.

„Vielleicht für eines unserer Kinder oder als Austragshaus für uns", freut sich die Bäuerin. Kein Wunder: Der alte Vierseithof am südwärts geneigten Hang vor dem Waldsaum liegt nicht nur sehr idyllisch, sondern ist baulich eine Sehenswürdigkeit. Er hebt sich durch seine außergewöhnlich schöne Zierputzarchitektur von seinesgleichen ab. Am Haupthaus entlang zieht sich ein breites Gurtband in Form eines Zierputzbogenfrieses. Auffallend ist der Diagonal-Ziehputz mit genoppten Strichzügen. Michael und Maria Thaler, die den Hof laut einer Tafel am Nordgiebel im Jahr 1885 erbaut haben, wollten auf diese Weise die Fassade ihres Anwesens verschönern.

Der Generalkonservator des Landesamts für Denkmalpflege, Dr. Michael Petzet, sowie der für Oberbayern zuständige Gebietsreferent des Landesamtes, Dr. Paul Werner, sprachen insbesondere mit Blick auf den Ostrakt des Hofes von einer der großartigsten Schöpfungen der Zierputz-Ornamentik". Mit ihnen hofft auch der Mühldorfer Kreisbaumeister Ernst Aicher, daß der teilweise doch stark beschädigte Zierputz des Anwesens bald fachgemäß restauriert wird. „Die Aussichten sind gut", hieß es bei einer Bereisung des Landesamtes, die jetzt wegen dieser seltenen Zierputzarchitektur in den Landkreis Mühldorf führte.

Insbesondere Dr. Paul Werner, von dem zahlreiche Veröffentlichungen über alte Bundwerkstadel in Bayern, Österreich und

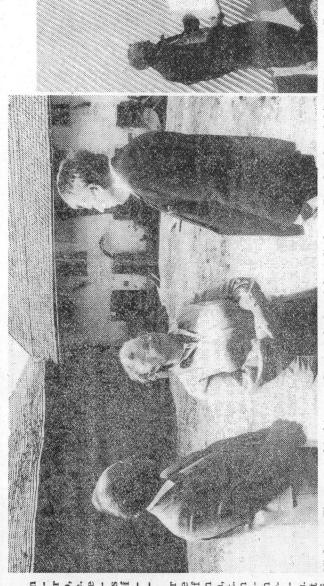

Nicht nur Zierputzarchitektur, sondern auch ein reich gegliederter Bundwerkstadel (im Hintergrund) machen den Hof in Gehertsham zum Baudenkmal. Die Schwaiger-Bäuerin (Mitte), hier im Gespräch mit Generalkonservator Dr. Michael Petzet und Gebietsreferent Dr. Paul Werner (links), freut sich auf die Renovierung des Anwesens. Eine Reihe von Versuchen machten der Mühldorfer Kreisheimatpfleger Ernst Aicher (rechts) und der Schönberger Architekt Georg Maierhofer, bis sie die alte Zierputztechnik beherrschten.

Südtirol erschienen sind, zeigten sich auch von dem südseitigen Bundwerkstadel sehr angetan. Dieser Stadel fällt durch einen reich gestalteten Gitterbund mit dekorativ ausgeformten Einblattungen auf.

Hinsichtlich der Restaurierung von solchen Zierputzhöfen konnte Kreisbaumeister Ernst Aicher auf ein sehr gelungenes Beispiel in der Nähe verweisen: In Gehertsham, ebenfalls in der Gemeinde Schönberg, „legte" der Landwirt Jakob Zeiler selbst „Hand an". Er sparte dadurch nicht nur eine Menge Kosten und erhielt dennoch die gesamte Maßnahme bezuschußt, sondern konnte auch selbst gestalterisch tätig werden.

Denn: Die Wiederherstellung der alten Zierputzornamentik ist gar nicht so einfach. „Da waren einige Versuche notwendig", erzählt Kreisbaumeister Ernst Aicher. Zusammen mit dem Schönburger Architekten und Heimatliebhaber Georg Maierhofer erprobte der Mühldorfer Kreisheimatpfleger die originalgetreue Ergänzung zerstörter oder irreparabler Zierputzpartien.

Das „Sorgenkind" von Heimatpflegern und Denkmalschützern im Landkreis Mühldorf steht in Wolfhaming, Gemeinde Oberbergkirchen. Der dortige Hausmüller-Hof gilt als einzigartiges Denkmal neugotischer Ornamentik; für die Renovierung ist es allerdings „fünf vor zwölf". An den bis unters Dach reich geschmückten Wohn- und Wirtschaftsgebäude nagt mit aller Deutlichkeit der Zahn der Zeit. „Jammerschade und unwiderbringlich, wenn da nicht bald etwas geschieht", erklären die Denkmalschützer. Ob reich geschmückte Pfettenköpfe, ob Schnitzereien unter dem Dachvorsprung, ob Laubsägearbeiten mit phantasievollen Motiven an den Traufbrettern: Das alles ist dem Verfall preisgegeben, wenn der Besitzer uneinsichtig bleibt.

Im Gespräch mit den zuschußwilligen Ämtern äußerte er die Befürchtung, die Sanierung finanziell nicht durchzustehen. Einen gewährten Zuschuß von 90 000 DM gab er dem Landesamt für Denkmalpflege wieder zurück. Doch die Denkmalschützer geben die Hoffnung nicht auf ...

Restaurierungsprobleme von Bauernhäusern

Vom Saudutten-Putz und neugotischen Schnitzereien

Im Kreis Mühldorf versucht die Denkmalpflege historische Vierseithöfe originalgetreu zu erhalten

Süddeutsche Zeitung 16. Mai 1988

MÜHLDORF (Eigener Bericht) – An Aufgaben mangelt es den Hütern historischer Bauwerke im Landkreis Mühldorf nicht. 1700 Denkmäler setzte das Bayerische Landesamt für Denkmalpflege bei einer ersten offiziellen „Inventarisierung" der erhaltenswerten Bauten 1974 dort auf die Liste. Etwa 500 davon sind bäuerliche Anwesen, der Rest Schlösser, Kirchen oder historische Bürgerhäuser. „200 dieser Bauernhöfe sind langfristig nicht mehr zu retten, für die restlichen besteht noch Hoffnung", meint Ernst Aicher, der zuständige Kreisheimatpfleger.

Vierseithöfe mit neugotischen Zierputzfassaden sind die Schmuckstücke historischer bäuerlicher Wohnkultur in diesem Landkreis, an deren Sanierung das Herz der Denkmalschützer besonders hängt. Die in der Mitte des 19. Jahrhunderts erbauten Bauwerke mit ihrer viereckigen Anordnung der Wirtschaftsgebäude, und der Ausrichtung des Wohnhauses nach Norden sind eine lokale Besonderheit, die man der Nachwelt erhalten will. Ab 1989 ist dafür ein auf drei Jahre angelegtes Sonderprogramm des Landesamtes in Höhe von 100 000 Mark geplant. Je nach Größenordnung der Bauwerke reicht das für die Restaurierung von bis zu vier Objekten.

Geld sei nicht das Hauptproblem des Denkmalschutzes im Landkreis, sagt Aicher, sondern das oft fehlende Verständnis für die Notwendigkeit der Erhaltung historischer Bauten. Wenn ein Hausbesitzer nicht freiwillig zur Sanierung bereit sei, hätten Zwangsmaßnahmen wenig Sinn. „Ein Hund, den man zum Jagen tragen muß, taugt zum Jagen nix", macht Aicher die Sachlage an einem Sprichwort deutlich.

Oft ist es die Angst vor den Kosten, die die Hausbesitzer vor Restaurierungsmaßnahmen zurückschrecken läßt, obwohl die Denkmalpflege Zuschüsse gewährt. Weitere 10 Prozent der Sanierungskosten übernimmt meist auf einen entsprechenden Antrag der Bezirk Oberbayern, etwa fünf Prozent schießt der Landkreis zu.

Viel Aufklärungsarbeit und vor allem Einfühlungsvermögen seien nötig, meint Paul Werner, Architektur-Referent des Landesamtes für den Bezirk Oberbayern-Ost, um manchen Bauern begreiflich zu machen, daß die Annahme von öffentlichen Geldern keine langfristigen Vertreibung vom eigenen Hof bedeutet. „Manch einer meint, wenn er das Geld vom Staat nimmt, verkauft er damit seinen Besitz", schildert Werner.

Den Bauern verprellt

Wie schnell eine mühsam aufgebaute Vertrauensbasis zerstört werden kann, zeigt das Beispiel des Bauern Dionys Kirschner vom Weiler Wolfharning in der Gemeinde Oberbergkirchen. Dessen über 100 Jahre alter Vierseithof weist in seinem Gefüge keine nennenswerten Schäden auf, aber die reichhaltige künstlerische Ausgestaltung der Fassaden, besonders das filigrane Schnitzwerk, die Stukkaturen und die Malereien sind in ihrem Bestand gefährdet. Zur Restaurierung war dem Bauern deshalb vom Denkmalamt ein erster Zuschuß von 90 000 Mark zu den geschätzten Kosten in Höhe von gut 300 000 Mark bewilligt worden. Als dieser daraufhin beim Mühldorfer Landrat nach zusätzlichen Geldern des Landkreises fragte, erhielt er den Rat, doch durch den Verkauf eines kleineren Gebäudes selbst zur Finanzierung beizutragen. Dies und das Auftauchen eines Interessenten, der den angeblich zum Verkauf stehenden Hof begutachten wollte, verprellten den Bauern völlig. Er lehnte die 90 000 Mark ab und wollte von einer Renovierung nichts mehr wissen. „Jetzt müssen wir wieder ganz von vorn anfangen", seufzt Aicher.

Doch er kann auch Erfolge vorweisen. In Gehertsham (Gemeinde Schönberg) gelang dem beauftragten Architekten Georg Maierhofer die Wiederherstellung der gesamten Zierputzarchitektur des Bauernhofes, obwohl einzelne Partien gänzlich zerstört waren. Nach mehreren vergeblichen Versuchen entwickelte Maierhofer eine Arbeitstechnik, mit der er den „Saudutten-Putz" – noppenförmige Verzierungen im Putz der Außenwände – originalgetreu abbilden konnte. Mit einer Schablone zeichnete er Vertiefungen für die Noppen an die Mauer, dann wurden „die Batzl neindruckt", erzählte Maierhofer.

Nicht immer jedoch ist wie in diesem Fall die Einsicht gegeben, daß es sich auch in einem alten Haus gut wohnen läßt. Kreisheimatpfleger Aicher setzt deshalb in seiner Überzeugungsarbeit auf die Vorbildwirkung bereits durchgeführter Restaurierungen. So führt er Unentschlossene gerne durch das historische Bürgerhaus am Marktplatz 27 in Kraiburg, das vom jetzigen Eigentümer mit großem Engagement und in mühevoller Eigenarbeit instand gesetzt wurde. Hier sei eine Sanierung überzeugend gelungen, lobt Aicher, die außerordentliches handwerkliches und künstlerisches Geschick beweise.

Doch nicht nur die Erhaltung bürgerlicher und bäuerlicher Architektur liegt den Denkmalschützern am Herzen, auch die Bauten liegen längst verblichener Feudalherren sollen nicht in Schutt versinken. Auf einer Hochuferkante über dem Inn bei Kraiburg verfällt langsam ein Bauwerk, das Michael Petzet, Generalkonservator des Landesamtes für Denkmalpflege, als „unser größtes Sorgenkind in Bayern" bezeichnet. Schloß Guttenburg, das im 12. Jahrhundert erbaut und im 17. Jahrhundert in barockem Stil umgebaut wurde, befindet sich in einem mehr als bedenklichen Zustand. Obwohl in einer Notaktion 1986 das Dach abgedichtet worden ist, sind viele der barocken Stuckdecken beschädigt. Das Stallgewölbe ist bereits vor Jahren eingestürzt, dasselbe droht nun auch der Stallfassade und den drei Gartenpavillons – was nicht verwundert, wenn man erfährt, daß das Schloß seit 25 Jahren leersteht und unter 14 verschiedenen Besitzern war. Seit der letzte von ihnen vor eineinhalb Jahren in Konkurs ging, wird der Besitz von der Hypo-Bank zwangsverwaltet.

Diese sucht nun einen Käufer, der bereit ist, etwa vier Millionen Mark auf den Tisch zu legen. Da für die anschließende Sanierung des morschen Gemäuers noch einmal dieselbe Summe aufgewendet werden müßte, sind Interessenten dünn gesät. Zudem besteht die Auflage, keine umfangreichen Neubauten auf dem Gelände zu erstellen, sondern zuerst die bestehende Bausmasse zu erhalten. Ob also ein Retter erscheint, der nach Investition dieser Summe „eine sanfte, denkmalverträgliche und den überlieferten Charakter des Schlosses wahrende Nutzung" garantiert, wie es sich Petzet wünscht, ist ungewiß.

Manchinger Museum eingeweiht
Ortsgeschichte ins rechte Licht gerückt
Oberster Denkmalschützer: „Präsentation hat Rang einer Kunstausstellung"

Manching (hm) Die Marktgemeinde Manching hat endlich ein eigenes Museum. Während die Spuren der keltischen und römischen Vorfahren bislang nur in der Prähistorischen Staatssammlung München und im Stadtmuseum Ingolstadt zu besichtigen waren, können Besucher jetzt auch an Ort und Stelle ihre Geschichtskenntnisse auffrischen. Im alten Rathaus wurde am Wochenende das „Museum Manching – Landschaftsgeschichte, Bilder und Funde einer Keltenstadt" feierlich eingeweiht und der Öffentlichkeit zugänglich gemacht.

Der Vorsitzende des Trägervereins „Keltisch-römischer Freundeskreis", Bezirksrat Herbert Mayr, konnte zur Eröffnung des Museums eine stattliche Anzahl von Gästen, Mitgliedern und interessierten Manchingern begrüßen. Sein Dank galt allen, die fachlich ein finanziell zum Gelingen beigetragen haben. Dazu gehörten Architekt Max Breitenhuber, der Graphiker H. Stölzl (beide München), das Bayerische Landesamt für Denkmalpflege und Mitarbeiter der Römisch-Germanischen Kommission des Deutschen Archäologischen Instituts Frankfurt. „In erster Linie haben wir das Museum für die Manchinger Bevölkerung eingerichtet", stellte Herbert Mayr fest, „denn ein Museum braucht Publikum." Nun hätten interessierte Bürger die Möglichkeit, sich Manchings Vergangenheit bewußt zu machen und Geschichte am Ort des Geschehens zu erleben.

Bürgermeister Albert Huch bezeichnete es als Glücksfall, daß sich in Manching die Ansprüche der Archäologie und die Erfordernisse moderner Verkehrsplanung doch noch unter einen Hut haben bringen lassen. Große Verdienste bei der Koordination dieser beiden Aspekte hätten sich Landrat Dr. Scherg und Altbürgermeister Hans Stutz erworben. Das neue Museum, so der Bürgermeister, steigere die Attraktivität des Unterzentrums Manching. Dank der Initiative des Freundeskreises sei es jetzt gelungen, Manchings große Vergangenheit ins rechte Licht zu rücken. „Die Luftfahrt und die Kelten", stellte Huch fest, „verschaffen dem Markt überregionale Bedeutung."

Den Festvortrag hielt Bayerns oberster Denkmalschützer, Generalkonservator Professor Dr. Michael Petzet (München). Nachdem von der alten Keltenstadt Manching in natura nichts mehr zu sehen sei, erklärte er, sei jetzt wenigstens eine museale Besichtigung möglich. Seiner Meinung nach sei auch eine Erweiterung des zunächst noch kleinen Museums denkbar, ins Auge fassen könne man auch eine Rekonstruktion an Ort und Stelle. Die Arbeit des Graphikers H. Stölzl, merkte Petzet an, erhebe die historische Präsentation fast in den Rang einer Kunstausstellung.

Der Generalkonservator ging dann auf die bedeutende Rolle des Historischen Vereins Ingolstadt ein, der die ersten Notgrabungen beim Bau des Flugplatzes initiiert hatte. Nach dem Krieg habe Werner Krämer, Direktor der Römisch-Germanischen Kommission, in Manching wertvolle Pionierarbeit geleistet. Von der ehemals 380 Hektar umfassenden Siedlungsfläche der Kelten seien inzwischen 7,4 Hektar untersucht worden. Nun gelte es, die Funde zu konservieren und zu publizieren. Daß für den Bau der Umgehungsstraße ein Kompromiß gefunden wurde, bezeichnete er als sehr erfreulich, da jedes Detail von größter Wichtigkeit für die Gesamtbeurteilung sei.

Wenn auch in nächster Zeit keine Ausgrabungen geplant seien, so der Redner, sollte sich auch der Privatmann verantwortlich fühlen, daß jede Spur aus der Keltenzeit gesichert werden könne. Besonders wichtig sei der Ortsbezug des aufgefundenen „Denkmals". Als örtlich sichtbares Zeichen stoße eine Rekonstruktion des Osttores sicherlich auf das Verständnis der Archäologen, wenngleich diese einen direkten Eingriff in das Bodendenkmal Keltenwall nicht gerne sähen. Den kirchlichen Segen für die neuen Räume spendeten Dekan Helmut Bullinger und Pfarrer Ludwig Scherer.

Nach den Reden stand das Feiern an. Auf dem Rathausplatz trafen sich Gäste und Manchinger Bürger zu Bier und Brotzeit. Ein volkstümliches Ambiente für die Einweihungsfeier schufen die Oberstimmer Musikanten, die Manchinger Theaterbühne, der Männergesangverein und der Alpenglockenverein mit ihren Beiträgen.

Im ersten Raum des neuen Museums ist Manchings Vorgeschichte mit Funden aus der Jungstein- und Urnenfelderzeit zu sehen. Im Raum 2 kann der Besucher sich mit der Frühgeschichte bekanntmachen. Ausgestellt sind Münzen, bemalte Feinkeramik, Graphittonund Eisentonware, Geschirr, Waffen, Schmuck und Geräte aus der Keltenstadt Manching und dem Römerkastell Oberstimm. Die Besichtigung ist nach Anmeldung beim Vorsitzenden Herbert Mayr, Telefon (0 84 59) 9 15, oder im Rathaus, Tel. (0 84 59) 60 01, möglich.

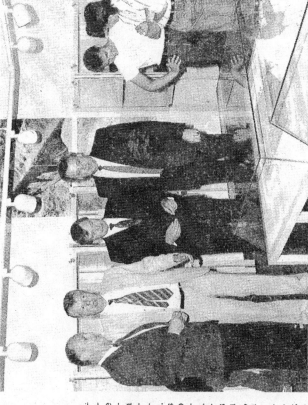

Die neuen Museumsräume in Manching wurden am Wochenende feierlich eingeweiht. Generalkonservator Dr. Michael Petzet gratulierte dem Vorsitzenden des Trägervereins, Herbert Mayr. Die finanziellen Mittel stellten Markt und Landkreis zur Verfügung.

DK-Foto: Mayr

Donau-Kurier (Ingolstadt)
14. Juni 1988

Ausstellung als Beitrag zur Geschichte Schwabens

Keramik-Schau in Neusäß mit überregionaler Bedeutung

NEUSÄSS (pfk). „Mit dieser Ausstellung wird der Geschichte ganz Schwabens ein Dienst erwiesen!" (Bezirkstagspräsident Dr. Georg Simnacher) – „Eine Ausstellung dieser Art hat es meines Wissens noch nicht gegeben, nämlich den Versuch, über einen großen Zeitraum die Geschichte eines Handwerks zu dokumentieren!" (Dr. Michael Petzet, Generalkonservator des Landesamtes für Denkmalpflege) – „Die Ausstellung trägt zur Aufhellung der Sozial- und Wirtschaftsgeschichte Schwabens bei!" (Museumsdirektor Dr. Hans Frei vom Schwäbischen Volkskundemuseum Oberschönenfeld): Lobende Worte fanden prominente Festredner gestern vormittag bei der Eröffnung der Ausstellung „Archäologie und Geschichte der Keramik in Schwaben" im Foyer der Neusässer Stadthalle.

Über 200 Gäste, darunter viele Museumsleute aus ganz Schwaben, und Vertreter einiger bayerischer Universitäten nahmen im Anschluß die einmalige Schau im Sitzungssaal des neuen Rathauses unter die Lupe, die noch bis 2. Oktober zu besichtigen ist (wir berichteten im Kulturteil). Als „Ereignis ersten Ranges" bezeichnete Gastgeber Bürgermeister Dr. Manfred Nozar die Ausstellung, die Höhepunkt der Veranstaltungen im Rahmen der Stadterhebung von Neusäß sei. Sie halte allen wissenschaftlichen Kriterien stand. Die Stadt Neusäß gehört mit dem Landesamt für Denkmalpflege und dem Schwäbischen Volkskundemuseum Oberschönenfeld zu den Veranstaltern der Schau. Nozars Dank galt deshalb unter anderem dem Bezirk Schwaben für die finanzielle Unterstützung sowie dem Kulturkreis Neusäß für die Herausgabe des ansehnlichen Ausstellungskatalogs.

Lohn für Leistung

Bezirkstagspräsident Dr. Georg Simnacher nutzte das Ereignis, die junge Stadt Neusäß zu ihrem neuen Status zu beglückwünschen. Beim Festakt vor zwei Wochen hatte er wegen anderer Verpflichtungen nicht anwesend sein können. Neusäß sei das 43. Gemeinwesen Schwabens, das sich „Stadt" nennen könne. Das sei ein Lohn für die nachweisbare Leistung der Kommune. Insbesondere betonte Simnacher den kulturellen Auftrag der Städte, der „gemeinschaftsbegründend und gemeinschaftsfördernd" sei. Eigenständiges kulturelles Leben in einem Gemeinwesen fördere Heimatbewußtsein und Identität der Bürger mit ihrer Stadt.

„Diese Ausstellung beweist auch, daß Scherben wesentliche Spuren unserer Geschichte zeigen können", betonte Dr. Michael Petzet vom Bayerischen Landesamt für Denkmalpflege die Bedeutung der Schau auch im Hinblick auf die Archäologie. „Der

Maßen der Ausstellung „Archäologie und Geschichte der Keramik in Schwaben" überregionale Bedeutung bei: (v. l.) Generalkonservator Dr. Michael Petzet vom Bayerischen Landesamt für Denkmalpflege, Dr. Hans Frei vom Schwäbischen Volkskundemuseum Oberschönenfeld, Bezirkstagspräsident Dr. Georg Simnacher und Bürgermeister Dr. Manfred Nozar.

tragen wurden. Frei wie seine Vorredner dankten deshalb auch den Leihgebern ebenso wie den beiden Wissenschaftlern Dr. Wolfgang Czysz von der Außenstelle Augsburg des Landesamtes und Dr. Werner Endres (Universität Regensburg), die für die Schau und den Katalog viel Forschungsarbeit geleistet hatten.

Czysz setzte sich anschließend im Arbeitsgewand barfuß selbst an die Drehscheibe einer im Sitzungssaal original wiederaufgebauten Töpferwerkstatt der Hafnerei Bittner aus Oettingen/Ries, die bis zum Jahr 1920 in Betrieb war.

Augsburger Allgemeine
25. Juni 1988

erste Töpfer war Gott, der Schöpfer", begann Dr. Hans Frei vom Volkskundemuseum Oberschönenfeld mit einem alten Handwerkerspruch. Der Spruch verweise auf das hohe Alter dieses Handwerks, aber auch auf die künstlerische Begabung, mit der aus weichem Ton Gebrauchs-, aber auch Kunstgegenstände geformt werden können.

Die Ausstellung in Neusäß sei mehr als eine „gefällige Ansammlung formschöner Gefäße", vielmehr die Geschichte eines Handwerks, das bis in die Gegenwart aktuell geblieben ist. Anschließend erläuterte Frei die Schau, für die Exponate aus über 50 Museen und Sammlungen Schwabens zusammenge-

MIT EINEM FESTLICHEN EMPFANG im Fürstensaal der Residenz klang die Jahrestagung des Bayerischen Landesdenkmalamtes aus, die dieses Mal in Kempten abgehalten worden war. Vor zahlreichen Vertretern der Denkmal- und Heimatpflege referierte Landeskonservator Prof. Dr. Michael Petzet über Grundlagen der Denkmalpflege, wobei er sich vor allem auf die internationale Charta von Venedig bezog mit ihrem Appell, Zeugnisse der Vergangenheit behutsam zu pflegen und zu erhalten, damit sie den nächsten Generation weitergegeben werden können. (Siehe auch Kulturseite.) Unser Bild zeigt (v. l.) Landeskonservator Prof. Dr. Petzet, Dr. Erich Schosser, Vorsitzender des Landesdenkmalrates, Ministerialdirigent Kirschensteiner vom Ministerium für Wissenschaft und Kunst, sowie Bürgermeister Hans Hartmannsberger.

bru/Bild: Erika Bachmann

Allgäuer Zeitung (Kempten)
9. Juli 1988

Darin waren sich die Teilnehmer des Seminars „Denkmalschutz in Bayern" einig:

Königsberg hat Bausubstanz von europäischem Rang

Staat muß bereit sein, den Bürgern finanziell beizustehen – Thomas-Dehler-Institut lud ein

Königsberg (mle). Königsberg hat eine Bausubstanz wie nur ganz wenige Städte in Bayern. Diese Bausubstanz von europäischem Rang muß daher auch vorrangig geschützt und erhalten werden. Die Verantwortung dafür geht über die Möglichkeiten einer Stadt hinaus. Hier ist auch der Freistaat Bayern gefordert, sich schwerpunktmäßig zu engagieren, sonst ist das beispiellose Erbe der Vergangenheit nicht zu erhalten. Dies war das Fazit einer Tagung der F.D.P.-nahen Stiftung Thomas-Dehler-Institut, die an diesem Wochenende zum Thema „Denkmalschutz in Bayern" in Königsberg stattfand.

Prominente Gäste beim Denkmalschutz-Seminar (von links): F.D.P.-Kreisvorsitzender Kurt Sieber, Bundestagsabgeordneter Hermann Rind, Generalkonservator Prof. Dr. Michael Petzet, Günther Meuschel, Leiter des Thomas-Dehler-Instituts, und Bürgermeister Rudolf Mett.
Foto: FT-mle

Bürgermeister Rudolf Mett, der die Teilnehmer des Seminars am Freitagabend während einer Stadtführung und eines Empfangs im Rathaus mit den Problemstellungen des Denkmalschutzes in Königsberg vertraut gemacht hatte, referierte am Samstagvormittag über die praktische Arbeit der Stadt mit der für den Stadtkernbereich seit 1970 geltenden „Baugestaltungsverordnung". Diese Verordnung des Stadtrats war noch vor dem offiziellen Denkmalschutzjahr und einer entsprechenden Gesetzgebung Grundlage vieler ähnlicher Bemühungen in der ganzen Bundesrepublik.

Bürgermeister Mett stellte heraus, daß der Stadtrat Verantwortung gegenüber der Geschichte trage, aber auch die Interessen seiner Bürger zu vertreten habe. Die Bürger im Altstadtbereich hätten ebenfalls ein Recht auf ein menschenwürdiges Leben und modernen Komfort.

Das Ziel der Baugestaltungsverordnung sei vor allem gewesen, daß sich alle Bau- und Renovierungsmaßnahmen in das Gesamtbild der Altstadt einfügen müßten. Nach 30jähriger Restaurierungsgeschichte in Königsberg zeigten sich bereits positive Wirkungen, wenn auch noch wesentliche Probleme offenblieben, die die Kraft einer Stadt und ihrer Bürger übersteigen, die dem Denkmalschutz aufgeschlossen gegenüberstehen.

Totale Denkmalpflege sei genauso verkehrt wie gar keine Berücksichtigung denkmalpflegerischer Belange, betonte Mett.

Der für die Stadterneuerung verantwortliche Architekt Klaus Schulz vermittelte in seinem mit Dias illustrierten Vortrag die Probleme, die sich im Rahmen des soziologischen Wandels und der heute beispielsweise nicht mehr für ihren ursprünglichen Zweck gebrauchten Hinter- und Nebengebäude ergeben. Zum Leben in einer historisch gewachsenen Stadt gehöre das sinnvolle Miteinander von Wohn- und Nebengebäuden. Man dürfe bei der Stadterneuerung, die eine sehr langfristige Angelegenheit sei, nicht historisierend arbeiten, sondern müsse die entstandene Bausubstanz gestalterisch einbinden, um im Altstadtbereich Bürgern aller Generationen ein attraktives Wohn- und Lebensangebot zu schaffen, sagte der Architekt. Deshalb habe er im Auftrag des Stadtrats eine für die Bürger kostenlose Beraterfunktion. Damit könne er Bürgern mit Rat und Hilfe zur Seite stehen.

Ursula Richter (München) berichtete über die Ergebnisse der von ihr durchgeführten Befragung bei den im Altstadtbereich befindlichen Haushalten, die dankenswerterweise bereitwillig mitgewirkt hätten. Die Altstadtbewohner nähmen, so Frau Richter, die Probleme der Stadterneuerung sehr ernst. Es bestehe ein starkes Interesse an einer Weiterentwicklung, die vor allem in der Wohnraumbeschaffung und den Erweiterungsmöglichkeiten auch im gewerblichen Bereich gesehen werde.

Es sei eine erfreuliche Investitionsbereitschaft seitens der Bürger vorhanden, ebenso die Bereitschaft zu gegenseitiger Hilfe. Es müßten jedoch geeignete Fördermodelle geschaffen werden, die das Engagement der Bürger ermöglichten, verdeutlichte Ursula Richter.

Landschaftsarchitektin Allmuth Boedeker verwies in ihrem Vortrag auf die Bedeutung der Frei- und Grünflächen, die nicht nur maßgeblich die Wohn- und Lebensqualität bestimmten, sondern auch einen Lebensraum für Pflanzen und Tiere darstellten. Nicht jede Grünfläche sei jedoch wünschenswert. Grünflächen müßten immer einen direkten Bezug zur Umgebung haben und in den Zusammenhang der Häuser eingebunden sein.

Zu einer alten Bausubstanz gehörten entsprechende Pflanzen wie Wein, Efeu oder Rosen.

In der Diskussion wurde deutlich, daß die Dimension der Probleme bei der Erhaltung einer Altstadt mit der Bedeutung Königsbergs weit über die Möglichkeiten einer Kleinstadt hinausgeht. Hier muß gezielt der Freistaat Bayern helfend eingreifen, sonst gehe Königsberg in großen Teilen verloren, hieß es. Denkmalschutz braucht zwar einen langen Atem, und man kann nicht alles auf einmal erreichen. Der Staat muß jedoch bereit sein, Bürgern finanziell beizustehen, die bereit sind, das historische Erbe einer Kleinstadt von europäischem Rang zu erhalten. Andererseits ist totaler Denkmalschutz genauso falsch wie gar keiner.

Denkmalschutz stünde ohne Einsatz der Bürger auf verlorenem Posten

Den Höhepunkt des Seminars bildete das Referat des „obersten bayerischen Denkmalschützers", des Generalkonservators Prof. Dr. Michael Petzet (München). Er sah die Aufgabe der staatlichen Denkmalpflege darin, die regionale Einheit mit ihrer Geschichte zu erhalten. Dabei sei das Landesamt für Denkmalpflege zwar stets zu „hören", die Entscheidung werde jedoch von der Unteren Denkmalschutzbehörde, dem Landratsamt, getroffen. Werde dem Gutachten des Landesamts nicht gefolgt, müsse die Bezirksregierung die Entscheidung fällen.

1987 seien 47 Millionen DM an Zuschüssen ausgezahlt worden, 1988 stünden 40 Millionen DM zur Verfügung. Die Zuschüsse werden an Private, Kommunen und Kirchen gezahlt.

Bayern sei neben Australien das einzige Land der Welt mit einer vollständigen gedruckten Denkmalliste, in die 110 000 Baudenkmäler des Freistaates aufgenommen seien, die vom Grenzstein über den Bildstock bis hin zur Kathedrale reichen. Es gebe 900 Ensembles, unter denen die Königsberger Altstadt eine besondere Stelle einnehme.

Bedeutsam war die Aussage des Generalkonservators, daß die gesamte Altstadt von Königsberg (nicht nur die Wohngebäude) unter Denkmalschutz stehe. Dies bedeute, daß auch Nebengebäude in eine Bezuschussung einbezogen werden können.

Die Zuschüsse, die über die Untere Denkmalschutzbehörde vergeben werden, seien eine freiwillige Leistung des Staates. Wenn auch die finanzielle Ausstattung immer noch knapp sei, so laufe das Zuschußverfahren jedoch relativ schnell.

„Ohne Engagement der Bürger würde man trotz Denkmalschutzgesetz oft auf verlorenem Posten stehen", sagte Prof. Dr. Petzet. Auch die früher oft schwierige Auseinandersetzung mit „modernen" Architekten sei geringer geworden. Es sei überall wieder mehr Gefühl für ortsgebundene Materialien und Formen vorhanden. Trotz vieler früherer Anfeindungen sei der Denkmalschutz heute eine Selbstverständlichkeit. Andererseits müsse man hervorheben, daß das Landesamt für Denkmalpflege nicht Gestaltungsbehörde, sondern nur eine der beteiligten Behörden sei und somit auch überstimmt werden oder unterliegen könne, sagte Generalkonservator Prof. Dr. Petzet. „Das Landesamt für Denkmalpflege ist nicht allmächtig!"

Fränkischer Tag (Haßfurt), 28. Juni 1988

Kehrtwendung der Denkmalpflege bei Bauanfrage der Israelitischen Kultusgemeinde

Dr. Petzet „löste alles in Wohlgefallen auf"

„Klammheimliche" Ortsbesichtigung – Im Bausenat Vorwurf der Küngelei unüberhörbar

Ob die Israelische Kultusgemeinde Bamberg das ehemalige Fabrikgebäude Willy-Lessing Straße 7 abreißen lassen darf, um auf der freiwerdenden Fläche Parkplätze anzulegen, darüber wird der Bausenat des Bamberger Stadtrates erst nach einer Ortsbesichtigung, zu der auch ein Vertreter des Landesamtes für Denkmalpflege eingeladen wird, entscheiden. Eine Premiere wird diese Ortsbesichtigung freilich nur für den Bausenat sein, denn eine „illustre Gesellschaft" (Originalton aus dem Senat), bestehend aus Vertretern der Kultusgemeinde, städtischen Beamten und last not least dem Präsidenten des Bayerischen Landesames für Denkmalpflege (BLfD), Generalkonservator Dr. Petzet, hatte das Objekt bereits in Augenschein genommen und war zu dem Ergebnis gekommen, daß ein Abbruch hingenommen werden könne. Ausgespart worden war bei diesem Lokaltermin freilich der Stadtrat und der reagierte gesten sauer. StR Weinsheimer (SPD) formulierte drastisch: „Wir sind doch keine Befehlsempfänger, die das Ergebnis dieses klammheimlichen Treffens nachvollziehen müssen."

Interessant an der Vorgeschichte des Falls ist die Tatsache, daß das Landesamt auf einer Unter-Petzet-Ebene mit der Sache bereits befaßt war, weil das Gebäude nicht nur innerhalb des Stadtdenkmals Bamberg in einem besonderen Bereich liegt, sondern darüber hinaus den Status eines Einzeldenkmals genießt.

Ergebnis der BLfD-Stellungnahme vom 6. Juli dieses Jahres: Die ehemalige Fabrik muß aus baugeschichtlichen und städtebaulichen Gründen erhalten werden.

Das Amt regte an, sich mit Erhaltungsmöglichkeiten zu befassen und eventuell aus städtebaulicher Sicht einen Rahmen festzulegen, der künftig eine geordnete Entwicklung des Quartierinneren sicherstellt. Dies galt bis zum 12. August, dem Tag, an dem Dr. Petzet, die Kultusgemeinde-Vertreter Sandyk und Olmer, der Landtagsabgeordnete Vollkommer – er ist der Schwiegervater von Olmer – sowie Oberstadtdirektor Gegenfurtner, Bedienstete des Stadtplanungsamtes und der örtlichen Denkmalpflege die besagte Ortsbesichtigung vornahmen.

Dabei erklärte Petzet laut gestrigem Sitzungsvortrag zwar, daß er der Stellungnahme des Landesamtes, wonach dieses Gebäude Teil eines besonderen Bereiches innerhalb des Stadtdenkmals Bamberg sei, beipflichte. Allerdings handele es sich nach seiner Auffassung um einen Grenzfall. Wegen dieser Eigenschaft, aber auch wegen des desolaten Zustandes, in welchem sich das Lagergebäude befinde, **werde jedoch – wir zitieren Petzet laut Sitzungsbericht weiter – das Landesamt auf keinen Fall auf einer Entscheidung der Regierung von Oberfranken bestehen, wenn die Stadt Bamberg den Abbruch des Lagergebäudes genehmige. Auf gut deutsch: Petzet räumte der Stadt damit Handlungsfreiheit ein, die entsprechend den Vorstellungen der Verwaltung die Abbruchgenehmigungen zur Folge haben sollte – so jedenfalls der einschlägige Antrag des Baureferates in der gestrigen Sitzung.**

In der Diskussion meinte StR Reichelt (SPD) süffisant, er wisse nun, wie in Streitfällen zwischen dem Landesamt und Stadt Bamberg verfahren werden solle: Man schalte den Abgeordneten Vollkommer ein, der Generalkonservator Petzet komme daraufhin nach Bamberg und alles löse sich in Wohlgefallen auf. Dies wäre um so ratsamer, als derartige Fälle immer wieder vorgekommen seien und vorkommen würden.

„Der aufgezeigte Weg wäre eine phantastische Sache, und ich hätte auch nichts dagegen, wenn da noch der Abgeordnete Wünsche miteinbezogen würde. Es würde auf jeden Fall zur Befreiung des Landesamtes und des Stadtrates beitragen."

Das Wort „Befriedung" mochte Bgm. Grafberger so nicht stehen lassen. „Mit dem Landesamt, insbesondere mit Dr. Pause, arbeiten wir sehr gut zusammen. Wenn zuweilen Differenzen auftreten, dann deshalb, weil hier bei unseren Beratungen und Abwägungen die Denkmalpflege nur ein Aspekt unter anderen sein kann." StR Reichelt korrigierte sich leichthin: „Dann sagen wir halt, daß durch diesen Weg ein noch besseres Verhältnis erzielt werden könnte." StR Sopper (GAL) meinte, es sei schon ein bemerkenswerter Vorgang, wenn eine Ortsbesichtigung in dieser „interessanten Besetzung" stattfinde, ohne daß der Stadtrat davon eine Ahnung hatte und ohne daß jemand wüßte, wer diesen Lokaltermin angeregt habe. Seine eigenen Recherchen hätten ergeben, daß an der Luitpoldstraße die rückwärtige Bebauung charakteristisch sei **und das Landesamt keineswegs zu der Erkenntnis kam, daß das Gebäude besonders verwahrlost wäre. Vielmehr halte das Amt das Gebäude für durchaus reparabel und schätze die Bausubstanz für solide ein.**

Unternehmen schließlich noch nicht verurteilt

Sopper stellte den Antrag, das Landesamt für Denkmalpflege zu einer weiteren Stellungnahme herbeizuziehen. Auch Sopper wies darauf hin, daß in diesem Gebiet ähnliche Fälle existierten wie diese ehemalige Nähseidenfabrik einer jüdischen Familie und äußerte seine Sorge, daß hier ein Präzedenzfall geschaffen werde.

Bgm. Grafberger wehrte sich dagegen, daß aus der besagten erfolgten Ortsbesichtigung ein Fall konstruiert werde. „Das ist doch etwas völlig Normales". Meinte Sopper: „Was tut dann ein Bauwerber, dessen Schwiegervater nicht im Parlament sitzt?" Und StR Reichelt: „Mich dauern nur die Englischen Fräulein, die diesen Weg offenbar nicht gekannt haben."

Grafberger: „Bei denen war der Regierungspräsident und hat sich die Sache angeschaut." Reichelt: „Offenbar hat der nicht diesen langen Arm." Es kam schließlich zur 2. Lesung.

Im weiteren Verlauf der Sitzung vergab der Senat gegen die Stimme von StR Sopper die Abbrucharbeiten für die Firma Möbel-Hess in der Hornthalstraße an das Unternehmen Matthäus Metzner, Mühlendorf. Es hatte mit gegenüber dem Zweitplazierten auf der Submissionsliste ein um ca. 40 000 DM günstigeres Angebot gemacht (134 000: 174 000 DM brutto).

Sopper störte sich daran, daß der Auftrag an ein Unternehmen gehen sollte, gegen das bei der Staatsanwaltschaft drei Anzeigen wegen Umweltvergehen vorlägen. Sopper sah infolgedessen nicht als gewährleistet an, daß die Firma den Bauschutt ordnungsgemäß ablagere.

„Vielleicht ist sie nur deshalb so billig, weil sie schon Wege weiß, wie sie den Bauschutt besonders preisgünstig unterbringen kann." Auskunft von Referentenbank: „Es steht in den Vertragsbedingungen, daß der Bauschutt auf eine amtlich zugelassene Deponie zu transportieren und darüber der Nachweis erbracht werden muß."

Meinte Bgm. Grafberger: „Wir können ja bei der uns bekannten Deponie nachfragen, ob der Schutt dort abgeladen wurde." Ähnlich Baureferent Jonas: „Wir werden die Sache stichprobenartig überprüfen." StR Rettig (CSU) wies darauf hin, das günstige Angebot der Fa. Metzner sei u.a. darauf zurückzuführen, daß sie über Großgeräte verfüge, die andere Firmen nicht besäßen. StR Dietz (CSU) machte schließlich darauf aufmerksam, daß die Mühlendorfer Firma noch nicht verurteilt sei. Er stellte den positiv aufgenommenen Antrag, daß dem Unternehmen der Auftrag sofort zu entziehen sei, wenn eine Schuttablagerung entgegen den Vertragsbestimmungen festgestellt werden sollte. RH

Fränkischer Tag (Bamberg)
15. September 1988

Lindauer Zeitung
11. Juli 1988

„Beschränkung auf das Notwendigste muß oberstes Ziel sein"

Generalkonservator Petzet warnt vor übertriebener Denkmalsanierung

Donau-Kurier (Ingolstadt)
4. November 1988

Von unserem Korrespondenten

KEMPTEN (ba) - Eindringlich hat Generalkonservator Professor Dr. Michael Petzet vom bayerischen Landesamt für Denkmalpflege in der Jahresveranstaltung '88 seines Amtes im Festsaal der Kemptener Residenz vor überperfektionierten Sanierungsmaßnahmen für Denkmäler jeder Art gewarnt, durch die vom normalen historischen Bestand nichts mehr übrigbleibe. Die Beschränkung auf das Notwendigste nach gründlicher Prüfung und Bewahrung, nicht Verfälschung, müsse hier oberstes Ziel sein.

Sanierung gehe, erklärte Petzet vor Heimat- und Denkmalpflegern Bayerns weiter, über Instandsetzung hinaus. Sie sei umfassender und wende moderne, aber sanfte Sicherungstechnologien an. Kemptens Altstadt sei vor 30 Jahren als Studien- und Modellvorhaben zur Erneuerung von Städten und Dörfern vom Bundesministerium für Städtebau und Wohnungswesen und dem Land Bayern ausgewählt worden. Diese Stadterneuerung sei von „durchgreifender Art gewesen". Petzet: „Es hat wenig Sinn, darüber zu klagen, was damals durch Sanierung nach historischem Bestand verlorenging." Er wolle das Geschehene nicht kritisieren, festzustellen sei jedoch, daß man Kemptens Altstadt heute behutsamer sanieren würde.

Konservierung von Denkmälern müsse – so der Generalkonservator – mit dem Zielvorhaben verbunden sein, das Denkmal als solches uneingeschränkt zu erhalten. Das gelte auch für die archäologischen Bodendenkmäler. Der archäologische Park Cambodunum auf dem Kemptener Lindenberg, der von den Mitgliedern des bayerischen Landesdenkmalamtes bei ihrem Treffen besichtigt wurde, sei ein überzeugendes Beispiel der Wieder-Sichtbarmachung archäologischer Zeugnisse durch Rekonstruktion von Fragmenten eines zerstörten Denkmals.

Als erfreulich bezeichnete es der Vorsitzende des bayerischen Landesdenkmalrates, der Landtagsabgeordnete Dr. Erich Schosser, daß die Heimat- und Denkmalpflege derzeit unumstrittener Teil staatlicher und kommunaler Politik sei – jenseits allen Parteienstreites.

Oberbürgermeister, habe man in Ingolstadt mit der Renovierung alter Festungsbauten begonnen. Zunächst wurden die klassizistischen Gebäude in Angriff genommen. Die Fertigstellung des ersten Abschnittes sei ein Signal, weitere Maßnahmen zu ergreifen.

Eine „würdige Heimstätte der archäologischen Forschung" nannte Generalkonservator Professor Dr. Michael Petzet, Leiter des Bayerischen Landesamtes für Denkmalpflege, das neue Heim des Ingolstädter Grabungsbüros. Nach einem Rückblick auf die Anfänge des Landesamtes meinte Petzet, nicht mehr interessierte Laien, sondern spezialisierte Wissenschaftler würden sich heutzutage der Belange der Archäologie annehmen.

Ingolstadt sei ein wichtiger archäologischer Schwerpunkt, sagte der Generalkonservator, deswegen habe das Grabungsbüro hier eine bedeutende Aufgabe. Obwohl das Landesamt eigentlich eine streng zentralistisch orga-

DK-Foto: Wolf

Gestern wurde der erste Bauabschnitt der „Wunderlkasematte" eingeweiht. Unser Foto zeigt die symbolische Übergabe eines antiken römischen Schlüssels durch Oberbürgermeister Peter Schnell an Dr. Karl Heinz Rieder (links), den Leiter des Ingolstädter Grabungsbüros.

Generalkonservator Professor Dr. Michael Petzet:

„Wunderlkasematte eine Festung der Archäologie"

Erster Bauabschnitt wurde gestern eingeweiht

Ingolstadt (ba) Die „Wunderlkasematte", seit einiger Zeit endgültige Heimstätte des Ingolstädter Grabungsbüros des Bayerischen Landesamtes für Denkmalpflege, wurde gestern am frühen Abend offiziell eingeweiht. Das sanierte Gebäude besteht zum Teil aus Fragmenten der Festung aus dem 16. Jahrhundert. Damit hat die Stadt zum ersten Mal ein Festungsbauwerk aus dieser Epoche von Grund auf renoviert (DK berichtete). An den Feierlichkeiten zur Einweihung nahmen neben Oberbürgermeister Peter Schnell zahlreiche Vertreter aus Politik, Wirtschaft und von anderen öffentlichen Einrichtungen teil. Erwartet wurde auch Dr. Thomas Goppel, Staatssekretär im Ministerium für Wissenschaft und Kunst, der jedoch aus terminlichen Gründen absagen mußte.

In seiner Begrüßungsansprache bezeichnete Oberbürgermeister Peter Schnell die Einweihung als ein überörtlich bedeutsames Ereignis. Ein „Haus der Begegnung mit der Geschichte" sei aus dem ersten Bauabschnitt der sanierten „Wunderlkasematte" geworden. Vor zehn Jahren, so erinnerte sich der nisierte Behörde sei, sollten die Früchte der Grabungsarbeit in der Nähe der Fundorte untergebracht werden. Eine „offene Festung der Archäologie" wünschte sich Petzet von dem neuen Haus.

Die Kirche sei eine der bedeutendsten Denkmalpflegerinnen, sagte der katholische Dekan Andreas Risch, der zusammen mit seinem evangelischen Amtskollegen, Dekan Heinz Gruhn, dem Bauwerk die kirchliche Weihe gab. Einen symbolischen antiken römischen Schlüssel überreichte Architekt Dietmar Lüling an den Oberbürgermeister, der ihn an den Leiter des Ingolstädter Grabungsbüros, Dr. Karl-Heinz Rieder, weitergab. Rieder sagte allen Beteiligten an der Baumaßnahme seinen Dank und betonte die besondere Rolle des Ingolstädter Kulturreferenten Dr. Siegfried Hofmann, den er als „Spiritus rector" des gesamten Projekts bezeichnete.

Für die in diesem Kontext angemessene musikalische Umrahmung sorgte „Il capello antico", eine Instrumentalgruppe des Madrigalchores Neuburg, die Musik der Renaissance spielte.

Restaurierung des Bamberger Tintoretto ausführlich dokumentiert

„Die wohl größte Publikation der Welt über ein einziges Gemälde"

Landesamt für Denkmalpflege übergab Broschüre an Erzbischof Dr. Kredel

Bamberg. „Die vermutlich größte Publikation der Welt über ein einziges Gemälde", so der Generalkonservator des Bayerischen Landesamtes für Denkmalpflege, Prof. Dr. Michael Petzet, wurde am Mittwoch dem Bamberger Erzbischof Elmar Maria Kredel während einer Pressekonferenz im Spiegelsaal des Erzbischöflichen Ordinariats überreicht.

Unter dem Titel „Die Bamberger Himmelfahrt Mariae von Jacopo Tintoretto" dokumentiert das 42. Arbeitsheft des Bayerischen Landesamtes für Denkmalpflege die sechsjährigen Restaurierungsarbeiten an dem Tintorettobild, das seit September 1988 wieder in der Bamberger Pfarrkirche „Unsere Liebe Frau" zu sehen ist (wir haben ausführlich berichtet). Neben Vorträgen des Internationalen Kolloquiums am 27. und 28. Januar 1986 in der Neuen Pinakothek in München, nach dessen Vorschlägen ein Restaurierungskonzept durch das Landesamt für Denkmalpflege erarbeitet wurde,

sind in der 246seitigen Hochglanzbroschüre technische Beobachtungen zur „Himmelfahrt Mariae" wie Röntgenmontage, Material und Maltechnik sowie mikroskopische Untersuchungen an der Leinwand enthalten.

Daneben sind Fachaufsätze veröffentlicht, die die historischen und ikonographischen Hintergründe des Tintoretto-Werkes aufzeigen sowie die Problematik der Restaurierung großformatiger Leinwandbilder schildern.

Im Namen des Metropolitankapitels Bamberg bedankte sich Domkapitular Prälat Norbert Przibillok bei allen, die an der Instandsetzung des Gemäldes beteiligt waren, insbesondere der Restauratorin des Bayerischen Landesamtes für Denkmalpflege, Marianne von Besserer, und dem Leitenden Diplom-Restaurator Erwin Emmerling sowie Generalkonservator Prof. Dr. Petzet.

Die Kosten für die 3200 Arbeitsstunden im Doerner-Institut hat das Landesamt für Denkmalpflege übernommen, Sach- und Transportkosten in Höhe von 118 000 DM hat das Metropolitankapitel finanziert.

Dr. Bruno Neundorfer, Archivdirektor des Diözesanmuseums Bamberg, blickte noch einmal auf die Stationen der Restaurierung seit 1982 zurück. Der Ikonograph Dr. Erasmus Weddigen erklärte, es stehe heute eindeutig fest, daß es sich um ein Tintoretto-Original handelt. Es gebe Hinweise darauf, daß sich der Künstler auf dem Gemälde selbst portraitiert habe.

Dr. Renate Baumgärtel-Fleischmann vom Diözesanmuseum wies darauf hin, daß der reiche Bamberger Dompropst Johann Christoph Neustetter-Stürmer das Gemälde im frühen 17. Jahrhundert dem Domkapitel schenkte, wie sie in ihrem Aufsatz in der Broschüre nachweist.

Detailaufnahme aus dem Bamberger Tintoretto-Gemälde.
Foto: FT-Bayerisches Landesamt für Denkmalpflege

Fränkischer Tag (Bamberg), 1. Dezember 1988

Professor Michael Petzet lobt Immenstadt:

Hofmühle und Villa Edelweiß mit Mut und Engagement angegangen

Visite im Oberallgäu – Diskussion mit Bürgermeistern und Pfarrern

OBERALLGÄU (tt). Dickes Lob aus berufenem Munde hat Bürgermeister Gerd Bischoff von Generalkonservator Professor Michael Petzet bekommen. Der Chef des Münchner Landesamtes für Denkmalpflege zeigte sich bei einer Visite im Oberallgäu sichtlich angetan vom Engagement Immenstadts, die Hofmühle und die Villa Edelweiß mit Millionenbeträgen zu restaurieren, um sie so der Nachwelt zu erhalten. Petzet, der in den 60er Jahren alle Kunstdenkmäler des Altlandkreises Sonthofen in einem dicken Schmöker zusammengefaßt und beschrieben hat, war auf Einladung von Staatssekretär Alfons Zeller ins Oberallgäu gekommen. Neben verschiedenen Besichtigungen standen auch Gesprächsrunden mit Bürgermeistern und Pfarrern auf dem Programm.

Mit halbstündiger Verspätung traf Petzet bei dichtem Schneetreiben in Immenstadt ein. Dort stand erstmal die Besichtigung der 1665 errichteten Hofmühle auf dem Programm, die Zeller als „Juwel der Denkmalpflege" bezeichnete. Bürgermeister Bischoff konnte dem Gast mitteilen, daß die Restaurierungsarbeiten kurz vor dem Abschluß stehen und es nun an die Einrichtung des neuen Heimatmuseums geht.

500 000 Mark zugesagt

Gute Nachrichten hatte der Professor aus München in Sachen Instandsetzung der Villa Edelweiß mitgebracht. So würden die Zuschüsse in Höhe von 500 000 Mark aus dem Entschädigungsfonds demnächst fließen. Zuvor hatte Gerd Bischoff unmißverständlich angedeutet, daß die Sanierung ansonsten aus Geldknappheit demnächst hätte auf Eis gelegt werden müssen. Bevor es nach Burgberg zur Diskussion mit Bürgermeistern und Landrat Hubert Rabini ging, schaute sich der Generalkonservator noch den Immenstädter Schloßsaal und die Kapelle „St. Agatha" in Agathazell an.

„Ich bewundere, mit welchem Mut bedeutsame Projekte hier angegangen werden", unterstrich Petzet dann im Gespräch mit den Bürgermeistern, die dem Landesamtschef manches Anliegen mit auf den Weg gaben und teilweise auch mit Kritik nicht sparten. Da wurden „Kleinlichkeiten" von seiten des Denkmalamtes ebenso angeprangert wie Finanzierungsprobleme. Oberstaufens Bürgermeister Walter Grath etwa beklagte, daß die Gemeinde ihr Färberhaus mit Millionenaufwand vor dem Verfall gerettet habe. Von den versprochenen Zuschüssen habe der Markt aber noch keinen Pfennig gesehen. „Mit Forderungen", monierte Grath, „ist das Denkmalamt schnell da, aufs Geld muß man aber ewig warten." Michael Petzet versprach, der Sache nachzugehen.

Staatssekretär Zeller schnitt ein weiteres Problem an. So würden Bauern mit denkmalgeschützten Höfen nicht selten in eine Zwangsjacke geschnürt. Mancher Landwirt könne seinen Betrieb nicht den heutigen wirtschaftlichen Erfordernissen anpassen, weil das Denkmalamt dagegen sei. Außerdem, so Zeller, sei es müßig, etwa einen privaten Dachstuhl mit Steuergeldern zu sanieren, „wenn ihn die Öffentlichkeit sowieso nicht zu Gesicht bekommt." „Natürlich sind wir manchmal ein Ärgernis", gab der Landesamtschef unumwunden zu, erinnerte aber gleichzeitig an die Aufgabe, Altes auch in privaten Gebäuden zu erhalten und zu schützen.

Fachkundige Handwerker fehlen

Bürgermeister Peter Freytag kam auf Ruinensanierungen zu sprechen. In Weitnau wird momentan die Alttrauchburg wieder hergerichtet, und dabei hat Freytag die Erfahrung machen müssen, daß es an Handwerkern fehlt, die sich speziell mit alter Bausubstanz auskennen. „Dafür werden wir wohl keine Planstelle bekommen", bedauerte Michael Petzet, der das Problem „sehr wohl" kennt.

Auf Zustimmung stieß der Vorschlag von Landrat Rabini, im Oberallgäu eine Art alpwirtschaftliches Museum ähnlich dem Bauernhofmuseum in Illerbeuren einzurichten. „So etwas würde ich sehr begrüßen", meinte Petzet. Eine stattliche Runde von Pfarrern fand sich anschließend im Pfarrsaal „St. Michael" in Sonthofen ein. Unter der Diskussionsleitung von Dekan Hermann Ehle ging es hier um die Restaurierung von Pfarrhöfen und historischen Kircheninventares.

Allgäuer Anzeigenblatt (Immenstadt)
13. Dezember 1988

DIE IMMENSTÄDTER HOFMÜHLE schaute sich Professor Michael Petzet (links) während seiner Visite im Oberallgäu an. Unser Bild zeigt den Chef des Landesamtes für Denkmalpflege mit Staatssekretär Alfons Zeller und Bürgermeister Gerd Bischoff (im Hintergrund Ofterschwangs Bürgermeister Hans Bader, Kreisheimatpfleger Kornelius Riedmiller und Fischens Bügermeister Toni Vogler). Bild: Gertrud Natterer

Augsburger Allgemeine, 15. Dezember 1988

Jubiläum des Denkmalschutzgesetzes: Interview mit Landeskonservator Prof. Michael Petzet:

Das Alte hat sich durchgesetzt

In den letzten fünfzehn Jahren in Bayern mehr historische Bausubstanz instandgesetzt als je zuvor

FRAGE: Die Spanne 1973 bis 1988 müßte ausreichend Erfahrungswerte gezeigt haben, um eine grundsätzliche Denkmalschutz-Bilanz, vielleicht auch eine Bilanz allgemeiner Bewußtseinsänderung ziehen zu können. Wie würden Sie dies kurz fassen?

Petzet: Wenn sich unser vorbildliches Bayerisches Denkmalschutzgesetz von 1973 zweifellos gut bewährt hat, so muß dies auch vor dem Hintergrund des in den vergangenen fünfzehn Jahren so überraschend gewachsenen, breiten Verständnisses der Bürger gesehen werden. In den vergangenen Jahren dürften dank privater und öffentlicher Initiativen mehr Denkmäler instand gesetzt worden sein als je zuvor, und zwar nicht nur die „großen" Denkmäler wie der Augsburger Dom, nicht nur Monumentalbauten in öffentlichem Besitz, sondern auch eine Fülle von Bauernhäusern und Bürgerhäusern und ungezählte „kleine" Denkmäler vom Brunnen bis zur Feldkapelle. War die historische Bausubstanz noch in den 60er Jahren einem manchmal nur noch gewisse „Traditionsinseln" aussparenden Verdrängungsprozeß ausgeliefert, so sind Abbrüche von Denkmälern inzwischen eher selten geworden.

FRAGE: Haben Sie nach fünfzehn Jahren mehr zu tun und differenziertere Probleme als am Anfang?

Petzet: In den ersten Jahren nach Erlaß des Denkmalschutzgesetzes war nicht nur das Gesetz selbst, sondern die Erfassung der Denkmäler (quasi die Basis unserer Arbeit) hart umkämpft. Verglichen damit sind die Probleme geringer geworden, natürlich auch dank der inzwischen erheblich verbesserten finanziellen Ausstattung der Denkmalpflege, nicht zu vergessen die 1978 geschaffenen Abschreibungsmöglichkeiten für Denkmaleigentümer. Heute bereitet uns der falsche Umgang mit der historischen Bausubstanz nach wie vor erhebliche Sorgen, also die Tendenz zur totalen Erneuerung, das „Neubaudenkmal" statt der sinnvollen Reparatur, eine an modernen Normen orientierte Baupraxis, verbunden mit dem Verlust traditioneller handwerklicher Qualitäten, vielfach auch überzogene Nutzungsansprüche.

Dazu kommt als tödliche Bedrohung für Denkmäler aus Stein, Glas und Metall (die berühmten Augsburger Brunnen!) die allgemeine Umweltverschmutzung, bei der selbst das beste Denkmalschutzgesetz nicht viel helfen kann. Das Bayerische Landesamt für Denkmalpflege ist die, bisher leider einzige, Denkmalfachbehörde der Bundesrepublik, die ein Zentrallabor für Umweltschäden besitzt, eine Einrichtung, die dringend verstärkt werden müßte. Ungelöst sind weiter auch die Probleme bei der Erhaltung archäologischer Denkmäler, besonds in den landwirtschaftlich genutzten Flächen, wo die Schaffung archäologischer „Reservate" ein positiver Ansatz wäre. Die ständigen „Feuerwehreinsätze" der archäologischen Denkmalpflege (jedes Jahr ca. 250 größere Ausgrabungen des Landesamtes!) können nicht mehr als eine Notlösung sein. Sorgen bereitet schließlich auch die Ausbildung. Es ist höchst bedauerlich, daß Bayern trotz seiner bedeutenden Tradition auf dem Gebiet der Restaurierung immer noch keine Ausbildung zum Restaurator auf Hochschulebene besitzt.

FRAGE: Der Denkmalpfleger muß sich sein Image zwischen den beiden Polen des Buhmanns, der Neubauten verhindert, und der omnipotenten letzten Instanz in Stilfragen sichern. Wie sehen Sie heute diesen Beruf?

Petzet: Der Denkmalpfleger sollte nicht nur ein guter Wissenschaftler und Spezialist

Landeskonservator Michael Petzet nennt Bayerns Denkmalschutzgesetz im Interview mit unserer Zeitung „vorbildlich". Die Verabschiedung des Gesetzes liegt nunmehr 15 Jahre zurück — gebührender Anlaß, nach einer Denkmalschutz-Bilanz zu fragen. AZ-Bild: F. Schöllhorn

in den praktischen Fragen der Denkmalerhaltung sein, sondern ein engagierter Anwalt der Denkmäler, und als solcher wird er gerne auch einmal als Buhmann herhalten. Im übrigen müssen auch die Verluste immer wieder deutlich gemacht werden — Trauerarbeit ist wichtig. Als „letzte Instanz in Stilfragen" darf sich der Denkmalpfleger vor allem nicht bei Geschmacksfragen des Neuen Bauens sehen.

FRAGE: Das Bayerische Landesamt hat sich sehr für die Restaurierung des Gögginger Kurhaus-Theaters eingesetzt und in letzter Zeit auch Interesse am Augsburger Glaspalast geäußert. Wie soll es mit beiden Projekten weitergehen?

Petzet: Die Vorarbeiten beim Kurhaus sind gut vorangekommen, und die Restaurierung eines in Bayern einzigartigen Theatergebäudes dürfte unter denkmalpflegerischen Gesichtspunkten keine unüberwindlichen Probleme stellen. Für den Glaspalast sollte nach möglichen kulturellen Nutzungen gesucht werden, für die ich große Chancen sehe und die auch dem Erhalt des Industriedenkmals förderlich wären.

FRAGE: Leerstehende Pfarrhöfe, verfallene Synagogen, das sind zwei bekannte Problembereiche im ländlichen Raum Schwabens. Wohin zielt dort die Denkmalpflege?

Petzet: Die schwäbischen Synagogen werden, soweit sie das Jahr 1938 überstanden haben, hoffentlich bald alle instand gesetzt sein. Dank der engen Zusammenarbeit mit der Diözese Augsburg und auch dank der besonderen Programme einiger schwäbischer Landkreise gibt es inzwischen eine Reihe von beispielhaft restaurierten Pfarrhöfen. Zahlreiche Höfe könnten, selbst wenn die Pfarrstelle nicht besetzt ist, wenigstens mit einer teilweisen Nutzung — Pfarrbüro, Übungsraum für den Kirchenchor, Archivraum oder ähnliches — erhalten bleiben.

FRAGE: Welche Vorhaben stehen für die nächsten fünfzehn Jahre in den Städten an?

Petzet: Die Arbeit wird dort kontinuierlich weitergehen, darunter bereits begonnene Maßnahmen wie die Instandsetzung des Antonierklosters in Memmingen oder das Rot-Schlößle in Kempten. Der auch mit Hilfe des Städtebauförderungsprogramms erzielten positiven Entwicklung in den Altstadtbereichen steht leider zum Teil eine negative Entwicklung in manchen Außenbereichen der Städte gegenüber.

Das Interview führte Angela Bachmair

Passauer Neue Presse, 13. Januar 1989 ▷

Gefahr für das „geschichtliche Gesamtbild"? Süddeutsche Zeitung, 11. Januar 1989

Befreiungshalle soll ohne „Konkurrenz" bleiben

Pläne für Neubau einer Zellstoff-Fabrik machen Denkmalschützer argwöhnisch

Von Rolf Thym

Kelheim – Eigentlich bräuchte es gar keine Wegweiser, um dem aus Regensburg kommenden Autofahrer zu zeigen, daß es nicht mehr weit ist nach Kelheim: Schon etliche Kilometer vor der Stadt ist bei gutem Wetter mit bloßem Auge der Michelsberg zu sehen, auf dem die vor 125 Jahren eingeweihte Befreiungshalle hoch über der Donau thront. Wer von dort oben hinunterblickt, hat nicht nur eine grandiose Aussicht auf das breite Donautal, die Anlegestelle für die Ausflugsdampfer zur Weltenburger Enge und die Stadt Kelheim, sondern unweigerlich auch auf die Fabrikanlagen der Bayerischen Zellstoff GmbH am gegenüberliegenden Flußufer. Die Pläne des Werks, für rund 200 Millionen Mark eine neue und umweltfreundlichere Anlage für die Produktion von Zellstoff zu bauen, haben nun das Landesamt für Denkmalpflege alarmiert.

Generalkonservator Michael Petzet befürchtet eine „Überdimensionierung des Fabrikgebäudes", wodurch der „weltbekannte Monumentalbau" eine „bauliche Konkurrenz" erhalte. In diesem Konflikt zwischen Umwelt- und Denkmalschutz sieht sich das Unternehmen freilich zu unrecht als Baufrevler angeklagt: Petzet habe – so betont der Geschäftsführer des Zellstoffwerks, Joachim Dahms – sich auf „längst überholte Planungen" bezogen.

Beitrag zum Jubiläumsjahr

Der Generalkonservator kennt nun in der Tat – wie er sagt – nur die Pläne, die vom September des vergangenen Jahres stammen, und die erschienen ihm immerhin als so bedrohlich für die Umgebung der Befreiungshalle, daß er sich am 3. Januar zum Verbreiten einer Pressemitteilung entschloß: „Gewissermaßen noch als Beitrag zum Jubiläumsjahr" der im vergangenen Oktober 125 Jahre alt gewordenen Befreiungshalle versuche das Zellstoffwerk „das mit einer Verdoppelung der Produktion verbundene Projekt" einer Zellstoff-Herstellung „durchzudrücken". Dieses Vorhaben werde nicht nur vom Landesamt, sondern auch von der Bayerischen Schlösser- und Seenverwaltung abgelehnt, die für die Befreiungshalle zuständig ist. „Die Verwirklichung der Anlage würde als Folge eine unwiederbringliche Zerstörung des geschichtlichen Gesamtbildes von Michelsberg, Donau und Donauufer mit Auen nach sich ziehen", schrieb Petzet am 21. Dezember an die Regierung von Niederbayern in Landshut, deren Pressesprecher allerdings darauf verweist, daß die Behörde zwar von den Planungsabsichten wisse, aber in ein Genehmigungsverfahren noch nicht eingeschaltet sei.

„Keine Standortalternative"

Nach Ansicht des Landesamtes für Denkmalpflege ist die Befreiungshalle – ebenso wie die donauabwärts gelegene Walhalla und die Münchner Ruhmeshalle samt der Bavaria – „nicht ohne ihr landschaftliches Umfeld zu denken". Allein die geplante Maschinenhalle zur Entwässerung des Zellstoffs übertreffe mit einer Länge von 170 Metern und einer Höhe von 20 Metern das Volumen der gegenüber liegenden Befreiungshalle spielend. „Muß ein derartiges Projekt" – so heißt es in der Mitteilung des Landesamtes weiter – „unbedingt zu Füßen der Befreiungshalle verwirklicht werden und gibt es keine, auch unter wirtschaftlichen Gesichtspunkten tragbare Alternative an anderer Stelle?"

Von einer neuen Planung, auf die der Zellstoffwerk-Geschäftsführer Joachim Dahms verweist, hat Petzet noch nichts gehört. Außerdem hat der Generalkonservator so seine Zweifel, ob die Umplanungen an der beabsichtigten Fabrik die Bedenken der Denkmalschützer entkräften können: „Von kosmetischen Reparaturen an einem solchen Riesenprojekt verspreche ich mir wenig." In dieser Hinsicht ist Joachim Dahms freilich ganz anderer Meinung: Der Geschäftsführer weiß nämlich um eine „Grunddienstbarkeit", welche 1926 zugunsten des Freistaats Bayern auf das Gelände der seit 1884 bestehenden Fabrik eingetragen wurde und einen – wie Behörden das formulieren – „Bestandsschutz" für die bauliche Umgebung der Befreiungshalle und des Michelsbergs gewährleisten soll. „Schon deswegen", so betont Dahms, „können exorbitante Planungen gar nicht in unserem Interesse sein. Natürlich sind wir um eine einvernehmliche Regelung bemüht." Überdies habe das Unternehmen noch keine Genehmigungsanträge gestellt, weshalb der „Stand der Planungen noch in dynamischer ist". Eine großangelegte Maschinenhalle und hohe „Rohrbrücken", so versichert der Geschäftsführer, „werden wir in der Form" wie sie in den ersten Planungen vom September enthalten gewesen seien, „nicht bauen". Denn schließlich habe das Unternehmen wegen der bereits im Oktober eingegangenen Bedenken der Bayerischen Schlösser- und Seenverwaltung das erste Planungskonzept geändert. Nicht in Frage komme es allerdings, die neue Produktion andernorts zu errichten: „Eine Alternative zu diesem Standort gibt es nicht. Die Alternative zu diesem Projekt ist lediglich, die Fabrik zu schließen", erklärte Dahms.

Es könnte nun so kommen, daß die Pläne des Zellstoffwerks letztlich vielleicht doch das Gefallen der Denkmalschützer und der Schlösser- und Seenverwaltung finden und das Projekt dann ganz andere Schlagzeilen macht: Die neue Anlage wäre – so beschreibt es der Geschäftsführer Dahms – nämlich „die erste schwefelfreie Zellstoff-Fabrik der Welt, wodurch eine erhebliche Verbesserung der Luftsituation und der Donaubelastung in der Region erreicht wird".

Führer zu Niederbayerns Kunstdenkmälern

Handbuch für den Regierungsbezirk vorgestellt — Eine Fundgrube für heimatgeschichtlich Interessierte

Von Peter Hahne

Landshut. Den ganzen kunstgeschichtlichen Reichtum Niederbayerns zeigt das „Handbuch der deutschen Kunstdenkmäler von Georg Dehio" in dem neuesten Band „Bayern II: Niederbayern" auf, der gestern im Rathaus in Landshut von Generalkonservator Prof. Dr. Michael Petzet vorgestellt wurde.

Zehn Jahre, nachdem der Band „Bayern I: Franken" erschien, hat nun auch Niederbayern ein Handbuch zur Verfügung, das sich an jeden Kunst- und Heimatinteressierten wendet und die Grundlage für Denkmalpflege, Kunstgeschichte und Heimatkunde bildet. So freute sich bei der Repräsentation auch Regierungspräsident Dr. Herbert Zeitler in seiner Dankadresse, daß diesmal Niederbayern noch vor Oberbayern an der Reihe sei.

Das „Handbuch der deutschen Kunstdenkmäler" wurde von dem großen Gelehrten aus den frühen Tagen der Kunstgeschichte, Georg Dehio, zwischen 1905 und 1912 gegründet. In der jetzigen Neubearbeitung durch Prof. Michael Brix (München), in der die Kunstlandschaft Niederbayerns als eines der reichsten und eigenständigsten Gebiete Bayerns bezeichnet wird, sind mehr als 700 Orte und tausende Kunstdenkmäler aufgeführt.

Die wichtigsten Kunst-Zentren sind naturgemäß die Städte Passau, Landshut und Straubing. Darüber hinaus ist aber auch der ländliche Raum und das Gebiet des Bayerischen Waldes enthalten, mit seinen Kirchen, Schlössern, Bürgerhäusern, städtebaulichen Situationen und Industriedenkmälern. Auch der Topographie wird breiter Raum gewidmet, und auch umweltkritische Abschnitte finden sich.

Damit sei das Handbuch nach den Worten von Generalkonservator Petzet auch für den Gast, den Reisenden, der an seiner Umgebung Anteil nehme, ein wertvolles Nachschlagewerk. Der Band enthält neben einem kunsthistorischen Fachwörterverzeichnis auch einen zweifarbigen Kartenanhang, in dem die Hauptverkehrswege angegeben sind, und schließlich noch ein ausführliches Künstlerregister.

Die Buchhandelsauflage beträgt 7000 Exemplare. Mit seinem Umfang von 840 Seiten und einem Preis von 58 DM stellt der Deutsche Kunstverlag in München das Buch zwar als „nicht billig", aber doch „höchst preiswert" (Petzet) her. Vor allem: es ist wertbeständig.

Investitionen in Höhe von 20 Millionen Mark

Die Alte Münze wird neu geprägt

Süddeutsche Zeitung, 6. Februar 1989

Maßgeschneiderter Umbau für die Denkmalpfleger / Neue historische Erkenntnisse über ehemaligen Marstall

Mit dem Einzug in den Gebäudekomplex der Alten Münze am Hofgraben – die offizielle Übergabe fand vor zwei Jahren statt – hat sich das Landesamt für Denkmalpflege eine doppelte Aufgabe gestellt: Einmal, den 140 Mitarbeitern, die vielfach in Ausweichquartieren tätig sind, unter einem gemeinsamen Dach optimale Arbeitsbedingungen zu schaffen; dann aber auch, den historischen Kern, vor allem den einzigartigen Renaissancehof, mustergültig herzurichten. Der erste Abschnitt der mit einem Kostenaufwand von zwanzig Millionen Mark veranschlagten Bauarbeiten soll bis zum Sommer abgeschlossen sein. Er betrifft vor allem die Einrichtung von Werkstätten und Labors. Forschungen über die Geschichte des ehemaligen herzoglichen Marstalls und der mit ihm verbundenen Kunstkammer haben mittlerweile bemerkenswerte Ergebnisse gezeigt.

Von Heinrich Breyer

Der Komplex zwischen Hofgraben-, Pfister- und Maximilianstraße war einst ein Brückenglied zwischen dem Alten Hof, dem ersten Regierungssitz der wittelsbachischen Herzöge, und deren neuer Residenz, der „Neuveste": Herzog Albrecht V. hat ihn zwischen 1563 und 1567 als ein Schatzhaus errichten lassen, in dem er Besitzerstolz zeigen konnte: Im Parterre, in den als Säulenhallen gebauten Ställen, edle Pferde, und im Obergeschoß die nicht weniger als 6000 Objekte umfassende Kunstkammer, die Urzelle der heutigen staatlichen Sammlungen, in der auch rare und kuriose Naturstücke zu sehen waren: Präparate seltener Tiere – darunter ein von Kaiser Maximilian geschenkter ausgestopfter Elefant – und kostbare Mineralien. Sehenswürdigkeiten eben.

Die nächste Nutzung des Gebäudes war von profaner, aber doch auch noch glänzender Art. 1807/08 wurde der Bau zur Münzstätte umgeprägt, zur nunmehr einzigen im jungen Königreich Bayern, erweitert um zwei Nachbargebäude jenseits des Pfisterbachs, die ehemalige Scheune für den Marstall und ein Privathaus mit Rückgebäude. Andreas Gärtner, der Vater des berühmteren Ludwigstraße-Architekten Friedrich Gärtner, und Franz Thurn haben seinerzeit die Pläne für die „Moneta regia" geliefert. Hier wurde nun Metall geschmolzen, zu „Rohlingen" verarbeitet und von den Prägemaschinen, die von der Wasserkraft des Pfisterbachs angetrieben wurden, in Taler, Mark und Pfennig ausgeformt. Als Sockel für die schweren Maschinen hatte man kurzerhand die Marmorpodeste von Skulpturen und Bleivasen requiriert, die bei der Umgestaltung des Nymphenburger Parks im „englischen Geschmack" abgebaut worden waren.

von den Bürgerhäusern, die einst dem herzoglichen Marstall hatten weichen müssen.

Im früheren Fabrikationsbereich der Münze, im Parterre, wird auch künftig Werkstattbetrieb vorherrschen. Bis zum Sommer sollen hier nach Vollendung des ersten Bauabschnitts im Zug der „Familienzusammenführung" Mitarbeiter ihre Tätigkeit aufnehmen können, die noch in diversen auswärtigen Provisorien untergebracht sind. So ist das Zentrallabor, das unter anderem neue Methoden erforscht wie Kunstwerke aus Stein und aus Bronze vor Korrosion geschützt werden können, zu einem Teil im Deutschen Museum, zum Jahr abgeschlossenen Restaurierung des 4,5 Meter hohen Bamberger Tintoretto-Gemäldes „Himmelfahrt Mariae" im Doerner-Institut der Staatsgemäldesammlungen. Auf Atelierfenster mußte allerdings verzichtet werden, weil man auf keinen Fall in das Erscheinungsbild der Fassaden eingreifen wollte. Hier wird also Kunstlicht vorherrschen.

Ansonsten konnten jedoch mit Hilfe des Landbauamts, das den Gebäudekomplex bereits seit 1876 betreut, die Werkstätten, Labors und Depots für den jeweiligen Zweck maßgeschneidert und natürlich auch mit den nötigen technischen Einrichtungen wie etwa Absaugvorrichtungen

bestand aus kleinen Objekten aus dem Zeitraum vom 15. bis zum 20. Jahrhundert – Münzen, Votivanhängern, Knöpfen und einer Menge Scherben, die der Geologe Hermann Hagn, ein Hobbyspezialist auf diesem Gebiet, derzeit sortiert und untersucht. Das ganze Sammelsurium soll später auch einmal gezeigt werden.

Im übrigen sind die ´Denkmalpfleger nicht unglücklich, daß sie beim Umbau außer auf die Fassaden und auf den großartigen Renaissancehof kaum auf historische Substanz Rücksicht nehmen müssen. Der Komplex war bei Kriegsende zu siebzig Prozent zerstört – wie durch ein Wunder sind jedoch die Säulenarkaden des ehemaligen Marstallhofs weitgehend intakt geblieben, eines der bedeutendsten profanen Renaissancebauten nördlich der Alpen. Andere Spuren aus der Zeit Herzog Albrechts hatten schon die früheren Umbauten weitgehend getilgt. Freilich mit einer weiteren bedeutsamen Ausnahme: Im Erdgeschoß des Südtrakts hat sich, was bisher fast unbekannt geblieben ist, ein Teil der prächtigen dreischiffigen Säulenhalle des fürstlichen Pferdestalls erhalten. (Als sehr düster beschreibt ihn ein Reisebericht aus der Barockzeit.) Wie in den oberen Arkaden des Hofs sind die schlanken Säulen, die ein Kreuzrippengewölbe tragen, aus rotem Marmor gemeißelt.

Marmorsäulen wie am Hofgarten

In einem Forschungsbeitrag zur Geschichte des Marstalls, der demnächst im 40. Jahrbuch seines Amts veröffentlicht wird, stellt Michael Petzet eine bemerkenswerte Verbindung von diesen Marmorwerken zu den ganz ähnlichen in den wiederentdeckten Renaissancearkaden des Unteren Hofgartens her. Aus Archivakten ist zu belegen, daß dort zur Erbau-

▷

Baumuster für die Praxis

Seit die Geldfabrik des Freistaats nach Zaindorf umgezogen ist, wird in dem Gebäude am Hofgraben von Grund auf umgebaut. Und zwar für Nutzungen, die zumindest in Teilen noch mit den alten verwandt sind. Das gilt zum Beispiel für die Depots. Da werden zwar künftig keine Kunstwerke und Kleinodien aufbewahrt wie einst in der Kunstkammer, aber doch für die Praxis sehr wertvolle Dinge. Eine einzigartige, bei frühen Inventarisierungen bayerischer Kunstdenkmäler entstandene Sammlung von Glas-Negativen beispielsweise, oder auch eine große Kollektion historischer Baumaterialien und Dekorationsmuster, von Tapeten bis zu alten Dachziegelformen. Auch ein Ziegelstein mit dem Relief eines Adlers und eines Kranichs gehört dazu. Er war bei Ausschachtungsarbeiten für das Fundament einer neuen Prägemaschine zum Vorschein gekommen - als einziges Zeugnis

NAHEZU UNBEKANNT ist bis heute geblieben, daß sich im Gebäude der Alten Münze neben dem Arkadenhof, einem der bedeutendsten profanen Renaissancebauten nördlich der Alpen, auch noch ein Rest der herzoglichen Pferdeställe erhalten hat. Die dreischiffige Halle mit Rotmarmorsäulen von gleicher Machart wie im Obergeschoß des Hofs und im Unteren Hofgarten wurde vor hundert Jahren mit gußeisernen Streben gesichert. *Unser Bild zeigt sie noch mit Prägemaschinen der Münze bestückt.*

Photo: Landbauamt München

ausgerüstet werden. In einem Fall hat ein anderen im Geologischen Institut an der Luisenstraße einquartiert. Restauratoren waren zeitweilig die Antic-Haus an der Neuturmstraße angesiedelt; nach dessen Schließung vor einem Jahr mußten sie in ein Gautinger Schulhaus umziehen.

Bei einem Rundgang durch die Baustelle kann der Amtschef, Generalkonservator Michael Petzet, einen Atelierraum vorweisen, der - mit einer Hebebühne ausgestattet - künftig auch die Arbeit an Großformaten ermöglicht. Bisher mußte man in solchen Fällen bei befreundeten Institutionen „gastieren". So zu der im vorigen Stück alter Einrichtung die neue Zweckbestimmung vorgegeben: die Schmiedeesse der ehemaligen Münzschlosserei kann jetzt in der Werkstatt für Metallarbeiten weiterverwendet werden.

Eine Erweiterung des Baubestands hat es nur im Untergrund gegeben. So wurde zwischen den beiden, ehedem durch den Pfisterbach getrennten Gebäuden ein Raum für das Photolabor ausgeschachtet. Wobei der Aushub vom ehemaligen Gewässerbett sorgfältig nach Geschichtsspuren untersucht wurde. Die Ausbeute

ungszeit des Marstalls und des Lusthauses für Albrecht V., ein Kaspar Weinhart eine Steinmetzhütte betrieben hat. Er war also vermutlich Lieferant für beide Baustellen.

Die bedeutsamste Passage in Petzets neuem Befund stellt zumindest in Frage, was in Stadt- und Kunstführern bislang zu lesen war, daß nämlich der Münzhof vom Hofbaumeister Wilhelm Egckl (in zeitgenössischen Akten wahlweise auch Eggl, Eckl, Oeggl, oder Oegckl geschrieben) entworfen sei, dem auch die Architektur des Antiquariums der Residenz zugeschrieben wird. Für diese Behauptung hat sich weder in den Hofzahlamtsrechnungen noch sonstwo ein Beleg gefunden. In den Akten ist vielmehr ein anderer Name aufgetaucht, der mit dem ursprünglichen Marstallbau zu tun hatte; der des Augsburger Baumeisters Bernhard Zwitzel. (Wie der Zufall will, hat Gabriele Dischinger im kürzlich erschienenen neuen Band des Oberbayerischen Archivs unabhängig davon auch einen Bauplan für das Antiquarium eben diesem Bernhard Zwitzel zuerkannt, einer offenbar weithin gefragten Kapazität auf dem Gebiet profaner Repräsentationsbauten.)

Generell verweist der Bauhistoriker darauf, daß man bei Bauten dieser Zeit weniger an Genietaten eines einzelnen Architekten als vielmehr an Leistungen eines Teams zu denken hat. Petzet räumt auch mit der schönen lokalpatriotischen Vorstellung auf, die Unregelmäßigkeiten im Grundriß des Münzhofs und in der Arkadengliederung seien Ausdruck legerer Münchner oder auch bayerischer Wesensart. Nach seiner einleuchtenden Erklärung wurden sie schlicht von den Grundstücksgrenzen der vorhergehenden Bebauung und dem Lauf des Pfisterbachs vorgezeichnet.

Weniger erfolgreich war die Denkmalamt bisher bei der Bauforschung am Objekt. Beim Versuch etwa, originale Farbtöne der Fassaden oder gar der Renaissancearkaden festzustellen. Sicher ist nur, daß bei der Restaurierung des Münzhofs, er kommt als letztes Stück der bis 1991 dauernden Bauarbeiten an die Reihe - der düstere Ton aufgehellt wird, den der Akademieprofessor Hermann Kaspar 1963/64 dem kostbaren Architekturbild verpaßt hat - „im Sinne der Renaissance", wie er meinte.

Dr. Petzet: „Ich sehe Chancen eine Lösung zu finden"

Leiter des Bayerischen Landesamtes für Denkmalpflege besuchte Bayerische Zellstoff in Kelheim

Kelheim (sm). Wer erinnert sich nicht, an die harte Kritik, die der Leiter des Bayerischen Landesamtes für Denkmalpflege, Generalkonservator Dr. Petzet zu Jahresbeginn gegen an den von der Bayerischen Zellstoff in Kelheim geplanten Erweiterungsbau übte? Er prangerte an, daß die Gesamtansicht sowie der Blick von der Befreiungshalle dadurch beeinträchtigt würden. - In einer Pressekonferenz in der Bayerischen Zellstoff stellte die Werkleitung inzwischen eine Neuplanung vor, die am Montag auch Landeskonservator Dr. Petzet bei einem Gespräch in dem Kelheimer Werk unterbreitet wurde.

Die Mittelbayerische Zeitung wandte sich an Dr. Petzet, um von ihm etwas über den Ausgang des Gespräches zu erfahren. Insgesamt äußerte sich der Generalkonservator dabei positiv. „Ich bin sehr angetan, weil man sich offensichtlich bemüht hat" und „Es sind sehr positive Ansätze für eine Einigung erkennbar" sind seine Worte.

Außerdem hebt Dr. Petzet hervor, daß er sehr erfreut darüber sei, daß der neue Planungsvorschlag auf die 170 Meter lange Zellstoff-Entwässerungsmaschine verzichte, die vorgesehenen Neubauten auf das bereits vorhandene Firmengelände beschränke und eine Ausdehnung der Bauten auf den Holzlagerplatz weitgehend vermeide.

Der gesamte, von der Befreiungshalle einsehbare Bereich werde nach den Worten Petzets bei der Neuplanung freigehalten. Befriedigt zeigt er sich, weil die Neuplanung als Erfolg der Interessen zu werten sei. Wenn die endgültige Planung in Verfolgung der öffentlichen Einwände und der jetzt vorgelegten Planvorschlägen entspreche, werde sein Amt keine Einwände erheben und auch die Bayerische Schlösser- und Seenverwaltung werde dem Projekt sicher zustimmen. Auf jeden Fall seien sehr positive Ansätze für eine zufriedenstellende Lösung zu erkennen, Petzet: „Ich hätte das nicht erwartet und finde es sehr anerkennenswert."

Wie von der Werkleitung der Bayerischen Zellstoff zu erfahren war, ist man dort bestrebt die endgültige Planung entsprechend durchzuführen. Immerhin will „Organocell" in Kelheim eine Art Muster-Zellstoff errichten, um das Know-How einer umweltfreundlichen Zellstoff-Herstellung auch an andere Zellstoffhersteller zu verkaufen. Dies wurde auch bereits in der vor drei Wochen stattgefundenen Pressekonferenz betont, über die MZ ausführlich berichtete.

Das Bayerische Landesamt für Denkmalpflege hatte besonders die 170 Meter lange und 20 Meter hohe, in den ersten Plänen enthaltene Papiermaschine beanstandet, die aber in der neuen, bereits bei der Pressezusammenkunft vorgestellten Planung nicht mehr enthalten ist. Dabei hatte Geschäftsführer Dahms darauf hingewiesen, daß man auch mit Berücksichtigung aller berechtigten Einwände bemüht sei.

Mittelbayerische Zeitung (Regensburg)
15. Februar 1989

Süddeutsche Zeitung
10. Februar 1989

Neues Problem bei Wegfall der Staatskanzlei-Seitenflügel:

Arkaden ohne Halt nicht zu erhalten

Chef des Landesamts für Denkmalpflege stellt Bilanz der Bauforschungen am Hofgarten vor

Das Ergebnis der umfangreichsten und detailliertesten Bauforschung, die je für ein Münchner Kulturdenkmal geleistet wurde, hat der Chef des Landesamts für Denkmalpflege, Michael Petzet, am Donnerstag vorgelegt: Die Bilanz der Grabungen und Archivforschungen zum Thema „Denkmäler am Münchner Hofgarten". Bei dieser Gelegenheit gab er zu bedenken, daß der

Von Heinrich Breyer

Kritische Fragen, ob er sich damit wieder einen wohl glücklich abgewehrten Behördentrakt an der Nordseite des Unteren Hofgartens zurückwünsche, wehrte der Generalkonservator mit der Feststellung ab, er wolle nur auf eine technische Notwendigkeit aufmerksam machen, die auch nach dem statischen Gutachten zur Erhaltung der Arkaden zwingend nötig sei. Und auch darauf, daß der Hofgarten immer ein geschlossenes Geviert gebildet habe – keineswegs, wie oft behauptet, im Norden durchlässig zum Englischen Garten hin. Er bekräftigte auch nochmals seine Ansicht, daß der Kuppelbau des Armeemuseums für den Maßstab für die geplanten Flügelbauten der Staatskanzlei bilden müßten. Auch zur Abschirmung gegen den Altstadtring sei ein Riegel in der Größen-

sich abzeichnende Kompromiß im Streit um den Neubau der Staatskanzlei mit dem Verzicht auf Seitenflügel ein neues Problem aufwirft. Die ruinösen zweistöckigen Arkaden könnten nämlich auf keinen Fall freistehend erhalten bleiben; sie müßten vielmehr an einer wie auch immer gearteten Architektur verankert werden.

geschah. Im Januar 1985, das ist auch im Dokumentarteil des Bandes nachzulesen, hatte das Amt nämlich noch einem Abbruch der oberen, als Ruinen sichtbaren Arkaden zugestimmt. Man hatte sich damals auf den Eintrag in der Münchner Denkmalliste verlassen, der die 13 Architekturbögen als ein Relikt des im Krieg zerstörten Kunstvereinsgebäudes von 1867 registrierte. Erst kurz darauf kam die Entdeckung – „spät, aber nicht zu spät" –, daß es unter dieser Arkadenreihe ein „Tiefgeschoß" gibt, das auf die Ursprünge dieses Hofgartenteils zurückführt.

Die sorgfältige Untersuchung dieser Architektur, die schon vor bald zweihundert Jahren unter Kurfürst Karl Theodor zur Anlage eines Exerzierplatzes zugeschüttet wurde, hat neues Licht ins ursprüngliche Bild des Hofgartens gebracht. Heike Fast-

je konnte bei ihrer Spurensicherung Merkmale von nicht weniger als sieben Bauphasen feststellen. Die wichtigste war natürlich die ursprüngliche aus der Zeit um 1560, eine 70 Meter lange, von Rotmarmor-Säulen getragene Wandelhalle nach antikem Vorbild, die zum Lusthaus auf der Ostseite des Gartens führte. Diese Arkadenreihe, die den Maßstab für den gesamten späteren Ausbau des Hofgartens geliefert hat, ist bereits unter Albrechts Nachfolger Wilhelm V. mit einer Art Pergola aufgestockt worden; Kurfürst Maximilian ließ diese zusätzliche Etage zu einem zusätzlichen Arkadengang ausbauen, Leo von Klenze veränderte ihn nochmals, und schließlich wurde er in das Kunstvereinsgebäude einbezogen.

Die begleitende Archivforschung hat auch Hinweise gebracht, welche Künstler

an dieser Gartenarchitektur beteiligt waren. Fest steht, daß Caspar Weinhart hier eine Bauhütte betrieben hat, die wohl auch für den Marstall, die Alte Münze tätig war. Das Dekor von Freskenresten macht es wahrscheinlich, daß es von Hans Thonauer stammt, der ähnliches im Dachauer Schloß geschaffen hat. Und die spätere Aufstockung, etwa gleichzeitig mit dem Bau des Grottenhofs der Residenz erfolgte, könnte Friedrich Sustris geleistet haben. Insgesamt dokumentiert das Heft alle Perioden der Randbebauung, aber auch Projekte, die auf dem Papier geblieben sind. So Gottfried Sempers städtebauliche Entwürfe, ein Projekt Theodor Fischers zur Modernisierung des Kunstvereinsgebäudes und schließlich monumentale Entwürfe für ein Rundfunkhaus, der letzte von 1949.

Das zweite große Forschungsfeld, dessen Ertrag geschildert wird, liegt im Südteil des Areals, in Nähe der Hofgartenstraße. Hier wurden die beiden Teiche untersucht, die Kurfürst Maximilian zusammen mit Wasserspielen und Vogelgehegen hier anlegen ließ. Die Zu-und Ableitungen des Stadtbachs wurden hier geortet, Uferbefestigungen, aber auch Spuren einer noch älteren Anlage. Rätsel hat hier lange Zeit der Rest eines Mauerzugs aufgegeben. Inzwischen steht fest, daß es sich um die ehemalige Begrenzung des Gartens nach Osten handelt. In dieser Richtung müßte man auch nach Meinung Michael Petzets weitergraben, wenn über den jetzigen Befund hinaus noch etwas erforscht werden sollte. Dort war nämlich das Lusthaus gestanden, das Hauptgebäude der Gartenanlage zu ihrer Entstehungszeit. (Das Arbeitsheft „Denkmäler am Hofgarten", das 262 Seiten mit 200 Abbildungen und 10 Ausfaltplänen umfaßt, kostet 28 Mark. Zu beziehen über den Buchhandel oder den Münchner Verlag Karl M. Lipp.)

STEIN FÜR STEIN *wurden bei der mi-*

AZ (Abendzeitung), München
10. Februar 1989

Keine Büros hinter den Arkaden von Herzog Maximilian

FAKTEN & MEINUNG: Die Denkmalschützer im Hofgarten

Michael Petzet, der oberste Denkmalpfleger, läßt nicht locker: Obwohl beim Staatskanzleiprojekt im Hofgarten die Querflügel wegfallen und auch die Hauptflügel gestutzt werden sollen, plädiert er nach wie vor für zumindest einen Querflügel, um daran die umkämpften Renaissance-Arkaden anbinden zu können. Einen hartnäckigeren Anwalt für ihre Pläne als Petzet kann sich die Staatskanzlei gar nicht wünschen. Der Anlaß seines Bekenntnisses: Die Vorstellung der Broschüre „Denkmäler am Münchner Hofgarten".

Das Denkmalamt wurde zwar erst duch die Proteste der Öffentlichkeit dazu gebracht, die bedeutenden historischen Reste im unteren Hofgarten ernsthaft zu erforschen, aber dann hat man sich wirklich reingekniet und so viel entdeckt – wie Stadtmauern oder Klenzes Brunnenhaus –, daß vor allem durch diese Funde ein Baustop der Staatskanzlei durchgesetzt werden konnte.

Die in der umfangreichen Broschüre (über 250 Seiten und mehr als 200 Abbildungen, Verlag Lipp, 48 Mark)

Luftaufnahme freigeg. v. d. Reg. v. Obb. GS 9505-83

minuziösen Bauforschung im Unteren Hofgarten Denkmalfunde nach Lage, Material und Farbspuren untersucht. Im Vordergrund der Luftaufnahme, die auf dem Höhepunkt der Grabungskampagne 1986 entstand, sind parallel zur Hofgartenstraße die Umrisse der unter Kurfürst Maximilian im 17. Jahrhundert angelegten Teichanlage zu erkennen. Mauerzüge, die lange Rätsel aufgaben, wurden nach alten Stichen als Gartenmauern identifiziert. Im Hintergrund ist die Arkadenarchitektur zu erkennen, an der Spuren von nicht weniger als sieben Bauphasen entdeckt wurden.

ordnung des ehemaligen Armeemuseums unabdingbar. Eine Rückkehr zur feingliedrigen Bebauung der Barockzeit sei hier nicht möglich.

Vor diesem aktuellen Diskurs skizzierte Petzet den Inhalt des 41. Arbeitshefts seines Amtes, das bisher umfangreichsten. In ihm ist niedergelegt, was seit drei Jahren durch Ausgrabungen und Archivarbeit über die Historie des Unteren Hofgartens zutage gekommen ist. (Ein Teil davon deckt sich inhaltlich mit den Beiträgen des Ende vorigen Jahres von Adrian von Buttlar und Traudl Bierler im Süddeutschen Verlag herausgegebenen Bandes „Der Münchner Hofgarten".) Was das auslösende Moment für die minuziösen Forschungen anlangt, die späte Wiederentdeckung der bislang im Erdreich verborgenen, von Herzog Albrecht V. angelegten Renaissance-Arkaden, äußert der Amtschef im Vorwort Verständnis für die Verwunderung der Öffentlichkeit, daß dies so spät

niedergelegten Ergebnisse beweisen jetzt schwarz auf weiß, daß der östliche Hofgarten viel zu geschichtsträchtig ist, um durch einen banalen Regierungs-Büropalast entwertet zu werden.

Michael Petzet geht allerdings davon aus, daß die Renaissance-Arkaden im Osten nur stehenbleiben können, wenn sie von einem neuen Bauteil statisch gehalten werden. Doch hier gibt es zweifellos erträglichere Lösungen als die Verbindung der inzwischen transparenten Arkaden mit einem massiven Behördengebäude dahinter, wodurch man diese kostbaren Architektur-Relikte zur bloßen Staffage vor einer gänzlich unpassenden Amtsfassade herabwürdigte.

Eher denkbar wäre die rekonstruierende Ergänzung der Arkaden durch einen überdachten Bogengang, der ihnen genügend Standfestigkeit gäbe oder eine stützende und schützende Stahl/Glas-Konstruktion im heutigen Stil. Die Arkaden sind auf jeden Fall der Schlüssel für eine adäquate einfassende Umgrenzung des unteren Hofgartens. *Peter M. Bode*

Denkmalpflege als Kulturpolitik

Von Generalkonservator Prof. Dr. Michael Petzet
Leiter des Bayerischen Landesamts für Denkmalpflege

Denkmalpflege als Kulturpolitik hat in Bayern, wo schon König Ludwig I. durch die Pflege der Kulturgüter ganz bewußt auch das politische Ansehen seines Landes stärken wollte, eine lange Tradition. Wenn sich die auf dieser Tradition aufbauende Neuorganisation von Denkmalschutz und Denkmalpflege im Rahmen des inzwischen mehr als fünfzehn Jahre alt gewordenen, immer noch vorbildlichen bayerischen Denkmalschutzgesetzes zweifellos gut bewährt hat, so muß dies auch vor dem Hintergrund des seit dem Europäischen Denkmalschutzjahr 1975 überraschend gewachsenen, breiten Verständnisses der für die Erhaltung einer von Denkmälern geprägten Umwelt engagierten Bürger gesehen werden. – Denkmalschutz und Denkmalpflege sind im modernen Bayern ein selbstverständliches und allgemein akzeptiertes politisches Anliegen.

Dies drückt sich inzwischen auch unübersehbar im Erscheinungsbild unserer Städte und Gemeinden aus, nachdem hier in den vergangenen Jahren dank privater und öffentlicher Initiativen mehr Denkmäler instandgesetzt worden sein dürften als je zuvor, und zwar nicht nur die „großen" Denkmäler, nicht nur Monumentalbauten in öffentlichem Besitz, sondern auch eine Fülle von Bauernhäusern und Bürgerhäusern und unzählige „kleine" Denkmäler vom Brunnen bis zur Feldkapelle. Dabei sind selbst alltägliche denkmalpflegerische Fragen, zum Beispiel die Farbgebung für die Fassade eines Bürgerhauses, die Freilegung einer Fachwerkwand, die Ausgrabung auf einem Baugelände, zum heiß diskutierten kommunalpolitischen Problem geworden, da die Erhaltung unseres historischen Erbes eine gewisse Kontinuität verbürgt und nicht nur unverzichtbare Traditionen wie den Umgang mit historischem Materialien und Techniken bewahrt, sondern vor dem Hintergrund der Geschichte, zum Beispiel in der Auseinandersetzung mit neuer Architektur, auch kreative Kräfte freisetzt und insgesamt Maßstäbe für einen schonenden Umgang mit unserer Umwelt bilden kann.

110 000 Baudenkmäler, an die 900 Ensembles und 10 000 archäologische Geländedenkmäler verzeichnen die 1985/86 erschienenen Bände der Reihe „Denkmäler in Bayern" – bisher ist Bayern das einzige Land der Bundesrepublik mit einer vollständig veröffentlichten Liste seiner Kulturdenkmäler. Größerer Anstrengungen bedarf allerdings noch die weitere Erfassung der Bodendenkmäler, für die Jahrtausende menschlicher Geschichte auf bayerischem Boden seit der Altsteinzeit die einzigen Geschichtszeugnisse.

Andererseits wird auch die Liste der Baudenkmäler fortgeschrieben werden müssen, wobei als obere Grenze die Architektur der Nachkriegszeit auch in anderen Bundesländern verstärkt in den Blickpunkt des Interesses gerückt ist. In Bayern will man sich hier mit guten Gründen noch auf einzelne charakteristische Beispiele beschränken und die Beurteilungsmaßstäbe weiter überprüfen: Bisher sind erst ca. 30 Denkmäler der „fünfziger Jahre" in der Denkmalliste verzeichnet.

Insgesamt stehen die Chancen für den Schutz unseres kulturellen Erbes dank des gut verankerten Denkmalschutzgesetzes in Bayern wesentlich günstiger. Waren jahrelang Denkmäler noch in den sechziger Jahren einem manchmal nur gewisse „Traditionsinseln" aussparenden Verdrängungsprozeß ausgeliefert, so sind Abbrüche, auch dank der stärkeren Unterstützung durch die öffentlichen Medien, heute eher die Ausnahme geworden. Allerdings bereitet der fallende Umgang mit historischer Bausubstanz nach wie vor erhebliche Sorgen, also die Zukunftsinvestitionen, da die Erhaltung unseres historischen Erbes eine gewisse Kontinuität verbürgt und nicht nur unverzichtbare Traditionen wie den Umgang mit historischen Materialien und Techniken bewahrt.

Hinzu kommen noch jährlich 30 Millionen DM aus dem vom Bayerischen Staatsministerium für Wissenschaft und Kunst verwalteten Entschädigungsfonds. Für die Ausgrabungen der archäologischen Denkmalpflege stehen dem Landesamt wieder 7 Millionen DM zur Verfügung, dazu wie schon in den vergangenen Jahren im Rahmen von Arbeitsbeschaffungsmaßnahmen bis zu 10 Millionen DM jährlich von der Bundesanstalt für Arbeit in Nürnberg, wobei es angesichts des ständig erhöhenden Anteils an Eigenmitteln zweifelhaft ist, ob diese Arbeitsbeschaffungsmaßnahmen noch im gleichen Umfang weitergeführt werden können.

Im übrigen wird auch in diesem Zusammenhang die früher weit unterschätzte wirtschaftliche Bedeutung der Denkmalpflege sichtbar. Mit den Zuschußmitteln der Denkmalpflege wird ja ein Vielfaches an Investitionen in Bewegung gesetzt: So wurden im vergangenen Jahr vom Landesamt für Denkmalpflege nicht weniger als 56 160 158 DM zu geförderten Gesamtkosten von 427 981 483 DM bewilligt. Und diese Zuschußmittel kommen in breiter Streuung über das ganze Land vor allem kleineren mittelständischen Betrieben vom Dachdecker bis zum Kirchenmaler zugute, – also eine kontinuierliche und sehr „beschäftigungsintensive" Aufgabe, eine wesentlich effektivere Möglichkeit als manche kurzfristigen Konjunkturprogramme früherer Jahre.

Hochschulausbildung für Restauratoren

Daß im Einsatz traditioneller historischer Materialien und Techniken bei der Instandsetzung historischer Gebäude große Zukunftschancen für das Handwerk zu sehen sind, zeigen die in den letzten Jahren erfreulicherweise intensivierten Bemühungen des Handwerks um eine berufliche Spezialisierung und Weiterbildung für denkmalpflegerische Aufgaben, auch wenn die Bezeichnung „Restaurator im Handwerk" zeitweise zu Mißverständnissen Anlaß gegeben hat. Bedauerlich ist dagegen, daß in Bayern trotz intensiver Bemühungen und Diskussionen der letzten Jahre die auch aus der Sicht der Denkmalpflege dringend benötigte Ausbildung zum Diplomrestaurator auf Hochschulebene immer wieder auf die lange Bank geschoben wird. In der Bundesrepublik gibt es eine Hochschulausbildung für Restauratoren bereits seit mehr als einem Jahrzehnt an der Staatlichen Akademie der Bildenden Künste in Stuttgart angegliederten Institut für Technologie der Malerei, neuerdings auch an den Fachhochschulen Köln und Hildesheim. Im deutschsprachigen Raum werden außerdem in Wien an der Akademie für Bildende Künste und an der Hochschule für Angewandte Kunst sowie auf Kunstakademieebene in der Deutschen Demokratischen Republik und auf Fachhochschulebene in der Schweiz Restauratoren ausgebildet.

Denkmalpflege fast leer ausgegangen

Über der in diesen Zahlen zum Ausdruck kommenden, vergleichsweise guten finanziellen Ausstattung der bayerischen Denkmalpflege könnte man vielleicht die offenkundigen Engpässe in der personellen Ausstattung übersehen, nicht nur bei der Fachbehörde Landesamt für Denkmalpflege, sondern auch bei den Unteren Denkmalschutzbehörden: Im neuen Haushalt sind denn auch vom Staatsministerium für Wissenschaft und Kunst mit Planstellen für Informatik, Gentechnik und andere Segnungen des Fortschritts ausschließlich Schwerpunkte im Bereich der Universitäten gesetzt worden, während die Denkmalpflege fast leer ausgegangen ist. Dies gilt selbst für die naturwissenschaftlichen Bereiche der Restaurierungswerkstätten: In dem vor Jahren dank der Unterstützung der Stiftung Volkswagenwerk geschaffenen Zentrallabor des Landesamtes für Denkmalpflege – immer noch die einzige Einrich-

Internationaler Erfahrungsaustausch

Doch gerade in Bayern, das auf diesem Gebiet in den großen staatlichen Restaurierungswerkstätten der Staatsgemäldesammlungen (Doerner-Institut), des Bayerischen Nationalmuseums und des Bayerischen Landesamtes für Denkmalpflege mit seinem Zentrallabor über bewährte Institutionen verfügt, von denen auch auf inter-

geworden, das alle Bürger interessiert, auch diejenigen, die vielleicht mit traditionellen Kulturveranstaltungen, einem Besuch im Museum oder einem Opernabend, wenig im Sinn haben. In der Auseinandersetzung breiter Kreise der Bevölkerung mit den Zeugnissen unserer Geschichte und der Identifikation mit einer als Heimat empfundenen, von Denkmälern geprägten Umgebung steckt jedenfalls auf lange Sicht weit mehr an kulturpolitischer Tragweite als in manchem gefeierten Tagesereignis des allgemeinen „Kulturbetriebs".

Eine Grundlage der denkmalpflegerischen Arbeit sind in Bayern die vom Landesamt für Denkmalpflege bereits seit den neunziger Jahren des vergangenen Jahrhunderts erarbeiteten Inventarwerke und die nach Artikel 1 des Denkmalschutzgesetzes erstellten Denkmallisten. An die

Tendenz zur totalen Erneuerung, das „Neubaudenkmal" statt der sinnvollen Reparatur, die vielleicht mit den Denkmälern gefährdet durch den Bund und die Volkswagenstiftung geförderten Programmen tätig, davon jedoch nur ein „Stammpersonal" auf fünf Planstellen. Auf Dauer erscheint dies angesichts, verbunden mit dem auch unter kulturpolitischen Gesichtspunkten höchst bedenklichen Verlust an traditionellen handwerklichen Qualitäten, vielfach zum anzugehenden, weltweit diskutierten Probleme der Stein-, Glas- und Metallkonservierung ein kaum tragbarer Zustand.

Eine im weitesten Sinn auch unter umweltpolitischen und wirtschaftspolitischen Gesichtspunkten zu sehende Denkmalpflege, in der der Freistaat Bayern dank der Bemühungen der vergangenen Jahre auf vielen Gebieten eine führende Stellung einnimmt, ist jedenfalls mehr als eine – mit bescheidenen Mitteln vor dem Verdursten zu rettende – Blüte im Blumenstrauß unserer Kulturpolitik. Denn die Mittel für die Denkmalpflege sind ja keine „verlorenen" Zuschüsse, sondern gerade in einer Zeit des allgemeinen Umbruchs lebensnotwendige

nationaler Ebene wirkende Impulse für den Beruf des Restaurators ausgegangen sind, müßte eine Umsetzung der modernen Konservierungsforschung in die Praxis durch eine entsprechende Ausbildung gesichert werden: Auch Bayern mit seinem dichten Denkmälerbestand und seiner Vielfalt an Museen braucht dringend eine die wissenschaftlich-theoretische und praktische Schulung integrierende Ausbildung zum Diplomrestaurator, die nach den leider gescheiterten Überlegungen für eine entsprechende Ausbildung im Rahmen der Münchner Akademie der Bildenden Künste wohl am besten an der Technischen Universität anzusiedeln wäre.

Zu den hier nur angedeuteten Problemen der Ausbildung im denkmalpflegerischen Bereich gehört schließlich auch der so notwendige internationale Erfahrungsaustausch, der sich nicht nur auf die üblichen Konferenzen und Kolloquien beschränken, sondern mehr als bisher auf konkrete Zusammenarbeit an bestimmten Problemen oder an bestimmten Projekten erstrecken sollte. Ein solches zukunftsweisendes Projekt ist die durch das Bundesministerium für Wissenschaft und Forschung in Verbindung mit dem Bayerischen Landesamt für Denkmalpflege und dem Römisch-Germanischen Zentralmuseum in Mainz angebahnte Zusammenarbeit mit der Volksrepublik China auf dem Gebiet der Denkmalpflege. Das Landesamt ist auch darüber hinaus in den vergangenen Jahren immer wieder auf internationaler Ebene zu Beratungsaufgaben hinzugezogen worden, so zur Sanierung der in der UNESCO-Liste des Weltkulturerbes verzeichneten Altstadt von Sana'a in der Arabischen Republik Jemen, wo demnächst die Sanierung eines großen Handelshauses, der Samsarat al Mansuriya, nach einem Konzept des Bayerischen Landesamtes für Denkmalpflege begonnen wird.

tung dieser Art in der Bundesrepublik – sind zwar zur Zeit 20 Mitarbeiter bei den lichen Normen orientierte allgemeine Baupraxis, verbunden mit dem auch unter kulturpolitischen Gesichtspunkten höchst bedenklichen Verlust an traditionellen handwerklichen Qualitäten, vielfach zum anzugehenden, weltweit diskutierten Probleme der Stein-, Glas- und Metallkonservierung ein kaum tragbarer Zustand.

ler unerkannt verloren, und die ca. 200 bis 250 größeren Ausgrabungen des Landesamtes für Denkmalpflege pro Jahr sind nicht mehr als ein Versuch, mit Notmaßnahmen die unmittelbar bedrohten Spuren unserer Geschichte für die Nachwelt zu sichern.

Angesichts der das ganze Land bis ins kleinste Dorf erfassenden Breitenwirkung der zur Rettung des gefährdeten kulturellen Erbes aufgerufenen Denkmalpflege wäre vielleicht auch ihr Stellenwert im Kulturhaushalt zu sehen. Natürlich ist es immer problematisch, kulturpolitische Bedeutung nur in Zahlen, vor allem in finanziellen Zahlen, zu messen und die in der Denkmalpflege aufgewendeten Mittel mit anderen Bereichen der Kulturförderung zu vergleichen – etwa mit den jährlich ca. 90 Millionen für die Münchner Staatsoper, die fast zu zwei Dritteln aus „verlorenen" Zuschüssen bestehen. Wegen der sehr unterschiedlichen Trägerschaft der verschiedenen denkmalpflegerischen Maßnahmen, wie sie vom Landesamt für Denkmalpflege fachlich zu betreuen sind, wären umfassende Zahlen über die zum Teil enormen finanziellen Aufwendungen von Privaten, Kommunen, Kirchen und Staat auch mehr oder weniger fragwürdig, weil man dann eigentlich zwischen denkmalpflegerischen Maßnahmen im engeren Sinn, üblichem Bauunterhalt, Ausgaben für Modernisierung oder Umbauten sowie sehr unterschiedlichen Finanzierungsmodellen unterscheiden müßte – ein für die Denkmalpflege höchst positiver Faktor sind u. a. die Mittel der Städtebauförderung.

Im neuen Jahr 1989 wird allein das Landesamt für Denkmalpflege erfreulicherweise wieder mit einem Haushaltsansatz von ca. 45 Millionen DM an Zuschußmitteln rechnen können, die vor allem für denkmalpflegerische Maßnahmen von Privaten und Kommunen verausgabt werden;

(Schluß auf Seite 9)

Dabei begegnen wir gerade auch in den sogenannten Entwicklungsländern, die vielleicht noch kaum auf eigene denkmalpflegerische Traditionen aufbauen können, einem gesteigerten Interesse an der Rettung des historischen Erbes, und immer mehr Länder dürften gerade in der Denkmalpflege eine Chance sehen, ihre kulturelle Identität zu bewahren. Trotzdem werden in unserer auswärtigen Kulturpolitik und in der Entwicklungspolitik die Möglichkeit einer gewissen Hilfestellung bei denkmalpflegerischen Projekten noch nicht genügend aufgegriffen. Dies ist um so weniger ver-

IN DER DENKMALPFLEGE sind in den letzten Jahren die Anforderungen an eine möglichst authentische Überlieferung historischer Bauten und ihrer künstlerischen Ausstattung gestiegen. Besonders vielschichtige Restaurierungsprobleme treten z. B. auf Grund der Vielfalt der verwendeten Materialien und handwerklichen Techniken bei der Erhaltung der Grottenarchitekturen auf. Deshalb sind Bestandsaufnahmen mit einer naturwissenschaftlich fundierten Erfassung der Schadensbilder erforderlich, wie hier in der Sala terrena des Schlosses Weißenstein bei Pommersfelden – im Vorfeld der Konservierungsmaßnahmen sorgfältige
Bild: Bayerisches Landesamt für Denkmalpflege/Eberhard Lan-

Bayerische Staatszeitung
24. Februar 1989

ständlich, als sich hier auch unter dem Gesichtspunkt einer auf die besonderen Gegebenheiten und Traditionen des jeweiligen Landes abgestimmten sinnvollen Entwicklungshilfe im Gegensatz zu manchen fehlgeschlagenen und eher im Sinn einer weiteren Umweltzerstörung wirkenden Projekten echte Chancen bieten.

In den Zusammenhang Denkmalschutz als Umweltschutz gehört auch ein in letzter Zeit erfreulicherweise dank einer Initiative des Bayerischen Senats vorangetriebenes Modellvorhaben zur Rettung archäologischer Stätten in landwirtschaftlich genutzten Flächen, das auch unter dem Stichwort „der Landwirt als Bodendenkmalpfleger" laufen könnte. Die durch moderne landwirtschaftliche Produktionsweisen und die damit zum Teil verbundene Bodenerosion innerhalb weniger Jahrzehnte bis zur Unkenntlichkeit reduzierten Bodendenkmäler könnten in bestimmten Fällen in Form von „archäologischen Reservaten" bzw. als „Archäotope" erhalten bleiben. Schon bei den ersten Überlegungen und Gesprächen des Landesamtes für Denkmalpflege in dieser Richtung hat sich gezeigt, daß diese auch mit Überlegungen für Flächenstillegungen zu verbindende Initiative nicht nur bei den beteiligten Ministerien sondern auch bei der Landwirtschaft selbst auf größtes Verständnis stößt.

Ausstrahlende Kraft des Bewahrens

Zum Schluß wäre vielleicht noch einmal zu konstatieren, daß aus einem in der Nachkriegszeit doch eher am Rande liegenden Thema seit Mitte der siebziger Jahre ein selbstverständliches und von breiter Zustimmung getragenes öffentliches Anliegen geworden ist: Denkmalschutz und Denkmalpflege nicht als eine unter dem Schlagwort „Nostalgiewelle" abzuwertende Modeerscheinung, sondern als eine in alle Bereiche der Kulturpolitik und darüber hinaus ausstrahlende Kraft des Bewahrens, fast ein Akt der Selbstbehauptung angesichts eines in vielen Bereichen höchst zweifelhaften „Fortschritts", der letztlich nicht nur alle Kultur, sondern menschliches Leben überhaupt in Frage stellt. Unter diesen Umständen haben vielleicht selbst noch die alltäglichen Niederlagen des Denkmalpflegers ihren Sinn, wenn es ihm wenigstens gelingt, die richtige „Trauerarbeit" zu leisten, – mit der Trauer auch Sorge um das weltweit wie nie zuvor bedrohte Kultur- und Naturerbe und damit eigentlich auch Sorge um die Basis einer recht verstandenen Kulturpolitik.

Süddeutsche Zeitung, 4. April 1989

Ein Meisterwerk in Gefahr

Dem „Landesversorgungsamt" in München droht Abriß

Heute soll sich im Haushaltsausschuß des Bayerischen Landtags entscheiden, ob ein bundesweit bedeutendes Baudenkmal der fünfziger Jahre zum Abriß freigegeben wird. Betroffen ist das Gebäude des früheren „Landesversorgungsamts" an der Münchner Heßstraße, das seit einigen Jahren als Asylantenwohnheim zwischengenutzt wird. Ende 1957 nach Plänen der Berliner Architekten Hans und Wassili Luckhardt fertiggestellt, zählt dieses sanierungswürdige Meisterwerk in bester Bauhaustradition zu den wenigen Höhepunkten der Münchner Architektur nach dem Zweiten Weltkrieg. Gegen den drohenden Abbruch haben bereits über einhundert namhafte Architekten und Bauhistoriker protestiert.

Im Unterschied zu Städten wie Kassel, Köln und Frankfurt ist die inzwischen als wertvoll erkannte „Nachkriegsmoderne" in München recht spärlich vertreten. Hier lassen sich die wichtigen Bauten der fünfziger Jahre fast an den Fingern einer Hand abzählen. Neben dem Kaufhof am Stachus, der Maxburg von Sep Ruf und der von Alexander von Branca und Herbert Groethuysen gemeinsam entworfenen Klosterkirche „Herz Jesu" wären noch einige TU-Institute zu nennen. Eine überragende Qualität besitzt aber das ehemalige „Landesversorgungsamt" am Westrand der Maxvorstadt.

Aus einem Bauwettbewerb hervorgegangen, vereinigt das im Geist schlichter Schönheit konzipierte Gebäude alle Kernpunkte der fortschrittlichen Bauhaustradition. Die Differenzierung der Baukörper, die filigranen Details und die Öffnung der Fassaden für Licht, Luft und Sonne sind ebenso beispielhaft wie die Einbettung der Architektur in eine parkartige Landschaft und die Integration raumplastischer Arbeiten von Bernhard Heiliger und Hans Uhlmann in der großzügig verglasten Eingangshalle. Baugeschichtlich einzigartig ist dieses Hauptwerk der Avantgarde-Architekten Luckhardt schon deshalb, weil hier erstmals in Bayern eine von der tragenden Konstruktion getrennte „Vorhangfassade" ausgeführt wurde.

Petzet für Erhaltung

Nicht umsonst ist das in einen langgestreckten, aufgestelzten Bürotrakt und kammartig ausgreifende Flachbauten gegliederte Gebäude vor zwei Jahren in die Denkmalliste eingetragen worden. Sowohl konstruktiv und gestalterisch als auch funktional verkörpert es einen neuen, „demokratischen" Typus öffentlichen Bauens. Generalkonservator Michael Petzet gestern zur SZ: „Zweifellos ist das Versorgungsamt für Bayern ein ganz herausragendes Baudenkmal der fünfziger Jahre. Aus denkmalpflegerischen Gründen sollte es unbedingt erhalten werden."

Gegen eine Erhaltung hat sich aber schon vor Jahren die Fachhochschule München (FHM) ausgesprochen, weil ihr das provisorisch als Asylantenwohnheim genutzte Gebäude bei der geplanten Erweiterung der Hochschule im Wege steht. Mittlerweile ziemlich heruntergekommen, sei es weder sanierungsfähig noch für die Zwecke der FHM funktionsgerecht umzubauen. Dabei ignoriert die Hochschulleitung ausgerechnet die detaillierten Vorschläge aus dem eigenen Fachbereich Architektur. So hat etwa Uwe Kiessler über zwei Semester hinweg die Bausubstanz und neue Verwendungsmöglichkeiten untersuchen lassen. Kiessler: „Alle angeführten Gründe für einen Abriß des Gebäudes sind nicht stichhaltig. Zwar müssen Dächer und Fassaden erneuert werden, doch die Konstruktion ist weitgehend unversehrt. Außerdem haben wir nachgewiesen, daß sich der Luckhardt-Bau durchaus für verschiedene Fachbereiche der FHM angemessen nutzen läßt."

Merkwürdige Eile

Zusammen mit seinen Kollegen hat er deshalb vor einem Jahr einen Appell zur Sanierung veröffentlicht, der inzwischen von über einhundert Architekten und Bauhistorikern aus dem In- und Ausland unterzeichnet wurde: „Gerade die Öffentliche Hand als Haus- und Bauherr ist verpflichtet, unwiederbringliche Zeugnisse unserer Zeit der Nachwelt zu erhalten." Trotz dieses eindeutigen, baugeschichtlich und bauphysikalisch fundierten Votums will der Freistaat das denkmalgeschützte Bauwerk opfern. In der Beschlußvorlage für die heutige Sitzung des Landtagsausschusses heißt es: „Die Gebäude des ehemaligen Versorgungsamts sind in einem sehr schlechten Zustand und für die Zwecke der FHM nicht geeignet."

Unter Bezug auf einen alten Ministerratsbeschluß vom Januar 1985, bei dem der Denkmalwert des Gebäudes freilich noch gar nicht berücksichtigt werden konnte, sollen die Abgeordneten 1,4 Millionen Mark für die „Freimachung" des Geländes genehmigen. Warum jetzt diese Eile, wo doch der schon im Sommer 1987 vorbereitete Ideenwettbewerb für die Erweiterung der FHM bis heute nicht ausgelobt wurde? Weshalb wurde nicht noch einmal das Landesamt für Denkmalpflege eingeschaltet, wie Generalkonservator Petzet gestern bestätigen mußte? Und welche Ergebnisse enthält das von der Obersten Baubehörde in Auftrag gegebene Gutachten zur Sanierung des Luckhardt-Gebäudes?

Allzu viele Fragen sind noch offen, als daß ein herausragendes Zeugnis der bayerischen Baugeschichte einfach der Abrißbirne ausgeliefert werden könnte. Die Abgeordneten des Haushaltsausschusses haben es heute in der Hand, in dieser ungeklärten Situation erst einmal die Notbremse zu ziehen.

WOLFGANG JEAN STOCK

Reichenhaller Tagblatt, 8. Mai 1989

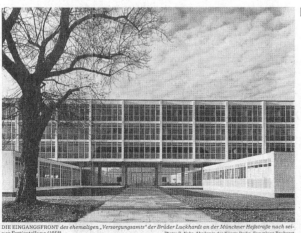

DIE EINGANGSFRONT des ehemaligen „Versorgungsamts" der Brüder Luckhardt an der Münchner Heßstraße nach seiner Fertigstellung (1958). Photo: R. Nohr, Akademie der Künste Berlin, Sammlung Baukunst

Viele wertvolle Baudenkmäler gesichert
Bei Pressefahrt zogen Denkmalschützer stolze Bilanz über Arbeit im Berchtesgadener Land

Gemeinsam präsentierten (von links) Oberamtsrat Schned, Generalkonservator Dr. Petzet und Baudirektor Werner ein schön restauriertes Holzbauwerk im Raum Teisendorf.

BAD REICHENHALL. Menschen, die mit ihm zu tun hatten, sagten ihm neben Geduld und Güte auch ein unübertreffliches Einfühlungsvermögen in die Sorgen der Leute nach, und diese Eigenschaften waren wohl auch maßgebend für das erfolgreiche Wirken von Oberamtsrat Franz Schned, der seit dem Jahr 1979 als Beauftragter für Naturschutz und Denkmalpflege beim Landratsamt Berchtesgadener Land wirkte. Eingeweihte wissen zu berichten, daß auf Franz Schned das Klischee vom Beamten, der seine Dienstzeit so recht und schlecht herumzubringen versucht, nicht paßte. Mit innerem Engagement war er bei der Sache, und das führte dazu, daß er auch außerhalb der normalen Dienstzeit bemüht war, unwiederbringliche Baudenkmäler in allen Teilen unseres Landkreises aufzuspüren und zu erhalten. So konnte jetzt, da Franz Schned in den wohlverdienten Ruhestand tritt, anläßlich einer vom Bayerischen Landesamt für Denkmalpflege veranstalteten Pressefahrt auf eine stolze Bilanz seiner Arbeit verwiesen werden.

Viele Journalisten nicht nur aus unserem südostbayerischen Raum, sondern auch aus der Landeshauptstadt München waren der Einladung des Denkmalpflegeamtes und von Landrat Martin Seidl gefolgt. So war es schon eine recht stattliche Zahl von Besuchern, die da im Lauf des Tages bei den teilweise ziemlich versteckt liegenden sehenswerten Baudenkmälern im Landkreis aufkreuzten. Die besondere Anerkennung, die Franz Schneds denkmalpflegerische Arbeit im Landkreis Berchtesgadener Land findet, kam auch in der Tatsache zum Ausdruck, daß Generalkonservator Professor Dr. Michael Petzet persönlich zusammen mit seinen Mitarbeitern die Pressefahrt begleitete. Aus Zeitgründen konnte dabei der Raum Berchtesgaden, in dem sich ebenfalls viele sehenswerte Baudenkmäler befinden, nicht besucht werden. Man konzentrierte sich deshalb auf die Mitte und den Norden des Landkreises und zeigte hier eine Reihe besonders bemerkenswerter Objekte. Erläuterungen gab es neben dem Generalkonservator auch der Gebietsreferent für Denkmalschutz in Südostoberbayern beim Landesamt für Denkmalpflege, Baudirektor Paul Werner.

Das erste Besichtigungsobjekt bei dieser Fahrt wurde aus Zeitersparnisgründen zum Landratsamt gebracht, wo es provisorisch an einer Außenmauer angebracht wurde: Das Arma-Christi-Kreuz aus Türk im jetzigen Stadtgebiet von Bad Reichenhall. Es war einst inmitten der Flur aufgestellt und wurde erst später an einer Hauswand angebracht. Das wohl aus dem frühen 19. Jahrhundert stammende Kreuz ist ein Flurdenkmal von Rang, dessen Restaurierung und Ergänzung vorbildlich gelungen ist, wie die Besucher feststellen konnten. Seine Einmaligkeit liegt in der figürlichen Darstellung des Gnadenstuhles der Heiligen Dreifaltigkeit und der beiden Engel, die das Blut aus den Wunden Christi in Kelchen auffangen.

Nächste Station der Fahrt war die St.-Laurentius-Kirche in Piding-Mauthausen, bei der auch Bürgermeister und Kreisheimatpfleger Max Wieser mit Erläuterungen bereitstand. Die Besucher erfuhren, daß dieser Kalkquaderbau der Romantik in spätgotischer Zeit, also um 1500, höher gemacht und gewölbt wurde. Im Innern der Kirche fanden die bedeutenden Wandmalereien aus dem 15. und 16. Jahrhundert Aufmerksamkeit, ebenso das barocke Kirchengestühl und die Barockaltäre. Im Jahr 1983 hatte man hier mit umfangreichen Restaurierungsarbeiten begonnen. Dabei wurden auch die auseinanderdriftenden Außenmauern durch eine besondere Zerrbalken-Konstruktion stabilisiert und das Dach wieder mit Holzschindeln gedeckt. Das Mauerwerk wurde in einwandfreien Zustand gebracht, dabei aber das gealterte Bild der romanischen und gotischen, teilweise auch barocken Elemente erhalten.

In Zellberg in der Gemeinde Anger bekamen die Teilnehmer an der Denkmalschutzfahrt das sicherlich großartigste Zeugnis der künstlerischen Ausformung des Högler Sandsteins zu sehen: Den Kerschallerhof. Auf die im Kern barocke Substanz des heutigen Anwesens weist die Werksteinumrahmung einer aus Högler Sandstein gefertigten und 1739 datierten Hausaltar-Nische im Flez hin. Die überragende Bedeutung dieses Hofes beruht aber auf der durchgreifenden gestalterischen Ausstattung und Überformung aus der Mitte des 19. Jahrhunderts und in der einzigartigen Fülle von Bau- und Ziergliedern. Grund für diese prächtige Gestaltung des Anwesens war die besondere Hofgeschichte: Die Pfarrbücher von Anger weisen die Familie Hocheder seit dem Jahr 1624 als Hofbesitzer aus. Sie waren Pächter der Höglwörthschen Sandsteinbrüche und verarbeiteten als Steinmetze einen Großteil des Materials für die Kirche und Höfe der Umgebung. Wie die Besucher erfuhren, haben Landratsamt Berchtesgadener Land und Landesamt für Denkmalpflege im Rahmen einer „Sonderaktion zur Rettung der Högler Sandsteinportale" etwa achtzig derartige Objekte betreut und beraten und die Konservierungsmaßnahmen auch mit Zuschüssen gefördert.

Eine andere Besonderheit konnten die Fahrtteilnehmer im Wald im Gemeindegebiet von Teisendorf in Augenschein nehmen, wo sie Bürgermeister Fritz Lindner erwartete: Ein im Jahr 1687 entstandenes, in Holzblockbau gezimmertes Gehöft, das noch weitgehend in unveränderter Form erhalten ist. Noch mit Legschindeldach erbaut und lediglich mit kleinem Stadelteil hinter einer Mittertenne ausgestattet, läßt es den baugeschichtlichen Wandel des Salzburger Flachgauhofes innerhalb von zwei Jahrhunderten erkennen. Eine besondere Eigenart, die das Interesse der Besucher fand, ist der ins Haus eingebaute „Troadkasten". Mittlerweile einzigartig ist der noch erhaltene massive Tischherd mit dem großen offenen Kamin im giebelseitig erschlossenen Flez. Bei Restaurierung und Teilergänzung dieses interessanten Bauwerks wurde auf möglichst ursprüngliche Erhaltung Wert gelegt.

In Haag in der Gemeinde Teisendorf bekamen die Besucher mit dem „Weberhaus" einen aus dem 17. Jahrhundert stammenden kleinen Salzburger Flachgauhof in Holzblockbau zu sehen, dessen mächtige eichene Grundschwellen auf sichtbaren Felsbrocken aufgelagert sind. Auf besonderes Interesse stießen hier die noch erhaltenen „Schuberfenster", nur etwa 22 x 22 cm groß und teilweise mit massiven Holzschubern. Bis zum Beginn der Restaurierung im Jahr 1985 waren hier keinerlei Erhaltungsmaßnahmen getroffen worden, so daß der Hof wohl dem sicheren Verfall entgegengesehen hätte.

Ebenfalls im Gebiet der Gemeinde Teisendorf lag auch das nächste Besichtigungsobjekt, der Schmid-Hof in Offenwang. Er stammt aus dem 17. Jahrhundert und ist ein urtümlicher Blockbau im Typ des Salzburger Flachgauhofs mit profilgleich angesetzter Mittertenne und Stadelteil, flachem Satteldach und umlaufender Laube. Sein Bauzustand war im Jahr 1986 ruinös und durch Absinken der Fundamente auch völlig deformiert, so daß ein Abbruch unvermeidlich schien. Trotzdem entschloß man sich zur Restaurierung dieses Baudenkmals, die mit Hilfe bewährter Handwerker gut gelungen ist.

Letztes Ziel, das die Besuchergruppe bei der Pressefahrt ansteuerte, war die alte Salzachstadt Laufen, in der sich natürlich eine Vielzahl besonderer Baudenkmäler befinden. Bürgermeister Johann Dirnberger erwartete die Besucher bereits und führte sie zunächst in den Alten Friedhof. Diese ans Kapuzinerkloster anschließende, langgestreckte Friedhofanlage mit ihrer hohen Ummauerung und dem eindrucksvollen Arkadengang ist im Zug der Auflassung der Grabstätten rund um die Stiftskirche angelegt und 1828 eröffnet worden. Dieser „Alte Friedhof" im Vorfeld der Laufener Altstadt ist im wesentlichen eine einheitliche und geschlossene Anlage aus der Zeit nach der Säkularisation, ein eindrucksvolles Zeugnis nachbarocker Sepulkralkultur in den seinerzeit „modernen" Formen des Campo Santo mit symmetrischem Wegekreuz, überdachten Gruftarkaden und Blendarkaden. Mit Interesse betrachteten die Besucher die durchweg auch aus Högler Sandstein gestalteten Arkadensäulen. Ein Stadtratsbeschluß hatte vorgesehen, diesen Friedhof im Jahr 1985 endgültig aufzulassen. Auf Initiative der Denkmalschützer wird er nun ohne weitere Reduzierung erhalten. Die Gruftarkaden und die neugotische Friedhofskapelle werden sorgfältig restauriert.

Am Laufener Marienplatz ließen sich die Besucher dann die Baugeschichte des „Tettenpacherhauses" erläutern. Sein zweigeschoßiges Kellergewölbe, das Erdgeschoß und das halbe Obergeschoß stammen noch aus der Zeit um das Jahr 1000, die restlichen ▷

Tagung mit 300 Konservatoren aus allen Bundesländern

Rettungsaktion für das Kulturgut Kirche

Denkmalschutz-Experten erörtern Fragen der Sanierung und Erhaltung von Sakralbauten

Von Heinrich Breyer

Ein gewaltiges Thema haben sich etwa dreihundert Konservatoren aus allen Bundesländern für ihre diesjährige Bundestagung im Max-Joseph-Saal der Münchner Residenz vorgenommen: Bis einschließlich Mittwoch steht das Thema „Denkmalpflege und Kirche" mit einer Vielzahl von Fachvorträgen auf ihrem Programm, am Donnerstag und Freitag können sie sich bei Exkursionen nach Nürnberg, Bamberg, Vierzehnheiligen und Regensburg an Beispielen höchsten Ranges über Restaurierungsprobleme und -praktiken informieren.

Das Gewicht, das dem Themenkreis auch auf kirchlicher Seite beigemessen wird, läßt sich an der Referentenliste ermessen. Unmittelbar nach der Eröffnung legten Bischof Karl Lehmann, der Vorsitzende der Katholischen Bischofskonferenz, und der Kasseler Bischof Hans Gernot-Jung, stellvertretender Vorsitzender der Evangelischen Kirche Deutschlands, die Prinzipien dar, nach denen das ihnen anvertraute unermeßliche Kulturgut „zwischen Bauen und Bewahren" behütet wird.

Einige Schwerpunkte der Tagung, die der Information über technische Restaurierungsfragen, aber auch über ideelle Leitlinien für die Praxis dienen soll, stellte der niedersächsische Landeskonservator Hans Herbert Möller als Vorsitzender der Vereinigung der Landesdenkmalpfleger bei einem Pressegespräch vor. Zum einen gehe es nach seinen Worten um die Erkundung, wie sich kirchliche Reformern, die vor allem nach dem Vaticanum einsetzten, auf die Gestaltung sakraler Räume auswirken. Oder vielmehr ausgewirkt haben. Denn die Umbauwelle in Presbyterien, die sich hier „mit deutscher Gründlichkeit" viel stärker als anderswo bewegt habe, stelle seit längerem keine Gefahr mehr dar. Im Vordergrund stehe heute die Substanzgefährdung durch die zunehmende Beschwernisse durch Umweltbelastung. So seien heute neue Erkenntnisse der Naturwissenschaft wichtiger denn je. Als Exempel nannte Möller die Erkenntnis, daß Kieselsäure, die noch vor nicht langer Zeit als Konservierungsmittel verwendet wurde, einen idealen Nährboden für Mikroben und damit für Zerstörungsprozesse darstellt. In diesem Zusammenhang erwähnte er die führende Rolle des ursprünglich von der VW-Stiftung und nunmehr vom Bonner Wissenschaftsministerium finanzierten Zentrallabors des Bayerischen Landesamts auf dem Gebiet der Steinkonservierung. Im übrigen habe man so ziemlich überall dieselben Probleme. Deshalb nähmen auch Gäste aus Österreich, der Schweiz, den Benelux-Ländern und Skandinavien an der Tagung teil. „Mikroben fragen ja nicht nach Grenzen und Konfessionen."

Der gastgebende bayerische Landeskonservator Michael Petzet rühmte die Leistung der beiden großen Konfessionen für die Erhaltung ihres Kulturerbes. So weise der Etat der Erzdiözese München und Freising jeweils zwischen fünfzig und sechzig Millionen Mark nur für Unterhalt und Restaurierung von Bauten aus. Auch auf protestantischer Seite sei man hierzulande weit besser daran als etwa in den Niederlanden, wo eine „zweite Säkularisation" stattfinde. Nämlich die „Umnutzung" vieler Kirchenräume für profane Zwecke; den Umbau in Hotels und Diskos beispielsweise. Diese Gefahr vor Augen stimme man auch vertretbaren Kompromissen zu, wenn es etwa um Erweiterung von Sakralbauten geht. Und auch die Praxis des Restaurierens werde in diesem Bereich anders gehandhabt als die fürs Museum: nämlich mit Rücksicht auf die Umgebung, auch auf die Bildbedeutung für die Gläubigen.

Nach der offiziellen Eröffnung der Tagung am Montagnachmittag, bei der Staatssekretär Thomas Goppel, Diözesan-Generalvikar Gerhard Gruber und Oberkirchenrat Theodor Glaser Grußworte sprachen, kam man sofort zur Sache. Zur Themenvielfalt nur einige Beispiele: Der Münchner Bistums-Baureferent behandelt – wohl auch mit Blick auf die Umgestaltung des Liebfrauendoms – das Thema „Umgestaltung von Presbyterien", sein Kunstkollege Hans Ramisch spricht über kirchliche Inventarisation; es gibt Vorträge über Methoden der Bauforschung, speziellen Restaurierungsproblemen wie bei Glasgemälden, sakralem Gerät und Gewand, oder auch Orgelwerken, über die Reinigung von Natursteinfassaden oder auch über „Nutzungsprobleme in historischen Kirchenräumen."

Süddeutsche Zeitung
13. Juni 1989

Benediktbeuern: Ergebnisse von Ausgrabungen vorgestellt

Überreste aus dem 8. Jahrhundert freigelegt

Benediktbeuern (lby) – Die Ergebnisse jahrelanger archäologischer Ausgrabungen im Kloster Benediktbeuern in Oberbayern, das nach der Überlieferung zu den ältesten Klöstern im deutschsprachigen Raum gehört, wurden gestern vom Bayerischen Landesamt für Denkmalpflege vorgestellt. Dabei wurden die Überreste der ältesten Klosteranlage Altbayerns aus der ersten Hälfte des 8. Jahrhunderts freigelegt und besondere Funde gemacht. Generalkonservator Michael Petzet betonte, es gebe keinen Grund, das Gründungsdatum des frühkarolingischen Klosters, das um 739/740 datiert wird, anzuzweifeln.

Nach Beendigung der Grabungen unter dem Klosterbau und der Zuschüttung werden „Fenster in die Geschichte" für die Besichtigung einiger Fundstellen angelegt. Der Direktor des ehemaligen Benediktinerklosters, Pater Herbert Bihlmayer, das jetzt den Salesianern Don Boscos als Bildungsstätte dient, versicherte, sein Orden werde sich weiterhin für die Bewahrung des geistig-kulturellen Erbes des Klosters bemühen. Petzet sagte, das 1250jährige Gründungsjubiläum Benediktbeuerns werde mit guten Gründen als entscheidender Punkt in Bayerns Frühgeschichte begangen.

Stefan Winghart vom Landesamt für Denkmalpflege führte aus, daß die Reste der ausgegrabenen Klosteranlage den Grundriß und Typ späterer Klosteranlagen des Benediktinerordens aufweist, wenn diese früheren Anlagen auch schlichter gebaut waren. Auch ein großer beheizbarer Raum – eventuell ein Refektorium oder Kapitelsaal – wurden in Fundamenten entdeckt. Der Grabungsspezialist Dieter Klonk zeigte Reste von Kleintierknochen wie von Geflügel und Fischen, die auf die Nähe der Klosterküche hindeuteten.

Münchner Merkur
28. April 1989

Rissiger Himmel in der Wies

Pflegefälle: Ein Rokoko-Juwel, dem die Tiefflieger zusetzen

Kirche – neben Neumanns barocker Würzburger Residenz – die Ehre, auf der Unesco-Liste des Kultur- und Naturerbes der Welt zu stehen.

Zentimeterdicker schwarzer Staub auf den Baldachinen, den Engelsschwingen, den Heiligenköpfen; eine vergoldete Blumengirlande hängt locker am durchgerosteten Holzkonstruktion getragen wird. Druck- und Schallwellen, ausgelöst durch Flugzeuge, aber auch durch Wind und

Teile wohl aus der Zeit um 1400. Der noch unverändert erhaltene Dachstuhl des Grabendaches ist 1776 datiert und gibt damit ein verläßliches Datum für die durchgreifende barocke Überformung des Hauses an. Seit Jahren laufen hier die Instandsetzungsarbeiten, die den weiteren Bestand und eine zeitgemäße Nutzung ermöglichen sollen.

Ein bereits gelungenes Instandsetzungswerk, bei dem neuzeitlichen Ansprüchen gerecht werdende Nutzung im Rahmen gotischer und barocker Substanz möglich wurde, sahen die Besucher in der Lebzeltergasse in Laufen. In seine Obergeschoße führt eine außergewöhnlich malerische Treppenanlage, wie man bei der Führung durch das Haus sehen konnte. Da gibts einander überschneidende Spitzbögen und steigende Tonnengewölbe unter den Treppenläufen. Im Mittelpodest findet man noch das alte Flacheisengitter zur Belichtung der unteren Treppenpartien. Im zweiten Obergeschoß ist gar noch eine offene zweigeschoßige Galerie, die bis an die Rückfassade reicht. Neben diesem hervorragend instandgesetzten Baudenkmal fanden die Besucher noch ein Anwesen an der Rottmayrstraße von Laufen, in dem ihnen demonstriert wurde, wieviel Sanierungsbedarf noch vorhanden ist.

Frankfurter Allgemeine Zeitung
14. Juni 1989

steten Draht; eine rauchig gemalte Wolke ist nahe daran, sich in Gipsstaub aufzulösen: Ortstermin in Bayerns volkstümlichster Kirche, der Wies. Im Herbst 1984 war das Bauwerk geschlossen, 1985 der gesamte Innenraum eingerüstet worden, nachdem man festgestellt hatte, daß Stuck- und Gesimsteile gefährlich locker waren, die Decke Risse und hohl liegende Stellen aufwies. Die Aufregung war groß. Die Vermutung tauchte auf, daß in der Hauptsache militärische Tiefflüge die Schäden verursacht hatten.

Die Wies ist nicht irgendeine Kirche, sondern so etwas wie die Apotheose des süddeutschen Rokoko. Nicht von ungefähr kommt in jedem Jahr eine Million Besucher in den abgelegenen oberbayerischen Pfaffenwinkel, um das Spätwerk des Wessobrunner Maurermeisters und Stukkateurs Dominikus Zimmermann, erbaut 1745 bis 1754, zu sehen. Sein Bruder Johann Baptist malte das Deckenfresko; die Bemalung des Stucks stammt von Vater und Sohn Ramis. Die auf einem Wiesenbuckel vor den dunklen Bergen gelegene Wallfahrtskirche zum Gegeißelten Heiland mit ihrer raffinierten Lichtregie, ihrem glänzenden Weiß, ihren Pastellfarben, ihrem Gold ist ein Festsaal, der dem Betrachter das Wort paradiesisch auf die Lippen legt. Von den vielen bayerischen Kunstherrlichkeiten hat allein diese

Bei der Jahrestagung der deutschen Landesdenkmalpfleger, die in dieser Woche in München stattfindet, steht die Restaurierung der Wieskirche im Mittelpunkt. Sie ist derzeit die größte und komplizierteste ihrer Art. In manchem, so sagen die bayerischen Denkmalpfleger, sei sie schwieriger als die Restaurierung der Sixtinischen Kapelle. Die Wies hat, wie nur noch ganz wenige alte Kirchen, die originale Farbfassung. Denkmalpflegerische Fragen wie jene; ob und inwieweit die Renovierungen anderer Zeiten revidiert oder als Ausdruck der Geschichte des Bauwerks belassen werden sollten, stellen sich dabei kaum. Hier gilt als oberstes Gebot, die originalen Bestand zu konservieren. Das heißt aber, die Kirche muß so sorgfältig behandelt werden wie ein Gemälde. Quadratzentimeter für Quadratzentimeter muß durchgegangen, gesichert, konserviert werden.

Ehe die Arbeiten 1986 begannen, nachdem der bayerische Landtag 6,8 Millionen Mark für die Restaurierung bewilligt hatte, wurden umfängliche Voruntersuchungen angestellt und verschiedene Arbeitstechniken ausprobiert. Die Schäden, die zum Vorschein kamen, lagen nicht im Fundament oder Mauerwerk, sondern im Bereich der Flachkuppel und ihrer Grenzzone. Der gesamte Deckenputz ist an einem Lattengerüst festgemacht, das wie-

Stürme, bringen das gealterte Gerüst zum Schwingen. Die handgeschmiedeten Nägel, die Drähte, an denen lockere Stuckteile hängen, sind teilweise verrostet. Folgen früherer Wassereinbrüche, aber auch die Luftfeuchtigkeit, die von den vielen Besuchern herrührt, beeinträchtigen Putz und Stuck. Verfärbungen, Abplatzen von Vergoldungen sind die Folge. Hinzu kommt eine sehr starke Verstaubung, die den „Himmel in der Wies" partienweise geradezu trüb erscheinen läßt. Vergleichsweise harmlos ist dagegen das, was den Restauratoren an den Arbeiten ihrer Vorgänger nicht gefällt. Nur in diesem Jahrhundert wurde die Kirche bisher renoviert: 1903 bis 1907, 1949/1950 und 1970, doch nie so gründlich wie jetzt.

Zur Zeit arbeitet ein qualifiziertes Arbeitsteam von knapp 30 Restauratoren, Stukkateuren, Architekten, Fotografen, alle sind akademisch ausgebildet – auf den Gerüsten. Hier wird ein Lockenkopf gereinigt, dort eine goldene Rose Blatt für Blatt befestigt. Ein Restaurator prüft die geschwärzte Goldauflage einer Ranke. Ist sie original, oder stammt der Goldauftrag aus diesem Jahrhundert? Eine Restauratorin spritzt mit einer Kanüle Spezialmörtel durch das Deckenbild in den dahinter liegenden Hohlraum. Hell angestrahlt von Lampen, zum Streicheln nah ist das Gottesslamm des Altarauszugs. Aus der Nähe erweist es sich als ein rechtes barockes Illusionsschaf, ein Theatertier, von dem nur die vordere Ansichtsseite gelockt und vergoldet ist. Ähnlich die zum Greifen nahen schwebenden Heiligen mit ihren Flattergewändern, die mit ihren rotgeränderten Augen, den stark betonten Mündern wie geschminkte Schauspieler aussehen.

Helle Holzlatten an der Wölbung markieren die bereits erfolgte zusätzliche Befestigung der alterstrockenen Spantenkonstruktion. Doch die Restauratoren wollen, daß man die Bewegungen des Dachstuhls und der Kuppel nicht völlig beseitigen kann. Deshalb werden nur lockere Putz- und Stuckteile wieder befestigt. Dagegen wird nicht jeder Riß ausgebessert. Die Fachleute sprechen von „Sollbruchstellen". Gerade sie werden genau festgehalten, damit man etwaige künftige Veränderungen, Erweiterungen, Verschiebungen dieser Rißsysteme erkennen kann.

Als besonders vertrackt erweisen sich die Retuschen der Stuckbemalung. Bernhard Ramis und sein Sohn scheinen Meister der Faßkunst gewesen zu sein. Sie arbeiteten mit einem lockeren, geradezu nervösen Pinselstrich, wobei sie sämtliche Farb- und Vergoldungstechniken ihrer

Eine Jahrhundertrestaurierung: das Innere der Wieskirche.

t anwendeten. Die Farbe wechselt von Stuckelement zu Stuckelement, so daß es nicht möglich ist, bei der Restaurierung nach einem festen Farbschema zu arbeiten.

Verwirrung stifteten lange Zeit die beiden übereinanderliegenden Farbschichten, die im Hauptraum der Kirche gefunden wurden. Erst der genauen Analysen der Pigmente, Bindemittel, Materialstrukturen im Labor, Vergleiche mit der original erhaltenen Farbfassung des Chores zeigten, daß es sich dabei nicht, wie zuerst vermutet, um eine „Neu-Rokoko"-Bemalung von 1903 handelte, sondern um eine zweite, aufwendigere Ausmalung der Kirche kurz nach der Weihe von 1754, die wohl noch unter den Augen ihres Baumeisters erfolgte. In einem Punkt müssen die Restauratoren, die am liebsten überall nur die Originalfarbe gelten ließen, allerdings einen Kompromiß machen. Es erweist sich als unmöglich, die Goldausbesserung dieses Jahrhunderts abzunehmen, ohne den Stuck darunter zu beschädigen. Hier muß man versuchen, die Neuvergoldung dem gealterten Original anzugleichen.

Im Jahr 1990 sollen die Arbeiten, zu denen auch die Restaurierung der Innenausstattung sowie ein frischer Außenanstrich gehören, abgeschlossen werden. Fünfzig, vielleicht auch hundert Jahre, so hofft der oberste bayerische Denkmalpfleger, Michael Petzet, wird diese Restaurierung halten. Natürlich kann niemand sagen, ob er recht behalten wird. Die militärischen Übungsflüge über der Kirche sind zwar reduziert worden, aber sie finden noch immer statt, obwohl sie offiziell als eingestellt gelten. Warum das so ist, dafür hat von den Denkmalschützern keiner eine Erklärung.   RENATE SCHOSTACK

Süddeutsche Zeitung
19. Juni 1989

Überirdisches Licht in einer „gealterten" Wies

In der berühmten Kirche werden die Spuren wenig sensibler Restaurierungen beseitigt

Von Ingrid Zimmermann

Steingaden – Bei einer ganztägigen Exkursion zu einigen der berühmten Kirchen des Pfaffenwinkels, Rottenbuch und Münster Steingaden, Kloster Ettal und die Wieskirche, informierten sich die Teilnehmer der „Jahrestagung der Vereinigung der Landesdenkmalpfleger in der Bundesrepublik Deutschland" über spezielle Probleme ihres Fachs. Das Treffen ging heute mit Sonderfahrten zu Nürnberger und Regensburger Kirchen sowie nach Bamberg, Vierzehnheiligen und Kloster Banz zu Ende. Zentrales Thema, zu dem die Vielzahl der Referate Bezug hatte, war jedoch die seit Frühjahr 1985 in Gang gekommene Restaurierung der Wallfahrtskirche zum Geißelten Heiland auf der Wies, einem als Gesamtkunstwerk eingestuften und reinen Rokokobau, dem 1745 begonnenen Spätwerk des Baumeisters Dominikus Zimmermann.

Weil man fürchtete, Stuckteile des Hauptraumes könnten herabstürzen und Besucher verletzen – durch die Wies bewegt sich ein ständiger Strom von Menschen, bis ins über einer halben Million im Jahr –, war das Gotteshaus 1984 vorübergehend geschlossen worden. Auf der politischen Ebene wurde überdies erreicht, daß die am Alpenrand entlangführende Tiefflugschneise, deren „erschütternde" Auswirkungen deutlich zu registrieren waren, verlegt wurde.

Im Frühjahr 1985 begannen die Einrüstung des Innenraums durch Mitarbeiter des Landbauamtes Weilheim und erste Untersuchungen durch Fachleute des Bayerischen Landesamtes für Denkmalpflege. 1986 bewilligte der Landtag die nötigen Mittel, die wahrscheinlich sieben Millionen Mark betragen werden. Nach dem Stand der noch immer nicht abgeschlossenen Protokollierung und fortschreitenden Restaurierung rechnen die Denkmalschützer damit, daß Ende 1990 die Gerüste entfernt werden können. Landeskonservator Professor Michael Petzet, Gastgeber bei der Tagung der Denkmalpfleger und oberste Instanz bei den Arbeiten an der Wies, rechnet mit der Freigabe zu diesem Termin.

Kein „neuer Glanz"

Was sich dann aller Augen zeigen wird, wenn endlich wieder das berühmte „überirdische" Licht der Wies auf goldglänzende Rocaillen, rotgelben, warmen Stuckmarmor, schwingende Bögen, zierliche Rosetten, lächelnde Putten und ernste Heilige fallen wird, ist nicht „neuer Glanz". Eine „gealterte Wies", so der Wortlaut in einer umfassenden Dokumentation, die das Landesamt vor kurzem vorgelegt hat, soll enthüllt werden. Eine Wies weitgehend ohne die Spuren der abschnittsweise wenig sensiblen Neufassung und Restaurierung der Jahre 1903 bis 1905 und 1949 bis 1951. Der Königliche Generalkonservator Graf hatte zwar in einem Brief von 1901 darauf hingewiesen, es solle „nirgends erneuert werden, wo es nicht wirklich nothwendig ist", was bedeutete, daß ihm Bestandssicherheit oberstes Gebot war, doch standen eben noch nicht die technischen und naturwissenschaftlichen Möglichkeiten der Denkmalpflege von heute zur Verfügung.

Doch Know-how ist bei weitem nicht alles, was die zur Zeit 18 Restauratoren, Mitarbeiter der Landeswerkstätten wie in einem Arbeitskreis Wies zusammengeschlossene freie Fachleute, mitbringen und was sie mittlerweile zu einer verschworenen Gemeinschaft gemacht hat. „Man könnte ins Schwärmen kommen darüber, was hier geschieht", sagt Klaus Klarner, Leiter des Arbeitskreises, jeder Quadratzentimeters wird ebenfalls in winzigsten Abschnitten langsam und vorsichtig abgenommen.

Erkenntnisse werden täglich neu gewonnen, und zu vielen Details der Restaurierung wird erst dann eine Entscheidung gefällt werden können, wenn das Umfeld in größeren Rahmen bearbeitet ist und so „die Wechselwirkungen von Licht und Farbe, das Zusammenspiel von Gold, Weiß, Grün, Rötlich und feinstem Blau studiert werden kann".

„Gealtert" im Sinne der in der Wies tätigen Denkmalschützer heißt Wiederherstellung der originalen Fassung der Raumschale so weit wie irgend möglich. Effekte, wie sie in unserem Jahrhundert zum Teil regelrecht „draufgepinselt" wurden, in der Fachsprache „falsch interpretiert" genannt, werden verschwinden.

Kaum ein Staubkorn dazwischen

Zwei Erkenntnisse, die, keinesfalls erwartet, erst im Verlauf der Dokumentation gewonnen wurden, haben die Denkmalschützer darin bestärkt, daß ihr Weg richtig ist. Der Chor, 1749 als erster Teil eingeweiht, ist vollständig im Original erhalten, und im Hauptraum fand man zwei Fassungen, die beide als Original gelten dürfen. Noch zu Lebzeiten von Dominikus Zimmermann war der Kirche eine zweite Bemalung gegeben worden, deren Spuren man nun folgt. Mikroskopische Untersuchungen brachten es an den Tag: Zwischen der ersten Schicht und der zweiten, von der man annahm, sie sei einer späteren Restaurierung zuzurechnen, fand sich kaum ein Staubkorn.

Kunstvolles Lattengerüst

Allein das kunstvolle Lattengerüst, das die Stuckierungen und den hölzernen Plafond mit dem Deckengemälde trägt, sei seiner Flexibilität, Leichtigkeit und seinem guten Erhaltungszustand ein bestaunenswertes Wunder. „Wir sind alle fasziniert", sagt Klarner, „und da kann man auch, wie wir es tun, zehn bis vierzehn Stunden täglich arbeiten."

Voraussetzung für Dokumentation und Restaurierung ist das „Abstauben" sämtlicher Stuckdetails. „Hausfrauen- oder gar Lehrlingsarbeit ist das nicht", sagt Erwin Emmerling, Restaurator des Landesamtes. Gold, Farbe, feinste Putzschichten könnten sich möglicherweise dabei lösen.

Bayerischer Kurier
24. Juni 1989

ZWISCHENBILANZ

Die Wies wie neu

In der Wieskirche demonstriert die bayerische Denkmalpflege derzeit ihre Leistungsfähigkeit und setzt Maßstäbe für ganz Europa. So jedenfalls sieht es Generalkonservator Prof. Michael Petzet, der die Arbeiten in dem vielbesuchten Gotteshaus im oberbayerischen »Pfaffenwinkel« als die »komplizierteste aber auch vorbildlichste Renovierung, die zur Zeit in Europa durchgeführt wird«, bezeichnet. Bis Ende 1990 soll die Wieskirche innen und außen wiederhergestellt sein und in altem Glanz erstrahlen, teilte Petzet bei einer Zwischenbilanz der Arbeiten an der Kirche mit. Die gesamte Renovierung, die der bayerische Staat bezahlt, kostet rund 7,7 Millionen Mark, davon entfallen 700 000 Mark auf die Erneuerung der Fassade.

Im Herbst 1984 mußte die Wieskirche, die neben der Würzburger Residenz einziges bayerisches Baudenkmal in der UNESCO-Liste des Kultur- und Naturerbes der Welt vertreten ist, vorübergehend geschlossen werden. Herabfallende Stuckteile hätten Besucher gefährden können. Als Ursache für die Schäden werden von den Denkmalschützern Erschütterungen durch überfliegende Düsenjets, Materialermüdung, Föhn- und Winterstürme sowie die Auswirkungen des massenhaften Besucherzustroms angegeben. Militärische Überflüge seien zwar offiziell eingestellt

Gotteshäuser erhalten oder verkaufen?

Jahrestagung der Denkmalpfleger beschäftigt sich mit Restaurierung und Umgestaltung alter Kirchen

(epd). Die Pflege und Erhaltung kirchlicher Denkmäler wird in Zukunft immer schwieriger. Darin stimmten die kirchlichen wie staatlichen Denkmalpfleger auf ihrer Jahrestagung in München überein. Schuld daran ist „zweifellos eine Progression der Umweltschäden", wie der Landeskonservator Professor Michael Petzet feststellte. Zur Behebung dieser Schäden muß allejährlich der größte Teil der rund 75 Millionen DM an Denkmalschutzgeldern in Bayern ausgegeben werden. Selbst am großmächtigen Passauer Dom nagt nicht nur der Zahn der Zeit. Schon um die Jahrhundertwende hat mit der fortschreitenden Industrialisierung und Motorisierung sowie der Umstellung von Holz- auf Kohle- und Ölfeuerung eine „galoppierende" Verwitterung eingesetzt. Selbst Mikroorganismen machen als „Steinfresser" den kulturhistorischen Bauwerken der Stadt schwer zu schaffen.

„Wenig Optimismus" kann der Landeskonservator verbreiten, wenn er über die Methoden der Erhaltung spricht. „Es gibt keine Patentrezepte mehr, wie wir die Steine erhalten könnten", betont Petzet. Restaurierungsmethoden, die vor zehn Jahren noch galten, haben sich heute als falsch herausgestellt.

Die immer schärferen Umweltgifte machen auch vor den Metallen keinen Halt mehr. Hier werden zur Zeit ganz neue Methoden der Konservierung in Zusammenarbeit mit dem Bundesforschungsministerium entwickelt und getestet. Ergebnisse sind jedoch noch nicht in Sicht.

Die steigenden Kosten für die Sanierung der Umweltschäden machen auch der Kirche zu schaffen. Nach Ansicht von Bischof Hans-Gernot Jung (Kassel), dem stellvertretenden Vorsitzenden des Rates der Evangelischen Kirche in Deutschland, wird die Beseitigung der Umweltaufgaben der Kirche unbezahlbar".

Die Schere zwischen ständig steigenden Kosten für die Erhaltung der Kirchen und sinkenden Kirchensteuergeldern öffnet sich immer weiter. Dazu kommt, daß für den Denkmalschutz ausgegebenes Geld dann für die „weltweiten Aufgaben der Diakonie fehlt", erläuterte Jung. Die Kirche steht vor dem Dilemma: Einsatz für den Nächsten oder für das Bauwerk und die Kunst?

In mühevoller Kleinarbeit müssen die verwitterten Steine der Domfassade erneuert werden. Auch beim Einpassen der „Ersatzstücke" greifen der Bildhauer Alois Gruber und seine Kollegen auf alte Handwerkstechniken zurück. (Foto: Schmidhuber)

chen Hessen-Nassau. Er verlangte von den Kirchen und Gemeinden, ohne Tabus darüber zu diskutieren, ob „nicht ausreichend genutzte Gebäude zu veräußern, vermieten oder umzugestalten" seien.

Kirchen mit bis zu tausend Sitzplätzen bei nur 20 Gottesdienstbesuchern sind, laut Billig, unter „ökonomischen Gesichtspunkten" überhaupt nicht mehr vertretbar". Als Alternativen schlägt er den Gemeinden vor, „die Kirche zu verändern". Möglichkeiten eines wieder rücknehmbaren Umbaus der Kirche werden derzeit an der Universität Marburg erarbeitet. Bei diesen Projekten kommen sowohl die Denkmalpflege wie die Bedürfnisse der Gemeinde zu einer angemessenen Geltung.

Ein anderer Weg ist die Umgestaltung der Kirche in öffentliche Gemeindezentren, Bibliotheken oder als „offene Räume für die Stadt". Ziel solcher Vorschläge ist es, einen „Ausverkauf" von übrigen Kirchen an private Unternehmer, wie es in Holland oder England geschieht, zu verhindern. Dort ist fast die Hälfte der Kirchen aus finanzieller Not verkauft und in Restaurants, Kaufhäuser oder auch Diskotheken umgewandelt worden.

Eine solche „zweite Säkularisation" der Kirchenbauten wäre das Ende eines jeden Denkmalschutzes, betont der bayerische Landeskonservator Petzet. Er will die heutige Denkmalpflege in den großen Rahmen des Umweltschutzes stellen. Nicht nur, weil die großen, alten Gebäude von der Umweltverschmutzung am meisten betroffen sind. Für den Denkmalschützer wird es zu einer „moralischen Frage" der Allgemeinheit, für die „Bewahrung unseres historischen Erbes" zu sorgen.

Ein Schritt weiter in seinen Überlegungen ging Wolfgang Billig, der Leiter des Kirchenbauamtes der evangelischen Kir-

worden, kämen aber immer wieder vor, berichtete der Generalkonservator. Für die Renovierung ist ein freistehendes Innengerüst errichtet worden, das allein 500 000 Mark gekostet hat. Damit war es möglich, weiter Gottesdienste in der Wieskirche zu feiern und die Wallfahrt aufrechtzuerhalten. Zur Zeit arbeiten 30 Restauratoren und Stukkateure in der Kirche, die besten Fachleute, die zu bekommen waren, wie Petzet betonte.

Mit größter Vorsicht

Die Restauratoren leisten vor Ort Kleinarbeit. Mit feinen Pinseln wird die zentimeterdicke Staubschicht vom Stuck entfernt. Jede einzelne Verzierung muß auf Festigkeit geprüft und notfalls erneuert werden. Ziel ist es, die ursprüngliche Fassung so gut wie möglich wieder sichtbar zu machen. In den schon gereinigten und vorsichtig ergänzten Partien wird deutlich, mit welcher handwerklichen Qualität und künstlerischen Freiheit in der Entstehungszeit gearbeitet wurde. Die Deckenfresken, die relativ gut erhalten sind, stammen von Johann Baptist Zimmermann, der reiche Rokokostuck aus der Werkstatt des Baumeisters Dominikus Zimmermann. Die Wieskirche war damals ein Prestigeobjekt des Klosters Steingaden. Deshalb wurde der Bau sehr solide ausgeführt. Heute erweist sich dies als Vorteil bei der Renovierung.

JÖRG HAMMANN

Passauer Neue Presse
24. Juni 1989

Unser Bistum
Kirchenzeitung für die Diözese Augsburg
30. Juli 1989

Ende 1990 ist es soweit:

Überirdisches Licht zeigt eine „gealterte" Wies

In diesem Jahr wurde die Außenfassade der Wies eingerüstet. 700 000 DM wird diese Maßnahme kosten.

Ein Anblick, den die meisten Besucher nicht kennen: die Wies von Süden aus betrachtet.

STEINGADEN – Ortstermin in Bayerns volkstümlichster Kirche: Einer größeren Journalistengruppe wurden in der Wies Befunde präsentiert, die schon bei den beteiligten Restauratoren und Kunsthistorikern Erstaunen hervorgerufen haben. Das weltberühmte Gotteshaus im oberbayerischen „Pfaffenwinkel" erlebt zur Zeit das komplizierteste, aber auch das vorbildlichste derzeit in Europa durchgeführte Renovierungsprogramm.

Die gesamte Restaurierung, die der bayerische Staat bezahlt, kostet 7,7 Millionen Mark. 700 000 Mark davon entfallen auf die Erneuerung der Fassade, die in diesem Jahr eingerüstet wurde. Im Herbst 1984 mußte die Wies geschlossen werden. Herabfallende Stuckteile hätten die Besucher gefährden können. Bis zu seiner Schließung zog das Rokoko-Juwel jährlich rund eine Million Menschen an. Die Denkmalschützer sehen in den Erschütterungen durch überfliegende Düsenjets, Materialermüdungen, Föhn- und Winterstürmen sowie den Auswirkungen des massenhaften Besucherzustroms die Ursachen für die Schäden.

Für die Renovierung wurde ein freistehendes Innengerüst errichtet, das allein 500 000 Mark kostete. Auf ihm arbeitet zur Zeit ein hochqualifiziertes Arbeitsteam von knapp 30 Restauratoren, Stukkateuren, Architekten und Fotografen, Mitarbeiter der Landeswerkstätten und freie Fachleute, in einem „Arbeitskreis Wies" zusammengeschlossen. Tag für Tag entfernen sie zentimeterdicken schwarzen Staub auf Baldachinen, Blumengirlanden, Heiligenköpfen und Engelsschwingen. Was sie darunter fanden, sicherten und konservierten, übertraf alle Erwartungen.

Landeskonservator Professor Michael Petzet (links) im Fachgespräch mit Restaurator Erwin Emmerling.
Fotos: Kopp

Im 1749 vollendeten Chorraum hat sich die Originalfassung des Stucks erhalten und im Hauptraum zwei zeitlich nur wenige Jahre hintereinander erstellte Fassungen. Der Chor wurde 1745 zunächst als selbständiger Abschnitt errichtet und 1749 geweiht. Es folgte nach 1750 der Bau des Langhauses, das 1754 konsekriert wurde. Die erste Fassung des Langhauses war weniger „malerisch" als die des Chores, hatte vorwiegend Grün-, Gelb- und Rottöne und verzichtete auf die teure Vergoldung. Schon um 1756 – so nimmt man an – erhielt diese provisorische Farbgebung die geplante Endfassung. Mikroskopische Untersuchungen stützen diese These: Es ist kaum ein Staubkorn zwischen beiden Schichten zu entdecken. Charakteristisch bei der Endfassung ist die gekonnte Verwendung von Smalte (einer Kobaltschmelze) auf den Rocaillen (Muschelformen).

Über das, was weiter zutage tritt, geraten die Männer auf den Gerüsten ins Schwärmen: Eine Wies weitgehend ohne die Spuren der abschnittsweise wenig sensiblen Restaurierung und Neufassung der Jahre 1903 bis 1905 und 1949 bis 1951. Damals wurde zwar auch behutsam zu Werke gegangen, doch standen eben nicht die technischen und naturwissenschaftlichen Möglichkeiten von heute zur Verfügung.

Fast täglich tauchen Probleme und Fragestellungen auf, die der Arbeitskreis gemeinsam zu lösen versucht. Winzigste Farbpartien, bei denen sich dünn aufgebrachte Pigmentschichten so verbinden, daß das Leuchten der Wies daraus zu erklären ist, gewinnen immer nur durch den Blick auf das Ganze das richtige Gewicht. Allein die Vielzahl der Vergoldungstechniken, die oft in engster Nachbarschaft eingesetzt werden, sind für die Restauratoren eine große Herausforderung, weil hier bewußt dieser und dort jener feine Effekt erzielt wird. Dieses ganze, unfaßbar komplexe Zusammenspiel, in keinem Baudenkmal der Bundesrepublik in dieser Weise zu finden, habe man erst im Laufe der langwierigen, zentimetergenauen Dokumentation erkannt.

Die Denkmalschützer behaupten sogar: Die Wiederherstellung der Wies ist schwieriger und aufwendiger als die Restaurierung der Sixtinischen Kapelle. Kein Wunder, wenn die europäische Fachwelt die Arbeiten aufmerksam verfolgt.

Krönung des Rokoko

Neben der Würzburger Residenz ist die Wieskirche als einziges bayerisches Baudenkmal in der UNESCO-Liste des Kultur- und Naturerbes der Welt vertreten. Die Bedeutung dieses Meisterwerkes des genialen Baumeisters und Stukkateurs Dominikus Zimmermann wird mit dem Renovierungsabschluß noch zunehmen. Landeskonservator Professor Michael Petzet hofft, daß es am Ende des Jahres 1990 soweit sein wird. Wenn die Nylonnetze und Gerüste endlich fallen, werden sich die Augen zahlloser gläubiger Menschen und vieler Kunstfreunde aus aller Welt auf dieses Gotteshaus im Pfaffenwinkel richten. Denn die Wies ist nicht irgendeine Kirche, sondern so etwas wie die Krönung des süddeutschen Rokoko. Was sich dann vor aller Augen zeigen wird, wenn endlich wieder das berühmte „überirdische Licht" der Wies auf Heilige, Putten, Ornamente und Rocaillen fallen wird, ist kein „neuer Glanz". Eine „gealterte" Wies werde zum Vorschein kommen, so versichert der Landeskonservator, „beeindruckend schön wie zur Erbauungszeit und mit einer originalen Oberfläche, die es sonst nirgendwo in einer Rokokokirche gibt".

Johannes Kopp

Brief Dr. Michael Petzets:

Das Landesamt beharrt auf Grau-Schwarz-Weiß-Gliederung

Der Generalkonservator zum Sockelanstrich der Studienkirche

Donau-Zeitung (Dillingen)
25. September 1989

Dillingen (vN). Generalkonservator Dr. Michael Petzet hatte geglaubt, das Problem wegen des Grauanstrichs des Sockels von Studienkirche und Akademie für Lehrerfortbildung in Dillingen sei „mittlerweile bereits ausgestanden". In einem Brief an Dieter Schienhammer, den Vorsitzenden des Historischen Vereins, betont Petzet, von einer einsamen Entscheidung des zuständigen Referenten könne keine Rede sein. Aus verschiedenen Indizien müsse man aber schließen, daß gerade der Jesuitenorden die nachgewiesene strenge Grau-Schwarz-Weiß-Gliederung gewünscht habe.

Am heutigen Montag wird sich auch der Dillinger Stadtrat mit der Angelegenheit beschäftigen. Dr. Böttger, zuständiger Denkmalschützer des bayerischen Landesamtes, wird zwar am heutigen Tag in Dillingen sein, dem Stadtrat aber nicht zur Verfügung stehen.

Der Brief Dr. Petzets hat folgende Wortlaut:

„Sehr geehrter Herr Schinhammer, für Ihr Schreiben darf ich mich sehr herzlich bedanken. Sie sprechen darin erneut das alte Problem der Außenfassung des Baukomplexes Studienkirche/Akademie an, von dem ich eigentlich geglaubt hatte, daß es mittlerweile ausgestanden sei. Hatte man doch bereits am 10. 1. 1986 anläßlich eines Termins mit der Obersten Baubehörde im Innenministerium, dem Landbauamt Augsburg, der Akademie für Lehrerfortbildung und dem Bayer. Landesamt für Denkmalpflege durch einen einstimmigen Beschluß die Farbfassung des Baukomplexes festgelegt, einschließlich des Sockels aus Kalk- und Sandsteinen.

Zuvor war in langer Diskussion auf Wunsch der Stadt Dillingen ein Kompromiß gefunden worden, der den Dunkelgrad des Grautons und den Anteil der grau zu fassenden Gliederungselemente reduzierte.

Keine einsame Entscheidung

Es kann also keine Rede von einem Ergebnis einer gemeinsamen Entscheidung des zuständigen Referenten des Landesamtes für Denkmalpflege oder gar von „Kunstdiktat" sein. Außerdem darf ich Ihre Behauptung richtigstellen, der Referent habe „mit der Drohung, weitere Mittel zu streichen, wenn nicht der von ihm gewünschte Fassadenanstrich verwirklicht wird, seine Absicht durchgesetzt". Es sollte Ihnen eigentlich bekannt sein, daß an den genannten Bauwerken Staatsbaulast besteht und damit eine Bezuschussung durch das Landesamt für Denkmalpflege grundsätzlich entfällt.

Primärquellen überwiegen

Ich meine, daß das für den gesamten schwäbischen, ja süddeutschen Bereich hochbedeutende Baudenkmal von uns allen ein auf historischen Voraussetzungen beruhendes, ausgewogenes und fachbezogenes Vorgehen verdient. Man wird dabei von der Voraussetzung ausgehen, daß die Aussage primärer Geschichtsquellen – das heißt in diesem Fall von Befunden am Bauwerk – diejenigen sekundärer Quellen – das heißt der von vielerlei Unwägbarkeiten beeinflußten bildlichen Darstellungen – überwiegt.

Befunde für Zweitfassung

Die primären Quellen sagen zwar nur wenig über die urspüngliche Farbigkeit des Alberthal-Baus der Studienkirche aus: Funde von Rot und Gelb im Bereich der jetzt teils verbauten Westfassade und des Turmes lassen auch hier eine ehemalige Mehrfarbigkeit auf Putz und Stein vermuten, sie ist mit heutigen Mitteln im Detail aber nicht mehr zu belegen. Dagenen gibt es deutliche und unwiderlegbare Befunde für eine Zweitfassung, die nach der Vollendung des straßenseitigen Südflügels des ehemaligen Jesuitenkollegs durch den Jesuitenlaienbruder Ignaz Merani und diesem farbig entsprechend auch auf der Studienkirche angetragen worden, um den ganzen Komplex in seinem Erscheinungsbild zu vereinheitlichen.

Wir müssen daraus schließen, daß gerade der Jesuitenorden die nachgewiesene strenge Grau-Schwarz-Weiß-Gliederung gewünscht hat. Sie entspricht im übrigen durchaus süddeutscher Tradition, ganz besonders auch in augsburgischer Prägung. Erinnert sei nur an die ähnliche Fassung der Augsburger Bischofsresidenz. Der Sockelbereich zeigte noch Reste dieser Farbigkeit; außerdem ist aus seiner Struktur des unregelmäßigen Quaderwerks mit einzelnen Sandsteinquadern zwingend eine vereinheitlichende farbige Behandlung vorauszusetzen. Eine solche Behandlung ist übrigens auch unter konservatorischen Gesichtspunkten richtig, da sie einer Verwitterung durch Frostsprengung von feinen Haarrissen aus vorbeugt.

Unter bestalterischen Gesichtspunkten scheint es aufgrund der Architektur-Theorie seit der Renaissance undenkbar, eine klassische Kolossalgliederung von ihrem vorspringenden Sockel zu trennen. Das Prinzip des Tragens und Lasten in der Fassadenbildung zu verdeutlichen, wäre also auf den Kopf gestellt.

Übrigens: an der Basilika in Dillingen wurde ebenfalls aufgrund von Befunden am Bau die ursprüngliche Farbigkeit Alberthals, grüne Gliederungen zu weißen Flächen, wiederhergestellt. Der der Studienkirche ähnliche Sockel wurde einbezogen. Das Ergebnis hat, soweit ich sehe, in Dillingen ein durchaus positives Echo gefunden."

Schwäbische Baukunst als Handbuch

Nicht jedes denkmalgeschützte Bauernhaus, wohl aber die wichtigen Objekte schwäbischer Architekturgeschichte sind im „neuen Dehio" enthalten, den Michael Petzet, Chef des Landesamts für Denkmalpflege, Autor Bruno Bushart, Bezirkstagspräsident Simnacher sowie Co-Autor Georg Paula (von links) gestern der Öffentlichkeit vorstellten. Der Band III des Handbuchs deutscher Kunstdenkmäler, begründet vom Vater der modernen Denkmalpflege, Georg Dehio, deckt Schwaben vom Bodensee bis zum Ries ab und stellt vor allem Kirchen, aber auch Profanbauten von Gotik bis Jugendstil dar. Das Handbuch, für dessen Erstellung der Bezirk Schwaben die Honorarkosten übernommen hatte, soll kunstinteressierten Laien ebenso wie Heimat- und Denkmalpflegern dienen. aba/Bild: Schöllhorn

Augsburger Allgemeine
7. Oktober 1989

Leitthema "Archäologische Denkmalpflege in Bayern":

Das Vergangenheitserbe sichern

Vorgeschichtskurs und Jahrestagung des Landesamtes in Amberg – Vorträge und Exkursion

Über die 5. Jahrestagung der Bayerischen Denkmalpflege, die am Wochenende rund 400 Teilnehmer aus dem gesamten Freistaat im Amberger Josefshaus zusammenführen wird, berichtete auch der Bayerische Rundfunk gestern in seinem 3. Fernsehprogramm im Rahmen eines gut einminütigen Beitrags in der "Rundschau" um 18.45 Uhr. Fotos: Amann

A m b e r g. (kl) Die Öffentlichkeit umfassend über aktuelle Probleme der Denkmalpflege und des Denkmalschutzes informieren will das Bayerische Landesamt für Denkmalpflege München im Rahmen einer Jahrestagung, bei der es seit gestern bis einschließlich Sonntag um das Leitthema "Archäologische Denkmalpflege in Bayern" geht. Die Konferenz – sie ist verbunden mit dem im zweijährigen Turnus stattfindenden Bayerischen Vorgeschichtskurs – führt rund 400 Fachleute, aber auch ehrenamtliche Mitarbeiter des Landesamtes (beispielsweise Heimatpfleger) und Vertreter der unteren Denkmalschutzbehörden in Amberg zusammen; sie dürfte auch an der Bau- und Kunstdenkmalpflege Interessierte ansprechen, nachdem Ausgrabungen an mittelalterlichen und neuzeitlichen Plätzen ebenfalls vorgestellt werden sollen.

in den fruchtbarsten Anbaugebieten gelegen hätten; die Pflugscharen der Bauern aber würden nach und nach „zerstören, was in den oberflächennahen Schichten ruht". Trifft man keine Gegenmaßnahmen, sind die Fluren nach Einschätzung von Dr. Keller „in ein bis zwei Jahrzehnten leer". Zum Schutz dieses Vergangenheitserbes reiche es, in Frage kommende Äcker „nur mehr als Wiese zu nutzen". Keller wörtlich: „Der archäologische Befund zeigt sich gleich unter der Ackerkrume."

„Die Denkmalzerstörungen in Stadt und Land rasch und nachhaltig eindämmen" will auch Staatssekretär Dr. Thomas Goppel vom Bayerischen Staatsministerium für Wissenschaft und Kunst. Er kritisierte, daß nicht selten „am unterirdischen Vergangenheitserbe Raubbau veranstaltet" werde, und warnte vor der Gefahr, eines Tages in einer „archäologischen Wüste" leben zu müssen. Die längst beobachtbare großflächige Anbau- und Bauplanung „könnte auch großflächig zur Zerstörung archäologischer Geschichtszeugnisse führen"; daher gehöre es zu den wichtigsten Aufgaben des Freistaates in den 90er Jahren, „die Voraussetzungen dafür zu schaffen, daß wenigstens Teile dieses Vergangenheitserbes in ‚archäologischen Schutzzonen' eine Zukunft haben".

Jugend an Vergangenheit heranführen

„Wir stellen auch bei unseren Bürgern eine immer stärkere Hinwendung zur Geschichte fest", meinte seinerseits OB Franz Prechtl, der an die Eisenerz-Vergangenheit Ambergs erinnerte. Sein besonderer Gruß galt u. a. Regie-

▽

Die Archäologie war nach den Worten von Generalkonservator Prof. Dr. Michael Petzet, dem Leiter des Landesamtes, „früher hauptsächlich eine Sache der Historischen Vereine", sie sei heute „eine hochentwickelte Spezialwissenschaft" und – so Petzets Stellvertreter, Landeskonservator Dr. Erwin Keller, beim Landesamt Leiter der Abteilung Bodendenkmalpflege – „die einzige, die ihre Quellen zerstört, um wissenschaftliche Erkenntnisse zu erzielen". Im Rahmen eines Pressegespräches bedauerte es Pretzet ausdrücklich, daß man „von Forschungsgrabungen nach Strategie derzeit meilenweit entfernt" sei: „Wir tun nichts anderes, als auf ‚Teufel komm raus' zu graben, müssen aber wegkommen davon, vor dem Bagger herzulaufen – im Grunde eilen wir von einer Notgrabung zur anderen!"

Äcker teils nur noch als Wiesen nutzen

Der Grund dafür – so jedenfalls sieht es Volker Freiherr von Truchseß/München, Vorsitzender der Gesellschaft für Archäologie in Bayern – sei das „unlösbare Dilemma", daß für den Wissenschaftler bedeutende Stätten schon immer rungsdirektor Joachim Merk als Vertreter der Bezirksregierung, Dr. Claus Hüssen von der Römisch-Germanischen Kommission Frankfurt, Leitendem Sammlungsdirektor Dr. Hermann Dannheimer von der Prähistorischen Staatssammlung München und Direktor Dr. Wilfried Menghin vom Germanischen Nationalmuseum Nürnberg.

Die Vorgeschichte, so das Stadtoberhaupt, habe man der Jugend lange Zeit nur schwerlich vermitteln können, inzwischen aber helfe die moderne Pädagogik, „Kindern und anderen Bürgern hier Zugang zu gewähren". „Gerade junge Leute an die Vergangenheit heranzuführen sei „eine ganz wichtige Aufgabe für die Zukunft".

Eröffnet wurde die Tagung im Amberger Josefshaus gestern mit einführenden Referaten von Prof. Dr. Petzet und Dr. Keller zu Grundsätzen und aktuellen Problemen der archäologischen Denkmalpflege bzw. „archäologischen Reservaten" in den Landwirtschaftsflächen, bevor nach der Mittagspause sieben weitere Fachvorträge anstanden. Abends fand ein Empfang im Stadtmuseum statt, heute geht es ab 8 Uhr weiter mit acht verschiedenen Referenten, darunter Karl-Heinz Heckel, der die Ausgrabungen in Amberg geleitet hatte und „Hafnerwerkstätten und Keramikmarken aus dem frühneuzeitlichen Amberg" vorstellen wird.

Morgen große Exkursion

Nach einer Stadtführung in mehreren Gruppen (14 Uhr) und der Hauptversammlung der Gesellschaft für Archäologie in Bayern (16.30 Uhr) wird dann der Sulzbach-Rosenberger Norbert Hirschmann im Rahmen eines öffentlichen Lichtbildvortrages ab 20 Uhr im Josefshaus auf die Geschichte der Oberpfälzer Eisenstädte Amberg und Sulzbach eingehen, bevor man am Sonntag unter der Leitung von Oberkonservator Paul Unterkircher aufbricht zu einer Ganztagesexkursion. Ziele sind dabei das Bergbau- und Industriemuseum Theuern sowie die Orte Schmidmühlen und Hohenburg. (siehe auch Bericht im überregionalen Teil).

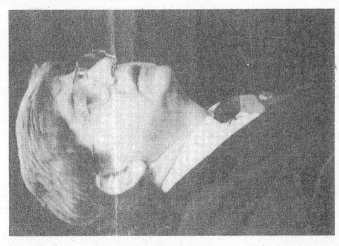

Staatssekretär Dr. Thomas Goppel vom Bayerischen Staatsministerium für Wissenschaft und Kunst: „Mit Forscherdrang nach rückwärts übernimmt es die Archäologie, für die Vernetzung zwischen Geistes- und Naturwissenschaften zu sorgen."

Oberbürgermeister Franz Prechtl mit (v. l.) dem Leiter des Bayerischen Landesamtes für Denkmalpflege, Generalkonservator Prof. Dr. Michael Petzet, dessen Stellvertreter, Landeskonservator Dr. Erwin Keller – er leitet beim Landesamt die Abteilung Bodendenkmalpflege und ist gleichzeitig Geschäftsführer der 6300 Mitglieder starken Gesellschaft für Archäologie in Bayern –, und der Vorsitzende dieser Vereinigung, Volker Freiherr von Truchseß, Jurist, ehemaliger Landtagsabgeordneter und hauptberuflich bei der Regierung von Oberbayern als Leiter der Hauptfürsorgestelle u. a. für Fragen des Behindertenrechts zuständig.

Amberger Stadtnachrichten
21./22. Oktober 1989

Erhaltung von Bodendenkmälern
Süddeutsche Zeitung, 21./22. Oktober 1989

Das unterirdische Erbe der Vergangenheit

Bei der Jahrestagung des Landesamtes für Denkmalpflege geben die Archäologen den Ton an

Von Ursula Peters

Amberg – Von steinzeitlichen Siedlungen wird die Rede sein und von Urnenfeldern, von der Ausgrabung einer römischen Villa und einer Nekropole der Hallstattzeit und vielem anderen mehr. Die bayerischen Archäologen geben dieses Wochenende in Amberg bei der 5. Jahrestagung des Landesamtes für Denkmalpflege den Ton an. Obwohl die Vor- und Frühgeschichte im Vordergrund der Tagung steht, dürften sich auch Freunde der Bau- und Kunstdenkmalpflege für die Vorträge interessieren, weil zum Beispiel auch Ausgrabungen an mittelalterlichen und neuzeitlichen Plätzen erläutert werden.

„Gerade in Mittelalter und Neuzeit überschneiden sich heute die Reviere der Archäologen und Denkmalpfleger", betont Generalkonservator Michael Petzet, der Chef des Landesdenkmalamts. Die Archäologie habe sich mittlerweile in einem Kreis etabliert, in dem nicht nur andere historische Fächer, sondern auch die Naturwissenschaften vertreten seien und volles Mitspracherecht hätten. „Es gibt nur ein Ziel für alle: verlorene Wirklichkeit zurückzugewinnen", betonte Petzet.

Den Elfenbeinturm verlassen

„Die Fachforschung schließt sich nicht mehr in den Elfenbeintum der Wissenschaft ein. Sie ist auf vielen Wegen bemüht, geschichtliches Wissen zu vermitteln", lobte Staatssekretär Thomas Goppel vom Wissenschaftsministerium – dem die Denkmalpflege untersteht – bei der Tagungseröffnung am Freitagvormittag. Die Archäologie habe durch ihre „Öffnung nach außen" in den letzten Jahren eine erstaunliche Popularität erhalten. Die vor acht Jahren gegründete Gesellschaft für Archäologie in Bayern zähle bereits 3000 Mitglieder aus allen Bevölkerungsschichten.

Für archäologische Schutzzonen

Größte Sorge der Archäologen ist zur Zeit die Sicherung und Erhaltung der Bodendenkmäler, die noch unter Bauernland liegen und sowohl von Bauprojekten als auch der maschinellen Feldbestellung, die den Boden tiefgreifend verändert, bedroht sind. Durch die beispiellose Technisierung und Industrialisierung und den allgemeinen Landverbrauch der letzten Jahrzehnte sei bereits viel vom historischen Erbe zerstört worden, bedauerte Goppel. „Wenn am unterirdischen Erbe der Vergangenheit weiterhin Raubbau getrieben wird, können wir in zehn, zwanzig Jahren in einer archäologischen Wüste leben." Die Zerstörung der Denkmäler in Stadt und Land müsse rasch und nachhaltig eingedämmt werden.

Zu den wichtigsten Aufgaben des Freistaats im Kulturbereich gehört nach Goppels Ansicht in den neunziger Jahren die Schaffung von „archäologischen Schutzzonen" für besonders wichtige Fundstätten, die bereits bekannt sind, für deren Auswertung bisher aber weder Geld noch genügend Fachleute vorhanden sind. Vor allem durch die Luftbildarchäologie konnte in den letzten Jahren ein großer Schatz an vor- und frühgeschichtlichen Siedlungen, Keltenschanzen, Gräberfeldern etc. geortet werden, die noch der Ausgrabung durch die Archäologen und der wissenschaftlichen Auswertung harren. Denn Bayern war vor Tausenden von Jahren keineswegs so menschenleer, wie man früher dachte. „Die Luftbilder zeigen aber auch, daß Pflug und Erosion in vielen Anbaugebieten bereits flächenhaft die Substanz der archäologischen Fundplätze angegriffen haben", stellte Goppel in Amberg fest. Es müsse alles getan werden, um diese unersetzlichen „Archive bayerischer Vergangenheit" zu retten.

Vortrag über „Eisenstädte"

Rund 20 Vorträge sind im Rahmen der Tagung vorgesehen, darunter am heutigen Samstag um 20 Uhr im Josefshaus ein öffentlicher Lichtbildervortrag über die zwei Oberpfälzer „Eisenstädte" Amberg und Sulzbach von den Anfängen bis zu Beginn des 16. Jahrhunderts.

Angst um zarten Oberflächenschmelz
Süddeutsche Zeitung, 30. Oktober 1989

Die Denkmalpfleger schwören auf giftige Farbe

Das drohende Verbot von Bleiweiß bringt die Restauratoren in Schwierigkeiten

Von Ursula Peters

München – Das Europäische Parlament ist um die Gesundheit der Bürger besorgt und will die Verwendung von toxischen und giftigen Stoffen künftig verbieten. Was auf den ersten Blick vernünftig erscheint, kann im Detail auch negative Auswirkungen haben, kann beispielsweise das Kulturerbe des Abendlands gefährden. Die Denkmalpfleger sind nämlich in helle Aufregung geraten, als sie hörten, daß auch das Farbpigment Bleiweiß verboten werden soll: ein mit Sicherheit gesundheitsschädlicher Farbstoff, der jedoch Hunderte von Jahren von den bedeutendsten Malern, Bildhauern, Holzschnitzern und Stukkateuren verwendet worden ist. Bleiweiß, ein Bleikarbonat, ist eines der ältesten Farbpigmente überhaupt und wurde bereits 1500 vor Christus von den Ägyptern verwendet. Praktisch sind sämtliche europäischen Tafelbilder, Leinwandgemälde und Skulpturenfassungen unter der Verwendung von Bleiweiß entstanden. Ersatzstoffe wurden erst seit Beginn dieses Jahrhunderts entwickelt, haben aber bei weitem nicht die gleichen Qualitäten.

Die Denkmalpfleger und Restauratoren sehen jetzt ihre Arbeit in Gefahr und fordern eine Ausnahmegenehmigung für Bleiweiß. „Der berühmte zarte Oberflächenschmelz der altniederländischen Malerei beruht auf einer zur Hochblüte gebrachten Maltechnik durch die Verwendung von Bleiweiß mit Öl", stellt Michael Petzet, der Chef des Bayerischen Landesamts für Denkmalpflege mit seinen bekannten Restaurierungswerkstätten, fest. Jedes farbig gefaßte Bildwerk seit dieser Zeit sei geprägt durch die Verwendung von Bleiweiß. Dazu gehörten auch die Innenausstattungen bedeutender Schlösser – von Versailles und Nymphenburg bis Würzburg –, von weltberühmten Kirchen wie Vierzehnheiligen oder der Bauten von Dominikus Zimmermann. Selbst die Ignaz-Günther-Figuren wären nichts ohne ihre polierte Bleiweiß-Oberfläche.

Petzet berichtet, daß sein Amt seit Jahrzehnten versuche, Ersatz für das giftige Bleiweiß zu finden, was in vielen Fällen auch gelungen sei, aber nicht in allen. „Es geht hier nicht nur um den momentanen optischen Eindruck nach der Restaurierung – der wäre auch vielleicht mit Ersatzpigmenten zu erreichen –, sondern um die Alterung der Farben in Jahrzehnten und Jahrhunderten", erläutert Petzet. Eines der wesentlichen Charakteristika von Bleiweiß sei das ganz spezifische Alterungsverhalten, eine Art Verseifungsprozeß, der bei keiner anderen Farbe auftritt.

Im Bereich der Denkmalpflege geht es darum, das Alterungsverhalten der verwendeten Materialien über Jahrzehnte vorauszuberechnen, so daß sich Original und Retusche völlig angleichen. Petzet betont: „Ein Verbot von Bleiweiß ohne Ausnahmeregelung für Denkmalpfleger würde die vom Europäischen Parlament ja gewünschte Erhaltung des kulturellen Erbes in diesem Bereich stark gefährden."

Ausstellung über Jugendstilbauten in der DDR

Schöne Architektur und ein Appell
Denkmalschutz-Chef Petzet ruft zur Mithilfe an der Rettung alter Stadtbilder auf

Die dringliche Aufforderung, bei der Rettung bedrohter historischer Stadtbilder in der DDR mitzuwirken, hat Michael Petzet, der Chef des Bayerischen Landesamts für Denkmalpflege, an Bund und Länder gerichtet. Bei der Eröffnung einer Ausstellung „Jugendstil-Architektur in der Deutschen Demokratischen Republik" rief er in seiner Eigenschaft als Präsident des deutschen Nationalkomitees des Internationalen Rats für Denkmalpflege dazu auf, Hilfe auf diesem Gebiet in Kooperationsprogramme einzubeziehen.

Von Heinrich Breyer

Anlaß des Appells ist eine Photodokumentation, die allerdings keine Problemfälle vor Augen führt, sondern Beispiele bedeutender Jahrhundertwende-Architektur in der DDR. Und auch Leistungen der Denkmalpflege wie den in den Jahren zwischen 1981 und 1986 rekonstruierten Bau des Stadttheaters von Cottbus, das einem Vergleich mit dem Münchner Schauspielhaus von Richard Riemerschmid durchaus standhält. Gezeigt wird sie, erstmals in der Bundesrepublik, im Treppenhaus des Denkmalamts am Hofgraben; als Veranstalter zeichnen gemeinsam das Ostberliner Kulturministerium, die Unesco-Kommission und das DDR-Institut für Denkmalpflege.

Das Unternehmen ist Teil eines Unesco-Projekts mit dem Ziel, eine wissenschaftliche Bestandsaufnahme und Sicherung von Jugendstilbauten in aller Welt zu erreichen. Mindestens 20 000 solche Objekte seien bisher in seinem Land registriert worden, berichtete bei der Eröffnung der Ausstellung ihr Organisator, der Erfurter Denkmalpfleger Rudolf Zießler. Bei der Auswahl der 75 hier vorgestellten Werke hat man einen Querschnitt durch alle wichtigen Bauaufgaben versucht: Justizpalast und Kirche, hochherrschaftliche Häuser und einfache Siedlungen, der Leipziger Hauptbahnhof und das prächtige Görlitzer Kaufhaus an der Frauenkirche. Vielfach sind sie mit den Namen von Architekten obersten Ranges verbunden, darunter Henry van de Velde und, in München wohlbekannt, Martin Dülfer und Theodor Fischer.

Zur Restaurierung solcher und anderer Spitzenleistungen ist in der DDR viel getan worden. Große Sorge macht nach den Worten von Generalkonservator Michael Petzet jedoch der Zustand der schönen alten Städte insgesamt, deren Straßenbilder in der Nachkriegszeit weitgehend unangetastet geblieben sind, die sich aber mittlerweile in desolatem Zustand befinden, „an der Grenze zur endgültigen Ruine". Hilfe sei hier nicht nur durch finanzielle Programme, eventuell auch im Rahmen von Städtepartnerschaften, zu leisten, sondern vor allem auch durch Materiallieferungen. Denn bedingt durch die industrielle Plattenbauweise, die in der DDR in Monokultur angewandt wird, gebe es kaum traditionelle Baustoffe und auch kaum Facharbeiter, die mit ihnen umgehen könnten, um eine einfache „Stadtreparatur" möglich zu machen. Sein Kollege aus Erfurt bestätigte das. Es existiere überhaupt nur noch eine große Ziegelei im Land, und die stelle vorwiegend, und zwar für den Export, „süddeutsches Format" her.

Bisher habe man bereits im Rahmen des Kulturabkommens mit der DDR gute Erfahrungen bei der Zusammenarbeit der Denkmalpfleger gemacht. Nach den Ereignissen der letzten Wochen eröffneten sich jedoch ganz neue Möglichkeiten zur Initiative von Privatpersonen, Verbänden und Stiftungen, von Städtepartnerschaften und auch im Bereich der Wirtschaft. Kulturattaché Hans-Peter Schübärth von der Ständigen Vertretung der DDR in Bonn begrüßte den Appell. Solche Zusammenarbeit sei etwas von dem, „was wir unter konföderativen Strukturen sehen". (Die Ausstellung ist täglich von Montag mit Donnerstag von 8 bis 16 Uhr, an Freitagen von 8 bis 14 Uhr zu sehen. Der Katalog mit 91 Abbildungen kostet 20 Mark.)

Süddeutsche Zeitung
14. Dezember 1989

DAS STADTTHEATER VON COTTBUS, *1908 nach den Plänen von Bernhard Sehring erbaut, ist nach der Kriegszerstörung rekonstruiert worden.*

Historische Altstädte vom Verfall bedroht
Denkmalschützer fordern Kooperationsprogramme für Bauten in der DDR

Traunsteiner Wochenblatt
14. Dezember 1989

München (lby) - Einen eindringlichen Appell, endlich auch Denkmalschutz und Denkmalpflege in die Kooperationsprogramme mit der DDR einzubeziehen, hat der bayerische Generalkonservator und Präsident des Deutschen Nationalkomitees des Internationalen Rates für Denkmalpflege (ICOMOS), Michael Petzet, an Bund und Länder gerichtet. Anläßlich der Eröffnung der Ausstellung »Jugendstil-Architektur in der DDR« im Bayerischen Landesamt für Denkmalpflege in München sagte Petzet am Mittwoch, dabei gehe es nicht in erster Linie um spektakuläre Restaurierungen, sondern einfach um Sicherung des »historischen Erbes« vor weiterem Verfall.

Die Altstädte der DDR mit ihrem reichen Baubestand vom Mittelalter bis zum Jugendstil der Jahrhundertwende sind nach den Worten Petzet zwar, soweit sie von Kriegszerstörungen verschont blieben, in ihrer historischen Substanz oft weit besser erhalten geblieben als so manche bereits im Zug des Wirtschaftsbooms erneuerte Altstadt der Bundesrepublik. Doch nach jahrzehntelanger Vernachlässigung des einfachsten Bauunterhalts drohe in vielen Fällen der vollständige Ruin. Denn zur Instandsetzung fehle es nicht nur an Geld, sondern an Material und geeigneten Handwerkskräften, nachdem im Rahmen der bisherigen Planwirtschaft eine fast ausschließlich auf Neubauproduktion in Plattenbauweise ausgerichteten Bauindustrie zu den nötigen Reparaturen nicht in der Lage war.

Um weitere Schäden zu verhüten, müßten erst einmal die Dächer wieder instandgesetzt werden. In diesem Zusammenhang werde man auch an Hilfe zur Selbsthilfe für Eigentümer und Bewohner von Baudenkmälern durch Material- und Mittelbereitstellung sowie technische Unterstützung denken müssen. Außerdem sollten bald Gespräche über mögliche denkmalpflegerische Maßnahmen mit den Verbänden des bundesdeutschen Handwerks und mit den Produzenten der dringend benötigten traditionellen Baumaterialien, etwa der Ziegelindustrie, geführt werden.

Sorge um historische Bauten in der DDR

Denkmalschützer bereit zur „Stadtreparatur"
Bayerischer Generalkonservator über die Aufgaben der nächsten Jahre

Von Ursula Peters

München - Der desolate Zustand vieler Altstädte in der DDR, die Tristesse zerbröckelnder Fassaden, heruntergekommener Kirchen und ruinöser Fachwerkhäuser entsetzt viele Besucher aus dem Westen. Sie werden sich bewußt, daß hier von einem wichtigen Teil deutscher Kultur nur noch Schutthaufen übrigbleiben, wenn nicht schnell etwas zur Rettung getan wird.

„Auch für die bayerischen Denkmalschützer ist der deprimierende Zustand historischer Bauten in der DDR, ja in ganz Osteuropa eine erhebliche Herausforderung", meint Generalkonservator Michael Petzet, der Chef des Landesamts für Denkmalpflege: „Wir sind zur Hilfestellung für die dortigen Kollegen – mit denen wir guten Kontakt haben – gerne bereit." Er hält die „Stadtreparatur" zum Beispiel in Thüringen für vordringlich.

Desolate Schlösser

Die Bayern haben ja reiche Erfahrungen wie man zerfallende Bausubstanz fachgemäß rettet und damit vor dem Abbruch bewahrt. Im Freistaat jedenfalls hat sich die „Abriß-Mentalität" fast völlig gelegt, die Liebe zum Historischen breitet sich landauf, landab aus. Diese Entwicklung deutet diese für Denkmalpfleger erfreuliche Entwicklung als Reaktion der Menschen auf den rasanten Wandel auf vielen Gebieten: „Da will man wenigstens seine vertraute Umgebung behalten."

Wenn man vom schleichenden Verfall der Monumente durch Umwelteinflüsse absieht, seien die Probleme in Bayern inzwischen „überschaubar", stellte Petzet im Gespräch mit der SZ fest. Es gebe nur noch wenige desolate Fälle, zum Beispiel einige Schlösser, stellte Petzet in einem Resümee der achtziger Jahre fest. Die Denkmalpflege bis zur Jahrtausendwende sieht er unter einem veränderten Blickwinkel mit einer Verschiebung der Schwerpunkte. Verstärkt internationale Zusammenarbeit, noch mehr Forschung zur Bekämpfung der Umweltschäden an Denkmälern sind angesagt.

Die Erweiterung des Denkmalbegriffs auch auf typische Bauwerke der fünfziger Jahre steht an, ebenso auf das ganze Gebiet der Technikgeschichte, „für das man noch Spezialisten bräuchte". Auch bei den Archäologen wird umgedacht: Nur in dringenden Fällen und bei akuter Gefährdung sollen die sogenannten Bodendenkmäler wie Gräberfelder, vorgeschichtliche Siedlungen, Keltenschanzen oder Römerniederlassungen ausgegraben werden. Die noch unter der Erde verborgenen Fundstätten, die bereits geortet sind, will man späteren Forschergenerationen überlassen. Allerdings müssen diese Areale nach Ansicht der Denkmalpfleger und der Staatsregierung in „archäologischen Reservaten" gesichert werden. Oberirdisch könnten sie dann Brachflächen oder Biotope sein, schlägt Petzet vor. Da treffen sich Denkmal- und Umweltschutz in ihren Zielen.

Umzug der Werkstätten

Die bayerische Denkmalpflege kann heuer einige langjährige Projekte abschließen, so die Restaurierung der Wallfahrtskirche Vierzehnheiligen und die Instandsetzung der Wieskirche bei Schongau. Schloß Seehof in der Nähe von Bamberg soll 1990 noch samt Park der Öffentlichkeit zugänglich gemacht werden. Schließlich können die weltbekannten Restaurierungswerkstätten der bayerischen Denkmalpflege endlich in das Landesamt in München umziehen.

Auf Petzets Wunschzettel für die neunziger Jahre steht vor allem die Einrichtung einer Akademischen Ausbildung für Restauratoren auch in Bayern, die es bisher nur in Stuttgart und Köln gab. Dies sowohl für Gemälde, Skulpturen und Graphik als auch für Möbel und Textilien: „Wir brauchen hier dringend exzellent ausgebildete Fachkräfte, die auch wissenschaftlich arbeiten können."

Süddeutsche Zeitung, 1. Februar 1990

Generalkonservator Michael Petzet hielt Plädoyer für die Denkmalpflege

Buchvorstellung mit brisanten Themen
„Überlebenschance für Historisches sichern" / „Stadt Eichstätt" präsentiert

Eichstätt (jcs) Professor Dr. Michael Petzet stellte im Rathaussaal den neuen Bildband „Stadt Eichstätt" der Reihe „Denkmäler in Bayern" vor. Er betonte dabei, „daß der desolate Zustand vieler Häuser nicht unbedingt zum Abbruch zwingen muß. Die Mitarbeiter des Landesamts für Denkmalpflege verstehen sich als Anwalt der Denkmäler." Er hielt auch ein Plädoyer, das hernach zu einer angeregten Debatte führte: „Wir müssen die Überlebenschance fürs historische Erbe sichern. Mitunter können Objekte mit günstigen Mitteln erhalten werden, zumal dann, wenn sie mit einer Nutzung verbunden sind. Denkmalpflege muß immer ein Ringen ums Sichern des historischen Bestands sein."

An der mitunter temperamentvoll geführten Diskussion beteiligten sich Diözesanarchivar Bruno Appel, der frühere Chef des Landbauamts Eichstätt, Baudirektor i. R. Edmund Endl, Altoberbürgermeister Dr. Hans Hutter und Oberbürgermeister Ludwig Kärtner sowie Diplomingenieur und Architekt Karl Frey vom Domesanbauamt. Sie alle nahmen die Präsentation des neuen Bandes – wir stellten das Werk (Preis: 58 Mark) selbst bereits in unserer Ausgabe vom 12. Dezember vor – zum Anlaß für eine Rückblende auf die mehr als zehnjährige Vorgeschichte des Entstehens der Arbeit, für die der Kunsthistoriker Alexander Rausch als Autor zeichnet.

Es entwickelte sich daraus ein kleines Streitgespräch über die „Abrißpolitik" in Eichstätt, wobei sich Ludwig Kärtner schon allein gegen die Bezeichnung verwahrte. Dr. Hans Hutter meinte, „daß vieles zu diesem Thema in letzter Zeit sehr hochgespielt worden ist". Edmund Endl votierte für ein „neues Verständnis für Bürgerhäuser". Michael Petzet lehnte es dennoch „im gegenwärtigen Stadium ab, eine abschließende Meinungsbildung zu den beiden Anwesen Marktgasse 2 und 4" zu äußern. Er lobte dafür um so mehr den Landkreis Eichstätt, der „archäologische Reservate geschaffen hat, indem er Flächen aus der landwirtschaftlichen Nutzung herausgenommen hat". Regierungsdirektor Karl Zecherle ergänzte, „daß es sich dabei um bislang drei von acht Hektar handelt, die der Kreis auf dem Pfünzer Kirchbuck erworben hat, und zwar im Innenbereich des Römerkastells".

Ein Hinweis Kärtners stieß allerdings auf ungeteilten Beifall: „Dr. Karl Heinz Rieder wird eine Ausstellung über die Stadtarchäologie zusammenstellen, die der Öffentlichkeit wahrscheinlich 1991 zugänglich gemacht werden soll. Der Stadtrat hat dafür bereits 30 000 Mark bewilligt."

Dr. Petzet bezeichnete den neuen Band in seiner Einführungsrede als einen Bestandteil einer im Entstehen begriffenen neuen Buchreihe: „Die bayerischen Denkmallisten, die dank der umfangreichen Photodokumentationen der geplanten zusätzlichen Bände der Reihe ‚Denkmäler in Bayern' nun erstmals auch im Bild vorgestellt werden können, haben den Charakter eines nachrichtlichen Verzeichnisses: Die Eintragung wirkt nicht konstitutiv, hat also keine rechtsgestaltende Wirkung. So kann ein Objekt durchaus die Eigenschaften eines Denkmals haben und den Schutz des Gesetzes genießen, auch dann, wenn es nicht in die Liste eingetragen ist. In diesem Sinn sind die Denkmallisten offen für fortlaufende Ergänzungen und Berichtigungen, wobei auch neue Erkenntnisse und Wandlungen des Denkmalverständnisses Anlaß zur Neuaufnahme oder Streichung von Objekten geben können. Durch dieses hohe Maß an Aktualisierbarkeit und Anpassungsfähigkeit ist eine sinnvolle Fortschreibung gewährleistet."

Michael Petzet dankte auch Landrat Konrad Regler und Oberbürgermeister Ludwig Kärtner sowie dem Stadtrat fürs Beteiligen an der Buchfinanzierung, ebenso wie dem Freistaat Bayern, der Bundesrepublik und der Messerschmitt-Stiftung.

EK-Foto: Schilberg

Generalkonservator Professor Dr. Michael Petzet (von links) bei der Vorstellung des Eichstätt-Denkmal-Buchs mit Altoberbürgermeister Dr. Hans Hutter, Oberbürgermeister Ludwig Kärtner und Generalvikar Johann Limbacher.

Eichstätter Kurier
20. Dezember 1989

München nur noch Denkmal einer Kunststadt von gestern?

Heute: Michael Petzet / Für den Starnberger Bahnhof als Kunsthalle / Schon jetzt an die Ensembles der Zukunft denken

All jene Fragen, denen sich München als anerkannte Metropole der Wirtschaft, der Medien, des Sports und so weiter zu stellen hat, beherrschen das Thema „Die Stadt von morgen". Von Kultur ist kaum die Rede. Da ließe sich ja allenfalls über die aufregenden Ereignisse an unserer Staatsoper, dieser weitaus teuersten Institution des Münchner Kulturbetriebes, räsonieren. Oder ob man trotz aller Anstrengungen der staatlichen und städtischen Orchester eigentlich nur noch zu den Salzburger Festspielen fahren kann oder gleich zum Surfen, denn: „München ist eine Kulturstadt mit hohem Freizeitwert", wie unser Oberbürgermeister mit Recht festgestellt hat. Garanten dafür bleiben auch in Zukunft die nahen Seen und Berge. Und natürlich sechstausendneunhundertsoundsoviele Baudenkmäler der Landeshauptstadt, von der Frauenkirche bis zu den Herbergshäusern in Haidhausen – Baudenkmäler, die ganz entscheidend zum „Image" Münchens beitragen.

Denkt der Denkmalpfleger nicht von Berufs wegen ohnehin mehr an die Stadt von gestern als an sein Thema „Die Stadt von morgen"? Er verläßt sich jedenfalls auf die schon bisher gute Zusammenarbeit mit der Landeshauptstadt und befaßt sich mit Resten des mittelalterlichen München, dessen letzte Spuren allerdings durch die Renovierung der „Platzlgassen" nicht eben deutlicher geworden sind. Dazu kommen die Zeugnisse der einstigen wittelsbachischen Hof- und Residenzstadt und der auch heute noch im Stadtbild unübersehbare Durchbruch zu einer wahren Metropole der Kunst mit dem von Ludwig I. anvisierten „Isar-Athen" und den Monumenten der Prinzregentenzeit, in der München bekanntlich „leuchtete". Schließlich die unbestreitbaren Leistungen des Wiederaufbaus, durch die München im Gegensatz zu manchen anderen Großstädten ganz entscheidende historische Qualitäten retten konnte. Alles Qualitäten, die noch heute die besondere „Urbanität" unserer Stadt ausmachen und die es auch in Zukunft zu bewahren gilt.

> Michael Petzet (56) ist geborener Münchner, Honorarprofessor der Universität Bamberg und seit 1974 Generalkonservator des Bayerischen Landesamts für Denkmalpflege. Vorher war er Direktor der Städtischen Galerie im Lenbachhaus. Von seinen zahlreichen Ehrenämtern sei hier das des Präsidenten des deutschen Nationalkomitees von Icomos (Internationaler Rat für Denkmalpflege) genannt.

Dabei wird natürlich täglich an der Stadt von morgen gebaut, und es wäre zu hoffen, daß in München architektonische Glanzlichter wie die Bauten für die Olympiade von 1972 nicht nur vereinzelt auftreten würden, daß etwa der Altstadtring oder gar der Mittlere Ring neue Qualitäten erhielten, die dereinst aus der Sicht des kommenden Jahrhunderts echte „Ensemblewirkung" entfalten könnten. Daß Bauen in München nicht so einfach zu sein scheint, zeigt etwa das merkwürdige Schicksal des vor dem Krieg noch dicht bebauten „Marienhofs": Keiner wagt heute auch nur daran zu denken, daß auf diesem wertvollen Baugrund unter anderem vielleicht die dringend nötige Rathauserweiterung Platz fände.

Die Zukunft der neuen Architektur und der modernen Kunst in unserer Stadt kann im übrigen den Denkmalpfleger nicht gleichgültig lassen. „Der Denkmalpfleger ... muß mithelfen, der modernen Kunst die Bahn zu ebnen überall da, wo es ohne Beeinträchtigung des guten Alten möglich ist", hat 1905 einer meiner Vorgänger, Georg Hager, gefordert. Fragen wir aber nun am Beginn des letzten Jahrzehnts des 20. Jahrhunderts nach der „Kunststadt", über deren unaufhaltsamen Niedergang eigentlich schon seit der Jahrhundertwende genügend geschrieben worden ist, so wird man um manche deprimierende Feststellungen kaum herumkommen. Ist München vielleicht schon längst keine lebendige „Kunststadt" mehr, sondern nur noch ein – zugegebenermaßen eindrucksvolles – Denkmal einer Kunststadt? Also nur noch Erinnerung an das, was einmal vor allem im Bereich der bildenden Künste eine lebendige Kunststadt ausmachte?

Natürlich ist mit öffentlicher Förderung allein keine „Kunststadt" am Leben zu erhalten. Aber man sollte sich hier über einige durchaus erfolgreiche Aktivitäten, wie die Künstlerwerkstatt Lothringer Straße, hinaus doch noch etwas mehr einfallen lassen. Die allgemeinen Rahmenbedingungen für das Klima in unserer „Kunststadt" schienen sich in letzter Zeit jedenfalls eher zu verschlechtern. Das betrifft insbesondere die zum Beispiel in der Maximilianstraße durch die hohen Mieten offenbar einem starken Verdrängungsprozeß ausgesetzten Privatgalerien. Ausweichquartiere scheint es kaum noch zu geben, und so droht gerade ein Teil der besten Galerien ins Rheinland und sonst wohin abzuwandern – für die „Kunststadt" ein nicht unbeträchtlicher Verlust.

In diesen Zusammenhang gehören auch der nun schon seit Jahren bis zum Überdruß diskutierte Niedergang unserer „Hallenkultur" und die ständige Suche nach einer Kunsthalle. Daß das Lenbachhaus, leider bald ohne Armin Zweite, nun – wenn auch arg verspätet – über dem U-Bahnhof Königsplatz seinen großen Ausstellungsraum erhalten soll, löst das Problem ebenso wenig wie die Kunsthalle der Hypo-Kulturstiftung, deren attraktives Programm gerade demonstriert, daß im Münchner Ausstellungswesen sonst zeitweise fast überhaupt nichts mehr los zu sein scheint. Raum für die Kunst bieten anderswo historische Gebäude. Doch der Hinweis auf die phantastischen – allerdings ungenutzten – Möglichkeiten in anderen Städten, zum Beispiel die Kongreßhalle in Nürnberg oder die zwanzigtausend leerstehenden Quadratmeter im Augsburger Glaspalast nutzt der Landeshauptstadt kaum. Selbst wenn es gelänge, die Maximiliansgetreidehalle wieder an ihren ursprünglichen Standort auf dem Parkplatz südlich des Viktualienmarktes zurückzuversetzen, so wäre dies vielleicht ein möglicher Schauplatz für bestimmte Ausstellungsaktivitäten in Verbindung mit dem Stadtmuseum, aber kein Raum für Kunstausstellungen. Auch die in letzter Zeit vom Kulturreferat ins Auge gefaßten historischen Hallen des Ausstellungsgeländes auf der Theresienhöhe sind ohne entsprechende Umbauten für einen Kunstausstellungsbetrieb kaum geeignet – vor allem aber werden sie erst zu einem noch in den Sternen stehenden Zeitpunkt zur Verfügung stehen, wenn die Messe nach Riem umgezogen sein wird.

Eine besondere Situation

Vielleicht ist es ja gerade typisch für die besondere Münchner Situation, daß man lieber ergebnislose Diskussionen über nicht vorhandene Kunsthallen führt, statt naheliegende Gelegenheiten beim Schopf zu packen: zum Beispiel eine Kunsthalle im Starnberger Bahnhof. Die Frage, ob der anläßlich der Olympiade 1936 errichtete und nach starken Kriegszerstörungen bis 1949 wiederaufgebaute Bahnhof bereits als Baudenkmal der Nachkriegszeit zu betrachten wäre, stellt sich vielleicht noch nicht. Doch die große Bahnhofshalle hat kaum noch eine Funktion und wird nur am Monatsbeginn zum Verkauf von Zeitkarten genutzt. Was unter diesen Voraussetzungen hier in den Nebenräumen auf der Nordseite des Bahnhofs schon seit einiger Zeit mit großem Erfolg die Galerie Mosel und Tschechow vorexerziert, ließe sich also durchaus in großem Maßstab auf die mehr oder weniger leerstehende Haupthalle übertragen. Und zwar sofort und ohne größere Umbaumaßnahmen, unter Nutzung der bereits bestehenden Infrastruktur. München könnte sich hier in zentraler Lage samt Gleisanschluß für Besucher aus aller Welt einmal ausnahmsweise wirklich als einfallsreiche Kunststadt präsentieren. Natürlich gibt es auch andere Überlegungen für das Gelände Starnberger Bahnhof. Doch womöglich wäre in Verbindung mit einem geplanten Airterminal sogar die Lufthansa für diese faszinierende Idee Kunsthalle im Bahnhof als Sponsor zu gewinnen? Die Hoffnung, daß ein wagemutiger städtischer Kulturpolitiker derartige Überlegungen wenigstens einmal ernsthaft prüfen läßt, sollte man jedenfalls nicht aufgeben. Vielleicht besteht noch eine Möglichkeit, die im Starnberger Bahnhof bereits gekündigte Galerie in München zu halten.

Nicht nur vom Weltruf zehren

Angesichts ziemlich düsterer Zukunftsperspektiven für die Kunststadt München ruhen natürlich viele Hoffnungen auf der Münchner „Museenlandschaft", die es weiter zu entwickeln gälte. Vergleicht man hier das, was insbesondere die Wittelsbacher Herrscher im vergangenen Jahrhundert ihrer Hauptstadt in wahrhaft königlicher Weise geschenkt haben – das ganze Kapital, von dem der Ruf Münchens als „Kunststadt" noch heute zehrt – mit dem, was zwischen den Kriegen und in der Nachkriegszeit an Neuem geschaffen wurde, so ist das, von den großen Wiederaufbauleistungen abgesehen, nicht allzu viel. Doch immerhin gibt es neben den auf das 19. Jahrhundert zurückgehenden Institutionen, die aus München eine Kunst- und Museumsstadt von Weltruf gemacht haben, einige auch im Ausstellungsbereich erfolgreiche neuere Institutionen, wie das Deutsche Museum, das demnächst auch dank der Bemühungen der Denkmalpflege um die Rettung des historischen Flughafens Oberschleißheim für seine weitere Sammeltätigkeit den nötigen Raum erhalten wird, das noch auf zusätzliche Erweiterungsbauten wartende Stadtmuseum am Jakobsplatz und die Städtische Galerie im Lenbachhaus, schließlich die seit langem auf eine bereits vorbereitete gründliche Restaurierung ihrer Jugendstilräume wartende Villa Stuck. Zwei wichtige zusätzliche staatliche Museumsbauprojekte, die Ägyptische Staatssammlung und die Mittelmeer-Abteilung der Prähistorischen Staatssammlung, sollen an der Brienner Straße als ideale Ergänzungen zu Glyptothek und Vasensammlung entstehen. Hier gibt es allerdings mit Rücksicht auf das dortige Ensemble bestimmte Rahmenbedingungen, unter denen jedenfalls eine asymmetrische Bebauung zur Erhaltung von in der Nachkriegszeit aufgekeimten „Ritzenbiotopen" kaum in Frage kommen dürfte.

Wo aber bleibt das seit langem versprochene große Museum der Kunst des 20. Jahrhunderts? München braucht dieses Museum neben der Alten und der Neuen Pinakothek eigentlich schon deshalb, um im Wettbewerb mit den um ihre „Museumslandschaft" höchst erfolgreich bemühten Städten wie Frankfurt, Köln oder Stuttgart zu bestehen. Ja, bei allem Verständnis für die bekannten Animositäten gegen den kulturellen „Wasserkopf" München darf die Stadt hier im kommenden Jahrzehnt, wenn schon nicht mehr als „heimliche Hauptstadt", so doch in ihrer besonderen Rolle als Landeshauptstadt, nicht zu kurz kommen. Denn als kulturelles Zentrum in einem geeinten Europa wird München seine besondere Rolle im Wettbewerb mit anderen Hauptstädten zu spielen haben, zum Beispiel im Wettbewerb mit Wien, das sich zur Zeit gemeinsam mit Budapest auf die Weltausstellung von 1995 vorbereitet. Unter diesen Voraussetzungen das Museum des 20. Jahrhunderts auf die lange Bank zu schieben, hieße ein Stück Zukunft der Landeshauptstadt verspielen. Daß ein solches Museum eigentlich nicht nur aus der Staatsgalerie Moderner Kunst besteht, sondern auch in Verbindung mit den riesigen Beständen der 1925 als Fortführung und Ergänzung des Bayerischen Nationalmuseums bis zur Gegenwart gegründeten Neuen Sammlung zu sehen wäre, scheint nur den Münchner Museumsdirektoren bewußt gewesen zu sein, die von der Entscheidung für eine Verlagerung nach Nürnberg offenbar völlig überrascht wurden und nur noch mit tiefer Betroffenheit reagieren konnten (SZ Nr. 299 vom 30. Dezember 1989).

Wo aber soll das Museum des 20. Jahrhunderts überhaupt gebaut werden? Schon so manche Standorte wurden im Laufe der vergangenen Jahre angepeilt, darunter der den beiden Pinakotheken sinnvoll zugeordnete Platz auf dem Gelände der Türkenkaserne. Doch es hat keinen Sinn, verlorenen Chancen nachzutrauern. Auch für das von Hans Wichmann (SZ Nr. 10 vom 12./13. Januar 1990) mit einleuchtenden Gründen dargestellte Projekt eines Staatsgalerie Moderne Kunst und Neue Sammlung vereinigenden Museums im Bereich nordöstlich des Marstallplatzes scheint an diesem (vielleicht für andere Museumsbauten idealen) Standort der auch unter dem Gesichtspunkt späterer Erweiterungen notwendige Platz einfach nicht auszureichen. Bleibt also als letzte Chance für das 20. Jahrhundert in München nur noch ein mit dem Haus der Kunst zu verbindender Neubau der Staatsgalerie Moderner Kunst, womit wir wieder bei der Denkmalpflege wären. Denn selbstverständlich handelt es sich beim Haus der Kunst um ein in die Denkmalliste eingetragenes Baudenkmal.

Inzwischen hat der von manchen offenbar sehr ernstgenommene Faschingsscherz eines immer zur rechten Zeit mit genialen Vorschlägen aufwartenden Münchner Architekten eine reizvolle Diskussion zum Thema „Reißt das Haus der Kunst ab" in Gang gebracht – eigentlich eine indiskutable Lösung. Denn eine Zerstörung des Hauses der Kunst unmittelbar nach dem Zweiten Weltkrieg wäre noch eine verständliche Reaktion auf die geistigen Verheerungen der Kunstpolitik des Dritten Reichs gewesen. Wer dagegen heute allen Ernstes den 1933 bis 1937 nach Plänen von Paul Ludwig Troost errichteten Bau abreißen will, kann sich den Vorwurf leichtfertigen Umgangs mit den Zeugnissen unserer Geschichte wohl kaum ersparen.

Skulpturenpark Englischer Garten

Dabei wird gerade das Haus der Kunst, das in den doch ebenfalls zu seiner Geschichte gehörigen Jahrzehnten nach 1945 zentrale Funktionen im Münchner Kunstleben übernommen hat, dringend gebraucht. Die jetzt plötzlich festgestellte „Baufälligkeit" (tatsächlich müßte nur die gesamte veraltete Haustechnik erneuert werden) paßt zwar zu der manche Ratlosigkeit hinterlassenden Pleite der Ausstellungsleitung. Doch vielleicht könnte man gerade diese Pleite vor der auf Dauer unumgänglichen technischen Sanierung dazu nutzen, einmal nicht nur im Westflügel des Hauses zu zeigen, was für ein großartiges Museum des 20. Jahrhunderts München bereits besitzt. Inzwischen werden dann die durch einen Wettbewerb vorbereiteten Planungen für einen zusätzlichen Bau auf dem Parkplatzgelände hinter dem Haus der Kunst Gestalt annehmen. Ein neues Museum an dieser Stelle mit einem entsprechenden „Skulpturenpark" ließe sich sogar als eine Bereicherung für den Englischen Garten betrachten. Jedenfalls braucht die Kunst des 20. Jahrhunderts in München Raum, selbst wenn die Denkmalpflege hier erhebliche Kompromisse eingehen müßte.

Vielleicht sollten sich neben den Spezialisten für nach vorwärts (oder rückwärts) gerichtete Stadtentwicklung mit all den Fragen von Wohnungsbau und Mieten, Arbeitsplätzen, Verkehr, Umweltschutz, Grünanlagen usw. auch die nur noch selten zu Wort kommenden Fachleute aus dem Kulturbereich an einem der derzeit so beliebten „runden Tische" zusammensetzen und ihre Sorgen etwas deutlicher formulieren. Denn wenn heute nichts geschieht, wird sich morgen der Traum von der Kunststadt München noch weiter verflüchtigt haben.

Biotope für die Vergangenheit

Retten, was zu verfallen droht

Als Bayerns oberster Denkmalschützer setzt sich Michael Petzet nicht nur für Bauwerke, sondern auch für Naturdenkmäler ein

Von Sabine Neumann

„In der heutigen Zeit verändert sich alles sehr schnell. Aber gerade, wenn sich alles so stark verändert, wächst auch das Bemühen, etwas zu erhalten." Michael Petzet, Generalkonservator im Bayerischen Landesamt für Denkmalpflege und Präsident des Deutschen Natinalkomitees des Internationalen Rates für Denkmalpflege (ICOMOS), blickt mit einigem Optimismus in die Zukunft.

Seit fünfzehn Jahren steht der 56jährige promovierte Kunsthistoriker, der auch noch als Honorarprofessor an der Bamberger Universität lehrt, der bayerischen Denkmalschutzbehörde vor und hat in dieser Zeit wesentliche Veränderungen nicht nur miterlebt, sondern auch mitbestimmt. Mit großem Arbeitseinsatz und konstruktiven Ideen hat Petzet dazu beigetragen, daß sich der Denkmalschutz mittlerweile von einem unattraktiven Randbereich zu einem wichtigen Bestandteil der Kulturpolitik entwickelt hat. „Der Denkmalschutz wird heute ernst genommen", weiß er.

Die Aufgaben der bayerischen Denkmalschutzbehörde sind umfassend, sie reichen von der Auflistung der Denkmäler über Konservierungs- und Restaurierungsmaßnahmen bis zu archäologischen Grabungen und Fragen des Umweltschutzes. Immer wichtiger wird dabei der Erfahrungsaustausch und die Zusammenarbeit auf internationaler Ebene, die Petzet auch kraft seines Amtes als Präsident des deutschen Icomos-Komitees fördert.

Seit dem Europäischen Denkmalschutzjahr 1975 ist das kulturelle Erbe zusehends in den Blickpunkt der Öffentlichkeit gerückt. So sprachen sich bei einer Umfrage des Wickert-Instituts im Jahre 1980 schon 92% der bayerischen Bevölkerung „für den Denkmalschutz" aus, mehr als in allen anderen deutschen Bundesländern.

Das Interesse an kulturellen Zeugnissen aus der Vergangenheit war allerdings nicht immer vorhanden. So wurde in den Jahren nach 1945 mehr historische Bausubstanz in der Bundesrepublik zerstört als während des gesamten Zweiten Weltkriegs. Noch bis weit in die 70er Jahre hinein vernichteten Planierraupen und Abrißbirnen ganze Straßenzüge, mußten alte Bauernhäuser den funktionalen „Bausparkassen-Einheitshäusern" weichen. „Unsere Städte und Dörfer stehen in Gefahr, gesichts- und geschichtslos zu werden. Sie drohen unorganisch, häßlicher, unpersönlicher zu werden", befürchtete der damalige Bundespräsident Walter Scheel im Jahre 1975.

Rapider Zerfallsprozeß

ANWALT des kulturellen Erbes: Seit 15 Jahren steht der 56jährige promovierte Kunsthistoriker Michael Petzet (Bild links) als Generalkonservator der bayerischen Denkmalschutzbehörde vor. Mit großem Arbeitseinsatz und konstruktiven Ideen hat er dazu beigetragen, daß die Öffentlichkeit dem Erhalten alter Kulturgüter einen großen Stellenwert einräumt. Unser Bild zeigt den Generalkonservator bei einem Arbeitsgespräch.

werke wie etwa die Schlösser des „Märchenkönigs" unter Denkmalschutz, sondern auch unscheinbarere Zeugnisse der Vergangenheit, zum Beispiel ein Grabhügel, ein Grenzstein, ein Bauernhaus oder ein Dorfplatz.

Wenn auch nicht alles bewahrt werden kann, so wollen Petzet und seine Kollegen doch erreichen, daß ein repräsentativer Teil der unterschiedlichen Geschichtsdenkmäler überlebt. Leicht zu bewältigen ist diese Aufgabe allerdings nicht. Aufgrund des gewachsenen Bewußtseins sind Denkmäler heute zwar wesentlich seltener von Abbrüchen oder großflächigen Sanierungen bedroht als früher, doch durch den falschen Umgang mit geschichtsträchtigen Werken wird nach wie vor viel an historischer Substanz zerstört. „Manchmal werden Bauwerke einfach kaputtsaniert" klagt Petzet Übertriebene Nutzungsvorstellungen und Normen, die sich am modernen Bauwesen orientieren, führen immer wieder dazu, daß die Objekte

haben sich zwischen 1970 und 1985 sogar noch einmal verdoppelt. Hauptursache für die Schäden, die sich bundesweit pro Jahr auf weit über eine Milliarde Mark belaufen, ist die Luftverschmutzung durch säurebildende Emissionen wie Schwefeloxyd, Stickstoffoxyd, Chlorwasser- und Flourwasserstoff.

Unterstützung von Bauern

Als besonders alarmierend empfinden es Petzet und seine Kollegen, daß nicht einmal mehr die Begrenzung der Emissionen sofortige Abhilfe verspricht. Längst haben sich nämlich die Schadstoffe in Materialien wie Naturstein, Glas, Leder oder Textilien festgesetzt und arbeiten dort weiter. Im Zentrallabor des Bayerischen Landesamtes, das übrigens in der Bundesrepublik eine führende Stellung einnimmt, bemüht man sich seit Jahren um die Entwicklung von Methoden zur Konservierung von Stein, Glas und Metall

che eigene Fachkomitees, zum Beispiel für Dorfarchitektur, für Management von Denkmälern und für Tourismus. Diese Gruppen beschäftigen sich im Hinblick auf jeweiliges Fachgebiet mit spezifischen Fragestellungen. Daneben gibt es noch die einzelnen Nationalkomitees.

Michael Petzet wurde im April 1988 zum neuen Präsidenten des Deutschen Nationalkomitees gewählt und trat damit die Nachfolge von Professor Werner Bornheim, genannt Schilling, Landeskonservator von Rheinland-Pfalz, an. Unter den rund 80 Mitgliedern des Deutschen Nationalkomitees sind Vertreter verschiedener Verbände und der großen Kirchen, Denkmalpflege und Fachleute für Gartendenkmalpflege und Fachleute für technische Kulturdenkmäler. „Wir haben zwar ein breites Spektrum an Spezialisten aus den unterschiedlichsten Bereichen, aber wir wollen keine Massenorganisation sein", erklärt Petzet. Wer in den exklusiven Kreis aufgenommen werden will, muß

Süddeutsche Zeitung
10. Januar 1990

Petzet glaubt, daß das Heimatgefühl eines Menschen unmittelbar an die vertraute Umgebung gebunden ist. „Jeder erinnert sich zuerst an die Baudenkmäler, wenn er an seine Heimat denkt", erläutert er. Umgekehrt kann sich die angestammte Umgebung durch rücksichtslose bauliche Eingriffe in eine Fremde verwandeln. Der Denkmalschützer bemüht sich für Petzet keineswegs nur der Modeerscheinung, die sich unter dem Stichwort „Nostalgie" abtun ließe. Vielmehr sieht er das Bemühen um die Erhaltung des kulturellen Erbes „als eine in alle Bereiche der Kulturpolitik und darüber hinaus ausstrahlende Kraft des Bewahrens".

Grundlage der denkmalpflegerischen Arbeit Petzets ist das bayerische Denkmalschutzgesetz von 1973, das unter anderem auch eine relativ weitgefaßte Begriffsdefinition enthält. Zwischenzeitlich wurden mit Petzet als Generalkonservator mehr als 110 000 Baudenkmäler, an die 900 Ensembles und rund 10 000 archäologische Geländedenkmäler aufgenommen. Dazu kommen noch zahlreiche Bodendenkmäler. Wichtiger als die imposante Anzahl findet Petzet jedoch die Vielfalt der aufgeführten Denkmäler, denn in Bayern stehen nicht nur die hochkarätigen Bau-

te nicht behutsam instandgesetzt, sondern rekonstruiert oder „rundumerneuert" werden. Vom eigentlichen Denkmal bleibt nach einer solchen Totalsanierung allerdings nicht mehr viel übrig.

Erschwerend kommt hinzu, daß sich traditionelle Materialien und Techniken im modernen Handwerk zum Teil verloren gegangen sind. Allerdings bemühen sich die Innungen nach Auskunft Petzets in den letzten Jahren verstärkt um die berufliche Spezialisierung und um die Weiterbildung von Handwerkern für die Belange der Denkmalpflege. Bislang ungelöst ist in Bayern das Problem der Ausbildung von akademisch geschulten Restauratoren. Die dringend geforderten Ausbildungsgänge auf Hochschulebene gibt es zwar in anderen Bundesländern sowie im deutschsprachigen Ausland, nicht aber im sonst so vorbildlichen Freistaat.

Zunehmende Schwierigkeiten bereiten den Konservatoren die Umweltbelastungen, die den Zerfallsprozeß von Denkmälern rapide beschleunigen. Nach Angaben des Bayerischen Landesamtes für Umweltschutz wurden die historischen Bauten in den ersten 70 Jahren dieses Jahrhunderts mehr geschädigt als in den vorherigen Jahren zuvor. Diese Zerstörungen

deshalb erst von einem Mitglied der ICOMOS vorgeschlagen werden. Dem Aufnahmeantrag wird nur stattgegeben, wenn alle Mitglieder zustimmen.

Bilder der Zerstörung

ICOMOS ist zwar eine nichtstaatliche Organisation, das Deutsche Nationalkomitee wird aber vom Bundesinnenministerium finanziert. Innerhalb der Organisation gibt es verschiedene Arbeitsgruppen, die zum Beispiel internationale Tagungen zu Themen wie „Denkmalpflege und Eisenbahn" oder „Museum und Denkmalpflege" vorbereiten, Ausstellungen organisieren und zusammen mit Vertretern anderer National- oder Fachkomitees Denkmalschutzkonzepte erarbeiten. So wird ab 1991 ein deutsch-ungarisches Modellprojekt laufen, das sich mit der Sanierung eines ungarischen Dorfes befaßt.

Trotz des weiten Aufgabenfeldes des deutschen ICOMOS-Komitees betrachtet Michael Petzet sein Präsidentenamt nur als eine Nebentätigkeit. „In erster Linie bin ich Generalkonservator des Bayerischen Landesamtes", erklärt er. Allerdings hält ihn sein Hauptberuf nicht davon ab, die neue Aufgabe ernst zu nehmen, zumal beide Tätigkeiten keinesfalls in Widerspruch zueinander stehen. So organisierte das Deutsche Nationalkomitee der ICOMOS in den letzten Monaten zwei interessante Ausstellungen, die im Bayerischen Landesamt für Denkmalpflege gezeigt wurden. Ziel solcher Ausstellungen ist es, in der Öffentlichkeit das Interesse und das Bewußtsein für die Denkmalpflege zu wecken und auf besondere Bedrohungen hinzuweisen.

Die erste Bilderschau, „PRO ROMANIA - Rettet Rumäniens Denkmäler", zeigte

Photographien und Dias von der Zerstörung der rumänischen Dörfer und vom Abriß ganzer Stadtviertel. Parallel dazu dokumentierten Bilder von gigantischen neuen Wohnbunkern die fatalen Auswirkungen der „Systemisierung" auf die Lebensqualität der rumänischen Bevölkerung. Als Ergänzung zu dieser Ausstellung wurde vom Deutschen Nationalkomitee auch ein dreisprachiger Katalog herausgegeben.

Im Dezember präsentierte die ICOMOS mit „Jugendstil-Architektur in der DDR" eine Photoschau, die nicht nur den Verfall von historischen Bauwerken, sondern auch die Erfolge denkmalpflegerischer Maßnahmen festhielt. Die Altstädte in der DDR sind nämlich in ihrer historischen Substanz teilweise besser erhalten als die vom Bauboom der 50er und 60er Jahre gezeichneten bundesdeutschen Altstädte. Allerdings droht durch die jahrzehntelange Vernachlässigung in vielen Fällen der Ruin. Angesichts dieser alarmierenden Situation forderte Petzet den Bund und die Länder auf, Denkmalschutz und -pflege in die Kooperationsprogramme mit der DDR einzubeziehen. „Es geht dabei nicht nur um Geld, man müßte auch Material und Geräte zur Verfügung stellen und eventuell technische Hilfe leisten", erklärt der engagierte Konservator. Initiativen zur Rettung des reichen kulturellen Erbes in der DDR, etwa im Zusammenhang mit Städtepartnerschaften, werden von den Landesdenkmalpflegern der angrenzenden Bundesländer bereits geplant.

Für sein Privatleben bleibt Petzet nur wenig Zeit. Unter der Woche muß der bayerische Generalkonservator viel im Freistaat herumfahren, und am Wochenende ist er häufig auf Vortragsreisen und internationale Fachtagungen. In den letzten Jahr mußte der Vielbeschäftigte sogar auf sein geliebtes Steckenpferd, das Tischtennis, verzichten. „Ich bin kein einziges Mal zum Spielen gekommen", meint er traurig. Schuld daran sind neben den zeitraubenden beruflichen Verpflichtungen vor allem die Umbauarbeiten in der Alten Münze, denn der Tischtennisraum zum Opfer fiel. Im Frühjahr 1990 sollen nämlich die Arbeiten des ersten Bauabschnitts, für den ein Kostenaufwand von 20 Millionen Mark veranschlagt wurde, beendet sein. Nach Fertigstellung der neuen Arbeitszimmer und Werkstätten dürfte das Raumproblem beseitigt sein. Wäre doch gelacht, wenn sich da nicht ein Platz für Petzets Tischtennisplatte finden ließe.

Fragen des Umweltschutzes interessieren den aufgeschlossenen Konservator, der Vater zweier erwachsener Kinder ist, besonders. Ihm liegt nicht nur die Sicherung der kulturellen Zeugnisse, sondern auch die Bewahrung des Naturerbes am Herzen. So bereitet das Bayerische Landesamt für Denkmalpflege zur Zeit ein Modellprojekt vor, mit dem Petzet und seine Kollegen archäologische Zonen in landwirtschaftlich genutzten Flächen retten wollen. Viele Bodendenkmäler wurden durch die intensive landwirtschaftliche Nutzung, die mit Flurbereinigung und mit Bodenerosion einhergeht, fast völlig zerstört. Im Rahmen des Modellprojekts, das vom Bayerischen Senat gefördert wird und dem auch die Bauern sehr positiv gegenüberstehen, sollen archäologische „Reservate" geschaffen werden.

Petzet sieht die Denkmalpflege als wichtigen Teil eines allgemeinen Umweltschutzes mit weltreichenden Aufgaben. Auch das Bayerische Landesamt unterhält weltweite Kontakte. Michael Petzet ist außerdem Mitglied des Internationalen Rates für Denkmalpflege, ICOMOS (INTERNATIONAL COUNCIL ON MONUMENTS AND SITES).

ICOMOS wurde 1965 in Warschau gegründet. Bereits ein Jahr zuvor hatten Fachleute die „Charta von Venedig" verabschiedet, in der die international verbindlichen Richtlinien und Ziele für die Konservierung und Restaurierung von Denkmälern festgelegt worden waren. Die ICOMOS, die sich laut Satzung um die Bewahrung, den Schutz, die Wiederherstellung und um die Nutzung von Denkmälern, historischen Ensembles und Gartenanlagen kümmert, hat Kontakt zu vielen internationalen Vereinigungen und arbeitet eng mit der UNESCO zusammen.

Kulturerbe der Menschheit

Die Vereinten Nationen werden beispielsweise von Vertretern der ICOMOS beraten, wenn es darum geht, Denkmäler in die UNESCO-Liste des „Kultur- und Naturerbes" der Welt aufzunehmen. Diese Liste könnte laut Petzet als „eine Art zusätzlicher Rettungsanker" für die von der Zerstörung bedrohten Naturdenkmäler erweisen. Allerdings sind dort noch längst nicht alle Denkmäler erfaßt. Während die erst 1960 gegründete Stadt Brasilia den begehrten Titel „Kulturerbe der Menschheit" tragen darf, ist der von der Vernichtung bedrohte brasilianische Urwald nicht auf der Liste vertreten. Hier werden die ICOMOS-Fachleute noch eine ganze Menge Überzeugungsarbeit leisten müssen.

Innerhalb der ICOMOS, der mittlerweile über 70 Länder angehören, gibt es zahlreiche

Redaktion: Hans-Günter Richardi

ARBEITSPLATZ, mit kleinen Handikaps: Im Frühjahr kann der Generalkonservator Michael Petzet wieder aufatmen. Dann nämlich sollen die Umbauarbeiten in der Alten Münze, in welcher die Denkmalschützer ihre Büros haben, abgeschlossen sein.

DER BERUF fordert seinen Tribut: Für ein Privatleben bleibt Michael Petzet wenig Zeit. Unter der Woche ist der bayerische Generalkonservator neben der Schreibtischarbeit oft im Freistaat unterwegs, und am Wochenende muß er häufig zu Vorträgen und zu internationalen Fachtagungen reisen.

Photos: Neumann

Beim Neubau der Staatskanzlei:

Die „Ruhmeshalle" kommt wieder zu Ehren
Sie soll repräsentativer Eingangs- und Ausstellungsraum werden

Von Heinrich Breyer

Dem gewaltigen Kuppelraum des ehemaligen Armeemuseums wird beim umgeplanten Staatskanzlei-Projekt eine doppelte Aufgabe zugedacht: Sollte sie ursprünglich nur ein monumentales Wahrzeichen für einen angrenzenden Trakt des Hauses der Bayerischen Geschichte werden, wird sie künftig auch die Eingangshalle für den Regierungssitz bilden und zudem einen repräsentativen Rahmen für Staatsempfänge. Die Landeshistoriker, die hier neben der politischen Verwaltung residieren sollten, haben hier nur noch eine Art Schaufenster zu gestalten – einen Ausstellungsraum auf den umlaufenden Balustraden.

Im wesentlichen hat sich die Innenarchitektur des historischen, zwischen 1905 und 1910 entstandenen Zentralbaus erhalten, wie ein Ortstermin zeigte, zu dem der CSU-Landtagsabgeordnete Erich Schosser als Vorsitzender des Freundeskreises Haus der Bayerischen Geschichte eingeladen hatte. Vor allem ist die beherrschende, nach antikem Pantheon-Vorbild kassettierte Kuppel intakt geblieben (die erste Stahlbetonkonstruktion in München), ebenso der dekorativ gemusterte Marmorboden.

Bis zur Höhe der von Doppelsäulen getragenen Balustrade ist das alte Bild ohne Einbußen wiederherzustellen, versicherte Hermann Syndikus von der Obersten Baubehörde. Im Zwischenbereich bis zur Kuppel wird es dagegen Fehlstellen geben. So will man die zerstörten Pendentifs, die Gewölbezwickel, die einst mit den Reliefs kriegerischer Ordenspatrone wie St. Michael und St. Georg geschmückt waren, nicht mehr rekonstruieren. Zumindest vorläufig nicht. Unklar ist ferner, ob man die ehemalige Ruhmeshalle wieder wie einst mit den historischen bayerischen Heeresfahnen aufrüsten soll, die sich jetzt in Ingolstadt befinden. Man überlegt statt dessen, ob Schwanthalers bronzene Wittelsbacher-Kolosse, die einst den Thronsaal der Residenz schmückten und heute in der Kassenhalle des Herkulessaals abgestellt sind, einen nicht ganz so martialischen Raumschmuck bilden könnten.

Für die Denkmalpflege hat sich dadurch, daß das Haus der Bayerischen Geschichte aus den Planungen weitgehend ausquartiert wurde, ein Konflikt von selbst gelöst: Im ehemaligen Heizungskeller des Kuppelbaus und seinem Untergeschoß hätten ursprünglich Vortragssäle eingebaut werden sollen, wobei man wuchtige Säulen aus der Kreuzgewölbe-Architektur herausbrechen wollte. Das hat sich inzwischen erübrigt; die monumentalen Kellergeschosse bilden nun den Hauptaufgang zur großen Halle von der Seite des Altstadtrings her.

Hier, wo die einzig mögliche Anfahrt zur künftigen Staatskanzlei sein wird, scheint sich im übrigen auch bei der Stadtplanung eine Lösung abzuzeichnen, die diesen Bereich durch Verlegung einer Fahrbahn nach Osten erweitern könnte. Wie früher wird es natürlich daneben den direkten Zugang über die Freitreppe auf der Hofgarten-Seite geben – sicherlich künftig der Ort, an dem sich Regierungschef und hohe Staatsgäste jeweils zum Gruppenbild postieren werden.

Offen ist noch die Frage, wie die Balustrade samt den historischen Ausstellungsstücken zugänglich gemacht wird. Früher war das von den angrenzenden Seitenflügeln her möglich, doch die Staatskanzlei fordert eine Lösung, die beide Komplexe trennt. Anderseits wehrt sich Bayerns Denkmalschutz-Chef Michael Petzet dagegen, daß die Arkadengewölbe der Balustrade zum Bau einer Wendeltreppe durchgestoßen werden.

Insgesamt hat die Umplanung für den Denkmalschutz Gewinn gebracht. So rückt die Tiefgarage, die den freigelegten Renaissance-Arkaden bis auf drei Meter nahegekommen wäre, durch ein „Umdrehen" soweit von ihnen ab, daß keine Gefahr für ihre Statik mehr besteht. Man bemüht sich auch nach wie vor darum, das benachbarte Klenzesche Brunnhaus zu reaktivieren und durch die Neubelebung des stillgelegten Bachlaufs wieder eine kleine Naturverbindung zwischen Hofgarten und Englischem Garten herzustellen.

Süddeutsche Zeitung
7. März 1990

DAS KERNSTÜCK des ehemaligen Armeemuseum-Baus am Hofgarten, die 22 Meter hohe „Ruhmeshalle" mit der antikisierenden Kuppel, wird künftig als repräsentativer Eingangsraum der Staatskanzlei und zugleich als Schaufenster des Hauses der Bayerischen Geschichte fungieren. Im wesentlichen ist der zwischen 1905 und 1910 nach den Plänen des Architekten Ludwig von Mellinger errichtete Bau intakt erhalten. Photo: Karlheinz Egginger

Ein Notprogramm aufgestellt

Frankfurter Rundschau
4. April 1990

Historische Bauten warten auf Rettung
Bayerische Denkmalschützer wollen in Thüringen helfen

Von Ursula Peters

München – Die bayerischen Denkmalschützer machen jetzt Ernst mit ihren Plänen, bei der Rettung bröckelnder Altstädte und wertvoller historischer Bauten in der DDR zu helfen. Organisiert von der Hanns-Seidel-Stiftung, fand diese Woche im Kloster Banz in Oberfranken und auf der Veste Heldburg in Thüringen die erste bayerisch-thüringische Denkmalpflegertagung statt, auf der man Möglichkeiten der Zusammenarbeit diskutierte. Erstes Ergebnis war die Erkenntnis, daß die alten Städte und Dörfer in Thüringen vielfach noch weit mehr an historischer Bausubstanz besitzen als manche in der Nachkriegszeit umgestalteten Städte und Dörfer der Bundesrepublik. Doch nach jahrzehntelanger Vernachlässigung selbst des einfachsten Bauunterhalts drohe den DDR-Orten in vielen Fällen der vollständige Ruin. Was fehlt, sind Baumaterial und geschulte Handwerker.

Hier wollen Bayerns Denkmalpfleger Thüringen die Hand reichen. Sie erarbeiteten jetzt mit den Kollegen von „drüben" erst einmal für 1990 ein Notprogramm, für das rund zehn Millionen Mark erforderlich wären. Den Denkmalpflegern ist klar, daß darüber hinaus in den nächsten Jahren für die dringendsten Sicherungsmaßnahmen an ruinösen Gebäuden weitere 200 Millionen Mark notwendig sein werden. Zur Aufbringung des Geldes könnten auch entsprechende Initiativen von Privatleuten, Kommunen, Verbänden und Stiftungen beitragen.

„Französischer Bau" ohne Dach

Ein Beispiel für solch eine dringende Notmaßnahme bietet die Veste Heldburg selbst: Nach einem Brand 1983 steht der „Französische Bau" mit seinen bedeutenden Renaissance-Fassaden ohne Dach da und verfällt. Mit Hilfe von zwei Millionen Mark wäre das Schloß zu sichern, das später einmal ein thüringisch-bayerisches Begegnungszentrum werden könnte, meinten die Denkmalpfleger aus West und Ost. Die Schlösser Kühndorf, Bedheim, Altenstein und die Kirchenburg Walldorf könne man ebenfalls nur durch baldige Sicherungsmaßnahmen retten.

Vor allem ein Dachinstandsetzungs-Programm wäre für einen Stop des Verfalls von besonderer Bedeutung. Dabei denken die Denkmalschützer auch an eine Hilfe zur Selbsthilfe für Eigentümer und Bewohner von Baudenkmälern: Bereitstellung von Baumaterial und technische Unterstützung. „Hier ist auch im besonderen Maße die Hilfe der grenznahen Wirtschaft gefordert", betonte Generalkonservator Michael Petzet, der Chef des bayerischen Landesamts für Denkmalpflege. Er hält gute Beispiele für vordringlich: wie man mit handwerklichen Mitteln und ohne übertriebenen Aufwand historische Gebäude reparieren und wieder bewohnbar machen kann. Das könnte der Anfang einer „Stadtreparatur" von Haus zu Haus sein.

Das bei der Tagung erarbeitete Notprogramm 1990 umfaßt eine Reihe von Modellfällen im südlichen Thüringen und in Erfurt. Dafür müßten von bayerischer Seite Material und technisches Gerät „objektgebunden" zur Verfügung gestellt werden. Handwerksbetriebe aus Ober- und Unterfranken sollten möglichst mitarbeiten und die Thüringer Kollegen für die speziellen Aufgaben der Altbausanierung und Denkmalpflege motivieren. Scheinbar desolate Häuser einfach abreißen, wie vielfach in der Bundesrepublik in den Nachkriegsjahren geschehen, wäre auch für die DDR keine gute Lösung, meinen die Denkmalschützer.

Süddeutsche Zeitung
16. Februar 1990

Denkmalpflege trotz neuer Schnellbahnstrecken

Zum Thema „Eisenbahn und Denkmalpflege" diskutieren derzeit rund 50 Experten aus der Bundesrepublik, der DDR und Großbritannien in Frankfurt. Die Denkmalpfleger wollen gemeinsam dazu aufrufen, daß die Bahnunternehmen auch in der Phase der Modernisierung und des Baues neuer Schnellbahnstrecken „erhaltenswürdige Bausubstanz nicht einfach abreißen".

Als ersten Schritt wollen die Experten eine Bestandsaufnahme schutzwürdiger Bahn-Bauten vorantreiben. „Das kann vom prächtigen Bahnhof bis zum malerisch gelegenen Bahnwärterhäuschen auf freier Strecke gehen", meinte der bayerische Landeskonservator Michael Petzet vor der Eröffnung des Expertentreffens.

Ein wichtiger Schwerpunkt der Veranstaltung werde die DDR werden. Petzet: „Einige Anlagen dort repräsentieren mit ihrer gesamten Ausstattung noch den Vorkriegszustand." Die Frage, was erhaltenswert sei und was notwendiger Modernisierung weichen müsse, werde sicher „heiß diskutiert" zwischen Technikern und Denkmalschützern. Einen großen Teil dessen, was weichen müsse, wollen die Denkmalschützer wenigstens mit Plänen und Fotos detailliert dokumentieren.   D/R/S   mb

Trotz verwahrloster Bausubstanz: Große Chancen für die Denkmalpflege

Gründung eines Landesamtes für Sachsen-Anhalt vorbereitet

Halle (EB/R. G.). Zum Beispiel Halle: Ist die Stadt noch zu retten? Prof. Dr. Michael P e t z e t , Generalkonservator des Bayerischen Landesamtes für Denkmalpflege München und Präsident des ICOMOS-Nationalkomitees der BRD, gab gestern vor der Presse den Eindruck eines ersten vierstündigen Rundgangs durch die Altstadt wieder: „Ungeheure Verluste sind zu beklagen, und das noch Vorhandene muß schnell und unter allen Umständen gerettet werden. Aber bei aller Verwahrlosung der Bausubstanz hat die Denkmalpflege hier eine ganz große Chance: Im Gegensatz zu vielen unsachgemäß sanierten Städten in der BRD gibt es hier gerade dadurch, daß so wenig geschehen ist, einen immer noch einzigartigen historischen Bestand, wahre Schätze, für deren Erhalt der Wandel in der DDR beste Voraussetzungen schafft."

Beratende und materielle Hilfe aus der BRD ist zugesagt und wird bereits wirksam, nachdem die Landesdenkmalpfleger der Bundesrepublik und des Instituts für Denkmalpflege der DDR Anfang März auf der Wartburg ein entsprechendes Konzept erarbeitet hatten. Das Land Niedersachsen konzentriert sich mit einem Hilfsprogramm u. a. auf Halberstadt, Osterwiek, Stendal und Tangermünde im Bezirk Magdeburg und auf Quedlinburg, Wettin und Wittenberg im Bezirk Halle.

Seit Ende vergangenen Jahres bereitet die Arbeitsstelle Halle des Instituts für Denkmalpflege die Gründung eines Landesamtes für Sachsen-Anhalt und den Entwurf eines Denkmalschutzgesetzes vor. Darüber informierten Prof. Dr.-Ing. Helmut S t e l z e r , Chefkonservator der Arbeitsstelle und ICOMOS-Generalsekretär, dessen konzeptionelle Überlegungen am Tag zuvor die Unterstützung des Runden Tisches des Bezirkes Halle gefunden hatten. Wichtig sei, so hob er hervor, der Gefahr zu begegnen, daß die Denkmalpflege von den marktwirtschaftlichen Entwicklungen im Bauwesen überrollt werden könnte. Es gilt, mit einem neuen Denkmalschutzgesetz die Verantwortung aller Ebenen für die Denkmalpflege zu fixieren und durchzusetzen.

Der Neue Weg
Tageszeitung für Sachsen-Anhalt
21./22. April 1990

Augsburger Allgemeine, 28./29. April 1990

Bürgersaal mit Glanz und Gloria

Nach über zehn Jahren Bautätigkeit ist der Goldene Saal im Augsburger Rathaus wiederhergestellt

Von Angela Bachmair und Fred Schöllhorn (Bilder)

Wer sein Wohnzimmer renoviert, muß hinterher putzen, bevor der erste Besuch eintrifft. Das ist auch bei der guten Stube der Stadt, dem Goldenen Saal im Rathaus, nicht anders, wo die Putzkolonnen in den letzten Tagen alle Hände voll zu tun hatten. Jetzt ist es geschafft, die Besucherstühle sind auf dem blitzblanken Marmorfußboden aufgestellt, und heute vormittag kommen die Gäste – etwa 400 Offizielle, die den Goldenen Saal in seiner wiederhergestellten Form in Augenschein nehmen.

Und spätestens hier zeigt sich, daß der Vergleich mit dem bürgerlichen Wohnzimmer, abgesehen vom Saubermachen, hinkt. Die Renovierung des Rathaussaals hat ganz andere Dimensionen, da war es nach dem Willen von Stadtrat und Bürgern nicht mit einem frischen Wandanstrich oder neuen Gardinen und Bildern getan. Vielmehr hat eine ganze Mannschaft von hochkarätigen Fachleuten den riskanten Versuch unternommen, in über zehnjähriger Arbeit „Glanz und Gloria" des Bürgersaals einer Freien Reichsstadt wiederherzustellen – ein Glanz, der in der Bombennacht 1944 in Schutt und Asche gefallen war.

Damals waren von dem Prunksaal der selbstbewußten Bürgerschaft, der kurz nach dem Rathausbau durch Elias Holl zwischen 1619 und 1622 ausgestattet worden war, nur noch die Außenmauern mit wenigen Freskenresten übriggeblieben. Um das im Inneren völlig zerstörte Gebäude wenigstens zu sichern, wurden kurz nach dem Krieg Decken über dem oberen Fletz und dem Saal sowie ein neues Dach gebaut.

Von dieser Zerstörung ist heute auf den ersten Blick nichts mehr zu sehen. Durch mächtige Portale mit goldenen Verzierungen, auf getüpfeltem Marmorfußboden treten die Besucher ein. Der Blick fällt vielleicht zuerst auf die Wandbilder – Faune, hübsche Damen, Blumen und Ornamente in grau-beiger Grisaille-Malerei und darüber 16 heroische Kaiser in farbigen Fresken, denen mollige Puttos aufs Haupt schauen. Vielleicht heben die Besucher ihre Blicke aber auch gleich ganz nach oben, zur Holzdecke mit dem dichten Gespinst aus goldenen Verzierungen und den Gemälden, dem im wahrsten Sinn des Wortes krönenden Abschluß des Saales.

Viel sagen hier viel sagen wird, ist jetzt also wieder in seiner Vollständigkeit zu besichtigen. Es war ein langer Weg dorthin, der immer von Zweifeln und Auseinandersetzungen gekennzeichnet war. Vor allem stand dabei stets die Frage nach der Rechtmäßigkeit der Wiederherstellung im Mittelpunkt.

Botschaft der Bilder

„Die Dynamik der Dekoration schwillt nach oben hin zu einem mächtigen Crescendo an", so hatte einst der Kunsthistoriker Christoffel die Wirkung des Prunksaals zu beschreiben versucht. Was damit nicht gesagt wurde: In der prunkvollen Ausgestaltung steckt ein Programm, eine deutliche Botschaft, mit der der gelehrte Jesuit Matthias Rader zusammen mit dem Stadtmaler Matthias Kager im frühen 17. Jahrhundert die Bürgerschaft Augsburgs auf ihre humanistische Weltsicht einschwören wollten.

Auf einen kurzen Nenner gebracht, heißt diese Botschaft: Haltet Frieden, lebt im Sinne des Guten und verteidigt euch mit Bedarfsfall wehrhaft. Acht heidnische und acht christliche Kaiser an den Wänden stehen dafür, von denen die letzteren dem Zeitgeist folgend natürlich die besseren Lebensmaximen vertreten. So schreibt zum Beispiel der Maler Alexander dem Großen die Losung zu: „Nichts genügt dem Heiden", während Karl der Große verkündet darf: „Nichts fehlt dem Christen".

An der Decke selbst tritt die Tugend auf: acht Frauenbilder und drei große Gemälde veranschaulichen vorbildliches Verhalten von Bürgerschaft und Stadtregierung: Gerechtigkeit, Vernunft, Eintracht oder Weisheit. Die festgefügte Weltordnung der Renaissance zeigt sich an der Dreistufigkeit der Malerei: ganz oben an der Decke thronen die ewigen Werte von Tugend und Moral, in der Mitte ist die gute, vernünftige Herrschaft präsent, und im unteren Bereich der grotesken Grisaille-Malerei darf sich sozusagen das niedrige Volk mit seinen ganz irdischen Bedürfnissen tummeln.

Dieses Bildprogramm, auch wenn es möglicherweise den Menschen einer offenen, von schnellem Wandel geprägten Gesellschaft nicht mehr viel sagen wird, ist jetzt also wieder in seiner Vollständigkeit zu besichtigen. Es war ein langer Weg dorthin, der immer von Zweifeln und Auseinandersetzungen gekennzeichnet war. Vor allem stand dabei stets die Frage nach der Rechtmäßigkeit der Wiederherstellung im Mittelpunkt.

Die Gegenpositionen sind klar abgesteckt: Die Verfechter einer „historischen Wahrheit" wollten den Goldenen Saal in seiner zerstörten und nur notdürftig gesicherten Form bestehen lassen, als stete Erinnerung und Mahnmal gegen einen Krieg, den die Deutschen begonnen haben und der ihnen unter anderem dann die Zerstörung wichtiger Kunstschätze gebracht hat. Die anderen, und deren Zahl nahm in Augsburg im Lauf der Jahre zu, wollten „ihren" Goldenen Saal wiederhaben, in dem früher die Brautpaare getraut worden waren und den die Kinder als was ganz Besonderes besuchen durften.

Gewaltiger Maßstab

Zu den frühesten Gegnern einer historischen Wiederherstellung zählte der zweite Stadtbaurat nach dem Krieg, Walther Schmidt. Er veranlaßte 1956 einen Wettbewerb, bei dem Architekten, Maler und Bildhauer Entwürfe für eine zeitgemäße Neugestaltung des Saales einreichen sollten. Der Stadtrat allerdings konnte sich für keinen der Vorschläge – etwa mit einem gewebten Deckenbehang oder mit eingezogenen Decken im Stil der Fünfziger Jahre – erwärmen, und so blieb zunächst alles beim alten.

„Dem gewaltigen Maßstab des Saales mit der großen Raumhöhe, seinen tiefen Gesimsen und den kraftvollen Portalen war eben mit Repsopal und Teppichbehängen nicht beizukommen", beurteilt der betagte Heimatpfleger der Stadt, Robert Pfaud. Er hatte sich schon früh für die Rekonstruktion eingesetzt – „wenigstens in der Rohform mit der Holzdecke und den Portalen", „weil Augsburg hinter München mit seiner wiederhergestellten Residenz nicht zurückstehen dürfe."

Pfaud und mit ihm andere Bürger mußten noch fast 20 Jahre warten, bis wieder etwas vorrangig. Im Oktober 1975 gründete der Alt-Oberbürgermeister Dr. Klaus Müller mit Gleichgesinnten den Goldenen-Saal-Verein, um mit Blick auf die 2000-Jahr-Feier Druck zu machen und Geld für die Wiederherstellung zu sammeln. Über eineinhalb Millionen Mark hat

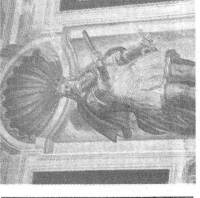

So strahlend wie jetzt präsentierte sich der Goldene Saal den Bürgern der freien Reichsstadt wohl nur in den ersten Jahren. Die folgenden Generationen erlebten das Gold nicht mehr so glänzend. Patina wird im Lauf der nächsten Jahre auch die jetzt frischen Verzierungen im rekonstruierten Saal überziehen.

gen, in dem bereits wieder viel goldener Glanz funkelte. Zwar hatten manche Bürger und Kunstsachverständige gemischte Gefühle bei dem „millionenschweren Neualtertum". Den ehemaligen Chef der städtischen Kunstsammlungen, Bruno Bushardt, von dem dieser Begriff stammt, bedrückte der „bedenkenlose Umgang mit der Geschichte". Auch manch anderen" Gesamteindruck vielleicht etwas von seiner Glätte nimmt. Den Besuchern soll überdies nicht verschwiegen werden, daß sie mit diesem Saal eine Neufassung des Originals zu sehen bekommen, ein Führer müsse auf die Geschichte hinweisen.

Dies unterstützen auch der künstlerische Leiter Machatschek sowie Friedrich Hermann

Nur Mauern standen noch

Die Geschichte des Prunksaals

1615 bis 1619 baut Stadtbaumeister Elias Holl das Rathaus.

1619 beginnt die Ausstattung des Goldenen Saales und der Fürstenzimmer. Der Jesuit Matthias Rader erarbeitet nach Vorschlägen der humanistisch gebildeten Stadträte Marcus und Bartholomäus Welser das Bildprogramm. Peter Candid, der auch beim Bau der Münchner Residenz beteiligt war, liefert dem Stadtmaler Matthias Kager Entwürfe für Deckengemälde und Kaiserfiguren. Kager hat bereits das Weberhaus und das Frauentor bemalt, bevor er mit dem Goldenen Saal seinen Hauptauftrag erhält. Das Gemälde über dem nördlichen Portal malt Johann Rottenhammer. 1944 brennt das Rathaus in der Bombennacht vom 25. auf den 26. Februar fast vollständig aus.

1950 bis 1954 werden neue Fenster eingebaut, die Wände verputzt und die Freskoreste des Saales konserviert.

1980 beginnt die Wiederherstellung des Saales mit Holzdecke, Portalen, Fußboden und einem Fürstenzimmer.

1985 nach dem Stadtjubiläum geht es an die Fresken und Goldverzierungen.

der Verein bisher zusammengebracht – ein respektabler Betrag, der aber angesichts der Gesamtkosten von über dreizehn Millionen Mark nur den Anstoß geben konnte.

Fotos und Zeichnungen

Müller, neben dem Schreinermeister Franz Geßner einer der „Väter" des neuen Goldenen Saals, fand dann schnell „Paten" und „Patinnen" für das teure Kind. Zwei anonyme Spenderinnen ermöglichten es ihm, Kopien der Deckengemälde malen zu lassen. Robert Pfaud und Dr. Hermann Kießling von der städtischen Bauverwaltung stellten die zahlreichen und genauen Dokumente zusammen, die eine Rekonstruktion erst möglich machten. Die Fotos vor der Zerstörung und die Zeichnungen von Ludwig Leybold, Stadtbaurat im 19. Jahrhundert, waren es dann auch, die ein 1978 einberufenes Expertenkollegium überzeugten.

Die renommierten Fachleute, unter ihnen die Professoren Alfred Schmid (Fribourg), Wilibald Sauerländer (München) und Jürgen Paul (Tübingen), empfahlen der Stadt eine schrittweise Rekonstruktion, bei der zuerst Fußboden, Portale und Holzdecke geschaffen und erst nach einer gründlichen Meinungsbildung die Verzierungen und Fresken in Angriff genommen werden sollten. Mit der Leitung wurde der Wiener Rekonstruktions-Fachmann Alois Machatschek beauftragt.

Trotz dieses vorsichtigen Ansatzes konnten die Augsburger zu Beginn ihres Jubiläumsjahres, im Januar 1985, schon einen Saal besichti-

Stab, scheidender Stadtbaurat in Augsburg. Für Machatschek ist eine Rekonstruktion eine „legitime Antwort" auf die Zerstörung durch den Krieg. Allerdings solle man sich nicht dazu verstiegen, „die Geschichte ausradieren" zu wollen. Stab, der zunächst skeptisch gegenüber der Wiederherstellung war, ist sich nun mit seinem Oberbürgermeister Hans Breuer einig, „daß wir das Richtige getan haben".

So groß ist die Zustimmung auch bei den Stadträten, daß die gar nicht mehr aufhören mögen mit der Neuschaffung ihres Goldenen Saales. Eine Kopie des Keramik-Ofens für das bestehende Fürstenzimmer ist schon in Auftrag gegeben. Die goldenen Nymphen über den Eingangsportalen sollen ebenfalls wieder ihre Plätze einnehmen. Holzbildhauer sind schon dabei, Entwürfe anzufertigen. Und vor kurzem beschloß der Stadtrat gar, zwei weitere Fürstenzimmer neu nach altem Vorbild schaffen zu lassen. Dazu sagt Robert Pfaud, der Heimatpfleger, ein klares Nein. „Jetzt muß einmal eine Ruh sein." So, wie der Saal jetzt dastehe, könnten die Bürger zufrieden sein.

Zufriedenheit ist ja auch vorhanden. Wenn Oberbürgermeister Breuer, ebenfalls kurz vor seinem Amtsende, heute bei der Einweihung die Blicke der Gäste nach oben, zur Decke, lenkt, wird zwar manchem die frische Goldglanz gar zu arg in die Augen stechen. Doch Kenner der Materie sind da ohne Sorge: Da müsse halt fleißig geraucht werden, empfehlen sie, und in dreißig Jahren habe der Goldene Saal ohnehin wieder die Patina, die auch die Bürger der Freien Reichsstadt einst gesehen haben.

gen und noch mehr auswärtige Besucher aus aller Welt pilgerten im Jubiläumsjahr die Stufen zum Goldenen Saal hinauf. Den Kunsthandwerkern war unversehens eine Touristenattraktion gelungen.

Fresken als „Glücksfall"

Sie, die Schreiner, Freskomaler, Holzbildhauer und Vergolder, sind es auch, die in der zweiten Wiederherstellungsphase von 1985 bis jetzt (die nach dem Erfolg der ersten Phase ohne Schwierigkeiten durchgesetzt wurde) die größten Lorbeeren ernten. „Ein Glücksfall", schwärmen die Fachleute über die Fresken des Augsburger Malers Hermenegild Peiker, „sie tragen das Ganze." Auch die übrigen Handwerker, die mit großer Begeisterung ans Werk gingen, hätten sich „unglaublich gesteigert", was ganz im Sinne der Denkmalpflege sei, so deren Chef, der Landeskonservator Michael Petzet.

Petzet will nun, nach dem Abschluß der Arbeiten, dafür Sorge tragen, daß der Perfektionsanspruch der Kunsthandwerker nicht überhand nimmt. So sollen die alten Freskenreste nicht übermalt werden, sondern durchaus als Dokumente des „echten" Goldenen Saals erkennbar bleiben, auch wenn dies dem „schö-

Über dem Nordportal thront die Dame Augusta, allegorische Darstellung der Stadt, die von den vier Flüssen und der ährenbekränzten Abundantia (Reichtum) umgeben wird. Die Kopie des Gemäldes von Rottenhammer malte Hermenegild Peiker, der auch die Fresken schuf.

Traditionelle Handwerkstechnik

Ohne das Können der Kunsthandwerker sowie Wiederentdeckung und Pflege aller Handwerkstechniken könnte der Goldene Saal heute nicht wieder im alten Glanz erstrahlen. So hatte der Schreiner Franz Geßner in mühevoller Kleinarbeit ein Modell der Holzdecke angefertigt. Sie wurde dann wie die Portale gemäß dem Original aus Nußholz gebaut.

Der Bodenbelag besteht wie früher aus Solnhofer Platten, Rotscheck- und Grauschnöll-Marmor in Gelb, Rot und Grau.

Drei Schnitzer arbeiteten an den Verzierungen der Decke und der Portale. Nach Fotos und Skizzen schufen sie aus Lindenholz Blätter, Fruchtgehänge, Masken und Ornamente. Dabei verwendeten sie das uralte Werkzeug, das Schnitzeisen.

Ganz traditionell und überdies hochkompliziert war auch, die Methode der drei Vergolder. Nach zahllosen Grundierungs- und Schleifvorgängen wurde das feine Blattgold aufs Holz aufgeblasen, mit dem Pinsel fixiert und dann poliert.

Auch der Freskomaler arbeitete wie in alten Zeiten. Nach den Dokumenten zeichnete er Vorlagen und malte dann mit in Wasser angerührten Pulverfarben in den noch feuchten Putz. Das mußte schnell gehen, denn die Bilder mußten fertig sein, bevor der Untergrund trocknete.

An den Türen sind schließlich die Arbeiten der Kunstschlosser zu sehen: geschmiedete und anschließend verzinnte Beschläge.

Friedrich Barbarossa, der als Kaiser einen Hoftag in Augsburg abgehalten und der Stadt Privilegien beschert hatte, ist auf der südlichen Freskenwand als Muster von Frömmigkeit abgebildet.

Schon vor der offiziellen Einweihung lockt der wiederhergestellte Goldene Saal Besucher an.

Streibl zog das Schwert
Hundinghütte Ludwig II. wurde neu eröffnet

Linderhof (mm) – Die Hundinghütte steht wieder. „Aller guten Dinge sind drei" meinte Ministerpräsident Max Streibl zur Einweihung des Holzbaus im äußersten Südost-Zipfel des ausgedehnten Schloßparks Linderhof, und wünschte der Hütte ein längeres Dasein als den beiden Vorgängerinnen.

Die Anregung zum Neubau kam schon 1983 von Professor Michael Petzet, dem Leiter des Bayerischen Landesamtes für Denkmalpflege. Die germanische Behausung hatte Ludwig II. 1870 als Bühnenbild zur Uraufführung der „Walküre" im Münchner Hoftheater gesehen. Die erste Hundinghütte entstand daraufhin 1876 an der Tiroler Grenze hinter Linderhof.

Im zehn mal zwanzig Meter großen Hauptraum – es gab drei Nebenräume – stand die „Weltesche". An rohen Tischen und Bänken, auf Bärenhäuten oder Schilfmatten hielt der König inszenierte Metgelage.

Im Dezember 1884 brannte die Hütte ab, wurde aber rasch wieder aufgebaut. Am 19. April 1945 wurde das Holzgebäude durch Brandstiftung erneut zerstört und nun – dank Sponsoren – für weniger als eine Million Mark neu erstellt.

Nach Fanfarenstößen („Schwertmotiv") eines Bläserquintetts der Gebirgstruppe wurde die neue Hundinghütte eingehend besichtigt, wobei Max Streibl sowohl aus dem Methorn trank als auch das Schwert „Nothung" aus dem Stamm zog.

Kraftakt einem Mythos zu Ehren: Max Streibl zog „Nothung" aus dem Eschenstamm. Foto: Wolbeck

Ebersberger Zeitung, 5. Juni 1990

Neue „Hunding-Hütte"
König Ludwigs Gelage muß man sich dazudenken

Über 800 000 Besucher strömen alljährlich durch die Schloßanlagen von Linderhof und seit Pfingsten steht den Touristen aus aller Welt eine besondere Kuriosität aus der Zeit König Ludwigs II. zur Besichtigung offen: Das wohl seltsamste Bauwerk des „Märchenkönigs", die „Hundinghütte" wurde für 950 000 Mark wieder aufgebaut und von Ministerpräsident Max Streibl eröffnet.

Von HEINZ GEBHARDT

Er wußte, wie man sich in dieser Hütte benimmt, denn er ließ sich wie weiland Ludwig II. erstmal auf einem Bärenfell nieder und trank einen Becher Met.

Bayerns bauwütiger König war 1876 von den ersten Proben zu Richard Wagners Ring des Nibelungen in Bayreuth derart beeindruckt, daß er das Gegenstück zum ersten Bühnenbild der Walküre als wirkliches, freistehendes Gebäude in Auftrag gab.

Mittelpunkt dieser „Hundinghütte" bildet der mächtige Stamm der „Weltesche" – damals wie heute eine als Esche verkleidete Buche, da weder die königlichen Zimmerer noch der Chef des Landesamtes für Denkmalpflege, Professor Michael Petzet, ein derartiges Ungeheuer auftreiben konnten.

Er ist auch der Initiator des Neubaus dieser zweimal abgebrannten Hütte, über die schon zu Lebzeiten Ludwigs II. seltsame Gerüchte durchs Land gingen.

Unter gewaltigen Hirschgeweih-Kronleuchtern und mit Rattenfell bezogenen Schilden soll sich der König am Met aus indischen Zebu-Hörnern gelabt zu haben, wenn er sich auf seinem Bärenfell bezogenen Hundinglager niedergelassen hatte.

Bisweilen mußten sich auch Schauspieler und Lakaien auf königliches Geheiß in Bärenhäute gekleidet um die Esche versammeln und in „lebenden Bildern" ein „Metgelage in altgermanischem Stile" inszenieren, was von recht „grobsinnlichen Charakter" gewesen sein soll.

Diese Gelage muß man sich heute natürlich dazudenken, was dank der hervorragenden Rekonstruktion und meisterhaften Ausführung einem Ludwig-II.-Fan nicht schwerfallen dürfte.

Ministerpräsident Max Streibl ließ sich mit Met auf dem Bärenfell nieder...

...und riß danach entschlossen wie Siegfried das Schwert aus dem Eschenstamm

Wie früher ist die „Weltesche" eine als Esche verkleidete Buche Fotos: Heinz Gebhardt

tz (Tageszeitung)
München
5. Juni 1990

Abschlußfeier für Restauratoren im Maurer- und Zimmererhandwerk

In der DDR wartet sehr viel Arbeit auf die Denkmalschützer

Würzburg (Eig. Ber./aj) – Professor Dr. Michael Petzet sieht in seinem Bereich den Handwerker mit seinem Werkzeug lieber als den großen Sanierungsbetrieb mit einem gigantischen Maschinenpark. Dieses Bekenntnis legte der Generalkonservator des Bayerischen Landesamtes für Denkmalpflege in Würzburg anläßlich der Abschlußfeier von Lehrgängen für Restauratoren im Maurer- und im Zimmererhandwerk ab.

Würzburg ist nach Übereinkunft der bayerischen Handwerkskammern der einzige Standort in Nordbayern für diese spezielle Weiterbildung in beiden Berufen. Sie wird in Kooperation mit der Joseph-Greising-Schule (Fachschule für Bauhandwerker) durchgeführt. Restauratoren im Handwerk sind gefragt bei Altstadtsanierung, Dorferneuerung und Denkmalpflege. Ein großes Aufgabengebiet eröffnet sich hier auch in der DDR.

Im sensiblen Bereich der Denkmalpflege kommt es beim Restaurieren vor allem auf das „Wie" an. Diese Erwägung stellte Kammerpräsident Franz Fuchs MdS an den Anfang der Feier, und er fügte hinzu, daß man überlegen solle, ob nicht das Wissen und Können der Restauratoren im Handwerk auch dem heutigen Baugeschehen neue Impulse vermitteln könne, zumal große Teile der Bevölkerung der funktionalen Betonbauten überdrüssig sei.

In seiner Rede hob Professor Petzet die Unverzichtbarkeit des Handwerkers hervor, wenn es darum gehe, Dinge in Ordnung zu halten, die frühere Generationen von Handwerkern geschaffen haben. In der Denkmalpflege rangiere die „Wartung" und Instandhaltung – auch das Reparieren – vor dem Erneuern. Dabei bestehe der Denkmalschutz grundsätzlich, wenn auch nicht in allen Fällen dogmatisch, auf der Verwendung traditionellen Materials und der Anwendung alter Techniken.

Schonend

Die schonendste Methode ist Professor Petzet zufolge beim Denkmalschutz gefragt. Rekonstruieren könne eine tödliche Gefahr für das Denkmal sein. Diesen Gedanken griff Präsident Fuchs auf, als er die neuen Restauratoren mahnte, ihre Grenzen zu erkennen. Oberstudiendirektor Alois Höfling (Greising-Schule) erinnerte an das Vorbild des Barockbaumeisters, dessen Namen die Schule trägt und der sich vom Zimmerer zum Architekten hochgearbeitet habe.

Diplome

Ihre Diplome nahmen in Empfang die Maurermeister Martin Berlinger (Mönchberg), Erhard Dittmar (Fulda), Günter Einbecker (Knetzgau), Herbert Hofmann (Heßdorf), Thomas Koch (Erlach), Christoph Rind (Rimpar), Christine Schlatterer (Neukirch) und Otto Engelhaupt (Burgsinn) sowie die Zimmerermeister Bernd Amesöder (Theilenhofen), Hans Kolb (Oberasbach), Roger Kuchenreuther (Scheßlitz), Hermann Lang (Ochsenfurt), Edgar Möller (Zeitlofs/Weißenbach) und Klaus Steinmann (Rimbach).

Mainpost (Würzburg), 7. Juli 1990

Ihre Diplome nahmen in Würzburg 14 „Restauratoren im Handwerk" entgegen. Im Vordergrund von links Oberstudiendirektor Alois Höfling, Kammerpräsident Franz Fuchs MdS, Maurermeisterin Christine Schlatterer, Landeskonservator Professor Dr. Michael Petzet und Lehrgangsleiter Studiendirektor Rainer Höfling. Foto Heel

Auf den Spuren des Bamberger Fürstbischofs

Der Park von Schloß Seehof ist wieder für die Öffentlichkeit zugänglich

Von Ursula Peters

Bamberg – Nur wenige Kilometer nördlich der ehemaligen Residenzstadt Bamberg liegt auf einer leichten Anhöhe das Schloß Seehof – der einstige Sommersitz der Fürstbischöfe. Das imposante Barockschloß mit seinen Zwiebeltürmen an allen vier Ecken ist von weither zu sehen. Es gehört seit 1975 dem Freistaat Bayern und soll nach Beendigung der Restaurierungsarbeiten auch teilweise besichtigt werden können. Gestern mittag wurde schon einmal der Schloßpark von Kultusminister Hans Zehetmair offiziell für die Bürger geöffnet. Die Memmelsdorfer, zu deren Gemeindegebiet das Schloß gehört, spazierten allerdings schon vorher manchmal in der weitläufigen Parkanlage herum.

Dieser Park war einmal einer der großartigsten Gärten des Rokoko. Verschwenderisch ausgestattet mit 400 Sandsteinskulpturen aus der Werkstatt des berühmten Bildhauers Ferdinand Dietz, mit einer Orangerie für die Pomeranzenbäume und einer Heckenlabyrinth des Fürstbischofs, einem Gartentheater für die Lustbarkeiten der fürstlichen Gäste. Hauptattraktion war die große Kaskade im Süden des Schlosses.

Adam Friedrich von Seinsheim – der Fürstbischof, der sich im 18. Jahrhundert am meisten für die Gestaltung des Parks engagierte – hatte von seinen Fenstern aus einen herrlichen Blick nach Süden: ein blühendes Garten-Parterre, die Kaskade mit Neptun und vielen anderen Steinskulpturen, dann jenseits einer Balustrade ein großer Weiher, ebenfalls mit Skulpturengruppen und Springbrunnen, und schließlich am Horizont der Hauptsmoorwald als Jagdrevier mit Blick-Schneisen in Richtung Bamberg. Von dem allen ist nur ein Teil erhalten geblieben und soll behutsam restauriert werden. Wiederhergestellt wurde das alte, typische Wegenetz, das das Parkgelände geometrisch einteilt. Alleen wurden neu gepflanzt, ausgewachsene Hecken gestutzt, die mächtigen alten Bäume gepflegt. Was zu Seinsheims Zeiten Boskette und niedrige Hainbuchenhecken waren, ist inzwischen zu riesigen Bäumen herangewachsen, die die Wege teilweise überwölben. Was die naturliebenden Spaziergänger jetzt freuen wird.

Die Kaskade ist seit Jahren Baustelle. Sie wird nach sorgfältigen bauhistorischen Vorarbeiten restauriert. Die Wasserspiele in den Weihern sprudeln schon wieder. Instand gesetzt wurden auch die maroden Treppenanlagen und die erhaltenen Orangeriegebäude, die man als Konzertsaal oder kleines Dietz-Figurenmuseum nutzen will. Die letzten Besitzer des Schlosses hatten nämlich ab 1960 einen systematischen Ausverkauf des Schloßinventars und auch der Dietzschen Parkskulpturen veranstaltet. Das Landesamt für Denkmalpflege konnte wenigstens einige wiederfinden (zum Beispiel an privaten Swimming-pools) und zurückkaufen, ebenso wie Stücke der Schloßmöbel. Im Park sollen wieder Statuen aufgestellt werden – wahrscheinlich in Abgüssen, ebenso zahlreiche Kopien der steinernen Parkbänke.

Gartenarchäologen haben bei Grabungen auch Teile des ehemaligen Labyrinths wiederentdeckt. „Eine eventuelle Wiederherstellung wollen wir kommenden Generationen überlassen", meint Generalkonservator Michael Petzet, der Chef des Landesamts für Denkmalpflege, das im Schloß eine Außenstelle unterhält. Die Trägerschaft für den Schloßpark hat die Gemeinde Memmelsheim übernommen. Der Freistaat fühlte sich nur für die Baulichkeiten zuständig.

Abmarsch zum Rundgang: (von links) Generalkonservator Dr. Petzet, Staatsminister Zehetmair, MdL Vollkommer und der oberfränkische Regierungspräsident Dr. Haniel; ganz rechts stellvertretender Landrat Karl Popp. Fotos: FT-Rudolf Mader

Auch wenn der Schloßpark gestern für die Öffentlichkeit freigegeben wurde:

An Seehof werden noch Generationen sanieren

Kultusminister Zehetmair kam per Hubschrauber – Geld für Kaskadenquartier ist da

Memmelsdorf (MS). „Etz kummdä", rief einer, und als aus dem sommerblauen Himmel der Hubschrauber auftauchte, strömten alle zur Landewiese. Ein eleganter Sprung ins Freie, schnell ins Jackett hineingeschlüpft (auf Etikette hätten wohl auch die Fürstbischöfe geachtet) und dann hinauf zum Schloß. Pünktlich sollte die Parköffnung von Seehof am gestrigen Freitag über die Bühne gehen. 30 Minuten hatte der bayerische Kultusminister Dr. Hans Zehetmair dafür eingeplant, bevor er weiterreisen wollte nach Kronach, Vierzehnheiligen und Pommersfelden. Daß es dann doch eineinhalb Stunden wurden, läßt darauf schließen, daß gut war, was er sah.

Wäre er nur am letzten Wochenende dagewesen, als Tausende die Seehoftage feierten. Gestern mittag hatten fast nur Ehrengäste Zeit, die offizielle Eröffnung des Seehof-Parkes mitzuverfolgen. So blieb derjenige, der hetmair den Park für die Öffentlichkeit frei.

MdL Philipp Vollkommer stellte in seiner Rede provokativ die Frage, ob es in Zeiten der Wohnungsnot überhaupt gerechtfertigt sei, so viel Geld (bislang 15 Millionen DM) in ein solches Projekt zu stecken. „Ja", antwortete er selbst, „es ist notwendig aus der Verantwortung für nachfolgende Generationen heraus, dieses Schloß für die Nachwelt zu erhalten." Den weiteren Ausbau bezeichnete der Abgeordnete als dringende Notwendigkeit. Er gebe die Hoffnung nicht auf, daß wenn mit dem Abzug der Amerikaner der Tag X komme, man auch den Staatswald und die Fischweiher in das Ganze einbinden könne, um so eine Oase der Ruhe und Erholung zu schaffen.

Süddeutsche Zeitung, 28./29. Juli 1990

INMITTEN EINES VERWILDERTEN PARKS *steht das Barockschloß Seehof.*
Photo: Archiv LfD

Nach sicherer Landung auf der Wiese von Seehof wurde Minister Zehetmair von MdL Philipp Vollkommer in Empfang genommen.

das Freibier für die Bevölkerung ausschenkte wohl selbst sein bester Kunde, während sich die Ehrengäste im Weißen Saal an Sekt hielten.

Seit dem denkwürdigen Besuch des Ansbacher Markgrafen im Mai 1775, so Generalkonservator Dr. Michael Petzet, sei wohl keine derart illustre Versammlung hochgestellter Persönlichkeiten mehr im Park versammelt gewesen. Begrüßt wurden die Vertreter aus Politik, Wirtschaft und Kirche.

„Das ist aber schön geworden, da müssen wir öfter drüberfliegen", zitierte Kultusminister Zehetmair seinen Hubschrauberpiloten. In der Tat, so der Gast aus München, habe sich seit seinem letzten Besuch vor eineinhalb Jahren einiges bewegt. Einen wichtigen Mosaikstein zur Erhaltung der Anlage nannte Zehetmair mit dem „Bayerischen Denkmalschutzgesetz von 1973". Durch diese Vorgabe sei es möglich geworden, daß der Staat 1975 die Anlage für über fünf Millionen Mark von Privathand erwerben und vor dem Verfall retten konnte. Die hier angesiedelte Außenstelle des Landesamtes für Denkmalpflege spiegle die Münchner Zentrale wider.

Erschreckend weiß erscheint die mit Kalkfarbe überpinselte Figurengruppe aus Sandstein von Ferdinand Tietz im Park. Allerdings nach barockem Vorbild: durch die Farbe sollte Marmor imitiert werden.

Der Minister dankte allen beteiligten Stellen für die gute Zusammenarbeit. Namentlich erwähnte er die Messerschmitt-Stiftung, die 1,6 Millionen DM für die Wiederherstellung von Park, Kaskade und Figuren bereitgestellt habe, und die Gemeinde Memmelsdorf, die die Trägerschaft für die Park-Rekonstruierung übernahm und dadurch Zuschußquellen erschloß, die dem Staat versperrt gewesen wären („Der Erfolg rechtfertigt den Griff zu ungewohnten Rechtskonstruktionen"). Ferner dankte Zehetmair noch MdL Philipp Vollkommer „für seine Hartnäckigkeit."

Der Minister verhehlte nicht, daß das Projekt Seehof noch lange nicht abgeschlossen ist. Ein Nahziel sei die Wiederherstellung des Kaskadenquartiers, Mittel im Haushalt wären vorhanden. Die Sanierung der Orangeriebauten und die endgültige Rekonstruktion der Wasserspiele (hier fiel der Minister in den Konjunktiv) seien wohl nur mittel- oder langfristig zu verwirklichen. „Kommende Generationen müssen hier noch viel arbeiten".

Kulturelles Zentrum

Zum Erwerb der Grundstücke im Osten, die für die Herstellung des Parks nach historischen Ausmaßen nötig sind, habe er, Zehetmair, die Zustimmung zu Verhandlungen erteilt.

Mit der Hoffnung, daß Seehof zu einem kulturellen und gesellschaftlichen Mittelpunkt vor den Toren der Stadt Bamberg werden möge, gab Ze-

Lange gewartet

Bgm. Scherbaum machte noch einmal darauf aufmerksam, wie lange man auf die Parköffnung gewartet habe, die seit 1977 (!) schon so oft versprochen worden sei. In seinen Dank schloß er noch Heimatpfleger Hans Müller aus Memmelsdorf, einen Seehof-Kenner par excellance, ein. Die Gemeinde habe als Träger der Parkmaßnahme Gelder in Höhe von neun Millionen DM verwaltet und werde in dieser Funktion auch die Wiederherstellung des Ostquartiers begleiten. Stellvertretender Landrat Karl Popp wies darauf hin, daß auch der Landkreis mit 250 000 DM seinen Beitrag zur Parkrestaurierung geleistet habe. Paul Oberle aus Erlangen, der seit 1973 die Teiche um Seehof bewirtschaftet, sprach die Hoffnung auf wohlwollende Zusammenarbeit aus. Im Sinne der Erbauer sei eine Renaissance von Seehof unmöglich, wenn die Teichwirtschaft nicht in Ordnung ist. Als „Hausherr" führte anschließend Dr. Schelter, Leiter der Außenstelle des Landesamtes für Denkmalpflege, durch den Park. Vor dem Schloßportal, vor dem die deutsche, die bayerische, die Landkreis- und die Gemeinde-Fahne wehten, spielte das Bamberger Saxophonquartett barocke Stücke auf modernen Instrumenten zur Erbauung der Gäste.

527

Mittelbayerische Zeitung
(Regensburg), 2. August 1990

Zanthaus zwischen Neunutzung und Bewahren der historischen Substanz:

„Hotel im Patrizierhaus kaum möglich"

Landesamt und Stadt für Sanierung — indessen wird man neuen alten Schmalzler schnupfen können

Von unserem Redaktionsmitglied Erich L Biberger

Das Bayerische Landesamt für Denkmalpflege bekräftigt: Für die historischen Gebäude der Schnupftabakfabrik in Regensburg ist das bestmögliche Sanierungskonzept gerade gut genug. Und es erarbeitet daher eine Baudokumentation nach höchstem Standard. So versicherten der Generalkonservator, Prof. Dr. Michael Petzet, und die Oberkonservatorin Dipl.-Ing. Heike Fastje, auf Fragen der MZ. Der in Bayern entwickelte Standard für die Erfassung hochqualifizierter Baudenkmäler sei wohl in der Welt mit an der Spitze, und bei dem Gebäudekomplex an der Gesandtenstraße sei diese Mühe durchaus gerechtfertigt, ja geradezu Pflicht. Allerdings: Bis die Art der künftigen Nutzung und damit über Details der Sanierung entschieden sein wird, können die Schnupfer noch so manche frische Prise nehmen — und das von den neuesten Schmai-Kreationen nach historischen Rezepten und Methoden! Die Fabrik startet ein Nostalgie-Programm.

Als „Prunkstück" schon historisch gewordener Technik erachteten die Denkmalpfleger dieses Stampfwerk, mit dem einst die Tabakblätter zerkleinert wurden. Sie sähen es gerne, wenn diese Anlage als Museumsstück in diesem Hause bleiben könnte.

Problem: Ein verbindliches Konzept für die künftige Nutzung der großen Gebäude gibt es noch nicht. Denn: Wenngleich eine Mischnutzung, wie vom Eigentümer und von Architekt Dipl.-Ing. Karl Schmid erwogen, im Prinzip zu befürworten sei, so könne man sich das vorgesehene 120-Betten-Hotel in diesem Bereich kaum als denkmalpflegerisch vertretbar vorstellen, so erklärten die Denkmalpfleger, die vorgestern wurde in der Aussprache mit Oberbürgermeisterin Christa Meier, die dieses Thema von selbst anschnitt und diese Sanierungsmaßnahme „sehr wichtig" bezeichnete, pointiert. „Es liegt uns viel daran, daß dieses Patrizierhaus in absehbarer Zeit saniert werden kann!" betonte das Stadtoberhaupt.

Generalkonservator: Teilsanierung denkbar

Er könne sich vorstellen, daß auch eine stufenweise Sanierung des — wie er wörtlich sagte: riesigen — Bereiches des Zanthauses und der dazugehörigen Gebäude durchführbar sei. So antwortete Generalkonservator Prof. Dr. Petzet im Rathaus. Doch verwiesen er und andere Experten am Gesprächs, an dem sich auch Dr. Helmut-Eberhard Paulus, der Leiter der Denkmalschutzbehörde der Stadt, sowie Dr. Harald Gieß, der für Regensburg zuständige Gebietsreferent des Landesamtes, und Dipl.-Ing. Siegfried Körner, der Leiter des Amtes für Städtebau und Wohnungswesen der Stadt, beteiligten, auf das Für und Wider einer stufenweisen Sanierung. Wahrscheinlich werde die Fabrik Bernard ihr Areal in der Altstadt — sie hat ja schon einen neuen Betrieb in Sinzing aufzubauen begonnen — nur im ganzen veräußern, und das könne auch durchaus positiv gesehen werden, kommentierten die Denkmalpfleger.

nachmittag die Anlagen besichtigten. Zudem plädierten sie begeistert für museale Einbindung eines Teiles alter Produktionsanlagen.

Romanik und Gotik, Barock und neuere Zeit vereinten sich zu dem Gebäudekomplex, der meist kurz unter dem Begriff „Zanthaus" weit populärer und ebenso realistisch als „die Schnupftabakfabrik" zum Begriff geworden ist. Es geht um das Gebäude der Firma „Bernard Schnupftabak", juristisch Gebrüder Bernard Aktiengesellschaft, Gesandtenstraße 3–5. Weit über 800, ja schon fast 900 Jahre bestehen die ältesten Teile dieses Anwesens, der mächtigen Patrizierburg des Berühmten, auch als Wohltäter in die Stadtgeschichte eingegangenen Geschlechtes der Zandt. Und der Leiter der Denkmalschutzbehörde der Stadt, Dr. Helmut-Eberhard Paulus, erklärte nun dazu: „Ich könnte mir in diesen Gebäuden eine repräsentative Teilgastronomie plus Gewerbe, vor allem Dienstleistungsbetriebe, auch Geschäftsnutzung und kulturelle Akzente vorstellen, aber standardisierte Hotelzimmer nicht, einen Teilabbruch schon gar nicht."

OB Meier: „Uns liegt sehr viel daran!"

Der Gebäudekomplex Zandthaus — Traufseithaus — Ingolstädter Haus, wie die Anlage Gesandtenstraße 3–5 offiziell heißt, „umfaßt die letzten großen Patrizierbauten Regensburgs, die noch keine durchgreifende Sanierung im 20. Jahrhundert erfahren haben, daher sind dort noch bau- und konstruktionsgeschichtliche sowie für die Regensburger Bautradition bedeutende Aussagen anhand ungestörter Befunde und baulicher Zusammenhänge möglich, die in dieser Form ansonsten wohl nirgends mehr greifbar sind". So heißt es in einem Informationspapier, das von den Denkmalpflegern für die am Dienstag durchgeführten Besprechungen und Besichtigungen erarbeitet wurde. Diese Einstufung

Historisches in Mauer und Tabak

Während Dipl.-Ing. Heike Fastje darauf bedacht ist, daß buchstäblich alles, was andenkens zu sanierenden Gebäuden historisch und bemerkenswert ist, auf Plänen festgehalten wird — darin sieht das Landesamt eine wichtige Vorstufe der Sanierungsmaßnahmen —, plant die Fabrik, die derzeit rund zehn Prozent des deutschen Schnupftabakverbrauches deckt, auch ein neues Angebot für die Kunden. Arbeitet sie an der Gesandtenstraße teils noch mit traditionellen, alten Mitteln, beispielsweise mit Handsiebung des Tabakmehles und mit Holzfässern als Transportmitteln, ja auch noch mit Fermentierung in altbewährten Holzbottichen, so sieht sie darin auch eine besondere Chance für die Schnupftabakkunden und für sich selbst. Wie Vertriebsleiter Rudolf F. Deuwagner, verriet, will man dieses Potential an Angestammtem dazu nützen, mehrere Sorten von Schnupftabak nach historischen Originalrezepten zu produzieren, bei denen es besonders auf die konservative Herstellungsweise ankomme, sowohl im Aroma als auch in der Gleichmäßigkeit und Lockerheit des Schnupfpulvers. Historische Spezialitäten in Neuauflage also! Gerade bei der Schnupftabakherstellung komme es auf Erfahrung, Handwerklichkeit, Gefühl, Individualismus an.

Im Zanthaus, dem letzten noch unsanierten großen Patrizierhaus Regensburgs, bei der Besichtigung durch Denkmalpfleger und Journalisten. Oberkonservatorin Dipl.-Ing. Heike Fastje (halbrechts) werden. Überblicke. Der Generalkonservator des Altbestandes erarbeitet werden. Überblicke. Der Generalkonservator des Landesamtes für Denkmalpflege, Prof. Dr. Michael Petzet (Bildmitte), bezeichnete Art und Gründlichkeit, wie hier die Bestandsaufnahme bis in alle Details durchgeführt wird, als Spitzenqualität. Fotos: Uwe Moosburger

Süddeutsche Zeitung
20. August 1990

Neue Zukunft für das Gögginger Kurhaus

Glaspalast beginnt wieder zu leuchten

Restauratoren wollen „Gesamtkunstwerk" schaffen / Fertigstellung 1994

Von Ursula Peters

Augsburg – Fast versteckt hinter Häuserreihen und Parkbäumen befindet sich im Augsburger Stadtteil Göggingen ein Juwel der Baugeschichte: der Glaspalast des Hofrats Friedrich von Hessing. Dieses Kurhaustheater wurde 1885 fürs Amüsement vornehmer Patienten seines „Curetablissements" erbaut. Den Orthopäden Hessing und seine große Kuranstalt suchten nämlich vor allem Mitglieder des europäischen Hochadels und gehobenes Bürgertum mit feinem Lebensstil auf. Dazu paßte die eindrucksvolle Pracht des Kurtheaters, in dem man auch unter Palmen dinieren und Konzerte hören konnte: Eine multifunktionale Nutzung also, wie sie heute wieder modern ist.

Seit 1973 ein Denkmal

So etwas ähnliches schwebt auch den heutigen Besitzern – der Stadt Augsburg und dem Bezirk Schwaben – vor. Jetzt haben erst einmal die Dnekmalpfleger und Restauratoren das Wort, die versuchen, die alte Pracht und den überwältigenden Raumeindruck des „Gesamtkunstwerks" wiederherzustellen. Denn von dem Bau war nach einem Großbrand im Oktober 1972 nur eine Ruine übriggeblieben. Das hatte aber auch wieder sein Gutes: Spätere Einbauten – zum Beispiel zum Zwecke eines Kinos – verglühten im Feuersturm, und plötzlich war die filigrane Innenkonstruktion aus Eisen und Glas wieder sichtbar. 1973 wurde das Kurhaustheater unter Denkmalschutz gestellt, was dem damaligen privaten Eigentümer, der einen Neubau wollte, sicher nicht zu passe kam.

Nach längerem Hin und Her übernahm die Stadt Augsburg das ruinöse Baudenkmal. Es wurde erst einmal baulich gesichert und – wie ein Kunstwerk von Christo – in Folien verpackt. Dann hatten die Bauforscher das Wort, die wie Kriminalisten nach Spuren der ehemaligen Herrlichkeit suchten – und auch großartig fündig wurden. „Denn das Kurhaustheater war ein erstes Beispiel industrieller Bauweise", erläuterte der Chef des Landesamts für Denkmalpflege, Michael Petzet, der kürzlich den Fortschritt der Restaurierungsarbeiten in Göggingen besichtigte. „Viele Schmuckelemente konnte man Ende des 19. Jahrhunderts nach Katalog bestellen: Ornamentteile, Säulen, Brüstungen zum Beispiel."

Das erklärt auch, warum für das riesige Haus ein Jahr Bauzeit reichte. Es ist also denkmalpflegerisch durchaus legitim, wenn man auch heute wieder noch vorhandene Bauteile und Schmuckelemente für die Rekonstruktion vervielfältigt. „Unsere Schwierigkeit ist jedoch, daß es heute diese Industrien samt Katalogen nicht mehr gibt und wir alles von Handwerkern anfertigen lassen müssen. Und selbst die sind kaum mehr zu finden", sagt Architekt Egon Georg Kurz, der die Arbeiten leitet. Daß er auch selbst Neuland betreten mußte, kommt dazu. In der Denkmalpflege versierte Architekten sind mehr mit Gotik, Renaissance oder Barock vertraut als mit der Bautechnik des ausgehenden 19. Jahrhunderts.

Türmchen und Kuppeln

Immerhin, die prächtige Fassade des Kurhaustheaters im schloßartigen Stil der Neurenaissance – mit Türmchen, Kuppeln und Portalen – soll heuer noch fertiggestellt werden, allerdings ohne farbliche Fassung, die (nach alten Abbildungen) ursprünglich kräftig ockerfarben und ziegelrot gewesen ist. Im Inneren hat man eine „Musterachse" – einen mehrere Meter breiten Streifen vom Boden bis zum Dach – bereits fertig restauriert, samt den mit farbigen Ornamenten verzierten Glasscheiben, den zierlichen Galeriebrüstungen und Säulen aus Gußeisen: einmal, um einen Eindruck von der Gesamtwirkung zu bekommen, und zweitens, um technische Probleme zu lösen. „Ein bißl g'schlampt ham sie damals beim Bauen ja schon", hat Kurz festgestellt.

Bühne für Laienspieler

Zahlreiche Fragen sind noch zu klären, beispielsweise die der Beleuchtungskörper. Ursprünglich besaß dieses Haus eine Gasbeleuchtung (immerhin gab es damals in Augsburg schon eine Gasfabrik). Um die Jahrhundertwende wurde elektrifiziert. „Theater waren mit die ersten Einrichtungen, die elektrischen Strom bekamen", weiß Petzet. Heizung, Brandschutz, die für eine künftige Nutzung notwendigen Nebenräume sowie sanitäre Einrichtungen und Garderoben werfen Fragen auf. Bezirkstagspräsident Georg Simnacher will das Haus freien Bühnen und Laienspielgruppen aus ganz Schwaben anbieten und das Theaer auch für andere kulturelle Veranstaltungen und Feste nutzen. Man erwägt einen gläsernen Verbindungstrakt zu den sogenannten Flügelbauten im Park, wo man die Infrastruktur bis hin zu einer Küche für die Bewirtung der Besucher unterbringen könnte.

Denn für eine rein museale Nutzung wäre der Glaspalast im Park denn doch zu schade. Für die Wiederherstellung der ganzen festlichen Pracht ist viel Geld notwendig. Der Freistaat gibt aus dem Entschädigungsfonds immerhin drei Millionen Mark. Optimisten hoffen, daß das Hessingsche Kurhaustheater bis 1994 oder 1995 wieder glanzvoll dastehen wird.

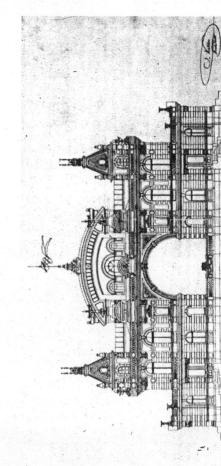

SCHON AUF DEM HISTORISCHEN EINGABEPLAN sieht das Kurhaustheater von Göggingen prächtig aus. Das große Portal in der Mitte der Nordfassade ist eine Art Bühnenrahmen: Das Publikum konnte Theateraufführungen nicht nur vom Saal aus, sondern auch im Park sitzend genießen.

Offen gesagt...

Michael Petzet

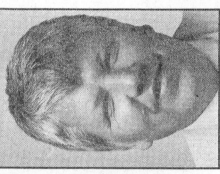

Damit auch künftige Generationen noch ihre Freude an Bayerns Kunst und Architektur haben, wacht Professor Michael Petzet, seit 1974 Generalkonservator des Bayerischen Landesamtes für Denkmalpflege, darüber, daß alles schön und originalgetreu erhalten bleibt. Der 1933 geborene Münchner machte sich bereits 1968 einen Namen, als er die Ausstellung „Ludwig II. und die Kunst" in der Münchner Residenz leitete. Es folgt 1972 die Ausstellung „Bayern — Kunst und Kultur" im Stadtmuseum anläßlich der Olympischen Spiele. Der frühere Zweite Direktor des Zentralinstituts für Kunstgeschichte und Direktor der Städtischen Galerie im Lenbachhaus ist Verfasser zahlreicher kunsthistorischer Publikationen.

Leben Sie gerne in Bayern? Und warum?	Ja, weil Bayern meine Heimat ist
Gibt es für Sie einen Traumberuf?	Generalkonservator
Was ist Ihre Lieblingsfarbe?	Blau
Was würden Sie machen, wenn Sie ein Jahr Ferien hätten?	Ich würde zwei Bücher schreiben
Welchen Schriftsteller schätzen Sie besonders?	Prosper Mérimée, Iwan A. Gontscharow, Robert Musil
Welche Musik hören Sie am liebsten?	Bill Haley und Jean-Baptiste Lulli
Was ärgert Sie am meisten an den Deutschen?	An den Deutschen ärgert mich auch nicht mehr oder weniger als an anderen Menschen
Wovor haben Sie die größte Angst?	Vor Umweltkatastrophen

Beispiel für Bauforschung und Bautechnik

Bote vom Untermain (Miltenberg), 25. Oktober 1990

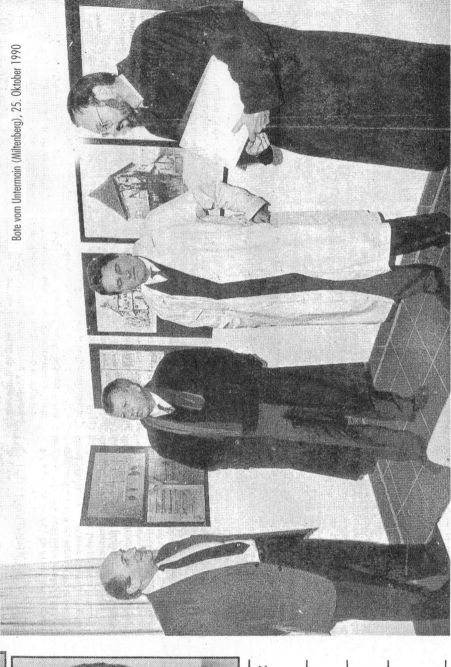

Amorbach. Das Templerhaus blickt auf eine 700jährige Geschichte zurück. Am Dienstag war der Chef des Landesamtes für Denkmalspflege, Generalkonservator Professor Dr. Michael Petzet, zusammen mit Oberkonservator Dr. Egon Greipl vor Ort und ließ sich durch das Haus führen. Das Landesamt hatte während der Renovierungs- und Restaurierungsphase enorme Mittel zur Verfügung gestellt. Landeskonservator Dr. Wolf Schmitt führte die hohen Gäste. Professor Dr. Petzet, der das Haus erstmals nach dem Sanierungsabschluß im Jahr 1988 sah, war begeistert. Er sprach von einer hervorragend gelungenen Maßnahme. Er schlug vor, in einem Buch alle geschichtlichen und baulichen Fakten festzuhalten. Das Templerhaus solle in Zukunft als echtes zeitgeschichtliches Museum und als Musterbeispiel für Bauforschung und Bautechnik einer breiten Öffentlichkeit zugänglich gemacht werden. Es sei nachweislich das älteste Fachwerkhaus Bayerns aus dem Jahre 1291 wie die Jahresringdatierung an den Eichenbalken aufzeige. Der Delegation, die das Haus besichtigte, gehörten auch Bürgermeister Karl Neuser, Fremdenverkehrsreferent Paul Höflein und Architekt Werner Knapp an. Das 700. Jubiläum soll im Rahmen eines Bürgerfestes im Juni 1991 gefeiert werden, sagte Neuser. Das Bild zeigt von links: Bürgermeister Dr. Michael Petzet, Generalkonservator Dr. Egon Kreipl und Landeskonservator Dr. Wolf Schmitt.

Foto: Miltenberger

Münchner Merkur
22. September 1990

Welcher deutsche Politiker nervt Sie?	Mehr als einer
In welcher Epoche hätten Sie leben wollen?	Jetzt oder im bayerischen Epipaläolithikum
Haben Sie eine Lieblingsblume?	Leberblümchen
Was ist Ihre Leibspeise?	Gebackene Chiemseerenken
Welches Talent möchten Sie besitzen?	Ich habe schon zu viele Talente
Welche Eigenschaften schätzen Sie an Ihren Freunden?	Daß sie da sind
Welche Eigenschaften schätzen Sie an sich?	Intuition und Ironie
Welchen Luxus leisten Sie sich?	Einen verwilderten Garten
Welchen Sport betreiben Sie?	Tischtennis
Welcher Versuchung können Sie nicht widerstehen?	Dem Studium von Archivalien zur Geschichte von Schloß Seehof
Wer war oder ist Ihr Vorbild?	Mein Vater
Wen oder was verachten Sie?	Geschäfte mit der Zerstörung der Umwelt
Mit welcher historischen oder heutigen Persönlichkeit möchten Sie ein (Streit-)Gespräch führen?	Mit Claude Perrault (1613–1688)
Was wäre für Sie ein Traumwochenende?	Ein Wochenende daheim

Süddeutsche Zeitung
24. November 1990

Mit 500 Denkmälern

„München ist die Bronzestadt"

Zentrallabor des Landesamts für Denkmalpflege bezieht neue Räume

Von Rudi Attlfellner

Die Bronzeplatte aus Moskau überraschte sogar die Experten des Bayerischen Landesamts für Denkmalpflege. Sie glänzte noch, obwohl sie zwei Jahre lang der Witterung und vor allem den Luftschadstoffen in der sowjetischen Hauptstadt ausgesetzt war. Warum gerade diese Probe weniger Korrosionsschäden zeigt, als die 38 anderen Platten aus 13 verschiedenen Ländern, wird jetzt im neuen Zentrallabor des Landesamtes untersucht werden. Das Projekt „Bronzekonservierung" ist einer der Forschungsschwerpunkte und gerade für die Denkmalpflege in München von besonderer Bedeutung.

„München ist mit 500 Denkmälern aus dieser Legierung *die* Bronzestadt", erklärt Laborleiter Rolf Snethlage, „mit 150 Denkmälern kommt Berlin erst weit danach."

Daß schmutzige Luft die Statuen gefährdet, ist seit langem bekannt: Bereits zur Jahrhundertwende sei vorgeschlagen worden, neben jedes Monument einen Hydranten „für eine Sonnabendwäsche" zu stellen. Damals seien die Schadstoffe aber wenigstens noch nicht so gefährlich gewesen, sagt Mineraloge Snethlage, heute sei der Schmutz feiner und damit gefährlicher. Durch die im Straßenverkehr entstehenden Stickoxide setzen Bronzedenkmäler deutlich schneller Patina an, „es ist dann nicht leicht zu unterscheiden, welcher Grad vom Künstler beabsichtigt war und ab wann die Erkrankung des Denkmals beginnt", faßt Generalkonservator Michael Petzet die Probleme bei der Restaurierung zusammen. Auch wenn er als Kunsthistoriker nicht sehr glücklich über die wachsende Bedeutung von Physik und Chemie in der Denkmalpflege scheint, freut sich der oberste Denkmalpfleger über die Arbeit seiner Naturwissenschaftler: „Ich bin auch stolz darauf, daß ich nicht mehr alles verstehe, was aus meinem Haus publiziert wird."

Bislang war das Labor in der Universität untergebracht, jetzt konnte es in das Zentralgebäude der Denkmalpfleger in der Alten Münze am Hofgraben umziehen. Weil die Forschungen finanziell vom Bundesumweltministerium unterstützt werden, kam auch Staatssekretär Wolfgang Gröbl auf Informations- und Inspektionsbesuch in die neuen Räume. Ihm seien die Forschungen zum Schutz der Denkmäler und über den Zusammenhang zwischen Luftverschmutzung und Materialschäden wichtig, betonte er. Besser als die Entwicklung von schützenden Chemikalien wäre aber allemal die Reinhaltung der Luft.

Bronzen sind sensibel für Umweltgifte

Bonner Umweltstaatssekretär im Zentrallabor des Münchner Denkmalamtes

Auch unter der Erde sind Kulturgüter nicht mehr sicher vor dem Gift aus der Luft. Münzen etwa werden heute in deutlich schlechterem Zustand ausgegraben als vor einigen Jahrzehnten – der saure Regen tut sein Zerstörungswerk auch dort, wo man das Erbe der Vergangenheit bislang am stärksten geschützt glaubte. Mit diesem Beispiel unterstrich Generalkonservator Michael Petzet vom Bayerischen Landesamt für Denkmalpflege bei einem Besuch des Bonner Umweltstaatssekretärs Wolfgang Gröbl die enge Verflechtung zwischen Umweltschutz und Denkmalschutz. Für Gröbl, der gekommen war, das Zentrallabor des Amtes zu besichtigen, das nach jahrelanger Aushäusigkeit jetzt in das Hauptgebäude in der Alten Münze umgezogen ist, sind diese Verflechtungen nichts Neues. Seit Jahren fördert das Bundesumweltministerium die Untersuchungen des Zentrallabors, das weit über Bayern hinaus Pionierarbeit leistet in der genaueren Erforschung der Einwirkung von Luftschadstoffen auf Materialien wie Stein, Glas und Metall, und viele Forschungsprojekte werden zwischen München und Bonn abgesprochen. Zu beiderseitigem Gewinn. Denn wenn die Denkmalpflege durch die wissenschaftliche Arbeit des Zentrallabors genauere Aufschlüsse darüber erhält, wie Steinskulpturen, mittelalterliche Glasgemälde oder Bronzedenkmäler am wirksamsten gegen den galoppierenden Zerfall geschützt oder bei fortgeschrittener Zerstörung restauriert werden können, so sind die gewonnenen Erkenntnisse auch für die Umweltpolitik von Bedeutung. Schadstoffe machen ja zwischen kulturhistorisch bedeutenden und weniger wertvollen Objekten keinen Unterschied; die gleichen Gifte, die etwa die Portalskulpturen eines gotischen Domes zerbröseln, nagen am Gesamtbaubestand und verursachen wirtschaftliche Schäden, die sich noch nicht genau beziffern lassen, auf jeden Fall aber in Milliardenhöhe liegen.

Staatssekretär auch gleich den neuen „Bildatlas wichtiger Denkmalsteine der Bundesrepublik Deutschland" überreichen lassen, mit dem das Landesamt für Denkmalpflege ein bedeutendes Grundlagenwerk für die Steinkonservierung geschaffen hat. In diesem 656 Seiten starken Band, hervorgegangen aus dem Verbundprojekt „Steinzerfall – Steinkonservierung", das ebenso wie die Publikation des Bildatlas vom Bundesforschungsministerium gefördert wurde, sind erstmals für die gesamte Bundesrepublik (die neuen Bundesländer fehlen allerdings noch) die besonderen Qualitäten und Anfälligkeiten der für Denkmäler verwendeten Natursteine genau erfaßt; man kann sich hier näher informieren, wo der Flossenbürger Granit, der Riedener Tuff oder der Schötmarer Schilfsandstein vorkommen und Verwendung finden, wie die Verwitterungsprozesse ablaufen und wie das Innenleben der Gesteine sich in der Röntgenbeugung und im Rasterelektronenmikroskop darstellt; Übersichtskarten, zahlreiche Abbildungen im Text und 200 Gesteinstafeln mit Oberflächenstruktur in natürlicher Größe und in hochgradiger Vergrößerung geben dem von einem Wissenschaftlerteam unter der Leitung von Prof. Wolf-Dieter Grimm erarbeiteten Band eine überwältigende Anschauungsbasis; 16 Tafeln können mit der mitgelieferten Stereobrille sogar dreidimensional gesehen werden (Verlag Lipp, München, 148,– DM).

Der Bonner Staatssekretär war beeindruckt und verabschiedete sich mit der Mahnung: „Wir müssen unser Bewußtsein für die Umweltzerstörung schärfen, wir müssen unsere Sensibilität verfeinern." Steinbildwerke und Bronzedenkmäler sind offenbar sensibler als der Mensch. Sie reagieren mit verätzter Haut, wo wir noch dickfellig bleiben.

Bayerische Staatszeitung, 30. November 1990

Denkmalschutz in Rothenburg:

Bessere Basis für künftige Zusammenarbeit vereinbart

Gespräch mit Generalkonservator

Rothenburg ob der Tauber. „Eine neue bessere Basis" für die Zusammenarbeit mit dem Landesamt für Denkmalschutz sieht der Oberbürgermeister von Rothenburg ob der Tauber, Herbert Hachtel, nach einer Besprechung mit den staatlichen Denkmalschützern. Hachtel hatte sich beim Landesamt über die für Rothenburg zuständige Gebietsreferentin, Bauoberrätin Ursula Mandel, heftig beschwert (wir berichteten).

In dem Gespräch im Rothenburger Rathaus wurden verschiedene Fälle diskutiert, anhand derer die Stadt die ihrer Meinung nach „ungute Verhandlungsweise" von Ursula Mandel aufzeigte. Hachtel wies auf die positiven Reaktionen auf seine Initiative hin, räumte aber ein, „daß der Vorwurf der Unmenschlichkeit in bezug auf die Person von Frau Mandel sehr hart und pointiert" gewesen sei.

Den Vorwurf des Generalkonservators Professor Dr. Michael Petzet, anscheinend wolle die Stadt Rothenburg die Denkmalpflege mittlerweile vernachlässigen und dafür den Kommerz bevorzugen, wiesen Hachtel und Stadtbaumeister Michael Severini zurück.

Wie Hachtel der FLZ mitteilte, wurde als Gesprächsergebnis das gemeinsame Interesse festgehalten, „daß auch Privatleute weiterhin alte Bausubstanz erwerben und restaurieren können". Die Zeit zwischen Ortsbegehung und Stellungnahme des Landratsamtes soll verkürzt werden. Widersprüchlichkeiten zwischen Äußerungen des Vertreters des Landesamtes vor Ort und der späteren schriftlichen Mitteilung will man künftig vermeiden. Sowohl Generalkonservator Dr. Petzet als auch der Referatsleiter von Ursula Mandel erklärten sich bereit, bei schwierigen Fällen selbst nach Rothenburg zu kommen.

Hachtel hatte sich schriftlich beschwert, als der Streit über die Fassadengestaltung eines Hauses in der Altstadt immer heftiger wurde. Zwei Bauherren und die Stadt hatten sich darauf verständigt, das Fachwerk einer verputzten Giebelfassade freizulegen. Dem wollte Ursula Mandel nicht zustimmen, da man die Traufseiten bereits Mitte des 18. Jahrhunderts barockisierend zugeputzt habe.

sh

Fränkische Landeszeitung (Ansbach)
11. Dezember 1990

Bienenwachs als wirkungsvolles Mittel

Fensterglas – ein wertvolles Gut
Experten suchen Rezepte gegen Verwitterungsschäden

Von Peter Schmitt

Nürnberg – Kirchen und eine Restaurierungswerkstatt in Nürnberg sowie Glashütten in Waldsassen und Mitterteich, die sich mit der Herstellung von Antikglas und Butzenscheiben befassen, waren die Ziele von 25 Restaurateuren und Denkmalpflegern aus der gesamten Bundesrepublik. Damit endete jetzt ein intensiver Erfahrungsaustausch von Experten für Glasmalerei und Glaskonservierung aus West- und Ostdeutschland über verwitterungsbedingte Schäden an historischem Fensterglas und die Konservierung von Kirchenfenstern, der bereits 1987 zwischen der Bundesrepublik und der damaligen DDR vereinbart worden war. Auch wenn das Projekt einstiger deutsch-deutscher wissenschaftlich-technischer Zusammenarbeit nun ganz regulär zum Jahresende ausläuft, ist Hannelore Marschner, Referentin für Glaskonservierung beim Bayerischen Landesamt für Denkmalpflege, überzeugt, daß der vor drei Jahren begonnene Gedankenaustausch „jetzt unter ganz normalen Bedingungen fortgesetzt wird".

Dabei hat man es keineswegs mit einer Einbahnstraße zu tun. „Unser Wissensstand ist etwa eins zu eins", meinte in Nürnberg der (Ost-)Berliner Leiter des weltweiten Projekts der Vereinten Nationen zur Sicherung mittelalterlicher Glasfenster, Erhard Drachenberg. Jedoch hätten die eingeschränkten Reisemöglichkeiten für die Fachleute in der einstigen DDR die direkte Information im Ausland und speziell in der Bundesrepublik doch sehr erschwert. Der Nürnberger Kunsthistoriker und Restaurateur Gottfried Frenzel wertete das Fehlen bestimmter Kunststoffe in der damaligen DDR, mit denen hierzulande wertvolle Kirchenfenster überzogen werden, um sie vor schädlichen Einflüssen aus der Luft zu bewahren, als nicht gravierend. „Die haben eben mit Bienenwachs konserviert, einem der ältesten und wirkungsvollsten Mittel", berichtete Frenzel.

Während des Zweiten Weltkriegs wurden in ganz Deutschland wichtige Kunstschätze aus den Kirchen ausgelagert. So litt auch die Nürnberger Lorenzkirche unter dem Bombenkrieg, ihre in Luftschutzbunkern untergebrachten Fenster blieben aber bis auf zwei beim Transport zerbrochene Glasscheiben unversehrt. Doch mußten in der vier Jahrzehnten seit Kriegsende einige der bunten Glasbilder in langwierigen Prozeduren restauriert werden, obwohl sie nach außen durch Klarglasscheiben vor Luftschadstoffen wie Schwefeldioxid und Stickoxyden geschützt waren. Nicht immer sei Säurebildung infolge allgemeiner Umweltverschmutzung schuld, wenn einzelne Fensterscheiben sich langsam auflösten, erklärte dazu Restaurateur Frenzel. Er machte auch Reinigungsversuche aus früherer Zeit verantwortlich, „bei denen die Scheiben tagelang in scharfe Laugen gelegt wurden". Außerdem hätte es schon im Mittelalter schädliche Umwelteinflüsse gegeben. So sei unmittelbar neben St. Lorenz lange Zeit Hopfen aufbereitet worden, was durchaus zu Abätzungen an einigen Fenstern habe führen können.

In Bayern hat der Denkmalschutz, soweit es um mittelalterliche Kirchenfenster geht, keine großen Sorgen mehr. Alle aus dieser Epoche erhaltenen wichtigen Glasbilder seien gereinigt und konserviert, sagte in Nürnberg der bayerische Generalkonservator Michael Petzet. „Der dickste Brocken", so der Leiter des Landesamtes für Denkmalpflege, „war zuletzt der Regensburger Dom."

Um das Zusammenwirken von Schadstoffkonzentration und Klimafaktoren zu ermitteln und mit der Intensität der Materialschädigung in Beziehung zu setzen, läßt das Zentrallabor beispielsweise an 39 Standorten in Europa und Nordamerika Materialproben (vor allem Kupfer und Bronze) der atmosphärischen Einwirkung aussetzen, um anschließend das Schadensbild unter die Lupe zu nehmen. Die Lupe ist u.a. ein Rasterelektronenmikroskop, das die Feinstruktur des angegriffenen Materials in bis zu 50 000facher Vergrößerung zeigt. In diese Arbeit konnte der Staatssekretär ebenso Einblick nehmen wie in die aufwendigen Testverfahren, mit denen das Reaktionsverhalten von imitiertem mittelalterlichem Glas geprüft wird, um Anhaltspunkte für die bestmögliche Sicherung von alten Kirchenfenstern zu gewinnen, oder in die Wirkungsweise von Apparaturen, mit denen langfristige Schadensprozesse gleichsam im Zeitraffer simuliert werden. Neben der Untersuchung von Glas und Stein, die anfangs im Vordergrund stand, ist die Metalluntersuchung zu einem Schwerpunkt geworden, und hier ist das Münchner Institut bundesweit das einzige, das in enger Verzahnung sowohl Grundlagen- wie anwendungsbezogene Forschung betreibt.

„Gesicherte Daten über die Wirkung von Stoffen auf Materialien sind eine wichtige Grundlage für die Fortschreibung von Rahmenbedingungen des Umweltschutzes", sagte Staatssekretär Gröbl in München. Noch wisse man über die Wirkungsmechanismen im einzelnen sehr wenig. Das wenige reiche aber auf jeden Fall, um eine drastische Senkung der Schadstoffemissionen für unabweisbar zu erklären. Gesichert ist immerhin, daß auch für die beschleunigte Korrosion von Bronzeskulpturen – und da geht es z. B. um so kostbare Objekte wie die Münchner Mariensäule oder die Augsburger Renaissancebrunnen – mit in erster Linie der Kraftfahrzeugverkehr verantwortlich zu machen ist. Nicht nur der Abgase (vor allem Stickoxyde), sondern auch des Reifenabriebs wegen, der einen hohen Anteil an der Staubbelastung hat, die heute weit aggressiver wirkt als früher, weil die Stäube feinkörniger geworden sind und darum mit der Luftfeuchtigkeit intensiver reagieren.

Frisch aus der Presse konnte sich der

Süddeutsche Zeitung
3. Dezember 1990

Neue Presse Coburg
7. Dezember 1990

Krone für „Fränkische Leuchte"

Richtfest auf der Veste Heldburg / Gute Zusammenarbeit gelobt / Ehrengäste

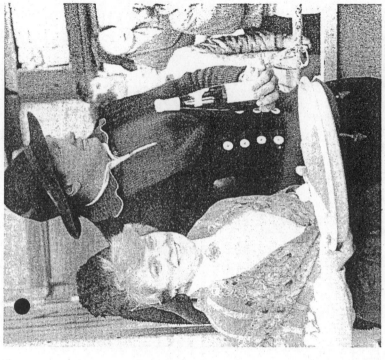

Toni Volk (rechts) und Gudrun Jugenheimer (links) verlasen den Richtspruch. Mit dem Kran wurden sie auf das Dach der „Fränkischen Leuchte" gehievt.

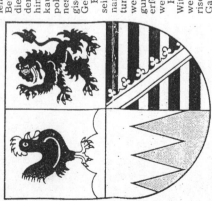

Da staunte Heldburgs Bürgermeister Hermann Friedel (links) „Bauklötze": Generalkonservator Professor Michael Petzet (zweiter von links) und der Leiter des Instituts für Denkmalpflege, Rudolf Ziesler, erwiesen sich als schlagkräftige Zimmermänner.

HELDBURG (cs). Der Französische Bau der „Fränkischen Leuchte" wieder eine Krone. Nach nur sechsmonatiger Bauzeit konnte am Donnerstag auf der Heldburger Richtfest gefeiert werden. Damit ist eine wichtige Etappe auf dem Weg zur vollständigen Restaurierung des bei einem verheerenden Brand am 8. April 1982 stark beschädigten Teils der Veste erreicht.

Daß vom Wiederaufbau der „Fränkischen Leuchte" Signalwirkung für in Aufwärts sowohl in materieller und politischer Hinsicht als auch in der Verständigung der Menschen untereinander ausgeht, unterstrichen zahlreiche Ehrengäste bei ihren Reden.

Der Ehrenvorsitzende des „Fördervereins zur Rettung der Veste Heldburg", MdEP Otto von Habsburg, der zusammen mit seiner Gattin, Ihre Kaiserliche Hoheit Regina von Habsburg angereist war, sprach von einem denkwürdigen Tag. Alle am Projekt Beteiligten haben seiner Meinung nach Unvorstellbares geleistet. Der Wiederaufbau zeige, daß es geht", so Otto von Habsburg.

Für den Vizepräsidenten des Thüringer Landtages, Peter Backhaus, ist die „Fränkische Leuchte" ein Synonym für Leistungsfähigkeit eines Volkes, das seit dem 3. Oktober wieder eins ist. Das Land Thüringen sei sich durchaus der Verantwortung bewußt, alte Denkmäler und historisch wertvolle Bausubstanzen zu erhalten.

Architekt Günter Garenfeld (Würzburg), dem die Gesamtleitung des Wiederaufbaus obliegt, würdigte vor allem die „gute Zusammenarbeit aller Beteiligten in allen Bereichen". Daß die „Fränkische Leuchte" jemals wieder weit übers Heldburger Unterland hinaus strahle, sei vor einem Jahr kaum denkbar gewesen. Doch mit der politischen Wende habe auch der Genesungsprozeß dieses für den thüringisch-fränkischen Raum wertvollen Gebäudes wieder begonnen.

Ein Realisieren des Wiederaufbaus sei jedoch nur durch eine Anschubfinanzierung der „Messerschmitt-Stiftung" möglich gewesen. Nachdem weitere „Sponsoren" Geld zur Verfügung gestellt haben, konnte mit den erforderlichen Vorarbeiten begonnen werden.

Höchste Priorität habe dabei dem Witterungsschutz gegolten, um einen weiteren Verfall der einmaligen historischen Bausubstanz zu verhindern. Garenfeld, der die Rekonstruktion des Französischen Baus als ein Symbol für die deutsche Wiedervereinigung wertete, dankte vor allem dem Bayerischen Landesamt für Denkmalpflege (München) und dem Institut für Denkmalpflege (Erfurt), ohne deren Unterstützung dieses Vorhaben nicht realisierbar gewesen sei.

Besonders würdigte der Architekt die Arbeit der Baukommission, in aus alle Entscheidungen getroffen werden. Diese Einrichtung bezeichnete er als ein verläßliches Instrument.

Worte des Lobes sowohl für Planer als auch Handwerker hatten Generalkonservator Professor Michael Petzet vom Bayerischen Amt für Denkmalpflege und Rudolf Ziesler, Leiter des Institutes für Denkmalpflege. Beide mußten während der Feierlichkeiten ihre „Schlagkraft" beim Einschlagen von goldenen Nägeln in ein Gebälkteil unter Beweis stellen.

Landrat Peter Menz überreichte an den Heldburger Bürgermeister Hermann Friedel eine Spende von 1000 Mark und sicherte die weitere finanzielle Unterstützung des Landkreises im Rahmen der Möglichkeiten zu.

Für Bürgermeister Hermann Friedel verkörpert die Veste Heldburg alten Bürgersinn, der ein tragendes Element der Gemeinschaft sei. Das weithin sichtbare Wahrzeichen sei auch ein Symbol dafür, daß die Stadt Heldburg aus der provinziellen Enge herausgetreten sei. Mit dem Wiederaufbau werde eine Brücke zwischen dem Vergangenen zum Bestehenden geschlagen.

Zu den weiteren Ehrengästen gehörten auch Prinz Friedrich-Ernst von Sachsen-Meiningen und der stellvertretende Landrat des Kreises Coburg, Hans Sollmann.

Die kirchliche Weihe nahm Pfarrer Franz Xaver Stubinitzky vor. Musikalisch umrahmt wurde die Richtfestfeier vom Kirchenchor Heldburg unter Leitung von Pfarrer Harald Färber (Ummerstadt). Den Richtspruch verlas Toni Volk.

Rekonstruktion dauert fünf Jahre

HELDBURG (cs). Die komplette Restaurierung des Französischen Baus dauert nach Einschätzung des zuständigen Architekten Günter Garenfeld noch mindestens fünf Jahre. Allerdings sei bislang noch unklar, in welchem Ausmaß das Innere des Gebäudes wieder auf Vordermann gebracht wird. Nächste Schritte sollen die Dacheindeckung mit Schiefer aus Thüringen und die Ausstattung mit Fenstern sein. Aufträge an eine Dachdecker- und Spenglerfirma sind bereits vergeben. Insgesamt ist bislang ein Betrag von rund einer Million Mark verbaut worden.

Im Blicke der Öffentlichkeit: die VESTE HELDBURG
Die Burg hat viele Bauherren...

Die Burg-Ereignisse scheinen sich regelrecht zu überschlagen: Am 3. April 1990 erste Sitzung der Baukommission, am 5. Juli 1990 Grundsteinlegung zum Wiederaufbau des 1982 abgebrannten Französischen Baues, am 6. Dezember 1990 schließlich Richtfest droben auf dem 403 Meter hohen Burgberg. Die Idee zur Wiedererrichtung nahm innerhalb eines Jahres konkrete Gestalt an. Zurückzuführen wohl zuallererst auf das engagierte Ziehen vieler Beteiligter in eine gemeinsame Richtung. Als markantes Kulturgut im thüringischen und im bayerischen Raum soll es als „Fränkische Leuchte" alsbald wieder glanzvoll ins Land strahlen. Und dann auch als Beispiel dafür stehen, wie Denkmalpfleger und Architekten aus alten und aus neuen Bundesländern gemeinsam ein Werk vorantreiben können, wie Einwohner aus ehemals Ost und ehemals West für eine Sache brennen können. Denn ohne wohl dieses Umfeld hätten wohl die Heldburger Stadtväter als Rechtsträger und Bauherr weiterhin auf verlorenem Posten gestanden. Vor allem durch ihre Mitgliedschaft im Förderverein bekunden viele Bürger ihr Interesse am Burg-Geschehen. Manch monatlicher Mitgliedsbeitrag mag dabei symbolisch stehen, was die Endsumme dieses Baues anbelangt. Aber eben auch auf solche Symbole gründet sich die Festigkeit des zu rekonstruierenden Gemäuers. Insgesamt, so ließen die derzeitigen Burgherren – die Architekten und Denkmalpfleger – durchblicken, schöpft man aus sieben unterschiedlichen Finanz-Töpfen, die durch die Anschubfinanzierung der Messerschmitt Stiftung in Bewegung gerieten. 1 Million DM wurde bislang in den Französischen Bau investiert. Allein dreitausend Kubikmeter Schuttmassen galt es dort in Erd- und Kellergeschoß zu beräumen, bevor der Dachstuhl mit insgesamt 70 Kubikmeter Abbund aufgerichtet werden konnte. Bis Weihnachten wird der nun provisorisch mit Pappe abgedeckt, im Frühjahr beginnen die Eindeckungsarbeiten – wie zu hören war mit Schiefer aus Thüringen, einst exportiert und nun wieder erfolgreich importiert...

Konkret geht es nunmehr auch an die, zunächst theoretische, Gestaltung der Innenräume. Die intensive und in vielen Fällen recht erfolgreiche Suche in erwähnten Schuttmassen, dazu eine Reihe historischer Fotos und Dokumente, wird den Spezialisten eine teilweise originalgetreue Restaurierung der Innenräume ermöglichen. An jenem Richtfest-Tag wagte der leitende Architekt, der Würzburger Günter Garenfeld, die optimistische Prognose von insgesamt fünf Jahren für den Wiederaufbau. H. Frank

„Goldene Nägel" in den Dachstuhl – eingehauen von Rudolf Zießler (rechts) vom Thüringischen Landesamt für Denkmalpflege und von Prof. Dr. Michael Petzert (2.v.r.) vom Bayerischen Landesamt für Denkmalpflege. Ihnen zur Seite: leitender Architekt Günter Garenfeld, Heldburgs Bürgermeister Hermann Friedel und Architekt Fritz Popp (v.l.n.r.).

Über dem Französischen Bau der Veste Heldburg thront seit Donnerstag ein mächtiger Richtkranz. Die komplette Eindeckung des Daches soll noch in diesem Jahr abgeschlossen werden. Foto: C. Scheppe

Veste Heldburg – mit aufgerichtetem Dachstuhl.

Aufn. (2): FW/S. Störmer

Freies Wort (Hildburghausen)
13. Dezember 1990

Fränkischer Tag (Bamberg), 20. Dezember 1990

Zwischen Staffelberg und Banz

Zweibändiges Werk über die Renovierungsgeschichte Vierzehnheiligens vorgestellt:

„Bedeutendste Dokumentation in Deutschland"

Allumfassende Informationsschrift für Restauratoren – 75 Farbtafeln und 800 Schwarzweißfotos

Vierzehnheiligen (ME). „Keine Kirchenrestaurierung in Deutschland ist in vergleichbar umfangreicher Weise dokumentiert worden, wie die Renovierung der Wallfahrtsbasilika Vierzehnheiligen." Mit diesen Worten stellte gestern nachmittag der Generalkonservator des Bayerischen Landesamtes für Denkmalpflege, Professor Dr. Michael Petzet, das eben erschienene zweibändige Werk vor, das die gesamte Renovierungsgeschichte an dem Balthasar-Neumann-Bau seit 1978 umfaßt. Bei einer kleinen Feierstunde im Diözesanhaus Vierzehnheiligen waren neben Vertretern des Bamberger Metropolitankapitels auch die verantwortlichen Beamten der Regierung von Oberfranken, des Bayerischen Landesamtes für Denkmalpflege sowie Konservatoren und Restauratoren, die bis Oktober dieses Jahres bei der Renovierung mitwirkt hatten, zugegen.

Der Bamberger Generalvikar Alois Albrecht lobte den Sachverstand, mit dem diese einmalige Dokumentation erstellt worden ist. Die Arbeit der Konservatoren und Restauratoren werde in diesem, von der Erzdiözese und dem Landesamt für Denkmalpflege herausgegebenen Werk, in hervorragender Weise gewürdigt.

Seinen Dank an die Diözesanleitung stellte der Generalkonservator des Landesamtes für Denkmalpflege, Professor Michael Petzet, an den Anfang seiner Ansprache. Ohne die Unterstützung aus Bamberg wäre eine solch umfangreiche Dokumentation wohl nicht in derart kurzer Zeit erstellbar gewesen. Die beiden prächtigen und reich bebilderten Bände, die in der Reihe der „Arbeitshefte des Bayerischen Landesamtes für Denkmalpflege" erschienen sind, haben eine Erstauflage von 3000 Exemplaren. Sie stellen nach Petzets Worten einen „restauratorischen und kunstgeschichtlichen Rechenschaftsbericht" dessen dar, was von 1978 bis zum Herbst 1990 geleistet wurde. Über keine andere Kirche sei ein ähnliches Werk herausgegeben worden – allein

Vorstellung des Werkes über die Renovierung der Wallfahrtskirche Vierzehnheiligen im Diözesanhaus. Rechts der Generalkonservator des Bayerischen Landesamtes für Denkmalpflege, Professor Dr. Michael Petzet.
Foto: Matthias Einwag

den Gesamtkunstwerks Vierzehnheiligen abhängig, sagte der Generalkonservator. Über den Baumeister Balthasar Neumann selbst sei viel Material überliefert, doch gehe es den Denkmalpflegern und Restauratoren vor allem auch darum, kunsthistorische Fachfragen fundiert zu beantworten; in der bisherigen Literatur sei zu den Kunstwerken in und um die Basilika leider nur sehr wenig zu finden. Petzet wörtlich: „Über Balthasar Neumann gibt es viele Bücher, doch die Kunsthistorie ist kaum aufgearbeitet." Im vorliegenden Werk über die Renovierungsgeschichte haben die Autoren deshalb akribisch aufgelistet, fachkundig dokumentiert und detailgetreu wiedergegeben, was erarbeitet wurde. „Kunstgeschichte wurde hier nicht nach dem Prinzip ‚l'art pour l'art' abgehandelt."

In die beiden Bände wurden aus dokumentatorischen Gründen vor allem die Unterlagen der Restauratoren miteinbezogen. Bis hin zur Farbanalyse reicht die Detailtreue. Professor Petzet sagte, daß gedruckte Farbaufnahmen wesentlich länger haltbarer seien als Farbfotos auf Papierabzügen – deren Farben änderten sich bei längerer Lagerung, was bei gedruckten Bildern nicht der Fall sei. Eine Nachvollziehbarkeit der ursprünglichen Farbnuancen sei also für längere Zeit gegeben.

Eine Fülle von Bilddokumenten in den beiden Bänden bestätigt diese Vorgehensweise: 75 Farbtafeln und 800 Schwarz-Weiß-Aufnahmen auf rund 650 Seiten sind eindrucksvolle Zeugnisse der Baugeschichte. In dem

die Renovierungsgeschichte der Sixtinischen Kapelle in Rom komme etwa auf den selben Umfang.

Die beiden Bände sind jedoch „nicht aus Koketterie oder zum Selbstzweck" erstellt worden. Petzet sagte, daß dieses allumfassende Werk späteren Restauratorengenerationen aufzeigen soll, was in den Jahren 1978 bis 1990 an der Basilika geschaffen wurde, wie man vorgegangen ist und in welcher Weise man arbeitete. Bei einer eventuellen Renovierung in fünfzig oder hundert Jahren, so der Generalkonservator, könne diese Dokumentation dann unschätzbare Dienste leisten. Die Restauratoren späterer Zeit könnten jetzt mühelos jeden kleinen Schritt der ausgeführten Arbeiten recherchieren und müßten nicht, wie die zeitgenössischen Kollegen, aufgrund fragmentarischer Aufzeichnungen nachgrübeln, wie ihre Vorgänger gearbeitet haben. Dieses Problem sei bei den nun abgeschlossenen Renovierungsarbeiten immer wieder aufgetreten, sagte Professor Petzet.

Diese „bedeutendste Dokumentation in Deutschland zu diesem Thema" sei freilich auch vom Rang des betreffen-

den Tagebuchband Doppelband sind für den Laien besonders die „Vorher-Nachher-Bildgegenüberstellungen" interessant. Auch die „Notizen zu Leben und Werk" Joseph Ignaz Appianis, des genialen Freskenmalers, fehlen in dem universalen Vierzehnheiligen-Werk nicht.

Daß man dem einmaligen Raumkunstwerk die Probleme, die bei der Restaurierung auftraten, heute nicht mehr ansieht, kann der Laie dem Generalkonservator getrost glauben. Zur Gewißheit wird dies jedoch nach der Lektüre der beiden gestern vorgestellten Bände. Nur ein Beispiel: An den Wänden der Basilika war die Retuschierung Zigtausender von Hacklöchern vonnöten; diese waren nach dem Kirchenbrand 1915 geschlagen worden, als der alte Putz entfernt wurde. Um neuen Putz auftragen zu können, mußte die Oberfläche der Kirchenwand aufgerauht werden.

Als letzter Redner kam bei der Feierstunde im Diözesanhaus noch einer der Autoren, Dr. Bruno Neundorfer, zu Wort. Er zeigte sich erfreut, daß es gelungen ist, die beiden Bände noch vor Weihnachten herauszugeben. Möglich gewesen sei dies aber nur, weil bei der Korrektur der Druckfah-

nen man auf moderne Kommunikationstechnik (Telefax) zurückgreifen konnte. Dr. Neundorfer kündigte an, daß die beiden Bände an alle Mitwirkenden und an die Pfarrer der Erzdiözese verschickt werden.

Wie aktuell das gestern vorgestellte Werk ist, zeigt die Tatsache, daß die Predigt beim Festgottesdienst am 22. Oktober dieses Jahres sowie die Ansprachen beim anschließenden Festakt anläßlich des Endes der Renovierungsarbeiten bereits mit abgedruckt worden sind.

Erzbischof Elmar Maria Kredel schreibt im Vorwort dieser Dokumentation: „Zu Recht wird diesem wohlgelungenen Werk jetzt ein hohes Prädikat für die vorzügliche Erneuerung zuerkannt. Die Basilika Vierzehnheiligen hat deshalb für die Zukunft beispielhaften Charakter für die Restaurierung kirchlicher Räume."

Ganz billig sind die beiden Bände über die Restaurierung Vierzehnheiligens jedoch nicht: 129 Mark muß derjenige Kunstfreund aufbringen, der das Werk beim Lipp-Verlag in München erstehen will. Dafür wird gleichwohl ein Text- und Bildband für höchste Ansprüche geboten.

Ins Kloster soll nun Leben kommen

Thierhaupten: Eröffnung des Bauarchivs im Februar geplant

THIERHAUPTEN (Iz). Das Bayerische Bauarchiv im Kloster Thierhaupten soll im Februar 1990 seiner offiziellen Bestimmung übergeben werden. Der ursprüngliche Termin im Dezember dieses Jahres konnte nicht eingehalten werden, da, so Bezirkstagspräsident Dr. Georg Simnacher, zuerst noch Details im Nutzungsvertrag geklärt werden mußten. Doch, so Simnacher, hätten die vergangenen Wochen auch erfreuliche neue Gesichtspunkte gebracht. So sei die Umsiedlung der Augsburger Außenstelle des Landesamtes für Denkmalpflege jetzt sicher. Des weiteren sei an die Einrichtung einer Weiterbildungsstätte für Fragen der Dorferneuerung gedacht. Gespräche mit dem zuständigen Referenten im Landwirtschaftsministerium, seien bereits geführt worden.

Die Verzögerung der offiziellen Eröffnung begründet Bezirkstagspräsident Simnacher mit Ungereimtheiten bei Detailfragen im vorliegenden Nutzungsvertrag. Wie berichtet, wird derzeit ein Nutzungsvertrag zwischen den Vertragspartnern Markt Thierhaupten (Eigentümer), dem Bezirk Schwaben (Betriebsträger) und dem Landesamt für Denkmalpflege (Nutzer) erstellt. Mit diesem Vertragswerk wird das 1985 von Landeskonservator Professor Michael Petzet erstellte Konzept für das „Bayerische Bauarchiv hi-

storischer Bauteile mit Ausbildungsfunktion" in seinen Einzelheiten fixiert.

Bis auf Fragen wie die Anzahl der Planstellen für Denkmalpfleger, so Simnacher, sei der Vertrag unterzeichnungsreif und soll Anfang nächsten Jahres abgeschlossen werden. Erst dann könne das Bauarchiv seiner offiziellen Bestimmung übergeben werden. Schon vor der offiziellen Eröffnung ist Leben in die alten Klostermauern eingekehrt. Die Augsburger Schreinerinnung, die Malerinnung, die Scaologen (Treppenforscher) und Architekten aus aller Welt trafen sich schon in dem teilweise restaurierten Gebäude zu Fortbildungsseminaren oder um das Modellprojekt zu besichtigen. Im nächsten Jahr stehen bereits mehrere Termine für Fortbildungsseminare fest.

Auch im westlichen Teil der Klosteranlage, der ausschließlich von Thierhauptens Vereinen genutzt werden soll, gehen die Renovierungsarbeiten zügig voran. Im gotischen Bau sind nach Auskunft von Bürgermeister Fritz Hölzl Balken- und Bodenrenovierung abgeschlossen und die Heizungsanlage installiert. Mitte des nächsten Jahres werde der „obdachlose" Musikverein vermutlich einziehen können, hofft Hölzl. „Es wird Zeit, daß endlich Leben ins Kloster kommt."

Augsburger Allgemeine, 27. Dezember 1990

Aus einer ungewöhnlichen Perspektive hielt unsere Fotografin die Thierhaupter Klosterkirche in Bild fest. AZ-Bild: Anur Wall

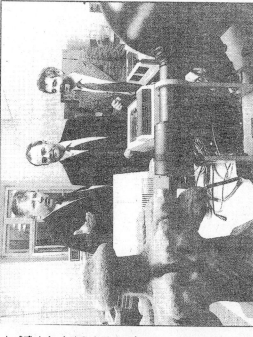

Neue Räume für das Zentrallabor: Generalkonservator Michael Petzet, Wolfgang Gröbl, Staatssekretär im Bundesumweltministerium, und Rolf Snethlage, der Leiter des Zentrallabors (v. l.).
Foto: Alfred A. Haase

Bayerische Denkmalpfleger zogen in die Alte Münze – zum Forschen

ig. München – Neue Räume für das Zentrallabor des Bayerischen Landesamtes für Denkmalpflege: 1979 gegründet, mußte das Forschungslabor wegen Platzmangels erst mal als Gast in den Räumen des Instituts für Geologie der Universität München untergebracht werden – nach über zehn Jahren zog das Forschungsteam jetzt in die umgebauten Räume in der Alten Münze um.

Auf 300 Quadratmeter Laborfläche werden hier die Umwelteinflüsse auf Denkmäler aus Stein, Glas und Bronze wissenschaftlich untersucht.

AZ (Abendzeitung), München
3. Januar 1991

Nach 30 Jahren Neuauflage des „Dehio"
Süddeutsche Zeitung, 19./20. Januar 1991

Ein Who's who der Kunstdenkmäler
Der Führer durch die Kulturlandschaft Bayern wächst aufs Dreifache und wird modern

Von Heinrich Breyer

Er war stets ein treuer Begleiter bei Stadtspaziergängen, Wanderungen, Radl- oder Autotouren, bei denen man Kunstwerke anschauen wollte, die am Weg lagen: der handliche „Dehio", aus dem man bei jedem Objekt knapp und präzis, ohne großen Leseumstand, die wesentlichen Fakten in Stichworten erfahren konnte – wann entstanden, wann verändert oder restauriert, welche Künstler, welche Architektur- und Bildprogramme. Bei größeren Orten auch ein Überblick über die lokale Geschichte.

Der Band für München und Oberbayern hat jedoch allmählich sehr an Überalterung gelitten. Schließlich ist die letzte Auflage 1960 erschienen – auf der Grundlage der von Ernst Gall erarbeiteten, 1952 veröffentlichten Nachkriegsbestandsaufnahme. Und in der waren, vor allem in München, viele mittlerweile wiederaufgebaute oder restaurierte Bauten nicht oder nur in Vergangenheitsform registriert, so der größte Teil des Residenz-Komplexes. Und der Zeit entsprechend, in der die Stile des 19. Jahrhunderts meist sehr gering geschätzt wurden, kam die Architektur dieser Zeit kaum vor, selbst die ludovizianische Ludwigstraße nur am Rande.

Daß der lang vermißte Band München und Oberbayern im Handbuch der deutschen Kunstdenkmäler von Georg Dehio nunmehr nach dreißig Jahren wieder vorliegt, in völlig neuer Form, auf den dreifachen Umfang angewachsen, wurde im noblen Rahmen der Nibelungensäle in der Residenz gefeiert. (Die Gäste konnten schon auf der Einladungskarte den informativen Dehio-Text über den Festplatz nachlesen.) Als erster gab Michael Meier, Geschäftsführer des Deutschen Kunstverlags und auch einer der 13 Autoren des Bands, Auskunft über das Cicerone-Unternehmen. Schon für 1961, so erinnerte er sich, habe ihm die Dehio-Kommission, bestehend aus prominenten Kunstwissenschaftlern, eine Neufassung des Oberbayernbands in Aussicht gestellt. „Doch wer lange lebt, erlebt auch das."

Inzwischen sei auch das kunsthistorische Wissen erheblich gewachsen, und man sei insgesamt auch „gegenwartsfroher" geworden, bemerkte der Verleger. Was sich beispielsweise darin ausdrückt, daß im Münchner Teil, der nicht weniger als 180 Seiten umfaßt, die Zeitgrenze immerhin bis zu den Olympiabauten von 1972, zum BMW-Hochhaus und zu Gustav Gsaengers Matthäus-Kirche am Sendlinger-Tor-Platz reicht. Überhaupt sind die Gewichte nun anders verteilt. Während vordem die Sakralbauten den Schwerpunkt bildeten und die „Baedeker"-Sehenswürdigkeiten wie Schloß Nymphenburg, erhält man nun auch Auskunft über bemerkenswerte Wohn-, Miets- und Warenhäuser, Bankpaläste, Post-, Schul- und Museumsbauten, über Villenkolonien und Arbeitersiedlungen. Und es werden zudem historische Straßenzüge in ihrem Zusammenhang dargestellt. Das 16seitige Einleitungskapitel von Heinrich Habel bietet zudem einen kurzen und doch gründlichen Grundkursus zur Stadt- und Baugeschichte – von den ersten Besiedlungsspuren aus der jüngeren Steinzeit bis zu den jüngsten Entwicklungen. Als Vorsitzender der Dehio-Kommission hob Michael Petzet, Chef des Landesamts für Denkmalpflege, bei der Präsentation des Bands die Leistung des 13köpfigen Teams hervor, das unter der Redaktionsleitung von Karlheinz Hemmeter in drei Jahren die Texte über Kunstdenkmäler in etwa 1500 Orten erarbeitet hat, unterstützt unter anderem von Heimatpflegern, dem Bauamt der Erzdiözese und der Schlösserverwaltung. Was da an Forschung zusammengetragen wurde, wird schon daraus ersichtlich, daß im Künstlerregister an die zweieinhalbtausend Namen genannt sind. Das Werk ist so zum umfangreichsten der insgesamt fünf Dehio-Bände über die bayerische Kulturlandschaft geworden. (Vier sind damit erschienen, der fünfte, der Komplex Oberpfalz, soll im Herbst in die Buchhandlungen kommen.)

Daß dieser Kunstführer mit 1400 Dünndruckseiten so gewichtig geworden ist, liegt nach Auskunft von Michael Petzet auch an der großen Dichte der historischen Zeugnisse in der Region Oberbayern, die Ernst Gall im Vorgängerband „die wohl wichtigste Kunstlandschaft für die Geschichte des deutschen Barock" genannt hat. Für Finanzhilfe bei der Herausgabe bedankte er sich beim Bundesforschungsministerium und beim (anwesenden) Bezirkstagspräsidenten Hermann Schuster. (Der Dehio-Band Bayern IV ist im Deutschen Kunstverlag erschienen. 1400 Seiten mit zahlreichen Plänen und Grundrissen, Kartenanhang, Künstlerverzeichnis und Fachwörterlexikon. Preis: 70 Mark.)

Münchner Merkur
11. März 1991

Museumskurier, Sonderveröffentlichung des Nordbayerischen Kuriers, 22. Februar 1991 ▷

Kunstführer zeigt Schätze

Auch auf viele unbekannte Kunstschätze macht das neue Kunsthandbuch „Dehio-Oberbayern" aufmerksam, das am Wochenende im Alten Schloß Valley (Landkreis Miesbach) präsentiert wurde. Professor Michael Petzet (Mitte), Generalkonservator des Bayerischen Landesamtes für Denkmalschutz, das mit der Neubearbeitung des Werks beauftragt worden war, Sixtus Lampl (links), der die Kunstwelt der Landkreise Miesbach und Rosenheim bearbeitet hatte, und der Miesbacher Landrat Norbert Kerkel stellten das Buch vor.

Foto: Plettenberg

„Wichtige Akzente"
Oberfranken und Oberpfalz mit vielfältigem Angebot

In der reichen bayerischen Museumslandschaft setzen die Museen Oberfrankens und der Oberpfalz mit ihrem überaus vielfältigen Angebot wichtige Akzente.

Hier finden sich nicht nur viele Stadt- und Heimatmuseen mit bedeutenden Beständen oder Zweigstellen der großen staatlichen Sammlungen: Gerade die vielen, oft kleinen und allzuleicht übersehenen Spezialsammlungen sind es, die das Bild der nordostbayerischen Museumslandschaft so farbig gestalten.

Breitgefächert ist ihre Themenpalette: Vom Korbmuseum in Michelau über die Spitzensammlung in Nordhalben bis zum Knopfmuseum in Bärnau, vom Dampflokomotivmuseum Neuenmarkt bis zum Schiffahrtsmuseum in Regensburg, von naturkundlichen Sammlungen bis hin zum Freimaurermuseum Bayreuth reicht das Spektrum, das für jedes Interessengebiet etwas zu bieten hat. Als Publikumsmagneten erweisen sich die Freilandmuseen, etwa in Neusath-Perschen oder Kleinlosnitz, die es verstehen, dem Besucher die Lebens- und Arbeitswelt früherer Generationen zu vermitteln.

In Baudenkmälern

Auch in Oberfranken und der Oberpfalz ist ein Großteil der Museen in Baudenkmälern unterge-

Die Abteilung Archäologie im Fränkische-Schweiz-Museum Tüchersfeld knüpft mit den ersten Nachweisen des Menschen in der Region an die letzte Eiszeit an und leitet über in die geschichtlichen Zeiträume.
Foto: Schnetter

Ein Schmankerl aus dem Bayreuther Schreibmaschinenmuseum: 1874 kommt die „Sholes-Glidden" auf den Markt. Die Maschinen wurden in den Gewehr- und Nähmaschinenwerken von Philo Remington in hoher Stückzahl hergestellt.
Fotos: Archiv/Lammel

bracht. So manches wichtige Baudenkmal konnte durch die Nutzung als Museum gerettet werden. Andererseits ist das Bayerische Landesamt für Denkmalpflege auch ein wichtiger „Zulieferer" der Museen, insbesondere mit seiner archäologischen Abteilung, bei deren Arbeit Jahr für Jahr eine Fülle von Funden anfällt, die nach der Konservierung und wissenschaftlichen Bearbeitung zu einem großen Teil von den Museen der jeweiligen Region übernommen werden. Auch die Restaurierungswerkstätten des Landesamtes waren, dank einer zum Teil über Jahrzehnte bewährten Zusammenarbeit mit den größeren und kleineren nichtstaatlichen Museen, häufig beratend tätig, wo es um die Konservierung und Restaurierung von Museumsgut ging. Viele Beispiele im nordostbayerischen Raum können außerdem zeigen, daß sich die Erfordernisse moderner Museumsgestaltung mit den Anliegen der Denkmalpflege gut in Einklang bringen lassen. Die Landesstelle für die Betreuung der nichtstaatlichen Museen im Bayerischen Landesamt für Denkmalpflege hat hier jedenfalls auch in Zukunft ein weites Arbeitsfeld. Sie berät ja alle Träger der nichtstaatlichen Museen, ob Bezirk, Landkreis, Gemeinde, Verein, Firma oder Privatperson, in allen musealen Bereichen und unterstützt sie bei ihren umfangreichen, die lokalen Kräfte manchmal übersteigenden Aufgaben.

Museumsporträts

Es würde mich freuen, wenn die folgenden Museumsporträts Sie neugierig auf die vielgestaltige Museumslandschaft Nordostbayerns machen würden: die Museen Oberfrankens und der Oberpfalz erwarten Sie.

Prof. Dr. Michael Petzet,
Generalkonservator, München

Eine „Einmaligkeit" im Kloster
Bayerisches Bauarchiv in Thierhaupten eröffnet

Süddeutsche Zeitung 9./10. März 1991

Von Conny Neumann

THIERHAUPTEN – Es war ein Tag der Wende in der 1200jährigen Geschichte des Klosters Thierhaupten (Landkreis Augsburg), als Bayerns Kultusminister am sonnigen Frühnachmittag mit dem Hubschrauber vor den historischen Gemäuern landete. Die festlich gekleideten weltlichen und geistlichen Honoratioren ließen sich tapfer vom aufgewirbelten Sand berieseln und dann schritt man durch den verwitterten Torbogen auf einen zaghaften Schülerchor zu. Es galt laut Schwabens Bezirkstagspräsidenten Georg Simnacher „eine Einmaligkeit im Bundesgebiet" zu besiegeln. Im Kloster Thierhaupten eröffneten Minister Hans Zehetmair und der Bezirkstagspräsident mit ihrer Unterschrift rückwirkend zum 1. März das erste und einzige Bayerische Bauarchiv, eine komplizierte vertragliche Konstruktion zwischen den politischen Ebenen, aber letztlich ein „Zentrum für Praktiker und Forscher", „eine neue Drehscheibe für den Denkmalschutz".

„Idealer Nährboden"

Die feierlichen Reden im frisch verputzten Obergeschoß des Konventgebäudes, das jetzt die Holzabteilung beherbergt, wurden zu einer Hommage an das Restaurationshandwerk und an die Kulturpflege in Bayern. Nicht nur Generalkonservator Michael Petzet sah sich im Kampf um Zuschüsse und bauliches Fingerspitzengefühl bestätigt, Ministerium, Bezirk und Gemeinde sind sichtlich zufrieden mit dem neuen „Meilenstein" im Freistaat, der, so glaubt Simnacher, auch Beachtung im Ausland finden wird. Über den holprigen Weg dorthin und das monatelange Gerangel um finanzielle Trägerschaften wollte man „in dieser Stunde nicht mehr sprechen".

So gibt es nun in Schwaben, dem „idealen Nährboden des Denkmalschutzes" (Zehetmair), direkt an der Grenze zum „nachbarschaftlich eng verbundenen Oberbayern" (Simnacher) eine einzigartige Sammlung historischer Bautechniken und Materialien. In eine Holz-, Mineral- und Metallabteilung wurden Konvents- und Ökonomiebau des Benediktinerklosters gegliedert, Fensterstöcke, Möbelstücke, Haustüren, Ziegel, Verglasungen und Werkzeuge reihen sich unter Sternengewölbe und naturbelassenen Dachstühlen. Hinzu kommt eine Fortbildungsstätte für Handwerker, Städteplaner und Dorferneuerer, schließlich bereitet die jetzt in Augsburg beheimatete bayerische Bodendenkmalpflege ihren Umzug in den Klosterhof vor. Die Gemeinde Thierhaupten, der das Urkloster seit 1983 gehört, richtet derzeit ein neues Gemeindezentrum mit Veranstaltungsräumen ein.

Kein Museum

Betrieben wird das Bauarchiv samt Schulungsstätte vom Landesamt für Denkmalpflege, die Gebäude mietet der Bezirk, trägt auch die Sachausstattung, während der Freistaat das Fachpersonal bezahlt. Der unter Blasmusikklängen unterzeichnete Vertrag gilt zunächst 25 Jahre, kann danach beliebig verlängert werden. Das Bauarchiv, das keinen musealen, sondern lebendigen Charakter haben soll, hat schon vor dem endgültigen Betrieb seinen Preis. 15 Millionen Mark wurden bisher in die Sanierung des Klosters investiert, etwa die Hälfte der nötigen Kosten schätzt Bürgermeister Hölzl. Für die Unterbringung der Seminarteilnehmer sucht man nun einen Privatunternehmer im Ort, dem behördliche Unterstützung versprochen wurde.

Augsburger Allgemeine 21. März 1991

Der Französische Bau der Veste Heldburg mit seinen bedeutenden Renaissancefassaden brannte 1982 aus (die beiden Bilder zeigen ihn vor und nach dem Unglück). Das große Sorgenkind der thüringischen Denkmalpflege ist nunmehr dank bayerischer Hilfe gerettet.

„Fränkische Leuchte" läßt hoffen
Veste Heldburg: Erfolgreicher Start bayerisch-thüringischer Denkmalpflege

Von unserem Redaktionsmitglied Angela Bachmair

Nur ein halbes Jahr dauerte es nach der Öffnung der deutsch-deutschen Grenze, bis eines der am meisten gefährdeten Denkmale Thüringens, die Veste Heldburg, vor dem endgültigen Verfall gerettet war. Der erste und erfolgreiche Modellfall bayerisch-thüringischer Zusammenarbeit leitete von bayerischer Seite ein umfängliches Programm zur Erhaltung historischer Bauten ein.

Für Prof. Michael Petzet, den bayerischen Landeskonservator, grenzt es an ein „Wunder, daß eine so verzweifelte Ruine in sechs Monaten unter Dach und Fach gebracht wurde". Das Wunder kam durch Gespräche auf der ersten bayerisch-thüringischen Denkmalpfleger-Tagung vor einem Jahr zustande, danach durch Besuche zwischen dem bayerischen Landesamt und der ehemaligen Arbeitsstelle Thüringen des Zentralamts für Denkmalpflege der DDR (inzwischen darf sich die Arbeitsstelle auch Landesamt nennen), durch tatkräftige Kooperation westlicher und östlicher Handwerker, Architekten, Kunsthistoriker.

Im Dezember 1990 konnte man bereits Richtfest feiern auf der Veste Heldburg, der weithin sichtbaren „Fränkischen Leuchte" auf einem Hügel gegenüber der Veste Coburg. Der „Französische Bau" der im Kern mittelalterlichen Burg, 1560 von Nicolaus Gromann an der Südseite angebaut und 1982 vollständig ausgebrannt, hatte wieder ein Dach. Und zwar nicht ein provisorisches, das die Thüringer Denkmalpfleger schon seit dem Brand gefordert hatten, aber nie bauen lassen durften. (Die Veste lag im Sperrgebiet und war vor der Öffnung der Grenze für Restauratoren und Handwerker unzugänglich.) Nun bekam der Französische Bau gleich ein endgültiges Dach, wie es ihm Ende des 19. Jahrhunderts aufgesetzt worden war. Das Mauerwerk wurde gesichert, und nach der endgültigen Innensanierung soll der Bau auch genutzt werden.

Schwieriger als die Bauarbeiten stellte sich den Denkmalpflegern zunächst die rechtliche und finanzielle Seite der Aufgabe dar. Die öffentlich-rechtlichen Institutionen der DDR befanden sich bereits in Auflösungsstimmung, an Geld war nicht zu denken. Dann aber stellte sich die Gemeinde Heldburg als Rechtsträger zur Verfügung, das Startkapital – eine halbe Million Mark – kam von der bayerischen Messerschmitt-Stiftung, und plötzlich tauchten danach auch noch weitere Gelder vom Bezirk Suhl und der Brandversicherung auf.

Schritt für Schritt

Inzwischen, seit das „Sorgenkind" Heldburg gesichert ist, werden weitere Schritte im bayerisch-thüringischen, auch bayerisch-sächsischen Schulterschluß getan, um den Verfall alten Gemäuers zu stoppen. Eine halbe Million Mark zahlt das Kultusministerium des Freistaats für die Rettung des Bayerischen Bahnhofs in Leipzig, eines der ältesten Kopfbahnhöfe in Europa. Ein Verein von Privatleuten in München steht juristisch als Träger des Projekts ein. 500 000 Mark gibt es vom Kultusministerium als Zuschüsse für Besitzer denkmalwürdiger Häuser in Sachsen, eine Million für Hausbesitzer in Thüringen. Die Summe, so der zuständige Referent im Kultusministerium, Werner Schiedermair, soll bewußt für Bauern-, Handwerker- oder Bürgerhäuser in kleineren und mittleren Ortschaften und nicht für die großen Glanz-Objekte eingesetzt werden. Schiedermair weiß nicht zuletzt aus Erfahrungen mit der Altstadt-Sanierung in Augsburg, daß solche kleinen Denkmalschutz-Aktivitäten in ihrer Summe Ortsbild und Lebensqualität in einer Stadt entscheidend verbessern. Tätige Beispiele sind etwa eine alte Apotheke in Heldburg und das „Dunkelgräfinnenhaus" der Malerfamilie Tischbein in Hildburghausen.

Dr. Klaus Kratzsch, eigentlich für Schwaben zuständiger Referent des bayerischen Landesamts, ist zur Zeit laufend in Thüringen unterwegs, um sanierungswillige Hausbesitzer zu beraten und Objekte ausfindig zu machen. Rat und wechselseitige Gespräche gibt es auch zwischen bayerischen und thüringischen/sächsischen Amtskollegen. Das verläuft nicht immer ohne Schwierigkeit, doch mehr als bei der Ämterfrage zeichnen sich Probleme beim Geld ab. Zwar sind laut Petzet in diesem und im nächsten Jahr 380 Millionen an Städtebauförderungsmitteln für die Denkmalpflege zu erwarten. Aber laut Städtebauförderungsgesetz muß zu jeder Mark vom Bund je eine Mark vom Land und von der Kommune kommen, und „woher sollten in den armen Gemeinden und Ländern der Ex-DDR diese Komplementärmittel kommen", fragt Petzet. Er empfiehlt den Politikern eine andere Regelung, nach der für eine Übergangszeit ausschließlich Städtebauförderungsmittel zur Sanierung historischer Bauten eingesetzt werden können, um die Gelder nicht verfallen zu lassen. Das besäße auch wirtschaftlichen Effekt.

Generalkonservator Dr. Michael Petzet (links) und Dr. Josef Hopfenzitz präsentierten in Maihingen Publikationen über die Orgel. Auch Dr. Wulf Dietrich Kavasch (rechtes Bild) stellte eine Neuerscheinung des Vereins Rieser Kulturtage vor. Die Schallplattenaufnahme soll der Start für eine Phono-Reihe sein.
Bilder: Jochen Aumann

Orgelklänge auch auf Platte

Aufnahme mit Maihinger Instrument Auftakt für „Rieser Phonothek"

Rieser Nachrichten (Nördlingen)
3. April 1991

(ah). Anläßlich der Feierlichkeiten zur Einweihung der restaurierten Barockorgel in der Maihinger Klosterkirche (wir berichteten) kamen insgesamt drei Dokumentationen heraus. Im Rahmen einer Pressekonferenz wurden am Tag der Weihe zwei Bücher sowie eine Langspielplatte und Compact Disc von ihren Herausgebern der Öffentlichkeit vorgestellt.

Neben Ausführungen über die neu erschienenen Schriften und die Tonaufnahme erläuterten mehrere der an der Restaurierung beteiligten Fachleute einige Details und Besonderheiten dieser bisher beispiellosen Orgelrenovierung. Welchen Stellenwert die dreijährige Restaurierung in Fachkreisen einnimmt wurde bereits durch die Anwesenheit des Generalkonservators Professors Dr. Michael Petzet vom Bayerischen Landesamt für Denkmalpflege deutlich.

Arbeitsheft

In der Schriftenreihe seines Amtes erschien als Arbeitsheft Nummer 52 ein sehr reichhaltig ausgestatteter und bebilderter Band unter dem Titel „Die Barockorgel der Maihinger Klosterkirche". Neben der Geschichte der Orgel nimmt darin die Dokumentation der eigentlichen Restaurierung den größten Platz ein. Prof. Michael Petzet hob bei der Präsentation hervor, daß in Maihingen „eine Barockorgel in einer einzigartigen Weise" erhalten gewesen sei. Eine letzte Reparatur sei um 1900 durchgeführt worden, in den letzten Jahrzehnten war die Orgel völlig außer Betrieb. Dem sei es zu verdanken, daß in Maihingen die Temperierung einer Orgel aus der Zeit um 1800 erhalten blieb.

Nahezu alle anderen Orgeln seien im Lauf der letzten beiden Jahrhunderte immer wieder erneuert und den Erfordernissen der Musikentwicklung angepaßt worden. So kam es, daß die im Jahre 1737 von Johann Martin Baumeister erstellte Barockorgel als erste Orgel nicht nur, wie bisher in der Denkmalpflege üblich, in ihrem Äußeren restauriert wurde, sondern daß neben dem Orgelprospect vor allem das originale Klangbild des Instruments wiederhergestellt wurde. Eine Methode, die – wie der Orgelreferent des Landesamts Dr. Sixtus Lampl betonte – in der Orgelfachwelt für Aufsehen sorgte.

Dabei wurde erstmals ein vom Lehrstuhl für Elektroakustik der Technischen Universität München entwickeltes Verfahren zur akustischen Dokumentation der Orgel eingesetzt. Es wurden noch vorhandene Orgelpfeifen aufgenommen, jeweils eine Klanganalyse erstellt und daraus Aussagen über die ursprüngliche Stimmung der gesamten Orgel gewonnen. Die zahlreichen Messungsergebnisse wurden in dem Buch ausführlich festgehalten, was vor allem Orgelfachleute interessieren dürfte.

Generalkonservator Petzet betonte, daß die Baumeister-Orgel nicht nur ein Kunst-, sondern auch ein technisches Denkmal sei. Jedes Detail der Mechanik wurde restauriert. Petzet dankte der Orgelbaufirma Steinmeyer und der Diözese Augsburg, insbesondere Bischof Josef Stimpfle und dem Direktor des Kirchenmusikamtes Professor Gert Völkl für ihr Engagement. Nach dessen Worten belaufen sich die Kosten der gesamten Restauration auf etwa 393 000 DM. Eine Summe, die sehr niedrig im Vergleich zu anderen Restaurationen sei, so der Orgelreferent Lampl.

Die restaurierte Maihinger Orgel biete nun die Möglichkeit Orgelliteratur des Barock in ihrem ursprünglichen Klang aufzuführen, für Orgelwerke späterer Epochen, die immer weiter von den Grundtonarten abweichen, ist das Instrument dagegen ungeeignet.

Vom „Freundeskreis Klosterkirche Maihingen e. V." und dessen Initiator Dr. Josef Hopfenzitz wurde der zweite Dokumentationsband erstellt und herausgegeben. Das etwas kleinformatigere, dafür aber umfangreichere Buch bietet neben den Ausführungen zur Maihinger Orgel einen auch für den Laien sehr interessanten Blick ins historische und örtliche Umfeld der Maihinger Orgel. Zu finden sind in dem ansprechend aufgemachten Buch so unter anderem ein Kapitel über historische Orgeln im Ries

Als „Dritter im Bunde" stellte der Vorsitzende des Vereins Rieser Kulturtage, Dr. Wulf-Dietrich Kavasch, die ebenfalls frisch herausgekommene Schallplatte „Portrait einer wiederentdeckten Orgel – Klemens Schnorr spielt die Baumeister Orgel der Klosterkirche Maihingen vor. Die ebenfalls als CD erhältliche LP stellt nach den Worten Kavaschs den Beginn einer „Rieser Phonothek Reihe" dar, der im nächsten Jahr Aufnahmen mit Werken der Wallersteiner Hofmusik und Rieser Volksmusik folgen werden.

Als eine vom Inhalt und der Ausstattung ganz besondere Platte bezeichnete er die von der Firma Coronato erstellte Aufnahme. Die zweisprachigen Texte auf der Plattenhülle mit Informationen zur Orgel, dem Musiker und den aufgezeichneten Werken hat Professor Klemens Schnorr verfaßt. Der Orgelsachverständige und Dozent an der Münchener Musikhochschule ist durch seine Lehr- und Konzerttätigkeit sehr bekannt.

AZ (Abendzeitung), München, 3. Mai 1991

Vornehm erblaßt und strahlend schön – ein Wunder namens Wies

Sechs Jahre lang wurde die berühmte Wallfahrtskirche renoviert, am Sonntag ist Einweihung

Von Elisabeth Müller

„Klingt ganz nach Alphajet". Georg Kirchmeir, 52, von Beruf Wallfahrtspfarrer, bekommt einen Anflug von heiligem Zorn. Er sieht auf die Uhr. 10.15 Uhr. Dann blickt er nach oben. Während das bedrohliche Dröhnen des Tiefliegers in der Luft verpufft, entfaltet sich über unseren Köpfen ein himmlisches Spektakel vollendeter Grazie und lichterfüllter Heiterkeit. Auf Wolken schweben Engel und seraphische Gestalten. Gemalter Mozart, der Künstler hieß Johann Baptist Zimmermann. Wir sind in der Wies, der wohl schönsten Wallfahrtskirche der Welt. Vor sieben Jahren war das Rokokojuwel vom Einsturz bedroht, weil Tieflieger und der Lärm der Druckwellen und der Lärm der Tieflieger den fragilen Putz und Stuck erschüttert und gelockert hatten. Die Wies wurde geschlossen und sechs Jahre lang renoviert. Am Sonntag, dem 5. Mai, erlebt sie ihre zweite Einweihung.

Längst ist die Tiefliegerei über der Wies verboten. Aber noch immer verirren sich naseweise Jetpiloten und rufen Pfarrer Kirchmeir auf den Plan, der einen Phantom- oder Alphajet allein am Lärm erkennt, jeden Verstoß registriert und

Nicht mehr kanariegelb, sondern vornehm erblaßt präsentiert sich die himmlische Wieskirche jetzt ihren Bewunderern.

rem ganzen Zauber und ohne Touristen (eine Million pro Jahr!). Wie eine kostbare Krone ist sie in eine Samtlandschaft grüner Wiesen gebettet, und wenn, wie jetzt, der Löwenzahn sprießt, erscheint sie dem Wiespfarrer wie ein vom Himmel gefallener Smaragd.

Tatsächlich: Der Anmut der in einem Oval und einem Rechteck angelegten Wieskirche, 1745 bis 1754 vom Wessobrunner Baumeister Dominikus Zimmermann gebaut, kann sich niemand entziehen. Heute noch weniger als früher, denn nach der Renovierung für 10,2 Millionen Mark, die vielfach auch kunstvolle Konservierung war, erscheint sie nicht „in neuem, sondern im alten Glanz", wie Bayerns oberster Denkmalschützer, Professor Michael Petzet, betont. Unter der Regie des Landesamts für Denkmalpflege arbeitete ein Team von bis zu 30 Spezialisten an einer Erneuerung nach dem Prinzip: Nur nichts verändern, nur so, wie es war.

Im Falle Wies erscheint deshalb nichts goldkrachend, prunktrunken und pathetisch, sondern alles wie ein überirdischer Festraum aus Licht und Weite, der zu 75 Prozent so dasteht wie vor 237 Jahren. Zum Glück war die einzige große Re-

▷

Mainpost Würzburg
30. April 1991

Kirchenmaler sind einer lange verpönten Stilepoche auf der Spur

Vom Müll in die Künstlerwerkstatt

Würzburg (Eig. Ber./fqu) – Kräftige, für den Laien fast „kitschige" Farben. So präsentiert sich die lange Zeit verpönte Stilepoche des 19. Jahrhunderts. Auf dem Müllplatz der Geschichte landeten deshalb noch vor rund drei Jahrzehnten einige Kirchenaltäre dieser Zeit.

Doch Zeiten und Kunstgeschmack haben sich geändert, gestern trafen sich die Kirchenmaler ganz Bayerns in Würzburg, um hier beispielhafte Restaurierungen der Kunst des 19. Jahrhunderts zu studieren.

„Ganz Europa schaut nach Bayern." So äußerte sich Ministerialdirigent Werner Schiedermaier vom Wissenschaftsministerium München zu den Leistungen der Kirchenmaler. Die müßten ihren guten Ruf jetzt auch verteidigen. Nach wie vor fehle ein klares Berufsbild für Restauratoren. Die spezialisierten Handwerksbetriebe hätten Unersetzliches für die Erhaltung bayerischer Kulturgüter geleistet. Sie müssen jetzt aber aufpassen, daß man ihnen nicht das Wasser abgräbt, sagte Schiedermaier.

Praxis und Theorie gehörten eng zusammen, eine gute Restauration könne weder auf wissenschaftliche Erkenntnisse, noch auf die praktische Handwerksarbeit verzichten. Beide Bereiche sollten ergänzend zusammenarbeiten, dafür müßte die theoretische Fortbildung weiter ausgebaut werden.

Ganz bewußt sei man für die Fachtagung mit dem Schwerpunkt 19. Jahrhundert nach Unterfranken gegangen, sagte Dr. Michael Petzel vom Landesamt für Denkmalpflege (München). Hier habe es zu dieser Zeit bedeutende Firmen gegeben. Vor allem interessante Neufassungen älterer Kunstwerke stehen auf dem Tagungsprogramm, das die Kirchenmaler, Restauratoren und Vergolder durch Mainfranken führt.

Den Auftakt bildete der Marienaltar in der St.-Burkhard-Kirche, 1591 erbaut, wurde er 1898 restauriert und überfaßt. Nach drei Jahren Arbeit erstrahlt der Altar heute wieder in der Fassung des 19. Jahrhunderts. Die Probleme bei den Restaurationsarbeiten erläuterte Dr. Ulrich Kahle (Bamberg).

Heute vormittag besichtigen die Kirchenmaler noch die ehemalige Synagoge in Veitshöchheim und das Schloß in Triefenstein.

Fotos: Achim Bunz

Aus ganz Bayern kamen gestern Kirchenmaler, Vergolder und Restauratore nach Unterfranken. Innenaustattungen und Altäre, die im 19. Jahrhundert neu überfaßt wurden, stehen im Mittelpunkt der zweitägigen Fachtagung. In der St.-Burkard-Kirche erläuterte Dr. Ulrich Kahle (links) den dortigen Marienaltar. Daneben, Professor Michael Petzet, Fachgruppenleiter Hermann Wiedl (stehend) und Ministerialdirigent Werner Schiedermaier. Foto Quack

Wie vor 237 Jahren: Ein überirdischer Festraum aus Licht und Weite, das ist das Innere der Wieskirche (Foto oben) mit seinen kostbaren Malereien und Skulpturen (Foto links). 30 Spezialisten renovierten und konservierten die Kunstwerke. Damit alles so wieder wird, wie der Künstler Johann Baptist Zimmermann die Kirche einst schuf.

sich beim Luftwaffenamt in Köln beschwert. „Dann haben wir eine Zeitlang Ruh."

Die Bau-Kosten: 10,2 Millionen Mark

Ruhe, Andacht, ein Friede voller Heiterkeit. Solche Gefühle stellen sich wie von selbst ein, wenn man sich der Wallfahrtskirche zum gegeißelten Heiland, kurz die Wies genannt, auf zwei Fahrstunden von München in Richtung Füssen, nähert. Wer früh aufsteht, erlebt die Wies im Morgenlicht in ihrer novierung 1905 sehr behutsam erfolgt, so daß Bestandsaufnahme und Analyse der Originalsubstanz, die zu einem der aufwendigsten Teile der Renovierung wurde, möglich war.

Auf 870 Meter Meereshöhe nähert man sich jetzt nicht mehr einer kanariengelben, blaßen Wies, in deren Innern Fresko und Stuck, Statue und Ornament schlanker und noch gelöster in ihrer Harmonie erscheinen. Kein Wunder, daß das Wunder namens Wies seit 1990 in der Unesco-Liste der Weltkulturgüter ist.

Wann es Messen und Führungen gibt

Sonntags gibt es drei katholische Messen in der Wies-Kirche. Um 8 Uhr, 9.30 Uhr und 11 Uhr.

Führungen in der Wies-Kirche sind gegen Voranmeldung beim Pfarramt möglich. Telefon: 08862/501.

Vom 30. Juni bis 4. August 1991 veranstaltet die Stadt Schongau den „festlichen Sommer in der Wies". Informationen beim Verkehrsverein. Telefon: 08861/7216.

Die Gasthöfe Schweiger und Moser sorgen fürs leibliche Wohl, die Preise sind zivil.

Sternberger Neueste Nachrichten
(Süddeutsche Zeitung)
3. Mai 1991

GROSSER BAHNHOF im Undosa-Saal: Bei der Präsentation der Neuauflage von „Museen in Bayern" scharten sich um den bayerischen Kultusminister Hans Zehetmair (dritter von links): Egon Johannes Greipl, Leiter der Landesstelle für die Nichtstaatlichen Museen (links), Michael Petzet, Generalkonservator beim Landesamt für Denkmalpflege (zweiter von links), Hans Frei, Museumsdirektor des Bezirks Schwaben (dritter von rechts), Hans Albert Treff, Museumsdirektor in Nymphenburg (zweiter von rechts) und Hermann Dannheimer, Leiter der Prähistorischen Sammlung. In dem Buch werden rund 800 Museen – darunter das Starnberger Heimatmuseum – vorgestellt. Die Kurzberichte wurden mit zahlreichen Farb- und Schwarzweißphotos illustriert. gra/Photo: Fuchs

Generalkonservator Dr. Michael Petzet auf Pressefahrt

Altes Rathaus, Stiftskirche und Cavazzen dem obersten Denkmalschützer präsentiert

Drei der bedeutendsten Baudenkmäler Lindaus standen am Mittwoch auf dem Programm einer Pressefahrt des Landesamts für Denkmalpflege: Das alte Rathaus, die Stiftskirche und der Cavazzen. Geleitet wurde die Delegation aus der Landeshauptstadt vom Chef des Landesamts, Generalkonservator Professor Dr. Michael Petzet. Der Besuch bildete zugleich den Auftakt zum VII. Internationalen Symposion von ICOM und ICOMOS, der beiden Zusammenschlüsse der Denkmalschützer auf nationaler und internationaler Ebene in Lindau. Als Gesprächspartner fungierten auf Lindauer Seite Kulturamtsleiterin Dr. Angela Heilmann, Stadtbildpfleger Eugen Baumann und der Leiter der städtischen Hochbauabteilung, Ernst Christ.

Bei der Begrüßung der Gäste aus München durch den CSU-Fraktionsvorsitzenden Heinz Hummler als Vertreter der Stadt, bezeichnete Generalkonservator Petzet Lindau als einen kulturell besonders wichtigen Ort. Dies gehe schon aus der Tatsache hervor, daß der erste Auftrag des Landesamts für Denkmalpflege nach dem Krieg in der Aufstellung eines Inventars der Kulturdenkmäler in Lindau bestand. Später habe sich das Denkmalamt insbesondere mit dem ausgeprägten Villengürtel am Seeufer befaßt, dem wegen seiner Einzigartigkeit eine sehr hohe Bedeutung zukomme. Viele der Lindauer Villen überträfen sogar die Prachtstücke am Starnberger See. Als ein Problem, das die Stadt und den Denkmalschutz beschäftigte wertete Michael Petzet die ehemalige Luitpoldkaserne auf der hinteren Insel. Seine Hoffnung: „Nach diesem schönen Wettbewerb müßte doch irgendwas zusammengehen!" Hummler und Baumann versicherten, daß sich die Stadt derzeit auf dem Weg zu einer Lösung befinde.

Der für Lindau zuständige Gebietsreferent des Landesamts, Dr. Markus Weis, verwies auf die Lindauer Problematik, die in dem dichten Bestand an Baudenkmälern bestehe, deren 400 alleine auf der Insel zu finden seien. Anerkennend sei festzustellen, daß sich die Stadt mit viel Engagement ihres wertvollen Denkmalbestandes annehme. Das mache unter anderem die Präsenz eines städtischen Stadtbildpflegers deutlich. Er stehe der Denkmalpflege als ständiger Ansprechpartner zur Verfügung. Erschwert würden die Aufgaben der Stadt noch dadurch, daß viele hochrangige erhaltenswerte Objekte in städtischem Besitz seien. Mit Bedauern kritisierte Weis, daß manche Besitzer wertvolle Gebäude als Spekulationsobjekte absichtlich verkommen lassen, wie es das Beispiel der kostbaren Villa Leuchtenberg zeige.

Informiert wurde der oberste bayerische Denkmalpfleger über die kostspielige und viel Fingerspitzengefühl erforderlich machende Sicherung des um 1890 im zweiten Obergeschoß des Rathauses eingebauten Rungesaales, der wegen erheblicher statischer Schwierigkeiten seit vier Jahren gesperrt sei. Das technische Vorgehen, das letztlich der statischen Sicherung des gesamten Rathauses aus dem frühen 15. Jahrhundert diene, erläuterte der städtische Hochbauer Ernst Christ.

Auf dem Weg zum nächsten Objekt machten die Gäste aus München noch im ehemaligen Hotel „Krone" (später Auktionshaus Zeller) Station, für das eine umfassende Renovierung anstehe. Selbst mit bloßem Auge waren die statischen Schwierigkeiten zu erkennen, mit denen sich das St. Ulrichswerk als Bauträger auseinandersetzen muß.

Eingehend wurden die seit rund dreieinhalb Jahren laufenden Arbeiten in der Stiftskirche begutachtet, die als Folge des Deckenabsturzes im September 1987 erforderlich wurden. Drei Lösungen hätten sich laut Dr. Petzet zur Wiederherstellung der Decke aus dem Jahre 1922 angeboten, die seinerzeit nach einem Kirchenbrand errichtet worden war: Das Schaffen einer an die romanische Periode der Stiftskirche erinnernden Decke, eine Rekonstruktion der 1922 vernichteten barocken Appiani-Malereien aus der Mitte des 18. Jahrhunderts und die Wiederherstellung des Zustandes vor dem Deckenabsturz mit dem Deckengemälde des Münchner Professors Waldemar Kolmsperger. Nach reichlicher Überlegung habe man sich für die dritte Möglichkeit entschieden. Kolmsperger gelte als bester Barockmaler im ersten Drittel des 20. Jahrhunderts und habe in Lindau wie in vielen anderen Orten hervorragende Arbieten geschaffen. Mitentscheidend sei gewesen, daß viele Teile der Originalsubstanz nach dem Deckenabsturz vorhanden waren, die dann wie ein Mosaik wieder zusammengefügt wurden. Für diese schwierige Arbeit sei mit dem Restaurator Sepp Lorch ein Mann zur Verfügung gestanden, der wie einst Kolmsperger in der Lage sei, mit barockem Duktus zu malen.

Sepp Lorch erläuterte seine Arbeit. nach dem mühevollen Aufbringen der Bruchstücke seien die schwierigsten Dinge überstanden. Weitere Brocken könnten jetzt als Farbmuster bei der Rekonstruktion des mächtigen Deckengemäldes dienen.

Stadtpfarrer Heribert Steiner berichtete von dem zeitlichen Druck, unter dem seine katholische Inselgemeinde stehe. Wie auch der Leiter des für die Renovierung zuständigen Landbauamts in Kempten, Baudirektor Helmuth Hau, nannte Steiner den 1. Oktober als endgültigen Termin für den Abschluß der Arbeit Lorchs. Zu Weihnachten müsse unbedingt der erste Gottesdienst gefeiert werden. Am 24. Mai 1992 werde die Kirche in neuem Glanz und in Anwesenheit des Bischofs mit einem feierlichen Gottesdienst offiziell wieder geweiht.

Abschließend führte Kulturamtsleiterin Dr. Angela Heilmann Dr. Petzet noch in den idyllischen Innenhof des Cavazzen, wo am heutigen Freitag der Melusine-Brunnen mit einer kostbaren Plastik von Hans Schwegerle seiner Bestimmung übergeben wird. Und dann erfreute sich der Generalkonservator sichtlich an einigen Kostproben, die ihm bei der Besichtigung der einmaligen Sammlung mechanischer Musikinstrumente von Friedrich Kalina im städtischen Museum geboten wurden. -rer

Lindauer Zeitung
31. Mai 1991

Lindauer Zeitung
1. Juni 1991

Fachleute im Gespräch über Lindaus Denkmäler. Von links Helmut Haum vom Landbauamt Kempten, Generalkonservator Dr. Michael Petzet, Stadtbildpfleger Eugen Baumann und Restaurator Sepp Lorch.
LZ-Bild: Schweer

Nach dem Deckensturz — Süddeutsche Zeitung, 5. Juni 1991

Puzzlespiel der Heiligen und Engel
In der Lindauer Stiftskirche werden die Bruchstücke der Fresken wieder zusammengesetzt

Von Bernhard Landwehr

Lindau – Das Unglück ereignet sich in der Nacht zum Sonntag, und nicht einmal der Mesner, dessen Wohnung direkt an die Lindauer Stiftskirche grenzt, hört etwas von dem Ereignis, das doch die ganze Umgebung aus dem Schlaf reißen müßte. Erst am Morgen – es ist der 28. September 1987 – bemerkt der Mesner beim Aufsperren der Kirche, was passiert ist: Die Kirchendecke ist eingestürzt, die Orgel schwer beschädigt, und Bänke und Altar sind mit Gipsbrocken und Mörtelstaub bedeckt. Die Deckengemälde der im 18. Jahrhundert erbauten Barockkirche liegen zerstört auf dem Kirchboden.

Drei Jahre und acht Monate nach dem Einsturz lud das Landesamt für Denkmalpflege jetzt zum Ortstermin. Im Inneren des Gotteshauses umrahmt ein Gerüst das Kirchenschiff, die Wände dahinter sind weiß grundiert, die Stuckarbeiten scheinen abgeschlossen. Fünf Stockwerke hat das Gerüst und reicht hinauf bis zu einer Behelfsdecke aus grauen Brettern. So jedenfalls sieht es von unten aus.

Generalkonservator Michael Petzet, der Chef des Landesamts für Denkmalpflege, weist noch einmal darauf hin, daß das Gerüst nur „auf eigene Gefahr" bestiegen werden kann. Dann zwängen sich die Besucher durch die engen Gerüstaufgänge nach oben. Es wartet eine Überraschung. Was von unten wie eine Behelfsdecke erscheint, ist in Wirklichkeit die sechste Etage des Gerüsts – eine riesige Bretterebene, etwa zwei Meter bis zwei Meter fünfzig von der Decke entfernt. 14 Meter trennen sie vom Fußboden der Kirche.

Für Josef Lorch, den 62 Jahre alten Kunstmaler und Restaurator aus Füssen, ist das künstliche Hochplateau seit vielen Monaten der tägliche Arbeitsplatz. Bevor Lorch und seine Mitarbeiter anfangen konnten, mußte jedoch ein grundsätzlicher Entschluß getroffen werden. Sollte die Decke wieder mit den Barockfresken des Joseph Ignaz Appiani geschmückt werden, der 1749/50 den Chor und das Langhaus verziert hatte? Oder sollten als Vorbild die Deckenbilder von Waldemar Kolmsperger dienen? Denn bereits einmal vorher war die Decke der Kirche zerstört worden. Nach einem Brand 1922 verzichtete Kolmsperger auf eine Restaurierung der Appiani-Fresken und bemalte die Decke mit eigenen Motiven.

Ausschlaggebend für die Entscheidung der Denkmalpfleger war der Wunsch, möglichst viele der Freskenteile zu erhalten und wiederzuverwenden. Das bedeutete eine Orientierung am neueren Zustand und an den Bildern Kolmspergers. Ermöglicht wurde die aufwendige Restaurierung durch die großzügige finanzielle Unterstützung durch den Freistaat. Er trägt 80 Prozent der 6,2 Millionen Mark Renovierungskosten, 20 Prozent steuern Kirche und Diözese bei.

Die Arbeit begann mit ihrem zeitaufwendigsten Abschnitt: dem Sammeln und Ordnen der auf dem Boden verstreuten Deckenteile. Etwa 50 Prozent der Darstellungen sind noch erhalten. Das größte Hindernis sei deren unterschiedliche Dicke der Bruchstücke gewesen, meint die Kirchenmalerin Juliane Danczak, die seit zehn Jahren in Lorchs Betrieb beschäftigt ist. Man dünnte deshalb die Deckenstücke einheitlich auf drei Zentimeter aus, so daß man sie wie ein Puzzle auf einer Glasplatte hin- und herschieben konnte. Danach wurden die Teile auf ein Gitter „aufgeputzt" und mit Eisendrähten am Dachboden aufgehängt.

„Das Ärgste und Schlimmste haben wir hinter uns", stellt Lorch fest. Die Decke ist befestigt und verputzt, und die eingegipsten Freskenteile Kolmspergers leuchten bunt inmitten der weißen Deckenfarbe, auf der mit rotbraunen Strichen die Umrisse der übrigen Figuren schon angedeutet sind. Sie müssen nach Abbildungen ergänzt werden. An Weihnachten will Pfarrer Heribert Steiner in seiner Stiftskirche wieder Gottesdienst feiern. Daß das vielleicht nur ein frommer Wunsch ist, weiß der Pfarrer durchaus. Doch er mag nicht mehr länger warten: „Die Schmerzgrenze ist erreicht." Immerhin ist der gegenwärtige Zeitplan schon der dritte, und auch die beiden vorhergehenden konnten nicht eingehalten werden.

Bei Denkmalschutz-Tagung in Lindau erstmals auch Fachleute aus neuen Bundesländern

Professor Michael Petzet: Luitpoldkaserne kann die Ansprüche von Museum und Denkmal vereinen

Kostbare Prachtgefäße oder schlichte bürgerliche Hausutensilien sind ebenso als Zeugnisse menschlicher Kultur zu betrachten wie berühmte Denkmale der Bau- und Kunstgeschichte. Diese von Menschenhand gestalteten Zeugen der Geschichte gilt es in unserer heutigen Zeit verstärkt in die Mitverantwortung der gesamten Erdbevölkerung zu stellen und um Erhalt und Rettung eines unersetzlichen historischen Erbes bemüht zu sein. Beim 7. Internationalen ICOM-Symposium in Lindau am Bodensee wurde die Thematik unter dem Tagungstitel „Museum und Denkmalpflege" während der dreitägigen Veranstaltung mit insgesamt 35 Fachreferaten aufgearbeitet. 110 Symposium-Teilnehmer aus Deutschland, Österreich und der Schweiz bekundeten trotz unterschiedlicher Aufgabenstellungen ihre Bereitschaft zur engen Zusammenarbeit. Die internationale Tagung geht am heutigen Samstag zu Ende.

Daß sich in dem Tagungsthema „Museum und Denkmalpflege" durchaus eine gewisse Kontroverse verbirgt, zeigte die Liste der avisierten Vortragsthemen. So referierte beispielsweise Dr. Ernst Bacher vom Bundesdenkmalamt in Wien über die „Musealisierung der Monumente", Dr. Vincent Mayr vom Bayerischen Landesdenkmalamt stellte „das unfreiwillige Museum" mit dem Beispiel des Schlosses Schillingfürst vor oder Dr. Max Kunze vom Pergamonmuseum in Berlin schilderte die Probleme mit dem „Gesamtkunstwerk Museum". Angesichts unterschiedlicher Aufgabenstellungen bei ortsgebundenen oder beweglichen Denkmälern ergeben sich jedoch ständige Berührungspunkte in den Bereichen Museum und Denkmalpflege, die eine Zusammenarbeit zum Schutze der Kulturdokumente unerläßlich machen.

Während der zeitlich knapp gehaltenen Eröffnung des Internationalen ICOM-Symposiums am Donnerstag sprach der Präsident des Deutschen Nationalkomitees von ICOMOS (International Council on Monuments and Sites), Professor Dr. Michael Petzet, seine Überlegungen zu diesem Thema aus: Sollen die Kulturgüter an Ort und Stelle bewahrt, sie wieder aus dem Museum entfernt oder soll gar das „Schreckgespenst", das Museum als Denkmal, verwirklicht werden? Konfliktsituationen können nach den Ausführungen des Münchner Experten auch entstehen, wenn der Sammlungsauftrag der Museen mit den Grundsätzen der Denkmalpflege nicht harmoniert und sich beispielsweise die Frage erhebt, ob Denkmäler samt ihrer historischen Ausstattung an Ort und Stelle belassen werden sollen.

Auf Lindau bezogen führte der Präsident anerkennend die Rekonstruktion der Decke in der Stiftskirche an und verwies auf die Luitpold-Kaserne, einem Bauwerk, das durchaus geeignet sei, die Ansprüche von Museum und Denkmal zu vereinen.

Über Lindau, „Inselstadt mit Atmosphäre und Flair", freute sich auch Professor Dr. Hermann Auer. Der aus München angereiste Präsident des Deutschen Nationalkomitees von ICOM belegte in seiner Eröffnungsansprache mit Zahlen die langjährige Verbundenheit der internationalen Museums- und Denkmalexperten: Seit 21 Jahren findet im dreijährigen Turnus das Symposium in Lindau statt. Im Laufe der nunmehr sieben Tagungen seien Themen wie „Moderne Technologie in den Museen", „Museen und die Dritte Welt" oder „Museen im technischen und sozialen Wandel" behandelt worden. Mit dem diesjährigen Thema des ICOM-Symposiums in Lindau „Museum und Denkmalpflege" werde ein neuer Akkord angeschlagen, in dem die Sorge um das uns anvertraute Kultur- und Naturerbe anklinge. Erstmals, so wurde mehrfach aufmerksam gemacht, nimmt die internationale Schwesternorganisation ICOMOS an dieser internationalen Tagung in Lindau teil.

Das enge Zusammengehen zwischen den Organisationen ICOM und ICOMOS betonte auch Dr. Angela Heilmann. Die Lindauer Kulturamtsleiterin stellte fest, daß die Zusammenarbeit in den Gremien, trotz manchen Zündstoffes, enger geworden sei. In der Begrüßung der Symposiumsteilnehmer, auch im Auftrag von Oberbürgermeister Jürgen Müller, meinte Frau Heilmann, daß gerade Lindau reiches Anschauungsmaterial zu den Themen Museum und Denkmalpflege biete. Im dichten Gefüge einer denkmalwürdigen Bausubstanz gäbe es allein 400 Baudenkmäler auf der Insel. Angeführt in diesem Zusammenhang wurde auch die Villenlandschaft auf dem Festland entlang des Bodenseeufers im Lindauer Bereich. Mit viel Beifall wurde auch die Anmerkung quittiert, nach der diese internationale Tagung zum Thema Museum und Denkmalpflege erstmals gesamtdeutsch durchgeführt wurde und die Fachkollegen aus den neuen Bundesländern Gelegenheit erhielten, Einblicke in die Museums- und Denkmallandschaft zu geben.

ls.

Des Kaisers Terrakotta-Armee

In China ausgegraben: Zeugnisse eines monumentalen Totenkults / Von Lerke von Saalfeld

GEPANZERTER KAVALLERIST MIT SEINEM PFERD. Qin-Dynastie. Ausgegraben 1977 in Schacht 2 der Terrakotta-Armee

Stuttgarter Zeitung, 8. Juni 1991

„Es stirbt ein jeder, aber der Tod des einen ist gewichtiger als der Tai-Berg, der Tod des anderen hat weniger Gewicht als Schwanenflaum." So notierte der Historiograph Sima Qin (etwa 145 bis 86 vor Christus), als er über ein Ereignis berichtete, das hundert Jahre zuvor sich zugetragen hatte: der Bau eines gigantischen Mausoleums für den ersten Kaiser des geeinten China, Qin Shihuang Di, in der Provinz Shaanxi, etwa fünf Kilometer östlich der Bezirkshauptstadt Lintong. Darüber erzählt Sima Qin: „Die Arbeiter gruben durch drei unterirdische Wasseradern, die sie abschnitten, indem sie Bronze hineingossen, um die Grabkammer zu errichten. Diese füllten sie mit Modellen von Palästen, Türmen und hundert Ämtern, ferner mit kostbaren Gefäßen und Steinen sowie wunderbaren Raritäten. Handwerker erhielten den Auftrag, auf Eindringlinge abfeuernde Armbrüste mit mechanischen Selbstauslösern zu installieren. Die verschiedenen Ströme des Landes, der Yangzi und der Gelbe Fluß, und selbst der große ker mußten ihr Weltbild korrigieren. Der erste Kaiser von China war nicht nur ein Militärdespot, er hatte ein säkulares Kunstwerk erbauen lassen – nicht für die Augen der Lebenden, sondern selbstbewußt als Hüter seiner Macht im Jenseits.

Im Jahre 246 v. Chr. bestieg er als Dreizehnjähriger den Thron; schon damals soll er den Bau seines Mausoleums in Auftrag gegeben haben. Acht Jahre später, mündig geworden, verjagte er seinen aufsässigen Kanzler und den nicht länger geduldeten Liebhaber seiner Mutter in die Verbannung. Der junge Herrscher begann auf diplomatischem wie auf militärischem Feld das Reich zu einigen, Schritt für Schritt die einzelnen selbständigen Staaten seiner Oberhoheit zu unterwerfen. Er richtete einen zentralisierten Beamtenstaat ein, vereinheitlichte die Administration, führte Reformen bei Maßen, Gewichten und Währungen durch, ließ Straßen durch das geeinte Reich ziehen; er reformierte die Schrift und erließ eine Fülle von neuen Gesetzen. Im Norden des Reiches verband er herausragenden Platz in der Gesellschaft gehabt, daß die Kaiser es als ungewöhnliche Grabbeigaben gewählt habe, die sein Leben und das Leben seiner Soldaten im altypisch repräsentieren sollten; die Terrakotta-Armee und ihre Macht des Herrschers, die Krieger als Bewahrer der Herrschaft, die der Kaiser zu Lebzeiten besaß.

Ist die inhaltliche Interpretation der Terrakotta-Armee umstritten, so liegen noch größere Rätsel auf der Frage, wie sie hergestellt wurden. Figuren von solch monumentaler Größe zu brennen, dazu bedarf es riesiger Brennöfen. Bisher hat man keine Anhaltspunkte gefunden, wo diese Öfen stehen könnten, noch hat man die Modellierwerkstätten ausfindig machen können. Auch über die Schöpfer der Plastiken wissen die chinesischen Kunsthistoriker bisher wenig.

Die Bildhauer der Palastwerkstätten haben daran gearbei-

das Austrocknen des Tones die Farbe abfallen kann. Es kommt also darauf an, mit geeignetem Klebemittel die Farbe auf dem Tonmaterial zu halten. Auch für die Zukunft ist dieses Problem brisant, gerade durch die touristischen Besucher und die klimatischen Bedingungen in der Region ist eine absolute Sicherheit bestimmt nicht zu geben. Eine Fixierung der vorhandenen Fassungen auf den Tonfiguren erfordert erheblichen Aufwand. Die farbige Fassung zu rekonstruieren, ist bei entsprechendem Arbeitsaufwand möglich, eine vollständig gefaßte Figur ist meines Wissens bisher nicht gefunden worden. Man findet immer nur Fragmente, die unter Umständen dann auch wieder durch andere Stellen an anderen Figuren gesichert oder verifiziert werden müssen."

Die Grabkammer: ein Palast, von Quecksilber umflossen

Ein weiteres Problem ist die innere Stabilität der Figuren: Da die Plastiken oft nur in faustgroßen Teilen aus der Erde geborgen werden, bedarf es besonderer Techniken, zum Beispiel innerer Stützgerüste vielleicht aus Kunststoff oder Metall, über denen die Scherben aufgebaut werden. Über die bisherigen Forschungsergebnisse zwischen chinesischen und deutschen Restauratoren berichtet Erwin Emmerling: „Die Figuren sind zum Teil sehr dünnwandig, zum Teil voll modelliert. Man muß sich vorstellen, daß für die Herstellung verschiedene Formen existiert haben, in die der Lehm eingedrückt wurde. Diese einzelnen Schalen – Rücken- oder Brustpartie, Schienbein und Wade – wurden zusammengesetzt und die Nahtstellen mit Lehm verschmiert. Hände, Füße und Köpfe wurden separat angefertigt; bei den Köpfen wurden auch die Ohren separat angefügt. Wenn die Figuren zerbrechen, ist es relativ einfach, einen gebrochenen Kopf zu verkleben, weil man große Bruchflächen hat. Schwieriger sind Brustteile oder Rückenteile zu verkleben, einmal, weil die Wandstärken relativ gering sind, zum andern, weil das Material nicht sehr stabil ist, und zum dritten, weil sich durch die Beschädigungen, durch die jahrhundertelange Lagerung im Boden, die einzelnen Bruchstücke zum Teil verzogen haben, so daß die Paßflächen nicht mehr zusammenpassen. In vielen Fällen wird man deshalb gezwungen sein, im Inneren Armierungen anzubringen und die Fugen zu verkitten, da die Ausbrüche an den Fugen und an den Bruchkanten so extrem sind und so störend auffallen, daß die Plastik nicht mehr zur Wirkung kommen."

Restauratoren des Bayerischen Landesamtes für Denkmalpflege arbeiten in China vor Ort mit an der Bewältigung der Restaurierungsprobleme. Chinesische Fachleute sollen in Zukunft verstärkt in München an der Auswertung chemischer Analysen für die Farben und der Erprobung mechanischer Sicherungsmaßnahmen für die Erdstege beteiligt sein. Als weitere Un-

wurden sie aus dem Erdreich befreit. – Und noch etwas verleiht einen falschen Eindruck: die Figuren in realistischer Manier mit kräftigen Farben voll bemalt, vergleichbar den mittelalterlichen Fassungen europäischer Skulpturen. Über einer Grundierung waren verschiedene Farben aufgetragen, vor allem Weiß, Rot, Grün, Blau und Violett. Den Realitätscharakter steigerten echte Waffen aus Holz und Metall, die den Kriegern beigegeben wurden.

Der äußere Schein von Unversehrtheit trügt also. Die restauratorischen Probleme zur Rettung und zum Erhalt der Grabanlage sind fast ebenso gewaltig wie die Geheimnisse um ihre Entstehung. Zweitausend Jahre ruhten die Plastiken, eingerahmt von Tonwällen, relativ geschützt in der Erde; ihre Freilegung hat zu einem gefährlichen Austrocknungsprozeß der gesamten Anlage geführt. Vorsorglich wurde das Grabungsfeld 2 wieder mit Erde bedeckt, um keinen zu großen Schaden entstehen zu lassen, bis man geeignete Methoden der Konservierung und Restaurierung erprobt und entwickelt haben wird.

Mit diesen Experimenten stehen die chinesischen Restauratoren und Archäologen nicht allein. Schon seit 1988 steht das Bayerische Landesamt für Denkmalpflege – zusammen mit dem Römisch-Germanischen Zentralmuseum in Mainz – im Auftrag des Bundesministeriums für Forschung und Technologie in engem wissenschaftlichem Kontakt mit chinesischen Konservatoren. Zunächst wurde diese Zusammenarbeit wegen der politischen Entwicklung der Volksrepublik China in den letzten Jahren vor der Öffentlichkeit sehr zurückhaltend behandelt. Man sprach nicht gern darüber. Dennoch ist Professor Michael Petzet, Generalkonservator in Bayern, der Meinung: „Die Zusammenarbeit ist sehr langsam angelaufen. Ich empfinde diese Zusammenarbeit, wie sie zur Zeit läuft, als eine Kooperation zwischen Kollegen, der politische Hintergrund hat eigentlich keine Rolle gespielt. Diese internationale Zusammenarbeit unter Kollegen, die in der Denkmalpflege tätig sind, die sollte man unter allen Bedingungen, auch recht erhalten, denn es geht uns um die Erhaltung der Denkmäler, und das hat zunächst keine politischen Konsequenzen. Es geht darum, diese Werke unter allen Umständen zu retten, und da sind wir immer einer Meinung gewesen."

In diesem Frühjahr fand ein ausführliches Arbeitstreffen über wissenschaftlich-technische Zusammenarbeit im Bereich der Denkmalpflege zwischen der Provinz Shaanxi/VR China und dem Bayerischen Landesamt für Denkmalpflege statt. Versammelt hatten sich chinesische und deutsche Restauratoren, Geologen und Chemiker, um konkret zu klären, wie diese archäologische Kostbarkeit zu erhalten und zu sichern sei. Im Gespräch zwischen chinesischen und deutschen Fachleuten wur-

Ozean wurden mit Quecksilber nachgeahmt, das eine mechanische Vorrichtung fließend in Bewegung hielt. Oben waren die Konstellationen des Firmaments dargestellt und unten das geographische Relief der Erde. Leuchter wurden mit Walfischöl gespeist, um zu gewährleisten, daß sie ohne zu verlöschen für immer brannten... schließlich pflanzte man Bäume und säte Gras auf dem Grabhügel, damit er wie ein Berg aussähe."

Siebenhundertausend Zwangsarbeiter sollen aus dem ganzen Reich zusammengezogen worden sein, um dem Kaiser die letzte Ruhestatt zu bauen. Was mit ihnen nach Vollendung des Werks geschehen ist, darüber schweigt die Geschichtsschreibung. Anzunehmen ist, daß sie ausgebeutet wurden, denn sie nahmen ein großes Geheimnis mit in den Tod, das vor skrupellosen Grabräubern geschützt werden mußte. Der erste Kaiser von China (259 bis 210 vor Christus) hatte sich nicht nur einen prächtigen unterirdischen Palast als Mausoleum errichten lassen, er hatte sich auch mit einer riesigen Armee von lebensgroßen Terrakotta-Kriegern umgeben. Erst 1974 wurde das Wunderwerk entdeckt, als Bauern einer Produktionsbrigade nach Wasser bohrten und auf die Figuren stießen.

Inzwischen sind achttausend Krieger aus Ton, sechshundert Pferde und hundert Streitwagen entdeckt worden. Die bisherigen Grabungen haben ein Terrain von zweieinhalb Quadratkilometern ausgemacht, das von der Kriegerarmee bevölkert ist. Zentrum scheint der „Schacht 1" zu sein, in dem die Hauptstreitmacht versammelt ist. In elf Gängen von zweihundert Metern Länge und drei Metern Breite, unterbrochen durch Erdwälle, ballen sich die Krieger in langen Reihen, immer vier Mann Schulter an Schulter. Umgeben ist das Hauptheer von einer Vorhut und Nachhut, an den Seiten sichern Bogenschützen die Kriegerformationen gegen feindliche Angriffe. Im „Schacht 2" wurden Bogeninfanteristen und Kavalleristen in verschachtelter Formation freigelegt. Der kleine dritte Schacht – U-förmig angelegt – hat wohl die Kommandozentrale der Armee beherbergt, einen Ort höchster Gewalt, der besonders reich mit Wächterfiguren bestückt ist.

Die Entdeckung und Freilegung dieser einzigartigen Grabanlage galt bisher als das spektakulärste archäologische Ereignis dieses Jahrhunderts. Im Dezember 1987 wurde das Kaisergrab in die Liste des Kulturerbes der Welt der Unesco aufgenommen. 1981 und 1990 waren die ersten Zeugen dieses gigantischen Kriegerheeres in europäischen Ausstellungen zu besichtigen.

Die Kultur der Qin-Dynastie galt bisher als rückständig und unterentwickelt; als Staat einer hochentwickelten Militärkunst und als Musterbeispiel für Staatsdirigismus und Verwaltungskonzentration hatte man bisher keine Zeugnisse besonderer künstlerischer Entfaltung gefunden. Plastiken von solch monumentaler Größe und Vielzahl waren in China bis zu dieser Entdeckung nicht bekannt. Die Kunsthistoriker, aber man hat Steinmetze aus dem ganzen Land herangezogen. Inschriften auf den bisher ausgegrabenen Figuren bezeugen elf verschiedene Handwerksmeister aus den Hofwerkstätten und dreiundzwanzig Meister aus lokalen Werkstätten. Chinesische Archäologen schätzen, daß über tausend Handwerker an diesem Monumentalkunstwerk, das nicht nur für China, sondern für die gesamte damalige Welt sensationelle Ausmaße hatte, mitgearbeitet haben. Desto unheimlicher wirkt die Tatsache, daß in keiner chinesischen Quelle von diesem Großunternehmen berichtet wurde. Die Geheimhaltung war perfekt. Wie die Arbeitsbedingungen gewesen sein müssen, welche Opfer das kaiserliche Grab gefordert hat, das läßt sich nur düster erahnen.

»Das ganze Universum ist unseres Kaisers Reich«

Der Wortlaut einer dieser Inschriften: „Im achtundzwanzigsten Jahr seiner Regierung (219 v. Chr.) hat der Kaiser ein neues Zeitalter inauguriert; Maße und Gewichte sind richtiggestellt und zahllose Dinge in Ordnung gebracht. Menschliche Beziehungen sind klargestellt, und es herrscht Eintracht zwischen Vätern und Söhnen. Mit seinem Scharfsinn, Wohlwollen und seiner Gerechtigkeit hat er alle Gesetze und Privilegien klar dargelegt... Das ganze Universum ist unseres Kaisers Herrschaftsgebiet; im Westen reicht es bis zu den Häusern; im Süden bis dahin, wo die Häuser gen Norden sich öffnen, im Osten bis an den östlichen Ozean, im Norden über Daixa hinaus. Überall, wo menschliches Leben zu finden ist, wird seine Oberhoheit anerkannt. Seine Errungenschaften übertreffen die alter früheren Herrscher, seine Zuneigung geht bis zu den Tieren auf den Feldern; alten Lebewesen kommt seine Tugend zugute, und alle leben daheim in Frieden."

Ganz so friedvoll war dieses Reich nicht. Der Kaiser überstand drei Attentatsversuche, nach seinem Tode im Jahre 210 v. Chr. kam es zu blutigen Rebellionen, denn das Volk war ausgeplündert und ausgepumpt. Der Herrscher selbst war durchdrungen von Größenwahn und Verfolgungsangst. Er wollte unsterblich sein und suchte nach einer Droge, die ihm ewiges Leben gewähren könne. Vielleicht ist seine monumentale Grabanlage der Versuch, die irdische Macht zu erhalten und im Jenseits abzusichern.

Chinesische Historiker, welchen hintergründigen Sinn der erste Kaiser von China mit seiner Grabanlage verfolgt haben könnte. Zwei Thesen stehen sich gegenüber. Eine Minderheitenposition geht davon aus, die Grabanlage sei eine Gedenkstätte für verdienstvolle Soldaten, die beigetragen haben zur Einigung des chinesischen Reiches. Die Mehrheit sieht in der Grabanlage die Projektion der Palaststadt unter die Erde, die Tonarmee sei ihre Schutztruppe; das Militär habe einen so

INFANTERIEZUG in Schacht 1 der Terrakotta-Armee. Tonkrieger in Lebensgröße

den zwei Hauptprobleme erörtert:

1. Die Verhinderung des Zerfalls der gestampften Erdwälle, zwischen denen die Krieger Schulter an Schulter stehen. Bei einer Brandschatzung nicht lange nach Fertigstellung der Anlage wurden durch das Feuer die stützenden Holzbalken vernichtet. Als neues Problem ist heute hinzugetreten, daß durch die Freilegung bereits zentimeterbreite Schrumpfrisse aufweisen. Vor allem ihre Frisuren und die Art der Kopfhaube geben Aufschluß über ihren Rang. Trotz der starken Stilisierung der Figuren wirken sie dennoch aufregend lebendig und gegenwärtig. Die Hauptarmee im Schacht 1 – heute mit einer großen Halle überdacht – begegnet dem Betrachter wie eine unheimliche Streitmacht, die sich langsam aus dem Erdreich zu erheben scheint; ihre streng geordnete Starrheit löst sich auf in geballte Bewegung, die immer noch nicht zur Ruhe gekommen zu sein scheint. Der wirkliche Eindruck der Krieger und ihrer vierspännigen Streitwagen vermittelt sich erst durch die Masse. Die Präsentation von Einzelfiguren, wie es hier auf Ausstellungen geschah, spiegelt nur einen müden Abglanz dessen wider, was diese Grabanlage des göttlichen Kaisers an künstlerischer Wucht darstellt.

Irreführend ist auch, daß die im Westen gezeigten Figuren so kunstvoll aus dem originären Tonmaterial restauriert worden sind. Die Leime und Farben in großen Bereichen zerstört. Allerdings gibt es viele Figuren, bei denen große Reste der Farben vorhanden sind. Tatsächlich ist kaum eine einzige Plastik intakt gewesen, geborsten darin – wenn die Figuren ausgegraben werden –, daß dann durch sind die Aufgaben gigantisch – deshalb ja auch die Wiederzuschüttung des Grabungsfeldes 2.

Ein großes Geheimnis ruht bis heute in der Erde, die eigentliche Grabkammer des Kaisers. Weithin sichtbar ist der bewaldete, pyramidenförmige Grabtumulus, der sich über der Grabkammer erhebt. Noch heute hat der Berg eine Höhe zwischen dreiundvierzig und sechsundsiebzig Metern. Eine Quelle aus dem ersten Jahrhundert berichtet von einer Gesamthöhe von hundertfünfzehn Metern. Qin Shihuang Di begnügte sich nicht mit einer einfachen Ruhestatt, sein Anspruch als erster Gottkaiser sollte auch im Jenseits gültig bleiben.

Probegrabungen haben ergeben, daß die „Grabkammer" genau so wie der Historiograph Sima Qian ausgemalt hatte, ein Palast sein muß, die von der Ausmaße von 460 Metern Länge und 392 Metern Breite umfaßt. Ob hier wirklich ein phantastisches Reich, mit Quecksilberflüssen, Modellen von Palästen und die Nachbildung des Firmaments, von dem Sima Qin so blumig geschrieben hat, verborgen liegt? Die menschliche Neugier vorerst verborgen.

Die chinesischen Restauratoren sind klug und bedacht genug, erst die bisherigen Aufgaben zu lösen, bevor sie sich dieser neuen Herausforderung stellen. Eines ist sicher: Probebohrungen, die das Institut für Geophysik der Chinesischen Akademie der Wissenschaften 1981 durchführte, ergaben, daß im Grabbereich eine ungewöhnlich hohe Konzentration von Quecksilber gemessen wurde.

terstützung von deutscher Seite zur Wahrung des Kulturwerbes in der Provinz Shaanxi hat das Mainzer Römisch-Germanische Museum soeben ein Zentrallabor bei den Ausgrabungsstätten eingerichtet.

Das Stichwort für diese Kooperation unter der Federführung des Bundesforschungsministeriums in Bonn lautet: „wissenschaftlich-technische Zusammenarbeit". Finanzielle Sorgen, so die Auskunft von Generalkonservator Michael Petzet, brauchen sich die Restauratoren derzeit nicht zu machen, obwohl vielleicht auf die Dauer eine multinationale Zusammenarbeit nötig sein wird. Größer sind bisher die restauratorischen Probleme zum Erhalt der kaiserlichen Kriegerarmee. Schon jetzt

Redaktion: Ruprecht Skasa-Weiß

Eindrücke von einer Reise durch mittelfränkische Städte

Denkmalspflege soll nicht nur Fassade sein
Die Nutzung alter Häuser darf nicht auf Kosten der historischen Bedeutung gehen

Von Tanja Tegeder

Ansbach – Denkmalspflege und die Nutzung alter Häuser kann Hand in Hand gehen. Das zeigte das Landesamt für Denkmalpflege auf einer Pressefahrt durch Mittelfranken. Es wurden dabei verschiedene Beispiele aus Wolframs-Eschenbach, Ansbach, Dinkelsbühl und der internationalen „Vorzeigestadt" Rothenburg ob der Tauber vorgeführt.

Erst im 19. Jahrhundert wurde bewiesen, daß das fränkische Wolframs-Eschenbach die Geburtsstadt des mittelalterlichen Dichters Wolfram von Eschenbach war. Im 13. Jahrhundert eine Stadt des Deutschen Ordens, geriet sie bis in unsere Zeit in Vergessenheit. Es gab keinen „Fremdenverkehr, der die Denkmäler oft umbringt", erklärte Landeskonservator Michael Petzet. In behutsamer Weise wurden in Wolframs-Eschenbach in den letzten Jahren bedeutende Denkmäler instandgesetzt. Bemerkenswert war die Entdeckung eines in Bayern seltenen Sgraffitto-Giebels aus dem 17. Jahrhundert: Auf dem Ostgiebel der ehemaligen Fürstenherberge wurden zwei übereinander liegende Sgraffitti von 1609 und aus dem 19. Jahrhundert gefunden. Im Rahmen der Restaurierung wurde der aus dem letzten Jahrhundert stammende Sgraffitto-Putz abgenommen und geborgen. Die ältere Dekoration wurde gesichert und anschließend zum Schutz gegen Witterung und Umwelteinflüsse überputzt; auf dem Neuputz rekonstruierte die Denkmalspflege die Fassung von 1609.

Schonende Restaurierung

Ansbachs Stadtbaumeister Hans-Hermann Bock war der Meinung, Ansbach habe in Sachen Denkmalschutz dazugelernt. Die 1681 erbaute, 1890 in eine Unterkunftsstätte für reisende Handwerker umgewandelte „Herberge zur Heimat" ist beispielhaft für eine schonende Restaurierung. Der dreigeschossige Gebäudekomplex des 17. Jahrhunderts an der Stadtmauer wurde aus der Zusammenlegung zweier Bürgerhäuser aus dem 15. Jahrhundert geschaffen. Hierbei entstanden das rustikale Sandsteinportal, das barocke Treppenhaus und die Laubengalerie im zweiten Stock. Die behutsame Nutzung des Gebäudes ermöglichte die Erhaltung der historischen Substanz. So ist in einem Teil das Stadtsanierungsbüro mit einem Schaubereich der alten Innenarchitektur eingerichtet worden. Der andere Teil des Hauses beherbergt, entsprechend seiner ursprünglichen Widmung, Obdachlose.

Für „kompromißlose Stadtsanierungspolitik" steht die ehemalige Reichsstadt Dinkelsbühl: Stadtbaumeister Benno Zelfel erarbeitete einen langfristigen Flächennutzungs- und Landschaftsplan „damit die Politiker nicht immer hin- und herschwanken können". Das Hauptaugenmerk der denkmalschützerischen Tätigkeiten lag in den letzten Jahren auf der Erhaltung des Ensembles der Stadtbefestigungsanlage und deren Begrünung. Der größte Lohn für die Bemühungen um die Erhaltung des „atmosphärischen Wertes im Graben" ist, daß die Bürger die Anlage annehmen und sich mit ihr identifizieren. Die Wohn- und Lebensqualität der Einwohner hat Vorrang in Dinkelsbühl. Deswegen wird der Massentourismus zugunsten des individuellen Fremdenverkehrs zurückgedrängt.

Eine Stadt, die sich kaum noch gegen den Massentourismus wehren kann, ist Rothenburg ob der Tauber. Die Förderung des Fremdenverkehrs hätte in Rothenburg allerdings zu einem Mißverständnis des Denkmalschutzes geführt, beklagte Ursula Mandel, die oberste Denkmalspflegerin von Mittelfranken. So würden leider immer mehr Restaurierungen nur die Fassade der Gebäude erhalten und das Innere für eine bessere Nutzung völlig verändern. „Die Hauserhaltung als Ganzes stößt öfter auf Unverständnis." Ein berüchtigtes Exempel für die Nutzung um jeden Preis, und damit die Zerstörung der historischen Bedeutung, ist die geplante Renovierung der Klosterscheune. Der private Besitzer möchte Garagenplätze und eine Wohnung in der Scheune einrichten, das Denkmalamt würde eine Instandsetzung wünschen, des Gebäude als Lagerraum, zum Beispiel für das Reichsstadt-Museum, nutzt, damit die innere Struktur nicht zerstört werden muß.

Rettung für Judenviertel

Doch es geht auch anders: In der Judengasse von Rothenburg werden verschiedene Häuser aus dem 14. und 15. Jahrhundert einer gründlichen Untersuchung unterzogen, um festzustellen, wie diese einzigartige Siedlung zu retten ist. Das Landesdenkmalamt bemüht sich, die Bauuntersuchungen ohne Belastung der privaten Eigentümer durchzuführen. Die Denkmalspfleger wünschen sich, die Altstadt von Rothenburg nicht nur dem Tourismus, sondern auch für die Bürger zu erhalten. Das soll durch attraktive Wohnungen, die auch der Bedeutung des Baudenkmals als Kapital Rothenburgs Rechnung tragen, geschehen.

Süddeutsche Zeitung
6./7. Juli 1991

Nürnberger Nachrichten, 13. Juli 1991

„Sondengängerei" wird zur „wahren Pest"
Die Schatzsucher sind unerwünscht

Mitunter werden wertvolle archäologische Bodendenkmäler zerstört – Mehr Personal?

ROTHENBURG (epd) – Private Schatzsucher werden für die Denkmalpflege allmählich zur Landplage. In ganz Europa wachse sich die „Sondengängerei" langsam zur „wahren Pest" aus, erklärte Generalkonservator Michael Petzet, Chef des Landesamts für Denkmalpflege (München), bei der Sitzung des Landesdenkmalrates in Rothenburg.

„Nur um einige Münzen verscherbeln zu können", so Petzet, „werden wertvolle archäologische Bodendenkmäler zerstört." Viele Fundstücke landeten ohne wissenschaftliche Auswertung in Wohnzimmervitrinen.

Von gesetzlichem Vorgehen gegen die Schatzsucher erwarten die Denkmalpfleger jedoch nicht allzuviel. „Man kann nicht auf jedes Feld einen Polizisten stellen", meinte der CSU-Landtagsabgeordnete Erich Schosser (München), der Vorsitzende des Landesdenkmalrates. Er forderte statt dessen eine personelle Aufstockung des Landesamts für Denkmalpflege, damit die Wissenschaftler beim Wettlauf um die Geländedenkmäler mit den Schatzsuchern mithalten können. Um zusätzliche Finanzquellen zu erschließen, regte er die Gründung einer Denkmalstiftung an, die aus den Gewinnen der staatlichen Lotterie gespeist werden solle.

Ein weiteres Sorgenkind der bayerischen Denkmalpflege sind derzeit die Bronzefiguren des 16. Jahrhunderts. Ihr Zustand wird, so Petzet, „immer beängstigender". Betroffen davon ist neben anderen der Nürnberger Tugendbrunnen. Ein Bronzeputto von der Münchner Mariensäule tritt jetzt, stellvertretend für alle gefährdeten Figuren, zur Generaluntersuchung im Landesamt an. In dessen Labors wird intensiv geforscht, wie der Metallfraß gestoppt werden kann.

Wichtiger Partner

Den Kirchen, die zu den wichtigsten Partnern der Denkmalpflege zählen, stellte Petzet ein gutes Zeugnis aus. Von unvermeidlichen örtlichen Meinungsverschiedenheiten abgesehen, gebe es eine „ganz ausgezeichnete Zusammenarbeit", erklärte er. „Wenn ich mich in der Welt umschaue, muß ich mich glücklich schätzen, daß in Bayern die Kirchen noch als Kirchen genutzt werden", sagte Petzet. Funktionslos gewordene Gotteshäuser wie in den Niederlanden oder – ansatzweise – in Berlin würden es der Denkmalpflege sehr schwer machen.

In Bayern, dem denkmalreichsten Land der Bundesrepublik, gibt es allein 111 000 Baudenkmäler. Dazu kommen 782 geschützte Ensembles, zu denen in den nächsten Jahren weitere 130 in die Denkmallisten eingetragen werden sollen. Die Zahl der archäologischen Geländedenkmäler liegt bei 10 000.

Bronzefiguren des 16. Jahrhunderts wie hier am Nürnberger Tugendbrunnen bereiten Sorge.
Foto: Archiv

Münchner Merkur, 8. August 1991

Ein Ruheort für alle Schätze aus der Vergangenheit

Landesamt schützt 100 000 Denkmäler

Während buntes Touristentreiben das Leben in der Münchner Innenstadt bestimmt, die Arbeitenden unter der Hitze stöhnen und viele noch schnell ein Schnäppchen beim Sommerschlußverkauf erwischen wollen, gibt es im Herzen der Stadt auch einen Ort, wo die Zeit stehengeblieben scheint. Im Hofgraben 4 herrscht niemals Hektik oder Streß. Die Menschen, die hier arbeiten, leben in der Vergangenheit – zum Teil im Jahr 500 000 vor Christi. In den Räumen der ehemaligen Münze werden Zeugnisse menschlichen Lebens aus vor- und frühgeschichtlicher Zeit festgehalten und mehr als 100 000 bayerische Denkmäler geschützt. Seit 1986 hat hier das „Bayerische Landesamt für Denkmalpflege" seinen Sitz.

„Gegründet wurde diese Institution 1908", erklärt Professor Michael Petzet, seit 1974 Generalkonservator des Landesamtes. „Zu der Zeit, als die Denkmalpflege vom Bayerischen Nationalmuseum in München losgelöst und neu organisiert wurde."

Rund 150 Mitarbeiter sind seitdem mit der Inventarisation, der Bau- und Kunstdenkmalpflege, der archäologischen Denkmalpflege, im Zentrallabor oder den Restaurierungswerkstätten beschäftigt. „In vielen Bereichen sind wir derzeit in Deutschland führend", freut sich der Münchner.

So zum Beispiel auch in den Werkstätten: Mit großem Fingerspitzengefühl und viel Geduld werkeln die Restauratoren „oft jahrelang" an den beschädigten Objekten. „Seit letzter Woche haben wir die stark in Mitleidenschaft gezogenen Heldenputten von der Mariensäule in unserer Obhut", sagt der Generalkonservator. Aber auch beschädigte Holzskulpturen, Gemälde, Steine, Textilien oder Metalle werden unter den Händen der Restauratoren wieder wie neu. Das ist oft eine schwierige Aufgabe, denn „die alte Substanz muß erhalten bleiben". „Wir konservieren ausschließlich", so Professor Michael Petzet.

Doch sind die Werkstätten nur eine Abteilung des Landesamtes: Im Zentrallabor erkunden Naturwissenschaftler und Laboranten die chemischen Prozesse, warum eigentlich Schäden entstehen, und bilden Mittel, um einen weiteren Zerfall zu verhindern. Bevor das Denkmal das Landesamt wieder verläßt, wird es erfaßt (Inventarisation). Architekten und Kunsthistoriker geben in der Abteilung „Bau- und Kunstdenkmalpflege" fachliche Beratung und erstatten Gutachten in allen Angelegenheiten des Denkmalschutzes und der Pflege. Und schließlich gibt es noch die archäologische Abteilung, wo sich Wissenschaftler mit der Erfassung und Erforschung der Geschichtsquellen unter der Erde befassen.

Vera Dietrich

Seit letzter Woche ist eine der Putten von der Mariensäule in der Obhut des Bayerischen Landesamtes für Denkmalpflege.

Mit großem Fingerspitzengefühl und Geduld werkelt Diplom-Restauratorin Sibylle Schmitt an einem wunderschönen Altar aus Ansbach aus dem 16. Jahrhundert. Fotos: Bernd Grabellus

Restauratoren des Landesamtes für Denkmalpflege leisten akribische Feinarbeit

Damit der Dom wieder mit seinen Heiligen glänzt

Für die Wiederherstellung der stark beschädigten Holzplastiken sind Tausende von Arbeitsstunden nötig

Von Heinrich Breyer

Patienten von solchem Format hat noch keiner der Restauratoren, die am Bayerischen Landesamt für Denkmalpflege tätig sind, unter seinen Händen gehabt. Seit April vorigen Jahres stehen (und liegen) vier spätgotische Monumentalfiguren aus der Frauenkirche nahezu raumfüllend zur Behandlung in der Holzwerkstätte des Amts in der Alten Münze: Christophorus, die heilige Anna Selbdritt, St. Georg und St. Rasso – allesamt Spitzenwerke Münchner Plastik. „Für unsereinen ist das ein einmaliger Glücksfall. Das sind Werke, die gehören zu den größten und auch qualitätsvollsten, die es in Bayern gibt; und jedes Stück stellt andere, allerschwierigste Aufgaben." So schwärmerisch spricht der leitende Restaurator Erwin Emmerling über die Einquartierung der Gäste aus dem Dom, wiewohl oder gerade weil zwei von ihnen in höchst bedenklichem Zustand sind.

„Wir wollten für die Restaurierung allerhöchste Qualität", sagt Hans Ramisch, der Kunstreferent der Erzdiözese, zu dem aufwendigen Konservierungsprogramm, zu dessen Kosten neben der Kirche auch der Staat wesentlich beiträgt. Angesichts einer sehr komplizierten Therapie – im wesentlichen wurde bisher nur die Diagnose vorgenommen – bedeutet es einen Idealfall, daß es bei den Arbeiten keinen Termindruck gibt, weil sie erst zum Jubiläumsjahr 94, zur Wiedereröffnung der Frauenkirche, beendet sein müssen.

Man will es jedenfalls besser machen als vor bald sechzig Jahren, als der mächtige Christophorus zuletzt beim Denkmalamt in Kur war. Damals standen, weil der Patron der Reisenden für eine unmittelbar bevorstehende Leinberger-Ausstellung in Landshut gerüstet werden sollte, für die Arbeiten nur drei Monate Zeit zur Verfügung. Auf solche Hast führt es Werkstättenleiter Michael Kühlenthal zurück, daß das Ergebnis der Prozedur nach dem jetzigen Befund unter dem Standard lag, der seinerzeit schon erreicht war. Kunstfehler von damals – unglückliche Ergänzungen und Freilegungen sowie eine Farbfassung, die der Figur durch gedämpfte Tönung einiges von ihrer dramatischen Ausdruckskraft genommen hat – sollen jetzt, soweit möglich, korrigiert werden. Mittlerweile ist der Drei-Zentner-Riese auch längst nicht mehr standfest, unter anderem wegen eines gebrochenen Fußes. Er mußte deshalb in der Werkstatt an einen eigens konstruierten Galgen gehängt werden und braucht auch nach der Rückkehr in den Dom eine Verankerung als Halt.

Mit akribischen Methoden haben die Spezialisten bei ihrer Diagnose Spuren der Jahrhunderte ermittelt: Eine ganze Reihe von früheren Überarbeitungen, die von der Originalfassung wohl nichts übriggelassen haben. Wurmlöcher und Holzausbrüche, schon zur Barockzeit übermalt, weisen auf teilweise sehr alte Schäden hin. Die Analyse hat eine Vorstellung ergeben, aus welcher Vielzahl von Einzelstücken das Schnitzwerk zusammengesetzt ist. Viele Holzteile sind in desolatem Zustand, andere verlorengegangen – neben Gewandzipfeln und Bartspitzen auch der ganze linke Teil des flatternden Umhangs. Schwerpunkt der aufwendigen Therapie, für die schätzungsweise an die tausend Arbeitsstunden aufgewendet werden müssen, wird deshalb die Konsolidierung des Kolosses an Haupt und Gliedern sein.

Als rüstigste Figur im gotischen Quartett hat sich der schwarze Ritter Rasso erwiesen. Gründliche Reinigung, das Beseitigen unsachgemäßer Verkittungen, Holzschutz- und Stabilisierungsarbeiten, das alles ist wohl relativ problemlos zu bewältigen. Doch hat die Untersuchung einen höchst interessanten historischen Befund zutage gebracht. Danach ist die Skulptur wie eine Puppe zerlegbar: Rumpf, Arme, Beine, Kopf und sogar die Gesichtsfläche sind wie ein Puzzle zusammengefügt. Erwin Emmerling erklärt sich das so, daß es sich möglicherweise ursprünglich um ein Holzmodell für einen Bronzeguß gehandelt hat – ein Werk in der Art der Erzstandbilder in der Innsbrucker Hofkirche. Weil unter der Malschicht die Grundierung fehlt, ist auch anzunehmen, daß die Oberfläche zu-

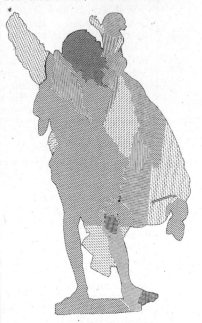

KOMPOSITION IN HOLZ: *Das Diagramm macht anschaulich, aus wie vielen Einzelstücken das Schnitzkunstwerk zusammengesetzt ist.*
Zeichnung: Landesamt für Denkmalpflege

nächst nur gefirnißt, nicht aber farbig gefaßt war.

In relativ zufriedenstellendem Zustand ist neben dem Rasso die Figur der St. Anna. Ihr hat nur geschadet, daß sie aus dem ursprünglichen Schwebezustand – sie war vermutlich an einer Kette aufgehängt – auf ein Podest versetzt wurde. Das hat zu einem Feuchtigkeits-Stau geführt und dazu, daß der mit Putten bestückte Wolkenkranz zu ihren Füßen arg gelitten hat.

Der schwierigste Patient ist zweifellos St. Georg, in seinem bildnerischen Reichtum zugleich künstlerisch der Primus. Eine sorgfältig retuschierte Farbfassung hat bislang überdeckt, wie katastrophal es darunter aussieht. Stellenweise gibt es da mehr Kitt als Holz, und dieses ist völlig wurmzerfressen. Die ungewöhnlich kompliziert gearbeiteten Einzelteile – etwa modische Gewanddetails wie die durchbrochenen Puffärmel – sind aus den Fugen; Fingerenden, Haarlocken und die Krallen des Drachens werden nur noch durch ältere Festigungsmittel unzulänglich zusammengehalten, ferner ist ein ziemlich starker „Haarausfall" zu beklagen. Insgesamt ist der Drachenbezwinger so hinfällig, daß man es noch nicht gewagt hat, ihn in aufrechte Haltung zu stellen oder Untersuchungen anzustellen, bei denen man ihn hätte bewegen müssen. Andererseits besticht die qualitätvolle Farbfassung, die teilweise wohl bis in die Entstehungszeit zurückreicht – wie beim blutüberströmten Schuppenleib des Höl- ▷

VISITE BEIM PATIENTEN: *Generalkonservator Michael Petzet, Werkstättenleiter Michael Kühlenthal und Hans Ramisch, Kunstreferent im Münchner Ordinariat (von links), bei einer Besprechung vor der Monumentalfigur des St. Christophorus.* Photo: Karlheinz Egginger

Süddeutsche Zeitung
14./15. August 1991

Grab mit wertvollen Beigaben entdeckt

Der Ur-Bajuware aß Spanferkel

Fundstätte „wie ein aufgeschlagenes Buch der Landesgeschichte"

Von Ursula Peters

München – Seine Lieblingsspeise war Schweinebraten, und seinen Wein trank er aus einem grünen Glas. Mit ziemlicher Sicherheit wurde er von Zahnweh geplagt. Bei seinen römischen Arbeitgebern hat er es zu Amt und Würden gebracht, auch wenn er nur etwa 30 Jahre alt geworden ist. Der Mensch, von dem hier die Rede ist, lebte vor etwa 1600 Jahren im Altmühltal. Seine sterblichen Überreste und ungewöhnlichen Grabbeigaben wurden vor einigen Monaten von Archäologen des Landesamts für Denkmalpflege in der Nähe von Kipfenberg entdeckt und geborgen. Die Denkmalpfleger stellten jetzt die Ergebnisse der Grabung vor.

Die wissenschaftliche Auswertung des Funds brachte erstaunliche Einblicke in die Biographie eines Mannes, den man – so die Wissenschaftler – zu den Urahnen der frühen Bajuwaren rechnen kann. Er hat in einer dunklen Zeit gelebt – um das Jahr 400 nach Christus, als das Römische Reich zerfiel, die Völkerwanderung begann, die Hunnen von Osten heranstürmten. Wie die Forscher heute vermuten, hatten sich damals die „baiuvarii" aus Böhmen in Richtung Donau ausgebreitet.

Schlechte Zähne

Fest steht, daß dieser Kipfenberger ein Germane war, der als Legionär bei den Römern diente und es dort zu einigem Ansehen gebracht haben muß. Dies läßt sich aus der Ausstattung schließen, die man im Grab fand: einen reich verzierten römischen Militärgürtel aus Bronze, das geschmückte lange Schwert, dessen Scheide mit 60 Bronze- und Silbernägeln beschlagen war. Der längst vermoderte Mantel war vermutlich mit Pelz besetzt, wie Spuren an der noch erhaltenen Gewandfibel zeigen. Er muß stattlich ausgesehen haben, der bayerische Legionär: 1,75 bis 1,80 Meter groß (also hochgewachsen für die damalige Zeit), mit schmalem Gesicht und energischem Kinn, aber leider hatte er Löcher in den Zähnen.

Was die Archäologen noch mehr interessiert als die Person des Kipfenbergers, sind seine Grabbeigaben: der kostbare römische Glasbecher aus den linksrheinischen Provinzen Roms, der aus dem ersten Jahrzehnt des fünften Jahrhunderts stammt, sowie die germanischen Keramikgefäße von der Art, wie sie damals in der Gegend zwischen Donauries, Straubing und Böhmen gebräuchlich waren. Neben den Schüsseln lagen übrigens die Knochen der besten Spanferkelstücke – die Wegzehrung für den Weg ins Jenseits.

Den reichen Fund haben die Archäologen dem ungewöhnlichen Umstand zu verdanken, daß der Legionär nicht, wie es in dieser Gegend damals üblich war, auf dem Scheiterhaufen verbrannt, sondern in einem Einzelgrab bestattet wurde. Sein Grab liegt 20 Kilometer nördlich der Donau, die damals die Grenze zur römischen Provinz Raetia bildete. „Vermutlich hatte er den Militärdienst schon quittiert und war in seine Heimat zurückgekehrt", meinen die Archäologen.

Eine Notgrabung

Schon früher hatte man Siedlungsspuren und Gräberfelder zum Beispiel aus der Bronzezeit an der Fundstelle des Kriegers – einer Sandgrube in der Nähe der Autobahn A 9 – entdeckt. Das Landesamt für Denkmalpflege, in diesem Fall die Außenstelle Ingolstadt, spitzte also die Ohren, als dort eine Autobahnbrücke gebaut und die Zufahrt geändert werden sollte. Eine Notgrabung, bevor die Schubraupe ihr Werk begann, führte durch Zufall zur Entdeckung dieses Grabs. „Wir stießen plötzlich auf den Rest eines eisernen Schildbuckels, dann auf Skelettreste", berichtete Karl Heinz Rieder, der die Grabung leitete. Richtig aufregend sei es jedoch geworden, als man den Militärgürtel entdeckte und die „böhmische" Keramik. Bis tief in die Nacht wurde – mit Hilfe von Feuerwehrscheinwerfern – der Fund bis zum letzten Bruchstückchen gesichert und dann zur Auswertung ins Labor gebracht.

Als Grund für diese Eile gab Generalkonservator Michael Petzet die Furcht vor Hobby-Archäologen und Sondengängern an: „Eine Mode, die zur Plage wird." Laien zerstörten bei ihrer Schatzgräberei unweigerlich die elementar wichtige Fundsituation. Für Archäologen ist das eine Katastrophe: „Eine solche Fundstätte ist für uns Fachleute wie ein aufgeschlagenes Buch der Landesgeschichte."

---

lentiers, dessen schillernde Oberfläche durch den Auftrag von Messingfeilicht erzielt wurde.

Insgesamt sind viel Können, Phantasie und moderne Technik gefordert, um die Kunstwerke ihrem hohen Rang gemäß in bestmögliche Verfassung zu setzen, ehe sie zum Jubiläumsfest in den Liebfrauendom zurückkehren. Und zwar in die Georgs- und Anna-Kapelle, in der die Wittelsbachischen „Hausheiligen" Anna, Rasso und Georg wohl von jeher ihren Platz hatten, wiewohl es bis ins 19. Jahrhundert hinein keine Zeugnisse dafür gibt. (Die Archivalien der Hofbruderschaft, die möglicherweise Auftraggeber war, sind im Krieg verbrannt.) Im Fall des Christophorus wurde bei der Frage der Herkunft verschiedentlich eine Ansicht des ehemaligen, in der Folge der Säkularisation abgebrochenen Püttrich-Klosters an der Perusa- und Residenzstraße ins Feld geführt, das den „Christusträger" an der Fassade zeigt. Doch sieht diese Darstellung eher nach einem Fresko als nach der Monumentalplastik aus. Jedenfalls hat der knorrige Heilige, woher immer er kam, spätestens im 19. Jahrhundert seinen Platz in unmittelbarer Nachbarschaft zu seinen drei jetzigen Mitpatienten gefunden. (Nach dem Krieg war er vorübergehend über dem ersten Südportal plaziert.)

Wiewohl sie zeitlich sicher nicht allzuweit voneinander entstanden sind – nämlich um 1520: Für ein gemeinsamen Standort sind die Plastiken sicher nicht geschaffen. Davon zeugen schon die jeweils völlig verschieden gestalteten Standsockel. Fest steht auch, daß sie in Nischenfiguren gedacht waren, also für einen Altar bestimmt. Die jüngsten Untersuchungen widersprechen auch der früheren Vermutung einiger Kunsthistoriker, daß zumindest die männlichen Heiligen von einer Hand stammen. „Es waren zumindest drei verschiedene Künstler beteiligt", stellt Erwin Emmerling fest. Einig waren sich die Gelehrten bisher nur darin, daß die Arbeiten von höchstem Rang sind. Dementsprechend wurden auch ein spezieller Christophorus-, ein Georg- und ein Rassomeister in die Kunstgeschichte eingeführt. In den bisherigen Forschungen über altbayerische Plastik ist häufig Hans Leinberger als Schöpfer einiger Figuren genannt worden, bisweilen der Meister von Rabenden, beim Christophorus war auch Erasmus Grasser in der Diskussion.

Die praktische Arbeit in der Werkstatt kann vielleicht auch bei der kunsthistorischen Theorie weiterhelfen. Zumal sich die Wissenschaft mit manchen Fragen, die der Augenschein nahelegt, noch nie beschäftigt hat, so mit der Deutung der Inschrift, die den Brustpanzer von St. Georg säumt. Michael Petzet, der Chef des Denkmalamts, und Diözesan-Kunstreferent Hans Ramisch sind deshalb übereingekommen, zum Abschluß der Restaurierung Experten zu einem Symposium zu bitten. Anschließend, noch vor dem Fest der Wiedereröffnung des Doms, werden St. Anna und Rasso einen öffentlichen Auftritt im Freisinger Diözesanmuseum haben. Für die Sorgenkinder St. Christophorus und St. Georg wäre dieser Umweg angesichts ihrer labilen Verfassung zu riskant. Der Rücktransport wird ohnedies nicht leicht, da die Figuren bis dahin zwar stabiler, aber auch – der Tränkung des Holzes mit Konservierungsmitteln wegen – doppelt so gewichtig sein werden wie jetzt.

Pfarrhof-Abbruch erregt die Denkmalschützer

Landratsamt und Regierung entschieden für den Abriß – Landesamt protestiert gegen „Vernichtungsaktion" in Rainertshausen

Von Peter Hahne

Landshut. Seit Jahren empfinden die Bewohner des Dorfes Rainertshausen im Landkreis Landshut den leerstehenden ehemaligen Pfarrhof als störend im Ort. Die Raiffeisenbank Pfeffenhausen-Niederhornbach als Eigentümerin bemüht sich gegen den Willen der Denkmalschützer seit 1978 um den Abbruch – und erst jetzt mit Erfolg. Dies veranlaßte Professor Michael Petzet vom Bayerischen Landesamt für Denkmalpflege zu einem geharnischten öffentlichen Protest.

Petzet sieht im Abbruch des im Jahre 1689 erbauten Pfarrhofs einen „sinnlosen Akt der Barbarei". Den Pfarrhof mit seinem mächtigen Walmdach, neben der Pfarrkirche und einer Kapelle das einzige Baudenkmal im Ort, habe die Bank als

Passauer Neue Presse
21. September 1991

Eigentümerin in all den Jahren „vergammeln" lassen und, wie die Denkmalschützer behauptet, wohl auch mutwillige **Zerstörungen** geduldet. Die seit fast 13 **Jahren** wiederholt gestellten Abbruchan-

Am alten Pfarrhof in Rainertshausen scheiden sich die Geister. Als „Barbarei" bezeichnet Denkmalschützer Petzet die Abbruch-Pläne der Eigentümer. (F.: Birgmann)

träge waren bisher vom Landesamt für Denkmalpflege, den zuständigen Denkmalschutzbehörden, dem Landratsamt Landshut und der Regierung von Niederbayern abgelehnt worden. Auch das Verwaltungsgericht Regensburg, so Petzet, habe die Klage der Bank abgelehnt. Amtierender Landrat Josef Neumeier hält dem entgegen, daß das Gericht keine Sachentscheidung getroffen habe, sondern nur die Ordnungsmäßigkeit des Verwaltungsaktes bestätigt habe.

Zuletzt lehnte das Landratsamt den Abbruch 1988 ab, stimmte ihm nunmehr vor wenigen Wochen zu, nach Ansicht Neumeiers, habe der Landkreis dem Denkmalschutz angeboten, den Pfarrhof an anderer Stelle wieder aufzubauen, weshalb er die scharfe Reaktion von Professor Petzet nicht verstehe. Im übrigen habe das Landratsamt vor Jahren nur unter dem starken Druck des Landesamtes die Ablehnung ausgesprochen. Der damalige Landrat Ludwig Meyer habe sich bei ihm beklagt, daß Petzet ihn wie „einen Schulbuben" behandelt habe.

Die Regierung hat nun am Freitag ihre Entscheidung dem Landratsamt übermittelt. Ihre Argumente decken sich mit denen der Kreisbehörde. Der Denkmalschützer sieht darin jedoch ein paar Tage vor der Landratswahl einen bewußten Zusammenhang, den Pressesprecher Gerhard Stoll von der Regierung gestern klar zurückwies. Die Raiffeisenbank Pfeffenhausen-Niederhornbach wollte keine Stellungnahme zu den Vorwürfen des Denkmalschützers abgeben: „Das geht uns nichts an"

Doch auch die Bank ist Ziel der Vorwürfe von Petzet. Für ihn wurde „zielstrebig die Vernichtung eines Kulturdenkmals betrieben", was nicht verwunderlich sei, wenn man bedenke, wieviele Ortsbilder in Bayern schon durch die „stilvollen" Neubauten des Unternehmens „verschönert" worden seien. Ungewöhnlich findet es Petzet jedoch, daß dies mit Unterstützung der Unteren Denkmalschutzbehörde des Landkreises Landshut und der Regierung von Niederbayern erfolge. Das Bayerische Landesamt für Denkmalpflege könne zwar noch versuchen, den Fall von Rainertshausen vor den Landesdenkmalrat zu bringen doch unter den gegebenen Umständen werde der Landkreis vermutlich bald die Beseitigung seines „Schandflecks" feiern, wenn an der Stelle, die einmal über Jahrhunderte geistliches Zentrum des Ortes gewesen sei, endlich „tabula rasa" gemacht sei. Für eine an der Bewahrung des historischen Erbes interessierte Öffentlichkeit, bedauert Petzet, „bleibt nur Trauer um das Verlorene".

Abriß: 300 Jahre altem ehemaligen Pfarrhof steht ein „sinnloser Akt der Barbarei" bevor

Landesamt für Denkmalpflege kämpft gegen den Abbruch des Kulturdenkmals nahe Landshut

Landshut (lby) – Der geplante Abriß eines ehemaligen Pfarrhofes in Rainertshausen bei Landshut ist zum Zankapfel geworden. Während sich die Regierung von Niederbayern und das Landratsamt hinter den Wunsch der Raiffeisenbank im Landkreis gestellt haben, trat das Bayerische Landesamt für Denkmalpflege mit einem scharfen Protest an die Öffentlichkeit. Der Abbruch des 1689 erbauten Pfarrhofs sei ein „sinnloser Akt der Barbarei", kritisiert Generalkonservator Prof. Michael Petzet und warnt vor einer „tabula rasa" an der Stelle, die über Jahrhunderte geistliches Ortszentrum gewesen sei.

Seit 1978 will die Raiffeisenbank als Eigentümerin den leerstehenden Pfarrhof abreißen und für einen Erweiterungsbau nutzen. Bisher waren jedoch sämtliche Abbruchanträge vom Landesamt für Denkmalpflege, den örtlichen Denkmalschutzbehörden sowie vom Landratsamt und von der Bezirksregierung abgelehnt worden.

Vor wenigen Wochen änderte dann das Landratsamt seine Meinung. Die Bezirksregierung schloß sich der Argumentation an und befürwortet nun ebenfalls einen Abriß. Es gebe mehrere Beschlüsse der Gemeinde für einen Abbruch des Gebäudes, das sich auch störend auf die Verkehrssituation im Ort auswirke, sagt Landrat Josef Neumeier (CSU). Auch lohne sich eine Sanierung des Pfarrhofs nicht mehr.

Das Landesamt für Denkmalpflege nennt die Begründung des Landratsamtes „höchst fadenscheinig". Die Bank habe in all den Jahren den Pfarrhof „vergammeln" lassen und auch mutwillige Zerstörungen geduldet. Hier sei „zielstrebig die Vernichtung eines Kulturdenkmals betrieben" worden, so Petzet. Einziger Kommentar der Raiffeisenbank: „Das geht uns nichts an."

Münchner Merkur
27. September 1991

Denkmalschützer schlagen Alarm

Wieskirche erneut bedroht

Atemluft der Besucher gefährdet das Rokoko-Juwel

Steingaden (dpa) – Knapp sieben Monate nach Ende der Renovierung der weltberühmten Wieskirche bei Steingaden ist das Rokoko-Juwel erneut bedroht. Schweiß und Atemluft der jährlich 1,8 Millionen Besucher legen einen gefährlichen feuchten Film auf Figuren und Wände. Der Erfolg der mit einem Aufwand von über zehn Millionen Mark durchgeführten Renovierung ist nach Ansicht von Experten in Frage gestellt. Nach Auskunft von Generalkonservator Michael Petzet vom Bayerischen Landesamt für Denkmalpflege laufen derzeit Klimamessungen im Gotteshaus, die Aufschluß über die Intensität der Bedrohung geben sollen. Ein „Patentrezept", wie die Wieskirche vor neuerlichen Schäden bewahrt werden kann, ist laut Petzet nicht in Sicht.

Bis zu 40 Gramm Wasser pro Stunde scheidet nach Messungen des Münchner Instituts für Gebäudeanalysen und Sanierungsplanung jeder Besucher der Wies aus. In Verbindung mit Staub entsteht ein Schmutzfilm, der sich über Figuren, Wände und Decken legt. Insbesondere bei nassem Wetter ändert sich durch die feuchte Regenkleidung die Luftfeuchtigkeit im Innern der Kirche laut Petzet „gewaltig". Der „ungeheure Andrang" an Besuchern seit der Renovierung verstärke diesen Effekt. Wenn das Ergebnis der laufenden Klimamessungen vorliegt, werden sich Vertreter von Landesamt, Kirche und Landratsamt Weilheim „an einen Tisch setzen" und Gegenmaßnahmen beraten. Ein Besuchergitter, so Petzet, könne unter Umständen den Innenraum schützen. Denkbar sei auch eine zeitweise Schließung des als Weltdenkmal in der UNESCO-Liste aufgeführten Bauwerks. Auch müsse dringend das Parkplatzproblem rund um die Wies gelöst werden. Bis zu 90 Busse pro Tag und Tausende von Pkw verstopfen die umliegenden Wiesen. „Wir wollen nicht, daß die Wieskirche inmitten einer Blechlawine steht", so Petzet.

Der Weilheimer Landrat Manfred Blaschke will neue Parkplätze einrichten, die ein bis zwei Kilometer von der Wies entfernt in einem Waldstück liegen. Dadurch kämen eventuell weniger Besucher, und der Strom an Pilgern und Neugierigen könne besser kanalisiert werden. Außerdem verringere sich dadurch die äußere Belastung des Bauwerks durch Erschütterungen.

Möglicherweise könne die Nutzung der Wies etwa bei Konzerten eingeschränkt werden. Die Belastungen durch „die betenden Pilger und staunenden Besucher" für die Wies sind nach Auffassung von Landratsamt und Fachleuten des Landesamtes für Denkmalpflege größer als die durch äußere Witterungseinflüsse oder Tiefflieger.

Süddeutsche Zeitung
18. Dezember 1991

Weltweit sind Kulturdenkmäler in Gefahr: Allein durch ihre Anwesenheit richten Besucher Schaden an

Vernichtende Blicke – wie unsere Schätze kaputtgehen

Von Matthias Maus

München – Der Überfall kommt jeden Morgen. In Divisionsstärke fallen die Horden ein. Manchmal Zehntausende Menschen pro Tag. Eigentlich sind die Eindringlinge ganz friedlich. Sie wollen nur mal schauen. Doch die gute Absicht hat fatale Folgen für die Opfer: Es sind Kulturdenkmäler – wie die Wieskirche, oder Schloß Linderhof, oder das Grab von Tut-Ench-Amun, oder die Eremitage in Sankt Petersburg. Diese einzigartigen Zeugnisse der Zivilisation haben eines gemeinsam. Ihre Attraktivität ist ein Fluch.

Die Ströme der Besucher beschleunigen den Verfall. Nicht nur durch Kritzeleien, Diebstähle oder Abnutzung. Schon die pure Präsenz von Menschen ist zerstörerisch. Jüngstes Beispiel: Die Wartburg. Durchschnittlich 3500 Besucher am Tag atmen und schwitzen. Die Feuchtigkeit reagiert mit Staub und beschleunigt den Verfall von Mauern und Kunstwerken. Außerdem versetzen sie die mittelalterlichen Gemäuer in Schwingungen: „Noch schlimmer sind die Hubschrauber-Überflüge", sagt Wartburg-Vizedirektor Günther Schuchardt: „Man spürt die Fresken vibrieren."

„Manche Kunstwerke müßte man vor den Menschen schützen", sagt Michael Petzet, bayerischer Generalkonservator und Vorstand der internationalen Denkmalschutzorganisation Icomos. In der Wieskirche bei Steingaden (jährlich 1,8 Millionen Besucher) gibt es ähnliche Probleme. Der Erfolg der Restaurierung ist gefährdet (*Altenbestung* berichtete).

„An Regentagen ist es besonders schlimm." Die Mäntel der Besucher sind naß. Feuchtigkeit läßt Holz und Leinwand „arbeiten". Die Folge: Farben auf Skulpturen und Gemälden splittern ab. „Auch in Linderhof haben wir damit große Sorgen", sagt Petzet. Bis zu 8000 Besucher wollen das Schloß von Ludwig II. täglich anschauen. „Aus konservatorischen Gründen zuviel", sagt Gerhard Hojer von der Schlösser-Verwaltung.

Manche Zivilisationsdenkmäler sind für ihr mer geschlossen. Die sensationellen Höhlenmalerein von Lascaux in Südwestfrankreich sind 15 000 Jahre alt, aber das Original bekommt niemand mehr zu Gesicht. Nebenan steht eine Kopie der steinzeitlichen Kunststätte für die Touristen. „Nur sehr eingeschränkt eine Alternative", sagt Konservator Petzet: „Die Leute wollen das Original." „Eine Kopie der Wieskirche?", „Undenkbar."

Dramatisch ist die Situation auch im Grab von Tut-Ench-Amun. Das Grab des jungen Pharao im ägyptischen Tal der Könige bei Luxor ist eine der meistbesuchten Kultstätten der Welt. In der Enge der Räumlichkeiten wirkt der Schweiß und die Ströme der Kunstsinnigen zerstören darüber hinaus das wertvolle Parkett – ein Gegenmittel gibt es nicht. „Soll man eine der berühmtesten Kunstsammlungen der Welt einfach schließen?"

„Wenn die Besucher kommen, kriegen meine Bilder Bäuche", klagte der Konservator der Petersburger Eremitage schon vor Jahren. „Der Schloßherr hielt die Fenster geschlossen." „Das Farben-schädliche Tageslicht blieb draußen. Über den kostbaren Möbeln hingen Hussen. Nur wenn Gäste kamen, wurden die Überzüge weggenommen, das Licht eingelassen. „Aber heute haben wir jeden Tag Gäste."

Die berühmten Höhlenmalereien in Lascaux (oben) sind für Besucher tabu. Zu sehen ist nur eine Kopie der Höhle. Der Massenandrang im Grab von Tut-Ench-Amun, hier der von Göttinnen bewachte Canopic-Schrein (l.), fordert seinen Tribut. Die Besucherströme in der Petersburger Eremitage (u.) schaden den Bildern und dem wertvollen Boden.

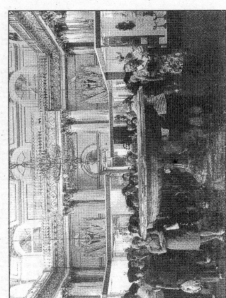

750 000 Besucher jährlich muß Schloß Linderhof verkraften. Allein durch ihre Anwesenheit richten die Touristen in König Ludwigs Prunkbau Schaden an.

Foto: SV-Archiv

AZ (Abendzeitung), München
21./22. Dezember 1991

Spezialisten werden ausgeliehen

Die Soldaten des Kaisers Qin Shihuangdi

Bayerische Denkmalpfleger helfen bei chinesischem Konservierungsprojekt

Von Ursula Peters

München – Die bayerische Denkmalpflege schwimmt in ruhigerem Wasser als noch vor einigen Jahren. Es gibt nicht mehr so viele Streitfälle über Erhaltenswertes und Abbruchreifes. Selbst in ländlichen Gegenden betrachtet man historische Bauten kaum mehr als „Schandfleck" oder „altes Glump" und macht sich ans Restaurieren. Die Denkmallisten sind fast fertig, der Ensembleschutz ist quasi komplett. Man könnte sich also zufrieden zurücklehnen im Landesamt für Denkmalpflege, wenn da nicht dennoch einige Probleme brodeln würden. Personal- und Planstellenmangel – vor allem bei der Archäologie und der Baudenkmalpflege – gehören ebenso zu ihnen wie die schmerzliche Kürzung der Zuschußmittel im Staatshaushalt.

Heuer stehen nur 41,5 Millionen Mark – 1991 waren es 44 Millionen – für Zuschüsse zu nichtstaatlichen Denkmalpflegevorhaben zur Verfügung. „Die Zahl der Anträge für solche finanziellen Hilfen, die uns vor allem aus ländlichen Regionen vorliegen, ist aber enorm", bilanzierte der Chef des Landesamts für Denkmalpflege, Generalkonservator Michael Petzet, zum Beginn des Jahres 1992. Die neu geweckte Begeisterung der Landbevölkerung für die Erhaltung noch vorhandener historischer Gebäude habe ganz entscheidend mit der Dorferneuerungsbewegung zu tun, die mit der Denkmalpflege eng zusammenarbeitet. „Wir kommen mit dem Planen gar nicht mehr nach angesichts der rund 2000 Dörfer, die sich beworben haben", sagte Petzet. In seinem Amt wurde extra ein Dreimannteam (darunter ein historischer Geograph) gebildet, um den Dörfern bei der Neugestaltung beizustehen.

Weltweite Anerkennung

Als positiv verbucht Petzet auch, daß die wissenschaftliche Arbeit des Denkmalamts – vor allem auf dem Gebiet der Metallrestaurierung, der Steinkonservierung und der Bauforschung – weltweit Anerkennung finde und daß die bayerischen Spezialisten gerne „ausgeliehen" werden: zum Beispiel von China für die Restaurierung eines riesigen Tempelbezirks oder für die Konservierung der unterirdischen Armee von tönernen Soldaten des Kaisers Qin Shihuangdi oder vom Jemen für die Restaurierung der Altstadt von Sanaa. „Wir sind schon gut", resümierte Petzet.

Weniger gut findet er allerdings, daß es in Bayern noch immer nicht gelungen ist, eine Hochschulausbildung für Restauratoren, die auch wissenschaftlich top sind, anzubieten: „Spitzenkräfte für Restaurierungen werden nach internationalem Standard an Hochschulen ausgebildet. Es ist ein Trauerspiel, daß dies in Bayern noch nicht möglich ist." Bis jetzt gibt es eine solche akademische Ausbildung für Restauratoren in Deutschland nur in Stuttgart, Köln und Dresden: „Unsere besten Leute im Landesamt werden uns als Professoren und Dozenten von dieser Hochschule wegengagiert." Petzet fürchtet, daß die bayerische Denkmalpflege in Zukunft mit leeren Händen dastehen wird, wenn es nicht gelingt, solche Spezialisten zu halten und neue entsprechend auszubilden. Sein Vorschlag: Der technischen Universität München könne eine Restauratorenausbildung angegliedert werden, die mit den Werkstätten des Landesamts für Denkmalpflege, der Staatsgemäldesammlungen und des Bayerischen Nationalmuseums, die alle fachlich einen hervorragenden Ruf genießen, zusammenarbeiten solle. Immerhin gibt es an der TU bereits ein Aufbaustudium Denkmalpflege. Als Beweis dafür, wie dringend die Ausbildung von Spitzenrestauratoren in Bayern ist, nennt Petzet folgendes Beispiel: „Schon jetzt fehlt es uns an hochqualifizierten Leuten, um einen gotischen Altar restaurieren zu können."

Süddeutsche Zeitung
24. Januar 1992

Generalkonservator zu Plänen für „Augustinerhof":

Im Widerspruch zu den Planungsvorgaben

Die bisherigen Planungen des „Augustinerhofes" stehen nach Ansicht des Bayerischen Landesamtes für Denkmalpflege in eklatantem Widerspruch zu den Zielen des „Entwicklungskonzeptes Altstadt" aus dem Jahr 1979 und damit zu den Planungsvorgaben, die sich die Stadt selbst gegeben hat. Zu diesem Schluß kommt Generalkonservator Professor Michael Petzet in einem Schreiben an Oberbürgermeister Peter Schönlein.

Wie das Landesamt auf Anfrage mitteile, gehe es ihm nicht – wie ihm unterstellt werde –, darum, „zeitgemäße Architektur" zu verhindern; daß moderne Architektur anerkannt werde habe man bei der Neubebauung etwa des Kreuzgassenviertels bewiesen.

Jedoch sei man der Ansicht, daß mit der Baumaßnahme „Augustinerhof" die vorhandene „Maßstäblichkeit" in erheblichem Maß verletzt" werde. Damit würden „langandauernde Bemühungen um die Bewahrung der Altstadt als historischen Ort konterkariert".

Einige der Punkte, die Petzet in seinem Brief vom 26. Januar an den Oberbürgermeister als nicht hinnehmbar bezeichnet, haben sich durch den überarbeiteten Entwurf, den Baureferent Walter Anderle der Öffentlichkeit vorlegte, inzwischen erledigt, so etwa der Vorwurf, die Wohnnutzung sei vernachlässigt.

Wie berichtet hat Architekt Helmut Jahn das ursprünglich am Pegnitzufer vorgesehene Hotel zugunsten von 61 Wohnungen aufgegeben. Auch die Höhe des Bauwerks ist im jetzt aktuellen Entwurf, für den der Stadtrat am vergangenen Mittwoch die Einleitung eines Bebauungsplanverfahrens beschloß, um drei Meter reduziert.

Andere Kritikpunkte sind indes in Petzets Augen von unverminderter Aktualität.

Die vermutete (bisher nicht nachgewiesene) Nutzungsdichte dürfte nach Ansicht des Landesamtes für Denkmalpflege nicht dem Maß der angrenzenden Anwesen und Quartiere entsprechen und könnte damit für die Zukunft ein Präzedenzfall für weitere maßstabsprengende Verdichtungen sein. Damit würde ein „wirtschaftliches Druckpotential" entstehen, „das mit an Sicherheit grenzender Wahrscheinlichkeit" auf die noch intakten Quartiere der Sebalder Altstadt übergreife.

Am Baukörper kritisiert das Landesamt die vorhandene monolithische, monumentale, einheitliche Form, die im Verhältnis zur Aufgabe „unangemessen prätentiös" sei und die vorgebliche Nutzungsvielfalt nicht widerspiegele.

Insgesamt stehe das den historischen Maßstab sprengende Gebäude, „in beeinträchtigender Konkurrenz zu den wichtigsten Baudenkmälern in der Stadt". Die Sorge des Generalkonservators macht sich schließlich in den Satz Luft, daß „mit der Verwirklichung eines Augustinerhofes" ... eine für das auch im europäischen Kontext herausragende historischen Ensemble der Altstadt von Nürnberg eine gefährliche Wirkung eingeleitet wird".

Bliebe noch anzumerken, daß sich das Landesdenkmalamt vom Oberbürgermeister nicht ausreichend informiert fühlt. Es sei weder in ein Genehmigungsverfahren eingebunden noch sei eindeutig geklärt, ob das Projekt offiziell bei der Stadt eingereicht worden sei oder zunächst nur „zur Information". gdl

Nürnberger Zeitung, 14. Februar 1992

Empörung bei Politikern und Denkmalpflegern

Schatzsucher plündern die Geschichte

Archäologische Funde als begehrte Handelsware bei Banken und Flohmärkten

Von Ursula Peters

München – Die Denkmalschützer reden von Landplage, von einer Seuche, die überall da im Land ausbricht, wo sich unter der Erdoberfläche Reste prähistorischer Vergangenheit verbergen. Gemeint sind die Hobbyarchäologen, die mit Metalldetektoren – ähnlich den Minensuchgeräten – nach Schätzen im Boden suchen: Goldmünzen womöglich, aber auch Silber- und Bronzeschmuck oder Eisengegenstände aus grauer Vorzeit, die man in die Wohnzimmervitrine stellen oder – noch besser – verscherbeln kann. „So werden Zeugnisse der bayerischen Geschichte zur Handelsware und sind für die wissenschaftliche Auswertung verloren", empört sich Landeskonservator Erwin Keller vom Landesamt für Denkmalpflege. Der SPD-Abgeordnete Gustav Starzmann formuliert noch pointierter: „Hobbyschatzsucher plündern Bayerns Geschichte." Er fordert Abhilfe.

Motiv: Habgier

Erleichtert wird die Schatzgräberei durch moderne elektronische Magnetsonden, die relativ preiswert im Handel sind. Was für manche Zeitgenossen ein hübsches Hobby ist, um ihre Entdeckerlust zu befriedigen, ist für andere bereits ein lukrativer Broterwerb. „Die Szene ist kriminell geworden", stellte Archäologe Keller fest. Die Zahl der Leute, die mit elektronischen Spürgeräten auf Schatzsuche gehen, sei in den letzten Jahren sprunghaft gestiegen.

Oft ist nicht Wissensdurst, sondern schlichte Habgier das Motiv, denn archäologische Funde lassen sich gut verkaufen. Kunden finden sich auf dem Flohmarkt, in Sammlerkreisen und sogar in Museen. „Sondengänger werden regelrecht gemästet durch den Bedarf des Markts", bedauert Keller. So lange die Magnetdetektoren nur Metall in oberflächlichen Erdschichten orteten, hätten sich die Schäden der Hobbyausgräber in Grenzen gehalten. Doch die neue Gerätegeneration sei wesentlich empfindlicher. Auch unter der Humusdecke (etwa 30 Zentimeter) „ist nichts mehr niet- und nagelfest". Wenn die georteten Gegenstände dann von Laien ausgebuddelt werden, geht der örtliche Zusammenhang mit der gesamten Fundstelle verloren, die für die Wissenschaftler gleichsam ein offenes Geschichtsbuch ist.

Rein rechtlich benötigt ein Sondengänger für sein Hobby eine amtliche Erlaubnis vom Landratsamt. Zuwiderhandelnde riskieren ein Bußgeld bis zu 500 000 Mark. Beim verbotenen Verkauf und Ankauf von Funden stehen die Straftatbestände Unterschlagung und Hehlerei an. Doch dafür müßte man den Raubgräber erst mal erwischen. „In der Öffentlichkeit, ja auch bei Polizei und Staatsanwaltschaft gilt Schatzgräberei immer noch als Kavaliersdelikt", meint Keller.

Eigentumsrechtlich gehören in Bayern archäologische Funde je zur Hälfte dem Entdecker und dem Eigentümer des Grundstücks. Im benachbarten Baden-Württemberg (unter anderem aber auch im Saarland, in Rheinland-Pfalz, in Bremen und demnächst auch in den neuen Bundesländern) gilt das sogenannte Schatzregal: alle historisch bedeutsamen Funde gehören dem Staat. So wird es zum Beispiel auch in Italien und in Griechenland gehandhabt. Diese Regelung, die Gegner mit „Enteignung" gleichsetzen, führt zu der grotesken Situation, daß Sondengänger aus Bundesländern mit „Schatzregal" nach Bayern ausweichen und dort ihre „Antiquitäten aus dem Boden" zum Kauf anbieten, weil sie sie daheim nicht loswerden. Und damit das Ganze plausibel aussieht, wird der Fundort ein bißchen gefälscht. In Fachkreisen munkelt man, daß es in Hessen sogar eine Firma geben soll, die Funde zusammenkauft und dann plausible Fundorte dafür erfindet.

Grenzgänger mit der Sonde

Als Beispiel für die Problematik mag ein Fall dienen, der sogar in höchsten Kreisen Furore macht: das Tauziehen um den Schatz von Sontheim (Landkreis Unterallgäu). Im vergangenen Jahr trat ein schwäbisches Sondengängertrio mit der Behauptung auf, es habe 329 keltische Goldmünzen (nach Hinweisen sollen es sogar ursprünglich 800 gewesen sein) in einem Acker bei Sontheim gefunden. Dabei fällt auf, daß dieser Ort nur wenige Kilometer von der Grenze zu Baden-Württemberg entfernt liegt. Daß der Fundort fingiert ist, ergab inzwischen die wissenschaftliche Untersuchung der Erdspuren an den Goldstücken. Einige Münzen waren übrigens gefälscht, was auch den Staatsanwalt von Memmingen interessiert. Der Münzschatz wurde von einer Münchner Bank für 500 000 Mark erworben. Und dieses Geldinstitut möchte jetzt die keltischen Goldstücke für eine Million Mark an die Prähistorische Staatssammlung, die sehr interessiert ist, weiterverkaufen.

Generalkonservator wehrt sich

Finanziert werden soll dieser Kauf unter Einsatz von staatlichen Haushaltsmitteln, genauer gesagt, aus den Kassen des Landesamtes für Denkmalpflege (Entschädigungsfonds und Archäologie) und der Landesstelle für Nichtstaatliche Museen. Wahrscheinliche Folge: Abbruch von laufenden Ausgrabungen, weniger Zuschüsse für die Baudenkmalpflege und Abstriche bei den Heimatmuseen. Generalkonservator Michael Petzet, Chef der bayerischen Denkmalpfleger, ist empört: „Unser Geld ist nicht dafür da, fragwürdige Funde anzukaufen." Im Wissenschafts-

ministerium sollen die Meinungen geteilt sein. Immerhin hat der zuständige Minister Hans Zehetmair erst einmal entschieden, daß der sogenannte Sontheimer Schatz wegen seiner ungesicherten Herkunft nicht vom Freistaat erworben wird. Das Corpus delicti bleibt also vorerst im Stahlschrank der Bank. Und vielleicht heftet sich demnächst das Stuttgarter Landeskriminalamt auch an die Spuren der drei Sondengänger. Denn Baden-Württemberg ist – wie gesagt – ein Schatzregal-Land, wo jeder Fund sowieso dem Staat gehört.

Süddeutsche Zeitung
15. Februar 1992

Höchstes Lob für die Laufer Attraktion, die am Sonntag für die Besucher geöffnet wird

„Museum einzigartig in Bayern"

Generalkonservator Prof. Dr. Michael Petzet vom Denkmalamt war bei einem Besuch sehr begeistert

Museumsleiterin Renate Kubli führt eigenhändig vor: Interessierte Beobachter Ursula Schädler-Saub (links) vom Landesamt für Denkmalpflege, Bürgermeister Pompl und der Generalkonservator (Leiter) des Landesamtes, Prof. Dr. Michael Petzet (dahinter) Foto: Fischer

LAUF — Mit vielen Ehrengästen, unter anderem mit Staatssekretär Dr. Beckstein, den heimischen Bundestags-, Landtags- und Bezirkstagsabgeordneten wurde gestern nachmittag ganz offiziell das Laufer Industriemuseum eröffnet.

Und wenn man davon ausgehen konnte, daß von allen Seiten der Stadt Lauf oder der Museumsleiterin Renate Kubli großes Lob gezollt wurde, so überraschte doch ein wenig die Begeisterung der Besucher (sehr angetan wäre weit untertrieben) über das, was in den letzten Jahren an der Pegnitz entstanden ist.

Daß dickes Lob nicht „nur" aus Politikermund, sondern im Rahmen eines Presserundganges schon Mitte dieser Woche vom Chef des Landesamtes für Denkmalpflege in München, Generalkonservator Prof. Dr. Michael Petzet, kam, dürfte nicht nur die Museumsleiterin, die Laufer Altstadtfreunde oder die vielen Helfer der letzten Jahre oder Bürgermeister Pompl besonders gefreut haben, sondern vor allem auch den Laufer Stadtrat, der, einschließlich Grunderwerb, fast vier Millionen Mark für das Laufer Museum genehmigt hat.

Prof. Petzet schwelgte regelrecht in Superlativen, als er geführt von Dr. Renate Kubli und Bürgermeister Pompl durch das Museum geführt wurde. Von der Schmiede vorbei an den Wehranlagen, in die Mühle und das Elektrizitätswerk, den Laden und durch die Arbeiter-Wohnungen im „Körnerschen Haus".

„Hier wurde richtig restauriert", ist aus berufenem Mund für die Verantwortlichen das höchstmögliche Lob. Dieses Museum, so der Generalkonservator, „ist in Bayern einzigartig". Nicht nur daß man einfach auch die „Spuren des Gebrauchs" erhalten hat, einmalig in Lauf sei die Tatsache, daß die Entwicklung vom Handwerk über die Frühindustrie bis in die heutige Zeit, mit Anlagen gezeigt wird, die an ihrem angestammten Ort geblieben sind. „In vorbildlicher Weise wurde mit dem Laufer Museum ein Zeugnis erhalten."

Und vielleicht könnte Lauf, so ein Blick des Chefs des Landesamtes für Denkmalpflege in die Zukunft, ein Zentrum für die vielen anderen Denkmäler der Industrie im Landkreis Nürnberger Land werden.

Pegnitz-Zeitung (Lauf a. d. Pegnitz)
9. Mai 1992

Experten: Denkmalschutz bei der Bahn oft chancenlos

Erfassung technischer Denkmäler erst am Anfang

Frankfurt. Bei der Deutschen Bundesbahn bleibt der Denkmalschutz häufig auf der Strecke. Das haben am Donnerstag Denkmalpfleger zum Auftakt eines zweitägigen Symposiums zum Thema »Eisenbahn und Denkmalpflege« in Frankfurt beklagt.

Im Gegensatz zu europäischen Nachbarländern stehe beispielsweise die systematische Erfassung von technischen Denkmälern entlang der Bahnstrecken noch ganz am Anfang, erklärte der Präsident des Deutschen Nationalkomitees von ICOMOS, einer Unterorganisation der Weltkulturorganisation UNESCO, Professor Michael Petzet.

Der Denkmalschützer räumte allerdings ein, daß die Sensibilität der Bundesbahn in Sachen Denkmalschutz in den vergangenen Jahren zugenommen habe. Die größten Sünden begehe die Bundesbahn aber immer noch beim Innenausbau von Großstadt-Bahnhöfen. Statt die technischen und architektonischen Kostbarkeiten der Stationen hervorzuheben, breite sich in den Bahnhöfen immer mehr eine »Fast-Food-Innenarchitektur« aus, kritisierte eine Teilnehmerin.

Als vorbildlich bewertete Professor Petzet im Gegensatz dazu die Gestaltung von Wiener Fern- und S-Bahnhöfen. »Die Innenausstattung dort hat einen nostalgischen Reiz, wirkt aber trotzdem unheimlich modern«, betonte er. Entsprechende Ansätze gebe es im Bereich der Deutschen Bundesbahn zumeist nur beim Ausbau kleinerer, verkehrstechnisch weniger bedeutsamer Stationen. Entlang von Schnellbahntrassen sei der Denkmalschutz ohnehin chancenlos.

Gegen die Vorwürfe setzte sich die Deutsche Bundesbahn (DB) zur Wehr. Ein Sprecher der DB-Hauptverwaltung in Frankfurt erklärte, die Bahn halte sich beim Um- und Ausbau von Bahnhöfen oder anderen technischen Denkmälern konsequent an die Vorgaben der Landesdenkmalämter. Die Gebäude und Einrichtungen würden stets entsprechend der gesetzlichen Vorgaben restauriert und renoviert.

Main-Echo (Aschaffenburg)
3. April 1992

AUS DEM LEBEN DES KURFÜRSTEN KARL THEODOR erzählen die beiden Fresken der historischen Galerie im ersten Stock des Völkerkundemuseums. Links: Eine Versammlung von Kunst-Notabilitäten in Mannheim, darunter auch Friedrich Schiller, die Schauspieler August Wilhelm Iffland und Karoline Ziegler sowie der Landschaftsmaler Ferdinand Kobell. Rechts: Karl Theodor läßt den Englischen Garten anlegen. Beide Bilder schuf August Palme.

Bei Sanierung des Völkerkundemuseums wieder ans Licht gekommen:

Großes Wandbilder-Buch der bayerischen Geschichte

38 Fresken eines einzigartigen Zyklus sollen restauriert werden / Max II. war der Auftraggeber

▷

Die ersten Arbeiten zur Sanierung des Völkerkundemuseums an der Maximilianstraße haben es ans Licht gebracht: Hinter Wandbespannungen kam ein Teil der monumentalen Fresken zum Vorschein, mit denen König Max II. gemäß dem Spruch am Giebel dieses ersten Nationalmuseum-Baus „Meinem Volk zu Ehr und Vorbild" eine Art „Haus der Bayerischen Geschichte" schaffen wollte. Der Chef des Landesamts für Denkmalpflege, Michael Petzet, stuft den Rang dieser Entdeckung sehr hoch ein. Er plädiert dafür, daß die 38 erhaltenen Bilder (von ursprünglich 143) sorgfältig restauriert werden – sicherlich die Arbeit eines Jahrzehnts – und daß sie auch sichtbar bleiben.

Von Heinrich Breyer

Im ersten Stockwerk des Museums, dort, wo früher große Inszenierungen die Alltags- und Handwerkskultur ferner Länder wie Borneo oder des Jemen nahegebracht haben, prangen nun in acht Sälen Staatsaktionen mit Herrschern, Rittern, Bischöfen, Patriziern und Künstlern aus bayerischen Landen an den Wänden. Es ist der stattliche Rest von einem einzigartigen Geschichtszyklus, mit dem König Max möglichst komplett die große Vergangenheit des Landes ins Bewußtsein rufen wollte, beginnend mit der Gründung Augsburgs und dem „Verkehr zwischen Römern und Barbaren im Standlager bei Grünwald", und endend mit der Darstellung „Königin Marie von Neapel, eine Tochter Wittelsbach's, bei der Verteidigung von Gaeta 1861". Während die Bildhistorie Altbayerns, die einst die Raumflucht westlich des Treppenhauses gezieret hat, im Krieg untergegangen ist, geben Szenen aus Franken, Schwaben und der Pfalz, dazu ein Exkurs zu Wittelsbachern auf dem schwedischen Thron, noch eine Vorstellung von Art und Vielfalt des Programms.

Im Völkerkundemuseum hat man natürlich gewußt, daß hinter Rupfenbespannungen Illustrationen verborgen waren, die nicht gerade zu Buddhas oder Totempfählen passen. Aber in der Öffentlichkeit, selbst bei interessierten Kunsthistorikern, galt der Zyklus als weitgehend zerstört. Nicht einmal Generalkonservator Michael Petzet, der Leiter des Landesamts für Denkmalpflege, wußte etwas von seiner Existenz, wiewohl in seinem Haus eine Photoserie archiviert ist, die erst vor etwa zwanzig Jahren aufgenommen wurde. Und als 1980 an gleicher Stelle ein Teil der Wittelsbacher-Jubiläumsausstellung aufgebaut war, mußten die Fresken, die für sich schon eine Lehrschau bayerischer Geschichte bilden, kuriorserweise verdeckt bleiben.

Als Florian Zimmermann, der Münchner-Referent des Denkmalamts, kürzlich seinen Chef durch die wiederentdeckten Bildersäle führte, war der tief beeindruckt. Mit scherzhafter Übertreibung kommentiert Petzet das Ereignis: „Das ist doch fast so, als wären die Fresken der Sixtinischen Kapelle in Vergessenheit geraten und würden jetzt wiederentdeckt – auch wenn in München nicht gerade Michelangelos am Werk waren." Jedenfalls schätzt er den Rang der Historienfolge sehr hoch ein. Schon vom Umfang her bedeute sie eines der wichtigsten erhalten gebliebenen Zeugnisse der Historienmalerei dieser Zeit in Deutschland; zudem einen Leistungsbeweis für die zweite Generation einer bedeutenden Münchner Malerschule – die Fortsetzung der von Künstlern wie Peter Cornelius, Schnorr von Carolsfeld und Moritz von Schwind begründeten Münchner Freskentradition. Für junge Talente, die eben erst von der Akademie kamen, müsse der Großauftrag von Max II. eine ungeheure Chance bedeutet haben. Insgesamt stellten die Arbeiten an der Ausstattung der Residenz sowie der Königsschlösser und den Beispielen Münchner Malerei in der Neuen Pinakothek und der Schackgalerie dar.

Mit großen Namen kann die 1867 eröffnete Geschichtsgalerie zwar nicht aufwarten, doch immerhin mit einer Reihe von Künstlern, die später für den Märchenkönig und seine Schlösser gearbeitet haben wie Wilhelm Hauschild oder Eduard Schwoiser. Für Petzet, der ehemals mit einer Ausstellung zum Thema „Ludwig II. und die Kunst" eine Ehrenrettung dieser vielverspotteten Ära eingeleitet hatte, sind wichtige Leute unter den 16 Malern, so etwa Theodor Pixis, der später die großen Münchner Wagner-Aufführungen in Illustrationen festgehalten und die Vorbilder für die Hunding-Hütte und die Venusgrotte von Linderhof geliefert hat. Besonders hoch schätzt er vier Fresken von Michael Exter ein. Denn dessen späteres Monumentalwerk – ein Nibelungen-Zyklus im Theatinergang der Residenz, durch den sich Ludwig II. auf dem Weg von seinen Appartements am Hofgarten zu den Separatvorstellungen im Nationaltheater in die richtige Stimmung versetzen ließ – wurde im Krieg zerstört. Ein anderer der hier vertretenen Maler, August Palme, ist später dadurch bekanntgeworden, daß er die Wallfahrtskirche der Vierzehnheiligen, deren Fresken durch einen Brand zerstört wurden, nach Art des Rokoko neu ausmalte. Ein Werk, das wiederum vor dem Krieg einer purifizierenden Restaurierung zum Opfer gefallen ist.

... darf nicht mehr verschwinden

Fazit des obersten bayerischen Denkmalhüters: Keinesfalls dürfe der Zyklus
Fortsetzung auf Seite 18

GERMANEN UNTER SICH: *In der fränkischen Abteilung ist der Kampf zwischen Hermunduren und Katten um die Salzquellen bei Kissingen dargestellt. Das Fresko schuf Johann Georg Hiltensperger.*

Süddeutsche Zeitung
21./22. März 1992

Lebhafte Diskussion in der Stadtgestaltungskommission

Wo bekommt dem Stadtbild ein Hochhaus?
Braunfels-Entwurf abgelehnt / Sympathie für ein Projekt des Langenscheidt-Verlags

Von Heinrich Breyer

Wo können Hochhäuser guten Gewissens genehmigt werden, weil sie kräftige Akzente in monotone Umgebung setzen? Wo sind sie abzulehnen, weil sie in der architektonischen Nachbarschaft zu Störenfrieden würden? Diese Grundsatzfragen beschäftigen die Stadtgestaltungskommission bei ihren Beratungen zunehmend. Bei der jüngsten Sitzung führte ein Grenzfall zu einem ungewöhnlichen Patt und damit zur Ablehnung: Das Projekt eines Büroturms an der Ecke Landsberger Straße/Donnersbergerbrücke. Zur Debatte standen drei Entwürfe, von denen in einem privaten Wettbewerb die Planung von Stephan Braunfels favorisiert worden war – ein Rundbau, der in einer Variante 99, in der zweiten 70 Meter hoch hätte werden sollen.

Ein Grenzfall war dies im Wortsinn, weil nach der Studie von Detlef Schreiber aus dem Jahr 1977, die bislang als Leitlinie in dieser Frage gilt, der Bau von Hochhäusern innerhalb des Mittleren Rings ausgeschlossen sein sollte. Nach dieser Studie ist die fragliche Zone als „eher weniger empfindlich" einzustufen, doch bedürfe die Nähe zu denkmalgeschützten Baustrukturen einer weiteren Untersuchung. Genau hier schieden sich die Geister: Vor allem Bürgermeister Christian Ude, Stadtbaurätin Christiane Thalgott sowie die Stadträte Wolfgang Czisch und Hildebrecht Braun plädierten dafür, an diesem städtebaulich verkorksten, verkehrsumtosten Ort neben der Brücke ein solch prägendes Gebäude zuzulassen. Der Architekt Christoph Sattler war sogar der Meinung, die hier gefundene Lösung auf einem extrem kleinen Grundstück könnte geradezu zu einem Münchner Prototyp werden.

Demgegenüber vertrat vor allem Denkmalamt-Chef Michael Petzet die Meinung, man sollte hier nicht Fehler machen wie seinerzeit am Pariser Montparnasse, die dort längst zum Umdenken geführt hätten. Zumindest müßten Auswirkungen auf die Stadtsilhouette, beispielsweise mit Blick auf die Bavaria, untersucht werden. Auch einige Architekten warnten davor, die vom Westend her geschlossene Bebauung der Landsberger Straße so kraß aufzubrechen. Vor allem wurde gefordert, daß bei einer solch erheblichen Baurechtsmehrung, wie sie das Projekt mit sich brächte, der Bauherr zu einem öffentlichen Wettbewerb verpflichtet werden sollte. Bei der Abstimmung entstand die ungewöhnliche Situation,

Süddeutsche Zeitung
21./22. März 1992

daß neben dem Braunfels-Entwurf auch die konkurrierenden Planungen von Herbert Kochta und dem Büro Illig, Weickenmeier und Partner mehr Gegen- als Pro-Stimmen erhielten. In der Grundsatzfrage der Höhenentwicklung kam es dann zur Pattsituation acht gegen acht, die den Braunfels-Plan aus dem Rennen warf. Eine Mehrheit fand nur der Antrag, eine Lösung zuzulassen, die unter 50 Metern bleibt. (Was bei den Alternativplanungen der Fall ist.)

Überwiegend positiv waren zuvor Überlegungen des Langenscheidt-Verlags beurteilt worden, sich bei einem Erweiterungsbau an der Ecke Schenkendorfstraße/Neusser Straße mit einem Hochhaus zu präsentieren. Wohlwollen nicht nur, weil die Firma für das Projekt einen Architektenwettbewerb ausschreiben möchte, sondern auch der Torsituation an der Autobahneinfahrt wegen, die eine solche Signalwirkung vertragen könnte. „Für die Verlagstadt München wäre das eine gute Visitenkarte", befand Bürgermeister Christian Ude. Bedenken des Grünen-Stadtrats Bernd Steyrer, einer solchen Verdichtung stehe das Fehlen öffentlicher Verkehrsmittel entgegen, begegnete Stadtbaurätin Thalgott mit der Ankündigung, daß hier schon wegen der Anbindung des Funkkasernen-Areals eine Trambahnverbindung geplant sei.

Grundsätzlich äußerten einige Kommissionsmitglieder Unbehagen, daß man punktuell einzelne Hochhausprojekte in einer Gegend beurteile, in der eine Reihe solcher Vorhaben anstünden. Hier müßte man größere Zusammenhänge diskutieren können.

ALS KONTRAPUNKT zum denkmalgeschützten Bau des Hauptzollamts an der Landsberger Straße (rechts) wollte Architekt Stephan Braunfels einen 99 Meter (in einer Variante 70 Meter) hohen Büroturm an die Ecke Donnersbergerbrücke/Landsberger Straße setzen.
Skizze: Braunfels

Fortsetzung:

Großes Wandbilder-Buch

Fortsetzung von Seite 17

nach einer Konservierung wieder dauernd hinter Wandbespannungen verschwinden, wo sie im übrigen keineswegs gut geschützt waren. Gegenüber der vorangegangenen Photodokumentation zeigen die jüngsten Aufnahmen gravierende neue Schäden.

Im Fall eines Freskos von Ferdinand Piloty hat sogar die rote Rupfen abgefärbt, als man ihn auf der Vorderseite weiß angestrichen hat. Petzet will sich für eine komplette Restaurierung einsetzen, die mit Sicherheit Jahre in Anspruch nehmen und auch einiges kosten werde. Er hofft zudem, daß sich auch im westlichen Flügel des Museums, der weit schwerere Bombenschäden erlitten hat, noch Fragmente finden.

Das Landbauamt, das für die Sanierung des Museumsbaus zuständig ist, hat bereits als erste Konsequenz der Neuentdeckung Details der Planung geändert. So verzichtet man auf die vorgesehene Abhängung von Decken in Freskensälen.

Auch ein weiterer Wunsch des Denkmalreferenten Florian Zimmermann wurde erfüllt: Im Kellergeschoß, das bei der Trümmerräumung zugeschüttet wurde und in dem nun Werkstatträume installiert werden, bleibt die Spur des Stadtbachs erhalten, der hier einst in Richtung Lehel geflossen ist. Ablehnen mußte er das Anliegen der Museumsleitung, die Arkaden im Erdgeschoß zu verglasen, damit Besucher, die ihre Garderobe abgegeben haben, ohne Erkältung in die Seitentrakte gelangen können.

Probleme für Direktor Raunig

Das ist jedoch nicht das Hauptproblem für Völkerkunde-Direktor Walter Raunig. Schwieriger ist die neu aufgeworfene Frage, wie man es mit den bayerischen Bildersälen halten will. Am liebsten sähe er eine Verpflanzung dieses Danaer-Geschenks etwa in den Kuppeltrakt der Neuen Staatskanzlei. Doch bei einem Zyklus solchen Ausmaßes sei das schon rein technisch undenkbar, stellt Michael Pet-

Süddeutsche Zeitung
4. Juni 1992

Petzet: Denkmalschutz keine Belastung für einen Kompromiß

Schlachthof-Erhaltung: Interview mit dem Landeskonservator

Landshut (wa) — Wieviel Denkmalschutz ist wünschenswert und wieviel Denkmalschutz ist möglich am alten Schlachthof an der Stethaimerstraße? Die Meinung des Landesamts für Denkmalpflege, nach der alle Gebäude schutzwürdig seien und in die Denkmalliste eingetragen werden sollten, ist eines der stärksten Argumente der Kultur-Initiative. Vor 14 Tagen machte sich der Chef des Landesamts, Michael Petzet, persönlich ein Bild vor Ort. Inzwischen hat er seine Eindrücke verdaut, wir sprachen mit dem Landeskonservator.

Wochenblatt: Teilen Sie nach dem persönlichen Besuch die Meinung Ihrer Beamten, wonach alle Gebäudeteile erhalten werden sollten?
Petzet: Der alte Landshuter Schlachthof ist sicher eine historische interessante Anlage, mit Recht kann man eine Erweiterung der Eintragung in den Entwurf der Denkmalliste fordern.

Wochenblatt: Dann sind auch Sie dafür, das ganze Ensemble zu erhalten?
Petzet: Das kann man nicht sagen. Es ist ja ein großer Unterschied, was sinnvoll in die Denkmalliste eingetragen wird und wie man damit dann zurechtkommt bei der späteren Nutzung.

Wochenblatt: Es gibt auf dem Gelände eine ganze Reihe von Gebäudeteilen, bei denen man sich ernsthaft Erhaltung und sinnvolle Verwendung nicht vorstellen kann.
Petzet: Das ist richtig. Diese flachen Gebäude im hinteren Teil zum Beispiel, das wäre wirklich schwer vorzustellen.

Wochenblatt: Heißt das, daß auch Sie sich eher einen Kompromiß vorstellen können? Und welche Gebäudeteile sollten dann unbedingt erhalten bleiben?
Petzet: Es muß ja eigentlich notwendigerweise auf einen Kompromiß hinauslaufen. Das Eckgebäude, diese Verwaltungsvilla, hat übrigens eine unglaublich eindrucksvolle Inneneinrichtung. Der Turm ist besonders markant, für den Stadtteil fast ein Wahrzeichen. Und ich bin froh, daß bei der Ortsbesichtigung von der Stadt die Bereitschaft zu hören war, diese Durchfahrtshalle auch zu erhalten, die zwar schrecklich verbaut ist, bei der man aber von oben schön die alte Holzkonstruktion sehen kann.

Wochenblatt: Das ist jetzt nicht weit weg von der Position der Stadtratsmehrheit und der Verwaltung. Ist das ein Widerspruch zum eigenen Haus?
Petzet: Ich habe überhaupt keine Veranlassung, am Urteil meiner Leute zu zweifeln. Aber wie gesagt, da ist eben der Unterschied zwischen der auch nach meiner Einschätzung richtigen Eintragung in die Denkmalliste und den konkreten Plänen der späteren Nutzung.

Wochenblatt: Was halten Sie dann von den bisherigen Alternativ-Vorschlägen?
Petzet: Da gibt es diesen Vorschlag mit dem Staatsarchiv. Vielleicht ist das ja eine gute Idee.

Wochenblatt: In Landshut sieht die Idee eher aus wie ein Ablenkungsmanöver nach dem Motto „Freistaat, wenn Du Denkmäler erhalten willst, dann mach das mal selber".
Petzet: Das weiß ich nicht, wir schreiben in diesem Zusammenhang jetzt jedenfalls mal ans Kultusministerium.

Wochenblatt: Und was halten Sie von einem Metzger-Museum?
Petzet: Hm, eigentlich ist es ein bißchen absurd, schon wieder ein Museum... Natürlich sollen solche Denkmäler im Idealfall nahe an ihrer Funktion erhalten werden, aber wir können, extrem gesagt, ja wirklich nicht fordern, daß der alte Schlachthof aus Denkmalgründen weiterbetrieben wird. Überhaupt muß man ja auch mal fragen, ob ein Schlachthof generell so begeisternd ist.

Wochenblatt: Wie steht es überhaupt mit der Denkmalwürdigkeit des Schlachthofs im Vergleich zu anderen bayerischen Städten?
Petzet: Er ist keine Pioniertat und er ist auch nicht einzigartig. Der alte Straubinger Schlachthof war zum Beispiel sehr viel eindrucksvoller.

Wochenblatt: Wie geht's jetzt weiter?
Petzet: Das kommt jetzt auf die Pläne an, die erarbeitet werden. Dazu werden wir dann unsere Stellungnahme abgeben. Die Gesamteintragung in die Denkmalliste ist dabei keine Belastung für einen Kompromiß.

Für den Stadtteil fast ein Wahrzeichen: der Schlachthof-Turm.

Wochenblatt (Landshut), 3. Juli 1992

der bayerischen Geschichte

zet zu dieser Idee fest. Andererseits argumentiert der Museumsmann wiederum einleuchtend, er könne auf keinen Fall Objekte der Völkerkunde mit monumentaler bayerischer Geschichtskunde konfrontieren. „Wittelsbacher Herrscher und indonesischer Totenkult, das geht nicht zusammen." Er kann sich zunächst nur vorstellen, daß man die Wandbespannungen künftig so beweglich gestaltet, daß ab und zu der Blick auf die dahinterliegende Bilderwelt ermöglicht wird. „Ein vernünftiger Kompromiß ist da sicher möglich."

Die ursprüngliche Idee des gelernten Historikers Max II., hier nach Versailler Vorbild eine Geschichtsgalerie zu schaffen, in der nur die Wandbilder sprechen und belehren sollten, hatten die Museumsleute ohnedies bald über Bord geworfen. Ein Stadtführer von 1878 registriert jedenfalls keramische und Glassammlungen in diesen Räumen, außerdem historische Gewänder und Volkstrachten, die Türkenbeute des „Blauen Kurfürsten" Max Emanuel und auch preußische Reliquien wie Weste, Stock, Sattel und Pistolen des Alten Fritz. Sechs Jahre nach dem Auszug des Nationalmuseums, im Jahr 1906, richtete Oskar von Miller in den freigewordenen Räumen – etwa gleichzeitig mit der Grundsteinlegung für das deutsche Museum – ein Provisorium für seine Technikschau ein. Damals bereits wurden die Fresken als störend zugehängt. Und das blieb erst recht so, als 1925 das Völkerkundemuseum vom Hofgarten hierher umzog. Die Kunst des Historismus galt seinerzeit ohnedies als Greuel schlimmster Sorte.

Die Kunde von der wiederentdeckten gemalten Bayern-Saga hat bereits ein wissenschaftliches Echo hervorgerufen. In einem Vortrag griff Uta Schedler vom Institut für bayerische Kunstgeschichte kürzlich das Thema unter dem Stichwort „Ein ungeliebtes Kind des 19. Jahrhunderts" auf. Ihre Analyse des Gesamtwerks als Stück bayerischer Staatspropaganda basiert zum Teil auf einer sehr detaillierten Kritik, die Friedrich Pecht, ein führender Kunstpublizist des 19. Jahrhunderts, bald nach der offiziellen Eröffnung des Alten Nationalmuseums über die 145 Gemälde geschrieben hat. „Eine edle Absicht ist da in der Ausführung trostlos mißglückt", lautet sein Resumee, obgleich er einige der monumentalen Arbeiten von diesem Pauschalurteil ausnimmt. Darunter gerade Darstellungen zur fränkischen Kulturgeschichte, die zu den erhaltenen Werken zählen. Er vermerkt auch, daß sich die Münchner so gut wie gar nicht für diese neue Errungenschaft interessierten.

Erwachendes Interesse

Das müßte heute keineswegs mehr so sein, meint Michael Petzet. Dafür spricht auch, daß im vorigen Jahr beim Tag der offenen Tür im Maximilianeum, wo Historienbilder derselben Epoche – zum Teil auch von denselben Künstlern – an den Wänden prangten, ein enormer Andrang registriert wurde.

Denkmalpfleger als „Krebsspezialisten" für Bronzeskulpturen

Gegen den Feind in der Luft sind selbst Helden nicht gewappnet

Das Münchner Landesamt ist federführend bei der Bekämpfung von umweltbedingten Beschädigungen an Kunstwerken

Von Heinrich Breyer

Von weitem wirkt er mit seinen stämmigen Beinen, dem Körperbau eines Kraftkerls und den Pausbacken wie ein Urbild blühender Gesundheit, doch näher besehen fallen bereits Pockennarben im Gesicht und rissige Hautpartien auf. Nicht umsonst steht der Löwenbesieger aus dem Putten-Quartett der Mariensäule seit geraumer Zeit zur Generaluntersuchung in einer Werkstatt des Landesamts für Denkmalpflege. Dort teilt er den Patientenraum mit einem „Pflockweib" vom Augsburger Augustusbrunnen und dem personifizierten „Glauben" vom Nürnberger Tugendbrunnen. An diesen drei Glanzstücken der Bronzekunst des 16. und 17. Jahrhunderts wollen Chemiker und Restauratoren nach einer minutiösen Diagnose Modelle für Behandlungsmethoden entwickeln.

Zunächst geht es darum, ein exaktes Krankheitsbild zu gewinnen. Schon der Augenschein zeugt davon, daß sich zum Beispiel beim Münchner Heldenputto die einzelnen Partien in ganz unterschiedlichem Zustand befinden. Die Farben der Patina wechseln von Schwarzbraun über das „klassische" Antikgrün zu Giftgrün – das Zeichen für eine aggressive Säureverbindung. Auf der Stirn prangt ein aufgebrochener Pickel, eine Kalkausblühung, und besonders schlimm, gefährlich verkrustet, sieht es unter dem Waffenrock aus. Die einfache Erklärung dafür: Unter dem schützenden Helm und der Gewandung konnte der Regen die schadstoffbelasteten Schmutzpartikel nicht abwaschen.

Restaurierungskonzepte

Mit Hilfe von Mikroskopaufnahmen und Säuremessungen haben die beiden Chemiker Martin Mach und Georg Pöhlmann tabellarisch erfaßt, in welchem Zustand sich die Oberfläche an jedem Punkt befindet. Was wiederum Voraussetzung für das Konzept der Restaurierung ist, an der Werkstättenchef Michael Kühlenthal zusammen mit seinen Bronzespezialisten Erwin Mayer und Kerstin Brendel arbeitet. Denn wer immer sich später mit dem Skalpell daran macht, angegriffene Stellen zu bereinigen, muß wissen, wie tief er gehen darf, ohne die Patina-Schicht zu zerstören.

Bis Ende Juni hofft das Team, den abschließenden Befund über den Erz-Engel von der Mariensäule vorlegen zu können. Was noch aussteht, ist die „internistische" Röntgenuntersuchung, die Erkundung, wie's drinnen aussieht, nämlich im Gußkern. Im schlimmsten Fall kann nämlich ein solches verrottendes Eisengerüst den Gußmantel sprengen. Im übrigen richtet sich das Rezept für die Behandlung der Bronzeplastiken danach, ob sie weiterhin im Freien stehen sollen, oder ob sie – wie die Figuren vom Wittelsbacherbrunnen in der Residenz – am angestammten Platz durch Kopien ersetzt werden. „Während es im zweiten Fall mehr um Ästhetik geht, steht im anderen die Sicherung vor weiteren Zerstörungsprozessen im Vordergrund", erläutert Chefrestaurateur Kühlenthal. So müssen bei den Heldenputten auch die kleinsten Risse in der Bronzehaut geschlossen werden, um die Korrosion zu stoppen. Ob als Kunstharz oder Blei steht noch nicht fest. „Auf keinen Fall aber durch Schweißen, wie das heute noch vielfach praktiziert wird."

Als wichtigsten Rat für die Treuhänder der Kunstwerke betrachtet man im Denkmalamt die Empfehlung, die Bronzen regelmäßig zu pflegen – nämlich alle zwei Jahre abzuwaschen und zu wachsen. Da dies von Hand und fachmännisch geschehen sollte, wäre ein Wartungsvertrag mit einem Restaurator die beste Lösung. Der Haken ist nur, daß es kaum ausgebildete Fachleute auf diesem Gebiet gibt. Generalkonservator Michael Petzet stellt deswegen in Aussicht, daß die Bronzen von der Mariensäule möglicherweise in seinem Haus in Kur genommen werden können, unter Beiziehung freier Restauratoren, die hier eine Art Grundkurs absolvieren können.

Allerdings müssen die potentiellen Lehrmeister gestehen: „Wir wissen viel zu wenig." Zwar hat es schon vor mehr als hundert Jahren, ausgelöst durch erkennbare Umweltschäden, in Berlin erste Experimente zum Schutz von Bronzedenkmälern gegeben, aber die Ergebnisse waren rasch wieder vergessen, und das für lange Zeit. Heute ist das Münchner Landesamt für Denkmalpflege das einzige in Deutschland, das sich speziell mit dieser Thematik befaßt, zugleich als Subzentrum einer weltweit an 91 Stationen eingerichteten Versuchsreihe, zuständig für Tests in Garmisch und Aschaffenburg. Dort wurden ebenso wie andernorts Bronze- und Kupferplatten Wind, Wetter und Luftschadstoffen ausgesetzt. Sie sollen in Verbindung mit Wetterstationen Daten liefern, wie sich die Metallproben bei verschiedenartigen Klimabedingungen und Schadstoffbelastungen verhalten; wie sie sich verändern.

Suche nach Schuldigen

Indes ist auch der Amtssitz in der Alten Münze Forschungsstation auf diesem Gebiet. Mit Unterstützung der Stiftung Volkswagenwerk versucht eine Arbeitsgruppe von Chemikern, herauszufinden, welche Schadstoffe die Hauptschuld an der Korrosion haben, welche Substanzen als Schutzfilm für die Oberfläche geeignet und ob bestimmte Legierungen besonders widerstandsfähig sind. Rätsel gibt beispielsweise der hervorragende Zustand der Bronzen in Peking und anderen historischen Städten Chinas auf. Liegt es an vorbildlicher Pflege oder an der relativ geringen Motorisierung des Verkehrs? Eine Auswirkung der Autoströme konnten die Spezialisten exakt dokumentieren, und zwar durch eine Querschnittprobe von der Patina des Zirbelnuß-Brunnens an der Prinzregentenstraße. Die Mikroskopaufnahme zeigt, daß sie mit schwarzen Partikeln durchsetzt ist, die sich als Abrieb von Gummireifen identifizieren ließen.

In einem ersten Forschungsbericht „Konservierung von Bronzen im Freien" hat das Zentrallabor auch Erkenntnisse über andere Münchner Monumente niedergelegt. So über die Denkmäler für Max II. und für Max Joseph, die beide „in katastrophalem Zustand" sind. Was weitgehend auch mit mangelnder Hygiene zu tun hat. So machte bei Untersuchungen am „Sitzbild" des ersten bayerischen Königs vor dem Nationaltheater schon der Geruch eine Ursache der Schäden unver-

CHEFVISITE BEIM PATIENTEN: Seit Monaten wird der um 1638/40 gegossene Heldenputto von der Mariensäule im Landesamt für Denkmalpflege diagnostiziert. Unser Bild zeigt von links Werkstättenleiter Michael Kühlenthal, Generalkonservator Michael Petzet und den Restaurator Erwin Mayer. Photo: Karlheinz Egginger

kennbar: Tauben, die sich zwischen dem Rücken des Monarchen und der Sessellehne eingenistet haben. Verkrusteter Schmutz, soviel steht fest, hat zerstörerische Wirkungen. „Solche Sinter-Geschwüre sammeln Feuchtigkeit und Schadstoffe aus der Luft wie ein Schwamm", sagt der Chemiker Martin Mach.

Bei den Brunnenfiguren aus Augsburg und Nürnberg stellt sich das Problem wieder etwas anders. Denn sie wurden ohne Zweifel genug gewaschen, aber nicht unbedingt von einem Gesundheitsquell. Deshalb soll der „Glaube" aus der Franken-Metropole nach der Restaurierung von einer Umwälzanlage benetzt werden, deren Wasser „verträglich" ist, geringen Chloridgehalt aufweist und schädlichen Algenwuchs verhindert. Ein Jahr lang will man dann beobachten, wie sich die Bronze unter solchen verbesserten Bedingungen verhält.

Dokumentation der Befunde

Gleichzeitig wird der Befund jeweils sorgfältig dokumentiert. Das entspricht alter Tradition. So wurden schon zu Beginn des Jahrhunderts Detailaufnahmen von den Heldenputten gemacht. Sie erklären beispielsweise, weshalb sich im Rücken des Löwensiegers Bohrlöcher befinden. Sie dienten, wie sich hier zeigt, zur Verankerung eines Gestänges, das die Standfestigkeit der Helden sichern sollte. Für künftige Vergleichsmöglichkeiten hat die Restauratorin Kerstin Brendel in Abguß-Plättchen den heutigen Zustand der Oberfläche festgehalten. Insgesamt sieht Bayerns oberster Denkmalschützer Michael Petzet die Art, wie in seinem Amt an dem Projekt Bronzekonservierung gearbeitet wird, als Idealfall: „Das enge Zusammenwirken von Naturwissenschaftlern und Restauratoren, von Forschung und Praxis können die dringliche Arbeit auf diesem Gebiet am besten voranbringen."

Süddeutsche Zeitung
6. Juni 1992

Ausstattung und Restaurierung beschrieben
Generalkonservator stellte Schrift über den Walderbacher Kapitelsaal vor – Schlichte moderne Formen

Nach seinem Vortrag (links) im Rahmen einer Pressekonferenz erhielt Generalkonservator Prof. Dr. Michael Petzet von Vizelandrat Michael Dankerl die Landkreismedaille überreicht (rechts).

Cham/Walderbach. (wm) Anläßlich des Abschlusses der Restaurierung des barocken Festsaales (ehemaliger Kapitelsaal) im Zisterzienserkloster Walderbach brachte das „Bayerische Landesamt für Denkmalpflege" im Rahmen der Schriftenreihe „Denkmalpflege Informationen" eine Publikation heraus, in der Geschichte, Ausstattung und Restaurierung des Festsaales beschrieben wird. Autor dieser ausführlichen Dokumentation ist Harald Gieß, der seitens des Landesamtes die Restaurierungarbeiten betreut hat, die Gestaltung des Heftes besorgten Susanne Böning-Weis und Karlheinz Hemmeter von der Pressestelle des Landesamtes.

Diese Schrift wurde am gestrigen Donnerstag im Rahmen einer Pressekonferenz von Generalkonservator Prof. Dr. Michael Petzet vorgestellt, zu der Vertreter der örtlichen, regionalen und überregionalen Printmedien und des Bayerischen Rundfunks sowie eine Reihe von Mandatären aus der Kommunalpolitik, der mit der Restaurierung befaßten Stellen des Landratsamtes und die Familie Rückert als Hausherren erschienen waren. In Vertretung von Landrat Girmindl, der zur Zeit in Bautzen weilt, begrüßte stellvertretender Landrat Michael Dankerl die Anwesenden und brachte seine Freude über das Gelingen des Werkes und über die gute Zusammenarbeit der daran beteiligten Stellen zum Ausdruck.

Sodann zeichnete Generalkonservator Dr. Petzet die langwierige und oft recht mühsame Geschichte der Restaurierungsarbeiten vor der im Jahr 1982 begonnenen ersten Notsicherung bis zur jetzigen Vollendung, sowie sie in der vorgestellten Publikation dokumentiert ist, nach, und legte dabei besonderen Wert auf die Feststellung, daß die Denkmalpflege unserer Tage immer wieder mit den Sünden der Säkularisation im 19. Jahrhundert – Kloster Walderbach wurde 1803 aufgelassen – konfrontiert wird, daß aber die einigermaßen „artgerechte" weltliche Nutzung als Teil der Brauereiwirtschaft das Schlimmste verhindert hat. Andererseits waren die Schäden besonders bei der Deckenkonstruktion sehr schwer, das Gewölbe sei fast vollständig zerstört gewesen. Aufgabe der Restauratoren sei es gewesen, noch Vorhandenes – z. B. beim Deckengemälde – im vorgegebenen Zustand zu erhalten und wo unbedingt nötig vorsichtige Ergänzungen vorzunehmen. Eine besondere Leistung stellen die neu gearbeiteten Fenster dar, die nach dem Vorbild zweier erhaltender Fenster gestaltet wurde, ähnliches gilt vom Fußboden.

Da, wo mangels Vorbild nichts rekonstruiert war (wie bei Mobilar und Beleuchtung) habe man schlichte moderne Formen gewählt, die sich gut ins Gesamtbild einfügen. Aus der Sicht der Denkmalpflege, so meint Dr. Petzet, sei die Restaurierung bestmöglich gelungen und es sei darüberhinaus besonders erfreulich, daß für die Zukunft eine neue adäquate Nutzung vorgesehen ist.

Nach dem Generalkonservator machte Harald Gieß noch einige Anmerkungen zur Restaurationsgeschichte, er wird beim Festakt heute Abend mit einem Kurzvortrag Ikonographie und Bedeutung des Deckengemäldes noch besonders erläutern. Zum Abschluß der Pressekonferenz bedankte sich der stellvertretende Landrat Michael Dankerl nochmals bei allen Beteiligten und überreichte Prof. Dr. Petzet die Landkreismedaille. Den Redakteuren der vorgestellten Publikation stattete er den Dank des Landkreises mit einem Blumengebinde für Susanne Böning-Weis und einem „landkreis-einschlägigen" Buchgeschenk für Karlheinz Hemmeter ab.

Nach erfolgter Einweihung werden wir das neue Schmuckstück im Landkreis und die von Harald Gieß besorgte Dokumentation in einer unserer nächsten Ausgaben ausführlich vorstellen. Schon jetzt sei darauf hingewiesen, daß es für die Wiederholung des Eröffnungskonzertes mit der „Salzburger Hofmusik" am Sonntag, 28. Juni, vormittags 11 Uhr, noch eine beschränkte Anzahl von Karten gibt, die auch an der Tageskasse erhältlich sind.

Ein Ausschnitt aus dem Deckengemälde des Walderbacher Kapitalsaales.

Kötztinger Zeitung, 26. Juni 1992

„Theologisch durchweg stimmig"
Architektenwettbewerb um Bischofsgrablege entschieden

Der bereits seit längerem geplante Bau einer Bischofsgruft unter dem Westchor des Bamberger Doms nimmt konkrete Formen an. Bei einem Bamberger Metropolitankapitel ausgeschriebenen kooperativen Wettbewerb wurde jetzt aus sechs eingereichten Arbeiten dem Entwurf des Münchner Architekten Alexander von Branca der erste Preis zuerkannt. Modell und Pläne des Branca-Entwurfs, der in Zusammenhang mit Tochter Emanuela von Branca und dem Landshuter Bildhauer Fritz König entstand, sehen in der rund neun mal acht Meter großen, fünf Meter hohen Ausschachtung unter dem Westchor ein Gräberfeld mit zwölf zweireihig angeordneten Bodengrabstätten und schlicht gehaltenen Grabplatten vor. Die Neukonzeption einer bischöflichen Grablege im Dom war nötig geworden, nachdem im Kirchenschiff keine weiteren Bestattungsmöglichkeiten mehr bestehen.

Die Pläne von Brancas fanden den einstimmigen Zuspruch der Gutachterkommission aus Vertretern des Landbauamtes Bamberg, der Denkmalpflege-Behörden und des Metropolitankapitels. Der bayerische Generalkonservator, Professor Michael Petzet, lobte den Entwurf insbesondere deswegen, weil durch ihn Teile der alten Grundmauern des ursprünglichen Vorgängerbaus aus dem frühen 11. Jahrhundert, die bei den Ausgrabungen freigelegt wurden, in gelungener Weise integriert werden. Die unter denkmalpflegerischen Gesichtspunkten am meisten diskutierte Frage des Zugangs zur Bischofsgruft erfolgt nach den Plänen von Brancas in einem bewußt unauffällig gehaltenen Treppenabgang vom nördlichen Seitenschiff des Doms her, so daß die noch vorhandene historische Bausubstanz nur in sehr geringem Maße angetastet werden muß.

Domprobst Weihbischof Werner Radspieler bezeichnete den preisgekrönten Entwurf als „theologisch durch und durch stimmig". Die bischöfliche Grablege, in der sich auch ein kleiner Altar befindet, werde der Öffentlichkeit zugänglich sein, sie sei jedoch nicht als weiterer Gottesdienstraum konzipiert. Mit der endgültigen Fertigstellung der Bischofsgruft wird frühestens in zwei bis drei Jahren gerechnet.

Blick auf das Modell der künftigen Bischofsgrablege unter dem Westchor des Domes. Der Zugang erfolgt nach den Plänen von Brancas vom nördlichen Seitenschiff her. Foto: Ronald Rinklef

Fränkischer Tag (Bamberg)
3. Juli 1992

Süddeutsche Zeitung
23. Juli 1992

Pater Emmeram will Schloß Prüfening retten

Mit Gebeten gegen die Zweckentfremdung
Fürstin Glorias 90jähriger Onkel entsetzt über Vorgänge im Haus Thurn und Taxis

Von Andreas Schätzl

Regensburg – Pater Emmeram, ein Prinz von Thurn und Taxis, ist „entsetzt" über die „Dinge", die in diesen Tage rund um das fürstliche Haus passieren. Zum einen will Fürstin Gloria Schloß Prüfening an die Stadt Regensburg verkaufen. Der 90jährige Benediktinermönch, Onkel des im Dezember 1990 gestorbenen Fürsten Johannes von Thurn und Taxis, wohnt als Eremit in der schwer vom Zahn der Zeit zernagten Abtei, die 1109 gegründet wurde und zu den bedeutendsten Leistungen benediktinischer Baukunst zählt. Seit 1953 bemüht er sich unermüdlich um die Restaurierung des Klosters, welche er vorwiegend in Eigenregie betreibt. „Ich bin nicht hier, um in einem Schloß zu sitzen, sondern um gegen den fortschreitenden Verfall anzukämpfen", vesichert der Einsiedler.

Schmerzhafter Rosenkranz

Wenn die Stadt Regensburg daran geht, eine Akademie mit Tagungszentrum und Hotel in den altehrwürdigen Mauern einzurichten, muß sich Pater Emmeram ein anderes Zuhause suchen. Dafür muß er etwas aufgeben, was er „mit großer Mühe aufgebaut" und wofür er inzwischen auch schon einige tatkräftige Helfer gefunden hat. „Mit acht Mark und drei Büchern bin ich seinerzeit hierhergekommen. Ich konnte nicht einmal ein Besucherbuch kaufen", erinnert sich der Geistliche. Die örtlichen „Freunde des Klosters St. Georg" wollen am kommenden Sonntag mit Gebeten und einer Prozession gegen die „Zweckentfremdung" demonstrieren. Ab 16 Uhr soll am Eingangstor in der Prüfeninger Schloßstraße die Prozession beginnen, bei der auch eine Fatima-Pilger-Madonna mitgeführt wird. Unter anderem wollen die Gläubigen den Schmerzhaften Rosenkranz beten. „Das ist sehr rührend und lieb", sagt Pater Emmeram, „aber ob es irgendeinen Eindruck macht bei der Witwe des Fürsten, bezweifle ich."

„Gold gerochen"

Überhaupt ist der Mönch alles andere als gut zu sprechen auf die Fürstin. Sie habe „Gold gerochen" und sei nur „an materiellen Werten" interessiert. Eine weitere „Barbarei" ist in seinen Augen die für 16. und 17. November vorgesehene Versteigerung eines Teils des Familienschmucks durch das Auktionshaus Sotheby's in Genf. „Sie sagt, sie wolle durch den Erlös die zu erwartende Erbschaftssteuer bezahlen – aber die wurde ja noch gar nicht genannt", schimpft Pater Emmeram. Die Auktion wird 150 Stücke fürstlicher Juwelen aus dem 18. bis 20. Jahrhundert umfassen, sowie 50 goldene Tabakdosen aus dem 18. Jahrhundert. Darunter befindet sich auch ein brillanten- und juwelenbesetztes Exemplar, das um 1760 für Friedrich den Großen geschaffen wurde und dessen Wert auf über zwei Millionen Schweizer Franken geschätzt wird. Das ebenfalls zum Verkauf stehende Hochzeitsdiadem der Witwe hat einen Schätzwert von 260 000 Franken. Hinzu kommt eine umfangreiche Tafelsilbersammlung. Es schmerzt den Pater sehr, daß das Diadem, das schon seine Mutter zur Hochzeit getragen habe, zur Versteigerung ansteht. Für ihn ist die gesamte Auktion, die rund 20 Millionen Schweizer Franken bringen soll, ein unwiederbringlicher Verlust von teilweise uraltem Familiengut. „Aber ich habe schon bei der Hochzeit der beiden 1980 gesagt, daß sie das Haus ruinieren werden." Kapitulieren will der 90jährige auf keinen Fall, „auch wenn ich kein Jüngling mehr bin. Das Stativ drunter ist nicht mehr das Beste, aber das Hirnkastl ist noch in Ordnung."

Denkmalschützer bremsen

Die Pläne von Fürstin Gloria, einen Teil der Kunstschätze des Fürstenhauses Thurn und Taxis zu verkaufen, stoßen auf den Widerstand des Bayerischen Landesamts für Denkmalpflege. Nicht nur das Bayerische Denkmalschutzgesetz, sondern auch ein Urteil des Oberlandesgerichts Nürnberg aus dem Jahr 1943 verbiete die Entfernung und Veräußerung von Ausstattungs- und Sammlungsstücken mit nationaler Bedeutung ohne Zustimmung der staatlichen Denkmalpflege, heißt es in einer am Mittwoch veröffentlichten Stellungnahme des Generalkonservators Professor Michael Petzet. Dies sei bei den Kunstschätzen des Fürstenhauses der Fall. Das Landesdenkmalamt forderte das Kultusministerium sowie die zuständigen Denkmalschutzbehörden auf, „den drohenden Verlust des Kulturguts zu verhindern". (Siehe auch Streiflicht)

Münchner Merkur, 23. Juli 1992

Denkmalamt: Gloria darf nicht verkaufen

Fürstenhaus-Anwalt: Auktion beachtet die Gesetzeslage

Die Pläne von Fürstin Gloria, einen Teil der Kunstschätze des Hauses Thurn und Taxis zu verkaufen, stoßen auf den Widerstand des Bayerischen Landesamts für Denkmalpflege. Nicht nur das Bayerische Denkmalschutzgesetz, sondern auch ein Urteil des Oberlandesgerichts Nürnberg von 1943 verbiete die Entfernung und Veräußerung von Sammlungsstücken mit nationaler Bedeutung.

„Wir verfolgen die Verkaufsabsichten mit großer Besorgnis", erklärte der Chef des Landesdenkmalamts, Generalkonservator Professor Michael Petzet gestern in einem Schreiben an das Fürstenhaus. Ohne Zustimmung seines Amtes könne die Fürstin nach dem Nürnberger Urteil die bedeutenden Kunstschätze nicht veräußern. Gleichzeitig forderte das Landesamt das bayerische Kultusministerium sowie die zuständigen Denkmalschutzbehörden auf, „den drohenden Verlust des Kulturguts zu verhindern".

Der Anwalt des Thurn-und-Taxis-Fürstenhauses, Horst Schiessl, erklärte gestern hingegen, daß bei der geplanten Auktion „selbstverständlich alle gesetzlichen Vorgaben beachtet werden". Die Stücke seien schon auf der Basis der einschlägigen Rechtsvorschriften ausgesucht worden. Er habe auch vom Bayerischen Landesamt für Denkmalschutz „bisher keinen konkreten Hinweis", daß die Versteigerung untersagt werden soll. Das Landesamt, dem in Kürze eine konkrete Liste der zur Versteigerung anstehenden Stücke übermittelt wird, sei bereits im Vorfeld eingeschaltet gewesen. Seine Auflagen würden beachtet. Es sei allenfalls vorstellbar, daß „einige wenige Stücke" zurückgezogen werden.

Das Londoner Auktionshaus Sotheby's hatte am Dienstag in München für November eine Versteigerung „wunderschöner und seltener Kunstwerke" des Regensburger Fürstenhauses angekündigt, darunter ein Perlen- und Diamantdiadem von 1853 aus Elementen der französischen und englischen Kronjuwelen sowie eine Tabaksdose von Friedrich dem Großen. Auch wertvolles Tafelsilber soll nach den Wünschen der Fürstin seinen Besitzer wechseln.

Aus dem erhofften Versteigerungserlös von 23 Millionen Mark will Gloria von Thurn und Taxis nach Angaben ihres Anwalts einen Teil der Erbschaftssteuer in zweistelliger Millionenhöhe begleichen, die nach dem Tod ihres Mannes Johannes im Jahre 1990 fällig wurde.

Als „Unverschämtheit" hat inzwischen auch Pater Emmeram von Thurn und Taxis, der Onkel des verstorbenen Fürsten, insbesondere die geplante Versteigerung des Hochzeitsdiadems von Gloria kritisiert. „Man kann doch nicht einfach Sachen verkaufen, die zur Hausgeschichte gehören, was meine Nichte übrigens schon getan hat", sagte der Eremit, der allein das dem Fürstenhaus gehörende Kloster Prüfening bei Regensburg bewohnt.

clt/dpa

Gloria von Thurn und Taxis: Gegen ihre geplante Auktion wurde Veto eingelegt. Foto: Top Press

Gloria: Jetzt verkauft sie auch die Yacht des Fürsten

Behörden drohen mit Gerichtsvollzieher

Regensburg – Der Ausverkauf im Hause Thurn und Taxis geht weiter. Um die Erbschaftssteuer zahlen zu können, will Fürstin Gloria nicht nur einen Teil des Familienschatzes versteigern lassen, sondern auch die 39 Meter lange Yacht „Aiglon" des Fürsten. Mit ihr hatte er ein Jahr vor seinem Tod seine letzte Segeltour zu den Kanarischen Inseln unternommen.

In ganzseitigen Anzeigen in verschiedenen Fachzeitschriften in England, Frankreich und Deutschland bietet Fürstin Gloria die „Aiglon" an – geschätzter Wert: 10 Millionen Mark. Das Schiff (Baujahr 1970) hat Platz für zehn Passagiere. Von der Mastspitze bis zum Kiel alles Luxus: Ledersessel auf der Brücke, Marmor in den Bädern, Mahagony im Salon.

Gegen diesen Verkauf haben die Behörden nichts einzuwenden. Anders dagegen beim Familienschatz. Professor Michael Petzet (59), Generalkonservator des Landesamtes für Denkmalpflege in München: „Wir sind davon überzeugt, daß ein Großteil der Schmuckstücke und des Silbers von historischer Bedeutung sind. Das heißt, daß die Objekte auf gar keinen Fall veräußert werden dürfen." Und er sagt weiter: „Wenn wir nicht umgehend eine ausführliche Liste der Gegenstände bekommen, werden wir alle rechtlichen Schritte einleiten."

Zur Zeit wird der Schatz bei Sotheby's in Genf katalogisiert. Schon darin sehen die Denkmalpfleger ein rechtswidriges Verhalten der Fürstin. Sie hätte die Behörden vorher davon verständigen müssen. Professor Petzet: „Notfalls werden wir die Stücke per Gerichtsvollzieher nach Bayern zurückholen."

Goldene Wasserhähne, kristallene Lüster und genoppte Lederpolster – so luxuriös ist die fürstliche Segelyacht „Aiglon" ausgestattet. Fürstin Gloria will sie jetzt für zehn Millionen Mark verkaufen.

Bild (München), 24. Juli 1992

Wie soll Fürstin Gloria die hohe Erbschaftssteuer zahlen?

Amtlicher Querschuß

Denkmalpfleger legen gegen die geplante Auktion Einspruch ein

REGENSBURG (lby) – Die Pläne von Fürstin Gloria, einen Teil der Kunstschätze des Fürstenhauses Thurn und Taxis zu verkaufen, stoßen auf den Widerstand des Landesamts für Denkmalpflege.

Nicht nur das Bayerische Denkmalschutzgesetz, sondern auch ein Urteil des Oberlandesgerichts Nürnberg aus dem Jahr 1943 verbiete die Entfernung und Veräußerung von Ausstattungs- und Sammlungsstücken mit nationaler Bedeutung ohne Zustimmung der staatlichen Denkmalpflege, heißt es in einer Stellungnahme des Generalkonservators Professor Michael Petzet.

Der Anwalt des Fürstenhauses Thurn und Taxis, Horst Schiessl, stellte dazu fest, daß bei der geplanten Auktion „selbstverständlich alle gesetzlichen Vorgaben beachtet" würden. Auch seien die Stücke mit Blick auf einschlägige Rechtsvorschriften ausgesucht worden.

Die Steuer drückt

Das Auktionshaus Sotheby's hatte am Dienstag in München für November eine Versteigerung „wunderschöner und seltener Kunstwerke" des Regensburger Fürstenhauses angekündigt, darunter ein Diamantdiadem von 1853 aus Elementen der französischen und englischen Kronjuwelen sowie eine Tabaksdose von Friedrich dem Großen.

Aus dem erhofften Versteigerungserlös von 23 Millionen Mark will Fürstin Gloria nach Angaben ihres Anwalts einen Teil der Erbschaftssteuer in zweistelliger Millionenhöhe begleichen.

Das Landesdenkmalamt hat jetzt allerdings das bayerische Kultusministerium sowie die zuständigen Denkmalschutzbehörden aufgefordert, „den drohenden Verlust des Kulturguts zu verhindern". Als „Unverschämtheit" hat inzwischen auch Pater Emmeram von Thurn und Taxis, Onkel des verstorbenen Fürsten, insbesondere die geplante Versteigerung des Hochzeitsdiadems von Gloria kritisiert.

Man kann doch nicht . . .

„Man kann doch nicht einfach Sachen verkaufen, die zur Hausgeschichte gehören, was meine Nichte übrigens schon getan hat", sagte der Eremit, der allein das dem Fürstenhaus gehörende Kloster Prüfening bei Regensburg bewohnt.

Für kommenden Sonntag hat der Pater Gläubige zu einem Gottesdienst in der Klosterkapelle aufgerufen. Mit der geplanten Prozession und einem „Schmerzhaften Rosenkranz" will der Geistliche vor allem auch gegen Pläne der Stadt und der Universität Regensburg protestieren, das weitläufige Kloster in ein Tagungszentrum zu verwandeln.

Nürnberger Nachrichten, 23. Juli 1992

Denkmalpfleger kontra Rechtsbeistand der Fürstin

Juristisches Gezerre um Glorias Preziosen

Landesamt will historische Bedeutung prüfen / Anwalt: Alles beachtet

Von Andreas Schätzl

München – Noch scheint nichts entschieden über die Zukunft jenes Teils aus dem Familienschatz des Fürstenhauses Thurn und Taxis, der im November bei Sotheby's in Genf unter den Hammer kommen soll. Wie berichtet, hatte das Bayerische Landesamt für Denkmalpflege gegen die „Entfernung und Veräußerung von Ausstattungs- und Sammlungsstücken mit nationaler Bedeutung" Stellung bezogen. Es forderte das Kultusministerium und die zuständigen Denkmalschutzbehörden auf, „den drohenden Verlust des Kulturguts zu verhindern". Daraufhin ließ der Anwalt des Fürstenhauses, Horst Schiessl, verlauten, daß bei der geplanten Auktion „selbstverständlich alle gesetzlichen Vorgaben beachtet werden". Die betreffenden Stücke seien den einschlägigen Rechtsvorschriften gemäß ausgesucht worden, und dem Landesamt werde demnächst eine Liste darüber zugehen.

Nach Angaben von Generalkonservator Professor Michael Petzet hat das Landesamt für Denkmalpflege erst aus der Presse von der geplanten Auktion erfahren. Eben deshalb müsse es einschreiten, um sich einen Überblick über die zu versteigernden Gegenstände zu verschaffen. Es gehe keineswegs darum, die Veräußerung in Bausch und Bogen zu unterbinden, aber Stücke mit historischer Bedeutung müßten im Sinne des Denkmalschutzes überprüft werden. Petzet geht aber davon aus, daß man sich darüber mit der fürstlichen Familie einigen könne, die „bisher in vorbildlichster Weise ihre Kunstschätze gepflegt hat".

Zum Thema Klosterauflösung in Prüfening bestätigte Wolf-Dieter Singpiel, Pressesprecher der Familie Thurn und Taxis, daß Stadt und Universität Regensburg mit dem Vorschlag an das Fürstenhaus herangetreten sind, im Schloß Prüfening ein Tagungszentrum und Labors einzurichten. Jetzt gehe es um die Abwägung, ob und wie das zu bewerkstelligen sei. Singpiel: „Nicht nur für die Stadt Regensburg wäre es eine einmalige Chance, sondern auch für die ganze Region und nicht zuletzt für die Kranken." Wie der Sprecher des Fürstenhauses mitteilte, sollen sich die Forschungen ganz allgemein auf das Gebiet der Heilkunde erstrecken. Das Ganze sei jetzt im Stadium der Projektidee. Fürstin Gloria müsse entscheiden, inwieweit sie sich beteiligt.

Die andere Seite bei der Sache sei der 90jährige Pater Emmeram, der in dem Schloß lebt. Die geplante internationale Akademie würde nach den Worten Singpiels aber auch der Sanierung zugutekommen. Die Fürstin müsse das Schloß dazu auch nicht unbedingt verkaufen. Singpiel: „Es gibt auch andere Möglichkeiten."

Süddeutsche Zeitung
24. Juli 1992

Fürstin Gloria als Gast in ihrem eigenen Cafe auf dem Schloßgelände. Foto: Brauner

Streit um den Familienschatz
Lenkt Gloria jetzt ein?

München – Der geplante Verkauf des Thurn und Taxischen Familienschatzes weitet sich offensichtlich zu einer politischen Affäre aus. Kultusminister Hans Zehetmair (CSU) hat die Angelegenheit gestern zur „Chefsache" erklärt, er will die letzte Entscheidung treffen.

Fürstin Gloria hat sich gestern bei Professor Michael Petzet, Generalkonservator des Landesamtes für Denkmalpflege, telefonisch gemeldet. Sie scheint einzulenken. Zumindest versprach sie, vor weiteren Versteigerungen die Behörden einzuschalten. Zur geplanten ersten Auktion im November dieses Jahres in Genf äußerte sie sich allerdings nicht.

500 000 Mark Bußgeld angedroht

Genau um diese Versteigerung geht es aber: Während die Fürstin keine Probleme im Verkauf des 25-Millionen-Mark-Schatzes sieht, ist Professor Petzet ganz anderer Meinung: „Schon die Tatsache, daß die Kunstgegenstände außer Landes geschafft worden sind, ist unserer Meinung nach rechtswidrig. Wir haben der Fürstin ein Bußgeld in Höhe von 500 000 Mark angedroht, wenn wir nicht umgehend eine exakte Liste vorgelegt bekommen."

Für Petzet ist sicher, daß der beabsichtigte Verkauf eines Diadems aus Elementen der französischen Kronjuwelen sowie eine Tabakdose Friedrich des Großen (Schätzwert über zwei Millionen Mark) von historischer Bedeutung sind und nicht verkauft, geschweige denn außer Landes geschafft werden dürfen.

Was Glorias Onkel, Pater Emmeram, von dem Verkauf hält, lesen sie auf der letzten Seite.

Bild (München), 25. Juli 1992

Minister nimmt sich T & T-Auktion persönlich an

Versteigerung der Kunstschätze stellt Juristen vor knifflige Fragen / Ein Vier-Augen-Gespräch im Schloß

Von unserem Redaktionsmitglied Marianne Sperb

Regensburg. Fürstin Gloria wird von der Liste der Kunstschätze, die im November unter den Hammer kommen sollen, allem Anschein nach einige Stücke streichen müssen. Nachdem das Bayerische Landesamt für Denkmalpflege (BLfD) ihre Durchlaucht darauf hingewiesen hatte, daß bis zu einer halben Million Mark Bußgeld droht, wenn sie geschützte Stücke aus dem Schloß schafft, meldete sie umgehend Gesprächsbereitschaft an. Nach einer ersten Unterredung am Freitag mittag geht Generalkonservator Prof. Michael Petzet davon aus, daß die Sache im Einvernehmen zu regeln ist. Auf eine Auseinandersetzung vor Gericht sind weder Behörden noch das Fürstenhaus aus.

Die Auktionspläne alarmierten Hans Zehetmair, als Kultusminister Leiter der Obersten Denkmalschutzbehörde. Er erklärte die Angelegenheit zur Chefsache und will sich ihrer „persönlich annehmen". Regierungspräsident Karl Krampol, der der Oberen Denkmalschutzbehörde vorsteht, bat Oberbürgermeisterin Christa Meier in einem Schreiben darum, der Sache besonderes Augenmerk zu widmen. Bis zur Auktion im November soll die Untersuchung über die Bühne gegangen sein.

■ Die Pläne Glorias stellen Denkmalschützer und Juristen vor knifflige Probleme. Der Generalkonservator sondierte am Freitag die Lage. Ob der Fürstin untersagt wird, sich von Teilen des Haus- und Stammvermögens zu trennen, hänge davon ab, welche der Stücke den Beschluß des Fideicommißsenats aus dem Jahr 1943 bzw. das Denkmalschutzgesetz berühren. Danach darf Gloria Dinge mit historischem Bezug zu Schloß oder Stadt zwar veräußern, aber nicht außer Haus geben. Auf jeden Fall muß sie dazu das amtliche Placet einholen: Das Gutach-

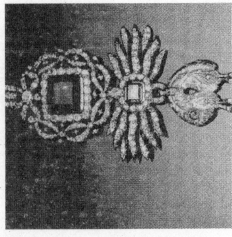

Ob die Fürstin den Coulant des Ordens vom Goldenen Vlies außer Haus geben darf, klären jetzt Denkmalschützer. Foto: MZ-Archiv

ten würde das BLfD als Fachbehörde ausfertigen, während die Genehmigung Sache der Stadt ist. Als Untere Denkmalschutzbehörde sieht sie sich mit dem einmaligen und komplizierten Fall in einer Lage wie die sprichwörtliche Jungfrau mit dem Kind. Für Beratungen legten die Fachleute der Stadt vor dem Gespräch im Schloß eine Abendschicht ein.

■ Daß sich Gloria von ihrem Brautschmuck – ein Diadem, dessen Perlen einst Marie Antoinette von Frankreich gehörten – trennen will, mag zwar die Volksseele erregen, nicht aber die Juristen: Der Schmuck dürfte kaum von einschlägigen Schutzbestimmungen tangiert sein. Anders liegt der Fall nach MZ-Recherchen bei den extrem seltenen Insignien des Ordens vom Goldenen Vlies: Ein historischer Zusammenhang mit dem Schloß dürfte unabweislich sein. Nicht anders verhält es sich mit Dingen, die für das Schloß gefertigt worden sind. Betroffen sein könnten auch Ratsgeschenke an T & T, wie eine wertvolle Kanne, die in der Sotheby's-Liste auftauchen soll.

■ Petzet, der von der Auktion aus der Zeitung erfuhr und noch keine Liste der in Frage kommenden Objekte einsehen konnte, hätte sich ein klares Wort von Gloria schon früher gewünscht; er betonte aber, daß das Gespräch „äußerst konstruktiv" verlief und er nun „sehr optimistisch" einer zügigen und kooperativen Klärung entgegensieht. Überdies dürfte nicht vergessen werden, daß T & T in der Vergangenheit sein Kulturgut vorbildlich verwaltet habe.

■ Die Fürstin versprach dem Generalkonservator, es sei nicht daran gedacht, die Behörden zu umgehen. Auch vor weiteren Auktionen, bei denen u. a. Möbel und Wein unter den Hammer kommen sollen, werde das Amt eingeschaltet. Warum man die Ämter nicht früher verstän-

digte, hat T & T-Anwalt Dr. Horst Schiessl erläutert: Nach seiner Auffassung falle keiner der für Sotheby's reservierten Gegenstände unter denkmalschutzrechtliche Bestimmungen. Petzet hingegen geht davon aus, daß das Fürstenhaus von der Versteigerung mehrerer Unikate Abstand nehmen muß. Dann stellt sich die Frage nach Entschädigungszahlungen an T & T.

■ Nächster Schritt in der kniffligen Angelegenheit: Die Stadt Regensburg will ein Erlaubnisverfahren einleiten, während das BLfD Sotheby's Liste checkt und darüber nachdenkt, was im Schloß bleiben muß. Ob sich die Stücke dort überhaupt noch befinden, scheint fraglich: Bei der Pressekonferenz war die Rede von Hinweisen darauf, daß einige Objekte aus den Schloßkellern bereits nach Genf geschafft worden sind.

Süddeutsche Zeitung
29. Juli 1992

Mittelbayerische Zeitung (Regensburg)
25. Juli 1992

Kunstliebhaber aus dem In- und Ausland genossen den freien Blick auf die alte Münze (von links nach rechts) Generalkonservator Michael Petzet, Peter Benuska, Bürgermeister und Hauptarchitekt von Bratislava, sowie der Münchner Kunsthistoriker und Archäologe Christian Pescheck.
Photo: Andreas Heddergott

tz (Tageszeitung), München, 25. Juli 1992

Fürstenschatz wird „Chefsache"

Minister kümmert sich selbst darum

s. Regensburg Bayerns Kultusminister Hans Zehetmair hat die von Gloria geplante Versteigerung von Kunstschätzen zur „Chefsache" erklärt! Das erklärte Generalkonservator Michael Petzet nach einem Gespräch mit der Fürstin in Regensburger Schloß. Der Minister wolle sich der Sache selbst annehmen.

Will noch mehr verkaufen: Gloria

Gloria und das Auktionshaus Sothebys hatten die Kunstschätze, darunter auch das Brautdiadem der Fürstin, selbst ausgewählt – ohne aber die erforderliche Genehmigung der unteren Denkmalschutzbehörde bei der Stadt Regensburg einzuholen.

Künftig will Gloria die Behörden vor weiteren Verkäufen von Kunstschätzen informieren. Sothebys hat bereits neue Auktionen angekündigt. Die Stadt Regensburg will nun für die erste in Genf geplante Versteigerung ein Erlaubnisverfahren einleiten. Die Kunstwerke aber sind längst mit unbekanntem Ziel aus dem Regensburger Thurn-und-Taxis-Schloß abtransportiert worden.

Nürnberger Nachrichten
25. Juli 1992

Vorhaben der Fürstin Gloria ruft Hans Zehetmair auf den Plan

Versteigerung „Chefsache"

Generalkonservator Petzet führte Gespräch im Haus Thurn und Taxis

REGENSBURG (lby) — Der bayerische Kultusminister Hans Zehetmair hat die von Fürstin Gloria für November in Genf geplante Versteigerung von Juwelen und Tafelsilber aus der Sammlung Thurn und Taxis zur Chefsache erklärt.

Der Minister wolle sich der Angelegenheit persönlich annehmen, berichtete der bayerische Generalkonservator und Leiter des Landesamts für Denkmalpflege, Professor Michael Petzet, nach einem Gespräch mit Fürstin Gloria in Regensburg.

Keine Genehmigung

Die Fürstin und das Auktionshaus Sotheby's hatten die Versteigerungsstücke – darunter ein Diadem aus Elementen der französischen Kronjuwelen und eine Tabakdose Friedrichs des Großen im Schätzwert von über zwei Millionen Mark – ausgewählt, ohne vorher die erforderliche Genehmigung der zuständigen Unteren Denkmalschutzbehörde bei der Stadt Regensburg einzuholen.

Die Fürstin habe ihm die Einschaltung der Behörden vor weiteren, von Sotheby's bereits angekündigten Versteigerungen zugesichert, sagte Petzet. Unterschiedliche Auffassungen gebe es allerdings, inwieweit es sich bei den im November zur Veräußerung anstehenden Gegenständen um zum Haus- und Stammesvermögen oder durch andere Rechtsvorschriften geschützte Vermögensgegenstände handle. Die Stadt Regensburg hat die Einleitung eines Erlaubnisverfahrens für die geplante Auktion angekündigt.

Eventuell schützenswerte Kulturgüter von nationaler Bedeutung könnten verkauft werden, müßten aber im Schloß verbleiben, meinte Petzet. Nach Insider-Informationen sind zur Versteigerung in Genf vorgesehenen Wertgegenstände aber längst mit unbekanntem Ziel aus dem Regensburger Schloß abtransportiert worden.

Fürstin Gloria. Foto: Archiv

Ein Stelldichein der Schatzgräber

Ob Archäologen, Kunsthistoriker oder Restauratoren, beim Sommerfest des bayerischen Landesamtes für Denkmalschutz wollte auch kein Kunstliebhaber fehlen. Wen wundert's? Denn auch beim Feiern, wie soll es unter Denkmalschützern anders sein, blieb man der Geschichte dicht auf der Spur. Begangen wurden nämlich die Festlichkeiten im neuen Stammhaus, im Arkadenhof der alten Münze, die erstmals wieder im vollen Antlitz – „ohne Baugerüst" – zu betrachten war. Trefflich ließ sich denn im Schutze ionischen, korinthischen und toskanischen Säulenreihen des ältesten Renaissancegebäudes in München über den „Denkmalschutz 2000" plauschen.

Selbst wenn es so schien, daß das Gastgeberpaar *Datta* und *Michael Petzet*, Generalkonservator des bayerischen Landesamtes für Denkmalpflege, von der Ehrenloge aus alles unter Kontrolle hätten, Spekulationen unter dem kunstvoll dekorierten astrologischen Sternenhimmel konnten vor allem nicht ausbleiben. Weiterhin gerätselt wurde vor allem darüber, welche wertvollen Preziosen nun Fürstin *Gloria von Thurn und Taxis*, verscherbeln wolle, um ihren Hausstand wieder ins Lot zu bringen". „Angesichts aktueller Konstellationen" konnte Denkmalpfleger Petzet nur versichern, daß man sich tun werde, den „Schatz" bei den weiteren 110 000 Denkmälern in seinem Heimatland zu halten.

Das wollten denn auch wichtige Ehrengäste aus Politik und Wirtschaft hoffen, die sich ebenso zu dem historischen Stelldichein zusammengefunden hatten, unter anderem: Bezirkstagspräsident *Hermann Schuster* und *Ferdinand Schmidt*, Vorstandsmitglied von Augustiner-Bräu.

burt

Kultusminister Zehetmair (3. v. r.) kniet unterm Gewölbe, wo der Stuck bröckelt wie zäher Tortenguß. Foto: Nübler

Kultusminister Zehetmair überzeugte sich am Hochaltar:

In ältester Pfalzkapelle Bayerns ist der Lack ab

„Ungeheuer schwierige" Restaurierung / Intendant Everding soll Kuratorium „gewisse Attitüde" verleihen

In der Alten Kapelle hat Christus keinen Halt mehr: Die Figur am Hochaltar kippt vornüber. Der Stuck geht ab wie zäher Tortenguß, die Kirchenschiffe schreien nach Renovierung, die Orgel ist nicht die beste. In dem Gotteshaus, dessen Entstehung bis ins sechste Jahrhundert zurückreicht und das zugleich älteste Pfalzkapelle Bayerns ist, überzeugte sich gestern Kultusminister Hans Zehetmair vom Ausmaß der Schäden.

Im Troß von Denkmalschützern, Kirchenvertretern und Mitarbeitern aus dem Ministerium erklomm Zehetmair gestern nachmittag ungezählte Stufen bis unters Kirchengewölbe im Chor, wo eine „ungeheuer schwierige Restaurierung" läuft. Bis vor drei Monaten war noch gar nicht sicher, ob man das Konzept – Ziel ist die ursprüngliche Fassung aus dem 18. Jahrhundert – würde durchziehen können. Aus dem Stand müssen Denkmalschützer und Kunsthandwerker die Farbgebung entscheiden. Bei der Abnahme der Schichten aus den Achtziger und zuvor aus den Jahren 1936/37 geht allzu leicht Erstfassung mit ab; Restaurierung und Befund sind in der Alten Kapelle ein Arbeitsschritt, erläuterte Dr. Helmut-Eberhard Paulus von der Unteren Denkmalschutzbehörde.

Das Kollegiatstift zur Alten Kapelle verfügt – dank geschickter Geldtransfers nach Österreich vor der Säkularisation – über eigenes Vermögen, das aber größtenteils in Grundstücken festliegt. Für das aufwendige und komplizierte Unternehmen – immerhin soll die Restaurierung gut zehn Millionen Mark kosten – werden verschiedene Stellen an einem Strang ziehen: Neben der Diözese, die mit knapp drei Vierteln den Löwenanteil trägt, auch das Ministerium und der Schädigungsfonds, die Deutsche Stiftung Denkmalschutz, der Bund, der für national bedeutende Denkmäler ein Scherflein gibt, und auch die Stadt, so jedenfalls wurde ihr angetragen.

Prälat Wilhelm Schätzler, Sekretär der Deutschen Bischofskonferenz in Bonn, will als neuer Dekan des Kollegiatstifts zur Alten Kapelle prominente Fürsprecher für das Unterfangen gewinnen, das er als „Erbe" seines Vorgängers Zausinger vorantreibt: Einem Kuratorium, das Schätzler gründen will, sollen Persönlichkeiten wie Generalintendant August Everding „eine gewisse großartige Attitüde" verleihen. Wenn die geplant sind zehn – Mitglieder des Gremiums dann auch als populäre Geldsammler auftreten, „ist mir das nicht unlieb"; allerdings, so der Dekan, gehe es darum, dem Großprojekt Alte Kapelle nicht nur zu finanzieller, sondern auch ideeller Rückenstärkung zu verhelfen, spielt der Prälat an auf die ungemein reiche Geschichte des Gotteshauses. Die Restaurierung, so bedeutend wie die der Wieskirche, nannte Generalkonservator Prof. Michael Petzet bei der Zehetmair-Führung eines der derzeit wichtigsten Kirchen-Projekte Bayerns. Ein simpleres Vorgehen, das die Gefahr durch herabstürzenden Stuck bannt, könne nur Provisorium sein; außerdem komme die Rückbesinnung auf die ursprüngliche Fassung nur unwesentlich teurer als eine Restaurierung herkömmlichen Musters.

Eine kleine halbe Stunde lang informierte sich Zehetmair hoch oben im Chor; wieder auf festem Boden, nahm er am Rande der Führung Stellung zum Fall „Thurn und Taxis". Die „sehr delikate Angelegenheit" hat der Minister zur Chefsache erklärt, um die er sich persönlich kümmern will. Die Spekulationen um die Versteigerung von Kunstschätzen aus dem Haus Thurn und Taxis hätten ihm keine Wahl gelassen, als selbst den Kontakt zu Gloria zu suchen, um zu verhindern, daß Dinge von beträchtlicher Bedeutung für den Freistaat außer Landes geschafft werden. Die Fürstin zeige sich gesprächsbereit; wo es um Detailfragen geht, ließ Zehetmair anklingen, könnten Vorstöße im Sinne des Denkmalschutzes auf Granit treffen.

Marianne Sperb

Mittelbayerische Zeitung (Regensburg), 29. Juli 1992

Pressefahrt des Landesamts für Denkmalpflege

Straubings Bauch fristet Dornröschen-Dasein

Besuch von Stadtturm, Fleischbank, Salzstadl und ein wenig „Einblick in Denkweise der Denkmalpfleger"

Gloria mit Diadem und ihr Fürst nach der Trauung am 31. Mai 1980

FOTOS: MUNICHPRESS, SEEGER PRESS

Denkmalschützer sind gemeinhin mit Vorurteilen befrachtet. Graue, lange Haare, Vollbart und immer fürchterlich alte Bücher unterm Arm. „Einblick geben in die denkmalpflegerische Denkweise." So definiert deshalb auch Mathias Ueblacker, das für Straubing zuständige Gebietsreferent, das Ziel einer Pressefahrt des Landesamts für Denkmalschutz, München, durch Niederbayern. Auf dieser Tour besuchte die Gruppe am Donnerstag auch die Gäubodenstadt und besichtigte den Stadtturm, den Salzstadl am Herzogschloß sowie die mittelalterliche Fleischbank am Rotkreuzplatz. Und jenes bayernweit einmalige Geschichts-Denkmal oder aber „der Bauch von Straubing", wie Ueblacker formulierte, „führt ein nicht beachtetes Dornröschen-Dasein". „Die Dornenhecke durchschlagen" wollen folglich die Denkmalpfleger, die im übrigen nur in Einzelfällen graue, lange Haare haben.

Daß die Früchte denkmalschützerischer Theorie in der Praxis mitunter sauer schmecken, erfuhren die Hüter historischer Bauwerke am Mittwoch am eigenen Leib. Denn ausdrücklich hatte sich das Landesamt gegen den Einbau eines Fahrstuhls in Straubings Alten Knaben, den Stadtturm, ausgesprochen. Und es hatte am Donnerstag den Anschein, als habe Generalkonservator Professor Dr. Michael Petzet diese Entscheidung für einen kleinen Moment wehmütig überdacht: Weit über 200 Stufen sind es zur Spitze des Wahrzeichens, und das in einem Tempo, das Stadtturm-Kenner und Hochbauamts-Chef Ludwig Schuderer vorlegte.

Aber weit wichtiger schien es doch, daß die Vorgehensweise bei der Sanierung des Turmes den allgemeinen Beifall der Denkmalpfleger fand. Überdies ist nicht nur Mathias Ueblacker, der die Vorbereitung von Sanierungs-Arbeiten gerne mit dem Check-Up vor einer Operation vergleicht, auch nach der Turm-Besteigung überzeugt: „Den Patienten hier mit einem Aufzug zu behandeln, wäre sicher falsch gewesen."

Zeugnis der Handwerksgeschichte

Mit angenehmer Kühle und vor allem dem Einblick in ein bayernweit einzigartiges Geschichts-Denkmal entschädigte anschließend die mittelalterliche Fleischbank am Rotkreuzplatz, die allerdings in Privatbesitz und einem eher traurigen Zustand ist. Dennoch ist das Bauwerk aus der Mitte des 16. Jahrhunderts weitgehend unverändert erhalten und deshalb ein besonders wichtiges Zeugnis der Handwerks- und Wirtschaftsgeschichte der Stadt.

1551 kaufte die Stadt sämtliche Schlachthöfe auf und errichte bald darauf die zentrale Fleischbank mit insgesamt 18 Metzgerläden. 1847 erhielt der Innenhof einen hohen Holzüberbau, um eine bessere Hygiene zu gewährleisten. Als 1899 der neue Schlachthof eröffnet wurde, hatte die ehemalige Fleischbank nur noch untergeordnete Bedeutung. Heute steht das Bauwerk leer, im Kellergewölbe ist eine Spielhalle eingezogen.

Schlüssel noch nicht gefunden

„Den Bauch von Straubing" aus seinem Dornröschenschlaf zu wecken hat sich Mathias Ueblacker zum Ziel gesetzt: „Wir wollen am Ball bleiben", kündigte er an und sprach auch die Möglichkeit der Städtebauförderung an. Untersuchungen über den Zustand der Fleischbank gibt es bisher noch keine, „weil wir den Schlüssel noch nicht gefunden haben", wie der Gebietsreferent umschrieb.

Es gab bereits Überlegungen, die Fleischbank als Stadtbibliothek auszubauen. Das Vorhaben scheiterte jedoch an der Finanzierung. Derzeit ist laut Stadtrats-Votum der Salzstadel an der Donau heißester Anwärter auf die Zentralbücherei. Auch aus der strengen Sicht der Denkmalpfleger ist diese Lösung „unter bestimmten Bedingungen durchaus denkbar". Immerhin gebe es in Mühldorf oder Landshut vergleichbare Projekte. Und über den Raumcharakter, wie es im Denkmalpfleger-Jargon heißt, wird man auch künftig lesen können: „Früher war es ein Salzspeicher, heute ein Bücherspeicher." – kla –

Straubinger Tagblatt, 31. Juli 1992

Ausverkauf

Am 16. und 17. November kommen bei Sotheby's in Genf Antiquitäten und Kunstschätze aus dem Hause Thurn und Taxis mit Gesamtwert von etwa 30 Millionen Mark unter den Hammer. Weitere Auktionen sind angekündigt. Der STERN sprach mit dem bayerischen Generalkonservator und Leiter des Landesamts für Denkmalpflege, Michael Petzet, 59.

STERN: Darf Gloria von Thurn und Taxis die Sammlungen des Hauses so einfach verkaufen?

PETZET: Ja, solange es sich nicht um schützenswerte Kulturgüter handelt.

STERN: Wer hat denn die Auswahl getroffen?

PETZET: Die Fürstin und ihre Anwälte.

STERN: Und Sie, als zuständiger Landeskonservator?

PETZET: Ich habe es aus der Zeitung erfahren und war sehr schockiert.

STERN: Haben Sie sich inzwischen beruhigt?

PETZET: Die Fürstin hat mir in einem Gespräch versichert, sie werde sich in Zukunft mit uns abstimmen.

STERN: Nach einer Entscheidung des Oberlandesgerichts Nürnberg aus dem Jahre 1944 gehören die 20 Schlösser und Marstallmuseum zum »Sonderbereich Kulturbesitz«. Da darf eigentlich ohne staatliche Genehmigung nicht mal ein Bild umgehängt werden.

PETZET: Darüber gibt es leider unterschiedliche Rechtsauffassungen.

STERN: Über die demnächst Gerichte urteilen werden?

PETZET: Über die gesprochen wird.

STERN: Das Haus Thurn und Taxis hat in der Vergangenheit an die 20 Schlösser verkauft, deren Einrichtungen gelagert wurden und nun versteigert werden sollen.

PETZET: Ich halte das für eine bedauerliche Entwicklung.

STERN: Was werden Sie tun?

PETZET: Nichts. Der Herr Staatsminister Hans Zehetmair hat das zur Chefsache gemacht und wird sich selbst darum kümmern.

STERN: Der ist gelernter Lehrer.

PETZET: Er ist Kultusminister.

Das Interview führte STERN-Redakteur Rupp Doinet

Zu haben:
Glorias
Diadem,
Geschmeide

Michael Petzet

Stern, 30. Juli 1992

Der Gewölbekeller des Marktbreiter Schlosses soll im Rahmen der Gesamtsanierung zu einem Bürgersaal umgebaut werden. Mitarbeiter des Bayerischen Landesamtes für Denkmalpflege machten sich ein Bild vom Stand der Sanierungsarbeiten. Unser Bild zeigt von links Bürgermeister Walter Härtlein, Architekt Werner Haase, Dr. Sabine Bock (Landesamt für Denkmalpflege) und Generalkonservator Professor Dr. Michael Petzet. Fotos (7): Krämer

Das Wohnhaus von Helmut Schatz aus Markt Einersheim wurde in seinem ursprünglichen Zustand wieder hergestellt.

Denkmalpflege setzt sich für den Erhalt historischer Objekte im Landkreis ein

Kitzinger Zeitung 31. Juli 1992

Landkreis Kt (lgk). Zufriedene Stimmen waren bei den Vertretern der Städte und Gemeinden zu hören, die am vergangenen Mittwoch vom Generalkonservator des Bayerischen Landesamtes für Denkmalschutz, Professor Dr. Michael Petzet, im Rahmen einer Pressefahrt besucht wurden (wir berichteten). Dabei wurde an ausgewählten Beispielen gezeigt, wie die Denkmalpflege vor Ort berät und unterstützt.

Restaurierung des Marktbreiter Schlosses

Wegen des sich permanent verschlechternden Bauzustandes wurde eine umfassende Gesamtsanierung des Baudenkmals notwendig. Auf der Grundlage umfangreicher vorbereitender Untersuchungen konnte im Einvernehmen mit dem Landesamt für Denkmalpflege, so Dr. Bock, ein Sanierungskonzept erstellt werden, das überwiegend der statisch-konstruktiven Instandsetzung des Schlosses dient. Zur künftigen Nutzung führte Architekt Werner Haase aus, daß im Erdgeschoß Marktbreite bezifferte, rechnet mit einer Fertigstellung Ende 1993/Anfang 1994.

Segnitzer Ratssaal vor der Fertigstellung

Bei der Nachbargemeinde Segnitz konnte Bürgermeister Heinrich Fischer einen fast fertig restaurierten Ratssaal präsentieren. Verschiedentlich umgebaut, wurde der bemerkenswerte holzgetäfelte Saal des 16. Jahrhunderts mehrmals, insbesondere im 19. Jahrhundert und in der letzten Nachkriegszeit verändert.

errichteten Renaissance-Rathaus wurde nach Befund farbig neu gefaßt.

Privathaus in Markt Einersheim saniert

In Markt Einersheim (Anwesen Helmut Schatz, Schockengasse 3) konnte ein gelungenes Beispiel einer privaten Haussanierung begutachtet werden. 1989 wurde dem Landesamt für Denkmalpflege eine formlose Voranfrage zum Abriß des nach damaligem Kenntnisstand im 18. Jahrhundert errichteten Fachwerkstallhauses und der darüber hinaus eindeutigen Befundsituation über das ursprüngliche Aussehen des bäuerlichen Wohnstallhauses wurde im konkreten Fall einem „Rückbau" zugestimmt.

Anhand von Fachwerksfassungen wurde die alte Dachneigung rekonstruiert. Alle notwendigen Räume mit hohem Installationsaufwand konnten im historischen Stallteil beziehungsweise Dachraum eingeordnet werden, so daß die historisch bedeutsamen und zum Teil reich ausgestatte-

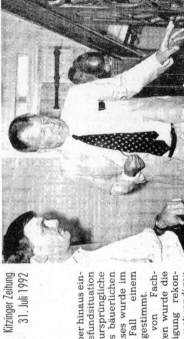

Helmut Schatz (links) hat auch die alte Treppe erhalten, worüber sich Generalkonservator Professor Dr. Michael Petzet erfreut zeigte.

Ausgangspunkt der Fahrt durch den Landkreis, an der auch die zuständigen Referenten für Unterfranken, Dr. Sabine Bock und Dr. Ulrich Kahle teilnahmen, war Marktbreit. Dort nahm Bürgermeister Walter Härtlein die Delegation in Empfang. Erfreut zeigte sich Dr. Petzet, daß sich die Stadt Marktbreit 1990 dazu entschlossen habe, das ehemalige Schloß der Grafen von Seinsheim trotz der angespannten Marktbreiter Finanzlage zu sanieren.

Der stattliche dreigeschossige Bau mit Volutengiebel und quadratischem Treppenturm entstand um 1580 im Zentrum der mittelalterlichen Stadtanlage und ist neben der Kirche das dominanteste Gebäude der Stadt. Seit dem 19. Jahrhundert diente der Schloßbau verschiedenen öffentlichen Funktionen.

Der Wunsch der Gemeinde Segnitz nach dem Einbau neuer Fenster war Anlaß über eine umfassende Restaurierung des Ratssaals nachzudenken.

Einrichtung eines Bürgerkellers

Das erste Stockwerk wird die Bibliothek beherbergen, im zweiten finden die Musikschule, Rotes Kreuz und Arbeiterwohlfahrt Räume und im dritten Stock kommt das Stadtarchiv. Der Keller soll als Bürgersaal hergerichtet werden und in den Zwischengängen will man ein Kinderkunstmuseum einrichten. Auf Schwierigkeiten sei man allerdings beim Dach (Schwamm) und im Keller (Bergwasser) gestoßen. Im Keller werde man deshalb ein geeignetes Drainagesystem einbauen.

Bürgermeister Härtlein, der die Gesamtkosten mit rund fünf Millionen

schoß ein Cafe mit Weinstube eingerichtet werden solle, zusätzlich mit Konditoreiverkauf

ten Räume unverändert erhalten bleiben und restauriert werden konnten.

Hohe Eigenleistung des Bauherrn

Die 1991 begonnene und inzwischen nahezu abgeschlossene Gesamtsanierung erfolgte mit einem hohen Anteil an Eigenleistung des Bauherrn und seiner Familie und wurde vom Landesamt für Denkmalpflege beratend begleitet.

Mit Beiträgen über die Iphöfer St. Vitus Kirche und die Kitzinger Synagoge setzen wir morgen die Berichterstattung fort.

Anhand von Bildern erklärte Dr. Sabine Bock (links) die Vorgehensweise bei der Restaurierung des Segnitzer Ratssaals. Bürgermeister Heinrich Fischer (Mitte) und Restaurator Lothar Hartlieb folgten aufmerksam den Ausführungen der Denkmalpflegerin.

werkhauses zur Stellungnahme vorgelegt. Mit Ausnahme des später veränderten Dachgeschosses befand sich das Baudenkmal in einem sanierbaren Zustand. und im Einvernehmen mit dem Eigentümer wurden umfangreiche Voruntersuchungen und ein Maßnahmekonzept für die Sanierung erstellt.

Es zeigte sich, daß der Kernbau um 1610 errichtet worden war und sich im Gegensatz zu dem im 18. Jahrhundert erfolgten baulichen Erweiterungen in einem guten und wenig veränderten Zustand befand. Auf Grund dieser Situation

Umfangreiche restauratorische Voruntersuchungen brachten eindeutige Aussagen über die bauzeitlichen Fenster und die Täfelung im Innern. Untersuchungen des Holzes ergaben als Holzart Pappel und eventuell Speierling, Apfel oder Birne. Nach Analogbeispielen konnten die nunmehr eingebauten Fenster mit altem Glas und Beschlägen gefertigt werden.

Die Restaurierung und teilweise Ergänzung der Renaissance-Täfelungen erfolgte unter fachlicher Beratung der Restaurierungswerkstätten des Landesamtes. Auch die Fassade des nach Plänen des Segnitzer Baumeisters Hans Kesenbrod um 1588

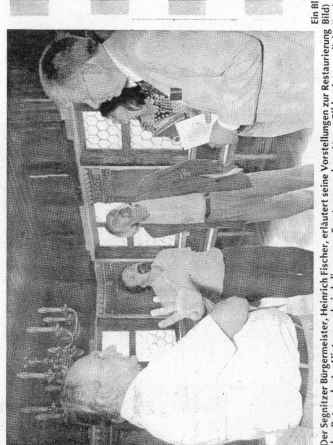

Der Segnitzer Bürgermeister, Heinrich Fischer, erläutert seine Vorstellungen zur Restaurierung des Ratssaals. Im Hintergrund sind die neuen Fenster zu sehen. Unser Bild zeigt von links Bürgermeister Heinrich Fischer, Dr. Ulrich Kahle, Pressereferent Dr. Karlheinz Hemmeter, Dr. Sabine Bock und Professor Dr. Michael Petzet (alle Landesamt für Denkmalpflege).

Ein Blick in den Verkehrsspiegel am Segnitzer Rathaus (kleines Bild) zeigt die Delegation des Bayerischen Landesamtes für Denkmalpflege zusammen mit den Vertretern der Gemeinden Marktbreit und Segnitz beim Bestaunen der neuen Außenfassade des Rathauses. Unser Bild zeigt von links Bürgermeister Walter Härtlein (Marktbreit), Lothar Hartlieb (Restaurator), Generalkonservator Prof. Dr. Michael Petzet, Bürgermeister Heinrich Fischer, Dr. Ulrich Kahle, Dr. Karlheinz Hemmeter und Dr. Sabine Bock.

Ausstellung in der Dresdner Bank

Der deutsche Anteil am Welterbe

Farbphotos und plastische Nachbildungen von Kulturdenkmälern

Von Karl Ude

Bis zum 3. September gastiert in der Dresdner Bank, Promenadeplatz 7, die in Zusammenarbeit von mehreren Institutionen konzipierte Wanderausstellung „Weltkulturdenkmäler in Deutschland". Sie ist während der Geschäftsstunden (montags mit freitags 8.15 bis 12.45 Uhr und 14 bis 16 Uhr, donnerstags bis 17.30 Uhr) bei freiem Eintritt zu besichtigen.

Zur festlichen Eröffnung erläuterte Landeskonservator Professor Michael Petzet als Präsident des „Deutschen Nationalkomitees" die Zielsetzung der Ausstellung, die begreiflicherweise keine Originale zeigt, sondern eindrucksvolle Farbphotos und einige plastische Nachbildungen.

Die täglich fortschreitenden, verheerenden Auswirkungen der Luftverschmutzung wirken nicht nur auf die Vegetation, sondern auch auf Stein, Glas und Metall von Kulturdenkmälern hat bereits vor 20 Jahren die UNESCO veranlaßt, die „Internationale Konvention zum Schutz des Kultur- und Naturerbes der Welt" zu verabschieden.

Im Rahmen dieses Umweltschutzprogramms ist der Denkmalschutz nur ein Teilbereich, aber er hat erneut darüber nachdenken lassen, welche Kulturdenkmäler als Zeugnisse menschlicher Geschichte in jedem Fall erhaltenswert sind und in den Schutz, also in die Mitverantwortung der gesamten Menschheit gestellt werden sollen. Mit Unterzeichnung der Konvention hat sich jedes Land verpflichtet, die innerhalb seiner Landesgrenzen gelegenen Denkmäler als Bestandteil des „Welterbes" zu schützen und zu erhalten: insgesamt 359 „Positionen", vom Einzeldenkmal bis zum Nationalpark.

Aus dem deutschen Raum hat die Kommission nur zehn solcher Kulturdenkmäler ausgewählt: von den Römerbauten, dem Dom St. Peter und der Liebfrauenkirche, alle in Trier, bis zu Sanssouci in Potsdam. Bayern ist mit der Wieskirche und der Residenz Würzburg vertreten. Daß in der Gesamtliste der Weltkulturdenkmäler, die in der Ausstellung ebenfalls vergegenwärtigt wird, seit Januar 1990 auch die Altstadt von Dubrovnik aufgeführt ist, läßt darüber nachdenken, wie in Wahrheit mit schützenswertem Welterbe verfahren wird.

Süddeutsche Zeitung
14. August 1992

Oberster Denkmalpfleger ›restlos begeistert‹

„Ich bin restlos begeistert." So äußerte sich Bayerns oberster Denkmalschützer, Generalkonservator Dr. Petzet, nach einer Besichtigung der Villa Edelweiß. Der Leiter des Bayerischen Landesamts für Denkmalpflege war eigens von München nach Immenstadt gekommen, um sich von der gelungenen Instandsetzung des früheren Sitzes der Familie Probst zu überzeugen. Auf unserem Bild erläutert Bürgermeister Gerd Bischoff (rechts) die reichgegliederte und verzierte Südfassade der Villa Edelweiß. In der Mitte Generalkonservator Dr. Petzet, links von ihm Konservator Dr. Seeweg Weis.
Bild: Seeweg

Allgäuer Anzeigenblatt
(Immenstadt)
26. August 1992

Die Woche (Regensburg)
10. Dezember 1992

Denkmal-Chef am Schandfleck

Nicht besonders angenehm für die Stadt ist der Grund, warum sich die kommende Woche Generalkonservator Dr. Michael Petzet, Bayerns oberster Denkmalpfleger, nochmals mit Oberbürgermeisterin Christa Meier zusammensetzt: Hauptsächlicher Erörterungspunkt ist der weiter vor sich hingammelnde Schandfleck Arnulfsplatz/Wollwirkergasse. Nach der Einschätzung der Denkmalpfleger ist das Ziel nicht erreicht worden, das angestrebt wurde, als 1983 50 000 Mark aus Mitteln des Entschädigungsfonds bewilligt wurden, um eine Notsicherung an den Gebäuden mit der wertvollen, bis in die romanische Zeit zurückreichenden Substanz durchzuführen und für sie dann eine sinnvolle Nutzung zu finden. Zwischenzeitlich ist das Mauerwerk so brüchig geworden, daß zum Ärger des Regensburger Gebietsreferenten Dr. Harald Gieß im Sommer 1992 beträchtliche Teile geschleift wurden. Die Notsicherung war eben nicht auf „die Ewigkeit" ausgerichtet. Nicht im Ermessen der Denkmalpflege liege es, so Dr. Gieß, ob die vom bayerischen Kultusministerium gewährten 50 000 Mark zurückgefordert werden. Die Regierung der Oberpfalz, die von München gebeten wurde, um Stellungnahme gebeten wurde, will das Gespräch des Generalkonservators abwarten und dann antworten. Beim Gang durch das Viertel sollte es Dr. Petzet nicht versäumen, auch einen Blick ins „Velodrom" zu werfen, das genau vor zwei Jahren nachträglich unter Denkmalschutz gestellt wurde und das die Stadt ebenfalls vor sich hingammeln läßt. Wie ein Wasserfall schießt der Regen ins Gebäude und gefährdet zusehends die filigrane Stahlkonstruktion aus der Zeit der Jahrhundertwende. **schi**

Millionengeschenk für Augustus

Augsburger Allgemeine 30. Oktober 1992

Stiftung finanziert Brunnen-Restaurierung

Von unserem Redaktionsmitglied
Angela Bachmair

Ein Riesengeschenk erhielt gestern die Bürgerschaft der Stadt. Die Messerschmitt-Stiftung will die 1,8 Millionen Mark teure Instandsetzung des Augustusbrunnens komplett finanzieren und bringt damit die Gesamtsanierung der Augsburger Prachtbrunnen in Gang.

Nicht zuletzt die Verbindung des Stiftungsgründers und Flugzeugbauers Willy Messerschmitt zu Augsburg habe ihn bewogen, einen Gutteil seines Etats für die Rettung des berühmtesten Brunnens der Stadt zu investieren, sagte gestern Hans Heinrich von Srbik, der Präsident der Messerschmitt-Stiftung. 1,8 Millionen will die Stiftung, die sich zum Erhalt von Kulturgütern im deutschsprachigen Raum verpflichtet hat, in den nächsten drei bis fünf Jahren für die Restaurierung der durch Abgase, Schmutz und sauren Regen stark geschädigten Bronzefiguren aufwenden.

„Wir geben nicht nur einen Scheck, sondern begleiten das Projekt von Anfang bis Ende", sagte der Vorstand der Stiftung, die unter anderem die Sanierung der Grabplatten am Münchner Liebfrauendom finanziert hat.

Die fachliche Arbeit wird freilich das Landesamt für Denkmalpflege in München übernehmen, das nun zunächst die „Pllockweiber" in seine demnächst größeren Restaurierungswerkstätten holen will. Danach kommen die Flußgottheiten zur „Kur", und für Augustus, die am stärksten geschädigte und größte Figur des Brunnens, will man möglicherweise in Augsburg eine spezielle Werkstatt einrichten. Daran hält jedenfalls Baureferent Rudolf Saule fest, während Erwin Emmerling vom Landesamt und der bayerische Generalkonservator Professor Michael Petzet die Bronzen wegen ihrer „einzigartigen Bedeutung" und der wissenschaftlichen Begleitung des Vorhabens gern in München hätten.

Ob der Zustand der Figuren nach erfolgreicher Restaurierung „so stabil" sein wird, daß sie wieder am originalen Ort plaziert werden können, will Emmerling derzeit noch nicht entscheiden. Möglicherweise müßten auf den Brunnensockel Kopien und die Originale ins Museum gestellt werden. Ungewiß ist auch, wie und wann die übrigen Bronzen saniert werden können, die Figuren des Herkules- und Merkurbrunnens und St. Georg, der vor zwei Tagen nach einer umfangreichen Untersuchung vom Landesamt zurückkam.

Laut von Srbik wird die Messerschmitt-Stiftung nach dem Augustusbrunnen keine weiteren Aufgaben in Augsburg übernehmen. „Aber wir setzen die Stadt mit unserem Engagement unter Druck." Die wird sich im weiteren zusammen mit dem Landesamt Mit-Finanziers suchen müssen, so Bürgermeister Dr. Ludwig Kotter, der den Einsatz der Stiftung als gewaltigen Anschub für das gesamte, auf vier bis fünf Millionen Mark geschätzte Sanierungsprogramm der Brunnen wertete.

Waschen und Salben

Viel werden Bewohner und Besucher der Stadt vorerst von der Restaurierung am Augustusbrunnen nicht bemerken, da jeweils nur eine Figur nach München geholt wird. Festestellen wird man allerdings bald pflegerische Arbeiten, zu denen sich die Stadt jetzt verpflichtet hat. Alle Bronzefiguren – am Augustus- und an den anderen historischen Brunnen – werden mindestens einmal jährlich mit Wasser und Bürste gewaschen und danach mit einem speziellen Wachs gesalbt. Nach den Untersuchungsergebnissen des Landesamts kann solche regelmäßige Wartung den Zerfall der Bronzen unabhängig von der Restaurierung verlangsamen.

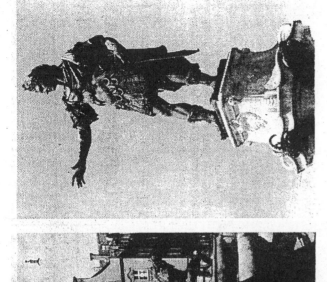
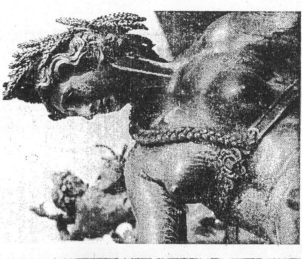

Vor über 50 Jahren, als diese Fotos entstanden, hatten Singold (links oben) und Augustus (rechts oben), Lech (links unten) und Wertach (rechts unten) noch ein glatte, nicht von Abgasen und saurem Regen zerfressene Haut. Durch die Restaurierung der Figuren sollen die Schäden jetzt behoben werden.
Bilder: Landesamt für Denkmalpflege

Krailling erinnert an einen Sommerfrischler

Zum erstenmal in Deutschland: Eine Ausstellung befaßt sich mit dem Münchner Architekten Martin Dülfer

Im Krailinger Rathaus ist eine Ausstellung eröffnet worden, deren Substanz und qualitätvolle Vorbereitung Maßstäbe setzen könnten. Diese Ausstellung, bestehend aus zahlreichen photographischen Vergrößerungen, Originalzeichnungen und Planskizzen, befaßt sich mit dem Münchner Architekturprofessor Martin Dülfer, einem der Päpste der an Strömungen reichen Umbruchzeit von Kunst und Architektur der Jahrhundertwende.

Die Schau sollte zunächst im Münchner Stadtmuseum, dann in der Stuckvilla ihren Raum finden. Doch aus allem wurde nichts. So ist sie nun, eine kleine Kostbarkeit, in Krailling. Und nicht zu Unrecht – Martin Dülfer war immerhin für ein paar Jahre (beinahe) ein Krailinger gewesen. Im Jahre 1901 hatten seine Frau und er ein kleines Anwesen an der Margarethenstraße in Krailling erworben. Es sollte der Sommersitz der Professorenfamilie werden, und als solches stand es auch tatsächlich – samt Telephon! – im Münchner Adreßbuch der Zeitspanne nach der Jahrhundertwende. Schon im Jahre des Kaufs legte Dülfer dem Bezirksamt in Starnberg einen Umbauplan vor, der sich, wie man in der Ausstellung sehen kann, durch relativ strenge Linien auszeichnete. Ein Jahr später folgte ein zweiter, dem dann die Ausführung folgte. Um das alte Gebäude wurde ein Mantel gelegt, der ein zweites Haus umfaßte. Balkons, Zinnen, Türme und mancherlei architektonisches Dekor waren nun das Charakteristikum.

Das Haus an der Margarethenstraße 45 ist heute noch zu sehen. Allerdings versperrt ein sachlicher Anbau aus den sechziger Jahren, wie ihn Baubehörden wohl heute nicht mehr zulassen würden, den Blick auf das Erdgeschoß. Seit 1914 ist das Anwesen nicht mehr in der Hand der Familie Dülfer. Wer sich von der Eigenwilligkeit und auch gewissen Pracht des Dülferschen Sommersitzes einen Eindruck verschaffen möchte, hat dazu nun in der Ausstellung Gelegenheit.

Der Architekt Albrecht Schober, Sohn des an alten Häusern stets interessierten Kreisheimatpflegers Gerhard Schober, hat ein beeindruckendes Modell gebaut. Um Mitarbeit gebeten wurde er von den Initiatoren der Ausstellung, dem Münchner Kunsthistoriker und Denkmalschützer Dieter Klein und dem Kraillinger Gemeinderat Ulrich Hartmann, ebenfalls Architekt. Geld für das arbeits- und materialaufwendige Unternehmen kam von der Volksbank und der Kreissparkasse in Krailling. Bürgermeister Dieter Hager, der am Vernissagenabend die zahlreiche Gäste begrüßte, dankte herzlich allen Beteiligten. Er sieht die Ausstellung als einen klaren Gewinn und möglicherweise als einen Neuanfang im Ausstellungsbetrieb des Rathauses.

Dieter Klein hat über Martin Dülfer promoviert. Vier Jahre befaßte er sich mit dem „Wegbereiter der deutschen Jugendstilarchitektur", bis er zufrieden war mit seinen Recherchen. Das Landesamt für Denkmalpflege machte aus der Dissertation eines seiner Arbeitshefte. So war es ganz selbstverständlich, daß zur Eröffnung auch Landeskonservator Michael Petzet kam und launig ein wenig über Dülfer erzählte. Klein hat mittlerweile für die Deutsche Welle in Berlin einen Film über Dülfer gemacht, den die Besucher sich ansehen konnten.

Wenn Dülfer der „Wegbereiter des deutschen Jugendstils" genannt wird, so muß man sich vergegenwärtigen, daß vorher eine Architekturlandschaft bestanden hatte, aus deren zum Teil wirrer und oftmals historisierenden Vielfalt zwangsläufig ein Weg heraus gefunden werden mußte, sollte wieder eine klare Stilrichtung entstehen können. Ehe Dülfer eines der wichtigen Jugendstilhäuser in München, die Villa Bechtolsheim, bauen konnte, „spielte" er nachhaltig mit allen Versatzstücken des zu Ende gegangenen 19. Jahrhunderts: der Neugotik, der Neurenaissance, dem Neubarock und dem Neurokoko. Wie man an den Fassaden der gezeigten Häuser sieht, konnte er einen Teil dieser Stilelemente sogar an einem Haus geschickt vereinigen. Übrigens war sich auch ein „großer" Architekt nicht zu schade, Detailzeichnungen zu verfertigen, auf der genauste Angaben etwa über Putzart und -behandlung zu finden waren.

Neben den Bürgerhäusern, zu denen – und das stimmt doch sehr traurig – sehr häufig vermerkt werden muß, daß sie Opfer der Bomben oder des baulichen Unverstandes der ersten Nachkriegsjahrzehnte wurden, neben den Bürgerhäusern also finden sich die wichtigsten Beispiele von Dülfers Tätigkeit als Erbauer von Theatern, die ihn von Lübeck bis Meran geführt hatte. Er war ein berühmter Mann: Nicht nur in Münchens Glaspalast waren wiederholt Arbeiten von ihm zu sehen, sondern auch auf der Weltausstellung in Saint Louis, USA, war er vertreten. Die Kraillinger Ausstellung dauert bis zum 29. Januar.

INGRID ZIMMERMANN

DÜLFERS SOMMERHAUS im Modell begutachten die Initiatoren der Kraillinger Ausstellung, Dieter Klein (Mitte) und Ulrich Hartmann (rechts) sowie Landeskonservator Michael Petzet (links). Das Modell des Hauses Margaretenstraße 45 baute Albrecht Schober. Photo: Raeder

Süddeutsche Zeitung
11. Dezember 1992

Bild (München), 15. Dezember 1992

Die Wieskirche

Max Streibl stellt neues Buch vor

Das gab's auch noch nicht: Die Wieskirche als Kulisse für eine Buchpräsentation. Ministerpräsident Max Streibl und Bayerns Landeskonservator Michael Petzet stellten gestern ein besonderes Werk vor: 60 Farbtafeln, mehr als 500 Schwarz-Weiß-Fotos. Es handelt sich um eine Dokumentation über die Restaurierung der Wieskirche.

Foto: dpa

Die Wieskirche nach der Restaurierung

Auge Gottes strahlt in altem Glanz

In einer Dokumentation berichten Experten, wie Bayerns Rokokojuwel erhalten wurde

Von Ursula Peters

Steingaden – Man nennt sie „Festsaal des lieben Gottes" oder „ein Stück Himmel auf Erden" – die Wallfahrtskirche zum gegeißelten Heiland, gemeinhin Wieskirche genannt. Das ist nicht irgendein Gotteshaus im oberbayrischen Pfaffenwinkel, sondern eine einzigartige Rokokoschöpfung, buchstäblich auf der grünen Wiese vor der Kulisse der Trauchgauer Berge gelegen und von der UNESCO als „Weltkulturerbe" geadelt.

Doch lassen wir Bayerns ersten Bürger, Ministerpräsident Max Streibl, das Wunderwerk Wies von Dominikus Zimmermann (1685 bis 1766) selbst beschreiben: „Ein Kleinod bayerischer Frömmigkeit, voll festlicher Bewegtheit, Fluten von Licht, beschwingt heiterer Formen und zugleich ein großartiges theologisches Programm. Der Landesvater muß es wissen, denn sein Privathaus liegt in der Nähe, und der besucht oft den Gottesdienst in der Wies.

Sechs Jahre harte Arbeit

Anlaß für Streibls Laudatio war kürzlich die Vorstellung einer dickleibigen Dokumentation der Restaurierung der Wieskirche. Zuerst akribisch mit den neusten wissenschaftlichen Methoden untersucht, dann einfühlsam restauriert wie ein Gemälde und schließlich von 43 Autoren, allesamt Spezialisten ihres Fachs, in dem reich bebilderten Band geschildert: „Da sind wir Weltspitze", meint der Chef des Landesamts für Denkmalpflege, Michael Petzet, dessen Abteilungen fast vollständig mit dem Projekt Wies befaßt waren. Noch nie sei ein derart komplexes Baudenkmal wie die Wies so penibel untersucht, restauriert und dann beschrieben worden. Das Buch ist im Verlag Karl Witt erschienen und kostet 149 Mark.

Die „teuersten Gipsbrocken im Freistaat" hat Streibl die Stuckteile genannt, die sich im Mai 1984 von der Decke der Wieskirche lösten, was eine Sperrung zur Folge hatte. Sechs Jahre war die Wallfahrtskirche ein Pflegefall, 10,6 Millionen Mark hat die Wiederherstellung des Rokokojuwels gekostet. Die Arbeiten dauerten nicht nur wegen der umfangreichen Untersuchungen so lange, sondern auch weil die Wies keine Heizung besitzt und deshalb in den Frostmonaten nicht restauriert werden konnte.

Geniale Leichtigkeit

Die fehlende Heizung der Wallfahrtskirche hat aber auch ihr Gutes: Dieser Umstand trug dazu bei, daß die berühmteste Rokokokirche Bayerns mit ihrer überschwänglichen Fülle von Stuckornamenten, Bildern, Engeln und Heiligen sich erstaunlich gut gehalten hat seit der Einweihung anno 1754. Zur großen Überraschung und Freude der Denkmalpfleger stellte sich nämlich heraus, daß der Chor noch die ursprüngliche Farbfassung besitzt und auch der größere Gemeinderaum nur einmal – und zwar sehr zurückhaltend – Anfang dieses Jahrhunderts renoviert worden ist. Es hat also keine rabiate Farbenänderung und Übermalung gegeben, wie sonst häufig im 19. Jahrhundert passiert, in dem man von Barock und Rokoko nichts hielt. Nach dem Zweiten Weltkrieg wurde lediglich einiges ausgebessert, wenn auch „farblich falsch" interpretiert, wie man heute weiß.

Es ging also jetzt nur darum, diese kostbare Originalfassung vollständig zu erhalten, zu reinigen, zu sichern und – wo nötig – behutsam zu ergänzen. Dabei durfte nie die Gesamtwirkung des lichtdurchfluteten, heiteren Kirchenraums mit seiner – trotz aller Pracht – himmlischen Schwerelosigkeit aus den Augen verloren werden.

Herrliche Wirkung

Die Brüder Dominikus und Johann Baptist Zimmermann – der eine Baumeister und Stukkateur, der andere Freskenmaler – hatten mit genialer Leichtigkeit an dem Gesamtkunstwerk Wies gearbeitet, um mit einem Minimum an Aufwand eine herrliche Wirkung zu erzielen. Schließlich mußte man auch seinerzeit sparen. Das für die Wallfahrt zuständige Kloster Steingaden war wegen Geldmangels angeblich nicht bereit gewesen, den Kirchenbau zu genehmigen. Die Wies ist also Bayerns schönster Schwarzbau.

Für die Hüter der heutigen Bayerischen Bauordnung wäre schon die Konstruktion des Kirchengewölbes ein Horror: Nur ein schlichtes Lattengerüst trägt den Kirchenplafond und die Stuckelemente. Der Wind, Druckwellen der rasenden Tiefflieger, ja sogar die Bläser bei Orchesterkonzerten bringen nach Überzeugung der Bautechniker die fragile Konstruktion zum Schwingen. Die Folge: Risse, abgeplatzte Stuckteile, die teilweise nur an verrosteten Drähten hingen.

Tanzender Engel

Daß die ganze Innenausstattung der Kirche nach einem raffinierten Plan mit genau kalkulierten Wirkungen und bedeutungsvollen theologischen Anspielungen entworfen wurde, ergab zum Beispiel die Vermessung des riesigen Deckenfreskos mit der ganzen Heilsgeschichte: die geometrische Mitte des Kirchenhimmels befindet sich exakt über dem Herzen Jesu. Das durch die Fenster fallende Licht der wandernden Sonne wurde als Gestaltungsprinzip verwendet und beschert auch verspielte Effekte: Am 22. September um 17 Uhr soll ein flimmernder Sonnenstrahl den Engel unter der Prunkkanzel tanzen lassen. Diese Kanzel, die förmlich überkrustet von Bildwerk ist und deshalb eine besonders komplizierte Restaurierungsaufgabe war, bietet fast theatralische Erlebnisse. Im Innern sind Spiegel verborgen, die zum Beispiel das Auge Gottes über der Kanzel wie durch ein Spotlight beleuchten.

Damit der Kirchenraum wieder strahlt wie im 18. Jahrhundert, war vor allem eine gründliche Reinigung der Abertausende von Verzierungen und dem Bildschmuck notwendig. Eine zeitraubende Arbeit mit Pinseln, Wattestäbchen und auch Spezialstaubsauger. Viele lose Teile und Vergoldungen wurden gesichert, Hohlstellen durch Unterspritzen gefestigt. Die in den 60er Jahren modisch abgelaugten Kirchenbänke erhielten wieder ihr ursprüngliches Braun – als Gegensatz zum „leuchtenden Himmel" darüber. Nichts sollte nagelneu aussehen, sondern „im alten Glanz des 18. Jahrhunderts", wie Generalkonservator Petzet betonte.

Not mit Tieffliegern

Die bedrohlichen Tiefflieger über der Wieskirche sind nach dem Flugverbot zwar deutlich weniger geworden, doch Wallfahrtspfarrer Georg Kirchmeier muß sich dennoch hin und wieder über tieffliegende Maschinen aus NATO-Ländern beschweren. Zu einer weiteren Bedrohung wachsen sich die Besuchermassen aus. Rund 1,2 Millionen Leute waren es heuer, die die Wies sehen wollten; bis zu 90 Reisebusse am Tag parkten unterhalb des Gotteshauses. Die feuchte Atemluft der vielen Menschen verändern das Raumklima bedenklich.

Fachleute sprechen sich deshalb für eine Begrenzung der Touristenzahlen und auch der Konzertbesucher aus. Vielleicht würde da schon eine Idee von Denkmalchef Petzet Abhilfe schaffen: statt die Bauern große neue Parkplätze an der Wieskirche bauen zu lassen, sollte man etwa zwei Kilometer entfernt am alten Wallfahrerweg Abstellflächen schaffen und die Besucher zum „Himmel auf Erden" gemütlich spazieren lassen.

AUCH DIE FASSADE DER WIESKIRCHE *wurde neu gestaltet – nach zeitgenössischen Darstellungen und Untersuchungsbefunden. Sie leuchtet jetzt ganz hell in blassem Gelb (vorher Ocker), die Architektur gegliedert durch sparsame hellgraue Linien. Hier die Ansicht von Südwesten.*
Photos: Dietlind Castor

Rettung der chinesischen Krieger
Experten tagten in München über die Konservierung der Tonfiguren-Armee

Einzelkämpfer der gewaltigen Tonfiguren-Armee, die vor bald 20 Jahren in der chinesischen Provinz Shaanxi geortet wurde, haben bei Ausstellungen in Europa und Amerika Staunen erregt; die Grabanlage des Kaisers Qin Shihuanghi (246–210 v. Chr.), aus der man sie ans Tageslicht gehoben hat, ist zu einer Attraktion des Kulturtourismus geworden, wiewohl sie erst zum kleineren Teil freigelegt ist. Die weitere Grabungskampagne wird weit langsamer vor sich gehen als in der Euphorie des Entdeckerglücks. Denn mittlerweile hat man erkannt, daß die rasche Bergung der ersten Funde viel zerstört hat – vor allem die ursprüngliche farbige Fassung der lebensgroßen Terrakotta-Plastiken; man hat eingesehen, daß die Erforschung und Sicherung dieser größten archäologischen Sensation der vergangenen Jahrzehnte eine Aufgabe für Generationen ist, zudem ein Problemfeld, das nur in internationaler Kooperation bestellt werden kann.

„Eine Herausforderung, die nur mit der Verlegung von Abu Simbel vergleichbar ist", nennt Rolf Snethlage, Leiter des Zentrallabors im Bayerischen Landesamt für Denkmalpflege, die kniffligen Fragen, an deren Lösung deutsche Spezialisten dank einer Vereinbarung mit dem Bundesministerium für Forschung und Technologie seit mehr als vier Jahren zusammen mit chinesischen Kollegen arbeiten: Methoden für die Konservierung der mehr als 7000 Krieger und ihrer Stellungen zu finden, und Rezepte für die Rettung eines anderen Weltkultur-Denkmals in derselben Provinz, der Tempelanlage von Dafosi mit ihren 107 Grotten und nahezu 5000 Statuen. Neben seiner Institution sind das Römisch-Germanische Zentralmuseum in Mainz und Wissenschaftler der Universität Karlsruhe an dem Großunternehmen beteiligt. Zu einer Zwischenbilanz und einer Strategiekonferenz haben sich die Protagonisten jetzt in München getroffen.

Konkrete Erfolge meldet das Team vom Heerlager des Kaisergrabs. Eines der dortigen Probleme war, daß in der „Grube eins", dem zunächst entdeckten fußballfeldgroßen Areal des Fußvolks, die stegartigen Wälle zwischen den Kriegerkolonnen einzustürzen drohten. Hier konnten Methoden entwickelt und in Einzelpartien auch schon angewandt werden, die den Erdformationen Halt geben, ohne die historische Substanz erheblich zu schädigen. Den wichtigsten Fortschritt haben indes die Experimente gebracht, die im Münchner Labor mit Bruchstücken von Tonfiguren unternommen wurden, um deren ursprünglich reiche Farbfassung zu erhalten. Proben, noch im durchnäßten Zustand samt dem umgebenden Erdreich verpackt und so von China an die Isar geschickt, haben gezeigt, daß eine erste Konservierung schon beim Bergen nötig ist. Auch geeignete Mittel zum Festigen, in erster Linie natürliche Haut-und Fischleime, können mittlerweile empfohlen werden. Offen ist jedoch noch, wie die Anwendung in so riesigem Maßstab praktikabel gemacht werden kann. Ganz zu schweigen von der Aufgabe, die Plastiken

EINER DER BOGENSCHÜTZEN *aus der berühmten Tonfiguren-Armee.*
Photo: Forschungsbericht 8/93

künftig so zu präsentieren, daß das Klima für sie bekömmlich ist.

Erstaunliches ist bei der Analyse des Farbmaterials herausgekommen, das für die Fassung der Krieger verwendet wurde. Über einer Lackgrundierung wurden Pigmente registriert, wie man sie auch aus der europäischen Malerei des Mittelalters kennt: teures Material aus Halbedelstein, Malachit, Azurit, Zinnober. Für eine Serienproduktion also ein kaum vorstellbarer Aufwand, jedoch der individuellen Ausformung jeder der 7000 Figuren angemessen. Daß sie mit künstlerischem Selbstbewußtsein modelliert wurden, dafür spricht die Tatsache, daß bis heute nicht weniger als 40 verschiedene Signaturen an den Plastiken festgestellt wurden. Bei dieser Gelegenheit haben zwei chinesische Chemiker, die im vorigen Jahr zusammen mit Restauratoren als Gäste im Münchner Denkmalamt gearbeitet haben, eine Novität entdeckt: Ein bislang unbekanntes Violett-Pigment aus Zinnober und Kalzium-Kupfer-Silicat. Kurioserweise fand man diese Verbindung am amerikanischen Getty-Institut fast zur selben Zeit an einem Stäbchen aus der Han-Dynastie (208–220 n. Chr.).

Proben von Farbfassungen spielten auch beim zweiten Hauptthema der Münchner Konferenz eine Rolle, dem Stand der Rettungsarbeiten am Grottensystem von Dafosi, das seit dem Jahr 628 n. Chr. zu einer gigantischen Tempelanlage ausgebaut wurde. Doch das war eher ein Nebenaspekt. Denn hier gehen dramatische Gefahren von den Sickerwasser-Adern aus, die den porösen Sandstein des heiligen Bergs durchziehen. Nach schweren Regenfällen könnten Tonnen von Gestein niederbrechen. So hängt über dem Haupt des 19 Meter hohen Großen Buddha drohend eine Felsplatte, und seine Füße stecken bereits in einer nahezu drei Meter hohen Erdschicht, die von Erosion, aber wohl auch von Überschwemmungen des nahen Flusses herrührt. Diese Ablagerungen können weggekarrt werden, ohne die Stabilität der Riesenstatue zu gefährden. Damit wird auch der alte Prozessionsumgang wieder frei, den die Erdmassen blockierten.

Im übrigen aber befindet sich die Behandlung dieses schwierigen Patienten noch im Stadium der Diagnose. Und hier ist vor allem der Rat der Geologen gefragt. So wurde mit Ge Xinrun, einem Professor der Felsmechanik, ein Experte hinzugezogen, der normalerweise für die Berechnung von Staudämmen und Tunnels zuständig ist. Zur Vorbereitung der Therapie hat es exakte Vermessungen gegeben, einschließlich der Erkundung, wie das Netzwerk wasserführender Klüfte verläuft. In der Praxis werden die Schwierigkeiten bereits damit beginnen, daß die zur Festigung des Felsens nötigen Bohrungen so erschütterungsfrei verlaufen müssen, daß die Heerschar kleiner Buddhas in den Grotten keinen Schaden nimmt.

Die Technologie, die bei diesem Sanierungswerk erarbeitet wird, kann nach Ansicht von Denkmalamt-Chef Michael Petzet zum Modell für ähnlich gelagerte Problemfälle werden. Insofern sieht er die deutsch-chinesische Kooperation, die finanziell bis 1995 gesichert ist, auch nicht als einseitige Hilfe an. „Von der Beschäftigung mit so ungewöhnlichen Zeugnissen der Weltkultur profitieren beide Seiten."

HEINRICH BREYER

Süddeutsche Zeitung, 29. Januar 1993

Gebaute Geschichte zwischen Buchdeckeln
Neuer Band der Reihe „Denkmäler in Bayern" über Pfaffenhofen an der Ilm

Von Ursula Peters

MÜNCHEN – Der Reichtum Bayerns an Kunstdenkmälern und historischen Bauten ist bekannt. Immerhin stehen – abgesehen von Juwelen wie berühmten Kirchen, Burgen und Schlössern – schon 850 Ensembles gebauter Geschichte in der bayerischen Denkmalliste.

Doch in das Bewußtsein rückt dieser Reichtum erst richtig in den dickleibigen Kunstbüchern, die sich mit sämtlichen denkmalgeschützten Objekten einer Gegend beschäftigen. Erschienen sind in dieser Reihe „Denkmäler in Bayern" schon vor Jahren die reich mit Bildern versehenen Denkmallisten aller sieben Regierungsbezirke. Jetzt kommen nach und nach auch Einzelbände von Städten oder Landkreisen dazu, die noch mehr ins Detail gehen und jedes einzelne Objekt beschreiben, selbstverständlich eingebettet in geschichtliche und kunsthistorische Erläuterungen.

Der neueste Band in dieser Reihe – herausgegeben vom Landesamt für Denkmalpflege – ist kurz vor Weihnachten erschienen und beschäftigt sich mit dem Landkreis Pfaffenhofen an der Ilm. Mehr als 400 Zeugen der Vergangenheit – romanische Kirchen und gotische Kapellen, Barockes aller Art, mächtige alte Klöster aber auch Wohnhäuser und Straßenensembles, die unter Denkmalschutz stehen – sind darin beschrieben. Auch auf die vor- und frühgeschichtliche Vergangenheit dieser Gegend (Manching!) wird eingegangen. Dazu kommen topographische

DAS WESTPORTAL *der romanischen Klosterkirche Sankt Maria Immaculata in Biburg.*
Photo: Landesamt für Denkmalpflege

Karten. Ein noch dickerer Band von 2,8 Kilogramm Gewicht ist über den Landkreis Kelheim einige Monate zuvor erschienen.

Dieser Landkreis ist seit Jahrzehnten ein Schwerpunkt archäologischer Forschungen, die in dem Buch ebenfalls dokumentiert werden. Neben einer erstaunlichen Vielfalt historischer Baukunst – Asamkirchen in Rohr und Weltenburg, romanische Anlagen in Biburg, die Reihe der Schlösser und Burgen am Rand des Altmühltals – gibt es auch Spezialitäten wie den Ludwig-Donau-Main-Kanal, die bedeutendste verkehrstechnische Leistung Bayerns im 19. Jahrhundert (wenn man von der ersten Eisenbahn einmal absieht). Natürlich findet der Leser auch hier eine Dokumentation aller Gebäude und Kunstwerke der Denkmalliste, Tausende von Abbildungen und anschauliches Kartenmaterial.

Diese Einzelbände werden mit Mitteln des Freistaats und des betreffenden Landkreises gedruckt und erhalten eine „großzügige Unterstützung durch die Messerschmitt-Stiftung", wie Generalkonservator Michael Petzet, der als Herausgeber zeichnet, betonte. In Bearbeitung sind jetzt die Bände über die Städte Augsburg, Coburg und Fürth sowie den Kreis Bad Tölz-Wolfratshausen.

Süddeutsche Zeitung
2./3. Januar 1993

Konservatoren kennen keine Grenzen

Süddeutsche Zeitung ▷
23./24. Januar 1993

Süddeutsche Zeitung
20./21. Februar 1993

Politische Denkmäler in die Rumpelkammer?

Gegen das „radikale Abreißen" von kommunistischen Denkmälern hat sich der Denkmalschützer Michael Petzet bei einer internationalen Fachtagung in Berlin ausgesprochen. Eine vorschnelle „Entrümpelung" der Plastiken verhindere eine kritische Konfrontation mit der Vergangenheit, sagte der Präsident des Deutschen Nationalkomitees der Internationalen Denkmalschutzgesellschaft (ICOMOS). Vielmehr sollten Politik und Öffentlichkeit die Chance nutzen, sich schöpferisch mit den Werken auseinanderzusetzen. Unter dem Titel „Bildersturm in Osteuropa – Die Denkmäler der kommunistischen Ära im Umbruch" haben sich Experten aus Deutschland und 15 ehemaligen Ostblockstaaten in der Außenstelle der Russischen Botschaft zusammengefunden. dpa

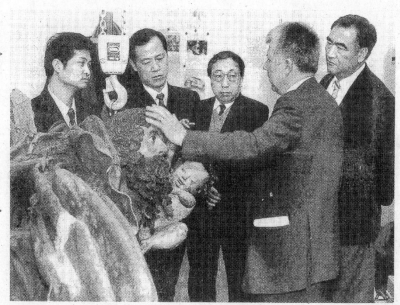

Krankenbesuch beim St. Christophorus aus dem Dom: Eine Delegation aus Fernost, die zu einer Konferenz über chinesisch-deutsche Zusammenarbeit in der Denkmalpflege nach München gekommen ist, ließ sich in den Restaurierungswerkstätten des bayerischen Landesamts deren Arbeitsmethoden zeigen. Fachleute aus beiden Ländern legen bei der Tagung die Bilanz der bisherigen Kooperation in der Provinz Shaanxi vor, bei der mit finanzieller Hilfe des Bonner Forschungsministeriums unter anderem an der konservatorischen Sicherung der erst 1974 entdeckten Grabanlage des Kaisers Qin Shihuangdi mit ihrer mittlerweile weltberühmten Tonfiguren-Armee gearbeitet wird. Unser Bild zeigt Generalkonservator Michael Petzet im Gespräch mit Staatssekretär Zhang Tinghao vom Ministerium für Kulturgüterschutz der Provinz Shaanxi (zweiter von links) und Mitgliedern seines Expertenteams.

ey/Photo: Karlheinz Egginger

Így dolgoznak a bajorok

Kisalföld, 13. április 1993

Százezer márka a Zollner-házra

Beszélgetés dr. Michael Petzettel

A Fertőrákos című – bajor–magyar együttműködés eredményeképpen létrejött – könyv bemutatójára hazánkban járt *dr. Michael Petzet*, az ICOMOS Német Nemzeti Bizottságának elnöke. A tanulmánykötet jelentőségéről, a bajor műemlékvédelem helyzetéről beszélgettünk a szakemberrel.

– *Elnök Úr, mi a véleménye az elkészült tanulmánykötetről?*

– Először is szeretném abbéli reményemet kifejezni, hogy a munka nem elveszett értékek publikációja lesz, hanem az új alapelvünk megvalósításának első lépése, miszerint nem egyes műemlékek megőrzését – hanem egész települések fekvését, környezetét – figyelembe véve szeretnénk munkánkat végezni. A kötet képein is láthatunk épületeket, amelyeknek állapota sürgős cselekvést követel, és a csodálatos falu összképének megőrzéséhez alapvető fontosságúak. A tanulmányokat magyar kollégákkal együtt írtuk, mivel megfogott minket Fertőrákos szépsége. A kiadvány megjelentetésének költségeit szerencsére tudtuk vállalni, a tanulmánytervekben kidolgozott tervek megvalósítása viszont a helyi vezetésen is múlik, termé- szetesen építkezésekkel, felújításokkal kapcsolatban óvatosan kell eljárni, hogy a hasznosítás ne csupán kihasználást jelentsen, hanem a lehetőségekhez mérten segítse a falukép megőrzését, helyreállítását. Fertőrákoson fennáll a lehetőség ezen elvek gyakorlati érvényesítésére, ez viszont a turizmus megfelelő kezelését is megkívánja. Jó példa az idegenforgalom pusztító hatására Burgenland, ahol az utóbbi 20 évben nagyrészt lerombolták értékeket, amelyeket visszalogottabb turisztikai fejlesztéssel meg tudtak volna őrizni.

– *Kinek szánták a könyvet, kik érjenek el a publikációk?*

– Magyar kollégáinknak adtunk át nagyobb mennyiségű könyvet, és bízunk benne, hogy így eljutnak a megfelelő személyekhez. Főleg olyan szakemberekre gondolok, akik kisebb építkezésekkel, felújításokkal

Győri püspökök kastélya (itt volt a könyvbemutató), 1690-ben nyerte el mostani formáját, 1311-ből szá=nazó oklevél alapján, már állt ezen a helyen a kast elődje.

szirozzuk. Nagyon fontos, hogy teljes listát tartunk nyilván az országban lévő műemlékekről, amelyet közzé is teszünk. Nyilvánvalóan nincs elég eszközünk az összes létező műemlék sorsát befolyásolni, de már csak morális szempontból is hatásos, ha fel tudjuk mutatni a listát: íme a történelmek!

110 ezer építészeti műemléket regisztráltunk, de természetesen folyamatosan kiegészítjük a már publikált nyilvántartást. Ebbe a számba a regensburgi katedrálistól az egyszerű kútig, minden beleértendő. Szeretném egy példával illusztrál- ban lévő műemlékek restaurálását természetesen az állam végzi el. Az egyházi tulajdonban lévő műemlékek védelméhez – ez nyilvánvaló – az egyház is hozzájárul. A műemlékvédelmi hivatal azonban olyan területek fejlesztésére is ad pénzt, amelyek amúgy kiesnének a körből. Sajnos az utóbbi időben nagyon megnőttek a költségek, gondolok itt főleg az építőiparra, ezért amekkora összegből korábban egy teljes kastélyt felújítottunk, ma már nem futja sokra. Szerencsére azért egyes alapítványok is feladatuknak érzik a műemlékvédelmet, így

A győri püspökök kastélyának részlete.

szetesen igyekszünk megfelelő támogatást szerezni. Erre jó példa, hogy a Messerschmidt Alapítvány csaknem biztos, hogy 100 ezer márkát szán az úgynevezett Zollner-ház (terveit a legújabb tudományos módszerek alapján részletesen kidolgozták a könyvben) felújítására. Mivel az említett épület állaga már az adatfelvétel óta is észrevehetően romlott, még ebben az évben meg kellene kezdeni a munkát. Egyes falrészeket valószínűleg teljesen ki kell cserélni, de többségükben felhasználhatók a régi téglák. A Zollner-ház hasznosítására több terv is létezik, így például a helytörténeti múzeum berendezése is szóba került.

– Mi lesz a többi épülettel, mi történik a falu egészével?

– Fertőrákos történelmi része 1975 óta műemlékvédelem alatt áll, természetesen az lenne a legjobb, ha ebben a struktúrájában megőrződne, hiszen 70-75 százalékban még a régi állapot maradt meg. Problémát okoz, hogy a környék gazdaga gyökeresen megváltozott, a mezőgazdasági tevékenység háttérbe szorult. Műemlékvédelmi szempontból az új épületek átalakítások óvatos kivitelezése lenne kívánatos, a „milde Revitalisierung" (gyöngéd újjáélesztés) elvével összhangban. Az

települések arculatának megőrzésével, restaurálásával foglalkoznak. Úgy vélem, a publikációk mindenképpen mintaértékűek lehetnek, például Sopron számára is. Természetesen a német Lipp Kiadónál meg is lehet rendelni a kötetet. Ahhoz képest, hogy az egész vállalkozás így kezdődött, hogy néhány fiatal munkatársunkat teljesen megbabonázta a falu, és mindenképpen meg szerették volna vizsgálni, azt hiszem nagyon szép eredményt tettünk le az asztalra, magyar kollégáinkkal együttműködve.

– Ön az ICOMOS-ban betöltött funkciója mellett a bajor műemlékvédelem egyik vezetője. Kérem, röviden ismertesse szervezetük működését, felépítettségét.

– Németországban az egyes tartományokban különbözik a műemlékvédelem szervezeti felépítése. Bajorországban gyakorlatilag I. Lajos király ideje óta létezik ezzel a feladatkörrel foglalkozó hivatal, tehát jelentős tradíciókkal rendelkezünk. Már 1835-ben nevezték ki országunkban úgynevezett épületfelügyelőt, francia példa alapján. Működésünket hatékonyabbá teszi az a tény, hogy erős központi szervekkel dolgozunk, még a régészeti ásatások nagy részét – közel 95 százalékát – is mi szervezzük, finan-

Pellengér 1690-ből.

r: hogy Bajorországban milyen) ten áll a nyilvántartás. Egész r ranciaországban, két kategóriába sorolva, összesen 30 ezer műemlék szerepel a listán, holott egybevetve Bajorországgal, legalább 600 vagy 700 ezer lenne a megfelelő szám. Kedvező a műemlékvédelem szempontjából az a tény is, hogy a listán szereplő épületek tulajdonosai kedvező feltételekkel írhatnak le bizonyos tételeket az adójukból. Ezért aztán az az eset a gyakoribb, amikor a tulajdonosok azért veszekednek, mert az ő tulajdonuk nem került fel a listára, és nem megfordítva...

Sőt, amennyiben ilyen épületet építenek át, vagy újítanak fel, állami támogatásban is részesülhet az illető. Ha bizonyítóan erejét meghaladó vállalkozás lenne a tökéletes helyreállítás, a kiadások egy részét az ügynevezett „kartalanítási alapból" fedezzük, ami ebben az évben körülbelül 40 millió márkára rúg. Az igazán nagy beruházásokat, illetve a tulajdoná-

például a Bajor Állami Alapítvány, vagy a Messerschmidt Alapítvány.

– Mennyire tud hivatalluk eljárni olyan esetekben, ha valaki nem a műemlékvédelem törvényeknek megfelelő átépítésbe, vagy építkezésbe kezd?

– Szakvéleményezési jogunk van minden műemléket érintő kérdésben, és magasabb szintre – kormányzati, minisztériumi – továbbíthatjuk az egyes problémák megoldására tett javaslatainkat. Ez elég sűrűn elő is fordul, ezért nehezítetnek a hivatalra egyes helyeken, mondván, hogy akadályozzuk a fejlődést. Tehát relatíve erős hatáskörrel rendelkezik a bajor műemlékvédelmi hivatal, bár akár vetően véleményező funkcióját kell. Összességében az a véleményem, hogy erősebben tartományban tevékenykedő hivatal, kis túlzással azt is mondhatnám, hogy az összes történelmi „tyúkól" restaurálási tervet kidolgoztuk és listára vettük.

– Említette, hogy a régészeti ásatásokat is Önök végzik. Mi jellemzi ezt a tevékenységi körüket?

– Néhány területen kiemelkedő szinten állunk, így például saját laboratóriumunk van, ahol a leletek feldolgozását, elemzésüket végezzük. Itt is a pénz csökkenésével kell szembenéznünk, de a fejlődés abba az irányba mutat, hogy hagyjuk végre békén a talajt, ne ássunk, csak kivételes esetekben. A kőzelmúltban a trójai várfal feltárását végeztük el ásatás nélkül, mégpedig egy bajor készülék segítségével (cézium-magnetométer), amely világszínvonalat képvisel.

– Milyen a kapcsolatuk a magyar szakemberekkel?

– Az ICOMOS Magyar Nemzetiségi Bizottságával jó a kapcsolatunk, és élő az együttműködés a bajor és a magyar műemlékvédelmi hivatalok között is. Jó példa erre, hogy a regensburgi dómot bemutató kiállítást Budapesten, a hivatal épületében nyitottuk meg. Ezenkívül a restauráló műhelyeink is több közös előadás-sorozatot terveznek aktuális kérdésekről.

Brenner Kálmán

A Zollner-ház.

Fertőrákos látképe.

Denkmal, was nun?
Internationales Forum über kommunistische Monumente

Von unserem Korrespondenten
Martin Ferber

In Riga entlud sich der Haß der Bevölkerung spontan und emotional. Aufgebrachte Menschen stürzten nach der Befreiung Lettlands vom sowjetischen Joch den großen Lenin über Nacht von seinem monumentalen Sockel und zerstörten ihn.

In der einstigen Sowjetunion stehen nach Angaben der Gewerkschaftszeitung *Trud* noch immer rund 850 000 Lenin-Denkmäler. Die Bereitschaft der Menschen, den Übervater von einst vom Sockel zu stoßen, nimmt allerdings ab, in dem sich die persönliche, soziale und wirtschaftliche Situation des einzelnen verschlechtert.

Was also tun mit den Denkmälern kommunistischer Herrlichkeit? Erhalten? Abreißen? Oder Verändern? In Berlin suchen seit gestern Experten aus allen 15 ehemaligen Staaten des Ostblocks Antworten auf diese Fragen. Ort der Tagung, die vom Deutschen Nationalkomitee von ICOMOS (Internationaler Rat für Denkmalpflege) und dem Institut für Auslandsbeziehungen veranstaltet wird, ist – sinnigerweise – die Russische Botschaft Unter den Linden, deren Eingang noch immer ein überdimensionaler Lenin-Kopf ziert. Zu den offiziell geladenen Teilnehmern zählt auch der Unternehmer und Steinmetz Josef Kurz aus Gundelfingen, der auf seinem zwölf Hektar großen Firmengelände eine Art „Fossilienpark" für die Herrscher der untergegangenen kommunistischen Ära angesammelt hat.

Bei allen Unterschieden in der Bewältigung der kommunistischen Vergangenheit hat Prof. Michael Petzet, Chef des Bayerischen Landesamtes für Denkmalpflege und Präsident des Deutschen ICOMOS-Komitees, eine Gemeinsamkeit im früheren sowjetischen Machtbereich ausgemacht: „Nachdem in den ersten Tagen viele Monumente aus durchaus verständlichen Gründen der spontanen Empörung, Wut und Trauer der Bevölkerung zum Opfer gefallen sind, scheint inzwischen in Osteuropa ein eher auf Verwaltungsebene verordneter und organisierter, zum Teil auch von Sachverständigenkommissionen begleiteter Verdrängungsprozeß im Gange zu sein". Dadurch bestehe die Chance, daß man sich nun bei aller „notwendigen Säuberung" auch Gedanken über den historischen und künstlerischen Wert derartiger Denkmäler machen könne. Wobei für den Denkmalpfleger Petzet der Erhalt des Objektes an seinem angestammten Ort absolute Priorität genießt. Jedes Monument verliere mit der Entfernung von dem Ort, für den es geschaffen worden sei, seine „Aura" und seine „ganz entscheidende Qualität". Für Petzet wäre im weiteren, ein gelegentlich phantasievoller, auch satirischer Umgang" mit einem Denkmal „radikaleren künstlerischen Eingriffen vorzuziehen, etwa dem Vorschlag, es zu zerstören und zur Erinnerung an den Zusammenbruch des Systems die Trümmer einfach liegenzulassen".

Gefahr des Vergessens

Als entschiedener Befürworter eines Erhalts der kommunistischen Monumentaldenkmäler erweist sich auch Prof. Helmut Engel, Leiter der Stabsstelle Baudenkmalschutz beim Berliner Senat und seit der Vereinigung verantwortlich für alle Denkmäler in der Stadt: „Vernichtung und Zerstörung bewirken Vergessen, und Vergessen schließt die Gefahr von Wiederholungen ein." „Der Schutz des Denkmals als Geschichtsdokument bedeute aber nicht, auf „Zeichen der Überwindung" zu verzichten. Umgekehrt werde mit einem Denkmal nicht der Geist vernichtet, der es schuf. Engels provozierende Schlußfrage: „Zerstört ist Hitlers Reichskanzlei als Ort des Bösen. Aber ist damit das faschistische Ungeheuer tatsächlich besiegt?"

Feierte seinen 60. Geburtstag mit Freunden: Michael Petzet (Mitte) Nationalmuseums-Generaldirektor Reinhold Baumstark und Stadträtin Elisabeth Schosser, die er als „Generalsekretärin der '33er" bezeichnet.
Photo: Karlheinz Egginger

Prima Gutachten über einen Denkmalschützer

Der Jubilar liebt die Pop-art, und so waren Treppenhaus und Säulengang der Alten Münze mit dem Konterfei von Generalkonservator **Michael Petzet** dekoriert. Das Porträt im Siebdruckverfahren schmückte beim Geburtstagsempfang sozusagen alles. Meinte der nunmehr 60jährige trocken: „Sie wissen, mir ist jeder Persönlichkeitskult fremd." Doch die Eingeladenen wußten es offenbar besser. Einer der vier Pressereferenten, die das Landesamt für Denkmalpflege in den letzten Jahren hatte, kam – nach der Überreichung eines Arbeitsheftes mit 20 Beiträgen von Petzet – zu dem Schluß, „es ergibt sich die Frage, wie konserviere ich mich selbst"

Am 12. April wurde Michael Petzet 60 Jahre alt. Damals gab er nur einen Umtrunk für die Mitarbeiter, doch wurde bei dieser Gelegenheit der Laudator für den kleinen Empfang mit Freunden festgelegt. Landeskonservator und Chef-Stellvertreter **Erwin Keller** sollte diese Aufgabe übernehmen, und er löste sie mit Bravour. Als Grundlage für die Lobrede nahm er das „Gliederungsschema für die Abfassung von Gutachten" des Kultusministeriums. Die Hauptpunkte: „Die Würdigung des Denkmals", die „Begründung der besonderen Schutzwürdigkeit" und die Zusammenfassung: „Er ist ein Chef, der auf allen Aufgabengebieten eine sehr gute Figur macht." Lob spendete auch der Landtagsabgeordnete **Erich Schosser**: „Die Zusammenarbeit im Denkmalrat ist ganz vorzüglich."

Unter den Gratulanten waren beispielsweise der Chef der Schlösserverwaltung, **Hanns-Jürgen von Crailsheim**, Stadtmuseums-Boß **Wolfgang Till** und Bäderchef **Hans Bojer**.

uw

Redaktion: Ursula Willke   Tel.: 2183-474

20 Jahre nach Inkrafttreten des Gesetzes

Süddeutsche Zeitung
3. Mai 1993

Denkmalpfleger auf Betteltour

Landesamt klagt über Geldmangel und sucht Sponsoren

Von Ursula Peters

München – Das bayerische Denkmalschutzgesetz besteht nunmehr 20 Jahre. Und es hat sich sehr bewährt. Es ist beachtlich, was in diesem Zeitraum an historischem Erbe in Bayern vor dem Verfall gerettet, saniert oder restauriert werden konnte. Die offizielle Denkmalliste aller geschützten Baulichkeiten erfaßt nicht nur berühmte Kirchen, Burgen und Schlösser, sondern auch viele bescheidene Objekte. Unter dem sogenannten Ensembleschutz stehen inzwischen Straßen, Plätze, ja ganze alte Stadtviertel mit typischem Charakter. Was in diesen 20 Jahren wuchs, war vor allem die allgemeine Akzeptanz der Denkmalpflege, die Liebe zu Altertümern – auch in der Bevölkerung. Nur noch selten wird historische Bausubstanz einfach abgerissen.

Bayerns oberster Denkmalschützer, Michael Petzet, spielt deshalb mit dem Gedanken, mehr Aufgaben des Landesamts für Denkmalpflege an Städte und Landkreise zu delegieren. „Dort gibt es inzwischen eine Menge Engagement und auch viele sachkundige Architekten." Das Denkmalpflegeamt wäre entlastet und könnte sich dann auf die großen Probleme konzentrieren, zum Beispiel auf Entscheidungen bei sehr schwierigen Restaurierungen. Die zahlreichen spezialisierten Werkstätten des Landesamts genießen internationalen Ruf. Doch der Personalmangel ist offenkundig. Der allgemeine Sparzwang verstärkt noch diese Schwierigkeiten in Petzets Behörde. Beispiel Archäologie: „Die Streichung der Gelder für Arbeitsbeschaffungsmaßnahmen der Bundesanstalt für Arbeit ist für uns eine Katastrophe", klagt der Generalkonservator. Die Hilfskräfte für die vielen Ausgrabungen in Bayern – und das sind stets Notgrabungen, kurz bevor die Baumaschinen eintreffen – wurden nämlich seit Jahren über die Arbeitsbeschaffungsmaßnahmen (ABM) finanziert. „Das waren rund zehn Millionen Mark im Jahr."

Das Arbeitsprogramm der Archäologen sei mit dem Wegfall der Nürnberger Gelder mit einem Schlag obsolet geworden. „Wir stehen ohne Grabungsarbeiter da. Privatfirmen sind sehr teuer", stellt Petzet fest.

Auch sonst hat man Geldsorgen im Landesamt für Denkmalpflege. „Unser Jahresetat von 41,5 Millionen Mark wurde zwar vorerst nicht gekürzt, jedoch mit einer 20prozentigen Haushaltssperre versehen", berichtet Petzet. Er befürchtet, daß diese Sperre auch nicht aufgehoben werden wird. „Angesichts der enorm gestiegenen Baupreise wäre das fatal." Denn auch die kommunalen Zuschußgeber klagten über leere Kassen. In den letzten Jahren sei zwar sehr viel für die Denkmalpflege getan worden. „Doch noch immer gibt es verzweifelte Fälle."

Hilfreiche Stiftung

Immerhin liest sich die Liste der Vorhaben recht beachtlich. So soll die Restaurierung jetzt bedeutender Kirchen von Johann Michael Fischer (1692–1766) in Angriff genommen werden: die Klosterkirchen in Altomünster, Fürstenzell bei Passau, Rott am Inn, Rinchnach im Kreis Regen. Die Restaurierung der Lorenzkirche in Kempten („eine Riesenmaßnahme") geht in die letzten Runden. Begonnen wird ein Sanierungsprogramm für eine Reihe bayerischer Renaissance-Altäre, unter anderem in Geisenfeld, Reichersbeuern bei Bad Tölz, Heiligenstadt in Oberfranken. Wie auch bei manch anderen Projekten hilft hier die Messerschmitt-Stiftung finanziell. Sie zahlt auch 1,7 Millionen Mark für die Restaurierung der Bronzeskulpturen des Augustusbrunnens in Augsburg. In der Schwabenmetropole wurden jetzt auch zwei Bronzetafeln des berühmten romanischen Domportals abgenommen und für einen Abguß vorbereitet. Die originalen Bildtafeln sollen nicht mehr der Witterung ausgesetzt werden.

Fachkundige Mitarbeiter des Landesamts für Denkmalpflege sind auch immer wieder in den neuen Bundesländern sowie in anderen Staaten tätig. Eine besonders betrübliche Mission haben zwei Münchner Kunstspezialisten in Kroatien. Sie versuchen aus den vielen zerschossenen Kirchen Reste der künstlerischen Ausstattung zu bergen. „Die Lage dort ist absolut katastrophal", berichtet Petzet. „Wir gehen jetzt auf Betteltour und suchen Sponsoren für diese Aktion."

Süddeutsche Zeitung
11. Mai 1993

Sterbensmachtwörtchen

Absolutismus haucht sein Leben aus: Münchens Staatskanzlei

Kein anderes Bauvorhaben in der Bundesrepublik ist derart in Grund und Boden kritisiert worden wie die neue bayerische Staatskanzlei. Zehn Jahre lang boten die Gegner alle erdenklichen Experten und Expertisen auf, die keinen Zweifel daran ließen, daß dieser Neubau kulturgeschichtlich, stadträumlich, funktional und baustädtisch zur größten Münchner Planungspleite wird. Zum Schluß war die Verachtung riesig, aber auch der Durchsetzungswille der Landesregierung geschwächt, daß man sich fast wundern muß, welche Kräfte doch noch für die Fertigstellung dieses Haßobjektes gesorgt haben.

Zur festlichen Einweihung fehlte denn auch die Siegerlaune. Man sah einen gebeutelten Ministerpräsidenten, der den Einzug in sein ererbtes Domizil politisch vielleicht gar nicht mehr erlebt, eine hysterische Kanzleiführung, die Kritiker auszusperren versucht hatte, eine über den Planungsstreit mittlerweile ergraute Architekten- und Beraterschar, die über die Mutprobe zur bestandenen Mutprobe gratulierte, und dazwischen ein heiteres Gewusel aus kleinen Beamten mit fröhlichen Gesichtern, die wohl eigentlich Subjekt und Motor dieser Bauunternehmung sind, weil sie sich nach Jahrzehnten in Notunterkünften jetzt endlich frei entfalten dürfen.

Wenngleich der Name Franz-Josef Strauß und seines Nachfolgers Max Streibl über der Kuppel des umgewandelten Armeemuseums schweben, so dürfte die neue Staatskanzlei trotzdem als anonymes Produkt einer Bürokratie in die Annalen eingehen, die allein mit ihrer Beharrlichkeit und Massenträgheit dem Neubau über alle politischen Hürden und Vernunftgründe hinweggetragen hat. Das unter den Dauerbeschuß tatsächlich auf die Bauform eines Bollwerks mit Kasematten-Sockel und Zyklopenmauern geschrumpfte Haus trägt nicht mehr die Handschrift von Franz-Josef Strauß. Der wollte doch damals nach einem Rückzug aus der Bundespolitik mit einem raumgreifenden neoabsolutistischen Kanzleischloß direkt am Münchner Allerheiligsten neben Residenz und Hofgarten entscheiden. Auch Bauherr Max Streibl kann diesen Zwitterbau aus Festungs-Archaik und Dienstleistungs-Technik so nicht gewollt haben. Denn seinen Wunsch nach bayerntypischen Bauformen konnte er nur in einer heimlichen, saunaähnlichen Zirbelstube mit Zopfschnitzereien neben seinem Vorzimmer verwirklichen.

Was da jetzt zwischen nordöstlichem Altstadtring und Englischem Garten steht, müßte eher in die „Kunstgeschichte ohne Namen" des einst in München lehrenden Kunsthistorikers Heinrich Wölfflin eingereiht werden. Denn es ist weder das, was die Bauherren gewollt, noch das, was die Gegner befürchtet haben, sondern ein unbekanntes Drittes. Er ist ein Produkt von Verwaltungsfolklore, ein bewußtloses Resultat von Liegenschaftsinteressen, Raumprogrammen, amtlichem Selbstbehauptungswillen und einem trotzigen Rest an staatstragender Würdeformel. Wer eine monströse Mischung aus Wackersdorf-Kahlschlag und Politiker-Mausoleum erwartet hatte, sieht sich einer 193 Meter langen Gebäudemauer von erregender Banalität gegenüber, deren Hauptnachteil ihr falscher Standort ist.

Ausgerechnet an der Stelle im Osten, wo Münchens ohnehin unterentwickelte Verteidigungsanlagen historisch am schwächsten waren und jede geordnete Ringstraßenbildung vereitelten, bildet die Staatskanzlei jetzt nachträglich einen Wall mit vorgelagertem Wassergraben. Das rückwärtige Renaissance-Prachtstück des Hofgartens wurde zwar nicht zerstört, aber in seiner gegliederten Freiraumfolge zum Finanzgarten und Englischen Garten hin abgeschnürt. Aber das ist nur die Wiederauflage eines historischen Fehlers, weil an der gleichen Stelle bereits der Riegel der Hofgartenkaserne von 1802 gestanden hatte, dem später ein Festspielhaus-Entwurf von Semper (unrealisiert) und schließlich Ludwig von Mellingers 1905 eröffnetes Armeemuseum folgten. Wer heute vom Diana-Tempel im paradiesischen Hofgarten, umringt von Klenzes Residenzfassade und dessen kreuzgangähnlichen Hofarkaden, nach Osten schaut, sieht hinter Baumreihen wie zuvor nur die restaurierte Domkuppel des Armeemuseums, während die fetten Neubauflügel der Staatskanzlei im tiefergelegten Rasenparterre gnädig versinken.

1984 waren die Münchner Architekten Diethard Siegert und Reto Gansser für den Neubau erwählt worden, denen aber ein unbestellter Faust kaum das Leben schwermachte. Auf eigene Faust hatte der damals 34 Jahre alte Münchner Architekt Stephan Braunfels einen kompletten Gegenentwurf vorgelegt: Die Staatskanzlei sollte aus dem Bürgergarten hinaus an den Odeonsplatz verlegt, der Torso der Armeekuppel als In-

Die Staatskanzlei tarnt sich an der westlichen Hofgartenseite als „Orangerie", deren Dachtonne die Traufhöhe optisch reduziert. Trotz seiner Filigranität nimmt das Glashaus auf Kasematten-Sockeln die Armeekuppel kräftig in die Zange. Fotos Wolfgang Haut

Glashalle aufgelöst und die Traufhöhe des breitschultrigen Neubaus optisch reduziert. Jetzt ragt die Kanzlei zwar beidseitig zwanzig Meter über den Grundriß des zerbombten Armeemuseums hinaus und schließt sich mit zwei hohläugigen Schubfächern als Eckrisaliten ab. Aber sie ist kein Baumonster zwischen Troost und Bofill. An der Ostseite des zuggen Stadtringes, jenes Bauverbrechens der sechziger Jahre, gegen das die Staatskanzlei ein Kavaliersdelikt ist, entfaltet das Haus eine zartrosa und lindgrüne Pastelltönen dämpfende Teppiche, Paduntino-Wände, modern-klassizistische Türprofile und Systemmöbel jedes Machtwort auf postmodernes Geflüster. Selbst dem „Oval Office" des Ministerratsaales, der durch eine Panzerglaskuppel nach Norden auf den Englischen Garten blickt, fehlt durch die gedrungene Bauhöhe jeder Feldherrenhallenglanz, und ersatzweise eine abdieses Fremdkörpers entscheiden, wie sehr er von den Sicherheitskräften befreit wird, die derzeit noch ringsum eine skandalöse und überflüssige Bannmeile ziehen.

Drinnen erstaunen die Neubauflügel mit der unaufdringlichen Eleganz gehobener Hoteletagen. Dem gewaltigen Luftraum der Kuppel antworten an beiden Seiten zwei elliptisch geschwungene Lichthöfe, die schwebende, völlig unmonumentale Freitreppen mit gläsernen Brüstungen durchs ganze Haus führen. In zartrosa und lindgrünen Pastelltönen dämpfen Teppiche, Padiantino-Wände, modern-klassizistische Türprofile und Systemmöbel jedes Machtwort auf postmodernes Geflüster. Selbst dem „Oval Office" des Ministerratsaales, der durch eine Panzerglaskuppel nach Norden auf den Englischen Garten blickt, fehlt durch die gedrungene Bauhöhe jeder Feldherrenhallenglanz, und ersatzweise eine ab-

Sicherlich war der Ministerpräsident schlecht beraten, sich als Erbfolger in ein Armeemuseum einzuquartieren. Aber das neue Haupttentre wurde von Schlachtszenen und Säbelgerassel befreit und strahlt jetzt

Nutzfläche geblieben sind. Jede Kreisssparkasse residiert protziger. Abgesehen von den fünfzig Millionen Mark für die Kuppelrestaurierung wird das Geld wohl in der „Orangerie" stecken, deren Umwandlung in botanischen zum bürokratischen Bautypus teuerste Technik erforderte.

Jetzt zeigt sich, daß der Kampf gegen die befürchtete Feudalität der Staatskanzlei weniger der Architekturgebärde als dem Gebaren von Franz-Josef Strauß galt. Er wollte sich unbedingt gegen den Willen der Stadtgemeinschaft durchsetzen, was selbst der konservative Politologe Kurt Sontheimer als „Arroganz der Macht" empfand. Derart unberaten und einsichtslos hätte Strauß wohl auch mit der Plazierung einer demokratisch-transparenten Pavillonarchitektur Bonner Prägung die Gemüter erregt.

Daß München heute dieser bauchen Selbstdarstellung des Freistaates so mißmutig gegenübersteht, mag auch davon herrühren, daß hier die Uhren nachgehen. In anderen Großstädten ist die Herrschaft der Politik längst von der Allgewalt der Ökonomie übertrumpft worden, die sich mit ganz anderen Gewaltschlägen die Städte unterwerfen. Angesichts der überwältigenden architektonischen Müllproduktion wäre man anderswo schon froh über einen

---

Heute außerdem

Untergangslüste – Nicolaus
Sombart siebzig: Seite 35

Die Provinz debattiert die
Homosexuellenheirat: Seite 36

Vor der Versteigerung in der Schweiz gerettet

Schmuckstücke aus Glorias Schatzkammer

Kultusminister Zehetmair präsentiert von der Fürstin eingetauschte Kunstwerke

Von Heinrich Breyer

München – Eine der glücklichsten Stunden seiner Amtszeit, ein Ereignis von säkularer Bedeutung für die bayerische Museumsgeschichte nannte Kultusminister Hans Zehetmair den Abschluß des Handels, mit dem die Fürstin Gloria von Thurn und Taxis einen großen Komplex an Kunstwerken gegen den Erlaß von 44 Millionen Mark Erbschaftssteuer eingetauscht hat.

Bei der Präsentation von Spitzenstücken aus dem Erbe der weiland deutschen Postmeister im Bayerischen Nationalmuseum reihte sich auch der Generaldirektor der Sammlungen, Reinhold Baumstark, superlative aneinander: Was da allein an Hauptwerken Augsburger Goldschmiedekunst des 18. Jahrhunderts erstmals ans Licht der Öffentlichkeit komme, das sei nur Beständen im Louvre und dem Londoner Victoria and Albert Museum vergleichbar. Wenn diese Neuerwerbungen, deren Liste insgesamt 2200 Nummern umfaßt, wie geplant in zwei bis drei Jahren das Inventar der künftigen Filiale seines Hauses im Regensburger Emmeram-Schloß bilden, dann werde diese künftige Filiale seines Hauses wohl das schönste bayerische Museum außerhalb Münchens sein.

Die Kostproben, die bei diesem Pressetermin erstmals vorgestellt wurden, stammen alle aus dem Teil der Gloria-Schätze, die aus Genf zurückgeholt werden konnten, wo sie bereits für Versteigerungen des Auktionshauses Sotheby's gelagert waren. Als einer der ersten hatte Generalkonservator Michael Petzet, Chef des Landesamts für Denkmalpflege, im vorigen Jahr Alarm geschlagen, als er von den Verkaufsabsichten erfuhr. Bei der Rettungsaktion wurde dann gesichtet und gewertet, was an Geschichtszeugnissen eines bedeutenden bayerischen Fürstenhofs unbedingt davor bewahrt werden sollte, in alle Winde zerstreut zu werden.

Einzigartige Gewehrsammlung

Auf der Wunschliste standen vor allem großartige Ensembles – komplette Tafelgeschirre, die zum kunstvollsten gehören, was in Augsburger Werkstätten je gearbeitet wurde. Oder auch, neben kirchlichem Gerät, das Abtissilber aus Neresheim, das einzige erhaltene Beispiel dafür, wie feudal in reichen Klöstern der Tisch bei festlichen Anlässen gedeckt wurde; oder brillantfunkelnde Orden vom Goldenen Vlies. Eine weitere Spezialität bildet die mit 55 Prachtexemplaren bedeutendste deutsche Sammlung kostbarer Tabatieren – auch wenn ein Prunkstück Friedrichs des Großen fehlt, das im November in Genf versteigert wurde – mit einem Zuschlag von 2,5 Millionen Franken.

Der Großteil des übereigneten Thurn-und-Taxis-Erbes befindet sich noch in Regensburg – darunter Skulpturen, kostbare Möbel, Porzellan und Gläser sowie eine einzigartige Gewehrsammlung. Er soll etwa in einem Jahr im Bayerischen Nationalmuseum zusammen mit den Stücken gezeigt werden, die – nach den Worten von Reinhold Baumstark – „wie verlorene Söhne" aus der Schweiz zurückgekehrt sind, ehe der Komplex wieder im Schloß Emmeram landet. Mit etlichen Ausnahmen allerdings, nämlich Ausstattungsstücken aus dem Schloß Alteglofsheim, die dort wieder ihren angestammten Platz erhalten, wenn dort eine Musikakademie eingerichtet wird.

Der Deal, dem kürzlich auch der Haushaltsausschuß des Landtags (gegen eine Stimme der Grünen) zugestimmt hat, sei gewiß kein Gefälligkeitsakt gegenüber Fürstin Gloria gewesen, versicherte Zehetmair. Möglich sei diese Art von Steuerverrechnung erst durch das Kultur- und Stiftungsförderungsgesetz von 1990 geworden – einem ersten Schritt zur Bewahrung kulturellen Erbes, „dem hoffentlich noch weitere folgen". Durch den jetzt abgeschlossenen Vertrag werde auch gesichert, daß wesentliche Ausstattungsstücke des Regensburger Schlosses, das dortige Marstallmuseum und das Kupferstich-Kabinett für 25 Jahre vor Veräußerung gesichert seien. Verhandelt wird noch um den Erwerb der Hofbibliothek, des Archivs und der Gemäldegalerie, jedoch nicht auf der Grundlage weiterer Steuer-Gegengeschäfte.

EIN SPITZENWERK Augsburger Goldschmiedekunst: Kanne und Becken aus vergoldetem Silber, die Johann Christoph Stenglin um 1740 geschaffen hat. Im Hause Thurn und Taxis wurde es als Taufgeschirr verwendet.
Photo: Nationalmuseum/Walter Haberland

Süddeutsche Zeitung
16. Juni 1993

Denkmalpreis der Hypo-Stiftung:

Aus Ruinen werden Schmuckstücke

Landesamt rettet Kunstschätze in Bürgerkriegsgebieten

Süddeutsche Zeitung
12. Juli 1993

Von Heinrich Breyer

Die Kontraste waren kraß: Gefeiert wurden an diesem Abend bayerische Bürger, die mit großem Engagement und unter persönlichen Opfern Baudenkmäler vor dem Verfall gerettet und wieder zu Schmuckstücken von Ortsbildern gemacht haben. Der Festvortrag zur Verleihung des Denkmalpreises der Hypo-Kulturstiftung, gehalten von Generalkonservator Michael Petzet, handelte hingegen von sinnloser Zerstörung; die Lichtbilder, die er vorführte, zeigten ausgebrannte Kirchen, zerschossene Fassaden. Sein Thema hieß „Denkmalzerstörung – das Beispiel Kroatien".

Im erfreulichen Teil des Festakts begründete TU-Präsident Otto Meitinger als Sprecher der Jury deren Entscheidung, nach der heuer der mit 50 000 Mark dotierte Hypo-Preis zweigeteilt wird. Die eine Auszeichnung wurde dem Ehepaar Konradine und Franz Weinholzer für die Instandsetzung „eines der eindrucksvollsten Vierseithöfe Niederbayerns", des „Mittermayrhofs" im Landkreis Passau, zugesprochen; der zweite ging an Helmut Schatz für die Rettung eines Renaissance-Fachwerkhauses im Markt Einersheim im Landkreis Kitzingen. Ex-Ministerin Mathilde Berghofer-Weichner sprach vor der Überreichung der Urkunden und Blumen eine aktuelle Warnung aus: Bei der dringend nötigen Beschleunigung der Baugenehmigungsverfahren dürfe der Denkmalschutz nicht unter die Räder kommen.

Zuvor hatte der bayerische Denkmalpflege-Chef Michael Petzet in seinem Kroatien-Report über eine Aktion berichtet, mit der sein Amt versucht, dort Nothilfe zu leisten, wo eine ganze Kulturlandschaft vom Untergang bedroht ist. Mit einer Folge bedrückender Photodokumente, die zwei seiner Mitarbeiter, Erwin Emmerling und York Langenstein, von einer Erkundungsfahrt durch Bürgerkriegsgebiete mitgebracht haben, führte er die Situation vor, beginnend mit Bildern aus Dubrovnik. Diese zeigen zwar Schäden – aber doch in Grenzen – und auch die Sicherung bedeutender Bauwerke durch Sandsäcke und Holzverschalungen. Trostlos hingegen die Szenerien aus dem Hinterland, in dem offenbar gezielt Baudenkmäler zerstört wurden. Immerhin hat man – wie auch hierzulande während des Kriegs – eine Fülle von Kunstwerken aus Kirchen vorsorglich geborgen, doch häufig in völlig unzulängliche Depots gebracht, in denen sie verschimmeln, verrotten, wenn weiter nichts für sie getan werden kann.

Hier sehen die bayerischen Denkmalpfleger eine sinnvolle Möglichkeit, ihren kroatischen Kollegen beizuspringen. So wird zur Zeit im einigermaßen sicheren Norden des Bürgerkriegslandes eine zentrale Restaurierungswerkstätte als „Erste-Hilfe-Station" aufgebaut, zu deren Ausstattung eine Spende der Hypo-Stiftung in Höhe von 65 000 Mark entscheidend beigetragen hat. Inzwischen haben auch die Staatskanzlei und die bayerischen Diözesen Mittel für das Rettungswerk beigesteuert.

Ein Archiv voller Mauerbrocken und Putzreste

Der Gral der Denkmalschützer

Bauexperten aus aller Welt zieht es nach Thierhaupten

Von Conny Neumann

Thierhaupten – Unter dem weitläufigen Gewölbe im frischrenovierten Wirtschaftsflügel des Klosters Thierhaupten (Landkreis Augsburg) liegt „Containerware". Scheinbar unbrauchbares, verwittertes und beschädigtes Gerümpel, das Handwerker nach dem Abbruch oder bei Umbauten auf den Bauschutt kippen. Angeschlagene alte Haustüren, Fensterrahmen, Türstöcke, Blockwände, Mauerteile, Putzreste, Firstziegel, Träger, Kacheln, Beschläge. Auf dem Klosterdachboden sind Dachziegel aufgehängt und sämtliche Fensterformen, vom kleinen Windloch einer Scheune bis zur eleganten Verandaverglasung. Gerettet vor der Mülldeponie haben die historischen Schätze, die teilweise mehr als 400 Jahre bayerische Baukunst repräsentieren, die Münchner Denkmalpfleger seit 1975. Im ersten bayerischen Bauarchiv in Thierhaupten, laut Generalkonservator Michael Petzet „einzigartig in Europa", werden die Arbeiten gesammelt, restauriert und dienen als unverzichtbares Anschauungsmaterial für Zimmerer, Schreiner, Putzer oder Maurer.

Diffizile Kunst

Das Bauarchiv, eine gemeinsame Geburt des Freistaates Bayern und des Bezirks Schwaben, ist drei Jahre nach der Eröffnung gut gefüllt. Schon können sich die Denkmalpfleger kaum retten vor Nachfragen. Viele Firmen in Bayern, die sich auf Restauration spezialisiert haben oder alte Gebäude mit Fingerspitzengefühl sanieren wollen, brauchen Rat und Anleitung. Die Thierhauptener Archivare leisten deshalb viel Arbeit am Ort auf den Baustellen selbst.

Einzelne Mitarbeiter von Handwerksbetrieben lernen die diffizile Kunst der schonenden Reparatur in Wochenkursen im Kloster, denn die sei, so meint Petzet, dem Handwerk verlorengegangen. Die früher übliche Reparatur von Bauteilen sei in den letzten Jahrzehnten den Neuanschaffungen gewichen.

Hervorragende Qualität

Der Nachwelt erhalten bleiben jedoch durch die Sammelleidenschaft der Konservatoren unter anderem bemalte oberbayerische Blockwände (18. Jahrhundert), Blockstubenwände aus Kemptener Wohnhäusern vom 14. Jahrhundert, ein komplettes Dachwerk aus einem Schongauer Bürgerhaus von 1550, das zum Beispiel Aufschluß darüber gibt, daß in Schongau ursprünglich der gotische Baustil vorherrschte und die heutigen „Jodlerdächer", so Petzet, zur Verwirrung der Wissenschaft beitrügen.

Die Mannschaft der Denkmalpfleger rätselt noch immer, wie ein riesiger, quadratischer Bodenziegel aus der romanischen Zeit, gefunden im Dachauer Land, gebrannt werden konnte. Das wäre selbst mit heutiger Technik nicht möglich, meint Archivleiter Gert Mader. Kursteilnehmer reparierten einen großen Fensterrahmen aus dem 16. Jahrhundert, dessen Holzqualität heute gar nicht mehr zu bekommen ist.

Inzwischen hat sich der Thierhauptener Service herumgesprochen. Wenn in den neuen Bundesländern historische Gebäude saniert werden, müssen häufig die bayerischen Konservatoren Details austüfteln. Italienische Handwerker besuchen das Bauarchiv diesen Monat und lassen sich in Buxheim (Unterallgäu) das jetzt fertig restaurierte wertvolle Chorgestühl zeigen.

Süddeutsche Zeitung
2. Juli 1993

Augsburger Allgemeine, 2. Juli 1993

Reparieren alter Häuser als Lehrstoff

Bauarchiv in Thierhaupten: Erfolg nach zwei Jahren

Von unserem Redaktionsmitglied
Angela Bachmair

Thierhaupten
Sechs Handwerker brauchen eine ganze Woche, um eine alte Tür zu flicken. Was im normalen Schreinerbetrieb ein Fiasko wäre, wird im bayerischen Bauarchiv gern gesehen. Denn in der Einrichtung des Landesamts für Denkmalpflege, die seit zwei Jahren im Thierhauptener Kloster arbeitet, geht es nicht um Produktivität, sondern um Lernen.

In einer Lehrwerkstatt probieren Schreiner und Zimmerer, die mit Sanierung zu tun haben, alte Techniken der Holzbearbeitung. In einer umfangreichen Sammlung – dem eigentlichen Archiv – können sie an Dutzenden alter Türen, Fenster, an Dachstuhl- oder Fachwerk-Elementen studieren, wie ihre Kollegen in früherer Zeit gearbeitet haben. „Wir können über fehlende Nachfrage nicht klagen", sagt Bayerns oberster Denkmalpfleger Prof. Michael Petzet, der die „Einmaligkeit des Bauarchivs in Europa" rühmt.

Etwa 80 Betriebe des Holzhandwerks schicken pro Jahr Mitarbeiter zu den Kursen, die das Bauarchiv teils allein, teils mit der Handwerkskammer von Oberbayern anbietet (die schwäbische Kammer hält sich laut Petzet noch zurück). Die „Schüler" lernen, was sie sich in den Restauratorenschulen von Venedig oder Fulda nicht aneignen können: die behutsame Reparatur alter Bauteile.

Den „weitgehend verlorengegangenen Gedanken des Reparierens" will Archivleiter Gert Th. Mader in Thierhaupten (Kreis Augsburg) als Gegengewicht zu Wegwerfgesellschaft und Fertigteilmentalität wiederbeleben, denn „heute kriegen wir Fenster mit der Qualität eines barocken Rahmens nicht mehr zusammen". Er will künftig auch Maurer, Schmiede und Schlosser ansprechen.

Sammlung und Werkstatt für mineralische Baustoffe sind im Aufbau – hier geht es um Steine, verschiedene Putze und Freskotechni-

Fenster aus drei Jahrhunderten stehen Archivmitarbeiter Josef Wikenhäuser als Lehrbeispiele im Bauarchiv zur Verfügung.
Bilder: Silvio Wyszengrad

ken –, eine Metallwerkstatt ist mittelfristig geplant. Das Bauarchiv, das ursprünglich eher als Verlegenheitslösung galt, um überhaupt eine Nutzung für die riesigen Klosteranlagen in Thierhaupten zu finden, hat sich im zweijährigen Vollbetrieb (mit fünf Beschäftigten) nach Ansicht der Beteiligten als Erfolg erwiesen.

Noch mehr Veranstaltungen

Bezirk, Landesamt für Denkmalpflege und Kultusministerium wollen sich denn weiterhin die Kosten teilen. Doch ganz ohne Probleme geht die Kooperation nicht: Während man im Bauarchiv über fehlende Unterstützung durch den Bezirk klagt, wünscht sich Bezirks-Abteilungsleiterin Ursula Klein „noch mehr Veranstaltungen".

Indes sammeln die Archivmitarbeiter weiter alte Teile, da sie sich neben der Fortbildung die Erforschung historischer Bauweisen aufs Panier geschrieben haben. „Wir werden schon noch alle Ställe und Scheunen voll bekommen", witzelt Petzet angesichts der wachsenden Menge von Türen, Fenstern, Nägeln und Steinen. Vorgesehen ist dies nicht, denn demnächst sollen die Schule für Dorferneuerung und später dann noch die Archäologie des Landesamts ins Kloster einziehen.

In die Reparatur einer barocken Tür weiht Bauarchiv-Leiter Gert Th. Mader Generalkonservator Prof. Michael Petzet (rechts) ein.

Iconoclasm in post-communist East Europe

An Icomos conference in Berlin
February 18th - 20th, 1993

by Michael Petzet

The German National Committee of Icomos, together with the Institute of Foreign Relations, organised an international conference from February 18 - 20, 1993, on the theme 'Iconoclasm in East European countries - Monuments of the communist era in countries of the former Eastern block'.
Aim of the conference was the question if those monuments could bear political value only and thus be taxed as such, or if they could bear witness of artistic and cultural evolutions and thereby be granted the right protection and maintenance.
The well attended conference joined about 140 conservators and art historians coming from Byelorussia, Canada, Croatia, Estonia, Finland, France, Hungary, Poland, Rumania, Russia, Slovenia, Slovakia, the Ukraine and Germany.

Revolution and the Third Reich

During the opening session on February 18th the positions of the conservator and the art historian complemented each other by the introductory papers of Prof. Petzet ('Monuments in revolutionary times?') and Prof. Engel ('To live with history'). Petzet started from Alois Riegl's distinction between the 'wanted' and the 'unintentional' monument, Engel from the problems of dealing with the architectonic heritage of the Third Reich. Due to the actuality of the day after publication of the Senate Commission's expert opinion on the dealings with Berlin monuments of the former GDR era, the subsequent press conference was well attended and procured the conference and their organizers a lively response in press and television. In the afternoon papers of Croatia, Slovenia, Hungary and Rumania brought the first reports from Eastern Europe.

A true overcoming of the past

On February 19th the international exchange of experience continued with papers of Poland, Estonia, Russia (Moscow and St. Petersburg), the Ukraine, Byelorussia and Slovakia, before Prof. Tomaszewski from Warsaw made a first summary with his paper.
The second half of the afternoon was dedicated to local reports. The paper of Dr. Dolff-Bonekämper subjected one of the affected objects to a thorough art historic analysis. The partly controversial final discussion showed important attempts on differentiation of the problematic nature of the subject. Due to the fact that some monuments became victims to the comprehensible indignation of the population already during the first days of liberation from communist despotism and that, in the meantime, monuments of the communist era are destroyed on a rather adminiratory level, it was generally approved that instead of a hasty 'clearance' one should make use of the changes offered in the sense of a true overcoming of the past, for a critical exposition and, maybe, for a creative redesign.
With his evening lecture Prof. Gamboni proved that the demolition of communist monuments, like it is exercised nowadays in many regions of Eastern Europe, to be a tradition, the roots and aspects of which he illustrated and commented in a detailed way.
On February 20th, Prof. Engel guided an excursion to buildings and sites of the Prussian era and the time of the Third Reich and, in the afternoon, to monuments and memorials of the former GDR and Stalinist' era.
Publication of the papers is planned for 1994, to appear as volume XIV of the series 'Icomos - Journals of the German National Committee'.
The obvious success of the conference brought forth the wish and need for another meeting in 1995, in order to deepen the touched aspects and to include the subject of Stalinist' architecture.

Prof.dr. Petzet is president of the German National Committee of Icomos.

do.co, mo.mo Journal, Juli 1993

Stalin and Gorki, a monument in the Ukraine by A. Kruglow.
Photo: Tscherkes.

Fast wie zu Bürgerfest-Zeiten

Regensburg öffnet Türen und Türme

> Alles dreht sich am Sonntag, 12. September, um das Rathaus und die Denkmalpflege. Zwei nicht unbedingt populäre Themen. Dennoch versprechen die zahllosen Aktivitäten in der Stadt, Bürgerfeststimmung aufkommen zu lassen. Zahllose Führungen sind eingeplant, für die sich normalerweise verschlossene Türen öffnen, von Türmen gilt es, eine weite Aussicht auf die Dächerlandschaft zu genießen. Auch Spiel, Musik und Tanz sind angesagt, wenn es heißt: „Regensburg steht Ihnen offen!"

Zwei Fliegen mit einer Klappe will am kommenden Sonntag die Stadt Regensburg schlagen. Zusammengelegt wurden der zunächst zu einem anderen Zeitpunkt geplante Tag der offenen Tür im Alten Regensburger Rathaus und der international begangene „Tag des offenen Denkmals", der allerorten auf den 12. September fixiert wurde.

Unmöglich ist es, all die Aktivitäten aufzuzeigen, die am Sonntag zwischen neun und 18 Uhr geplant sind. „Am liebsten würde ich überall selber herumlaufen", schwärmte Oberbürgermeisterin Christa Meier vor der Presse.

Das geht aber nicht. Denn von einer Mittagspause abgesehen, steht sie ganztags in ihrem Amtszimmer für die RegensburgerInnen zur Verfügung, ebenso wie ihre Amtskollegin Hildegard Anke.

Offenes Rathaus, offene Denkmäler, Hand in Hand haben Elisabeth Knott und Reinhard Seidl von der städischen Pressestelle mit Dr. Helmut-Eberhard Paulus von der Denkmalschutzbehörde zusammengearbeitet, um das Programm so attraktiv wie möglich zu gestalten. Zahlreiche Gebäude und Museen sind bei freiem Eintritt zur Besichtigung geöffnet. Führungen gibt es zu einer ganzen Reihe von Denkmälern, ob jüdisches Ritualbad, ob ein Blick in eine privates Sanierungsobjekt: „Am „Tag des offenen Denkmals" ist vieles möglich.

Eine Besichtigung des Reichssaales kann zugleich mit Kunstgenuß gekoppelt werden: Hier tritt das Ballett der Städtischen Bühnen auf. Theaterluft schnuppern ist auch am Bismarckplatz möglich, wenn Pressesprecher Anton Zimmermann einen Blick hinter die Kulissen ermöglicht. Aktivitäten musikalischer Art sind garantiert: Der Chor steht bereit, um dem hochverehrten Publikum Opernarien und Operettenmelodien vorzuschmettern.

Auf dem Weg von Schloß Seehof bei Bamberg nach München hat Bayerns oberster Denkmalpfleger, Generalkonservator Dr. Michael Petzet, eine Zwischenstation in Regensburg eingeplant. Ab 13 Uhr steht er zusammen mit anderen Experten im Dollingersaal auch für brisante Fragen zur Verfügung.

Im Salzstadel präsentiert die Stadtbau GmbH ihre erfolgreichen Sanierungen im Zeitraum zwischen 1972 und 1992 anhand von Videofilmen und Diadokumentationen.

Es gibt Sonderführungen zu verschiedenen Orten; unmöglich ist es, an dieser Stelle die Fülle des Angebotes auch nur annähernd zu schildern. Ausreichendes Infomaterial liegt aber auf. Vorweg können auch die Unterlagen für das lehrreiche „Denkmal-Quiz" bei der Tourist-Information am Alten Rathaus abgeholt werden, bei dem es 100 attraktive Preise und für die ersten 3000 richtigen Lösungen ein Regensburg-Puzzle zu gewinnen gibt.

Musik liegt in der Luft. Beim Spaziergang durch den Herzogspark mit seinen Naturdenkmälern könnte es leicht sein, daß ein Konzert erklingt. Angesagt ist beispielsweise um 14 Uhr die Gruppe „Panther Ray". Musikalisches ist auch am Kohlenmarkt, am Rathausplatz, in der Minoritenkirche und im Salzstadel zu hören.

Besonderer Wert wird darauf gelegt, Türme besichtigen zu können. Eine begrenzte Zahl von Interessenten kann auf den Turm des Alten Rathauses steigen oder auf den Brückturm, den Goldenen Turm oder den Turm der Dreieinigkeitskirche.

Speziell gibt es außerdem ein Programm für Kinder: zwei Stadtführungen wurden ausgearbeitet. Der Spielbus wartet im Fechthof hinter der Neuen-Waag-Gasse auf sie.

Ein heiteres Fest mit vielen Informationen soll es am Sonntag werden, dies erhofft sich auch der neue Regensburger Kulturreferent Dr. Egon Greipl. Denkmalpflege soll dabei nicht als lästige Pflicht verstanden werden, sondern als Chance, etwas zu erhalten, „was es anderen Orts nicht mehr gibt". Denkmalpflege nicht „als Landplage", sondern als Dienstleistung für Dinge, die sonst nicht mehr da sind.

Also Augen und Ohren auf beim Tag des offenen Denkmals in Regensburg! schi

Die Woche (Regensburg)
9. September 1993

Politiker fordern beim Museumstag in Augsburg:

Mehr Sinn für Sparsamkeit

Nichtstaatliche Sammlungen wollen neue Wege gehen

Von Andreas Roß

Augsburg – Neben den klassischen Tugenden des Sammelns, Bewahrens und Vermittelns müssen sich Museumsleute heute verstärkt mit betriebswirtschaftlichen Fragen und Problemen auseinandersetzen. Gerade in Zeiten knapper öffentlicher Finanzen erwarten die Politiker auch von den Kulturschaffenden in den Museen und Ausstellungshallen Sinn für Effizienz und Sparsamkeit. Auch aus diesem Grund hat die Landesstelle für Nichtstaatliche Museen, die mehr als 800 Museen in Bayern beratend und helfend zur Seite steht, ihren diesjährigen Museumstag in Augsburg dem Thema „Unternehmen Museum" gewidmet.

Zur Eröffnung versicherte Kultusstaatssekretär Bernd Kränzle (CSU) den rund 300 Tagungsteilnehmern, der Freistaat Bayern werde die nichtstaatlichen Museen auch in finanziell schwierigen Zeiten „nicht im Regen stehen lassen". Das „Unternehmen Museum" werfe schließlich – wenn auch nicht im strengen materiellen Sinne – reichen Gewinn ab. Es sei ein unverzichtbares kulturelles Angebot an alle Bürger, unterstütze die Bildungsarbeit der Schulen und sei überdies ein geschätztes Schaufenster für die Besucher Bayerns. Staatssekretär Kränzle nannte es falsch, bei den Kosten häufig auf die Beispiele amerikanischer Museen zu verweisen, die durch ausgeklügelte Marketingsysteme sogar Gewinne erwirtschafteten. Dabei werde leider vergessen, daß hinter diesen Einrichtungen oftmals millionenschwere Stiftungen stünden, sagte Kränzle.

Bayerns Generalkonservator Michael Petzet, zu dessen Haus die Landesstelle für Nichtstaatliche Museen gehört, hatte einen eigenen Vorschlag parat, um „das Unternehmen Museum" stärker ins Blickfeld der Öffentlichkeit zu rücken. Petzet regte eine Museumsmesse als Werbeveranstaltung für die nichtstaatlichen Museen an. Bei einer solchen Messe könnten zwischen 50 und 100 Museen Besonderheiten ihrer Sammlung vorstellen und beispielsweise, wenn er an Korb-, Brot- oder Winzermuseen denke, eigene Erzeugnisse und Souvenirs verkaufen. Darüber hinaus könnten all jene Unternehmen wie Versicherungen, Speditionen oder Elektronikfirmen, die mit Museen geschäftlich zu tun hätten, ihre Leistungen zu der Schau beitragen. Das Münchner Stadtmuseum wäre laut Petzet bereit, eine solche Messe im Herbst nächsten Jahres auszurichten.

Im Rahmen des Bayerischen Museumstages wurde zudem York Langenstein als neuer Leiter der Landesstelle vorgestellt. Langenstein, zuvor Gebietsreferent in der praktischen Denkmalpflege, hat zum 1. September die Nachfolge von Egon Johannes Greipl angetreten, der inzwischen in das Amt des Kulturreferenten der Stadt Regensburg gewählt wurde.

Der mit 20 000 Mark dotierte Museumspreis, der alle zwei Jahre von der Bayerischen Versicherungskammer gestiftet wird, wurde gestern dem Bezirksmuseum Dachau verliehen. Nach Ansicht der Jury konnte in Dachau in vorbildlicher Zusammenarbeit zwischen Stadt, Landkreis und Museumsverein eine beispielgebende Sammlung errichtet werden, die einen „eindrucksvollen Querschnitt durch die reiche bürgerliche und bäuerliche Kultur des Dachauer Landes zeigt".

Süddeutsche Zeitung, 3. September 1993

Denkmalpfleger im Kreuzverhör

Trotz sonntäglicher Mittagspause war der Dollingersaal beim Alten Regensburger Rathaus gut gefüllt, als Bayerns oberster Denkmalpfleger, Professor Dr. Michael Petzet, der Stadt zum „Tag des offenen Denkmals" die Ehre gab. Punkt 13 Uhr stellte er sich mit einer stattlichen Reihe anderer Denkmalschutzexperten von Freistaat und Stadt den Fragen der Bürger. Doch auch in Angesicht der verbeamteten Kunsthistoriker, Bauforscher und Archäologen schien beim interessierten Publikum nur ein Thema auf Nägeln zu brennen: die beabsichtigte Versetzung des „Velodroms" im Zuge des Bauvorhabens „Markthalle Arnulfsblock".

Die fast einhellige Meinung machte gleich zu Beginn Stahlfachmann Diplom-Ingenieur Jakob Kaiser deutlich, der meinte, das 1990 unter Denkmalschutz gestellte Gebäude müsse an Ort und Stelle erhalten bleiben, „dahinter steht, das dürfen Sie mir glauben, Herr Professor, ganz Regensburg". Welchen Stellenwert das von der Stadt schändlich vernachlässigte Bauwerk einnimmt, konnte Petzet auch den weiteren Wortmeldungen von Forumsvorsitzendem Reiner Schmidt, den Altstadtfreunden Gerhard Sandner und Günter Gebauer sowie von SPD-Ortsvorsitzendem Dr. Norbert Rinner (Innerer Westen), SPD-Stadtrat Klaus Caspers und anderen entnehmen.

Das wichtige Zeugnis der Stadtgeschichte ist es der Besitzerin Stadt nicht einmal wert, mit einer Notbedachung den Erhalt zu sichern. Dies fordern jetzt die Altstadtfreunde noch einmal und bitten dafür auch Dr. Petzet um Unterstützung, so Günter Gebauer. Regensburgs „offenstes Denkmal" (Sandner) muß abgedichtet werden.

Andere Fragen beantwortet, andere Probleme erörtert, das hätte die Reihe der Denkmalpfleger gerne. Doch außer einer kurzen Anfrage über die Schnupftabakfabrik an der Gesandtenstraße (Petzet: „Hoffentlich bleibt es noch lange beim jetzigen Zustand") kam vom Publikum kein anderes Thema mehr zur Sprache.

So brach der Generalkonservator zum nächsten Termin auf. Am Spätnachmittag wurde er zu einer Feierstunde im Kurhaustheater Augsburg-Göggingen erwartet. Dort gibt es einen Stahl-Glas-Prunkbau mit ähnlicher Dornröschenschlafgeschichte wie beim „Velodrom". Kurz vor dem Abbruch erst wurde der Wert der Konstruktion richtig erkannt. 1993 nun zierte die Fassade dieses lange vernachlässigten Kurhaustheaters das für Bayern bestimmte Plakat zum „Europäischen Denkmaltag". **schi**

Die Woche (Regensburg) 16. September 1993

Wallstreet Journal, October 1993

Bavarian Officials Drop Opposition To Sotheby's Sale

By ALEXANDRA PEERS
Staff Reporter of THE WALL STREET JOURNAL

NEW YORK – The Bavarian government dropped its opposition to the sale of the Prince von Thurn und Taxis estate, clearing the way for **Sotheby's Holdings** Inc. to sell jewels, art and furniture valued at more than $8.4 million in Germany in October.

Sotheby's nine-day auction marathon was approved only after the Bavarian government ended up with many items that the von Thurn und Taxis heirs had originally planned to auction when Sotheby's announced the huge sale almost a year ago. Art and antiques valued at $26.4 million, many of them of regional or historical importance, were sold through Sotheby's to the government as partial payment of the estate's inheritance taxes.

Billionaire Johannes von Thurn und Taxis, head of one of Europe's wealthiest families and a descendant of the founder of Europe's postal system, died in December 1990. His family's settlement with the Bavarian government still leaves Sotheby's with one of the largest estates to be sold since the art market's collapse in 1990. Family silver and jewels that were exported to Switzerland were already auctioned in November for $13.7 million. Moreover, Sotheby's earned additional undisclosed revenue for acting as appraiser and agent between the parties.

The von Thurn und Taxis estate had been a selling point to institutional investors in Sotheby's secondary stock offering in June. In the firm's 16-city road show, the estate wasn't identified by name, but was otherwise discussed by company officials as a potential source of revenue, money managers and analysts said.

But in July 1992, Michael Petzet, head of Bavaria's Bayerisches Denkmalamt, the office that oversees historical preservation and cultural patrimony, asked that the Sotheby's auctions be canceled over concern that national treasures might be sold and exported from Germany. A year of negotiations with German tax and museum officials followed.

"The state is taking over a good part of the collection and attempting to keep it in perpetuity," said Timothy D. Llewellyn, Sotheby's deputy chairman in London. A museum is planned in Regensburg, Bavaria, to house the items, he added.

From Oct. 12 through Oct. 21, Sotheby's will auction over 3,500 objects, principally Biedermeier furniture, Meissen and other porcelain, the family's extensive wine collection and scores of 18th-century and 19th-century paintings. The sales will be held in the Carriage Museum on the grounds of the family's castle, Schloss St. Emmeram in Regensburg. Additional auctions may be possible, Mr. Llewellyn said.

Wandbilder von Franz Marc freigelegt

Ein grüner Hirsch und seine Gefährtin

Zwei Wandskizzen auf der Staffelalm in eineinhalbjähriger Arbeit restauriert

Von Sabine Reithmaier-Hoiß

Kochel am See – Ein grüner Hirsch und seine Gefährtin traben über die rückwärtige Wand in der Stube der Staffelalm. Direkt über dem Kellerabgang schuf Franz Marc bei einem seiner Hüttenaufenthalte zu Anfang des Jahrhunderts diese Wandskizze und sicher benötigte er für die beiden Tiere viel weniger Zeit als der Restaurator Bernhard Symank, der das unter Kalkanstrichen versteckte Bild in eineinhalbjähriger Arbeit wieder sichtbar machte.

Die Staffelalm liegt auf dem Rücken des Rabenkopfs in 1340 Meter Höhe. Franz Marc war zwischen 1902 und 1916 ein häufiger Gast in dieser Hütte. Von der Existenz des Wandgemäldes wußte man zumindest in Kochel und Umgebung schon lange. In diversen Veröffentlichungen wiesen Heimatforscher auf das Gemälde hin. Almbesitzer Josef Orterer erinnerte sich ebenfalls noch an die Erzählungen seines Vaters, der ihm das Hirschbild geschildert hatte, hatte aber wenig Lust, seine Alm zum Nachteil seiner Kühe in ein Museum umzuwandeln.

Erst als im vergangenen Jahr ein Mitarbeiter des Landesamts für Denkmalpflege, von dem verschwundenen Bild erfuhr und seinen Chef, den Generalkonservator Michael Petzet, für die Sache begeistern konnte, kam die Sache ins Laufen. Für die Kochler kam die amtliche Unterstützung wie gerufen; das Landesamt kam nämlich für sämtliche Sanierungskosten, rund 250 000 Mark, auf.

Zwei Tage pro Woche mühte sich seitdem Bernhard Symank ab, den Hirsch und seine Gefährtin freizulegen, eine Arbeit, die unendlich viel Geduld erforderte. Die Malerei war unter zehn verschiedenen Kalkanstrichen versteckt. Hinter dem Gemälde verbargen sich weitere vier Anstriche, was die Restaurierung nochmals erschwerte. Das Original dürfte, so vermutet Symank heute, farbintensiver gewesen sein. Der Skizzenhaftigkeit der Malerei dagegen schadete die Restaurierung nicht.

Wann Marc die Wandmalerei schuf, ist noch unklar. Die Experten sind sich allerdings darüber einig, daß die eher klassisch anmutende Bewegungsstudie aus der Frühzeit des Malers zwischen 1902 und 1905 stammen dürfte. Marc hat sich auf der Staffelalm nicht nur mit dem Hirschbild, sondern auch mit einem ebenfalls undatierten Stierkopf und einer zwischenzeitlich zerstörten Herdbemalung verewigt. Trotz dieser Bilder aber soll die Alm auch künftig in erster Linie den Kühen, nicht den Menschen gehören. (Die Alm kann derzeit nicht besichtigt werden. Das Kochler Marc-Museum wird von 1994 an eventuell Führungen anbieten).

Süddeutsche Zeitung, 9./10. Oktober 1993

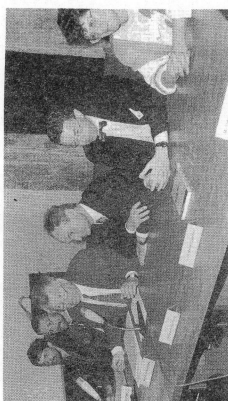

FAST WIE HÖHLENMALEREI wirkt Franz Marcs Wandbild in der Stube der Staffelalm. Das Werk ohne Titel und ohne Datierung dürfte zwischen 1902 und 1905 entstanden sein.
Photo: Reithmaier-Hoiß

Professor Dr. Petzet (am Mikrophon), daneben Dr. Helmut Eberhard Paulus, der Leiter der städtischen Denkmalschutzbehörde: Nur ein Thema interessierte das Publikum.
Foto: Meier

zu: Die Woche, 16. September 1993

Fränkischer Tag (Bamberg)
12. Oktober 1993

Beim Rotwild sah Franz Marc grün

Wiederentdecktes Gemälde des Meisters des „Blauen Reiters" an der Almwand freigelegt

Kochel a. See – Neuentdeckung oder „nur" Wiedergeburt durch meisterliche Restauratorenhand? Eine künstlerische Sensation zumindest bayernweit ist es allemal, was da gestern mittag auf der Staffelalm unterm Rabenkopf einem kleinen, aber fachkundigen und entsprechend beeindruckten Franz Marc-Freundeskreis unter einem weißblau verblassenen Föhnhimmel erstmals gezeigt wurde: Eine Wandmalerei von der Meisterhand des Künstlers, einen röhrenden Hirsch, gefolgt von einem verliebten Stuck darstellend, gut über einen Meter breit und an die siebzig Zentimeter hoch, in gedecktem ölhaltigem Grün mit dunkleren Konturen.

Kochels Bürgermeister Siegfried Zauner und dem seit nun schon sieben Jahren verdienstvollst und mit ungebrochener Leidenschaft um Franz Marcs künstlerisches Vermächtnis bemühten Dr. Lenz Kriss-Rettenbeck stand die Freude ins Gesicht geschrieben. Und Bayerns Generalkonservator Prof. Dr. Michael Petzet bekannte angesichts des grünen Marc'schen Rotwildes gar: „Dies ist eines der schönsten Erlebnisse meiner Dienstzeit!"

Stille Freude und berechtigter Stolz erfüllten an diesem unverhofften Franz Marc-Festtag natürlich auch den Hausherrn der Staffel-Alm, den Jachenauer Langerbauern Josef Orterer und seinen Sohn Hans, gemischt freilich mit einer gesunden Skepsis: „Net daß d'Alm jetzt a Museum werd!"

Dieser Sorge konnten Professor Petzet und seine Mitarbeiter begegnen: „Bis zum Abschluß der Restaurierungsarbeiten geht mit Besichtigungen gar nichts und dann ist erst einmal Winter!" In der Tat wird Restaurator Bernhard Symank noch geraume Zeit an seiner überaus schwierigen Arbeit sitzen: Die grüne Ölfarbe, die Franz Marc für sein

Freuten sich über das in der Staffelalm freigelegte „Hirsch-Ensemble" von der Meisterhand Franz Marcs: V.li. Generalkonservator Prof. Dr. Michael Petzet, Meister-Restaurator Bernhard Symank, Dr. Uwe Schatz vom Landesamt für Denkmalpflege, Hausherr Josef Orterer, Langerbauer von Jachenau, Karl Friedrich Krösser vom Landesamt für Denkmalpflege und Kochels Bürgermeister Sigi Zauner.

Eineinhalb bis zwei Tonnen bringen die in Beton nachgegossenen Statuen der Flußgötter Main (links) und Regnitz auf die Waage. Ein Kran hievte sie nach fast zehnjähriger Abwesenheit auf ihren alten Platz an zentraler Stelle der Kaskade von Schloß Seehof. Die Enthüllung der Kopien wurde von der Bläsergruppe der Kapelle Don Bosco musikalisch begleitet.
Fotos: Rudolf Mader

Letzte Etappe unter göttlicher Aufsicht

Tietz-Statuen von Main und Regnitz wieder in Seehof – Kaskadenfest für 1995 angekündigt

Schloß Seehof. Göttlicher Beistand ist den Steinmetzen gewiß: Die Endphase zur Wiederherstellung der Wasserspiele von Schloß Seehof passiert unter den Augen der Flußgötter Regnitz und Main. Dieser Tage sind die von Ferdinand Tietz 1765 geschaffenen Statuen in Kopie zurückgekehrt und haben ihren zentralen Platz an der Kaskade wieder eingenommen. Das Ereignis wurde vom Landbauamt Bamberg zum Anlaß genommen, noch einmal auf die einzelnen Schritte des Fürstbischofs nur wenige Jahre in Betrieb waren: Ein Teil der Tietz-Figuren wurde bereits 1784 von Seinsheims Nachfolger entfernt, 1806 der Wassermechanismus der Kaskade zerstört. Private Besitzer funktionierten die Becken zur Sonnenterrasse mit Rosenbeeten, später zu Swimmingpools um. Die verkauften Statuen von Main und Regnitz gelangten erst über den Kunsthandel wieder zurück nach Seehof.

Dresdener Zwingerbaumeister avancierte Karl Schöppner machte darauf aufmerksam, daß erst Arbeiten, die Jahre in Anspruch nahmen, sich nicht in sichtbaren Ergebnissen niederschlugen, weil sie aufwendigen Fundamente betrafen.

Baudirektor Olaf Struck, der Leiter des Hauptbauamtes Bamberg, dankte den Hauptförderern, die die Wiedergeburt der Wasserspiele erst ermöglichten, nämlich der Messerschmitt-Stiftung und der Gemeinde Mem-

te dieser 8,3 Millionen DM teuren Rekonstruktion einzugeben und für das Frühjahr 1995 ein großes Kaskadenfest zum Abschluß der Maßnahme anzukündigen.

Einflüsse einer Epoche

Zehn Jahre brauchte die Wiedergeburt der Wasserspiele, fast so lange, wie auch die Errichtung dieses „Herzstücks" des Seehof-Parks dauerte. Fürstbischof Friedrich von Seinsheim ließ die Anlage nach den Plänen der nie realisierten Wasserspiele von Schloß Weißenstein bei Pommersfelden konzipieren. Im ausgehenden Rokoko bündelten sich in der Kaskade von Seehof Einflüsse und Erfahrungen einer ganzen Epoche zu einem extravaganten Glanz- und Schlußpunkt. Für Generalkonservator Dr. Michael Petzet aus München kommt der Sanierung eine besondere Bedeutung zu, weil alle vergleichbaren Anlagen in Deutschland zerstört sind und die folgende Zeit des Klassizismus keine derartigen Einrichtungen mehr hervorbrachte.

Dr. Petzet erinnerte aber auch, daß die Wasserspiele zur Repräsentation

Wasserspiele als Biotop

Nachdem 1975 der Freistaat das Schloß erworben und die Außenstelle des Landesamtes für Denkmalpflege hier angesiedelt hatte, reifte Anfang der 80er Jahre der Plan, die Kaskade wiederherzustellen. Professor Dr. Manfred Schuller schilderte den Zustand, den man seinerzeit vorfand. „Die Kaskade stellte sich als fast zugewachsenes Biotop dar, die Statuen waren teilweise überwuchert, Eichhörnchen gingen über uns drübergesprungen." Stein für Stein habe man untersucht, jede Beschädigung und jeden Dübel erfaßt – kurzum ein Jahr lang sämtliche Indizien für den Sanierungsprozeß zusammengetragen.

In gleichem Maße, wie historische Schilderungen durch die archäologischen Untersuchungen verifiziert werden konnten, erfuhr man auch viel Neues über barocke Bautechnik überhaupt. Sogar einen kleinen Zollstock des Planers der Anlage, des Würzburger Hofarchitekten Johann Michael Fischer, haben wir gefunden."

Der für die Sanierung verantwortliche Architekt und inzwischen zum

melsdorf, sie hatten Geld flüssig gemacht und erste Trägerschaften übernommen, bevor der Freistaat das Projekt in Eigenregie weiterführte.

Daß der Haushaltsausschuß des Landtags die Maßnahme auch dann fortsetzte, als die Kosten davonzulaufen drohten, sei nicht zuletzt dem streitbaren MdL Philipp Vollkommer zu verdanken. Er habe vermittelt, daß für eine ähnliche Sache in Schloß Herrenchiemsee zur selben Zeit 19 Millionen lockergemacht wurden; da seien die „nur" 8,3 Millionen DM für Oberfranken mehr als gerechtfertigt gewesen, betonte Struck. Durch die Kaskaden-Rekonstruktion sei der Staat auch zum Geburtshelfer für eine Firma geworden, in der sich zum Teil Mitarbeiter zusammenfanden, die anfangs über eine Arbeitsbeschaffungsmaßnahme das Seehof-Projekt betreuten.

Schließlich hieß Bürgermeister Alfons Scherbaum aus Memmelsdorf die beiden „Neubürger" Main und Regnitz willkommen, deren Originale im künftigen Ferdinand-Tietz-Museum in der westlichen Orangerie einen Platz finden werden.

MS

Rührend in der Anmut der Bewegung, faszinierend in der Farbgebung (grün-strukturiert), rätselhaft in der Komposition (Kuh folgt röhrendem Hirsch): Dieses Bild wird gegenwärtig auf der Staffelalm fachkundig freigelegt.
Fotos (3): Dorfmeister

schätzungsweise anno 1905 oder früher entstandenes Hirschbrunft-Ensemble verwendete, hat sich teilweise enger mit den später aufgebrachten Kalkschichten verbunden, als mit den darunter liegenden Putz- und Kalkbelägen. Die Freilegung verlangte dementsprechend nuancierte Millimeterarbeit. Unzählige Male mußte der Bild-Untergrund mit feinsten Kunstharz-Injektionen verfestigt werden, bevor vorsichtigst an der Kalkübermalung geschabt werden konnte.

Was Meister Symank seit Juni 1992 an mehr als 50 vollen Arbeitstagen auf der Staffel-Alm inzwischen freilegen konnte, ist faszinierend, rührend und auch ein bißchen rätselhaft: Ein Stuck, das hinterm Hirsch herläuft, ist nicht die Regel! Bestechend indes die vollendete Bewegungsstudie, die dem 1916 in Flandern gefallenen Maler des „Blauen Reiter" hier Jahre vor seiner „Reifezeit" gelungen ist.

Die (Wieder-)Entdeckung der Marc'schen Hirsche auf der Staffel-Alm ist übrigens kein Zufall. „Da is no was!" wußte man nicht nur bei den Kochler Bergfexen um die Schöfmann Hansl und den Geiger Toni, sondern auch

beim Langerbauern. Ud Petzets Mitarbeiter Karl Friedrich Krösser und Uwe Schatz wollten es (gottlob!) genau wissen. Mit zahllosen „Punktierungen" an der Innenwand „kreisten" sie den Fundort ein. Über dem Kellerabstieg wurde schließlich der Kopf vom Stuck entdeckt. Krösser: „Marc dürfte das Bild auf der Kellertreppe stehend gemalt haben! Groß genug war er ja!" In der Tat, das war er!

Gregor Dorfmeister

Das längst bekannte Pendant zum „neuen" Franz Marc: Der berühmte Stierkopf in der Staffelalm.

Tölzer Kurier, 7. Oktober 1993

Hier soll ab 1995 das Herz des Schloßparks wieder schlagen: Die Wasserspiele sind eine extravagante Komposition aus Fontänen und Schleiern, die sich aus Fratzen und Füllhörnern, über Treppen und Postamente ergießen. Der verspielte Schwung der Anlage, in der kein Stein dem anderen gleicht, machte die Rekonstruktion langwierig und teuer. Abstriche freilich müssen in Figurenprogramm hingenommen werden: Die neun Musen und die sieben Künste, die in Frauengestalt die Kaskade bevölkerten, sind verschollen.

Straubinger Tagblatt
24. November 1993

Das Treppenhaus aus dem Jahre 1693 gehört zu den Kostbarkeiten des renovierten Landschaftsbaues – Rechts ein Detail an der Eingangstüre (Fotos: Truhlar)

VHS-Geschäftsführer Martin Glatzel

Volkshochschule nimmt altes Krankenhaus offiziell in Besitz

„Denkmalpflegerische Maßstäbe gesetzt"

Feier zum Abschluß der Baumaßnahmen – Historische Funde zwangen zu mehreren Umplanungen

Mit der Renovierung des Geviertbaus habe die Stadt Landshut wieder einmal denkmalpflegerische Maßstäbe gesetzt, lobte Generalkonservator Prof. Dr. Michael Petzet gestern anläßlich der Einweihung und Übergabe des sanierten Baues an die Landshuter Volkshochschule. Mit 14 Millionen Mark liegen die Kosten für die Sanierung des alten Krankenhauses aller Voraussicht nach rund zwei Millionen unter der veranschlagten Summe. Architekt Rudolf Wohlgemuth gab im Rahmen der Feier den Schlüssel an Oberbürgermeister Josef Deimer, der ihn an VHS-Geschäftsführer Martin Glatzel und Vereinsvorsitzenden Dr. Dr. Volker Schaub weiterreichte. „Jetzt haben wir das schönste Vereinsheim der Stadt", freute sich Schaub.

Zwei Aspekte städtischer Politik, die mit der Sanierung des alten Krankenhauses und der Übergabe der neuen Räume an die Volkshochschule verbunden sind, würdigte Oberbürgermeister Josef Deimer in seiner Festansprache: einerseits den Stellenwert, der der Denkmalpflege in Landshut eingeräumt werde, anderer-

Dekan Jürgen Wieber und Stiftspropst Bernhard Schömann (r.) segneten den Bau

seits das Programm immer wieder an das Gebäude angepaßt, bis zum Schluß „alles wunderbar aufgegangen sei". Bei der Renovierung des Gebäudes habe die Stadt Landshut wieder einmal denkmalpflegerische Maßstäbe gesetzt. So sei auch der Betreuungsvertrag mit einem Konservator keineswegs selbstverständlich.

Als Abschluß der vierjährigen Arbeiten, die für alle Beteiligten eine große Herausforderung gewesen seien, überreichte Architekt Rudolf Wohlgemuth an Bauherrn Josef Deimer einen symbolischen Schlüssel. Der wiederum reichte ihn an Hausherrn Martin Glatzel und Vereinsvorsitzenden Dr. Dr. Volker Schaub weiter.

Auftrag und Verpflichtung

Die Mitarbeiter der VHS hätten, so Glatzel, sehnsüchtig auf diesen Moment gewartet. Mit der Übergabe dieses Baus, der nicht nur ein Raum für die Erwachsenenbildung, sondern auch in seiner kunsthistorischen Dimension bedeutsam sei, habe die Stadt sich auch durch die Tat zu ihren Worten bekannt. Nun sei es an der

Goethes Wort an die Stadtplaner Frankfurts. Auch wenn es hier nicht um die Rekonstruktion eines untergegangenen Bauwerks gehandelt habe, sondern die Einrichtung des Hauses für die neue Zukunft das Ziel gewesen sei, habe die

▷

Dekan Jürgen Wieber und Stiftspropst Bernhard Schömann erbaten Gottes Segen für das neue Bauwerk und die hier wirkenden Menschen. Wieber dankte auch dem Landshuter Chorkreis um Hans Walch, der mit äußerst treffendem Liedgut für den würdigen Rahmen der Einweihung gesorgt hatte.

Martin Hecht

Der Landshuter Chorkreis um Hans Walch (l.) hatte ein treffliches Programm zusammengestellt

seits auch den zentralen Stellenwert von Fort- und Weiterbildung.

"Kunstwerke gehören als solche der gesamten, gebildeten Menschheit an, und der Besitz derselben ist mit der Pflicht verbunden, Sorge für ihre Erhaltung zu tragen", zitierte Deimer

Auseinandersetzung mit der Denkmalpflege eine große Rolle gespielt.

Das barocke Haus der „Landschaft", also einer Art Landtag, war im 17. Jahrhundert errichtet worden. Zu Beginn des vergangenen Jahrhunderts schließlich war darin ein Krankenhaus eingerichtet worden, das bis 1964 Bestand hatte. Mit der Auslagerung der Pestalozzischule und der Berufsschule, die das Gebäude anschließend mitbenutzt hatten, kommt das Gebäude nun voll der Volkshochschule zugute.

Viel Geld, Zeit, Liebe und Engagement

Seit rund vier Jahren wurde das Gebäude nun renoviert. Viel Geld, Zeit, Liebe und Engagement seien in dieses Bauwerk investiert worden, betonte Deimer. Geld alleine reiche nicht aus. Erst die Zusammenarbeit mit Bauherren, Handwerkern, Denkmalpflegern und Architekten habe dies „so herausragende Resultat" ermöglicht. Viele historische Kostbarkeiten und Details berge dies Gebäude. Bei der Wiederherstellung des Geviertbaus habe die Stadt ihr Gesicht, ihren Lebensraum, bewahrt. Freilich sei dies ohne das Instrument der Städtebauförderungsgesetzes nicht möglich, räumte Deimer ein.

Aber nicht nur Denkmalpflege, auch Kulturscheidung, sei also nur folgerichtig gewesen. Die VHS gehöre zum Mittelpunkt der kulturellen Gestaltungsmöglichkeiten der Stadt. Die Zahlen belegten dies eindeutig: 52 738 Teilnehmer hätten im Jahre 1990 1 799 Veranstaltungen der VHS besucht.

Umso fragwürdiger seien staatliche Kürzungen gerade in diesem Bereich. Besonders in einer Zeit der Arbeitslosigkeit müsse alles getan werden, um die Arbeitnehmer durch Fortbildung wettbewerbsfähig zu halten. Das Verhalten des Freistaates sei „kontraproduktiv", kritisierte Deimer. Es müßten nun neue Wege der Finanzierung überlegt werden, etwa ein Darlehensfinanzierungs-Programm nach dem Nießbrauchprinzip mit marktkonformen Zinsen und einer Rückzahlungspflicht. Es werde zwar von der Erwachsenenbildung als „vierter Bildungssäule" gesprochen, die Teilnehmer würden jedoch ungleich höher als bei allen anderen drei Säulen belastet.

Denkmalpflege und Nutzung in Einklang

Mit zahlreichen Überraschungen hätten es Architekt und Denkmalpfleger bei der Renovierung zu tun gehabt, erinnerte sich Generalkonservator Prof. Dr. Michael Petzet vom Landesamt für Denkmalpflege. Das Gebäude habe nicht von Anfang an gezeigt, was alles in ihm gesteckt sei. Zahlreiche Umplanungen seien daher nötig gewesen, um Denkmalpflege und Nutzung unter einen Hut zu bringen. Bei den Kompromissen glaube man vernünftige Lösungen erreicht zu haben. Auch die VHS-Leitung habe

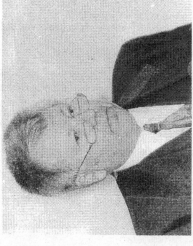

Prof. Dr. Petzet: Gelungene Denkmalpflege

pflichtung zu erfüllen. Vor allem in einer Steigerung der Qualität wolle man sich dieser Verpflichtung stellen, versprach Martin Glatzel.

VHS-Vorsitzender Dr. Dr. Schaub zeigte sich derart angetan von den neuen Räumlichkeiten, daß er die zahlreich anwesenden Ehrengäste aus Politik, Wirtschaft, Handwerk und der Verwaltung aufforderte, doch Mitglied zu werden. Immerhin habe man jetzt das schönste Vereinsheim der Stadt, ja der Republik.

Architekt Wohlgemuth (r.) übergab Bauherrn OB Deimer den symbolischen Schlüssel

Volkshochschule, die daraus entstandene Verantwortung.

Die Entdeckung des Gefühls
Denkmalpfleger diskutieren Zukunfts-Perspektiven in wirtschaftlich mageren Zeiten

Von unserem Redaktionsmitglied
Angela Bachmair

Eine Standortbestimmung des Denkmalschutzes am Ende des 20. Jahrhunderts mit Ausblicken ins 21. versuchten etwa 150 Fachleute aus Deutschland, Tschechien, Ungarn und Österreich auf der siebten Jahrestagung der bayerischen Denkmalpflege in Passau. Künftig sei die Erhaltung von Monumenten vor allem mit Gefühl und Augenmaß zu betreiben, so ein Ergebnis.

Man sagt, die Psychoanalyse sei in Österreich entstanden, weil der politisch-wirtschaftliche Niedergang des k.u.k. Reiches statt der nach außen wirksamen Tätigkeit den Blick ins seelische Innenleben begünstigt habe. Ähnlich könnte es sich derzeit mit der Denkmalpflege verhalten, die in Zeiten wirtschaftlicher Krisen plötzlich das Gefühl entdeckt. Während die Kulturpolitik den Gürtel enger schnallen muß, unterhalten sich die Denkmalpfleger über die „Leidenschaft des Bewahrens", über „Wollust und Askese" in ihrem Metier, die „naive Freude am Denkmal", über ihre Sprache und Gefühle.

Die Schwerpunktsetzung dieser Tagung, von der Wiener Landeskonservatorin Eva-Maria Höhle angeregt, vom bayerischen Generalkonservator Michael Petzet aufgegriffen und mit seinem Linzer Kollegen Wilfried Lipp in Tagungsform gegossen, dürfte weder zufällig sein noch wirkungslos bleiben. Denn wenn Lipp über die „Sinnstiftung" von Denkmalen in einer unübersichtlichen Welt redet oder über die „Stimmungswerte" wie Geborgenheit, die die Menschen in alten Bauten fänden, so spricht er anschließend auch über einen „neuen Selektionsbegriff", mit dem sich Denkmalpfleger künftig sogar gegen Erhaltung von Monumenten aussprechen könnten.

Auch Petzet hält die Prüfung bisheriger Grundsätze für angesagt. War die exakte Konservierung eines historischen Bestandes bisher Prinzip der Denkmalpflege, so dürfe sie im Sinn postmoderner Pluralität („alles ist möglich") auch Rekonstruktionen von etwas nicht mehr Vorhandenem, nicht ausschließen. Statt wie bisher von Substanzerhaltung zu reden, müsse man jetzt die „Überlebenssehnsucht" der Menschen wahrnehmen, sich wenigstens alte Kulissen zu schaffen, müsse sich um Botschaft und Gefühlswerte historischer Bauten kümmern. Aus der „Welle der Begeisterung", die ihm am Tag des offenen Denkmals entgegenbrandete, schließt der Generalkonservator, daß die Bevölkerung nach historischer Kontinuität dürste, und das gebe der Denkmalpflege, die am Ende des Jahrhunderts „mit dem Rücken zur Wand" stehe, in mageren wirtschaftlichen Jahren einzig Berechtigung.

Die sei auch gar nicht in Frage gestellt, versichert Kultus-Staatssekretär Bernd Kränzle. Anstehende Änderungen des Baurechts bedeuteten keine Aushöhlung des Denkmalschutzes. Allerdings sei dieser künftig „mit Augenmaß" zu betreiben, müsse Zugeständnisse machen und sich an geänderte Nutzungen sowie die Bedürfnisse von Eigentümern anpassen. Während Petzet und Lipp nur notwendige und reversible Reparaturen als denkmalpflegerisches Prinzip im 21. Jahrhundert sehen und zudem davor warnen, etwa Industrieanlagen wie in Bitterfeld erhalten zu wollen, regt sich indes auch Widerspruch gegen eine vermutete Preisgabe der wissenschaftlichen und dokumentarischen Denkmalpflege.

Anpassung an Beliebigkeit?

Der Hesse Rainer Bentmann, der seinen Berufsstand als „Fälscherzunft" bezeichnet, polemisiert gegen die „parfümierte Wiederauferstehung" der Dresdner Frauenkirche und damit gegen eine „Schleifung der Geschichte". Der schwäbische Heimatpfleger Peter Fassl argwöhnt, die Denkmalpflege wolle sich dem „postmodernen Jahrmarkt der Beliebigkeit" anpassen. Und Eva-Maria Höhle fürchtet, daß durch die Hintertür der Gefühls- und Identitätsdiskussion sich ein neues Nationalgefühl in die Denkmalpflege einschleichen könnte.

△ Augsburger Allgemeine
18. Oktober 1993

Der Tagesspiegel (Berlin)
20. November 1993 ▽

Das Belvedere zeigt sich in neuem Gewand
Nach langer Bauzeit an diesem Wochenende Besichtigungen des Schlosses auf dem Klausberg möglich

ek. POTSDAM, 19. November. An diesem Wochenende erwartet den Besucher des Schloßparks von Sanscouci ein besonderes Ereignis: das Belvedere auf dem Klausberg kann nach langer Bau- und Restaurierungszeit heute und morgen, jeweils von 10 bis 16 Uhr, besichtigt werden. Danach wird die Baustelle abermals geschlossen, um die rekonstruierten Holzfenster einzusetzen und mit den Arbeiten im Innenbereich zu beginnen. Das letzte von Friedrich in Auftrag gegebene Gebäude, von Unger 1770 bis 1772 an diesem exponierten Ort mit Blick auf Potsdam errichtet, drohte vor den Konservierungs- und Baumaßnahmen einzustürzen. Inzwischen ist der mit ionischen und korinthischen Säulen, mit Skulpturen, Festons und Reliefs geschmückte Rundbau nach dreijähriger Bauzeit in seinem äußeren Erscheinungsbild rekonstruiert. Die Hans-Joachim Giersberg, Generaldirektor der Potsdamer Stiftung Schlösser und Gärten, bei der Vorstellung der bisherigen Arbeiten erklärte, neige sich damit eines der größten Bauvorhaben der Stiftung, aber auch das erste von privaten Mäzen finanzierte Projekt seinem Ende zu. Die Messerschmitt Stiftung München, die als größte private Denkmalschutzstiftung gilt, habe bereits vor der Wende Interesse signalisiert. Das Ergebnis der von manchen Überraschungen begleiteten Arbeiten, so Michael Petzet, Generalkonservator Bayerns, sei ein Schulbeispiel moderner Denkmalpflege, denn die Kombination des konservatorischen Konzeptes mit den notwendigen Ergänzungen in der klassischen Putztechnik sei vorbildhaft. Eine kleine Fotodokumentation im Inneren des Belvedere soll Besucher über die Bauarbeiten informieren.

Ob der Mäzen der bisherigen Arbeiten auch die vollständige Rekonstruktion der beiden Innensäle übernehmen wird, erscheint bis dato ungeklärt. Sicher sei, so der Vorstandsvorsitzende Hans-Heinrich von Srbik, daß die bisher veranschlagten Mittel, von fünf bereits aufgestockt auf 12 Millionen, für eine „Sparversion" im Inneren, also ohne Gold, Japsis und Marmor, noch reichen würde. Über weiteres werde zu reden sein. Sicher ist allerdings auch, daß die Messer Schmitt Stiftung verschnupft ist. Wohl wegen des kühlen Windes, der den Bayern aus dem Hause des Brandenburger Kulturminister Hindrich Enderlein sowie dem des Potsdamer Oberbürgermeisters Horst Gramlich entgegenwehte. „In Sachsen hat man das Problem erkannt", sagte der Stiftungschef, denn dort sei man bereits in Gesprächen darüber, wie sich die kulturliebende Vereinigung auch gewinnnbringend engagieren könnte. So habe sich Potsdam mit dem persönlich angesprochenen Oberbürgermeister auf Anfragen der Messerschmitt Stiftung nicht gerührt. Dort wollte man „irgendeine eine alte Villa" restaurieren und eine Schule für Restaurateure einrichten. In Brandenburg wollte die Stiftung das ruinöse Schloß Meseberg bei Gransee erwerben, restaurieren und schließlich wieder dem Land zu günstigen Konditionen vermieten. Bisher habe sich jedoch nichts bewegt, auch konnte Enderlein den Vorwurf, daß das Ministerium dieses Angebot schlichtweg vertrödelt habe nicht ganz entkräften. „Wenn das Schloß der FDP-nahen Stiftung für Denkmalschutz zugesprochen wird, sind wir aus Brandenburg draußen"; droht der Vorstandschef.

Gras ist keine Grenze mehr

Denkmalpfleger und Archäologen suchen auf einer Tagung in Konstanz den Dialog

„Die Archäologie ist international im Kommen", glaubt Michael Petzet, Chef des Bayerischen Landesamts für Denkmalpflege und Präsident des Deutschen Nationalkomitees von Icomos. Icomos ist der „Internationale Rat für Denkmalpflege", eine 1965 gegründete, nichtstaatliche Organisation, die eng mit der Unesco zusammenarbeitet und 1990 in Lausanne die „Charta für den Schutz und die Pflege des archäologischen Erbes" verabschiedet hat. Und so hat nun auch das Deutsche Nationalkomitee von Icomos die Archäologie entdeckt und zu seiner ersten Tagung über archäologische Denkmalpflege vierzig Wissenschaftler aus dem deutschsprachigen Raum in der Außenstelle Konstanz des Archäologischen Landesmuseums Baden-Württemberg zusammengeführt. Die Archäologen und Denkmalpfleger erörterten, inwieweit die unverbindliche Empfehlung der Charta von Lausanne tatsächlich verwirklicht wurde und wo die alten und neuen Probleme liegen.

Archäologie und Denkmalpflege – das ist ein konfliktträchtiges Paar. Denn Archäologen wollen forschen und ausgraben – und damit auch (kontrolliert) zerstören. Denkmalpfleger aber wollen das Bodendenkmal schützen und unversehrt erhalten, wie Günther Stanzl aus Mainz am Beispiel von Burgruinen darlegte. Bodendenkmalpflegern gilt Ausgraben nur als letzte Rettung, wenn ein archäologisches Denkmal durch ein Bauvorhaben beseitigt werden soll. Rettungs- und Notgrabungen stehen hier im Gegensatz zur Forschungsgrabung, wo die Archäologen das Ob und Wie völlig frei bestimmen. Diese sogenannte „Lustgrabung ist ein Lustmord", befand Daniel Gutscher aus Bern. Am Beispiel Burgenarchäologie ließ sich auch zeigen, daß es auf eine Zusammenarbeit zwischen Archäologie- und Baudenkmalpflegern ankommt. Die alte Grenzziehung, was unter der Grasnarbe liegt, ist Sache der Archäologen, was darüber ist, die der Baudenkmalpfleger, ist nicht mehr zu halten.

Restaurierung von Bodendenkmalen oder lieber gleich deren Rekonstruktion? Dieses Thema hat Meinrad N. Filgis vom Landesdenkmalamt Baden-Württemberg am Beispiel des Römerbades in Schwäbisch Gmünd-Schirenhof erörtert. Vor 20 Jahren konserviert, präsentiert sich das Römerbad heute in einem jämmerlichen Zustand. Durch stetige Reparaturen am ohnehin nicht gut erhaltenen Mauerwerk wird die Originalsubstanz immer weniger, wird aus der Restaurierung letztlich die Rekonstruktion eines Denkmals. Kann man Wind und Wetter ausgesetzte „Freilandrestaurierungen" hochrangiger und qualitätvoller Baubefunde überhaupt noch verantworten? „Eigentlich nein", befand Dieter Planck, Chef der Landesarchäologie, und sprach sich dafür aus, solche Denkmale mit Schutzbauten zu versehen. Das Römerhaus von Walheim kann dadurch ohne moderne Zutaten bleiben und auch von den nächsten Generationen noch im Original studiert werden. Das ist natürlich auch eine Kostenfrage, denn Schutzbauten sind meist nicht billig.

Planck ermunterte zu mehr Rekonstruktionen, die hilfreich sind für die Forschung und die wissenschaftliche Interpretation, vor allem aber für das Verständnis in der Öffentlichkeit. Nicht alle Besucher können Pfostenreihen und farbige Bodenplatten im Geiste zu Gebäuden vervollständigen. Ein archäologischer Wanderweg zu wiederaufgeschütteten Grabhügeln vermittelt dem Publikum mehr von der Archäologie und frühen Geschichte der Heimat als abstrakte Erklärungen.

In Rezessionszeiten wehe der Archäologie immer ein rauher Wind ins Gesicht. Nicht nur, daß die Mittel knapper werden. Man mache die Landesarchäologen auch gerne zum Sündenbock für Fehler und Versäumnisse anderer. Heinz Günter Horn aus Düsseldorf erinnerte daran, daß Archäologie im Spannungsfeld von Politik, Wirtschaft und gesetzlichem Auftrag betrieben werde und daß deshalb Kompromisse geschlossen werden müßten. Horn wies auf die Gefahren der Privatisierung hin, die als Sparmaßnahme des Staates derzeit erwogen würde. Dieter Kapff

Stuttgarter Zeitung
6. Dezember 1993

Süddeutsche Zeitung
29. Dezember 1993

Landesdenkmalrat beäugt mißtrauisch Vereinfachung des Baurechts

Stützen des Denkmalschutzes wanken

Schwammige Formulierungen im Gesetzentwurf erfüllen das Gremium mit Sorge

Von Ursula Peters

München – Mit einigem Mißtrauen sehen Denkmalfreunde die Bestrebungen des Freistaats, das Baurecht nach dem Motto „Vereinfachung der Vorschriften" zu novellieren und dabei die bayerische Denkmalpflege zu beschädigen. Die Verlagerung der Instanzen nach unten mag zum Beispiel für die Genehmigung von Einfamilienhäusern durchaus bürgernah sein. Bei denkmalgeschützten Gebäuden oder Ensembles ist jedoch Sachverstand und Sinn für architektonisches Erbe gefragt. Manche Untere Denkmalschutzbehörde (im Landratsamt) ist unter Umständen überfordert. Der Bayerische Landesdenkmalrat jedenfalls verfolgt „mit größter Sorge" die geplanten Änderungen des Denkmalschutzes mit „ihren weitreichenden Folgen für die gebaute Kulturlandschaft Bayerns". Er fürchtet, daß die positive Entwicklung der vergangenen 20 Jahre mit ihrer europaweiten Anerkennung nunmehr in Frage gestellt wird. Der Landesdenkmalrat ist ein Gremium, in dem nicht nur Fachleute sitzen, sondern auch Politiker unterschiedlicher Couleur, Vertreter der Denkmalbesitzer, der Architekten, des Kultusministeriums. „Parteipolitik spielt bei uns glücklicherweise keine Rolle", stellte jetzt der CSU-Kulturpolitiker und (seit 1973) Ratsvorsitzende Erich Schosser fest, als er die Entschließung des Landesdenkmalrats zur Baurechtsnovelle erläuterte.

„Sie berührt in hohem Maß die Denkmalpflege. Wir können nur hoffen, daß unser weithin gerühmtes bayerisches Denkmalschutzgesetz nicht demontiert wird", sagte Schosser bei einem Pressegespräch. In einigen Punkten sieht der Landesdenkmalrat Gefahren. Beispielsweise soll in Zukunft für das Abbrechen von Denkmälern keine baurechtliche Genehmigung mehr nötig sein. Zwar müssen die Denkmalschützer dem Abriß noch zustimmen, „doch die Stütze des Baurechts entfällt", teilte der CSU-Politiker mit. Der Denkmalschutz könne in der Praxis unter Umständen eine zu schwache Waffe gegen Abrißbestrebungen sein. Die Formulierungen im Gesetzentwurf sind etwas schwammig. So heißt es, daß ein Gebäude, das zwar Teil eines Ensembles, aber selbst nicht historisch ist, abgebrochen oder umgestaltet werden darf. Die Beurteilung der Gestaltung soll der Baubehörde überlassen werden, solange Veränderungen nicht wesentliche Strukturen des Ensembles betreffen. „Eine wesentliche Änderung, was ist das?", fragte Schosser. „Haben die Denkmalschützer im Landratsamt die dafür notwendigen Kenntnisse?"

Schiedsrichter entfällt

Der Landesdenkmalrat bedauert sehr, daß nach dem Gesetzentwurf die Bezirksregierungen als „Schiedsrichter" entfallen, wenn sich das Landesamt für Denkmalpflege und ein Landratsamt über die Behandlung eines Falles – meistens geht es um Abbruch oder Restaurierung – uneins sind. Schosser fordert, die geplanten Ausführungsverordnungen des neuen Baurechts, die den Denkmalschutz betreffen und die vom Kultusministerium entworfen werden müssen, einer Zustimmungspflicht durch den Landtag zu unterwerfen. Wie bisher müsse auch künftig die Beteiligung des Landesamts für Denkmalpflege bei Baumaßnahmen an staatlichen Denkmälern gesichert bleiben. Das Amt selbst, das ein so großes internationales Renommee besitzt, müsse als Ganzes erhalten bleiben.

Schosser machte allerdings keinen Hehl daraus, daß aus den Wahlkreisen mancher Unmut von Denkmalbesitzern oder Bürgern laut werde, die sich über die Akribie der amtlichen Konservatoren ärgern. „Das Denkmalamt muß die fachlichen Eckwerte mehr als bisher verdeutlichen und damit für den einzelnen Bürger verständlich machen", heißt es in der Entschließung des Landesdenkmalrats, die einstimmig gefaßt wurde.

Eine Hauptaufgabe dieses Gremiums, nämlich die Festlegung von Ensembles – komplette Straßen, Gebäude, Plätze, Stadtmauern, ist fast vollendet. Genau 901 sollten es in Bayern werden, jetzt fehlen nur noch 38 – vor allem schwierige Dissensfälle in Franken. Bis zum Sommer 1994 sollen auch diese erledigt sein, hofft Schosser. „Wie groß die Zustimmung in Bayern für die Erhaltung unseres gebauten Erbes ist, kann man daraus ersehen, daß 90 Prozent aller Denkmal-Ensembles mit dem Einverständnis der Gemeinden festgelegt werden konnten."

Zeitgeist und Denkmalpflege

Wie die Geschichte mit Rekonstruktionen systematisch verfälscht wird

Denkmäler werden konserviert, saniert, restauriert, renoviert, korrigiert, rekonstruiert, kopiert, vergrößert oder verkleinert, versetzt oder abgerissen; sie werden chemische Injektionen, Kunststeinprothesen und bunte Masken. Nichts scheint unmöglich, alles ist technisch machbar im „postmodernen Denkmalkultus", in dem der schöne Schein mehr gilt als marode historische Substanz.

Mit Denkmalpflege oder -schutz haben viele dieser Maßnahmen strenggenommen nichts zu tun, auch wenn sie von den jeweiligen Fachbehörden verantwortet, beratend begleitet oder auch nur hingenommen werden. Wie viele geschützte Bauwerke wurden in den letzten zwanzig Jahren um ihre kulturgeschichtliche Aussagefähigkeit gebracht, weil die Zeit für eine gründliche Analyse fehlte, weil es an ausgebildeten Restauratoren und Handwerkern mangelte, weil Kompromisse mit den Bauherren geschlossen werden mußten, weil der Erwartungsdruck der Freizeitindustrie bezüglich pittoresker Altstadtkulissen zu groß war? Seitdem Ende 1989 Geschichte zur Tagespolitik geworden ist und umgekehrt tagespolitische Entscheidungen zu historischen Ereignissen hochstilisiert werden, ist die Zunft, die sich qua Gesetz um baulich manifest gewordene Geschichte kümmern soll, einem enormen Belastungstest ausgesetzt: personell, methodisch und moralisch.

Mangel an Handwerkern

Mit der Wiedervereinigung hat sich der Bestand denkmalwürdiger Bauten vervielfacht. Ihre Inventarisation hechelt den Bau-, Umnutzungs- und Abrißanträgen des „Aufbaus Ost" hinterher. Ihr Erhalt ist von Investoren so abhängig wie gefährdet. Auch im Westen wird die Arbeit der Denkmalpfleger behindert und in Frage gestellt. Nach jahrelanger Abstinenz heißt es jetzt populistisch: Wohnungsbau geht vor. Zur Beschleunigung der Bauvorhaben sollen etwa in Bayern zukünftig Fragen, die den Ensembleschutz, den Abstand zu exponierten Baudenkmalen sowie den Abriß niedriggeschossiger Gebäude betreffen, von den Bürgermeistern und Landräten vor Ort entschieden werden.

Schulen, Konzertsälen der fünfziger und frühen sechziger Jahre in die Denkmallisten verweigert, obwohl sie Zeugnisse für den längst verflogenen Optimismus der jungen Republik sind.

1989, ein Jahr bevor das deutsche Nationalkomitee für Denkmalschutz die fünfziger Jahre „entdeckte", riß man in München das Versorgungsamt der Gebrüder Hans und Wassili Luckhardt ab. Mehr als durch Abriß, sind viele markante und bis ins kleinste Detail künstlerisch durchgestaltete Architekturen durch Modernisierungen gefährdet: mit neuen Fenstern, angebauten Balkonen und Erkern, neuen Kacheln und frischen Pastelltönen verlieren sie ihre Aussagefähigkeit. Was bleibt von dem Gesamtkonzept Franz Harts nach dem Umbau des Deutschen Patentamts? Während Design der Fifties Thema großangelegter Ausstellungen ist, heißt es im bayerischen Kultusministerium, der emotionale Abstand sei noch nicht groß genug, es gäbe zu viele Akzeptanzprobleme, und schließlich könne man sich das nicht leisten, den Denkmalbestand uferlos zu erweitern. Man weiß nicht, was man verliert.

Vieles an dieser Debatte erinnert an den lange diffamierten Historismus und Jugendstil, der noch bis in die siebziger Jahre kleingeschlagen und abgeräumt wurde. Damals galt noch Ornament als Verbrechen, heute schwelgt man wieder in „Fassaden". Das sogenannte Interesse einer nur schlecht informierten Allgemeinheit läßt manches Hintertürchen offen. Wie steht es also um die steinernen und erzenen Zeugen der gewesenen DDR? Sie gehören einer abgeschlossenen Epoche an, doch sie sind politisch unerwünscht. Grund genug für einen Abriß? Will man den Bildersturm der DDR gegen „preußischen Militarismus", Adel, Bürgertum und Klerus mit ähnlichen Mitteln revidieren? Wie hat man sich dann aber Erhalt und repräsentative Nutzung von NS-Bauten zu erklären?

Damit sind wir bei den Problemen des „erweiterten" Denkmalbegriffs. 1975 forderte man europaweit „eine Zukunft für unsere Vergangenheit" und lag damit im Trend von Fortschrittskepsis und Funktionalismuskritik. Angesichts häßlicher Trabantenstädte wurde der Moderne pau-

schliche Bedürfnis an Historie: Die Bereitstellung tümelnder und heimelnder Kulissen. Wenn es Aufgabe der Denkmalpflege ist, „Erinnerungsarbeit über Erinnerungszeichen" zu leisten, dann muß sie mit ihrem Verhältnis zur Geschichte ins reine kommen.

Ist die Arbeit substanziell oder auch symbolisch zu verstehen? Historiker streiten sich mit Ästhetikern, Moralisten mit Pluralisten. Die einen zitieren die Väter der modernen Denkmalpflege, Dehio und Riegl, um gegen den Vorwurf der Geschichtsklitterung gefeit zu sein. Gegen das Ansinnen, den Ottheinrichbau des Heidelberger Schlosses, der 1689 von den Truppen Ludwigs XIV. zerstört worden war, nach alten Plänen und neuem Geschmack wiederaufzubauen, stellte Dehio 1901 die Forderung „Konservieren statt Restaurieren" und Riegl reklamierte 1903 den Alterswert als entscheidendes Denkmalkriterium. Verantwortungsbewußte Denkmalpfleger, die heute bereits im Konservieren den Ansatz zum Fälschen sehen, müssen sich von den „postmodern" eingestellten Kollegen als „prüde Substanzapostel" beschimpfen lassen. Riegls Alterswert wird von dieser Partei als Sentiment des todessehnsüchtigen Fin de siècle abgetan.

So rühmte Michael Petzet jüngst die „Rekonstruktion auf streng wissenschaftlicher Basis, die gelegentlich einfach Spaß macht", als technischen Fortschritt und verwies auf die Leistungen der chemischen Labore, die funkelnagelneue Bronzeabgüsse mit künstlicher Patina überziehen können. Wie sollte man sich im Zeitalter aggressiver Umweltzerstörung auch

in Verluste schicken? Die Aussagekraft von Kirchenportalen und Brunnenfiguren ist nur unter Glassturz, in Museen oder in Kopien vor Ort für die nächste Generation zu retten. Und wer verabschiedet sich schon gerne von in beinahe fünfzig Jahren perfektionierter Rekonstruktionspraxis: Augsburgs Goldener Saal – ist er nicht täuschend echt? Vom Spiegelkabinett in der Würzburger Residenz war nur eine Scherbe übrig. Ohne Pläne, nur nach Photographien und Aquarellen, baute man das Wunderwerk des Rokoko neu.

Für den seit 1799 nicht mehr existenten Kaisersaal der Münchner Residenz konnte man sogar auf jede bildliche Dokumentation verzichten. (So weit zu den wissenschaftlichen Grundlagen.) Hier triumphiert der Schauwert über jeden Substanzwert. Die Benjaminsche Aura des Originals wird dahingehend interpretiert, daß sie selbst Jahrzehnte und Jahrhunderte nach der Zerstörung erinnerungswirksam bleibt und nach neuer Manifestation verlangt. Und wer so trefflich mit Plänen und Ansichten umzugehen weiß, der findet vielleicht auch Gefallen daran, nie realisierte Klassikern der Moderne zu ihrem Recht zu verhelfen. Schon gibt es Initiativen und Geldgeber für Mies van der Rohes Hochhaus an der Berliner Friedrichstraße und Tatlins Turm, der freilich nicht als Denkmal für die III. Internationale dienen soll.

Im Zeitalter mikroelektronisch generierter virtueller Realitäten mutiert der Geschichtsforscher zum Geschichtsdesigner. Schon Karl Valentin meinte: Was ich heute fälsche, ist morgen von gestern.

IRA MAZZONI

Süddeutsche Zeitung
27. Januar 1994

DER SCHWEBENDE ENGEL VON HERRENCHIEMSEE: *Der schöne Schein einer Rekonstruktion gilt heute meist mehr als der reale Zustand eines Kunstwerks.* Photo: Regina Schmeken

Fresken, Felsentempel und Stromkabel

„Praktische Denkmalpflege" von Petzet/Mader untersucht auch hiesige Sanierungen

Indes rückt die Politik und in ihrem Gefolge die Presse das Thema „Rekonstruktion" in den Vordergrund. Wenn es um die Beschwörung einer vermeintlich besseren Vergangenheit, dann sind die Denkmalpfleger als Regisseure von Geschichte gefragt. Sie haben das Know-how für Inszenierungen zu liefern, deren Erhaltenswertes jenseits von Schloß, Kirche und Villa. Ob U-Bahnhöfe oder Hafenanlagen, Fördertürme oder Arbeitersiedlungen, Baumwollfabriken oder Handwerkerhöfe, Wannenbäder oder Pissoirs: Alles kann Denkmal sein.

Was soll erhalten werden?

Aber wie ist es mit der Aussagefähigkeit dieser Anlagen bestellt, wenn sie stillgelegt oder entkernt wurden. Was erzählt ein Förderturm im Freizeitpark vom ehemaligen Ruhrpott? Für viele Immobilienfirmen sind denkmalgeschützte Gebäude zum steuerlich subventionierten Markenartikel „mit dem unverwechselbaren Charme des Nostalgischen" geworden. Andererseits, ungenützt würden diese Bauwerke verkommen. Und selbst die Musealisierung einer Zeche verfälscht deren Charakter. Wie steht es also um den Dokumentenwert von Architektur? Kann ein Denkmal? Im bayerischen Denkmalschutzgesetz vom 1. Oktober 1973 heißt es dazu: „Denkmäler sind von Menschen geschaffene Sachen oder Teile davon aus vergangener Zeit, deren Erhaltung wegen ihrer geschichtlichen, künstlerischen, städtebaulichen, wissenschaftlichen oder volkskundlichen Bedeutung im Interesse der Allgemeinheit liegt." Die Formulierung „aus vergangener Zeit" bindet den Denkmalbegriff an historische Authentizität. Wie weit aber reicht Geschichte an unsere Tage heran? Nach der Auslegung des bayerischen Kultusministeriums, d. i. die oberste Denkmalschutzbehörde, leben wir noch in der Nachkriegszeit. Damit werden einerseits prunkvolle Rekonstruktionen dem „Wiederaufbau" zugerechnet, andererseits aber die Aufnahme von Verwaltungsbauten, Kindergärten, schal eine Absage erteilt. Nach der Abrechnung mit den Vätern begann die Suche nach Identifikationsmöglichkeiten, nach der Entäußerung der Rebellion begann der Rückzug in die Innerlichkeit und Geborgenheit. Mit dem Auftrieb von Sozial- und Alltagsgeschichte entdeckte man Erhaltenswertes jenseits von Schloß, Kirche und Villa. Ob U-Bahnhöfe oder Hafenanlagen, Fördertürme oder Arbeitersiedlungen, Baumwollfabriken oder Handwerkerhöfe, Wannenbäder oder Pissoirs: Alles kann Denkmal sein.

Wieviel Geschichte braucht die Stadt?, fragte Horst Krüger am 14.12.1985 in der FAZ und begrüßte die neue Ostzeile des Frankfurter Römers mit dem Hinweis, kein Mensch könne ohne ein gewisses Maß an Geborgenheit leben und Geborgenheit käme nun einmal „aus der Kraft der Geschichte". Nur was ist an den bunten Fachwerkfassaden geschichtlich? Doch nur die Ansicht, ansonsten handele es sich um Gemütskonserven! Aber genau das scheint ausreichend für das öffent-

(kls). Auch eine Restaurierung kann Schaden anrichten. Ein Paradebeispiel dafür liefert der Augsburger Dom. Dort wurde 1934 bei dem großangelegten Versuch, romanische und gotische Fresken freizulegen, eine der interessantesten Renaissancefassungen Süd...schlands in einem gotischen Raum" übersehen und unbedacht weitgehend zerstört.

So dokumentiert es jedenfalls das neuerschienene Buch „Praktische Denkmalpflege" von Prof. Michael Petzet und Gert Mader. Es erläutert Grundsätze und Methoden der Denkmalpflege, stellt anhand anschaulicher Beispiele vorbildliche Konzeptionen und Restaurierungen vor und setzt sich kritisch mit Sanierungsfehlern auseinander. Auf jeder Seite merkt man dem wissenschaftlich fundierten Werk an, daß seine Autoren Experten sind: Petzet ist Generalkonservator des Bayeri-

schen Landesamtes für Denkmalpflege; Mader leitet das Bauarchiv in Thierhaupten, eine in Europa einmalige Einrichtung, in der alte Bauteile studiert und deren behutsame Reparaturen erlernt werden können.

Bei aller Fülle des zu vermittelnden Wissens bemühen sich die Autoren in ihrem Buch um einen leicht verständlichen Ton, verdeutlichen komplizierte Theorie durch faßliche Zeichnungen und belegen Thesen mit interessanten Bildern. So dokumentieren sie beispielsweise die Probleme, die sich beim Konservieren von Steinen ergeben, anhand einer Arbeit am Südportal des Augsburger Domes.

Blick über den Kirchturm hinaus

Die genannten Beispiele beschränken sich aber nicht nur auf die Augsburger Region, sondern reichen von der Berliner Kongreßhalle bis zum Felsentempel von Abu Simbel (Ägypten) und vermitteln von dort ebenfalls Interessantes. Des weiteren erfährt der Leser, daß sich der Ort Grünenbaindt im Landkreis Augsburg noch seine Struktur als „charakteristische mittelschwäbische Rodungssiedlung" bewahrt hat.

Auch für Kurioses bleibt bei Petzet/Mader Raum. So können Stromkabel ein Denkmal sein - wenn sie etwa zu einer Niedervoltanlage mit offenen Leitungen aus der Frühzeit der Elektrifizierung gehören. Denn für Denkmäler heute gilt immer noch der Grundsatz, den schon der Römer Cicero verkündete: „Omnia monumenta dicuntur, quae faciunt alicuius rei recordationem" – „Alle Dinge werden Monumente genannt, die Erinnerung an irgend etwas hervorrufen".

"Praktische Denkmalpflege" von Prof. Michael Petzet und Dipl.-Ing. Gert Mader ist im Stuttgarter Verlag Kohlhammer erschienen und kostet 128 Mark.

Augsburger Allgemeine
18. Februar 1994

ÜBERRAGENDE GESCHICHTLICHE BEDEUTUNG hat nach Meinung von Denkmalschützern das Gebäude der Schülesche Kattunfabrik in Augsburg; der Stadtrat will den Industriebau dennoch teilweise abreißen lassen. Photo: Holzhauser

Regierung von Schwaben muß über Abbruch entscheiden

„Flaggschiff der Industriearchitektur"

Gegen den Rat der Fachbehörden will Augsburg die Schülesche Kattunfabrik opfern

Von Andreas Roß

Augsburg – Die Regierung von Schwaben muß jetzt entscheiden, ob der denkmalgeschützte Nord- und Südflügel der ehemaligen Schüleschen Kattunfabrik in Augsburg abgerissen und durch einen Neubau ersetzt werden darf. Allen Protesten von Denkmalschützern, Heimatpflegern, Architekten und Kunsthistorikern zum Trotz hat die Stadt dem Landesamt für Denkmalpflege mitgeteilt, daß sie an der zwei Mal vom Bauausschuß des Stadtrates beschlossenen Abbruchgenehmigung festhalten will. Ein vom Landesdenkmalrat einstimmig verabschiedeter Appell an die Stadt, sich für den Erhalt und eine zeitgemäße Nutzung dieser historischen Gebäude einzusetzen, kam zu spät. Landeskonservator Michael Petzet wird nunmehr die Regierung von Schwaben einschalten, die in einem Dissensverfahren abwägen muß, ob die Abbruchgenehmigung gerechtfertigt ist oder nicht.

„Überragende" Bedeutung

Die Schülesche Kattunfabrik ist der einzige im deutschsprachigen Raum vorhandene, schloßartige Industriebau des 18. Jahrhunderts. Von dieser Fabrik ging die Industrialisierung der Stadt Augsburg aus, weshalb das Gebäude nach Ansicht des Landesdenkmalrates „eine überragende geschichtliche Bedeutung für die Stadt und die ganze Region hat". Manfred Fischer, der Vorsitzende der Vereinigung der bundesdeutschen Denkmalpfleger, nannte die ehemalige Kattunfabrik bei einer Veranstaltung in Augsburg sogar ein „Flaggschiff der deutschen Industriearchitektur".

Eine Augsburger Bauträgerfirma hat das Fabrikareal 1990 für 10,5 Millionen Mark erworben. Sie möchte zwei der drei Flügelbauten abreißen und in einem Neubau Wohnungen und Büroräume errichten. Der Bauträger, einer der größten in Augsburg, hält die Vorstellungen der Denkmalpfleger für „unzumutbar", da sie nach seinen Berechnungen Mehrkosten von 3,5 Millionen Mark verursachen würden. Um endlich den begehrten Abbruchbescheid zu erhalten, hat die Firma mittlerweile eine Untätigkeitsklage gegen die Stadt beim Verwaltungsgericht Augsburg erhoben. Hinter den Kulissen gehen die Bemühungen zur Rettung des Industriedenkmals freilich weiter. Bezirksheimatpfleger Peter Fassl und der Kreisverband des Bundes Deutscher Architekten (BDA) liebäugeln mit einem workshop, bei dem renommierte Fachleute ein realistisches Konzept für die künftige Nutzung der ehemalige Textilfabrik entwickeln sollten. Denn nur mit einem schlüssigen Nutzungskonzept hält Fassl die Erwartungen des Denkmalschutzes an die Schülesche Fabrik für durchsetzbar.

Oberbürgermeister Peter Menacher (CSU) scheint aber an weiteren Diskussionen nicht mehr interessiert zu sein, wie OB-Jurist Josef Schwarz gegenüber der SZ bestätigte. Eine von der Bauverwaltung – die auf Seiten der Denkmalschützer steht – geforderte Beanstandung des Abbruchbeschlusses wurde von Menacher zurückgewiesen. Ob die Stadt damit richtig gehandelt hat, müsse jetzt auf einer anderen Ebene, nämlich bei der Regierung von Schwaben, entschieden werden, erklärte Schwarz.

Ins Dissensverfahren wird auch das Votum des Landesdenkmalrates eingehen. Der ist der Überzeugung geäußert, daß das Fabrikgebäude für eine ebenso wirtschaftliche wie den technischen und sozialen Anforderungen unserer Zeit entsprechende Nutzung in hervorragender Weise geeignet sei. Die Stadt Augsburg sollte deshalb alles tun, um die hier gegebenen städtebaulichen Möglichkeiten bei Wahrung des historischen Baubestandes zu nutzen. Gleichzeitig wurde die Staatsregierung, deren Beratungsgremium der Denkmalrat ist, gebeten, entsprechend auf die Stadt und die beteiligten staatlichen Behörden einzuwirken. Mit Spannung wird erwartet, wie Staatssekretär Bernd Kränzle, der im Kultusministerium für den Denkmalschutz zuständig ist, mit dieser Empfehlung umgehen wird. Schließlich hat die CSU im Augsburger Stadtrat, deren Fraktionsvorsitzender Kränzle bis vor kurzem war, dem Abbruch der Kattunfabrik zugestimmt.

Süddeutsche Zeitung
3. März 1994

Bauernhöfe: Spielwiese für Denkmalpfleger?

Bürgermeister-Kritik bei Besuch des Generalkonservators

Oberallgäu (sf). Beim Besuch des Generalkonservators Dr. Michael Petzet im Oberallgäu kritisierten die Bürgermeister bei einer Aussprache in Waltenhofen die ihrer Ansicht nach oft starre Haltung der Denkmalpfleger: Sie wünschten sich von ihnen „mehr Beweglichkeit" bei der Sanierung denkmalgeschützter Gebäude. Unterstützung erhielten sie von Staatssekretär Alfons Zeller, der die Allgäuer Bauernhöfe als „Spielwiese der Denkmalpfleger" sieht.

Dafür erntete er Widerspruch vor allem von Wolfgang Haertinger. Der Vorsitzende des Allgäuer Heimatbundes warnt schon lange vor einem großen Sterben der alten Allgäuer Bauernhöfe. Zahlreiche Gebäude würden einfach dem Verfall preisgegeben. Das Allgäu verliere damit sein größtes Kulturgut. Da sei es doch die Pflicht der Denkmalpfleger, „sich zu Wort zu melden". Haertinger tut das übrigens regelmäßig in der Informationsschrift des Heimatbundes „Blättle".

„Drohender Verlust der Heimat"

Dort verteilt er nicht nur Ehrenpreise für gelungene Sanierungen (wir berichteten), sondern stellt auch den Verfall von Kulturgut unter der Überschrift „Drohender Verlust der Heimat" an den Pranger: Bauernhöfe, die größtenteils unter Denkmalschutz stehen und langsam verrotten. Erst wieder in der jüngsten Ausgabe führt Haertinger dafür zahlreiche Beispiele vor Augen. Ob der Ständerbohlenbau in Winnings (Gemeinde Wiggensbach), das Bauernhaus aus dem 18. Jahrhundert in Fischen, das Kleinhaus mit Fachwerkgiebel in Oberhofen (Gemeinde Altusried) oder zwei denkmalgeschützte Höfe in Kürbsen (Wildpoldsried) – überall sieht er dringenden Handlungsbedarf.

Damit weckt er bei Bürgermeistern und Politikern allerdings nicht gerade Begeisterung. Schließlich könne nicht alles erhalten werden. „Manchmal muß man einen Hof auch der Spitzhacke opfern", erklärte Staatssekretär Zeller beim Treffen mit Professor Petzet und dem Heimatbund-Vorsitzenden. Die Bürgermeister drehten sogar den Spieß um: Daß so mancher Bauernhof, der noch gerettet werden könnte, trotzdem vergammelt, liege auch an den hohen Auflagen des Denkmalschutzamtes. Fischens Bürgermeister Toni Vogler: „Der Schutz von Denkmälern darf nicht zur Gängelung der Bürger führen."

Die Rathauschefs und mit ihnen Vize-Landrat Gebhard Kaiser nannten anschließend eine Reihe von Beispielen, bei denen „überzogene Forderungen" der Denkmalschützer eine Sanierung fast verhindert hätten. „Regelrecht in die Zange genommen", so Kaiser, habe man einen Petersthaler Hausbesitzer. Erst nach langem Hin und Her hätte das Denkmalschutzamt Zugeständnisse gemacht. „Jetzt wurde der wunderschön sanierte Hof vom Heimatbund trotzdem ausgezeichnet", erzählte Kaiser. Einig waren sich die Mandatsträger in ihrer Forderung an die Denkmalpfleger, „beweglicher" zu werden.

Keine Selektion

Einer guten Zusammenarbeit wollten sich die anwesenden Behördenvertreter auch nicht verschließen. Generalkonservator Dr. Petzet befand sogar, daß sich das gemeinsame Wirken von Denkmalschutz und Landratsamt in den letzten Jahrzehnten sehr verbessert habe. Der Leiter des Landesamts für Denkmalpflege lobte dabei die „engagierten Kreisbaumeister". Nicht einverstanden war er mit dem Vorschlag von Landrat Hubert Rabini, eine Art Prioritätenliste mit einer Abstufung von erhaltenswerten Bauernhäusern im Oberallgäu aufzustellen. Petzet: „Das ist Selektion, und dieses Wort höre ich nicht gern." Eine solche Liste könnte vielleicht die Sanierung von „weniger erhaltenswerten" Gebäuden von vornherein verhindern.

Bayerns höchster Denkmalpfleger mahnte, den Schutz der alten Häuser ernst zu nehmen. Und wenn seiner Behörde „ein gewisser Eigensinn" (von Bürgermeister Max Wittwer aus Wertach) vorgeworfen werde, dann „Gott sei Dank". Diese bürokratische Einstellung habe nämlich einiges geleistet: „Das Verantwortungsbewußtsein gegenüber unserem Kulturgut ist enorm gewachsen." Wenn er da an das flächenmäßige „Abholzen" nach dem Krieg in Kempten denke...

„Langsam verfällt" dieses alte Bauernhaus in Kürbsen (Wildpoldsried), beklagt Wolfgang Haertinger in der jüngsten Ausgabe des „Blättles" vom Allgäuer Heimatbund. Dabei wäre die Restaurierung des verputzten Ständerbaus aus dem 18. Jahrhundert „ein Gewinn für die Gemeinde Wildpoldsried und unser Allgäu". Foto: Peter Fritz

Allgäuer Zeitung
10. März 1994

Denkmaltopographie zum Jubiläum

Vielleicht doch Weltkulturerbe

Kein Wunder, daß Regensburg und Bayern immer noch kein ungebrochenes Verhältnis zueinander haben, gehört die einstmals freie Reichsstadt doch erst 184 Jahre zum Lande. Und so kommt es wohl, daß Regensburg beim Freistaat um manches kämpfen muß, was anderen selbstverständlich gewährt wird.

Zum Stadtjubiläum im nächsten Jahr soll nun eine Publikation für die Stadt erscheinen, innerhalb der Reihe „Denkmaltopographie Bundesrepublik Deutschland". Im Gegensatz zu Denkmallisten und Baualtersplänen ist diese „Denkmaltopographie" nicht als Inventar für Fachleute gedacht, sondern will anhand der Art und Dichte der Denkmäler Strukturen, Bezüge und Zusammenhänge aufzeigen. Für Regensburg heißt das: Die Summe aller Denkmäler ist mehr als nur die lückenlose Aufzählung der Beschaffenheit und Bauzustand der Steinernen Brücke, des Domes, des Rathauses ... Die beiden Autorinnen des Regensburg-Bandes, die jungen Kunsthistorikerinnen Anke Borgmeyer und Angelika Wellnhofer, unterstützt vom Stadtarchäologen Dr. Lutz-Michael Dallmeier, stellen Strukturfragen nach städtebaulichen Konzepten. Sie wollen mit ihrer Arbeit erläutern, wo zum Beispiel in den heutigen Straßenbild noch mittelalterliche Handelswege erkennbar sind, was man im 19. Jahrhundert beim Abbruch der Stadtmauer gedacht hat, usw.

Nicht die Fachwissenschaft ist der Adressat der Publikation, sondern ein interessiertes breites Publikum. Entsprechend muß auch der Kaufpreis des schwergewichtigen Hochglanzbandes möglichst erschwinglich bleiben. Apropos Preis: Bisher wurde die Reihe finanziert durch Gelder der öffentlichen Hand. So geschehen auch für den ersten für die Oberpfalz, den ersten für die Oberpfalz, anders finanzieren. Denn nachdem die Autorinnen, betreut vom Landesamt für Denkmalpflege und unter wissenschaftlicher Leitung von Prof. Achim Hubel (Universität Bamberg), bereits ein Jahr Arbeit investiert hatten, wäre die Regensburg-Publikation beinahe gestorben – aus Geldmangel.

Allein die großherzige Spende des Regensburger Rotary Clubs und die massive Unterstützung des Buchverlages der Mittelbayerischen Zeitung – Verleger Karl Heinz Esser sicherte bei der Vorstellung des Projektes vergangene Woche risikofreudig gar nicht kundenfreundlichen Kaufpreis von unter 100 Mark zu – bringen nun Regensburg in den Genuß dieses wichtigen Buches.

Freilich muß die herausragende Bedeutung der Starnberger Villen oder auch der Kelheimer Denkmäler, deren Dokumentation noch mit öffentlichen Geldern finanziert worden war, nicht bezweifelt werden. In aller Bescheidenheit darf sich allerdings Regensburg als mindestens gleichwertig einreihen – nur das Geld hat halt für die Stadt an der Donau wieder einmal nicht gereicht.

Doch ihre Stiefkindrolle sind die Regensburger schon gewohnt: Erst vor kurzem lehnte es Bayerns Kultusminister ab, sich für eine Aufnahme des größten erhaltenen mittelalterlichen Stadtensembles Deutschlands in die UNESCO-Liste des Weltkulturerbes starkzumachen, allen Ernstes mit der Begründung, die bayerische Quote sei mit anderen Städten schon erfüllt. Nun nahm Bayerns oberster Denkmalschützer Prof. Dr. Michael Petzet bei der Vorstellung des Buchprojekts zum Anlaß, auf Regensburgs De-Facto-Rang eines Weltkulturerbes hinzuweisen und schlug Oberbürgermeisterin Christa Meier vor, zum Stadtju-

Das Schmetterlingsreliquiar schlummerte über 600 Jahre lang im Hinterkopf dieses Schmerzensmannes.
Foto (1): Moosburger

Bei Restaurierungsarbeiten entdeckt:

„Der schönste Schmetterling Bayerns"

Der Fund wird vom Bayerischen Landesamt für Denkmalschutz als Welt-Sensation bewertet

wa. Bei Restaurierungsarbeiten in den Werkstätten des Bayerischen Landesamtes für Denkmalpflege wurde eine sensationelle Entdeckung gemacht: Im Kopf eines gotischen Kruzifixus aus der Regensburger Schottenkirche wurde ein Reliquiar in Schmetterlingsform gefunden, das auf den Flügeln die Kreuzigung Christi mit Maria und Johannes zeigt und als Behälter für Kreuzpartikel und andere Reliquien dient. Weihbischof Vinzenz Guggenberger und der Leiter des Bayerischen Landesamtes für Denkmalpflege in München, Generalkonservator Dr. Michael Petzet, präsentierten am Freitag in der Jakobskirche den Fund der Öffentlichkeit.

Es handelt sich um eine einzigartige Arbeit in transluzidem Email über feuervergoldetem Silber, in der ersten Hälfte des 14. Jahrhunderts wohl in einer Pariser Werkstatt gefertigt. Die Enden der Fühler sind mit echten Perlen besetzt. Das künstlerisch erstrangige Werk ist auch hinsichtlich des Motivs einmalig: Bisher sind keine vergleichbaren Arbeiten des 14. Jahrhunderts bekannt, die den Kreuzestod Christi in Verbindung mit dem Schmetterling darstellen. Erst spätere Jahrhunderte haben die Verpuppung und Umwandlung zum Schmetterling als Anspielung auf Kreuzestod und Auferstehung Christi verwandt. Weil das Reliquiar über 600

sehen höfischen Buchmalerei zu vergleichen. Der Künstler konnte wohl nur mit der Lupe arbeiten, unter auch heute erst die ganze Pracht des Reliquiars sichtbar wird. „Der schönste Schmetterling Bayerns", faßte der Generalkonservator sein Urteil zusammen.

Rupert Karbacher war der glückliche Finder. Der Restaurator hatte hinter einem Holzstück, das in den Hinterkopf des Christus „vergittert" war, das sogenannte Sepulchrum entdeckt. Auf die Fundmeldung hin reiste eine Delegation hochgradiger Kleriker und Kunstsachverständiger aus Regensburg an. Weihbischof Guggen-

In diesem Ledersäckchen steckte das Kleinod.
Foto: Moosburger

Ein Finder ohne Lohn: Die „Rupert-Karbacher"-Story

2600 Stunden à elf Mark: Hochqualifizierte Arbeit am Gottesknecht von St. Jakob für einen Apfel und ein Ei

Beim Schmetterling von St. Jakob kommen sie alle ins Schwärmen: Generalkonservator Dr. Michael Petzet spricht vom „schönsten Schmetterling Bayerns, wenn nicht Europas". Die Dame von Welt neben ihm wird ganz Auge. Weihbischof Vinzenz Guggenberger steht staunend vor der Vitrine mit gefalteten Händen auf dem Volksaltar von St. Jakob. Und erst die schönen Bilder, die der Fotograf aus München gemacht hat! Drei Motive, farbig und schwarz-weiß. Dem Diözesankonservator Dr. Hermann Reidel soll schwarz vor Augen geworden sein, als er die Rechnung sah. Knapp unter 8000 Mark soll ein Münchner Fotograf für seine Abzüge verlangt haben, erzählte man sich bei der Präsentation der Weltsensation hinter vorgehaltener Hand. Von den 44 Arbeitsstunden, die der Meister der Fotografie in Rechnung gestellt haben soll, seien eineinhalb Stunden für den Einkauf des Filmmaterials gewesen. Schöner Stundenlohn: 300 Mark grad mal fürs Shopping.

Gut, daß Rupert Karbacher, 42, Restaurator in den Werkstätten des Landesamtes für Denkmalschutz in München, die Honorarsätze des Mannes nicht kennt, der das Ergebnis seiner Arbeit ablichtete. Der Mann (links außen im Bild) würde noch trauriger dreinschauen. Dabei hat doch er – und nur er – das unschätzbare Kleinod im Hinterkopf des Jesus Christus von St. Jakob entdeckt und – durch Arbeit – so zum Glänzen gebracht, daß der Lichtbildner, was zum Blitzen hatte!

2600 Stunden hat Rupert Karbacher an den Schmerzensmann hingelitten. „Ich dacht' oft, ich

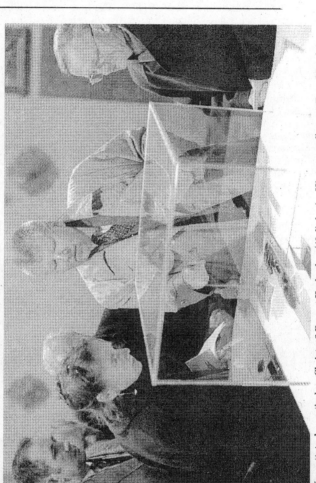

Wer rettete den gotischen Christus? Rupert Karbacher (42, links, im Hintergrund). Foto: Moosburger

pack's nimmer", gesteht der Mann der Kunst, der unverheiratet ist. Denn Heiraten kann sich der studierte Kunsterzieher mit 1. Staatsexamen für das Lehrfach an Gymnasien gar nicht leisten. Als Quereinsteiger mit sechs Berufsjahren kriegt er nur zehn, elf Mark auf die Stunde, wie er auf Anfrage bereitwillig erzählte: „Das dürfen S' ruhig schreiben: BAT 6 b! Ich krieg monatlich zwischen 2000 und 2100 Mark raus." Seine großen rehbraunen Augen beweisen, daß er die Wahrheit sagt.

Karbacher freut sich über das Mitgefühl. Er blättert im (selbstfotografierten) Katalog, der den gotischen Schmerzensmann in allen seinen Restaurationsstationen zeigt. Auf einem Foto stecken vier Einweg-Spritzen in seinem linken Unterarm: Spezialbehandlung den erbärmlichen Zustand des Gekreuzigten bei seiner Anlieferung, total verklebt mit Papier. Die Mühe von 320 Arbeitsgängen sieht man nicht auf dem glänzenden 14 x 18-Abzug für die Presse.

„2600 Stunden Arbeit. Herr Karbacher hat das Kreuz geliebt", sagte Dr. Petzet bei der Vorstellung des Schmetterlingsreliquiars. „Die Arbeit", sagte Rupert Karbacher, „ich mach's wirklich gerne. Das Geld is' mir nicht so wichtig, glauben S' mir aus. Aber a bissel eine Bestätigung wär's halt schon."

Helmut Wanner

Das seit dem Ersten Weltkrieg im Priesterseminar am südöstlichen Portal der ehemaligen Klosterkirche St. Jakob (Schottenkirche) angebrachte gotische Holzkruzifix aus der Zeit um 1370/80 war 1987 zur Restaurierung in die Werkstätten des Bayerischen Landesamtes für Denkmalpflege verbracht worden. Wegen des ungünstigen Klimas im Kreuzgang des ehem. Schottenklosters war eine Restaurierung des Kruzifixus dringend notwendig geworden.

Nachforschungen im Bischöflichen Zentralarchiv Regensburg ergaben, daß das Kreuz 1910 im Pfarrhof von Alteglofsheim hing und dem damaligen Pfarrer Matthäus Forster gehörte. Forster war seit 1885 Pfarrer in Donaustauf, seit 1896 Pfarrer in Pisting und amtierte von 1907 bis 1914 in Alteglofsheim, wo er 1916 verstarb. Das Kreuz hatte er wohl aus Donaustauf mitgenommen und schließlich dem Priesterseminar vermacht. In Donaustauf könnte das Kreuz Ausstattungsstück der Bischöflichen Burgkapelle, der Pfarrkirche oder der Salvatorkirche gewesen sein. Die Salvatorkirche wurde um 1389 von dem prominenten Bürger Thomas Sittauer errichtet. Möglicherweise stiftete Sittauer das Kruzifix mit dem kostbaren Reliquiar und den Reliquien für seine Neugründung. Bei der neuromanischen Umgestaltung der Kirche durch Leo von Klenze in den Jahren 1843/44 könnte das Kreuz dann in die Pfarrkirche übernommen worden sein.

Während der Kruzifixus in die Schottenkirche zurückkehrt, wird das Schmetterlingsreliquiar, ursprünglich vielleicht als Pectorale (Brustschmuck) getragen und erst später im Kopf des Kruzifixus deponiert, zukünftig im Domschatzmuseum in Regensburg zu sehen sein.

Eine Veröffentlichung über diesen aufsehenerregenden Fund wird nach Angaben von Dr. Petzet wohl zwei oder drei Jahre Recherche in Anspruch nehmen. Denn auf der ganzen Welt gibt es nichts Vergleichbares.

Mittelbayerische Zeitung (Regensburg) 19. März 1994

---

bei den bayerischen bisher erschienenen Denkmaltopographien unter anderem über den Landkreis Kelheim, über Pfaffenhofen an der Ilm, über die Villen rund um den Starnberger See. Regensburg freilich muß sich seinen biläum doch eine schöne große Denkmalschutz-Fachtagung, vielleicht mit dem Thema „Weltkulturerbe", abzuhalten. Die Rathauschefin grinste verschwörerisch und fügte fragend hinzu: „Mit dem Kultusminister als Festredner?"

drr

Die Woche (Regensburg), 17. März 1994

Jahre in einem Lederetui geborgen war, haben sich die Farben des Emails in unvergleichlicher Brillanz erhalten. Der nur ca. 5 x 4 cm große Schmetterling zeigt in allen Details feinste Ausarbeitung. Selbst die Augen Christi sind emailliert; die Wundmale sind durch opakes (undurchsichtiges) Email hervorgehoben. Die Feinheit der Zeichnung ist nur mit der zeitgenössi-

berger hatte die Ehre, am 19. April 1991 in den Restaurierungswerkstätten des Landesamtes im Beisein von Monsignore Dr. Paul Mai, Regens Wilhelm, Dr. Hermann Reidel, dem Leiter des Regensburger Diözesanmuseums das Etui zu öffnen und aus dem Sepulcrum im Haupt des Kruzifixus das inzwischen sorgfältig konservierte Schmetterlingsreliquiar zu entnehmen.

Auf der Suche nach dem verlorenen Schloß

Detektivarbeit auf historischem Grund

Die abenteuerliche Geschichte der Restaurierung von Seehof bei Bamberg

Von Ursula Peters

Bamberg – Fürstbischöfe lebten früher nicht schlecht. Zum Beispiel jene hohen Bamberger Herren, die sich einige Kilometer nördlich der Stadt auf einer leichten Anhöhe eine eindrucksvolle Sommerresidenz bauen ließen: Schloß Seehof bei Memmelsdorf entstand ab 1686. Die spätbarocke Anlage mit ihren vier Ecktürmen – samt einem großen französischen Park, Weihern, Pomeranzenhäusern und einem Freilichttheater – war geschmückt von mehr als 400 Gartenskulpturen. Sie wurden von dem berühmten fränkischen Rokokobildhauer Ferdinand Dietz im 18. Jahrhundert geschaffen. Auch die Innenausstattung des Schlosses stammte aus jener Zeit. Wie diese Pracht wenigstens teilweise gerettet werden konnte, ist eine ziemlich abenteuerliche Geschichte, die die Mitarbeiter des Landesamts für Denkmalpflege zu Detektiven werden ließ.

Das Ende der kirchenfürstlichen Lustbarkeiten auf Schloß Seehof kam mit dem Tod des Fürstbischofs Adam Friedrich von Seinsheim. Die nachfolgende Säkularisation zu Beginn des 19. Jahrhunderts brachte den Niedergang. Ländereien wurden verpachtet, Gebäude abgerissen, Steinfiguren und die Rohrleitungen der Springbrunnen und der Kaskade im Park zum Materialpreis verhökert. Schließlich kaufte der preußische Husarenoberst von Zandt mit der Mitgift seiner Frau das Schloß einschließlich Grundbesitz. Seine Nachkommen versuchten mehr schlecht als recht, das Anwesen zusammenzuhalten. Den letzten Baron Zandt fand man 1951 ertrunken in seinem Schloßweiher. Der rätselhafte Todesfall wurde nie aufgeklärt. Die neuen Besitzer versuchten nach und nach, alles zu Geld zu machen. Das große Ausplündern von Seehof über den Kunsthandel blühte vor allem in den sechziger Jahren.

Als der Freistaat Bayern schließlich Seehof 1975 erwarb und den Ausverkauf der Kunstwerke und des Inventars stoppte, schien es schon fast zu spät. Das Schloß war leergeräumt, dazu in schlechtem Bauzustand. Die Parkfiguren von Dietz, zum größten Teil zerstreut in alle Welt, zierten manche Privatgärten und Swimmingpools. „Als wir kamen, standen an der Memmelsdorfer Straße fertig verpackte Dietz-Skulpturen bereit zum Abtransport", erinnert sich Generalkonservator Michael Petzet. Seine Fachleute im Landesamt für Denkmalpflege – das inzwischen eine Außenstelle in Seehof hat – standen vor einem Berg restauratorischer Probleme und der Sysiphusarbeit, möglichst viele verlorene Ausstattungsstücke aufzuspüren und womöglich zurückzukaufen, um die kahlen Schloßräume wieder zu beleben.

Basis für die amtlichen Spürhunde sind exakte historische Inventarlisten eines jeden Raumes sowie Photos, die die Privatbesitzer im Lauf der Jahre hatten anfertigen lassen. Und natürlich auch der Augenschein. So konnte man Wandbespannungen mit Rokoko-Ranken nach winzigen Resten unter Wandleisten rekonstruieren und nachdrucken. Auch hinter einer Tapetentür und Bildern wurden Stoffproben als Vorlage gefunden. Hölzerne geschnitzte Wandsockel (Lamperien) wurden stückweise im Antiquitätenhandel, in Rumpelkammern und auf Flohmärkten wiedergefunden und konnten anhand der alten Dübellöcher den richtigen Wänden zugeordnet werden. Die berühmten seidenen Pekingtapeten mit Vögeln und Blumen – das Rokoko liebte Chinoiserien – wurden unter der Leitung der chinesischen Professoren Tang Changdong, Duan Wei und Fang Fei nach Photovorlagen neu gemalt.

Mit Späherblick besuchten Mitarbeiter des Denkmalamts jahrelang einschlägige Auktionen und suchten nach Seehof-Inventar: Gemälde, Möbel, Spiegelpaneele, Öfen, Kronleuchter. Immer wieder werden sie fündig und können Stücke zurückerwerben oder als Leihgaben erbetteln.

Manches bleibt jedoch unwiederbringlich. So zum Beispiel das berühmte Mobiliar aus dem fürstbischöflichen Gartenpavillon: Mit anderen Möbeln aus Seehof befinden sich diese seltenen Stücke im New Yorker Metropolitan Museum in einer eigenen Abteilung, dem „German Wing". Auch in der Würzburger Residenz, in anderen Schlössern und Museen befinden sich Kunstwerke aus Seehof – rechtmäßig im Kunsthandel erworben. Immerhin hatten die Kollegen vom Berliner Schloß Charlottenburg ein Einsehen und verkauften den Bayern die großen Kristall-Lüster aus dem weißen Saal in Seehof. Dieser Festsaal mit dem Deckenfresko vom Appiani blieb als einziger Raum ziemlich vollständig, weil die Ausstattung im ganzen verkauft werden sollte. Manchmal kamen die Denkmalfahnder ganz unverhofft zu Seehofer Inventar. So wurde Petzet aus einer Antiquitätenmesse als Geschenk eine Plastiktüte in die Hand gedrückt. Inhalt: Originalstuhlbezüge aus dem Lustschloß.

Jetzt sind die Paradezimmer der Fürstbischöfe einigermaßen in alter Pracht wiederhergestellt – nur bei den Möbeln gibt's noch Lücken. Von Mai an wird sich das Publikum selbst ein Bild davon machen können, wie einst Kirchenfürsten logierten. (Die Öffnungszeiten stehen noch nicht fest.)

DAS AUDIENZZIMMER DES FÜRSTBISCHOFS *ist wieder fast komplett – von den chinesischen Seidentapeten, dem Deckenlüster bis zum Fayence-Ofen in der Ecke Stück für Stück zusammengetragen oder rekonstruiert.* Photo: Lantz/BLfD

Augustus muß nach Kur unter Dach und Fach

Bei Restaurierung starke Schäden festgestellt

Von unserem Redaktionsmitglied Angela Bachmair

Die Bronzefigur des Augustus ist so schwer geschädigt und in ihrem Material so empfindlich, daß sie nach ihrer Wiederherstellung nicht mehr im Freien aufgestellt werden kann. Das erbrachte gestern ein Ortstermin in der Restaurierungswerkstatt am Senkelbach, wo der Augustus seit einem guten halben Jahr bearbeitet wird.

Weil Stadtgießer Peter Wagner vor über 400 Jahren mehr billiges Blei als teures Zinn zur Legierung verwendete, als er die von Hubert Gerhard entworfene Figur des Kaisers Augustus goß, konnte das Bronzedenkmal die heutigen aggressiven Umwelteinflüsse erheblich schlechter vertragen als die übrigen Brunnenfiguren, die vier Flußgötter und die Hermen oder Pflockweiber. Millionen von kleinsten Löchern haben sich in das Metall gefressen, die hellgrüne Patina – nichts anderes als Salze aus saurem Regen und winterlicher Streuung, aus Staub und Gummiabrieb von Autoreifen – hat die Oberfläche vergröbert und verwittert.

Kopie auf Brunnenpodest

Diese Schäden, die gestern im Tramdepot am Senkelbach unter die Lupe genommen wurden, lassen für den bayerischen Landeskonservator Prof. Michael Petzet nur einen Schluß zu: Augustus müsse nach der Restaurierung in einen geschlossenen Raum, auf das Brunnenpodest solle eine Kopie gestellt werden. Eine Folgerung, der auch Bürgermeister Kotter und Stadtbaurat Saule zustimmten.

Kotter hatte ursprünglich für eine erneute Aufstellung des Originals plädiert und die Frage in einer Bürger-Diskussion ansprechen wollen. Nach dem Votum der Fachleute sei die Entscheidung jedoch gefallen, sagte Kotter, der im übrigen den Fall Augustus als „Fingerzeig" wertet, wie sich Einsparungen am falschen Platz noch nach Jahrhunderten negativ auswirken könnten. Ob man die Figur frühestens in einem Jahr, wenn sie instand gesetzt sein wird, im unteren Rathausfletz plaziert oder etwa im Hof des Maximilianmuseums (der dafür überbaut werden müßte), ist noch zu klären. Jedenfalls wird man in Augsburg dann ebenso verfahren wie in Rom, Venedig und Braunschweig, wo die Statuen des Marc Aurel, der Pferde von San Marco und des Braunschweiger Löwen nach ihrer konservatorischen Behandlung auch nicht mehr im Original auf die Plätze zurückkamen.

Im Tramdepot am Senkelbach, wo die Werkstatt mit Hilfe von Alt-Augsburg-Gesellschaft und Prinzfonds eingerichtet wurde, arbeiten zwei Restauratorinnen am Augustus. In der Metallwerkstätte des Münchner Landesamts für Denkmalpflege sind weitere drei Fachleute mit Pflockweibern und Flußgöttern beschäftigt. Die Methode ist hier wie dort die gleiche: Mit Skalpellen und Messerchen werden die Ablagerungen abgeschabt, dabei verdichtet sich die angefressene Oberfläche wieder, die anschließend zum Schutz mit Wachs überzogen wird. Kommende Woche sind bereits die ersten Ergebnisse zu besichtigen, wenn zwei restaurierte Pflockweiber aus München an den Rathausplatz zurückkehren.

„Um 20 Jahre zu spät"

Mit der Instandsetzung des Augustus-Brunnens, die die Messerschmitt-Stiftung mit 1,8 Millionen Mark finanziert und die laut Petzet als bedeutendste Maßnahme der Metall-Restaurierung in Deutschland zu gelten hat, soll es indes nicht sein Bewenden haben. Laut Saule, der aus den Bronzeschäden „Rückschlüsse auf kommunalpolitisches Handeln" ziehen will, ist es „allerhöchste Zeit", auch Herkules-, Merkur- und Georgsbrunnen wiederherzustellen. Dafür werden nochmals 2 Millionen Mark auf einen Zeitraum von vier Jahren veranschlagt, von denen die Stadt ein Drittel zu übernehmen hat. Zeitdruck bei den weiteren Arbeiten sieht auch der Chefrestaurator beim Landesamt, Erwin Emmerling. Die Restaurierung des Augustus komme um mindestens 20 Jahre zu spät, bei rechtzeitigem Eingreifen hätte man die jetzt vorhandenen starken Schäden an dem „makellosen" Guß („Es gibt nichts Besseres aus dieser Zeit!") verhindern können.

◁ Süddeutsche Zeitung
2. April 1994

Kommentiert

Und wo bleiben die Menschen?

Verrückte Welt: Da wird darüber diskutiert, daß bronzene Figuren die Luft in unserer Stadt nicht mehr aushalten können, da werden Millionen für ihre Restaurierung ausgegeben, da wird anschließend eine Unterkunft gesucht, um sie vor Schmutz und Abgasen zu schützen ... Und die Menschen? Sollen die künftig auch in ihren Häusern bleiben (ins Museum kann man sie ja schlecht stellen), oder sind Lungen und Bronchien widerstandsfähiger als Metall?

Damit kein Mißverständnis entsteht: Es ist richtig und dringend nötig, die Augsburger Brunnenfiguren, Kunstwerke von internationaler Bedeutung, instand zu setzen und künftig zu schützen. Aber was der Kunst recht ist, muß für die Menschen billig sein. Die Augsburger Ärzte warnen seit langem vor Luftverschmutzung und sprechen von einer Zunahme der Atemwegserkrankungen vor allem bei Kindern. Die Meßwerte belegen, daß es sich am Lech nicht eben leicht atmet.

Verkehrsberuhigung in der Innenstadt und eine Verbesserung des Stadtklimas sind mindestens so überfällig wie die Restaurierung der Brunnenfiguren. Wenn Kaiser Augustus jetzt eindringlich darauf aufmerksam macht, dann hat er neben seiner historischen und künstlerischen Bedeutung auch noch einen ganz praktischen Wert.

Angela Bachmair

Augsburger Allgemeine
20. Mai 1994

Sie nehmen die Schäden am aufgehängten und gesicherten Augustus unter die Lupe: Kulturreferent Kotter, Landeskonservator Petzet und die Restauratorinnen Cornelia Höhne und Abigail Haberland (von links). Bilder: Fred Schöllhorn

Die Orangeriebauten mit dem Memmelsdorfer Tor hat ln Seehof Justus Heinrich Dientzenhofer nach Plänen von Balthasar Neumann errichtet.

Fränkisches Volksblatt (Würzburg)
9. April 1994

Zum Teil zur Besichtigung freigegeben

Wahrzeichen eines Fürstbistums nach Aschaffenburger Vorbild

Schloß Seehof beherbergt die Außenstelle des Landesamtes für Denkmalpflege

Schloß Seehof ist ab 1686 für den Bamberger Fürstbischof Marquard Sebastian Schenk von Stauffenberg (1683-1693) errichtet worden. Es gilt als ein Wahrzeichen des ehemaligen Fürstbistums Bamberg. Die kastellartige Vierflügelanlage entstand nach dem Vorbild von Schloß Johannisburg in Aschaffenburg. Allerdings muß sie schon zu ihrer Erbauungszeit etwas altmodisch gewirkt haben, da sich – ausgehend von Versailles – eine Neuorientierung der Schloßbaukunst durchzusetzen begann.

Unter Marquards Nachfolgern, Lothar Franz von Schönborn (1693-1729) und seinem Neffen Friedrich Carl von Schönborn (1729-1746), spielte Seehof nur noch die Rolle einer Nebenresidenz. Die beiden hielten sich vorzugsweise in den ihnen ebenfalls unterstehenden Bistümern Mainz und Würzburg auf. Außerdem ließen sie selbst rastlos bauen, so die riesigen Schloßanlagen von Pommersfelden und Würzburg.

Die Schönborns gestalteten die Seehofer Parkanlagen neu. Friedrich Carl zeichnete unter anderem verantwortlich für die großen Orangeriebauten mit dem Memmelsdorfer Tor im Norden, errichtet von Justus Heinrich Dientzenhofer nach Plänen von Balthasar Neumann. Jedes Jahr ließ sich der Fürstbischof einige tausend der exotischen Früchte nach Mainz schicken.

Dem Fürstbischof Philipp Anton von Franckenstein (1746 bis 1753) ist die neue Ausstattung des Weißen Saals im Westflügel zu verdanken; ein Götterhimmel ziert die Decke und Blaumalereien die mit weißem Stuckmarmor verkleideten Wände. Von Franckenstein hat aber auch Ferdinand für den Weißen Saal die über den Kunsthandel in das Schloß Charlottenburg in Berlin gelangten Kristall-Lüster zurückerworben werden. Hingegen ist es bisher nicht gelungen, die grünen Spiegelpaneele des Audienzzimmers aus dem Mainfränkischen Museum in Würzburg zurückzubekommen. Und vermutlich wird auch ein Schreibschrank von Matern in Zukunft in der Würzburger Residenz bleiben. Rekonstruiert wird nur, was unwiederbringlich verloren scheint.

Wo sonst ist vorbildliche Restaurierung zu sehen, wenn nicht im Bayerischen Landesamt für Denkmalpflege. Die für den fränkischen Raum zuständige Außenstelle ist untergebracht in Schloß Seehof bei Memmelsdorf nördlich von Bamberg. Seit der Freistaat Bayern 1975 diese ehemalige fürstbischöfliche Sommerresidenz gekauft hat, wurden über 20 Millionen DM an öffentlichen Mitteln und Spenden aufgewendet, um die Substanz zu sichern, einen zweckmäßigen Ausbau zu betreiben und einige Schauräume im Zustand des 18. Jahrhunderts wiederherzustellen. Am „Tag des europäischen Denkmals" im vergangenen Jahr, am 12. September, waren die prachtvollen Säle erstmals der Bevölkerung zugänglich. Nach der Winterpause werden sie nun am 1. Mai wieder geöffnet und bleiben dies bis einschließlich Oktober.

1951 im Schloßweiher ertrunkenen Baron Zandt ging der Besitz an die Familie von Hessberg über. Versuche, sich landwirtschaftlich zu spezialisieren, blieben ohne wirtschaftlichen Erfolg. Dem Exodus einzelner Möbel, Bilder und Gartenfiguren folgte ein systematischer Ausverkauf.

Der Freistaat Bayern erwarb vor 18 Jahren ein leeres Schloß. Es besteht der Anspruch, es mit Original-Gegenständen wieder zu füllen, wobei sich in- und ausländische Museen und Sammler mehr oder weniger kooperativ zeigen. So konnte beispielsweise kleideten Wände. Von Franckenstein 1774 listen alle Bilder und Möbel auf.

Dem Artikel liegt ein Referat von Generalkonservator Dr. Michael Petzet zugrunde.

Die Zeiten der Besichtigungen und Führungen durch die Schauräume von Schloß Seehof sind unter der Rufnummer (09 51) 40 95-0 zu erfragen.

Text und Fotos:
Bernhard Schneider

Dietz, den bekanntesten Bildhauer des fränkischen Rokoko, zum fürstbischöflichen-bambergischen Hofbildhauer berufen. Dieser hatte bis zu seinem Tod mit seiner Werkstatt innerhalb von fünf Jahren 104 Steinfiguren fertiggestellt. Seine Arbeit setzte er unter Fürstbischof Adam Friedrich von Seinsheim (1757–1779) fort und schuf bis zu seinem eigenen Tod 1777 für Seehof über 400 Figuren. Mit dem Seehofer Schloßgarten konnte weit und breit nur der Veitshöchheimer konkurrieren, den ebenfalls Ferdinand Dietz ausgestattet hat.

Schloß Seehof mit seinem weit ausgreifenden Park stellte jetzt ein Monument absolutistischen Herrschaftsdenkens dar. Es erreichte während Adam Friedrich von Seinsheims Regierungszeit seine höchste Blüte. Die Einrichtung von Schloß und Nebengebäuden war in der einem Landsitz angemessenen Leichtigkeit und Heiterkeit gehalten, was allerdings auch dem Zeitgeist entsprach – mit der Verlagerung vom höfisch-repräsentativen Auftreten hin zu intimeren Formen. Inventarverzeichnisse von 1768 und

Den fast 100jährigen Anreicherungsprozeß in Seehof beendete der asketische und sozial handelnde Fürstbischof Franz Ludwig von Erthal (1779–1799). Er ließ einen großen Teil der Parkfiguren abbauen und einlagern.

Nach der Auflösung des Hochstifts Bamberg verpachtete die bayerische Regierung die Ländereien und Teiche von Seehof. Weitere Steinfiguren wurden zusammengeschichtet und quasi zum Materialpreis verschleudert. Die Zuleitungen für die Wasserspiele wurden herausgerissen und als Altmetall verkauft. 1840 wurden schließlich Schloß und Grundbesitz an den preußischen Husarenoberst von Zandt veräußert. Er vermochte durch eine reiche Heirat den Kaufpreis von 92 000 Gulden aufzubringen, doch seinen Erben fehlte das Vermögen, um den Besitz angemessen zu unterhalten. Die Kaskade wurde in eine Gartenterrasse verwandelt, der östliche Teil des Gartens abgetrennt und unter den Pflug genommen, die Gartenmauern und Nebengebäude in diesem Bereich, darunter das sogenannte Franckenstein-Schlößchen, abgebrochen ... Nach dem Tod des letzten,

Über 400 Steinfiguren hat Ferdinand Dietz für den Park von Schloß Seehof geschaffen.

Ein barockes Bett wurde für das Schlafzimmer des Ersten Gesandten nachgebaut. Das Gemälde, die federballspielenden Kinder, stammt von dem Würzburger Hofmaler Georg Anton Urlaub.

Unter Fürstbischof Friedrich Adam von Seinsheim (1757-1779) hat Seehof seine glänzendste Zeit erlebt.

Schloß Seehof gilt als Wahrzeichen des ehemaligen Fürstbistums Bamberg. Bauliches Vorbild war Schloß Johannisburg in Aschaffenburg.

Viel Lob für Restauratoren

Bezirkstagspräsident Simnacher stellt Buch über Chorgestühl vor

Memminger Zeitung
25. Juni 1994

Buxheim (ras).
Hohes Lob zollte Bezirkstagspräsident Dr. Georg Simnacher anläßlich einer Buchpräsentation über das Buxheimer Chorgestühl den Restauratoren und allen jenen, die dabei mitgeholfen haben, daß das Gestühl wieder in seiner ursprünglichen Pracht erstrahlt.

„Die Restaurierung wäre fast zur unendlichen Geschichte geraten, aber das lange Warten hat sich gelohnt", sagte Simnacher gestern während einer Pressekonferenz in Buxheim. Wie er betonte, habe der Ankauf und die Restaurierung des Kunstwerkes von Ignaz Waibl rund vier Millionen Mark gekostet.

Betreut wurde die Wiederherstellung vom Bayerischen Landesamt für Denkmalpflege. Es hat die Wiederaufstellung des Gestühls lange Jahre betreut und fotografisch festgehalten und dabei zeigt sich, daß bei den Arbeiten sehr oft improvisiert werden mußte.

Im 300 Seiten starken Arbeitsheft des Amtes können Interessierte alles über das Gestühl und dessen Wiederherstellung nachlesen. Die umfangreiche Bebilderung, die große Teile des Figuren- und Ornamentschmucks des Gestühls dokumentiert, macht das barocke Schnitzwerk erstmals umfassend der Öffentlichkeit zugänglich.

Bezirkstagspräsident Dr. Simnacher (links) und der bayerische Generalkonservator Professor Dr. Michael Petzet stellten ein neues Buch über das Buxheimer Chorgestühl vor.
Foto: Jürgen Rasemann

„Abbruch

Heiße Diskussionen bei

Von unserem Mitarbeiter
Thomas Lützel

Neu-Ulm (tol).
Vorerst wird die Caponniere IV auf dem Gelände der ehemaligen Möbelfabrik Mayer vom Abbruch verschont bleiben. Obwohl der Stadtrat in der vergangenen Woche schon den Abriß des denkmalgeschützten Gebäudes beschlossen hat, will sich Oberbürgermeister Dr. Peter Biebl dafür einsetzen, daß mit den Abbrucharbeiten zumindest so lange gewartet wird, bis der Landesdenkmalrat im September eine Entscheidung über die Zukunft der Caponniere gefällt hat.

Drei Mitglieder des Gremiums besichtigten jetzt das Bauwerk. Sie kritisierten dabei vor allem, daß die Stadt die Erhaltung des Gebäudes unter anderem von den Kosten einer Sanierung abhängig gemacht habe. Über die Höhe die Kosten einer solchen Restauration hat die Stadt aber entgegen dem Vorschlag des Oberbürgermeisters kein Gutachten erstellen lassen. Biebl hatte in der Stadtratssitzung angeregt, 20 000 Mark für ein solches Gutachten bereitzustellen. Das sollte Aufschluß darüber geben, wieviel der Erhalt der Caponniere IV die Stadt kosten würde. Doch das hat die Mehrheit des Stadtrates abgelehnt und den Abbruch beschlossen.

Ein Teil Neu-Ulmer Geschichte

Das Fehlen eines solchen Gutachtens war dann auch der Hauptkritikpunkt der Denkmalschützer, die in Begleitung eines Fernsehteams des Bayerischen Rundfunks die Caponniere IV besichtigten. Professor Michael Petzet, Leiter des Landesamtes für Denkmalschutz: „Wenn es beim Erhalt nur um den bau-

Nordbayerischer Kurier (Bayreuth), 9. Juli 1994

Denkmalrat besuchte Bayreuth

Um „Zwanzig Jahre Denkmalschutz und Denkmalpflege in Bayern" ging es gestern im Markgräflichen Opernhaus bei der Jahresveranstaltung des Bayerischen Landesdenkmalrates. Vorsitzender Dr. Erich Schosser (vierter von links) nahm dabei zu aktuellen Fragen und Problemen Stellung. Auch Bürgermeister Bernd Mayer, Landtagsabgeordnete Anneliese Fischer, der Generalkonservator des Landesamtes für Denkmalpflege, Professor Michael Petzet, CSU-Fraktionsvorsitzender Walter Nadler sowie Baudirektor Jürgen Dohrmann (von links) nahmen an der Veranstaltung teil. Ein offizieller Empfang im Rathaus schloß sich an.
Foto: Lammel

AZ (Abendzeitung), München
30./31. Juli 1994

Willy Astor rappte fürs Landesamt

★ Exotische Nacht im Hof der Alten Münze: Unter Drachen, Lampions und Schriftzeichen („Der Chinesische Drache grüßt den bayerischen Löwen") feierte Generalkonservator **Michael Petzet** das Sommerfest des Landesamts für Denkmalpflege. Gäste wie Bundesverfassungsrichter **Konrad Konis** (ein Vater des Denkmalschutzgesetzes) und Ettals Kunst-**Pater Laurentius** genossen in Münchens schönstem Hinterhof ein Biergarten-Ambiente im Renaissance-Stil.

Bezirkstagspräsident **Herrmann Schuster** spendierte Jazz mit dem **Walter-Lang-Sextett** aus der Unterfahrt, **Hans Roth** vom Landesverein für Heimatpflege präsentierte als Mitbringsel den Bayern-Rapper **Willy Astor**. Augustiner-Senior **Ferdinand Schmid** ließ reichlich Bier fließen, das Wiesnwirt **Manfred Vollmer** – diesmal dank eines Defekts in der Schankanlage – als typischen Schnitt verzapfte. Selbst ein kurzer Gewitterguß konnte die Gäste nur vorübergehend von **Fritz Ringwalds** Schmankerl-Büffet vertreiben.

Mit dem Fest feierte das Amt den Umzug seiner Werkstätten von der Volksschule Gauting in den Münz-Hof. Die Dekoration kam nicht von ungefähr: Petzets Denkmalpfleger mischen kräftig mit bei der Restaurierung der berühmten Tonfigurenarmee des Chinakaisers **Quin Shihuangdi** in der Provinz Shaanxi.
me

Prost mit Freibier: (v.l.) Michael Petzet, Hermann Schuster, Ferdinand Schmid und Pater Laurentius. Foto: Karlheinz Egginger

Neu-Ulmer Zeitung
13. Juli 1994

der Caponniere grenzt an Barbarei"

der Ortsbesichtigung des Landesdenkmalrates – Die Bagger kommen noch nicht

lichen Zustand ginge, müßten alle Burgruinen in Bayern abgerissen werden." Die Bundesfestung sei ein Teil der Neu-Ulmer Geschichte, ohne diese Festungsanlagen wäre es wohl nie zur Gründung der Stadt Neu-Ulm gekommen, referierte der Experte. Doch die Kritik Petzets ging weiter: „Es grenzt an Barbarei, wenn jetzt die Stadt die letzten Spuren ihrer Geschichte auslöschen will."

Biebl war es bei der Ortsbesichtigung nach eigenen Worten regelrecht „peinlich", daß der Stadtrat eine Stellungnahme der Fachleute des Regionalausschusses Schwaben des Denkmalrates nicht abgewartet habe. Biebl: „Ich hatte dem Stadtrat vorgeschlagen, erst nach Ihrem Besuch eine Entscheidung zu fällen." Die Vorwürfe der höchsten bayerischen Denkmalschützer wies er jedoch entschieden zurück. Die Caponniere sei nun wirklich nicht der letzte Rest der Neu-Ulmer Stadtgeschichte. Doch der Stadt sei es angesichts der zahlreichen Festungsanlagen, die sich in einem weitaus besseren baulichen Zustand befinden würden, nicht zuzumuten, dieses relativ heruntergekommene Gebäude zu erhalten. Biebl: „Das würde für die Stadt ein unkalkulierbares finanzielles Risiko bedeuten." Nach vorliegenden Gutachten sei das historische Gebäude „gewaltig geschädigt", eine Sanierung würde wohl einen siebenstelligen Betrag verschlingen. Biebl weiter: „Gute Worte alleine nutzen nichts. Wenn aber der Freistaat bereit wäre, die Hälfte der Kosten zu tragen, könnte ich mir vorstellen, daß sich der Stadtrat anders entscheidet." Petzet daraufhin: „Geld ist nicht alles. Der Erhalt ist auch eine moralische Verpflichtung. Außerdem wissen wir noch gar nicht, was der Erhalt des Gebäudes kostet."

Gutachten nötig

Albert Graf Fugger von Glött, Vorsitzender des Regionalausschusses Schwaben für Denkmalschutz, versuchte die Diskussion etwas zu entschärfen. Der Landesdenkmalrat verlange keineswegs, ein Gebäude mit unvertretbar hohem Aufwand zu erhalten. Die Kosten seien in der Relation zum historischen Wert der Caponniere zu sehen. Erst dann werde abgewogen. Doch um dies tun zu können, sei ein Gutachten dazu erforderlich. Eine Entscheidung des Denkmalrates soll am 12. September in einer Plenumssitzung des Denkmalamtes fallen.

Rechtsverbindlich ist diese Entscheidung allerdings nicht. Nach der Neufassung des Denkmalschutzgesetzes kann die untere Denkmalschutzbehörde die endgültige Entscheidung treffen, was der Stadtrat mit seinem Votum für den Abriß bereits getan hat. Biebl versicherte, den Fall im Hauptausschuß nochmals vorzubringen und ein Gutachten über die anfallenden Kosten einer Sanierung in Auftrag zu geben. Außerdem sollen bis zur Entscheidung des Landesdenkmalrates noch keine Bagger anrollen.

Vorerst sollen die Überreste der Caponniere IV noch von den Baggern verschont bleiben. Oberbürgermeister Dr. Peter Biebl will jetzt ein weiteres Gutachten in Auftrag geben, das die Sanierungskosten des denkmalgeschützten Festungsgemäuers aufzeigen soll.
NUZ-Bild: Horst Hörger

Wartungsverträge mit Fachleuten sichern Kunstschätze der Nürnberger Innenstadtkirchen

St. Lorenz hatte Vorreiterrolle

Heuer fallen 600 000 Mark für Restaurierungsarbeiten an — Lob vom Landesamt für Denkmalpflege

NÜRNBERG (Eig. Ber/kw) — Das Landesamt für Denkmalpflege bescheinigt den beiden großen Nürnberger Innenstadtkirchen St. Lorenz und St. Sebald „vorbildlichen Umgang" mit den einzigartigen Kunstschätzen. Durch Wartungsverträge mit Fachleuten ist sichergestellt, daß die wertvollen Objekte regelmäßig kontrolliert, gereinigt und — je nach Dringlichkeit — restauriert werden.

Bei einem Besuch in Nürnberg hat gestern der Leiter des Landesamtes für Denkmalpflege, Michael Petzet, die größeren Projekte vorgestellt, die in diesem Jahr realisiert werden konnten. Allein in St. Lorenz werden 1994 dafür 600 000 Mark aufgewendet. „St. Lorenz galt mit dem Abschluß eines Wartungsvertrages vor vielen Jahren als Vorreiter. Heute sind solche Verträge fast selbstverständlich", meinte Petzet.

Obwohl die gewaltigen Kriegsschäden weitgehend behoben sind, geht den Restauratoren die Arbeit nicht aus. Umwelteinflüsse, aber auch die hohe Publikumsfrequenz, die das Raumklima im Innern der Kirche beeinflußt, machen den Kunstwerken zu schaffen.

Durch die Wartungsverträge kann erreicht werden, daß schon kleinere Schäden entdeckt und behoben werden. Nach und nach zum Beispiel wird seit Jahren die fast komplett erhaltene historische Farbverglasung gereinigt, gesichert und neu belüftet. Als eines der ersten Gotteshäuser war St. Lorenz in den 50er Jahren durch eine Außenschutzverglasung gesichert worden. Dadurch wird verhindert, daß Feuchtigkeit von außen an die Originalscheiben gelangt und chemische Prozesse in Gang bringt. Derzeit wird das Pfinzing-Fenster (16. bis 17. Jahrhundert) auf Vordermann gebracht.

Schwerpunkt der Arbeiten war in der letzten Zeit jedoch das Sakramentshaus von Adam Kraft, das entstaubt, gesichert und zum ersten Mal genauestens untersucht worden ist. Die Ingenieurin und Bauforscherin Beata Hertlein hat von einem Gerüst aus den oberen Teil des „Weihbrothauses" exakt vermessen und detailgenau gezeichnet. Sie fand unter anderem heraus, daß das Sakramentshaus aus vielen kleinen Stücken zusammengesetzt worden ist und im oberen Teil nur noch wenig Originalsubstanz vorhanden ist — das Werk Adam Krafts war im Krieg nur im unteren Bereich eingemauert und vor Bombenschäden geschützt gewesen.

Plastische Applikationen

Eine Aufgabe für Kunsthistoriker bietet die soeben restaurierte gotische Figur des Heiligen Laurentius. Bei seinen Arbeiten hat der Experte Eike Oellermann ungewöhnliche plastische Applikationen auf dem Ziersaum des Umhanges entdeckt — eine Technik, die eigentlich nur in der zweiten Hälfte des 14. Jahhunderts üblich war. „Es könnte deshalb sein, daß diese Holzskulptur zur Erstausstattung der Kirche gehört und damit nicht um 1450, sondern schon um 1360 entstanden ist", meint Oellermann.

Die Bauforscherin Beate Hertlein erläutert in der Lorenzkirche vor Fachleuten des Denkmalschutzes ihre Arbeit an dem Sakramentshaus von Adam Kraft. Foto: Bauer

Nürnberger Nachrichten, 27. Juli 1994

Süddeutsche Zeitung
30./31. Juli 1994

Flunkern über Funde und Befunde

Zwischen die wuchtigen, schwarzgrau patinierten Renaissance-Arkaden des Münzhofs war zum Sommerfest der Denkmal- und Heimatpfleger ein luftiger, bunter Dekor in chinesischem Stil gespannt. Eine Anspielung auf die beratende Hilfe, die das Bayerische Landesamt in Fernost leistet? Generalkonservator **Michael Petzet** flunkerte bei der Begrüßung etwas von Funden und Befunden an den Mauern des Bauwerks, die seine Restauratoren zur Grundlage ihres schmucken Einfalls gemacht hätten. Für die gab es besonderen Grund zum Feiern: Erstmals sind ihre Werkstätten unter einem Dach vereint. Diesmal trat bei der traditionellen Fete, zu der Augustiner-Chef **Ferdinand Schmid** zum Schnapszahl-Jubiläum seiner Brauerei (666 Jahre) Bier spendierte, auch der Bezirk Oberbayern als Gastgeber auf. Dessen Präsident **Hermann Schuster** zeigte sich von Kulisse und Stimmung (zu der er den Auftritt des Walter Lang Quartetts beisteuerte) so angetan, daß er auch künftig mit im Bunde bleiben möchte. Als dritter Partner stellte **Hans Roth**, Geschäftsführer des Landesvereins für Heimatpflege, den Liedermacher **Willi Astor** vor. Dessen bajuwarisches Entertainment sollte den Gästen, darunter eine Reihe von Museumsleuten, vor Ohren führen, daß sich der Verein nicht auf die Förderung von Stubnmusi, von Drei- und Viergesängen zu Hackbrett und Zither beschränkt. Doch ließ die arg restaurierungsbedürftige Verstärkeranlage leider nur dröhnendes Gemulme hören. ey ▷

Generalkonservator Michael Petzet zieht Bilanz

20 Jahre Denkmalpflege in Bayern

Neues Gesetz schuf 1973 wirksames Instrument zur Bewahrung des kulturellen Erbes

Von Heinrich Breyer

München – Als Michael Petzet vor zwanzig Jahren vom Chefbüro der Münchner Städtischen Galerie im Lenbachhaus in das des Bayerischen Landesamts für Denkmalpflege als Chef wechselte, da hatte Franz Josef Strauß schwere Bedenken gegen die Berufung. Stein des Anstoßes war eine anrüchige Dose, die in einer der letzten vom designierten Generalkonservator verantworteten Ausstellungen präsentiert worden war. Ein Revoluzzer als Sachwalter der Tradition? Das nun gewiß nicht, aber zum Reformer wurde der neue Mann zwangsläufig. Dank dem ein Jahr zuvor verabschiedeten Denkmalschutzgesetz konnte er ein wirksames Instrumentarium zur Bewahrung kulturellen Erbes schaffen. „Bis dahin war das Amt noch organisiert wie das alte königlich-bayerische Generalkonservatorium der Jahrhundertwende", sagt Petzet bei einem Gespräch über die Bilanz der beiden Dezennien.

Das wichtigste Ergebnis der Aufbauarbeit sieht Petzet darin, daß die Aktivitäten des Amts „flächendeckend" geworden sind. Damit meint er einmal die landesweite Zusammenarbeit mit den etwa hundert Unteren Denkmalschutz- und den Baubehörden sowie mit den Heimatpflegern. „Wir nehmen einen Bildstock, einen Bundwerkstadel, ein Altstadthaus genauso wichtig wie einen Adelssitz oder eine Kirche." Die Basis der gesamten Arbeit bildeten die Denkmallisten. Mit Genugtuung kann Petzet berichten, daß Bayern das einzige Bundesland ist, das bislang eine komplette Katalogisierung seiner großen und kleinen Denkmäler geschafft hat."

Mit Stolz registriert der Generalkonservator, daß die Werkstätten seines Hauses, vor allem das Zentrallabor, zu Institutionen von Weltgeltung geworden sind. Mit Hilfe der VW-Stiftung und des Bonner Wissenschaftsministeriums haben sie neben der Alltagspraxis wichtige Forschungsaufgaben übernommen, zunächst auf dem Gebiet der Konservierung von Glasgemälden und Steinskulpturen. Nicht umsonst wurden die Münchner Experten nach China eingeladen, um bei der Stabilisierung der unterirdischen Unterkunft der aus Ton formierten grandiosen Reiterarmee des Kaisers Quin Shihuang-di Hilfestellung zu leisten.

Spitzenstellung der Archäologie

Eine ähnliche Spitzenstellung hat die Archäologie-Abteilung bei der Erkundung vor-und frühgeschichtlicher Stätten mittels Luftbild- und Magnetometer-Technik erreicht – einem Verfahren, das erst kürzlich – wie berichtet – bei einer Suchaktion im alten Troja zu spektakulärem Erfolg geführt hat. Insgesamt 800 000 Luftbildaufnahmen im Landesamt für Denkmalpflege können Indizien liefern, wo der bayerische Boden Spuren alter Geschichte verbirgt.

Wo immer sich das anbot, hat Petzet die Werkstatt-Filialen in altem Gemäuer angesiedelt, für das eine neue Nutzung gesucht wurde. Gleich nach seinem Amtsantritt hat er dies in München vorexerziert, als er trotz der zu erwartenden Schwierigkeiten das Angebot annahm, das Hauptquartier seines Amts in der Alten Münze mit ihrem Renaissance-Hof anzusiedeln. In Nürnberg hat die Zweigstelle in der Kaiserburg den denkbar prominentesten Platz gefunden, und für Schloß Seehof bei Bamberg bedeutete der Einzug der Denkmalpflege die Rettung der ausgeplünderten, heruntergekommenen Sommerresidenz der Fürstbischöfe. Die letzte Gründung dieser Art war die Etablierung des Bauarchivs im schwäbischen Kloster Thierhaupten. Dort werden nicht nur alte Formen und Materialien wie Ziegel, Fenster, Türen, Gitter, als Mustersammlung deponiert, es gibt auch entsprechende Unterweisung für Handwerker.

Auf Dokumentation der Aktivitäten des Denkmalamts wird großer Wert gelegt. So ist die Reihe der „Arbeitshefte" mittlerweile auf siebzig gediehen, wobei die Bezeichnung Heft bisweilen reichlich untertrieben ist; die Dokumentation der Wieskirche-Restaurierung wiegt beispielsweise gut zwei Kilo. Für Kunstinteressierte wird die Denkmalliste schrittweise in der Buchserie „Denkmäler in Bayern" attraktiv aufbereitet. Für die handwerkliche Praxis der Restauratoren bieten neuerdings Arbeitsblätter spezielle Anleitung. Wichtige Arbeitshilfe wurde mit einem Regelwerk zur Bauforschung geleistet, eine Standardisierung der Befunduntersuchungen soll folgen. Zu den vielseitigsten Autoren der hauseigenen Publikationen zählt übrigens der Generalkonservator selbst; seine Schrift „Principles of Monument Conservation", herausgegeben in seiner Eigenschaft als Präsident des deutschen Komitees von Icomos, dem internationalen Rat für Denkmalpflege der Unesco, ist sogar weltweit verbreitet.

Süddeutsche Zeitung
26. August 1994

Der Münzhof als Sommerfest-Oase. Photo: Karlheinz Egginger

DURCH SAUREN REGEN *und andere Umwelteinflüsse stark gefährdet ist das berühmte romanische Nordportal der Regensburger Schottenkirche. Die Denkmalpflege will jetzt zum Schutz dieses berühmten Bauwerks und seiner Skulpturen und Ornamente ein Vordach bauen.*
Photo: SZ-Archiv/Werner Stuhler

Generalkonservator Petzet hat Geldsorgen

Schlechte Zeiten für die Denkmalpflege

Der Etat des Landesamtes ist von 50 auf 37,5 Millionen Mark geschrumpft

Von Ursula Peters

München – Mit Sorge betrachtet Bayerns oberster Denkmalpfleger gewisse Tendenzen im Lande, die Rettung historischer Gebäude – vor allem, wenn dies kostspielig ist – in „diesen schlechten Zeiten" nicht mehr so wichtig zu nehmen. Zwar befürchtet Generalkonservator Michael Petzet keinen Rückfall in die Abriß-Ära der sechziger und frühen siebziger Jahre, jedoch weniger Geld von Staat und Kommunen. „Die Ausgaben für die Kultur sollen ja sehr gekürzt werden, vor allem, was die freiwilligen Leistungen betrifft", argwöhnt Petzet. Zwar sei der sogenannte Entschädigungsfond, der bei großen Restaurierungen mitzahlt und der je zur Hälfte aus dem Kultusetat und von den betroffenen Kommunen gespeist wird, bei 40 Millionen Mark im Jahr geblieben. Dafür sei der Etat des Denkmalamtes von früher nahezu 50 Millionen Mark jährlich auf jetzt 37,5 Millionen Mark zusammengeschmolzen.

„Dies bedeutet, daß wir für Zuschüsse zur Erhaltung von Baudenkmälern de facto nur noch 31 Millionen Mark ausgeben können", stellte Petzet fest. „Und gerade diese vielen Zuwendungen, oft für kleine und kleinste Sanierungsprojekte, bewirkten ein Vielfaches an denkmalpflegerischer Leistung und vor allem Beschäftigung für viele Handwerker. Das sind sichere Arbeitsplätze", argumentierte der Denkmalchef. Es sei eine wichtige Zukunftsaufgabe, dieses sehr spezialisierte Handwerk zu erhalten. „Zur Zeit liegen 1848 Anträge für Zuschüsse in einer Gesamthöhe von 60 Millionen Mark für denkmalpflegerische Maßnahmen vor", berichtete Petzet. „Das hat schon erhebliche Bedeutung." Eine weitere Kürzung des Denkmalschutzetats wäre auch aus diesem Grund fatal.

An großen Projekten stehen zur Zeit die Innenrestaurierung der ehemaligen Klosterkirche in Rott am Inn an, die romanische Alte Kapelle in Regensburg muß saniert werden, das berühmte romanische Portal der Regensburger Schottenkirche braucht endlich ein Schutzdach. Zu den wichtigen Patienten der Denkmalschützer gehört auch der Grottensaal von Schloß Pommersfelden. „Er ist in fatalem Zustand." Froh ist Petzet, daß die Mittel für die Archäologie-Abteilung erhalten geblieben sind – acht Millionen Mark jährlich. Es seien ohnehin nur Not- und Rettungsgrabungen kurz vor anrollenden Baggern bei Baumaßnahmen möglich. „Wir versuchen da mehr und mehr, nach dem Verursacher-Prinzip vorzugehen", stellte Petzet fest. Wer die Notgrabung durch ein Bauprojekt – von Leitungsbau bis zur Bahntrasse oder Straße – verursache, müsse für die archäologische Sicherung aufkommen. Zunehmend würden dafür private Grabungstechniker beschäftigt. „Wir versuchen, dies als Fachbehörde zu beaufsichtigen." Allerdings gibt Petzet „ein bißchen Bauchweh" zu, was die wissenschaftliche Genauigkeit und den Verbleib der Funde betrifft. Bayern habe immer noch kein sogenanntes Schatzregal wie zum Beispiel Baden-Württemberg, wo archäologische Funde automatisch dem Staat gehören.

„Zuschußmittel für Denkmalpflege sind keine Blume im Strauß der bayerischen Kulturpolitik, sondern lebensnotwendig für das bayerische Kulturerbe", betonte der Generalkonservator. Die Begeisterung für die Erhaltung und Restaurierung von Baudenkmälern sei in der Bevölkerung weit größer, als es sich die Politiker vorstellten. Die Dorferneuerung habe da viel bewirkt. Aus einer Umfrage in Oberösterreich („die haben eine ähnliche Mentalität wie wir") zitierte Petzet, daß in der Wertschätzung der Bürger die Denkmalpflege Platz vier einnimmt; Sportveranstaltungen und Theater landeten abgeschlagen auf den Plätzen 14 und 15. Mit Kultusminister Hans Zehetmair ist Petzet einig: „Unsere Denkmäler sind das Reservoir, aus dem wir Phantasie für Wandel und Fortschritt und damit für die kulturelle Entwicklung schöpfen", sagte Zehetmair kürzlich in einer Festrede.

Reparieren ist die Aufgabe der Zukunft

Appell des Landeskonservators zum Denkmaltag

Thierhaupten (aba). Als „ganz wichtige Zukunftsaufgabe" der Denkmalpflege beschrieb gestern beim Tag des offenen Denkmals der bayerische Landeskonservator Prof. Michael Petzet im Kloster Thierhaupten die Reparatur historischer Bausubstanz und damit die Förderung des traditionellen Handwerks.

Im dort untergebrachten bayerischen Bauarchiv betonte Petzet die Bedeutung der Denkmalpflege für die Arbeitsplätze im Handwerk. Handwerker seien nicht nur zum großen Teil bei Altbau-Sanierungen tätig, sie könnten in dem seit fünf Jahren bestehenden Bauarchiv auch alte Techniken von Stein- und Holzbearbeitung erlernen. Für Petzet ist der denkmalpflegerische Instandsetzungs-Gedanke ein generelles Modell für die Zukunft, da das kommende Jahrhundert eines der „Reparaturgesellschaft" sein werde.

In den vergangenen Jahren, in denen das Landesamt für Denkmalpflege noch fast 50 Millionen Mark Zuschüsse verteilen konnte, habe sich in der Denkmalpflege ein Investitionsvolumen von jährlich über einer halben Milliarde Mark ergeben. Nach der Kürzung auf 35 Millionen Mark und wegen stetig gestiegener Baupreise sowie der Finanzknappheit von Kommunen und Landkreisen mache er sich jedoch Sorgen, sagte Petzet. So würden kaum noch neue Sanierungsmaßnahmen begonnen. Petzet: „Entscheidend für das Handwerk ist, daß die Aufgaben da sind." Immerhin sei die Zuschußsumme für Denkmale kleiner als das Defizit der bayerischen Staatsoper, gab er zu bedenken, und das, obwohl Denkmale „für jeden Bürger ständig präsent sind".

An die Kommunalpolitiker appellierte der Landeskonservator, die Denkmalpflege auch nach den Lockerungen im Baurecht ernst zu nehmen. Ob es, wie befürchtet, künftig mehr Abbrüche historischer Bauten geben werde, müsse man beobachten. Erfahrungen seien auch darüber zu sammeln, wie die Belange der Denkmalpflege im neuen Bebauungsplan-Verfahren gewahrt werden könnten.

Tausende auf Besichtigungstour

Seine Werbung für den Denkmalschutz stieß gestern beim zweiten Tag des offenen Denkmals trotz Regen auf ebenso großes Interesse wie vergangenes Jahr. In ganz Deutschland kamen nach Angaben der Deutschen Stiftung Denkmalschutz zwei Millionen Besucher zu den Objekten. In München besuchten 10 000 Menschen die Alte Münze, wo sie sich etwa die bei Bauarbeiten im Völkerkundemuseum entdeckten Fresken vorstellen ließen. In Augsburg waren es ebenfalls über 10 000 Besucher, die in die Gründerzeit-Bauten Kurhaustheater und Wasserwerk am Hochablaß kamen.

In Kempten besichtigen mehrere Tausend Personen Bürgerhäuser und den Chapuis-Schnitzer-Park. Groß war die Resonanz auch auf dem Land, wo – etwa im Landkreis Fürstenfeldbruck oder bei Eichstätt – Radwanderungen oder Rundfahrten zu den Denkmalen der Region angeboten wurden. Beim diesjährigen Tag des offenen Denkmals konnten in Bayern erstmals Privathäuser besichtigt werden, etwa im Landkreis Traunstein, wo vorbildlich sanierte bäuerliche Anwesen des 18. Jahrhunderts vorgestellt wurden.

Außergewöhnlich auch die Öffnung der KZ-Außenlager bei Erpfting und bei Igling für Besucher, die dort die Bunker der Häftlinge betrachten und sich über die Pläne für Gedenkstätten informieren konten. Dazu sagte Petzet, die Schwierigkeit, ein Konzept für KZ-Gedenkstätten zu entwickeln, liege vor allem im ungeklärten Grundbesitz.

◁ Süddeutsche Zeitung
3. August 1994

Aus einem spätgotischen Haus in Nördlingen stammt diese bemalte Bohlenwand, vor der Landeskonservator Petzet gestern im Bauarchiv für den Denkmalschutz warb. AZ-Bild: Fred Schöllhorn

Passauer Neue Presse, 10. September 1994

Denkmäler als Mahnung und Verpflichtung

750 000 Baudenkmäler gibt es in Deutschland. Morgen, am zweiten „Tag des offenen Denkmals", stehen bundesweit Probleme des Denkmalschutzes zur Debatte. Experten stellen einen erfreulichen Trend fest: Immer mehr Bürger sehen im Erhalt von Denkmälern auch eine Steigerung ihrer Lebensqualität.

Von Dr. Edith Rabenstein

Als „bayerisches Heidelberg" wird das geschichtsträchtige Schloß oft bezeichnet, das hoch über dem Inn vor den Toren Passaus liegt. Wer heute Schloß Neuburg sieht, kann kaum glauben, wie die Anlage noch vor einem Jahrzehnt ausgesehen hat: Trotz der ersten Restaurierungsphase in den 20er Jahren war Neuburg zu einem verwunschenen Dornröschenschloß geworden. Das Gebäude war völlig eingewachsen; im Süden und Westen standen nur noch Turmstümpfe, aus denen hohe Bäume ragten. Die Dachrinnen hingen herunter;

verwaltet. Den Rest erhält das Amt für Denkmalpflege.

Große Sorge hat der Chef des Amtes für Denkmalpflege wegen finanzieller Einschnitte. „Die Zuschußmittel sind bereits stark gekürzt worden, früher waren es bis zu 48 Millionen, jetzt nur noch 38. Ich gebe zu bedenken: Das Defizit der Bayerischen Staatsoper beträgt ein Mehrfaches davon. Denkmalpflege ist für alle da. Es ist eine Art von Kultur, die jeder erfährt – auch derjenige, der sich nicht für Geschichte interessiert, hat Freude an einem schönen, alten Haus oder Ensemble", sagt Professor Michael Petzet. Er kennt eine Untersuchung aus Oberösterreich, die sich durchaus auch deutsche Bundesländer übertragen ließe. Sie ergab, daß bei der Bevölkerung die Anliegen der Denkmalpflege noch vor Museen, Sportveranstaltungen und Theater rangieren. „Denkmalpflege wird immer mehr als eine Art kultureller Umweltschutz und als Steigerung der Lebensqualität gesehen", so Professor Petzet.

Seiner Meinung nach wird der wirtschaftliche Aspekt des Denkmalschutzes meist übersehen. „Zum einen wird das Image von Bayern durch die Denkmäler geprägt. Sie sind also sehr wichtig für den Tourismus. Zum anderen fördert der Denkmalschutz die mittelständischen Betriebe. Denn wir brauchen spezielle und solide handwerkliche Leistung." Nicht zuletzt deshalb hofft der oberste bayerische Denkmalschützer, daß es keine weiteren Kürzungen für den Denkmalschutz gibt. „Denn die Baupreise sind sehr gestiegen und damit auch unsere Kosten." Welche Riesensummen die Instandsetzung eines Baudenkmals verschlinge könne sich ein normaler Bürger sowieso kaum vorstellen.

Ein Beispiel soll die Kosten klarmachen: Die bisherige Finanzierung von Schloß Neuburg. Die von 1983 bis 1994 getätigten Investitionen betragen insgesamt 15 329 276 Mark. Den Löwenanteil zahlten der Landkreis Passau mit 5 899 800 Mark, der Bund mit einem Zuschuß über 4 027 169 Mark sowie der Bezirk Niederbayern mit 2 942 707 Mark.

Eine der 5000 Anlagen in Deutschland, die am Sonntag, dem Tag des offenen Denkmals, besichtigt werden können: das restaurierte Schloß Neuburg am Inn bei Passau.
(Foto: Karl-Heinz Roider)

Ziegel hatten sich gelöst. Die Steinbrücke, die Vor- und Hauptbau verbindet, war einsturzgefährdet. Die Natur hatte das Mauerwerk fest im Griff. Das war einmal. Seit 1983 wird der Komplex unter der Trägerschaft des Bezirks Niederbayern restauriert. „60 Jahre ist für ein Gebäude eine lange Zeit, vor allem, wenn nichts geschieht. Denn der Zahn der Zeit nagt unerbittlich", sagt Tilman Ott, der Architekt, der mit den Maßnahmen in Neuburg beauftragt ist. Heute gilt das Denkmal als gerettet, der Baukomplex steht wieder als der einzige fünfflügelige Burg Altbayerns da. Am Sonntag, am 2. „Tag des offenen Denkmals", ist die sonst verschlossene Hauptburg mit ihren Sälen aus Mittelalter und Renaissancezeit für Besucher zugänglich.

Dies ist nur ein Beispiel von insgesamt 110 000 Baudenkmälern, die in 12 dikken Bänden beim Bayerischen Kultusministerium und beim Bayerischen Amt für Denkmalpflege erfaßt sind. Nach der Kompetenzverteilung des Grundgesetzes ist Denkmalschutz und Denkmalpflege in erster Linie Angelegenheit der Länder. Von 1971 bis 1980 haben alle alten Bundesländer Denkmalschutzgesetze erlassen oder novelliert; die Denkmalschutzgesetze der neuen Bundesländer sind bis Ende 1993 in Kraft getreten.

„Der Erfolg der Denkmalpflege ist in Bayern außerordentlich. Das wichtigste Ergebnis ist, daß die Aktivitäten unseres Amtes flächendeckend sind. Denn wir nehmen einen historischen Stadel genauso ernst wie ein Schloß", sagt Professor Petzet.

Daß der Denkmalschutz nicht nur von den Fachleuten, sondern auch von den Bürgern ernstgenommen wird, zeigt eine repräsentative Umfrage des Instituts für Demoskopie in Allensbach vom Mai dieses Jahres: 66 Prozent der Westdeutschen und 63 Prozent der Ostdeutschen stuften den Denkmalschutz als „besonders wichtig" ein. Bei Umfragen 1975 waren es immerhin nur 54 der Westdeutschen, die Denkmalschutz als wichtige Aufgabe betrachteten. Überraschend an den Ergebnissen der Allensbacher Umfrage ist auch, daß gleichzeitig mit der wachsenden Bedeutung, die man dem Denkmalschutz in der Bevölkerung einräumt, auch die Zufriedenheit der Politik in diesem Punkt gewachsen ist. 50 Prozent der Westdeutschen bescheinigen den Politikern in Bund, Ländern und Gemeinden, daß sie die Aufgaben des Denkmalschutzes auf angemessene Art und Weise ernst nehmen. Übrigens: Die Bayern, satte 61 Prozent, setzen hierbei das größte Vertrauen in ihre Politiker. Das schlechteste Zeugnis stellen die Berliner aus: 50 Prozent glauben, daß die Politiker den Denkmalschutz nicht ernst genug nehmen.

Von dem Züricher Sozial- und Kulturphilosophen Hermann Lübbe stammt die Feststellung, daß noch nie „eine Gegenwart vergangenheitsbezogener war als unsere eigene." Der Trend im Denkmalschutz gibt Lübbe allemal recht: Schon beim ersten bundesweiten Tag des offenen Denkmals am 12. September 1993 wurden 4000 Denkmäler geöffnet, zu denen über zwei Millionen Menschen strömten. Heuer sind bereits 1000 Denkmäler mehr in Deutschland zugänglich. Dieser Tag ist übrigens keine deutsche Erfindung, 24 europäische Länder beteiligen sich, erstmals dabei sind 1994 die Schweiz und Griechenland.

Der Europarat verspricht sich von den Europäischen Denkmaltagen ein größeres Verständnis für das gemeinsame kulturelle Erbe. Denkmäler seien nicht nur eine Mahnung an die Geschichte, sondern auch eine Verpflichtung, die jeden einzelnen Bürger angehen, sagt Raymond Weber, Direktor für Erziehung, Kultur und Sport im Europarat. „Ihre Vielfalt wirkt einerseits identitätsstiftend und zeugt andererseits aber auch von gegenseitiger Befruchtung verschiedener Kulturräume. Dies trägt dazu bei, sich anderen zu öffnen und Rassismus, Fremdenfeindlichkeit und Intoleranz wirksam

Wo bekommt man Rat in Denkmalsfragen?

● Erste Ansprechpartner sind die Unteren Denkmalschutzbehörden, in der Regel die kreisfreien Städte und die Landkreise. Hier erfährt man, ob ein Gebäude ein Baudenkmal ist und kann baurechtliche Informationen einholen, zum Beispiel, welche baulichen Auflagen bestehen. Rechtzeitige Information ist vor allem vor dem Kauf einer Anlage wichtig.
● Denkmalschutz bedeutet für den Eigentümer nicht das Eintrieren des gegenwärtigen Bauzustands. Aber Veränderungen, beziehungsweise Abbrüche und wesentliche Umbauten sind genehmigungspflichtig.
● Die Denkmalschutzbehörden wissen auch, welche staatlichen oder kommunalen Zuschüsse beantragt werden können, wenn ein Eigentümer den Erhaltens- oder Herstellungsaufwand nicht selbst alleine aufbringen kann.
● Steuerliche Erleichterungen sind ein wichtiges Hilfsmittel für Eigentümer von Baudenkmälern. Der Sachbearbeiter des Finanzamtes kann Auskunft geben, welche Steuervorteile wann wirksam werden.

zu bekämpfen", so Weber. Insgesamt stehen 20 000 Denkmäler in ganz Europa an diesem Wochenende offen, die sonst gar nicht oder nur eingeschränkt zugänglich sind.

„Wir wollen damit das Bewußtsein bei der Bevölkerung für die Denkmalsproblematik schärfen, aber auch Freude und Spaß daran fördern", sagt Dr. Sabine Schormann, die Pressereferentin der Deutschen Stiftung Denkmalschutz, die 1985 gegründet wurde und Organisatorin

des Tages des offenen Denkmals ist. Die Stiftung versteht sich „als Retter in der Not und setzt ihre Mittel rasch und ohne administrative Umwege dort ein, wo ohne ihre finanzielle Mithilfe ein Bauwerk verloren gegeben werden müßte", so Dr. Schormann. 1993 nahm die Stiftung durch private Spenden 54 Millionen Mark ein; für 247 Baudenkmäler konnten Mittel zur Verfügung gestellt werden. Frau Dr. Schormann, betont, daß seit der Wiedervereinigung der Schwerpunkt in den neuen Bundesländern liegt: Seit dem Ende der Teilung seien 150 Millionen Mark in die neuen Länder geflossen, um Kulturdenkmäler vor dem drohenden Verfall zu retten.

Nicht zuletzt soll auch das Bewußtsein geschärft werden, daß Denkmalerhaltung Geld kostet – und zwar sehr viel Geld –, und daß dieses Geld auch sinnvoll angelegt ist. Tief in ihr Säckel müssen in erster Linie die Länder greifen, aber auch den Bund. Das Bundesministerium des Innern fördert seit 1950 die „Erhaltung und den Wiederaufbau von unbeweglichen Kulturdenkmälern mit besonderer nationaler kultureller Bedeutung". Im Rahmen dieses Programms stehen 1994 nach einer Aussage des Innenministeriums 12,1 Millionen Mark zur Verfügung. Von 1950 bis 1994 wurden insgesamt 211,7 Millionen Mark bereitgestellt. Dazu kommt: Der Einigungsvertrag sieht in Artikel 35 die Förderung der kulturellen Infrastruktur in den neuen Bundesländern vor. Aus Sonderprogrammen wurden von 1991 bis 1993 zusätzlich rund 900 Millionen Mark für Denkmalschutzmaßnahmen locker gemacht. Weitergeführt wird 1994 das Programm für den städtebaulichen Denkmalschutz: Die Kosten sind 200 Millionen Mark.

In den Länderhaushalten hat der Denkmalschutz seinen festen Platz. 1994 sind im Freistaat dafür 78 Millionen Mark vorgesehen, 40 Millionen fließen in den sogenannten Entschädigungsfonds (finanziert von Kommunen und bayerischem Staat), den das Kultusministerium

Das Bayerische Amt für Denkmalpflege zahlte über eine Million Mark, ebenso das Begegnungszentrum Schloß Neuburg. Mit weiteren Summen beteiligten sich die Gemeinde Neuburg, die Bayerische Landesstiftung und der Förderkreis Neuburg.

Die Nutzung eines Denkmals sei neben der Instandsetzung oder dem Erhalt das größte Problem der Denkmalpflege, weiß Frau Dr. Schormann von der Stiftung Denkmalpflege: „Bauwerke behalten schließlich auch ihre Denkmalqualität, wenn sie vorübergehend nicht genutzt werden können." Die Nutzung sei überhaupt das Problem vieler Denkmäler. „Was nicht genutzt wird, ist wieder dem Verfall preisgegeben." Dieser Ansicht ist auch der „Architekt" von Schloß Neuburg. „Nur Nutzung trägt ein Bauwerk", sagt Tilman Ott. Umso bedauerlicher, daß für die gesamte Neuburg bislang ein schlüssiges Nutzungskonzept fehlt. Während der alten Stallgebäude und der Stadel zu einem Festsaal umgebaut und häufig für Tagungen, Empfänge, Theateraufführungen und anderes genutzt werden, bleibt die Hauptburg, die nur am „Tag des offenen Denkmals" besichtigt werden kann, wieder verschlossen. Touristen können allerdings auf den neuen Rundwegen um die Burg zum neugestalteten Söller oder in dem barocken Prachtgärtlein mit der Muschelgrotte lustwandeln.

Dieses wie viele andere der insgesamt 750 000 staatlich anerkannten Baudenkmäler in Deutschland machen deutlich, daß Denkmalschutz und Denkmalpflege die Zeiten überspannen. Bundespräsident Roman Herzog, der Schirmherr der Deutschen Stiftung Denkmalschutz hat zum Antritt seiner Amtszeit die Bedeutung dieses speziellen Aspekts der „Kulturpolitik für jedermann" hervorgehoben: „Denkmalschutz beschäftigt sich mit der Vergangenheit, handelt in der Gegenwart und erhält mithin Vergangenes für die Zukunft." Vergangenheit ist für den Bürger im Alltag immer wichtiger geworden: Bei einer Allensbach-Umfrage Anfang der 90er Jahre sein Schönheitserlebnissen stand in Westdeutschland auf der Hitliste dessen, was man in letzter Zeit an Schönem gesehen hatte, immerhin an zweiter Stelle: „alte Häuser".

Das Heilige Kreuz von Polling birgt noch immer Geheimnisse

Forscher erkennen mehr und mehr den singulären Rang des Gnadenbildes / Restauratoren gehen behutsam zu Werke

Von Heinrich Breyer

POLLING – Seit mindestens 700 Jahren wird das Heilige Kreuz von Polling (nahe Weilheim) als Gnadenbild verehrt – doch als Kunstwerk wurde es bislang kaum wahrgenommen. In einem mehrbändigen Werk über romanische Malerei aus den zwanziger Jahren ist es zwar erwähnt, danach haben jedoch selbst lokalpatriotische bayerische Kunsthistoriker dem Werk keine Beachtung mehr geschenkt. Es wurde schlicht übersehen, weil es im Glasschrein des Hochaltars genauerem Zusehen entrückt war, nur schemenhaft zu erkennen und unzulänglich zu photographieren.

Durch eine Konservierungsaktion des Landesamts für Denkmalpflege, verbunden mit Forschungen des kunsthistorischen Instituts der Münchner Universität, wurde jetzt der singuläre Rang des Bilds, der frühesten Tafelmalerei Bayerns, ins Bewußtsein der Fachwelt gerückt.

Seit mehr als 90 Jahren hatte das Kruzifix seinen beherrschenden Ort in der Pollinger Stiftskirche nicht mehr verlassen. Vor einem Vierteljahr wurde es mit dem Segen von Dekan Karl Winter auf eine Arbeitsbühne gehoben, nur wenige Meter vom Stammplatz entfernt. Dort begann – mit finanzieller Unterstützung durch die Münchner Messerschmitt-Stiftung – ein kleines Team von Restauratoren und Kunstwissenschaftlern mit der Diagnose des auf Pergament gemalten altehrwürdigen Bildwerks. Das Ergebnis: Die Malschicht zeigte unter dem Mikroskop aufgesprungene Minirisse, eine bröslig gewordene Substanz, die dringend gefestigt werden mußte. Tiefergreifende restauratorische Eingriffe wollte man schon aus Respekt für den sakralen Charakter des Gemäldes nicht machen, wie Generalkonservator Michael Petzet und Chefrestaurator Erwin Emmerling bei einem Ortstermin bekundeten. Man verzichtete deshalb auch darauf, Retuschen des 18. Jahrhunderts zu beseitigen – die schwerwiegendste betraf eine Veränderung in der Brustpartie des Corpus, die den edel geschwungenen Umriß beeinträchtigt.

Eine alte Legende

Man wollte es zudem nicht riskieren, die auch rückseitig bemalte Pergamenthülle vom Holzkreuz zu lösen, das noch etliche Geheimnisse birgt. Eine Altersbestimmung, aufgrund entnommener Partikel eingeleitet, wird demnächst Aufschluß geben, ob das Fichtenholz vielleicht sogar in die Zeit zu datieren ist, zu der die Legende spielt, die auf den Pollinger Tafeln der Alten Pinakothek eindrucksvoll dargestellt ist. Danach hat der junge Bayernherzog Tassilo III., der letzte Agilolfinger, ums Jahr 750 auf der Jagd eine Hirschkuh verfolgt, die plötzlich zu scharren anfing und das Heilige Kreuz freilegte, das dann zur Klostergründung Anlaß gab. Röntgen- und Infrarotuntersuchungen haben immerhin einige Indizien zutage gefördert: Ein rechteckiges Metallobjekt, zu Häupten des Gekreuzigten eingelassen, könnte eine Reliquienkapsel bezeichnen. Und Eisen-Armierungen deuten darauf hin, daß Beschläge nötig geworden sind, als das Kreuz mit Pergament umhüllt und dann bemalt wurde; daß es also bereits instabil geworden war.

Mit bloßem Auge sichtbar ist die Anstückelung an das Pergamentbild, die schon zur Barockzeit nötig geworden war, weil Wallfahrer vom ursprünglich freistehenden Gnadenbild Pergamentstückchen und Holzspäne abgeschnitten hatten.

Wieviel Verehrung es genoß, erweist sich auch daran, daß es 1704, zu Beginn des spanischen Erbfolgekriegs, neben der Ettaler Madonna und der Andechser Drei-Hostien-Monstranz in einer Münchner Bittprozession mitgetragen wurde.

Wenige Tage, bevor das auf Goldgrund gemalte Bild zum Fest Kreuzerhöhung wieder in Johann Baptist Straubs Rokoko-Rahmen auf dem Hochaltar eingefügt wurde, nahmen es Teilnehmer eines internationalen Kolloquiums in Augenschein. Ihre Meinungen über die Datierung schwankten vom Anfang bis zum Ende des 13. Jahrhunderts. Wissenschaftler aus Florenz bestätigten die Expertise des Münchner Teams, daß eine italienische Herkunft auszuschließen sei; andere Historiker sahen eine stilistische Nähe zur Buchmalerei, aber auch zur Regensburger Glasmalerei. Doch von der hohen Qualität des Werks, dessen bezwingende Ausdruckskraft keinen unmittelbaren Vergleich zuläßt, waren alle gleichermaßen beeindruckt.

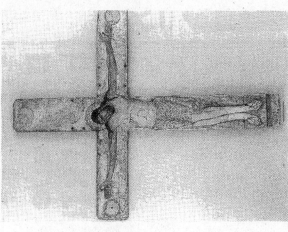

DAS GNADENBILD *aus Polling gibt der Wissenschaft bis heute Rätsel auf.*
Photo: Landesamt für Denkmalpflege

Süddeutsche Zeitung, 20. September 1994

Tagung

Mitteldeutsche Zeitung, 8. Oktober 1994

Dort, wohin sie wollten - auf die harten Bänke der Kirche

Internationaler Rat für Denkmalpflege zeigte sich von Wörlitz und Umgebung begeistert

Wörlitz/MZ/jcs. Während die Mitglieder von ICOMOS noch in der kalten Kirche tagten, traf man sich im Zimmer des „Schloßherren" zu Wörlitz zur Pressekonferenz.

„Wir sind dorthin gebracht worden, wo wir immer hin wollten: auf originale Holzbänke," so Professor Michael Petzet, Präsident des deutschen Nationalkomitees von ICOMOS. Die Kirche in Wörlitz diente für zwei Tage als Tagungsort des „Facharbeitskreises Schlösser und Gärten in Deutschland" der zum Deutschen Nationalkomitee von ICOMOS gehört. Der so futuristische Name ICOMOS steht für die englische Bezeichnung „International Council on Monuments and Sights" - zu Deutsch: Internationaler Rat für Denkmalpflege. Thema der Tagung war „Das Schloß und seine Ausstattung als denkmalpflegerische Aufgabe".

Leiter der Staatlichen Schlösserverwaltungen verschiedener Bundesländer sowie internationale Fachleute aus dem europäischen und überseeischen Ausland (der Gast mit dem weitesten Weg kam aus Puerto Rico) haben sich vor allem mit Schlössern im öffentlichen Besitz befaßt. Die etwa 80 Teilnehmer der Tagung verfaßten eine Resolution, in der vor allem der „sanfte Tourismus" gefördert wird.

Professor Michael Petzet berichtete vom Schloß Schönbrunn in Österreich, als abschreckendes Beispiel. Das Schloß Schönbrunn wurde einer Vermarktungsgesellschaft übergeben. Seitdem finden hier ständig Empfänge, Modenschauen und andere publikumsträchtige Veranstaltungen statt. „Kulturwerke sind nicht dazu da, in wenigen Jahren verbraucht zu werden", meint Petzet. „Wir sind nur Treuhänder für eine kurze Zeit. Es geht hier darum, diese Bauten noch Jahrhunderte zu erhalten," erklärt er seinen Standpunkt weiter. Dabei hat er nichts gegen das Bewohnen von Schlössern die sich in privatem Besitz befinden. Hier sei eine authentische Nutzung als Residenz, als Familiensitz vorhanden. Ihm geht es vielmehr um Schlösser in öffentlichem Besitz, so wie auch das im Wörlitzer Park.

Grundsätzlich wurden zwei verschiedene Systeme der Präsentation von Schlössern unterschieden. Petzet erläutert: Einerseits gebe es das Aufsichtssystem. Als Beispiel nannte er die Münchener Residenz, in der die Besucher allein und auf sich gestellt durch die Räume gehen. Hier wird eine große Anzahl von Aufsehern benötigt. Die Ausstellungsstücke befinden sich meist in Vitrinen oder hinter Absperrungen.

Dagegen kann der Betrachter beim Führungssystem, wenn die Gäste - wie auch in Wörlitz - in Gruppen durch die Räume begleitet werden, das Schloß viel mehr „erleben". Außerdem sei diese Form der Präsentation von Schloß und Ausstattung, - und darum ging es ja bei der Tagung - „schonender". Denn es würden nicht endlose Besucherzahlen auf die Räume losgelassen.

Petzet berichtete über den Vortrag des englischen Kollegen, Simon Thurley. Im Hamton Court Palace habe man die Besucherströme auf einige wenige Räume konzentriert. Die Räumlichkeiten werden derart präsentiert, als ob sie noch genutzt würden. Der Effekt: mehr Leute in weniger Räumen und trotzdem eine längere Verweildauer, was auf eine höhere Attraktivität schließen läßt.

Auf die Frage wie er den Wörlitz fände, antwortete Petzet mit drei Worten: „Ich bin begeistert." Seiner Meinung nach sei Wörlitz ein Stück Weltkulturerbe. Und wenn er Wörlitz sagt, dann meint er damit nicht nur den Park mit seinem Schloß, sondern die gesamte Wörlitzer Kulturlandschaft von Oranienbaum über Wörlitz bis hin nach Dessau-Mosigkau.

Prof. Dr. Michael Petzet, Präsident des Komitees, bezeichnete die Wörlitzer Region als ein Stück Weltkulturerbe.

"Eine der bedeutendsten Restaurierungen in Bayern":

Maria Königin der Engel in neuem Glanz

In einem Jahr sollen die Arbeiten an der Bad Wörishofener Klosterkirche abgeschlossen sein

Von Ursula Peters

Bad Wörishofen – „Wir freuen uns, daß wir bald wieder den Himmel über uns haben", sagte Mater Regina Vilgertshofer, Priorin des Dominikanerinnenklosters in Bad Wörishofen. Sie meinte dabei aber weder Wolken noch Azurblau, sondern die Decke ihrer Klosterkirche, die aufs schönste von den Brüdern Dominikus und Johann Baptist Zimmermann aus Wessobrunn mit pastellfarbenem Stuck und frommen Fresken verziert wurde. Fast zehn Jahre lang konnte das Gotteshaus des Ordens (erbaut 1719 bis 1723) nicht mehr benutzt werden. Zuerst, weil Stuck von der Decke fiel und die Kirche gesperrt werden mußte, dann, weil die Restauratoren ihre Gerüste und Werkbänke dort aufbauten.

„Eine der bedeutendsten Restaurierungen, die wir zur Zeit in Bayern durchführen", stellte der Chef des Landesamtes für Denkmalpflege, Michael Petzet, fest, als er sich jetzt über den Fortgang der Arbeiten informierte. Rund zwölf Millionen Mark wird die umfangreiche Sanierung von Kirche und Konvent kosten. Das Besondere sind jedoch nicht die hohen Kosten und die lange Dauer der Instandsetzung des Rokokokleinods mit dem schönen Namen „Maria Königin der Engel", sondern die wissenschaftliche Akribie, die notwendig war, um den außergewöhnlichen Hochaltar wieder in den Zustand des 18. Jahrhunderts zu versetzen.

Bei diesem hölzernen Altar handelt es sich im Grunde um ein riesiges barockes Möbel mit eingebauten Gemälden und Skulpturen. Er wurde gefertigt von dem Dominikanerfrater Valentin Zindt, der ein begnadeter Kunstschreiner war und 20 geschickte Gesellen beschäftigte. Das war damals eine Rarität, eigentlich nur in höfischen Werkstätten üblich und nicht in einem bescheidenen Nonnenkloster „strengster Observanz". Dort wurde vor allem gebetet und geschwiegen.

Der furnierte Hochaltar ist gut elf Meter hoch und 6,50 Meter breit, flankiert von mächtigen Seitenaltären mit eingebauten Reliquienschreinen. Alle drei haben detailreiche Formen und Verzierungen: gewölbte und geschweifte Flächen, Vor- und Rücksprünge, kleine Podeste und schwungvolle Bögen – ein wahres Kunstwerk der Schreinerei. Die Altäre wurden reich mit Einlegearbeiten geschmückt – aus kostbaren exotischen Furnierhölzern, Elfenbein und sogenannten Boulle-Marketerien. Das sind komplizierte Intarsien aus Messing, Zinn und Horn, geformt zu Rankenwerk, Blumen und Ornamenten. Benannt ist diese Technik nach dem französischen Ebenisten (Kunstschreiner) Charles André Boulle.

Zur Freude der Restauratoren war die Klosterkirche seit ihrer Entstehung – wohl auch aus Geldmangel – von mehrfachen „Sanierungen" im Laufe der 250 Jahre verschont geblieben, die in der Regel Verfälschungen bedeuten. So bot sich in Wörishofen den Fachleuten die seltene Gelegenheit, das ursprüngliche Gesamtkunstwerk noch vor sich zu haben, an dem lediglich der Zahn der Zeit genagt hatte. Vor allem die Holzaltäre waren in schlechtem Zustand. Die Intarsien und Furniere hatten sich vielfach vom Untergrund gelöst oder Teile fehlten. Eine gutgemeinte Konservierung in den sechziger Jahren mittels einer Wachsschicht dämpfte Farben und Glanz des Holzes.

Der Restaurierung gingen jetzt intensive wissenschaftliche Untersuchungen über Befund und mögliche Reparaturtechniken den eigentlichen Arbeiten voraus. „Ein spezielles Konzept für die schonende Restaurierung wurde entwickelt", berichtete die Möbelrestaurateurin Katharina Walch. Vorsichtige Festigung loser Teile und kongeniale Ergänzung der Fehlstellen lautete das Prinzip, das penible Arbeitstechniken erforderte. Es gelang sogar, das Rezept des historischen Lacks zu rekonstruieren, der dem Holzwerk seinen himmlischen Schimmer wiederschenken soll. Im übrigen Kirchenraum genügt eine behutsame Reinigung.

In etwa einem Jahr sollen die Arbeiten vollendet sein. Das Gotteshaus, wo Pfarrer Sebastian Kneipp als Beichtvater der Dominikanerinnen wirkte, steht dann in wiedergewonnener Schönheit der Gemeinde zur Verfügung. Die Kurgäste werden die Kirche Maria Königin der Engel auch als Konzertsaal genießen können.

EIN EXEMPLARISCHES WERK der Kunstschreinerei ist der Hochaltar der Dominikanerinnenkirche in Bad Wörishofen. Unser Ausschnitt zeigt den unteren Teil zwischen Altartisch und Altarbild. Photo: Huber

Süddeutsche Zeitung
31. Oktober/1. November 1994

Stadtpfarrkirche St. Lorenz in Kempten feierlich wieder eingeweiht

„Zentrales Stück bayerischer Kunstgeschichte"

Aufwendige Innenrenovierung der barocken Basilika abgeschlossen / Wertvolles Chorgestühl

Von Anita Engelhardt

Kempten – „Eine Art Jahrhundertwerk" sei mit der Restaurierung der Stadtpfarrkirche St. Lorenz in Kempten gelungen, betonte Generalkonservator Michael Petzet vom Bayerischen Landesamt für Denkmalpflege anläßlich des feierlichen Abschlusses der aufwendigen Innenrenovierung der barocken Basilika. Als „Kristallisationspunkt für den christlichen Glauben", würdigte Alfons Zeller, Staatssekretär im bayerischen Finanzministerium, beim Festakt im Fürstensaal der Residenz das Gotteshaus, das nun „für die Zukunft gesichert" worden sei und sprach von einer „sinnvollen Investition". Er wies nachdrücklich auf die tragende Rolle der Kirche im Staat hin. Den Festgottesdienst am Sonntag zelebrierte Diözesanbischof Viktor Josef Dammertz.

Mit sieben Millionen Mark kommt das Land Bayern bei diesem Projekt seiner staatlichen Bauverpflichtung nach. 35 Prozent der insgesamt auf knapp elf Millionen Mark veranschlagten Gesamtrenovierungskosten trägt die Kirche. Federführend bei den sich über fünf Jahre hinziehenden Bauarbeiten war das Staatliche Hochbauamt Kempten, dessen Leiter Friedrich von Grundherr auf eine Reihe bautechnischer Pflichten hinwies, die es zu erfüllen galt. Neben der neuen, notwendig gewordenen Fußbodenheizung habe auch die Brandsicherung viel Geld verschlungen, führte er bei der Feierstunde aus.

Fünf Jahre geforscht

Die Basilika St. Lorenz gilt als „zentrales Stück bayerischer Kunstgeschichte", wie Michael Petzet bei der Kirchenführung erklärte. Die ehemalige Stiftskirche – seit der Säkularisation Stadtpfarrkirche – wurde kurz nach dem Ende des Dreißigjährigen Krieges vom Jahr 1652 an anstelle der zerstörten Vorgängerkirche des Kemptener Benediktinerstifts erbaut. Zunächst war der Vorarlberger Baumeister Michael Beer von Fürstabt Roman Giel von Gielsberg – der Kemptener Chordirektor Hans Gurski ging in seinem Festvortrag auf Werk und Leben des Abtes ein – als Baumeister gerufen worden. Zwei Jahre später übernahm der Graubündner Architekt Johann Serro den Bau und

DAS CHOR-OKTOGON *in der frisch restaurierten Stadtpfarrkirche St. Lorenz in Kempten nach Osten.*
Photo: Landesamt für Denkmalpflege

vollendete ihn nach geänderten Plänen im Jahr 1670. Die letzte große Restaurierung des Innenraums erfolgte im Jahr 1914. Generalkonservator Petzet sieht die Renovierung der Stadtpfarrkirche St. Lorenz von ihrer Bedeutung her in einer Reihe mit den Erneuerungsarbeiten in der oberbayerischen Wieskirche bei Steingaden und der berühmten oberfränkischen Wallfahrtskirche Vierzehnheiligen. Da die Kirche als sakraler Gründungsbau des Barock in Bayern gelte, sei die denkmalpflegerische Entscheidung, sich bei der Restaurierung des Innenraums an den Ursprüngen aus dem 17. Jahrhundert zu orientieren, schnell gefallen, sagte er. Bereits von 1984 an befaßten sich Fachleute vom Landesamt für Denkmalpflege mit dem Renovierungskonzept: Vorangegangene Erneuerungsbemühungen oder Bau- und Wasserschäden hatten im Lauf der Jahrhunderte vieles zerstört, verändert oder überdeckt. Die aufwendige vorbereitende Forschungsarbeit, die sowohl Spuren aus der Römerzeit als auch Reste der ersten Klosterkirche von 748 bei der Untersuchung des Bodens sicherte, dauerte fünf Jahre. Danach konnte erst mit der Ausführung begonnen werden.

Üppiger Glanz

Heute erstrahlen das Langhaus mit farbigem Freskenzyklus und prächtiger Zwickelbemalung im Deckengewölbe und der monumentale achteckige und der mächtigen Kuppel gekrönte Chor in üppigem Glanz und optischer Leichtigkeit. Wandsäulen und -flächen wurden weiß gehalten, der reiche Stuck zum Teil rekonstruiert und mit Blattgold verziert. Man habe bewußt auf das vorher verwendete Zwischgold verzichtet, so Petzet, da dieses nach einiger Zeit schwarz werde. Besonders wies der Generalkonservator auf die nun gereinigten und gründlich überholten Scagliola-Tafeln aus dem 17. Jahrhundert hin, die das Chorgestühl zieren: „Eine einmalige Kostbarkeit." Diese Marmorstuck-Intarsienbilder seien sonst in sakralen Bauten nicht zu finden, unterstrich er. Ihre Instandsetzung sei der wohl schwierigste Teil der gesamten Arbeiten gewesen.

Anläßlich der Festlichkeiten gibt es jetzt einen neuen Kirchenführer, der sechs Mark kostet. Ebenso erschien eine gemeinsam vom Katholischen Stadtpfarramt St. Lorenz, dem Staatlichen Hochbauamt Kempten und dem Bayerischen Landesamt für Denkmalpflege herausgegebene Festschrift, die neben Fachbeiträgen auch die Restaurierung dokumentierende Photos enthält.

Süddeutsche Zeitung
21. November 1994

Rieser Nachrichten (Nördlingen)
17. Dezember 1994

Trauriger Tag für Denkmäler

Von Carl Völkl

Bei allem Respekt vor der sicherlich nicht leicht gefällten Stadtratsentscheidung: Für den Denkmalschutz in Nördlingen war der vergangene Donnerstag ein trauriger Tag. Obwohl es sich bei einem der drei Häuser an der Bräugasse um eines der ältesten überhaupt in dieser Stadt handelt (die Erbauung konnte mittels modernster Technik exakt auf 1382 datiert werden), soll das gesamte Ensemble der Spitzhacke zum Opfer fallen. So will es der Stadtrat. Er will es den Beck'schen willen, die mit Auszug aus der Altstadt droht, falls ihrer Forderung nicht nachgegeben wird.

Wenn der SPD-Stadtrat Klemens Stannek  einst ein glühender Gegner des Maria-Stern-Abbruches, jetzt erklärt, es sei zwar schade um die Häuser, aber die seien schließlich nicht unersetzlich dank exzellenter Architekten des 20. Jahrhunderts, dann irrt er im entscheidenden Punkt: Er hat nämlich vergessen, daß es um Denkmalschutz in dieser Altstadt geht, nicht um Abbruch und Neubau.

Aber in der SPD-Fraktion galten diesmal andere Interessen, nämlich wirtschaftliche, und die wurden von Ludwig Leberfinger vehement vertreten. Ob gerade ein Betriebsrat und Arbeitnehmer der Beck'schen der richtige war, als Stadtrat, der nur seinem Gewissen verpflichtet sein soll, den Abbruch zu fordern?

Alleine . . . .

Stadtbaumeister Wolfgang Stark stand mit seinem Modell, durch eine Baustein-Lösung wenigstens das eine denkmalgeschützte Haus zu retten, im Stadtrat alleine da. Man könnte das Gefühl haben, die Fraktionen hätten ihm nicht einmal richtig zugehört, weil ihre Meinung schon feststand.

So blieb es dem Oberbürgermeister Paul Kling vorbehalten, das höchste Kleinod, das diese Stadt Nördlingen besitzt, zu beschwören und beschützen: Die mittelalterliche Bausubstanz. Wer ihm unterstellt, er habe leichtes Tun gehabt, habe er doch bereits vorher gewußt, daß die Weichen im Stadtrat auf Abriß gestellt waren, tut ihm unrecht.

Tatsächlich ist Kling vom Saulus zum Paulus geworden, nimmt er den Denkmalschutz ernster, als es früher bei ihm der Fall war.

Der Aufgabe bewußt

Als OB hat er erfahren, wie sehr „seine" Stadt von den Menschen geschätzt wird, die sie schon einmal besucht haben. Er war sich seiner Aufgabe, als Oberbürgermeister die Glaubwürdigkeit der Stadt als Sanierungsträger nach außen zu vertreten, wohl bewußt. Und er hat der „Beck'schen" deutlich gesagt, was er von ihrem 20jährigen Spiel mit dem Häuserensemble hält – nämlich nichts. Ein Entweder/Oder, Abbruch oder Verlagerung der Druckerei, stärkt nicht das Ansehen eines Unternehmens, das viele schöne Bücher über Kultur und Historie verlegt hat.

Generalkonservator spricht von einem „barbarischen Akt"

Dr. Michael Petzet über geplanten Abbruch an der Bräugasse betroffen

Nördlingen/München (vr). Von einem „barbarischen Akt der Eigentümer" hat der Generalkonservator und Leiter des Landesamtes für Denkmalpflege in München, Dr. Michael Petzet, angesichts des geplanten Abbruches der drei Häuser in der Bräugasse Nördlingen gesprochen.

Gestern zeigte er sich gegenüber unserer Zeitung tief betroffen über die Entscheidung im Stadtrat. Nach der neuen Bauordnung braucht die Regierung von Schwaben bekanntlich nicht mehr in das Genehmigungsverfahren für den Abbruch eingeschaltet werden.

„Wir können jetzt nur mehr Trauerarbeit leisten", sagte Petzet. Er will nochmals in einem Gespräch mit dem Beck-Verlag in München versuchen, die Verantwortlichen umzustimmen. Außerdem kündigte er Gespräche mit dem Landesdenkmalrat an, dem auch Oberbürgermeister Paul Kling angehört.

Es sei unmöglich, ein Hochregallager mitten in einem Wohngebiet zu errichten, nachdem man die alten Häuser über Jahre hinweg habe herunterkommen lassen. Er plädierte erneut dafür, nach anderen Lösungen zu suchen, um die Häuser doch noch zu retten.

Süddeutsche Zeitung
19./20. November 1994

Gedenktafel für Orlando di Lasso

Hartes Wort

Der Generalkonservator und Chef des Landesamtes für Denkmalpflege, Dr. Michael Petzet, spricht erschüttert von einem „barbarischen Akt der Eigentümer": Ein hartes Wort.

Aber über eines muß man sich im klaren sein: Die Häuser an der Bräugasse, für deren Erhalt sich unter anderem über ein Dutzend Anlieger eingesetzt haben, werden unwiederbringlich verloren sein. Geopfert für eine Papierhalle, für deren Gestaltung man sich „excellente" Architektur wünscht. Und wer entscheidet darüber, was excellent ist oder nicht?

Den Vorfahren ist es zu danken, eine in Deutschland einzigartige Baustruktur geschenkt bekommen zu haben. Ihren Ausverkauf zu betreiben, kann nicht Sinn machen.

Und wer weiß, welche Forderungen nachkommen werden, ist einmal die Bräugasse „bereinigt" . . .

Nördlinger Stadtrat gibt Ensembleschutz preis

Abbruchbirne über Bürgerhäusern

Seit der Novellierung der Bauordnung können Kommunen selbständig entscheiden

Von Anita Engelhardt

Nördlingen – Als schwer zu verkraftenden Eingriff in ein bedeutendes Ensemble wertet Generalkonservator Michael Petzet vom Landesamt für Denkmalpflege den bevorstehenden Abbriß von drei Bürgerhäusern in Nördlingen. Der Stadtrat hat nahezu einstimmig beschlossen, der Firma C. H. Beck den Bau eines Papierlagers an dieser Stelle zu genehmigen. Die vorgelegten Pläne wurden allerdings abgelehnt und eine Nachbesserung verlangt. Petzet will nun in einem Gespräch mit der Leitung des C. H. Beck Verlages in München persönlich für den Erhalt der Häuser plädieren.

Das mittlere und älteste Gebäude – aus dem Jahr 1382 – ist als Einzelobjekt denkmalgeschützt. Die drei Häuser stehen unter Ensembleschutz und sind seit 20 Jahren ungenutzt. Sie wurden Anfang der siebziger Jahre durch die Beck'sche Druckerei von der Stadt erworben und sollten das dahinterliegende Betriebsgelände abrunden. Dieses Ensemble in der Bräugasse stellt, so die übereinstimmende Auffassung von Stadtbauamt und Denkmalpflegern, baugeschichtlich und von der städtebaulichen Qualität her eine Besonderheit dar. Es sei typisch für Nördlingen, erklärt Stadtbaumeister Wolfgang Stark und Bernd Vollmar vom Landesamt für Denkmalpflege bezeichnet die Zeile als „maßstabgebend im hochbedeutenden Stadtensemble".

Nördlingens Oberbürgermeister Paul Kling (CSU) war es nicht gelungen, die Mehrheit seiner Stadträte umzustimmen. Er bedauert deren Entscheidung. Kling befürchtet, daß die Stadt ihre Glaubwürdigkeit verliert, wenn sie ihren „Normal"-Bürgern penible Denkmalschutz-Auflagen mache, bei wichtigen Gewerbesteuerzahlern aber großzügig den Abbruch historischer Bausubstanz genehmige. Außerdem sei es „schade um jedes Haus", meint Kling, und die Nördlinger hätten längst erkannt, wie „einmalig" ihr über die Jahrhunderte erhaltenes Stadtbild sei. Dies gelte grundsätzlich auch für den Stadtrat.

Im Fall der „Beck'schen" dürfte, wie Oberbürgermeister und Stadtbaurat vermuten, die wirtschaftliche Bedeutung des Unternehmens – es ist der größte Gewerbebetrieb in der Kommune – für den Magistrat den Ausschlag gegeben haben. Die Ankündigung, die Druckerei werde bei Ablehnung ihres Baugesuchs mit 100 Beschäftigten woanders hinziehen, habe die Bürgervertreter beeindruckt, glaubt man in der Verwaltung.

Mit der Gefährdung innerstädtischer Arbeitsplätze wird zwar von seiten der Druckerei argumentiert, doch würden damit keinesfalls die Gewerbesteuereinnahmen der Stadt geschmälert, erklärt Druckereileiter Rude Knapp. Außerhalb der Stadtmauern, jedoch auf städtischem Gebiet, habe die Firma einen zweiten Standort. Knapp: „Seit 230 Jahren sind wir mit unserem Betrieb in der Altstadt, hier arbeiten über 300 Menschen und wir brauchen wegen der effizienter gestalteten Produktion ein Papierlager in der Innenstadt." Die Belange der Denkmalschutzes betrachtet er als zweitrangig. Nördlingen dürfe nicht zum Museum werden; eine Stadt, in der gearbeitet und gelebt werde, müsse sich verändern können, meint er. Außerdem habe es bereits beim Kauf der Häuser, Anfang der siebziger Jahre, eine Abbruchgenehmigung gegeben. Die ist freilich 1976 abgelaufen.

Einen von Stadtbauamt und Landesamt für Denkmalpflege ausgearbeiteten Kompromißvorschlag, bei dem zumindest das mittlere Gebäude hätte erhalten werden können, bezeichnet Knapp als „völlig unmöglich". Wegen des Betriebs- und Verkehrslärms scheide eine Wohnnutzung ohnehin aus. Es komme nur ein Neubau der benötigten Lagerhalle in Frage. In diesem Dissensfall zwischen Eigentümer und Denkmalpflegeamt hätte vor der Novellierung der Bayerischen Bauordnung im Juni vergangenen Jahres die Regierung von Schwaben entscheiden können. Jetzt entscheidet die Kommunen allein. Generalkonservator Petzet will trotzdem beim Landesdenkmalrat, der die Regierung berät, seine Veräußerung deutlich machen. Er hält den Bau des Papierlagers für eine „Verschandelung" der Nördlinger Innenstadt.

DIESE HÄUSERZEILE in der Nördlinger Bräugasse soll – nach dem Willen des Stadtrats unter Ensembleschutz steht – obwohl sie unter Papierlagers geopfert werden.
Photo: Stadtbauamt Nördlingen

Wehret den Anfängen

Wenn ein renommierter juristischer Fachverlag, der sich auch mit kulturellen Publikationen einen Namen gemacht hat, nicht vor erpresserischen Methoden zurückschreckt, um eine unter Ensembleschutz stehende Häusergruppe abzureißen und durch eine Lagerhalle für Papier zu ersetzen, dann ist das so ähnlich, als würde Reich-Ranicky öffentlich zur Bücherverbrennung aufrufen.

Der Münchner C. H. Beck Verlag, in der Landeshauptstadt sehr auf seine Reputation bedacht, ist sich für solche Methoden in der Provinz offenbar nicht zu schade. Freilich, eine Erpressung funktioniert nur, wenn der Erpreßte mitspielt. Und da kann man dem Stadtrat von Nördlingen den Vorwurf vorauseilenden Gehorsams nicht ersparen. Denn das alte Spiel mit der Drohung, Arbeitsplätze gingen verloren, wenn die Stadt den Unternehmern nicht willfährig sei, geht im konkreten Fall ins Leere.

Der Beck-Verlag hat nämlich schon Produktionsstätten außerhalb der historischen Innenstadt von Nördlingen, wo sich auch der Lieferverkehr weniger störend bemerkbar machen würde. Auf die beim Kauf der Häuser von der Stadt erteilte Abbruchgenehmigung kann sich der Verlag nicht mehr berufen. Die ist nämlich längst abgelaufen. Und aus welchen Gründen die – zugegeben auch für die siebziger Jahre unverständliche – Genehmigung damals erteilt wurde, spielt heute keine Rolle mehr.

Jedenfalls konnte die Kommune bis zum vergangenen Jahr sicher sein, daß die Regierung von Schwaben den Abbruch im Dissensverfahren schon verhindert hätte. Das aber gibt es seit der Novellierung der Bauordnung leider nicht mehr. Und hier wird der Fall exemplarisch. Wenn dieses Beispiel Schule macht, dann droht unseren Städten ein neuer Kahlschlag, mit dem verglichen die 50er Jahre die Phase der Aufforstung in die bundesdeutsche Baugeschichte eingehen werden. Darum wehret den Anfängen!

Birgit Matuscheck-Labitzke

Mit einer Bronzetafel, die der Bildhauer Michael Veit gestaltete, ehrte die Theatergemeinde einen der berühmtesten Künstler der Münchner Stadtgeschichte, dem Tondichter und Hofkapellmeister Orlando di Lasso. Die Gedenktafel wurde am Haus Platzl Nr. 4, das der Renaissance-Komponist von 1567 an bis zu seinem Tod 1594 bewohnte, in Anwesenheit zahlreicher Zaungäste vom Vorstand der Theatergemeinde, Stadtrat Winfried Zehetmeier, enthüllt und an Generalkonservator Michael Petzet vom Landesamt für Denkmalpflege (rechts), übergeben, der den jetzigen Besitzer des Anwesens vertrat. Orlando di Lasso, an dessen 400. Todestag heuer mit einer Reihe von Veranstaltungen erinnert wurde, erzog und unterrichtete in dem Haus am Platzl die Singknaben der herzoglichen Hofkapelle, von 1607 bis 1628 wohnte in dem Anwesen der herzogliche Kammermaler Peter Candid. 1852 war es auf ausdrücklichen Wunsch des Königs eine Gedenktafel angebracht worden, die aber beim Abbruch der Häusergruppe 1897 entfernt und auf einen städtischen Lagerplatz an der Thalkirchner Straße gebracht wurde. Um eine Wiederanbringung der Tafel wurde zwischen 1902 und 1926 zwar zwischen Magistrat, Hausbesitzer und Stadtarchiv verhandelt, verwirklicht wurde sie aber nie.
R.T./Photo: Karlheinz Egginger

Süddeutsche Zeitung
13. Januar 1995

Profundes Plädoyer für einen postmodernen Pluralismus

Bamberger Museum für Frühislamische Kunst eröffnet – Bayerns Generalkonservator Michael Petzet sprach über „Authentizität und Denkmalkultus"

Einmal so und andermal wieder anders – als schikanöse Willkür empfindet mancher Bauherr die Auflagen amtlicher Denkmalpfleger. Zumal dann, wenn ihnen unterschiedliche Kriterien zugrundeliegen, die er nicht durchschaut. Ausschluß konnte da der Vortrag geben, den Bayerns oberster Denkmalpfleger Michael Petzet, übrigens Bamberger Honorarprofessor, am Freitagabend zur Eröffnung des neuen Bamberger Museums für Frühislamische Kunst im Hörsaal 1 der Theologischen Fakultät hielt: „Authentizität und Denkmalkultus" lautete etwas nebulös der Titel. Tatsächlich ging es um solche wertenden Grundsätze der Denkmalpflege und um den Wandel, dem sie wie alles Menschenwerk unterworfen sind.

Der Kult des Authentischen

Ein schwieriges Thema, räumte Petzet ein. Schon der inflationär gebrauchte Begriff, dazu ein Kult des Authentischen, der „echte Blüten" treibt. Bis hin zum „authentischen Eingeborenen" oder gar zur „authentischen Fälschung". Unabhängig davon sehen sich die Denkmalpfleger ihm verpflichtet. So bereits mit der Charta von Venedig (1968) mit dem Auftrag, lebendige Zeugnisse zu bewahren und die geistige Botschaft der Vergangenheit als gemeinsames Erbe der Menschheit künftigen Generationen weiterzugeben. „Authentizität" ist deshalb ein entscheidendes Kriterium in dem Test, der über die Aufnahme in die Liste des Weltkulturerbes entscheidet. Bambergs Altstadt hat ihn bekanntlich bestanden.

Worin aber kommt „Authentizität" zum Ausdruck? Der Generalkonservator sieht sie ausgeprägt in Form, Material, Technik, Funktion und Ort. Von deren Qualität leitet sich der authentische Geist des Denkmals ab, letztlich mithin das, was Walter Benjamin als Aura bezeichnet hat.

In einem Überblick seit dem 19. Jahrhundert und den Zeiten des französischen Kathedralkonservators Viollet-le-Duc zeigte Petzet den Wandel auf, dem die Wertvorstellungen unterworfen waren – und selbstverständlich nach sich. Von der fixen Idee einer Stilreinigung, die nie existente idealbauten rekonstruierte, über Dehios Maxime „Konservieren, nicht restaurieren". Oder speziell Riegels Definition von Werten aus dem Jahr 1903, in der erstmals der Begriff des „Denkmalkultus" erscheint und ein Alterswert proklamiert wird, der Patina, der sie liegt noch allzu weit zurück – auf ein „in Schönheit sterben lassen" zuspitzt.

Eingehend auf den Vorwurf des „modernen Reliquienkultus", räumt Michael Petzet ein, daß es in eine Sackgasse führe, wenn die authentische Botschaft nicht mehr verstanden werde. Zudem verwies er auf die Gefahr, aus eurozentrischer Perspektive andersartige Maßstäbe außereuropäischer Kulturen zu verkennen. Neue Fragen würfen saurer Regen oder verseuchte Industrielandschaften auf – das Denkmal als Altlast?

Von Fall zu Fall im Sinn eines postmodernen Pluralismus sich aller Möglichkeiten bedienen, lautet der Lösungsvorschlag des Chefs des Landesamts. Pluralismus sei genau besehen nicht einmal postmodern, „weil die Denkmalpflege schon immer postmodern par excellence gewesen ist".

Trainierte Reparaturgesellschaft

An Selbstbewußtsein fehlt es den Hütern historischer Urkunden sichtlich nicht. Petzets Anregung: Denkmalpflege als Beitrag zum Kunstweltlern zu betrachten. Existierten nicht Parallelen zu zeitgenössischen Tendenzen (Spurensicherung, Land art), gab der Durchbruch das Startzeichen für die Postmoderne in der Architektur? Und schließlich: Denkmalpflege als Teil des Umweltschutzes. Könne nicht auf der Vorgabe ihrer Werte die Reparaturgesellschaft trainiert werden?

Petzet plädoyierte dafür, Gefühlswerte zu berücksichtigen, Überlebenssehnsucht als Motivation zu nutzen.

Leiste sie nicht Trauerarbeit um Vertorenes, führe ihr Auftrag, Kontinuität herzustellen, nicht in eine moralische Dimension? Zum Gefühl heimatlicher Geborgenheit trage beispielsweise nicht nur der Bamberger Dom bei, sondern die gesamte Altstadt, selbst das kleine Haus an der Ecke. Und so war Michael Petzet zu guterletzt beim vorbildlich restaurierten Gebäude Austraße 29 gelandet.

☆

Dank und Anerkennung für Museumsstifter Manfred Bumüller, umsomehr auch für seinen Architekten Rosenberg, hatten die Grußredner zuvor abgestattet. Turkologieprofessor Klaus Kreiser begrüßte einen übervollen Saal und spannte den Bogen der Rezeptionsgeschichte islamischer Kunst von der ersten großen Ausstellung in München 1910 bis in die Gegenwart. Dabei betonte er die Bedeutung als Binde- und Brückenglied zwischen Antike und Mittelalter; eine Funktion, die zahlreiche Textilien und Gerätschaften in Kirchenschätzen spiegeln (der Sternenmantel Heinrichs II. im Bamberger Diözesanmuseum wäre ein besonders naheliegendes Exempel). Ein Hinweis, den Kreiser in seinem Schlußwort wieder aufnahm, als er, das Islambild der Medien vor dem Hintergrund aktueller Politik kritisierend, die Tradition der Toleranz im Islam hervorhob.

Universitätsrektor Alfred Hierold nutzte die Gelegenheit. Zum einen Kompliment an die Barberger Orientalistik, die Glanzpunkte setze. Zum anderen wandte er sich gegen den Vorwurf, die Universität bringe den Bürgern nur Schaden. Etwa, indem sie die Innenstadt durch Raumansprüche entvölkere. In diesem Fall sei er nicht zu erheben, im Gegenteil: das restaurierte Haus und seine kulturelle Sammlung bereicherten das kulturelle Leben der Stadt. Ich möchte den Appell an die Öffentlichkeit richten, mit Vorwürfen dieser Art Schluß zu machen und die Universität als ihre Universität anzunehmen."

Manfred Bumüller, merklich erfreut und auch ein wenig stolz, blieb bescheiden und äußerte allenfalls noch den Wunsch nach einer ABM-Stelle zur Betreuung seiner Kollektion. Dann hätte die Gäste über die Straße in sein Haus (das wie in unserer Samstagausgabe ausführlich vorgestellt haben).

Winfried Schleyer

Fränkischer Tag (Bamberg)
16. Januar 1995

Gruppenbild zur Museumseröffnung: Generalkonservator Michael Petzet, Turkologe Klaus Kreiser, Stifter Manfred Bumüller, Universitätsrektor Alfred Hierold und Palais-Vorstand Heinz Gockel (von links). Foto: Rudolf Mader

Augsburger Allgemeine
20. Januar 1995

600 Jahre altes Haus steht vor dem Abriß

Nördlingen: Stadtrat überstimmt OB und Denkmalschutz

▷

Süddeutsche Zeitung, 23. März 1995

Generalkonservator Petzet fordert:

Akademische Lehre für Restauratoren

Kulturausschuß des Landtags besucht das Denkmalamt

Von Heinrich Breyer

Die Einstimmung auf den Dialog die Abgeordneten: Bei einem Rundgang durch die Werkstättentrakte des Landesamts für Denkmalpflege am Hofgraben bekam der kulturpolitische Ausschuß des Landtags ein lebendiges Bild von der vielseitigen Arbeit, die hier geleistet wird – von der international bedeutsamen Grundlagenforschung in den Zentrallabors über die Erkundung von Bodendenkmälern bis zur Restaurierungspraxis an großen Kunstwerken wie Ignaz Günthers Schutzengel-Gruppe aus dem Bürgersaal.

Für die anschließende Diskussionsrunde im historischen Säulensaal, dem letzten Relikt des herzoglichen Marstalls aus der Renaissancezeit, war damit bereits ein Hauptthema angeschlagen, nämlich die Ausbildung hochqualifizierter Restauratoren. Sowohl Generalkonservator Michael Petzet wie Werkstättenleiter Michael Kühlenthal plädierten eindringlich für die Möglichkeit einer akademischen Lehre in Verbindung mit den Fachleuten der Staatsgemäldesammlungen, des Nationalmuseums und ihres Hauses. Bei einer Reihe von Spezialgebieten fehlten Restauratoren, mit hochqualifizierten Restauratoren, denen man diffizile Aufträge anvertrauen könnte, vor allem auf dem Gebiet der Metallrestaurierung.

Insgesamt sei sein Amt bei gekürzten Mitteln noch nie vor so gewaltige Aufgaben gestellt worden wie heute, stellte Petzet in seinem generellen Lagebericht fest, und zwar vor allem auf der Feld der Archäologie. Durch die Projekte der ICE-Trasse München-Nürnberg und der Öl-Pipeline Ingolstadt-Prag seien Rettungsgrabungen großen Ausmaßes nötig. Im Zusammenhang mit Bodenfunden trat er dafür ein, wie in allen Nachbarländern ein Schatzregal zu schaffen, das dem Staat eine stärkere Position verschafft. Die bayerische Regelung, daß eine Hälfte der Ausbeute dem Grundstückseigentümer, die andere dem Ausgräber, beziehungsweise dessen Auftraggeber, gehören soll, werde immer mehr zum Problem. Und zwar deshalb, weil die staatlichen Archäologen nur mehr in Ausnahmesituationen selber in Aktion treten könnten. Wertvolle Funde gingen so der Prähistorischen Staatssammlung und der Landeskunde insgesamt verloren.

Vom Ausschußvorsitzenden Paul Wilhelm zu dem in der SZ erhobenen Vorwurf befragt, wichtige Münchner Bauten der Fünfziger Jahre würden nicht in die Denkmalliste aufgenommen und seien damit schutzlos willkürlicher Veränderung preisgegeben, antwortete Petzet sehr allgemein: Daß die Liste generell offen sei, habe sich bewährt; der Begriff „aus vergangener Zeit", der in Paragraph Eins des Denkmalgesetzes vorkomme, sei in der Tat etwa mit dem Ministerium einig, daß man sich mit der Ministerium einig, daß nur eine sehr begrenzte Auswahl unter die Fittiche genommen werden könne, zumal hier auch die konservatorischen Probleme, bedingt durch neue Technik, oft größer seien als bei historischer Architektur. Im Übrigen habe man durchaus auch Nachkriegsarchitektur wie die Matthäuskirche unter Schutz gestellt.

Nördlingen

Geht es nach der Mehrheit der Stadträte und den Plänen des C.H. Beck-Verlages in München, dann wird die nordschwäbische **Große Kreisstadt Nördlingen** (Landkreis Donau-Ries) eines ihrer ältesten Häuser überhaupt verlieren.

Die Zeichen stehen auf Sturm bei Bayerns oberstem Denkmalschützer Dr. Michael Petzet. Einen „barbarischen Akt" nennt der Generalkonservator und Chef des Landesamtes für Denkmalpflege die Absicht des Verlages, hinter dessen Druckerei in Nördlingen drei einzelne Häuser abzureißen und an deren Stelle ein Papierlager zu errichten. Und dies, obwohl das mittlere Gebäude unter Einzeldenkmalschutz steht und aufgrund wissenschaftlicher Untersuchungen exakt auf das Erbauungsjahr 1382 datiert ist.

Zwar verfügt die ehemals Freie Reichstadt über eine an historischen Gebäuden reiche Altstadt, die von Deutschlands bester vollkommen geschlossener Stadtmauer umgeben ist; „aber jedes alte Haus, das abgerissen wird, ist unwiederbringlich verloren", mahnt Oberbürgermeister Paul Kling, der in Sachen Denkmalschutz eigenen Worten zufolge vom „Saulus zum Paulus" geworden ist.

Paul Kling, inzwischen Mitglied des Landesdenkmalrates in Bayern. Zusammen mit Generalkonservator Michael Petzet...

Inzwischen hat ein Nördlinger Bürger „in Anlehnung an die Stadtratsentscheidung Bräugasse" ebenfalls Antrag auf Abbruchgenehmigung in der Altstadt gestellt.

Kein Klotz in der Altstadt

Der CSU-Politiker war es auch, der zusammen mit dem Vertreter der Grünen und einem SPD-Mann gegen die eigene Fraktion, ja gegen die überwältigende Mehrheit des Stadtrates stimmte. Dieser beschloß, der Beck-Verlag dürfe dann die drei alten Häuser an der Bräugasse abreißen, wenn eine „qualifizierte Planung" für den Neubau des Papierlagers vorliege. Mit dem ersten Entwurf konnten sich die Nördlinger Stadtväter allerdings nicht anfreunden – ein Klotz mitten in der Altstadt, „mit bewußt falsch nach unten korrigierten Gebäudehöhen", wie der Stadtrat nach Einsicht in die vom Architekturbüro des Beck-Verlages vorgelegten Skizzen giftete.

Stadtbaumeister Wolfgang Stark versuchte noch zu retten, was zu retten war, indem er vorschlug, wenigstens das mittlere, das älteste Haus stehen zu lassen und in die Neuplanung zu integrieren. Aber auch diesem „Rettungsanker" zeigte der Stadtrat die kalte Schulter.

Nochmals ein Gespräch

Wie es mit den seit vielen Jahren leerstehenden, immer mehr verfallenden Häusern weitergehen soll, steht in den Sternen. Der Generalkonservator in München und der Oberbürgermeister in Nördlingen wollen den Stadtratsbeschluß jedenfalls nicht so ohne weiteres hinnehmen: Zusammen werden sie zu dem Münchner Verleger Dr. Beck marschieren, um den Unternehmer doch noch zu einer Sanierung der Häuser zu bewegen.

Der aber hatte zuvor schon laut Kling drohen lassen, er werde die gesamte Druckerei mit 400 Beschäftigten aus der Altstadt herausnehmen, wenn ihm das Papierlager verweigert würde.

Daß der OB heute an der Spitze der Nördlinger Denkmalschützer steht, kommt nicht von ungefähr: Immer wieder, so Kling, würden ihn bei seinen auswärtigen Besuchen die Leute von der historischen Altstadt Nördlingen als einzigartigem Kleinod vorschwärmen: „Das darf man nicht kaputtmachen." Und außerdem ist der Kommunalpolitiker...

Von unserem Redaktionsmitglied
Carl Völkl

Der beschlossene Abriß dieser drei Häuser – eines ist mehr als 600 Jahre alt – hat in Nördlingen einen Streit zwischen Oberbürgermeister und Stadtrat ausgelöst.
Bild: R. Lechner

Denkmalpflege nur noch für die „Rosinen"?

Minister will Liste schließen – Problem Nachkriegsbauten

(aba). Zwei Jahrzehnte nach Inkrafttreten des bayerischen Denkmalschutz-Gesetzes befürchten Heimat- und Denkmalpfleger dessen „Aushebelung auf dem Verwaltungswege". Der Grund: Kultusminister Hans Zehetmair hat das zuständige Landesamt angewiesen, nur noch in Ausnahmefällen Bauten in die Denkmalliste aufzunehmen. Das gilt für alle Nachträge, insbesondere aber für Gebäude aus den fünfziger Jahren.

Mit 110 000 Einzelbaudenkmalen und 900 Ensembles habe die Erfassung bayerischer Denkmale als abgeschlossen zu gelten, teilte das Ministerium dem Landesamt für Denkmalpflege mit. Wenn dennoch Gebäude nachträglich in die Liste (die schriftliche Fixierung des anerkannten Denkmalbestandes) aufgenommen werden sollten, dann nur mit ministerieller Genehmigung, wenn Eigentümer und Gemeinde dem Nachtrag zustimmen oder wenn ein Objekt „besondere Bedeutung" hat.

Bauten der Nachkriegszeit seien deshalb nicht denkmalfähig, weil die fünfziger Jahre noch keine „abgeschlossene Epoche" darstellten. Betroffen davon sind Objekte wie die Münchner Maxburg von Theo Papst und Sep Ruf, dort auch das inzwischen abgerissene Versorgungsamt der Gebrüder Luckhardt, in Augsburg die Kirchen St. Elisabeth von Michael Kurz (gerade noch auf die Liste gekommen wie auch zwei Kirchen von Thomas Wechs in Kaufbeuren und Stadtbergen), Stadtwerkehaus und Hotel Drei Mohren (beide bereits stark verändert).

„Offenes Verzeichnis"

Doch auch bei wesentlich älteren Bauten wirkt sich die ministerielle Weisung aus: In Augsburg wurde jüngst der Abriß eines der letzten Haustypen aus dem 15. Jahrhundert genehmigt, in Nördlingen sollen mittelalterliche Häuser einem Verlagsneubau weichen. Denkmal- und Heimatpfleger mahnen deswegen das Gesetz an, das generell bauliche Anlagen vergangener Zeit zu Denkmalen erklärt, die „geschichtliche, künstlerische, städtebauliche, wissenschaftliche oder volkskundliche Bedeutung" haben und das die Liste als „offenes Verzeichnis" vorsieht.

Die zu schließen, bedeutet laut Wolfram Lübbecke und Giulio Marano (Landesamt), historische Zeugnisse preiszugeben, die man immer wieder bei Baumaßnahmen entdecke, und ganze Bereiche der Baugeschichte auszuklammern. Das seien Anlagen der dreißiger Jahre, die erst jetzt erforscht würden, Kasernen, die nach Abzug der amerikanischen Streitkräfte begehbar seien, und Gebäude der Wiederaufbauzeit. „Das Gesetz gilt, aber seine Handhabung ist behindert", so Lübbecke.

Zwei Prozent der Gebäude

Eine Denkmalpflege, bei der nur noch die touristisch verwertbaren „Rosinen" wie der Augsburger Dom oder die Königsschlösser, nicht aber die kleinen Zeugnisse der (weiteren oder näheren) Vergangenheit bedacht würden, befürchtet der bayerische Landesverein für Heimatpflege als Folge der Ministerweisung. Zudem werde der Sinn der Denkmalpflege verkannt, die jeder Zeit das Recht auf Bewahrung wichtiger Bauten einräume. Hans Roth vom Landesverein weist darauf hin, daß auch 110 000 Denkmale höchstens zwei Prozent des bayerischen Baubestandes darstellen, eine Gefahr der „Musealisierung" Bayerns also nicht bestehe.

Was die Nachkriegsarchitektur betrifft, rechnet der Landesdenkmalrat mit nicht mehr als 200 Objekten in ganz Bayern, die aufgrund ihrer architektonischen Qualität erhaltenswert seien. Kultusminister Zehetmair, der im Landtag gemutmaßt hatte, man wolle „irgendwelche Schuppen aus diesem Jahrhundert" in die Denkmalliste „hineinschieben", sieht sich gleichwohl aus Gründen der Finanzierbarkeit in seiner restriktiven Haltung bestätigt. Vorwürfe, er hebe das Gesetz aus, bezeichnet er als abwegig, er sieht aber Glaubwürdigkeit und Akzeptanz des Denkmalschutzes durch „ständige unrealistische und nicht finanzierbare Forderungen" in Gefahr.

Überzogene Ansprüche und zuwenig Überzeugungskraft kritisieren freilich auch Heimatpfleger am Landesamt. Dessen Chef Prof. Michael Petzet hält das für Unsinn und will überhaupt die Lage „nicht dramatisieren". Vielmehr wertet er positiv, daß ihm nur die Zuschußmittel auf 36 Millionen Mark reduziert wurden, der Denkmalfonds mit 40 Millionen aber ungekürzt blieb. Warum das Angebot des Bayerischen Städtetags, den Fonds mit fünf zusätzlichen Millionen aufzustocken, nicht angenommen wurde, vermag indes auch Petzet nicht zu erklären.

Augsburger Allgemeine, 4. März 1995

Landesamt für Denkmalpflege tourte durch den Landkreis Miesbach
Einzigartig: Das ›Paradieshäusl‹ in Osterhofen

Von MONIKA WIMMER
Osterhofen

„Wir können aus diesen alten Häusern viel lernen", erklärte Miesbachs Kreisbaumeister Karl Schmid kürzlich auf einer vom Bayerischen Landesamt für Denkmalpflege veranstalteten Pressefahrt. Zur Besichtigung stand unter anderem das sogenannte Paradieshäusl zum Dicklhof in Osterhofen. Allerdings galt dieser Ausflug weniger dem Lehrzweck als der Verabschiedung von Friedrich Krösser, der nun nach 20 Jahren Denkmalpflegearbeit für den Landkreis Miesbach aus dem Amt scheidet.

Darüber hinaus betreute Krösser als Landkreis-Referent auch Garmisch-Partenkrichen, Bad Tölz-Wolfratshausen, Weilheim-Schongau und Ebersberg. Aber dabei wird er das „Miesbacher Land" in besonderer Erinnerung behalten, denn zum einen „gibt es hier die schön-

Tel. Anzeigenannahme: 0 80 25 / 7 00 80

sten bemalten Baudenkmäler". Zum anderen „konnte man in letzter Zeit nirgendwo sonst als hier soviel alte Bausubstanz erhalten", erzählt Krösser, der in seiner Zeit als Baudirektor am Landesamt für Denkmalpflege in nahezu jedem Ort – egal ob Weiler oder Stadt – des Landkreises tätig wurde.

Zurückzuführen sei diese positive Bilanz nicht zuletzt auf die gute Zusammenarbeit mit dem Landratsamt. Aber auch das Bewußtsein der Menschen für überlieferte Bauformen hätte sich geändert. Die Nachfolge Krössers übernimmt Bauoberrat Gunter Becker. Er betritt damit kein unbekanntes Terrain, denn Becker war bereits der Vorgänger des pensionierten Denkmalpflegers und betreute zwischenzeitlich andere bayerische Landstriche.

Nach Auskunft von Krösser zählt der Landkreis Miesbach rund 1300 Baudenkmäler. Eines davon ist das

Gunter Becker, Friedrich Krösser und Generalkonservator Michael Petzet (von links) bei der Besichtigung des „Paradieshäusls" zum Dicklhof in Osterhofen (Gemeinde Bayrischzell). *Foto: Wimmer*

Kreisbote (Miesbach), 29. März 1995

Anwesen „Beim Dickl" in Osterhofen. Es setzt sich zusammen aus einem Altbau (16./17. Jahrhundert), dem im Jahre 1909 errichteten neuen Dicklhof sowie einem Austragshaus – das „Paradieshäusl". Dieser zweigeschossige verputzte Blockbau aus dem 18. Jahrhundert ist mit seiner einachsigen Befensterung an der Giebelfront und den Wandmalerein einzigartig im Landkreis.

Zwischen den von Pilastern geschmückten Hausecken ist mit Paradiesbaum, der Kreuzigung Christi und dem Lamm Gottes das Thema „Erlösung der Welt" dargestellt. Das Ganze wird ergänzt durch aufgemalte Sinnsprüche. Nachdem man 1982 erstmals eine Gefährdung des Häuschens durch den nahegelegenen Misthaufen festellen mußte, begann man 1987 mit dem Umsetzen des Blockbaus und der Wiederherstellung zum Teil nur noch schwach sichtbarer Wandmalereireste. Seit 1990 erstrahlt das „Paradieshäusl" wieder in seinem alten Glanze.

Memminger Baudenkmal von europäischem Rang
Vom Kloster zum Kulturzentrum
Anlage aus dem 15. Jahrhundert wird instand gesetzt

Von Andreas Roß

Memmingen – Gute Fortschritte macht die Sanierung des ehemaligen Antoniter-Klosters in Memmingen. Die vierflügelige Anlage wird für 12,5 Millionen Mark instand gesetzt und soll zu einem kulturellen Begegnungszentrum für die Stadt Memmingen und ihr Umland werden. Zur Hebauffeier hatte sich kürzlich neben Memmingens Oberbürgermeister Ivo Holzinger auch der Generalkonservator des Bayerischen Landesamtes für Denkmalpflege, Michael Petzet, eingefunden. Petzet nannte die Klosteranlage des fast schon in Vergessenheit geratenen Antoniter-Ordens ein Baudenkmal „von europaweiter Bedeutung".

Fast zehn Jahre lang ist um den Erhalt des ehemaligen Klosters in Memmingen gestritten worden. Der Abbruch des aus dem 15. Jahrhundert stammenden Hauses wurde erst verhindert, als die Stadt 1987 das Gebäude erwarb und ein Sanierungskonzept entwickelte. Mindestens genauso hart mußte anschließend noch um eine staatliche Förderung gerungen werden, wobei vergeblich versucht wurde, auch europäische Zuschüsse lockerzumachen. Inzwischen ist es so, daß die Hälfte der Baukosten von 12,5 Millionen Mark aus der Städtebauförderung, dem Entschädigungsfonds und der Bayerischen Landesstiftung finanziert werden. Den Rest, zu dem noch vier Millionen Mark Ausstattungskosten kommen, trägt die Stadt. Ende dieses Jahres soll die Sanierung abgeschlossen sein.

Das kulturelle Begegnungszentrum wird künftig die Stadtbibliothek, ein europaweit einmaliges Antoniter-Museum, ein Museum für sakrale Kunst mit Werken der Memminger Künstlerfamilie Strigel sowie einen großen Veranstaltungssaal beherbergen. Auch ein Tagescafé soll in den Räumen Platz finden. Der mittelalterliche Innenhof ist ebenfalls für kulturelle Veranstaltungen reserviert. Ein genauer Termin, wann sich die Klosterpforte erstmals für das Publikum auftun soll, wurde noch nicht festgelegt.

Süddeutsche Zeitung
28. März 1995

Ortstermin vor dem Lederer-Altar in Kaufbeuren (von links): Stadtheimatpfleger Anton Brenner, Generalkonservator Michael Petzet und der Leiter der Restaurierungswerkstätten des Landesamts für Denkmalpflege, Erwin Emmerling. Foto: Kopp

Neuerlicher Rettungsversuch

SonntagsZeitung (Augsburg) 1./2. April 1995

Messerschmitt-Stiftung finanziert Altar-Restaurierung

KAUFBEUREN – Beim Eintritt in die St.-Blasius-Kapelle in Kaufbeuren ist man noch überwältigt von Qualität und Reichtum der spätgotischen Ausstattung. Beim zweiten Blick gewahrt man das Ausmaß der Zerstörungen am berühmten Lederer-Altar.

Für ein Hauptwerk Jörg Lederers, des bedeutendsten spätgotischen Bildschnitzers des Allgäus, ist es fünf Minuten vor zwölf Uhr: Teile des Gesprenges, von Holzschädlingen zerfressen, drohen abzustürzen. An den Altarflügeln platzt die Malschicht vielfach bis auf den Kreidegrund ab, die schrundigen Goldgründe sind matt und stumpf geworden.

Bei einem Lokaltermin, zu dem das Bayerische Landesamt für Denkmalpflege Fachleute und Pressevertreter nach Kaufbeuren eingeladen hatte, wurde über die zahlreichen Schäden, über den demnächst anlaufenden Rettungsversuch und über eine Verbesserung der klimatischen Situation in der Blasius-Kapelle gesprochen.

Die nicht mehr aufschiebbare Restaurierung hätte die Mittel der Pfarrei St. Martin bei weitem überschritten. Wegen der gebotenen Eile und vor allem wegen der Bedeutung des Objekts sprang die Messerschmitt-Stiftung in die Bresche und übernimmt die Kosten für Wiederherstellung und Konservierung. Nach ersten Schätzungen sind dafür 250 000 Mark erforderlich. Über das Engagement der Messerschmitt-Stiftung freuen sich besonders Stadtpfarrer Konrad Hölzl und Anton Heider, der als Pfleger die St.-Blasius-Kapelle betreut.

In Kürze wird der spätgotische Flügelaltar in seine Einzelteile zerlegt, verpackt und in die Restaurierungswerkstätten des Landesamts für Denkmalpflege nach München gebracht. Fachleute des Amts machen sich dort unter Beteiligung freiberuflich tätiger Restauratoren ans Werk.

Jörg Lederer, der Schöpfer des Altars, wurde um 1475 in Füssen geboren und ist im Dezember 1550 dort auch verstorben. Ab 1507 ist er in Kaufbeuren urkundlich nachweisbar. Den Altar der St.-Blasius-Kapelle – neben Altären in Stuben, Oberstdorf und Latsch sein Hauptwerk – stellt er um 1518 fertig. Bayerns Generalkonservator, Professor Michael Petzet, machte deutlich, daß es sich bei dem Lederer-Altar um eines der außergewöhnlich seltenen Retabel handelt, bei denen als technologische Besonderheit die beweglichen Flügel so an den Schreinkästen anmontiert sind, daß die seitlichen Baldachine und Figuren beim Öffnen nicht verdeckt werden. Jörg Lederer habe diese Form des spätmittelalterlichen Wandelaltars bei seinen Retabeln mehrfach aufgegriffen, vermutlich sogar entwickelt, jedenfalls zur höchsten Vollendung gebracht. Der Typus des Kaufbeurer Hochaltarretabels stelle gleichsam einen der letzten Höhepunkte der noch ganz der mittelalterlichen Tradition verpflichteten Altarbaukunst dar.

Es gibt jedoch Schwachstellen am Altar. Die ungewöhnlich elegante Form der Scharniere mit den extrem dünn ausgeschmiedeten Eisenbändern ist nicht so stabil ausgebildet, daß die schweren Flügel über Jahrhunderte problemlos bewegt werden konnten. Materialermüdungen, Abnutzungen und diverse ältere Reparaturversuche taten ein übriges, das Öffnen und Schließen der Flügel zu einem gefahrvollen Abenteuer werden zu lassen.

Die St.-Blasius-Kapelle ist das Juwel an der Mauerkrone Alt-Kaufbeurens. Sie gehört zu den wenigen, in ihrer gotischen Gestalt und Einrichtung erhaltenen Denkmälern nicht nur Schwabens, sondern in der ganzen Bundesrepublik. Doch die zentrale Mitte, der Blasius-Altar, ist das Sorgenkind und seit Jahrzehnten Gegenstand von Restaurierungsbemühungen, die aber nie eine dauerhafte Konservierung und Bestandssicherung erreichten. Geschädigt durch Auslagerung während des Krieges, durch Feuchtigkeit, Sonneneinstrahlung und wohl auch durch fehlerhafte Restaurierungen, befindet er sich in einem katastrophalen Zustand. Neueste Erkenntnisse und Methoden, die in München angewandt werden, lassen bessere Ergebnisse erhoffen. Aber, „gut Ding will Weile haben"; voraussichtlich bis Herbst 1997 werden die Kaufbeurer auf ihr spätgotisches Kleinod verzichten müssen.

Johannes Kopp

DIE FARBIGEN TERRAKOTTA-SOLDATEN des chinesischen Kaisers Qin Shihuangdi werden mit Hilfe deutscher Wissenschaftler restauriert. Photo: Wenzel/Borchert

Süddeutsche Zeitung
6. April 1995

Farbe für Chinas Tonsoldaten

Bayerische Denkmalpfleger helfen beim Konservieren der zwölfhundert Jahre alten Funde

Wenn der chinesische Archäologe Yuan Zhongyi geahnt hätte, auf was er sich einließ, er hätte das zwei Quadratmeter große Loch, das Bauern für einen Brunnen ausgehoben hatten, wieder zuschütten lassen. Dann wäre die aus Tausenden von überlebensgroßen gebrannten Tonfiguren bestehende weltberühmte „Armee" des ersten Kaisers von China, Qin Shihuangdi (246 bis 210 vor Christus) der Welt allerdings verborgen geblieben.

Vor 21 Jahren, im März 1974, wurde der ehemalige Museumsdirektor in Lintong, einer Stadt im Herzen der nordchinesischen Provinz Shaanxi, auf einige Tonscherben aufmerksam gemacht. „Wir dachten zunächst, das sei in zehn Tagen zu erledigen", berichtete Yuan Zhongyi kürzlich bei einem Besuch im Münchner Landesamt für Denkmalpflege. Im Auftrag des Bundesforschungsministeriums arbeiten die bayerischen Denkmalpfleger gemeinsam mit dem Römisch-Germanischen Zentralmuseum in Mainz und chinesischen Archäologen an der Erhaltung und Konservierung verschiedener Denkmalschutzprojekte in der nordchinesischen Provinz Shaanxi.

Aus den zwei Quadratmetern sind inzwischen Grabungen in den Dimensionen eines großen Fußballstadions (Grube 1 mit rund 6000 meist stehenden Kriegern) und einem weiteren 20 mal 30 Meter großen Areal (Grube 3 mit dem „Kommandostand") geworden. Als Sensation gilt der Fund einer Staatskarosse und eines Reisewagens aus Bronze, farbig gefaßt und mit Hunderten von Applikationen aus Edelmetallen geschmückt.

Die gebrannten Tonfiguren in Litong freizulegen, ist technisch nicht einfach, wie aus dem Jahresforschungsbericht 1994 (Herausgeber: Bayerisches Landesamt für Denkmalpflege und Ministerium für Kulturgüter der Provinz Shaanxi) hervorgeht. Sämtliche Funde liegen in einer Tiefe von sechs bis acht Metern. Sie sind überdeckt von einer außerordentlich feinen, durchnäßten tonreichen Erde. Die bemalten Oberflächen der Tonfiguren sind eng mit dem feuchten und dichten Erdreich verbunden. Stellenweise haften die Farbschichten sogar besser am Erdreich als an den Tonfiguren.

Alle Funde sind nach dem Ausgraben vom Austrocknen bedroht. Selbst dort, wo die Farbschichten nicht am aufliegenden Erdreich haften geblieben sind, lösen sie sich teilweise innerhalb weniger Minuten nach der Freilegung von den Figuren. Während der Ausgrabung noch intensiv buntfarbig, ist das Dekor zahlreicher Tonsoldaten nach dem Austrocknen matt und nur noch schwachfarbig. Verursacht wird dies nach Meinung der Experten durch die Einwirkung von Licht und Sauerstoff.

Versuche im Landesamt

Da derart alte farbige Tonfiguren in Europa unbekannt sind, sind deutsche Experten mit den entsprechenden chemisch-physikalischen Prozessen nicht in Detail vertraut. Seit Juni 1991 haben sie daher in den Restaurierungswerkstätten und im Zentrallabor des Bayerischen Landesamtes für Denkmalpflege Malmaterialien, Maltechnik und Erhaltungszustand der Farben von insgesamt zwölf Fragmenten sowie in drei Erdschollen der Tonfigurenarmee untersucht und Konservierungsversuche gemacht.

Als vielversprechend gilt ein in dem Münchner Labor entwickeltes Gefriertrocknungsverfahren. Die sogenannte Kryotrocknung bietet die Chance, die Farbschichten auf den Terrakottafiguren zu erhalten. Eine Kryo-Versuchsanlage ist in München getestet und Ende vergangenen Jahres nach Lintong verschickt worden. Dort werden seit Januar dieses Jahres erste praktische Versuche an frisch ausgegrabenen Fundstücken gemacht.

Aufgrund der Laboruntersuchungen kennen die deutschen Wissenschaftler den Aufbau der Farbschichten nun im Detail: Die Tonfiguren sind mit organischem Material ein- oder zweischichtig dunkelbraun grundiert. Dazu kommen pigmentierte Schichten, die nach Anzahl und Stärke differieren. Wie die Analysen zeigen, sind die Farbschichten nicht in einer reinen Lacktechnik hergestellt worden, da sie heute eine matte Oberfläche zeigen, Wasser aufsaugen und wasserlöslich sind. Ob das matte Erscheinungsbild der Oberfläche eine Alterserscheinung ist oder der ursprünglichen Konzeption entspricht, konnte bislang nicht nachgewiesen werden. Aus der Literatur ist jedoch eine Maltechnik bekannt, bei der auf eine Grundierung aus ostasiatischem Lack eine wässerige (Leim-)Farbe aufgetragen und dann mit Öl überzogen wird, um eine glänzende Oberfläche zu erreichen.

Vor der Gefriertrocknung müssen die Farbschichten mit Reiskleister, Hasenleim oder Gelatine gefestigt werden, heißt es in dem Bericht. Acrylharz habe sich als unbrauchbar erwiesen, während Gelatine zu hervorragenden Ergebnissen geführt habe. Die so gefestigten noch feuchten Farbschichten werden dann bei Normaldruck innerhalb von 20 bis 30 Minuten eingefroren. Das schnelle Einfrieren verhindert die Bildung allzu großer Eiskristalle, die ein Abblättern der Farbe eher begünstigen würden. Werden nicht eingefrorene Proben unter Vakuum gebracht, setzt vor dem Einfrieren eine Verdampfung des Wassers ein, wodurch die Fixierung der Farbschichten auf dem Ton wieder zerstört wird. Die Dauer der Trocknung – zwischen 20 und 24 Stunden – hängt vom Wassergehalt der Tonteile ab.

Mittlerweile bemühe man sich weltweit, das kulturelle Erbe der Menschheit zu erhalten, betont der bayerische Landeskonservator Michael Petzet. Die Aufgabe sei allerdings so groß, daß sie, „ähnlich wie im Bereich des Umwelt- und Naturschutzes, nur noch in internationaler Zusammenarbeit bewältigt" werden könne. Die Bundesregierung läßt sich diese Erkenntnis einiges kosten. Seit Ende 1989 sind die deutsch-chinesischen Denkmalpflegeprojekte mit 2,7 Millionen Mark gefördert worden. Die Finanzierung ist bis Ende 1997 gesichert.

BIRGIT MATUSCHECK-LABITZKE

Süddeutsche Zeitung, 15./16./17. April 1995

Kaufbeurer Kleinod wird vor dem Zerfall gerettet

Lederer-Altar kommt in bewährte Hände

Münchner Restauratoren sollen Schäden am spätgotischen Kunstwerk beseitigen

Von Ursula Peters

Kaufbeuren – Hoch über den Häusern der ehemaligen Reichsstadt Kaufbeuren hat sich auf einem Hügelrücken noch ein Stück der mittelalterlichen Stadtmauer erhalten. Sie geht bis auf die Welfenzeit zurück. Den nördlichsten Punkt der Stadtbefestigung markiert ein runder Wehrturm mit kegelförmigem roten Ziegeldach.

Auf den ersten Blick könnte man das Bauwerk auch für den Kirchturm der gotischen St. Blasius-Kirche halten, weil es direkt an das Gotteshaus anstößt. In Wahrheit ist es aber umgekehrt: Die Kirche – wie vermutlich auch der Vorgängerbau – wurde 1420 direkt an die Stadtmauer angebaut und war vom Wehrgang her zu betreten. St. Blasius besitzt keine eigens gemauerte Westwand.

Problematisches Raumklima

Und das ist eine der Ursachen der Kalamitäten, die die Denkmalpfleger mit dem spätgotischen Kirchleib und seiner stilreinen Ausstattung jetzt haben. Feuchtigkeit von der Stadtmauer her droht die kostbaren Kunstwerke ebenso zu ruinieren, wie das Sonnenlicht, das durch die Chorfenster auf den berühmten spätgotischen Flügelaltar von Jörg Lederer mit seinen vielen höchst fragilen Bauteilen fällt. Der Altar gilt als das Hauptwerk des bedeutendsten Allgäuer Bildhauers seiner Zeit.

Feuchtigkeit plus Wärme bringen Probleme mit dem Raumklima und haben bedauerliche Folgen für die Kunstwerke in der Kirche: abblätternde Farben, Schädlingsfraß, sich lockernde Verbindungsteile und Holzdübel sowie abgebrochene Schnitzereien sind nur einige Posten der langen Schadensliste des Flügelaltars. Zwar wurden seit mehr als 100 Jahren immer wieder Reparaturen versucht, die aus heutiger wissenschaftlicher Sicht zwar gutgemeint aber untauglich waren. Jetzt soll der stark gefährdete Lederer-Altar mit seinen eleganten, bemalten Klappflügeln und den vielen Heiligenfiguren in der Spezialwerkstatt des Landesamts für Denkmalpflege in München von Experten restauriert und konserviert werden.

Ohne neue Zutaten

„Die Messerschmitt-Stiftung hat sich bereit erklärt, die Restaurierungskosten von 250 000 Mark zu übernehmen", teilte der Chef des Landesamts für Denkmalpflege, Michael Petzet mit sichtlichem Aufatmen mit, als er kürzlich die St.-Blasius-Kirche inspizierte.

Das Denkmalamt hätte für die aufwendige Altarrestaurierung ebensowenig Geld gehabt wie die Kaufbeurer Kirchenstiftung und die Pfarrgemeinde. Denn außer dem Lederer-Altar sind in jüngster Zeit bereits andere Kunstwerke restauriert worden.

Die St.-Blasius-Kapelle – wie die Einheimischen seit alters her sagen, ist nämlich ein bemerkenswertes gotisches Gesamtkunstwerk – ohne alle neueren Zutaten. Die fast quadratische Hallenkirche mit Sterngewölben, achteckigen Pfeilern und dem im Osten angesetzten Chor erhält ihren einheitlichen Raumeindruck vor allem durch einen doppelten Fries von Tafelbildern, der sich über drei Wände der Kirche zieht. Auf den insgesamt 62 Gemälden sind Szenen aus Heiligenlegenden dargestellt, unter anderem das Leben des Kirchenpatrons St. Blasius. Diese Bilder wurden in den letzten zwei Jahren restauriert. Die Strenge des Raums wird noch betont durch das original gotische Betgestühl aus einfachem, unbehandeltem Holz, das unter dem doppelten Bilderfries alle drei Wände säumen.

Der kostbare Flügelaltar wird demnächst vorsichtig zerlegt und gut verpackt nach München transportiert. „Erst dann werden wir das wahre Ausmaß der Schäden feststellen können", sagte Chefrestaurator Erwin Emmerling. Er rechnet damit, daß die Arbeiten an dem Altar gut zwei Jahre dauern werden. Was den Stadtpfarrer sehr beruhigt, der fürchtete, man müsse den 450. Todestag Jörg Lederers im Jahr 2000 womöglich ohne sein Kleinod feiern. Lederer hatte viele Jahre in Kaufbeuren gelebt und ist auch dort gestorben. „Dieses Schatzkästlein muß schon deshalb gerettet werden", meint Petzet, „weil es in der Hochblüte der Stadt Kaufbeuren entstanden ist." Der Altar trägt die Jahreszahl 1518.

DER SPÄTGOTISCHE FLÜGELALTAR des Allgäuer Bildhauers Jörg Lederer in der St. Blasius-Kirche von Kaufbeuren soll in München restauriert werden. Wärme und Feuchtigkeit hatten dem Kunstwerk schwer zugesetzt.
Photo: Landesamt für Denkmalpflege

Isar-Loisachbote (Wolfsratshausen), 8. April 1995

Denkmaltour: Denkwürdiger Kulturgeschichte auf der Spur

Kleinode im Landkreis vorgestellt – Strasser-Hof und Ammerlander Pocci-Schloß

Bad Tölz-Wolfratshausen (cr) – Den Schmuckstücken des Landkreises auf der Spur waren am Mittwoch eine Delegation des Bayerischen Landesamtes für Denkmalschutz, Vertreter des Landratsamtes und der Presse. Nicht ganz ohne Stolz stellten Generalkonservator Dr. Michael Petzet, Baudirektor Karl Friedrich Krösser und Ex-Kreisbaumeister Peter Wondra fünf aufwendig renovierte Kleinode des Oberlandes vor.

Mit der schlichten Adresse „Straß, Nr. 124" findet sich in der Gemeinde Wackersberg ein Paradedenkmal. Inmitten eines Golfplatzes steht dort der Stasserhof, ein altes Bauernhaus (frühes 17. Jahrhundert), in dem eine kleine Kapelle integriert ist. Das kleine Gotteshaus, mit seinen barocken Malereien, ist ein Kleinod auf der Denkmalschutzliste. Der Hof selbst, liebevoll restauriert, dient als Wohnhaus. Natürlich hat sich zum Schürherd in der Küche längst modernes Gerät gesellt, wobei Unwiederbringliches bei der Renovierung natürlich erhalten wurde: Mitten durchs Schlafzimmer zieht sich ein Getreide-kasten, an dem schon das Anwesen (Hausnummer 8) – mit einer beneidenswerten Hingabe. Und so erfolgreich, daß Generalkonservator Petzet vor Ort begeistert vorschlug, Well die Denkmalschutzmedaille zu verleihen. Well belebt ein Gebäude wieder, das längst abgebrochen werden sollte. Hinter sich ein Gebäude, das erst in den 90er Jahren umfangreich saniert worden ist. Diese Zierde gehört zu den zehn ältesten Bauernhäusern des Kreises.

Ein „einmaliges Ensemble" (Wondra) stelle die Tölzer Marktstraße dar, ein Bilderbuch der Geschichte und Gesamtkunstwerk im Sinne der Denkmalschützer. Französische und italienische Einflüsse finden sich in den Wandmalereien oder Stuckarbeiten an der Fassade. Der frühere Kreisbaumeister: „Die Marktstraße erzählt uns Kulturgeschichte." Was aus einem ehemaligen Getränkelager werden kann, beweist Michael Well, besser bekannt als einer der drei Biermösl-Musikanten. Well verwirklicht sich am Dorfbach in Ascholding einen Traum: Seit drei Jahren reno-viert er nun schon das Anwesen (Hausnummer 8) – mit einer beneidenswerten Hingabe. Und so erfolgreich, daß Generalkonservator Petzet vor Ort begeistert vorschlug, Well die Denkmalschutzmedaille zu verleihen. Well belebt ein Gebäude wieder, das längst abgebrochen werden sollte. Nun werden bald bekannte Biermösl-Melodien durch den Holzbau ziehen, genauer gesagt, durch die frühere Käs'küche. Dort richtet Michael Well sein Studio ein.

Mit dem Mühlentag längst über die Landkreisgrenzen hinaus bekannt wurde die Angermühle in Egling, der fünfte Termin der Denkmal-Tour. Das Korn rattert durch Nostalgie-Rittler-Mahlwerk. Hausherr Franz Schölderle hat das Eglinger Denkmal seit 1979 Schritt für Schritt renoviert. Daß ein Müller auch backen kann, bewies Schölderle mit einer selbstgemachten Vollkorn-Pizza.

Als „Höhepunkt" bezeichnete der Generalkonservator das Pocci-Schloß in Ammerland am Starnberger See. Im 17., 18. und 19. Jahrhundert wilde Jahre erlebt, stand es bis 1989 20 Jahre lang leer und wurde einzig von Landstreichern genutzt. Bauherr Werner Döttinger öffnete am Mittwoch erstmals die Tore zu dem inzwischen aufwendig renovierten Objekt. Für die Besucher – unter ihnen auch Münsings Bürgermeister Silvester Pöllt – Gelegenheit, einmal über einen frisch gewachsten 200 Jahre alten Parkettboden aus Frankreich zu schlurfen. Ohne Schuhe versteht sich.

Eines ist sicher: Das Schloß ist eines der schönsten Objekte am Starnberger See. Auch, wenn es seinen eigentliche Charakter im Inneren längst verloren hat. Denn aus Schloß Ammerland wurde ein Miethaus: Drei Parteien teilen sich den Zwiebelturm-Bau mit dem Eigentümer.

Erstrahlt in neuem Glanz: das Pocci-Schloß beim Denkmal-Tour-Besichtigungs-Termin am Mittwoch.

Karl Friedrich Krösser (li.) und Dr. Michael Petzet im ausrangierten Rad der Eglinger Angermühle.

Die Hauskapelle im Strasserhof. Fotos: sh (2), wn (4)

Nahm Nostalgie unter die Lupe: Landrat Otmar Huber.

Eine der ältesten Adressen im Landkreis: das Bauernhaus an der Kiefersau 123, Wackersberg.

Nicht gespart hat Pocci-Schloß-Eigentümer Werner Döttinger bei der Renovierung des luxuriösen Domizils.

Für Kirchenmaler keine rosigen Zeiten

Aufträge gehen zurück – Fachgruppe tagt in Kempten

Kempten/Weitnau (is). Die Farbe „rosa" verwenden sie höchstens bei der Neufassung von Rokoko-Stukkaturen. Bei der Beschreibung ihrer derzeitigen Lage müssen die Kirchenmaler, Restauratoren und Vergolder zu anderen Farben greifen. Denn die Zeiten sind für sie alles andere als rosig: „Es läßt etwas nach mit den Aufträgen", stellte der Chef des Bayerischen Landesamtes für Denkmalpflege bei einer Tagung bayerischer Kirchenmaler in Kempten fest. Aus finanziellen Gründen fingen die Diözesen nämlich keine neuen Aufgaben an.

Der Fachgruppe dieses Berufsstandes in Bayern – sie ist dem Landesinnungsverband der Maler und Lackierer angeschlossen – gehören rund 60 Betriebe aus dem ganzen Land an. Wie Fachgruppenleiter Ludwig P. Keilhacker (Taufkirchen) berichtete, gehe es vor allem darum, historische Techniken zu überliefern und weiterzugeben. Dies geschehe durch Schulungen. Tagungen des Verbandes hätten die Aufgabe, die Verbindung zum Landesamt und untereinander zu pflegen: „Das fachliche Gespräch ist das Wichtigste."

Das Kirchenmalerhandwerk in Bayern habe eine sehr lange Tradition, vermerkte Prof. Dr. Michael Petzet, Generalkonservator des Landesamtes für Denkmalpflege. Seine Behörde lege großen Wert auf traditionelle Techniken. Petzet begrüßte diese Tagung, die der Fortbildung diene. Dr. Markus Weis, der für das Allgäu zuständige Referent des Landesamtes, hielt es für wichtig, daß dieses Gebiet ins Blickfeld rücke. Die Neugotik sei „ein Kennzeichen für das Allgäu". Zu den neun besuchten Objekten an sechs Orten zählte nämlich auch die Pfarrkirche in Weitnau.

St. Lorenz ein Gründungsbau

Zunächst stand aber der Barock im Vordergrund: die Basilika St. Lorenz in Kempten. Sie sei einer der Gründungsbauten der Barockarchitektur in Deutschland, hob Prof. Petzet hervor, als er den etwa 90 Teilnehmern die Baugeschichte skizzierte. Das Bauwerk sei „in enger und hervorragender Zusammenarbeit" mit dem Landbauamt bzw. dem staatlichen Hochbauamt restauriert worden, sagte er mit Blick auf dessen anwesenden Leiter Friedrich von Grundherr.

Ausgiebig Gelegenheit zum Fachsimpeln über restauratorische Grundsatz- und Einzelfragen gefunden: Generalkonservator Prof. Dr. Michael Petzet (vorn rechts) sowie Ludwig P. Keilhacker, Leiter der Fachgruppe Kirchenmaler, Restauratoren und Vergolder in Bayern, Dr. Michael Kühlenthal, Leiter der Restaurierungswerkstätten im Bayerischen Landesamt für Denkmalpflege, und Konservator Dr. Markus Weis, der für Kempten zuständige Referent dieser Behörde (von links), bei der Besichtigung der Basilika St. Lorenz.

Foto: Rudolf Geiss

Im Innern des Gotteshauses erläuterte der Generalkonservator das Renovierungskonzept und seine Probleme. Es habe eine Fülle von Arbeit gegeben, räumte Dr. Petzet ein. Mit dem Ergebnis könne man „doch sehr zufrieden sein". Konservator Dr. Markus Weis verwies auf „ausgiebige" Befunduntersuchungen und darauf, daß eine ganze Reihe von Kirchenmalerwerkstätten parallel tätig gewesen sei. Es habe aber alles sehr gut funktioniert: St. Lorenz sei „ein leuchtendes Beispiel für die korrekte Abwicklung einer großen Maßnahme".

Weitnau: Beispiel für Neugotik

Schmeichelhafte Prädikate gab's später auch für die 1862/72 erbaute und 1905 ausgemalte Pfarrkirche Weitnau: Dr. Weis nannte sie ein „überwältigendes Beispiel einer einheitlichen Ausstattung der Neugotik", und Prof. Petzet sprach von einer Spitzenleistung des Kirchenmalerhandwerks um 1900. Kirchengemeinde und Ort hätten immer hinter dieser Einrichtung gestanden, die seltenerweise – und entgegen dem früheren Rat der Denkmalschutzbehörde – keine entscheidende Veränderung erfahren habe.

1987/89 wurde die Kirche restauriert. Der damalige Konservator Dr. Martin Stankowki erinnerte sich, daß es „eine minutiöse Erhaltungsmaßnahme und gleichzeitig eine Neufassung" war: Die Dekorationsmalerei sei peinlich genau erhalten, der Grund aber ruhig gestaltet worden. Kirchenmaler und Restaurator Heinrich Waibel, Leipheim, berichtete von erheblichen Schäden in den Fensterlaibungen im Chor, in der Gewölbezone und an den Apostelfiguren. Die Sockelzone sei 1,50 bis 1,60 Meter abgeschlagen gewesen. Die Brokatmalerei habe man deshalb rekonstruieren müssen: nicht als Schablonenmalerei, sondern in Paustechnik und freihändig.

„Eine ganz tolle Leistung", würdigte Fachgruppenleiter Ludwig P. Keilhacker diese Ergänzungen.

Allgäuer Zeitung (Kempten), 9. Mai 1995

Die Münster-Gemeinde selbst ist ebenso froh über die Rückkehr des Hochaltars wie die Fachleute es sind: Der Kirchenchor gestaltete den Festgottesdienst am Samstag musikalisch.   Foto: Dürr

Generalkonservator Professor Petzet würdigt nach der Restaurierung das Münster Heilsbronn:

„Eine der größten Schatzkammern in Bayern"

Trotzdem ein Gotteshaus und keine Kunsthalle – Besonderer Dank für den Initiator Pfarrer Geißendörfer

HEILSBRONN (edü) – „Eine der größten Schatzkammern mittelalterlicher Kunst in Bayern" ist nach Ansicht des bayerischen Generalkonservators, Professor Michael Petzet, wieder vorzeigbar geworden. Nach achtjähriger Arbeit dreier Restauratoren-Werkstätten sind die am meisten gefährdeten Kunstwerke im Heilsbronner Münster gerettet. Mit einem Gottesdienst feierten am Samstag die Gemeinde und Ehrengäste aus Kirche und Politik die Rückkehr des Choraltars.

Professor Petzet, Chef im Landesamt für Denkmalpflege, war voll des Lobs über das Kunstgut und dessen Restaurierung. Die „gewaltige Kostbarkeit, die hier versammelt ist", sei mit Liebe und Fachverstand bearbeitet worden. „Vieles vom alten Glanz" habe wiedergewonnen werden können. Das Konzept – nicht etwa die Originalfassung wiederherzustellen, sondern das Vorhandene zu bewahren – habe sich sehr bewährt.

Nach Ansicht des Kreisdekans Dr. Ernst Bezzel ist das Münster ein Anziehungspunkt für „Freunde des Glaubens und der Kunst". Er unterstrich, daß Denkmalpflege einer „inneren Überzeugung entspringen" müsse. Das könne man jetzt in Heilsbronn ablesen. Kirche und Staat hätten hier die „markgräfliche Tradition gemeinsamer Verantwortung" wahrgenommen und sich die Kosten von über 1.7 Millionen Mark geteilt.

In seinem Rückblick erinnerte Baudirektor Peter Schmid vom Landbauamt Ansbach an den Beginn der Rettungsaktion für die Kunstwerke im Januar 1986. Ein Gutachten habe belegt, daß 15 so schadhaft gewesen seien, daß sie „in der Schule die Note sechs bekommen hätten". Vor allem die klimatische Situation sei problematisch gewesen. Mit der Restaurierung – zeitweise war im Münster selbst eine Werkstatt eingerichtet – habe man die kritischsten Fälle gelöst.

„Für manche Werke hätte man sich eine frühere gründliche Restaurierung gewünscht", merkte Restaurator Eike Oellermann krtitisch an. Doch immerhin seien sie jetzt „in einem Zustand, in dem man sie auch Fachleuten vorzeigen kann". Heute könne man wieder etwas von dem Glanz spüren, den die Werke einmal gehabt haben. Oellermann mahnte nicht nur, sie jetzt zur Pflege permanent einem Fachmann anzuvertrauen, sondern wünschte sich, daß sich die Stadt in ihrem Bild dem restaurierten Münster anpaßt. Schließlich habe die historische Bedeutung der Kirche der Stadt einen berühmten Namen eingebracht.

Mehrere Redner betonten, daß die ehemalige Zisterzienserkirche wegen ihres Kunstschatzes längst kein Museum sei. Die Kunstwerke mit ihren Heiligen seien Teil des Gottesdienstes. sagte Petzet. Kreisdekan Bezzel sieht sie als „ein Angebot Gottes für Suchende" und Baudirektor Schmid hoffte, daß Besucher „die tiefe Frömmigkeit spüren, die aus den Kunstwerken spricht".

Dank gab es für die Kirchengemeinde und vor allem für ihren Pfarrer Paul Geißendörfer für dessen „unglaubliches Engagement" (Petzet). Auf seine Initiative ging die Rettungsaktion zurück. Kreisdekan Bezzel bezeichnet es für Heilsbronn als „Glücksfall, so einen Pfarrer zu haben". Denn er habe in seinem Drängen nicht nachgelassen und es verstanden, „die Sprache des Raums und der Kunstwerke hörbar werden zu lassen als Zeugnisse des Glaubens". Geißendörfer selbst antwortete, es sei für ihn eine große Ehre, in Heilsbronn Pfarrer sein zu dürfen.

Die Gemeinde freut sich ebenfalls. daß die Restaurierung zu einem vorläufigen Abschluß gekommen ist. „Auch wir sind uns bewußt, wie reich die Kunstausstattung ist", sagte Sprecherin Monika Kreiselmeyer. Auf die steigende Besucherzahl reagiert sie mit einem Aufsichtskreis, der regelmäßige Öffnungszeiten ermöglicht. Der Kirchenchor unter Leitung von Ulrike Walch sang erstmals vor dem strahlenden Hochaltar.

„Gebaute Träume" des Märchenkönigs

hi. München – Ein Geschenk für den Märchenkönig: Zum 150. Geburtstag Ludwigs II. bringt der Hirmer-Verlag (hier erschien auch die „Josef Schörghuber Sammlung") den Band „Gebaute Träume" heraus (148 Mark). Das Werk von Michael Petzet zeigt auf über 300 Seiten die Schlösserwelt des Königs. Achim Bunz hat neue Aufnahmen der Prachtbauten gemacht.

„Das Thema hat mich lange verfolgt. Ich habe mir einen Jugendtraum verwirklicht", meinte der Autor bei der Vorstellung seines Buches. Schon 1968 hat er mit seiner Ausstellung „Ludwig II. und die Kunst" auf die kunsthistorische Bedeutung des Themas hingewiesen. Nach einer einführenden Biographie widmet er sich der Baugeschichte der Schlösser Neuschwanstein, Linderhof und Herrenchiemsee. Auch die Seelenwelt Ludwigs II. hat im Buch ihren Platz, denn sie beeinflußte die Bauwerke maßgeblich: „Die Lebensfreude ist das Bauen", lautete das Lebensmotto des Märchenkönigs. Mit seinen Bauten versuchte er, sich eine Welt der königlichen Würde zu erhalten.

„Mir ist wichtig, daß Ludwig das Werk gefallen würde", bemerkt Michael Petzet, „es ist eine in Verehrung dargebrachte Gabe zu seinem 150. Geburtstag."

Motto des Märchenkönigs: „Die Lebensfreude ist das Bauen".

AZ (Abendzeitung), München, 31. Mai 1995

Süddeutsche Zeitung, 30. Mai 1995

Steinernes Erbe eines königlichen Träumers
Denkmalpflege-Chef Michael Petzet dokumentiert Entstehung der Schlösser von Ludwig II.

Von Heinrich Breyer

Sie sind das Wallfahrtsziel Nummer eins in Bayerns touristischem Geschäft, die Schlösser Ludwigs II. samt ihren Bilderbuchlandschaften. Viel bestaunt, viel belächelt als Schöpfungen eines „Märchenkönigs", der staunenswerte Prunkorgien in die Welt gesetzt hat.

Zu den ersten, die in den Bauten und ihrer Ausstattung einen vom Kitschkram der Souvenirs überdeckten Kunstwert sahen, hat Michael Petzet gehört, heutiger Generalkonservator des Bayerischen Landesamts für Denkmalpflege. 1968 organisierte er eine denkwürdige Ausstellung in der Münchner Residenz, die erkennen ließ, daß mit der Baumanie dieses Monarchen Hauptwerke des europäischen Historismus entstanden sind. Zum 150. Geburtstag Ludwigs (am 25. August) legt er nun ein fundamentales Werk vor, das unter dem Titel „Gebaute Träume" die zum Teil verwickelte Entstehungsgeschichte der Schlösser dokumentiert.

Kostspielige Projekte

Aus der Darstellung wird klar, daß es Ludwig bei seinen kostspieligen Projekten nicht darum gegangen ist, zu präsentieren, prunkvoll zu wohnen, in einem Bett gleich dem des „Sonnenkönigs" zu schlafen, sondern um Inszenierungen, in denen er sich in Rollen wie die des Lohengrin, des Parsifal, oder auch des vergötterten Ludwig XIV. versetzen konnte.

Es war eine Kulissenwelt, in eigener Regie erschaffen. Nicht umsonst hat kein Architekt von Rang, kein namhafter Maler oder Bildhauer an den Schloßbauten mitgewirkt; es waren vorwiegend Bühnenbildner, Theater- und zweitrangige Historienmaler, die der König in Trab hielt.

Mit einer stupenden Fülle von Archivmaterial – Anweisungen, Briefzitaten, Vorentwürfen und königlichen Korrekturen – macht Michael Petzet in seiner Ausstellung deutlich, aus welchen Eindrücken die Schlösserideen geboren wurden und wie sie sich im Lauf der Zeit verändert haben, meist von bescheidenen Plänen ins Monumentale. So sollte Neuschwanstein zunächst nur ein Wiederaufbau der Burgruine über der Pöllatschlucht werden – ein Ersatz für das von Jugendzeiten her geliebte Hohenschwangau, das der junge König durch die häufige „prosaische Anwesenheit" seiner Mutter Marie entweiht sah.

Doch dann wünschte er sich immer mehr Szenerien an den „heiligen, unnahbaren" Ort: Zur Wartburg mit dem Sängersaal sollte er werden, Burghof, Kapellenportal und Wohnräume sollten die Welt des „Lohengrin" herbeizaubern, und als der König sein während des Baus von Richard Wagner das *Parsifal*-Textbuch erhielt, beeindruckte ihn das sakrale Königtum der Gralswelt so tief, daß er den Einbau eines Thronsaals im Stil der Münchner Allerheiligen-Hofkirche beschloß.

Zum Thannhäuser-Komplex hätte natürlich auch die Venusgrotte im Hörselberg gehört. Die lagerte Ludwig, wie Petzet beschreibt, dann aus Platzmangel auf seine zweite Baustelle Linderhof aus, in deren Nähe auch die kürzlich rekonstruierte Hundinghütte aus der Walküre und die nicht mehr erhaltene Einsiedelei des Gurnemanz samt „Karfreitagsaue" aus dem Parsifal angesiedelt wurden. Nur allzugern hätte der königliche Bauherr auch sein Projekt „Tmeios-Ettal" in der Nähe seines Lieblingsaufenthalts verwirklicht, im Umfeld des „Königshäuschens" seiner Jugendzeit, das sich nach und nach in ein Neorokoko-Zauberschlößchen wandelte. „Tmeios-Ettal" (ein Anagramm, gebildet aus dem Wahlspruch Ludwigs XIV. von Frankreich. „L'etat, c'est moi – der Staat, das bin ich") war der Deckname für ein neues Versailles. Daß der „Tempel des absoluten Königtums" dann auf der Herreninsel realisiert wurde, das hat nur damit zu tun, daß das gewaltige, nur im Haupttrakt vollendete Bauprogramm auf der 1873 erworbenen Insel leichter zu realisieren war als im Graswanger Tal bei Ettal, dazu noch ideal abgeschirmt von allen unbefugten, unerwünschten Zaungästen. Den See und die Landschaftskulisse schätzte Ludwig hingegen nicht allzusehr.

Farbige Entwürfe

Als Spezialist für französische Barockarchitektur beschreibt Michael Petzet in diesem Kapitel eindrucksvoll, mit welcher Gründlichkeit Ludwig darüber wachte, daß die Rekonstruktion authentisch wurde; und zwar so „original", daß das bayerische Duplikat das Erscheinungsbild von Versailles ohne die Veränderungen der napoleonischen Zeit zeigt.

Die mit farbigen Entwurfsbildern reich illustrierte Dokumentation gibt auch eine Vorstellung von den Visionen, deren Realisierung der König zumindest zeitweilig auf die Wunschliste gesetzt hatte: Burg Falkenstein als zweites bizarres Ritterschloß nahe Neuschwanstein, Alhambra-Projekte, ein byzantinisches und ein chinesisches Schloß. Den theatralischen Zauberglanz der Schloßbau-

Wie die Denkmalpflege verbindet

Zusammenarbeit mit Ungarn ermöglicht Ausstellung im Salzstadel / „Tor zum Osten"

REGENSBURG (mah). Nach dem Fall des Eisernen Vorhangs ist Ungarn wieder Mitteleuropa geworden. Alte Verbindungen leben auf. Im Salzstadel eröffnete eine Ausstellung über archäologische Funde in der ungarischen Bischofsburg von Pécs. Prominenz aus Denkmalpflege und Kirche unterstrich das beiderseitige Streben nach Zusammenarbeit.

Dom in Budapest und Pécs gezeigt, erinnerte Dr. Tamás Fejérdy, Präsident des Ungarischen Landesamtes für Denkmalpflege. Arbeitsmethoden und Erkenntnisse aus Regensburg seien in der ungarischen Fachwelt auf größtes Interesse gestoßen. „Seit dieser Zeit haben wir uns auf diese Ausstellung vorbereitet, um zu zeigen, wie in Ungarn archäologisch gearbeitet wird."

„Regensburg wird sich seiner Funktion als Brücke und Tor nach Osten und Südosten immer mehr bewußt", betonte Kulturreferent Dr. Egon Greipl. Beispielhafte Zusammenarbeit zwischen staatlichen und kirchlichen Stellen in Ungarn und Bayern habe die Ausstellung ermöglicht.

Schon vor zwei Jahren wurde eine vielbeachtete archäologische Ausstellung über die Regensburger

Auch Prof. Dr. Michael Petzet, Chef des Bayerischen Landesamtes für Denkmalpflege, hob die Zusammenarbeit und das historisch gewachsene Verhältnis zu Ungarn hervor. „Gerade in der Denkmalpflege gibt es hier einen regen Austausch von Fachkräften und Geräten."

Mannigfaltige historische Bezüge bestehen zwischen Regensburg und Ungarn. Der erste ungarische König, Stephan der Heilige, wurde 995 mit der bayerischen Herzogstochter Gisela, einer Regensburgerin, verheiratet. Gisela habe, betonte Bischof Manfred Müller, die ungarische Königsgeschichte wesentlich beeinflußt und an der Seite ihres Mannes die Christianisierung des Landes vorangetrieben.

Schon seit alters her sei Pécs ein geistiges Zentrum, seit 1009 Bischofssitz, so der ungarische Bischof Michael Mayer. Bald nach der mittelalterlichen Universitätsgründung in Prag entstand hier die erste Universität Ungarns. Ihre Reste und wertvolle Zeugnisse mittelalterlicher Sakralkunst von europäischer Bedeutung wurden bei den Grabungen entdeckt.

Die Ausstellung „Bischofsburg von Pécs – Archäologie und Forschung" ist, außer montags, bis zum 21. Juni von 10 bis 16 Uhr im Salzstadel zu sehen.

Kulturreferent Greipl (links), Ungarns Denkmalchef Fejérdy, sein bayerischer Kollege Petzet, Bischof Manfred Müller, Bischof Michael Mayer und die Denkmalpfleger Győző Gerő und Maria Sandar freuen sich über die gelungene Ausstellung.
Foto: Moosburger

Mittelbayerische Zeitung (Regensburg), 7. Juni 1995

Denkmalschützer tippen auf Tiefflieger

Asam-Fresko fällt von der Decke

Raumkunstwerk in Schloß Schönach bei Regensburg erheblich beschädigt

Von Ursula Peters

Regensburg – Gipsbrocken, Mörtelstücke, zerbrochene Holzlatten – das ist von einem 15 Quadratmeter großen Stück eines Deckenfreskos von Georg Asam übriggeblieben, das vor einigen Tagen im Festsaal von Schloß Schönach abgestürzt ist. Auslöser dieses Unglücks könnten die Tiefflieger gewesen sein, die zum fraglichen Zeitpunkt das private Schloß im Kreis Regensburg in geringer Höhe überflogen haben, vermuten die Denkmalpfleger.

„Das von Antonio Viscardi geplante Schloß – erbaut 1702 bis 1704 – gehörte zu den herausragenden Baudenkmälern dieser Zeit in Bayern", urteilte der Chef des Landesamts für Denkmalpflege, Michael Petzet, als er den Schaden besichtigte.

Eines der beiden Deckenfresken von Georg Asam – eine Darstellung aus der griechischen Phaeton-Sage – sowie dessen reiche Stuckverzierungen ringsum von Niklas Perti sind weitgehend zerstört.

Schnelle Hilfe versprochen

Perti hat auch die Theatinerkirche in München stuckiert. Durch den Deckenabsturz sei das einzige bis heute erhaltene Raumkunstwerk im profanen Bereich von Georg Asam und Niklas Perti erheblich beschädigt, klagte Petzet.

Eine erste Untersuchung durch Spezialisten ergab, daß der solide und handwerklich hervorragend ausgeführte Dek-

kenaufbau keinerlei erkennbare Schädigung der Konstruktion aufweise: „Ein Absturz aufgrund defekter Holzteile, korrodierter Eisenverbindungen oder vom mürbe gewordenen Putz erscheint derzeit fast ausgeschlossen", meinen die Fachleute. Deshalb auch der Hinweis auf die Tiefflieger. Weitere Untersuchungen an der reich stuckierten und bemalten Decke seien jedoch noch erforderlich. Unter Umständen muß die gesamte Saaldecke gesichert werden. Generalkonservator Petzet versprach den Schloßbewohnern schnelle Hilfe. Am Montag soll ein Statiker aus München kommen und die Experten werden versuchen, aus den Bruchstücken das Asam-Fresko wieder zusammenzupuzzlen.

ABGESTÜRZT ist ein großer Teil eines Asamfreskos und dessen kunstvolle Stuckumrandung von Niklas Petri im Schloß Schönach. Fast 300 Jahre hat das Kunstwerk gehalten.
Photo: Komma/LAD

Süddeutsche Zeitung, 17./18. Juni 1995

Der Fürstbischof und die Flußnymphe

Kaskadeneinweihung in Schloß Seehof mit Symphonikern, Ballett und Feuerwerk

Es ist eine jener lauen Vollmondnächte, in denen man nicht weiß, ob man wacht oder träumt. In schilfglitzerndem Gewand löst sich eine Gestalt aus dem Schatten, eine zweite, eine dritte – in froher Erwartung scheint's. Und dann schwebt die Umschwärmte, mit einem Nebelschleier spielend, herbei: Auf blumenbestreuten Wegen erscheint Opalia, die sagenumwobene Wassernymphe von Schloß Seehof. Da reiben sich nicht nur Ihro Hochfürstlichen Gnaden, der Fürstbischof, sondern auch sein Kammerherr baß erstaunt die Augen.

Die nächtliche Begegnung soll einer der Höhepunkte sein im Programm zur Eröffnung der wiederhergestellten Wasserspiele von Seehof am kommenden Samstag, 22. Juli. Unter der Inszenierung und Choreographie der Nürnbergerin Barbara Zapf-Dorn, international gefragte Ballerina, 1965 Gründerin einer Fachschule für Bühnentanz in ihrer Heimatstadt und

Flußgott mit Füllhorn.

Chronologie der Kaskade

- **1761** vermutlicher Baubeginn
- **1764** Bau des Wasserleitungsstollens und des Wasserreservoirs
- **1765** Fertigstellung der Steinarchitektur
- **1769** Bau eines Kanals vom Reservoir zum Schloß
- **1771** Inbetriebnahme der Kaskade und Bestellung eines Brunnenwarts
- **1778** Vollendung der „Wasserachse" vom Schloß bis zu den Weihern
- **1783** Austausch des Figurenprogramms auf der Kaskade auf Anordnung von Fürstbischof Erthal
- **1793 bis 1797** Kaskade unter Obhut des Obergärtners Jakob in Betrieb
- **1802** Hochstift Bamberg kommt zu Bayern
- **1806** Der bayer. Landesbauinspektor Ferdinand von Hohenhausen läßt die eisernen Rohre und Bleikupplungen zwecks Verkauf herausreißen
- **1840** Verkauf des Schlosses Seehof an Freiherrn Ferdinand von Zandt
- **1865** Walter von Zandt läßt die noch verbliebene Wasserleitung vom Schloß bis zum Reservoir ausgraben und veräußert Rohre und Bleiringe
- **1868** Das Wasserreservoir wird für 800 Gulden zum Abbruch verkauft
- **um 1870** Umwandlung der Kaskade in eine Blumen- und Sonnenterrasse
- **1952** Umgestaltung des untersten Beckens in ein Schwimmbad
- **1975** Der Freistaat Bayern erwirbt Schloß Seehof

Fränkischer Tag (Bamberg), 19. Juli 1995

"Wassermann" bei letzter Prüfung.

Gelungener Probelauf: Die Wasserspiele mit Schloß Seehof im Hintergrund.

alle Fotos: Emil Bauer

Vorsitzende des Ballettpädagogen-Fachverbandes, tanzen 70 Mitglieder der Compagnie „Ballet Classique de Nuremberg" zur dritten Orchestersuite von Johann Sebastian Bach. Eingerahmt wird die Aufführung durch Händels Wasser- und Feuerwerksmusik (stilecht unterlegt mit einem Großfeuerwerk über den Seehofweihern), intoniert von den Bamberger Symphonikern unter Horst Stein. Die Kaskaden-Eröffnung wird der bayerische Staatsminister für

Den ganzen Sonntag über werden dann die Bürger die Möglichkeit haben, im Rahmen des vom Memmelsdorfer Ortskulturring veranstalteten Seehoftages die Wasserspiele sprudeln zu sehen (siehe gesondertes Programm). Zu beachten ist, daß Samstag und Sonntag keine Führungen nuten in Betrieb gesetzt. Auf vier Ebenen sorgen Fontänen und Wasserschleier für ein bewegtes Bild, sprudelt das kühle Naß aus Fratzenmündern und Füllhörnern der Flußgötter. In acht Stunden müssen täglich 150 Kubikmeter Wasser umgewälzt werden, wobei die Verdunstung an heißen Tagen wie derzeit bei acht Kubikmetern liegt; diese müssen vorerst aus der öffentlichen Wasserversorgung nachgespeist werden.

Zwei Jahrzehnte nach der Übernahme der ehemaligen fürstbischöflichen Sommerresidenz durch den Freistaat Bayern bekommt mit die-

untersuchung (Petzet: „Es dürfte bisher kaum ein vergleichbares Bauwerk des 18. Jahrhunderts geben, das derart minutiös, Stein für Stein, untersucht wurde") konnte man an den aufwendigen Unterbau der Anlage und die anschließende Rekonstruktion gehen. Die Schritte dieser 8,5 Millionen Mark teuren, zunächst unter Trägerschaft der Gemeinde Memmelsdorf, später unter staatlicher Regie erfolgten Maßnahme sind auch in einem neuen Buch über Schloß Seehof nachzuvollziehen, das der Fränkische Tag in den nächsten Tagen herausgibt.

Bleibt die Hoffnung, daß nun die Kaskade etwas länger sprudeln möge als in ihrem „ersten Leben". Und wer weiß: Vielleicht begegnet dem einen oder anderen Spaziergänger ja irgendwann einmal die wunderschöne, sagenumwobene Nymphe Opalia?

Michael Schubert

1975 Der Freistaat Bayern erwirbt Schloß Seehof
1977 Grundsteinlegung durch Kultusminister Prof. Dr. Maier im Rahmen der Festtage zum 200. Todestag von Ferdinand Tietz
1977 Beginn des verformungsgerechten Aufmaßes durch Dr. Mader
1983 Beginn der Bauforschung durch Prof. Dr. Schuller
1983 Restaurierung der Herkulesgruppe durch ein Restauratorenteam
1984 Baubeginn unter der Trägerschaft der Gemeinde Memmelsdorf
1986 Kostenermittlung durch Landbauamt Bamberg in Zusammenarbeit mit Architekt Schöppner
1987 Ende der Trägerschaft durch die Gemeinde Memmelsdorf und Weiterführung der Arbeiten an der Kaskade unter der Leitung des Bayer. Landesamtes für Denkmalpflege
1989 Weiterführung der Baumaßnahme in alleiniger Verantwortlichkeit durch das Landbauamt Bamberg
1993 „Flußgötter" Main und Regnitz sowie die wappenhaltenden Löwen kehren als Abgüsse zurück
1994 Diomedes wird als Kopie der Herkulesgruppe eingefügt

sagenumwobene Nymphe Opalia?
Michael Schubert

Seehoftag 1995

Für die breite Öffentlichkeit organisiert der Memmelsdorfer Ortskulturring, der am Samstag beim offiziellen Festakt zur Kaskadeneröffnung die Gäste bewirtet, am Sonntag, 23. Juli, einen Seehoftag. Dabei werden die Wasserspiele der Kaskade zu jeder vollen Stunde laufen, letztmals um 19 Uhr.

Als im Jahre 1764 unter Fürstbischof Adam Friedrich von Seinsheim die Kaskade eingeweiht wurde, gab es kostenlos Wein. Man berichtete, daß „Männlein und Weiblein wacker besoffen" waren. Kostenlos wird es am kommenden Sonntag zwar nichts geben, aber die im Ortskulturring aktiven Vereine werden sich alle Mühe geben, um die vielen Gäste und Freunde von Seehof zu verwöhnen.

Neben der Eröffnung der Kaskade und der Besichtigung der Parkanlagen wird dem Publikum anläßlich des 40jährigen Bestehens des Jagdhornbläsercorps Bamberg ein vielseitiges Programm geboten. Wie geschaffen für das prächtige ehemalige fürstbischöfliche Jagdschloß. Die Hubertusmesse wird um 10 Uhr von Pfarrer Güthlein zelebriert; musikalische Gestaltung: Parforcehornkorps Bamberg unter Leitung von Hornmeister Peter Panzer. Um 11 Uhr beginnt ein jagdliches Konzert mit Jagdmusik aus mehreren Jahrhunderten, gleichzeitig erfolgen die Vorstellung der Hunderassen und die Beizvogelschau. Das jagdliche Konzert der Gästecorps und des Gesangvereins Memmelsdorf ab 13.30 Uhr umfaßt Jagdsignale, Fanfaren, Märsche und jagdliche Chorsätze.

Zu Beginn und am Ende des Konzerts vereinigen sich alle Corps zu einem großen Gesamtchor unter der Leitung von Hornmeister Hans Bäuerlein und des Bayerischen Bläserobmanns Franz Waldherr.

Wer es ermöglichen kann, sollte am Sonntag mit den öffentlichen Nahverkehrsmitteln, mit dem Rad oder gar zu Fuß ins Schloß kommen. Er wird mit der Neueröffnung der Kaskade einen weiteren Meilenstein in der Restaurierung von Schloß Seehof erleben können.

Stein. Die Kaskaden-Eröffnung wird der bayerische Staatsminister für Unterricht, Kultus, Wissenschaft und Kunst, Hans Zehetmair, vornehmen.

Für das Ereignis ist noch ein Drittel der insgesamt 6000 Eintrittskarten im Vorverkauf über den Bamberger Veranstaltungsdienst (BVD) zu beziehen (Preiskategorien 25, 45 und 65 DM - die Plätze sind nicht numeriert); Abendkasse wird es nicht geben. Beginn der Veranstaltung ist um 20 Uhr, doch wird der - ansonsten den ganzen Samstag geschlossene - Park bereits um 17 Uhr geöffnet. Von diesem Zeitpunkt an verkehren zehn Busse im (mit der Eintrittskarte abgegoltenen) Pendelverkehr ab dem Großparkplatz Breitenau in Bamberg. Dr. Alfred Schelter, Leiter der in Seehof beheimateten Außenstelle des Landesamtes für Denkmalpflege, gibt den Festbesuchern den Tip, Insektenmittel zum Schutz gegen die an den Weihern unvermeidlichen Plagegeister mitzubringen!

Nach über 150 Jahren bekommen Herkules und Fama wieder eine „Dusche".

Ab der kommenden Woche wird die Kaskade dreimal täglich – um 14, 15 und 16 Uhr – jeweils zehn bis 15 Minuten Fontänen und Fratzen beleben die Kaskade, ein Teil des Figurenprogramms ist allerdings verschollen.

Freistaat Bayern bekommt mit dieser Maßnahme der „Herzstück" zurück, betont der bayerische Generalkonservator Dr. Michael Petzet. In den letzten zwei Jahrhunderten war der Anlage arg zugesetzt worden, durch den Zahn der Zeit wie auch durch Menschenhand. Zunächst ließ Fürstbischof Erthal die - seiner Meinung nach zu obszönen - Ferdinand-Tietz-Figuren der Musen und der schönen Künste entfernen (sie blieben bis heute verschollen), danach wurde der Kaskade buchstäblich das Wasser abgegraben, indem man die Leitungen, die über den Schammelsberg zur Anlage geführt wurden, abbaute. Später legten private Nutzer einen Terrassengarten mit Blumenbeeten an, bis in den 50er Jahren dieses Jahrhunderts ein Basin zum Swimmingpool umfunktioniert wurde.

Unter staatlicher Regie - die den durch die letzte Besitzerin in Gang gesetzten „Ausverkauf" von Schloßinterieur und Parkfiguren stoppte - gelang es, die wichtigsten Statuen der Kaskade zurückzuerwerben. Die Originale werden im neuen Ferdinand-Tietz-Museum in der westlichen Orangerie (Eröffnung wahrscheinlich im nächsten Jahr) aufbewahrt, an der Anlage selbst stellte man Kopien auf. Lediglich die dominierende Herkulesgruppe präsentiert sich im Freien noch original. Sie zeigt den Halbgott, bekrönt von der Ruhmesgöttin Fama und zu Füßen die bezwungenen Gegner: Drache, Hydra, nemeischer Löwe, minoischer Stier, Zerberus und Diomedes. Herkules, so schreibt Dr. Petzet in einer Festschrift zur Kaskadeneröffnung, sei als die übliche Allegorie auf den Bauherrn, Fürstbischof Adam Friedrich von Seinsheim, zu betrachten: „In diesem Zusammenhang paßt auch die Serie der Musen und Künste. Nachdem der Fürstbischof als neuer Herkules die Laster niedergestreckt und das Chaos bändigt hat, können Künste und Wissenschaften unter seiner Herrschaft aufblühen."

Nach einer ausführlichen Befund-

Wie stark der Zahn der Zeit an der Originalsubstanz der Kaskade nagte, ist im Ferdinand-Tietz-Museum der westlichen Orangerie nachvollziehbar.

Premiere der Wasserspiele von Schloß Seehof fiel ins Wasser

Eröffnungsveranstaltung des Landesamtes für Denkmalpflege mußte am Samstagabend wegen starker Regenfälle abgebrochen und auf Sonntag verschoben werden

Ein in Donnerwetter steckengebliebener Minister, eine von trommelnden Tropfen auf Regenschirmen begleitete „Wassermusik", eine gar nicht erst auftauchende „Wassernymphe", frustrierte Organisatoren und ein stinksaures und völlig durchnäßtes Publikum – die prachtvolle Eröffnung der wiedererstandenen Kaskade von Schloß Seehof unter der Regie des Bayerischen Landesamtes für Denkmalpflege und der Gesellschaft der Freunde von Schloß Seehof geriet am Samstagabend zum totalen Chaos. Ein erzürnter Petrus hatte die Himmelsschleusen geöffnet, bescherte ungewollte Wasserspiele von oben und weichte das Fest samt der etwa fünfeinhalbtausend Besucher regelrecht ein. Nach etwa einer Stunde erklärten sich die geschützt unter einem Zeltdach spielenden Bamberger Symphoniker bereit, den musikalischen Part um 24 Stunden auf den Sonntagabend zu verlegen.

„Der Himmel ist diesem Seehof einfach nicht wohlgesonnen", kommentierte eine Zuschauerin; andere waren nicht so vornehm und quittierten Ansprachen und Konzert mit Pfiffen, Buhrufen und der Forderung „Aufhören!" Ein ganz Schlauer schnappte sich gar das Mikrophon, erklärte sich selbst zum „Vorsitzenden des Hydrologischen Instituts Bamberg" und „dankte" den Organisatoren für die „rechtzeitige Absage der Veranstaltung". Krisenstimmung bei den Gastgebern Dr. Alfred Schelter (Leiter der Außenstelle Seehof des Landesamtes für Denkmalpflege) und Generalkonservator Dr. Michael Petzet. Nachdem aber der prallgefüllte Terminkalender der Bamberger Symphoniker offenbar für Sonntagabend noch eine Lücke aufwies, erklärte sich das Orchester zum Dakapo bereit.

Dabei hätte alles so schön sein können. Tagestemperaturen am Samstag von 33,1 Grad Celsius verhießen einen lauen Sommerabend, bis am Spätnachmittag der Sturm losbrach. Laut Bamberger Wetterstation fiel in der Nacht zum gestrigen Sonntag mit 36 Litern pro Quadratmeter über die Hälfte der durchschnittlichen Regenmenge des Monats Juli (60 Liter/qm).

Aber Regen und Hagel schreckte die Mehrzahl der von überall her anreisenden Seehoffreunde nicht. Trotz des angebotenen Bus-Pendelverkehrs vom Großparkplatz Breitenau in Bamberg zu Schloß Seehof hatte sich eine halbe Stunde vor Veranstaltungsbeginn eine Autoschlange zur ehemaligen Sommerresidenz des Fürstbischofs gewählt. Zähfließender Verkehr staute sich zeitweilig bis zur Grundsteinlegung zur Kaskadenerneuerung 1977 von schweren Gewittern begleitet gewesen ist, das Konzert zu eröffnen (wahrscheinlich hätte ihn das bis zum äußersten gereizte Publikum gesteinigt, wenn er begonnen hätte, die 200jährige Geschichte der Kaskade aufzurollen). Ausgestattet mit Kranz und Dreizack gab „Neptun" Petzet das Wasser (das der Schweinfurter Unternehmer, der die Verköstigung zunächst bewerkstelligen sollte, kurzfristig absagte, sprangen die Ortsvereine ein („Aber erst waren wir nicht gut genug") und blieben nun auf Bergen von Häppchen und Bratwürsten sitzen.

Fotos: Ronald Rinklef

Mit Stehplätzen war man noch am besten bedient – wer sich eine teure Eintrittskarte zur Kaskadeneröffnung geleistet hatte, blickte auf ein Meer von Schirmen.

konservator Dr. Michael Petzet blieb nichts anderes übrig, als gleich nach der Begrüßung der Ehrengäste und der Erinnerung daran, daß auch die Gartenstadt. Ein Unfall? „Nein, die Fußgänger laufen mitten auf der Straße und halten den Verkehr auf", schimpften Polizei und Feuerwehr.

Die nächste Warteschlange folgte am Park-Portal zwischen der Wachhäusern, wo nur ein Flügel offenstand. Spätestens auf dem Weg zu den Sitzblöcken war dann der sauberste Schuh voll Dreck und Schlamm. Wohl dem, der – am Ziel angekommen – Handtücher, Sitzkissen und Decken dabei hatte, denn auf pitschnassen Stühlen und Bänken holte sich selbst der Landtagsabgeordnete einen nassen Hintern.

Inzwischen hatte sich herumgesprochen, daß Kultusminister Hans Zehetmair, der die Kaskade eröffnen sollte, nicht anreisen konnte; schwere Gewitter machten den Start seines Hubschraubers unmöglich. General-

fröstelten in ihren leichten Sommerkleidchen – die Seehof'sche Götterwelt lachte sich angesichts dieses Bildes wahrscheinlich schlapp, und der Berichterstatter wünschte sich einen Christo, der statt des Berliner Reichstages Schloß und Park von Seehof wasserdicht verpackt hätte. Lange Gesichter machten die Mitglieder des Memmelsdorfer Ortskulturrings, der für die Bewirtung sorgte. Weil der „von oben" floß bereits seit einigen Stunden) frei.

Nachdem immer mehr Besucher abwanderten und das Ballet Classique de Nuremberg nicht auftreten konnte (es wäre auf der nassen Bühne mehr gerutscht als getanzt worden), hätten die Symphoniker zwar noch programmgemäß weitergespielt (Bachs dritte Orchestersuite und Händels „Feuerwerksmusik"). Doch wurden – nachdem sich auch kein Ende der Regengüsse abzeichnete – die erlösenden Worte von den veranstaltenden Denkmalpflegern doch gesprochen: „Verlegung um 24 Stunden." Dieser Entscheidung gebührt Dank und Anerkennung, denn sie ist bei einem Open air nicht selbstverständlich. Außerdem gab das Orchester gestern vormittag in der Bamberger Konzerthalle ein vormittägliches Sommerkonzert. Ob wohl ein anderes Ensemble dieses Ranges ein zweites Mal an einem Tag die Instrumente ausgepackt hätte?

Dennoch bleibt unter dem Strich die Frage, ob organisatorisch alles unternommen wurde, um ein solches Spektakel in den Griff zu bekommen? Doch was soll's: Hinterher ist man immer schlauer und den Dabeigewesenen bleibt wenigstens die Erkenntnis, einen denkwürdigen Abend, sogar mit einer Fortsetzung, erlebt zu haben.

Michael Schubert

Als „Neptun" stattete Landbauamts-Chef Olaf Struck (links) den bayerischen Generalkonservator Dr. Michael Petzet aus, damit er die Wasserspiele eröffnen konnte.

Fränkischer Tag (Bamberg)
24. Juli 1995

Wasserspiele und Feuerwerk: Abgestimmt auf die von den Bamberger Symphonikern intonierte „Feuerwerksmusik" tauchten Leuchtfontänen die prächtige Kulisse von Schloß Seehof in goldenes Licht.
Fotos: Ronald Rinklef

Fränkischer Tag (Bamberg)
25. Juli 1995

Prächtiges Finale im zweiten Anlauf

Kaskadenfest in Seehof: Kunstgenuß statt Regenguß

Schloß Seehof. Happy-End im zweiten Anlauf: Die Fortsetzung der Kaskadeneröffnung von Schloß Seehof am Sonntagabend war ein unvergeßliches Erlebnis und tröstete über die Pleite des Vorabends, als die Veranstaltung wegen sintflutartiger Regenfälle abgebrochen werden mußte, hinweg. Eingemummelt in Pulli und Mantel, aber wenigstens trocken erlebten schätzungsweise 4000 Besucher ein zauberhaftes Ballett und ein grandioses Feuerwerk, musikalisch begleitet von den Bamberger Symphonikern unter Horst Stein.

Als Veranstalter hatten das Landesamt für Denkmalpflege und die Gesellschaft der Freunde von Schloß Seehof die Sache diesmal deutlich besser im Griff. Der zweite Akt des Festes begann dort, wo man am Samstag aufgehört hatte: Beim Auftritt des Ballet Classique de Nuremberg zur dritten Orchestersuite von Bach. Die Nürnbergerin Barbara Zapf-Dorn hatte um den tatsächlichen Besuch des Bayreuther Markgrafenpaars 1775 in Schloß Seehof einige Episoden gewoben. Das 70köpfige Ensemble ließ – prächtig kostümiert – Fürstbischof Seinsheim und das Markgrafenpaar ebenso wiederauferstehen wie Bildhauer Ferdinand Tietz, der die Kaskade mit Figuren ausgeschmückt hat. Dem steinernen Herkules zu Füßen tanzte die Kaskadennymphe Opalia. Reicher Beifall belohnte die Tänzer für ihren gelungenen Auftritt.

Höhepunkt war aber dann das wunderschöne Feuerwerk zur entsprechenden Musik von Georg Friedrich Händel. Die Kaskade glänzte in römischen und bengalischen Lichtern, leuchtende Wasserfälle und Sonnenräder begeisterten die Zuschauer. Den Schlußakkord setzte ein Hochfeuerwerk über den Seehofweihern – ein wahrhaft glanzvolles Finale.

Zehn Stunden hatte die Stuttgarter Firma Lüng benötigt, um die Konstruktionen und Feuerwerkskörper an der Kaskade und auf den Figureninseln in den Weihern aufzubauen. Der Bamberger Christoph Lang, als Pyrotechniker über drei Jahrzehnte für das Sandkerwa-Feuerwerk mitverantwortlich, assistierte, als die 36 Stromkreise per Knopfdruck über einen Schaltkasten zentral elektronisch gezündet wurden. Der Regen, so Lang, habe den Feuerwerkskörpern nicht geschadet, da sie in Folie eingepackt waren, die dann bei der Zündung einfach durchschossen wird.

Im Hörfunkprogramm Bayern 2 wird am Sonntag, 30. Juli, von 11.30 bis 13 Uhr ein Bericht über „Die Wasserkünste des Herkules - eine Nacht in Schloß Seehof zum Abschluß der Renovierung" gesendet.
MS

Die Nürnberger Ballett-Compagnie der Fachschule für Bühnentanz setzte die fürstbischöfliche Kaskadenweihe und den Staatsbesuch des Markgrafenpaares von Ansbach-Bayreuth von 1775 in Szene. Verstärkt wurde das Ensemble durch Oliver Essigmann vom Nationaltheater Slowenien. Höhepunkte der Aufführung waren das Erscheinen der Kaskadennymphe Opalia und der Tanz des Rokoko-Schäferpaares Doris und Amint.

Süddeutsche Zeitung
10. August 1995

Von der Stunde Null zum Wiederaufbau:
Alte Bilder sagen mehr aus als viele Worte

Kriegsschäden in Bayern erstmals von Landesamt für Denkmalpflege umfassend dokumentiert

Von Silke Wettach

München – Bayern zur Stunde Null: Wohnhäuser, Bahnhöfe, Kirchen und Klöster liegen in Schutt und Asche. „Wie geradezu hundertmal hat Napoleon auf seinen vielen Kriegszügen jegliches deutsches Stadtbild völlig intakt gelassen und sich selbst an ihren Schönheiten gefreut", schreibt 1946 der Direktor des Landesamtes für Denkmalpflege, Georg Lill, angesichts der Zerstörung. 50 Jahre später dokumentiert in einem Arbeitsheft der Behörde Schäden, Verluste und den Wiederaufbau. „Zum ersten Mal gibt es da mit eine Übersicht in Buchform", betonte Generalkonservator Michael Petzet gestern in München.

1054 Fotos hat Autor Karlheinz Hemmeter aus dem Landesarchiv, der Sammlung Marburg und aus dem Besitz von Kommunen und Bauämtern zusammengestellt. Auf 290 Seiten wird das Schicksal von rund 450 Gebäuden in 82 Orten in ganz Bayern von Acholshausen (Landkreis Würzburg) bis Zell am Main (Landkreis Würzburg) gezeigt.

Hemmeter hatte sich mit der Thematik bereits vor zehn Jahren beschäftigt: Damals verfaßte er ein Kapitel über Bayern für eine Publikation über die Kriegsschäden in der Bundesrepublik. Das Kapitel bildete nun die Grundlage für die stark erweiterte Dokumentation.

Auf lange Einleitungen wurde verzichtet; stattdessen führen Essays der ehemaligen Generalkonservatoren Georg Lill und Joseph

Berge von Schutt und kaum ein erhaltenes Gebäude: Die Münchner Ludwigstraße zu Kriegsende.

Münchner Merkur
26. Juli 1995

Bayerische Denkmalpfleger unterstützen kroatische Kollegen

Erste-Hilfe-Station für Kunstwerke

In Schloß Ludbreg werden kriegsbeschädigte Kulturgüter gesichert und restauriert

Von Birgit Matuscheck-Labitzke

München/Zagreb – Als zu Beginn des Balkankriegs ein Hilferuf kroatischer Denkmalpfleger in Bayern eintraf, reagierte das bayerische Landesamt für Denkmalpflege mit einer spontanen Initiative. „Als Fachbehörde für Denkmalpflege kann unser Amt naturgemäß auf diesem Gebiet am kompetentesten helfen", meint Generalkonservator Michael Petzet, der auch angesichts der verzweifelten Lage der Menschen im ehemaligen Jugoslawien Rettungsaktionen für Kulturgüter für gerechtfertigt hält. Humanitäre Hilfe werde ja von anderen, dafür zuständigen, Stellen geleistet. Außerdem habe die Rettung von Kulturgütern noch ganz andere „Dimensionen" als ein bloßes Rekonstruieren auf wissenschaftlich-intellektueller Basis. „Der Wiederaufbau ganz oder halb zerstörter Baudenkmäler, in denen die Geschichte einer Stadt oder einer Nation sichtbar verkörpert ist, kann ein Akt der politischen Selbstbehauptung sein – für die Bewohner in gewissem Sinn genauso lebensnotwendig wie das ‚Dach über dem Kopf'", sagt Petzet.

Zu Beginn des Krieges 1992 mußten auf kroatischem Gebiet überstürzt Kirchengut und Museumsbestände evakuiert werden. Während der Kriegsjahre wurden über 3000 Kunstwerke in verschiedenen Depots im Nordwesten Kroatiens eingelagert. Schloß Batthyany in Ludbreg, einer Kleinstadt im Norden Kroatiens unweit der slowenischen und ungarischen Grenze mit besten Bahn- und Straßenverbindungen

Hauptaltar aus der Martinskirche von Stari Brod aus dem Jahre 1743 wurde ebenso umfassend konserviert und restauriert wie der aus der Johanniskirche in Stara Drencina von 1748.

Die offizielle Eröffnung der „Restaurierungswerkstätten Schloß Batthyany, Ludbreg", fand am 15. April 1994 statt. Kroatische und bayerische Denkmalpfleger kümmern sich hier vorrangig um kriegsgeschädigtes Kunst- und Kulturgut aus den besetzten und zerstörten Gebieten Kroatiens. Alles kulturell Bedeutsame in der gerade von den Kroaten zurückeroberten Krajina sei kaputt, berichtet Erwin Emmerling, Restaurator am Landesamt für Denkmalpflege, der selbst erst kürzlich wieder in Kroatien war. Museen, Rathäuser, 400 katholische Gotteshäuser und 100 serbisch-orthodoxe Kirchen seien systematisch zerstört worden, letztere teilweise von Kroaten, teilweise auch von den Serben selbst. Viele Kirchen wurden gesprengt, teilweise sogar vermint.

Die Kirche in Liki Osik im Dinarischen Bergland wurde zum Beispiel mit serbischer Artillerie beschossen. Vor dem Granateinschlag am Turm weht noch die zerfetzte Fahne mit dem Symbol der Haager Konvention. Die an den Kirchen aufgehängten Fahnen mit dem blauen Pfeil auf weißem Grund, Zeichen der internationalen Konvention von 1954 zum Schutz von Kulturgut bei bewaffneten Konflikten, haben in Kroatien genau das Gegenteil bewirkt. Die Serben haben die Schutzsymbole geradezu als Wegweiser für die Willen der kroatischen Regierung zum zentralen Wiederaufbauzentrum ausgebaut werden. Gleichzeitig soll Schloß Ludbreg ein Ort der Restauratoren- und Konservatorenausbildung und ihrer weiteren Spezialisierung sein. Seit der Eröffnung haben neben der kroatischen Stammbesatzung über 50 in- und ausländische Restauratoren hier gearbeitet. Bayern fördert diese internationalen Kontakte gezielt, um das Projekt politisch auf eine breitere Basis zu stellen.

Das unübersehbare Ausmaß der Schäden wird nach den Worten Petzets zur Folge haben, daß in ganzen Regionen die Städte und Dörfer neu aufgebaut werden müssen – mit entsprechenden Folgen für die historische Bausubstanz: „Eine realistische Erfassung der Verluste und Entwicklung systematischer Instandsetzungsprogramme werden wohl erst möglich sein, wenn die Waffen endgültig schweigen."

Maria Ritz aus den Jahren 1946 und 1954 in das Thema Wiederaufbau ein. Die Texte zeigen: Schon damals wurde kontrovers diskutiert, ob ein originalgetreuer Nachbau einer den modernen Bedürfnissen angepaßten Neuversion vorzuziehen sei.

Daß Text in dem Band relativ wenig Platz einnimmt hat seinen Grund. „Mehr als Worte", so Petzet, „können die oft erschütternden Aufnahmen der zerbombten Baudenkmäler sagen".

dungen in alle Landesteile, bot mit rund 3500 Quadratmetern Nutzfläche alle Voraussetzungen für die Einrichtung einer Art Erste-Hilfe-Station für Kunstwerke.

Systematische Zerstörung

Die Gemeinde Ludbreg erklärte sich bereit, die leerstehende Vier-Flügel-Anlage – früher eine Textilfabrik, dann ein Militärkrankenhaus – für 25 Jahre kostenlos zur Verfügung zu stellen. Finanziell maßgeblich unterstützt von der Hypo-Kulturstiftung, den Erzdiözesen München-Freising und Bamberg, der bayerischen Staatskanzlei und zahlreichen Privatfirmen konnten die bayerischen Denkmalpfleger mit rund 600 000 Mark die notwendigen baulichen Maßnahmen veranlassen und Depots, Konservierungs- und Restaurierungswerkstätten sowie Verwaltungs- und Büroräume einrichten. Der

systematische Zerstörung von Kulturgut benutzt, weshalb die Symbole schleunigst wieder beseitigt wurden.

Wenn die bayerischen Denkmalpfleger sich nicht im gleichen Maße um bosnische und serbische Kulturgüter kümmern wie um die kroatischen, so hat das nicht nur historische, sondern auch rechtliche und praktische Gründe. Zwischen Bayern und Kroatien gebe es alte kulturelle Verbindungen, berichtet Petzet. Und Emmerling fügt hinzu, in Bosnien herrsche Krieg und in Serbien sei es rechtlich nicht möglich, tätig zu werden. Es sei „nicht realistisch", ein gleichmäßig verteiltes Engagement zu fordern. „Außerdem", so Petzet, „sind unsere Mittel begrenzt."

Dennoch will sich die bayerische Denkmalpflege auch in Zukunft in Ludbreg engagieren. Das Zentrum, das für die Restaurierung und Konservierung von gefaßten Holzskulpturen und Gemälden bereits bestens gerüstet ist, soll nach dem

SCHLOSS BATTHYANY in Ludbreg ist nach seiner wechselvollen Geschichte als Textilfabrik und Militärhospital jetzt Werkstätte und Depot des kroatischen Restaurierungsinstituts. *Photo: rzh*

Süddeutsche Zeitung, 12./13. August 1995

Das Renaissance-Juwel leuchtet wieder

Farbgebung wie beim Originalzustand vor 400 Jahren / Nobles Domizil für das Landesamt für Denkmalpflege

Sanierung des Münzhofs abgeschlossen

Von Heinrich Breyer

Mehr als sieben Jahre lang standen hier Kräne, werkelten die Bautrupps an der Sanierung der Alten Münze und deren Umgestaltung zur Zentrale des Landesamts für Denkmalpflege samt Einbau von Labors und Restaurierungswerkstätten. Als Schlußpunkt der Großaktion sind nun vor kurzem auch die Gerüste im Renaissancehof des ehemaligen Marstall- und Kunstkammergebäudes am Hofgraben gefallen – der Blick auf die dreistöckige Laubengang-Architektur mit ihrer eigenwilligen Säulenordnung, eine Spitzenleistung süddeutscher Baukunst des 16. Jahrhunderts im profanen Bereich, ist wieder frei. Das jetzige Erscheinungsbild, so versichern die Experten, dürfte ziemlich genau dem Urzustand vor 427 Jahren entsprechen. Der einzige verbliebene Schönheitsfehler, der Asphaltbelag, soll noch im Herbst zugunsten eines Bachkiesel-Pflasters behoben werden.

Die vormalige Düsternis der Fassaden,

denen der Akademieprofessor Hermann Kaspar 1963/64 eine bleigraue Tönung verpaßt hatte, ist nicht völlig gewichen. Die Säulen der beiden unteren Geschoße und die Arkadenflächen sind anthrazitfarben gefaßt, ein wuchtiger Kontrast zum leicht angegrauten Weiß der Bogengänge. Doch nach oben, zur Nobelzone der ehemaligen Kunstkammer, lichtet sich das Bild erheblich, bedingt durch die weniger gedrungenen Bogenstellung und die leuchtend roten Farbakzente der Marmorsäulen und Balustraden.

Zu dieser von der Bauforschung beglaubigten definitiven Lösung ist man erst in letzter Minute gekommen. Zuvor hatten punktuelle Untersuchungen keine brauchbaren Anhaltspunkte für den Originalzustand gebracht. Die Fachleute diskutierten lange und kontrovers über Farbkonzepte. Die frühere Grau-Düsternis wollte man nicht mehr haben, soviel war klar. Sollte man sich aufhellen, im übrigen aber allgemeinen Renaissance-

mustern folgen? Eine andere Möglichkeit wäre gewesen, auf das Erscheinungsbild des 19. Jahrhunderts zurückzugehen, das auf zwei Aquarellen festgehalten ist: Das Mauerwerk grün getönt, wie das der Hofbaumeister Andreas Gärtner geliebt hat, der den Komplex 1807 zur *Moneta Regia*, zur königlichen Münze, umgestaltete; die Säulen entsprechend dem Farbton der Marmorexemplare im zweiten Obergeschoß rot abgesetzt. Ein anderer Vorschlag lautete: Das Ganze nach dem Vorbild österreichischer Renaissancehöfe schlicht weisseln.

Eine zunächst unliebsame Überraschung führte schließlich auf die historische Spur. Die Entdeckung nämlich, daß größere Teile der Putzschicht, auch an den Säulen, schwer salzhaltig waren. Sie mußten abgeschlagen werden, und so kam der Wandmalerei-Experte Jürgen Pursche zu einem breiten Untersuchungsfeld und schließlich zu einem eindeutigen Befund in Bezug auf die Originalfassung. Stellenweise ist er freilich, so in den Gewölbezonen der Gänge, auf nahezu schwarze Färbungen gestoßen, doch die rühren vom Ruß der Öllampen oder Fackeln her, mit denen man einst hohe Herrschaften in die Kunstkammer geleitet hat.

Hohes Lob zollt Generalkonservator Michael Petzet den Malern, die den Anstrich in einem Arbeitsgang geschafft haben, so daß er – mit sichtbarem Pinselstrich – locker und lebendig wirkt. Am „Tag des offenen Denkmals", dem 10. September, will Petzet in der prächtigen Kulisse eine kleine Leistungsschau seines Amts präsentieren.

Man wird dabei auch den Heldenputto von der Mariensäule zu Gesicht bekommen, der schon vor Jahren zur Generaluntersuchung und zur Kur in die Werkstätten gekommen ist. Doch auch ohne Denkmaltag steht der Arkadenhof während der Dienstzeiten der Behörde zur Besichtigung offen.

Gesucht: die Milchbar

Denkmalpfleger kümmern sich nun um die 50er Jahre

Von unserem Redaktionsmitglied
Angela Bachmair

Nach einem ausführlichen Gespräch zwischen Landeskonservator und Kultusminister ist der Konflikt zwischen Denkmalamt und Ministerium beigelegt: Die bayerische Denkmalliste wird nicht geschlossen. Der Gegenstand des Streits – Bauten der Nachkriegszeit – soll nun erfaßt werden, allerdings nach strengen Maßstäben.

Im Herbst will Bayerns oberster Denkmalschützer, Prof. Michael Petzet, eine Liste der Nachkriegsgebäude vorlegen, die als wichtig für die Architekturgeschichte eingestuft werden. Auch wenn die bayerischen Denkmale mit 110000 Objekten und 900 Ensembles zum größten Teil erfaßt seien, habe er mit Kultusminister Zehetmair doch Einigkeit darüber erzielt, daß „die Liste für Nachträge immer offenbleibt", was bisweilen auch Bauten der älteren Vergangenheit, aber vor allem solche aus den ersten 15 Jahren der Bundesrepublik, betrifft. Damit ist ein Konflikt beigelegt, der im Frühsommer Denkmalschützer und Architekten auf den Plan gerufen hatte.

Per ministerieller Weisung war dem Landesamt für Denkmalpflege auferlegt worden, bei neuen Ausweisungen von Denkmalen äußerst restriktiv vorzugehen und vor allem Bauten der Nachkriegszeit auszuklammern, da diese nicht aus einer „abgeschlossenen Epoche" stammten, wie sie das Gesetz vorschreibe.

Die Haltung des Ministeriums hatte zu heftigen Protesten geführt, bei denen etwa der Architekturhistoriker und Leiter des Architekturmuseums Schwaben, Prof. Winfried Nerdinger, die „Amputation" des Gesetzes beklagt hatte. Die 50er Jahre seien zwingend als abgeschlossene Epoche zu sehen, und Gebäude aus dieser Zeit gehörten unter Denkmalschutz. Bei einer von den schwäbischen Architektenverbänden veranstalteten Diskussion in Augsburg hatte der Verwaltungsrechtler Nikolaus Birkl die Weisung des Ministeriums gar als rechtswidrig bezeichnet.

Die Proteste haben Wirkung gezeitigt: Kultusminister Hans Zehetmair sprach mit Petzet und sagt heute: „Die Denkmalliste ist nie geschlossen worden." Deswegen habe er keine Kehrtwendung vollziehen müssen, ste-

he er doch der Denkmalpflege mit großem Interesse und Verständnis gegenüber. Auch sein Ministerialrat Stefan Scherg spricht von einem „Mißverständnis", da eine Schließung der Liste rechtlich gar nicht möglich sei. Man habe nur eine Ausweitung des bayerischen Denkmalbestands verhindern wollen. Mit einer Generation Abstand könne man inzwischen über die Schutzwürdigkeit einzelner Bauten aus den 50er Jahren „nachdenken", so Zehetmair.

Bleibt die Frage, welche Gebäude nun zum Denkmal erklärt werden sollen. Für Zehetmair dürfen es nur „exemplarische Bauten von besonderem Rang sein", was etwa bei der Münchner Maxburg von Sep Ruf und Theo Pabst oder bei Kirchen von Michael Kurz und Thomas Wechs in Augsburg und Kaufbeuren unstrittig sein dürfte. Bei zahlreichen anderen Objekten von Wohnbauten über Geschäftshäuser bis zu Tankstellen müssen laut Petzet „strenge Kriterien" angewandt werden, um ihre typische Bedeutung für die Zeit zu überprüfen. „Schön wäre, wenn wir eine Milchbar fänden", meint der Landeskonservator mit Blick auf die oft bescheidenen Bauten mit sparsamer und doch detailgenauer Ausstattung. In jedem Fall gehe es darum, einen hohen Qualitätsmaßstab festzulegen.

Auswahl der Bauten

Winfried Nerdinger macht einen „falschen Zungenschlag" fest, wenn auf der Strenge von Kriterien herumgeritten werde. „Die Kriterien stehen im Gesetz." Nerdinger befürchtet, daß eine begrenzte Anzahl von Nachkriegsbauten „quasi als Alibi" unter Schutz gestellt werde, ohne daß man die Auseinandersetzung damit führe. Einstweilen haben sich Fachleute unabhängig vom Landesamt an die Auswahl entsprechender Objekte gemacht. In Augsburg stellten Kunsthistoriker in einer bayernweit einmaligen Aktion bedeutende Bauten zusammen, die sie am Denkmaltag, 10. September, in Stadtführungen, mit Ausstellung und Katalog präsentieren. Und an der Technischen Universität München ist ebenfalls im September ein Symposion geplant. Die Vorstöße finden freilich weder beim Landeskonservator („Das hilft mir nicht unbedingt") noch bei Ministerialrat Scherg („Die Diskussion sollte vom Tisch") großes Gefallen.

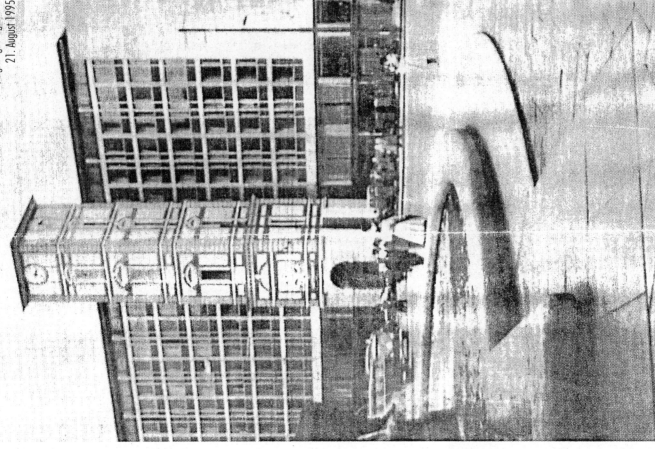

Die in den Jahren 1953-57 erbaute neue Maxburg am Münchner Lenbachplatz gilt als Beispiel kompromißlos modernen Bauens nach dem Kriege. Bild: Kat.

Bayerische Denkmalpfleger beraten Kollegen in Dubrovnik

Das dalmatinische Bollwerk hat standgehalten

Generalkonservator Petzet Mitglied der Kommission zum Wiederaufbau der Stadt

Von Birgit Matuscheck-Labitzke

München – Wenn Michael Petzet in den Nachrichten hört, daß kroatische und serbische Einheiten sich im Hinterland von Dubrovnik wieder heftige Artillerieduelle liefern und daß die Adriastadt erneut unter Granatbeschuß steht, dann erfüllt ihn das nicht nur der Menschen wegen, die dort leben, mit großer Sorge. Der bayerische Generalkonservator gehört der Kommission für den Wiederaufbau von Dubrovnik an, die die dortige Denkmalpflege in praktischen Fragen des Wiederaufbaus berät.

Die süddalmatinische Adriastadt – laut UNESCO-Beschluß ein „Denkmal der Weltkultur" – war im Herbst 1991 monatelangem Granatenhagel ausgesetzt. Zwei Drittel der Häuser, Paläste und Kirchen im mittelalterlichen Festungsring erlitten Treffer, aber maximal zehn Prozent einen Totalschaden, berichtet Petzet. 30 Prozent der Gebäude seien zwar erheblich beschädigt worden, ein Wiederaufbau sei aber möglich. „Der Charakter der Stadt wurde nicht zerstört", versichert Petzet. Die Umgebung der Stadt freilich ist unbewohnbar. Häuser und Wälder wurden dem Erdboden gleichgemacht, das Gelände von den Serben vermint. Tourismus, einst die Haupterwerbsquelle der Region, findet praktisch nicht mehr statt, der Lebensstandard der Menschen ist drastisch gesunken. Die UNESCO habe sich zwar sehr für „eine der schönsten Städte der Welt" eingesetzt. So hätten inzwischen alle Dächer neu gedeckt und die Häuser so gesichert werden können, daß sie vor Regen, Wind und Wetter geschützt seien, aber natürlich nicht vor den Geschützen der Serben. Die massiven Mauern des dalmatinischen Bollwerks haben in der 1300jährigen Geschichte der Stadt allen Belagerern standgehalten. Nur einmal barsten die Mauern – das war bei einem Erdbeben Mitte des 17. Jahrhunderts.

Deshalb werde jetzt überlegt, ob man die Denkmäler beim Wiederaufbau erdbebensicherer machen soll. Die Kommission, in der auch Italiener, Franzosen und Österreicher vertreten sind, tendiert laut Petzet eher dazu, die Frage mit nein zu beantworten. Auch kleinere Granatsplitterschäden sollen nicht unbedingt beseitigt werden. Die Kommission habe es häufig mit statischen Problemen, aber auch mit stadtpolitischen Fragen zu tun; zum Beispiel müsse entschieden werden, ob ein Denkmal künftig als Hotel oder als Wohnhaus genutzt werden solle. Da die ehemalige jugoslawische Denkmalpflege führend in Europa war, ist Petzet überzeugt, daß der „normale" Besucher in 10 bis 15 Jahren von den Spuren des Krieges nichts mehr bemerken wird. Als der bayerische Generalkonservator das sagte, hatten die Serben ihre Geschütze allerdings noch nicht erneut vor Dubrovnik in Stellung gebracht.

Süddeutsche Zeitung
2./3. September 1995

RAUCHWOLKEN ÜBER DER HISTORISCHEN ALTSTADT: *Das Bild entstand im November 1991. Jetzt ist die dalmatinische Metropole Dubrovnik erneut dem serbischen Granatfeuer ausgesetzt.*
Photo: AP / SV-Bildarchiv

Bayernkurier
12. August 1995

Offene Denkmalliste

Die 1985/86 publizierte Liste der bayerischen Baudenkmäler erfaßt zwar den wesentlichen Gesamtbestand schützenswerter Bauten des Freistaats, sie bleibt jedoch grundsätzlich für Änderungen und Nachträge offen. Dies vereinbarten Kultusminister Zehetmair und Generalkonservator Professor Michael Petzet in München. Betroffen von dieser Vereinbarung ist insbesondere die Architektur der Nachkriegszeit, für deren denkmalpflegerische Bewertung inzwischen fachliche Kriterien erarbeitet wurden. Wertvolle Beiträge hierzu hat das Deutsche Nationalkomitee für Denkmalschutz geleistet. In Bayern sind bisher nur verhältnismäßig wenige Bauten der Nachkriegszeit in die Denkmalliste eingetragen. Bei der Fortschreibung der Liste werden angesichts der großen Zahl von Nachkriegsbauten strenge Maßstäbe zu beachten sein. Der Kultusminister beauftragte Generalkonservator Petzet, entsprechende Vorschläge zu erarbeiten.

Unbezahlbare Freizeitmuseen?

Die Bauten der fünfziger Jahre: Seminar des Instituts für Städtebau und Wohnungswesen in München

„Das ist aus vergangener Zeit". Mit dieser Anspielung auf Paragraph Eins des Bayerischen Denkmalschutzgesetzes, in dem die vage beschriebene Eigenschaft „aus vergangener Zeit" als Kriterium für die Schutzwürdigkeit eines Objekts festgesetzt ist, beantwortete Bayerns oberster Denkmalhüter Michael Petzet bei einer Podiumsdiskussion die Frage, wie weit Anweisungen des Kultusministeriums vom Herbst vorigen Jahres noch gültig seien. Darin war bestimmt worden, daß das Register mit 110 000 Einzeldenkmälern eine Obergrenze bilden müsse; die Liste solle geschlossen werden; weitere „Erfassungen" dürften nur vorgenommen werden, wenn Eigentümer und Gemeinde zugestimmt haben. Als Angriff auf die Moderne hat Ira Mazzoni an dieser Stelle die Restriktionen gewertet. Der Wellenschlag, den ihr Artikel ausgelöst hat, war beachtlich. Er führte zu einer ministeriellen Presseerklärung, die ein Umdenken signalisierte.

War es also nur noch ein akademisches Nachhutgefecht, was das Münchner Institut für Städtebau und Wohnungswesen im dicht gedrängten Programm eines zweitägigen Seminars „Denkmalpflege und Städtebau" zu einem Hauptthema gemacht hat, nämlich den Umgang mit Bauten der fünfziger Jahre? Alles vom Tisch? Nikolaus Birkl, Fachanwalt für Verwaltungsrecht, der schon im Frühjahr bei einer Vortragsveranstaltung Augsburger Architektenverbände den Vorstoß als rechtswidrig bezeichnet hatte, weil kein Regierungsbeschluß festlegen könne, was eine Denkmal ist, was nicht, sagte klipp und klar nein. Die umstrittenen Anweisungen müßten offiziell zurückgezogen werden, denn das faktische Verhalten von Behörden richte sich nun einmal nicht nach Pressemitteilungen.

Ausgangspunkt der Diskussion war das Faktum, daß die „Lebenserwartung" von Architektur immer kürzer wird, bisweilen nur bis zur Zeitspanne steuerlicher Abschreibung, der Veränderungsdruck immer stärker. Generalkonservator Petzet gestand einen Nachholbedarf bei Schutzwürdigem zu, er plädierte jedoch für eine relativ hoch gesteckte Meßlatte angesichts einer Zahl von Objekten, die in der Summe ein Vielfaches über der von Werken vergangener Jahrhunderte liege. Als Eckdatum für die vom Gesetz verlangte „abgeschlossene Epoche" schlägt er das Jahr 68 vor. Der Architekt und Architekturprofessor Peter C. von Seidlein sieht indes überhaupt keine Zäsur im Prozeß modernen Bauens. Er zeigte Verständnis für die Furcht des Kultusministeriums, eine Denkmal-Inflation könne zu einem unbezahlbaren Freilichtmuseum führen. Man sollte eher die französische Praxis zum Vorbild wählen, beim Schutz für Bauten, die nicht gerade den Rang gotischer Kathedralen haben, eine sinnvolle wirtschaftliche Nutzung zur Bedingung zu machen.

Das war eine These, die auf Widerspruch stieß. Die Journalistin Ira Mazzoni wies auf die Vielzahl von qualitativ erstrangigen Bauten hin, die zur Sanierung und Veränderung oder auch zum Abbruch anstehen: Neben Geschäftshäusern Kinos, Verwaltungsbauten, Schulen, Kindergärten – historische Zeugnisse einer Epoche und ihrer Baukultur. Weil das Problem häufig im desolaten Zustand der Objekte liegt, verursacht durch Materialien, die damals noch nicht erprobt waren und heute nur schwer restaurierbar sind, hakte der Kunsthistoriker Norbert Huse an diesem Punkt ein. Könnte nicht das Bayerische Denkmalamt, weltberühmt für die Leistungen seines Zentrallabors, hier Pionierarbeit leisten, genausogut wie für die Rettung der altehrwürdigen chinesischen Ton-Reiterarmee?

Wie im einzelnen – unabhängig vom Eintrag eines Objekts in die Denkmalliste – Experten bei der grassierenden Veränderungswelle bisweilen durch Beratung das Schlimmste verhindern können, das zeigten Ulrich Walter vom Landesdenkmalamt und Franz von Stillfried von der Unteren Denkmalschutzbehörde mit eindrucksvollen Beispielen aus der täglichen Praxis. Wobei der städtische Vertreter bitter vermerkte, daß solche Hilfestellung im kommunalen Bereich, weil ohne gesetzlichen Auftrag, neuerdings verboten werde.

Scheibchenweise Zerstörung

Bei einer Exkursion in die Innenstadt bekamen die Seminarteilnehmer auch etwas mit von den gewaltigen städtebaulichen Veränderungen, die von der Hypo-Bank an ihrem Stammsitz zwischen Theatiner- und Kardinal-Faulhaber-Straße geplant sind. Dieses Projekt, bei dem der Bau von Adolf Abel an der Theatinerstraße geopfert werden soll, wurde zu einem zentralen Thema der Diskussionen. Einmal als Beispiel für die Abräumung eines qualitativ hochrangigen Architektur-Gesamtkunstwerks aus den späten vierziger Jahren, vor allem aber als Brennpunkt der Gefahren, die dem Stadtbild innerhalb eines Jahrzehnts drohen. In dieser Zeit sollen nämlich, wie Graf Stillfried in einem leidenschaftlichen Appell zur Wachsamkeit vermerkte, nicht weniger als 25 Prozent des Baubestands der Innenstadt ausgewechselt werden.

Das historische Zentrum – Altstadt mag man nicht sagen, weil der allergrößte Teil ein Produkt der Nachkriegszeit ist – bündelt die Problematik 50er Jahre exemplarisch. Da glänzen außer den geretteten, den teilweise rekonstruierten Hochkultur-Bauten zwischen Spätgotik und Gründerzeit wenig Solitäre allerersten Ranges. Und schon gar nichts Progressives. Dennoch bildet dieses kleinteilige, bescheiden auf alten Grundstücksgrenzen gefügte Ensemble ein unschätzbares Kapital. Beeindruckt von dieser urbanen Leistung stellte der Leipziger Kunsthistoriker Thomas Topfstedt die Kardinalfrage, wie man eine scheibchenweise Zerstörung dieser Form verhindern könne. Die Antworten waren relativ vage. Die Stadtbaurätin Christiane Thalgott vertrat zwar den Standpunkt, es wäre ein großer Fehler, wenn die prägende Geschichte des Wiederaufbaus nicht mehr sichtbar bliebe; andererseits könne die Lösung nicht heißen: Es muß bleiben, wie es ist! Wolle man den historischen Arbeitsplatz-Standort erhalten, müsse man im Einzelfall auch großteiligere Strukturen akzeptieren. „Das Schrittmaß wollen wir aber erhalten."

Wie das zustandekam, daß der Stadtkern sich nach dem Krieg so erneuert hat, als hätten sich die Gene des Zerstörten weitervererbt, das stellte Otto Meitinger dar, scheidender Präsident der Technischen Universität, als Ordinarius für das Fach Denkmalpfege und Entwerfen Mitveranstalter des Seminars. Sein Referat war das eines Kronzeugen, weil er als Bauleiter zwischen 1954 und 64 den Wiederaufbau der weitgehend zerstörten Residenz geleitet hat; zum anderen, weil sein Vater, damals Stadtbaurat, mit dem „Meitinger-Plan" die Leitlinien des Wiederaufbaus im historischen Gefüge vorgegeben hat – ein Prinzip, das als hoffnungslos konservativ kritisiert wurde.

Die beiden Punkte des Seminars, „Stadtbildpflege" und „Bauten der fünfziger Jahre", verschmolzen so zu einem einzigen Komplex. Und dank eines von Ingrid Kra, Inhaberin des Lehrstuhls für Städtebau und Entwerfen der Münchner TU, sorgfältig vorbereiteten Programms erwiesen sich die Münchner Exempel als Fallbeispiele einer allgemeinen Problematik. So hat eine Umfrage in den Bundesländern ergeben, daß es theoretisch nirgendwo Probleme macht, Bauten der Nachkriegszeit als Denkmäler einzustufen. Doch nur theoretisch. „Die Realität sieht anders aus", konstatierte die Hamburger Behörde. Das Verständnis bei Eigentümern und Partnern sei gering, in den Siedlungen sei Verdichtung angesagt, Modernisierungen führten zu massiven Verfremdungen. „Es fehlt an Akzeptanz."

Von der doppelt verzwickten Lage in den neuen Bundesländern berichtete Thomas Topfstedt aus Leipzig. Denn dort multiplizieren sich die Probleme verfallender Altstädte mit dem Auftrag, signifikante Zeugnisse der DDR-Geschichte zu überliefern. Und die bestehen, wie er mit Dias belegte, keineswegs nur aus Plattenbau-Schrott. Selbst das bekannteste Zeugnis sozialistischer Selbstdarstellung, die Berliner Karl-Marx-Allee, wird kaum ein Originaldokument bleiben. Die bildbestimmende Keramik-Verkleidung der Fassaden ist längst zum Patchwork abgeblättert, und ein glatter Verputz, wie er einem der Hochhäuser bei der Sanierung verpaßt wurde, entwertet den Bau. Also alles ab in den Schutt?

HEINRICH BREYER

Süddeutsche Zeitung
23./24. September 1995

Augsburger Allgemeine
11. September 1995

Am kommenden Sonntag:
Denkmäler auf dem Laufsteg
Offene Türen in historischen Einrichtungen

Von Birgit Matuscheck-Labitzke

München – Am „Tag des offenen Denkmals" beteiligen sich am kommenden Sonntag insgesamt 32 europäische Länder. In der Bundesrepublik sind wieder alle Bundesländer mit von der Partie. Die Koordination für Bayern haben auch in diesem Jahr wieder das Landesamt für Denkmalpflege und der Landesverein für Heimatpflege übernommen.

Die zentrale Eröffnungsveranstaltung findet im ehemaligen Kartäuserkloster Buxheim (Kreis Unterallgäu) statt. Nach dem Festgottesdienst um 10 Uhr im Kartausengarten werden unter anderem Führungen zur Kartausenanlage und ein Frühschoppen mit der Buxheimer Musikkapelle geboten. Nach dem Festvortrag von Kultusminister Zehetmair gibt es einen „Buxheimer Abend" im Festzelt.

Etwas Besonderes hat sich die Stadt Starnberg einfallen lassen. Hier stellt der Chef der bayerischen Denkmalpflege, Michael Petzet, um 9 Uhr im Heimatmuseum den Modellversuch „Landschaftsmuseum Oberes Würmtal" vor. Bei einer Wanderung durch das Mühltal um 14 Uhr wird das Konzept anhand von Natur-, Boden- und Baudenkmälern erläutert.

Mit einem dicht gedrängten Programm wartet wieder Regensburg auf: Insgesamt 17 Denkmäler werden eigens offen gehalten oder durch Führungen zugänglich gemacht, darunter der Dachstuhl des Alten Rathauses, das „Ohmwerk" an der Steinernen Brücke und das Velodrom.

Im Kurhaustheater Augsburg-Göggingen findet unter dem Motto „Rock'n Ruins" zwischen 13 und 19 Uhr ein Wettbewerb statt. Historische Porzellanherstellungstechniken sind in der Porzellanfabrik in Selb-Plößberg (Kreis Wunsiedel) zu besichtigen, und im Wittauer Haus der Stadtverwaltung Hollfeld (Kreis Bayreuth) können Interessierte Einblick in die Arbeit einer Kirchenmalerwerkstatt nehmen. In Kitzingen ist zwischen 14 und 17 Uhr die ehemalige jüdische Synagoge an der Landwehrstraße zur Besichtigung geöffnet, in Kleinheubach (Kreis Miltenberg) eine jüngst restaurierte „Mikwe", ein Judenbad und der Judenfriedhof.

In der Heilig-Geist-Kirche in Landshut erläutern Archäologen der Außenstelle Landshut des Landesamtes für Denkmalpflege zwischen 10 und 17 Uhr die romanischen Grabungsfunde. Die Archäologen der Außenstelle Ingolstadt stellen Geländedenkmäler im Bereich der ICE-Neubaustrecke im Kreis Eichstätt vor.

Süddeutsche Zeitung, 8. September 1995

Im Chorgestühl von Buxheim nahm die bayerische und regionale Prominenz (von links: CSU-Abgeordneter Josef Miller, Landeskonservator Michael Petzet, Bezirkstagspräsident Georg Simnacher und Kultusminister Hans Zehetmair) am „Tag des offenen Denkmals" Platz, während . . .

. . . durch das renovierte und kurz vor der Wiedereröffnung stehende Kurhaustheater in Augsburg-Göggingen – wie durch viele andere denkmalgeschützte Gebäude in ganz Deutschland – Hunderte von neugierigen Besuchern schlenderten.
AZ-Bilder: Bachmann/Diekamp

Süddeutsche Zeitung, 28. September 1995

Jahrestagung in Augsburg

Die Denkmalpflege wurzelt im Handwerk

Präsident Späth klagt über Mangel an ausreichend qualifiziertem Personal

Von Andreas Roß

Augsburg – Das Deutsche Handwerk treibt die Sorge um, für die Ausführung denkmalpflegerischer Arbeiten künftig nicht mehr über ausreichend qualifiziertes Personal zu verfügen. Die ungenügende Schulbildung vieler Berufsanfänger, eine vom Markt erzwungene Spezialisierung der Handwerksfirmen und die fehlende Bereitschaft von Abiturienten und Hochschulabsolventen, sich im Handwerk zu verdingen, verschärften zunehmend das Problem. „Von einem qualifizierten Handwerkernachwuchs hängt jedoch die Qualität der künftigen Denkmalpflege ab", sagte Heribert Späth, der Präsident des Zentralverbands des Deutschen Handwerks, gestern im Augsburger Rathaus zur Eröffnung der 8. Jahrestagung der Bayerischen Denkmalpflege. Späth rügte aber auch die frischgebackenen Architekten, Ingenieure und Denkmalpfleger, die zwar allesamt „hochmotiviert und engagiert" seien, denen es aber an Einblick in die handwerkliche Praxis und an Erfahrung mangele. Die Folge sei, daß es heute bei Denkmalarbeiten häufig zu „völlig inkompetenten Ausschreibungen" von Handwerksleistungen komme, betonte der Präsident.

Zwei Tage lang wollen sich die bayerischen Konservatoren mit dem Tagungsthema „Handwerk und Denkmalpflege" auseinandersetzen. Zum Tagungsprogramm gehört auch die Besichtigung des prachtvollen Kurhaustheaters in Augsburg-Göggingen, das nach seiner Restaurierung kurz vor der Vollendung steht. Und in Thierhaupten (Landkreis Augsburg) bekommen die Tagungsteilnehmer einen Einblick in die Werkstätten des bayerischen Bauarchivs, das seit 1991 im renovierten und denkmalgeschützen ehemaligen Benediktinerkloster untergebracht ist. Im nächsten Jahr wird dort auch eine Akademie für historische Handwerkstechniken eröffnet, die der Fort- und Weiterbildung dienen soll. Kultus-Staatssekretär Rudolf Klinger nannte das Thierhauptener Bauarchiv gestern ein „modernes Konzept zur Bürgerberatung in der Denkmalpflege".

Kritische Akzente setzte zunächst jedoch Handwerkspräsident Heribert Späth, der den Denkmalpflegern vorhielt, die schützenswerten Projekte oftmals zu ideologisch zu betrachten und sich mit einem „gewissen Byzantinismus" in kleinsten Details zu verlieren, statt die großen Linien zu verfolgen. Späth beklagte auch, daß die Handwerker bei kleineren Vorhaben mit ihrer Arbeit alleingelassen würden, während bei sogenannten Renommierbauten der Denkmalpflege die Kooperation reibungslos funktioniere. Außerdem sollten die Konservatoren durch Vorträge, Führungen und Diskussionen mit Schülern ihrerseits zur Imagepflege der im Denkmalschutz tätigen Handwerksberufe beitragen.

An die Öffentliche Hand richtete Späth die Forderung, Handwerksbetriebe mit besonderer Kompetenz in Restaurierungsfragen nicht verhungern zu lassen, sondern kontinuierlich mit Aufträgen zu versorgen.

Außerdem sollte der Staat die Möglichkeit schaffen, ausländische Fachkräfte, die der deutsche Markt nicht bietet, länger als nur eineinhalb Jahre in Deutschland beschäftigen zu können. Auch die Verdrängung qualifizierter Handwerkesbetriebe durch sogenannte Generalunternehmen müsse aufhören. Bayerns Generalkonservator Michael Petzet zeigte sich anschließend dankbar für die kritische Analyse, „denn im Handwerk wurzelt fast alles, was die traditionelle Denkmalpflege schützen und bewahren soll".

Denkmalpfleger haben neuen Vorsitzenden

Auf ihrer Jahrestagung in Hamburg wählte die Vereinigung der Landesdenkmalpfleger in der Bundesrepublik Deutschland den Generalkonservator des baye-

rischen Landesamtes für Denkmalpflege, Professor Dr. Michael Petzet, zu ihrem neuen Vorsitzenden. Sein Stellvertreter wurde der brandenburgische Landeskonservator Professor Dr. Detlef Karg. na ◊

Monumente
Oktober 1995

Die renovierte Pfarrkirche St. Johannes in Grünmorsbach nahmen in Augenschein (von links) Generalkonservator Prof. Dr. Michael Petzet, Domkapitular Dr. Jürgen Lenssen, Oberkonservatorin Dr. Annette Faber und Oberkonservator Dr. Ulrich Kahle.

Generalkonservator Petzet am Untermain

Oberster Denkmalschützer ist von Renovierungen beeindruckt

WÜRZBURG (pow)

„Man sieht, daß Denkmalschutz in der Diözese Würzburg sehr ernst genommen wird", erklärte Generalkonservator Prof. Michael Petzet aus München bei einer Besichtigung zahlreicher renovierter Kirchen am Untermain. Der oberste Denkmalschützer Bayerns war in die Diözese Würzburg gereist, um die Gotteshäuser in Rottenberg, Grünmorsbach, Wörth am Main, Mönchberg, Dorfprozelten und Bürgstadt nach ihrer Renovierung in Augenschein zu nehmen. Begleitet wurde er von Bau- und Kunstreferent Domkapitular Dr. Jürgen Lenssen sowie Mitarbeitern des Baureferates.

Viele untermainische Kirchenbauten wurden im Zuge der Industrialisierung durch das Bevölkerungswachstum um 1900 notwendig. Bei der Gestaltung der Gotteshäuser wählten die Architekten neobarocke oder neogotische Stilrichtungen.

In den 60er Jahren setzte laut Lenssen jedoch ein „rigoristischer Umgang" mit Gebäuden dieser Stilrichtung ein. Alte Wandmalereien wurden überstrichen, neobarocke Altäre überbaut oder historische Figuren entfernt. „Man konnte mit den heroischen Darstellungen jener Epoche nichts mehr anfangen", deutet Dombaumeister Schädel die Umbaumaßnahmen jener Zeit. „Unser Ziel ist heute jedoch, möglichst den ursprünglichen Zustand dieser Kirchen wiederherzustellen", so der Bau- und Kunstreferent der Diözese. Im Frühjahr hatte er gemeinsam mit Petzet bereits die Ergebnisse der Kirchenrenovationen in Ebern, Breitensee, Eyershausen, Bad Königshofen sowie die Augustiner- und St.-Adalbero-Kirche in Würzburg begutachtet.

Gelungen ist die Rückführung in den ursprünglichen Zustand nach Meinung der Denkmalschützer in Rottenberg bei Hösbach. Die Kirche ist nach der Restaurierung laut Ulrich Kahle, Oberkonservator beim Bayerischen Landesamt für Denkmalpflege in Bamberg, „die besterhaltene neobarocke Kirche am Untermain".

In ihren ursprünglichen Zustand zurückversetzt wurde die Kirche St. Johann Baptist in Grünmorsbach bei Aschaffenburg. Ab 1885 hatte der in Aachen geborene Architekt Josef Schmitz Kontakt zum Untermain. 1899 entwarf er den Plan für die Kirche, die wegen ihres rheinisch-romanischen Baustils bei ihrer Fertigstellung für Furore sorgte. Teile der Innenausstattung stammen von dem Würzburger Bildschnitzer Heinz Schiestl. Entgegen mancher Pläne zur Modernisierung dieser Kirche entschied sich die Verantwortlichen für die Wiederherstellung des ursprünglichen Stils.

Auf Schmitz gehen auch die Pläne für die Kirche in Wörth am Main aus den Jahren 1895 bis 1898 zurück. Künstlerisch wertvolle Bilder wurden hier in den 60er Jahren übermalt. Wie bei anderen Kirchenrenovierungen lobte Lenssen auch hier die gute Zusammenarbeit mit dem Bayerischen Landesamt für Denkmalpflege.

„70 Prozent aller Kirchen unserer Diözese sind in einem vergleichbar guten Zustand wie etwa die neu renovierten Gotteshäuser in Grünmorsbach, Wörth am Main oder Dorfprozelten", fügte Lenssen hinzu. „Wir liegen damit über dem Durchschnitt vieler anderer Diözesen." Bedingt durch den Kirchensteuerrückgang sieht sich das Diözesanbauamt jedoch gezwungen, im Bereich der Kirchenrenovationen in den kommenden Jahren etwas kürzer zu treten.

Volksblatt (Würzburg)
29. September 1995

Süddeutsche Zeitung
16. Oktober 1995

„Einzigartiger" Fund unter dem Neupfarrplatz

Jüdisches Viertel in Regensburg entdeckt

Gemeinde wurde 1519 ausgelöscht / Zwei Kellergewölbe sollen nun freigelegt werden

Von Rolf Thym

Regensburg – Mitten in der wunderschönen Regensburger Altstadt liegt der Neupfarrplatz, der gewiß nicht die größte Zierde des mittelalterlichen Stadtzentrums ist. Ein Autoparkplatz und die abweisende Fassade eines Kaufhauses bestimmten bis vor kurzem das Gesicht dieses Platzes – doch so sollte es nicht bleiben. Schöner, städtischer, wohnlicher soll der Neupfarrplatz werden, und es rückten Bauarbeiter an, die mit der Neugestaltung des Gevierts zwischen der Gesandten- und der Residenzstraße begannen. Bevor ein neues, teures Pflaster verlegt wurde, mußten Schächte für die Überholung des alten Netzes von Versorgungsleitungen gegraben werden. Und dabei kamen, nur einen halben Meter unter Asphalt und Kopfsteinpflaster, Mauern zum Vorschein, die von einem wichtigen Kapitel der Regensburger und der deutschen Geschichte erzählen: Bis vor 476 Jahren stand hier das Judenviertel, umgeben von einer Mauer mit sechs Toren.

Zwangstaufe in der Donau

Schon im 10. Jahrhundert gab es in Regensburg ein Viertel, in dem Bürger jüdischen Glaubens wohnten. Regensburg gilt somit als die Stadt mit der ältesten jüdischen Gemeinde in Bayern. Von einem geschlossenen Quartier berichten Urkunden aus dem 11. Jahrhundert: Damals war Regensburg dank seiner Lage an der von Handelsschiffen befahrenen Donau und als wichtige Station auf den Fernwegen nach Osten ein bedeutsamer Umschlagplatz für Waren aller Art. Um das Jahr 1050 rüsteten Regensburger Juden zusammen mit christlichen Angestellten Karawanen aus, die aus dem fernen Rußland Pelze holten. Schon im Jahr 1096 aber bekam die jüdische Gemeinde der Stadt den Haß der Christen zu spüren: Fanatische Kreuzfahrer trieben alle Juden zur Zwangstaufe in die Donau, und nachdem die christlichen Sektierer weitergezogen waren, taten die Juden „große Buße", wie ein Geschichtsschreiber festhielt.

Doch dann standen die Regensburger Juden gut vier Jahrhunderte lang unter dem Schutz der christlichen Herrscher. Die jüdische Gemeinde erhielt im 12. Jahrhundert kaiserliche Handelsprivilegien und „überstand einigermaßen heil" – wie es in einer Chronik heißt – die Verfolgungen zwischen 1298 und 1349. Es blühte der Handel, berühmte Rabbiner lehrten den Talmud in dem 150 mal 150 Meter messenden und gut 30 Häuser beherbergenden Geviert des Regensburger Judenviertels, es gab ein rabbinisches Gericht, ein Hospital, eine Synagoge mit 300 Plätzen, ein Gemeindehaus und einen Friedhof – bis in den letzten Februartagen des Jahres 1519 die jüdische Gemeinde bei einem schrecklichen Pogrom ausgelöscht wurde, nachdem Kaiser Maximilian I., der bis dahin schützend die Hand über die Juden gehalten hatte, gestorben war.

Der Schriftsteller Lion Feuchtwanger berichtet in seinem Buch „Die Jüdin aus Toledo" von „siebenhundertvierundneunzig Juden", die erschlagen worden waren; 108 Juden wurden zwangsgetauft, und „aus dem Pergament der hebräischen Rollen der Heiligen Schrift" schnitten „die Wallbrüder" Einlagen für ihre Schuhe. Das Judenviertel wurde fast ausnahmslos dem Erdboden gleichgemacht. Um den Neubau einer Synagoge von vornherein zu verhindern, wurde auf den Trümmern des jüdischen Gotteshauses eine katholische Kirche errichtet, die später evangelisch wurde – die heutige Neupfarrkirche.

Von den fünf Jahrhunderten des Regensburger Judenviertels erzählen nun also die Mauerreste, die auf dem Neupfarrplatz gefunden wurden – und zunächst einiges Kopfzerbrechen bereiteten. Teuer ist das Ausgraben und Konservieren solcher Funde, die nach einheitlicher Auffassung der Fachleute ohnehin dort

EINZIGARTIG IN BAYERN sind die in Regensburg ausgegrabenen Überreste des einstigen jüdischen Viertels, dessen Ursprünge beinahe 1000 Jahre alt sind und das im Jahr 1519 bei einem Progrom zerstört wurde. Photo: Horst Hanske

am allerbesten aufgehoben sind, wo man sie fand: unter der Erde. Nach diplomatischen Gesprächen des Regensburger Kulturreferenten Egon Greipl mit der Regensburger Jüdischen Gemeinde sowie nach einem Besuch von Simon Snopkowski, des Vorsitzenden der Israelitischen Kultusgemeinde Bayerns, und des Generalkonservators Michael Petzet kam man überein, die Kellergewölbe zweier Häuser vollends freizulegen und nahe der Neupfarrkirche nach Teilen der alten Synagoge zu suchen. Damit soll es ein Bewenden mit den Grabungen haben, die später mit einer massiven Betondecke vor der Witterung geschützt und – auch ein bedenkenswertes Relikt der Geschichte – über das Gangsystem eines direkt angrenzenden Bunkers aus dem Zweiten Weltkrieg zugänglich gemacht werden sollen. ▷

Monaco di Baviera

Colori più austeri nel Cinquecento che nell'Ottocento
Torna alle tinte originali il cortile della Zecca, raro esempio di Rinascimento tedesco

MONACO. Sulla faccciata neoclassica del palazzo che si affaccia sull'Hofgraben a pochi metri dal teatro dell'Opera e dalla Residenz, la scritta «Moneta Regia» ricorda la destinazione ottocentesca dell'edificio che fu la prima residenza dei Duchi di Baviera. Che al suo interno si celasse un cortile rinascimentale era fino a ieri noto solo agli addetti ai lavori. Il restauro dello splendido cortile a tre ordini di arcate, del 1563-67, diretto dal Conservatore Generale dei monumenti della Baviera, Michael Petzet, e dal soprintendente ai restauri Kühlenthal, con l'ausilio di Jürgen Pursche, si è protratto per cinque anni.

Quasi completamente perdute le tracce dell'intonaco cinquecentesco, il problema etico ed estetico da risolvere era la

Il cortile della Zecca di Monaco

scelta dei colori con cui restaurare l'interno del cortile, le cui superfici, incluse le colonne dei due ordini inferiori, erano state ridipinte negli anni Sessanta di un cupo grigio antracite. Le prove eseguite sull'intonaco hanno riportato alla luce strati di colorazione verde risalenti al XIX secolo, in vivace contrasto con il marmo rosato delle colonne del terzo ordine. Il contrasto verde-rosa di gusto squisitamente ottocentesco è testimoniato anche da due acquerelli dell'epoca. «Nonostante le ricerche svolte, spiega il dott. Kühlenthal fino a pochi mesi fa non si era trovata nessuna traccia dell'aspetto originario del cortile». E aggiunge: «Per quanto il Münzhof non possieda l'eleganza di un cortile del Quattrocento italiano, ma sia caratterizzato da un'architettura rustica e compatta, è un raro esempio del Rinascimento tedesco. Ricostruire l'immagine ottocentesca sarebbe stato arbitrario, perciò siamo andati avanti nelle ricerche, finché non si è trovata una traccia della colorazione originale». Finalmente sotto uno strato di intonaco del XIX secolo sono comparse le tracce dei colori cinquecenteschi: grigio pietra per le colonne dei due ordini inferiori e bianco calce per le pareti; le colonnine in marmo del piano nobile, pulite, mostrano la colorazione rossorosea. Presto inizieranno i lavori di pavimentazione del cortile, che nel frattempo è stato aperto al pubblico.

Cristina Giannini

Il Giornale dell'Arte
Novembre 1995

I cappuccini consolidano l'eremo del Beato Angelo

GUALDO TADINO (PG). L'eremo del Beato Angelo in prossimità del convento del Divino Amore versa in un grave degrado cosicché si è deciso un intervento plurimo: i padri cappuccini provvederanno al consolidamento della struttura e al rifacimento delle coperture e nel contempo verranno restaurati gli affreschi della cella in cui il santo eremita visse trent'anni. A realizzarli nella seconda metà del Quattrocento fu Matteo da Gualdo, artista di formazione tardo gotica permeata dal repertorio formale del Rinascimento (*Ansa*).

Denkmal zum Sprechen bringen

„In Bayern", so sagt Bayerns oberster Denkmalpfleger Michael Petzet, seien die Funde des Regensburger Judenviertels „einzigartig". Nun sei es wichtig, „daß das Geschichtsdenkmal auch zum Sprechen gebracht wird" – vielleicht durch ein Denk- oder Mahnmal, das auf dem Neupfarrplatz errichtet werden könnte und auf den unteriridischen Schatz hinweisen solle.

Und für Simon Snopkowski sind die Funde eine überaus wichtige Erinnerung an die „deutsch-jüdische Symbiose". Die Mauerreste seien nicht allein für die Bürger jüdischen Glaubens von erheblicher Bedeutung: Sie sollen deutlich machen, sagt Snopkowski, daß die jüdischen Gemeinden immer auch „Bestandteil der deutschen Kultur waren". Und er freut sich darüber, daß die Funde künftig vom Bunkergang aus betrachtet werden können: „Man soll es sehen können, man soll fragen, man soll konfrontiert werden."

Siebenbrunn: Altes Gutshaus ausgeräumt

Landeskonservator will Bußgeld von Prof. Ignaz Walter

Von unserem Redaktionsmitglied
Angela Bachmair

Die Serie der Denkmalzerstörungen in Siebenbrunn hält an. Nachdem die Stadt vor Jahren ein Gutshaus abgerissen und erst heuer das Forsthaus aufgegeben hat, wurde nun beim sogenannten Rauschen Gut das klassizistische Herrenhaus seiner noch fast vollständig erhaltenen Innenausstattung beraubt. Verantwortlich dafür ist als Bauherr der Bauunternehmer Prof. Ignaz Walter.

Aus dem im Jahr 1807 errichteten Herrenhaus, das wegen seines als französisch geltenden Mansarddaches zu den „Hugenottenhäusern" gehört, wurden etwa historische Türen, Fenster und Fußböden als Bauschutt entsorgt. Die Erschließungstreppe, Stuckelemente, eine Inschrifttafel sowie ein klassizistischer Keramikofen sind entfernt, in Mauern wurden Nischen für Heizkörper hineingefräst. Im Außenbereich wurde mit dem Bau einer Terrasse sowie eines Schwimmbades begonnen.

Ohne Genehmigung

Weil diese Arbeiten ohne baurechtliche und ohne die im Trinkwasserschutzgebiet nötige wasserrechtliche Genehmigung erfolgten, ließ das Bauordnungsamt, wie bereits berichtet, Ende Oktober den Bau einstellen. Inzwischen hat der bayerische Landeskonservator Prof. Michael Petzet an Stadt und Regierung geschrieben und ein Bußgeldverfahren gegen Walter verlangt. Das Denkmalschutzgesetz sieht bei fahrlässiger oder vorsätzlicher Schädigung oder Beseitigung von Baudenkmälern Geldbußen bis zu 500 000 Mark vor. Laut Petzet und seinem Augsburger Referenten Dr. Bernd Vollmar ist der „hochrangige Denkmalcharakter des Herrenhauses jetzt wesentlich geschmälert", man habe an der „ursprünglichen Ausstattung einfach so herumgehaut".

Auf Zuschüsse verzichtet

Ignaz Walter hingegen hält ein Bußgeld für ungerecht. Er habe schließlich Außenansicht und das gesamte Ensemble des Gutes erhalten und dafür vor Jahren Nebengebäude sanieren lassen. Er nehme sich aber das Recht heraus, das Haus, in das er selbst einziehen werde, „im Inneren so herzurichten, wie ich will", zumal er auf Zuschüsse verzichte.

Daß er ohne Genehmigung mit den Arbeiten begann, erklärt Walter mit der Vermeidung von Kurzarbeit für 25 seiner Arbeiter. Petzet hält dies „bei einem der größten deutschen Baukonzerne" nicht für überzeugend.

Zwar sind die Arbeiter nach den Worten Walters behutsam vorgegangen, dennoch seien ihnen die alte Treppe und ein Teil des Rundofens zu Bruch gegangen. „Aber ich habe nichts zerstört, was von öffentlichem Interesse ist." Freilich sei in diesem Fall nicht alles so gelaufen wie rechtlich vorgeschrieben, räumt der Konzernchef ein. Den Ofen will er rekonstruieren lassen.

Für Gerhard Witte, Leiter des Bauordnungsamts, steht ein „hohes" Bußgeld außer Frage. Gleichwohl sei die Denkmalschutzbehörde an konstruktiver Zusammenarbeit interessiert, die jetzt zu „intensiven Auseinandersetzungen" darüber führen müsse, was im Inneren wiederhergestellt werden könne. Der Bauherr müsse seine Nutzungswünsche dem Baudenkmal unterordnen, meint Witte. Prof. Walter indes hofft, daß sein inzwischen nachgereichter Bauantrag „so schnell wie möglich" bearbeitet wird.

Den stark beschädigten klassizistischen Rundofen des Herrenhauses will der Bauherr rekonstruieren lassen. Bild: Archiv BLfD

Kommentiert

Traurig und unverständlich

Traurig: Dem Siebenbrunner Ensemble, einem hochkarätigen kulturgeschichtlichen Denkmal der von den letzten bayerischen Kurfürsten initiierten Landnahme in der Meringerau, ist wieder eine Wunde geschlagen worden. Nachdem die Stadt schon rücksichtslos vorging, tut dies jetzt auch ein privater Bauherr. Da ist nun allerdings unverständlich, wie so etwas einem Profi des Baugewerbes passieren konnte, der sich eigentlich im Denkmal-, Bau- und Wasserrecht auskennen muß.

Er müßte auch wissen, daß die Erhaltungsverpflichtung von dem für die Öffentlichkeit bedeutsamen geschichtlichen Wert eines Hauses abhängt und nicht davon, ob man öffentliche Zuschüsse bekommt. Und schließlich: ein altes Haus kann man nach heutigem Standard gut bewohnbar machen, ohne es kulturell überliefertes zu zerstören.

Möglicherweise stellt das geforderte Bußgeld ein Gerechtigkeits-Trostpflaster für die vielen „kleinen" Denkmalbesitzer dar, die in Augsburg seit zwei Jahrzehnten alte Häuser mit Sensibilität und Respekt denkmalgerecht sanieren. Die historische Ausstattung des Siebenbrunner Hauses dürfte dennoch weitgehend dahin sein. *Angela Bachmair*

Augsburger Konzernboß Walter mißachtet alle Verbote

Polizei versiegelt Baustelle

Behörden bremsen Entkernung von denkmalgeschütztem Haus

Von Andreas Roß

Augsburg – Der Augsburger Bauunternehmer Ignaz Walter, Chef von Deutschlands zweitgrößtem Baukonzern, läßt die Muskeln spielen. Obwohl die Baubehörde der Stadt Augsburg dem Konzernboß die Sanierungs- und Neubauarbeiten in dessen privatem Gutshof im Trinkwasserschutzgebiet schon vor Wochen eingestellt hat, hat sich Walter nicht an das Verbot gehalten. Auch die Verhängung eines Zwangsgeldes von 50 000 Mark hat nicht zur Einstellung der Arbeiten geführt. Am Montag wird jetzt die gesamte Baustelle mit Hilfe von Polizei und Feuerwehr versiegelt werden. Einen solchen Vorgang hat es laut Stadtbaurat Rudolf Saule (SPD) in Augsburg „bislang noch nicht gegeben".

Wie berichtet, hat der Unternehmer das denkmalgeschützte Herrenhaus aus dem Jahr 1807 ohne Baugenehmigung und denkmalschutzrechtliche Erlaubnis entkernt. Die historisch wertvolle Ausstattung des Hauses wurde vernichtet, weshalb der bayerische Generalkonservator Michael Petzet von einer „völlig unverständlichen und sinnlosen Verwüstung" sprach. Auch der Neubau einer Schwimmhalle wurde ohne Erlaubnis der Baubehörde und des Trinkwasserschutzes begonnen. Erst nachträglich hat Walter Pläne für seine Bauvorhaben eingereicht. Der Firmenboß bekannte sich zu seinem Verstoß gegen den Denkmalschutz: Er nehme keine öffentlichen Zuschüsse in Anspruch und habe deshalb das Recht, das Haus nach seinen Vorstellungen umzugestalten.

Ein Rechtsverständnis, das nicht nur bei Generalkonservator Petzet, sondern auch in der Augsburger Bürgerschaft Kopfschütteln und Unverständnis ausgelöst hat, wie eine Fülle von Leserbriefen beweist. Neben Walter geraten aber auch die CSU und ihr Oberbürgermeister Peter Menacher unter Druck. Im Kommunalwahlkampf 1990 war der Konzernchef der eifrigste Wahlhelfer der Union, und mit dem Segen der CSU will er der Stadt eine umstrittene City-Tiefgarage „schenken". Bis zur Stunde hat sich Menacher zu den Vorgängen auf dem Walter-Grundstück öffentlich noch nicht geäußert. Bei der Rathaus-Opposition wird die CSU bereits als „Walter-Partei" apostrophiert. Sollte der Konzernchef die Versiegelung seiner privaten Baustelle ignorieren, wäre dies nach Angaben der Bauverwaltung ein Straftatbestand.

Süddeutsche Zeitung
9./10. Dezember 1995

In Landsberg den Nanga Parbat bestiegen

Denkmalpflegerin arbeitet sich zu Fuß durch die 600 mittelalterlichen Bürgerhäuser der Altstadt

Von Anne Rose Katz

LANDSBERG – Denkmalschutz funktioniert nur mit Engagement, das heißt auch: mit einer gewissen Sturheit. Das hat die promovierte Kunsthistorikerin Dagmar Dietrich vor allem bei ihrem letzten Großeinsatz bewiesen. 1977 bis 1983 war sie als aktive Denkmalpflegerin in Landsberg. Von 1987 bis heute erarbeitete sie ein Inventar der alten Stadt; das Modellprojekt Band I stellte sie im reizvollen historischen Rathaus vor. Weitere drei Bände werden rasch folgen, sind eigentlich schon fertig. Der Deutsche Kunstverlag will sie bis spätestens 1997 auf den Markt bringen. Für eine solch akribische wissenschaftliche Edition braucht man kompetente Mittäter (ein knappes Dutzend) und tolerante Ansprechpartner (an die tausend). Denn Denkmalschutz ist auch immer eine Frage von Diskurs und Augenmaß. Das lange Exil der Münchner Wissenschaftlerin entwickelt sich fast zur Einbürgerung. Allein die 600 mittelalterlichen Bürgerhäuser in der Altstadt (drei Geschosse, Keller, Dach = 3000 Geschosse) verlangten ihr sportliche Höchstleistung ab: Sie hat dort am Lech mindestens einmal 8400 Meter erklommen. Das entspricht dem Nanga Parbat, wie sie in ihrer exakten, wenn auch nicht bierernsten Einführungsrede erklärte.

Oberbürgermeister Franz Xaver Rößle, der das aufwendige Unternehmen – unterstützt von einer Bürgergruppe – mitgetragen hat, begrüßte das Erscheinen des Inventars dankbar. Generalkonservator Michael Petzet vom Landesamt für Denkmalpflege, der Auftraggeber, erläuterte die Geschichte der Inventare, die vor 100 Jahren in Bayern begonnen hat und nun großzügiger und rationaler als damals weitergeführt wird. Da existierte schon eine Liste von 22 Seiten über die alte Ansiedlung. Dagmar Dietrichs Arbeit umfaßt mehr als 2000 Seiten im Großformat; informativ und sinnlich wahrnehmbar durch Bilder, Grundrisse, Ansichten und Maßaufnahmen. Weiter geht's mit Sakralbauten der Altstadt (Band zwei), Bürgerbauten (drei) und Vorstädte und eingemeindete Dörfer (vier). Petzets Exkurs über Denkmalpflege in alten Städten holte kulturhistorisch aus und legte der heutigen demokratischen Gesellschaft das historische Erbe ans Herz, nicht als Spitzweg-Idylle, sondern als Heimat, deren Identität die Denkmäler verkörpern. Je mehr Information und Aufklärung heute in die Bauprozesse eingebracht würden, desto leichter seien die Konflikte und Interessenkollisionen von Eigentümer und Öffentlichkeit aus der Welt zu diskutieren. Urbanität als hohes Gut gelte es zu verteidigen, auch heute, wo die Nachkriegsentwicklung das natürliche Miteinander häufig der Profitmaximierung opfere.

Dafür gibt es auf der ganzen Welt wahrhaftig genügend schlimme Beispiele. Arbeiten wie das Inventar I über die Stadt Landsberg sind Dämme gegen die immer kurzzeitiger anbrandenden Fluten, die der Einwohner ausbaden muß. In Landsberg zeigt das Stadtbild, daß die Bürger dort etwas kapiert haben. Und dafür gibt es nun das gebundene Zeugnis. Zeichen der Hoffnung.

Süddeutsche Zeitung
11. Dezember 1995

Kaiser so schön wie in seinen jungen Jahren

Augustus-Restaurierung ist jetzt abgeschlossen

Von unserem Redaktionsmitglied
Angela Bachmair

Einhellige Begeisterung herrschte gestern nachmittag in der Restaurierungswerkstatt am Senkelbach. Da stand die Bronzefigur des Augustus, komplett instand gesetzt und jetzt auch frisch gewachst, und beeindruckte Gäste vom bayerischen Denkmalamt, den Stifter und Vertreter der Stadt.

Eine glatte, metallisch schimmernde Haut hat der von Hubert Gerhard von 1588 bis 1594 geschaffene Imperator jetzt wieder, nachdem die Metallrestauratorinnen Cornelia Höhne und Abigail Habermann über zwei Jahre Schmutz und Rost mit dem Skalpell millimeterweise abgetragen haben. Hellgrün glänzt die alte Patina, Muskeln und Adern der übermannshohen Figur treten fast lebendig hervor. Die Löwen-, Widder- und Adlerköpfe auf Gewand und Schwert sind wieder plastisch abgebildet, Saum des Umhangs und Riemen der Sandalen reizen zum Anfassen.

Eine „einzigartige Leistung", die „Vorbild" für ähnliche Aufgaben sein wird, loben Generalkonservator Prof. Michael Petzet und sein Chefrestaurator Dr. Michael Kühlenthal. Erstmals sei die Freilegung einer Großbronze mit dem Skalpell gelungen, nachdem die Berliner Kaiser-Wilhelm-Figur, der Nürnberger Tugendbrunnen und die Augsburger Domtüren chemisch gereinigt und dabei beschädigt wurden. Und Dr. Hans-Heinrich von Srbik, Direktor der Messerschmitt-Stiftung, die die 1,8 Millionen Mark teure Restaurierung des Augustus-Brunnens bezahlt, ist „froh über die gute Qualität". Auch er lobt die termingerechte Fertigstellung, bei der die Handwerkerinnen so „über sich hinausgewachsen" seien, daß man sie fürderhin als „Meisterinnen vom Augustus-Brunnen" zu bezeichnen habe.

Für Oberbürgermeister Dr. Peter Menacher Grund genug, den Restauratorinnen für ihre Arbeit und der Stiftung für ihr Engagement zu danken. Vom Augustus wird nun eine Wachsform angefertigt, und danach wird im Februar die Kopie gegossen, die anschließend wieder auf den Brunnensockel kommt.

Ab März im Rathaus

Der Bronzekaiser steht vermutlich ab März im unteren Rathausfletz, und zwar auf einem 1,37 Meter hohen Podest aus Jurakalk. Besonderen Schutz – etwa eine Glaswand, wie sie in Rom den Marc Aurel schützt – wird es für den Augustus nicht geben. Menacher kann sich höchstens vorstellen, daß Rathausbesucher „seine Zehen streicheln". Laut Petzet hält die Bronze eine Menge aus, und von Srbik erinnert daran, daß sogar Museumsstücke vor Vandalismus nicht sicher sind.

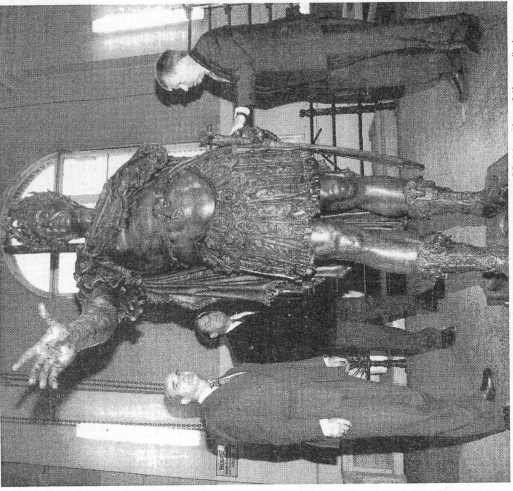

In seinem neuen Glanz bewunderten den Augustus gestern OB Menacher, Stiftungsdirektor von Srbik und Generalkonservator Petzet (von links). AZ-Bild: Fred Schöllhorn

Süddeutsche Zeitung, 27. Dezember 1995

Abbruch trotz gesicherter Sanierung?

Denkmalschützer kämpfen um Gerberhaus

Das historische Schwandorfer Gebäude ist angeblich von einem Großprojekt bedroht

Von U. Peters

Schwandorf – Eines der bedeutendsten historischen Bürgerhäuser Schwandorfs soll jetzt der Spitzhacke zum Opfer fallen. Oberbürgermeister Hans Krause scheint fest entschlossen zu sein, umgehend die Abbrucharbeiten zu bestellen, weil angeblich Fußgänger in der Breiten Straße durch eventuell herabstürzende Teile des Hauses gefährdet werden könnten. Die Rede ist von dem Gerberhaus aus dem frühen 16. Jahrhundert. Das Haus besitzt einen markanten Treppengiebel, spätmittelalterliche Holzdecken in allen Räumen sowie Gewölbe. Im langgestreckten Rückgebäude mit Fachwerk, arbeiteten einst die Gerber. Seit Jahren steht das Gerberhaus leer und wird von manchen Bürgern als "Schandfleck" empfunden.

Das Haus ist im Besitz der Stadt Schwandorf und wird seit Jahren treuhänderisch von einer Sanierungsgesellschaft verwaltet. Eine fertige Planung für die Instandsetzung des Gerberhauses und seine Nutzung für Wohnungen und einen Gasthof im Parterre liegt bereits vor. Die Finanzierung durch die Bezirksregierung im Rahmen der Städtebauförderung und mit erheblichen Mitteln der Denkmalpflege gilt als gesichert. „Im übrigen hat die Stadt Schwandorf schon vor Jahren große Summen in die Sicherung und Vorbereitung der Sanierung des Gerberhauses gesteckt", berichtete Bayerns oberster Denkmalpfleger, Generalkonservator Michael Petzet, der jetzt selbst beim Schwandorfer OB vorstellig wurde, um das Schlimmste für „eines der bedeutendsten Häuser der Oberpfalz" zu verhindern: „Bei einem Abriß wären diese Investitionen der Stadt verloren." Petzet sieht keine unmittelbare Gefahr für die

DAS GERBERHAUS in Schwandorf ist zwar stark ramponiert, aber nach wie vor eines der markantesten Baudenkmäler der Innenstadt.
Photo: LAD

zulegen, daß ihm, der Stadtverwaltung und der als Sanierungsträger in Schwandorf tätigen Stadtbau Amberg sehr daran gelegen sei, einen privaten Investor für die Sanierung des denkmalgeschützten Hauses zu finden – das im übrigen ein „Färberhaus" sei und nicht, wie das Landesamt mit 20 Privatleuten hätten Stadt und Stadtbau verhandelt, berichtete Kraus, doch jedesmal seien die Interessenten von einer mangelhaften Wirtschaftlichkeit nach der Sanierung und von den hohen Instandsetzungskosten abgeschreckt worden. Auf mindestens 3,5 Millionen Mark wird die Wiederherstellung des 470 Quadratmeter Nutzfläche bietenden, seit Jahren leerstehenden und erheblich verfallenen Gebäudes geschätzt. An Zu-

---

Schwandorfer Oberbürgermeister setzt sich zur Wehr:

Färberhaus Opfer der Denkmalschützer

Immer neue Auflagen und Schikanen sollen private Investoren abgeschreckt haben

Von Rolf Thym

Schwandorf – Der Schwandorfer Oberbürgermeister Hans Kraus (CSU) setzt sich energisch dagegen zur Wehr, vom Landesamt für Denkmalpflege „bayernweit als Denkmalschänder hingestellt zu werden". Wie berichtet, beschloß der Bauausschuß der Stadt im Oktober, ein unter Denkmalschutz stehendes und aus dem frühen 16. Jahrhundert stammendes Haus im Sanierungsbereich der Schwandorfer Innenstadt abzureißen. Dies alarmierte Bayerns obersten Denkmalpfleger Michael Petzet, dessen Behörde das Gebäude erhalten möchte. Nach dem neuen bayerischen Baurecht liegt die Entscheidung jedoch bei der Kommune. Eindringlich versuchte der Oberbürgermeister bei einer Pressekonferenz dar-

schüssen seien durch mündliche Zusagen rund zwei Millionen Mark in Aussicht gestellt worden. Erst vor wenigen Tagen sei ein möglicher Investor abgesprungen, der bereits Träger der bayerischen Denkmalschutzmedaille sei. Für den Interessenten, so beschrieb der Oberbürgermeister dessen Befürchtungen, seien „ständig zunehmende Schikanen" des Landesamtes für Denkmalpflege ausschlaggebend gewesen. Durch mögliche, immer neue Auflagen der Denkmalschützer während der Bauzeit sei eine unabsehbare Kostensteigerung zu befürchten, während die Höhe der Zuschüsse unverändert bleibe. Allerdings weist Maximilian Hahn, Geschäftsführer der Amberger Stadtbau, darauf hin, daß private Investoren innerhalb von zehn Jahren mit einer aus der Abschreibung stammenden maximalen Steuerersparnis von rund 750 000 Mark rechnen könnten, zuzüglich weiterer Steuervorteile durch Verluste aus Vermietung und Verpachtung. Dennoch hätten alle bisherigen Interessenten mit dem Hinweis abgewunken, die Sanierung des Gebäudes sei von jeglicher Wirtschaftlichkeit weit entfernt. Aus diesem Grund will auch die Stadt Schwandorf, so betonte der Oberbürgermeister, von einer Sanierung des Gebäudes auf Kosten der Steuerzahler nichts wissen. Seit 1989 ist das baufällige Haus im Besitz der Stadt, die bislang neben dem Kaufpreis in Höhe von angeblich rund 400 000 Mark weitere 80 000 Mark für die Sicherung des Hauses ausgegeben hat.

Wie es mit dem fast 500 Jahre alten Gebäude weitergehen soll, ist gegenwärtig unklar. Der Oberbürgermeister will den im Oktober beschlossenen Abriß nun einstweilen nicht vollziehen. Kraus und Hahn hoffen darauf, daß sich doch noch ein privater Investor finden möge. Und in absehbarer Zeit solle sich noch einmal der Bauausschuß mit dem weiteren Schicksal des Hauses befassen, „dann sehen wir weiter", sagte Kraus. Währenddessen sammelt die Schwandorfer Grünen-Landtagsabgeordnete Maria Sturm Unterschriften für ein Bürgerbegehren zum Erhalt des Gebäudes. Ob dem Erfolg beschieden sein wird, bleibt abzuwarten, zumal da Hans Kraus weiß, daß es Bürger in der Stadt gebe, die mit der Gründung einer Initiative zum Abriß des Hauses gedroht hätten.

Süddeutsche Zeitung
30./31. Dezember 1995/1. Januar 1996

Das Gögginger Kurhaustheater ist restauriert

Ein Brand als Initialzündung

Feuer vor 24 Jahren legte ein Jugendstil-Baudenkmal von höchster Qualität frei

Von Andreas Roß

Augsburg – Es klingt paradox, aber die Stadt Augsburg verdankt die Erhaltung eines ihrer bedeutendsten Bauwerke aus der Gründerzeit einem Brand. In der Nacht vom 30. Oktober 1972 wütete im ehemaligen Kurhaustheater des Hessingschen Heilanstalten ein Feuer, das nicht nur einen Großteil der Fassade, sondern auch die eingebauten Holzteile und Verkleidungen vernichtete. Und plötzlich kam die historische Eisenkonstruktion einer zweigeschossigen Halle mit Säulen und Umgängen, mit ornamentalen Brüstungsgittern und Eisensprossenfenstern mit zerborstenen farbigen Gläsern zum Vorschein.

Sozusagen durch einen „heißen Kuß" war das schon fast vergessene Kurhaustheater und Palmenhaus des Augsburger Jugendstil-Architekten Jean Keller aus seinem langen Dornröschenschlaf geweckt worden. Nach einer umfassenden denkmalgerechten Sanierung wird dieses Baudenkmal von europäischem Rang am heutigen Freitag im Rahmen eines Festaktes feierlich wiedereröffnet.

Kostbares Innenleben

Es ist tatsächlich wahr: Ohne das Feuer wäre das zuletzt als Lagerhaus genutzte Kurhaustheater im Stadtteil Göggingen vor 24 Jahren sang- und klanglos abgerissen worden. Wohnhäuser und ein Hotel sollten nach den Plänen eines Privatmannes auf dem von dichtem Buschwerk und alten Bäumen gesäumten Grundstück entstehen. So aber standen die Fachleute über Nacht vor einer Brandruine mit einem so kostbaren Innenleben, daß die Wiederherstellung des Bauwerks zwingend erschien. 1974 kaufte die Stadt Augsburg das Grundstück zurück, machte zusätzlich eine Million Mark für die dringendsten Sicherungsarbeiten locker und hüllte danach das Bauwerk – fast wie der Verpackungskünstler Christo – mit Folien ein. Das damals neue bayerische Denkmalschutzgesetz half die Maßnahme begründen. Es fehlte jedoch das nötige Geld und die zündende Idee, wie das Haus künftig genützt werden könnte. Deshalb verzögerte sich die Restaurierung um lange Zeit.

Großer Zeitdruck

Erst im Jahr 1988 verständigten sich nach langem Hin und Her die Stadt Augsburg und der Bezirk Schwaben mittels eines Sanierungszweckverbandes und mit finanzieller Hilfe von Bund und Land, das rund 25 Millionen Mark teure Vorhaben anzugehen. Mit der Planung und Bauüberwachung wurde der Steppacher Architekt Egon Kunz, ein in Denkmalfragen äußerst sensibler und versierter Fachmann, betraut. In der knapp siebenjährigen Sanierungsphase dürfte Kunz ob der vielfältigen bautechnischen und handwerklichen Probleme, die es zu lösen galt, so manches graue Haar gewachsen sein. Der Zeitdruck tat ein übriges, denn die Politiker pochten auf einen Eröffnungstermin noch vor der Kommunalwahl 1996.

Das Ziel wurde erreicht, das Kurhaustheater bietet sich heute dem Besucher in faszinierender Pracht, der Raumeindruck ist schlichtweg überwältigend. Die Handwerker, die aus allen Teilen Bayerns kamen, haben ganze Arbeit geleistet und sich damit selbst die besten Referenzen ausgestellt. Das mit seinen Türmchen und Kuppeln, seinen farbigen Ornamenten und Glasscheiben sowie seinen vergoldeten Säulen und Brüstungen fast schloßartige Jugendstil-Bauwerk dürfte bei seiner Eröffnung vor 110 Jahren am 25. Juli 1886 kaum festlicher gewirkt haben. Weil es vergleichbare Glas-Eisenbauten aus der Gründerzeit kaum noch gibt, ist für Bayerns Landeskonservator Michael Petzet das Kurhaustheater ein „einzigartiges Zeugnis der Architekturgeschichte des 19. Jahrhunderts". Der Augsburger Hofrat Friedrich Hessing hatte es seinerzeit für die Unterhaltung und Zerstreuung seiner Patienten errichten lassen. Die orthopädischen Heilanstalten und Kuranlagen des Hofrats waren um die Jahrhundertwende ein Treffpunkt des europäischen Hoch- und Geldadels.

Das Theater war gleichzeitig Palmenhaus und Wintergarten, in dem auch zur kalten Jahreszeit den Kurgästen Konzerte und Bälle geboten wurden. Mit dem Ende des Kaiserreiches und dem Tode von Hofrat Hessing im Jahr 1918 war auch die Blütezeit der Gögginger Kuranstalt vorbei. Vor und nach dem 2. Weltkrieg wurde das Kurhaustheater mal als Kino, mal als Ballsaal genutzt. Vorübergehend war es auch Ausweichbühne für das Augsburger Stadttheater.

Tag der offenen Tür

Die Theatertradition wird jetzt in Göggingen wiederbelebt. An 280 Tagen im Jahr sollen Boulevardtheater und Musicals die mit modernster Technik ausgestattete Bühne des Kurhaustheaters beleben. Dazu wurde eine eigene Parktheater GmbH gegründet. Darüber hinaus wird das Baujuwel für Bälle, Modenschauen, Konzerte, Feiern und private Veranstaltungen zur Verfügung stehen.

Ehe jedoch die Kultur in Augsburgs neuesten Musentempel Einzug hält, gibt es am Samstag und Sonntag für alle interessierten Bürger zwei Tage der offenen Tür. Die Festansprache bei der heutigen Eröffnung wird im übrigen Bayerns Kultusminister Hans Zehetmair (CSU) zum Thema „Denkmalschutz in Bayern" halten.

Süddeutsche Zeitung
2. Februar 1996

Erst verteufelt, jetzt gelobt

Happy-End im Färberhaus

Eigentlich hätte das Färberhaus, eines der bedeutendsten Bürgerhäuser der Stadt Schwandorf, dieses Jahr nicht überstehen sollen. Oberbürgermeister Hans Kraus drängte auf den alsbaldigen Abbruch, und sämtliche Volksvertreter im Rat nickten dazu.

Die hatten allerdings nicht mit der Zähigkeit von Bayerns obersten Denkmalschützer, Generalkonservator Dr. Michael Petzet, gerechnet, der von München in die Oberpfalz eilte, um vor Ort klar zu machen, was in dem bald 500 Jahre alten Kulturdenkmal alles steckt: Von charakteristischem Treppengiebel des Gerberhauses aus dem frühen 16. Jahrhundert war die Rede, von Gewölben, spätmittelalterlichen Holzdecken in allen Räumen „langgestreckten Rückgebäude in Fachwerk" (die WOCHE berichtete).

Beeindruckt zeigten sich die Stadträte von dieser Einschätzung nicht sonderlich, auch dann nicht, als selbst in überregionalen Zeitungen von dem alarmierenden Abbruch zu lesen war.

Wie so oft, wenn es um Erhalt oder Verlust an Heimat geht, hat über das Schicksal des in vielen Jahren nicht gepflegten und deshalb heruntergekommenen Gebäudes ein privater Investor entschieden. Er wird das Gebäude sanieren, Wohnung und (nach Möglichkeit wieder) eine Weinstube einbauen. Erhebliche Zuschüsse darf er bei der 3,5 Millionen Mark teuren Sanierung erwarten.

Da kann – die Geschichten sind ja von überall her bekannt – aus einem vermeintlichen Schandfleck wieder einmal ein Schmuckstück werden. Das herausgeputzte Haus wird auch denen gefallen, die sich phantasielos einfach nicht vorstellen können, was so ein „altes Glump" hergibt, wenn Fachleute randürfen.

Und unsere Kommunalpolitiker können sich natürlich bei der Einweihungsfeier brüsten, wie clever sie wieder einmal alles gerichtet haben. Demnächst ein Prost darauf in der (hoffentlich) gemütlichen Weinstube.

Günter Schießl

Die Woche (Regensburg)
22. Februar 1996

Augsburger Bauausschuß hält Projekt grundsätzlich für akzeptabel

Baulöwe darf baden gehen

Schwimmhalle in Trinkwasserschutzgebiet unter Auflagen genehmigt

Von Andreas Roß

Augsburg – Der städtische Umweltreferent Reinhold Wenninger (CSU) und die Regierung von Schwaben haben es jetzt in der Hand, ob der millionenschwere Bauunternehmer Ignaz Walter auf seinem privaten ~chof im Augsburger Trinkwasser- ~chutzgebiet errichten darf. Walter hatte den Neubau – wie mehrmals berichtet – im Herbst letzten Jahres ohne Genehmigung der Behörden als Schwarzbau begonnen. Der Bauausschuß des Stadtrats hält das planungsrechtlich im Außenbereich liegende Vorhaben inzwischen für genehmigungsfähig. Die Stadträte haben den Weiterbau allerdings an zwei unumstößliche Bedingungen geknüpft: Walter braucht eine Ausnahmegenehmigung nach der Trinkwasserschutzverordnung, die Wenninger und die Regierung erteilen müssen. Und Walter muß das denkmalgeschützte Herrenhaus aus dem Jahre 1807, das er ebenfalls unerlaubt entkernt hatte, zuvor „bezugsfertig instand setzen".

Der ungenehmigte Neubau der Schwimmhalle und die Ausschlachtung des Herrenhauses, die Bayerns Landeskonservator Michael Petzet als „sinnlose Verwüstung" kritisierte, haben in der Augsburger Kommunalpolitik für einige Turbulenzen gesorgt. Zweimal hatte die städtische Baubehörde versucht, die Schwarzbauten zu stoppen, doch Walter hielt sich trotz Androhung eines Zwangsgeldes nicht an das Verbot. Erst als die Bauverwaltung im Dezember letzten Jahres mit einer Versiegelung der Baustelle drohte, lenkte der eigenwillige Bauherr ein. Kurze Zeit später kam es dann zu einer Vereinbarung von Walter mit Konservator Petzet, in der sich der Baulöwe zur Wiederherstellung des historischen Salons im Herrenhaus verpflichtete.

Gänzlich ausgeräumt sind die Differenzen mit der Denkmalpflege allerdings noch nicht. Walter will an dem Baudenkmal noch einen Wintergarten und einen Frühstückserker anbauen. Beides löst bei Petzet keine Begeisterung aus. Andererseits will der Chef des Landesdenkmalamtes die Instandsetzung des Hauses daran nicht scheitern lassen: „Es muß halt vernünftig gemacht werden und darf nicht in die historische Substanz eingreifen." Erst wenn das Herrenhaus wieder bewohnbar ist und keine wasserrechtlichen Probleme auftauchen, darf Walter auf eine Erlaubnis für sein Schwimmbad hoffen. Für sich allein wäre die Schwimmhalle nach dem Paragraphen 35 des Baurechts nicht genehmigungsfähig. Im übrigen läuft wegen Schwarzbau und Denkmalfrevel noch ein Bußgeldverfahren gegen Walter.

Ob die Ausnahme nach der Trinkwasserschutzverordnung erteilt werden kann, ist derzeit offen. „Wir haben noch nicht alle Stellungnahmen der Fachbehörden beisammen", erklärte das Augsburger Umweltamt auf Anfrage der SZ. Die von Walter nachgereichte Planung für die Schwimmhalle sieht ein 13 mal sechs Meter großes Wasserbecken, einige Nebenräume und einen Turm mit Spitzhaube vor.

Einen „ausgesprochenen Unsinn" nannte Generalkonservator Petzet den Vorwurf von CSU-Stadtrat Hermann Weber, Denkmalpflege und Bauordnungsamt hätten das Ausschlachten des Herrenhauses nicht frühzeitig unterbunden, um Walter öffentlich in Mißkredit zu bringen. Das Bauordnungsamt habe nach einem Hinweis der Denkmalpflege „rasch und korrekt gehandelt", erklärte Petzet. Oberbürgermeister Peter Menacher (CSU) betonte gegenüber der SZ, er sehe keinen Grund, eine von Weber geforderte Untersuchung gegen den Chef der CSU-Fraktionschef Hermann Kränzle und Parteivorsitzender Bernd Kränzle sprachen von einem Alleingang. Die angeblichen Beweise, die Weber letzte Woche in einem verschlossenen Kuvert dem Oberbürgermeister übergeben hatte, seien ihnen „inhaltlich nicht bekannt".

Süddeutsche Zeitung, 2./3. März 1996

Die Ratschläge des „Icomos"-Präsidenten:

So bleibt Lübeck Weltkulturerbe

Von CHRISTIAN LONGARDT

Der Titel Weltkulturerbe ist derzeit nicht in Gefahr. Mit dieser positiven Nachricht wartete Professor Michael Petzet, Deutschland-Präsident der Unesco-Organisation „Icomos", gestern im Rathaus auf. Allerdings wies er auf Mängel in der Denkmalpflege hin, die zügig beseitigt werden müßten. Dringend nötig sei die komplette Erfassung aller Denkmäler.

Bei „Icomos", dem Internationalen Rat für Baudenkmäler und Kunststätten, habe es in der Vergangenheit durchaus „ernsthafte Stimmen" gegeben, die für eine Aberkennung des Prädikats Weltkulturerbe plädierten, räumte Petzet ein. „Im Moment aber gibt es diese Forderung nicht." Insofern wolle er auch keine Bedingungen formulieren, sondern „gute Ratschläge" erteilen.

„Sehr verwundert" zeigte sich der „Icomos"-Präsident darüber, daß in der Hansestadt der Bestand an Denkmälern noch nicht erfaßt ist. „Wir wünschen uns, daß das in zwei Jahren abgeschlossen ist", sagte Petzet. Zur Zeit sei lediglich knapp die Hälfte der Arbeit getan, so Horst Siewert, Leiter des Amtes für Denkmalpflege. Zwar könne man in zwei Jahren mit der Zusammenstellung fertig sein, Voraussetzung aber sei eine gesicherte Finanzierung. Bürgermeister Michael Bouteiller, für die Denkmalpflege zuständiger Dezernent: „Wir brauchen dazu etwa zwei Millionen Mark."

Die Erfassung der Denkmäler sei eine wichtige Grundlage, um die historische Substanz zu bewahren, erklärte Petzet. Er bemängelte, in Lübeck würde bei Bauprojekten die nötigen denkmalpflegerischen Voruntersuchungen vernachlässigt. „Da war die Hansestadt in den 80er Jahren einmal führend."

Der nationale „Icomos"-Chef warnte davor, die Denkmalpflege als Investitionshemmnis anzusehen. Es gelte, mit der Wirtschaft zusammenzuarbeiten. „Unser Interesse ist es, den Einzelhandel in einer historischen Stadt zu halten."

In Lübeck müsse „mehr Begeisterung für das Erbe" geweckt werden, betonte Petzet. Die Stadt müsse Möglichkeiten suchen, die einzigartigen archäologischen Funde öffentlich zu präsentieren. Eine Art „Weltkulturerbe-Zentrum" könnte durch einen Denkmal-Fonds finanziert werden, griff Petzet einen alten Vorschlag auf. Einzahlen sollten die Tourismusbetriebe, die schließlich von der Attraktivität der Altstadt profitierten.

Lübecker Nachrichten, 27. März 1996

Allgäuer Zeitung (Füssen), 4. April 1996

Hinter dem Ulrichsaltar von St. Mang liegt die Marmorkapelle mit dem Heiligen Grab. Die Grabnische liegt ungefähr da, wo der Strahlenkranz der Marienfigur aufhört. Oben auf dem Altarbild sind noch hell die Holzverstrebungen zu erkennen, die auf dem unteren Foto im Bogen ganz dunkel zu sehen sind. Deutlich sieht man unten auch die Beschädigungen am Gemälde.

Wahrscheinlich die letzten Besucher in der Marmorkapelle, bevor sie für die Not-Sicherung eingerüstet wurden, waren die Ehrengäste bei der Krypta-Weihe von St. Mang. Rechts Stadtpfarrer Karlheinz Knebel, davor Bürgermeister Dr. Paul Wengert. Sie hörten aus berufenem Mund von Kreisheimatpfleger Sepp Lorch (ganz links) Wissenswertes aus der Geschichte und über die Zerstörungen, die der Zahn der Zeit in die Kapelle genagt hat. In welchem schlechten Zustand Bilder und Fassungen sind, offenbarte sich damals schon aus der Ferne. Im Details (kleine Fotos) nehmen sich die Schäden noch schlimmer aus. Bilder: Ralf Lienert (1), Andrea Schauerte (4)

Das Heilige Grab im Verborgenen

Eines Tages öffnet sich die Marmorkapelle von St. Mang an den Kartagen wieder

Von Andrea Schauerte

Füssen

Mesner Bruno Ehrentreich kann sich nicht mehr erinnern, wann das Altarbild mit der Darstellung der Leiden des heiligen Ulrich zum letzten Mal versenkt wurde. Es war lange vor seiner Zeit in St. Mang. Doch dahinter verbirgt sich eines der wertvollsten Kleinode der Füssener Pfarrkirche: die Marmorkapelle, fertiggestellt im Jahr 1735, der Platz für das Heilige Grab während der Kartage schlechthin.

Ließe man jetzt das Altarbild in der Tiefe verschwinden, offenbarte sich hinter ihm eine riesige Baustelle. Die gesamte Marmorkapelle, ein Kuppelanbau an das eigentliche Kirchenschiff nach dem Vorbild der Grabeskirche, ist eingerüstet. Stiegen, Leitern, Bretter, Zwischenböden lassen einen Gesamtblick auf den Raum nicht mehr zu. Berührt man die Wandmalereien, staubt die Farbe. Die Fassungen schälen sich wie eine verbrannte Haut von der Wand, über allem liegt eine Art Staubschicht, die die Farben in der Marmorkapelle allesamt in ein düsteres Grau verwandelte. Jetzt bei den Sicherungsmaßnahmen, die die Diözese Augsburg für Kosten von rund 30 000 Mark bewilligte, kann nur das Notwendigste gemacht werden, eine Befunddokumentation und eine Sicherung eben.

»Die Marmorkapelle von St. Mang zu Füssen ist in jedem Fall wert, daß man sie erhält, und restauriert«, so die Aussage von Dr. Michael Petzet, Chef des Landesamtes für Denkmalspflege in München. Hauptproblem dabei ist die Finanzierung, denn soll das Heilige Grab und sein Umfeld in alter Pracht wiedererstrahlen, sind wohl um die 800 000 Mark notwendig. Man könne zwar, so Dr. Petzet, auch für 400 000 Mark schon viel erreichen, doch es geht nicht nur um die Marmorkapelle selbst.

Wenn sich das Altarblatt eines Tages wieder senken und den Blick auf das Heilige Grab freigeben soll, dann muß auch diese Mechanik repariert werden. Denn Mesner Ehrentreich erinnert sich, daß die Unebenheiten Löcher in das Altarbild reißen könnten. Und wenn hinter dem Altarbild alles wieder in frischen Farben glänzt, benötigen auch der Altar selbst und sein Umfeld eine Renovierung. »So hängt eines am anderen, wo anfangen und wo aufhören?«, fragt sich der Mesner.

Dr. Petzet sieht aber aufgrund des hohen kulturellen Wertes relativ gute Chancen, Gelder für die Marmorkapelle locker zu machen – beim Staat, bei Stiftungen, auch bei der Diözese. Entsprechende Gespräche mit offiziellen Stellen führt er seit Monaten. »Doch es braucht Fingerspitzengefühl und Überzeugungskraft«. Sicher wird man in St. Mang auch auf die Spendenbereitschaft der Pfarreimitglieder hoffen dürfen. Doch bis dahin ist noch ein weiter Weg.

So werden wahrscheinlich nicht nur die Kartage 1996 vorübergehen, ohne daß die Marmorkapelle als Heiliges Grab im Mittelpunkt steht. Wahrscheinlich wird es bis zum nächsten Jahrtausend dauern, was angesichts der Menge an Arbeit, die auf die Fachleute um Erwin Wiegerling wartet, anzunehmen ist. Der Künstler und Kunsthandwerker, der die Krypta von St. Mang neu gestaltete, ist inzwischen in St. Mang wie zu Hause. Und nach dem gelungenen Werk in der Krypta lag es mehr als nahe, ihm auch die Federführung für die Marmorkapelle zu übertragen.

Er hat sich auch schon mit der Perspektive beschäftigt, aus der man später, nach der Restaurierung, von der Hauptkirche aus in die Marmorkapelle blickt. Und die Bauherren von damals um Johann Jakob Hekomer haben sich viel gedacht, als sie die Dimensionen planten. »Es paßt einfach alles«, freut sich Bruno Ehrentreich auf den Tag, an dem er das Altarblatt erstmals versenken darf.

Süddeutsche Zeitung, 9. April 1996

Bayerische Denkmalpfleger lokal und weltweit gefragt

Im „Jahrhundert der Reparaturgesellschaft"

Weil Kirchen und Kommunen sparen, liegen wichtige Projekte auf Eis / Kirchenmaler arbeitslos

Von Birgit Matuscheck-Labitzke

München – Die bayerische Denkmalpflege genießt nicht nur im Freistaat, sondern auch weltweit einen hervorragenden Ruf. Entsprechend optimistisch blickt ihr Chef, Generalkonservator Michael Petzet, ins neue Jahr: „Unsere Aufgaben als Dienstleistungsunternehmen können wir jetzt noch besser erfüllen als bisher." Die Zentrale ist jetzt komplett, einschließlich der Restaurierungswerkstätten, unter einem Dach in der Alten Münze am Münchner Hofgraben untergebracht.

Arbeitsplätze für die Zukunft

Zwar ist im Zuge allgemeiner Sparmaßnahmen auch die bayerische Denkmalpflege nicht ungeschoren davongekommen, steht aber immer noch mit einem beeindruckenden Etat von 36,5 Millionen Mark zu Buche – gegenüber einem früheren Haushaltsansatz von 49 Millionen Mark. Der Entschädigungsfonds, eine wichtige Säule im Denkmalschutz, verfügt unverändert über 40 Millionen Mark jährlich. Um so mehr bedauert Petzet, daß die Evangelische Landeskirche und die katholischen Diözesen aus finanziellen Gründen stark bremsen, mit der Folge, daß große Restaurierungsvorhaben wie zum Beispiel die Abteikirche in Ebrach oder die Alte Kapelle in Regensburg ebenso zurückgestellt würden wie die ehemalige Klosterkirche Tegernsee oder der Freisinger Dom. Die kirchliche Zurückhaltung wirkt sich wiederum negativ auf die Handwerksbetriebe aus: Bei Kirchenmalern sei es bereits zu Entlassungen und einer Reduzierung der Kapazitäten gekommen, zumal auch andere Geldgeber wie Kommunen und Landkreise sparen. Dabei müßte die Denkmalpflege gerade auch unter wirtschaftlichen Gesichtspunkten gestützt werden, erhalte und schaffe sie im traditionellen Handwerk doch Arbeitsplätze für die Zukunft. Das nächste Jahrhundert werde das „Jahrhundert der Reparaturgesellschaft", schon wegen der Unmengen von Müll, die bei Abbruch und Wiederaufbau anfallen würden, prophezeit Petzet.

Als bayerisches Hauptproblem nennt der Chef der Denkmalpflege den gesamten Grabungsbereich. „Hier kommen riesige Anforderungen auf uns zu, die mit unserem Personal gar nicht zu bewältigen sind." Erschwerend wirke sich der starke Rückgang bei der Förderung von Arbeitsbeschaffungsmaßnahmen durch die Bundesanstalt für Arbeit aus. Für die Bodenuntersuchungen beim Bau der ICE-Trasse München-Ingolstadt seien freie Grabungsfirmen beauftragt worden. „Wir können die Arbeiten nur noch überwachen", klagt Petzet. Das sei natürlich wesentlich teurer, weshalb nun verstärkt versucht werde, das Verursacherprinzip durchzusetzen. So trage die Bahn AG bei der ICE-Trasse die Hälfte der Grabungskosten.

Durch die deutsche Einheit ist die Denkmalpflege als „nationale Aufgabe" ins Bewußtsein gerückt. Bundesweit sind rund 900 000 Baudenkmäler registriert. Bayerns oberster Denkmalpfleger, der seit gut einem halben Jahr auch Vorsitzender der Vereinigung der Landesdenkmalpfleger in der BRD ist, sieht auf Bundesebene seine vorrangige Aufgabe darin, die Kollegen in den neuen Ländern zu unterstützen. Denkmäler würden zu häufig als „Investitionshindernisse" diskutiert. Die Erkenntnis, daß Denkmalpflege und Städtebau mehr als andere kulturelle Bereiche die Lebensqualität der Menschen beeinflusse, müsse sich in den jungen Bundesländern noch durchsetzen. In den ersten Jahren nach der Vereinigung seien „verheerende Planungsfehler" gemacht worden: Gewerbezentren auf der grünen Wiese seien der Tod der Innenstädte. Als „beängstigendes Beispiel" nennt Petzet Mecklenburg. Hier wären Experten „froh", wenn sie 200 von 1700 Gutshöfen, Herrenhäusern und Schlössern retten könnten. Das sogenannte „Schandfleckbeseitigungsprogramm" sei mit erheblichen Mitteln ausgestattet, und der Verdacht, daß auf diesem Wege auch Denkmäler beseitigt würden, dränge sich förmlich auf. Vieles sei gefährdet, aber – so Petzet: „Man darf keine Objekte aufgeben."

Internationale Projekte

Als Vorsitzender des „International Council on Monuments and Sites" (ICOMOS) beobachtet Petzet mit wachsender Sorge, daß Bundesaußenminister Klaus Kinkel überhaupt keinen Sinn für den Stellenwert der Denkmalpflege im internationalen Austausch habe, obwohl diese Schiene auch ein Ansatz für wirtschaftliche Zusammenarbeit sei. Diese Erfahrung konnten bayerische Denkmalpfleger nicht nur beim Projekt „Tonarmee" in China, sondern auch im Jemen und in Jordanien machen. So wurde die jemenitische Hauptstadt Sana'a mit maßgeblicher Unterstützung durch UNESCO, ICOMOS und bayerischer Denkmalpfleger vor dem Verfall gerettet. Große Sorge bereitet den „NGO's für Denkmäler" auch die als Weltkulturdenkmal deklarierte Quedlinburger Altstadt, die in vielen Bereichen in einem „höchst bedenklichen Zustand" ist, wie Petzet betont. Um ein anderes, aber nicht weniger brennendes Problem wird es im Herbst in Leipzig gehen: Beim „Denkmal 96" wird die umstrittene „Konservierung der Moderne" diskutiert werden.

DIE SAMSARAT AL-MANSURAH *Die Karawanserei am großen Suq der Altstadt von Sana wurde nach einem Konzept des bayerischen Landesamtes für Denkmalpflege restauriert.*
Photo: Landesamt für Denkmalpflege

Drei Bagger sind im Hof der Schüleschen Kattun-Fabrik aufgefahren, um den einsturzgefährdeten Nordflügel des Baudenkmals abzureißen. Vor dem Gebäude stellten die Stadtwerke an der Roten-Torwall-Straße einen neuen Mast für die Fahrleitungen der Straßenbahnen auf. Die Leitungen waren vorher an der Mauer befestigt.
AZ-Bild: Wolfgang Diekamp

Baudenkmal unter der Spitzhacke

Seit gestern wird der Nordflügel der „Schüleschen Fabrik" überraschend abgebrochen

Von unserem Redaktionsmitglied
Eva Maria Knab

Einem Trümmerhaufen gleicht der Nordflügel der Schüleschen Kattunfabrik, einem Industriedenkmal von internationalem Rang. Mit Zustimmung der Bauverwaltung ist gestern mit den Abbrucharbeiten für den Gebäudeteil entlang der Rote-Torwall-Straße begonnen worden. Grund: Nach mehreren Einstürzen sei die öffentliche Sicherheit „erheblich gefährdet" gewesen. Bayerns oberster Denkmalpfleger, Professor Michael Petzet, nahm den Abbruch gestern gegenüber der AZ mit „Schrecken und Bedauern" zur Kenntnis.

Ein Teil des Daches vom neueren Nordflügel des barocken Baudenkmals war schon Anfang der Woche eingestürzt (wir berichteten). Bei Aufräumungsarbeiten gestern am frühen Morgen brachen dann weitere Mauerteile „wie bei einem Dominoeffekt" zusammen, teilte Bauordnungsamtsleiter Gerhard Witte mit. Versuche, die restliche Bausubstanz abzustützen, seien fehlgeschlagen. Das Innere des Gebäudeflügels habe wegen Einsturzgefahr nicht mehr betreten werden können. Außen hätten die problematischen Ortsverhältnisse direkt an der Straße keine Stützen zugelassen. Augenzeugen berichteten, wie sich die Außenmauer der Schüleschen deutlich zur vielbefahrenen Rote-Torwall-Straße hin neigte. Für die öffentliche Sicherheit sei Gefahr in Verzug gewesen, so Witte. „Die Bauverwaltung konnte daher den Abbruch nur noch mit Bedauern hinnehmen."

Nach Auskunft von Wolfgang Graf, dem Besitzer des Baudenkmals, ist ein „Komplettabbruch" des Nordflügels vorgesehen. Der Gebäudeflügel sei, vor allem wegen morscher Stützbalken, schon länger einsturzgefährdet gewesen. Durch Bauarbeiten für die neue Tramwerkstatt an der Baumgartnerstraße seien zudem erhebliche Erschütterungen im Erdreich entstanden.

Störungen bei Bus und Tram

Der überraschende Abbruch brachte gestern auch den Bus- und Trambetrieb durcheinander: Laut Verkehrsmeister Walter Neu konnten ab etwa 6.05 Uhr morgens die Straßenbahnen der Linie 1 und 2 wegen der Absperrungen um das Gebäude eine Stunde lang nur im Zehn-Minuten-Takt verkehren. „Minimale Verspätungen" habe es im Busverkehr gegeben, den die Polizei umleitete. Nach Auskunft von Verkehrsbetriebe-Chef Peter Lessing konnten größere Probleme im Tramverkehr durch Vorsorge verhindert werden. Denn die Fahrleitungen, die bisher an der Schüleschen befestigt waren, wurden nach dem Dacheinsturz vorsichtshalber auf einen neu installierten Mast umgelegt.

Nach Auskunft des Baureferenten gab es für die Firma Graf+Maresch keine rechtliche Verpflichtung, den Gebäudeflügel abzustützen, solange die öffentliche Sicherheit nicht gefährdet war. Dies sei wohl eher als politische Frage zu sehen. Schon seit Jahren hatten die Eigentümer den Nordflügel der Schüleschen abreißen wollen. Es lag auch eine Genehmigung des Stadtrats vor. Das Blatt wendeten erst die Denkmalpfleger.

„Wir können den Abbruch nur mit Schrecken und Bedauern zur Kenntnis nehmen", sagte gestern Generalkonservator Professor Michael Petzet. Von Einsturzgefahr habe das Landesamt nichts gewußt: Petzet findet den Abbruch besonders bedauerlich, weil seit Jahren für einen Erhalt des Industriedenkmals gekämpft wurde und nun mit dem möglichen Einzug der Fachhochschule eine „sehr gute Lösung in Sicht" sei. Für die Denkmalpflege sei die gesamte Fabrik mit den Produktionsstätten in den Flügelbauten sehr wichtig. Der Generalkonservator hofft nun, daß die „geschlossene Form" der Anlage wiederhergestellt wird.

Weniger Aufwand

Wie Besitzer Graf annimmt, kann der Abbruch einen Einfluß auf die Standort-Entscheidung für die Fachhochschule haben. Nun sei weniger Aufwand „für teure Denkmalpflege" nötig. Damit wird die Preisdifferenz zwischen Schüle-Sanierung und Neubau auf dem Silbermann-Gelände wohl geringer.

Blick in die „Werkstatt Denkmalpflege"

Pressefahrt des Deutschen Nationalkomitees führt auch nach Nördlingen

Nördlingen (pm/bac). Das Deutsche Nationalkomitee für Denkmalschutz in Bonn hat bei seiner diesjährigen Pressefahrt unter dem Motto „Werkstatt Denkmalpflege" auch die Stadt Nördlingen berücksichtigt. Rund 40 Fachjournalisten aus ganz Deutschland informierten sich gestern in der Riesmetropole über die komplexen Zusammenhänge und Arbeitsabläufe von Restaurierungen.

Oberbürgermeister Paul Kling hieß die hochrangige Delegation mit Generalkonservator Professor Dr. Michael Petzet an der Spitze im Rathausgewölbe willkommen. Er berichtete den Gästen von den Bemühungen der Stadt Nördlingen im Bereich der Altstadtsanierung. Die Verantwortlichen der Stadt haben nach seinen Worten sehr früh den großen Wert der mittelalterlichen Altstadt erkannt und die Altstadtsanierung zu einem Schwerpunkt der Stadtsanierung gemacht.

So sei es auch gelungen, daß die Stadt seit 1972 im Bund-Länder-Programm für Denkmalpflege erfaßt sei. Das Stadtoberhaupt vergaß dabei auch nicht, die großen Leistungen der privaten Hausbesitzer zur Pflege historischer Bausubstanz zu erwähnen. Besonderen Anklang bei den Fachjournalisten fand die ungebrochene Kontinuität der Stadtsanierung, die mit der Orientierung am Denkmalbestand Haus für Haus vorangetrieben wurde.

Am Nachmittag konnten die Teilnehmer der Pressefahrt in Begleitung von Oberbürgermeister Paul Kling und Stadtbaumeister Wolfgang Stark selbst einige besonders interessante Baudenkmäler in der Altstadt in Augenschein nehmen. In der Alten Schranne gab OB Kling Einblick in die Geschichte des Bauwerks, die Probleme bei der Sanierung und die Pläne für die künftige Nutzung.

Rundgang durch die Altstadt

Beim Rundgang durch die Altstadt machte Dr. Bernd Vollmar, der zuständige Gebietsreferent beim Landesamt für Denkmalpflege, auf die Georgskirche ebenso wie auf einen Kaufhausneubau in der Fußgängerzone, das Ergebnis eines Architektenwettbewerbs, aufmerksam. Durch die Mühlgasse, in der Dr. Vollmar den Blick oft auf sanierte Bürgerhäuser lenkte, ging es ins Gerberviertel.

Im Scherbaumhaus in der Vorderern Gerbergasse berichtete der Eigentümer Michael Scherbaum von der gelungenen Instandsetzung des Gebäudes. Die gute Zusammenarbeit mit dem Landesamt für Denkmalpflege sei dabei sehr wichtig gewesen. Der Steinrestaurator, der das Haus „aus Überzeugung" sanierte, nutzt das ehemalige Gerberhaus nach „zehn Jahren Auseinandersetzung mit dem Bau" heute nicht nur als Wohngebäude sondern auch als Handwerkerhaus.

Ausgangslage für Sanierungskonzept

Einen kurzen Besuch stattete die Delegation auch dem Rieskratermuseum ab, das in einer ehemaligen Lagerscheune untergebracht ist. Das von Sanierungsmaßnahmen noch unberührte Reihl-Haus bildete als Beispiel für die Ausgangslage eines Sanierungskonzeptes den Abschluß des Rundgangs. Für den gestrigen Abend hatte sich Kultusminister Hans Zehetmair mit Landrat Alfons Braun und OB Paul Kling zu einem Gespräch angekündigt (Bericht folgt).

In der Alten Schranne trafen sich gestern die Teilnehmer der Pressefahrt des Deutschen Nationalkomitees für Denkmalschutz in Bonn. Oberbürgermeister Paul Kling stellte den Fachleuten die Probleme bei der Gebäudesanierung vor. Später wurden weitere Baudenkmäler der Stadt besichtigt. Bild: Jochen Aumann

Rieser Nachrichten
(Nördlingen)
8. Mai 1996

Grusel vor den Niedersachsen

Denkmalpflege in Deutschland: Bayern gibt ein gutes Beispiel

Niedersachsens Denkmalpfleger hadern mit der Welt und der für sie zuständigen Ministerin Helga Schuchardt, die sich nicht vor sie gestellt habe. Der Landtag hat ein Artikelgesetz zur Verwaltungsvereinfachung verabschiedet, und damit hat das Innenministerium einen langen Streit mit dem Ministerium für Wissenschaft und Kultur gewonnen. Die bisherige Zweigleisigkeit zwischen dem hannoverschen Institut für Denkmalpflege und den Bezirksregierungen bei der Bewilligung von Zuschüssen für Denkmalbesitzer ist so entschieden worden, daß die Kompetenz nun allein bei den Bezirksregierungen liegt, die das Institut zwar fragen dürfen, aber nicht müssen. Das Institut hatte sich die Oberhoheit über alle Fachleute im Lande gewünscht. Der nächste Schritt wäre die Gründung eines Landesamtes für Denkmalpflege gewesen – wie solche in allen anderen Bundesländern bestehen.

Die deutschen Denkmalpfleger haben gegen diese Lösung vergeblich Sturm gelaufen. Christiane Segers-Glocke, die hannoversche Institutsleiterin, will nun wenigstens noch retten, was zu retten ist, und die Lenkung der Zuschüsse aus Stiftungs- oder EU-Mitteln in der Hand behalten. Ansonsten sieht sie düster in die Zukunft: Die Unteren Denkmalschutzbehörden im Lande seien personell nur zu 30 Prozent fachlich ausgestattet. Zu denen, die protestiert haben, gehört auch der bayerische Generalkonservator Michael Petzet. In Bayern gehe eben alles besser, meint er, demonstriert Einverständnis mit seinem Minister Hans Zehetmair – und gruselt sich vor niedersächsischen Zuständen.

In Bayern geht es in der Tat besser, die Zuständigkeit für die Denkmale liegt in Zusammenarbeit mit den Unteren Denkmalschutzbehörden beim Landesamt in München, und der Etat von 40 Millionen Mark für private Denkmalbesitzer kann sich sehen lassen. In Niedersachsen stehen dafür gerade sechs Millionen zur Verfügung – eigentlich nur eine Anerkennungsprämie, wie Christiane Segers-Glocke meint. Wie man um Denkmalen umgeht, ist freilich nicht nur eine Frage des Geldes. Während es in Niedersachsen unselige politische Tradition hat, die baulichen Hinterlassenschaften der Geschichte als Luxus zu betrachten, denkt man in Bayern an ihre praktische Nutzung. Noch ein Museum und noch ein Kulturzentrum mit unabsehbaren Folgekosten mehr – das geht auch in Bayern nicht.

Zur Augenweide geworden

Das Beispiel Bayerisch-Schwaben mit Augsburg als Mittelpunkt, eine überschaubare, aber an Denkmalen überaus reiche Landschaft. Da gibt es im Augsburger Stadtteil Göggingen das 1885/86 errichtete Kurtheater, das nach einem Brand 1972 zur Ruine geworden war. Heute ist es zur Augenweide geworden, ein wie schwebend wirkender Glaspalast mit ziselierten gußeisernen Säulen und Balustraden, in dessen Innerem sich Palmen hochranken. Vor der Rekonstruktion vergangener Pracht ist man nicht zurückgeschreckt. Und nun wird dort an 220 Tagen wieder Theater gespielt – entweder mit Gastspielen oder Eigenproduktionen. An 85 Tagen kann

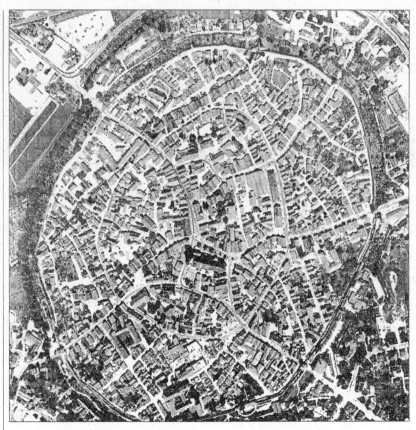

Nördlingen: Einladung ins Mittelalter.

das Haus für private Veranstaltungen gemietet werden.

Nördlingen, eine Kreisstadt mit mittelalterlicher Bebauung und 320 Einzeldenkmalen, ist noch vollständig von einer Mauer umschlossen. Die Stadt liegt knapp vor der württembergischen Grenze, und wegen dieser Randlage ist im 19. Jahrhundert die Industrialisierung an Nördlingen vorbeigegangen. In diesem Falle war Armut der beste Denkmalpfleger. Erst in den Sechzigern dieses Jahrhunderts kam auf der grünen Wiese die Industrie, und danach gab es auch Geld für die Denkmalerhaltung. Anfangs waren die Bürger davon gar nicht begeistert, sondern zogen lieber ins Eigenheim vor der Stadtmauer. Inzwischen ist die einst graue Stadt farbig geworden, und der Trend hat sich umgekehrt, denn ein Freilichtmuseum à la Rothenburg war nicht beabsichtigt. 1987 lebten in der Altstadt 3700 Menschen, jetzt sind es 4900.

Nun ließ sich zwar auch in Nördlingen eine Lagerscheune aus dem Jahre 1503 nur dadurch retten, indem man sie zum Museum umwandelte. Dort wird an den Einschlag eines gewaltigen Meteoriten vor 15 Millionen Jahren erinnert, der Süddeutschland verheerte und bis heute die Landschaft – das Nördlinger Ries – geprägt hat. Aber die Regel ist das nicht. Die Stadt hat ausgedehnten Immobilienbesitz, und wenn Denkmalbesitzer aus eigener Kraft nicht sanieren konnten, dann hat sie auch Häuser aufgekauft. Für das „Paradies" von 1350 etwa – sieben bis acht Mark Miete für den Quadratmeter – gibt es trotz schiefer Decken und unmodernen Raumschnitts Wartelisten für Leute, die dort wohnen möchten. Derzeit wird eine Karrenscheune von 1557 für Wohnzwecke restauriert.

In Bayern wird seit Jahrzehnten die Denkmalpflege ruhig und stetig betrieben, was sie auch von Niedersachsen unterscheidet, wo wilde Etatsprünge von Jahr zu Jahr üblich waren und sind. Vielleicht liegt dies auch daran, daß die Bürger ganz anders mitziehen als hierzulande, wo es immer wieder mittlere Aufstände gegen die Aufnahme von Häusern in die Denkmalliste gegeben hat. Ein Wunschpartner für die Denkmalpfleger etwa ist der Nördlinger Steinmetz Michael Scherbaum, der mit seinem Schlapphut wie ein Handwerker von altem Schrot und Korn wirkt. Er hat ein 1591/93 errichtetes Gerberhaus als Wohn- und Arbeitsstätte bewahrt und dabei alles so original wie möglich belassen. Ein Traum von einem Haus – freilich auch ein Alptraum, wenn man ans Saubermachen denkt.

Was Privatinitiative alles bewirken kann, zeigt sich auch in dem Örtchen Binswangen. Dort gibt es eine Synagoge aus dem Jahre 1837, und daß sie im September als Gedenkstätte und Gemeindehaus wiedereröffnet werden kann, ist dem Altbürgermeister Josef Reißler zu verdanken. Nach der Ausweisung der Juden aus den Städten waren dort um 1850 von 1100 Einwohnern 432 jüdischen Glaubens. Nach der Judenemanzipation wurden es dann zwar schnell immer weniger (nur noch um die zwanzig 1938), aber das Gotteshaus blieb erhalten. In der „Reichskristallnacht" wurde es wegen der Nähe zu anderen Gebäuden nicht niedergebrannt, jedoch im Inneren von der SA verwüstet.

Reißler, damals fünfzehn Jahre alt, schämte sich wegen der Vorgänge. 1949 ▷

„Wo Sie stehen, stand die Sau!"

Sein historisches Nördlinger Gerberhaus ist eines der schönsten und interessantesten privaten Baudenkmäler Bayerns. Und auch Besitzer Michael Scherbaum ist eine Art lebendes Denkmal. Nach zehnjährigem Renovierungs-Krimi präsentierte er seinen Prachtbau nun dem Deutschen Nationalkomitee für Denkmalschutz – und genoß die Anerkennung.

Wie er so dasteht unter den über 400 Jahre alten Balken: Imposanter Zwirbelbart, selbstbewußter Blick, schwarzer Schlapphut, feste Stimme. Der 59jährige Steinmetzmeister Michael Scherbaum und sein 1551 errichtetes Nördlinger Gerberhaus. Er lebt mit dem Haus – und das Haus lebt durch ihn. Ein Sprecher des Bayerischen Landesamtes für Denkmalpflege ironisch: „Eigentlich müßte man auch den Besitzer unter Denkmalschutz stellen."

Vor etwa 35 Jahren kam Michael Scherbaum aus dem oberbayerischen ins Ries. Er verfiel dem Charme des Nördlinger Gerberviertels, kaufte nahe der Stadtmauer ein Fachwerkhaus und renovierte es. Warum er dann 1985 gleich nebenan ein zweites heruntergekommenes Gerberhaus erwarb, hört sich im Original-Ton so an: „Ein Makler aus Ansbach wollte es kaufen und eine Taverne einrichten. Als Nachbar hatte ich Angst vor dem zu erwartenden Lärm. Der Makler wollte mit der Besitzerin am Freitag zum Notar, ich aber war mit ihr schon am Donnerstag dort..."

Damit begann ein regelrechter Renovierungs-Krimi. „Zwei Jahre," erklärt Scherbaum, „haben wir das Haus nur aufgemessen." Zwei weitere Jahre hat er den Dachstuhl gesichert. „Aus Ehrfurcht" vor der Leistung der damaligen Zimmerer hat er nichts verändert.

Lange wußte der Steinmetzmeister nicht, was er mit seinem zweiten Haus tun sollte. Schließlich wurde es das, was es ursprünglich war: ein Handwerkerhaus. Im Erdgeschoß richtete sich Scherbaum eine Arbeitshalle ein, darüber wohnt er. Besucher überrascht er in dem stimmungsvollen Ambiente hinter dem Flur mit dem Satz: „Wo Sie jetzt stehen, stand die Sau." Jetzt bespricht er sich dort mit Mitarbeitern oder es wird auch mal nach Feierabend gefeiert.

Von PETER LEUSCHNER

Viel Holz: Gemütliche Leseecke im Obergeschoß

tz (Tageszeitung), München
1. Juni 1996

Das heruntergekommene Baudenkmal barg noch viel an originaler Substanz: zugestrichene Malereien, alte Holzdecken, handgeschmiedete Türschlösser. Der Grund: spätere Besitzer hatten nie Geld für einen Umbau.

Behutsam hat Scherbaum alles erhalten, auch die alten Fundamente, obwohl in ihnen der Salpeter steckt. Der Hobby-Denkmalpfleger: „Damit muß man einfach leben." Mittlerweile glaubt er, daß das Haus sogar wieder das „alte Raumklima" hat.

Im ersten Obergeschoß hat sich der 59jährige auf krummen Böden und vor bemalten Wänden ein Refugium geschaffen, das Besucher erstaunen läßt: beispielsweise eine moderne Bibliothek mit hufeisenförmig und nur hüfthoch mitten im Raum stehenden Regalen.

Und daneben kombinierte Scherbaum alt und neu überzeugend: In der Wohnstube dominiert ein selbstentworfe-

kehrte er aus russischer Kriegsgefangenschaft zurück und mußte dann mitansehen, wie die Synagoge als Lagerhalle und Kunststoffabrik immer mehr herunterkam, wie Emporen und Säulen herausgerissen wurden. Schließlich machte er die Öffentlichkeit auf die Zustände aufmerksam und hatte Erfolg. Aus verschiedenen Töpfen wurden drei Millionen Mark zusammengekratzt, und jetzt ist der Bau im neomaurischen Stil – was seinerzeit König Ludwig I. durchgesetzt hatte – in neuem Glanz fast fertig.

Auch ein Wirtschaftsfaktor

Nicht weit von Binswangen entfernt liegt Thierhaupten. Hier hatte die Gemeinde 1983 den Mut, den riesigen Komplex eines Benediktinerklosters mit Wirtschaftsanbauten zu kaufen, der bis in das 11. Jahrhundert zurückreicht. Es gibt einen Freundeskreis als Förderverein, und vor allem bot sich das Landesamt für Denkmalpflege als Nutzer an. Bodendenkmalpflege, ein Bauarchiv und die Akademie für Handwerkerfortbildung in der Denkmalpflege sind hier untergebracht. Bayern hat damit und mit anderen Einrichtungen beispielhaft einen breiten handwerklichen Unterbau für den Denkmalschutz geschaffen.

Als Niedersachse kann man hier nur neidisch werden. Nun kann es in der gegenwärtigen finanziellen Situation des Landes zwar nicht darum gehen, nach viel mehr Geld zu rufen, wohl aber wäre es angezeigt, über den Stellenwert der Denkmalpflege hierzulande neu nachzudenken. Und dabei auch wirtschaftliche Überlegungen anzustellen. Denkmalpflege ist zu einem großen Teil Bauunterhaltung. Was passiert denn mit einem Eigenheim, um das sich der Besitzer jahrelang nicht kümmert? Eines Tages müssen auf einen Schlag alle unterlassenen Sanierungsmaßnahmen nachgeholt werden, und dann wird es teurer, als wenn man kontinuierlich saniert hätte. Oder aber man sieht dem Verfall ruhig zu. Aber wer tut das schon?   EKKEHARD BÖHM

Ein stattlicher Bau: Die Fassade des Gerberhauses Fotos: Leuschn

ner quadratischer Tisch mit einer Holz-Stein-Platte (1,80 mal 1,80 Meter). Trotz mancher Mängel – „dieses Haus ist nicht dicht" – muß Scherbaum auf nichts verzichten. Und zum Beweis dreht er eine seiner Stereoanlagen auf: „Jawaramoi von Hubert von Goisern. Di Akustik ist fabelhaft. Der Steinmetzmeister möchte mit keinem mehr tauschen.

Hannover'sche Zeitung
20. Mai 1996

Der Denkmal-Chef kam persönlich
Kuhhandel im maroden Stall
Dr. Maier hatte Prof. Petzet nach Höchstadt gelotst — Mehr Zuschuß?

VON JOCHEN GRILLENBERGER

HÖCHSTADT — Der Höchstadter Kuhstall ist jetzt Chefsache. Professor Doktor Michael Petzet, Generalkonservator und damit Chef des bayerischen Landesamtes für Denkmalpflege persönlich bemühte sich gestern nach Höchstadt, um eines der umstrittensten „Denkmäler" im Landkreis in Augenschein zu nehmen. Sein Fazit aus dem rund einstündigen Ortstermin mit dem Landtagsabgeordneten Dr. Christoph Maier und Bürgermeister Gerald Brehm: „Schau mer mal".

Daß Professor Petzet sich von München aus auf die Socken gemacht hatte, um eine gerade einmal 40 Quadratmeter große „Ruine" in der fränkischen Provinz in Augenschein zu nehmen, ist letztlich dem Landtagsabgeordneten Dr. Christoph Maier in die „Schuhe zu schieben". Der wollte nämlich nicht einsehen, daß mit dem „Diktat" der Denkmalschützer das Häuschen im Hinterhof des Höchstadter Rathauses erhalten und damit auch saniert werden muß, das Landesamt aber dafür höchstens zehn Prozent der Kosten beitragen will. 30 000 Mark hatte die Münchner Behörde nach jüngsten Meldungen zufolge als Kostenzuschuß in Aussicht gestellt, 300 000 Mark würde es die Stadt kosten, den alten Schell'schen Kuhstall mit seinem „einmaligen" Tonnengewölbe zu restaurieren. „Wir können uns das nicht leisten" sagte Bürgermeister Gerald Brehm kurz und bündig und erwähnte so ganz nebenbei, daß die Stadt Höchstadt schließlich auch noch andere denkmalschützerische Pflichten habe.

Beeindruckt, sowohl vom Zustand des Kuhstalls, als auch von dessen Architektonik, zeigte sich Professor Petzet, als er zusammen mit Dr. Christoph Maier und Bürgermeister Brehm den umstrittenen Kuhstall besuchte. Foto: Günter Distler

Fortsetzung auf Seite 5

Fortsetzung unseres Artikel von Seite 3 über die Zukunft des Kuhstalls: „KUHHANDEL…"
Nur eine Frage der Finanzen
Bei einem Zuschuß von 150 000 Mark wäre die Stadt Höchstadt sofort zu einer Sanierung bereit

Nordbayerische Nachrichten (Herzogenaurach)
9. August 1996

Das Geburtshaus von Ritter von Spix beispielsweise müsse dringend gerettet werden, und sollten städtische Gelder für den Kuhstall locker gemacht werden müssen, würde das Spix'sche Anwesen das gleiche Schicksal erleiden, wie das agrare Tonnengewölbe: Es würde verfallen.

Michael Petzet hatte die Botschaft des Höchstadter Bürgermeisters wohl verstanden, schließlich hätte es keines hochqualifizierten Fachmanns bedurft, um zu erkennen, daß das Sandsteingemäuer des auch noch „unnützen" Kuhstalls mehr als marode ist. Hätte man vor 15 Jahren etwas getan, wäre der Erhalt keine Frage gewesen, meinte Petzet, stellte aber andererseits fest, daß der Kuhstall „ein durchaus reizvolles Gebäude" sei, das nicht umsonst unter den Fittichen der Denkmalschützer steht.

Für den Generalkonservator ist die Entscheidung über die Zukunft des Kuhstalls, für dessen Erhalt sich der Stadtrat bekanntlich mit knapper Mehrheit ausgesprochen hatte, letztlich auch eine Frage, wie sich die Bauabteilung des Landratsamtes verhält. Bevor die Münchner Behörde ihre Liebe zu dem Kuhstall entdeckte, habe sie einem Abriß nämlich schon fast einmal zugestimmt, meinte Gerald Brehm. Entscheidend für eine Bewertung, so war man sich einig, sei auch die Frage der späteren Nutzung, die man auch unter wirtschaftlichen Gesichtspunkten sehen müsse. Eine Garage, wie von der Stuttgarter Planungsgruppe vorgeschlagen, hielt man jedenfalls unisono für „Schwachsinn". Wenn, dann würde sich beispielsweise ein städtisches Touristenbüro anbieten. Eine Einrichtung, die Gerald Brehm aber auch nicht für unbedingt erforderlich hielt.

Die Verhandlungen über die Zukunft des Stalles nahmen schließlich fast die Formen eines Kuhhandels an. Bei 150 000 Mark Zuschuß, so sagte Brehm, könnte die Stadt mit sich reden lassen und Professor Petzet versprach, sich

Seit Jahren Gegenstand kontroverser Meinungen. Der vom Heimatverein mit einer Plastikfolie eingedeckte Kuhstall im Hinterhof des Höchstadter Rathauses. Foto: Distler

während seines bevorstehenden Urlaubes darüber noch einmal Gedanken zu machen. Im September will man sich wieder treffen, vereinbarte man.

Das „Schachern" hatte dann bei einem anderen Projekt noch einen direkten Erfolg. Nachdem „per Handschlag" für die Restaurierung des Marktbrunnens ein Zuschuß von 37 000 Mark zugesagt war, hatten die Denkmalschützer aber plötzlich nur noch 20 000 Mark übrig. Den Fehlbetrag von 17 000 Mark will der Petzet aber jetzt wieder aufstocken, wobei sowohl Maier, als auch Brehm betonten, daß es auf 1000 Mark hin oder her nicht ankomme.

Kein Ende in Sicht im Streit um Villa Leuchtenberg am Lindauer Bodenseeufer

Ein Denkmal droht zum Mahnmal zu werden

Schweizer Erbengemeinschaft will Baurecht im Landschaftsschutzgebiet / Für Stadt hat unverbautes Ufer Vorrang

Von Andreas Roß

Lindau – Wenn Bayerns Landeskonservator Michael Petzet auf die Villa Leuchtenberg am Lindauer Bodenseeufer angesprochen wird, dann bilden sich Sorgenfalten auf seiner Stirn: „Das ist der traurigste Fall für die Denkmalpflege in ganz Bayern." Der Chef des Landesamtes befürchtet zu Recht, daß dieses Kulturdenkmal nicht mehr zu retten ist, wenn nicht bald die Fesseln gelöst werden, welche die Villa in einen zermürbenden Rechtsstreit zwischen einer Schweizer Erbengemeinschaft einerseits, sowie Stadt beziehungsweise Landkreis Lindau und Freistaat Bayern andererseits einschnüren. Dabei geht es um die Forderung der Behörden nach Öffnung des zum Villengrundstück gehörenden Seeuferweges für die Allgemeinheit.

Verhärtete Fronten

Einem Vorhaben, dem die Erbengemeinschaft nur dann zustimmen will, wenn sie ihre Grundstücke auf der Rückseite der Villa, die 1986 unter Landschaftsschutz gestellt wurden, bebauen darf. Nach Jahren der Sprachlosigkeit kamen Eigentümer und Behördenchefs vor einigen Tagen erstmals wieder ins Gespräch. Das Ergebnis war freilich ernüchternd. „Die Fronten sind verhärtet, ich bin im Augenblick völlig ratlos", erklärte hinterher Schwabens Regierungspräsident Ludwig Schmid.

Wer diese mit mehreren Gerichtsurteilen, juristischen Winkelzügen und behördlichen Anordnungen garnierte Auseinandersetzung verstehen will, der muß bis ins Jahr 1973 zurückblenden. Damals erklärte die Erbengemeinschaft, deren Geschäfte bis heute die Brüder Hans-Peter und Heinrich von Ziegler (Zollikon, Schweiz) führen, widerruflich die Bereitschaft, auf ihrem Seegrundstück einen öffentlichen Uferweg zu dulden. Ein Vorgang, der landesweit Beachtung fand, waren die von Zieglers doch die ersten Grundstücksbesitzer am Bodensee, die nach der Verabschiedung des bayerischen Naturschutzgesetzes ihren romantischen Uferpark der Öffentlichkeit zugänglich machten.

Feuerstätte im Park

Die Freude währte allerdings nicht lange. Denn viele Nutznießer der Öffnung begnügten sich offenbar nicht mit dem Weg und dem reizvollen Blick auf den See, sondern sie nutzten das Parkgelände als Lagerplatz, Feuerstätte und „Naturtoilette". Und selbst die nur etwa 30 Meter vom Weg entfernte Villa, die damals noch bewohnt war, wurde häufig zum Objekt der Neugierde und der Sachbeschädigung. 1983 sahen die von Zieglers dem „grauenhaften Treiben" nicht mehr länger zu und verrammelten den Zugang zu ihrem Grundstück mit zwei sperrigen Eisentoren. Lindaus damaliger Oberbürgermeister Josef Steurer kritisierte die Sperrung als „maßlos überzogene Strafaktion auf dem Rücken der Bürger".

Alle starken Worte halfen jedoch nichts, der Weg blieb trotz einer gegenteiligen Anordnung des Landratsamtes Lindau zu. Die Kontrahenten trafen sich schließlich beim Verwaltungsgericht Augsburg, danach beim Verwaltungsgerichtshof in München. In beiden Fällen gaben die Richter der Erbengemeinschaft recht. Der VGH sah die Sperre des Grundstücks nach dem Ausnahmetatbestand des Art. 29 des Naturschutzgesetzes als gerechtfertigt an. Nicht allein der Zugang zum See, auch der Schutz von Villa und Park vor Beschädigung und Verwahrlosung sei im öffentlichen Interesse. Andererseits regten die Richter an, das Durchgangsrecht jahreszeitlich zu beschränken und dies „einvernehmlich" zu regeln.

Trotz dieses Urteils bleibt die Geschichte äußerst verzwickt, denn sie hat eine Reihe von Nebenaspekten: Die Stadt Lindau erwirbt südlich des umstrittenen Areals von der Erbengemeinschaft ein Grundstück für über 4,5 Millionen Mark, ohne sich als Gegenleistung jedoch Rechte am See zu sichern. Der Versuch von Zieglers, die Villa als Objekt für Eigentumswohnungen zu verkaufen, scheitert an der ungeklärten Uferwegfrage. Das denkmalgeschützte Gebäude, das 1852 von einer Enkelin Napoleons erworben und großzügig umgebaut wurde, beginnt zu verlottern.

„Faktische Enteignung"

Die Grundstücke der Erbengemeinschaft auf der seeabgewandten Seite der Villa werden vom Landkreis auf Drängen der Stadt als Landschaftsschutzgebiet ausgewiesen. Die Eigentümer, die auf eine Verwertung als Baugrund spekulieren, sprechen daraufhin „von einem Racheakt und einer kalten Enteignung" durch die Behörden. Sie erheben Normenkontrollklage beim VGH, doch diesmal geben die Richter den Behörden recht. Auf Druck von Bayerns Umweltminister Peter Gauweiler wird 1992 eine Verordnung erlassen, die eine jährlich eingeschränkte Öffnung des Seeweges von September bis Mai vorsieht. Die Eigentümer legen Widerspruch ein, über den bis heute nicht entschieden ist. Sie untermauern ihre Position mit einem umfangreichen Rechtsgutachten, das die Verordnung des Landratsamtes als „faktische Enteignung" brandmarkt.

Trotz dieser allseits unbefriedigenden Situation brachte das jüngste Krisengespräch zwischen Eigentümern, Oberbürgermeister Jürgen Müller, Landrat Manfred Bernhardt und Regierungspräsident Ludwig Schmid keine Annäherung. Das Angebot der Familie von Ziegler, das Seegrundstück samt Baudenkmal der öffentlichen Hand zu veräußern, wenn das Landschaftsschutzgebiet im Rücken der Villa Bauland wird, wurde von der Stadt Lindau strikt zurückgewiesen. „Zum Baurecht führt kein Weg hin", erklärte OB Müller, der bereit ist, für diese Festlegung notfalls auch das Denkmal Villa Leuchtenberg zu opfern. Für die Stadt hätten Landschaftsschutz und Unverbaubarkeit des Uferbereichs „absoluten Vorrang".

SEIT RUND 20 JAHREN streiten die Erben der Villa Leuchtenberg am Lindauer Bodenseeufer mit den Behörden um die Öffnung des Uferweges und die Baugenehmigung für ein Grundstück im Landschaftsschutzgebiet. Zu befürchten ist, daß die denkmalgeschützte Villa das Opfer der Auseinandersetzung sein wird. *Photo: Rasemann*

Süddeutsche Zeitung
14./15. August 1996

Denkmalschützer feierten am Hofgraben

Zünftiges Sommerfest in einzigartigem Rahmen: Das Landesamt für Denkmalspflege mit **Prof. Michael Petzet**, Bezirkstagspräsident **Hermann Schuster** und der Landesverein für Heimatpflege mit Geschäftsführer **Hans Roth** hatten in den berühmten Renaissancehof am Hofgraben eingeladen, der einst als Marstall- und Kunstkammer der bayerischen Herzöge diente, dann als königlich bayerische Münzanstalt verwendet wurde („Moneta Regina" steht immer noch über dem Eingang am Hofgraben) und schließlich das Bayerische Landesamt für Denkmalspflege aufnahm. Über 400 kamen zum Sommerfest, Mitarbeiter des Landesamtes, Heimatkundler, Behördenvertreter, die überwiegend mit Denkmalspflege in München und Umgebung zu tun haben. Überraschungsgäste: Eine portugiesische Sportstudentengruppe. Die Augustinerbrauerei stiftete das Bier. Gefeiert wurde auch die Vollendung der jahrelangen Umbauten am Hofgraben. Nachdem das Pflaster im Innenhof gelegt ist, kann dieser ab 8. September dem europaweiten „Tag des offenen Denkmals", zugänglich gemacht werden.

Münchner Merkur
27. Juli 1996

Ein Hoch auf die Denkmalspflege: Augustinerchef Ohneis, Prof. Petzet, Martin Wölzmüller (Landesverein für Heimatpflege) und Bezirkstagspräsident Schuster (v.l.). *Foto: Li.*

Münchner Merkur, 4. September 1996

Der Geschichte auf der Fährte: „Kelten, Welfen, Wittelsbacher"

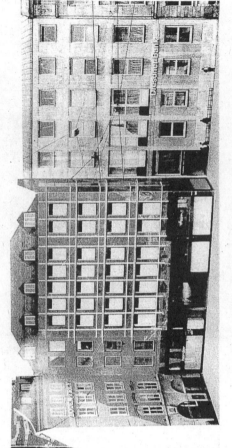

„Es sieht zwar harmlos aus, aber diese Scherben beweisen immerhin, daß München schon von frühesten Kelten besiedelt war", erklärt Michael Petzet, Generalkonservator im Bayerischen Landesamt für Denkmalpflege. Stolz präsentiert er die Entdeckungen: Keramikscherben, die in die Zeit zwischen 1500 und 700 v. Chr. zurückreichen.

Durch puren Zufall kamen die Archäologen der Münchner Vergangenheit in Alten Hof auf die Schliche. Im Sommer 1995 ließ das Finanzbauamt, heutiger Bewohner der alten Burg, feuchtgewordene Mauern des östlichen Burgstocks trockenlegen. Neugierig entdeckte das Landesamt für Denkmalpflege diese Grube, und überredete den Hausherrn Fiskus, auch den Altertumsforschern einen Abstieg zu finanzieren.

Nicht nur die Scherben kamen dabei zutage, wie ab kommenden Sonntag die

Der Zufall half: Michael Petzet präsentiert einen Krug, der Funden aus der frühen Keltenzeit nachgebildet ist.

Ausstellung „Kelten, Welfen Wittelsbacher" zeigt: Auch der Alte Hof, die bekannte Wittelsbacher Herzogsburg, ist älter als bisher vermutet. „Die Geschichtsbücher müssen umgeschrieben werden", sagt Archäologe Christian Behrer. „Die ersten Burgmauern sind schon im 12. Jahrhundert entstanden, nicht, wie immer angenommen, erst nach 1200."

Das Glück ließ die Forscher auch bei der Suche in den Niederungen des Marstallsplatzes nicht im Stich. Großes erwarteten sie von dem Terrain, gehörte es doch vom 15. Jahrhundert an zur Residenz. Großartig war tatsächlich ein Fund — wenngleich auch ein völlig unerwarteter. In der Tiefe tauchten Fundamente des Gartenpavillons von Wilhelm IV. auf. Zierde des Baus: ein bunter Renaissance-Kachelofen, ein Exemplar, das bisher nur aus Beschreibungen bekannt war. Jetzt sind die bunten und lachenden Tonengel zu bewundern, an denen Wilhelm IV. sich beim Wärmen am Ofen erfreute.

Die Ausstellung „Kelten, Welfen, Wittelsbacher" ist von 8. bis 30. September Montag bis Donnerstag, 9 bis 16 Uhr, und Freitag von 9 bis 14 Uhr im Landesamt für Denkmalpflege, Hofgraben 4, zu sehen. Am 8. September, „Tag des offenen Denkmals" ist sie von 10 bis 17 Uhr geöffnet.

Alexandra Bora

Das ehemalige Herderhaus wird verglast

Am ehemaligen Herderhaus werden bald aufsehenerregende Dinge geschehen: Der neue Eigentümer, die Landesbank, wünscht nicht nur das Innenleben des Gebäudes, sondern auch seine Identität zu verändern. Architekt Herbert Kochta hat sich dazu etwas ganz Besonderes ausgedacht: Das Herderhaus bleibt im wesentlichen, wie es ist (insbesondere das bekannte Mosaik an der Ecke zum Promenadeplatz bleibt erhalten), aber dazu bekommt es eine vorgehängte Glasfassade (auf dem Modellphoto auf der linken Seite). Die „gläserne Haut" soll auch für einen besseren Wärmeschutz sorgen. In der Stadtgestaltungskommission begrüßten die Architekten und Stadträte den Entwurf, weil er das Mosaik sichtbar läßt und die „Identität des Ortes bewahrt". Lediglich die Denkmalschützer zierten sich noch ein bißchen. Michael Petzet, Leiter des Landesamtes für Denkmalschutz, brach schließlich das Eis: „Für die Denkmalpflege ist es nicht so tragisch, wenn ich das mal als Denkmalschützer — es ist ja ganz originell." Der darauf anhebenden Heiterkeit in der Kommission folgte der architektonische Ritterschlag: Die Glasfassade sei ein „großer Gewinn" für das Haus.

Michael Grill/Photo: Karlheinz Egginger

Süddeutsche Zeitung
26. August 1996

Hallertauer Zeitung (Mainburg)
9. September 1996

Bayernweite Eröffnung des „Tags des offenen Denkmals" im Italienischen Saal der Residenz

„Das Erleben von Heimat und Geschichte"

Kultusminister Hans Zehetmair befürwortet neue Funktionen für geschichtsträchtige Gebäude

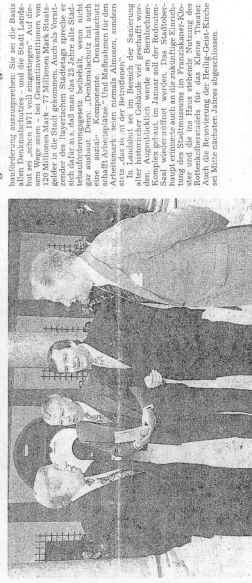

Kultusminister Hans Zehetmair, Bayerns Generalkonservator Prof. Dr. Michael Petzet, Oberbürgermeister Josef Deimer und der niederbayerische Regierungspräsident Dr. Friedrich Giehl (von links)

Ganz der historischen Vergangenheit des Freistaats gewidmet war der vierte „Tag des offenen Denkmals", der am Sonntag durch den Bayerischen Kultusminister Hans Zehetmair im Italienischen Saal der Landshuter Residenz eröffnet wurde. Zehetmair verwies auf eine „sehr erfolgreiche Bilanz" des bayerischen Denkmalschutzes. Die Gebäude, die unter Denkmalschutz stehen, seien nicht da „für die Feinen, die Weisen und die Wissenschaftler", sondern für alle Bürger des Freistaats. Oberbürgermeister Josef Deimer zeigte sich stolz auf die Denkmalpflege in Landshut: „Es gab große Leistungen – und wir haben noch viel vor." Die nächsten Bemühungen richteten sich auf das Stadtjubiläum im Jahr 2004. Deimer sprach sich ebenfalls ausdrücklich für Erhalt und Ausbau der Städtebauförderung aus.

Der „Tag des offenen Denkmals", vom Europarat ins Leben gerufen und in diesem Jahr zum vierten Mal organisiert, soll die Bürger enger an die Idee des Denkmalschutzes anbinden. Dazu werden – kostenfrei – auch einmal jene historische Gebäude geöffnet, die sonst nicht immer der Allgemeinheit zugänglich sind. Kultusminister Hans Zehetmair bezeichnete den Aktionstag, dessen bayernweite Eröffnungszeremonie in diesem Jahr in der alten Herzogsstadt Landshut abgehalten wurde, als wichtig für das historische Bewußtsein der Bürger Bayerns: „Wir müssen wissen, woher wir kommen, damit wir sehen, wohin wir gehen. "In einem Land, das „aus seinen Kirchen strahlt und zahlreiche Schlösser hat" trage jeder einzelne Bürger Verantwortung für die Geschichte.

Die Mitarbeiter im Denkmalschutz hätten die „Aufgabe zu bewahren und zu vermitteln". Denn das „bewußte Erleben der Heimat" zähle mit zur Bildung. Zur Verantwortung für den Erhalt historischer Bausubstanz gehöre aber auch, daß man „keine Glasglocke darüberstülpt", sondern die geschichtsträchtigen Gebäude einer neuen, zeitgenössischen Funktion zuführt. Er, so Zehetmair, greife auch einmal in die Arbeit des Landesamts für Denkmalschutz ein und verändere „allzu puristische Entscheidungen".

Kein Sparen an der Kultur

Im Freistaat werde weiterhin Geld für den Denkmalschutz da sein, denn „in Bayern wird auch in finanziell schwierigen Zeiten nicht die Axt an der Kultur angesetzt". Statt, wie in anderen Bundesländern, den „falschen Weg der Theaterschließungen zu gehen", werde neu investiert, würden in Bayern „provozierende Antworten" gegeben; der Bau der neuen Pinakothek der Moderne in München trotz aller Sparzwänge zeige nachgerade ein „antizyklisches Verhalten" der Staatsregierung.

Daß Kirchen und Kommunen und Privatleute oftmals „unglaubliche Anteilnahme" an der Rettung und Erhaltung geschichtsträchtiger Bauten zeigten, betonte neben Zehetmair auch Prof. Dr. Michael Petzet, Generalkonservator am Bayerischen Landesamt für Denkmalschutz. Petzet erinnerte an das – nicht zuletzt finanzielle – Engagement vieler Privatleute im Denkmalschutz. Durch die bayernweit über 400 Veranstaltungen am „Tag des offenen Denkmals" werde „ein Gefühl dafür erzeugt, was Heimat bedeutet."

„Denkmalschutz schafft Arbeitsplätze"

Oberbürgermeister Josef Deimer nahm die Gelegenheit wahr, sich dezidiert für die Städtebauförderung auszusprechen: Sie sei die Basis allen Denkmalschutzes – und die Stadt Landshut sei „schon seit 1971 voll eingestiegen". Auf diesem Wege seien – bei Gesamtinvestitionen von 120 Millionen Mark – 77 Millionen Mark Staatsgelder in die Stadt gekommen. Auch als Vorsitzender des bayerischen Städtetags spreche er sich dafür aus, daß man das 25 Jahre alte Städtebauförderungsgesetz beibehalte, wenn nicht gar ausbaut. Denn: „Denkmalschutz hat auch eine soziale" Komponente. Denkmalschutz schaffe Arbeitsplätze. „Und Maßnahmen für den Arbeitsmarkt seien niemals Almosen, sondern stets „das Recht der Betroffenen".

In Landshut sei im Bereich der Sanierung alter historischer Gebäude viel geschafft worden. Augenblicklich werde am Bernlochner-Komplex gebaut, im Januar soll der Redouten-Saal wiedereröffnet werden. Das Stadtoberhaupt erinnerte auch an die zukünftige Einrichtung des Stadtmuseums im Franziskaner-Kloster und die ins Haus stehende Nutzung des Rottenkolberstadels für das Kleine Theater. Auch die Renovierung der Heilig-Geist-Kirche sei Mitte nächsten Jahres abgeschlossen.

Große Pläne für die 800-Jahr-Feier

„Große Pläne" gebe es im Zusammenhang mit der 800-Jahr-Feier der Stadt 2004. Bis dahin, so Deimer, wolle man die Sanierung der Burg Trausnitz abgeschlossen haben. Das funktioniere allerdings nur, wenn vorher der Neubau des Staatsarchivs Wirklichkeit wird. „Ich bitte sehr", so Deimer, „daß diese Maßnahme wie geplant durchgeführt wird." Derzeit befinden sich immer noch Teile des Archivs in einem der Gebäude der Burganlage auf dem Hofberg. Flugs versprach Zehetmair, über den Neubau alsbald Gespräche zu führen.

Neben Minister Hans Zehetmair, der erst kurz vor der Veranstaltung von einem Aufenthalt in Kanada zurückgekehrt war, und Prof. Dr. Michael Petzet vom Bayerischen Landesamt für Denkmalschutz waren auch die Bundestagsabgeordneten Dr. Wolfgang Götzer (CSU), Horst Kubatschka (SPD), Regierungspräsident Dr. Friedrich Giehl, Landshuts neuer Museumsdirektor Dr. Franz Niehoff und diverse Stadträte und Spitzenbeamte erschienen. Für die Bürger der Stadt waren an diesem Tag bei freiem Eintritt neben der Residenz auch noch die Dominikanerkirche und die VHS-Gebäude zu besichtigen (siehe Bericht auf Seite 23)

Christian Muggenthaler

GANZ NEUE EINBLICKE erhielten die Bürger in einige der alten Gebäude ihrer Heimatstadt. Viele nutzten den „Tag des offenen Denkmals", um sich mal wieder umzuschauen und sich demonstrieren zu lassen, wie weit die Sache Denkmalschutz in Landshut gediehen ist.
(Fotos: Stefan Klein)

Erichs König aus der Kiste

In der „Alten Münze" läßt Lindenberg Max I. Joseph wiederauferstehen

Würdig thront er da, Bayerns erster König Max I. Joseph und regiert seinen Platz vor dem Nationaltheater als bronzenes Monument. Um das Denkmal des gütig Winkenden tummeln sich Tauben und Touristen. Und plötzlich ein ganz ungewöhnlicher Besucher der Stadt: Udo Lindenberg schlurft vorbei, Richtung Hofgraben. Denn dort hat Bruder Erich Lindenberg, „was ganz Gigantisches gestartet": Der ist Münchner Künstler und ließ das Denkmal des Max Joseph jetzt noch einmal Skulptur werden: im Stiegenhaus der „Alten Münze" installierte er Teile vom originalen Gußmodell des Denkmals, wundervoll wuchtig und würdig.

„Zerbrochene Figur" nennt der 57jährige Lindenberg sein Kunstwerk, das riesig und doch scheinbar schwerelos im Eingang der „Alten Münze", dem bayrischen Landesamt für Denkmalpflege, residiert. Die „zerbrochene Figur" des Königs krönt den nach fast zehn Jahren jetzt vollendeten Umbau des Hauses im Hofgraben. Mit dem Modell erstrahlt es wie zu seinen Glanzzeiten, als es Kunst und eben die königlichen Münzen beherbergte. Der damals berühmteste deutsche Bildhauer, Daniel Rauch, schuf das Original zwischen 1820 und 1835, behaglich sitzend, was die vom Volk so geliebte Altväterlichkeit ausdrückt. Dabei wollte Max Joseph viel lieber stehend in die skulpturale Unsterblichkeit eingehen. Und nun zerbrochen? Den kunstverständigen Patron hätte es vielleicht erfreut.

Die Enthüllung: Als das königsblaue Samttuch vom Modell fällt, setzt Erichs kleiner Bruder, gerade 50 geworden, seine obligate Sonnenbrille ab und lugt trotz aller Lässigkeit bewundernd aufs Werk. Was hält die Rock-Legende von Erichs Kunst? „Wie in Pompeji und Hiroschima – mein Bruder zeigt Leben, das nicht mehr richtig da ist, das untergegangen ist", so Udo. Ob denn die Kunst den beiden Brüdern in die Wiege gelegt war, schließlich macht Udo jetzt auch in Malerei, im Hamburger „Erotic-Art-Museum". „Klaro, in der Ergänzung liegt die Kunst, ich male, und Erich singt ja auch mal."

Udo ist zwar der prominentere Sproß der Lindis, dafür blickt der große Bruder auf eine Künstlerkarriere zurück, die Udo erst noch beginnen will. Sie ähneln sich dennoch, auch wenn Erich vergleichsweise bescheiden ist: „Es entstand nichts Mystisches, dafür war es zu viel Arbeit".

Erich Lindenberg ist für seine entmaterialisierenden Schatten-Bilder bekannt und fand in der „zerbrochenen Figur" eine neue Herausforderung. Doch so, wie die gemalten Körper in seinen Bildern, fordert auch die Königsfigur dazu auf, sie sinnlich zu rekonstruieren.

Die Suche nach den Fragmenten geriet zur Schatzsuche: In den verwitterten Katakomben des Schleißheimer Schlosses stieß man auf die verschollen geglaubten Gipsteile. In moderigen Kisten kauerte der König Jahrzehnte lang. Doch Lindenberg und die Mannschaft des Denkmalamtes ließen ihn so wie man ihn fand, konservierten nur. Denn gerade der fragmentarische Zustand soll nicht nur den Entstehungsvorgang des Denkmals im 19. Jahrhundert widerspiegeln. „Lindenberg zeigt vielmehr, daß alle irdischen Dinge, seien sie auch so monumental wie ein Monarchen-Denkmal, vergänglich sind", sagt Michael Petzet, Generalkonservator der Denkmalpflege, der Erich Lindenbergs Werk anregte und organisierte. Doch Vergänglichkeit hin oder her – Steine leben lang. Petzet: „Die zerbrochene Figur wird uns ins nächste Jahrtausend führen".

Und Erich führte seinen kleinen Bruder in die Münchner Nacht: ‚'N bißchen den König begießen."

Tim Pröse

Wuchtig und würdig: „Zerbrochene Figur" nennt Erich Lindenberg sein Fragment des Königs Max I. Joseph. Fotos: Martha Schlüter

Brüderliche Bewunderung: Erich und Udo Lindenberg bei der Enthüllung der „Zerbrechlichen Figur".

Münchner Merkur
7./8. September 1996

Düstere Jahre: Seine königliche Hoheit hockte in Holzkisten

„Das königliche Hinterteil ging voran", erklärt Erich Lindenberg, „sein Arm machte neulich den Abschluß." Kein geringerer als König Max I. Joseph ist so als Statue aus Bruchstücken entstanden. Ein halbes Jahr hat Lindenberg Fragment für Fragment eines Gußmodells an einer Stahlkonstruktion befestigt, bis gestern seine Installation im Treppenhaus der Alten Münze zu einer zweistöckigen „zerbrochenen Figur", wie er sie nennt, vollbracht war.

Düstere Jahre liegen hinter seiner Majestät. Eingepfercht und vergessen haben die Modellfragmente weit über ein Jahrhundert in alten Holzkisten bei der staatlichen Schlösserverwaltung geschlummert. Vor drei Jahren wurden die Teile des Gußmodells aus Gips, mit dem der Bildhauer Daniel Rauch das Bronzedenkmal der Oper gegossen hat, entdeckt. Drei Viertel der überlebensgroßen Gipsfigur sind erhalten.

Schnell faßte Michael Petzet, Generalkonservator des Landesamts für Denkmalpflege, den Entschluß, dem alten König im Treppenhaus der Münze zu einer neuen und lichtdurchfluteten Bleibe zu verhelfen. Wollte er doch den Gründer seines Dienstgebäudes, der Alten Münze, ins Haus zurückholen. 1809 hat Max I. Joseph das Gebäude, vormals Marstall und Kunstsammlung, umbauen lassen.

„An dem Modell hat man die Handschrift von Rauch eigentlich noch originaler, weil er daran wirklich noch gearbeitet hat", beschreibt Michael Petzet die Bedeutung der Fragmente. „Jede Ritzung am Gips ist bei der Restauration erhalten worden." Rätsel gibt jedoch ein Nagel im Gips auf. „Wahrscheinlich hat Rauch seinen Hut daran aufgehängt", schmunzelt Petzet.

Unruhige Nächte hat seine königliche Hoheit dann dem Münchner Maler und Grafiker Erich Lindenberg bereitet. „Ich wollte dem Anblick der Teile ihre Schwere nehmen", hatte er sich als Ziel gesetzt. Das ist ihm gelungen. Jetzt erscheinen sie in luftiger Höhe und wurden am Freitag eingeweiht. Mit dabei war auch der Bruder des Künstlers: Der bekannte Sänger Udo Lindenberg war aus Hamburg angereist.

Zum „Tag des offenen Denkmals" wird die Installation am Sonntag, 8. September, vorgeführt. Führungen beginnen um 11.30 und um 15.30 Uhr im Haupttreppenhaus der alten Münze, Hofgraben 4.

Alexandra Bora

Neue Bleibe für Max I. Joseph: Aus Bruchstücken eines Gipsmodells ist jetzt eine Installation in der Alten Münze entstanden. Foto: Lindenberg

Deutsche Hilfe für den Gr

Auf dem Gebiet der Denkmalpflege nimmt die Bundesrepublik weltweit eine Spitz

Vom Land der Dichter und Denker zum Land der Denkmalschützer – es sieht ganz so aus, als sei Deutschland auf diesem Weg. Während in anderen europäischen Ländern lamentiert wird, daß die steinernen Zeugen der Vergangenheit keine Lobby haben, erfreut sich das Engagement für alles Alte in Deutschland seit dem europäischen Denkmalschutzjahr 1975 wachsender Popularität. Die Denkmalpflege dürfte eines der letzten Felder sein, wo noch Konsens zwischen Bürgersinn und Politikerwille besteht. Für die Medien sind Patrizierhäuser, gotische Kirchen, romanische Klöster und Industriedenkmäler der Stoff, aus dem spannende Geschichten werden. Banken, Versicherungen, Konzerne haben längst erkannt, daß die wohlrestaurierte Renaissance-Fassade auch der eigenen Imagepflege dienen kann. Als Mäzene fördern sie daher den Denkmalschutz inzwischen ebenso selbstverständlich wie die schönen Künste.

Das Deutsche Nationalkomitee für Denkmalschutz schätzt die Zahl der Denkmäler in Deutschland auf 900 000. Für deren Unterhalt und Pflege sind zehn bis zwölf Milliarden Mark jährlich erforderlich. Genaue Zahlen existieren nicht. Auch über die Gelder, die tatsächlich Jahr für Jahr investiert werden, gibt es keine verläßlichen bundesweiten Statistiken. Da Denkmalschutz nur zum Teil von Ländern und Kommunen finanziert wird, sich andererseits eine Reihe von Stiftungen und Privatinitiativen in diesem Bereich engagiert, ist es auch dem Deutschen Nationalkomitee unmöglich, Summen zu nennen.

Fest steht aber, daß der Denkmalschutz – trotz wachsender öffentlicher Armut – bisher nicht dramatisch beschnitten wurde. Die Politiker wissen schließlich: Investitionen in die Vergangenheit sind auch Investitionen für die Zukunft. Denkmalschutz wirkt nicht nur identitätsstiftend; er sichert auch Arbeitsplätze und fördert den Tourismus.

Und er ist ein Exportschlager. Deutsches „Know-how" sei nicht nur bei den europäischen Nachbarn, sondern auch in Asien gefragt, sagt der Vorsitzende des „International Council on Monuments and Sites" (ICOMOS), der bayerische Generalkonservator Michael Petzet. In China zum Beispiel arbeiten – ungeachtet atmosphärischer Störungen der politischen Großwetterlage – Chinesen und Deutsche gemeinsam an zwei kulturgeschichtlich bedeutenden Projekten: der Tempelanlage Dafosi in Binxian und der Tonarmee des ersten Kaisers von China, Qin Shihuangdi (246 bis 210 vor Chr.).

Anlaß für den Hilferuf der Chinesen an das Auswärtige Amt in Bonn waren Probleme mit den berühmten Tonsoldaten, die das Grab des ersten Kaisers von China bewachen. Am Fuß des Berges Li im Kreis Lintong, etwa 30 Kilometer östlich der alten Kaiserstadt Xian in der Provinz Shaanxi, stehen mehr als 7000 lebensgroße tönerne Soldaten, mit prächtigen Farben bemalt, mit roten Lippen, farbigen Augen, getönten Haaren und hell abgesetzten Fingernägeln. Die Uniformen der Offiziere schmücken raffiniert gemusterte aufgemalte Borten, die Kleidung der einfachen Soldaten ist völlig bunt. Die Lederpanzerungen erscheinen braun getönt; jedes einzelne Schuh- oder Schnürband ist nicht nur in gebranntem Ton bis ins Detail ausgearbeitet, sondern ebenfalls farbig gefaßt.

Alles in allem also ein riesiges Gesamtkunstwerk – eine archäologische Sensation. Das Problem: Werden die Tonsoldaten ausgegraben, ist die Bemalung höchst gefährdet. Sobald die Figuren, die unter einer dicken nassen und fest anhaftenden Erdschicht liegen, an die Luft kommen, setzt ein Austrocknungsprozeß ein. Innerhalb von Minuten stünde der Kaisers Wacharmee splitternackt da. Die Lack- und Farbschichten fallen einfach ab. Um das zu verhindern und die erhaltenen „Kleider" in Form von Farbfassungsresten dauerhaft zu fixieren, haben chinesische und deutsche Experten gemeinsam im Münchner Zentrallabor des Landesamtes für Denkmalpflege eine Art Gefriertrocknungsverfahren entwickelt, das offenbar Erfolg verspricht.

Pekings zweites Sorgenkind sind die Grotten von Dafosi – insgesamt über 100 mit fast 1500 Statuen –, die alle im 7. Jahrhundert aus dem Sandstein eines Bergmassivs am Ort herausgemeißelt wurden. Sie waren im wesentlichen durch eindringendes Sickerwasser gefährdet, das den Stein mürbe macht. Die größte und am besten erhaltene Höhle ist die mit dem 20 Meter hohen „Großen Buddha". Die Höhlen sind so durchfeuchtet, daß ein Einsturz zu befürchten war. Die deutsch-chinesische Rettungsmannschaft hat zunächst die Stabilität der Höhle berechnet, dann mit Unterstützung von Ingenieuren das Sickerwasser abgeleitet und schließlich mit wissenschaftlich erprobten Verfahren den Sandstein wieder verfestigt.

Die Deutschen werden immer dann gefragt, wenn es um technische Probleme bei der Erhaltung und Sicherung von historischen Gebäuden oder Skulpturen geht. Das „hohe Niveau" auf diesem Gebiet gehe unter anderem auf ein „Forschungsprogramm Stein und Glas" zurück, berichtet ICOMOS-Präsident Petzet. Weil das Bundesforschungsministerium rund 90 Millionen Mark für dieses Projekt lockergemacht hat, haben wir „weltweit eine Spitzenstellung", sagt Petzet. Federführend bei der Lösung von Problemen der Statik und Konservierung ist der „Sonderforschungsbereich 315" der Universität Karlsruhe.

Ein anderes Beispiel: Das Engagement der Deutschen in der alten nepalesischen Stadt Bhaktapur begann mit einem Hochzeitsgeschenk für den damaligen Kronprinzen und heutigen König Birendra für die Renovierung des 500 Jahre alten Hindu-Klosters Pujari Math in Bhaktapur, das durch Erdbeben beschädigt und vom Verfall bedroht war. Während der Arbeiten am Kloster entstand der Plan zu einer umfassenden Unterstützung bei der Entwicklung Bhaktapurs.

Im Rahmen eines Programms der Deutschen Forschungsgemeinschaft wurde die Stadt mit Unterstützung von Experten aus der Bundesrepublik, der Schweiz, Kanada und Australien restauriert. Die Stadt liegt 15 Kilometer östlich von Katmandu und gilt sowohl als religiöses Zentrum als auch als Stätte mittelal-

oßen Buddha

enstellung ein / Von Birgit Matuscheck-Labitzke

terlicher Kunst und Architektur. Natürlich sind die Deutschen auch deshalb willkommen, weil sie außer praktischer Hilfe in der Regel auch Geld mitbringen. Das deutsche Hilfsprogramm hat zur Restaurierung der Tempel, Denkmäler, Teiche, Brunnen und mehrerer Gebäudegruppen in Bhaktapur geführt.

Auch die jemenitische Hauptstadt Sana'a wurde mit deutscher Hilfe vor dem Verfall gerettet. Die historische Stadt war vor allem durch den dichten Autoverkehr bedroht. Die Wasserrohre waren dem wachsenden Druck nicht gewachsen und platzten. Das Wasser unterspülte die Häuser und verursachte Schäden an Fundamenten und Fassaden. Die Bundesrepublik half technisch und finanziell bei der Restaurierung. Paradebeispiel ist eine über 250 Jahre alte Karawanserei am großen Suq der Altstadt von Sana'a. Die Samsarat al-Mansurah gilt im Jemen inzwischen als eines der erfolgreichsten Projekte auf dem Gebiet der Bewahrung jemenitischen Kulturerbes. Das Restaurierungskonzept wurde im Bayerischen Landesamt für Denkmalpflege ausgetüftelt.

Ebenfalls aus München stammen die Pläne für die Rettung der Felsfassaden im jordanischen Petra. Von der zwischen 312 vor Chr. und 328 nach Chr. im östlichen Mittelmeerraum gegründeten Hauptstadt des alten arabischen Nabatäerreiches ist nach mehrerern Erdbeben nichts mehr erhalten. Eine Vorstellung von der Architektur der Nabatäer vermitteln aber die Fassaden ihrer Grabanlagen, die in die Stadt umgebende Felswände eingemeißelt sind. Ursprünglich waren sie verputzt und zum großen Teil auch bemalt, so daß sie als Fortsetzung der Stadtarchitektur begriffen werden können. Die gesamte Anlage mit 2000 bis 3000 Gräbern gilt als so einmalig, daß sie in die Liste des Weltkulturerbes aufgenommen wurde.

In Jordanien ging es in erster Linie um Hilfe zur Selbsthilfe: Der Aufbau eines „Conservation and Restoration Center in Petra" soll die fachliche Kompetenz und die technischen Möglichkeiten des Landes in der praktischen Denkmalpflege verbessern und das Zentrum – im Sinne einer Dombauhütte – in den kommenden Jahrzehnten die allmähliche Instandsetzung und kontinuierliche Pflege der Felsfassaden übernehmen. Federführend war die Gesellschaft für Technische Zusammenarbeit (GTZ), die das Bayerische Landesamt für Denkmalpflege wegen seiner Erfahrungen auf dem Gebiet der Sandsteinkonservierung als beratende Fachinstitution zugezogen hat. Petra ist auch ein Beispiel dafür, daß Denkmalpfleger allein überfordert wären. Erst im Zusammenwirken mit Restauratoren, Bauforschern, Altertumswissenschaftlern, Mineralogen, Chemikern und Geologen sind derart schwierige Aufgaben zu lösen. Eine Notwendigkeit, die übrigens schon 1964 in der Charta von Venedig formuliert worden ist: „Konservierung und Restaurierung der Denkmäler bilden eine Disziplin, welche sich aller Wissenschaften und Techniken bedient, die zur Erforschung und Erhaltung des kulturellen Erbes beitragen können."

Im kroatischen Ludbreg, unweit der slowenischen und ungarischen Grenze helfen Deutsche beim Aufbau eines Restaurierungszentrums. Die Idee, Schloß Batthyány derart zu nutzen, wurde 1992 geboren, als während des serbisch-kroatischen Krieges überstürzt Kirchengut und Museumsbestände aus kriegsbetroffenen Gebieten evakuiert werden mußten. Während des Krieges wurden über 3000 Objekte in verschiedenen Depots in Nordwest-Kroatien notdürftig untergebracht. Schloß Batthyány bot sich schon aufgrund seiner Größe als Zentrum für die Einlagerung und Konservierung der gefährdeten Kunstwerke an.

Von „deutschem Sendungsbewußtsein" als Motiv für das Engagement im Ausland wollen deutsche Denkmalpfleger nichts wissen. Sie berufen sich auf die Internationale Charta von Venedig, in der es heißt: „Die Menschheit, die sich der universellen Geltung menschlicher Werte mehr und mehr bewußt wird, sieht in den Denkmälern ein gemeinsames Erbe und fühlt sich kommenden Generationen gegenüber für ihre Bewahrung gemeinsam verantwortlich. Sie hat die Verpflichtung, ihnen die Denkmäler im ganzen Reichtum ihrer Authentizität weiterzugeben."

SZ-Zeichnung: Heinz Birg

Vorteil Deutschland
Worum uns andere beneiden

11

Süddeutsche Zeitung
25. September 1996

MONUMENTE-Gespräch mit dem
Generalkonservator des Freistaates Bayern
und Vorsitzenden der Vereinigung
der Landesdenkmalpfleger,
Professor Dr. Michael Petzet

Monumente
Sonderausgabe zum Tag des
offenen Denkmals
September 1996

Der Anwalt der Denkmäler

Professor Dr. Michael Petzet (geb. 1933 in München) war nach dem Studium der Kunstgeschichte und Archäologie für das Bayerische Landesamt für Denkmalpflege, die Bayerische Schlösserverwaltung, das Zentralinstitut für Kunstgeschichte in München und als Direktor der Münchner Städtischen Galerie im Lenbachhaus tätig. Seit 1974 leitet er als Generalkonservator das Bayerische Landesamt für Denkmalpflege. Professor Petzet ist außerdem Vorsitzender der Vereinigung der Landesdenkmalpfleger in der Bundesrepublik Deutschland und Präsident des Deutschen Nationalkomitees von ICOMOS (International Council of Monuments and Sites).

Wenn Sie Ihre langjährige Tätigkeit als Landesdenkmalpfleger bedenken: Welche grundlegenden Entwicklungen haben diese Zeit geprägt?

Der Auftrag der Denkmalpflege ist in den vergangenen Jahrzehnten der gleiche geblieben. Einen entscheidenden Einschnitt im Sinne einer „Trendwende" bedeutete das Europäische Denkmalschutzjahr 1975: Denkmalschutz und Denkmalpflege als öffentliche Anliegen sind seitdem stärker im allgemeinen Bewußtsein verankert, was u.a. den überwältigenden Erfolg des „Tags des offenen Denkmals" erklärt.

Inzwischen hatten die Bundesländer, nach der Wiedervereinigung auch die östlichen Bundesländer, neue Denkmalschutzgesetze (Denkmallisten) aufgestellt, insgesamt ca. 880.000 Baudenkmäler, dazu zahlreiche Ensembles (Gruppen von Baudenkmälern) und eine Fülle von Bodendenkmälern und archäologischen Stätten. Hier wurde nicht, wie gelegentlich behauptet, der Denkmalbegriff „erweitert", sondern in unserer demokratischen Gesellschaft bezieht sich das öffentliche Interesse auf die Erhaltung von Kunst- und Geschichtsdenkmälern unterschiedlichster Art, auch auf Denkmälergruppen, die früher vernachlässigt wurden, z.B. Denkmäler der Industriegeschichte. Eine solcherart „flächendeckend" betriebene Denkmalpflege aber ist als ein ernstzunehmendes öffentliches Anliegen inzwischen im weitesten Sinne des Wortes sehr viel politischer geworden.

Im übrigen wird die Denkmalpflege heute in mancher Hinsicht wissenschaftlicher betrieben als früher, da sie sich bei ihren vielfältigen Aufgaben unterschiedlicher Wissenschaften bedient. So wurden z.B. im Bereich der Bauforschung verbesserte Standards entwickelt, Sicherungstechnologien und Konservierungsmethoden auch dank der engen Zusammenarbeit mit den Naturwissenschaften verbessert (u.a. durch das vom Bundesforschungsministerium finanzierte Steinkonservierungsprogramm der vergangenen Jahre). Andererseits ist auch die besondere Rolle des Handwerks bei der mit traditionellen Techniken und Materialien arbeitenden Instandsetzung und Reparatur von Baudenkmälern wieder stärker bewußt geworden.

Neue Impulse für die Denkmalpflege hat natürlich auch die Wiedervereinigung gegeben, durch die ein reicher Schatz an Denkmälern, darunter einzigartige Stadtensembles, nach langer Vernachlässigung zum Teil sozusagen in letzter Minute gerettet werden konnte.

Wie wird man eigentlich Denkmalpfleger - und hat der Beruf eine Zukunft?

Die wichtigsten an den Landesämtern für Denkmalpflege tätigen Berufsgruppen sind Kunsthistoriker, Archäologen, Architekten, Restauratoren, zum Teil auch Naturwissenschaftler, Juristen u.a. Die Aufgaben des Denkmalpflegers sind höchst vielseitig und der nur in den Landesämtern vorhandene gebündelte Sachverstand von Spezialisten verschiedener Sparten wird auch in Zukunft gefragt sein.

Wo liegen die wesentlichen Probleme, mit denen ein Denkmalpfleger heute zu kämpfen hat?

Die Stimmung für die Denkmalpflege ist, wie verschiedene Umfragen beweisen, eigentlich ausgezeichnet. Sorge bereitet natürlich in Zeiten knapper Kassen die Finanzierung dringend notwendiger Maßnahmen, z.B. die Rettung vieler Kirchen in Mecklenburg-Vorpommern.

Schlimme Folgen hätte die Streichung der Steuervergünstigungen für Denkmaleigentümer, weil damit wichtige private Initiativen gelähmt und auch dem Handwerk und der mittelständischen Bauwirtschaft geschadet würde. Die Denkmalpflege ist ja auch in Zukunft auf die qualifizierten Betriebe des mittelständischen Handwerks angewiesen, beobachtet daher mit Sorge, wie der allgemeine Rückgang der zur Verfügung stehenden Mittel hier Arbeitsplätze gefährdet. Vor allem in den östlichen Bundesländern gibt es außerdem eine zunehmende Tendenz, Denkmäler nur als „Investitionshemmnis" zu betrachten und rücksichtslos zur Disposition zu stellen.

Auch sonst gibt es Probleme in vielen Bereichen der Denkmalpflege, etwa in der archäologischen Denkmalpflege, wo in kürzester Frist, z.B. in Zusammenhang mit den neuen ICE-Trassen, riesige Flächen archäologisch erforscht werden müssen.

Was hat Sie als Denkmalpfleger am stärksten bewegt und welches war Ihr schönstes Erlebnis?

Am stärksten hat mich barbarischer Umgang mit Denkmälern betroffen gemacht, seien es Schäden, die einem Kunstwerk aus Unverstand zugefügt werden, oder gezielte Vernichtung wie die Beschießung der auf der Liste des Weltkulturerbes stehenden Stadt Dubrovnik.

Zu meinen schönsten Erlebnissen gehörte die Rückkehr von Ausstattungsstücken an den Ort, für den sie geschaffen wurden, z.B. die Rückkehr des Buxheimer Chorgestühls aus England, außerdem die intensive Beteiligung an Maßnahmen zur Restaurierung der Wieskirche oder der im vergangen Jahr abgeschlossenen Wiederherstellung der Kaskade von Schloß Seehof.

Wenn Sie für die Denkmalpflege drei Wünsche frei hätten, welche wären das?

Ich wünsche der Denkmalpflege, daß sie trotz aller derzeitigen Probleme weiterhin mit Mut und Optimismus zu Werke geht, und daß die Bewahrung unseres archäologischen und baulichen Erbes als entscheidende Zukunftsaufgabe einen entsprechenden politischen Stellenwert erhält.

Angesichts der Fülle der heutigen Aufgaben, den vielen Notgrabungen und Rettungsmaßnahmen aller Art aber erhoffe ich für die Denkmalpflege im kommenden Jahrhundert eine gewisse Atempause, in der es einer künftigen „Reparaturgesellschaft" gelingt, die im Verlauf des 20. Jahrhunderts entstandenen Schäden in unseren Altstädten und historischen Kulturlandschaften zu reparieren.

Wer sich mit Denkmalpflege beschäftigt, stößt schnell auf die Begriffe „Rekonstruktion, Renovierung, Sanierung und Restaurierung". Was sind da die Unterschiede?

Wichtigste Aufgabe der Denkmalpflege ist das Konservieren, womit alle Maßnahmen gemeint sind, die der Erhaltung des materiellen Denkmalbestands dienen.

Die in der Frage genannten denkmalpflegerischen Begriffe werden nicht selten verwechselt: Rekonstruieren heißt, ein verlorenes Original in alter Form wieder herstellen, wieder aufbauen. Renovieren heißt, etwas zu erneuern (z.B. die farbige Fassung einer Fassade). Sanieren heißt, ein Gebäude durchgreifend instandzusetzen. Restaurieren heißt wiederherstellen und kann über eine bloße Konservierung hinaus ästhetische und historische Werte eines Denkmals sichtbar machen. Es gibt Denkmälergruppen, die nur konserviert, aber nicht restauriert oder renoviert werden dürfen. Wer es genau wissen will, könnte die von ICOMOS herausgegebenen „Grundsätze der Denkmalpflege" (ICOMOS/Hefte des Deutschen Nationalkomitees Bd. X, 1992) nachlesen.

Häufig sind Kulturdenkmale in einem ruinösen Zustand. In welchen Fällen läßt sich Ihrer Meinung nach eine Rekonstruktion vertreten? Gibt es dafür eine bestimmte Formel?

Auch ein gänzlich ruinöses Kulturdenkmal müßte zunächst einmal gesichert und konserviert werden. Rekonstruktion im Sinn eines rekonstruierenden Wiederaufbaus nach Naturkatastrophen oder kriegerischen Ereignissen hat es schon immer gegeben, Teilrekonstruktionen sind in der Denkmalpflege durchaus üblich. Die Vorstellung, alles „rekonstruieren" zu können, hätte im übrigen aus naheliegenden Gründen höchst problematische und für die erhaltenen Originale gefährliche Konsequenzen. Das Für und Wider einer Rekonstruktion ist aus denkmalpflegerischer Sicht also von Fall zu Fall sehr sorgfältig abzuwägen, und zwar unter der Voraussetzung, daß sich die Rekonstruktion auf eine vollständige und genaue Dokumentation des verlorenen Originals stützen kann.

Als Generalkonservator sind Sie vom Land angestellt. Heißt das auch, daß Sie in Fragen der Denkmalpflege eher auf Seiten des Staates als auf der des Bürgers stehen? Und wo erhält der Bürger Rat zu Fragen der Denkmalpflege?

Ein Denkmalpfleger sieht sich in erster Linie als Anwalt der Denkmäler und versteht seine Aufgabe als Dienstleistung für die Gesellschaft. Mit dem zum Teil sogar in den Verfassungen der Länder verankerten staatlichen Interesse an der Erhaltung der Denkmäler aber vertritt der Denkmalpfleger auch das Interesse des Bürgers. Die Landesämter für Denkmalpflege sind die Fachbehörden für alle Fragen des Denkmalschutzes und der Denkmalpflege. Die Bürger können hier sowie bei den mit den Landesämtern eng zusammenarbeitenden Unteren Denkmalbehörden der Landkreise und größeren Städte Rat und Hilfe finden.

Können Sie aus Ihrer internationalen Erfahrung berichten, wie es um das private Engagement der Bundesbürger im Vergleich zu dem der Bürger anderer Länder steht?

Überall in der Welt gibt es engagierte Bürgerinnen und Bürger, die sich um die Erhaltung ihres historischen Erbes bemühen und gegen die Zerstörung ihrer von Denkmälern und Spuren der Geschichte geprägten Umwelt zur Wehr setzen. Das private Engagement der Bundesbürger scheint mir auch über den engeren Bereich des Denkmalschutzes hinaus in Umweltfragen im Vergleich zu manchen anderen Ländern erfreulich stark entwickelt und kann jedenfalls entscheidend zum Erfolg von Denkmalschutz und Denkmalpflege beitragen. ◊

Residenz in Würzburg mit Tiepolo-Fresken

„Mehr als nur verwalten"

Gespräch mit ICOMOS-Präsident Professor Michael Petzet

Lorsch. (grä). Die Tagung des Deutschen Nationalkomitees von ICOMOS war ein Treffen internationaler Experten. Spezialisten aus verschiedenen europäischen Ländern tauschten Erfahrungen aus. Die Lorscher Konferenz bot aber auch die Gelegenheit zum Gespräch mit dem Präsidenten des Deutschen Nationalkomitees von ICOMOS, Professor Dr. Michael Petzet (München), über allgemeine Fragen, etwa die Rolle des Denkmalschutzes und die aktuellen Herausforderungen.

■ Sie kommen gerade von der ICOMOS-Generalkonferenz in Sofia. „Heritage and Social Change" lautete das Generalthema. Mit dem Blick auf die westlichen Länder: Wird durch den gesellschaftlichen Wandel das Umfeld für den Denkmalschutz schwieriger?

PETZET: In Deutschland ist die Denkmalpflege als ein selbstverständliches politisches Anliegen inzwischen sehr stark in der Bevölkerung verankert. Wenn man sieht, wie sich nicht nur am „Tag des offenen Denkmals" Millionen Menschen dafür begeistern können, sich Dinge anschauen, die zum Teil ja nur sehr einfache Zeugnisse der Geschichte in ihrer Umgebung sind, kann man nur von einem positiven Umfeld sprechen. Die Stimmung in der Bevölkerung, da gibt es übrigens auch Umfragen, ist ganz hervorragend. Im politischen Raum muß man nach Ländern differenzieren. In Bayern können wir nicht klagen. In anderen Bundesländern gibt es finanzielle und organisatorische Einschnitte.

■ Zum Auftakt der ICOMOS-Tagung in Lorsch haben Sie mit humorigem Unterton gesagt, Denkmalpflege sei ein schwieriger Bereich, nicht nur wegen des Baus von Garagen in der Nähe eines Doms...

PETZET: ...Nun, weil man gerne sagt, die Denkmalpflege verhindert wieder einmal alles mögliche. Sieht man aber unseren klassischen Bereich, etwa die Konservierung eines Wandgemäldes, stellen sich andere Fragen. Wenn man bei einer Tagung wie hier erkennt, welche Probleme sich ergeben, die nur in der Kombination verschiedener Wissenschaften zu lösen sind, dann wird deutlich, daß es nicht damit getan ist, im Denkmalschutz nur zu verwalten.

■ Denkmalschutz: eine Herausforderung an die Kooperationsbereitschaft von Experten...

PETZET: Es gibt internationale Standards, die wir auch in Deutschland halten wollen. Das ist nicht mit einem Mini-Personal machbar. Zum Denkmalschutz brauche ich gute Fachleute...

■ ...und Geld?

PETZET: Sicher, aber zunächst muß die Arbeit der Fachleute koordiniert sein. Naturwissenschaft wird manchem inzwischen fast zuviel. Manchmal ist es auch so: Es wird lange untersucht. Wobei es besser ist, lange zu untersuchen, statt mit großer Effektivität alles falsch zu machen. Bei den Restauratoren ist es ja so, daß man vieles, was in den fünfziger und sechziger Jahren geschehen ist, doch bedauert. Wir hoffen, daß wir es heute richtig machen. Entscheidend ist, daß man vorsichtiger an die Sache herangeht.

■ ICOMOS veranstaltet im kommenden Jahr eine Tagung, die sich mit „Rechtsnormen für organisiertes Mäzenatentum in der Denkmalpflege" befaßt. Ein anderes Stichwort für Kultursponsoring?

PETZET: Bei dieser Tagung wird es um die Abstimmung der rechtlichen Grundlagen von Denkmalgesetzen gehen. Es gibt genügend Länder, die keine rechtlichen Voraussetzungen für den Denkmalschutz haben. Zum Kultursponsoring: In diesem Bereich haben wir noch nicht allzuviel Erfahrung. Aber es zeigt sich, daß das Engagement für eine konkrete Sache größer ist als Bemühungen etwa einer übergeordneten Organisation. Wenn Sie beispielsweise sagen, wir haben hier die Torhalle und benötigen für ein bestimmtes Projekt Mittel, dann halte ich dies für aussichtsreich.

FACHLEUTE. Internationale Gesprächsrunde im Foyer des Schnitzer-Saals (von links): Prof. Adriano Peroni (Italien), Prof. Oskar Emmenegger (Schweiz) und Prof. Michael Petzet, Präsident des Deutschen Nationalkomitees von ICOMOS. grä/Foto: grä

Bergsträßer Anzeiger
(Lorscher Einhäuser Tageszeitung)
15. Oktober 1996

Versuche, die fortschreitende Zerstörung zu stoppen

Ritterburgen im Dornröschenschlaf

Mit Sumpfkalk und Originalsteinen gebieten Denkmalschützer dem Verfall Einhalt

Von Ursula Peters

München – Ritterburgen fesseln viele Menschen und beflügeln ihre Phantasie. Selbst in ruinösem Zustand üben sie eine große Faszination aus. So ist es kein Wunder, daß sich auch die Denkmalschützer mit dem Thema beschäftigen und versuchen, Burgruinen als Zeugen der Vergangenheit zu erhalten. Schon seit vielen Jahren ist man aber davon abgekommen, verfallene Burgen wieder durch Neubauten zu komplettieren, wie es früher gang und gäbe war – zum Beispiel die schwäbische Stammburg der Hohenzollern in Hechingen steht da wie neu.

Heute versucht man – nach sorgfältigen Voruntersuchungen – den fortschreitenden Verfall durch sachgemäße Reparaturen zu stoppen. Und zwar mit Hilfe der alten Techniken und historischen Materialien. Plomben aus Beton, Ergänzung von Mauerwerk mit modernen Steinen und handelsüblicher Mörtel vertragen sich nämlich nicht mit der alten Bausubstanz und beschleunigen sogar den Verfall.

Einmal angefangen, schreitet das Zerstörungswerk von Regen, Frost und Sturm schnell voran. So war der Chef des Bayerischen Landesamts für Denkmalpflege, Michael Petzet, bestürzt, als er kürzlich die Burgruine Hohenfreyberg im Ostallgäu besichtigte, welche er in jungen Jahren selbst für das große bayerische Denkmalinventar genau untersucht und beschrieben hat. „Der rapide Verfall der Burgruine innerhalb von 30 Jahren ist erschreckend." Seinerzeit habe man in der fast 100 Meter langen Burganlage mit mehreren Gebäuden, Türmen und Höfen noch genau die ehemalige Kemenate, Gesinderäume und die Kapelle mit den von Petzet entdeckten Freskenresten erkennen können. Auch an anderen Stellen gab es Spuren von Malereien und Wappen sowie noch bestehende Mauern, Fensteröffnungen, Türbögen und Gewölbe. Damals war zumindest vorstellbar, wie Hohenfreyberg einmal ausgesehen hat. Jetzt ragen von der Burg nur noch eine Reihe von bröckelnden Steinkegeln, die früheren Türme, und Mauerfragmente in den Himmel. Junge Bäume, Gebüsch und Unkraut überwuchern die Hofräume und die Trümmer: eine Art Dornröschen-Effekt.

Dem rasanten Verfall von Hohenfreyberg, den außer den Unbilden des Wetters auch herumkletternde Touristen, die Steine lostreten, noch fördern, wird jetzt mit einem Sanierungsplan begegnet. Bis zum Jahr 2000 soll in mehreren Bauabschnitten das Gemäuer behutsam gefestigt werden. Glücklicherweise wurden großzügige Sponsoren in der Schweiz gefunden. „Alp-Action" und eine Firma für Luxus-Uhren sowie Zuschüsse vom Landesamt für Denkmalpflege ermöglichen die Finanzierung des ersten Bauabschnitts an der sogenannten Vorburg. Es wird mit mindestens einer Million Mark Gesamtkosten gerechnet und man hofft auf weitere Sponsorengelder.

Der Präsident von Alp-Action, Prinz Sadruddin Aga Khan, besucht diese Woche mit einer internationalen Delegation die Burg Hohenfreyberg, um sich ein Bild von den Methoden der bayerischen Denkmalpfleger und den Erkenntnissen der Burgenforscher zu machen.

Die Erhaltung der Ruine von Hohenfreyberg ist auch deshalb so wichtig, weil es sich um ein „Burgenensemble von europäischem Rang handelt", wie Petzet betonte. Genau gegenüber, kaum einen Kilometer Luftlinie entfernt, steht in der Nähe von Pfronten noch die erheblich ältere Burgruine Eisenberg.

Diese Burg aus dem 11. Jahrhundert wurde im Dreißigjährigen Krieg von Tirolern niedergebrannt, sieht aber immer noch imposant aus. Nicht weit davon entfernt, im Nachbarlandkreis, haben die Denkmalpfleger mit der Ruine Burgberg am Grüntenabhang noch ein weiteres Sorgenkind zu kurieren.

In beiden Fällen haben die Bauforscher und die Spezialisten des Bauarchivs Thierhaupten eine behutsame Reparaturmethode ausgeknobelt: Mit Hilfe der ursprünglichen Werkstoffe, zum Beispiel dem fast vergessenen Sumpfkalk als Mörtel für das Zumauern von Löchern mit Originalsteinen und die Wiederherstellung von Mauerkronen. „Wenn die beginnen schadhaft zu werden, nimmt das Verhängnis seinen Lauf", berichtete Petzet. „Regen dringt ein, Frost sprengt die Steine weg – erst die kleinen, dann die großen. So geht's dahin." Glücklicherweise habe man im Allgäu noch Handwerker gefunden, die mit diesen alten Techniken umgehen können. So stehen jetzt an beiden Burgen die Gerüste, um zu retten, was noch zu retten ist.

Süddeutsche Zeitung
22. Oktober 1996

EIN MAUERLOCH *der Burgruine Eisenberg öffnet den Durchblick auf die imposante Burg Hohenfreyberg in der Nähe von Pfronten im Allgäu. Beide Burgen sind durch ein Tal getrennt. Die Besitzer waren Verwandte.* Photo: Zeune

„Ein Jahrhundert des Reparierens steht bevor"

Vor Denkmalmesse: Konservator Michael Petzet über Wege zum Erbeerhalt

Mit einer Rekordbeteiligung von über 600 Ausstellern aus 16 Ländern beginnt morgen die zweite europäische Messe für Denkmalpflege und Stadterneuerung in Leipzig. Umfangreich ist ebenso das Programm mit hochrangig besetzten Tagungen. So wird der Internationale Rat für Denkmalpflege (Icomos) sich mit der „Konservierung der Moderne" beschäftigen. Über diesen bisher kaum beachteten Bereich ein Gespräch mit dem Vorsitzenden der Vereinigung der Landesdenkmalpfleger in Deutschland, dem bayerischen Generalkonservator Michael Petzet.

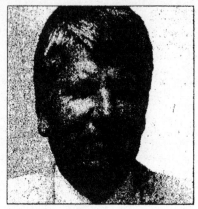

Prof. Michael Petzet

Warum widmen Sie sich angesichts der Probleme mit jahrhundertalten Denkmalen auch noch der Moderne?

Es geht nicht um die Masse des modernen Bauens, sondern um herausragende Architekturbeispiele unseres Jahrhunderts wie Bauten von Le Corbusier oder Erlwein. Wir müssen uns damit beschäftigen, weil sich mit der industriellen Bauweise völlig andere Fragen stellen als bei den noch handwerklich errichteten Objekten. Wie kann beispielsweise eine Spannbetonkonstruktionen von 1920 repariert werden? Ebenso ist zu klären, welche Zeugnisse der Architekturgeschichte wir retten sollten. Abwegig wäre sicher, sämtliche Plattensiedlungen zu erhalten.

Warum das? In Hoyerswerda ist konzentriert die Historie des industriellen Wohnungsbaus von 1950 bis in die 80er Jahre zu sehen.

Im Einzelfall wird solche Siedlung als historisches Beispiel denkmalpflegerisch betreut. Man hat zu überlegen, wie man modernisieren kann, ohne den Charakter zu verändern. Das Problem: Beim gesamten industriell geprägten Bauen sind die meist vorgefertigten Elemente nicht mehr zu bekommen. Sie können für die Wirkung einer Fassade entscheidend sein.

Im übrigen ist der Kreis Neubau, Abriß, Neubau weder ökonomisch noch ökologisch weiter zu vertreten. Ein altes Haus kann man nicht wie eine Kaffeemaschine wegschmeißen. Wir müssen lernen, mit dem Altbestand zu arbeiten. Ganze Industriequartiere zu entsorgen, ist einfach zu teuer. Ich bin überzeugt, daß vor uns ein Jahrhundert des Reparierens steht.

Erfordert die Neuorientierung nicht ein Umdenken beim Gesetzgeber?

Denkmalpflege ist nicht die Orchidee im Knopfloch der Kulturpolitik. Das muß man klarmachen. Denkmalpflege ist in gewissem Sinne ein arbeitsmarktpolitisches Instrument, weil sie vom Handwerk lebt, auch noch in 200 Jahren. Man übersieht auch gern, daß unsere europäische Kultur mit ihren eigenständigen Bauten ein großes Plus im Wettbewerb mit anderen Kontinenten ist. Was nicht nur den Tourismus anreizt. Andere Länder basteln sich eine Tradition zusammen. In den USA finden Sie Schlösser, die in Europa abgetragen wurden. Ein großer Fehler wäre, wenn der Gesetzgeber die Vergünstigungen für Denkmaleigentümer streicht. Dies würde sich verheerend für die Denkmale und so auf das Bild der Städte und Dörfer auswirken.

Sie reden von der Verpflichtung für Denkmalpflege und freuen sich darüber, daß im Osten wenig Geld da ist. Wie geht das zusammen?

So teuer ist ja Denkmalpflege nicht. Die Zuschüsse kommen doch schon wieder über die Mehrwertsteuer rein. Für die Sanierung der Wismut steht jährlich eine Milliarde Mark bereit. Dagegen sind unsere Mittel bescheiden. Wiederum, wenn das Geld knapp ist, sollte man nur das Nötigste instandsetzen. Da wird viel erhalten, was bei uns in der Wohlstandseuphorie der 60er Jahre kaputtging. Das zu den Kosten.

Zu den Einnahmen zähle ich, was eine traditionell geprägte Landschaft als Standort-Vorteil bringt. Obwohl beispielsweise München unendlich moderne Bauten hat, wirbt die Stadt stets mit der Silhouette der Frauenkirche. Man konzentriert sich auf historische Bereiche. Das gilt im kleinen für jedes Dorf. Der Mensch braucht einen Bezugspunkt in der rasanten Zeit. Auch wenn die Kollegen ungern über Gefühle reden, ist dieser Aspekt des Sich-zuhause-Fühlens offenbar wichtig. Forderungen von Bürgern, was zu schützen sei, gehen deshalb manchmal weit über unsere Forderungen hinaus.

Was sagt der Denkmalpfleger zum Erhalt von Bauten, die politisch motiviert entstanden sind? Der Streit zum Palast der Republik ist solch Fall.

In Bayern gab es Streit über die Bauten der Nazizeit. Wir können nur auf die jeweilige Bedeutung hinweisen, es sind nun mal Geschichtszeugnisse. Nutzt man sie, und das soll man, sind Kompromisse nötig. Problematisch ist, wenn wie in Berchtesgaden ein Objekt zum Wallfahrtsort gerät. Sicherlich sprengt manches die denkmalpflegerische Dimensionen. Und je weiter man in die Gegenwart kommt, desto schwieriger wird es.

Mich bewegt jedoch mehr, wie man mit den in den letzten Jahren entstandenen überdimensionierten Gewerbegebieten vor den Städten umgeht. Da bei so manchem modernen Bau nach der Abschreibung bereits der Abbruch einkalkuliert sein dürfte, kann man hoffen, daß die Gebäude auf der grünen Wiese wieder verschwinden. Die Besinnung auf ein urbanes Leben in der Stadt tut not. Der Mensch kann doch nicht auf der Zufahrtsstraße leben. **Interview: Bernd Klempnow**

Sächsische Zeitung (Dresden), 29. Oktober 1996

Jahrhundert der Reparaturen
Denkmalschutz als wichtiger Faktor in der Immobilienwirtschaft

vr **München** – „Wir stehen vor einem Jahrhundert der Reparaturen." Das sagt Michael Petzet, Generalkonservator von Bayern und Vorsitzender der Vereinigung der Landesdenkmalpfleger in Deutschland. Die WELT sprach mit dem Experten über aktuelle Aspekte des Denkmalschutzes.

WELT: *Wer vor einem scheinbar hoffnungslos zerfallenen Gebäude steht, der fragt sich doch, scheinbar vernünftig: Ist es nicht natürlich, sich von den Resten zu verabschieden, auch wenn sie wertvolle Zeugen ihrer Zeit waren?*

Petzet: Man sollte sich vor Augen führen, daß in den vergangenen Jahrzehnten weltweit mehr Gebäude aus dem Boden gestampft wurden als in den Jahrtausenden zuvor. So ergab sich ein Teufelskreis von ständigem Abriß und Neubau, den die Menschheit in dieser Form nicht ewig verkraften kann. Da denke ich noch gar nicht mal nur an ökologische Zusammenhänge; rein psychisch muß die Balance zwischen Zerstörung und Bewahrung wiederhergestellt werden. Der Mensch ist ein geschichtliches Wesen. Er verlangt gerade in einer sich wandelnden Welt nach einer Kontinuität, nach Heimat, nach Halt.

WELT: *Was glauben Sie, welches Image besitzt der Denkmalschutz in Deutschland?*

Petzet: Ich stelle seit Mitte der 70er Jahre ein wachsendes Verständnis fest. Umfragen ergaben, daß 90 Prozent der Menschen den Erhalt von Baudenkmälern als sehr wichtig ansehen. Denkmalschutz ist heute im allgemeinen ein selbstverständliches politisches Anliegen. Natürlich ergeben sich nicht selten Konflikte – vor allem mit Interessen wirtschaftlicher und finanzieller Art. Insofern hätte es verheerende Folgen, wenn die steuerlichen Abschreibungsmöglichkeiten für Maßnahmen, die der Erhaltung von Denkmälern dienen, gestrichen würden.

WELT: *Welchen Stellenwert spielt aus Ihrer Sicht der Denkmalschutz in Deutschland, verglichen mit anderen Ländern?*

Petzet: Die Rückbesinnung auf das „historische Erbe" in Form von Baudenkmälern findet nicht nur in Deutschland, sondern überall in der Welt statt. In den meisten Ländern arbeiten staatliche Denkmalpflege-Institutionen. Es gibt einzelne Regionen, in denen Denkmalpflege in erster Linie für den Touristen betrieben wird; besser als Verfall ist dies dennoch. Das Know-how der deutschen Denkmalpflege ist international hoch anerkannt. Das Bayerische Landesamt für Denkmalpflege etwa ist an wichtigen Projekten in China, Jemen und Jordanien beteiligt.

WELT: *Mit der deutschen Einheit kamen zu den rund 600 000 Denkmalen in den westlichen Bundesländern rund 300 000 in den östlichen dazu – und die in einem zumeist miserablen Zustand.*

Petzet: Auf denkmalpflegerischem Gebiet war die Situation in beiden Teilen Deutschlands in der Nachkriegszeit durchaus vergleichbar. Auch im Westen gab es nicht wiedergutzumachende Verluste durch Verfall und Flächenabrisse. Wenn ich mich erinnere, wie manche Stadtviertel von Bamberg und Regensburg noch Anfang der 70er Jahre aussahen – nicht weniger vom Verfall bedroht als die Städte in den heutigen neuen Bundesländern. Zum Glück kam die deutsche Einheit gerade noch rechtzeitig, um den endgültigen Ruin der vielen Stadtensembles zu vermeiden. Aber auch zu DDR-Zeiten kämpften meine dortigen Berufskollegen – etwa darum, daß die Ruine des Dresdner Stadtschlosses nicht abgerissen wurde.

WELT: *Wann werden die Bauten zwischen Zittau und Wismar das bauliche Niveau westlicher Denkmale erreicht haben?*

Petzet: Es geht keinesfalls um ein eiliges Nachvollziehen all dessen, was in der alten Bundesrepublik bereits geschehen ist. Die neuen Bundesländer haben nämlich eine große Chance: Sie stecken nicht in der Wohlstands-Euphorie der 60er Jahre, wo im Westen in großem Maße abgerissen oder aber kaputtsaniert wurde. Sie beginnen die Revitalisierung der Baudenkmäler zu einer Zeit, in der man sich der Bedeutung des historischen Erbes sehr viel stärker bewußt ist. Und daß die Mittel knapp sind, hat bei aller Problematik zumindest einen Vorteil – es befördert das bescheidene, vorsichtige Herangehen.

WELT: *Sie sprachen eingangs von der moralischen Verpflichtung zur Denkmalpflege. Bleibt dennoch die Frage nach deren wirtschaftlicher Vertretbarkeit.*

Petzet: Denkmalpflege ist nicht die Orchidee im Knopfloch der Kulturpolitik. Sie ist letztlich auch ökonomischer Faktor. Bedenkt man angesichts der derzeitigen Krisenstimmung in der Baubranche, wieviel qualifizierte Leute die Denkmalpflege im Gegensatz zum Neubau beschäftigen könnte, ist allein der Arbeitsmarkt ein Argument für den bewahrenden Umgang mit Gebäuden. Hier öffnet sich ein sehr weites Betätigungsfeld für den Mittelstand, vor allem für das Handwerk. Hinzu kommt, daß sich die Gesellschaft von morgen einen ständigen Austausch der gebauten Umwelt und die hemmungslose Ausweitung der bebauten Flächen aus ökologischen und ökonomischen Gründen nicht mehr wird leisten können. Ich bin der Auffassung, daß vor uns ein Jahrhundert der Reparaturen liegt – quer durch alle Branchen.

Die Welt (Berlin), 31. Oktober 1996

Jahrhundert der Reparaturen beginnt

Konservatoren wittern Arbeit / 600 Aussteller auf Denkmal '96 / Schlösser und Burgen zu kaufen

VON ANDREAS DUNTE

Leipzig. „Denkmalpflege ist nicht die Orchidee im Knopfloch der Kulturpolitik. Sie ist ein ökonomischer Faktor." So die Worte von Bayerns Generalkonservator Michael Petzet, zugleich Bundesvorsitzender der Landesdenkmalpfleger. Vor Eröffnung der heute beginnenden Leipziger Messe Denkmal '96 warnte Petzet die Bundesregierung davor, steuerliche Abschreibungsmöglichkeiten zu streichen, die dem Erhalt von Denkmalen dienen. „Dies hätte verheerende Folgen." „Auch aus arbeitsmarktpolitischer Sicht sei der bewahrende Umgang mit Gebäuden wichtig. Gegenüber dem Neubau könnten bei der Denkmalpflege wesentlich mehr qualifizierte Leute beschäftigt werden, „zumal vor uns ein Jahrhundert der Reparaturen liegt", meint Petzet.

Auch Kirchen im Angebot

Mehr als 600 Aussteller aus 16 Ländern haben sich zur zweiten europäischen Messe für Denkmalpflege und Stadterneuerung angemeldet. Das seien 100 mehr als zur Messepremiere vor zwei Jahren, so Cornelia Wohlfarth von der Leipziger Messegesellschaft.

Während der viertägigen Schau werden Bau- und Restaurierungsmaterialien, Techniken und Technologien für Instandsetzung und Restaurierung sowie zum Teil hochspezialisierte Leistungen des Handwerks in der Denkmalpflege vorgestellt. Auf Interesse dürfte die Denkmalbörse stoßen: Im Angebot

Handwerkliches Können am Bau: Auf der Leipziger Messe Denkmal '96 zeigen Ausbilder Frank Winter (links) und Umschüler Harald Schrupp vom Berufsförderungswerk des Sächsischen Bauindustrieverbandes e.V., wie an alten Bauwerken Dächer originalgetreu erneuert werden können. Foto: Wolfgang Zeyen

Zahl denkmalgeschützter Objekte – im Osten sind es 300 000, im Westen 600 000 – seien mehr denn je private Investoren gefragt.

Handelsblatt, 8. November 1996

DENKMALSCHUTZ / „Jahrhundert der Reparatur"
Der Bund zeigt sich spendabel

Ungeachtet aller Sparzwänge hat der Bund seit 1990 für die Sanierung der Städte in den neuen Ländern rund 5,4 Mrd. DM ausgegeben. Das sind rund 64 % der Hilfen, die in den alten Ländern seit 1971 geleistet wurden. Im kommenden Jahr soll der Etat noch aufgestockt werden.

HANDELSBLATT, Donnerstag, 7.11.96 cmk LEIPZIG. „Altes bewahren und Neues bauen" - mit dieser Thematik befaßte sich ein Kongreß anläßlich der Messe Denkmal '96 in Leipzig. Ziel einer Städtebaupolitik müsse es sein, die Balance zu halten zwischen dem „Alten bewahren" und dem „Neuen bauen", sagte Bauminister Klaus Töpfer.

Deutschlands oberster Denkmalschützer, Michael Petzet, zugleich auch Generalkonservator von Bayern, ist sicher daß man die seit langem gepflegte Kette „Neubau - Abriß - Neubau" nicht unendlich fortführen kann. Er machte in Leipzig wiederholt deutlich, daß in den Jahren nach dem Krieg mehr Gebäude neu errichtet wurden als in den Jahrtausenden zuvor. Für ihn ist es dringend notwendig, die Balance zwischen Zerstörung und Bewahrung wieder herzustellen. Er glaubt daran, daß auf die Denkmalpflege viel Arbeit zukommen und das Thema "Stadtreparatur" zunehmend an Bedeutung gewinnen wird. Fast euphorisch sprach er in Leipzig immer wieder von dem bevorstehenden "Jahrhundert der Reparatur".

An den Anfang jeder Überlegung des Bewahrens und Bebauens sei die Frage zu setzen, welche Funktionen in der Stadt angesiedelt werden sollten, sagte der Minister. Es werde extrem schwierig sein, eine Substanz zu bewahren, wenn man nicht auch eine Funktion dafür finde. Die Revitalisierung der Innenstädte ist für ihn nicht nur ein kulturelles, sondern mehr noch ein gesellschaftspolitisches Problem. Handel in der Innenstadt mit seiner multiplikativen Wirkung sei wichtiger als die eine oder andere hier investierte Million, meinte Töpfer.

Die Einkaufszentren auf der Grünen Wiese und der massierte Wohnungsneubau an den Rändern der Stadt hätten wesentlich zur Verödung der Innenstädte beigetragen. Töpfer glaubt, daß die Novelle der Baunutzungsordnung, die 1998 verabschiedet werden soll, ein Schritt auf dem richtigen Weg ist.

Größter Austeller Polen

Erstmals ist die Fachausstellung Restako, die bis 1994 in Ulm stattfand, Bestandteil der Denkmal-Messe. Dabei werden neue Techniken und Verfahren für Restaurierung und Konservierung, für Archivierung und Museumswesen gezeigt. Etwa 40 Kongresse, Symposien und Exkursionen gehören zum Rahmenprogramm der Messe. Experten aus 18 Ländern haben sich angekündigt. Größtes Ausstellerland nach Deutschland ist Polen.

sind Schlösser, Kirchen, Kloster, Burgen und Herrenhäuser in Deutschland, Frankreich, der Schweiz und Tschechien. Unter den insgesamt 464 in einem Katalog zusammengefaßten Objekten stehen die ältesten in Sachsen-Anhalt. Feilgeboten werden unter anderem das um das Jahr 1000 erbaute Peterskloster in Merseburg und das Gut Gimritz bei Halle, dessen Geschichte bis ins 12. Jahrhundert zurückreicht.

Mit der Börse will die Leipziger Messe einen Beitrag zur Erhaltung von Bauten leisten. Bei der großen

Leipziger Volkszeitung, 30. Oktober 1996

Straubinger Tagblatt, 25. November 1996

Landesdenkmalpfleger schlagen Alarm
Lage zunehmend kritisch – Bedrohung durch massiven Personalabbau

München. (dpa) Auf die zunehmend kritischer werdende Lage des Denkmalschutzes in Deutschland hat die Vereinigung der Landesdenkmalpfleger hingewiesen. In einzelnen Bundesländern gebe es beängstigende Tendenzen, daß das öffentliche Interesse des Denkmalschutzes in den Genehmigungsverfahren nicht mehr entsprechend berücksichtigt werde, erklärte der Vorsitzende der Vereinigung, der bayerische Generalkonservator Michael Petzet, in einem dpa-Gespräch.

So seien zum Beispiel in Mecklenburg-Vorpommern die kirchlichen Bauämter von massivem Personalabbau bedroht, während gleichzeitig zahlreiche Gotteshäuser, die die Zeiten der DDR überstanden haben, noch immer vor dem Ruin stünden.

Vor allem dürfte die Begrenzung der Ausgaben in den öffentlichen Haushalten nicht zu unwiederbringlichen Verlusten für das kulturelle Erbe führen. „Fördermittel von Bund, Ländern und Kommunen zum Erhalt der Denkmäler sind auch künftig unverzichtbar", mahnte der oberste bayerische Denkmalschützer. Dazu gehöre auch, daß die Steuerbegünstigung für Denkmalpflege beibehalten werden müsse. Gleichzeitig warnte er vor einem weiteren Personalabbau bei den Denkmalfachbehörden. Die Denkmalpflege löse ein Investitionsvolumen aus, das ein Vielfaches der relativ geringfügigen Steuerausfälle betrage. Die Denkmalpflege stelle heute mit einem Auftragsvolumen von jährlich zehn bis zwölf Milliarden Mark mehr denn je auch einen wichtigen Wirtschaftsfaktor dar. Sie sichere insbesondere im Bereich des mittelständischen Handwerks Arbeitsplätze für die Zukunft. „Ein hohes fachliches Niveau ist auch in der Denkmalpflege nicht zum Nulltarif zu haben".

Münchner Aussichten (XVII): Zukunftsperspektiven für historische Wahrzeichen und Kunstwerke der Stadt

Auch Denkmalpflege läßt die Kassen klingeln

Neben Restauratoren braucht das Gewerbe Handwerker, die sich auf traditionelle Materialien und Techniken verstehen

Von Michael Petzet

Nachdem in den vergangenen Jahrzehnten weltweit mehr Gebäude errichtet worden sind als in allen Jahrhunderten zuvor, wird sich die Gesellschaft von morgen den ständigen Austausch der gebauten Umwelt durch Abriß und Neubau und die hemmungslose Ausweitung der bebauten Flächen schon aus ökonomischen und ökologischen Gründen kaum noch leisten können – ein Jahrhundert der Reparaturen wäre vielleicht eine zwingende Alternative, also auch mehr Stadtreparatur als Alternative zu falsch verstandener Stadterneuerung. Das gilt in besonderem Maß für eine Großstadt wie München, deren Attraktivität ganz wesentlich auf einem in Jahrhunderten gewachsenen, von Baudenkmälern geprägten Stadtbild beruht.

Auch die Werbung für München bedient sich ständig der Baudenkmäler, von der Bavaria bis zum Hofbräuhaus. Münchens Altstadt habe „mehr historische Gebäude als irgendeine andere deutsche Stadt", war kürzlich im Magazin von Air China zu lesen. Und deshalb habe es auch eine der aufregendsten „Skylines" Europas, „eine exotische Versammlung von Kirchtürmen und Kuppeln vor dem Hintergrund der schneebedeckten Alpen": die Frauenkirche, die Türme der Peterskirche und des Rathauses flankiert von den Kuppeln der Theatinerkirche und des früheren Armeemuseums samt Gebirgskette – ein weltweit verbreitetes München-Klischee, und doch im Blick vom Monopteros des Englischen Gartens eine ganz reale Perspektive, die ebenso wie viele andere von Denkmälern geprägte München-Ansichten auch in Zukunft erhalten bleiben muß, wenn die Stadt ihre Identität bewahren will.

Die Türme der Frauenkirche, das Münchner Wahrzeichen schlechthin, vertragen jedenfalls keine Konkurrenten, weshalb man sich kein so schönes Hochhaus an der Stelle der Armeemuseumskuppel vorstellen kann, und die Denkmalpflege auch in der seit einigen Jahren wieder auflebenden Diskussion um künftige Hochhausstandorte bestimmte Blickachsen unbedingt freihalten möchte, etwa die auf die Zeiten des mittleren 19. Jahrhunderts haben es zu einer der schönsten Städte Europas gemacht. So ist München vor allem dank König Ludwig I., der seine Hauptstadt in ein neues „Isar-Athen" verwandeln wollte, nach wie vor durch die von Leo von Klenze, Friedrich Gärtner und anderen geschaffenen Monumentalbauten, Straßen und Plätze entscheidend geprägt. Die Ludwigstraße, aber auch die unter König Max II. angelegte Maximilianstraße sind Schöpfungen von europäischem Rang. Auf der anderen Seite wird sich die Denkmalpflege in Zukunft natürlich mehr und mehr um die Erhaltung qualitätsvoller und charakteristischer Architektur des zu Ende gehenden 20. Jahrhunderts kümmern müssen, nicht nur um Beispiele des Wiederaufbaus, sondern ebenso um Zeugnisse der Moderne, darunter die schon seit langem in die Denkmalliste aufgenommenen Bauten Sep Ruffs. Einer der nächsten Ensemblevorschläge, über den der noch mit der Stadt und dem Landesdenkmalrat zu diskutieren sein wird, werden die Olympiabauten des modernen Verkehrskonzepten ein völlig anderes Gesicht verliehen und die wiederentstandenen historischen Monumentalbauten – darunter der Komplex der Münchner Residenz – zu bloßen „Traditionsinseln" degradiert hätten. So hat

KÖNIG LUDWIG I. hat Münchens Stadtbild maßgeblich geprägt. Er wollte seine Hauptstadt in ein „Isar-Athen" verwandeln. Die Ludwigstraße und die von König Max II. angelegte Maximilianstraße sind Schöpfungen des 19. Jahrhunderts von europäischem Rang. Photos (2): Karlheinz Egginger

München im Gegensatz zu anderen deutschen Großstädten seinen besonderen Charakter und damit auch jene vielgepriesene Urbanität bewahren können, die ohne die Erhaltung gewachsener historischer Struktur nicht denkbar ist. Nur einige wenige offene Wunden aus Kriegs- und Nachkriegszeit sind geblieben und werden uns in Zukunft weiter beschäftigen, wie das nach der Zerstörung abgeräumte Stadtquartier auf dem Gelände des heutigen Marienhofs. Eine besondere Kostbarkeit aber stellen unter diesen Voraussetzungen die wenigen erhaltenen Häuser aus dem alten München dar, die zum Teil schon auf den Sandtnerschen Stadtmodell von 1570 zu sehen sind, z. B. die sogenannten Seifensiederhäuser des Sebastiansplatzes oder einige der Häuser in der Burgstraße, die zum ersten Herrschaftssitz der Wittelsbacher in München, steuerlichen Abschreibungsmöglichkeiten (die uns hoffentlich noch lange erhalten bleiben!) nicht selten Streit um die Frage, warum ein bestimmtes Haus denn nicht in die Denkmalliste eingetragen sei. Denkmalpflege in der Großstadt bleibt im übrigen ein weites Feld bis hin zu frühen Zeugnissen der Industriegeschichte und gewerblich genutzten Gebäuden, denen eine kürzlich im Auftrag der Stadt Hamburg veröffentlichte bemerkenswerte Untersuchung eine ganz erstaunliche Attraktivität für Investoren bescheinigt hat.

Zu den damit nur angedeuteten Perspektiven der Münchner Denkmalpflege gehören weiterhin die ständigen Sorgen angesichts der Umwelteinflüsse bedingten schleichenden Verfalls vieler Denkmäler, darunter mancher eigentlich „für die Ewigkeit" bestimmter Werke aus Bronze, wie die Heldenputten von der Mariensäule, die nach der Restaurierung zu ihrem Schutz durch Kopien ersetzt werden müssen. Auch freudige Überraschungen hat die Denkmalpflege immer wieder zu bieten, wie die Entdeckung eines verloren geglaubten Freskenzyklus im Völkerkundemuseum an der Maximilianstraße oder die soeben gefeierte Auferstehung des Prinzregententheaters. Beste Aussichten bestehen zur Zeit für die Instandsetzung der Stuckvilla nach einem vom Landesamt für Denkmalpflege schon seit Jahren vorbereiteten Restaurierungskonzept sowie für eine baldige Rückkehr der historischen Schrannenhalle auf ihren historischen Standort beim Viktualienmarkt. Auch bei den alltäglichen Fällen verbindet das Bayerische Landesamt für Denkmalpflege als beratende Fachbehörde in München mit den Kollegen der kommunalen

Denkmalpflege (Untere Denkmalschutzbehörde) eine seit Jahren bewährte Zusammenarbeit. Insgesamt möchte ich die Aussichten für die Denkmäler gerade in München angesichts des

Süddeutsche Zeitung
13. November 1996

Münchner Aussichten
Die Serie zur Zukunft unserer Stadt

Michael Petzet

Kurfürsten Max Emanuel zurückgehende Blickachse der von Schloß Fürstenried auf die Frauenkirche zielenden Allee.

Um derartige historische Strukturen auch in einer ringsum ausufernden Großstadt zu bewahren, verzeichnet die Münchner Denkmalliste mehr als 70 Ensembles, von der Altstadt bis zu Dorfkernen und neueren Siedlungsanlagen. Die etwa 8000 Objekte auf der Münchner Denkmalliste machen rein statistisch betrachtet des Gesamtbestands an Gebäuden aus, wobei Bauten aus der Zeit vor 1800 nur einen winzigen Bruchteil darstellen. Im übrigen ist das historische Bild Münchens weitgehend von Bauten des Klassizismus, des Historismus und des Jugendstils bestimmt, vor allem von Bauten der Prinzregentenzeit.

Auch die eigentliche Altstadt, die erst nach 1800 über ihre Mauern hinausgewachsene „Haupt- und Residenzstadt", wurde im späteren 19. Jahrhundert zum Teil gründerzeitlich überformt, und viele der damaligen Bauten werden heute dem Bild „Alt-Münchens" zugerechnet – beispielsweise das neue Rathaus am Marienplatz. Hier mag sich mancher auf das Glockenspiel im Rathausturm wartende Tourist in eine heile „mittelalterliche" Welt versetzt fühlen, ohne zu ahnen, daß unsere Altstadt nach den furchtbaren Zerstörungen des Zweiten Weltkriegs in vieler Hinsicht Ergebnis des Wiederaufbaus ist. Beim Wiederaufbau aber blieben in den Nachkriegsjahren glücklicherweise jene Pläne in der Schublade, die der Stadt durch neue Baulinien in Verbindung mit dem Alten Hof, führt. Die vor kurzem durchgeführten archäologischen Untersuchungen im Alten Hof oder die schon einige Zeit zurückliegenden Ausgrabungen auf dem Gelände des Marienhofs zeigen darüber hinaus, daß in Zukunft bei sich bietenden Gelegenheiten dem „unterirdischen München" mehr Aufmerksamkeit gewidmet werden müßte, um Zeugnisse des Lebens in vergangenen Jahrhunderten zu sichern. Eine wichtige historische Schicht, die mehr und mehr ins Blickfeld der Denkmalpflege geraten wird, sind inzwischen auch schon manche Zeugnisse des Wiederaufbaus der Nachkriegszeit. Hier wird man versuchen, in einer traditionsbewußten Stadt wie München zumindest Kontinuität zu wahren, auch eine Kontinuität des Maßstabs, wie sie auch die derzeitigen Projekte zur Erneuerung größerer Altstadtbereiche – darunter das ganze Quartier zwischen Theatinerstraße und Kardinal-Faulhaber-Straße – mit Rücksicht auf die gewachsenen Strukturen berücksichtigen sollten.

Doch München ist weit mehr als eine Altstadt: Erst die systematisch betriebenen Stadtplanungen des früheren und lem in den zum Teil unter Ensembleschutz stehenden Resten alter Dorfkerne und in historisch geprägten Vorstadtquartieren. In früheren Vororten wie Sendling, Giesing oder Haidhausen etwa stehen die Zeugnisse vorindustrieller Bau- und Siedlungstätigkeit oft unvermittelt neben gründerzeitlicher oder moderner Wohnbebauung. Nicht alle dieser niedrigen und kleinmaßstäblichen Bauten sind Baudenkmäler im Sinn des Denkmalschutzgesetzes, auch wenn sie höchst anschaulich ein Stück Stadtentwicklung repräsentieren. Doch in dem Maße, in dem diese kleinen Bauten verschwinden, geht eine historische Dimension der Stadtgeschichte verloren.

Eine vergleichbare Problematik steckt im Thema Nachverdichtung in Villenoder Einzelhaussiedlungen, etwa wenn der Gartenstadtcharakter der Villenkolonie Pasing durch Ausweisung weiteren Baurechts gefährdet ist. In den beliebten Münchner Wohnquartieren des 19. oder früheren 20. Jahrhunderts sind Verluste durch Abbrüche immer seltener geworden, ja, es gibt in Verbindung mit den großen Engagements vieler Denkmaleigentümer Zielkonflikte mit denkmalpflegerischen Interessen wird es immer geben, vor allem aber und des in so manchen Diskussionen früherer Jahre deutlich gewordenen öffentlichen Interesses eher optimistisch betrachten – auch angesichts knapper öffentlicher Kassen. Denn gerade von der Denkmalpflege kann man nach dem Prinzip der Reparatur noch lernen, mit vorhandenen Mitteln sparsam umzugehen, nur das Nötige zu tun, was dem Baudenkmal im allgemeinen besser bekommt als eine teure – und für den historischen Bestand gefährliche – „Runderneuerung".

Außerdem ist zu hoffen, daß die gern verkannte wirtschaftliche Bedeutung der Denkmalpflege in Zukunft deutlicher gesehen und stärker berücksichtigt wird, also die Denkmäler als positiver „Standortfaktor" für Handel, Wirtschaft und Gewerbe sowie unter arbeitsmarktpolitischen Gesichtspunkten als eine Chance verstanden werden, Arbeitsplätze für die Zukunft zu sichern. Denn neben Restauratoren und unterschiedlichen Spezialisten braucht die Denkmalpflege auch in den kommenden Jahrzehnten vor allem das Handwerk, das bei der immer wieder nötigen Re...atur des historischen Bestands noch mit traditionellen Materialien und Techniken umgehen kann.

Professor Dr. Michael Petzet (63) war Direktor der Städtischen Galerie im Lenbachhaus. Seit 1974 ist er Generalkonservator des Bayerischen Landesamtes für Denkmalpflege.

BESTE AUSSICHTEN ZUR INSTANDSETZUNG bestehen derzeit für die Stuckvilla (links) nach einem vom Bayerischen Landesamt für Denkmalpflege vorbereiteten Restaurierungskonzept. Einer baldigen Rückkehr der historischen Schrannenhalle auf ihren historischen Standort beim Viktualienmarkt stehen ebenfalls keine großen Hürden mehr entgegen, meint Michael Petzet.

Photos: Karlheinz Egginger/ Bildband Das Alte München/Schirmer/Mosel

Was wäre, wenn ... – von der Ruine zum Weltkulturdenkmal

Träumereien an einem kalten Winterabend: Das Zellstoffgelände inspiriert eine Runde hoher Herren beim Kaffeeklatsch im Hotel Seitz

KELHEIM (rr). „Was passiert denn eigentlich mit diesem Zellstoff-Gelände?" Soeben hatten die hohen Herren aus München ihre Baustellen-Inspektion in der kalten, düsteren Franziskanerkirche beendet und sich den Mörtelstaub von den Mänteln geklopft. Jetzt erwärmten sich Generalkonservator Professor Doktor Michael Petzet, der gemütliche Behördenchef, und sein Gefolge bei Kakao und Sahneschnitten in der Gaststube Seitz. Die unschuldige Frage nach dem BZ-Areal kam gar nicht mal von Berufswegen. Denn unter historischem Gesichtspunkt ist die Industrieruine für Bayerns obersten Denkmalpfleger uninteressant. Aber das Herz des Gestalters Michael Petzet läßt sich auch von der Moderne rühren. „Das ist so ein herrlicher Platz am Eingang der Weltenburger Enge".

Nun ist die industrielle Wüstenei vis-à-vis des Michelsbergerls so etwas wie eine Kelheimer Tabuzone. Übergeordnete Stellen verlieren in der Öffentlichkeit selten ein Wort zuviel zu diesem Thema. Und so blieb Landrat Hubert Faltermeier in seiner Versicherung, daß sich – sinngemäß – die verantwortlichen Gremien um eine einvernehmliche Lösung des Problems und eine künftige Nutzung bemühen würden, staatsmännisch reserviert.

„Ja, aber Sie haben meiner Kirchenstiftung doch gestern den Kauf des Zellstoffgeländes zum Symbolpreis von einer Mark angeboten". Stadtpfarrer Hans Meier, der als Bauherr in der Franziskanerkirche ebenfalls an der Kaffeerunde teilnahm, erinnerte den Landrat an ein scherzhaft vorgebrachtes Angebot und ermunterte so die hohe Runde zu weiteren Träumereien. Michael Petzet als Landschaftsplaner: „Eröffnen Sie einen Festplatz; ein Ort, an dem sich die Jugend der Welt treffen kann. Begründen Sie die Donau-Festspiele – in Nachfolge der ‚Flammenden Donau'". Und die Krönung von Petzets Träumen wäre, „daß wir dann für das Ensemble Kloster Weltenburg-Donaudurchbruch-Befreiungshalle bei der Unesco den Status ‚Weltkulturdenkmal' beantragen – alles vor den Toren der Stadt Kelheim und des künftigen Orgelmuseums in der Franziskanerkirche". – „Und auf dem Zellstoffgelände errichten wir noch eine Freiluft-Orgel". Dieser Vorschlag kam von Sixtus Lampl, dem Kelheimer Gebietsreferent der Petzet-Behörde.

Daß Wolfgang Krause, im Landratsamt für Denkmalschutzbelange zuständig, der Kaffee-Runde dann noch zu bedenken gab, daß auf der anderen Donauseite einige unerforschte Höhlen schlummerten, paßte trefflich zu den Träumereien vom Weltkulturdenkmal. „Wir könnten nach Höhlenmalereien suchen", meinte Giulio Marano, seines Zeichens Hauptkonservator unter Michael Petzet. „Oder", sinnierte Sixtus Lampl, „wir bauen da eine Höhlen-Orgel ein."

Träume unter Männern: Michael Petzet, Landrat Faltermeier.

„Ein Treffpunkt für die Jugend der Welt."

Fotos: Scherr

Mittelbayerische Zeitung (Regensburg), 29. November 1996

Fränkischer Tag, 20. Dezember 1996

Begegnungsstätte wird Millionending

Kostenschätzung für Memmelsdorfer Synagoge – Generalkonservator Petzet zu Besuch

Kurzbesteher in ehemaliger Synagoge: der Chef des Landesamtes für Denkmalpflege, Dr. Petzet, ließ sich von seiner zuständigen Sachbearbeiterin, Dr. Anette Faber (linkes Bild) und Trägervereinsvorsitzendem Hansfried Nickel sowie Landrat Rudolf Handwerker informieren (rechtes Bild). Fotos: Ralf Kestel

MEMMELSDORF. Die Umgestaltung der ehemaligen Synagoge in eine deutsch-jüdische Jugendbegegnungsstätte wird zwischen 950 000 DM und einer Million Mark kosten. Diese erste detaillierte Schätzung wurde am Rande eines Besuches des obersten Denkmalpflegers in Bayern, Prof. Dr. Michael Petzet, am gestrigen Donnerstag nachmittag bekannt. Der Generalkonservator besichtigte zusammen mit Landrat Rudolf Handwerker und der Gebietsreferentin am Landesamt für Denkmalpflege, Dr. Anette Faber, die Schlösser in Birkenfeld, Burgpreppach und Leuzendorf sowie den Synagogenbau und das Präckleinshaus in Memmelsdorf.

„Wir werden die Finanzierung schon irgendwie schaffen," gab sich Prof. Petzet zuversichtlich, daß das Begegnungszentrum für den christlich-jüdischen Dialog Wirklichkeit wird. Angesprochen wurden als mögliche Fördertöpfe die Dorferneuerung, Mittel des Bezirks, die Landesstiftung und der Entschädigungsfonds des Kultusministeriums. Um an Zuschüsse zu kommen, war eine Kostenschätzung vonnöten, die der Nürnberger Planer Albert erst vor wenigen Tagen vorlegte, weswegen Landrat Handwerker als Mitglied der Vorstandschaft des Trägervereins die Umbau-Summe von einer Million „so noch nicht gehört hatte", wie er zugab.

Als nächster Schritt sei deshalb eine Vorstandssitzung fällig, meinte der Landrat, um hernach alle, die einen Zuschuß geben könnten, an einen Tisch zu holen. Bis zum Sommer soll auch das Nutzungskonzept vorliegen, so Anette Faber, das sich an den Inhalten des Fördervereins orientiere: Seminare, Lesungen und kleine Konzerte, wie Hansfried Nickel als Vereinsvorsitzender sagte.

Derzeit ist Restaurator Spitzner in der Synagoge mit Erhebungen beschäftigt. Er hat herausgefunden, daß sieben Restaurierungen stattgefunden haben müssen. Zwei vor dem 18. Jahrhundert. Zur Feinarbeit bis zum Sommer zählt Dr. Anette Faber, daß man sich schlüssig sein sollte, ob die Geschichte der Synagoge gezeigt oder „alle Wunden geschlossen" werden sollen. Frau Faber: „Da steckt noch eine Menge Kopfarbeit drin."

Der Besuch des Generalkonservators diente auch der allgemeinen Kontaktpflege, nachdem der bisherige Referent für den Landkreis Haßberge krankheitshalber längerfristig ausfällt und Anette Faber an dessen Stelle rückte. „Halb Unterfranken und der Landkreis Bamberg."

Prof. Dr. Petzet lobte die gute Zusammenarbeit mit dem „unteren Denkmalschutz am Landratsamt", vertreten durch Baudirektor Grobe. Landrat Handwerkers Leitsatz: „Denkmalpflege muß bürgerfreundlich abgewickelt werden, damit die Leute sie als Unterstützung empfinden." Generalkonservator Dr. Petzet bestätigte: Zwischen dem Landesamt für Denkmalpflege und dem Landkreis gebe es „keinen Streit, nur Güterabwägungen". Ralf Kestel

---

Süddeutsche Zeitung, 14. Dezember 1996

Die Alte Münze im Lauf der Geschichte

Pferdestall und Baujuwel

Denkmalamts-Chef Petzet legt neues Arbeitsheft vor

Von Heinrich Breyer

Wie sich's für einen guten Bauherrn ziemt, hat Bayerns Denkmalamt-Chef Michael Petzet zur Maschine gegriffen, um seinen Dank für die zehnjährige Arbeit zu sagen, in der das Münchner Landbauamt die staatliche Münze zur zentralen Rettungsstation der bayerischen Kunstwerke gemacht hat. Das Arbeitsheft beginnt mit der Darstellung der Zeit, in der Rösser und kunstvolle Arbeiten aus Gold, Elfenbein, Edelstein und dazwischen ein Prachtelefant Platz brauchten. Und da stellt sich gleich die Frage, ob das durch viele Lexika gefeierte Wilhelm Egkl in der Tat außer der Rechnungslegung etwas mit dem Bau der Münze zu tun hatte. Da sagt Petzet: Kaum.

Er schreibt den unmittelbar mit Technik und Form befaßten Mitarbeitern eine Kollektivarbeit zu, für die man wohl den Augsburger Stadtwerksmeister Bernhard Zwitzel zur Beratung geholt hat, zumindest für die Gestaltung der Schauräume. Minutiös setzt der Denkmalchef über alles in Kenntnis, was überliefert ist. Unter anderem berichtet er über die ursprüngliche Ausstattung der Räume, über das heutige Erscheinungsbild, geschaffen von den Architekten Heinrich Joseph von Leprieur und Franz Thurn bei der Umwandlung zur Münze, über Kriegszerstörungen und die Arbeit in den heutigen hochmodernen Werkstätten.

Weil sie das verdient hat, setzt Petzet seinen Dank an Erna Forster samt Widmung an den Anfang des Hefts. Sie hat seiner Vorgänger Arbeit und die seine ein halbes Jahrhundert lang unterstützt, ein Jahr vor dem fünfzigsten, als sie in Ruhestand gegangen ist. Ein zweites schönes Blatt steht am Schluß: Erich Lindenbergs „zerbrochene Figur", eine Installation aus Fragmenten des Gußmodells des Max-Joseph-Monuments draußen vor der Oper.

Die Alte Münze in München. Marstall- und Kunstkammgebäude – Hauptmünzamt – Bayerisches Landesamt für Denkmalpflege. Arbeitshefte Bd. 87. Karl M. Lipp Verlag München. 116 Seiten, mit 146 Abbildungen. 35 Mark.

679

Arbeitsheft erschienen:

Gefährdete Kirchen in Vorpommern

Gefährdete Kirchen in Vorpommern. Berichte zu Forschung und Praxis der Denkmalpflege in Deutschland, Band 6. Eine Dokumentation des Bauamtes der Pommerschen Evangelischen Kirche, Thomas Helms Verlag, Schwerin; ISDN 3-93 1185-29-x.

In der von der Vereinigung der Landesdenkmalpfleger herausgegebenen Reihe „Berichte zu Forschung und Praxis der Denkmalpflege in Deutschland" ist soeben der Band 6 „Gefährdete Kirchen in Vorpommern" erschienen.

Die Vereinigung wird auch in Zukunft versuchen, die Öffentlichkeit über besondere Probleme der Denkmalpflege in Deutschland zu informieren und plant eine entsprechende Publikation über die erschreckend große Zahl gefährdeter Kirchen im Bereich der Mecklenburgischen Landeskirche.

Das Arbeitsheft „Gefährdete Kirchen in Vorpommern" wurde zusammengestellt und konzipiert von Kirchenoberbaurat Gunther Kirmis und dem Bauamt der Pommerschen Evangelischen Kirche.

Nicht weniger als 60 von 430 Kirchen und Kapellen in Vorpommern sind akut bedroht. Doch die finanzschwachen Gemeinden sind leider nicht in der Lage, die Erhaltung dieser Sakralbauten zu sichern, die zum Teil über Jahrhunderte Krieg und Zerstörung, schließlich auch die Zeiten der DDR überlebt haben. Geistliche Zentren der Dörfer und Städte geblieben sind, als Baudenkmal nicht selten das letzte bedeutende historische Zeugnis eines Ortes darstellen. Will man ausgerechnet jetzt nach der Wiedervereinigung die Kirchgemeinden und die Landeskirchen mit den eigentlich nur in gemeinsamer Anstrengung von Kommunen, Land und Bund zu bewältigenden Problemen allein lassen?

Die unter Gesichtspunkten von Denkmalschutz und Denkmalpflege reichlich

▷

Nürnberger Zeitung, 1. Februar 1997

Innenminister Beckstein gratulierte den Bürgern zu dem neuen Anziehungspunkt in ihrer Altstadt

Restauriertes Schürstab-Haus erfüllt die Nürnberger mit Stolz

Von unserem Redaktionsmitglied Dieter Wegener

NÜRNBERG. — Selten hat man in der Stadt so viel Prominenz anläßlich einer Einweihung gesehen wie ... . Und die wartete brav am Ort des Geschehens, im Schürstabhaus, auf den Innenminister Günther Beckstein. Der Minister konnte für seine 30minütige Verspätung im kleinen Kreis einen triftigen Grund nennen: Die BBC hatte ihn zum ständig für Schlagzeilen sorgenden Thema „Scientology" interviewt.

Das hörte freilich der ehemalige Bundesbauminister Oscar Schneider nicht, der zuvor genörgelt hatte: „Flugzeuge starten pünktlich, die Sonne geht pünktlich auf ..." Letztlich widersprach niemand, als ein Gast inmitten des modernisierten alten Gemäuers in Sektlaune kundtat: „Die Geschichte des Schürstabhauses ist so lang, da kommt es auf die halbe Stunde auch nicht mehr an."

In der Tat spiegelt, wie kaum ein anderes Gebäude, das Schürstabhaus am Albrecht-Dürer-Platz 4 die wechselvolle Geschichte Nürnbergs wider. Es ist eines der bedeutendsten erhaltenen Patrizierhäuser aus gotischer Zeit in Nordbayern. Nach vierjähriger Planungs- und Bauzeit ist dieses Kleinod am Mark restauriert worden und besitzt jetzt sogar einen Fahrstuhl.

Die Restaurierung ist Günther Beckstein zufolge ein eindrucksvolles Beispiel dafür, wie aus einem vernachlässigten Gebäude ein Schmuckstück für die Nürnberger Altstadt werden kann. Beckstein erinnerte daran, daß dieser Erneuerungsprozeß oft eine schwierige Gratwanderung zwischen notwendigem Austausch alter Bausubstanz und der Bewahrung historischer Bauteile gewesen sei. „Den Bewohnern von Nürnberg gratuliere ich zu dem neuen Anziehungspunkt in der Altstadt", sagte der Innenminister.

Eine Brandbombe hatte 1943 das historische Gebäude, der Sebalduskirche gegenüberliegend, schwer beschädigt. Die rasch errichtete Dachkonstruktion konnte das Gebäude nur unzureichend vor Witterungseinflüssen schützen. „In den vergangenen 50 Jahren hat uns der Bauzustand große Sorgen bereitet", sagte Gunther Oschmann (Fernsprechbuch-Verlag Hans Müller), der das Gebäude vor vier Jahren erwarb. Beckstein dankte ihm für sein persönliches Engagement, ausdrücklich mit dem er das Schürstabhaus als seltenes Kulturdenkmal gerettet habe.

Kritische Töne

„Mit dieser Sanierung möchte ich die Verbundenheit mit meiner Heimatstadt Nürnberg zum Ausdruck bringen", sagte Oschmann, der sich in diesem Zusammenhang kritisch mit der heutigen Gesellschaft auseinandersetzte. „Es stimmt mich nachdenklich, wie sich unsere Gesellschaft atomisiert und sich in lauter individuelle Interessen aufspaltet."

Generalkonservator Michael Petzet zeigte sich euphorisch: „Mit der heutigen Einweihung ist eines der bedeutendsten Nürnberger Patrizierhäuser gerettet worden." Die Restaurierung war allerdings ein mühsames Unterfangen. Jede Kleinigkeit mußte mit dem Denkmalschutz besprochen werden. Oschmanns Vorgänger Rolf Kistner hatte sich dabei nervlich derart aufgerieben, daß er schließlich das Handtuch warf.

Unter dem neuen Bauherren Gunther Oschmann ließ Architekt Lutz Brambach 47 Tonnen Stahl verbauen. 20 Tonnen Kalk wurden in die Hohl-

Ein Schmuckstück des Patrizierhauses ist die Hauskapelle, die auf der gegenüberliegenden Seite durch eine Glasscheibe von der Straße aus so einsehbar ist.

räume der Fassade gefüllt. Die Holzdecke aus dem 15. Jahrhundert im Erdgeschoß ist wieder zu sehen. Fenster, Holztüren und das Treppenhaus sind mit viel Liebe zum Detail wieder in einen hervorragenden Zustand gebracht worden. Besonders besticht die Hauskapelle. Rund 1000 Quadratmeter stehen auf insgesamt sieben Ebenen zur Verfügung. Das große Kellergewölbe kann auch für Feiern gebucht werden.

Oberbürgermeister Ludwig Scholz, der auf der Einladungskarte dem Vornamen Werner verpaßt bekam, zeigte den interessanten Weg der Familie Schürstab auf, die das Anwesen 1328 erwarb. Es war laut Scholz jene Ära, in der Nürnberg neben Florenz „die Wiege der abendländischen Technik gewesen ist". 1449 wurde Erhard Schürstab zum Kriegshauptmann ernannt. Zum Papier: 20 219 Einwohner, darunter 446 Geistliche und 150 Juden. Nur 50 Jahre später hatte sich die Einwohnerzahl verdoppelt, was Scholz zu der launigen Bemerkung veranlaßte: „Und wir tun heute so, als hätten wir erstmals Probleme mit Wohnraum und Arbeitsplätzen." 1743 starb die Familie mit Wolfgang Schürstab aus, der Pfleger des Almosenamtes war. „Möge die Energie, der Elan und die Tüchtigkeit dieser Familie Vorbild und Ansporn sein", so der Nürnberger Oberbürgermeister.

Bei der Restaurierung des Schürstabhauses wurden Farbschichten aus mehreren Epochen sichtbar, die jetzt so erhalten bleiben.

Fotos: Guttenberger

Keine Einsparungen auf Kosten des kulturellen Erbes

Denkmalpfleger warnen / Generalkonservator Petzet: Denkmalpflege sichert auch mittelständische Arbeitsplätze

Mit einer Mahnung hat sich die *„Vereinigung der Landesdenkmalpfleger in der BRD"* zum Ende des Jahres 1996 zu Wort gemeldet. In einer Presseerklärung Ende November forderten die Denkmalschützer, daß *„die Begrenzungen der Ausgaben in den öffentlichen Haushalten nicht zu unwiederbringlichen Verlusten für das kulturelle Erbe führen dürften."* Die Vereinigung stellte klar, daß *„Fördermittel von Bund, Ländern und Kommunen auch künftig unverzichtbar"* seien, wolle man denkmalpflegerische Maßnahmen initiieren und realisieren.

Steuerbegünstigungen müßten auch weiterhin für solche Maßnahmen beibehalten werden, da diese Begünstigungen ein Investitionsvolumen auslösten, das ein Vielfaches der relativ geringen Steuerausfälle betrage. Auch bei den Fachbehörden selbst sei es ein Fehler, den Rotstift anzusetzen und Stellen einzusparen, so argumentieren die Denkmalpfleger, da diese Kürzungen die Arbeitsfähigkeit der Ämter beeinträchtigten.

Reparatur statt Abriß

„Die Denkmalpflege macht ein Volumen von 10 bis 12 Milliarden Mark aus, was mittelständischen Handwerkern und der Bauwirtschaft insgesamt zu Gute kommt", erklärte der bayerische Generalkonservator und Vorsitzende der Vereinigung der Landesdenkmalpfleger, Michael Petzet, gegenüber der SZ. „In den kommenden Jahrzehnten ist solide handwerkliche Arbeit gefragt, um Reparaturen im herkömmlichen Sinne durchführen zu können. Das sind sichere Arbeitsplätze." Der Trend müsse im Hinblick auf die Erhaltung der Ressourcen in Zukunft auf die Reparatur vorhandener Bausubstanz zu gehen, meinte der Generalkonservator. „Im Sinne des Umweltschutzes müssen wir sorgsam mit Vorhandem umgehen. Die Bewahrung des Altbestandes gibt dadurch auch Arbeit und Brot für Viele." Angesichts der schwieriger gewordenen Wirtschaftslage denken viele Denkmaleigentümer an die Reparatur ihres Anwesens – nicht mehr an einen Abriß.

Das ist ein Trend, der der Denkmalpflege eigentlich entgegenkäme, wenn Zuschußmittel in ausreichender Höhe zur Verfügung stünden. Dadurch bekämen auch strukturschwächere Gebiete Impulse und könnten ihre historische Umgebung und damit ihre Identität bewahren.

Denkmalpflege sei nicht das Hobby Einzelner, sondern ein arbeitsmarktpolitisch interessanter Bereich, sagte Petzet. Bedenke man die Attraktivität Münchens für den Tourismus, so komme man nicht umhin diese Anziehung im Wesentlichen auf den Denkmalbestand der Stadt zurückzuführen. Und allein der Tourismus sei ja ein ganz wesentlicher Faktor für die Wirtschaft.

Stabilität gesucht

Doch nicht nur die Wirtschaft müsse am Denkmalschutz interessiert sein, so Petzet. „Was die Menschen mit dem Begriff Heimat verbinden, das hängt im Wesentlichen auch am Aussehen ihrer Umgebung." Die Denkmalpflege erlebe zur Zeit eine erheblich gestiegene positive Einstellung und Bereitschaft zur Erhaltung historischer Bauten innerhalb der Bevölkerung, sagte der Generalkonservator. Die Menschen lebten in einer Zeit ständiger Veränderung und wollten zumindest in ihrer architektonischen Umgebung eine gewisse Stabilität. Das komme der Denkmalpflege zugute, meinte Petzet.

Ein Anzeichen für die Akzeptanz der Arbeit des Amtes sieht der Denkmalpfleger im großen Erfolg der Aktion „Tag des offenen Denkmals", doch, so Petzet, „es ist mit Verordnungen und Auflagen nicht getan. Unsere Aufgabe ist – stärker als früher – die Beratung und die fachliche Hilfestellung für Bauherren. Natürlich müssen weiterhin Zuschüsse fließen, aber das beratende Gespräch, die Auseinandersetzung mit den Wünschen und Vorstellungen des Denkmaleigentümers ist viel wichtiger geworden. Wir versuchen diesen Service zu verbessern."

ggb

Süddeutsche Zeitung
8./9. Februar 1997

---

fragwürdige kürzliche Vereinbarung des Landes Mecklenburg-Vorpommern mit den beiden Landeskirchen über die umfassende Delegation von Aufgaben auf die – gleichzeitig durch drohenden Personalabbau gefährdeten – kirchlichen Bauämter. wirkt vor diesem Hintergrund eher wie ein Versuch, die für einen Kulturstaat doch eigentlich selbstverständliche Verantwortung für die Denkmäler möglichst bald abzuschieben.

Unter diesen bedenklichen Umständen gibt die Pommersche Evangelische Kirche mit der vorgelegten Dokumentation im Zeichen unverdrossenen Mutes. Denn hier werden die Gefahren nicht beschönigt, sondern Schäden und mögliche Kosten beim Namen genannt – die erste praktische Voraussetzung für jede weitere Planung, für konkrete Initiative durch Spender oder die Bildung von Förderkreisen, nicht zuletzt auch für notwendige Überlegungen über künftige Nutzungen.

Es ist zu hoffen, daß das Arbeitsheft „Gefährdete Kirchen in Vorpommern", das mit Hilfe eines Zuschusses der Messerschmidt Stiftung gedruckt werden konnte, in die Hände politischer Entscheidungsträger gerät und auch den Weg zu vielen Bürgern, Institutionen, Firmen und Verbänden findet, die sich an der Rettung einzelner Kirche beteiligen möchten.

Michael Petzet

Mecklenburgische Kirchenzeitung
19. Januar 1997

(Das Heft ist in Buchhandlungen erhältlich.)

REICHERTSHOFEN: An den „Schloßbauern in Dobl" wurde 1905 eine Postkarte gerichtet. Der Absender hat den Erbauer des herrschaftlichen Hofes auf den Arm nehmen wollen, doch noch heute gehört der Kreuzer-Hof zu den Vorzeigeobjekten des Landkreises Freising (Privatbesitz).

681

Zukunft mit der Vergangenheit
Bayerische Denkmalschützer sind weltweit geschätzt – Arbeitsmarktpolitischer Faktor

Bayerns Denkmalpfleger sind rund um den Erdball geschätzt. So arbeiten unbeeindruckt von der politischen Großwetterlage Chinesen und Deutsche beispielsweise seit sechs Jahren gemeinsam an der Erhaltung der Tonarmee des ersten Kaisers von China Qin Shihuangdi. Hierzu kommen Restauratoren des Museums in Ling Tong (Provinz Shaanxi) drei bis vier Monate im Jahr nach München, um im Zentrallabor nach Methoden zur Konservierung des Weltkulturdenkmals zu forschen.

Die 7000 Tonsoldaten am Kaisergrab sind bisher, sobald von ihnen die nasse Erdschicht gelöst wird, von Austrocknung bedroht: Die kunstvoll aufgetragene Farbe splittert ab. Noch ist keine Lösung gefunden. Doch durch ein in München entwickeltes Gefriertrocknungsverfahren kommt man dieser näher. „Die Probleme sind so groß, daß man sie alleine gar nicht lösen kann. Ohne uns wären die Chinesen nie soweit gekommen und ohne die Chinesen wir nicht", erläutert eine bayerische Restauratorin. Das national führende Bayerische Landesamt im Münchner Hofgraben verdankt seinen guten Ruf vornehmlich dem weltweiten Engagement. Für Generalkonservator Prof. Michel Petzet, der das Amt seit 23 Jahren leitet, sind die Auslandseinsätze mehr als nur Entwicklungshilfe. „Auch wir lernen bei jedem Produkt etwas dazu und natürlich ist diese Kulturförderung auch geeignet, die Beziehungen zwischen Nationen und Völkern zu festigen."

Ausgangspunkt für die internationalen Kooperationen sind Anfragen beim Auswärtigen Amt, Kulturabkommen des Freistaats oder persönliche Kontakte des Amtsleiters. Petzet ist Vorsitzender des „International Council on Monuments und Sites" (ICOMOS), sein Schreibtisch dadurch weltweite Anlaufstelle für ungelöste Probleme. So wurden die Bayern in Jordanien bei der Felsfassade von Petra aktiv und in Jemens Hauptstadt Sana bei der Restaurierung der Samsarat al-Mansurah. Neue Aufgaben warten in Kroatien und in der Ukraine. „Oft genügt es, wenn wir nur ein Konzept liefern, beraten oder warnen wie vor der Verwendung bestimmter Baustoffe. Das Ziel ist, Hilfe zur Selbsthilfe", sagt Petzet.

Am Hofgraben findet sich auch ein in Deutschland einzigartiges Speziallabor, in dem Grundlagenforschung betrieben wird. Dort wurde das Cäsium Magnetometer entwickelt, das Bayern weltweit führend bei der „magnetischen Prospektionsmessung" machte. Die Idee: Durch jeden Eingriff in den Boden wird das Magnetfeld eines Erdstücks verändert. Der Fachmann kann mit dem Cäsium Magnetometer diese Veränderungen nachvollziehen. Er kann durch eine sechs Meter tiefe Sandschicht schauen, ohne auch nur einen Erdkrümel zu bewegen und feststellen, wo ein Pflock oder ein Pfosten steckte und ob er rund war oder aber eckig.

Im August 1992 konnten die Archäologen mit diesem Gerät die Stadtmauer Trojas dort entdecken, wo zuvor 20 Grabungsaktionen glücklos blieben. Dem Erfolg entsprechend kommen Bitten um Unterstützung aus der ganzen Welt. Vorrang aber haben die bayerischen Projekte. Im Freistaat gibt es rund 120 000 Denkmäler, bundesweit sind es 900 000. Wieviel Geld genau für deren Erhaltung und Pflege aufgewandt wird, sei schwer zu beziffern. Denkmalschutz wird nur zum Teil von den Ländern und Kommunen finanziert, darüber hinaus engagieren sich zahlreiche Stiftungen und Privatinitiativen. In Bayern würden jährlich rund 70 Millionen Mark an Zuschüssen für die Erhaltung von Baudenkmälern vergeben, so Petzet. Mit diesem Fond werden Restaurierungsarbeiten unterstützt, die Privateigentümern nicht zumutbar sind. Hinzu kommen Mittel vom Bundesministerium für Forschung, so 90 Millionen Mark für ein „Forschungsprogramm Stein und Glas". Diese Summen lassen erahnen, daß es sich nicht nur um eine reine „Verzierung" im Kulturbereich handle, meint Petzet und beziffert das jährliche Auftragsvolumen für Handwerk und Bauindustrie bundesweit auf zehn Milliarden Mark.

„Denkmalschutz dient nicht nur dem Tourismus, er ist auch ein arbeitsmarktpolitischer Faktor. Das traditionelle Handwerk ist unser wichtigster Partner", erläutert Petzet. Bald wird mit Blick auf den Arbeitsmarkt noch ein wichtiger Partner hinzukommen: Die Technische Universität München plant einen Studiengang für Restauratoren. Dies wäre ein Novum in Deutschland.   Enrico Palumbo (dpa)

Fränkischer Tag (Bamberg)
8. März 1997

Grotte di Dafosi
L'enorme fragile Buddha d'argilla
Know-how e finanziamenti tedeschi per il recupero di complessi monumentali in Cina. Prossimo obiettivo: l'esercito di terracotta

MONACO. Il Buddha di Dafosi, una gigantesca scultura di argilla alta più di 17 metri, è stato per 1500 anni il simbolo del Buddismo cinese. Il complesso monumentale di Dafosi, situato nel distretto di Binxian a 160 km ad ovest di Xi'an, la capitale della provincia cinese di Shaanxi, fu realizzato durante la dinastia Tang verso il 650 d.C. e divenne la meta ideale dei pellegrinaggi dei monaci buddisti. Il complesso di Dafosi è costituito da 107 grotte di varie dimensioni, 254 nicchie dove si sono conservate 1.498 figure scolpite e dipinte. La grotta del grande Buddha si trova al centro, ai piedi della montagna più alta; la figura è scolpita sulla parete esterna: le sue dimensioni colossali, l'argilla morbida con cui è stata modellata e la sua delicata policromia erano gravemente compromesse sotto l'aspetto conservativo. Il problema più urgente da affrontare era quello di assicurare staticamente la scultura, danneggiata dall'altissima escursione termica del luogo, dai livelli di umidità che in estate raggiungono quasi il 100%, dai movimenti naturali della roccia.

Il colossale Buddha di Dafosi (alto 17 metri) dopo il restauro

dere e si è realizzata una deviazione parziale delle acque. Ma i lavori sono solo all'inizio: restano ancora più di 1.400 sculture da restaurare.

Il «Progetto Dafosi», nato nel 1988 con il patrocinio del Ministero della Ricerca e della tecnologia tedesca, del Römisch-Germanisches Zentralmuseum di Magonza e della Soprintendenza ai monumenti della Baviera diretta da Michael Petzet, rientra in un programma di recupero dei più importanti complessi monumentali della Repubblica Popolare. Quello di Dafosi è il primo caso in cui si è esportato in Cina, oltre ad un metodo di lavoro e ad una tecnologia ad altissimo livello, anche un pizzico di filosofia della conservazione. Nel corso di questi anni la Baviera è divenuta il partner principale del Ministero per i Beni culturali della provincia di Shaanxi, in un programma di lavoro esemplare della collaborazione internazionale patrocinata dall'Icomos (International Council of Monuments and Sites). Da qualche tempo sono allo studio le possibili tecniche di restauro conservativo dell'esercito di terracotta dell'Imperatore Quing, tristemente famoso per le falsificazioni che sono state immesse sul mercato dal giorno della sua scoperta. Qui i problemi tecnici sono ancora irrisolti: a tutt'oggi infatti non è stato identificato un metodo per fissare la superficie cromatica dipinta che si sgretola se esposta alla luce.

Cristina Giannini

Il Giornale dell' Arte
Febbraio 1997

I restauri del Buddha si sono da poco conclusi grazie all'intervento scientifico ed economico della Repubblica Federale Tedesca. Un'équipe di tecnici e restauratori tedeschi, diretta da Erwin Emmerling della soprintendenza di Monaco, insieme ad un gruppo di chimici, fisici e architetti cinesi, ha provveduto alle ricerche preliminari che sono durate più di tre anni, alla stabilizzazione di tutti i frammenti danneggiati, alla rimozione dei depositi alluvionali, all'assicurazione dei colori. Contemporaneamente sono state create delle aree protette per la raccolta dei frammenti che continuano a ca-

Präsentieren den Bamberger Bürgern 1740 Seiten Bergstadt-Inventar: Generalkonservator Prof Dr. Michael Petzet, Oberbürgermeister Herbert Lauer, Landeskonservator i. R. Prof. Dr. Tilmann Breuer und Bürgermeister Gustav Matschl (von links). Foto: Ronald Rinklef

Fränkischer Tag (Bamberg) 20. März 1997

Die ganze Bergstadt in zwei Büchern

Landesamt für Denkmalpflege stellt das neuerschienene Standardwerk vor – 1740 Seiten

11 Pfund ist die Bergstadt schwer: 5,5 Kilogramm wiegt der aus zwei Büchern bestehende Band „Stadt Bamberg – Bürgerliche Bergstadt". Er ist in der Reihe „Die Kunstdenkmäler von Bayern" erschienen, die vom Bayerischen Landesamt für Denkmalpflege herausgegeben werden. 1740 Seiten und ebenso viele Fotos umfaßt das druckfrische Standardwerk, in dem ausnahmslos alle denkmalgeschützten Bauten des von linkem Regnitzufer und Domberg begrenzten Altstadtgebietes abgebildet und wissenschaftlich beschrieben sind. Verfaßt wurde es von Tilmann Breuer und Reinhard Gutbier. Im Rokokosaal des Alten Rathauses ist der Doppelband gestern offiziell vorgestellt worden.

1990 ist in derselben Reihe die „Innere . Inselstadt" erschienen. Seitdem haben nicht nur die wissenschaftlich mit Bamberg befaßten Kunst- oder Architekturhistoriker, sondern viele an der Stadtgeschichte interessierte Bürger auf den nächsten Teil dieser umfassenden, auf acht Bände konzipierten Bestandsaufnahme gewartet. Tatsächlich sollen die „ganz normalen" Bürger die Adressaten sein.

Die Lektüre soll ihr Verständnis für die Zeugnisse der Vergangenheit und die Verantwortung für deren Erhalt wecken, wünscht sich Prof. Dr. Tilmann Breuer, der als ehemaliger Landeskonservator der Initiator und Mitautor des mit einem ungeheuren Arbeitsaufwand verbundenen Projekts ist. Bis in das nächste Jahrtausend wird es dauern, bis die Stadt Bamberg als Kunstdenkmal vollständig erfaßt und wissenschaftlich aufgearbeitet sein wird.

Ein großer Teil des Bandes „Bürgerliche Bergstadt" widmet sich der Oberen Pfarre, dem bedeutendsten sakralen Denkmal des Stadtquartiers. Die übrigen Sakralbauten, darunter die einstigen Klöster der Franziskaner und Dominikaner, schließen sich an. Es folgen Abhandlungen über die Reste der Stadtmauern und der Hofhaltungsbauten, unter denen Schloß Geyersworth eine besondere Rolle einnimmt. Das „Allgemeine Krankenhaus" wird als architekturgeschichtlich und medizinhistorisch wichtiges Baudenkmal dargestellt. An den Häusern von Adel, Groß- und Kleinbürgertum schließlich wird dargelegt, wie die Menschen vergangener Zeiten gebaut und gelebt haben.

Einzigartiges Bamberg

Es gibt keine andere Weltkulturerbe-Stadt, die ein derart umfassendes Inventar vorweisen kann, betonte Generalkonservator Prof. Dr. Michael Petzet in seiner Rede und ließ überschwengliches Lob auf Bamberg folgen. Für keine andere deutsche Stadt sei der Antrag auf Aufnahme in die Weltkulturerbeliste der Unesco so leicht zu begründen gewesen wie für Bamberg. Gegenüber Lübeck, Quedlinburg, Hildesheim und Goslar nehme Bamberg eine besondere Stellung ein: Es sei authentisch in seinem historischen Bestand und gleichzeitig sehr lebendig. Weltkulturerbe zu sein bedeute aber nicht nur hohe Ehre, sondern auch große Verpflichtung. Doch darum, daß Bamberg dieser Verpflichtung nicht nachkommen könne, mache er, Petzet, sich keine Sorgen: „Ich kann auch keine großen Sünden anprangern."

Kräftigen Applaus gab es für die mit viel Humor gewürzte Einführung in das Werk, dargeboten von Prof. Dr. Tilmann Breuer, der seinen Zuhörern die Frage stellte, weshalb denn wohl eine Behörde dicke, teure Bücher mache. Das Ziel sei eine „fundamentale Dienstleistung" an der Gesellschaft und am einzelnen Bürger. Die Adressaten seien die Bewohner der Stadt, „egal ob sie in Bamberg oder in Anatolien geboren worden sind". Sein Wunsch: Alle Leser sollen „Spaß an diesen Büchern haben und darin die Bestätigung dafür finden, daß sie diese Stadt zu Recht lieben."

Oberbürgermeister Herbert Lauer, der sich gefreut hatte, die „Crème de la crème" der bayerischen Denkmalpflege im Rokokosaal begrüßen zu dürfen, dankte allen Bürgern für ihre Aufgeschlossenheit gegenüber dem Projekt. „Das Buch lohnt auch für Wohnstuben." urteilte er.

Für die Bayerische Verlagsanstalt Bamberg, die die komplette Herstellung besorgte, gab Verlagsleiter Richard Alt einen Einblick in den großen technischen Aufwand. Der in einer Auflage von 1500 Exemplaren erschienene Doppelband ist das größte Einzelwerk, das die Verlagsanstalt jemals hergestellt hat. Für den mit dem Bamberger Verlag kooperierenden Deutschen Kunstverlag München Berlin lobte dessen Vertreter Winterstein denn auch die „solide Herstellung und prächtige Ausstattung".

Der Band „Stadt Bamberg – Bürgerliche Bergstadt" in der Reihe „Die Kunstdenkmäler von Bayern", erschienen in der Bayerischen Verlagsanstalt Bamberg in Koproduktion mit dem Deutschen Kunstverlag München Berlin, ist ab sofort im Buchhandel erhältlich. Der Preis beträgt 198 DM.

Gertrud Glössner-Möschk

Innenstadt als Würzburgs Kapital schlechthin: Eine Buchpräsentation zur Stadtsanierung

Von Dr. Hubert Pieterek

Würzburg. Im Wappensaal des Rathauses präsentierte am Donnerstag in einer Feierstunde die Stadt Würzburg als Herausgeber ihr Buch: „Stadtbild Würzburg – eine Analyse zur Stadtsanierung".

Das Jugendorchester eröffnete die Feier mit der sinnigen Suite von Telemann: „Kampf gegen Windmühlen". Danach hieß Bürgermeister Dr. Adolf Bauer eine „exzellente Gruppe" von Fachleuten willkommen, an der Spitze den Dombaureferenten Dr. Jürgen Jensen, die Vertreter des Bayerischen Landesamtes für Denkmalspflege, der Universität, sowie die Spitzen der Architekten, die Vertreter aus Handel und Industrie.

Mit der „Baukultur in unserer Stadt in Vergangenheit, Gegenwart und Zukunft" befaßte sich als erster Referent der Generalkonservator des Landesamtes für Denkmalpflege, Professor Dr. Michael Petzet. Er ging auf die vorgelegte Analyse zur Stadtsanierung ein und setzte sich mit der unvergleichlichen Stadtgeschichte einerseits und der aus der furchtbaren Kriegszerstörung entstandenen denkmalpflegerischen Aufgabe auseinander. Prof. Petzet zeigte sich begeistert von der Herausgabe der neuen Publikation, die so gründlich und richtungsweisend das schwierige Thema behandele.

In seinen Ausführungen „Gedanken zur Sanierung der Innenstadt" ging Stadtbaurat Dipl. Ing. Christian Baumgart davon aus, daß ohne Zweifel die Innenstadt schlechthin das Kapital Würzburgs darstelle, sowohl in historischer, in städtebaulicher, in architektonischer, aber auch ganz wesentlich in wirtschaftlicher Hinsicht. Sie ist darauf angewiesen, in sich eine Vielzahl von Funktionen zu erfüllen und sie auch in Zukunft erfüllen zu können.

Das erfordere natürlich eine Weiterentwicklung der Innenstadt, bei der die Kontinuität gewahrt werden muß. Das setze voraus, daß sie weiterentwicklungsfähig und weiterentwicklungswillig sein muß. Der Redner erwähnte den Wandel, durch den sich Verkehrsbedingungen und das Verkehrsverhalten geändert haben. Auch im individuellen Bereich sei der Verkehrsfluß unvermindert hoch und ebenso seien bei Handel und Gewerbe nachhaltige Veränderungen erforderlich.

Ehrgeizige Projekte auf den Weg gebracht

Der Referent wies auf die ehrgeizigen Projekte zur Weiterentwicklung der Innenstadt, die bereits teilweise auf den Weg gebracht seien: Juliuspromenade, Barbarossaplatz, Bahnhofsvorplatz und Neuer Hafen. Die Analyse zur Stadtsanierung sei eine Gemeinschaftsaufgabe, die allen helfen werde, miteinander auf gesicherten Bahnen in die Zukunft zu gehen.

Bürgermeister Bauer ging in seinem Dank auf die Entstehungsgeschichte der Analyse ein, mit der zuerst der Architekt Dipl.-Ing. Rasso Mutzbauer 1990 beauftragt war. Nach dessen jähem Tod hatte das assoziierte Partnerbüro Stadtbauatelier aus Stuttgart die Arbeit fortgeführt. Dank ging auch an die Regierung von Unterfranken, die dieses Werk ins Leben gerufen und auch im wesentlichen finanziert hat. Ebenso galt der Dank dem Landesamt für Denkmalspflege, das federführend erstmals den Spagat zwischen der historischen Entwicklung und der Basis-Entwicklung aufzeigte.

Beim anschließenden Stehempfang im Foyer nutzten die Gäste die Plakat-Präsentation des Buches zu angeregten Fachgesprächen.

Generalkonservator Professor Dr. Michael Petzet machte bei der Buchpräsentation im Wappensaal des Rathauses Ausführungen zu „Stadtbild und Denkmalspflege." Foto: Pieterek

Schauen, wohin das Geld fließt

Bayerischer Landeskonservator Petzet auf Einladung von Landrat Neder im Deutschordensschloß

Münnerstadt (pz). Mit Landeskonservator Professor Dr. Michael Petzet (München) an der Spitze kam gestern eine hochkarätige Delegation bayerischer Denkmalschützer nach Münnerstadt. Man hat beim Besuch im Lauerstädtchen verschiedene Absichten verfolgt: Zum einen galt das Hauptaugenmerk bei dem Besuch dem Deutschordensschloß, zum anderen widmete man sich die allgemeine Aufmerksamkeit auch dem Heimatspielhaus und dem Oberen Tor. Nachdem das Tor in den vergangenen Tagen vom Bautrupp von Schmutz befreit worden war, konnte Petzet bis hinauf unters Dach steigen und von dort einen herrlichen Blick über das Lauerstädtchen genießen.

Auf Einladung von Landrat Herbert Neder war der bayerische Landeskonservator nach Münnerstadt gekommen. Dabei hatte Petzet den Wunsch festzustellen, wie die Sanierung des Deutschordensschlosses voran kommt. Bekanntlich wird die rund 6,2 Millionen teure Maßnahme aus mehreren Zuschuß-Töpfen des Freistaates Bayern gefördert. Auch vor diesem Hintergrund besuchten gemeinsam mit dem Landeskonservator Ministerialrat Herbert Meier aus dem Kultusministerium und Dr.

Am Heimatspielhaus wurden eifrig Pläne studiert. Unser Bild zeigt dabei (von links) Herbert Meier (Kultusministerium), Landrat Herbert Neder, Prof. Dr. Michael Petzet, Dag Schröder (Sanierungsbeauftragter), Bürgermeister Eugen Albert und seinen Stellvertreter Hartmut Hessel. pz

Saale-Zeitung (Bad Kissingen), 30. April 1997

Holger Mertens, der Abteilungsleiter im Landesamt für Denkmalpflege (Nachfolger von Rüdiger Kutz) bei dieser Gelegenheit Münnerstadt.

Wie Professor Petzet eingangs erklärte, sei die gesamte Finanzierung der Sanierungsmaßnahme Deutschordensschloß inzwischen gesichert. Besonders wichtig sei gewesen, daß mit der Instandsetzung des Daches ein erster ganz wesentlicher Bauabschnitt im vergangenen Jahr begonnen werden konnte. Über den Fortgang dieser Arbeiten ließ er sich unter den Dachbalken vor Ort informieren. Sanierungsbeauftragter Dag Schröder (Schweinfurt) gab dazu einige ergänzende Erläuterungen, wies darauf hin, daß die erste Baumaßnahme der Sanierung die Instandsetzung des Daches sei.

Dach teilweise fertig

Dieser Bauabschnitt werde in diesem Jahr noch beendet. Fertig ist inzwischen der Dach-Südflügel, über dem Treppenturm und seiner Peripherie arbeiten derzeit die Zimmerleute, der Westflügel (Kapellenflügel) ist eingerüstet und kommt als nächstes dran. Der Ostflügel mit dem teilweise gotischen Dachstuhl bildet schließlich den letzten Bauabschnitt der kompletten Dachsanierung. Der Umbau des Erdgeschosses, wo als wesentlicher Bestandteil die gesamte Haustechnik eingebaut wird, soll ebenfalls noch in diesem Jahr in Angriff genommen werden. Erst danach wird man sich dem mittleren Geschoß widmen, was Dag Schröder als das komplizierteste bezeichnete.

Kosten werden gehalten

Man wird sich bei der Maßnahme an den einmal gesteckten Kostenrahmen halten. Das konnte Schröder zumindest für die Dachsanierung bestätigen, die insgesamt auf 1,6 Millionen Mark beziffert wurde. Der Münnerstädter Sanierungsbeauftragte dankte in diesem Zusammenhang besonders Kreisbaumeister Günter Stammwitz, der beim komplizierten Genehmigungsverfahren stets unter die Arme griff.

Museumsleiterin Karoline Knoth gab zum Verständnis einige Erläuterungen über das Nutzungs- und Möbelierungskonzept für den Teil des Deutschordensschlosses, der als Museum genutzt wird. Sie stellte dazu fest, daß die Architektonik und die bauhandwerklichen Aspekte des Schlosses bei der künftigen Präsentation des Museums eine gewisse Rolle spielen sollen. Petzet stellte beim Gang durch einige Museumsräume fest, daß man das bisherige Konzept der Präsentation der Objekte nicht gänzlich über Bord werfen sollte. Einige Anregungen und einige Präsentations-Gedanken, wie sie der frühere Museumsleiter Peter Genth (†) entwickelt habe, sollte man durchaus dort beibehalten, wo dies möglich ist. In vier Jahren soll die Sanierung des Deutschordensschlosses abgeschlossen sein.

Ein Herzenswunsch ist den Münnerstädter natürlich der Erhalt des Heimatspielhauses. Vor Ort erläuterte Bürgermeister Eugen Albert den Kontext, in dem das Gebäude im Hinblick auf das Heimatspiel „Die Schutzfrau von Münnerstadt" eine wesentliche Rolle für die Stadt spielt. Zum anderen hätte man einen Investor gefunden, der das Gebäude einer neuen Nutzung zuführen wolle. Man erläuterte Professor Petzet die Absichten der Stadt, ein Sanierungsgebiet für diesen Bereich der Altstadt aufzustellen. Petzet wiederum stellte generell fest, daß Münnerstadt schon im Zuge der Altstadtsanierung in Bayern eine gewisse Vorreiterrolle gespielt habe. Er nannte in diesem Zusammenhang das Sanierungsgebiet „Marktplatz Nord", dessen Ergebnis er als durchaus gelungen bezeichnete, auch wenn die Maßnahme heute noch nicht gänzlich abgeschlossen sei.

Der bayerische Landeskonservator zeigte in seinen Äußerungen und Statements zu konkreten Fragen durchaus sein Wohlwollen und die erklärte Absicht, für die Münnerstädter etwas zu bewegen.

Landeskonservator Professor Dr. Michael Petzet (links) im Gespräch mit Landrat Herbert Neder (rechts) und Dr. Holger Mertens. pz/Fotos: Ziegler

Das Landesamt für Denkmalpflege hat Erich Schosser ein opulentes Buch gewidmet

Der schwierige Weg zwischen Erhalten und Zerstören

In dem neuen Band werden erstmals sämtliche Städteensembles und deren aufwendige Erhaltung in Oberbayern vorgestellt

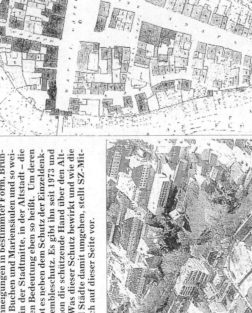

Interview mit M. Petzet

Verpflichtung für neues Bauen

SZ: *Wieso gibt das bayerische Landesamt für Denkmalpflege ein Buch heraus, in dem ausschließlich „Ensembles" in Oberbayern vorgestellt werden?*

Petzet: Das Denkmalschutzgesetz, das seit 1973 besteht, schließt auch Ensembles mit ein. In den vergangenen 25 Jahren haben sich

MICHAEL PETZET, Generalkonservator für Bayern.

durch die Arbeit von Landesamt und Denkmalrat Verschiebungen und Neuabgrenzungen von Ensembles ergeben und diesen Neuerungen will das Buch nun abschließende Rechnung tragen. Es zeigt eine abschließende Fassung der Ensembles.

SZ: *Bedeutet das, daß Ensembles eingefroren werden?*

Petzet: Man wird nie ausschließen können, daß sich innerhalb eines Ensembles Veränderungen ergeben, die ein Überdenken der Situation zur Folge haben müssen, aber zum Glück haben wir in Oberbayern keine massiven Einbrüche. Es kann andererseits nicht sein, daß man eine Käseglocke über ein Ensemble stülpt. Uns geht es um die Erhaltung einer historischen Grundstruktur, so daß man auch in Zukunft die historischen Wurzeln eines Ortes erkennen kann. Im Grunde gelten die Bestimmungen des Denkmalschutzgesetzes für Ensembles, wie für Einzeldenkmale. Auch da wird man im Laufe der Jahre manches ändern oder erneuern müssen, um die Funktion zu erhalten, und so ist es mit Ensembles das Gleiche.

SZ: *Ist ein Ensemble zerstört, wenn ein Bauherr aus der Reihe tanzt?*

Petzet: Das ist eine Frage der Relevanz. Sprengt die Baumaßnahme das Ensemble oder nicht? Die Idee des Ensembles ist immer auch eine Verpflichtung für neues Bauen.

▷

Bad Tölz-Wolfratshausen, Dachau, Erding, Freising, Fürstenfeldbruck, Ebersberg, Pfaffenhofen, Berchtesgadener Land, Rosenheim und Garmisch-Partenkirchen. Diese, und einige Landkreise mehr, haben etwas gemeinsam. Sie beherbergen – zum Teil in den Kreisstädten, zum Teil in einzelnen Gemeinden und kleinsten Ortschaften – die sichtbaren Zeugen der Vergangenheit. Historische Architektur ist mehr als nur schön. Sie prägt den einzigartigen, unverwechselbaren Charakter einer Ortschaft. Deshalb stehen historische Gebäude weitgehend unter Denkmalschutz. Doch nicht nur die alten Häuser allein machen ein Ortsbild aus. Da gibt es den malerisch gekrümmten Straßenzug, der sich bisher trotzig gegen die Angriffe aus den Straßenbaureferaten behauptet hat. Da gibt es das Wegkreuz an einer Stelle, die früher einmal bedeutsam war. Da existiert noch an vielen Gebäuden ortsübliche Zier, Dachneigungen in bestimmter Form, Brunnenschächte, Eichen oder Buchen und Mariensäulen und so weiter. Das alles ballt sich in der Stadtmitte, in der Altstadt – die aufgrund ihrer historischen Bedeutung eben so heißt. Um deren Charakter zu erhalten, gibt es neben dem Schutz der Einzeldenkmale den sogenannten Ensembleschutz. Es gibt ihn seit 1973 und er hat in vielen Fällen schon die schützende Hand über den Altstadtcharakter g[ehal]ten. Was dieser Schutz bewirkt und wie die einzelnen Landkr[eis]e und Städte damit umgehen, stellt SZ-Mitarbeiterin Gisela Goblirsch auf dieser Seite vor.

„Ohne Kompromißbereitschaft gibt es keine Denkmalpflege", sagte Erich Schosser, Kulturpolitiker der ersten Stunde, anläßlich der Ehrungen seines 70. Geburtstags. Ihm, der 1973 das Bayerische Denkmalschutzgesetz auf den Weg brachte, das zwei Jahre später als Vorbild für europäische Denkmalpflege gepriesen wurde, widmet das Bayerische Landesamt für Denkmalpflege jenen opulenten Prachtband „Ensembles in Oberbayern", der alle oberbayerischen Ensembles erstmals gemeinsam und ausführlich vorstellt.

Schosser, der als freier Journalist, später als Redakteur des Bayerischen Rundfunks und ab 1966 als Landtagsabgeordneter tätig war, gilt als überzeugter Schützer kulturellen Erbes. Noch immer ist er Vorsitzender des Bayerischen Denkmalrates und unvermindert kämpft er für den verantwortungsvollen Umgang mit den Zeugnissen der Vergangenheit.

„Das Denkmal sollte für den Bürger keine Last sein, sondern eine Freude, denn es hebt sich als Besonderheit heraus aus unserer so einheitlich und gleichgemachten Welt", meint Schosser, der die Absage an kulturelles Erbe mit der Absa-

686

SZ: *Es darf also auch neue Architektur in das Ensemble eindringen?*

Petzet: Es gibt grundsätzlich unterschiedliche Arten von Ensembles. Einerseits die gewachsene Altstadt, andererseits ein geplantes einheitliches Ensemble, wie etwa die Münchner Ludwigstraße. Das eine verträgt in gewissen Grenzen durchaus Neubauten, wenn sie auf das Ganze Rücksicht nehmen, das andere rein optisch nicht. Zumindest käme nur an der Fassade nur eine Rekonstruktion in Frage.

SZ: *Paßt moderne Architektur zum Ensemble?*

Petzet: Das kommt darauf an, was man als modern betrachtet. Es gibt schon ganz moderne Lösungen, die zum Ganzen passen. Zum Teil muß man bei Ensembles nicht imitieren, sondern ganz einfach grundsätzliche Dinge, wie Dachneigungen oder ähnliches anpassen, damit es den Gesamteindruck nicht stört.

SZ: *Kann ein Bauherr, der im Ensemble bauen will, seine Vorstellungen verwirklichen?*

Petzet: Sicher – zum großen Teil, weil sich der Denkmalpfleger nicht ins Detail einmischen wird. Das muß einfach von Fall zu Fall überlegt und besprochen werden. Der Charakter des Ganzen muß eben berücksichtigt werden.

DIE ERDINGER ALTSTADT ist ein besonders schönes Beispiel für ein historisches Ensemble. Sie ist in etwa so erhalten, wie sie seit Mitte des 13. Jahrhunderts angelegt wurde und wie sie in einem Katasterplan von 1810 (Bild oben rechts) zu sehen ist. Die birnenförmige Gestaltung ergibt sich aus den beiden bogenförmigen Wasserläufen, der Sempt im Osten und dem künstlich vertieften Fehlbach im Westen. Prägend ist das Schöne Tor (links), das den südlichen Teil der Altstadt markiert. Weite Marktstraßen sind ein weiteres Element des Ensembles.
Photos: Lantz/Holstein/Bauersachs/Schmidt/Landesamt für Denkmalpflege (3)

ten, die eilige Baubehörde halte sich allzu eng an die Empfehlungen des Denkmalrates.

„Dazu muß man klar sagen, daß es sich bei den Aussagen des Denkmalrates zum Ensemble um Empfehlungen handelt. Nicht mehr und nicht weniger", versichert Schosser. „Niemand ist gezwungen sie zu beachten, aber sie können dazu beitragen, historische Substanz zu bewahren und sie sollen allen Betroffenen die Arbeit nicht erschweren, sondern erleichtern." Die Empfehlungsliste des Denkmalrates umfaßt eine Fülle möglicher Merkmale eines Ensembles und sie wird allgemein als nützlicher Leitfaden für die Städteplanung von Kommunen betrachtet. Den Empfehlungen des Denkmalrates folgend wurden in den letzten 25 Jahren innerhalb Bayerns insgesamt 900 Ensembles ausgewiesen, allein 248 in Oberbayern.

„Die Stadtplaner werden mit dem Ensembleschutz ständig gezwungen, sich mit den Belangen des Denkmalschutzes auseinanderzusetzen", erklärt Erich Schosser.

Dadurch tritt allmählich auch ein Bewußtseinswandel ein und die Notwendigkeit der Erhaltung eines geschützten Ortscharakters wird eher akzeptiert. „Niemand wird sich anmaßen, durch den Ensembleschutz einen Ort in ein Museum verwandeln zu wollen", versichert Schosser, „Orte leben, und wenn sie ihre Funktion erhalten wollen, dann müssen sie sich auch verändern. Was jedoch erhalten bleiben sollte, ist der Charakter einer Stadt, der sich auf historischen Grundlagen entwickelt hat. Und das zu ermöglichen ist Sinn des Ensembleschutzes."

Nur mit gutem Willen

Eines ist Denkmalpflegern, Architekten und den Mitgliedern des Denkmalrates klar: Ohne den guten Willen der Bürger geht nichts. Deshalb konstatiert Erich Schosser: „Wir wünschen uns das Verständnis der Bürger für eine große Sache, die auch die ihre sein muß. Wir brauchen das Verständnis der Gemeinde- und Stadträte, die mit der Unteren Denkmalschutzbehörde letztendlich größte Verantwortung tragen, denn durch ihre Entscheidungen wird das Erbe von Jahrhunderten erhalten oder zerstört."

schlosser, „historischer Ensembles sollte den betroffenen Kommunen einen Leitfaden an die Hand geben, um eigene Geschichte bewahren zu können. Der Denkmalrat setzte erstmals konkrete Kriterien für die Ausweisung eines Ensembles fest und die Resonanz aus den Gemeinde- und Stadtverwaltungen war zum überwiegenden Teil positiv. Allerdings kamen auch Klagen von Bauherren, die mein-

ge an Humanität gleichsetzt. „Humanität ist mit dem Bekenntnis an die Geschichte verbunden. Kein Volk kann sich von der Geschichte lösen, ohne dabei Wesentliches zu verlieren." Dem Verlust vorzubeugen ist, so Schosser, die Aufgabe des Denkmalrates. Dessen Empfehlungen zum Bauen innerhalb ge-

EIN BEISPIEL für ein Ensemble aus diesem Jahrhundert ist die Wohnsiedlung „Alpenstraße/Schießstättstraße" in Wolfratshausen, gebaut zwischen 1936 und 1938. Dominant sind die beiden Doppelhäuser am Beginn der Alpenstraße (links unten und kleines Bild).

Süddeutsche Zeitung
2. Mai 1997

Kulturgüter im Kreis: Hier ist Staatsgeld gut angelegt

Denkmalpfleger besichtigten vorbildlich restaurierte Objekte – In den letzten zehn Jahren flossen sechs Millionen Mark Zuschüsse – 42 Objekte in Arbeit

Alt-Neuöttinger Anzeiger, 10. Mai 1997

Der Landkreis Altötting besitzt etwa 1400 sakrale und profane Denkmäler. Das Landesamt für Denkmalpflege und die Bayerische Landesstiftung haben in den letzten zehn Jahren fast sechs Millionen Mark Zuschuß geleistet.

42 dieser denkmalgeschützten Objekte sind derzeit in Arbeit – darunter Bildstöcke, Bundwerkstadel und ein Schloß. Einige der schönsten präsentierte das Landesamt für Denkmalpflege bei einer Landkreisrundfahrt. Es war die dritte „Visitation" in der nunmehr 27jährigen Amtszeit Landrat Seban Dönhubers, weshalb sich dieser bei der Begrüßung der Vertreter des Landesamts mit Generalkonservator Dr. Michael Petzet, Dr. Paul Werner und Dr. Christian Baur an der Spitze, fragte, ob er denn jetzt selbst schon ein Denkmal sei. Die Fahrt der Denkmalpfleger durch den Landkreis machte aber einmal mehr deutlich, daß die Zuschüsse, die der Freistaat gibt – es sind in der Regel bis zu 20 Prozent der Kosten eines Projekts – gut angelegt sind. Der Landkreis beteiligt sich mit fünf Prozent an den zuschußfähigen Kosten, wenn die Gemeinden zweieinhalb Prozent geben, was alle – mit Ausnahme Pleiskirchens – auch tun.

Kreisheimatpfleger Alois Stockner machte aufmerksam, daß im Landkreis derzeit alleine sieben alte Bundwerkstadel restauriert werden, und Kunstmaler Siegfried Schamberger, ein Spezialist auf diesem Gebiet, be-

Eine Idylle: Der 1877 errichtete Vierseithof in Straß den Roszwitha und Theodor Gruber mit großem Idealismus denkmalgerecht restauriert haben.

Roszwitha und Theodor Gruber vor der gotischen Haustür ihres Anwesens.

Der Hof weist viele Zierelemente, Bundwerk und Malerei, auf.

Der Vierseithof in Straß bei Kastl

Der geschlossene Vierseit-D hof in Straß 2, Gemeinde Kastl, 1877 gebaut, ist eindrucksvolles Zeugnis der großbäuerlichen Bau- und Wohnkultur im nordöstlichen Oberbayern, südöstlichen Niederbayern und angrenzendem Oberösterreich. Dadurch, daß etwa einhundert Jahre lang nichts restauriert wurde, hat sich die kühle Noblesse des sogenannten „Itthaker-Stils"

ne Vielfalt von Zierwerk sowie Malereien an den verschiedenen Gebäuden. Roswitha und Theodor Gruber haben es sich zu ihrer Lebensaufgabe gemacht, den mit Elementen der Neugotik erhalten. Zur künstlerischen Ausstattung gehören Bundwerkkompositionen der Remise und des Stadels und ei-

renovierungsbedürftigen Hof mit Beharrlichkeit und Idealismus denkmalgerecht zu renovieren. Das Ergebnis erhielt bei der Besichtigung (Foto) durch Vertreter des Landesamts für Denkmalpflege sowie der Unteren Denkmalschutzbehörde des Landratsamts mit Kreisheimatpfleger Alois Stockner und Landrat Seban Dönhuber ungeteilte Bewunderung.

Bundwerkstadel in Kammhub

<< Der Vorderkammerhuber- und der Hinterkammerhuberhof in der Ge-

zeichnete die Landschaft zwischen Kastl und Unterneukirchen durch ihre einziges Museumsdorf alter Bundwerkstadel. Eindrucksvolle Zeugen dieser alten Zimmermannskunst sind die soeben fertiggestellten Stadel von Josef und Maria Reisinger in Vorderkammerhub und von Franz und Hildegard Schrankl in Hinterkammerhub, Gemeinde Unterneukirchen.

„Nie mehr würden wir uns das antun", seufzten Roswitha und Theodor Gruber, die dennoch sehr stolz auf ihren vorbildlich restaurierten Vierseithof in Straß, Gemeinde Kastl, sind.

Mit dem sanierten Ökonomie-Pfarrhof in Winhöring präsentierte sich den Fachleuten ein weiteres Schmuckstück. Bausünden aus der neueren Zeit in unmittelbarer Nachbarschaft kaschierten Grün und Blüten des Frühlings.

Mehrere Millionen Mark hat Stefanie Bagusat, Schloßherrin von Tüßling, bereits in die Restaurierung von Schloßsaal-Gemälden, Instandsetzung von Laubengängen, Haupttrakt, Ökonomiehof und Außenfassaden gesteckt (wir berichteten ausführlich). Derzeit wird die Schloßmauer instandgesetzt.

Weitere Stationen der Informationsfahrt waren die restaurierte Kapelle unweit des Schlosses Klebing, die Filialkirche Georgenberg in der Gemeinde Pleiskirchen aus dem Jahr 1496 mit ihrer eugotischen Ausstattung sowie die jüngst sanierte Kirchhofmauer.

Generalkonservator Prof. Dr. Petzet lobte den Landkreis Altötting mit dem Landrat und dem Kreisheimatpfleger als „starken Partner" des Landesamts für Denkmalpflege.

Text und Fotos: *Mariele Vogl-Reichenspurner*

gemeinde Unterneukirchen bestechen durch ihre alten Bundwerkstadel. Die Besitzer engagierten für die Sanierung erfahrene Zimmerleute und den Altöttinger Maler Siegfried Schamberger, der aufgrund seiner historischen Kenntnisse und langen Praxis als Spezialist für Bundwerkstadel gilt. Der Zustand des bis auf Erdgeschoßmauern und Giebelseiten zum Gelände herab gezimmerten Stadels war desolat. Er wurde vorbildlich restauriert. Der benachbarte Hinterkammerhof-Stadel hat mit bemalten Flugpfetten und Brettenkopfbügen sowie reichen Laubsägearbeiten Seltenheitswert in der Gegend.

Der alte Pfarrhof in Winhöring

Wer den alten Pfarrhof >> in Winhöring betritt, glaubt sich auch heute noch in eine südliche Idylle versetzt: Ein zweistöckiger offener Laubengang mit gedrechselten Holzbalustern bestimmt das Bild des Innenhofs. Mit dem Dach des schadhaften, achteckigen Turms fing die gesamte Renovierung an. Aus dem Dach wurde eine grundlegende Sanierung des aus dem Jahr 1728 stammenden barocken Ökonomiepfarrhofs. Die ganze Pfarrgemeinde half unter Regie von Kirchenpfleger Hans Eberl zusammen, um den Pfarrhof binnen drei Jahren denkmalgerecht zu restaurieren. Durch Eigenleistung und Spenden konnten die ursprünglich geschätzten Kosten in Höhe von 4,5 Mio Mark auf 1,2 Mio Mark heruntergedrückt werden. Finanzspritzen kamen von der Diözese und dem Landesamt. Heute dient der Pfarrhof vielen Gruppen der Pfarrei als wichtiges Kommunikationszentrum.

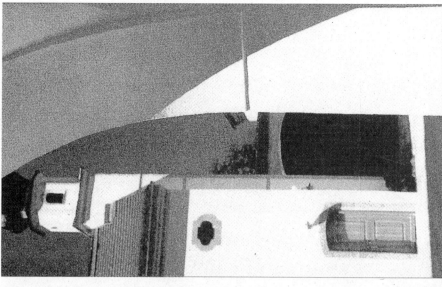

DIESE KAPELLE unweit des Schlosses Klebing stammt aus dem 18. Jahrhundert und ist jetzt saniert worden.

BUNDWERK-STADEL beim Hinterkammerhuberhof. Maler Siegfried Schamberger (links), Professor Dr. Michael Petzet und Dr. Paul Werner diskutieren über die Symbolik der Zimmermannsarbeit.

Blick durch die Arkaden auf den Westtrakt des alten Ökonomiepfarrhofs von Winhöring. – Unten: Dr. Paul Werner, Generalkonservator Michael Petzet, Bürgermeister Siegfried Marchner und Hans Moeslein von der Landesstiftung vor dem „blühenden" Pfarrhof.

Schloß Tüßling

Höchstes Lob zollten die Denkmalpfleger Stefanie Bagusat (Bild links, rechts) für die vorbildliche Renovierung von Schloß Tüßling, die 1989 begann und deren Ende noch nicht abzusehen ist. Als nächstes Projekt steht die Restaurierung des Gartensaals im Haupttrakt an (Bild links). Derzeit wird die Schloß- und Gartenmauer instandgesetzt.

Süddeutsche Zeitung, 10. Mai 1997

EINBLICK *in die Welt des Rokoko: Zu den Anziehungspunkten des neuen Ferdinand-Tietz-Museums in Schloß Seehof gehören unter anderem die restaurierten Originalteile der großen Schilfsandsteinkaskade.* Photo: Goblirsch

Schloß Seehof ist um eine Attraktion reicher
Künftig können sich Besucher ein Bild vom Schaffen des Rokoko-Künstlers Tietz machen

Von Gisela Goblirsch

BAMBERG – Mehr als nur eine Außenstelle des bayerischen Landesamtes für Denkmalpflege soll Schloß Seehof bei Bamberg werden. Nachdem vor zwei Jahren das Schloß eingeweiht worden war, übergab Generalkonservator Michael Petzet nun die frisch restaurierte Orangerie der öffentlichen Nutzung.

In einem Flügel der Orangeriegebäude, die 1733 nach Plänen des Hofbauarchitekten Balthasar Neumann errichtet worden waren, ist nun das Ferdinand-Tietz-Museum untergebracht. Damit wird dem fränkischen Rokokokünstler erstmals eine eigene Dauerausstellung gewidmet. Hier sind unter anderem die restaurierten Originalteile der großen Seehofer Schilfsandsteinkaskade ausgestellt. Der zweite Orangerieflügel beherbergt einen rund 400 Plätze fassenden Konzertsaal, der künftig den Weißen Saal des Schlosses entlasten soll.

Für das Landesamt für Denkmalpflege bedeutet Schloß Seehof mit Park und Nebengebäuden die „persönliche Auseinandersetzung mit einem Denkmal", wie es Michael Petzet formulierte. „Wir sehen das Schloß aus der Sicht des Denkmaleigentümers und suchen gerade deshalb modellhafte Lösungen für die Herausforderungen, die das Objekt bietet."

Technische Experimente der Steinrestaurierung wurden an der Kaskade gemacht, und auch die Wiederherstellung des Parks, der im vergangenen Jahr etwa 200 000 Besucher anlockte, erbrachte neue Erkenntnisse in der Gartendenkmalpflege.

Die Schauräume des Schlosses zogen 1996 rund 20 000 Besucher an. Die Sommer-Konzerte in der Orangerie haben sich bereits als Publikums-Magnet entpuppt, und das Café, das möglichst bald seinen Dienst aufnehmen soll, wird diese Tendenz unterstützen.

„Was den Wirtschaftsbetrieb des Schlosses angeht, so stehen wir erst am Anfang", erklärt Petzet, „doch eines steht schon fest: Seehof soll sich zum touristischen und denkmalpflegerischen Schwerpunkt Oberfrankens entwickeln."

"Ein Mosaik, in dem sich die Spuren der Stadt-Geschichte zu einem Gesamtbild zusammensetzen"

Alt-Regensburg total

„Denkmaltopographie" im vollen Reichssaal präsentiert

Bei der Buchpräsentation (v. l.): Prof. Dr. Michael Petzet, Verleger Peter Esser, Bürgermeister Gerhard Weber, Prof. Dr. Achim Hubel. Foto: Nübler

REGENSBURG (wa). Geht man von der Resonanz auf die Einladung zur Buchvorstellung aus, so scheint für den Regensburg-Band der Reihe „Denkmäler in Bayern" der Erfolg schon jetzt festzustehen. Eigentümer der Regensburger Baudenkmäler füllten den Reichssaal des Alten Rathauses bis zum letzten Stehplatz.

Die Stadt hielt den Anlaß für so bedeutend, daß sie dafür ihren schönsten Saal zur Verfügung stellte. Bürgermeister Gerhard Weber trat als Gastgeber auf. Er vertrat Oberbürgermeister Hans Schaidinger, der beim Staatsakt für den verstorbenen Bundestagspräsidenten Kai-Uwe von Hassel in Bonn weilte. Von Walter Cerull, dem Kämpfer für die Sperrung der Steinernen Brücke aus der Seifensiedergasse, bis zum HB-Wirt Hans Schafbauer vom Rathausplatz: Der Bürgermeister hieß in seiner Begrüßungsrede pauschal alle Eigentümer von Baudenkmälern dieser Stadt willkommen. Er nutzte die Gelegenheit, sie fast vollständig versammelt zu sehen, zu einem Appell: „Wir brauchen Ihre Hilfe und Ihr Engagement, um das Erbe dieser Stadt zu erhalten."

Der Generalkonservator vom Bayerischen Landesamt für Denkmalpflege, Prof. Dr. Michael Petzet, und Dieter Hendel, Präsident des Rotary-Clubs Regensburgs, sprachen Grußworte. Dr. Petzet lobte die Denkmalpflege in Regensburg, die in den letzten 20 Jahren Maßstäbe gesetzt habe. Im Regensburg-Band der „Denkmaltopographie der Bundesrepublik Deutschland" sei ein Mosaik zusammengetragen, in dem sich die Spuren der Stadt-Geschichte zu einem Gesamtbild zusammensetzten. Verleger Peter Esser überreichte dem Mentor des wissenschaftlichen Buchprojekts, Prof. Achim Hubel, Inhaber des Lehrstuhls für Denkmalpflege der Uni Bamberg, ein historisches Handmuster des 3419 Gramm schweren Bandes. Er verband diese Geste mit einem Kompliment an die handwerklichen Leistungen der Firmen Donaudruck GmbH und Pustet. Prof. Hubel stellte die Besonderheit der „Denkmaltopographie" heraus. „Es gibt kein Werk, das lückenlos den gesamten Bestand der Baudenkmäler dieser Stadt dokumentiert." Zu jedem Objekt werde ein Kommentar geliefert, der von einigen Zeilen bis zu 28 Seiten für Kloster Emmeram und das Taxis-Schloß reiche. Prof. Hubel unterstrich auch den ganzheitlichen Ansatz des Buches. Es mache das historische Stadtleben Regensburgs transparent.

Mittelbayerische Zeitung (Regensburg)
17. Mai 1997

Denkmalpfleger tagen im Staatsratsgebäude

DW - Konservatorische Chancen und Risiken beim Umbau Berlins zur Hauptstadt stehen im Mittelpunkt der 65. Jahrestagung der Vereinigung der Landesdenkmalpfleger, die gestern in der Spreemetropole eröffnet wurde.

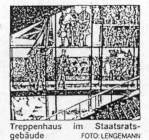

Treppenhaus im Staatsratsgebäude FOTO: LENGEMANN

An der Tagung im ehemaligen Staatsratsgebäude nehmen knapp 400 Denkmalpfleger aus Deutschland und Europa teil, wie der Vorsitzende der Landesvereinigung der Denkmalpfleger, Michael Petzet aus Bayern, zum Start mitteilte. Die viertägige Veranstaltung steht unter dem Motto „Berlin wird ... Konstruktion einer Hauptstadt". Vorgesehen sind unter anderem Vorträge und auch Exkursionen.

Der diesjährige Denkmaltag „wird erstmals wieder der Denkmalpflege im vereinten Deutschland gewidmet sein", betonte Petzet. Die Denkmalschützer könnten sich jetzt daranmachen, das „Gesamtkunstwerk Berlin mit all seinen Facetten neu zu analysieren und die Spurensicherung in einer Umbruchsituation zu diskutieren". Die deutsche Hauptstadt gelte zu Recht als „Werkstatt der deutschen Einheit". Was der Denkmalpflege hier gleichsam unter Laborbedingungen gelingt oder nicht gelingt, habe Auswirkungen auf die gesamte Bundesrepublik.

Zugleich beklagte der bayerische Landeskonservator die Lage der Denkmalpflege in Deutschland, der in immer stärkerem Maße die finanziellen und personellen Ressourcen genommen würden. Besonders wandte er sich gegen die geplante Streichung der Steuervergünstigungen für Denkmaleigentümer. Bei stetig sinkenden Mitteln, die Denkmalpfleger für die Unterstützung von Sanierungsvorhaben einsetzen könnten, bildeten Steuervergünstigungen einen entscheidenden Anreiz für Privateigentümer, in die Erhaltung ihres Denkmals zu investieren. Petzet appellierte an die Verantwortlichen, der Denkmalpflege die entsprechende Unterstützung zukommen zu lassen.

Die Welt
3. Juni 1997

Siege, Niederlagen

Die Vereinigung der Landesdenkmalpfleger tagt in Berlin

Daß die diesjährige Tagung der Vereinigung der Landesdenkmalpfleger im ehemaligen Staatsratsgebäude in Berlin stattfindet, ist ein Erfolg, wie ihn die von Politik und Wirtschaft gebeutelten Berliner Denkmalpfleger schon lange nicht mehr feiern konnten. Drei Tage werden die deutschen Denkmalpfleger, unterstützt von Kollegen aus den Niederlanden, Frankreich und Polen - der Umzug der Regierung in den Osten des Landes wirft seine Schatten voraus - diskutieren. Themen: Der Umgang mit neuen und alten Freiflächen - Stichworte Mauerstreifen und Friedhöfe - sowie mit Verkehrsanlagen als Teil des Einigungsprozesses; der Umbau historischer Gebäude für Parlaments- und Regierungsfunktionen und der Umgang mit dem sozialistischen Städtebau im Bezirk Mitte. Besonders spannend dürfte der Vergleich des Denkmalverständnisses in der „Hauptstadt der DDR" und in Bonn werden, der durch den einstigen DDR-Chefkonservator Ludwig Deiters und den rheinländischen Landeskonservator Udo Mainzer besorgt wird. Wie es der bayerische Landeskonservator Michael Petzet ausdrückte: „Der Blick aus dem Staatsratsgebäude zeigt eine Fülle von Problemen, die für die ganze deutsche Denkmalpflege wichtig sind". Er beklagte allerdings, daß trotz steigenden Interesses am „Bewahren und Reparieren" die Fachbehörden immer weniger Geld zur Verfügung hätten - und dies auch noch höchst unregelmäßig. „Dabei ist oft nur eine kleine Beihilfe nötig, und für die fehlt dann das Geld". Der schlimmste Fall von Entmachtung der Denkmalpflege sei derzeit in Niedersachsen zu beobachten, unter dem „modischen Schlagwort Dezentralisation". Dort wurde die zentrale Fachbehörde ganz aufgelöst und damit die Denkmalpflege den lokalen Interessen überantwortet.

Die Reorganisation des Berliner Amtes hingegen sei ein echter Erfolg, auch wenn es manchmal - so Landeskonservator Jörg Haspel - noch „Abstimmungsprobleme" zwischen den einst unabhängigen Bau-, Garten- und Bodendenkmalpflegern gäbe. Die Erfolge der Berliner Denkmalpflege - und teilweise auch ihre Niederlagen - spiegeln sich in der überarbeiteten Denkmalliste und im im zweiten Jahrbuch des Amtes, die pünktlich zur Jahreskonferenz erschienen (Denkmalliste Berlin, Kulturbuch-Verlag, 20 DM plus Versandkosten, und: Denkmalpflege nach dem Mauerfall. Ein Zwischenbericht, Verlag Schelsky und Jeep, 39,80 DM). Begleitet von exquisit gedruckten Abbildungen, werden nicht nur Methoden und Forschungen vorgestellt, sondern auch deutliche Positionen gegen die immer stärker aufkommenden Forderungen nach Rekonstruktion, kritischer Rekonstruktion, Wiederaufbau oder Rückgewinnung bezogen. So etwa Jörg Haspel unter dem launigen Titel: „In welchem Style sollen wir konservieren?"

NIKOLAUS BERNAU

Tagesspiegel (Berlin)
3. Juni 1967

Messerschmitt-Stiftung zahlte 500 000 Mark
Salvator-Altar in neuem Glanz

Gangkofen (cl). Abt Wolfgang M. Hagl wird am kommenden Sonntag den spätgotischen Hochaltar der St.-Salvator-Kirche in Heiligenstadt nach vierjähriger Restaurierungsarbeit und einem Gesamtaufwand von 733 000 Mark wieder seiner Bestimmung übergeben. Die Messerschmitt-Stiftung München steuerte 500 000 Mark bei.

Am 8. Juni findet um 10 Uhr anläßlich des Abschlusses der Restaurierungsarbeiten am spätgotischen Flügelaltar in Heiligenstadt ein Pontifikalgottesdienst statt. Hauptzelebrant ist Abt Wolfgang M. Hagl vom Benediktinerkloster in Metten. Er wird auch das neue Vortragskreuz segnen, welches zu diesem Ereignis von Professor Franz Bernhard Weißhaar entworfen wurde. Die Gangkofener Bläser und der Kirchenchor werden den Gottesdienst musikalisch gestalten. Ein Vortrag über die Geschichte und Bedeutung des Altares eröffnete die Feierlichkeiten. Als musikalische Besonderheit wurde ein Festkonzert mit Musik aus der Entstehungszeit des Altares in das Programm aufgenommen.

Der Heiligenstädter Altar wurde um das Jahr 1480 vom Landshuter Meister Heinrich Helmschrot geschaffen und gehört zu den charakteristischen und vorzüglichen Beispielen der Spätgotik in Bayern. In den vergangenen Jahrhunderten hat der Hochaltar mit dem verehrten Gnadenbild des thronenden Erlösers schon des öfteren größere Eingriffe erleiden müssen. So nannte zum Beispiel der damalige Gebietsreferent Alois Müller im Sommer 1901 die von 1871–78 erfolgte Neufassung als dem Stil des Altares nicht entsprechend. Es erschienen ihm die Flügelreliefs und die Gewänder der Figuren als viel zu bunt und die Fassung als besonders störend und schlecht. Müller empfahl die Arbeiten im neu zu schaffenenden Restaurierungsatelier des Königlichen General-Conservatoriums vornehmen zu lassen.

Da dieses Restaurierungsatelier aber nie geschaffen wurde, übergab man den Auftrag an die renommierte Münchener Kirchenmalerfirma Götz und Doser. Dabei wurden große Teile des Altares in einem für die damalige Zeit bemerkenswerten Grad an fachlichem Können und intensiver Auseinandersetzung mit spätgotischer Plastik restauriert. Lediglich die Tafelbilder wurden bei diesen Arbeiten nicht berücksichtigt. In den Jahren von 1962 bis 1966 wurden dann am Altar größere Schäden aufgrund eines Wurmbefalls festgestellt und weitere Restaurierungsarbeiten notwendig, welche aber nicht zuletzt wegen des Todes des Restaurators Georg Schluttenhofer, eines gebürtigen Gangkofener, nicht vollständig durchgeführt werden konnten.

Im Jahr 1991 wurde dann deutlich, daß eine Restaurierung im größeren Umfang nötig war. Architekt Heinrich Plinninger führte im Auftrag der Kirchenverwaltung die Gespräche und ermittelte auch die Kosten für die Instandsetzung, während Professor Franz Bernhard Weißhaar bei künstlerischen Fragen beriet. Da die Pfarrei Gangkofen sich nicht in der Lage sah, die Finanzierung alleine zu tragen, verhandelte der Generalkonservator des Bayerischen Landesamtes für Denkmalpflege Professor Dr. Michael Petzet mit der Messerschmitt-Stiftung München. Diese größte private Stiftung für Denkmalpflege in Deutschland bewilligte den Betrag von 500 000 Mark für die Restaurierung des spätgotischen Flügelaltares in Heiligenstadt.

Nach dem nun die Finanzierung überwiegend stand, konnten die Restaurierungswerkstätten Thomas Schoeler und Wolf Zech/Marianne von Treuenfels im April 1993 die Arbeiten aufnehmen. Bei zahlreichen Werkstättenterminen, oft auch im Beisein von Pfarrer Günter Lesinski bzw. in der Endphase seinem Nachfolger Pfarrer Thomas Kratzer, Architekt Heinrich Plinninger und den Kirchenpflegern Karl Rettenbeck und Georg Horn wurden alle notwendigen Arbeiten im Detail abgesprochen.

Der vollendet restaurierte Altar mit Christus als Erlöser im Zentrum und den überarbeiteten Bildern auf den Altarflügeln. (Foto: Laußer)

Nach vier Jahren Arbeit und einer finanziellen Aufwendung von 733 000 Mark kehrt nun eines der großartigsten Zeugnisse spätgotischer Kunst wieder an seinen angestammten Platz zurück.

Mit dem Pontifikalgottesdienst am Sonntag, 8. Juni, um 10 Uhr sollen die Renovierungsarbeiten einen würdigen Abschluß finden.

Nürnberger Nachrichten
13. Juni 1997

Historischer Hirsvogelsaal wird bis zum 950. Stadtjubiläum im Jahr 2000 im Garten des Tucherschlosses wiederhergestellt

Ein Juwel der Baukunst der Spätrenaissance

Nürnbergs Museumslandschaft bekommt einen weiteren Höhepunkt – Vier Stiftungen tragen drei Millionen Mark zu den Baukosten bei

Nürnberg bekommt ein großartiges Geschenk zu seinem 950. Stadtjubiläum: Der historische Hirsvogelsaal wird bis zum Jahr 2000 wiederaufgebaut. Mäzene stiften die Kosten von 3,5 Millionen Mark.

Einhelliger Jubel über die gute Tat, die Nürnbergs Museumslandschaft um einen Höhepunkt reicher macht, vereinte Generalkonservator Professor Michael Petzet, Bayerns obersten Denkmalschützer, Oberbürgermeister Ludwig Scholz und Franz Sonnenberger, den Direktor der städtischen Museen, im Garten des Tucherschlosses. Dort wird in den kommenden drei Jahren ein Gartenpavillon entstehen, der die kostbare Ausstattung des Hirsvogelsaales nur 70 Meter vom ursprünglichen Standort entfernt aufnimmt. Schloß und Pavillon sollen eine Insel der Renaissance bilden.

Flötner schnitzte, Penz malte

Der Saal war im Jahr 1534 zu einer Hochzeit in der Patrizierfamilie Hirsvogel an das gleichnamige Schloß in der Hirschelgasse angebaut worden. Er gilt als bedeutendstes Beispiel der Bau- und Ausstattungskunst der Frührenaissance nördlich der Alpen. Nach dem Urteil von Kennern wird er „an künstlerischer Vollendung von keinem Innenraum in Deutschland" jener Zeit übertroffen. Das Holzschnitzwerk stammt von Peter Flötner, das berühmte Deckengemälde von dem Dürer-Schüler Georg Penz. Die Malereien auf einer Fläche von 90 Quadratmetern werden von Petzet als erstes illusionistisches Deckenbild in Bayern eingestuft.

Das Hirsvogelschloß mit Saal, in dem Bauherr Linhard III. Hirsvogel, verehelicht mit einer Welser-Tochter, so rauschende Feste feierte, daß er nach wenigen Jahren einen betrügerischen Bankrott hinlegte, ist in der Bombennacht des 2. Januar 1945 in Trümmer gesunken. Ein Teil der wertvollen Ausstattung war zuvor im Kunstbunker Neutorturm in Sicherheit gebracht worden, wesentliche Dekorationsteile sind jedoch verlorengegangen oder durch unsachgemäße Lagerung schwer beschädigt worden. Die gerettete Saalausstattung fand später einen Platz im Fembohaus, der allerdings so knapp bemessen war, daß das Holzschnitzwerk um zwei Meter gekürzt und das Deckenbild um drei Meter gestutzt werden mußten.

Das nahende Stadtjubiläum spornte Museumsdirektor Sonnenberger an, dem „Juwel der deutschen Baukunst der Spätrenaissance" (so in jedem Reiseführer vor dem Krieg apostrophiert) einen angemessenen Raum zu geben. Er wäre allerdings über einen Traum nicht hinausgekommen, hätte er nicht einen Schlüssel „zu Herzen und Geldbeuteln" von Partnern gefunden. Die Initialzündung ging von der Stadtsparkasse aus, die zu ihrem 175jährigen Jubiläum über ihre Kulturstiftung eine Million Mark versprach, wenn sich andere an dem Projekt beteiligen. „Mit unserem Dankeschön an unsere Kunden in der Bevölkerung wollten wir auch etwas tun, um Nürnbergs große Zeit zu unterstreichen", sagt Vorstandsvorsitzender Hubert Weiler.

Die Willy-Messerschmidt-Stiftung, die seit 1978 das Vermögen des verstorbenen Flugzeugindustriellen verwaltet, legte eine weitere Million hinzu. Sie will notfalls noch mehr tun, denn der Vorsitzende des Stiftungsrates, Heinrich Ritter von. Srbik, erklärt: „Sollten die Kosten überschritten werden, können wir uns bei Nürnberger Bratwürsten noch einmal über das Thema unterhalten." 500 000 Mark kommen von der Dr. Walter und Angelika Oschmann-Stiftung, die der Telefonbuchverlag Müller in diesem Jahr ins Leben gerufen hat, um unter anderem die Kultur zu fördern. Eine weitere halbe Million wird von der bayerischen Landesstiftung erwartet; die Stadt beteiligt sich mit dem gleichen Betrag.

w.S.

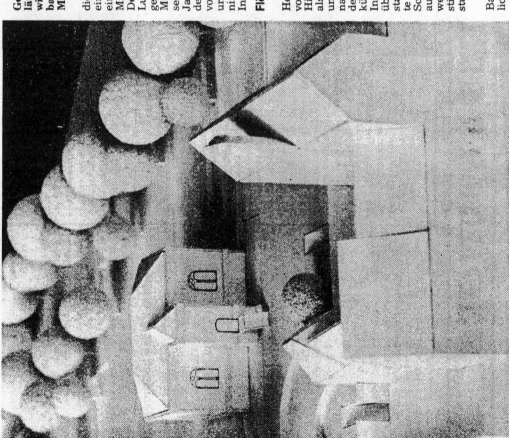

Der Gartenpavillon mit dem Hirsvogelsaal (Bildmitte) im Modell: Die Bauarbeiten hinter dem Tucherschloß beginnen im Frühjahr 1998, die wertvolle Ausstattung wird in einem Puzzlespiel ab Herbst 1999 eingepaßt. Foto: Bauer

Altmühl-Bote (Gunzenhausen)
14. Juni 1997

Restauratoren aus ganz Bayern besichtigten Sanierungsobjekte im Landkreis

Präsident Dr. Petzet in Ostheim

Der Chef des Landesamts für Denkmalpflege begleitete die Fachleute – Führung durch den Landrat

GUNZENHAUSEN (fa) – Zu ihrer Fachtagung hielten sich die Mitglieder der „Fachgruppe Kirchenmaler, Restauratoren und Vergolder in Bayern" in den beiden letzten Tagen im Landkreis auf. Begleitet wurden sie von Prof. Dr. Michael Petzet, dem Generalkonservator und Leiter des Bayerischen Landesamts für Denkmalpflege.

Die Gäste weilten im „Parkhotel Altmühltal" und führten Exkursionen in verschiedene Kirchen des Fränkischen Seenlands durch. Stationen waren die evangelische Pfarrkirche St. Maria und Christophorus in Kalbensteinberg, die auch figürliche Wandmalereien aufweist. Ein gutes Beispiel für die Freilegung und Rekonstruktion von Malereien ist auch die ehemalige Synagoge in Georgensmünd. In Ellingen sind in der katholischen Maximilianskirche die originalen Oberflächen im gealterten Zustand erhalten geblieben.

Auf dem Besuchsprogramm stand auch die Synagoge in Hainsfarth, die in den letzten zehn Jahren mit großem Aufwand restauriert wurde. Die neugotische Raumfassung und die teils erneuerte Schnitzornamentik beeindruckten die Fachleute in der Hechlinger Kirche. Aufwendige Wandmalereien galt es in Pappenheim (katholische Kirche Maria Himmelfahrt) zu bestaunen.

Landrat Georg Rosenbauer empfing die Teilnehmer der Tagung in der Ostheimer Kirche und begleitete sie auch nach Hechlingen und Hainsfarth. Konservator Dr. Michael Mette gab den Teilnehmern die fachlichen Erläuterungen. Er ging in Ostheim auch auf die Behebung des Brandschadens ein und teilte mit, daß die Fresken im Chor, die durch das Gemenge von Löschwasser und Taubenkot stark verunreinigt worden waren, ständig überwacht werden. Der Zustand habe sich mit seinen Feststellungen nach stabilisiert. An eine Konservierung der Fresken kann allerdings erst herangegangen werden, wenn keine Salze mehr im Putz und den Malschichten vorhanden sind.

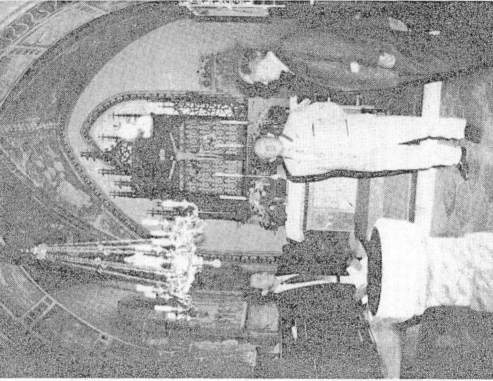

Landrat Georg Rosenbauer führte gestern die Restauratoren und Kirchenmaler aus Bayern durch die Kirchen in Ostheim (Foto mit Präsident Dr. Petzet und Konservator Dr. M. Mette) und Hechlingen am See. Foto: Falk

Trotz alledem

Neuer Mut der Landeskonservatoren: Jahrestagung in Berlin

Vom Festsaal des Staatsratsgebäudes sieht Berlins Mitte winzig aus: Der wilhelminische Dom hat seine Überdimensioniertheit verloren, der spiegelnde Palast der Republik wirkt weniger widerwärtig, die Ausgrabungen davor kratzen den riesigen Parkplatz an. Über frischen Rasen, vorbei am bronzenen Schinkel, geht der Blick zu den „Linden". Hier, wohin die Baukademie zurückkehren soll, stand das DDR-Außenministerium. Der Hochhausriegel, den das Auswärtige Amt nicht haben wollte, wurde abgerissen, während das Staatsratsgebäude, der Palast der Republik, das ehemalige Reichsbankgebäude (künftig Auswärtiges Amt), das Reichsluftfahrtministerium (künftig Bundesfinanzministerium) und andere Staatsbauten aus 40 Jahren DDR beziehungsweise der NS-Zeit verschont blieben.

Deutsches Schicksalshaus

1994 bestimmte die Bundesregierung, daß Parlament und Regierung in vorhandene Regierungsbauten vornehmlich im ehemaligen Ostteil ziehen sollen. Für die Berliner Denkmalpflege war der Beschluß ein Segen, sie hätte kaum etwas gegen die Schleifung tun können. Dankbar wurden Konzeptionen für den Erhalt der Substanz eingereicht, doch oft genug hat die Bundesbaudirektion hinter historischen Fassaden komplette Neubauten geschaffen. Das zeigt das Beispiel des rigoros ausgeschlachteten Reichstagsgebäudes.

Auf der Tagung der Vereinigung der Landesdenkmalpfleger im Berliner Staatsratsgebäude fühlte sich der rheinische Landeskonservator Udo Mainzer durch den Umgang des britischen Stararchitekten Sir Norman Foster mit dem „Schicksalshaus der Deutschen" an die Verstümmlung des für die Frühgeschichte der Bundesrepublik rischen Bestand anpassen. Denkmalpflegerische Zielsetzungen sollten Vorrang haben, bei Planungs- und Aufbauprozessen wird engste Kooperation zwischen Denkmalpflegern, Architekten und Museumsvertretern verlangt. Die Adressaten werden sich solche Belehrungen vermutlich verbitten.

Mit der Restaurierung und Sanierung der überkommenen Substanz werde die Stiftung über Jahre hinaus zu tun haben, unterstrichen mehrere Referenten, ebenso mit dem schwierigen Wiederaufbau des Neuen Museums. Warum, so fragte Landeskonservator Jörg Haspel, mit viel Geld den Ehrenhof des Pergamonmuseums überdachen und ihn zu einem neuen Ausstellungsraum machen, mit der Konsequenz, daß die Brücke über den Kupfergraben abgebaut und ein neuer Eingang gefunden werden muß? Warum von dem neuen Ausstellungsraum einen Durchbruch zum Pergamonaltar vornehmen? Gibt es so wenig Achtung vor Messels Museumsbau, daß dessen Idee über Bord geworfen wird? Ist es unbedingt notwendig, ober- oder unterirdische Verbindungsstränge zu schaffen, nur weil Besucher trockenen Fußes von einem Haus ins andere eilen sollen? Muß unbedingt die spätklassizistische Wasserfront des Neuen Museums aufgebrochen werden, um hier einen „zentralen Eingang" für sämtliche Inselbauten zu schaffen? Der Vorsitzende des Berliner Landesdenkmalrates, Adrian von Buttlar, warnte vor „modernistischem Einheitsbrei". Die Staatlichen Museen sollten sich endlich von „unerträglichen Ergänzungen und unverantwortbaren Eingriffen" verabschieden. Wenn geprüft wird, ob das Ensemble auf die Unesco-Liste des Weltkulturerbes kommt, werde, wie bei der Potsdamer Kulturlandschaft, genau darauf geachtet, wie man am Kupfergraben mit der historischen Substanz umgeht.

Traunsteiner Wochenblatt
19. Juni 1997

Restaurator mit Diplom
Europaweit einzigartiger Studiengang in München

München (dpa/lby) - Erstmals können Restauratoren in Europa ihr Fachgebiet »richtig« studieren: Die Technische Universität (TU) in München hat zusammen mit den Bayerischen Staatsgemäldesammlungen, dem Bayerischen Nationalmuseum und dem Bayerischen Landesamt für Denkmalpflege einen Lehrstuhl für »Restaurierung, Kunsttechnologie und Konservierungswissenschaften« eingerichtet.

Die ersten Studenten in dem europaweit einzigartigen Studiengang werden im Wintersemester 1997/98 erwartet, sagte TU-Präsident Prof. Wolfgang A. Herrmann am Mittwoch in München. Der Unterricht finde in den Ateliers und Werkstätten des Landesamts für Denkmalpflege, des Nationalmuseums und im Doerner-Institut der Staatsgemäldesammlungen statt. Finanziert werde der neue Lehrstuhl von der TU München.

Den Aufbau des neuen Lehrstuhls leitet mit Joachim Haag vom Bayerischen Nationalmuseum einer der erfolgreichsten Konservatoren in Deutschland. Mit seinen Museen und kulturellen Institutionen ist München nach Meinung der Experten der ideale Standort für den neuen Studiengang. »Die Nachfrage ist schon jetzt unheimlich, wir haben mehr als 500 Anfragen aus dem In- und Ausland«, betonte Herrmann. Zum Studienstart im Herbst könnten jedoch nur 20 Studenten zugelassen werden. Später soll die neue Fachrichtung weiter ausgebaut werden.

Voraussetzung für den Diplom-Studiengang der Fakultät Architektur sei ein zweijähriges Praktikum. Bewerbungen seien noch bis 15. Juli möglich. Wer künftig historische Baufassaden, Deckenfresken und Gemälde restaurieren will, sollte nicht nur Spaß an Kunst und Architektur, sondern auch an Technik haben. »Im Studium spielen Fächer wie Informatik eine wichtige Rolle«, sagte der TU-Präsident.

Der neue Studiengang sei in erster Linie praxisorientiert. »Wir werden in den Werkstätten wirklich an Originalen arbeiten«, betonte Generalkonservator Prof. Michael Petzet vom Landesamt für Denkmalpflege. Neben mehreren Praktika sei auch ein Auslandssemester erwünscht. »Dazu wollen wir mit internationalen Instituten wie dem Courtauld Institute in London Kooperationsverträge schließen«, erläuterte Herrmann.

Die Zäsur von 1914

Die Denkmalpfleger müssen sich nach wie vor gegen den Vorwurf zur Wehr setzen, sie seien notorisch nostalgische Investitionsverhinderer. Staatssekretär Hans Stimmann aus der für den Denkmalschutz zuständigen Berliner Stadtentwicklungs- und Umweltverwaltung riet ein wenig unklar und dennoch bedrohlich zu mehr Flexibilität angesichts schrumpfender Etats.

Der Chef der Vereinigung der Landesdenkmalpfleger, Bayerns Landeskonservator Michael Petzet, entgegnete, es sei unverantwortlich, daß dem Denkmalschutz die für seine Arbeit notwendigen Ressourcen weiter entzogen werden. Er kritisierte insbesondere den geplanten Abbau von Steuervergünstigungen für Eigentümer historischer Gebäude. Die „Zäsur 1914" für die Gewährung sei nicht nachvollziehbar. Zudem seien immense Schäden für den Denkmalbestand und der mittelständische Wirtschaft zu befürchten. Eine Beschränkung der Steuervergünstigungen würde Auftragsrückgänge und damit Steuermindereinnahmen bewirken und überdies eine große Zahl von Arbeitsplätzen gefährden.

Auf der Tagung in Berlin wurde bereits unter dem Eindruck schwindender Mittel das Bild einer abgewickelten Denkmalpflege an die Wand gemalt. Mehr Mut und ein „Trotz alledem!" wünschte ihr Michael Petzet mit Blick auf ein im Prunkfenster des Staatsratsgebäudes zitiertes Motto des KPD-Gründers Karl Liebknecht. Nicht historisierende Kulissenarchitekturen, sondern Substanzerhaltung sei der eigentliche Auftrag. Derweil wartet drunten Schinkels Plastik ungerührt auf die Bauakademie.

Deutschland so wichtigen Hotels Petersberg bei Bonn erinnert. Gleiches sei mit dem Wallotbau am Tiergarten geschehen, in dessen freigeschlägenes Innenleben neue Fraktionsräume und ein futuristischer Plenarsaal eingebaut werden.

Daß beim Ausschlachten jetzt erstaunlich viel Substanz aus der Kaiserzeit freigelegt wird, könne nicht über den Verlust des Baumgartenschen Plenarsaals von 1961 und den Verzicht auf die alte Kuppel trösten. Zwar wurde auf der Tagung Fosters Glashaube als unpassend abgelehnt, doch der Ruf nach Wiederherstellung der historischen Kuppel klang, da bereits alle Messegesungen sind, eher wie eine Pflichtübung. Auf der Tagung vergegenwärtigten sich die Denkmalpfleger die enger werdenden Grenzen ihres Einflusses. Im Falle der Berliner Museumsinsel, einer der deutschen Aspiranten für die Unesco-Liste des Weltkulturerbes, schwäng sich die Versammlung zu einem scharf formulierten Votum auf: Mit Beifall wurde zunächst die Ankündigung des stellvertretenden Generaldirektors der Staatlichen Museen, Günter Schade, zur Kenntnis genommen, daß die Glaswand in der Säulenhalle des Alten Museums entfernt werden soll. Dann forderte man, mißtrauisch geworden und auf wirkliche Partnerschaft pochend, in einer Resolution die Beachtung denkmalpflegerischer Selbstverständlichkeiten seitens der Stiftung Preußischer Kulturbesitz. Ihr wird vorgeworfen, im Rahmen der Wettbewerbe immer wieder Versuche zu unternehmen, durch effektheischende Zubauten das überlieferte Bild der Museumsinsel „zur Disposition zu stellen". Die Stiftung möge sich des Wertes dieses einmaligen Ensembles „in vollem Maße" bewußt werden und ihre Nutzungs- und Umbaukonzepte dem historischen

HELMUT CASPAR

Frankfurter Allgemeine Zeitung
17. Juni 1997

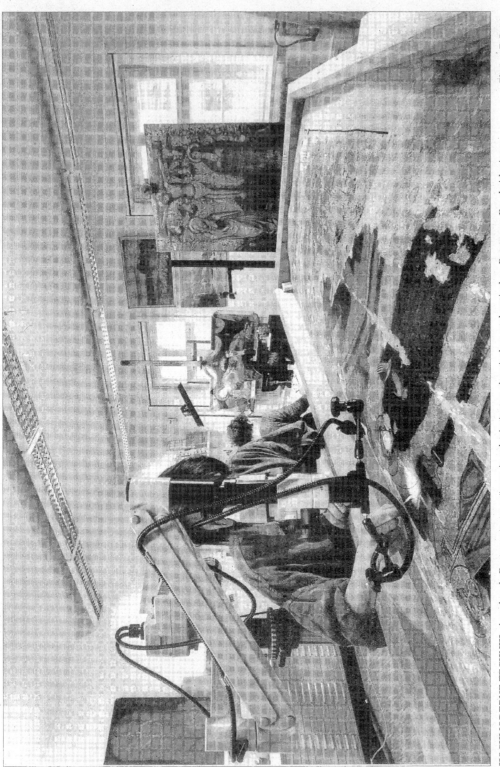

HOCHMODERNE TECHNIK: *Angehende Restauratoren müssen in schwierigsten chemischen und optischen Prozessen Bescheid wissen.* Photos: E. Lantz

Gestatten, ich bin der neue Restaurator

Mit dem frisch aus der Taufe gehobenen Studiengang ist die Münchner TU Vorreiter für die deutschen Universitäten

Mit der „Weltpremiere" ist es nicht weit her: Harvard, die Sorbonne und das Courtauld Institute an der University of ▽ len BAT-Einstiegsgehältern an Museen zufriedengeben? Wird er mit einem rund dreißig Jahre alten Tarifvertrag konfron- München ist seit langem ein international anerkanntes Zentrum für Denkmalpflege und Restaurierungen. Der neue entgegnet Präsident Herman, sei ein Methodenstudium, die FH vermittle dagegen „Verfügungswissen". Eine frühe Spe-

London bilden seit langem Restauratoren aus. Aber immerhin: Mit dem neuen Lehrstuhl „Restaurierung, Kunsttechnologie und Konservierungswissenschaften" steht die Technische Universität München im internationalen Vergleich gut da und behauptet in Deutschland eine Spitzenposition. Die politische Dimension ist beachtlich: Hierzulande darf sich noch immer jeder Schreiner und jeder Malermeister Restaurator schimpfen.

Der Beruf ist nicht geschützt. Die Verhandlungen mit den Ministerien gehen nur schleppend voran. In sechs Jahren könnte der erste in Deutschland promovierte Restaurator die TU verlassen – muß er sich dann gegen die Konkurrenz der Handwerker durchsetzen? Wird der Spezialist weiterhin durch die „Verdingungsordnung für Bauleistungen" bei öffentlichen Ausschreibungen chancenlos sein? Muß er sich auch noch mit minimal honoriert, jene Methoden besonders honoriert, die längst tabu sind? Es besteht Hoffnung, daß der Restaurator endgültig das Image vom „Knecht" und „verhinderten Künstler" verliert und als Wissenschaftler ernstgenommen wird. Und er seiner Ausbildung entsprechend als gleichberechtigter Gesprächspartner sowohl von Architekten und Ingenieuren wie von Kunsthistorikern gehört wird.

Der neue Studiengang ist ein Wunder. Ohne die Initiative des Präsidenten der TU München, Wolfgang A. Hermann, wäre die Premiere zum Wintersemester unmöglich gewesen. Im Juli letzten Jahres die Machbarkeitsstudie und heute schon die fertige Studienordnung – das Tempo beeindruckt. Hermann stellt einen Lehrstuhl zur Verfügung, der bis im Jahr 2002 zu einem Architekturlehrstuhl umgewidmet werden kann. Dann wird Herrmann zur nächsten Rochade zugunsten von innovativen Studiengängen ansetzen.

Studienvorteile. Das Doerner-Institut der Bayerischen Staatsgemäldesammlungen ist führend in der Gemäldeanalyse. Das Bayerische Landesamt für Denkmalpflege verfügt über hochmoderne Ateliers. Und das Bayerische Nationalmuseum bekommt endlich einen angemessenen, 9000 qm großen Neubau für die Werkstätten.

Durch den einzigartigen Kooperationsvertrag zwischen einer technischen Universität und den weltweit geschätzten Münchner Instituten (in Zukunft wollen auch die Städtischen Museen und die Staatliche Verwaltung der Bayerischen Schlösser, Gärten und Seen mitarbeiten) wird den jüngsten Berufsentwicklungen Rechnung getragen. Um Schadensbilder richtig beurteilen zu können, braucht der Restaurator eine gehörige Portion chemischen, physikalischen und auch mathematischen Wissens. „Wir behandeln heute zu 90 Prozent die Fehler unserer Vorgänger", klagt Erwin Emmerling, leitender Diplom-Restaurator am Landesamt für Denkmalpflege. Bilder und Skulpturen wurden mit Lösungen, Farben und Kunststoffen behandelt, die sich verheerend auf die alten Materialien auswirkten. „Unsere Chemiker sind in ihrem Fach Exoten. Sie müssen Verfahren erst für unsere Zwecke adaptieren", erklärt der Leiter des Doerner-Instituts, Bruno Heimberg. Von der Kooperation mit den Wissenschaftlern der TU versprechen sich alle Beteiligten Synergie-Effekte und neue Impulse für die Grundlagenforschung.

Der Uni-Studiengang unterscheidet sich erheblich von der Diplom-Ausbildung der Fachhochschulen, bei der sich die Studenten von Anfang an auf Gemälde- und Wandrestaurierung, auf Holz oder Metall, Textilien oder Glas festlegen. Prompt argwöhnen die Vertreter der Restauratorenverbände, in München werde ein „Hightech-Allround"-Restaurator ausgebildet: ein Alleswisser und Nichtskönner. Ein Universitätsstudium,

zialisierung könne nur von Übel sein. „Der Student soll erst erkennen, welche Dimensionen der Beruf hat. Kein Architekturstudent entscheidet sich, später nur Kindergärten zu bauen", gibt Emmerling zu bedenken. Eine ganzheitliche Sicht ist gewünscht. Schließlich geht es um Kunstwerke, und die hören nicht beim Rahmen auf. Der Maler-Restaurator, der sich mit einem Altarbild beschäftigt, sollte zumindest um den zugehörigen Altaraufbau, das Skulpturenprogramm und die Kirchenausstattung wissen.

Das Studium fordert auf, in jeder Beziehung über den Tellerrand hinauszuschauen. Die meisten Museen verfügen über gemischte Sammlungen, für deren Erhaltung optimale Konditionen gefunden werden müssen. Der Restaurator muß sich in eine solche Sammlung einarbeiten können, und er muß vorhandene Probleme erkennen.

Neu ist auch die Einbindung der Studenten in den Alltag und die Entscheidungsprozesse der Museen und des Denkmalamtes. Sie werden nicht an Dummies ausgebildet, die einer reinigt, der andere retuschiert, der dritte firnißt, damit der vierte wieder alles wegputzt. Von Anfang an sollen der Blick für Authentisches sensibilisiert und Verantwortungsbewußtsein geschaffen werden. Noch steht der Lehrplan für das erste Semester nicht. Joachim Haag, Hauptkonservator vom Bayerischen Nationalmuseum und Beauftragter des Präsidenten der TU, ist dabei, die Arbeitsgebiete der Naturwissenschaftler, Techniker und der Restauratoren zu koordinieren. Doch schon auf die erste Ankündigung haben sich 500 Interessenten gemeldet. Restaurator – ein Modeberuf wie einst der Innenarchitekt? Owohl die Museen Stellen sparen müssen, und obwohl die Kirchen ihre Restaurierungsverträge reduzieren, besteuern alle Beteiligten: Es gibt einen enormen Bedarf an qualifizierten Leuten.

IRA MAZZONI

HANDARBEIT: *Im Laufe des Studiums entwickelt sich das Gefühl fürs richtige Fach im großen Bereich der Restaurierungskunst.*

Verantwortlich: Franz Kotteder

Füssener Blatt, 3. Juli 1997

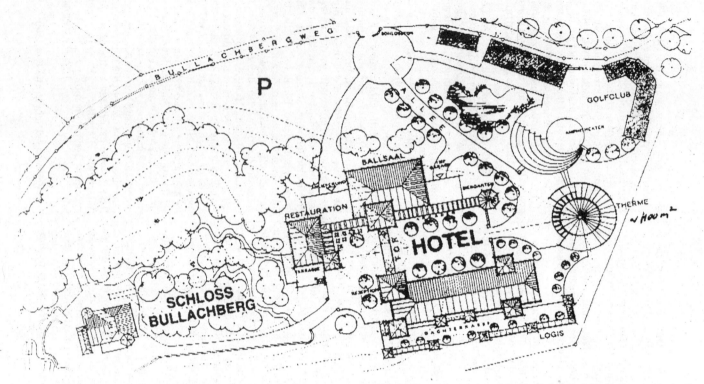

So sieht der Plan für das Vier-Sterne-Hotel mit zirka 150 Zimmern bei Schloß Bullachberg aus: Das Schloß soll saniert und in den Hotelbetrieb integriert werden. Das neue Hotel soll »Schloßcharakter« erhalten und in den Südhang des Bullachberges »eingebettet« werden. Das auf dieser Planskizze als »Therme« bezeichnete Rondell stellt das vorgesehene Erlebnisbad dar. Es soll – wie der geplante Neun-Loch-Golfplatz – nicht nur Hotelgästen zugänglich sein, sondern der gesamten Öffentlichkeit. Am 14. Juli behandelt der Gemeinderat erstmals diesen Plan.

Golfplatz und 50-Millionen-Hotel

Am Bullachberg – Landwirtschaft und Denkmalschutz dagegen – Gemeinderat berät am 14. Juli

Schwangau (asp/pas). Die »Driving Range« bei Schloß Bullachberg soll auf einen Neun-Loch-Golfplatz anwachsen. Zudem plant die Thurn & Taxis Golf Center GmbH den Bau eines Ferien- und Tagungs-Hotels mit 150 Zimmern. Vorgesehenes Investitionsvolumen: rund 50 Millionen Mark. 25 (von 34) Schwangauer Milchviehhaltern lehnen den Golfplatz strikt ab. Auch das Landesamt für Denkmalpflege hält vom Platz und vom Hotel nichts. 60 Schwangauer Unternehmer aus dem Bereich Handel und Tourismus dagegen bekundeten in einer Unterschriftenaktion ihr Ja zu Golfplatz und Hotel. Am 14. Juli wird der Gemeinderat das Thema behandeln, aber laut Bürgermeister Reinhold Sontheimer sicher noch keine Entscheidung treffen (siehe auch *Allgäu Rundschau*).

Vor einem Jahr wurden die Golfplatz-Pläne bei Schloß Bullachberg im Zusammenhang mit der Eröffnung der »Driving Range« erstmals der Öffentlichkeit vorgestellt. Damals existierte noch der Plan, das Schloß umzubauen und in den Mauern sechs Wohnungen unterzubringen. Von einem Umbau zum Hotel war erst ein halbes Jahr später die Rede. Aber noch nicht von einem großen »Golfhotel«.

Jetzt existieren andere Pläne: Südlich des Bullachbergweges und in östlicher Richtung bis über die Schwangauer Straße hinaus soll sich der Neun-Loch-Golfplatz erstrecken. Am Südhang des Bullachberges ist das Hotel vorgesehen. Es soll im Stil eines Schlosses gebaut werden und sich architektonisch Schloß Bullachberg anpassen. Zirka 150 Einzel- und Doppelzimmer sowie Suiten in Vier-Sterne-Qualität mit allen erforderlichen Nebenräumen samt Restaurant, Einkaufsgalerie und Tiefgarage mit Platz für 60 bis 80 Autos plus 100 oberirdische Pkw-Stellplätze sieht der Planentwurf vor. Wunschtermine für Baubeginn und Eröffnung: Sommer 1998 und 31. Dezember 1999. »Sagt der Gemeinderat zu unserer Bauvoranfrage ja, dann geht's sofort in die konkrete Planung«, berichtete Franz Koller, Geschäftsführer der »Thurn & Taxis Golf Center GmbH«.

Erlebnisbad geplant

Schloß Bullachberg soll in diesem Zusammenhang saniert werden und mit Räumen für Empfänge und für Seminare Teil des geplanten Hotels werden. Zudem ist in etwa dort, wo sich jetzt der Pavillon der Golf-Akademie befindet, ein Erlebnisbad geplant. Es würde aber mit allen seinen Einrichtungen wie Sprudel- und Whirlbecken, Sauna, Solarium und so weiter nicht nur von Hotelgästen benutzt werden können, sondern auch der Öffentlichkeit zur Verfügung stehen. Wer könnte das Hotel betreiben? Am Bullachberg gingen Absichtserklärungen verschiedener bekannter Gesellschaften ein: »Mövenpick«, »Steigenberger« und die Hotelgruppe »Dorint« sind nur einige davon.

Der Öffentlichkeit soll auch der geplante Neun-Loch-Golfplatz zugänglich sein. Der Bau des Platzes wird knapp eine Million Mark kosten. »Jeder Golfspieler, der die 'Platzreife' hat, wird bei uns spielen können«, sagte Herbert V. Muser, Präsident des Golf-Club »Neuschwanstein« und Geschäftsführer der Thurn & Taxis Golf Management GmbH. Der vor zwei Jahren gegründete Golf-Club zählt derzeit über 430 Mitglieder, »zirka 300 davon sind Einheimische«, so Muser. Jüngstes und prominentestes Mitglied: Franz Beckenbauer, der laut Muser in absehbarer Zukunft dem Golf-Center am Schloß Bullachberg einen Besuch abstatten will.

Jenen 60 Schwangauer Unternehmern, die sich bis gestern mit ihrer Unterschrift für »die touristischen Aktionen am Bullachberg« und damit für den Bau des Hotels und des Golfplatzes ausgesprochen haben, kann Prominenz wie Beckenbauer als »Zugpferd« für weitere Gäste und Besucher nur recht sein. 25 Milchviehhaltern unter den Schwangauer Landwirten ist die Entwicklung um Schloß Bullachberg ein Dorn im Auge.

In einer internen Zusammenkunft des BBV-Ortsverbandes formulierten sie ihren Widerstand gegen die Golfplatzpläne. Zwar werden von den »Thurn- und Taxis-Gesellschaften« Ausgleichsflächen angeboten. Das seien aber keine vergleichbaren Tauschflächen, betonen die Landwirte. Außerdem befürchten sie, so BBV-Ortsobmann Johann Helmer, daß Streit im Dorf vorprogrammiert sei, weil die Golfplatz-Betreiber den ortsüblichen Pachtzins um ein Vielfaches überbieten, was die Landwirtschaft nicht bezahlen könne.

tz (Tageszeitung), München, 2. Juli 1997

Bürger-Protest Hotel-Monster bedroht Märchenschloß

Schloß Neuschwanstein Foto: dpa

mp. Füssen – Neben Schloß Bullachberg zwischen Neuschwanstein und Hohenschwangau wird ein riesiges Fünf-Sterne-Hotel mit 250 Betten, Golfplatz und Spaßbad gebaut – wenn nach Regierung und Landratsamt auch noch die Gemeinde zustimmt. Doch jetzt regt sich Widerstand gegen das Hotel-Monster mit gerade 750 Meter Abstand zu den Königsschlössern. Warum Denkmalschützer sagen, das Projekt bedroht das Märchenschloß: Seite 3.

Augsburger Allgemeine, 10. Juli 1997

Vor einem „Disneyland" zu Füßen von Schloß Neuschwanstein (unser Bild) hat das Bayerische Landesamt für Denkmalpflege gewarnt. AZ-Bild: Ralf Lienert

„Ein Golfplatz paßt nicht zum König"

Denkmalamt lehnt Projekt bei Neuschwanstein strikt ab

Von unserem Redaktionsmitglied
Arno Späth

Schwangau
Ein Golfplatz und ein Nobelhotel haben bei Schloß Bullachberg nahe des Königsschlosses Neuschwanstein nichts zu suchen, sagt das Landesamt für Denkmalpflege. Es lehnt die Pläne der „Thurn & Taxis Golf Center GmbH" strikt ab.

„Man darf diese Kulturlandschaft nicht für den Tourismus ausbeuten, sie muß auf Generationen hinaus bewahrt werden", betonte gestern nachmittag Generalkonservator Dr. Michael Petzet in Schwangau (Landkreis Ostallgäu) vor Medienvertretern.

Vor allem die Landschaft zu Füßen von Neuschwanstein, die „Komposition von Königsschloß und Ebene", den freien Blick hinauf zum Schloß und von König Ludwigs Prachtbau hinunter ins Tal sieht das Landesamt in Gefahr. Deshalb meldete die Fachbehörde im Vorfeld des Genehmigungsverfahrens für den Neun-Loch-Golfplatz und ein 150-Zimmer-Hotel der Vier-Sterne-Kategorie seine „größten Bedenken" an.

Petzet malte gestern aus denkmalpflegerischer Sicht eine beängstigende Perspektive. Er fürchtet, daß es nicht bei dem „gigantischen Golfzentrum" bleiben und sich dann alles Mögliche ansiedeln werde, und forderte:

„Das Umfeld von Neuschwanstein darf nicht in eine Art Disneyland verwandelt werden."

Der Gemeinderat Schwangau will am Montag über die Hotelpläne diskutieren. Für die Sitzung gingen bereits Wünsche nach Platzreservierungen im Rathaus ein. Im Sitzungssaal haben aber nur 25 Zuhörer Platz, der große Saal im Kurhaus ist am Montag nicht frei. Jetzt überlegt Bürgermeister Reinhold Sontheimer, das Thema zu verschieben oder die Sitzung in einem größeren Raum eines Hotels durchzuführen.

Die höchsten Denkmalpfleger Bayerns machen sich auch zum Fürsprecher der Schwangauer Landwirtschaft. Die 41 Milchviehhalter müssen sich 600 Hektar Fläche teilen. „Wenn der Golfplatz entsteht", sagte Bauernobmann Johann Helmer, „dann müssen fünf Landwirte aufhören."

„Man braucht keine neuen Hotels"

Zwar machten sich rund 60 Schwangauer Unternehmer der Hotel- und Tourismusbranche für Golfplatz und Hotel stark. Der Ostallgäuer Kreisverband des Hotel- und Gaststättenverbandes aber sieht die Entwicklung in Schwangau mit Sorge: „Bei sinkenden Übernachtungszahlen und vorhandenen Überkapazitäten braucht man keine neuen Hotels", sagte der stellvertretende Kreisvorsitzende Wilhelm Schwecke aus Füssen.

Nürnberger Zeitung
10. Juli 1997

Warnung vor „Disneyland"

Landesamt besorgt über Projekt bei Neuschwanstein

Landesamt durch den geplanten Bau eines Hotels und eines Golfplatzes hat das Bayerische Landesamt für Denkmalpflege gewarnt.

SCHWANGAU. – Vor einem „Disneyland" zu Füßen von Schloß Neuschwanstein durch den geplanten Bau eines Hotels und eines Golfplatzes hat das Bayerische Landesamt für Denkmalpflege gewarnt.

Das Projekt der „Thurn und Taxis Golf Center GmbH" mit einem 150-Betten-Luxushotel und einem Neun-Loch-Golfplatz auf einem Areal unterhalb des Schlosses des bayerischen Märchenkönigs Ludwig II. sei „aus denkmalpflegerischer Sicht eine beängstigende Perspektive", sagte Generalkonservator Michael Petzet gestern in Schwangau.

Die Gesellschaft, an der Max Emanuel Prinz von Thurn und Taxis beteiligt ist, plant den Bau eines Hotelkomplexes in Vier-Sterne-Qualität mit Vergnügungsbad, Ballsaal, Tiefgarage und Einkaufsgalerie neben dem Schloß Bullachberg. Schloß sowie ein 18 Hektar großes Gelände befinden sich im Besitz der Familie Thurn und Taxis. Schloß Neuschwanstein liegt rund einen Kilometer Luftlinie vom geplanten Hotel entfernt.

Neuschwanstein als, so Petzet, „das Markenzeichen des Tourismus weltweit" und „in die Umgebung hineingebaute Komposition" sei bedroht durch das Projekt. Dies sein „ein Eingriff in die Landschaft, der nicht wiedergutgemacht werden kann". „Falls es nicht gelingen sollte, dieses Attentat auf die Welt des bayerischen Märchenkönigs abzuwenden, dürften weitere störende Aktivitäten zu Füßen Neuschwansteins nicht auszuschließen sein."

Durch die „riesige und beängstigende Angelegenheit" wird nach Auffassung des Landesamtes auch die bäuerliche Kulturlandschaft ganz erheblich gestört. Hotel und Golfplatz seien, kaum im Sinn des für die Alpenregion mit Recht geforderten sanften Tourismus".

Golfplatz soll Märchenschloß nicht verschandeln

Von Robert Link

Schwangau – Vor zwei Jahren bedrohte ein geplantes Festspielhaus die Umgebung des Schlosses Neuschwanstein, jetzt ist nach Ansicht des Landesamtes für Denkmalpflege die Welt des Märchenkönigs Ludwig II. erneut in Gefahr: Fürst Max-Emanuel von Thurn und Taxis plant auf seinen Besitzungen um den Bullachberg, direkt im Blickfeld des Schlosses, den Bau eines „schloßähnlich konzipierten Hotelkomplexes", mit 150 Einzel- und Doppelzimmern sowie „Suiten in 4-Sterne-Qualität", mit Restaurant, Ballsaal, „Spaßbad", Einkaufscenter, und Tiefgaragen. Den zukünftigen Gästen sollen Aktivitäten wie „River-Rafting", und „Mountain-Biking", sowie ein 18- und ein Neun-Loch-Golfplatz angeboten werden.

Aufgeschreckt von Pressemeldungen über die Pläne, schlug Denkmalpfleger Michael Petzet am vergangenen Dienstag Alarm. „Fehlt nur noch, daß Bungee-Jumping von der Marienbrücke angeboten wird", meint er sarkastisch. Der „riesige" Bau, so Petzet, wäre ein nicht mehr gut zu machender Eingriff in die Landschaft. Unbestätigten Meldungen aus Schwangau zufolge soll alleine die Terrasse des Hotels 86 Meter lang werden. Das Hotel würde den Blick vom Kurhaus Schwangau auf das Schloß verstellen und den Ausblick des „einsamen Königs" auf die Schwangauer Landschaft beeinträchtigen. Der Landesobmann des Bayerischen Bauernverbandes (BBV), Johann Helmer, warnte: „Wenn der Golfplatz angelegt wird, können mindestens fünf Bauern aufhören". 30 von 34 Milchbauern hätten sich bereits in eine Unterschriftenliste gegen das Projekt eingetragen.

Franz Koller, Geschäftsführer der „Thurn und Taxis Golf Center GmbH" stellte jedoch klar: „Der Fürst kann auf seinem Besitz machen was er will". Der Fürst wolle aber keinen Streit. „Wenn das Landesamt es wünscht bauen wir das Hotel, der Landschaft entsprechend, auch in Stil eines Bauernhofs", so Koller weiter.

Schwangaus Bürgermeister Reinhold Sonleitner (CSU) zeigte sich von der Warnung des Amtes überrascht und bezeichnete sie als voreilig. Der Gemeinderat werde sich am 14. Juli mit dem Thema beschäftigen und eine Entscheidung fällen. Er, so Sonleitner, habe aber auch die wirtschaftlichen Interessen seiner Gemeinde zu vertreten. 60 Hoteliers und Geschäftsleute hätten sich für die Anlage ausgesprochen, so Sonleitner.

Sollte der Gemeinderat das Projekt befürworten, dann wird der BBV ein Bürgerbegehren in die Wege leiten, droht Helmer.

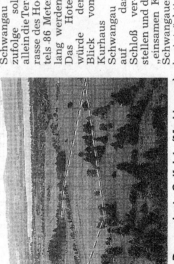

Unnahbar soll das Märchenschloß des „Kini" nach dem Willen der Denkmalpfleger sein. Foto: Archiv

Traum oder Alptraum? Der geplante Golfplatz (Markierung) am Bullachberg. Foto: rl

Münchner Merkur
11. Juli 1997

tz (Tageszeitung), München
11. Juli 1997

Neuschwanstein: Amigos oder nur Namens-Vettern?

Staatssekretär Alfons Zeller unterstützt Monster-Hotel des Architekten Heinz Zeller

Von MARTIN PREM

tz München

Denkmalschützer und Bauern formulieren ihren Widerstand gegen das Hotel-Monster bei Neuschwanstein. Ganz nebenbei ließ der Schwangauer Bürgermeister Reinhold Sontheimer (CSU) eine Bombe platzen: Hotel-Architekt Heinz Zeller sei der Cousin des bayerischen Finanzstaatssekretärs Alfons Zeller (CSU). Der eine will das Aktionssport-Projekt am Fuß der Königsschlösser durchsetzen, der andere vertritt daran. Amigos im Allgäu.

Neben Zeller, der auch CSU-Chef im Bezirk Schwaben ist, setzt sich Adolf Müller (CSU), Landrat des Kreises Ostallgäu massiv für das Golf-Projekt ein. Bürgermeister Sontheimer ist gespalten, er versteht beide Seiten: „Man muß auch an die Bauern denken",

sagt er. „Aber für den Tourismus wäre es gut."

Doch auch dieses Argument steht auf schwachen Füßen: Denn jetzt liegt ein Brandbrief des Hotel- und Gaststättenverbandes im Rathaus von Schwangau. „Großhotels bringen keine neuen Märkte, sondern bedrohen mittelständische Betriebe", steht darin.

Verbands-Vize Wilhelm Schwecke sieht noch ein zweites Problem: Immer mehr Kurkliniken müssen schließen. Die Betten sind dann als neue Hotel-Betten auf dem Markt. Und mehr Arbeitsplätze gebe es auch nicht, wenn andere Betriebe aufgeben müssen.

Die Gegenposition von Müller und Zeller: Mehr Attraktionen ins Tal. Das könnte zu spät sein. Denn hat der Gemeinderat Pläne erst einmal abgesegnet, könnten die Projektbetreiber auf Schadenersatz klagen.

Eine Hürde hat das Hotel schon genommen. Bedenken wegen des Wasserschutzgebietes um Schloß Bullachberg wurden durch ein neues geologisches Gutachten zerstreut.

Dagegen hoffen die Denkmalschützer auf uralte Helfer. Am Bullachberg stand einmal ein römischer Wachturm. Archäologen vermuten im Gelände antike Reste. Es könnte, daß die Römer, die vor knapp 2000 Jahren erstmals eine Straße durch das Tal im östlichen Allgäu bauten, heute zu dessen Rettern werden.

müßte sich ganz modisch Event an Event reihen. „Bungee-Jumping von der Marienbrücke", fürchtet denn auch Michael Petzet, Chef des Landesamtes für Denkmalpflege.

Am Montag wird sich erstmals der Gemeinderat von Schwangau mit den Plänen befassen. Bürgermeister Sontheimer erwartet keine Entscheidung. Doch: käme die Bauvoranfrage durch, wollen Hotel-Gegner ein Bürgerbegehren starten.

Jetzt sind die Pläne auf dem Tisch: Das Areal unterhalb von Neuschwanstein wird zum Golfplatz. Der Bullachberg wird vom Monster-Hotel verdeckt
Fotos: tz/ Jürgen Schwarz

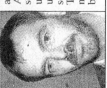

Franz Koller, Geschäftsführer der Thurn und Taxis Golf-Center GmbH & Co KG: „Wir haben hier unseren Grund und können das Ganze nicht einfach verschieben. Wenn den Denkmalschützern ein Schloßhotel nicht gefällt, bauen wir es auch als großen Bauernhof."

Dr. Michael Petzet, Generalkonservator: „Heilig und unnahbar sollte die Burg Neuschwanstein nach dem Willen ihres Erbauers sein und bleiben. Hoffen wir, daß Millionen von Besuchern auch in Zukunft das Denkmal von Weltrang möglichst unverfälscht erleben dürfen."

Traudl Mayr, Ortsbäuerin, (ihre Wiesen grenzen unmittelbar an den Golfplatz): „Wir haben nichts gegen Thurn und Taxis. Früher hat es nie Probleme gegeben. Seitdem ein Geschäftsführer eingesetzt wurde, geht es drunter und drüber. Wir haben schon viel erduldet."

Reinhold Sontheimer, Bürgermeister von Schwangau: „Die Übernachtungszahlen sind auch bei uns rückläufig. Als Kurort leiden wir unter der Gesundheitsreform. Der Golfplatz könnte den Fremdenverkehr wieder beleben. Wir müssen aber auch auf die Interessen unserer Bauern Rücksicht nehmen."

Johann Helmer, Ortsobmann des Bauernverbandes: „Der Golfplatz ist unvertretbar. Wenn er kommt, können sofort fünf Bauern aufhören. Und wenn keine Bauern mehr da sind, gibt es auch keine Almwirtschaft mehr. und die ist für unsere Landschaft und den Tourismus nicht ersetzbar."

Kein Golfhotel am Kini-Schloß!

Ausgerechnet ein Nachfahr von Ludwig hat dort große Pläne – heftige Proteste

VON FLORIAN KINAST

"Heilig und unnahbar" sollte sie nach den Worten Ludwigs II. sein, seine stolze Burg Neuschwanstein. Nichts sollte den malerischen Ausblick vom der sagen oder den Nachwuchs taufen lassen. Geplante Eröffnung: Silvester 1999. Kosten: 50 Millionen Mark. Durch das Ostallgäu hallt ein Aufschrei der Empörung.

Erschüttert ob der bevorstehenden Entweihung des einmaligen Monuments Neuschwanstein ist auch das Bayerische Landesamt für Denkmalpflege bei einem Augenschein vor Ort. Während einige Urlauber auf der holprigen Mini-Golf-Bahn ihre Bälle ins Loch zittern, redet Generalkonservator Michael Petzet im Schwangauer Kurhaus nebendeutsch Shopping Center. An den Prachtbau soll ein Golf-

Eine Driving-Range unterhalb von Schloß Neuschwanstein gibt es bereits, hier soll nun ein Nobelhotel mit Einkaufspassage und Neun-Loch-Golfanlage entstehen. Fotos: Mike Schmalz

Holding GmbH in Schwangau soll die Luxus-Herberge auf dem Areal des Schloßchens Bullachberg entstehen, wenige hundert Meter von Neuschwanstein entfernt; auf dem Gelände, durch das Ludwig immer fuhr, wenn er mit seinem vierspännigen Schlitten mitten in der Nacht Ausflüge nach Schloß Berg am Starnberger See unternahm.

Ein Komplex mit rund 150 Einzel- und Doppelzimmern, Nobel-Suiten in Vier-Sterne-Qualität, Tiefgarage, Restaurant, Thermen, Saunen und einer Einkaufspassage, neudeutsch Shopping Center. An den Prachtbau soll ein Golf-

wir vom Wasserwirtschaftsamt erst vor wenigen Tagen die mündliche Genehmigung erhalten," so Koller.

Inzwischen hat Konservator Petzet wieder Luft geholt: „Das Umfeld Neuschwansteins darf nicht zu einem Disneyland werden." Er befürchtet, daß der Prinz und seine Holding das gesamte Gebiet rund um Neuschwanstein zum reinen Erlebnispark umkrempeln: „Da will man ja auch noch River-Rafting, Mountain-Biking, Climbing und Canyoning organisieren. Fehlt eigentlich nur noch Bungee-Jumping von der Marienbrücke."

Während Kontrahent Koller heftigst dementiert, hat Schwangaus Bürgermeister Reinhold Sontheimer ganz andere Sorgen. Er muß sich mittlerweile Gedanken machen, wie er die Gemeinderatsssitzung, in der über den Antrag der Holding beraten wird, abhalten soll. Normalerweise kommen da nämlich nur etwa 20 Zuhörer, bei der Abstimmung vor einigen Wochen über das Festspielhaus, in dem das König-Ludwig-Musical stattfinden soll, kamen aber bereits 300. „Ich weiß nicht, ob wir die Sitzung bei dem befürchteten Zulauf überhaupt abhalten können," grübelt er.

Kaiser Franz ist schon Ehrenmitglied

Finanziell wäre eine 250-Betten-Herberge mit allerlei Freizeit-Aktivitäten ringsherum für Sontheimer und seine Gemeinde äußerst lukrativ. Vor allem, weil Schwangau erst kürzlich das Festspielhaus durch die Lappen ging. Das entsteht jetzt am anderen Ufer des Forggensees auf dem Gebiet der Stadt Füssen. „Ein Golfplatz ist ja schon seit 1975 in Planung. Vom touristi-

Ludwigs Märchenschloß Neuschwanstein. Denkmalschützer sehen jetzt den Burgfrieden gefährdet. Schloßherr Max Emanuel von Thurn und Taxis will zu Füßen der Burg Hotel und Golfplatz errichten. Foto: dpa

Schloß auf die weiten Ebenen der Voralpenlandschaft trüben. So wollte es der Kini, für jetzt und für alle Ewigkeit. Doch mit der Ewigkeit ist es wohl bald vorbei. Ausgerechnet der legitimierte Ludwig-Nachfahre, Schloßherr Max Emanuel von Thurn und Taxis, will zu Füßen der weltbekannten Märchenburg einen riesigen Hotelkomplex samt Golfplatz hinklotzen.

Nach den Plänen des Prinzen des Thurn und Taxis Worte: „Ein Golf-Platz und ein Hotel wären eine Ausbeutung der Kulturlandschaft. Dieses Attentat auf die Welt des bayerischen Märchenkönigs muß abgewendet werden."

Petzet ist auch nicht zu beruhigen, als Franz Koller, Geschäftsführer der Thurn und Taxis Holding, einfügt, daß das geplante Hotel „schloßähnlichen Charakter" mit Türmchen und Erkern haben soll: „Auch Türme und Zeltdächer helfen da wenig. Das ist platz mit neun Löchern angrenzend, das benachbarte, momentan leerstehende Schloß Bullachberg wird generalüberholt und zum Tagungs- und Konferenzzentrum umfunktioniert.

Die Denkmalpfleger sind erschüttert

Und auch für Romantiker soll gesorgt sein: Verliebte können dann in der integrierten Kapelle im Schatten des Königsschlosses ja zueinan- ein Abriegeln der gesamten Landschaft."

Koller ist da ganz anderer Ansicht: „Wir versuchen, das Gebäude architektonisch anzupassen. Von mir aus können wir auch ein Hotel im landwirtschaftlichen Stil errichten, aber ich glaub', das paßt nicht so ganz."

Plötzlich erhitzt sich die Diskussion in dem kleinen Nebenstüberl des Kurhauses. Der Schwangauer Orts-Ob- mann des Bayerischen Bauernverbandes, Johann Hellmer, meldet sich entrüstet zu Wort: „Der Golfplatz darf nicht entstehen. Wir lehnen das Projekt ab, das paßt doch überhaupt nicht in die Landschaft. Von 34 Milchbauern haben bereits 30 erklärt, daß sie dafür keinen Grund und Boden zur Verfügung stellen werden."

Was Koller kalt läßt: „Der Prinz von Thurn und Taxis kann auf seinem Grundstück machen, was er will." Denn das Gelände rund um Schloß Bullachberg, auf dem das Projekt verwirklicht werden soll und an das bereits eine Driving Range (ein Abschlagsplatz für Golfer) angrenzt, gehört dem Schloßherrn ganz allein – 18 Hektar. „Und bei den übrigen sieben Hektar haben die Eigentümer bereits ihr Einverständnis signalisiert. Außerdem haben schen Standpunkt ist das natürlich interessant," meint Sontheimer.

Interessant ist das Projekt auch für die Prominenz. Franz Beckenbauer zum Beispiel, der vor drei Wochen zum Ehrenmitglied Nummer Eins des bereits gegründeten „Golf-Clubs Neuschwanstein" ernannt wurde, möchte hier in Zukunft seiner Leidenschaft frönen. Entweiht der Kaiser das Kini-Heiligtum? Es ist halt nichts für die Ewigkeit.

1,3 Millionen Besucher im Jahr

Es ist das bekannteste Bauwerk Bayerns: das Schloß Neuschwanstein. Jährlich keuchen 1,3 Millionen Besucher den Hügel bei Hohenschwangau hinauf, um die Burg zu besichtigen.

Bereits König Maximilian II., Vater von Ludwig II., schmiedete Pläne, an diesem Platz die mittelalterlichen Burgruinen Vorder- und Hinterhohenschwangau wieder aufbauen zu lassen. Als Ludwig im Alter von 20 Jahren mit seinem Freund Richard Wagner einige Tage im Allgäu verbrachte, reifte das Konzept. Doch die Idee, ein kleines Schloß „im Styl der alten deutschen Ritterburgen" zu errichten, wuchs sich bald zu einer monumentalen Schloßanlage im romanischen Stil aus.

Am 5. September 1869 war die Grundsteinlegung. Seine „Neue Burg Hohenschwangau" verband der Monarch mit „Reminiszenzen aus Lohengrin und Tannhäuser", zwei Opern von Richard Wagner. Gebaut wurde bis 1886, dem Jahr, als Ludwig im Starnberger See ertrank. Der geplante Burgfried, der auf der Ostseite des Burghofs alle anderen Türme noch überragen sollte, wurde nicht mehr fertiggestellt.

Neuschwanstein-Imitationen gibt es weltweit, vor allem in Freizeit- und Erlebnisparks. Was bei amerikanischen Touristen nicht selten zu Irritationen führt: „O mein Gott, das sieht ja aus wie in Disney-World."

fk

Gut gelaunt beim Ortstermin vor dem Schloß: Schwangaus Bürgermeister Reinhold Sontheimer (links) und Hotel-Planer Franz Koller (rechts). Skeptische Blicke bei Denkmal-Konservator Michael Petzet.

Böse Vorahnungen? Ein nachdenklicher Kini auf dem Balkon seines Neuschwansteiner Thronsaals. (aus: „Neuschwanstein", Hirmer-Verlag)

AZ (Abendzeitung), München
11. Juli 1997

Hohenschwangau und Neuschwanstein sollen Gesellschaft bekommen

„Attentat auf die Welt des Märchenkönigs"

Prinz von Thurn & Taxis will mit Luxushotel und Golfplatz den Fremdenverkehr beleben / Heftige Proteste

Von Andreas Roß

Schwangau – Majestätisch thronen im Hintergrund der kleinen Gemeinde Schwangau im Ostallgäu die prächtigen Königsschlösser Neuschwanstein und Hohenschwangau. Weltweit wird mit dieser einmaligen Kulisse für den Tourismus in Bayern geworben. Doch neuerdings versuchen private Investoren dieser Postkartenansicht des Freistaates ihren ganz individuellen Stempel aufzudrücken.

Erst sollte direkt unterhalb von Neuschwanstein Bayerns erstes Musicaltheater entstehen – und jetzt ist ein 200-Betten-Hotel mit Golfplatz und Erlebnisbad geplant. Die Denkmalpflege und die örtlichen Landwirte laufen bereits Sturm gegen das Großprojekt, während die Tourismusbranche das Vorhaben erwartungsgemäß begrüßt. Die Gräben, die bereits die Musical-Planung im „Dorf der Königsschlösser" aufgerissen hat, sind eher noch größer geworden. Bürgermeister Reinhold Sontheimer (CSU), der mit seinem Gemeinderat am Montag die Bauvoranfrage behandeln wird, sieht sich zwischen allen Stühlen: „Ich bin in keiner beneidenswerten Situation." Geplant wird das Ferienhotel mit Golfakademie und Therme von der Sport Thurn & Taxis Holding GmbH (STT) mit Sitz in Schwangau.

„Wellness"-Einrichtungen

Einer ihrer vier Gesellschafter ist der Schwangauer Gemeinderat Prinz Max Emanuel von Thurn & Taxis. Seine Familie besitzt das neugotische Schlößchen Bullachberg, das auf einem kleinen Hügel zwischen dem Ortskern von Schwangau und dem Märchenschloß Neuschwanstein gelegen ist. Das schloßartig konzipierte Vier-Sterne-Hotel mit Ballsaal, Restauration und Wellness-Einrichtungen soll in den Südhang des Hügels hineingebaut werden. Zum unmittelbaren Umfeld sollen ein Amphitheater, eine Therme und ein vorerst auf neun Löcher ausgelegter Golfplatz gehören.

„Wir wollen damit ein neues Klientel an Gästen nach Schwangau bringen", sagt Fritz Schweiger, Geschäftsführer der Gesellschafter der Sport Thurn & Taxis Holding. Im Ostallgäu fehle bislang ein Hotel des gehobenen Standards mit

EIN GOLFHOTEL mit Blick auf Schloß Neuschwanstein plant die Sport Thurn & Taxis (STT) Holding in Schwangau im Ostallgäu. Gegen das geplante 50-Millionen-Projekt laufen Bauern und Denkmalschützer Sturm. Photo: Puchner

entsprechenden Sport- und Freizeitangeboten. Diese Lücke soll geschlossen werden, wobei namhafte Hotelbetreiber wie Steigenberger, Mövenpick oder Dorint bereits ihr Interesse bekundet hätten.

Schweiger lockt mit einer Investitionssumme von 50 Millionen Mark und 100 neuen Arbeitsplätzen: „Das müßte eigentlich ein Zuckerl für die Gemeinde sein." Die Planer haben allerdings das Pech, daß der Bullachberg baurechtlich im Außenbereich und außerdem im Wasserschutzgebiet der Stadt Füssen liegt.

Auch reicht der Grundbesitz der Familie Thurn & Taxis nicht aus, um die Planung umsetzen zu können, weshalb noch landwirtschaftliche Ergänzungsflächen benötigt werden. Bei den Schwangauer Bauern stoßen Hotel und Golfplatz aber auf massive Ablehnung.

„Wir haben noch 41 Landwirte, die sich 600 Hektar Grund teilen müssen. Wir stehen bereits mit dem Rücken zur Wand", betont Johann Helmer, der Ortsobmann des Bauernverbandes. Gerade für den Tourismus in Schwangau sei die Landschaft, die von den Bauern zum Nulltarif gepflegt werde, das „höchste Gut". Von den Gästen des Nobelhotels habe der Schwangauer Bürger nicht viel zu erwarten. Für die heimischen Bauern gehe es dagegen um die Existenz. Sollte der Gemeinderat Hotel und Golfplatz genehmigen, wollen die Bauern laut Obmann Helmer einen Bürgerentscheid herbeiführen. Unterstützung in ihrem Abwehrkampf finden die Landwirte beim Bayerischen Landesamt für Denkmalpflege. Dessen Generalkonservator Michael Petzet nennt es eine „beängstigende Perspektive", wenn in Umfeld von Neuschwanstein und Hohenschwangau „eine Art Disneyland" entstünde.

Frage der Ehrfurcht

Es sei eine Frage des Geschmacks und der Ehrfurcht, wie man mit dieser „Wallfahrtsstätte des Tourismus" umgehe. König Ludwig II. habe seine Burg selbst als „heilig und unnahbar" bezeichnet. Petzet: „Sollte es nicht gelingen, dieses Attentat auf die Welt des Märchenkönigs abzuwenden, sind weitere störende Aktivitäten zu Füßen Neuschwansteins nicht auszuschließen." Auch Bürgermeister Reinhold Sontheimer ist sich bewußt, daß eine Genehmigung der Thurn & Taxis-Pläne weitere Wünsche von Investoren provozieren könnte. Andererseits verspürt das Gemeindeoberhaupt den Druck der örtlichen Gastronomen und Hoteliers, die sich in großer Zahl für das 50-Millionen-Projekt ausgesprochen haben, weil sie hoffen, von den Freizeiteinrichtungen wie Golfplatz und Erlebnisbad profitieren zu können. Um alle Probleme sorgfältig abwägen zu können, möchte Sontheimer den Gemeinderat erst nach der Sommerpause entscheiden lassen. Geschäftsführer Schweiger von der Sport Thurn & Taxis Holding will selbst im Falle eines negativen Votums nicht aufgeben: „Dann denken auch wir an einen Bürgerentscheid."

Süddeutsche Zeitung, 11. Juli 1997

Neuschwansteiner 50-Millionen-Projekt gerät ins Zwielicht

Amigos am Hof des Märchenkönigs

Cousin von CSU-Staatssekretär Zeller an Planung des Hotel-Komplexes beteiligt

Von Andreas Roß

Schwangau – Der geplante Bau eines 200-Betten-Hotels mit Golfplatz und Erlebnisbad zu Füßen von Schloß Neuschwanstein scheint sich jetzt als Amigo-Geschäft zu entpuppen. Der Staatssekretär im bayerischen Finanzministerium, Alfons Zeller (CSU), der als Vorsitzender des Tourismusverbands Allgäu/Schwaben das 50-Millionen-Projekt massiv befürwortet, bestätigte gestern, daß sein Cousin Heinz Zeller an der Planung beteiligt ist. „Ich denke, bei uns gibt es keine Sippenhaftung. Ich kann mich doch nicht erschießen, weil ein Verwandter von mir in die Planung eingebunden ist", sagte Staatssekretär Zeller zur *Süddeutschen Zeitung*. Sein Cousin, der Sonthofener Architekt Heinz Zeller, war gestern nicht zu erreichen.

Der Finanz-Staatssekretär fühlt sich zu Unrecht ins Amigo-Zwielicht gerückt. Er habe mit seinem Cousin, den er höchstens einmal im Jahr treffe, nie über das Projekt gesprochen. Die Schwangauer Amigo-Gerüchte hätten ihn „wie ein Blitz aus heiterem Himmel" getroffen, sagte Zeller, der auch dem CSU-Bezirksverband Schwaben vorsteht.

Tatsache ist jedoch, daß es schon vor Wochen einen Ortstermin gegeben hat, bei dem Vertreter der Sport Thurn & Taxis Holding dem Schwangauer Bürgermeister Reinhold Sontheimer, dem Ostallgäuer Landrat Adolf Müller und einigen Gemeinderäten das Millionenprojekt erläutert haben. An diesem Termin hatten auch die Planer, darunter Architekt Heinz Zeller, teilgenommen. Mit dabei war auch Staatssekretär Alfons Zeller. Der CSU-Politiker dazu: „Als Chef des schwäbischen Tourismusverbandes wollte ich mich informieren, was da läuft."

Wie gestern ausführlich berichtet, stößt das Bauvorhaben auf entschiedenen Widerstand des Landesamtes für Denkmalpflege und der Schwangauer Bauern. Hotel und Golfplatz befinden sich baurechtlich im Außenbereich und in unmittelbarer Nachbarschaft zum Wasserschutzgebiet der Stadt Füssen.

Bereits am Montag sollte die Bauvoranfrage im Gemeinderat behandelt

EIN ATTENTAT *auf die Welt König Ludwigs II. sieht Michael Petzet in den Bauplänen.* Photo: Puchner

werden. Gestern zog die Sport Thurn & Taxis Holding ihre Planung zurück. Begründung: Das Vorpreschen der Denkmalpfleger und die negative Berichterstattung in den Medien ließen keine objektive Beschlußfassung im Gemeinderat erwarten. Die Thurn & Taxis-Leute wollen jetzt erst einmal intensive Aufklärungsarbeit in der Öffentlichkeit leisten.

Staatssekretär Zeller hat trotz der Kritik an seiner eigenen Rolle in diesem Verfahren Generalkonservator Michael Petzet öffentlich scharf attackiert. Petzet sei mit seiner Pressekonferenz „weit übers Ziel hinausgeschossen". Als Behördenchef müsse er sich im Vorfeld eines Baugenehmigungsverfahrens, an dem die Denkmalpflege ohnehin beteiligt werde, „neutral verhalten". Außerdem habe der Chef der Denkmalpflege Bücher über Neuschwanstein und Ludwig II. geschrieben und sei damit „eindeutig Partei".

Michael Petzet nahm die Vorwürfe des CSU-Politikers gelassen hin. „Wenn bedeutende Baudenkmäler im Freistaat bedroht sind, gehen wir immer an die Öffentlichkeit", sagte der Generalkonservator, der inzwischen Schützenhilfe vom „König-Ludwig-Club" in München erhält: Die Projekte der Familie Thurn & Taxis seien „völlig indiskutabel". Diese Landschaftszerstörung im Umfeld der Königsschlösser könne „kein Bürgermeister und Gemeinderat verantworten", schreibt Vereinsvorsitzender Hannes Heindl in einem offenen Brief an die Gemeinde Schwangau. Auch im Kultusministerium sieht man keinen Anlaß, Michael Petzet für seine Pressekonferenz zu rügen. „Herr Petzet tut, was er zu tun hat. Konflikte zwischen Denkmalschutz und wirtschaftlichen Interessen wird es immer wieder geben", betonte Ministeriumssprecher Toni Schmid.

Süddeutsche Zeitung
12./13. Juli 1997

Staatssekretär attackiert Denkmalschützer

Zeller zu Freizeitprojekt Neuschwanstein: Landesamt leistete sich ein starkes Stück

Augsburg/Schwangau (jös). Im Ringen um das geplante Hotelprojekt mit Golfplatz und Erlebnisbad zu Füßen von Schloß Neuschwanstein hat Finanzstaatssekretär Zeller das Landesamt für Denkmalpflege gestern scharf kritisiert. Die staatliche Behörde sei „weit über das Ziel hinausgeschossen" und mache Politik, sagte der CSU-Politiker gegenüber unserer Zeitung.

Wie berichtet, hatte das Landesamt bei einem Ortstermin in Schwangau vor einem „Disneyland am Königsschloß" gewarnt. Die Pläne der „Thurn und Taxis Golf Center GmbH" seien aus Sicht der Denkmalschützer eine „beängstigende Perspektive". Die „riesige Kampagne der Behörde", so die Golfplatzbetreiber, hatte Folgen: Die Bauvoranfrage, mit der sich der Schwangauer Gemeinderat am kommenden Montag befassen wollte, wurde gestern zurückgezogen. Zunächst soll nun die Öffentlichkeit über das 50-Millionen-Mark-Vorhaben informiert werden, bevor die Pläne wieder auf den Tisch kommen.

Zeller zeigte sich erbost. In Bayern gebe es kein vergleichbares Beispiel, „daß sich eine staatliche Behörde so weit aus dem Fenster lehnt". Zeller: „Das ist ein ganz starkes Stück, das ich mir nicht gefallen lasse." Im Rahmen des Baugenehmigungsverfahrens wäre das Landesamt, das dem Kultusministerium untersteht, ohnehin gehört worden. „Es kann nicht angehen, daß jeder sein eigenes Süppchen kocht", so Schwabens CSU-Chef.

Der Staatssekretär, der auch Vorsitzender des Tourismusverbandes Allgäu/Bayerisch Schwaben ist, setzt sich für das Projekt in Schwangau ein. „Ohne neue Angebote lockt das Allgäu auch keine neuen Gäste."

Augsburger Allgemeine, 11. Juli 1997

Augsburger Allgemeine, 12. Juli 1997

Nach Kritik gerät Zeller unter Druck

Private Verbindungen zu Freizeitprojekt in Schwangau

Von unserem Redaktionsmitglied
Jörg Sigmund

Schwangau/Augsburg/München

Nach seiner scharfen Kritik am Landesamt für Denkmalpflege (wir berichteten) ist Finanzstaatssekretär Alfons Zeller (Burgberg im Oberallgäu) nun selbst in die Schußlinie geraten. Dem CSU-Politiker wird vorgeworfen, sich für das Freizeitprojekt zu Füßen des Königsschlosses Neuschwanstein nur deshalb so zu engagieren, weil sein Cousin, der Sonthofener Architekt Heinz Zeller, vom Generalplaner mit der Koordination vor Ort beauftragt wurde.

Zeller hat die privaten Verbindungen gestern gegenüber unserer Zeitung bestätigt. Er habe auch gewußt, daß sein Vetter „im wesentlichen für die Planung des Golfplatzes verantwortlich ist". Zu dem 50-Millionen-Mark-Vorhaben der Firma „Thurn & Taxis Golf Center GmbH", die in Schwangau ein Luxushotel, Erlebnisbad und einen Neun-Loch-Golfplatz bauen will, hat sich Zeller nach eigener Aussage ausschließlich in seiner Funktion als Vorsitzender des Tourismusverbandes Allgäu/Bayerisch Schwaben geäußert.

Die Schaffung neuer, attraktiver Einrichtungen habe vor dem Hintergrund des massiv zunehmenden Welttourismus besondere Bedeutung. Es interessiere ihn deshalb nicht, welcher Architekt die Planung abwickelt. Zeller: „Es kann doch nicht verboten sein, daß ich zu einer Maßnahme Stellung nehme, in die auch mein Vetter involviert ist." Die jetzige Diskussion darüber mache ihn betroffen. „Ich bin wie vor den Kopf gestoßen."

Auf diesem markierten Gelände soll der Golfplatz in Schwangau entstehen. Im Hintergrund die Königsschlösser und der Säuling.
Bild: Landesamt für Denkmalpflege

Denkmalschutzes in Einklang zu bringen sei. Ob es überhaupt zu einem Bauantrag durch den Investor kommt, sei derzeit jedoch wieder völlig offen.

Als „ungeheuerlich" bezeichnete dagegen der schwäbische SPD-Vorsitzende Herbert Müller (Memmingen) die Attacke Zellers gegen das Landesamt. Die Beamten, so Müller, müßten eine fachliche Beurteilung und keine „wohlwollende Stellungnahme für eine Partei" abgeben. Zu der „persönlichen Verquickung des Staatssekretärs" sagte der stellvertretende Fraktionschef der SPD im Landtag, er sei gespannt, „ob die schwäbische CSU die Kraft aufbringt, das Amigo-Thema zu bereinigen". Müller betonte, in Schwangau gehe es um ein Stück unverwechselbarer Heimat. Die jetzige Planung für das Projekt in der Nähe der Königsschlösser Neuschwanstein und Hohenschwangau werde dem nicht gerecht. Wenn sich die Maßnahme jedoch in das Ortsbild einfügen lasse, könne durchaus darüber gesprochen werden.

Scharf attackiert wurde Zeller gestern von der Landtagsfraktion der Grünen. „Der Staatssekretär sieht wohl die Felle seines Vetters davonschwimmen und wollte ein Machtwort sprechen", so die Abgeordnete Elisabeth Köhler (Kreis Augsburg). Der Auftrag an den Architekten Heinz Zeller sei „nur ein Baustein, mit dem das Unternehmen ein günstiges Umfeld für ihr Projekt schaffen will".

Schützenhilfe von Wiesheu

Die Kritik am Landesamt für Denkmalpflege, das vor einem „Disneyland am Königsschloß" gewarnt hatte, unterstrich Schwabens CSU-Chef ausdrücklich. Die Behörde sei über das Ziel hinausgeschossen und mache Politik. Zeller erhielt gestern Schützenhilfe von Wirtschaftsminister Otto Wiesheu (CSU), der in einem Gespräch in unserer Kemptener Redaktion die ablehnende Haltung der Denkmalschützer „außergewöhnlich, überzogen und deplaziert" nannte. Wiesheu begrüßte die Hotelpläne im Ostallgäu grundsätzlich. „Ich kann nur große Aufgeschlossenheit signalisieren." Wie Zeller betonte auch der Minister, daß das Projekt mit den Zielen des Natur- und

Schon heute gibt es am Fuße von Schloß Neuschwanstein eine Golfabschlaganlage.
Bild: Jörg Schollenbruch

Kein Golfplatz beim Kini-Schloß

Nach Protesten Pläne auf Eis – CSU-Mann Zeller unter Druck

VON FLORIAN KINAST

Die Denkmalschützer lassen die Korken knallen: Die Thurn und Taxis Holding hat die Pläne für das Golf-Projekt zu Füßen des Schlosses Neuschwanstein (AZ berichtete) vorerst auf Eis gelegt.

Vielleicht auch wegen politischen Verwicklungen: Bayerns Finanzstaatssekretär Alfons Zeller (CSU) hat private Verbindungen zu dem umstrittenen Projekt eingeräumt. Der für „Koordinationsaufgaben vor Ort" vom Generalplaner eingeschaltete Architekt Heinz Zeller „ist mein Cousin", erklärte der Politiker, der auch Chef des Tourismusverbandes Allgäu ist.

Bündnis 90/Die Grünen hatten im Landtag auf die familiäre Verbindung des schwäbischen CSU-Bezirksvorsitzenden Zeller zu dem Projekt aufmerksam gemacht, nachdem dieser sich vehement für das Projekt eingesetzt hatte.

Noch am Donnerstag schien alles für Prinz Max Emanuel zu laufen. Der Schwangauer Gemeinderat sollte das Vorhaben am 14. Juli absegnen. Doch nach den jüngsten Protesten zog die fürstliche Holding die Bauanfrage offiziell zurück.

Denkmalpfleger Michael Petzet, der heftigst gegen die Golf-Projekt mit 150 Zimmern, Nobel-Suiten, Thermen, Saunen, Einkaufspassage und Neun-Loch-Golfplatz wetterte („Das zerstört die ganze Kulturlandschaft um Neuschwanstein"), freut die überraschende Wende.

Allerdings ist das Mammutprojekt noch nicht ganz vom Tisch. Koller will erst einmal Gras über das Golf-Projekt wachsen lassen: „Wir möchten die kommenden Wochen nützen, um die Öffentlichkeit und den Gemeinderat besser zu informieren. Wir geben noch nicht auf."

Glorias Verwandtschaft rückt dem Kini zu Leibe

Thurn & Taxis-Prinz will zwischen Märchenschlösser Riesenhotel bauen

VON DAGMAR RUSCHEINSKY-ROGL

■ *Märchenhaft die Landschaft, märchenhaft und königlich zwei Schlösser darin, märchenhafte Möglichkeiten verspricht sich auch die Sport Thurn & Taxis Holding, die genau zwischen Neuschwanstein und Hohenschwangau ein Golfhotel mit Spaßbad bauen will. Gar nicht märchenhaft findet das Bayerns oberster Denkmalpfleger, für den das Vorhaben von Fürstin Glorias angeheiratetem Cousin ein Attentat auf die Welt des Märchenkönigs ist.*

Die Schlagzeilen der überregionalen Zeitungen lassen an Deutlichkeit nichts zu wünschen übrig...Amigos am Hof des Märchenkönigs" hat die „Süddeutsche" ausgemacht, „Hotelmonster bedroht Märchenschloß" titelte unlängst die „tz".

Unglaublich, doch dabei überhaupt nicht märchenhaft ist das Vorhaben, das solche Schlagzeilen liefert: Genau zwischen die beiden Königsschlösser Neuschwanstein und Hohenschwangau, das eine König Ludwigs II. letzte selbstgewählte Zuflucht, das andere einstens Lieblingsaufenthaltsort von König Maximilian, ist ein 200-Betten-Luxushotel mit Golfplatz, sogenanntem Erlebnisbad und einer Reihe weiterer Freizeiteinrichtungen geplant - von der Sport Thurn & Taxis Holding.

■ „Eine Art Disneyland"

Prinz Max Emanuel von Thurn und Taxis, ein Cousin des verstorbenen Fürsten Johannes, ist einer der vier Gesellschafter dieser Holding und als Herr des neugotischen Schlößchens Bullachberg den beiden königlichen Postkarten-Schlössern benachbart. Auf dem T&T-Grundbesitz soll die Anlage entstehen, allerdings sind diese Flächen nicht ausreichend. Und es scheint, als halte sich des Prinzen Max Emanuel Respekt vor der bayerischen Königen und als Herr des bayerischen Königen in Grenzen. Denn den sieht Bayerns Oberster Denkmalschützer, Generalkonservator Prof. Dr. Michael Petzet, mit dem Hotelprojekt herb verletzt, zumal König Ludwig II. seine Burg Neuschwanstein selbst als „heilig und unnahbar" bezeichnet habe. Die Golf-Bet-tenburg nannte Petzet unlängst gegenüber der Presse „eine Art Disneyland", ein „Attentat auf die Welt des Märchenkönigs".

■ Des Staatssekretärs Cousin

Diese deutliche und öffentlich geäußerte Kritik brachte dem Generalkonservator wiederum sofort eine öffentliche Rüge des Finanz-Staatssekretärs Alfons Zeller (CSU) ein, in dessen Augen sich der Generalkonservator wegen besonderer Fachkompetenz der Parteilichkeit verdächtig gemacht hat. Denn Zeller, in seiner Eigenschaft als Vorsitzender des Tourismusverbandes Allgäu ein klarer Befürworter des Projektes, traut Petzet schon deshalb kein objektives Urteil darüber zu, weil der Denkmalpflegechef bereits Bücher über Neuschwanstein und König Ludwig geschrieben habe.

Daß hingegen des Staatssekretärs Cousin, der Architekt Heinz Zeller, an der Planung des Hotelbaus beteiligt ist, ficht den Staatssekretär nun gar nicht an. Er könne sich doch nicht erschließen, weil ein Verwandter von ihm in die Planung eingebunden sei, berichtet die „Süddeutsche Zeitung" Alfons Zellers diesbezügliche Einlassung.

Fürstin Glorias angeheirateter Cousin und seine Mitgesellschafter wollen keinesfalls aufgeben – auch da die Gegenseite im Kampf um den Erhalt der unverbauten Märchenlandschaft schon als letztes Mittel einen Bürgerentscheid angekündigt hat.

Im derzeit ruhigen Regensburg fürchten indessen nur Pessimisten. Fürstin Gloria könne sich angesichts ihrer hiesigen Schlösser an der Verwandtschaft ein Beispiel nehmen.

Vorerst vorbei: die Träume vom Golfplatz unter dem Schloß Neuschwanstein. Die bestehende Driving-Range bleibt. Foto: Mike Schmalz

Augsburger Allgemeine, 26. Juli 1997

Schelte und Warnung

Denkmalrat zu Pfarrhöfen und Schloß Neuschwanstein

Landsberg (aba). Auch der bayerische Landesdenkmalrat lehnt Golfplatz und Nobelhotel nahe des Königsschlosses Neuschwanstein ab. „Wir stehen hinter Generalkonservator Petzet", sagte Ratsvorsitzender Dr. Erich Schosser (CSU) gestern bei der Jahresversammlung des Denkmalrats in Landsberg am Lech.

Schosser und seine Stellvertreter, die Professoren Hubert Glaser (München) und Hermann Scherzer (Nürnberg), sehen das Schloß ohnehin schon durch ein Übermaß an Besuchern geschädigt, ähnlich wie die Wieskirche. Dazu sagte Petzet, man könne durchaus hinnehmen, daß Neuschwanstein ein „Wallfahrtsort" des internationalen Tourismus sei. „Aber deswegen muß man nicht die Gegend kaputtmachen."

Pfarrhöfe abgerissen

Schelte richtete der Denkmalrat auch an die Adresse der Kommunalpolitik. Vor allem die „konzertierte Aktion", in der der Augsburger Landrat Vogele im Frühling mehrere schwäbische Pfarrhöfe habe abbrechen lassen (wir berichteten), werteten Schosser und Petzet als beunruhigendes Zeichen. Seit mit der Baurechtsnovelle die Einschaltung der Regierung bei strittigen Denkmalfragen abgeschafft wurde, seien gebaute Kulturgüter in Gefahr, wirtschaftlichen Überlegungen geopfert zu werden.

Das habe sich auch bei der Schüleschen Kattunfabrik in Augsburg gezeigt. In diesem Zusammenhang begrüßte das Gremium, dem unter anderem der Architekt Prof. Otto Meitinger, Albert Graf Fugger und der Landtagsabgeordnete Sebastian Kuchenbaur angehören, ein Urteil des Amtsgerichts Bad Kissingen. Danach muß erstmals ein Bauunternehmer, der sein denkmalgeschütztes 200 Jahre altes Haus abgerissen hat, eine hohe Geldbuße bezahlen, nämlich 570 000 Mark.

Bedenkliche Privatisierung

Warnen wollte der Denkmalrat gestern auch vor Plänen aus dem Finanzministerium in München, im Zuge des Projekts „Schlanker Staat" Teile der bayerischen Schlösser und Seen zu privatisieren. Wenn, wie angekündigt und derzeit untersucht, historische Parkanlagen von Privatfirmen betreut oder gar ganz privatisiert würden, sei das nicht mit der bayerischen Verfassung vereinbar, so Schosser. Denkmale des „Kulturstaats Bayern" dürften nicht nur unter ökonomischen Gesichtspunkten gesehen werden.

Kritik gab es schließlich an Bundesfinanzminister Theo Waigel, der mit der Steuerreform die Abschreibung für erhöhte Sanierungskosten an Denkmalen von zehn auf fünf Prozent reduzieren will. Auf Mehreinnahmen durch diese Regelung zu setzen, sei „Illusion".

Süddeutsche Zeitung
2./3. August 1997

Eine Party unter Denkmalschutz
Echt international: Das Sommerfest der bayerischen Restauratoren in der Alten Münze

Von Ulrike Heidenreich

Wer weiß-blaue Bierseligkeit beim Sommerfest des Bayerischen Landesamtes für Denkmalpflege erwartete, lag ziemlich falsch. Zwar spielten im Hof der Alten Münze die „Hinterberger Buam" auf, zwar hat Generalkonservator Michael Petzet soeben die Kulisse von Bayernkönig Ludwigs Märchenschloß Neuschwanstein vor der Verschandelung durch ein neues Golf-Hotel bewahrt, zwar ist der Bezirk Oberbayern traditionell als Party-Veranstalter dabei. Daß hier keine Spur von Bayerntümelei zu entdecken ist, liegt auch nicht daran, daß der Himmel nie weiß-blau aussieht, weil es immer, wirklich immer bei dem Sommerfest regnet und das Publikum unter die Renaissance-Arkaden flüchten muß, sondern an den vielen internationalen Gästen.

Weil die bayerischen Denkmalschützer gerade dabei sind, in Taipeh eine Art Landesamt aufzubauen, feierte die Denkmalpflegerin Chun-Mei Lin mit. Vor allem Schätze aus China harren in Taiwan der fachgerechten Restaurierung, und gerade darauf ist man in München bestens spezialisiert. Schließlich ist das Amt seit Jahren am Ausgrabungsprojekt der berühmten Terrakotta-Armee von Lin Tong beteiligt.

Auch eine fünfköpfige Delegation aus Zagreb hatte allen Grund zum Feiern in München. Fünf Millionen Mark (von der Staatskanzlei und der katholischen Kirche) sind zusammengekommen, um mehrere hundert kroatische Kirchen zu renovieren, die schwere Kriegsschäden davongetragen haben. In Ludbreg haben die frommen Bayern dafür gar ein Restaurierungszentrum eingerichtet.

Weitere Gäste aus dem Ausland waren Viktor Artafjeff, Direktor der Restauratorenschule im russischen Susdal, der sich „einfach mal umsehen" wollte, und Schauspieler Herbert Fux, der einfach mal feiern wollte. In seinem zweiten Fach als Grünen-Politiker hatte er in Österreich nämlich Schwerstarbeit in Sachen Denkmalschutz zu leisten.

FLÜCHTETEN VOR DEM REGEN *unter die Arkaden der Alten Münze: Schauspieler Herbert Fux und Michael Petzet.* Photo: Catherina Hess

SZenario Redaktion: Ulrike Heidenreich
Tel.: 2183-8771   Fax: 2183-8295

Eine Informationsfahrt durch den Landkreis Kitzingen unternahmen am Mittwoch der Generalkonservator des Bayerischen Landesamtes für Denkmalpflege, Prof. Dr. Michael Petzet (links), und Oberkonservatorin Dr. Sabine Bock. Begleitet wurden sie unter anderem von Bernd Vollmar (dritter von links). Unter anderem suchten sie zusammen mit Landrat Dr. Siegfried Naser und Tamara Bischoff vom Landratsamt das Alte Rathaus in Mönchsondheim auf, in dem sie von Reinhard Hüßner (Mitte) empfangen wurden.

Fotos: Schnee

Die Kitzinger, 16. August 1997

„Ein offenes Ohr für Denkmalschutz":
Hervorragendes im Landkreis geleistet

Vertreter des Landesamtes für Denkmalpflege sehen sich gelungene Beispiele an

Mönchsondheim (lsc). „Für uns ist die Fachberatung vor Ort absolut lebensnotwendig." Auf die gute Zusammenarbeit zwischen der Stadt Iphofen und dem Bayerischen Landesamt für Denkmalpflege (LfD) verwies gestern Bürgermeister **Josef Mend**. Hintergrund war eine Rundreise von Vertretern des Amtes durch den Landkreis Kitzingen. Herausragende Beispiele dessen, was der Denkmalschutz im Landkreis Kitzingen leistet, sah sich der Generalkonservator **Prof. Dr. Michael Petzet** zusammen mit Oberkonservatorin **Dr. Sabine Bock** an.

Auf dem Programm der Rundfahrt, die einen ganzen Tag lang dauerte und an der auch Landrat **Dr. Siegfried Naser** teilnahm, stand zunächst das Gasthaus zur Krone sowie die Kirchenburg in Hüttenheim, die aufgrund ihres hervorragenden Erhaltungszustandes zu den bedeutensten Beispielen dieser Denkmalgattung in Bayern gehört.

Um 11.15 Uhr schließlich stand die Besichtigung des Alten Rathauses sowie des Anwesens Hassold in Mönchsondheim an. Im Rathaus wartete schon **Reinhard Hüßner** vom Kirchenburgmuseum auf die Gäste. Um den Zustand des Alten Rathauses vor und nach der Renovierung im Jahr 1992 zu demonstrie-

Die Nachbildung des neuen Schildes für die Posthilfsstelle in Mönchsondheim ist fertig. Im Mai war die Stelle eingeweiht worden, und am Donnerstag konnten Reinhold Hüßner und Landrat Dr. Siegfried Naser (rechts) nun auch das neue, 1 000 Mark teure, Schild in den Händen halten.

ren, hatte er einiges Anschauungsmaterial ausgelegt. Auf der Grundlage umfangreicher Bestandserfassungen war 1992 mit der denkmalgerechten Sanierung des im Jahr 1557 errichteten, zweigeschossigen Fachwerkhauses begonnen worden. Im Sommer 1996 konnten die Arbeiten abgeschlossen und das Haus seinen neuen Nutzern – den örtlichen Vereinen und dem Kirchenburgmuseum – übergeben werden. Mit seiner nun wieder offen sichtbaren, aufwendig gearbeiteten Fachwerkkonstruktion und der rekonstruierten farbigen Fassung ist das Haus wieder gemäß seiner ursprünglichen Bedeutung zum Mittelpunkt des Ortes geworden. Im Inneren beeindruckt besonders die restaurierte Halle im Obergeschoß, in dem die „lieben, hochkarätigen Gäste", wie Hüßner sie bezeichnete, auch empfangen wurden.

Beispiele zeigten die Richtigkeit auf

„Wir haben ein offenes Ohr für Denkmalschutz", meinte Bürgermeister Mend angesichts der gelungenen Renovierung des unter Denkmalschutz stehenden Alten Rathauses. Vor allem der gute Kontakt zum LfD und der Unteren Naturschutzbehörde am Landratsamt und die damit verbundene Fachberatung vor Ort sei jedoch absolut lebensnotwendig. „Die Beispiele in der Region zeigen die Richtigkeit des Weges auf", so Mend.

Dies bestätigte auch Landrat Dr. Siegfried Naser, der eine kurze Bilanz für den Landkreis bezüglich 24 Jahre Denkmalschutzgesetz gab. Im Landkreis sei sehr viel Geld für den Denkmalschutz ausgegeben und Außerordentliches geleistet worden. Die Zusammenarbeit zwischen dem Landratsamt und dem LfD sei in 99 Prozent der Fälle auch absolut konfliktfrei und hervorragend gelaufen. „Aber es kann auch einmal sein, daß der Landrat im 'Promillebereich' eine andere Entscheidung als das LfD trifft", spielte der Landrat auf das im Zuge der Baurechtsnivellierung 1994 geänderte Dissensverfahren an. Dies besagt, daß die letzte Entscheidung über denkmalpflegerische Maßnahmen nicht mehr bei der Regierung von Unterfranken, sondern beim Landratsamt liegt. Bedauerlich sei nur, daß Dr. Sabine

Bock, mit der das Landratsamt einen besonders guten Kontakt gepflegt habe, nun eine Lehrtätigkeit wahrnehme. „Wir hoffen auf einen guten Nachfolger", endete der Landrat und überreichte Dr. Sabine Bock und Prof. Dr. Michael Petzet ein Bocksbeutelgeschenk.

„Wir haben eine Menge im Landkreis erreicht", kommentierte letzter die gelungenen Restaurierungen im Landkreis. Er finde es „voll in Ordnung", daß die letzte Entscheidung beim Landratsamt liege, denn diese könne die Interessen vor Ort besser abwägen. Denkmalschutz müsse in Zeiten, in denen in der Politik – auch vor dem Hintergrund der Arbeitsmarktsituation – vor allem neue technische Errungenschaften hervorhebe, weiter eine Rolle spielen.

„Wir vom LfD hängen an jedem Projekt, und wir wollen jedes bewahren", so Dr. Sabine Bock. Jedes Projekt, das man verliere, tue weh. Das Alte Rathaus in Mönchsondheim sei eines der „gutgeratenen, schönen Kinder".

Im Anschluß stand noch die Besichtigung der Schulstraße 11 in Possenheim, der Stadtmauer beziehungsweise des Rathauses in Iphofen, der Nordheimer Straße 13 in Sommerach sowie des Birklinger Hofes in Dettelbach an.

Allgäuer Zeitung
6. September 1997

Denkmalamt erneuert Kritik
Nach wie vor gegen Hotel und Golfpatz bei Neuschwanstein

Schwangau (asp).
Das Landesamt für Denkmalpflege läßt sich von Finanz-Staatssekretär Alfons Zeller und Wirtschaftsminister Otto Wiesheu nicht in die Schranken weisen. Beide hatten im Juli dem Amt in Zusammenhang mit dem in der Nähe von Schloß Neuschwanstein geplanten Hotel und Golfplatz vorgeworfen, Politik zu machen. In der jüngsten Ausgabe ihrer „Denkmalpflege Informationen" wiederholt die Behörde nun aber ihr „Nein" zu den Plänen – für die es in Schwangau noch gar keinen Bauantrag gibt.

Die „Thurn & Taxis Golf Center GmbH" hat vor, auf dem im Besitz der Familie Thurn und Taxis befindlichen Areal von Schloß Bullachberg für rund 50 Millionen Mark ein Ferien- und Tagungshotel der Vier-Sterne-Kategorie mit 150 Zimmern zu errichten. Außerdem sind ein Erlebnisbad und auf den angrenzenden Feldern ein Neun-Loch-Golfplatz vorgesehen. Im Juli sollte der Schwangauer Gemeinderat erstmals mit der Bauvoranfrage konfrontiert werden.

So weit kam es aber nicht: Das Landesamt für Denkmalpflege meldete schon im Vorfeld des Genehmigungsverfahrens Bedenken gegen ein „Disneyland am Königsschloß" an. Es befürchtet das Ende einer Kulturlandschaft und lehnt – wie der Großteil der Schwangauer Bauern – das Hotel- und Golfplatz-Projekt ab. Mit einer groß angelegten Pressekonferenz lenkte das Landesamt das Interesse auf sich. Staatssekretär Alfons Zeller attackierte daraufhin die Behörde. Das Landesamt sei weit über das Ziel hinausgeschossen und mache Politik, sagte er. Unterstützung erhielt er von Wirtschaftsminister Wiesheu. Dieser nannte die ablehnende Haltung der Denkmalschützer „außergewöhnlich".

Unbeeindruckt von dieser Politiker-Schelte macht Landesamt-Chef Dr. Michael Petzet in den neuesten „Denkmalschutz Informationen" erneut gegen das Schwangauer Projekt mobil. „Falls es nicht gelingen sollte, dieses Attentat auf die Welt des bayerischen Märchenkönigs abzuwenden, dürften weitere störende Aktivitäten zu Füßen Neuschwansteins nicht auszuschließen sein", schreibt er.

Die „Thurn & Taxis Golf Center GmbH" bremste im Juli ihre Planungen. Sie will gegen den Willen der Bauern keinen Golfplatz und wartet nicht zuletzt wegen weiterer Golfplatzpläne im umliegenden Ostallgäu die Entwicklung ab. Laut Geschäftsführer Franz Koller steht der Hotelbau im Vordergrund. Ziel ist es, Übereinstimmung mit der Gemeinde zu finden. „Wir hoffen, noch heuer die Bauvoranfrage für das Hotel stellen zu können."

Der Neue Tag (Weiden)
11. September 1997

Im Streit mit oberstem Denkmalschützer
Gert Rippl schießt auf Landeskonservator Michael Petzet – Denkmalschutz Bärendienst erwiesen

Von Josef Wieder

Weiden. Der Träger den Denkmalschutzmedaille, Gert Rippl, verheimlichte am Dienstag der Delegation aus Lauingen nicht die Schattenseiten der Altstadtsanierung. Im Landesamt für Denkmalpflege gebe es wenige „Realos", die Kompromisse eingingen, um ein Objekt zu retten und zu revitalisieren. Investoren würden oft auf „Fundis" stoßen, für die bereits ein Lichtschalter in einem Denkmal eine Katastrophe sei.

„Die Hardliner werden dorthin gehetzt, wo eine schwache Verwaltung in Demut erstarrt und der Bürgermeister ein Herzkasperl bekommt, wenn einer aus München auftaucht." Rippls derzeitigen „Intimfeind" ist offenbar Landeskonservator Prof. Michael Petzet, gegen den er eine Dienstaufsichtsbeschwerde anstrengte.

Rippl: Landesamt selbst Sanierungsfall

Der Chef des Landesamtes habe nach einem „beispiellosen Verwirrspiel" um die Sanierungsgenehmigung für zwei Altstadthäuser am Unteren Markt seine Kompetenzen klar überschritten. Petzet habe – ohne Zustimmung der Stadt – eines der Gebäude „eigenmächtig" aus der Denkmalschutzliste genommen und die Regierung angewiesen, Zuschüsse zu streichen. Auf Druck des Kultusministeriums habe Petzet diese Anordnungen widerrufen müssen.

In seltener Offenheit betonte Rippl, daß das Landesamt unter Petzets Leitung selbst zu einem Sanierungsfall geworden sei. „Da sollte eine Befunduntersuchung und ein verformungsgerechtes Aufmaß erstellt werden. Wer ernsthaft für den Denkmalschutz in Bayern ist, muß gegen diese Behörde sein." Die Aufgaben des Landesamtes könnten die Bezirksregierungen übernehmen, schlug Rippl vor.

Petzet, der in wenigen Monaten in den Ruhestand sollte, so der verärgerte Investor, „zur Strafe nochmals zehn Jahre arbeiten, damit er erfährt, was er an seinem Amt verbrochen hat." Mit rigorosen, „auch beim besten Willen nicht erfüllbaren Forderungen", habe das Landesamt inzwischen „erreicht", daß Hauseigentümer einmalige Baudenkmäler „verschwinden" ließen. Damit werde dem Sinn, Zweck und Auftrag der Denkmalpflege ein „Bärendienst" erwiesen.

Petzet: „Absoluter Unsinn"

Als „absoluten Unsinn" wertete der Landeskonservator am Mittwoch im Gespräch mit dem „NT" Rippls Aussagen. „Es ist leicht, auf die Bürokratie einzudreschen. Ich wünschte, daß uns Herr Rippl mit derlei Injurien in Frieden läßt", betonte Professor Petzet. „Vielleicht war Rippl, der sich offenbar als Unterkircher-Geschädigter fühlt, an diesem Tag nur schlecht aufgelegt. Wir schätzen Herrn Rippl, weil er hervorragende Sanierungen gemacht hat und freuen uns auf die Zusammenarbeit bei weiteren Projekten. Ich sehe diese unnötigen Animositäten deshalb nicht so tragisch", gab sich Petzet versöhnlich.

„Für uns ist die Sache mit diesen Altstadthäusern erledigt. Wir sind eine beratende Fachbehörde. Es kommt vor, daß unter Abwägung wirtschaftlicher Interessen gegen unseren Rat entschieden wird. Ich habe das Haus nie gesehen. Es gab nur ein Schreiben, in dem angedeutet wurde, wir würden das Gebäude aus der Denkmalschutzliste nehmen, wenn sein Charakter durch die geplante Aufstockung des Dachstuhls deutlich verändert werde."

Wertvolle Arbeit geleistet

Der Landeskonservator stellte außerdem fest, daß die Dienstaufsichtsbeschwerde zurückgewiesen worden sei. Rippl – „ich bin bei persönlichen Gesprächen gut mit ihm ausgekommen" – sehe des Landesamt in einem völlig falschen Licht. „Wenn bei einem Projekt mal etwas schief läuft, dann ist das wirklich ein Einzelfall und keineswegs ein Maßstab für die Denkmalpflege in Bayern. Wir haben tausende von glücklichen und zufriedenen Denkmaleigentümern und nur ganz wenige Streitfälle. Und das sind die Zahlen, die eindeutig für unsere wertvolle Arbeit und für unser Amt sprechen."

Denkmalpfleger Petzet kritisiert ein geplantes Hotelprojekt

„Attentat" auf den König

Bauvoranfrage zurückgezogen — Pläne aber noch nicht vom Tisch

Nürnberger Nachrichten
12. September 1997

SCHWANGAU (Eig.Ber./st) — Als „Attentat auf die Welt des bayerischen Märchenkönigs" hat der Chef des bayerischen Landesamtes für Denkmalpflege, Dr. Michael Petzet, den geplanten Bau eines Luxushotels samt Golfplatz nahe des Königsschlosses Neuschwanstein bezeichnet.

Wie berichtet, hatte die Thurn und Taxis Golf Center GmbH Pläne für ein Vier-Sterne-Hotel mit Erlebnisbad, Einkaufszentrum, Tiefgarage und einem Golfplatz zu Füßen von Schloß Neuschwanstein vorgelegt. Eine an die Gemeinde Schwangau gestellte Bauvoranfrage wurde mittlerweile zwar zurückgezogen, die Pläne sind damit aber noch lange nicht vom Tisch. Wie Schwangaus stellvertretender Bürgermeister Karl Diepolder mitteilte, wollen sich in den nächsten Wochen Vertreter der öffentlichen Belange mit dem umstrittenen Projekt befassen. Die Gemeinde Schwangau selbst habe den Antragsstellern nahegelegt, ihre Pläne „abzuspecken", so Diepolder.

Der Chef des Bayerischen Landesamtes für Denkmalpflege dagegen würde das Projekt am liebsten ganz gestoppt sehen, wie aus einem Artikel der „Denkmalpflege Informationen" hervorgeht. Darin fordert Petzet, daß das Umfeld Neuschwansteins nicht in eine „Art Disneyland" verwandelt werden dürfe. Solch „massive Eingriffe in die immer noch bäuerlich geprägte, weitgehend unverbaute Ebene zu Füßen der Schwangauer Berge" lägen nicht im Sinne eines sanften Tourismus. Außerdem werde den bisherigen Planungen zufolge nicht nur die Sicht vom Kurhaus der Gemeinde auf die Königsschlösser Neuschwanstein und Hohenschwangau versperrt, sondern umgekehrt natürlich auch die Aussicht auf die Schwangauer Berge, so Petzet weiter.

Auch politisch hat das Golfprojekt für Wirbel gesorgt. Finanzstaatssekretär Alfons Zeller (CSU) hatte der Denkmalpflegebehörde, nachdem sie sich vehement gegen das Projekt ausgesprochen hatte, öffentlich vorgeworfen, ihre Kompetenzen zu überschreiten und in unzulässiger Weise selbst Politik zu machen. Danach wurde bekannt, daß Zellers Cousin als Architekt an den Plänen für die Hotelanlage beteiligt ist, worauf sich der Finanzstaatssekretär mit „Amigo"-Vorwürfen seitens der SPD und der Grünen auseinandersetzen mußte.

Im Gespräch: Dr. Egon Greipl.

Mittelbayerische Zeitung (Regensburg)
19. September 1997

Als Denkmalchef nach München?

Dr. Egon Greipl ist als Nachfolger von Generalkonservator Dr. Petzet im Gespräch

Von Günter Schiessl

REGENSBURG. Wer das Amt des obersten bayerischen Denkmalschützers übernimmt, wenn der bisherige Generalkonservator Dr. Michael Petzet in Pension geht, ist seit längerer Zeit beliebter Stoff für Spekulationen. Ein Name taucht dabei immer wieder auf: Dr. Egon Johannes Greipl, Kulturreferent von Regensburg.

Die Zeit ist reif, über die Nachfolge von Generalkonservator Dr. Michael Petzet, dem Chef des Bayerischen Landesamtes für Denkmalpflege in München, nachzudenken. Im nächsten Jahr wird er 65 – was dann?

Seit 1974 ist der Landeskonservator im Amt und hat seither mit Hilfe des fast zur gleichen Zeit in Kraft getretenen Bayerischen Denkmalschutzgesetzes zahllose Schlachten um erhaltenswerte Bauten im ganzen Land geschlagen. Auch in Regensburg hat er einen erfreulichen Bewußtseinswandel miterlebt, erinnert er sich.

Wortkarg wird er allerdings, wenn die Rede auf seinen eventuellen Nachfolger kommt. „Kein Kommentar!" heißt es dann von seiner Seite. Verhindern kann Dr. Petzet allerdings nicht, daß als möglicher Nachfolger immer öfter Regensburgs Kulturreferent Dr. Egon Johannes Greipl ins Gespräch kommt. Nach einer Meldung des Bayerischen Rundfunks hat sich in der Stadt die Spekulation verdichtet, wonach Dr. Petzet gerne seinen ehemaligen Stellvertreter im bayerischen Museumsbereich als den Mann sieht, der einmal seine Aufgaben übernimmt. Dem Generalkonservator soll dabei vor allem die Tatsache entgegen kommen, daß sich Dr. Greipl als Kulturreferent erst im Juni 1999 der Wiederwahl in Regensburg stellen muß. Bis dahin hat Dr. Petzet in seinem Amt und in seiner Funktion als Vorsitzender der Landeskonservatoren noch viel zu erledigen. Und von ihm ist immer öfter zu hören: „Es war eine schöne Zeit, schade nur, daß sie so schnell vergeht!"

DIE KASKADE VON SCHLOSS SEEHOF *um 1950 vor dem Verkauf der Figuren. Restauratoren haben das einzigartige Rokokokunstwerk rekonstruiert.*
Photo aus „Schloß Seehof", Verlag Fränkischer Tag

Herbsttreffen in der Sommerresidenz der Bamberger Fürstbischöfe

Magie und Geheimnis der Gärten

Über 200 Denkmal- und Landschaftspfleger tagen in Schloß Seehof bei Bamberg

Von Birgit Matuscheck-Labitzke

München – Die hängenden Gärten der Semiramis werden von den Menschen als Weltwunder bewundert, Goethe besang das Land, wo die Zitronen blüh'n, für die Modedesignerin Jil Sander ist der Garten die Quelle ihrer Kreativität, und für 28 Millionen Deutsche gibt es keine schönere Freizeitbeschäftigung als „garteln". Die Sehnsucht nach der heilen Naturwelt ist im Zeitalter von Internet und virtueller Realität ungebrochen.

Neben den schätzungsweise 15 Millionen Einzelgärten und zehn Millionen Balkonen gibt es über 4000 historische Gärten und Parks in der Bundesrepublik Deutschland, die der Deutsche Heimatbund vor wenigen Jahren erstmals systematisch erfaßt und beschrieben hat. Dazu gehören nicht nur Gärten und Parks von Schlössern und Burgen, von Guts- und Herrenhäusern. Einbezogen sind auch städtische Gärten, Kloster- und Wallanlagen sowie Bauerngärten. Das Bundesinnenministerium unterstützt im Rahmen des Denkmalschutzprogramms die Förderung von historischen Gärten und Parks, denen einen besondere, nationale kulturelle Bedeutung zukommt.

Mitten in einem der schönsten Beispiele für die Gartenkunst des Barock, in Schloß Seehof bei Bamberg, findet von heute bis Freitag die gleichnamige internationale Tagung statt. Weit über 200 Teilnehmer haben sich zu der Veranstaltung des Deutschen Nationalkomitees von ICOMOS (International Council on Monuments and Sites), des Bayerischen Landesamtes für Denkmalpflege und des Arbeitskreises Historische Gärten der Deutschen Gesellschaft für Gartenkunst und Landschaftskultur e.V. in der Sommerresidenz der Bamberger Fürstbischöfe angesagt.

Auf der Tagesordnung stehen neben Exkursionen zu den Parkanlagen der ehemaligen Markgrafschaft Bayreuth – Sanspareil, Fantaisie, Bayreuther Hofgarten und Eremitage – Referate zu Fragen der Behandlung von Alleen des 18. Jahrhunderts, über Gartenskulpturen, ihre Vorbilder und ihre Ikonologie. Michael Petzet, bayerischer Generalkonservator und Präsident des Nationalkomitees von ICOMOS, wird sich mit der Thetisgrotte in Versailles beschäftigen, und Bernd Modrow, Vorsitzender des Arbeitskreises Historische Gärten der Deutschen Gesellschaft für Gartenkunst und Landschaftspflege, wird über die italienischen Einflüsse auf den barocken Carlsberg bei Kassel sprechen. Im Rahmen einer Führung durch den Seehofer Schloßpark wird Alfred Schelter vom bayerischen Landesamt für Denkmalpflege über Gartendenkmalpflege in der Praxis berichten. Breiten Raum nimmt neben Problemen der Restaurierung und Rekonstruktion das Thema „Methoden und Grenzen der Gartendenkmalpflege" ein.

Das Internationale Komitee für Historische Gärten (ICOMOS-IFLA) hat 1981 in Florenz eine „Charta der historischen Gärten" verabschiedet, mit dem Ziel des Schutzes und der Erhaltung historischer Gärten. In Artikel 5 der Charta von Florenz heißt es: „Als Ausdruck der engen Beziehung zwischen Kultur und Natur, als eine Stätte der Erquickung, zur Meditation oder zum Träumen geeignet, fällt dem Garten der allumfassende Sinngehalt eines Idealbildes der Welt zu: „Er ist ein ‚Paradies' im ursprünglichen Sinne des Wortes, das aber Zeugnis von einer bestimmten Kultur, einem Stil, einer Epoche, eventuell auch von der Originalität eines einzelnen schöpferischen Menschen ablegt."

Süddeutsche Zeitung
24. September 1997

Verblüht die Pracht der großen Gärten?

Internationale Expertentagung über „Die Gartenkunst des Barock" in Schloß Seehof

Draußen azurblauer Himmel, drinnen das Dämmerlicht eines Diaabends. Drinnen ein hochkarätiger Vortrag nach dem anderen über „Die Gartenkunst des Barock", draußen ein hochkarätiger Barockpark, der schrittweise zurückfindet zu seiner alten Pracht.

Schloß Seehof ist seit Mittwoch Schauplatz einer internationalen Tagung des Deutschen Nationalkomitees von ICOMOS (International Council on Monuments and Sites) in Zusammenarbeit mit dem Bayerischen Landesamt für Denkmalpflege und dem Arbeitskreis Historische Gärten der Deutschen Gesellschaft für Gartenkunst und Landschaftskultur (DGGL). Heute endet der Meinungsaustausch der insgesamt 260 Teilnehmer mit einer Exkursion zu den Parkanlagen der ehemaligen Markgrafschaft Bayreuth: Fantaisie in Donndorf, Hofgarten und Eremitage in Bayreuth und Sanspareil. Vor allem Sanspareil: Durch das Einbeziehen der Natur und die Realisierung eines literarischen Programms – zugrunde lag der barocke Bestseller über die Abenteuer des Odysseus-Sohnes Telemach von Fénélon – hat dieser kleine Ort im heutigen Landkreis Kulmbach wesentlichen Einfluß auf die Gestaltung der kontinentalen Gärten des Barock ausgeübt.

Der FT sprach mit Generalkonservator Dr. Michael Petzet, der als Leiter des Landesamtes für Denkmalpflege und (am Donnerstag wiedergewählter) Präsident von ICOMOS Deutschland Einlader in Doppelfunktion ist, DGGL-Präsident Hildebert de la Chevallerie aus Wiesbaden und dem Seehof-Hausherrn Dr. Alfred Schelter über die Situation nicht nur der barocken Prachtgärten.

Gefährdet sind Parks und Gärten vor allem durch Nichtpflege. Als Beispiel nannte Schelter den Michelsberger Terrassengarten in Bamberg. Diese Nichtpflege ist aber nicht nur Problem der Gegenwart, denn schon der vorletzte Bamberger Fürstbischof von Erthal (der Krankenhaus-Wohltäter) ließ 200 der 400 Figuren aus Seehof entfernen – das regelmäßige Fassen der Figuren mit Bleiweiß war ihm schlicht zu teuer. Dennoch blickt Schelter neidvoll zurück, muß er sich doch mit zwei Gärtnern, drei Hilfskräften und gelegentlicher Firmen-Hilfe bei der Parkpflege bescheiden. Im Hochbarock zählte das Seehofer Gartenpersonal nach Dutzenden.

Herrschaftliche Gärten werden zunehmend als Baulandreserve mißverstanden. Schelter nennt Beispiele wie Buch am Forst oder Triebim Landkreis Lichtenfels, wo Wohnungsbauten wesentliche Parkanlagen „besetzt" haben. Beispiel eines großbürgerlichen Gartens der Zwanziger Jahre ist die „Hornschuchhöhe" in Mainleus (Landkreis Kulmbach), der Stilmerkmale des späten Jugendstils und der frühen Bauhauskunst besitzt, aber auch Anklänge an englische und barocke Gärten: Hier beklagt der Denkmalpfleger bauliche Eingriffe in die großen Wiesenflächen.

Auch gegen Ansprüche der öffentlichen Nutzung sind Gärten nicht gefeit – wie im Falle Schloß Werneck (Landkreis Schweinfurt), wo ein Musikpavillon gegen den Widerstand der Denkmalpflege mitten in die Hauptachse des Parks gesetzt wird. Wehren müssen sich Parkbesitzer gegen Gartennutzungen durch Vereinsfeste oder Firmenfeiern: Zu viele Menschen am falschen Platz können die archäologische Situation irreparabel schädigen.

Schloß Callenberg bei Coburg mit seinem Park, der dreimal so groß ist wie der von Seehof mit seinen 21 Hektar, erliegt einer Gefährdung anderer Art: Von der EU großzügig geförderte Aufforstungen mit Fichten zerstören wichtige Blickbeziehungen im englischen Garten.

Es wäre zu leicht, solche Parkprobleme mit der latenten Geldnot der öffentlichen Hand zu simplifizieren, auch wenn man sich vor Augen halten muß, daß allein in Bayern 900 Burgen und Schlösser unter Denkmalschutz stehen – viele davon besitzen erhaltenswürdige Gärten. Eine Burg hat ihren Garten schon vor Jahren verloren: Das berühmte Biedermeiergärtchen von Rabenstein in der Fränkischen Schweiz fiel der umstrittenen Rekonstruktion der Anlage zum Opfer.

Mit solchen regionalen Problemen befaßten sich die Tagungsteilnehmer – sie kamen bis aus Rußland und Kanada – allerdings nur am Rande. Wichtiger war der Erfahrungsaustausch im Detail bis hin zu Einflußnahmen des auch in der Vergangenheit schwankenden Klimas auf die Pflanzenauswahl, den 14-Tage-Ryhthmus im Wechsel der bündig in die Erde gegrabenen Blumentöpfe in französischen Gärten oder das Verständnis einer Orangerie (wie das Tagungslokal) als ewiges Paradies für Serenissimus.

Wolfgang Kreiner

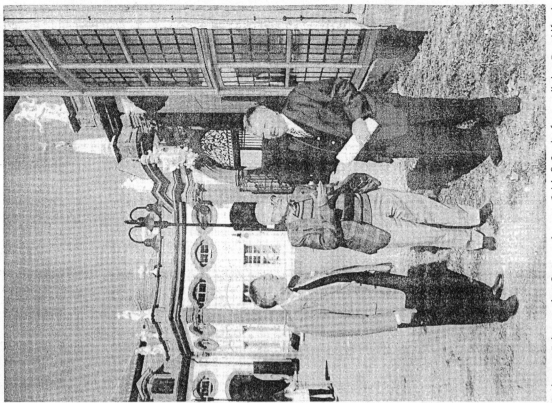

Fachgespräch vor der Orangerie von Schloß Seehof, von links: Dr. Alfred Schelter, Hildebert de la Chevallerie, Prof. Dr. Michael Petzet. Foto: Rinklef

Süddeutsche Zeitung
25. September 1997

Wegen angeblicher Interessenskonflikte zwischen Schlösserverwaltung und Golfplatzplanung in Schwangau:

Grüne wollen Zeller „Königsblick" verwehren

Finanzminister Huber nimmt seinen Staatssekretär in Schutz / Thurn und Taxis wirbt für umstrittenes Projekt

Von Andreas Roß

Schwangau – Dem Staatssekretär im bayerischen Finanzministerium, dem schwäbischen CSU-Vorsitzenden Alfons Zeller, soll „ab sofort" per Dienstanweisung untersagt werden, sich um Angelegenheiten der staatlichen Schlösserverwaltung sowie des Wittelsbacher Ausgleichsfonds (WAF) zu kümmern. Diese Forderung erhebt der Allgäuer Landtagsabgeordnete Adi Sprinkart vom Bündnis 90/Die Grünen.

Anlaß für den Vorstoß des Abgeordneten ist der beabsichtigte Bau eines Golfhotels zu Füßen der beiden Königsschlösser Neuschwanstein und Hohenschwangau. Weil Zeller das 65-Millionen-Projekt öffentlich befürwortete, obwohl sein Cousin Heinz Zeller an der Planung beteiligt ist, war er vor der Sommerpause in den Verdacht der Vetternwirtschaft geraten.

Nach Meinung von Sprinkart liegt die Vermutung nahe, Zeller befinde sich im Interessenskonflikt. Denn im Genehmigungsverfahren für Hotel und Golfplatz müßten auch die Schlösserverwaltung und der Ausgleichsfonds gehört werden. Für beide Gremien sei aber das Münchner Finanzministerium die aufsichtführende Behörde.

Im Wasserschutzgebiet

Wie berichtet, hat die Absicht der SportThurn und Taxis (STT) Holding, in Schwangau ein Sporthotel mit 200 Betten, Therme und Neun-Loch-Golfplatz zu errichten, erheblich Staub aufgewirbelt. Baurechtlich läge das Vorhaben im Außenbereich und zudem im Wasserschutzgebiet der Stadt Füssen.

Vor allem Bayerns Generalkonservator Michael Petzet machte Front gegen die Neubaupläne, weil sie „einen Attentat auf die Welt des Märchenkönigs Ludwig II." darstellten. Während Petzet kräftig vom Leder zog, war von den beiden Eigentümern von Neuschwanstein und Hohenschwangau, der bayerischen Schlösserverwaltung und dem Wittelsbacher Ausgleichsfonds, nichts zu hören.

Der frühere Grünen-Abgeordnete Raimund Kamm glaubte den Grund dafür zu kennen: Die Schlösserverwaltung gehöre zum Finanzministerium, und über die Finanzverwaltung die staatliche Aufsicht. Durch die positive Stellungnahme von Staatssekretär Zeller zu dem umstrittenen Freizeitprojekt werde beiden Einrichtungen die Möglichkeit genommen, dazu eigene oder gar konträre Meinungen zu äußern. Im übrigen war Kamm zu Ohren gekommen, mehrere Mitarbeiter im Finanzministerium seien bereits mit dem Thema Golfhotel und Neuschwanstein befaßt gewesen. Kamm und seine Kollegin Gudrun Lehman reichten deshalb im Juli eine Anfrage im Landtag ein.

Finanzminister Erwin Huber hat jetzt in seiner Antwort einen möglichen Interessenkonflikt seines Staatssekretärs verneint. Alfons Zeller habe sich „ausschließlich als Vorsitzender des Tourismusverbandes Allgäu/Schwaben" zu dem geplanten Projekt in Schwangau geäußert. Mit Ausnahme des persönlichen Referenten von Zeller sei auch kein Beamter des Ministeriums mit dem Thema befaßt gewesen. Daß sich die Schlösserverwaltung bislang nicht zum Golfhotel geäußert habe, führt Huber allein darauf zurück, daß der Verwaltung keine Projekt-Unterlagen vorgelegen hätten.

„Überflüssige Forderung"

Auch das Büro von Staatssekretär Zeller wies den Verdacht einer Einflußnahme auf Schlösserverwaltung und WAF zurück. „Wenn da irgendwas gelaufen wäre, dann müßte ich das wissen", sagte Zellers Referent Paul Bodensteiner zur Süddeutschen Zeitung.

Überflüssig sei außerdem die Forderung des Abgeordneten Sprinkart nach einer gesonderten Dienstanweisung für Zeller. Das Verhalten von Ministern und Staatssekretären bei möglichen Interessenkollisionen sei in der Geschäftsordnung der Staatsregierung „klar geregelt", betonte Bodensteiner.

Die Familie von Thurn und Taxis hat inzwischen begonnen, mit einem monatlichen Informationsblättchen die Bürger von Schwangau über das umstrittene Hotel- und Golfprojekt zu informieren. Ein sportliches Trainings- und Seminarhotel sei eine „Investition in die Zukunft unserer ganzen Region", schreibt Hubertus von Thurn und Taxis.

Der Widerstand von Landeskonservator Petzet laufe dagegen auf einen „Baustop für die Region" hinaus. Wenn Petzet den „unveränderten Königsblick" auf die Schlösser fordere, dann müsse man die Landschaft wieder so herstellen, wie sie um 1850 ausgesehen habe.

Trostberger Tagblatt
10. Oktober 1997

„Ein Volkssport geworden"

9. Jahrestagung der Denkmalpflege in Prien – Ein bedeutender Wirtschaftsfaktor

Prien am Chiemsee. „Mit rund 120 000 Einzeldenkmälern, 900 Ensembles und zahlreichen architektonischen Stätten ist das Ferienland Bayern reichlich mit pflege- und schutzwürdigen Objekten gesegnet." Mit dieser Aussage stellte Bayerns oberster Denkmalschützer, Generalkonservator Prof. Dr. Michael Petzet, die Bedeutung der in Prien eröffneten 9. Jahrestagung der Bayerischen Denkmalpflege heraus. „Schon die 400 Veranstaltungen zum kürzlich abgehaltenen Tag des offenen Denkmals haben gezeigt, daß die Denkmalpflege eine Art Volkssport geworden ist, das Interesse seitens der Bevölkerung war riesig", so Petzet.

Für die Tagung in Prien und auf den Chiemsee-Inseln wurde das Thema „Denkmalpflege als Wirtschaftsfaktor" ausgewählt. Priens 1. Bürgermeister Lorenz Kollmannsberger sagte in seinem Grußwort, daß in Prien gerade im Jubiläumsjahr „100 Jahre Markterhebung" ein anspruchsvoller Tourismus nicht ohne eine gut funktionierende Denkmalpflege denkbar ist. „Die Wirtschaft läuft der Kultur nach und nicht umgekehrt."

Die Schirmherrin, Staatssekretärin Monika Hohlmeier, zeigte sich stolz, „daß in Bayerns der Denkmalschutz Maßstäbe gesetzt hat. Wichtig ist es, daß man den Denkmalschutz und die Denkmalpflege nicht ohne die Menschen sieht, die damit zu tun haben und dort leben."

Im weiteren Verlauf der zweitägigen Tagung referierte Dr. Dieter Soltmann als Präsident der Arbeitsgemeinschaft der Bayerischen Industrie- und Handelskammern zum Thema „Wirtschaft und Denkmalpflege". Weitere Referenten waren Baudirektor Friedrich von Grundherr vom Staatlichen Hochbauamt in Kempten, Architekt Egon Georg Kunz aus Neusäß, Landeskonservator Dr. Giulio Marana vom Bayerischen Landesamt für Denkmalpflege, Ministerialrat Andreas Distler von der Obersten Baubehörde, 1. Bürgermeister Dr. Martin Geiger aus Wasserburg, Hauptkonservator Dr. Manfred Mosel vom Bayerischen Landesamt für Denkmalpflege und Prof. Dr. Wilfried Lipp, Landeskonservator für Oberösterreich in Linz.

Am zweiten Tag gab es anschauliche Diskussionen mit Egfried Hanfstaengl, dem Präsidenten der Bayerischen Verwaltung der staatlichen Schlösser, Gärten und Seen auf Schloß Herrenchiemsee, und im Kloster der Fraueninsel informierte Äbtissin Maria Domitilla Veith zum Thema „Lebensraum Denkmal". hö

Süddeutsche Zeitung, 20. Oktober 1997

Fremde nehmen Schlösser in den Schwitzkasten

Massenansturm der Touristen spült Geld in die Kasse, sorgt aber auch für Millionen-Schäden

Von Karl Stankiewitz

MÜNCHEN – Mit Grausen erinnert sich Bayerns Generalkonservator Michael Petzet an die Zeit, als „die Leute mit ihren Hintern die Gobelins abweizten". Inzwischen trennen Absperrungen die Volksmassen von den wertvollen Wandteppichen, die du schützende Folien gehüllt haben. Noch 1987 hatte Petzet jegliche Abdeckung historischer Schau-Plätze etwa durch Plastikbahnen auf einer Fachtagung unter der Rubrik „Umweltzerstörung am baulichen Erbe durch Menschenhand" eingeordnet.

Die zunehmende Gefährdung solcher Baulichkeiten durch den Massentourismus war Thema des diesjährigen Treffens der bayerischen Denkmalpfleger. Diesmal gings ums Geld – um immer mehr Geld, das die Öffentliche Hand für die Erhaltung und Sanierung des Kulturerbes braucht. Nicht zufällig fand der Ortstermin auf der Insel der beiden bewohnten Chiemsee-Inseln statt, gewissermaßen am Tatort. Auf Herrenchiemsee muß der Staat mit Hilfe eines privaten Freundeskreises Jahr für Jahr etliche Millionen in das Schloß Ludwigs II. stecken. Auf Frauenchiemsee bemühen sich die Benediktinernonnen, auch sie mit Hilfe eines Freundeskreises, um die Instandsetzung der heruntergekommenen Klosteranlagen und um einen kultivierten Fremdenverkehr.

„Ist der Tourist der Feind des Denkmals?" Die vom Präsidenten der Bayerischen Schlösserverwaltung, Egfried Hanfstaengl, in den jüngst renovierten Raum gestellte Frage blieb letztlich offen. Denn einerseits schädigt die überbordende Besucherflut die bauliche Substanz, andererseits kann und will der Freistaat nicht von seinem Grundsatz abgehen, dieses monarchistische Erbe, „dem Tourismus zu öffnen und ihn dadurch zu fördern" (Hanfstaengl) – auch deshalb, weil die Eintrittsgelder einen Teil der enormen Kosten für Unterhalt und Instandsetzung decken. Bei den 45 Schlössern, Residenzen, Burgen und Festungen, die vom bayerischen Finanzministerium verwaltet werden, kommen auf diesem Wege immerhin 23 Millionen Mark zusammen, die knapp ein Drittel des Aufwands decken. Und darunter wiederum leisten die drei weltberühmten „Königsschlösser" am Alpenrand den Löwenanteil von 17 Millionen Mark.

„Fehlt nur noch Bungee-Jumping"

Allerdings sind es gerade diese drei „Raumkunstmuseen", die dem Denkmalschutz die meisten Probleme bereiten, denn auf sie entfällt die Hälfte der knapp fünf Millionen Besucher. Mit jährlich 1,3 Millionen Besuchern ist Neuschwanstein mit seinen neugotischen Türmchen und Söllern inmitten einer romantischen Landschaft das touristische Aushängeschild nicht nur für Bayern, sondern für ganz Germany – und das einzige große Vorzeigeobjekt, das Überschuß abwirft.

„Heilig und unnahbar" sollte die „Traumburg nach dem Willen ihres Bauherrn sein und bleiben. Aber die Bedrängnis der Gegenwart ist gewaltig. Den Menschenmassen, die der Schlösser wegen ins Ostallgäu strömen, möchten Touristik-Manager und Politiker gern noch mehr Attraktionen anbieten. Das unter dem Stichwort „Dreamking" propagierte Projekt für ein Musical-Theater mit permanenter Kini-Show wurde zwar von der Gemeinde Schwangau abgeschmettert (es soll nun am Forggensee bei Füssen bis 1999 verwirklicht werden). Dafür ist nun der Plan für ein 200-Betten-Hotel samt Ballsaal, Spaßbad, Einkaufsgalerie, Tiefgarage und zwei Golfplätzen, aufgetaucht. Auch will das „Thurn & Taxis Golf Center" allerlei Funsport bieten, vom Riverrafting bis zum Bungee-Jumping von der Marienbrücke", unkt Petzet und warnt eindringlich davor, das Umfeld Neuschwansteins in eine Art Disneyland zu verwandeln.

Die meisten Sorgen aber hat der oberste Denkmalschutzmann derzeit mit dem Schnörkelschloß Linderhof im einsamen Graswangtal. Denn das kleinste der Königsschlösser zählte 1996 rund 670 000 Besucher, und „wenn es regnet, gibt es enorme Platzprobleme". Vor allem an den Oberflächen der „Raumschalen" wurden schwere Schäden festgestellt, allein die raumklimatischen Maßnahmen haben bisher 279 000 Mark gekostet. Viele Besucher hinterlassen vielerlei Ausdünstungen, besonders im Sommer, wenn sie schwitzen. Es kommt dann zu Feuchtigkeitsschäden auch an Mobiliar und an Gemälden. Problem Nummer drei ist Herrenchiemsee, wohin auch im Winter und neuerdings abends Linienschiffe von den Touristen bringen. Diese müssen inzwischen auf so manche Attraktion verzichten. Zwar ist das „Tischlein-deck-Dich" noch funktionsfähig (im Gegensatz zu dem in Linderhof). Aber die 3000 Wachskerzen, die mindestens zweimal wöchentlich im Sommer den Spiegelsaal in „Bayerisch-Versailles" festlich erstrahlen ließen, sind seit 1983 erloschen. Statt dessen kleben optische Rauchmelder unter den Prunkdecken. Und die intarsienverzierten Fußböden sind großenteils mit dicken, dunklen Teppichen belegt, die vor den täglichen Tritten der Besuchermassen schützen sollen. Das größte und letzte Ludwigsschloß ist heute auch das teuerste im Unterhalt. Allein die Renovierung der Hauptfassade hat den Staat 15 Millionen Mark gekostet. Was also tun? An eine Beschränkung des Besucherstroms denkt vorerst niemand. Die Schlösser seien ja schon bald nach dem Tod des Königs (1886) für das Volk geöffnet worden, glaubt Hanfstaengl, der Herr der staatlichen Schlösser, Gärten und Seen. Und Generalkonservator Petzet erinnerte die versammelten Kollegen daran, daß bereits zu Ludwigs Lebzeiten (1884) das „erste Son et Lumière-Spek-

MILLIONEN-SCHÄDEN LIESSEN SICH VERMEIDEN, *wenn Touristen die Königsschlösser nur noch von ferne betrachten dürften. Die Ausdünstungen schwitzender Besuchermassen schaden dem teuren Inventar.* Photo: SZ-Archiv

takel der Welt" auf Herrenchiemsee stattgefunden habe, inszeniert mit Hilfe der bekannten Bühnenbildnern und Pyrotechnikern mit Hilfe kleiner Kraftwerke. Also doch Disneyland – gewissermaßen aus Tradition? „Das Wort Vermarktung geht um", hat Hanfstaengl registriert. Laufend würden Vorschläge an ihn herangetragen, die mehr Geld in der gebeutelten Staatskasse klingeln lassen könnten: Festbankette im Spiegelsaal zum Beispiel, private Hochzeitszeremonien oder Popkonzerte. Mit anderen Worten: „Erlebniskultur" im Schloß. Internationale Agenturen und Konzerne stünden oft dahinter. Petzet jedoch verweist auf das einer GmbH überantwortete Habsburger-Schloß Schönbrunn, Österreichs meistbesuchte Sehenswürdigkeit, und postuliert etwas vorsichtig: Eine derartige Vermarktung sei wohl doch einer Kulturnation unwürdig und für ihr Image eher schädlich.

Wenn an Göttern der Rost nagt

In München trafen sich Spezialisten für die Restaurierung von Metallskulpturen

Von Ursula Peters

München – Mit einer Exkursion nach Augsburg und einem Empfang im Goldenen Saal des Rathauses endete am Wochenende eine internationale Denkmalpflege-Tagung, wie sie noch nie in Deutschland veranstaltet wurde. Es ging um die Tücken der Restaurierung von Kunstwerken aus Metall – vor allem Bronze-Standbildern und anderen Skulpturen, an denen der Zahn der Zeit bedenklich genagt hat.

Ein besonders interessantes Objekt hatten die Tagungsteilnehmer aus aller Welt am Augsburger Rathausplatz gleich vor Augen, nämlich den Augustusbrunnen (entstanden 1594), dessen Restaurierung für die Fachleute ein besonders kniffliges Problem darstellt: Die Brunnenfiguren bestehen aus unterschiedlichen Metall-Legierungen, und weisen deshalb Schäden auf, die auf ganz unterschiedliche Art behoben werden müssen.

Kaiser Augustus, der römische Namensgeber der Stadt und Hauptbrunnenfigur, besteht vor allem aus ziemlich viel Blei. Er war am schwersten durch Umwelteinflüsse geschädigt, und ist bereits restauriert. Die Figur wurde, um sie zu schonen, im Inneren des Rathauses aufgestellt. Auf dem Brunnen wird künftig nur eine Kopie zu sehen sein. Die Flußgötter hingegen bestehen vor allem aus Messing, einem widerstandsfähigeren Material, und dürfen später wieder an ihren Originalstandort am Brunnen zurückkehren. Die Werkstätten für Metallrestaurierung des bayerischen Denkmalamts haben einen hervorragenden Ruf und gelten zumindest in Deutschland als führend auf diesem Gebiet. Deshalb war der Andrang der Fachleute zu dieser Tagung in München so groß, daß die Teilnehmerzahl limitiert werden mußte.

Kampf gegen den Grünspan

Alle sind Spezialisten und Wissenschaftler auf diesem Gebiet, das weit in die Chemie und Metallurgie hineinreicht. Die Tagungsteilnehmer kamen aus vielen europäischen Ländern, aber auch aus Japan, China, den USA. Sie erläuterten in über 20 Fachvorträgen ihre Erkenntnisse und Methoden, wie man am besten historische Metallskulpturen repariert, schützt und erhält.

So berichtete Herr Wu Yongi aus China, wie man dort die völlig zerdrückten Bronzewagen der Terrakottaarmee des ersten Kaisers von China restaurierte. Maurizio Marbelli (Rom) führte aus, auf welche Weise man das berühmte Reiterstandbild des Marc Aurel auf dem Capitol – eines der Wahrzeichen Roms - konservierte. Und die Spezialisten Anna Maria Giusti und Mauro Matteini aus Florenz berichteten, welche technischen Probleme bei der Erhaltung der vergoldeten bronzenen Paradiespforte des Dom-Baptisteriums zu überwinden sind. Michael Petzet vom Bayerischen Landesamt für Denkmalspflege berichtete von der Wiederherstellung zweier riesiger Bronzekessel aus dem Reich der Königin von Saba, dem heutigen Jemen. „Das sind zwei der interessantesten Bronzegefäße der Antike in ihrer Machart", sagte Petzet, der auch dem Internationalen Denkmalrat ICOMOS vorsteht. Man rätselt noch, wie man vor 2000 Jahren so große Kessel – wohl von kultischer Bedeutung – mit einem Meter Durchmesser und völlig gleicher Wandstärke herstellen konnte. Die Kessel sind stark korrodiert, mit dicken grünspanartigen Belägen bedeckt und werden jetzt in München restauriert. Mit Hilfe der Computersimulation gelang es sogar, die am Rand umlaufende Schrift mit genau 100 Buchstaben zu entziffern.

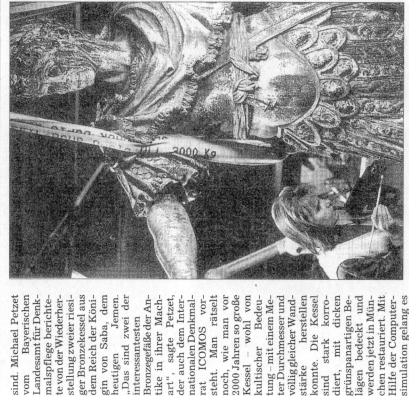

DOPPELGÄNGER: *Weil die restaurierte Original-Skulptur von Kaiser Augustus inzwischen im Augsburger Rathaus steht, soll künftig eine Kopie des Feldherrn den Augustus-Brunnen krönen.*

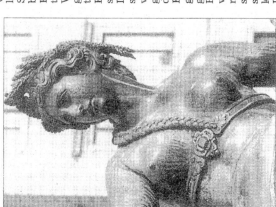

AUCH STATUEN ALTERN: *Lange hat Flußgöttin „Wertach" Wind und Wetter getrotzt. Jetzt kam sie zur Schönheitskur in die Werkstatt.*

Photos (2): LDP

Süddeutsche Zeitung, 28. Oktober 1997

Süddeutsche Zeitung
30. Oktober 1997

Direkt neben der Befreiungshalle bei Kelheim:

Eine Keltenstadt darf in Frieden ruhen

Kombination von archäologischen Reservaten und Naturschutzgebieten hat Vorteile

Von Ursula Peters

Kelheim – Spaziergänger, denen nach einem Besuch der Befreiungshalle auf dem Michelsberg hoch über Kelheim nach einer kleinen Wanderung zumute ist, werden dort prächtige Buchenwälder sehen, vielleicht auch seltene Vögel und Pflanzen. Sie befinden sich im größten Naturschutzgebiet Niederbayerns, den Nationalpark natürlich ausgenommen. Hier auf dem Berg zwischen Donau und Altmühl findet man noch andere Besonderheiten im 9480 Hektar großen waldigen Gelände: beispielsweise bis zu siebenb Meter hohe Böschungen und Wälle oder eine Ansammlung runder Vertiefungen, halb zugeweht vom Herbstlaub. Diese Erscheinungen sind keine Laune der Natur, sondern Überreste einer wichtigen Keltenstadt, einem sogenannten Oppidum – mindestens so groß wie das von Manching bei Ingolstadt.

Vor etwa 2500 Jahren lebte hier ein keltischer Vindilikerstamm. Nach neuesten Forschungsergebnissen reicht die Besiedelung des Michaelibergs wahrscheinlich sogar in die Bronzezeit zurück. In antiken Schriftquellen wird die Stadt, die schätzungsweise bis zu 20 000 Einwohner hatte, „Alkimoenis" genannt. Das bedeutet „Ort an der Altmühl", denn noch im Mittelalter schrieb man den Fluß Altmühl, „Alcmôna".

Die hohen Erdwälle, im unteren Teil durch Steinmauern und Pfähle verstärkt, umfassen die gesamte etwa 600 Hektar große Keltenstadt. Sie hatten drei große Eingänge. Noch heute sind diese Öffnungen für Geübte auszumachen. Das waren sogenannte Zangentore, raffinierte Einrichtungen zur Abwehr von Feinden: Die Tortürme lagen jeweils in einer 25 Meter tiefen Einbuchtung der Stadtbefestigung. Wenn der Feind dann mit seinen Rammböcken anrückte, war er schon in der Falle und wurde von oben angegriffen und vernichtet.

„Wir kommen nicht nach"

Wo vor langer Zeit die Kämpfe tobten, herrscht heute idyllischer Waldfrieden. Nur einige Hinweistafeln informieren zum Beispiel über die Funktion der Zangentore. Das Oppidum Alkimoenis gehört nämlich zu jenen archäologischen Schätzen, die noch in Frieden ruhen dürfen. „Wir wollen gar nicht alle Bodendenkmäler in Bayern ausgraben, deren Lage wir inzwischen durch Luftbildarchäologie und Magnetprospektion wissen", betonte Bayerns oberster Denkmalhüter Michael Petzet in Kelheim. „Wir kommen ja schon mit den vielen notwendigen Rettungsgrabungen nicht nach, wenn bei Bauvorhaben die Bagger bereits anrollen und alles im Boden zerstören." „Man müsse auch kommenden Generationen noch etwas übriglassen, das sich auszugraben lohnt.

„Deshalb ist schon vor einigen Jahren die Idee geboren worden, archäologische Schutzzonen zu schaffen, die dazu dienen sollen, die Spuren uralter bayerischer Vergangenheit – zurück bis in die Eiszeit – ungestört ruhen zu lassen. Es gibt in Bayern schon einige solcher rechtlich festgelegten Reservate, wo nicht einmal ein Pflug die Erde aufreißen darf.

Doch weitere sollen folgen. Und zwar mit Hilfe eines Bündnisses von Umweltschutz und Denkmalpflege. Bei einer gemeinsamen Pressekonferenz von Umweltminister Thomas Goppel (CSU) und Generalkonservator Michael Petzet in Kelheim wurde die Zusammenarbeit bekräftigt. Bayern besitze mit mehr als 80 000 archäologischen Denkmälern eine reiche Hinterlassenschaft an Zeugnissen früher Kulturen. Von den Steinzeithöhlen bis zu den Wehranlagen des Mittelalters und der Neuzeit seien die unterschiedlichsten Spuren der Vergangenheit erhalten. Die Verluste dieser Zeugnisse der Kultur seien durch die Versiegelung des Bodens und die Zerstörung von Ackerfluren besorgniserregend.

„Eine wirkungsvolle Rettungsmaßnahme für Bodendenkmälern kann die Einbindung in Naturschutzgebiete sein", sagte Goppel. Die Rechtsgrundlage sei bereits vorhanden. Bei einem Datenvergleich beider Behörden hätten sich bereits in Niederbayern 68 Gemeinsamkeiten von Naturschutzgebieten und archäologischen Fundstätten ergeben. In ganz Bayern werden es annähernd 200 Areale sein, wo Naturschutzgebiete auch zum Archäologiereservat werden könnten.

Süddeutsche Zeitung
4. November 1997

IN LUFTIGER HÖHE begutachten Friedrich Kardinal Wetter (rechts) die Renovierungsarbeiten im Dom. Von links: Helmut Zernickel, Hans Rauscher, Michael Petzet und Ernst Baumann. axl/Photo Prestel

Barockes Festkleid zur „Anprobe"

Die wertvollen Fresken des Freisinger Doms werden fachmännisch restauriert

Freising – Die Fresken des Doms sollen wieder in Originalfarbtönen erstrahlen. Salzbelastungen, Filzbefall und Oxydationen haben über die, von den Gebrüdern Adam geschaffenen, prunkvollen Deckenmalereien einen Grauschleier gelegt. Ein Expertenteam hat nun eine „Musterachse" im Gewölbe wieder in den ursprünglichen Zustand versetzt, die als Grundlage für eine Gesamtkostenanalyse dienen soll. Die Musterachse hat, wie Baudirektor Ernst Baumann angab, 420 000 Mark gekostet. Somit seien Gesamtkosten im unteren zweistelligen Millionenbereich für eine vollkommene Restauration der Raumschale als realistisch zu betrachten.

Wie es aussehen könnte, den Dom wieder gänzlich in sein barockes Festkleid zu hüllen, davon überzeugten sich am Mittwoch Repräsentanten der Kirche, der Stadt Freising, den Ministerien sowie der obersten Baubehörde und vom Landesamt für Denkmalpflege.

Wie Domdekan Prälat Gerhard Gruber vor der eindrucksvollen Kulisse eines, den ganzen Chorraum umspannenden Gerüstes anmerkte, „teilen sich Kirche und Staat die Sanierungskosten je zur Hälfte". Folgedessen gehöre die Stadt Freising, wie sich der Vorsitzende des kürzlich gegründeten Stiftungsrates ausdrückte, „zu den Beschenkten". Deren Vertreter, Oberbürgermeister Dieter Thalhammer, bezeichnete den Dom als „bedeutendstes Bauwerk Freisings", und er sprach sich dann auch für eine „zügig fortgeführte Sanierung" des gesamten Dombergs, einschließlich Tiefgaragen und Außenanlagen, aus.

Zuvor hatte Ernst Baumann die bisherigen Sanierungsmaßnahmen, wie Mauer- und Verputzarbeiten, Brandschutzmaßnahmen und freigelegte Mauerachsen auf insgesamt 3,35 Millionen Mark beziffert.

Klaus Kratzsch vom Landesamt für Denkmalpflege gab einen kleinen Einblick in die kunsthistorische Entwicklung und in die zahlreichen Veränderungen, die im Laufe der Jahrhunderte vorgenommen worden waren. Restaurator Helmut Zernickel wies mittels Diaprojektion auf die im Detail aufgetretenen Schäden an Fresken, Stuck und Vergoldungen hin, wobei er insbesondere die zahlreichen, teilweise laienhaften Renovierungsversuche in der Vergangenheit monierte. In komplizierten Konservationsverfahren und mit Hilfe von Ammonium-Carbonat-Kompressen sei nun die ursprüngliche Farbgebung sichtbar gemacht worden.

Danach machte sich die 30köpfige Delegation, allen voran Friedrich Kardinal Wetter, auf den Weg ins fünfzehn Meter hohe Gewölbe, wo die Restaurationsarbeiten in Augenschein genommen wurden. Vom Ergebnis in luftiger Höhe zeigte sich Kardinal Wetter beeindruckt: „Ich freue mich schon auf den Tag, wenn der Dom in österlichem Glanz erleuchtet wird." axl

Süddeutsche Zeitung (Freising)
30. Oktober 1997

Sport Thurn & Taxis Holding muß Projekt bei Neuschwanstein abspecken

Landwirte werden zum Handikap der Golfplatz-Planer

Auf Neun-Loch-Anlage wird vorerst verzichtet / Nobles Golfhotel soll am Fuße der Königsschlösser entstehen

Von Andreas Roß

Schwangau – Die Sport Thurn & Taxis Holding GmbH (STT) hält an ihrer Absicht fest, zu Füßen des weltberühmten Schlosses Neuschwanstein ein „Vier-Sterne-Komforthotel" mit Golfakademie und Therme zu errichten. Reinhold Sontheimer, Bürgermeister der Gemeinde Schwangau, rechnet noch heuer mit einer entsprechenden Bauvoranfrage. Abgespeckt haben die Bauherren dagegen ihre bisherigen Pläne für einen etwa 23 Hektar großen Golfplatz mit neun Loch. Statt dessen soll es nur noch eine Golfschule mit einer Driving Range und drei bis vier Spielbahnen geben.

Die Thurn & Taxis Holding begründet ihren Rückzieher mit dem massiven Widerstand der Schwangauer Landwirte. Aber auch mit einer reduzierten Golfanlage stößt das 60-Millionen-Projekt beim Bund Naturschutz (BN) und beim Landesamt für Denkmalpflege auf entschiedene Ablehnung. Hubert Weiger, Landesbeauftragter des BN, sieht in der Schwangauer Planung den „vorläufigen Höhepunkt einer touristischen Fehlentwicklung im Allgäu". In keiner anderen Region Bayerns diskutiere und plane man derzeit so viele Golfplätze wie in der Region zwischen Füssen und Oberstaufen. Weiger nennt es ermutigend für die Landschaftsschützer, daß die Bürger von Immenstadt im Oktober ein ähnliches Großprojekt mit überwältigender Mehrheit abgelehnt haben: „Dies zeigt, die Bevölkerung ist bereits im Erwachen." Der BN-Sprecher rät im übrigen zur Vorsicht, was den angekündigten Verzicht der Thurn & Taxis Holding auf den Neun-Loch-Golfplatz angeht. Weiger: „Die bauen zuerst das Hotel. Wenn die ersten Zimmer leerstehen wird die fehlende Wirtschaftlichkeit mit dem fehlenden Golfplatz begründet. Plötzlich sind dann Arbeitsplätze in Gefahr und der Druck auf die Politik wächst,

den Platz nachträglich zu genehmigen." Noch vor fünf Jahren habe die internationale Alpenschutz-Organisation CIPRA in Schwangau vor überbordenden Freizeitaktivitäten im sensiblen Alpenraum gewarnt. „Wenn die Schwangauer Pläne realisiert werden, sind die heiligen Schwüre der Alpenkonvention das Papier nicht wert, auf dem sie stehen," sagte Weiger.

Auch von der Landesdenkmalpflege wird das Großprojekt vor der majestätischen Kulisse des Kini-Schlosses Neuschwanstein weiterhin mit Argwohn verfolgt. Generalkonservator Michael Petzet hatte bereits im Juli bei einem Ortstermin vor einem „Attentat auf die Welt des Märchenkönigs" gewarnt. Inzwischen hat sich das Großprojekt vor der Landesdenkmalrat mit dem Vorhaben beschäftigt. Bei einer Zusammenkunft in München haben die Thurn & Taxis-Manager und ihre Architekten die um den Neun-Loch- Golfplatz reduzierten Pläne vorgestellt. Auch Bürgermeister Sontheimer und Generalkonservator Petzet wurden angehört. Anschließend hat der für Schwaben zuständige Regionalausschuß des Denkmalrates in Schwangau eine Ortsbesichtigung vorgenommen.

Mit dabei war für die Planungsseite der Sonthofener Architekt Heinz Zeller, ein Cousin des bayerischen Finanz-Staatssekretärs und schwäbischen Tourismuschefs Alfons Zeller (CSU). Diese Konstellation hatte bereits im Frühsommer eine „Amigo-Affäre", nachdem sich der CSU-Politiker öffentlich für das Golfhotel ausgesprochen und gemeinsam mit seinem Neffen an Abstimmungsgesprächen teilgenommen hatte. Außerdem hatte der Staatssekretär Generalkonservator Petzet wegen dessen Einlassungen zum geplanten Golfhotel bei Neuschwanstein heftig kritisiert.

Alfons Zeller wies damals alle Vorwürfe der „Vetternwirtschaft" zurück und er-

TRÜGERISCHE IDYLLE: *Der alpenländischen Natur am Fuße der Königsschlösser bei Füssen droht durch ein Golfhotel mit Driving Range ein neuer schwerwiegender Eingriff.* Photo: Denkmalamt

Süddeutsche Zeitung, 17. November 1997

klärte, er habe „ein reines Gewissen". Dennoch wurde er von Ministerpräsident Edmund Stoiber ermahnt, sich künftig mit Äußerungen zum dem umstrittenen Großprojekt zurückzuhalten. Den Grünen im bayerischen Landtag reichte dies freilich nicht aus. Sie forderten, daß Zeller keinen Einfluß auf die staatliche Schlösserverwaltung nehmen dürfe. Der Schlösserverwaltung werde sonst die Möglichkeit genommen, eine eigenständige Meinung zu dem Freizeitprojekt zu äußern, so die Grünen.

Das Verhalten Zellers und die Beteiligung seines Vetters wird offenbar auch im Landesdenkmalrat als äußerst delikat eingestuft. Ohnehin sei das Ferienho-

tel vor der einmaligen Schloßkulisse schon ein Thema „mit Brisanz", hieß es. Der Vorsitzende des Denkmalrates, der frühere CSU-Landtagsabgeordnete Erich Schosser, will zum bisherigen Diskussionsverlauf aber nichts sagen. Der Landesdenkmalrat werde erst am 24. November eine Empfehlung aussprechen, so Schosser.

Bürgermeister Sontheimer (CSU) glaubt das Ergebnis zu kennen: „Die werden das wohl ablehnen." Auf die Hotelplaner warten neben der Denkmalpflege noch weitere Hürden. Der geplante Standort liegt baurechtlich im Außenbereich und zudem im Wasserschutzgebiet der Stadt Füssen.

Das Herz hat ihm so manches Mal heftig geblutet

Vier Jahrzehnte Denkmalpflege in Kempten: Generalkonservator Michael Petzet zieht Bilanz

Kempten (raf). Denkmalpflege in Kempten – ein wirklich heißes Eisen. Denn nur wenige Kommunen haben in der Vergangenheit soviel historische Bausubstanz der Spitzhacke geopfert, wie die einstige Reichsstadt. Entsprechend trübe fällt die Bilanz von Prof. Michael Petzet aus: Allein der Schwund seit 1958 ergebe eine „gewaltige Verlustrechnung", erinnert Bayerns oberster Denkmalschützer an die Folgen der Altstadtsanierung. „Doch inzwischen hat ein Umdenken stattgefunden", so Petzet im AZ-Gespräch. Aktuelles Beispiel: die Konservierung des Mühlberg-Ensembles am St.-Mang-Platz.

Dem Umbau des mittelalterlichen Komplexes zum Haus der Diakonie verdankt Kempten übrigens den kritischen Rückblick des Generalkonservators: Petzet referierte im Rahmen eines wissenschaftlichen Kolloquiums, bei dem sich zahlreiche Experten mit der Baugeschichte und den teils spektakulären Funden am Mühlberg befaßten (Bericht folgt).

„Ich bin die wohl einzige lebende Person, die alle Gebäude Kemptens vor Beginn der Sanierungen gesehen hat", erinnert sich Petzet schmunzelnd. 1958 begann der Generalkonservator als denkmalpflegerischer „Frischling" mit der Inventarisierung historischer Gebäude in der Allgäu-Metropole. „Kempten war damals eine unversehrte Stadt", berichtet er, die ihre mittelalterlichen Züge an vielen Stellen bewahrt hatte.

Fortan durchstöberte der Konservator jedes historische Bauwerk vom Keller bis zum Dachboden. Schon damals habe ihm das Herz geblutet – beispielsweise im Ponickau-Saal, der vor seiner Renovierung durch eine Zwischendecke gespalten war. „Und an den Beinen von Putten hatte man sogar Wäscheleinen festgebunden." Mit Kreisheimatpfleger Kornelius Riedmiller nahm Petzet auch den Landkreis Kempten mit allen Weilern und Einöden unter die Lupe. Das nach einjähriger Recherche veröffentlichte Kurzinventar der Kunstdenkmale zählt noch immer zur Standardliteratur über die Stadt. Mit der Altstadtsanierung erlebte Kempten in den sechziger und siebziger Jahren eine Zäsur, die das Stadtbild ebenso nachhaltig prägte, wie der Abriß von Toren und Türmen im 19. Jahrhundert. Angetrieben vom Wunsch, „städtebauliche Mißstände" zu beseitigen, seien mit staatlicher Förderung „ganze Stadtquartiere durch gesichtslose Einheitsbauten ersetzt worden", kritisiert Petzet. Übrig blieben oft nur noch „Traditionsinseln". Als schwerwiegendsten Eingriff empfand der oberste Denkmalpfleger den Durchbruch im Bereich Rathaus/Kronenstraße. Und daß man mit Baggern gegen das römische Cambodunum anrückte, konnte er damals ebensowenig verstehen wie den Bau eines Kaufhauses als „Konkurrenz zur Residenz". Die öffentliche Kritik Petzets an der Sanierung sorgte einmal gar für solchen „Aufruhr" im Rathaus, daß die Wellen durch eine mehrstündige Diskussion mit dem Stadtrat geglättet werden mußten.

Bei allem Tadel hat der Denkmal-Experte aus München aber auch ein gewisses Verständnis für viele Maßnahmen. „Die Sanierung gehörte zur damaligen Ideologie des Städtebaus", räumt Petzet ein. Und weil Kempten schon vor Jahrzehnten eine Vorreiterrolle übernehmen wollte, fielen die Maßnahmen entsprechend umfangreich aus. Und noch etwas spreche für die Stadt: Sie habe ihre Wahrzeichen – vom St.-Mang-Platz bis zur Lorenzkirche – zu erhalten gewußt.

Aus Fehlern gelernt

Daß die Stadt aus ihren Fehlern gelernt hat, zeigen laut Petzet etliche Muster-Konservierungen, beispielsweise der „alten Münze" oder jetzt aktuell des Mühlberg-Ensembles. Vorbildlich seien auch die Impulse, die die Stadtarchäologie seit ihrer Gründung 1982 in ganz Südschwaben gesetzt habe. Nun gelte es, Lösungen für Problemfälle wie „Beghinenhaus" oder Weidachschlößle zu finden. Petzets größter Wunsch dürfte allerdings schwer zu erfüllen sein: Die Denkmäler, die bis heute erhalten blieben, sollten auch die nächsten 1000 Jahre überdauern.

Allgäuer Zeitung (Kempten), 1. Dezember 1997

Kollektives Erinnern eint die Landsberger

Wenn Denkmalschutz sinnlich wahrnehmbar wird, dann keimt auch kein Mißtrauen

Von Anne Rose Katz

Landsberg – Zur Buchpräsentation in der Heiligkreuzkirche (ungeheizt!) sind 300 Landsberger hinaufgestiegen. Gemessen an heute 24 000 Einwohnern eine stattliche Anzahl. Das dicke Druckwerk, kein Telephonbuch, kein Grundbuch, kein üppiger Konsum-Führer, ist der Band 2 der „Kunstdenkmäler von Bayern" (Deutscher Kunstverlag), im gehobenen Jargon der Denkmalschützer ein „Inventar", von denen sonst in Bayern nur noch in Bamberg, Günzburg und Rothenburg einige erarbeitet wurden. Man wünschte sich mehr davon. Landsberg 2 wiegt gute drei Kilo – ein Klacks, wenn man bedenkt, wieviel Vergangenheit, die zur Gegenwart und in die Zukunft führt, es beinhaltet.

Zwar sind diesmal nur die Sakralbauten der Altstadt aufgeführt (im Gegensatz zum Vorgänger über die 600 Bürgerhäuser im Stadtkern), „nur" auf 728 großformatigen Seiten, mit vielen Kommentaren, Photos, Aufrissen und Detailzeichnungen. Kirchen und Klöster, das sind ja nicht nur Baudenkmäler, sondern auch gesellschaftspolitische Räume, Wirtschaftsfaktoren, massenmediale Phänomene in einer Stadt. Auch die Kirchen im urbanen Raum drücken nicht nur Stadtgeschichte, sondern auch Baugeschichte aus: warum wer wo baut, dafür gab es und gibt es triftige Gründe, wie die Denkmalpfleger und die Stadtplaner anschaulich dokumentieren.

Was in der Stadt am Lech geradezu entzückt, das ist das kollektive Interesse nicht nur der kirchlichen und weltlichen Institutionen, sondern auch die Anteilnahme der Einwohner, die zunächst einmal Landsberger sind und damit seit Jahren eine Verantwortung für die schwierige Erinnerungsarbeit auf sich genommen haben; im bescheidensten Fall wenigstens die Bereitschaft, die wissenschaftlichen Arbeiten nicht zu behindern. Denkmalpflegerische Recherchen können manchmal verdammt lästig sein, auch wenn sie im allgemeinen Interesse sind. Da wird so ein Projekt geradezu urdemokratisch. Dafür haben fast alle Landsberger ein Sensorium entwickelt, das nun schon erstaunlich lange anhält.

Kunstsinnige Heimatfreunde

Dabei – die hartnäckige Detektivin in der Stadtgeschichte stammt aus ganz anderer Geographie. Im Lech hat sie höchstens ein paarmal gebadet. Dagmar Dietrich wurde immerhin schon vor vielen Jahren vom Landesamt für Denkmalpflege nach Landsberg geschickt, so wie ihre Kolleginnen und Kollegen auch als kunsthistorische Saisonarbeiter. Damals war sie für sechs Jahre praktische Denkmalpflegerin. Hat sie sich in diese herzoglich-baierische Grenzstadt verliebt? Wurde sie ein Opfer ihrer Beständigkeit, sie, die jahrelang nach Indien in Urlaub fuhr? Oder spürte sie von Anfang an die kollektive Bereitschaft der Bevölkerung, an dieser umfassenden Recherche nach urbaner Heimat mitzuwirken? Wie immer solche bürgerlichen Ehen beginnen, bei denen schließlich an Scheidung nicht mehr zu denken ist.

Verblüffend ist, daß kein Mißtrauen keimte. Auch nicht, als der Umfang der Arbeiten in der Stadt aus dem 13. Jahrhundert ins Bewußtsein trat. Bewußtsein ist immer gut, wenn es um elementare Bedürfnisse geht. Das Bewußtsein von sich selbst als bairischer Dinosaurier führte schließlich zum Selbst-Bewußtsein des *homo landsbergiensis*, mit dem wir es heute zu tun haben. Die Dynamik, die aus der Weiterentwicklung des Geschichtsverständnisses von Generation zu Generation resultiert, verlangte nach einem Team von Spezialisten, die sich gegenseitig ergänzten, interdisziplinär und arbeitsfreudig.

Michael Petzet, der Chef, sah wohlwollend auf die konzentrierten Bemühungen. Als Generalkonservator und umtriebiger Denkmalschützer in etlichen internationalen Gremien weiß er das Besondere zu schätzen in der Fülle des Alltags. Hatte die Inventarisation im Auge, die er (auch jetzt bei der Buchpräsentation) durch Anwesenheit und Ansprache ehrte. Schon früh hatte er die spezielle Eignung der Projektleiterin für diese Arbeit erkannt und gefördert. „Die Dagmar dreht jeden Stein um und vermißt ihn", sagt er anerkennend und versucht es mit finanzieller Unterstützung. Die ortsansässigen Geschäftsleute (ich sage nur Banken), die Lehrer und die Wirte ziehen mit, die Stadtverwaltung unter dem Oberbürgermeister Franz Xaver Rössle (Freie Wähler) ebenso wie der hohe Augsburger Klerus, niemand steht zurück. Selbst ein anonymer Millionär soll Beiträge in den Klingelbeutel geschmissen haben. Allesamt kunstsinnige Heimatfreunde.

Ist Denkmalpflege in oder out? Der Chef Michael Petzet meint, theoretisch stehe sie auf alle Fälle hoch im Kurs. Wissenschaftlich. Praktisch allerdings soll sich die Denkmalpflege unterordnen, nichts kosten, eher etwas bringen, Geld, Orden oder Ehrenzeichen. Es ist halt so wie im wirklichen Leben . . .

BLICK ZUM CHOR *der katholischen Stadtpfarrkirche Mariä Himmelfahrt, die im Band 2 der „Kunstdenkmäler von Bayern" vorgestellt wird. Er ist den Sakralbauten der Landsberger Altstadt gewidmet.*
Photo: BLfD, Lantz

Süddeutsche Zeitung, 24./25./26. Dezember 1997

Das Wunder von Hersbruck

Gotischer Hochaltar überdauert Fährnisse der Zeit

Restauratoren-Ehepaar gelingt es, das Werk fränkischer Meister wieder in alter Schönheit zu zeigen

Von Ursula Peters

Hersbruck – Auch große Kunstwerke haben zuweilen ein wechselvolles Schicksal – unterworfen dem Zeitgeist, den menschlichen Launen, der kleinen und der großen Politik. Da steht zum Beispiel in der protestantischen Stadtpfarrkirche von Hersbruck im Nürnberger La.. ein Meisterstück katholischer Anbetung, in jetzt wiedergewonnener Schönheit: der prachtvolle gotische Hochaltar. Und zwar an seinem angestammten Platz, von dem er Jahrhunderte lang vertrieben war.

Seit seiner Entstehung um das Jahr 1480 hat der Altar allerhand Fährnisse erlebt. Um so erstaunlicher ist es, daß dieses Meisterwerk von begabten fränkischen Schnitzern und Malern alles so gut überstanden hat. Durch die zweijährige Restaurierung, vor kurzem vollendet, konnte der ganze Zauber dieses Hochaltars wieder erlebbar gemacht werden.

Es handelt sich um einen fränkischen Wandelaltar – eine Art frommes Theater. Weil seine seitlichen Doppelflügel auf- und zuschließen sind, kann man – der Liturgie entsprechend – verschiedene biblische Szenen darstellen: zum Beispiel die gesamte Passionsgeschichte mit acht großen Gemälden. Sie wurde eins, on Aschermittwoch bis Karfreitag gezeigt. Oder das Marienleben, von der Verkündigung und Christi Geburt bis zu Marias Tod, die im Advent und Weihnachten zu sehen war. Das Prunkstück des Altars ist der geschnitzte Schrein als Mittelstück von großer Pracht und Kunstfertigkeit. Im Zentrum steht die Muttergottes mit dem Jesuskind, eingerahmt von den sogenannten Kirchenvätern in Lebensgröße (nämlich die Heiligen Augustinus, Ambrosius, Hieronymus und Papst Gregor der Große), gekleidet in festliche Gewänder. Vergoldetes Schnitzwerk füllt die Zwischenräume. An gewöhnlichen Werktagen wurde dieser Prunkschrein zugeklappt. Es waren nur zwei Gemälde aus dem Marienzyklus zu sehen.

Trotz Reformation – sie kam 1525 nach Hersbruck – durfte das „papistische" Kunstwerk im Chor stehen bleiben. Erst der Geschmackswandel im 18. Jahrhundert machte der Gotik den Garaus. Ein barocker Neubau des Kirchenschiffes mußte her, ebenso ein Barockaltar. Der goldene Schrein wurde jahrzehntelang hinter dem neuen Altar ver-

steckt, die bemalten Doppelflügel getrennt und als Solo-Bilder an die Chorwand gehängt, den Gefahren der Feuchtigkeit und der Schimmelpilze preisgegeben.

Einige Zeit kam der Schrein im Rathaus von Hersbruck unter, dann stellte man ihn in eine Friedhofskirche. Schließlich wanderte er als Leihgabe 1886 in das kurz zuvor eröffnete Germanische Museum in Nürnberg. Im letzten Krieg wurde der Altarschrein auf der Plassenburg in Sicherheit gebracht. Allerdings nicht ohne Schaden zu nehmen: Unbekannte verheizten kurzerhand einen Teil des geschnitzten goldenen Maßwerks in einem bitterkalten Winter. Später wurde die Schnitzerei im Museum jedoch rekonstruiert.

Erst in den späten fünfziger Jahren besannen sich die Hersbrucker auf ihr gotisches Erbe. Die Kirchengemeinde forderte den Altarschrein von Nürnberg zurück, um den Hochaltar in allen Teilen wieder zusammenzuführen. So geschah es dann auch nach einigen Umbauten und einer modernen Heizung in der Kir-

che. Heiße Luft ist bekanntlich eine berüchtigte Feindin für alte Kunstwerke. Ebenso das Sonnenlicht mit seinen Ultraviolettstrahlen, das durch die Kirchenfenster dringt und die Farben altern läßt.

Dafür fand man in Hersbruck jetzt eine aparte Lösung: Bemalte Glasfenster im neogotischen Stil aus dem 19. Jahrhundert, die man längst entfernt hatte, wurden neben den mittelalterlichen bunten Glasscheiben im Chor geschickt als eine Art Lichtschutz eingepaßt.

Die aktuelle Restaurierung des Hochaltars war trotz seines relativ guten Zustands nötig geworden, weil sich unter anderem Farbschichten abzulösen drohten. Das bekannte Restauratoren-Ehepaar Oellermann aus Heroldsbach, das den Altar seit längerem betreute, schlug Alarm. Um schwere Schäden zu vermeiden, sei eine sorgfältige Konservierung und Restaurierung des 500jährigen Kleinods angebracht. Die Kirchengemeinde sah das ein, es fehle jedoch das Geld. Als Retter in der Not erwies sich erneut die private Messerschmittstiftung. Sie spendierte die notwendige halbe Mil-

lion Mark. Zwei Jahre dauerten die peniblen Arbeiten der Reinigung, Festigung und Sicherung der Farbschichten. Die Übermalungen des letzten Jahrhunderts wurden entfernt.

Das Ergebnis ist überwältigend. Vor allem wenn ein schräger Sonnenstrahl durch die Chorfenster auf den Altar fällt, leuchten die Farben und das Gold des Schreins fast unwirklich intensiv und frisch. Dabei handelt es sich weitgehend um das Original. „Eine Erhaltung in unvergleichlicher Güte dieses Spitzenwerks der fränkischen Gotik", urteilt Michael Petzet, Bayerns oberster Denkmalschützer. „Und wir sind froh, daß dieser Altar nicht mehr im Museum, sondern an seinem originalen Platz in der Kirche steht." Daß die unbekannten Schöpfer dieses Kleinods auch durchaus Sinn fürs Praktische hatten, wenn es darum ging, die Schäflein auf dem rechten Weg zu halten, zeigt ein Detail: In der gemalten Verkündigungsszene sind die zehn Gebote in großer Goldschrift notiert, so daß sie von den Gläubigen in der Betbank gut zu lesen sind.

DIE FEINE SCHNITZEREI und der lebendige Ausdruck der großen Figuren im Hersbrucker Flügelaltar kennzeichnen dieses Spitzenwerk der fränkischen Gotik. Der Photo-Ausschnitt zeigt den Mittelteil des Schreins: die Muttergottes mit dem Jesuskind, flankiert von Papst Gregor dem Großen (links) und dem heiligen Hieronymus in Kardinalskleidung (rechts). Photo: Quellermann

---

Münchner Merkur
18. Dezember 1997

Von der Athena bis zum Atom-Ei

Denkmal-Band vorgestellt

München (je) – In der Reihe „Denkmäler in Bayern" ist er Band I.17: „Der Landkreis München". Von der Athena, einer Bronzestatuette aus dem letzten Jahrhundert vor Christus, die wahrscheinlich aus Illyrien stammt und in Dornach (Gemeinde Aschheim, Landkreis München) gefunden wurde, bis zum Atom-Ei in Garching reicht die Palette des eben im Karl M. Lipp-Verlag erschienenen Werkes, rund 400 Seiten dick und mit 1500 bis 2000 Fotos ausgestattet.

Bayernweit gibt es rund 118 000 Denkmäler, sagte Generalkonservator Professor Michael Petzet, im Landkreis München sind es zirka 600. Stolz vermerkte Petzet, daß Bayern das einzige Bundesland mit vollständiger Denkmalliste sei. Gestern stellten Fotograf Joachim Sowieja, Stefan Winghart, die Autoren Georg Paula und Timm Weski mit dem Münchner Landrat Heiner Janik den Kunst-Schmöker (Auflage: 2500) vor.

Oberbayerische Landkreise, wie Bad Tölz-Wolfratshausen, Fürstenfeldbruck oder Miesbach liegen in der Reihe schon vor. Der Band Starnberg beispielsweise sei so beliebt, daß man in Grunde schon eine neue Auflage drucken müsse, stellte der Krailinger Petzet mit Stolz fest.

Bei der Buchpräsentation gestern dabei (v.l.n.r.): Fotograf Sowieja, Stefan Winghart, Generalkonservator Prof. Michael Petzet, Tim Weski, Landrat Heiner Janik und Georg Paula.
Foto: Bollig

Denkmäler im Landkreis

Landkreis – Landrat Heiner Janik (2. v. r.) stellte gemeinam mit dem bayerischen Generalkonservator Professor Michael Petzet (3. v. l.) den nunmehr 15. Band aus der Reihe „Denkmäler in Bayern" vor. Er zeigt eine ausdrucksvolle Ansammlung von Denkmälern im Landkreis München. Photograph Joachim Sowieja (l.) ist es in rund zwei Jahren gelungen, auch unbekannte historische Stätten zu fotografieren. Bei der Präsentation mit dabei (v. l.) zudem die fleißigen Autoren Stefan Winhert, Timm Weski und Georg Paula. (Text/Foto: Bert Groner)

Kreisbote München-N/O, 8. Januar 1998

„Herkulesarbeit" vorgestellt
Denkmäler im Landkreis

Von BERT GRONER

Landkreis – Landrat Heiner Janik stellte gemeinsam mit dem bayerischen Generalkonservator Professor Michael Petzet den nunmehr 15. Band der Reihe „Denkmäler in Bayern" vor, der sich dieses Mal ausschließlich mit dem Landkreis München befaßt.

Janik reflektierte dabei kurz über den Sinn einer solchen „Denkmalliste mit Bildern und Kommentaren", die durchaus Identität und Heimat schaffen könne für die Bewohner des Landkreises. Insgesamt bezeichnete er die Herausgabe dieses Bandes als ein „denkwürdiges Ereignis", für deren „Herkulesarbeit" er dem Generalkonservator und seinen Mitarbeitern einschließlich des Verages Karl Lipp herzlich dankte. Schließlich sei es auch der maßgeblichen finanziellen Unterstützung des Landkreises zu verdanken, daß das bayerische Landesamt für Denkmalpfleger diesen Band herausgeben konnte.

Professor Petzet seinerseits stellte den Band in Stichworten vor und mußte zugeben, daß selbst er nicht an allen historischen Stätten oder Bauwerken des Landkreises München gewesen sei – doch werde hoffentlich nicht nur er das Buch als Anregung nehmen.

Der 15. Band einer bemerkenswerten Buchreihe in Sachen Denkmalpflege ist, so Petzet alphabetisch nach den Gemeinden im Landkreis gegliedert, was ein Zurechtfinden in dem über 300 Seiten starken Werk erheblich erleichtert. Stolz verwies er darauf, daß Bayern in der Auflistung seiner Denkmäler bundesweit führend sei. Auch wenn die Denkmalliste eher einen informativen Charakter hätte und nicht, wie in anderen Bundesländern, einen rechtsbegründenden.

Interessant ist insbesondere, daß auch technische Denkmäler in diesem Buch aufgenommen worden sind: Als Beispiele nannte der Konservator die ehemalige Grünwalder Brücke, die wegen ihrer Bauart einst Vorbild für europäische Architekten war, und das „Atomei" von Garching. Zufrieden zeigte sich Petzet besonders von der Vollständigkeit dieses Werkes. Mitautor Georg Paula meinte zu diesem Werk, dessen Grundlage eben die Denkmalliste gewesen

Der KREISBOTE berichtet aus dem Landkreis

sei, daß er selbst überrascht gewesen war hinsichtlich des Spektrums über das der Landkreis München verfüge. Wo man sonst nur auf dem Autobahnring mehr oder weniger blind für die Umgebung durchfahre, lägen dabei beachtliche Schätze entweder begraben oder deutlich sichtbar für diejenigen, die ein Auge für Historisches haben.

Sein Kollege Timm Weski informierte sodann die Gäste im alten Paulanerkloster im Landratsamt, daß es 1880 eine erste Liste von Münchner Denkmälern gegeben habe, die erst 1958 von Siegfried Wagner aktualisiert worden ist. Dieser Liste zufolge müßte der Leser annehmen, daß der nordöstliche Landkreis München nie bewohnt worden war...

Durch die Einführung der Luftbildarchäologie konnte der Umfang der entdeckten kulturgeschichtlichen Denkmäler erheblich gesteigert werden. Fortschritte gibt es aber auch durch eine erhöhte Qualität bei den Ausgrabungsmethoden.

In seinem Schlußwort gab Professor Petzet seiner Hoffnung Ausdruck, daß die erste Auflage der Denkmäler im „Landkreis München" (2 500 Exemplare) schon bald verkauft sein werde. Schließlich waren Ausgaben, etwa für den Landkreis Starnberg, bereits nach kürzester Zeit vergriffen.

In einem kurzen Gespräch mit dem KREISBOTEN verriet der Photograph dieses beachtenswerten Bildbandes, Joachim Sowieja, daß er rund zwei Jahre für das ansehnliche Werk gearbeitet hatte. Dabei mußte er oft gegen widrige Lichtverhältnisse und Wettereinflüsse kämpfen – herausgekommen ist ein Buch, daß bei keinem Denkmalfreund fehlen sollte.

Für rund 89 Mark in Buchhandlungen zu beziehen: Georg Paula/Timm Weski, Denkmäler in Bayern. Landkreis München. Denkmaltopographie Bundesrepublik Deutschland, erschienen 1997 im Karl M. Lipp Verlag München, ISBN 3-87490-576-4.

Im Landratsamt, wo unlängst wunderschöne alte Fresken (im Hintergrund) freigelegt werden konnten, präsentierten (v.l.n.r.) Co-Autor Stefan Winhart, Photograph Joachim Sowieja, Generalkonservator Professor Michael Petzet, Landrat Heiner Janik und die Autoren Timm Weski und Georg Paula eine nahezu vollständige zum Buch gewordene Denkmalliste über den Landkreis München.
Fotos: Bert Groner

Generalkonservator Professor Michael Petzet präsentierte eine in Wort und Bild festgehaltene Dokumentation sämtlicher Denkmäler im Landkreis München.

Verfällt immer mehr, weil Landesamt für Denkmalpflege und Bauherr Uni-Stiftung unterschiedliche Sanierungsvorstellungen haben: das baugeschichtlich bedeutsame Gebäude Ostenstraße 29.
Foto: hr

Entscheidung über „Hampererhaus" weiter offen
Nach Spitzengespräch steht eine detaillierte Kostenrechnung noch aus / Petzet „verhalten optimistisch"

Eichstätt (hr) In dem seit Jahren schwelenden Streit über die Sanierung des sogenannten Hampererhauses (Gebäude Ostenstraße 29) ist immer noch kein Ende in Sicht. Zwar scheinen Bauherr (Stiftung Katholische Universität Eichstätt) und Landesamt für Denkmalpflege bei einem Gespräch eine Lösung gefunden zu haben, die eine Sanierung möglich macht. Jedoch muß noch eine detaillierte Kostenberechnung durchgeführt und geprüft werden, ob das Haus nach der Maßnahme als Büro genutzt werden kann – so wie die Universität dies will. Währenddessen verfällt das Gebäude, das im Kern aus dem Jahr 1442 stammt und dessen Instandsetzung auf 1,37 Millionen Mark angesetzt ist, immer mehr.

Knackpunkte sind unter anderem die niedrigen Türstöcke und die Fenster, die nach Auffassung des Landesamtes für Denkmalpflege erhalten werden sollen. Laut Klaus-Dietrich Beyer, Direktor der Stiftung Katholische Universität, aber machen die Türhöhen nach den Versicherungsvorschriften eine Büronutzung unmöglich. „Sollen sich jetzt Landesamt für Denkmalpflege und Versicherung herumstreiten, wir halten uns da raus", sagt Bauherr Beyer. Allerdings macht er deutlich, daß die Stiftung auf eine Nutzung als Büro bestehe. Gleiches gilt für die Kosten: Erst wenn gesichert sei, daß es bei den 1,37 Millionen Mark bleibt beziehungsweise die Mehrkosten von anderer Seite getragen werden, bleibe auch die Stiftung bei ihrer Zusage, das Gebäude zu sanieren.

Beyer erinnert daran, daß dieser „neue Stand der Dinge" eigentlich bereits vor mehr als zwei Jahren erreicht gewesen sei. Damals hätten sich Denkmalpflege und Stiftung bereits verständig gehabt, die Baugenehmigung sei erteilt worden. Auch der Vertrag mit der Stadt - sie ist Eigentümerin des Hauses Ostenstraße 29 - sei bereits unterschrieben, der Vollzug allerdings noch ausgesetzt.

Daß das Projekt dennoch nicht in Angriff genommen wurde, begründet Beyer mit immer neuen Befunduntersuchungen und Forderungen „oder auch Wünschen" des Landesamtes für Denkmalpflege. Die Stiftung sei dabei immer gesprächsbereit gewesen. Für den Stiftungsdirektor gilt: „Wenn jetzt nichts geht, dann ist fraglich, ob das Geld für die Sanierung noch zur Verfügung gestellt werden kann". Insgesamt 350 000 Mark stehen seit Oktober 1995 für die Maßnahme im Stiftungshaushalt bereit; der Rest sind Zuschüsse.

Paul Unterkircher, der für Eichstätt zuständige Gebietsreferent des Landesamtes für Denkmalpflege, weist darauf hin, daß seitens der Stiftung weder Ausschreibungen noch Werk- und Detailpläne inklusive Statik eingereicht worden seien. Und dies, obwohl der Baubescheid mit allen Auflagen seit über einem Jahr vorliege. Somit fehle auch die Grundlage für eine exakte Kostenberechnung. Außerdem stehe immer noch das Restaurierungskonzept aus. Ohne diese Vorlagen könne das Haus Ostenstraße 29 nicht saniert werden. Dies, so Unterkircher, verlangten auch die Bewilligungsbescheide über die bereits zugesagten Fördergelder.

Auch Generalkonservator Professor Michael Petzet, Leiter des Landesamtes, erklärte, daß es immer noch an der genauen Kostenschätzung fehle. Seitens des Eichstätter Universitäts- und Diözesanbauamtes seien immer nur grobe Angaben gemacht worden. Petzet allerdings zeigte sich „verhalten optimistisch", daß im Frühjahr mit den Bauarbeiten begonnen werden könne. Petzet: „Ich denke, jetzt sind alle Details geklärt." Und auch noch offene Finanzierungsfragen würden geklärt werden.

Eichstätter Kurier
18. Februar 1998

Die Denkmalpflege als Exportartikel
Jetzt gibt es an der Technischen Universität auch einen Studiengang für Restauratoren

Von unserem Redaktionsmitglied
Angela Bachmair

München
Ursprünglich wollte Prof. Michael Petzet im April, wenn er 65 Jahre alt wird, in den Ruhestand treten. Jetzt bleibt er doch noch im Amt, mindestens bis 1999. Dann kann Petzet auf 25 Jahre als bayerischer Generalkonservator zurückblicken und auch feststellen, wie sich der von ihm mitbegründete neue Studiengang „Restaurierung" an der Technischen Universität München macht.

Die ersten 14 Studierenden, die aus zahlreichen Bewerbern ausgewählt wurden, lernen seit diesem Semester Restaurierung, Kunsttechnologie und Konservierungswissenschaften; die Besetzung des Lehrstuhls, der zur Zeit kommissarisch vom Chefrestaurator des bayerischen Nationalmuseums, Joachim Haag, verwaltet wird, steht bevor. Das Landesamt für Denkmalpflege ist für den weltweit ersten Restaurierungs-Studiengang auf Universitätsebene unverzichtbar, denn dort hat der Professor seinen Sitz, und die Studenten lernen in den Amts-Werkstätten an richtigen Denkmalen, nicht an Modellen.

Damit konnte Petzet dem Amt mit seinen 270 Mitarbeitern (davon 35 Kunsthistoriker) für die Zukunft ein weiteres Standbein schaffen. In den vergangenen Jahren war immer wieder spekuliert worden, die Behörde solle im Zuge staatlicher „Verschlankung" verkleinert oder umorganisiert werden, wenn erst ihr jetziger Chef, dem großes Geschick im Umgang mit Politikern nachgesagt wird, zurückgetreten sei. Petzet, derzeit Vorsitzender der deutschen Landesdenkmalpfleger, sieht das freilich auch für die Zeit nach 1999 gelassen.

Prof. Michael Petzet

Die Beratung der Denkmalpflege-Referenten werde immer mehr nachgefragt, auch kleinere Städte wünschten inzwischen einen regelmäßigen Sprechtag. Ins bayerische Bauarchiv des Landesamts im Kloster Thierhaupten schickten die Handwerkskammern regelmäßig ihre Leute zu Fortbildungen. Und das Landesamt selbst mit seinen Restaurierungs-Werkstätten für Holz, Stein, Metall und Textilien sowie dem Zentrallabor sei weltweit gefragt. „Man könnte in Bayern Denkmalpflege als Exportartikel vermarkten."

Chemiker und Restauratoren aus der Behörde am Münchner Hofgraben sind bei der Instandsetzung der kaiserlichen Tonsoldaten-Armee im chinesischen Shaanxi beteiligt, haben die Karawanserei Samsarat al-Mansurah im Jemen mitrestauriert, in Kroatien ein Restaurierungszentrum aufgebaut und in Jordanien bei der Konservierung von Steindenkmalen mitgeholfen. Auch bei bayerischen Kulturabkommen sind Denkmalpfleger dabei, etwa in einem ungarischen Dorf.

Und in Bayern selbst stehen laut Petzet große neue Restaurierungen an: Kloster Ebrach bei Bamberg und der Freisinger Dom, die Augsburger Domportale und der Nürnberger Hirsvogelsaal. In Augsburg warten außerdem der barocke Kleine Goldene Saal, die Brunnenfigur des Herkules und das Schaezlerpalais auf Reparatur, in Günzburg wird an der Frauenkirche gearbeitet, in Straubing an der Jesuitenkirche, in Nördlingen an der Georgskirche. „Die klassischen Aufgaben der Denkmalpflege hören nie auf", sagt Petzet.

Hitlers Möbel

Daneben werden ihn auch Spezialitäten beschäftigen, etwa die, ob das Augsburger Rathaus als Weltkulturerbe vorgeschlagen werden soll oder nicht doch lieber die Regensburger Altstadt, die für Petzet Vorrang hat. Und auch mit Hitlers Möbeln aus Bischofshofen muß sich der Generalkonservator befassen. Einige von ihnen sollen in der Dokumentationsstelle Berchtesgaden ausgestellt werden, andere will er der Neuen Sammlung überlassen. An Privatleute werde er sie jedenfalls nicht verkaufen.

Die Günzburger Frauenkirche, 1736–41 von Dominikus Zimmermann erbaut, ist eines der großen Restaurierungs-Vorhaben in Schwaben.
Bild: Uli Wagner

Augsburger Allgemeine
19. Februar 1998

Augsburger Allgemeine
28. März 1998

„Attentat auf die Welt des Märchenkönigs"

Umstrittenes Großhotel im Gemeinderat Schwangau

Schwangau (jg/lb). Als „Attentat auf die Welt des bayerischen Märchenkönigs" hat Dr. Michael Petzet, Chef des Landesamtes für Denkmalpflege, das geplante Sport- und Konferenzhotel zu Füßen von Schloß Neuschwanstein bezeichnet. Der Gemeinderat Schwangau wird sich am Montag mit der Bauvoranfrage für das umstrittene Projekt befassen, das seit Monaten für Wirbel sorgt.

Mitte vergangenen Jahres war bekannt geworden, daß die „Thurn & Taxis Golf Center GmbH" beim Schloß Bullachberg in der Nähe der Königsschlösser Neuschwanstein und Hohenschwangau für rund 50 Millionen Mark ein 150-Zimmer-Hotel sowie einen Neun-Loch-Golfplatz bauen will. Nach massiven Protesten von verschiedenen Seiten, etwa einer Bürgerinitiative und dem Bauernverband, reduzierte Bauherr Max Emanuel Prinz von Thurn und Taxis die Pläne: Der Golfplatz werde nicht gebaut, das Hotel von 150 auf 120 Zimmer verkleinert. Damit wollte er auch die deutlichen Bedenken ausräumen, die der Landesdenkmalrat damals geäußert hatte.

In einem leidenschaftlichen Appell hat sich Bayerns oberster Denkmalpfleger gestern nochmals schützend vor das weltberühmte Schloß gestellt. Auch wenn man bei dem „Monsterhotel" mit seinen 250 Betten „angeblich" auf die Golfplatz-Pläne verzichte, werde dies wenig daran ändern, „daß ein großer Teil des Bullachberges überbaut wird" und sich die Zimmer „mit Neuschwanstein-Blick wohl kaum verstecken lassen", sagte Generalkonservator Petzet. Dem Schwangauer Bürgermeister wirft er vor, bereits mit anderen Projekten die „einzigartige bayerische Kulturlandschaft" verschandelt zu haben.

In Sorge herabblicken

Petzets eindringliche Warnung: „Das Umfeld Neuschwansteins darf nicht in eine Art ‚Disneyland' verwandelt werden." Wer „massive Eingriffe" in die bäuerlich geprägte, weithin blickbare Landschaft plane, meint Petzet: „Auch König Ludwig II. wird am 30. März in Sorge auf die Gemeinde Schwangau herabblicken."

Unterstützung erfährt der streitbare Denkmalpfleger vom „König-Ludwig-Club". Dessen Vorsitzender Hannes Heindl hat an Prinz Max Emanuel appelliert: „Das Haus Thurn und Taxis ist zu bedeutend, als daß Sie sich das Kainsmal des Landschaftsfrevels auf die Stirn drücken dürften", schmeichelt der königstreue dem Prinzen. Sollte der Prinz an seinen Plänen festhalten, attestiert ihm Heindl schon vorsorglich, „der Königswelt den Hermelin von den Schultern zu reißen".

Die Kitzinger
28. März 1998

„Attentat" auf Märchenschloß Neuschwanstein: „Umfeld nicht in eine Art Disneyland verwandeln"

Schwangau. Neuschwanstein, das jedes Jahr von einer Million Urlaubern besucht wird, verstellt bald ein großes Hotel den freien Blick auf das einzigartige Bauwerk am Allgäuer Alpenrand — Schloß Neuschwanstein?

Verstellt bald ein großes Hotel den freien Blick auf das einzigartige Bauwerk am Allgäuer Alpenrand — Schloß Neuschwanstein? dpa-Bildfunk

Nach den jahrelangen Auseinandersetzungen um ein König-Ludwig-Musical am Füssener Forggensee könnte schon bald ein großes Hotel den freien Blick auf das einzigartige Bauwerk am Allgäuer Alpenrand verstellen. In einem leidenschaftlichen Appell hat sich daher Bayerns oberster Denkmalpfleger gestern schützend vor das weltberühmte Schloß gestellt.

Michael Petzet, Chef des weiß-blauen Landesamtes für Denkmalpflege, befürchtet ein „Attentat auf die Welt des bayerischen Märchenkönigs".

Besonders ärgern dürfte den Generalkonservator dabei, daß hinter der „Thurn & Taxis Golf Center GmbH" als Planer des 250-Betten-Hotels auf einem Berg gegenüber dem Schloß in der Person von Prinz Emanuel ausgerechnet ein bayerischer Adelssproß steht.

Am kommenden Montag befaßt sich der Gemeinderat von Schwangau mit dem umstrittenen „Monsterhotel", wie Petzet das Projekt auf dem sogenannten Bullachberg nennt. Auch wenn die Betreiber „angeblich" auf den Bau zweier zunächst geplanter Golfplätze zu Füßen von Neuschwanstein verzichten, „wird dies allerdings wenig daran ändern, daß ein großer Teil des Bullachberges überbaut wird und sich die 125 Zimmer mit Neuschwanstein-Blick wohl kaum verstecken lassen".

Schlechte Erfahrung

Petzet wirft dem Schwangauer Bürgermeister Reinhold Sontheimer vor, eine einzigartige bayerische Kulturlandschaft schonungslos zu vermarkten. Das Umfeld des König-Ludwig-Schlosses „darf nicht in eine Art Disneyland verwandelt werden", appelliert Bayerns oberster Denkmalschützer an die Kommunalpolitiker. Mit ihnen hat Petzet schon bisher schlechte Erfahrungen gemacht. Am Ortseingang der Feriengemeinde entstand gegen den Widerstand der Denkmalpfleger ein Gewerbegebiet samt Tankstelle und Supermarkt — für Petzet eine „Verschandelung" des Ortsbildes.

Er führt ins Feld, daß auch der Bayerische Landesdenkmalrat einmütig gegen das Hotelprojekt ist. Im Sinne des „sanften Tourismus" dürfe es nicht zu einer „Zug um Zug vorangetriebenen Zerstörung dieser Denkmallandschaft kommen", redet Petzet den Ratsherren ins Gewissen. „Hier könnten die Zukunftschancen einer ganzen Region verspielt werden."

Für sein Engagement erweckt der Generalkonservator den 1886 auf nie ganz geklärte Weise ums Leben gekommenen „Märchenkönig" gar zu neuem Leben. „Auch Ludwig II. wird am kommenden Montag in Sorge auf die Gemeinde Schongau herabblicken", schreibt er und hofft, „daß sich das neuerlich geplante Attentat auf die Welt des bayerischen Märchenkönigs abwenden läßt".

Heute entscheidet der Schwangauer Gemeinderat

„Monsterhotel" im Land des Märchenkönigs?

Die Familie Thurn & Taxis legt modifizierte Pläne vor, die die Gegner des Projekts aber nicht überzeugen

Von Andreas Roß

Schwangau – Die Schwangauer Familie des Prinzen Max Emanuel von Thurn & Taxis unternimmt einen weiteren Anlauf, um ihr umstrittenes Sport- und Konferenzhotel am Fuße von Schloß Neuschwanstein doch noch bauen zu können. Das 40-Millionen-Projekt hatte schon im letzten Jahr mächtig Wellen geschlagen. Damals war auch noch ein Neun-Loch-Golfplatz geplant, auf den jetzt verzichtet wird. Landwirte, Bund Naturschutz und das Landesamt für Denkmalpflege hatten die Thurn-&-Taxis-Pläne heftig kritisiert und davor gewarnt, das Umfeld von Schloß Neuschwanstein „in eine Art Disneyland" zu verwandeln. Die zwischenzeitlich etwas modifizierten Planungen wurden als Bauvoranfrage bei der Gemeinde Schwangau eingereicht.

Der Gemeinderat, dem für die CSU auch Prinz Max Emanuel angehört, wird am Montag über die Vorlage entscheiden. Bürgermeister Reinhold Sontheimer (CSU), der das Projekt für genehmigungsfähig hält, hat wegen des öffentlichen Interesses die Sitzung vom Rathaus in den großen Kursaal verlegt.

Das geplante Vier-Sterne-Hotel hatte im Vorjahr auch Staatssekretär Alfons Zeller vom bayerischen Finanzministerium in politische Bedrängnis gebracht. Der CSU-Politiker hatte nämlich das Investitionsvorhaben öffentlich befürwortet und an Vorgesprächen teilgenommen, obwohl sein Vetter Heinz Zeller, ein Architekt, mit der Planungsgemeinschaft kooperiert. Erst nach einer Ermahnung durch Ministerpräsident Edmund Stoiber hielt sich Staatssekretär Zeller, der auch Vorsitzender des schwäbischen Tourismusverbandes ist, mit Stellungnahmen zu dem Schwangauer Großprojekt zurück.

Im übrigen steht der Regierungsbezirk Schwaben seit Monaten bei Investoren und Planern von Freizeit- und Erlebniseinrichtungen offenbar hoch im Kurs. In Immenstadt (Landkreis Oberallgäu) brachte erst ein Bürgerentscheid einen großen Freizeitpark mit Hotel und Golfplatz oberhalb des Alpsees zu Fall. In Türkheim (Landkreis Unterallgäu) liebäugelt ein Unternehmer damit, einen bestehenden Golfplatz um eine Ferienanlage mit Appartements, Hotels und Thermalbad zu erweitern. In Günzburg laufen die Vorbereitungen für ein Projekt des dänischen Lego-Konzerns auf Hochtouren; der will einen Erlebnispark für 1,5 Millionen Besucher bauen. Und nicht weit von Günzburg entfernt, in Jettingen-Scheppach, wurden diese Woche Pläne für ein riesiges Zentrum – bestehend aus Einkaufspark, Multiplex-Kino, Spaßbad, Fitneßzentrum und Hotel – vorgestellt (Siehe gesonderten Kasten).

In Schwangau lockt Bauherr Max Emanuel von Thurn & Taxis mit 100 Arbeitsplätzen und einer Wertschöpfung von zusätzlich 15 Millionen Mark aus dem Tourismusgeschäft, wenn das Sport- und Konferenzhotel am Bullachberg genehmigt werde. Mit der Düsseldorfer Hotelkette Lindner AG habe er bereits einen Partner, der die exklusive Herberge mit ihren 250 Betten führen wolle. Schon in zwei bis drei Jahren, so die Prognose der Thurn & Taxis Golf Center GmbH, die für den Fürsten das Projekt vorantreiben soll, könnten 60 000 Übernachtungen erreicht werden. Das Konzept richtet sich in erster Linie an Firmen, die im Schatten der Königsschlösser Neuschwanstein und Hohenschwangau ihre Mitarbeiterelite schulen und fit machen wollen.

Die Hoffnung des adeligen Bauherrn, durch eine zwischenzeitlich etwas modifizierte Planung den Widerstand gegen das Hotelprojekt ausräumen zu können, hat sich allerdings nicht erfüllt. Bayerns Generalkonservator Michael Petzet hält auch diese Planung für „ein Attentat auf die Welt des Märchenkönigs Ludwig II." Das von Petzet als „Monsterhotel" bezeichnete Gegenstück zu Neuschwanstein lasse sich mit der großartigen Kulturlandschaft zu Füßen Neuschwansteins nicht vereinbaren. Scharf attackiert Bayerns oberster Denkmalpfleger auch Schwangaus Bürgermeister Sontheimer, der bereits mit der Genehmigung einer Tankstelle und eines Supermarktes im Nahbereich der bekannten St.-Coloman-Kirche den Ortseingang verschandelt habe.

Während Vertreter der Schwangauer Hotel- und Gaststättenbetriebe das Großprojekt als „Bereicherung für den Tourismus" begrüßen, spricht sich der örtliche Bauernverband und eine Bürgerinitiative gegen das Vorhaben aus. Das Hotel am Bullachberg läge baurechtlich im Außenbereich und könne nach den Anforderungen des Baugesetzes nicht genehmigt werden. „Oder sind doch nicht alle vor dem Gesetz etwa gleich?" fragt die Initiative in einem ihrer Flugblätter.

Bürgermeister Reinhold Sontheimer ist anderer Meinung und stellt die Gegenfrage: „Wem nützt es, wenn wir eine Käseglocke über den Ort stülpen?" Der Rathauschef rechnet heute mit einer knappen Entscheidung.

SCHON BALD könnte ein großes Hotel den freien Blick auf Schloß Neuschwanstein verstellen. Photo: dpa

Süddeutsche Zeitung, 30. März 1998

„Neuschwanstein-Attentat: Kein Disneyland"

Bayerns oberster Denkmalpfleger will „Monsterhotel" verhindern – Appell an Prinz Emanuel von Thurn und Taxis

Der Kini in großer Sorge: Golfhotel unterm Schloß?

Denkmalschützer laufen Sturm gegen Thurn & Taxis-Projekt in Neuschwanstein

VON THOMAS MÜLLER

Der Kini kommt nicht zur Ruhe: 111 Jahre nach seinem mysteriösen Tod im Starnberger See (am 13. Juni 1886) steht heute das nächste Attentat auf die Welt des Mächenkönigs bevor. Und zwar in Form eines 50-Millionen-Hotel-Projekts, das bald schon die majestätische Kulisse des Kini-Schlosses Neuschwanstein verbauen könnte (AZ berichtete). Mit den Bauplänen des Prinzen Max Emanuel von Thurn & Taxis befaßt sich heute der Schwangauer Gemeinderat. Wieder mal.

Denn als im letzten Sommer die Pläne – ein 23-Hektar-Golfplatz, Therme, 150-Betten-Hotel – bekannt wurden, hagelte es Kritik. Vor allem von Bayerns Generalkonservator: „Neuschwanstein darf nicht zu Disneyland werden", so Michael Petzet. Obwohl mittlerweile abgespeckt wurde und vom ursprünglich geplanten Bungee-Jumping von der Marienbrücke nicht mehr die Rede ist, sieht Petzet den „authentische Geist der Schöpfung Ludwigs II." weiter bedroht.

Das Hotel soll auf dem Bullachberg frontal zu Neuschwanstein und Hohenschwangau errichtet werden – störend in der Landschaft. Neben dem Denkmal, laufen auch Naturschützer sowie Bauern gegen das Projekt Sturm. Alle schauen voller Sorge nach Schwangau...

die Kommunalpolitiker. Mit ihnen hat Petzet schon bisher schlechte Erfahrungen gemacht. Am Ortseingang der Feriengemeinde entstand gegen den Widerstand der Denkmalpfleger ein Gewerbegebiet samt Tankstelle und Supermarkt – für Petzet eine „Verschandelung" des Ortsbildes.

„Über Neuschwanstein, das jedes Jahr von einer Million Urlaubern besucht „Märchenschloß" König Ludwigs II., sehen Denkmalpfleger „dunkle Wolken" heraufziehen. Nach den jahrelangen Auseinandersetzungen um ein König-Ludwig-Musical am Füssener Forggensee könnte schon bald ein großes Hotel den freien Blick auf das einzigartige Bauwerk am Allgäuer Alpenrand verstellen. In einem leidenschaftlichen Appell hat sich daher Bayerns oberster Denkmalpfleger schützend vor das weltberühmte Schloß gestellt.

Michael Petzet, Chef des weißblauen Landesamtes für Denkmalpflege, befürchtet ein „Attentat auf die Welt des bayerischen Märchenkönigs". Besonders ärgern dürften den Generalkonservator dabei, daß hinter der „Thurn & Taxis Golf Center GmbH" als Planer des 250-Betten-Hotels auf einem Berg gegenüber dem Schloß in der Person von Prinz Emanuel ausgerechnet ein bayerischer Adelssproß steht.

Am heutigen Montag befaßt sich der Gemeinderat von Schwangau mit dem umstrittenen „Monsterhotel", wie Petzet das Projekt auf dem sogenannten Bullachberg nennt. Auch wenn die Betreiber „angeblich" auf den Bau zweier zunächst geplanter Golfplätze zu Füßen von Neuschwanstein verzichten, „wird dies allerdings wenig daran ändern, daß ein großer Teil des Bullachberges überbaut wird und sich die 125 Zimmer mit Neuschwanstein-Blick wohl kaum verstecken lassen".

Petzet wirft dem Schwangauer Bürgermeister Reinhold Sontheimer vor, eine einzigartige bayerische Kulturlandschaft schonungslos zu vermarkten. Das Umfeld des König-Ludwig-Schlosses „darf nicht in eine Art Disneyland verwandelt werden", appelliert Bayerns oberster Denkmalschützer an

„Denkmallandschaft bewahren"

Er führt ins Feld, daß auch der Bayerische Landesdenkmalrat einmütig gegen das Hotelprojekt ist. Im Sinne des „sanften Tourismus" dürfe es nicht zu einer „Zug um Zug vorangetriebenen Zerstörung dieser Denkmallandschaft kommen", redet Petzet den Ratsherren ins Gewissen. „Hier könnten die Zukunftschancen einer ganzen Region verspielt werden." Für sein Engagement erweckt der Generalkonservator den 1886 auf nie ganz geklärte Weise ums Leben gekommenen „Märchenkönig" gar zu neuem Leben. „Auch Ludwig II. wird am Montag in Sorge auf die Gemeinde Schongau herabblicken", schreibt er und hofft, „daß sich das neuerlich geplante Attentat auf die Welt des bayerischen Märchenkönigs abwenden läßt".

Unterstützung erfährt der streitbare Denkmalpfleger vom „Königstreue Ludwig-Club". Dessen Vorsitzender Hannes Heindl hat an Prinz Emanuel von Thurn und Taxis, einen engen Verwandten der Regensburger Fürstin Gloria, appelliert, den Plan für den Hotelbau zurückzuziehen. „Das Haus Thurn und Taxis ist zu bedeutend", schmeichelt der Königstreue dem Prinzen, „als daß Sie sich das Kainsmal im Landschaftsfrevel auf die Stirn drücken dürften." Sollte der Taxis-Sproß an seinen Plänen festhalten, attestiert ihm Heindl schon einmal vorsorglich, „der Königswelt ein Hermelin von den Schultern zu reißen".

Paul Winterer (dpa)

Hat er etwa böse Vorahnungen? Ein nachdenklicher Kini blickt vom Balkon von Schloß Neuschwanstein.

gestern abend abgelehnt
Kein Groß-Hotel vor Schloß Neuschwanstein

Von JOHANNES WELTE

Schwangau – Zwei Stunden lang debattierten gestern die Gemeinderäte von Schwangau bei Füssen über einen Bauantrag. Es ging um ein ehrgeiziges Projekt: Ein Vier-Sterne-Hotel mit 250 Betten am Fuße des Bullachbergs, gegenüber von Schloß Neuschwanstein.

Der Bauherr: Prinz Max Emanuel von Thurn und Taxis, ein Cousin des verstorbenen Prinzen Johannes von Thurn und Taxis. Der Prinz selbst sitzt für die CSU im Gemeinderat, durfte gestern abend allerdings nicht mitstimmen.

40 Millionen Mark wollte er in das Sport- und Konferenz-Hotel investieren, die Elite der Konzerne sollte dort geschult und trainiert werden. Max Emanuel rechnete mit 60 000 Übernachtungen pro Jahr.

Doch nach zwei Stunden heftige Debatte machten gestern abend dem Prinzen drei seiner CSU-Spezln einen Strich durch die Rechnung, sie stimmten mit der SPD, der „Dorfgemeinschaft" und einem Freien Wähler gegen ein Luxus-Hotel. Zwei CSU'ler sowie drei freie Wähler stimmten brav mit Bürgermeister Reinhold Sontheimer (CSU), der das umstrittene Projekt verteidigt hatte.

Bayerns oberster Denkmalpfleger, Generalkonservator Michael Petzet, sprach, als er von den Plänen erfuhr, von einem „Monsterhotel", einem „Attentat auf die Welt des Märchenkönigs Ludwig II." Bürgermeister Reinhold Sontheimer (CSU) bekam sein Fett weg, da er bereits eine Tankstelle und einen Supermarkt neben der Coloman-Kirche zu Füßen Neuschwansteins genehmigt habe. Petzelt sieht die „einzigartige Kulturlandschaft" bedroht, warnt vor einem „Disneyland". Bürgermeister Sontheimer: „Wir können unseren Ort doch nicht unter eine Käseglocke stülpen."

Schloß Neuschwanstein wird jährlich von einer Million Gästen besucht. Foto: Bavaria

Bild (München), 31. März 1998 △

△ AZ (Abendzeitung), München, 31. März 1998

Kein Disneyland unterm Kini-Schloß

Gemeinderat lehnte »Attentat auf die Welt des Märchenkönigs« ab

Die Würfel sind gefallen: Mit 10 zu 6 Stimmen lehnte der Schwangauer Gemeinderat gestern den Bau eines 250-Betten-Hotels am Schloß Neuschwanstein ab.

Die Proteste im Vorfeld haben offenbar doch gefruchtet. Jetzt geht das, wovor Bayerns oberster Denkmalschützer Michael Petzet immer gewarnt hatte, zum Glück vorüber: Ein Disneyland zu Füßen Neuschwansteins. Kein „Attentat auf die Welt des Märchenkönigs". Obwohl: Die Verwaltung wurde angewiesen, über ein neues, kleineres Projekt zu verhandeln.

Wie berichtet, plant die Familie Emanuel von Thurn & Taxis, der das Gelände am Bullachberg unmittelbar neben Schloß Neuschwanstein gehört, seit Sommer letzten Jahres den Bau eines 50 Millionen Mark teuren Vier-Sterne Sport- und Konferenzhotels. Nach wütendem Protest aus der Bevölkerung wurden die Pläne abgespeckt, auf den geplanten Golfplatz verzichtet. Mit der Bauvoranfrage mußten sich gestern die Gemeinderäte befassen.

Wegen des großen Zuhörer-Interesses verlegte Bürgermeister Reinhold Sontheimer die Gemeinderatssitzung kurzerhand in den benachbarten Kursaal, der etwa 300 Leuten Platz bietet. Die nicht öffentlichen Tagesordnungspunkte wurden allerdings wieder im Sitzungssaal der Gemeinde beraten.

Max Emanuel von Thurn & Taxis bis zuletzt versuchte, den Schwangauern sein Projekt schmackhaft zu machen, indem er 100 neue Arbeitsplätze und 15 Millionen Mark aus dem Tourismus-Geschäft in Aussicht stellte, blieben Bauern und Bürgerinitiative bei ihrer ablehnenden Haltung. **tse**

Allgäuer Zeitung (Kempten)
31. März 1998

Schwangau lehnt Großhotel ab

Nein zu 40-Millionen-Projekt

Füssen (asp). Der Bau des Sport- und Konferenzhotels bei Schloß Bullachberg ist vorerst vom Tisch: Mit 10:6 Stimmen lehnte der Gemeinderat Schwangau gestern abend die umstrittene Nobelherberge ab. Gleichzeitig ermächtigte er mit 9:7 Stimmen die Gemeindeverwaltung, mit dem Bauherrn, Max Emanuel Prinz von Thurn und Taxis, über eine „kleinere Lösung" zu verhandeln.

Der gestern abend vom Gemeinderat abgeschmetterte Plan sah ein 250-Betten-Hotel der Vier-Sterne-Kategorie vor. Es sollte am südlichen Fuß des Bullachberges in mehreren, miteinander verbundenen Gebäuden an den Hang gebaut werden und auch ein Erlebnis-Schwimmbad umfassen. Die Befürworter im Gemeinderat sahen in dem 40-Millionen-Mark-Projekt nicht nur eine große Chance für die touristische Entwicklung Schwangaus, sondern auch zusätzliche Arbeitsplätze für das „Dorf der Königsschlösser".

Schon im Vorfeld der Sitzung wehrten sich das Landesamt für Denkmalpflege, die örtliche Landwirtschaft und eine Bürgerinitiative, die erforderlichenfalls auch ein Bürgerbegehren auf den Weg bringen werden, vehement gegen das Großhotel neben Schloß Bullachberg. Ihnen wurde von der Mehrheit des Gemeinderates der Rücken gestärkt.

EINEN PRÄCHTIGEN BLICK AUF SCHLOSS NEUSCHWANSTEIN hätten die Gäste, falls sich der Schwangauer Gemeinderat doch noch zu einem Einvernehmen mit dem Hotelprojekt (rechts oben) durchringt. Photomontage: T&T-Golfcenter

Süddeutsche Zeitung
1. April 1998

Obwohl der Gemeinderat von Schwangau Hotelkomplex abgelehnt hat

„Monster" bedroht weiter König Ludwigs Märchenwelt

Bürgermeister soll mit Familie Thurn und Taxis über kleinere Variante verhandeln / Güllegeruch in Nobelherberge?

Von Andreas Roß

Schwangau – Der Gemeinderat von Schwangau hat die Bauvoranfrage für das umstrittene Sport- und Konferenzhotel der Familie Thurn & Taxis zu Füßen von Schloß Neuschwanstein abgelehnt. Nur sechs von 16 Gemeinderäte konnten sich am Montagabend vor 150 Zuhörern im Kurhaus mit dem 40-Millionen-Projekt im Schatten von Bayerns beliebtester Tourismuseinrichtung anfreunden. Ganz vom Tisch ist das Vorhaben, das Bayerns Generalkonservator Michael Petzet als „Monsterhotel" und „Anschlag auf die Märchenwelt von König Ludwig" bezeichnet hatte, damit aber nicht. Die Mehrheit des Gemeinderates beauftragte Bürgermeister Reinhold Sontheimer (CSU), der ein Befürworter der Nobelherberge ist, mit der Familie Thurn und Taxis über einen kleineren Hotelbau zu verhandeln.

Seit fast einem Jahr bewegt die Hotelplanung, zu der ursprünglich auch ein Neun-Loch-Golfplatz gehört hatte, die Gemüter im Dorf der beiden Königsschlösser Neuschwanstein und Hohenschwangau. Weil auch an diesem idyllischen Flecken Bayerns das Geschäft mit den Touristen nicht mehr so toll läuft wie noch vor einigen Jahren, wird seit längerer Zeit nach einem Besuchermagneten für die Region gesucht. Erst sollte es ein Festspielhaus für ein König-Ludwig-Musical sein, mit dem private Investoren neue Gäste nach Schwangau locken wollten.

Golfplatz und Therme

Als dies der Gemeinderat ablehnte und das benachbarte Füssen als den „besseren Standort" für die Musical-Halle empfahl, legte kurze Zeit später die in Schwangau ansässige Familie Thurn und Taxis ihre Pläne für ein Sport- und Konferenzhotel auf den Tisch. 150 Zimmer mit 300 Betten, ein Golfplatz, eine Therme und ein gehobener Restaurantbetrieb sollten Leute mit Geld ins Ostallgäu locken. Prinz Max Emanuel von Thurn und Taxis, der für die CSU selbst im Schwangauer Gemeinderat sitzt, unterschätzte freilich den Widerstand, das adelige Großprojekt auslöste, das mitten in Bayerns schönste Postkartenlandschaft plaziert werden sollte.

Der Prinz ließ daraufhin seine Architekten nachsitzen, 25 Zimmer und den Golfplatz aus der Planung streichen. Doch auch die überarbeiteten Pläne fanden am Montagabend im Gemeinderat keine Mehrheit. Quer durch alle politischen Gruppierungen überwog die Abneigung, weil man sich den Königsschlössern und damit dem Erbe Ludwig II. verpflichtet fühlte. In mehreren Diskussionsbeiträgen schwang zudem die Befürchtung mit, das Hotel könnte zwar neue Gäste anziehen, gleichzeitig aber auch die bestehenden Pensionen und Familienbetriebe gefährden.

Ein Landwirt, dessen Felder an den geplanten Hotelbau am sogenannten Bullachberg angrenzen, hatte gar noch am Sitzungstage eine Beschwerde bei der Gemeinde eingereicht. Was werde aus seinem Betrieb, fragte er, wenn sich künftig die Hotelgäste über laute Kuhglocken oder gar Güllegeruch beschwerten. Aber auch baurechtliche Bedenken wurden ins Feld geführt, nachdem sich der mögliche Hotelstandort im Außenbereich der Gemeinde befindet. Ein Gemeinderat zitierte schließlich den Ostallgäuer Landrat Adolf Müller (CSU), der bei einem Ortstermin gesagt haben soll: Für dieses Projekt gebe es viele Hürden – überwindbare und unüberwindbare.

Wo Handwerker zu Fahndern werden

Unter dem Putz liegen oft Schätze

Etliche Gotteshäuser, die nun restauriert werden, sollen alte Farbpracht wieder erhalten

Von Ursula Peters

München – In einer ganzen Reihe berühmter Kirchen Bayerns stehen heuer Baugerüste: Oft wird der Besuch des Gotteshauses nicht möglich sein, weil Kirchenmaler, Restauratoren und Bauarbeiter am Werke sind. Vor allem stehen mehrere prachtvolle Kirchen aus dem 18. Jahrhundert in Südbayern auf dem Arbeitsprogramm der Denkmalpflege.

Zugesperrt ist zum Beispiel die schöne Klosterkirche von *Rott am Inn* in der Nähe von Wasserburg am Inn, einem der Hauptwerke des Baumeisters Johann Michael Fischer. Das Rokoko-Kleinod entstand in den Jahren 1759 bis 1763 – eine erstaunlich kurze Bauzeit. Bei der aktuellen Sanierung mußte erst einmal die große Kuppel mühsam statisch saniert werden, und jetzt steht die Restaurierung des Innenraums der Kirche an. „Eine der größten Maßnahmen, die heuer anlaufen" betonte der Chef des Landesdenkmalamts, Michael Petzet.

Zwar sind die berühmten Altarfiguren von Ignaz Günther noch relativ gut erhalten und benötigen nur Retuschen und eine Konservierung. Aber die großen Deckengemälde, zum Teil von Ignaz Günthers Bruder Mathias, müssen restauriert, der ganze Raum samt Stuck neu gefaßt werden. Und zwar in genau den Farbtönen der Entstehungszeit. Bei der vorhergehenden Renovierung 1961 hatte man nämlich Farben nach eigenem Gusto verwendet. Heute wird „nach Befund" gearbeitet: nämlich Farbschicht nach Farbschicht vorsichtig abgetragen, bis unten das Original zutage kommen kann.

Strahlend wie einst im Barock

Diese Methode, bei Restaurierungen nach dem authentischen Farbklang der Entstehungszeit zu fahnden und dann diese Farbigkeit wieder zu verwenden, ist zumindest in der bayerischen Denkmalpflege seit längerem üblich – obwohl manche Bürger anfänglich geschockt sind über den Verlust der ihnen gewohnten Farben. Zum Beispiel soll nun der Innenraum der Klosterkirche von Tegernsee wieder so strahlend weiß restauriert

ALT UND NEU: *Die Klosterkirche St. Quirin am Tegernsee liefert zur Zeit ein gutes Beispiel dafür, wie sehr die Arbeit der Restauratoren das Gesicht eines Bauwerks verändern kann. Rechts oben leuchtet sie bereits wieder in dem hellen Weißton, der sie bereits zur Barockzeit schmückte.* Photo: LAD

Süddeutsche Zeitung
14. April 1998

Kein Bett am Märchenschloß

Gemeinderat von Schwangau lehnt Hotelprojekt von Prinz Max Emanuel vorerst ab

Schwangau. (lby) Prinz Max Emanuel von Thurn und Taxis ist vorerst mit seinem Projekt gescheitert, direkt gegenüber vom weltberühmten „Märchenschloß" Neuschwanstein von König Ludwig II. ein 250-Betten-Hotel zu bauen. Am Montag abend lehnte der Gemeinderat des Allgäuer Ferienorts die Bauvoranfrage des nahen Verwandten von Fürstin Gloria von Thurn und Taxis mit deutlicher Mehrheit ab.

Rund 300 Zuhörer verfolgten die wegen des großen Interesses eigens vom Rathaus ins Kurhaus verlegte Debatte der Gemeinderäte, die Bürgermeister Reinhold Sontheimer am Dienstag als „überwiegend sachlich" bezeichnete. Der 47 Jahre alte CSU-Politiker ist ein Befürworter des Projekts. Dennoch stimmten zusammen mit ihm nur sechs Gemeinderäte dafür, zehn Ratsherren, darunter alle SPD-Mitglieder, waren gegen die 125 Hotelzimmer mit Blick aufs „Märchenschloß".

Sontheimer ließ daraufhin über einen Kompromißvorschlag abstimmen. Mit der knappen Mehrheit von 9:7 Stimmen wurde der Rathauschef beauftragt, mit dem Adligen über eine deutliche Verkleinerung des Projekts zu verhandeln und erst dann das Thema erneut in den Gemeinderat zu bringen. Der Prinz sitzt für die CSU selber im Ratsgremium der 3400 Einwohner zählenden Gemeinde mit 4000 Gästebetten, durfte sich aber nicht an der Abstimmung beteiligen.

Max Emanuel von Thurn und Taxis wohnt mit seiner Familie auf Schloß Bullachberg. Auf der Anhöhe gegenüber von Schloß Neuschwanstein sollte auch das umstrittene Hotel der „Thurn & Taxis Golf Center GmbH" entstehen.

Denkmalpfleger „sehr glücklich"

Bayerns oberster Denkmalpfleger Michael Petzet äußerte sich am Dienstag „sehr glücklich" über das ablehnende Votum der Schwangauer Gemeinderäte. Er werde die weitere Entwicklung aber „sehr wohl im Auge behalten". Ende vergangener Woche hatte sich der Chef des Landesamtes für Denkmalpflege in einem leidenschaftlichen Appell schützend vor Schloß Neuschwanstein gestellt und von einem „Attentat auf die Welt des bayerischen Märchenkönigs" gesprochen. Das Umfeld des Schlosses dürfe nicht „in eine Art Disneyland verwandelt werden".

Im Zusammenhang mit den Hotelplänen war vergangenen Sommer, auch ein Mitglied der CSU-Staatsregierung in die Schlagzeilen geraten. Finanzstaatssekretär Alfons Zeller ist ein Cousin des am Projekt beteiligten Architekten Heinz Zeller. Der CSU-Politiker hatte sich in seiner Eigenschaft als Chef des Tourismusverbandes Allgäu/Bayerisch Schwaben für die Hotelbetten stark gemacht.

Atemberaubend schön: Schloß Neuschwanstein wird keine Hotelkulisse. Bild: dpa

werden, wie er einstmals in der Barockzeit war. Eine sogenannte Musterachse zum Ausprobieren der weißen Fassung wurde schon im nördlichen Querhaus angelegt. Die Tegernseer waren entsetzt. Doch schon nach wenigen Tagen änderten sie ihre Meinung und fanden das antike Weiß doch schön. Seit 1946 waren Rokoko und Ocker die Hauptfarben der Tegernseer Kirche gewesen, die ohnehin viele Umbauten im Laufe der Jahrhunderte erdulden mußte. Unter anderem war Leo von Klenze dort heftig tätig.

Das erste Tegernseer Gotteshaus entstand um 750. Daß die Arbeiten heute auf geschichtsträchtigem Boden vor sich gehen, zeigte jetzt auch der unverhoffte Fund von Resten eines Mosaiks aus dem 11. Jahrhundert etwa 40 Zentimeter unter dem Kirchenboden. Dort wurde für eine neue Heizung gegraben. Fachleute werten den Fund als große Überraschung. Nun müssen die Archäologen tätig werden.

Noch ein Werk von Johann Michael Fischer steht heuer für eine umfassende Sanierung an: das mächtige Gotteshaus mit zwei Türmen in *Fürstenzell* bei Passau. Die massiven Schäden an Dachstuhl und Außenmauern sind wohl behoben, jetzt kommt das Kircheninnere dran. Dort will man gar nicht so viel farblich verändern. Der Raum soll nur ein wenig heiterer und leichter im Gesamteindruck werden.

Die Sensation für die Gläubigen ist jedoch, daß der berühmte Hochaltar von Johann Baptist Straub, der seit 1856 ganz hinten im Chor steht, jetzt wieder an seinen ursprünglichen Platz in der Mitte des Chors zurückkehren soll, rund acht Meter näher an der Gemeinde. Die Mönche hatten ursprünglich hinten im Chor einen eigenen erhöhten Andachtsbereich mit einem kleinen Altar, Chorgestühl und Orgel, abgegrenzt von einer Mauer plus Straub-Altar.

Ein rechtes Sorgenkind der Denkmalpfleger ist die Kirche von Kloster *Weltenburg* mit ihrer exponierten Lage am Ufer des dramatischen Donaudurchbruchs nahe Kelheim. Bedroht von Hochwasser und ständiger Feuchtigkeit kommt es immer wieder zu gravierenden Schäden an der Kirche, die die Gebrüder Asam und ihre Schwester Maria ausgestattet haben. 1960 war die letzte Restaurierung. Doch die Schäden kamen wieder: Stuck fällt ab, Gemälde schimmeln, Vergoldungen platzen auf, „als hätten sie die Krätze", wie ein Denkmalpfleger bemerkte. Jetzt wird wieder saniert, restauriert und versucht, ein Heilmittel gegen die Klimaschäden zu finden.

Ein Wald von Gerüsten

Ein Wald von Gerüsten steht auch in der Frauenkirche von *Günzburg* – einem Werk des Rokokobaumeisters Dominikus Zimmermann, der anschließend die weltberühmte Wieskirche bei Steingaden entwarf. In Günzburg ist jetzt eine Generalsanierung fällig. Hier wünschen sich die Bürger – und vor allem der „Freundeskreis der Frauenkirche" – daß ihr Gotteshaus wieder so aussieht wie im 18. Jahrhundert. Das wird allerdings schwierig werden, fürchten die Fachleute. Denn bei mehreren Restaurierungen in den vergangenen 150 Jahren (zuletzt 1959) sei die Kirche „vollkommen geschrubbt worden", so daß von den Originalfarben kaum ein Stäubchen übrigblieb, urteilt ein Fachmann. Doch die Günzburger bleiben dabei: Sie wollen ihren Zimmermann wieder haben.

Der Neue Tag (Weiden)
1. April 1998

Augsburger Allgemeine, 6. Mai 1998

Längerer Fußweg und mehr Gottesdienste

Experten fordern Zugangsbeschränkungen für Denkmale

München (aba). Mehr als 5,2 Millionen Touristen besuchen jährlich Bayerns Kirchen und Schlösser; in die Wieskirche kommen zwei Millionen, nach Neuschwanstein 1,3 Millionen Besucher pro Jahr. Weil der Massentourismus der historischen Baukunst schadet, fordern immer mehr Denkmalpfleger Zugangsbeschränkungen.

Die Zufahrtsstraße zur Wies zu sperren, einen Parkplatz am Waldrand anzulegen und damit den Gästen einen 20minütigen Fußweg zur Kirche zuzumuten, schlug der Direktor des Freisinger Diözesanmuseums, Dr. Peter Bernhard Steiner, vor Journalisten in München vor. Man solle in der Wies einen täglichen Gottesdienst als „Tourismusbremse" abhalten und „nicht auch noch mit Orgelkonzerten" weitere Besucher in das weltberühmte Gotteshaus locken.

Daß Menschenmengen einem alten Bauwerk nicht nur durch Berührung oder Erhöhung der Raumfeuchtigkeit schaden, belegte Steiner mit einem neuen Befund: Restauratoren hätten an kirchlichen Deckenfresken Anilinfarben festgestellt, die von den Textilien der Besucher hinaufdiffundiert seien. Steiner kritisierte zudem Beleuchtung mit Scheinwerfern und Beschallung (etwa mit gregorianischen Chorälen) der Sakralbauten als „Prostitution" der Kirchen vor dem Tourismus. Auch in der Kultur müsse man nachhaltig wirtschaften, um die Kunstwerke für spätere Generationen zu erhalten, so Steiner.

Linderhof am stärksten belastet

Für Bayerns Generalkonservator Prof. Michael Petzet ist der Tourismus „nicht des Teufels", wohl aber müßten Tourismus-Organisationen und Investoren mehr als bisher mit den Denkmalpflegern zusammenarbeiten, um Schäden zu verhindern. Unter den bayerischen Schlössern sei Linderhof am stärksten belastet („Bei feuchtem Wetter rinnt im Schloß das Wasser von den Spiegeln").

Die Ausstattung von Schloß Neuschwanstein hält Petzet für robuster. Dort jedoch zeige sich, sagte Petzet mit Blick auf die umstrittenen Hotelpläne unterhalb des Schlosses, daß auch das Umfeld von Denkmalen von Vermarktung freigehalten werden müsse, um den „Geist des Ortes" zu bewahren.

Für den Tourismusdirektor der Stadt Salzburg, Dr. Christian Piller, rettet der Tourismus auch Kultur. „Viele österreichische Bergdörfer wären ohne Gäste längst entvölkert." In Fremdenverkehrs-Hochburgen freilich litten würdevolle Stätten wie das Mozarthaus oder die Kirchen unter „Entweihung" durch den Massenandrang. Mehr als vor dem Besucherstrom zu den Kulturdenkmalen warnte Piller vor dem neuen „Event-Tourismus". Erlebnisparks wie Alpengärten, Disney- oder Legoland würden die klassischen Touristenziele benachteiligen, so daß für die Erhaltung der Denkmale auch weniger Geld zur Verfügung stehe. So habe das Disneyland bei Paris mit seinen 30 000 Besuchern pro Tag sogar vom Kulturziel Salzburg Gäste abgezogen.

Generalkonservator Petzet wünscht sich eine bessere Zusammenarbeit zwischen Tourismus-Organisationen und Denkmalpflegern.

Handwerk und Denkmalpflege im Alpenraum

Tagung von 40 Heimatpflegern der Arge Alp in Traunstein

Zum Thema »Handwerk und Denkmalpflege im Alpenraum« findet bis zum morgigen Samstag eine Fachtagung der Arge Alp (Arbeitsgemeinschaft der Alpenländer) in Traunstein statt. 40 Vertreter aus den elf Ländern in den vier Staaten der Arge Alp, überwiegend Heimatpfleger, befassen sich in Vorträgen, Diskussionen und Besichtigungstouren mit dem Schutz des Kulturguts im Alpenraum und den möglichen denkmalpflegerischen Maßnahmen.

Bei einer Pressekonferenz im Landratsamt informierte neben anderen der oberste Denkmalschützer Bayerns, Generalkonservator Dr. Michael Petzet, über die Ziele der Tagung. Im Mittelpunkt stehen Bundwerkstadel, historische Holzkonstruktionen und Fenster, berichtet wird aber auch von Kalkbrennerei und Sgraffito, Kachelofenbau, von Mühlenbauern und Zaunmachern, vielfach aussterbenden Gewerben. Die Denkmalpfleger der Arge Alp haben es sich unter anderem zur Aufgabe gemacht, die besonderen handwerklichen Fähigkeiten, die zum Beispiel für die genannten Gewerbe notwendig sind, wieder aufleben zu lassen. Gelungen sei das zum Beispiel beim Bundwerkstadel, erläuterte Dr. Petzet. In den zehn Jahren zwischen 1984 und 1994 gab es ein Sonderprogramm für Bundwerkstadel in den Ländern der Arge Alp, für das insgesamt rund sechs Millionen Mark an Geldern flossen.

»Mit großem Erfolg«, wie Heimatpfleger konstatierten. Nicht nur eine Vielzahl alter Bundwerkstadel wurde restauriert, sondern auch neue gebaut, zum Beispiel in Berchtesgaden, Altötting, Ebersberg oder Erding. »Jetzt läuft es auch ohne Sonderaktion gut«, stellte Paul Werner vom Landesamt für Denkmalpflege in München fest. Nachdem es gelungen war, das Augenmerk der Bürger auf diese wertvollen und schönen alten Gebäude zu lenken, seien auch viele Besitzer stolz darauf gewesen und investierten von sich aus. Nach wie vor könne jedoch bei Bedarf finanzielle Unterstützung durch die Arge Alp für Bundwerkstadel gewährt werden, bestätigte auch Dr. Michael Kühlenthal, Leiter der Restaurierungswerkstätten des Bayerischen Landesamtes für Denkmalpflege. In ähnlicher Weise wie mit den Bundwerkstadeln soll auch mit anderen historisch wertvollen Gewerken verfahren werden.

Dr. Giuseppe Prosser, Kabinettchef der Provinz Trient, erläuterte die Geschichte der Arge Alp. Gegründet im Oktober 1972 habe sich die Organisation zuerst vor allem mit dem Schienen- und Straßenverkehr im Alpenraum und dem damit verbundenen Landschaftsschutz befaßt. Später seien andere Kommissionen, wie Kultur- und Denkmalpflege, zuletzt Wirtschaft, hinzugekommen. Die einzelnen Kommissionen treffen sich zwei- bis dreimal pro Jahr, aber auch währenddessen herrscht ein reger Kontakt. »Ein kleines Europa gibt es also schon seit 26 Jahren«, stellte Prosser fest. Einmal im Jahr findet außerdem ein Treffen der Präsidenten der elf Länder statt, die Anträge der Kommissionen behandeln und neue Aufträge vergeben.

Dr. Helmut Stampfer, Landeskonservator von Südtirol, erklärte, weshalb Denkmalpflege gerade heute so wichtig ist. Bis vor gut 20 Jahren habe man den Begriff »Denkmalpflege« nur mit der »Pflege der Hochkultur« in Verbindung gebracht, wie der Restaurierung von Burgen, Adelssitzen, sakralen Gebäude etc. Erst in den 70er Jahren sei dieser Begriff auf den gesamten Bereich der Kultur wie Bauernhäuser, Mühlen, Stadel etc. ausgeweitet worden. Gerade dabei habe sich gezeigt, daß nicht nur die Restauratoren wichtig sind, sondern besonders die Handwerker. »Es besteht ein enormes Defizit an Handwerkern«, wurde festgestellt. So ist es denn auch längerfristiges Ziel der Fachtagung, diese Lücke zu schließen. Eine Bestandsaufnahme der Handwerksbetriebe in den einzelnen Regionen soll erstellt werden, damit ein Austausch von spezialisierten Handwerksbetrieben untereinander möglich ist. Um dem drohenden »Aussterben der Handwerksberufe« entgegenzuwirken, ist auch an Fortbildung für Jugendliche und Lehrlinge in diesen Betrieben gedacht.

gi

Traunsteiner Wochenblatt, 8. Mai 1998

Süddeutsche Zeitung, 8. Mai 1998

Der Denkmal-Papst
300 Geburtstagsgäste feiern Michael Petzet

SZenario

Von Ursula Peters
Mit mehr als 300 Gästen feierte Bayerns oberster Denkmalpfleger, Michael Petzet, gestern mittag seinen 65. Geburtstag, der in seinem Fall aber noch nicht den Abschied vom Amt bedeutet. So wurde es nur ein schönes großes Fest im Renaissancehof der Alten Münze, Petzets liebevoll restaurierten Amtssitzes. Daß endlich auch die Sonne schien, was die Stimmung beflügelte, war quasi ein Zeichen des Glücks, das dem Jubilar – neben großem Fleiß und Sachkenntnis – auch bei der Erfüllung seiner vielen Aufgaben immer wieder zur Seite stand. Die Festrede hielt sein oberster Dienstherr, Kultusminister Hans Zehetmair, und würdigte Petzets Leistungen, mit Diplomatie und Hartnäckigkeit die Denkmalpflege in Bayern zu einem Erfolgsmodell gemacht zu haben, das auch international große Anerkennung finde. „Ich danke Frau Petzet, daß sie uns ihren Mann so lange zur Verfügung gestellt hat." Immerhin ist der schon 25 Jahre Denkmalhüter und Wachposten für Bayerns gebaute Vergangenheit, ganz zu schweigen von den unterirdischen Schätzen.

DIE DREISTÖCKIGE *Geburtstagstorte aus Marzipan mit allegorischen Zuckerfiguren hat eine Mitarbeiterin für ihren Chef Michael Petzet fabriziert.* Photo: Rumpf

SZenario Redaktion: Ulrike Heidenreich
Tel.: 2183-8771   Fax: 2183-8295

Fränkischer Tag (Bamberg), 8. Mai 1998

„Ein trefflicher General"
Generalkonservator Petzet 65 – Würdigung durch Zehetmair

Kultusminister Hans Zehetmair hat die Leistungen von Generalkonservator Michael Petzet gewürdigt, der seit fast 25 Jahren an der Spitze des Bayerischen Landesamtes für Denkmalpflege steht. Im Spannungsfeld unterschiedlicher Erwartungen und Interessen habe sich Bayerns oberster Denkmalschützer als ein „trefflicher General" erwiesen, sagte der Minister am Donnerstag in München bei einem Empfang zum 65. Geburtstag Petzets. Er habe die Sache der Denkmalpflege engagiert und vernünftig vertreten und, wie ein kluger Feldherr, Terrain nur dort preisgegeben, wo es im Einzelfall notwendig war, um den Gesamterfolg nicht zu gefährden.

Petzet habe sein Amt in einer für die Denkmalpflege kritischen Phase angetreten. „Es galt damals, eine Behörde aufzubauen, die damit fertig werden mußte, daß die Denkmalpflege aus einem eher beschaulichen, weitgehend wissenschaftlich orientierten Dasein herausgeholt und in das Getümmel des täglichen Interessenkonflikts mit handfestem wirtschaftlichen Hintergrund gestürzt wurde", sagte Zehetmair. Auch heute, gegen Ende der Amtszeit des Generalkonservators, sei die Lage ähnlich kritisch. Die privaten und öffentlichen Haushalte seien rückläufig, was die Denkmalpflege umso schwerer treffe, da sie in hohem Maße von Zuschüssen abhänge.

Der in München geborene Kunstwissenschaftler ist auch Vorsitzender der Vereinigung der Landesdenkmalpfleger Deutschlands und Präsident des internationalen Denkmalschutzkomitees ICOMOS (International Council of Monuments and Sites), in dem mehr als 100 nationale Komitees und 18 Fachverbände vertreten sind.

Generalkonservator Michael Petzet (l.) in seinem Metier, den Werkstätten des Bayerischen Landesamtes für Denkmalpflege (BLfD) – hier in einer Diskussion mit einer Delegation aus China.   Foto: BLfD

BAYERNS OBERSTER DENKMALSCHÜTZER Michael Petzet feierte im Hof der Alten Münze in München seinen 65. Geburtstag. Kultusminister Hans Zehetmair überreichte ihm im Rahmen einer Feier eine vier Kilogramm schwere Festschrift. Bild: Firsching

Der General bleibt bei der Truppe

Denkmalamts-Chef Michael Petzet feierte seinen 65. Geburtstag

Einen „trefflichen General" nennt ihn der Kultusminister: Mut habe Bayerns oberster Denkmalschützer Michael Petzet bewiesen und das taktische Geschick eines klugen Feldherrn. Der „General" ist nun 65; mit vielen prominenten Gästen wurde er im Hof der Alten Münze ausgiebig gefeiert. Aber er bleibt. Mindestens ein Jahr noch wird Petzet die reiche bayerische Denkmallandschaft so „engagiert und vernünftig" hüten, wie ihm das Minister Zehetmair für seine bisherigen 24 Amtsjahre bescheinigt hat. Seine Umsicht und Erfahrung werden weiterhin gebraucht, denn knappe Kassen und der allgemeine Trend zur Deregulierung haben die Lage des Denkmalschutzes, wie Zehetmair sagte, erneut „kritisch" gemacht. Daß die Denkmäler auch von hemmungsloser „Kommerzialisierung" bedroht sind, hob Erich Schosser als langjähriger Vorsitzender des Landesdenkmalrates in seinem Grußwort hervor; Petzet wird dabei, als weit und breit bester Kenner der Kunst um Ludwig II., nicht nur an Neuschwanstein gedacht haben.

Welche internationale Geltung Petzet dem bayerischen Denkmalschutz verschafft hat, beweist allein schon die Fülle der Grußworte in der vier Kilo schweren Festschrift „Monumental" (so heißt sie, weil sie so ist), die dem Jubilar bei der Feier überreicht wurde; intensive Kooperation über die Landesgrenzen hinweg und der Vorbildcharakter des in Bayern Geleisteten sind die Grundlage dieser Geltung. Daß sie für die Zukunft eine Verpflichtung enthält, war wohl allen klar, die an der Feier teilnahmen.

Der umjubelte „General" hat vor 40 Jahren als einfacher Fußsoldat angefangen. Als frischpromovierter Kunsthistoriker trat Petzet ins Denkmalamt ein, ging dann zur Schlösserverwaltung, verhalf mit geschickter Inszenierung der Ausstellung „König Ludwig und die Kunst" zu spektakulärem Erfolg, öffnete in zweijähriger Direktorenzeit die Städtische Galerie München für den frischen Wind der Gegenwart und übernahm den Chefposten in der Denkmalpflege zu einer Zeit, als sie erstmals eine gesetzliche Grundlage erhalten hatte, als Zukunftsaufgabe im öffentlichen Bewußtsein aber noch zu verankern war. Bei allem Einsatz in Verwaltung und Kulturpolitik hat Petzet sich die Muße des Forschens und Schreibens nie ganz rauben lassen: eine umfassende Monographie über den Louvre-Baumeister Claude Perrault steht kurz vor der Drucklegung. *kr*

Bayerische Staatszeitung
15. Mai 1998

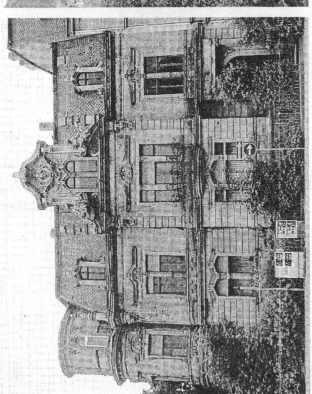

Wegweisend für den Denkmalschutz

Kulmbacher Architektenteams erproben neues Verfahren / „In Kulmbach Vorbildliches geleistet"

Von Katrin Geyer

In Sachen Denkmalschutz wird in Kulmbach Vorbildliches geleistet. Diese Feststellung traf dieser Tage kein Geringerer als der Generalkonservator des Bayerischen Landesamtes für Denkmalpflege, Professor Dr. Michael Petzet.

Bei einem Rundgang durch die Stadt ließ er sich über eine Reihe aktueller Sanierungsvorhaben unterrichten und informierte sich insbesondere über zwei Pilotprojekte, die durchaus wegweisend für den gesamten Denkmalschutz werden könnten.

Bei beiden Projekten geht es im wesentlichen um das gleiche: mit Hilfe eines eigens dafür weiterentwickelten EDV-Programms soll versucht werden, in sanierungsbedürftigen Gebäuden eine umfassende und detaillierte Bestandsaufnahme vorzunehmen und auf dieser Basis eine möglichst exakte Kostenschätzung zu erstellen. Das Vorgehen ist bei beiden Modellprojekten unterschiedlich, die Zielsetzung jedoch ähnlich: Im Gegensatz zu den herkömmlichen Methoden soll das neue Verfahren schneller und genauer sein, was die Sanierungsmaßnahme hinsichtlich Umfang und Kosten für den Bauherrn überschaubarer macht. Beide Verfahren sollen schon Mitte Juli in einem Workshop ausführlich ein computergestütztes Verfahren zur exakten Klassifizierung der vorgefundenen Schäden und zur Erstellung eines möglichst genauen Kostenplanes für die Sanierung erproben. Sowohl das Architektenteam als auch die Vertreter der Denkmalschutzbehörde sind zuversichtlich, den größten Teil der insbesondere im Treppenhaus noch im Originalzustand vorgefunden Schätze erhalten zu können, obwohl es in einzelnen Teilen des Gebäudes beträchtliche Schäden gibt, die nicht zuletzt auf die jahrelange Untätigkeit des Vorbesitzers zurückzuführen sind.

Reiche Villenkultur

Sowohl Professor Dr. Petzet als auch Dr. Schmidt und Dr. Bernd Vollmar, Abteilungsleiter für praktische Denkmalpflege in Schloß Seehof, be-

Zwei architektonische Kostbarkeiten, die in Kulmbach ihresgleichen suchen: die „Lobinger-Villa" in der Kronacher Straße (links) und die Villa in der Wilhelm-Meußdoerffer-Straße 7. In beiden Gebäuden, die in den letzten Jahren des vergangenen Jahrhunderts entstanden, sind derzeit Teams von Kulmbacher Architekturbüros damit beschäftigt, Verfahren zu entwickeln, mit denen eine Sanierung solcher Gebäude und die dabei entstehenden Kosten für Bauherren und Denkmalpfleger überschaubarer werden. Nach Ansicht von Professor Dr. Michael Petzet, Generalkonservator beim Landesamt für Denkmalpflege in München, könnten beide Projekte wegweisend für die künftige Denkmalpflege werden.
Fotos: BR/hän

Reihe weiterer Projekte, darunter das Künßberg'sche Schlößchen, das Prinzessinnenhaus, das Anwesen Obere Stadt 7, die Fronfeste in der Waaggasse, das alte Feuerwehrhaus und die ehemalige Spinnerei, in Augenschein nahm.

Bei einem Abschlußgespräch zollte er Oberbürgermeisterin Inge Aures dann ein dickes Lob für das, was in Sachen Denkmalschutz in Kulmbach geleistet wird: „Es ist erstaunlich, welcher Aufschwung hier festzustellen ist." Herausragendstes Beispiel sei sicher das Badhaus im Oberhacken, das einst in einem nahezu hoffnungslosen Zustand gewesen sei. Oberbürgermeisterin Aures betonte, es sei wichtig, daß eine Stadt beim Denkmalschutz mit gutem Beispiel vorangehe. „Denkmal kommt von ‚denkmal'", so sagte sie. Eine Stadt, die

erläutert und diskutiert werden.

In der aus dem Jahr 1895 stammenden Villa in der Wilhelm-Meußdoerfer-Straße 7 ist derzeit ein Team des Architekturbüros Harald Schramm damit beschäftigt, den Zustand des Gebäudes zu prüfen und Aufschluß über die notwendigen Sanierungsmaßnahmen zu gewinnen. Bereits jetzt steht fest, daß es sich bei dem Bau um ein architektonisches Kleinod handelt: Unter unansehnlichen Tapeten

Das Verfahren, das Kulmbacher Architekturbüros derzeit in zwei Villen erproben, soll die Sanierung solcher Gebäude hinsichtlich Umfang und Kosten für den Bauherrn überschaubarer und damit letztlich auch kostengünstiger machen. Denkmalschützer bezeichnen die Projekte bereits jetzt als wegweisend.

und Wandanstrichen verbergen sich Jugendstil-Malereien, unter Umständen ist es auch möglich, einige einzigartige Deckenmalereien freizulegen.

Bayerns oberster Denkmalschützer zeigte sich denn auch sehr angetan von dem Gebäude, das sich derzeit im Besitz eines Bambergers befindet. Über dessen Vorstellungen hinsichtlich der künftigen Nutzung der Villa ist noch nichts bekannt. Nach Auskunft von Oberkonservator Dr. Wolf Schmidt von der Außenstelle des Landesamtes für Denkmalpflege in Schloß Seehof bei Bamberg stellt sich bei Gebäuden dieser Größenordnung, die einst auf die Bedürfnisse eines großbürgerlichen Haushaltes ausgerichtet waren, generell die Frage, wie sie „in nutzbare Einheiten" aufgeteilt werden können.

Dies gilt auch für das Haus Kronacher Straße 1, die sogenannte „Lobinger-Villa", die sich seit kurzem im Besitz von Oberbürgermeisterin Inge Aures und ihrem Lebensgefährten Hans-Hermann Drenske befindet. Er will noch in diesem Jahr mit seinem Architekturbüro in das exakt 100 Jahre alte Gebäude umziehen.

Drenske und sein Team sind es auch, die derzeit in Zusammenarbeit mit Restaurator Peter Turek aus Forchheim zeichneten die Projekte der beiden Architekten-Teams als wegweisend für die Zukunft der Denkmalpflege. Vor allem die Möglichkeit einer detaillierten Kostenermittlung und einer raschen Abwicklung der Maßnahme werde sicher vielen Hausbesitzern den Entschluß erleichtern, ihren Besitz mit Hilfe der Denkmalschutzbehörde wieder instand zu setzen, so Dr. Schmidt. Allein in Kulmbach gebe es wohl noch rund 50 solcher herrschaftlicher Häuser aus der Zeit der Jahrhundertwende, schätzt er. Sie alle seien Bestandteil einer für Kulmbach typischen „reichen Villenkultur".

Seinen Besuch in Kulmbach nutzte Generalkonservator Dr. Petzet auch zu einem Rundgang durch die Altstadt, in dessen Verlauf er sich nicht nur über den Fortgang der Sanierungsarbeiten im Badhaus im Oberhacken informierte, sondern auch eine

pfleglich mit alten Gebäuden umgehe, könne auch Privatleute zum Nachdenken anregen, wie sie ihren wertvollen Besitz sichern und instand setzen können.

Tagungsort Kulmbach

Wie ernst es dem Generalkonservator des Bayerischen Landesamtes für Denkmalpflege mit seinem Lob für die Stadt Kulmbach ist, demonstrierte er mit einem Versprechen, das er zum Abschluß seines Besuches Oberbürgermeisterin Inge Aures gab: Dr. Petzet zufolge soll die nächste Tagung der bayerischen Denkmalpfleger, an der unter Umständen auch deren Thüringer Kollegen und Vertreter der in der ARGE Alp zusammengeschlossenen Gemeinden teilnehmen werden, im September 1999 in der Bierstadt stattfinden.

Nicht nur große, repräsentative Gebäude sind es, die in Kulmbach Denkmalschützer begeistern: zu den bemerkenswerten Bauwerken zählt auch die sogenannte Jahn'sche Gruft im alten Friedhof, die aus der ersten Hälfte des 18. Jahrhunderts stammt. Auch ihr stattete der Generalkonservator des Bayerischen Landesamtes für Denkmalpflege, Professor Dr. Michael Petzet, bei seinem Kulmbach-Rundgang einen Besuch ab. Unser Bild zeigt (von links) Oberkonservator Dr. Wolf Schmidt von der Außenstelle des Landesamtes in Schloß Seehof, Dr. Petzet, Stadtbaudirektor Gerd Belke, Dr. Bernd Vollmar, der in Schloß Seehof für die praktische Denkmalpflege zuständig ist, sowie den Leiter des Hochbauabteilung des Stadtbauamtes, Josef Kestel. Foto: BR/gk

Bayerische Rundschau (Kulmbach)
30. Mai 1998

Hier Blume und dort Dehio
Vereinigung der Landesdenkmalpfleger mahnt zur Wachsamkeit

Beschaulich, wie es das Thema „Denkmalpflege und landesherrschaftliche Architektur" suggerieren könnte, war der gestrige Auftakt der Jahrestagung der Vereinigung der deutschen Landesdenkmalpfleger keinesfalls. Wiewohl das viertägige Programm „bewußt sehr thüringisch" sei, legte Vereinsvorsitzender Professor Michael Petzet zu Beginn der Tagung im Erfurter Augustinerkloster einen Fragen- und Forderungskatalog vor, der auch Thüringen betraf, aber auf globale Politik zielt und ins eigene Lager gerichtete Kritik nicht aussparte. Letzteres etwa mit der Frage, ob man die Arbeit im Weinberg Denkmalpflege immer mit der Freude tue, die sich auch auf den Bauherren übertrage, oder statt dessen „mit sauertöpfischen Substanzfetischismus" Kunden vergrämen würde.

Von den Bauten in der Bundesrepublik sind lediglich zweieinhalb Prozent als Denkmale unter Schutz gestellt. In Thüringen, das zu den Bundesländern mit den meisten Baudenkmalen gehört, liegt diese Zahl höher. Die Herrschenden von 33 Kleinstaaten auf dem Territorium des heutigen Thüringens hatten Ende des 17. Jahrhunderts steinerne Fakten geschaffen, an denen heute keiner vorbeikommt: Schlösser, Parks, Theater, Konzertsäle, Kirchen, Verwaltungssitze, Bibliotheken, Archive usw. In den touristischen Katalogen der Welt sind viele dieser Objekte als feste Positionen verankert, im Finanzhaushalt des Landes Thüringen auch, Jahr um Jahr.

Immerhin flossen von 1991 bis 1997 in Thüringen 523 Millionen Mark staatlicher Fördermittel in die Denkmalpflege. Hinzuzurechnen sind weitere 50 Millionen Mark vom Land für die Stiftung Schlösser und Gärten. Für den bayerischen Generalkonservator Petzet belegen nicht nur diese Zahlen, daß die Denkmalpflege in Thüringen einen guten Stand habe. Allerdings mit einem „noch". Man müsse „wachsam sein bei dem ständigen Gerede vom schlanken Staat, daß bei den einzusehenden Sparmaßnahmen, bei aller notwendigen Deregulierung nicht ausgerechnet die Denkmale dem Mut zur Regulierungslücke" geopfert werden. Denkmalpflege dürfe Politikern nicht zur schönen Blume im Knopfloch werden. Ein moderner Kulturstaat müsse sich wenigstens eine zentrale Denkmalbehörde leisten können. Ohne damit näher auf aktuelle Vorgänge in der Thüringer Denkmallandschaft einzugehen (TA berichtete), warf er damit den Ball in Richtung des Thüringer Kulturministers, Gerd Schuchardt (SPD), der die über 300 internationalen Tagungsgäste willkommen hieß. Dieser sprach von der hohen Akzeptanz, welche die Denkmale in der Thüringer Bevölkerung genießen würden, räumte aber auch ein, daß „uns die Denkmalpflege manchmal vor scheinbar unlösbare Probleme stellt". Von TA nach den jüngst bekannt gewordenen Plänen befragt, die Verwaltungen der beiden Landesämter für Denkmalpflege in Erfurt und Weimar zusammenzulegen, versicherte er, daß es „bei der fachlichen Selbständigkeit" beider Ämter bleibe – spätestens ab 1. Januar 1999 unter einem haushalterischen Dach.

Der gestrige erste Beratungstag endete aus Thüringer Sicht mit einem Paukenschlag: Nach mehreren Jahrzehnten Vorbereitung legte der Deutsche Kunstverlag München am Abend das noch druckfrische erste „Handbuch der Deutschen Kunstdenkmäler Thüringen" vor. Der 1500 Seiten starke Band ergänzt eine 1905 von Georg Dehio begründete Reihe, in der noch die neuzubearbeitenden Bände zu Mecklenburg-Vorpommern, Brandenburg und Sachsen-Anhalt fehlen. In gewohnter alphabetischer Reihenfolge umfaßt der „Dehio-Thüringen" neben den bauhistorischen Daten und Beschreibungen von Einzelobjekten Informationen zu Ausstattung und beteiligten Künstlern, historische Einleitungen zur Geschichte und Entwicklung der Städte und größeren Orte sowie 150 Grundrisse und Pläne.

Heute Vormittag werden die Tagungsteilnehmer zunächst Erfurt kennenlernen und dann im Plenum weiterarbeiten. Am Abend sind sie zu einem Konzert auf die Wartburg geladen.

Heinz STADE

Thüringer Allgemeine
9. Juni 1998

Symbolischer Spatenstich zur Wiedererrichtung des Hirsvogelsaals
Neue Fassung für das Kunst-Juwel
Fördermittel von vier Stiftungen machten das ehrgeizige Projekt erst möglich
Der Neubau mit historischer Ausstattung soll im Juni 2000 eingeweiht werden

Mit einem symbolischen Spatenstich wurde gestern das Startsignal für die Bauarbeiten zur Wiedererrichtung des Hirsvogelsaals gegeben. Vertreter der Stadt, des Freistaats und der Mäzene unterstrichen noch einmal die Bedeutung des „historischen Kleinods", das rechtzeitig zu den Jubiläumsfeierlichkeiten im Jahr 2000 wieder erstrahlen soll.

„Am Anfang stand die Idee, den Hirsvogelsaal an diesem Platz, der an historischem Charme kaum zu überbieten ist, neu entstehen zu lassen", sagte Franz Sonnenberger, Leiter der Museen der Stadt Nürnberg, in seiner Ansprache. Dieser kühne Gedanke, anstatt einer steinernen innenstädtischen Umgebung die direkte Nachbarschaft des Tucherschlosses vorzuziehen, sei nun spätestens mit dem ersten Spatenstich endgültig zur Realität geworden. Bis hin zu diesem Punkt sei aber auch eine Menge an „liebevoller Zuwendung" nötig gewesen. Der Dank der Stadt gelte, wie später auch Oberbürgermeister Ludwig Scholz unterstrich, den verschiedenen Mäzenen. Die mit rund 4,3 Millionen veranschlagte Baumaßnahme wird mit Mitteln der Bayerischen Landesstiftung, der Willy-Messerschmitt-Stiftung, der Dr. Walter und Angelika Oschmann-Stiftung und der Kulturstiftung der Stadtsparkasse Nürnberg gefördert.

Ludwig Scholz betonte, daß ihm die Wiedererrichtung dieses verlorengegangenen Juwels im Nürnberger Stadtbild seit jeher besonders am Herzen gelegen habe. Die für den Juni 2000 geplante Wiedereinweihung werde zweifellos einen Höhepunkt der Feierlichkeiten zum Stadtjubiläum darstellen. Der Hirsvogelsaal solle danach nicht nur ein Teil des Museumsangebots des Tucherschlosses werden, sondern auch für Konzerte, Tagungen oder Lesungen genutzt werden. „Mein besonderer Wunsch ist es dabei, daß der Hirsvogelsaal zu einer kleinen, doch glanzvollen Begegnungsstätte im europäischen Geiste werden möge", sagte Scholz.

Kultusminister Hans Zehetmair ließ noch einmal die Geschichte des berühmten Renaissance-Kleinods Revue passieren, das im Jahr 1534 entstand und in den Bombennächten von 1945 in Schutt und Asche sank. Die Innenausstattung wurde größtenteils in Sicherheit gebracht und nach dem Krieg, allerdings nur in einer „Sparversion", im Fembohaus gezeigt. Nun sei es wieder möglich, so der Minister, daß die erhaltenen Ausstattungsstücke in einem „neuen Gehäuse" wieder zu „Zeugen einer kunstsinnigen und kulturreichen Zeit" werden. *ch*

Nürnberger Zeitung
19. Juni 1998

GRAF VON DEROY *schwebt dekorativ zehn Meter über dem Boden, um sich schließlich in die Obhut der Restaurateure zu begeben. Spätestens Ende des Jahres wird er wieder auf den Sockel gehievt.* Photo: Karlheinz Egginger

Deroy, Rumford, Fraunhofer, Schelling – ein Fall für die Restaurateure

Hängt ihn höher!

Süddeutsche Zeitung
24. Juni 1998

Der Rotary-Club spendete 100 000 Mark, um die lädierten Standbilder zu verschönen

Von Wolfgang Görl

Der General steht da wie nach der Gefangennahme: Mit Gurten und Seilen zu einem Paket verschnürt, Feldpost natürlich, rund zweieinhalb Tonnen schwer und drei Meter groß. Auf ein Zeichen des bayerischen Generalkonservators Michael Petzet hebt ein Kran den Koloß vom Sockel, und es wäre eigentlich geboten, ihn umgehend auf der Holzplattform abzusetzen, wo ein Trupp Männer in Arbeitskluft zum Empfang bereit steht. Doch halt, das Fernsehen ist da und viele Photographen, weshalb eine Steigerung der Dramatik unausweichlich ist. Der Kranführer hat verstanden: Höher hängen! Im Nu schwebt der General zehn Meter über dem Boden, von wo aus er bequem in die oberen Stockwerke der Regierung von Oberbayern blicken könnte, wäre er nicht am 23. August 1812 bei Polozk im Dienste Napoleons den Heldentod gestorben. Bernhard Erasmus Graf von Deroy hieß der Mann, und seine Bronzefigur, die soeben auf den Holzpaletten butterweich aufsetzt, sieht aus, als hätte sie ebenfalls den Rußlandfeldzug des Franzosenkaisers mitgemacht: Üble Korrosionsschäden, schwarze und grüne Verfärbungen durch Schwefeldioxid, häßliche Gipskrusten, Risse im Material – ein Fall für die Restaurateure.

Ein paar Schritte weiter das selbe Bild: Das Denkmal des Grafen von Rumford ist in diesem Zustand eines Mannes unwürdig, der den Englischen Garten gestaltet und die Rumford'sche Armensuppe erfunden hat: Schmutz und Verfärbungen, wo man hinschaut, und der Wanderstab des Grafen ist auch geknickt. Auf der gegenüberliegenden Seite der Maximilianstraße, vor dem Völkerkundemuseum, geht das Elend weiter: Dem Physiker, Forscher und Erfinder Joseph von Fraunhofer ist das Fernrohr verbogen worden, und der Philosoph Friedrich Wilhelm Joseph von Schelling hat auf der Brust einen triangelförmigen Riß, dessen Herkunft – wie beim Deutschen Idealismus üblich – ungewiß ist.

Um dem Verfall der vier Standbilder aus dem 19. Jahrhundert Einhalt zu gebieten, hat der Rotary-Club 100 000 Mark spendiert. Seit gestern arbeiten die Restaurateure an der Beseitigung der Schäden, was im Falle des Generals Deroy besonders schwierig ist. Die Bausteine seines Sockels sind locker geworden, der Kern der Steinsäule wird erneuert. Fraunhofer, Schelling und Rumford bleibt es hingegen erspart, mittels Kran durch die Luft zu gleiten. Gegen Ende des Jahres soll die Restaurierung der vier Denkmäler auf dem Forum an der Maximilianstraße abgeschlossen sein.

Wie es sich gehört, bekam der Rotary-Club bei der Zeremonie am Dienstag für seine Spendierfreudigkeit Lob von allen Seiten. Eine besondere Aufmerksamkeit fand der Vertreter der Rotarier am Ende der Feierlichkeiten vor: Auf der Windschutzscheibe seines Autos prangte ein Strafzettel: 30 Mark wegen Falschparkens – abgesehen vom General blieb die Obrigkeit auch gestern auf dem Posten.

Wegen des geplanten Neubaus eines siebengeschossigen Hauses

Sorgen um den Löwenturm

Experten befürchten, daß ein Wahrzeichen der Altstadt zum Anbau degradiert wird

Von Michael Grill

Bayerns oberste Denkmalschützer schlagen Alarm: Der Löwenturm am Rindermarkt, Münchens wahrscheinlich ältester Turm und ein „Wahrzeichen der Altstadt", ist in großer Gefahr. Generalkonservator Michael Petzet, Chef des Landesamtes für Denkmalpflege, warnt eindringlich vor einem an der Ecke Rindermarkt/Rosental geplanten Neubau, der den mittelalterlichen Turm „zum Anbau degradieren und in seiner Aussagekraft als bedeutendes stadtgeschichtliches Monument beeinträchtigen würde".

Geplant ist, anstelle des nach dem Krieg errichteten Flachbaus („Löwenpassage") ein siebengeschossiges Haus hochzuziehen, das in etwa die Höhe des Turms erreicht und ihn dabei zu einem Bestandteil der Fassaden am Rindermarkt macht – der bislang fast freistehende Turm würde regelrecht eingeschlossen. Mit dem Neubauprojekt, so Petzet, würde die „heute noch erlebbare, städtebauliche Wirkung des Löwenturms verlorengehen". In der Stadtgestaltungskommission stritten bereits zweimal die Experten über die Bedeutung des Turms – einige halten ihn lediglich für einen alten Wasserturm. Kreisheimatpfleger Enno Burmeister sagte, er sei „ein Relikt, das in keinerlei Zusammenhang steht"; auch OB Christian Ude tendiert zu einer „Integration" in die Bebauung.

Für Petzet wäre dies ein kapitaler Fehler, da der Turm in Wirklichkeit der letzte noch vorhandene Rest" des ersten Münchner Befestigungsrings aus dem 12./13. Jahrhundert sei, den man beim Wiederaufbau nach dem Krieg ganz bewußt als Solitär am Rindermarkt herausgestellt habe. Auch im Sandtnerschen Stadtmodell von 1573 stehe der Löwenturm, „genau auf dem Mauering, der vom Rathausturm zum alten Sendlingerturm führte". „Würde so gebaut, wie es zur Zeit geplant ist, unterwerfe sich die Stadt oh-

NOCH STEHT er frei am Rindermarkt: Der Löwenturm soll südlich (rechts) an einen Bau angeschlossen werden.

ne Not den Interessen eines Investors, „der einfach nur eine möglichst große Kiste bauen will", und entwerte ein „historisches Wahrzeichen für das Stadtbild".

Gestern ging eine Delegation aus Denkmalschutz- und Bauexperten auf eine außergewöhnlich staubige Exkursion ins Innere des Löwenturms, um Belege für seine stadtgeschichtliche Bedeutung zu finden. Der Zugang ist bislang nur über eine schmale Einstiegsluke möglich, die vom vierten Stock des benachbarten Geschäftshauses erreicht werden kann. Drinnen angekommen steht man auf einem mit Holzbalken abgestützten neugotischen Kreuzrippengewölbe – die erste „Entdeckung", die bei Petzet große Freude hervorrief. Die zweite sorgte für regelrechte Begeisterung: Im Schein der Handlampen fanden sich im Geschoß, das sich etwa auf halber Turmhöhe befindet, kunstvolle Fresken an der Wand, ein Fund, der von der Delegation sogleich als „aufregend" und „sehr bedeutend" eingestuft wurde. Die Wandbilder zeigen sich wiederholende Muster aus Vögeln, Bäumen und Schriftzeichen. Einst bildeten sie offenbar ein komplettes Fries, das die Turmwand umzog. Sie sind stark verwittert, außerdem hat sie ein dikker Putzaufstrich beschädigt, der zum Teil später wieder heruntergerissen worden war. Die Experten datierten die Fresken auf das späte 15. Jahrhundert. Petzet: „Profanmalerei aus dieser Zeit, das gibt es sonst nirgendwo in München". Im Turmzimmer unter dem Dach fanden sich weitere Reste von Wandbildern, die aus dem 19. Jahrhundert stammen dürften: Frauendarstellungen vor allem, gezeichnet mit grobem, schwarzen Strich – Petzet meinte, wer wolle, der dürfe von „erotischer Wandmalerei" sprechen.

Die Vermutung von der großen städtebaulichen Bedeutung des Löwenturms sei jedenfalls duch die Untersuchung nachdrücklich bestätigt worden, so das Fazit der Forschertruppe, die nach einer halben Stunde im düsteren Turmdunkel wieder ans Tageslicht kam. Wenn er in Zukunft eine Rolle im Bewußtsein der Münchner spielen solle, müsse er auf jeden Fall auch weiterhin, mindestens von zwei Seiten als Turm erkennbar sein"

Süddeutsche Zeitung
1. Juli 1998

Die barocke Kupferhaube von St. Johannis in Lauf ist ein Kunstwerk von Rang und zumindest in Bayern einmalig

Christliche Botschaft auf der Kirchturmspitze

Spruch aus Lukas-Evangelium und reichhaltige Verzierung aus Zinn-Blei-Folie aufgelötet — Eine Nürnberger Arbeit aus 400 Tafeln

VON HORST M. AUER

Selbst der Fugenkitt im Falz der Kupferblechtafeln bezwingt heute nichts mehr als die Besonderheiten der Dachhaube von St. Johannis in Lauf.
Foto: Wilhelm Bauer

LAUF — Ein kulturhistorisches Kleinod ziert die Turmspitze der Johanniskirche in Lauf: Handwerkliche Ausführung, Verzierung und Erhaltungszustand machen das Kupferdach aus der Barockzeit zu einem Kunstwerk von Rang, das in den Augen von Generalkonservator Michael Petzet „in Bayern völlig einzigartig ist".

Abbröckelnde Steine vom brüchigen Gesims des Kirchturms hatten 1997 die Notwendigkeit einer umfassenden Sanierung der Außenmauern immer dringlicher erscheinen lassen. Die Instandsetzungsarbeiten unter der Regie des Staatlichen Hochbauamtes Nürnberg, das im Auftrag des Freistaats der Bauflicht für das Gotteshaus nachkommt, sind mittlerweile so gut wie abgeschlossen.

Daß die Laufer Stadtpfarrkirche St. Johannis weiterhin eingerüstet ist, hängt mit einer ebenso überraschenden wie spektakulären Entdeckung in luftiger Höhe zusammen: Die Turmhaube ist aus kulturgeschichtlicher Sicht „von schier unschätzbarem Wert", handelt es sich doch „um das älteste bekannte Beispiel einer Kupferblecheindeckung in Bayern", wie Petzet erläuterte.

Eine Meisterleistung

Kupferdächer sind in der Region zwar auch von der Schwabacher Stadtpfarrkirche (1717) und der Ellinger Schloßkapelle (1768) bekannt. Das Laufer Musterbeispiel ist aber nicht nur älter und hervorragend erhalten, sondern auch technisch aufwendig gefertigt und reich verziert: Bei der Entstehung 1680 hat man mit einer Zinn-Blei-Folie einen weithin sichtbaren Schriftzug, Girlanden, Wellenbänder, Sterne und ein Wappen aufgetragen. In lateinischer Sprache prangte in rund 40 Zentimeter großen Buchstaben ein Spruch aus dem Lukas-Evangelium auf dem Dach – eine christliche Botschaft in 50 Meter Höhe.

Von der damals aufgelöteten und nur durch Laboruntersuchungen nachgewiesenen Folie ist heute nichts mehr vorhanden. Doch weil darunter das Kupfer weniger angegriffen worden war, ist die „prachtvolle Dekoration" (Petzet) noch ablesbar. Allerdings ist nicht daran gedacht, den alten Zustand herzustellen.

Die Besonderheit über den Dächern der Pegnitzstadt war nahezu in Vergessenheit geraten. Allenfalls alte Fotos aus den zwanziger Jahren liefern Hinweise auf den wertvollen Dachschmuck in Lauf. Heute weiß man sogar, daß es sich um eine Arbeit des Nürnberger Kupferschmieds Georg Kelsch handelt, der auf dem Rochusfriedhof begraben liegt. Für sein Meisterwerk hat er rund 400 Blechtafeln aus einem der ehemaligen Hammerwerke an der Pegnitz in Lauf verarbeitet: rund 40 mal 75 Zentimeter große Platten mit einer Stärke von 0,2 bis 0,8 Millimeter.

Die handwerkliche Leistung nötigt den Fachleuten größten Respekt ab. Bis heute ist es kaum nachvollziehbar, wie man es seinerzeit geschafft hat, die Metallfolie in schwindelnder Höhe auf dem Kupferdach anzubringen. Bei der – für die Barockzeit üppigen – Verzierung könnte es sich um eine lokale Eigentümlichkeit aus dem Nürnberger Raum handeln, für die es in ganz Europa keinen Vergleich gibt. Denn, so Petzet: „Ein weiteres Beispiel für diese Technik auf Kupferblech ist dem Landesamt für Denkmalpflege nicht bekanntgeworden."

Insgesamt rund 940 000 Mark kostet die Turmrenovierung, die im Herbst abgeschlossen sein wird. Dank des guten Zustands der Dachkonstruktion muß die Turmhaube nicht demontiert, sondern kann an Ort und Stelle repariert werden. Laut Maximilian Haimler von der damit beauftragten Fachfirma aus Regensburg sind etwa 250 meist kleinere Risse zu flicken. Haimler über seine Arbeit an der Johanniskirche in Lauf: „Es ist eine historische Chance, eine der ganz wenigen authentischen Dacheindeckungen dieser Art aus dem Barock zu erhalten."

Nürnberger Nachrichten
29. Juli 1998

Neue Zukunft für ein Augsburger Industriedenkmal

Süddeutsche Zeitung
1. August 1998

Der Glaspalast wird ein Museumszentrum

Bauunternehmer Ignaz Walter kauft historische Gebäude für zehn Millionen Mark

Von Andreas Roß

Augsburg – Der Glaspalast, ein herausragendes Baudenkmal aus der Blütezeit der Augsburger Textilindustrie, wechselt den Besitzer. Für rund zehn Millionen Mark veräußert die Stadt den seit 1989 leerstehenden Industriebau an den Augsburger Bauunternehmer Ignaz Walter, Chef der zweitgrößten deutschen Baukonzerns. Walter, dessen Konzernzentrale an den Glaspalast angrenzt, will das Baudenkmal für 40 Millionen Mark sanieren und für museale, kulturelle und gewerbliche Zwecke nutzen.

Sozusagen als Gegengeschäft und als „Kostendeckungsbeitrag", wie es Oberbürgermeister Peter Menacher formulierte, wird die Stadt dem Käufer im Umfeld der Industriebrache den Bau von Wohnungen ermöglichen. Eine Kollision seiner Pläne mit dem Denkmalschutz befürchtet Walter nicht. „Ich habe das Objekt mit Bayerns Generalkonservator Michael Petzet besichtigt. Er ist sehr froh, wenn wir die Sanierung anpacken", erklärte der Konzernchef vor der Presse.

Die Stahlskelett-Konstruktion mit der bemerkenswerten Glasfassade wurde 1909 im Auftrag der Spinnerei und Weberei Augsburg (SWA) nach Plänen des Stuttgarter Architekten Philipp J. Manz errichtet. Genau 80 Jahre später war es mit der industriellen Nutzung des Prachtbaus vorbei. Für 14 Millionen Mark erwarb die Stadt seinerzeit den Glaspalast von der konkursreifen SWA. Die Hoffnung der Kommune, damit die traditionsreiche Firma und einige 100 Arbeitsplätze retten zu können, erfüllte sich freilich nicht. Seither steht das Industriedenkmal von europäischem Rang leer: für die Stadt ein teures Vergnügen, denn der Schuldendienst für die Industrie-Immobilie belastete den Haushalt jährlich mit gut 400 000 Mark.

Alle Versuche, für das Objekt einen Investor und eine dem Charakter des Gebäudes angemessene Nutzung zu finden, blieben lange erfolglos. Vor einigen Wochen jedoch kam Bewegung in die Sache. Gleich drei Bewerber signalisierten der Stadt, sie wollten das Dornröschen unter den Augsburger Industriebauten aus dem Schlaf küssen: Konrad Schwarz, Chef einer mittelständischen Brauerei aus dem Landkreis Augsburg, der Medienunternehmer Ulrich Kubak und Baukonzernchef Ignaz Walter. In einer Sondersitzung des Ausschusses für Stadtentwicklung gaben die Stadträte am Donnerstag abend einstimmig den Zuschlag an Ignaz Walter. „Uns ging es nicht allein um das Geld, sondern um das, was mit dem Glaspalast passiert. Das Angebot von Herrn Walter hat uns dabei am meisten beeindruckt", erklärte OB Menacher.

Der streitbare Konzernchef will die drei Obergeschosse des fünfgeschossigen Gebäudes für kulturelle Zwecke nutzen. Die vierte und fünfte Etage sollen ausschließlich der Begegnung mit zeitgenössischer Kunst gewidmet sein. Walter selbst will dazu Exponate aus seiner 30jährigen Sammlertätigkeit zur Verfügung stellen. Das dritte Geschoß möchte Walter an ein Museum vermieten.

Schließlich gibt es in Augsburg schon lange Überlegungen für ein Textilmuseum, auch ein Förderverein wurde bereits gegründet. Den Grundstock dazu könnte das wertvolle Stoffmuster-Archiv der Konkurs gegangenen Neuen Augsburger Kattunfabrik (NAK) bilden. Auch ein Landesmuseum der Industriegeschichte würde im Glaspalast ein angemessenes Domizil finden. „Hier müssen wir noch viele Gespräche führen und Partner suchen", sagte Rathauschef Menacher. Die beiden Untergeschosse will der Käufer Gewerbebetrieben zur Verfügung stellen.

Geschäft mit Seele

Für Ignaz Walter ist der Kauf des Glaspalasts eine Art Heimholung. Denn die Baufirma Thormann & Stiefel, die das Gebäude vor fast 90 Jahren errichtet hat, ist schon vor längerer Zeit im Konzern des deutschen Bauindustrie-Präsidenten aufgegangen. „In diesem Geschäft steckt schon auch ein bißchen Seele drin", betonte der Unternehmer. Prognosen, wann die Sanierung beginnen wird, wollte Walter gestern nicht abgeben: „Wir fangen erst an, wenn das Gesamtkonzept genehmigt ist."

Der Augsburger Jungunternehmer Ulrich Kubak, der im Glaspalast ein Medienzentrum einrichten wollte, kritisierte die Vergabe an Walter. Der Glaspalast hätte zum Symbol für eine neue Generation von Unternehmertum in Augsburg werden können. Statt dessen gebe sich die Stadt mit einem privaten Kulturtempel zufrieden, der wenig Einnahmen und kaum Arbeitsplätze bringen werde. Das Motto der Stadt heiße offenbar: „Auf nach vorne in die Vergangenheit".

DER GLASPALAST wechselt den Besitzer: Der Bauunternehmer Ignaz Walter kauft das Industriedenkmal, in dem er unter anderem ein Textilindustrie-Museum einrichten will, von der Stadt Augsburg. Photo: Fuchs

Von der Pallas Athene beeindruckt

Der Bote für Nürnberg-Land (Feucht)
8. August 1998

ALTDORF — Dr. Michael Petzet vom Bayerischen Landesamt für Denkmalpflege in München besuchte auf Empfehlung von Dr. Matthias Exner mit einer Delegation die Stadt Altdorf, vorrangig, um den renovierten Pallas Athene-Brunnen im Hof des Wichernhauses zu begutachten. Der Landeskonservator wurde von Kerstin Brendel, der leitenden Metallrestauratorin des Landesamtes, und von Dr. Karlheinz Hemmeter, dem Referenten für Öffentlichkeitsarbeit, begleitet. Großes Interesse am Brunnen zeigte auch Ursula Peters von der Redaktion der Süddeutschen Zeitung. Hans Rötzer, Bernhard Wacker und Dr. Dr. Jürgen Schneider von den Lions, hießen die Gäste in Altdorf willkommen. Bereits beim Essen, gesponsert von der Hypobank, gab Dr. Petzet seiner Freude über die Altdorfer Initiative Ausdruck. Die Lions hatten seinerzeit die Arbeiten am Brunnen, die von den Lions, den Wallensteinern und den Altstadtfreunden getragen wurden, koordiniert. Im Hof des Wichernhauses konnte Dr. Michael Petzet den Leiter des Wichernhauses, Diakon Klaus Troidl, begrüßen, der zusicherte, daß das wertvolle Denkmal künftig eine Winterverschalung erhalten wird. Dr. Petzet und die Metallrestauratorin zeigten sich überrascht von der hervorragenden Qualität der Bronzefigur. Außergewöhnlich fanden die Gäste auch das Herzmotiv im Schutzgitter. Kerstin Brendel empfahl, ebenso wie schon Dr. Matthias Exner, die regelmäßige Konservierung des Kunstwerks. Bei einem Kurzrundgang, geführt von Sieglinde Hungershausen, konnten sich die Gäste im Universitätsmuseum noch einige besondere Stücke ansehen und auch das Haus selbst in Augenschein nehmen.
Foto: Hungershausen

Allgäuer Zeitung (Füssen), 25. August 1998

Welterbe: Kein Antrag für Neuschwanstein

Generalkonservator widerspricht »Schwangauer Darstellungen«

Über die Zukunft von Schloß Bullachberg (Foto) entscheiden die Schwangauer Wähler beim Bürgerentscheid am 27. September. Sollte der geplante Hotel-Bau am Bullachberg realisiert werden können, dann kommt es möglicherweise zu einer Verbindung mit der »Alpenrose« in Hohenschwangau. Entsprechende Gespräche zwischen der Familie von Thurn und Taxis und dem Wittelsbacher Ausgleichsfonds wurden schon geführt.
Bild: Arno Späth

Schwangau (asp). Schloß Neuschwanstein steht nicht in der »Welterbeliste«. Professor Dr. Michael Petzet, der Leiter des Landesamtes für Denkmalpflege, arbeitet derzeit auch nicht an einem Antrag, das »Märchenschloß« als Weltkulturerbe auszuweisen. Damit widerspricht der oberste Denkmalschützer Bayerns den Darstellungen, die derzeit in Schwangau im Zusammenhang mit dem bevorstehenden Bürgerentscheid diskutiert werden. Kommt es bei Schloß Bullachberg nach dem Bürgerentscheid zum Hotelbau durch die Familie Thurn und Taxis, dann arbeitet sie möglicherweise mit dem Wittelsbacher Ausgleichsfonds (WAF) zusammen. Letzterer ersteigerte das »Seehotel Alpenrose« nach dem Konkurs der Betreibergesellschaft.

Als die »Initiative Schwangauer Bürger für die Bewahrung unserer Heimat und der dörflichen Gemeinschaft« zusammen mit dem örtlichen Bauernverband im vergangenen späten Frühjahr das Bürgerbegehren »Erhalt des Bullachberges« initiierte, war eines ihrer Argumente: »Prof. Dr. Petzet bezeichnet das Hotelprojekt als 'Attentat auf die Welt des Märchenkönigs Ludwig II.' und als 'beängstigende Perspektive'. Er arbeitet derzeit an einem Vorschlag, Neuschwanstein und sein gesamtes Umfeld einschließlich Bullachberg als Weltkulturerbe der UNESCO auszuweisen. Ein Hotel am Bullachberg würde diese Bestrebungen zunichte machen.«

Vor einigen Tagen folgten eine handvoll Schwangauer Landwirte der Einladung der Familie von Thurn und Taxis. Prinz Max Emanuel und Prinzessin Christa wollen bei derartigen Zusammenkünften bis zum Bürgerentscheid über ihre Pläne informieren. Wie bereits berichtet, setzen sie auf eine touristische Nutzung des Bullachberges mit einem Sport- und Konferenz-Hotel der Vier-Sterne-Kategorie und Golfschule. Damit soll eine wirtschaftliche Basis gefunden werden, das Schloß und das Erbe von Prinz Raphael erhalten zu können.

Weil sich der Widerstand im Gemeinderat vor allem gegen die Größe des Hotels mit über 100 Zimmern richtete, streckten Prinz und Prinzessin von Thurn und Taxis die Fühler Richtung »Alpenrose« am Ufer des Alpsees aus, um die weitere Nutzung dieses Hauses mit dem geplanten Hotel am Bullachberg in Verbindung zu bringen. »Wir stehen mit dem WAF in Verhandlungen, informieren sie bei ihren Veranstaltungen. Das bestätigte gestern Günter Meyer, Administrator des WAF in Hohenschwangau, gegenüber der *Allgäuer Zeitung - Füssener Blatt*. »Die Familie von Thurn und Taxis ist für uns der erste Vermarktungs-Ansprechpartner.« Das heiße aber nicht, daß sie die »Alpenrose« automatisch bekomme.

Bullachberg und »Alpenrose«

Die »Alpenrose« war Ende der siebziger Jahre renoviert und zu einem Appartement-Hotel umgebaut worden. Später wurden die Ferienwohnungen in »Teileigentum auf Zeit« umgewandelt. Vor knapp zwei Jahren mußte die Betreibergesellschaft Konkurs anmelden. Bei der jetzt erfolgten Zwangsversteigerung in Kaufbeuren ersteigerten die »Feldmochinger Kraftfutterwerke«, eine Tochtergesellschaft des WAF, die »Alpenrose« zurück. Für das Angebot von knapp unter sechs Millionen Mark erhielten die Wittelsbacher den Zuschlag. Ob es nun zu einer Zusammenarbeit mit der Familie von Thurn und Taxis kommt, das hängt auch vom Ausgang des Bürgerentscheids ab.

Bei der Informationsveranstaltung mit Schwangauer Landwirten stellten Prinz Max Emanuel und Prinzessin Christa noch einmal fest: »Der ursprünglich geplante Golfplatz beim Bullachberg ist gestorben und für uns kein Thema mehr.« Außerdem brachten sie zum Ausdruck, Dr. Petzet engagiere sich gegen die Hotel-Pläne am Bullachberg nur deshalb, weil er Neuschwanstein zum Weltkulturerbe machen wolle. »Stimmt nicht«, kontert der Generalkonservator. Zwar habe er einmal in einem Vorwort einer Publikation über die Weltkulturdenkmäler Deutschlands darauf hingewiesen, daß Neuschwanstein den Rang eines Welterbes habe. »Aber ich arbeite zur Zeit nicht an einem Vorschlag, Neuschwanstein in die Welterbeliste aufzunehmen und sehe im Moment keine Notwendigkeit, einen Antrag auszuarbeiten«, stellte Dr. Petzet gegenüber der AZ klar. In der Liste stehen laut Petzet derzeit weltweit zirka 500 bedeutende Denkmäler, aus Bayern die Wieskirche, die Stadt Bamberg und die Würzburger Residenz.

Durchdachter Denkmalschutz

ICOMOS-Tagung endet heute

Der Name klingt mystisch und geheimnisvoll, wie dies Regierungspräsident Hans Angerer in seiner Begrüßung formulierte. Tatsächlich verbirgt sich hinter dem Kürzel ICOMOS ein eher ganz irdisches, vor allem aber berechtigtes Anliegen: Denkmalschutz. Oder – wie es korrekt heißt: International Council On Monuments And Sites. Seit gestern tagen Denkmalschützer und Geisteswissenschaftler unterschiedlichster Sparten im Landratsaal der Regierung zum Thema „Opernbauten des Barock".

Mit diesem Symposium, das ICOMOS und die Bayerische Verwaltung der staatlichen Schlösser, Gärten und Seen gemeinsam veranstalten, wird gleichzeitig ein wissenschaftlicher Schlußpunkt zum Opernhaus-Jahr an exponiertem Datum gesetzt: Heute vor 200 Jahren wurde das Haus eingeweiht.

Aspekte des Theaterbaus, der Bühnentechnik, aber auch der Kulturgeschichte standen und stehen auf dem Programm, das natürlich über die Bayreuther Thematik hinausgeht. Dennoch soll aus den unterschiedlichsten Blickwinkeln heraus beleuchtet werden, inwieweit das Markgräfliche Opernhaus in die Liste des Weltkulturerbes der UNESCO mit aufgenommen werden kann, wie es von Bayreuther Seite immer wieder postuliert worden ist.

Belege für die Einzigartigkeit dieses Baus wurden schon gestern in den einzelnen Vorträgen immer wieder erkennbar. Denn ein Unterschied zu vielen anderen Theaterbauten des 18. Jahrhunderts erlebte das Bayreuther Opernhaus keine baulichen Veränderungen, keine Anpassungen an den Geschmack der Zeit. Ein besonders krasses Beispiel hierfür etwa ist das Markgrafentheater in Erlangen von Giovanni Gaspari, dessen fortwährenden baulichen Umgestaltungen schließlich im Bau einer völlig neuen Fassade 1958/59 mündeten, ganz im Stil der damaligen Zeit.

Der Präsident des Deutschen ICOMOS-Nationalkomitees, Professor Michael Petzet, schilderte diesen Prozeß und die damit verbundenen Restaurierungsmaßnahmen im Inneren des Hauses, die heute schon keine zu neuen Problemen geführt haben. Unterschiedliche wissenschaftliche Erkenntnisse, aber auch ästhetische Maxime der jeweiligen Zeit lassen solche Entscheidungen rechtfertigen. Auch wenn sie nur eine Generation später zu völligem Unverständnis führen: Der Leiter der Ausstellung „Das vergessene Paradies", Dr. Peter Krückmann, erinnerte hier in seinem Vortrag an die völlige Demontage der historischen Bühnentechnik im Bayreuther Opernhaus in den 50er und 60er Jahren. Die Tagung, die aus Mitteln des Bundes, der Leupoldt-Stiftung und der Kreissparkasse Bayreuth-Pegnitz unterstützt wird, versteht sich insofern auch als Forum aktueller Forschungsergebnisse.

adi

Nordbayerischer Kurier (Bayreuth)
26. September 1998

Aufnahme in die UNESCO-Liste nicht in Sicht

Zehetmair: Regensburg muß sich gedulden / Tausende nutzten „Tag des offenen Denkmals"

REGENSBURG (ni). Die Aufnahme des Altstadtensembles von Regensburg in die Liste des Weltkulturerbes wird noch auf sich warten lassen. „Wir unterstützen die Bemühungen der Stadt Regensburg, doch die Eintragung ist außerordentlich schwierig", sagte Kultusminister Hans Zehetmair gestern. Er war zum Festakt anläßlich des Tages des offenen Denkmals in die alte Reichsstadt gekommen.

Kulturdenkmäler in den neuen Bundesländern haben bei den Vorschlägen der Bundesregierung an die UNESCO Priorität, so Zehetmair. Dieses Jahr hat die Bundesregierung Weimar zur Aufnahme in die Liste vorgeschlagen. Generalkonservator Prof. Dr. Michael Petzet kritisierte, daß Deutschland anders als beispielsweise Italien oder Frankreich jedes Jahr nur ein Objekt vorschlägt. Sobald die Regensburger Altstadt von der Bundesregierung vorgeschlagen werde, sei es „überhaupt kein Problem, diesen Vorschlag auch durchzubringen". Oberbürgermeister Hans Schaidinger kündigte an, daß die Stadt sich weiterhin um die Eintragung bemühen werde. Dabei gehe es aber nur um das „Etikett". „Denn unsere historische Altstadt gehört natürlich zum Weltkulturerbe", so der OB. Zehetmair würdigte das Zusammenwirken von privatem, kommunalem und staatlichem Engagement in Regensburg mit seinen über 1200 Einzeldenkmälern als „besondere Bestätigung der bisher in Bayern betriebenen Denkmalpflege". Er erinnerte an die Verdienste des Forums Regensburg und der Altstadtfreunde, die Abbrüche von Baudenkmälern und zerstörerische Verkehrsprojekte verhinderten.

Sorge bereitet dem Kultusminister die drohende Aufhebung der steuerlichen Abschreibungsmöglichkeiten für denkmalpflegerische Maßnahmen. Dies könnte einen Rückschlag für private Projekte bedeuten. Private Gelder seien aber trotz der großen öffentlichen Engagements unverzichtbar für den Erhalt von alter Bausubstanz. Laut OB Schaidinger flossen seit 1958 rund 120 Millionen Mark von Bund, Land und Stadt in die Altstadtsanierung. Hinzu kommen jährlich eine Million Mark aus dem Kultusministerium.

Der Tag des offenen Denkmals war auch dieses Jahr ein voller Erfolg. Wieder reichte das Angebot von Führungen, Besichtigungen und Turmbesteigungen bei weitem nicht aus, um das Interesse der Regensburger Bevölkerung und der zahlreichen Besucher zu befriedigen. Obwohl viele Führer wesentlich größere Gruppen als geplant auf ihren Erkundungsgängen mitnahmen, bildeten sich an fast jeder Sehenswürdigkeit lange Warteschlangen.

Der Festakt zum Tag des offenen Denkmals fand in Regensburg statt. Kultusminister Hans Zehetmair (4. v. l.) besichtigte mit OB Hans Schaidinger (3. v. l.) auch die romanischen Keller unter dem Neupfarrplatz. Foto: Nübler

Regensburg muß sich gedulden

Regensburg wird in naher Zukunft nicht in die Liste des Weltkulturerbes aufgenommen. Trotzdem will Kultusminister Hans Zehetmair (2. v. re.) die Stadt in diesen Bemühungen unterstützen, sagte er gestern beim Festakt zum „Tag des offenen Denkmals". Foto: nü

Mittelbayerische Zeitung (Regensburg), 21. September 1998

Streit zu Füßen von Schloß Neuschwanstein

Warnung vor einem „Monsterhotel"

Schwangauer Bürger entscheiden über Pläne für Neubau im Königswinkel / Bauherr will sich nicht enteignen lassen

Von Andreas Roß

Schwangau – Im „Dorf der Königsschlösser", wie sich die Gemeinde Schwangau im Ostallgäu stolz nennt, hängt der Haussegen schief. Zu Füßen der Königsschlösser Neuschwanstein und Hohenschwangau tobt seit Wochen ein heftiger Wahlkampf. Dabei geht es nicht um Kohl oder Schröder, sondern um die Frage, ob ein geplantes Luxushotel mit Schwimmbad und Golfschule die weitbekannte Postkartenidylle im Königswinkel zerstören würde. Bauen will das Hotel die in Schwangau ansässige Familie des Prinzen Max Emanuel von Thurn & Taxis, die mit dem 40-Millionen-Projekt das Ostallgäu dem gehobenen Tourismus erschließen möchte. Schärfster Kritiker der Pläne ist Bayerns Generalkonservator Michael Petzet, der „das Monsterhotel" im Vorfeld von Neuschwanstein als „Attentat auf die Welt des Märchenkönigs Ludwig II." brandmarkte. In einem Bürgerentscheid werden die rund 2500 wahlberechtigten Schwangauer am Sonntag entscheiden, ob die Hotelpläne weiterverfolgt werden oder der südliche Außenbereich von Schwangau frei von Bauten bleibt.

Der Bullachberg ist eine kleine bewaldete Anhöhe inmitten der landwirtschaftlich genutzten Wiesen unterhalb von Schloß Neuschwanstein. An den Berg schmiegt sich ein kleines Schlößchen aus der Zeit um die Jahrhundertwende, das sich seit 70 Jahren im Besitz der Familie Thurn & Taxis befindet. Dieses Schlößchen ist dringend sanierungsbedürftig und soll deshalb nach dem Willen von Prinz Max Emanuel und Prinzessin Christel in das Konzept für ein Vier-Sterne-Hotel mit Schwimmbad und Golfschule integriert werden.

Schon vor gut einem Jahr hatte der Prinz, der für die CSU im Gemeinderat

DARF EIN HOTEL in der Nähe des Schlosses Neuschwanstein errichtet werden? Die Schwangauer sollen am Sonntag darüber abstimmen. Photos: Hausmann/ Egginger-SZ-Archiv

IN DER KRITIK: Hotel-Gegner Petzet.

von Schwangau sitzt, eine entsprechende Bauvoranfrage bei der Gemeinde eingereicht. Damals ging es noch um ein Luxushotel mit 150 Zimmern und einem Neun-Loch-Golfplatz. Das Millionenprojekt war nicht durchsetzbar. Vor allem die Landwirte in Schwangau fürchteten durch den Landverbrauch um ihre Existenz. Der Prinz strich daraufhin den Golfplatz und änderte die Planung auf 125 Zimmer. Aber auch diese Version billigte der Schwangauer Gemeinderat nicht. „Bei 50 Zimmern können wir miteinander reden", lautete seinerzeit die Mehrheitsmeinung der Ratsherren. Ob-

wohl der Prinz und seine Planer bezweifelten, daß ein Luxushotel dieser Größenordnung wirtschaftlich betrieben werden kann, änderten sie die Planung noch einmal. Die Bauvoranfrage kam im Gemeinderat aber nicht mehr zur Abstimmung, denn die Gegner des Projektes reichten im Juni den mit 520 Unterschriften versehenen Antrag auf einen Bürgerentscheid ein.

Seither ist das Dorf in zwei sich heftig befehdende Lager gespalten. Nach Meinung der Kritiker wäre die Genehmigung des Thurn & Taxis-Hotels ein „Sündenfall", von dem sich die Gemeinde nie

mehr erholen würde. Schließlich liege der Bullachberg baurechtlich im Außenbereich. Für die Befürworter des Hotelprojekts, zu denen Bürgermeister Reinhold Sontheimer (CSU) gehört, ist Petzet der erklärte Buhmann. In Wurfsendungen und Zeitungsanzeigen wird der Generalkonservator verdächtigt, er wolle Neuschwanstein in die Unesco-Liste des Weltkulturerbes aufnehmen. Die Thurn-Taxis-Familie wertet dies als „Attentat" auf die Gemeinde. Denn Schwangaus Grundbesitzer würden „kalt enteignet" und die Gemeinde zum „fremdbestimmten Museumsdorf" degradiert.

Süddeutsche Zeitung
25. September 1998

Noah mit Weinrebe oder Illustration der Worte Jesu „Ich bin der Weinstock, ihr seid die Reben".

Münchner Merkur
29. September 1998

Restauratorin kämpft mit Skalpell gegen Schmutz der Jahrhunderte

Von Rainer Bleicher

München/Augsburg – Quadratmillimeter um Quadratmillimeter gräbt sich das Skalpell von Brigitte Diepold durch die grünlichschwarze Schmutzkruste, die sich im Lauf der Jahrhunderte auf den einzelnen Reliefplatten des Augsburger Domportals festgekrallt hat. 100 bis 120 Stunden werkelt die Metallrestauratorin mit ihren selbstangefertigten Werkzeugen aus Stahl, Knochen oder Elfenbein an einer Tafel, bis sie wieder in ihrem ursprünglichen goldfarben-metallischem Glanz erstrahlt und die zart modellierten Faltenwürfe oder die Körpergestaltung sichtbar werden. „Die künstlerische Qualität, die bei der Restaurierung dieses überragendsten Bronze-Werks in Bayern herauskommt, ist sehr hoch", schwärmt Michael Petzet, Generalkonservator am Bayerischen Landesamt für Denkmalpflege in München.

In den Metallwerkstätten des Landesamts werden die insgesamt 35 Tafeln der zweitältesten Bronzetür mit figürlichen Darstellungen nach der Bernwardstür des Hildesheimer Doms für schätzungsweise 400 000 Mark auf Vordermann gebracht. Die Restaurierung beider Portaltüren soll 2002, die des rechten Flügels bereits zwei Jahre früher abgeschlossen sein. Die Entfernung der Kruste wurde nötig, weil Korrosionsprozesse die sonst gut erhaltenen Bronzen schädigen könnten.

„Im Diözesanmuseum St. Afra, das im Jahr 2000 eröffnet wird, soll das Bronze-Werk der Höhepunkt der Führung sein", verspricht der Augsburger Domdekan Eugen Kleindienst. Die gotische Schneider-Kapelle, die an den Westchor des Doms grenzt, soll dann dem restaurierten Werk eine neue Heimat geben.

Gegossen wurde die Tür in einer Werkstatt nördlich der Alpen zwischen 1050 und 1065, offenbar zur Weihe des ottonischen Neubaus des Augsburger Doms (1065). Dort zierte sie wohl das östliche Hauptportal. Ein Quellentext aus dem 13. Jahrhundert, demzufolge Bischof Heinrich II. (1047-1063) einen „porticus" habe fertigen lassen, bestätigt in der Zusammenschau der mit stilistischen Einordnung der Figuren diese Datierung.

Die mittelalterlichen Designer der Bronzetür orientierten sich in Technik und Aufbau an Vorbildern aus Byzanz und Italien, der Stil der Figuren, Lilien und Maskaronen (Menschengesichter) hingegen ist antikischwestlich. Das Programm der Tür entbehrt bis heute einer schlüssigen Deutung: Es werden nur Szenen und Personen aus dem Alten Testament dargestellt und diese nicht wie üblich korrespondierenden Sequenzen des Neuen Testaments gegenübergestellt.

Doch Generalkonservator Petzet prognostiziert den großen interpretatorischen Wurf nach der Restaurierung: „Zum Abschluß der Arbeiten werden wir mit einer großartigen neuen Deutung aufwarten." Experten aus aller Welt sollen dann bei einem Symposium die Restaurierungs-Ergebnisse wie ein Puzzle zusammensetzen.

Restauratorin Diepold befreit mit einem eigens gefertigten Skalpell die Bronzetafel von Schmutz. Fotos: rk

Kein Luxushotel unterm Schloß

Schwangau (aro) – Die Bürger der Gemeinde Schwangau (Landkreis Ostallgäu) wollen kein Luxushotel zu Füßen von Schloß Neuschwanstein. Bei einem Bürgerentscheid am Sonntag sprachen sich 59 Prozent der Schwangauer gegen das 40-Millionen-Projekt der Familie des Prinzen Max Emanuel von Thurn & Taxis aus. Für die 50-Zimmer-Luxusherberge, zu der auch ein Schwimmbad und ein Golfschule gehören sollten, votierten 41 Prozent der knapp 2300 Wahlberechtigten. Die Wahlbeteiligung betrug 87 Prozent. Große Genugtuung über den Wahlausgang herrschte bei der „Initiative Schwangauer Bürger für die Bewahrung unserer Heimat und der dörflichen Gemeinschaft", die gemeinsam mit dem örtlichen Bauernverband gegen den geplanten Hotelbau im südlichen Außenbereich von Schwangau Front gemacht hatte. Auch Bayerns Generalkonservator Michael Petzet dürfte das Ergebnis des Bürgerentscheids mit Freude aufgenommen haben. Petzet hatte die Hotelpläne stets als „Attentat auf die Welt des Märchenkönigs Ludwig II." kritisiert.

KEIN HOTEL *wird den Blick auf das Schloß Neuschwanstein beeinträchtigen.* Photo: Hausmann

Süddeutsche Zeitung
28. September 1998

Augsburger Allgemeine
13. Oktober 1998

Petzet: Blick auf Murnauer Kirche bewahren

„Durch Blauen Reiter berühmt"

Murnau (ki). Die Maler der Expressionistengruppe „Der Blaue Reiter" malten oft den Blick auf die frei über einer Wiese stehende Murnauer Pfarrkirche. Die jetzt geplante Bebauung dieser Wiese lehnt der Leiter des Landesamts für Denkmalpflege, Generalkonservator Michael Petzet, als Zerstörungswerk ab.

Als „völlig unverständlich" bezeichnet es Petzet, daß der Markt Murnau „ein wesentliches Stück der mit den Anfängen der modernen Kunst des 20. Jahrhunderts so eng verbundenen Kulturlandschaft der Zerstörung preisgeben möchte". Für das Motiv der den Ort bekrönenden Kirche, durch die Maler Wassily Kandinsky, Alexej Jawlensky und Gabriele Münter „weltberühmt", sei das freie Hanggrundstück unentbehrlich. Es verkörpere „ein Stück europäischer Kulturgeschichte." Das Landesamt könne die Überbauung des letzten Freiraums im Ortskern nicht hinnehmen und lehne den Bebauungsplan ab.

Dieser Plan war schon von Anlieger-Einsprüchen betroffen gewesen und abgeändert worden: Die Bebauung soll nun Lücken als „Sichtfenster" freilassen, um weiterhin Blicke vom Untermarkt zur Kirche und vom Friedhof zu den Bergen zu ermöglichen.

Murnauer Tagblatt
14. Oktober 1998

Friedhofs-Erweiterung soll Wiese vor Bebauung retten

Denkmalschützer gegen Zerstörung des berühmten Maler-Motivs

Murnau (es) Die Front der Gegner einer Bebauung des Hanges vor der Pfarrkirche St. Nikolaus wächst. Von großen überregionalen Tageszeitungen müssen die als „Dorfpolitiker" geschmähten Murnauer Gemeinderäte Prügel einstecken und jetzt redet ihnen auch Pfarrer Helmut Enemoser ins Gewissen. Kategorisch lehnt das Landesamt für Denkmalpflege die Überbauung dieses letzten Freiraumes im historischen Ortskern" ab. Der Blick auf die Kirche müsse freigehalten werden. Die Maler Wassily Kandinsky, Gabriele Münter und Alexey Jawlensky hätten dieses Motiv weltweit bekannt gemacht: „Es verkörpert ein Stück europäischer Kunstgeschichte".

Rund 4000 Quadratmeter der Hangwiese zählen zur Wohnbaufläche. Schon bei der Aufstellung des Flächennutzungsplans zwischen 1985 und '90 einigte man sich auf eine möglichst geringe Bebauung. „Zur Wahrung des Orts- und Landschaftsbildes ist es wichtig, den hohen Grünanteil zu sichern und fortzuentwickeln", schrieb die Ortsplanungsstelle für Oberbayern fest. Unmittelbar unterhalb der Friedhofsmauer wurde eine Grünfläche von 16 Metern Tiefe dargestellt, daran schließen sich private Grünflächen an, die von jeder Bebauung freizuhalten sind.

Insgesamt vier zweigeschoßige Häuser hat der Gemeinderat den zwei Grundstückseigentümern im Bebauungsplanentwurf Kirchsteig/Lederergasse zugestanden, drei Einfamilienhäuser mit maximal zwei Wohnungen pro Gebäude und ein Zweifamilienhaus. Die Wandhöhe wurde an der ungünstigsten Stelle auf 5,30 Meter beschränkt, ein Kniestock ist nicht zugelassen. Sichtachsen sollen den Blick auf die Kirche freihalten. „Diese Baulücke hätte auch ohne Bebauungsplan bebaut werden können", erläutert Marktbaumeister Jörg Liebermann: „Deswegen stellt die Gemeinde einen Bebauungsplan auf, um die Bebauung relativ genau zu regeln und zwei Drittel der Fläche als Wiese zu erhalten."

„Wenn es nach dem geht, was einer gemalt hat, müßten wir fast jede Straße und jeden Winkel in Murnau kaufen", sagt Bürgermeister Harald Kühn. Im übrigen seien dem Gemeinderat die „in der Presse aufgeworfenen Gesichtspunkte, soweit überhaupt sachlich richtig," sehr wohl bewußt: „Deshalb brüten wir ja seit geraumer Zeit über einer Lösung." Ein Grundstückstausch mit den Eigentümern sei problematisch, weil die Gemeinde kein Bauland mehr besitze. „Wir sind aufgrund der finanziellen Lage und anstehender Projekte jetzt schon gezwungen, eigene Flächen baureif zu machen und zu verkaufen. Wir müßten in sehr sensible Bereiche gehen."

Mit der Bebauung des Kirchhanges verliert Murnau nach der Ansicht von Pfarrers Helmut Enemoser ein Stück Lebensqualität. Zu seinem Vorschlag, die Gemeinde könne die Wiese für eine spätere Friedhofserweiterung erwerben, wollte sich Kühn nicht konkret äußern: „Wir denken seit Monaten über alle denkbaren Varianten nach, auch über diese. Alle Aspekte werden im Rahmen des Bebauungsplanverfahrens noch einmal eingehend überprüft."

Erbe erhalten

Generalkonservator Michael Petzet vom Landesamt für Denkmalpflege bittet die Gemeinde mit Hinweis auf die Bayerische Verfassung dringend, ihr „großes kulturelles Erbe zu schützen und zu bewahren". Er schreibt: „Daß ausgerechnet der Markt, der die große Tradition des Blauen Reiters durch seine erfolgreiche Museumsarbeit besonders herausgestellt hat, ein wesentliches Stück der mit den Anfängen der modernen Kunst des 20. Jahrhunderts so eng verbundenen Kulturlandschaft der Zerstörung preisgeben möchte, ist völlig unverständlich."

Mutwillig

Auch die Frankfurter Allgemeine Zeitung und die Süddeutsche Zeitung setzen sich für den Erhalt der Wiese ein. Letztere legt sich besonders ins Zeug und warnt vor den „häßlichen Balkonen und banalen Rückseiten der Mietskasernen". SZ: „Der internationale Ruhm Murnaus als künstlerisches Zentrum der frühen Moderne ist akut in Gefahr ... Die Gemeinde setzt mutwillig ein Stück Lebensqualität aufs Spiel ... Wenn sie ohne materiellen Zwang noch einmal ein Stück vom Mythos Murnau verhökert, verliert sie endgültig ihre Glaubwürdigkeit."

Kirchberg-Bebauung bedroht „ein Stück Kunstgeschichte"

Protest gegen Pläne in Murnau – Maler haben Blick auf Kirche verewigt

Murnau (es/kna) – Ein heftiger Streit um die geplante Bebauung des Kirchbergs ist in Murnau (Landkreis Garmisch-Partenkirchen) entbrannt. Die Marktgemeinde will auf einem bislang freien Hanggrundstück vor der Westfassade der Pfarrkirche St. Nikolaus vier neue Häuser zulassen. Das Landesamt für Denkmalpflege ist dagegen, weil dadurch „eine malerische und idyllische Gesamtsituation" unwiederbringlich zerstört werde. Das Motiv der den Ort krönenden Kirche ist durch die Gemälde von Wassily Kandinsky, Gabriele Münter und Alexej Jawlensky aus der Gruppe des Blauen Reiters weltbekannt geworden.

Die Front der Gegner der Bebauung wächst. Jetzt redete Pfarrer Helmut Enemoser den Gemeinderäten ins Gewissen. Seiner Überzeugung nach verliert Murnau mit der Bebauung des Kirchhanges ein Stück Lebensqualität. Das Landesamt für Denkmalpflege lehnt die Pläne kategorisch ab: Der freie Blick auf die Kirche „verkörpert ein Stück europäische Kunstgeschichte".

Rund 4000 Quadratmeter der Hangwiese zählen zur Wohnbaufläche. Die Ortsplanungsstelle für Oberbayern bestimmte bei der Aufstellung des Flächennutzungsplans eine möglichst geringe Bebauung. So wurde schon eine Grünfläche ausgewiesen, die von jeder Bebauung freizuhalten ist.

Vier zweigeschossige Häuser hat der Gemeinderat nun dem Grundstückseigentümer zugestanden: drei Einfamilienhäuser und ein Zweifamilienhaus. Besondere Sichtachsen sollen den Blick auf die Kirche freihalten. Laut Marktbauleiter Jörg Liebermann hat die Baulücke auch ohne Bebauungsplan bebaut werden können. Eben deshalb habe die Gemeinde einen Plan aufgestellt, um die Bebauung genau zu regeln und zwei Drittel der Fläche als Wiese zu erhalten.

Die Grundstücke zu kaufen, um den Blick freizuhalten, kann sich die Gemeinde nicht leisten. Dafür müßten mehrere Millionen Mark aufgebracht werden. Bürgermeister Harald Kühn betont: „Wenn es nach dem geht, was einer gemalt hat, müßten wir fast jede Straße und jeden Winkel in Murnau kaufen." Zudem sei dem Gemeinderat die Problematik durchaus bewußt. Auch ein Grundstückstausch mit den Eigentümern ist keine Lösung, denn Murnau hat kein Bauland mehr.

Ortspfarrer Enemoser brachte noch einen weiteren Vorschlag in die Diskussion: Die Gemeinde könnte die Wiese für eine spätere Friedhofserweiterung erwerben. Dazu wollte sich Kühn nicht äußern.

Generalkonservator Michael Petzet hat den Murnauer Bürgermeister aufgefordert, das „kulturelle Erbe" zu bewahren. Aus denkmalpflegerischer Sicht sei es völlig unverständlich, daß Murnau ein Stück Kulturlandschaft der Zerstörung preisgeben wolle, das so eng mit den Anfängen der modernen Kunst des 20. Jahrhunderts verbunden sei.

Eine geplante Bebauung der Wiese unterhalb der Murnauer Pfarrkirche sorgt für Aufregung vor allem unter Kunstfreunden. Foto: Braasch/Luftbildarchäologie

Münchner Merkur
14. Oktober 1998

Fränkische Landeszeitung (Ansbach)
21. Oktober 1998

Bayerns oberster Denkmalschützer kümmert sich persönlich um das „Schäf'n-Haus"

„Dieses alte Haus müssen wir für Merkendorf retten"

Wichtiges Gebäude für westmittelfränkische Baugeschichte ist voller Rätsel – Ungewöhnliches Finanzierungsmodell

MERKENDORF (edü) – Die Nachbarn deuten mit dem Finger auf das „Schäf'n-Haus" in der Weberstraße. „Abbrennen sollte man die Bruchbude", grummelt einer von ihnen, als acht Herren mit Dame aus Ansbach und München aus ihren Dienstwägen steigen. Sie betrachten Pläne und bebilderte Bestandsaufnahmen und haben nur ein Ziel: Dieses heruntergekommene Haus vor der Spitzhacke zu retten. Denn es ist nach Einschätzung des Städteplaners Johannes Geisenhof „das bedeutendste Baudenkmal der Stadt".

Seit mit ausdrücklicher Zustimmung des Stadtrats der stellvertretende Landrat Edmund Eichler die Abbruchverfügung unterschrieben hat, herrscht Aufregung im Landesamt für Denkmalpflege. Der oberste Denkmalschützer Bayerns, Generalkonservator Professor Michael Petzet, machte sich eigens wegen dieses Baudenkmals nach Merkendorf auf. Sein Ziel sei klar, sagt er bei der Ankunft: „Dieses alte Haus für Merkendorf zu retten." „In dem heruntergekommenen Zustand ist das einem Laien schwer verständlich zu machen", räumt Architekt Geisenhof ein. Die Sandsteinfassade (spätes 18. Jahrhundert) ist zwar voll intakt, aber das Fachwerk an der Rückseite und das Dach belegen den beklagenswerten Zustand. Hätte sein Besitzer Werner Pfeiffer nicht Streben und provisorische Anker eingebaut, wäre der Bau teilweise wohl schon zusammengefallen.

„Einzigartiges Exemplar"

Die Forschungen des Landesamtes für Denkmalpflege und des Architekten kommen jedoch zu dem Ergebnis, daß das Schäf'n-Haus „ein im ganzen westmittelfränkischen Raum einzigartiges Exemplar eines Bürgerhauses aus der Zeit unmittelbar nach dem Dreißigjährigen Krieg" (Geisenhof) ist. Diese Ursprünglichkeit ist sichtbar an der Raumaufteilung in allen drei Geschoßen, an den originalen Spunddecken, dem innenliegenden Fachwerk sowie an Details wie Fußböden, Lehmgefachen und Treppenhandläufen. Geisenhof spricht von einem „sehr wichtigen Anschauungsbeispiel fränkischer Baugeschichte".

Und dennoch steckt das quadratische Bauwerk noch voller Rätsel. Warum hat es zwei Küchen? Warum sind die Räume im Dachgeschoß großzügiger als in den beiden unteren Geschoßen? Weshalb gibt es die Wappen von 1731, die auf das Klosterverwalteramt Heilsbronn hinweisen? Was soll eine florale Ausmalung im Putz einer Dachschräge?

Nicht nur Kreisbaumeister Ralf Weber vermutet, das Haus könnte eine „halböffentliche Funktion" gehabt haben, vielleicht gar das Zunfthaus der Weber gewesen sein.

Seit über 30 Jahren steht das „Schäf'n-Haus" leer. Schreiner Pfeiffer kaufte es 1966, um es wenig später für die Erweiterung seiner Werkstatt abzureißen. Doch da stand es schon unter Denkmalschutz. Auch seiner Schwester erlaubten die Behörden nicht, es durch einen äußerlich ähnlich geformten Neubau zu ersetzen. Der Verkauf über einen Makler gelang ebenfalls nicht. Stattdessen erhielt

Hoher Besuch im „Schäf'n-Haus": Generalkonservator Michael Petzet mit weiteren Behördenvertretern vor dem seiner Ansicht nach „einzigartigen Baudenkmal", das die Stadt abreißen lassen will. Foto: Dürr

Werner Pfeiffer den Bescheid, den Bestand sichern zu müssen. Weil er dieser Pflicht nicht ausreichend nachkäm, mußte er bereits ein Zwangsgeld bezahlen.

Allerdings bescheinigte ihm die Behörde, er sei trotz der Zuschüsse finanziell nicht in der Lage, das Gebäude denkmalgerecht zu renovieren. Die Sanierung ist mit 900 000 Mark kalkuliert. Deswegen sollte die Stadt die Verantwortung übernehmen: Das Denkmalamt unterbreitete ihr den Vorschlag, so die Landesamts-Gebietsleiterin Ursula Mandel, mit lediglich 135 000 Mark Eigenanteil die Aufgabe zu übernehmen. „Wegen der Folgekosten sind wir dazu nicht in der Lage", gibt 2. Bürgermeister Georg Wörrlein die Meinung des Stadtrats wieder.

Daß sich der Stadtrat „abfällig" über das „Schäf'n-Haus" geäußert hat, ärgert den Generalkonservator: „Das tut weh. Dem Stadtrat fehlt es ein bißchen am guten Willen", vermutet er, als er unter dem Dach mit den Fachleute diskutiert. Auch Erich Häußer, bei der Regierung von Mittelfranken für die Städtebauförderung zuständig, schüttelt den Kopf: „Nirgends sperrt sich eine Gemeinde in dieser Form gegen die Erfüllung ihrer Denkmalpflichten." Abteilungsleiter Jörg Kutzer denkt angesichts dieser Haltung gar darüber nach, Merkendorf aus dem Städtebauförderprogramm zu streichen, weil die Stadt ihrer Pflichten aus der entsprechenden Satzung nicht nachkomme.

„Ganz anderes Bild"

„Über die Finanzierung kann man reden", gibt auf dem zugigen Dachboden Michael Petzet das Signal für seine Mitarbeiter, schnellstens ein Finanzierungsmodell zu entwickeln. Guilio Merano schaltet sofort: Die Sanierung von Statik, Fassade und Dach – Kosten bei 460 000 Mark – sollten als erster Bauabschnitt erfolgen und allein aus dem Entschädigungsfonds bezahlt werden. „Für potentielle Käufer zeigt sich dann ein ganz anderes Bild", sagt Merano. „Und die Stadt wird überzeugt sein, welch bedeutendes Denkmal sie in ihren Mauern hat", so der Generalkonservator. In wenigen Tagen soll der Vorschlag festgeklopft sein.

Architekt Geisenhof warnt jedoch davor, das „Schäf'n-Haus" im Innern zu einem modernen Haus umzubauen, wie das beispielsweise im Alten Rathaus geschehen sei: „Jedes Detail gehört zum Denkmal und sollte deswegen nicht hinter neuen Einbauten verschwinden."

Er spricht sich deswegen dafür aus, es für Ausstellungen oder als Museum zu nutzen. Kreisbaumeister Weber etwa kann sich durchaus vorstellen, daß die Merkendorfer Industrie das Denkmal sponsert und dann auch für Empfänge nutzt.

Augsburger Allgemeine, 24. Oktober 1998

Bayerns „oberster Denkmalschützer" Professor Dr. Michael Petzet besichtigte Schloß

Rokoko-Ofen soll wieder nach Wörth kommen

Kapelle ist nach Renovierung für die Bevölkerung frei zugänglich – Rondellzimmer begeisterte

Wörth. Landrat Rupert Schmid ist spürbare Erleichterung in sein Gesicht geschrieben. Er konnte am Donnerstag nachmittag „Bayerns obersten Denkmalschützer" Generalkonservator Professor Dr. Michael Petzet, nicht nur ein wunderbar restauriertes Rondellzimmer im Schloß in Wörth, sondern auch die sanierte Schloßkapelle präsentieren. Ganz billig war diese Renovierung des herrlich gelegenen Raumes mit Blick sowohl nach Straubing als auch nach Regensburg – bei schönem Wetter kann man sogar die Alpen sehen – allerdings nicht. Fast eine Million Mark wurde dafür investiert. Allerdings kann sich nun der Landkreis rühmen, „das teuerste Zimmer" zu besitzen.

Sichtlich angetan war Generalkonservator Petzet von den gelungenen Arbeiten, auch wenn er schon einmal im Vorbeigeher zum Rondellzimmer, vorbei am Rittersaal, wo gerade die Senioren des Schlosses Kaffee trinken, seinen Kopf schüttelt. „Da haben doch die Vorbesitzer in ihrem Übereifer die uralten Fensterstöcke mit dem Sandstrahler behandelt und diese schon sehr tief mitgenommen", kritisiert Petzet, der aber ansonsten sehr begeistert ist.

Beim Gespräch schwelgt Landrat Schmid in Erinnerungen, denkt zurück an die Zeit, als er zum ersten Mal diesen Raum betrat. Als er das Fenster öffnet, um den Denkmalschützer den schönen Ausblick zu zeigen, erzählt er zugleich, daß ihm vor vielen Jahren, als der Landkreis Eigentümer des Schlosses geworden war, dieses Fenster buchstäblich in der Hand geblieben war. So schlecht sei damals der Allgemeinzustand gewesen. Heute präsentiert sich dieser Raum in neuem Gewande. Schon die Gemälde an den Decken begeistern den Besucher. Und dem Generalkonservator fielen die Bilder ebenso ins Auge wie der besondere Stuck auf. „Allein von der Bilderdarstellung ist das Rondellzimmer ein ganz besonderer Raum."

Komplett ist dieses Zimmer aber immer noch nicht, wurde bei der Besichtigung, an der auch Dr. Harald Gieß von der Außenstelle Regensburg des Bayerischen Amtes für Denkmalpflege, teilnahm, erklärt. Es fehlt der Rokoko-Ofen, der einst dieses Zimmer zumindest bis nach dem Zweiten Weltkrieg zierte. Heute steht er in der Keramikabteilung des Museums der Stadt Regensburg, genau gegenüber von dem Ofen, der vormals im Schloß Altegloffsheim beheimatet war.

Für Petzet ist dieser Zustand eigentlich „unhaltbar und fast schon ein Trauerspiel". „Der gehört auf alle Fälle wieder hierher nach Wörth", betonte Petzet, der zugleich versprach, sich dafür einzusetzen. Der Generalkonservator sieht mit ziemlicher Sicherheit eine Möglichkeit, denn er glaubt fest an die Vernunft der Verantwortlichen.

Angetan war denn auch Michael Petzet von einem alten Bild, das vor Jahrzehnten ▷

Zum eifrigsten Denkmalpfleger der Region ist Pfarrer Helmut Ziegmann mit der Sanierung des Winterbacher Pfarrhofs geworden. Im Pfarrhof von Gabelbach funktionieren die barocken Fenster mit ihren zierlichen Beschlägen wieder, ergänzt von neuen Kastenfenstern.
Bilder: Petra Schaumberger

Raum für Gemeinde, Baukunst fürs Auge

Jährlich werden etwa zehn historische Pfarrhöfe in Schwaben restauriert – Ein Langzeitprogramm

Von unserem Redaktionsmitglied
Angela Bachmair

Augsburg

Vor eineinhalb Jahren, als auf einen Schlag vier historische Pfarrhöfe in Schwaben abgerissen wurden, war die Empörung groß. Für die Diözese war das nun der Anlaß, zustellen, was sie für die Erhaltung dieser Denkmale tut, von denen es im Bistum nicht weniger als 1400 gibt.

Sie bedeuten Reichtum und zugleich Problem, die zum großen Teil jahrhundertealten Pfarr- oder Benefiziatenhäuser und Kaplaneien der 1020 schwäbischen Pfarreien, denn mehr als zehn Gebäude pro Jahr sind nicht zu halten, wie der bischöfliche Finanzdirektor Eugen Kleindienst erklärte. Etwa acht Millionen Mark gibt die Diözese jährlich dafür aus, und dabei soll es laut Kleindienst auch in Zukunft bleiben. Ebenfalls Bestand haben soll das Pfarrhof-Förderprogramm des Landesamts für Denkmalpflege, versprach Generalkonservator Prof. Michael Petzet bei einer Fahrt zu schwäbischen Pfarrhöfen.

Die konnten trotz großer Zuschüsse und trotz des Eigenanteils der Pfarreien nur restauriert werden, weil Bürger und Gemeindemitglieder sich dafür stark machten. In Gabelbach (Kreis Augsburg) zum Beispiel ist die Wirtin Pauline Drexel eine der Ehrenamtlichen, die sich mit Arbeit oder Spenden für die Pfarrhof-Sanierung engagieren. Auch in Gabelbach mußte, wie alle Beteiligten erzählen, zunächst die Skepsis im Dorf überwunden werden, ob sich Arbeit und Geld für das „alte G'lump" noch rentiere. Heute nutzen Mütter mit Kleinkindern und Jugendliche das barocke Pfarrhaus, Besucher des Pfarrbüros freuen sich an restaurierten Originalfenstern, Stuckdecken oder zauberhafte bemalten Türen. Die dramatischen Zeiten, als das baufällige Haus fast auseinanderfiel, sind vergessen.

Ein Prachtstück ist der Pfarrhof im nahen Steinekirch geworden. Die klassizistische Fassade von 1792 ist mit weißen, gelben und grauen Feldern dekoriert, mit Blumen- und Fruchtgebinden und dem kleinen Medaillon eines römischen Kaisers. Auch hier arbeitete die Gemeinde kräftig mit, dafür kann sie jetzt einen großen Pfarrsaal im Erdgeschoß nutzen.

Aufwendige Arbeiten

Ein bäuerlich-tätiges Leben muß der Pfarrer von Winzer im Kreis Günzburg geführt haben. Im Mosthaus verarbeitete er die Früchte seiner Streuobstwiesen, im Haus- und Wurzgarten wirkte die Haushälterin. Zur Zeit führen die Kirchenpfleger Engelbert Goßner und Hermann Schuster Regie bei den aufwendigen Bauarbeiten, die den 250 Jahre alten Pfarrhof wieder bewohnbar machen sollen.

Man sieht fast schon, wie schön die Beschläge der Barockfenster und der Bandlwerk-Stuck an den Decken sind und beneidet die künftigen Bewohner des Obergeschosses. Wie in den anderen Pfarrhöfen wird auch in Winzer die obere Haushälfte privat vermietet, während Pfarrer und Gemeinde das Erdgeschoß nutzen. Für Kleindienst ist diese Mischung die Lösung der Zukunft. Er will Pfarrhöfe möglichst nicht ganz privatisieren, sondern in ihnen öffentliche Räume zur Verfügung stellen, die den Gemeinden heute oftmals fehlen.

In Winterbach (Kreis Günzburg) ist der öffentliche Bedarf so groß, daß an restaurierten Pfarrhof keine Wohnräume vermietet wurden. Das klassizistische Haus mit Dekorationen in vornehmem Smalte-Blau entwickelte sich zur teuersten Sanierung des ganzen Bistums; die 1,5 Millionen Mark kamen von Diözese, Land und Bezirk. So wie hier, verspricht Kleindienst, wolle er auch einen anderen Problemfall unter den schwäbischen Pfarrhöfen flottkriegen, das Pfarrhaus von Achsheim, um das seit langem gestritten wird.

AZ (Abendzeitung), München, 26. Oktober 1998

Münchens ältester Turm ist bedroht

Direkt an den Löwenturm soll ein Bürohaus gebaut werden

VON THOMAS MÜLLER

Beim Löwenturm gerät Bayerns oberster Denkmalschützer ins Schwärmen: „Eines der letzten Geheimnisse Münchens." Womit Michael Petzet recht hat. Wann genau wurde er erbaut? Welchem Zweck diente er? Was birgt er im Inneren? Seit einer Woche erst wird Münchens ältester Turm von einer Bauforscherin untersucht. Jetzt ist das Baudenkmal bedroht: Ein siebenstöckiger Bürobau soll direkt darangebaut werden – der jetzt freistehende Turm würde zum Anbau degradiert.

„Die Planung ist eine Sauerei", sagt Petzet. „Der Turm würde dadurch völlig entwertet." Der Turm muß freistehend bleiben, fordern die Denkmalschützer und haben gegen den geplanten Neubau ihr Veto eingelegt.

Aber: Der Vorbescheid ist bereits so gut wie durch, der Bauantrag wird wohl in Kürze eingereicht. Und in der Stadtgestaltungskommission fand sich bereits zweimal eine Mehrheit für diesen Neubau.

Dafür stimmte übrigens auch der Kreisheimatpfleger: Der Turm sei ein Relikt, über die ehemalige Funktion sei nichts bekannt, so Professor Enno Burmeister. Petzet bringt das in Rage: „Ich weiß nicht, wie der zu so einem Urteil kommt."

Fakt ist: Der Löwenturm war sicherlich kein Wasserturm – wie es noch in Stadtführern und auch am Turm selbst geschrieben steht. Gotische Malereien im Inneren – die einzigen Profan-Malereien aus der Zeit in ganz München – deuten auf Wohnnutzung hin. Im Obergeschoß wurde übrigens „erotische" Malereien (um 1920) gefunden. Laut Petzet „nicht bedeutend, aber kurios".

Zur Zeit arbeitet Bauforscherin Karin Uetz (30) in dem Turm, um ihn in den nächsten vier Wochen Ziegel für Ziegel zu untersuchen und zu vermessen. Später soll im Untergrund nach möglichen Resten der ersten Stadtmauer gegraben werden. Sollte es mit dem geplanten Neubau nichts werden.

Ein Anblick, der bedroht ist: Der Löwenturm im Vordergrund dahinter der Alte Peter. Fotos: Marlies Schnetzer

Durch diese Luke muß er gehen: Denkmalschutz-Chef Michael Petzet auf dem Weg durchs Nadelöhr in den Turm.

Gotische Profan-Malereien wurden im Inneren des Löwenturms freigelegt. In München gibt es nichts absolut einzigartig.

Heinrich der Löwe gab ihm seinen Namen

Der Löwenturm am Rindermarkt, Münchens ältester Turm, und einziger Wohnturm, geht im Kern auf das 12./13. Jahrhundert zurück. Und ist somit der einzige Rest des ersten Mauerrings (1173) nach Gründung der Stadt durch Heinrich den Löwen – daher auch sein Name. Im Inneren sind Malereien und ein Kreuzrippengewölbe aus dem 15. Jahrhundert erhalten. Die Zinnen wurden um 1895 nach alter Vorlage rekonstruiert.

Lange wußte der Landkreis nicht, was aus der Schloßkapelle werden sollte. Doch letztendlich waren sich sowohl der Kreistag als auch die Stadt Wörth einig, daß aus der noch vor Jahren bestehenden Schuttgrube wieder etwas Anständiges werden sollte". Und es sollte – wie ursprünglich einmal angedacht – nicht nur eine profanierte Kirche, also eine „entweihte Kirche" werden. Nun präsentiert sich die Schloßkapelle – wie bereits mehrfach ausführlich berichtet – von seiner schönsten Seite. Sogar die beiden Seitenaltäre und der Hauptaltar sind wieder „zurückgekehrt". „Vor der Maßnahme", so erinnerte sich Dr. Gieß, „waren diese ziemlich komplett schwarz".

Gotischer Altar fehlt noch

Jetzt ist die Schloßkapelle wieder geöffnet. Zumindest tagsüber können die Besucher des Schlosses hier in Ruhe verharren. Ganz komplett ist die Einrichtung allerdings noch nicht. Ein gotischer Altar, der irgendwann einmal hier gestanden hat, fehlt noch. Aber auch dieser soll nach Meinung von Petzet wieder die Schloßkapelle zieren.

In diesem Zusammenhang gibt es jedoch noch eine weitere Aufgabe zu lösen. Es muß noch geklärt werden, wie dieser Altar am besten und wirkungsvollsten geschützt werden kann. Ein Absperrgitter wäre – zumindest für den Betrachter – die am wenigsten sinnvolle Lösung.

Allgemeine Laber-Zeitung
(Langquaid)
24. Oktober 1998

Wörther Fotograf geschossen hatte. Ein Repro dieser Aufnahme hängt heute gleich neben dem Eingang zum Wohnheim „pro seniore" und wurde vom Leiter des Heimes, Robert Bezwald, den Besuchern gezeigt.

Rundfahrt

Passauer Neue Presse, 4. November 1998

Kunsthistorisch bedeutend: Denkmalpfleger informieren sich in Fürstenzell und Neuburg

Fürstenzell/Neuburg a. Inn (fl). Um sich einen Überblick über die zur Zeit laufenden Restaurierungen an bedeutenden kunsthistorischen Baudenkmälern zu verschaffen, war Generalkonservator Prof. Michael Petzet vom Landesamt für Denkmalpflege gestern mit seinen Mitarbeitern in den Landkreis und in die Stadt Passau gekommen.

Erste Station war die ehemalige Zisterzienserklosterkirche und heutige Pfarrkirche Mariä Himmelfahrt, Fürstenzell, die derzeit für rund 15 Millionen DM instandgesetzt wird. Damit ist sie zur Zeit eine der bedeutendsten und größten Kirchenrenovierungen in Bayern. Von den Kosten trägt der Staat 7 Millionen DM. Mit dem Abschluß der Maßnahme wird im Jahr 2001 gerechnet.

Der frühere Festsaal des ehemaligen Zisterzienserklosters – die Hauskapelle des heutigen Maristenklosters in Fürstenzell – war die zweite Station. Wie bei der Kirche hatte sich auch hier der Dachboden gesenkt und Altomontes Deckenbild, ein hervorragendes Beispiel niederösterreichisch-bolognesisch geprägter Freskokunst, stark gefährdet. In Süddeutschland gibt es kein vergleichbares Werk, sagen die Denkmalpfleger. Die Sicherungmaßnahmen dauern noch bis 1999 und kosten 280 000 DM, die zum Großteil vom Wissenschaftsministerium kommen.

Da alle guten Dinge drei sind, wurde auch das „Salettl" in Fürstenzell besichtigt. Das Gebäude gehört dem Markt. Nach der Instandsetzung soll hier ein Raum für kleinere festliche Veranstaltungen entstehen, was rund 1,3 Millionen DM kosten wird. Eine Förderung aus dem Entschädigungsfonds wurde in Aussicht gestellt.

Nächstes Ziel war die Neuburg, wo die Denkmalpfleger von stv. Landrat Gerhard Bernkopf begrüßt wurden. Der Landkreis möchte die Burg gemeinsam mit Uni und Vhs für kulturelle Zwecke nutzen. Der Saal und die Prunkräume sind für Veranstaltungen vorgesehen, nach der Instandsetzung des Nordflügels soll dieser für Ausstellungen und als Museum genutzt werden. Ebenfalls bemerkenswert ist der Grottenpavillon, Attraktion des kleinen, geometrisch angelegten Blumengartens vor dem Schloß, der restauriert wird. Dafür gibt es zusätzlich Geld von der EU im Rahmen des Programms Raphael (Untersuchung, Erhalt und Erschließung der Fassadendekorationen in Europa), was Prof. Petzet besonders herausstellte.

Die Besichtigungstour endete in der Neuen Bischöflichen Residenz in Passau.

Der Dachboden im früheren Festsaal des ehemaligen Zisterzienserklosters hat sich gesenkt, Altomontes Fresko an der Decke ist stark gefährdet. Von der Sanierungsmaßnahme machten sich die Mitglieder des Landesamts für Denkmalpflege mit ihrem Chef Prof. Michael Petzet ebenso ein Bild, wie von der Kirchensanierung in Fürstenzell, dem Zustand des Salettls in Fürstenzell und der Sanierung der Neuburg. (Foto: Limmer)

Deckenfresken werden saniert

Neue Bischöfliche Residenz ist nach 30 Jahren Renovierung fast fertig

Im Frühjahr 1999 wird im fünften Bauabschnitt die aufwendige Treppenhaus-Restaurierung im Prunkbau beendet

Von Jens Metzger

In wenigen Monaten wird die Sanierung des Treppenhauses in der Neuen Bischöflichen Residenz abgeschlossen. Nach 30 Jahren geht damit die Renovierung des Bauwerks ihrem Ende entgegen.

Der heuer begonnene fünfte Bauabschnitt umfaßt die Sanierung des Prunkstücks der Neuen Residenz: das Treppenhaus. Hier wird derzeit das Deckenfresko von Johann Georg Unruhe aus dem Jahr 1768 restauriert, das durch Wassereinbrüche und Übermalungen schwer in Mitleidenschaft gezogen war. Es zeigt die Götterversammlung des Olymps, die die unvergängliche Stadt Passau beschützt. Des weiteren werden die Stukkaturen von Johann Baptist Modler aus demsel-

Prof. Michael Petzet (v.l.), Diözesan-Kunstreferent Franz S. Gabriel und Günther Albrecht in den Räumen der Residenz. (Foto: Roider)

ben Jahr von Stukkateuren und Kirchenmalern in ihren Originalzustand versetzt. Vorausgegangen war eine aufwendige Befunduntersuchung. „Diese Stuckierungen sind die feinsten Arbeiten dieser Art in ganz Pas-

sau, vielleicht sogar in ganz Bayern", sagt Jürgen Pursche vom Bayerischen Landesamt für Denkmalpflege in München.

Die Kosten für diesen fünften und letzten Bauabschnitt der 1969 begonne-

nen Sanierung der Neuen Bischöflichen Residenz beziffert das federführende Staatliche Hochbauamt mit rund 2,4 Millionen Mark. Weitere 500 000 Mark kosten Unterhaltsarbeiten an der Außenfassade: Einsetzen von Winterfenstern mit Lichtschutz für die empfindlichen Wandbespannungen und Holzvertäfelungen in den Repräsentationsräumen, Reinigung und Tünchung der Fassade sowie Restaurierung des Figuren- und Vasenschmucks auf den Balustraden. Diese Arbeiten sind abgeschlossen, das Gerüst wird nach Auskunft von Günther Albrecht, Leiter des Staatlichen Hochbauamtes, demnächst abgebaut.

Nach seiner Fertigstellung wird das Treppenhaus für Stadtführungen geöffnet sein und soll auf diesen Touren eine weitere Attraktion der Stadt werden. Die prunkvollen Repräsenta-

tionsräume sowie die Wohn- und Schlafgemächer dagegen werden nach Auskunft von Franz S. Gabriel, dem Bau- und Kunstreferenten der Diözese, nicht für die Öffentlichkeit geöffnet.

Nach Ansicht aller Beteiligten ist die Sanierung der Neuen Residenz bislang ausgezeichnet gelungen. „Eine große konservatorische Leistung", lobt Professor Michael Petzet, Generalkonservator vom Bayerischen Amt für Denkmalpflege. Trotzdem bleibt ein Wermutstropfen: Die Möbel der bischöflichen Prunkräume wurden nach der Säkularisation beschlagnahmt und aus Passau fortgebracht. Und eine Rückgabe ist bis auf weiteres nicht in Sicht. Die meisten der wertvollen Möbel stehen heute bei den Regierungspräsidenten von Niederbayern und der Oberpfalz in Landshut und Regensburg.

Saale-Zeitung (Bad Kissingen)
13. November 1998

Eine in ihrer Vielfalt einzigartige Stadt

Neuer Band der Reihe »Denkmäler in Bayern« befaßt sich mit Bad Kissingen – Vorstellung im Alten Rathaus

Bad Kissingen (mäu-). Als einzigartig in seiner Vielfalt bezeichnete Bayerns oberster Denkmalschützer, Generalkonservator Professor Dr. Michael Petzet, die Kurstadt Bad Kissingen. Wer dies nachempfinden will, dem sei das Buch mit dem Titel „Stadt Bad Kissingen" empfohlen, das in der Reihe „Denkmäler in Bayern" erschienen ist und das am Donnerstag während einer kleinen Feierstunde im Alten Rathaus vorgestellt wurde.

Entstanden ist nicht eine prosaische Denkmalliste, sondern ein Überblick über die Geschichte der Kurstadt, illustriert mit über 750 Abbildungen. Einzelne Kapitel befassen sich mit den archäologischen Denkmälern und dem mittelalterlichen Landesausbau, dem Zeitabschnitt zwischen Mittelalter und Neuzeit, dem Weltbad im 19. und 20. Jahrhundert und den Kissinger Salinen. Es folgen die Ensembles und Einzeldenkmäler in Wort und Bild. Der eben erschienene Band ist der erste dieser Reihe, der sich mit einer Stadt in Unterfranken beschäftigt.

Im Rahmen der Buchvorstellung bescheinigte Generalkonservator Dr. Michael Petzet (München) Bad Kissingen einen außerordentlich interessanten historischen Hintergrund, der auch in der Bebilderung des Buches zum Ausdruck komme. Er erinnerte an die Zeit der Bismarckkuren ebenso wie an jene der Wittelsbacher, die Bad Kissingen in enormem Ausmaße gefördert hätten.

Dank an Autoren

Mit dem Band „Stadt Bad Kissingen" sei der 16. der Reihe „Baudenkmäler in Bayern" vorgelegt worden, so Dr. Petzet weiter. Sein Dank galt vor allem den Autoren, vor allem Denis A. Chevalley und Stefan Gerlach, aber auch all jenen, die einen Beitrag für das Buch geleistet hatten, darunter Stadtarchivar Peter Weidisch. Weidisch war es übrigens, der den Anstoß zur Herausgabe des Bandes gegeben hatte.

Auch Oberbürgermeister Christian Zoll ging auf den langen Weg ein, den Bad Kissingen vom kleinen Landstädtchen bis hin zum Weltbad genommen hat. Im gesamten 19. Jahrhundert habe die Kurstadt an der Saale im Trend einer völlig neuartigen Freizeitindustrie gelegen. Die Reise ins Bad sei nötig gewesen, um „in" sein zu können.

In dieser Zeit habe die Stadt über einem mittelalterlichen und barocken Kern ihr unverwechselbares Gesicht erhalten, fuhr Zoll fort. Dieses Gesicht, die Gestalt gewordene Geschichte, sei das Thema des nun erschienenen Buches.

Ziel des Bandes ist es laut Zoll, einem breiten Publikum nicht nur die nach dem Bayerischen Denkmalschutzgesetz eingetragenen Baudenkmäler näherzubringen, sondern auch die Geschichte der Stadt transparent werden zu lassen.

Der Oberbürgermeister warnte davor, in den Baudenkmälern nur museale Relikte zu erblicken. Sie seien vielmehr wichtige Grundlagen, auf denen das heutige Leben der Stadt beruht. Denn trotz veränderter Rahmenbedingungen sei die Kur nach wie vor das wirtschaftliche Fundament Bad Kissingens.

Erlesener Rahmen

Die historischen Staatsbauten der Kuranlagen erfüllten auch heute noch die Funktion der Kur, so Zoll weiter, und böten dafür einen erlesenen Rahmen. Dasselbe gelte für die Traditionshotels, die Sanatorien, die Kurpensionen und für das Stadtbild im ganzen. Wie Sanierungsmaßnahmen an Hotel- oder Sanatoriumsbauten in den vergangenen Jahren gezeigt hätten, sei es in vielen Fällen gelungen, dieses Denkmalpotential zu nutzen.

Zoll hoffte, daß die eben erschienene Publikation als ein Appell für einen zeitgemäßen, aber behutsam und verantwortungsvollen Umgang mit den Denkmälern verstand[en] wird. Die Diskussion über die He[…] badelandschaft und die Zukunft d[…] Luitpoldbades zeige, daß es si[…] Stadtrat und Bürger nicht leicht m[…] chen, die Bautradition in Bad Kiss[…] gen werde vielmehr als Chance b[…] griffen.

Musikalisch umrahmt wurde d[…] Buchvorstellung, die mit einem kl[…] nen Imbiß endete, vom Klarinette[…] ensemble der Städtischen Musi[…] schule unter Leitung von Rainer R[…] disch.

Im Alten Rathaus wurde das vom Landesamt für Denkmalpflege in München herausgegebene Buch über Geschichte und Baudenkmäler Bad Kissingens vorgestellt. Hoch zufrieden mit dem Band zeigten sich (von links) Stadtarchivar Peter Weidisch, Generalkonservator Prof. Dr. Michael Petzet, Co-Autor Denis A. Chevalley, Oberbürgermeister Christian Zoll und Mit-Autor Stefan Gerlach.
Foto: Mäuser

Rieser Nachrichten (Nördlingen)
14. November 1998

Nachschlagewerk über Nördlingen

In der Reihe „Denkmäler in Bayern" ist ein neuer Dokumentationsband erschienen

Von unserem Redaktionsmitglied
Carl Völkl

In der Buchreihe „Denkmäler in Bayern", die das Landesamt für Denkmalpflege in München herausgibt, wird mit einem neuen Band über Nördlingen die herausragende mittelalterliche Baukunst dieser ehemals schwäbischen Freien Reichsstadt besonders gewürdigt.

Das fast 500 Seiten umfassende Werk, das am Donnerstag abend der Öffentlichkeit im Rathausgewölbe vorgestellt wurde, behandelt den „ungeheuer reichen Bestand an Kunstwerken und historischen Gebäuden", wie Herausgeber und Generalkonservator Prof. Dr. Michael Petzet bei der Buchpräsentation erläuterte.

Hauptautor Bernd Vollmar

Motor und Hauptautor des Nördlinger Bandes ist Dr. Bernd Vollmar, ebenfalls Landesamt für Denkmalpflege, der Nördlingen schon seit Jahren betreut, die Altstadt ebenso wie private Hausbesitzer in der Altstadt berät und um Korrekturen von Fehlentwicklungen (Abriß, falsche Sanierung et cetera) bemüht ist. Zusammen mit Dr. Georg Paula (dito Landesamt) hat er viele Kommentare zu den Baudenkmälern verfertigt, die Erforschung archäologischer Denkmäler besorgte Catharina Kociumaka M. A., ihr Co-Autor ist Hanns Dietrich M. A. (beide Landesamt für Bodendenkmäler, Thierhaupten), deren Chef Dr. Wolfgang Czysz die Einführung in diese Thematik lieferte. Zu Geschichte und Denkmaltopographie der Stadt schrieben außerdem Dr. Dietmar-H. Voges (Stadtarchiv Nördlingen) und Dr. Ger-

hard Ongyerth. Die überaus vielfältige Bebilderung produzierten das Nördlinger Photohaus Finck, Vera Sohnle und Dieter Komma.

Besondere Unterstützung für das Projekt (und beide wurden bei der Präsentation entsprechend gewürdigt) kam von Stadtbaumeister Wolfgang Stark und Norbert Palzer, besonders was die Bereitstellung amtlicher Pläne und Grundrisse betrifft.

Auf den ersten Blick gesehen, ist der der neue Band eine Fortführung der alten Reihe „Kunstdenkmäler in Bayern" innerhalb derer im Jahre 1940 auch eine Bestandsaufnahme

Titelbild des neuen Denkmalbuches.   Bild: rl

über Nördlingen erschien. Doch das jetzt erschienene Buch geht in der Beschreibung der rund 450 denkmalgeschützten Gebäude wesentlich tiefer, nicht zuletzt dank neuer wissenschaftlicher Methoden, die heute exakt das Entstehungsjahr eines Hauses bestimmen können (Dendrochronologie). So wurde erst vor wenigen Monaten der Gasthof Roter Ochse an der Baldinger Straße als das älteste Gebäude Nördlingens identifiziert – bislang einzig bekanntes bauliches Dokument aus dem 13. Jahrhundert (1273).

Sehr übersichtlich

Bemerkenswert auch die Übersichtlichkeit des Buches bei der Beschreibung der einzelnen Baudenkmäler: Durch die alphabetische Anordnung der Straßen und Plätze findet man schnell das gewünschte Objekt und macht das Produkt zu dem, was es wohl in der Hauptsache sein soll, nämlich ein Nachschlagewerk nicht nur für wissenschaftlich Interessierte. Manches wird allerdings auch vermißt, etwa eine Abbildung des schmählich abgerissenen Klosters Maria Stern, aber in dieser Sache hatte sich das Landesamt für Denkmalpflege vor 18 Jahren ohnehin nicht mit Ruhm bekleckert. Vollmar bezeichnete am Buchpräsentationsabend den Band als „Ergebnis 20jähriger Arbeit im Bereich Nördlinger Denkmalpflege" und dankte den Hausbesitzern für ihr Vertrauen, wenn es um das Inspizieren eines alten Gebäudes ging. Die Einmaligkeit Nördlingens hob Michael Petzet hervor, stünde die Stadt doch nicht „einfach nur für Touristen da", sondern präsentiere sich als lebendiger Arbeits- und Wohnort.

Mit Blick auf „Sorgenkinder", wie die drei halb verfallenen Häuser der Beck'schen in der Bräugasse (bis heute ist nichts zur Sanierung getan), aber auch auf „Musterrestaurierungen" bei Steinmetz Michael Scherbaum und Restaurator Matthias Schwenkenbecher, wünschte sich Petzet, daß Nördlingen auch im nächsten Jahrtausend noch „erkennbar" bleibe.

Stadtbaumeister Wolfgang Stark mahnte, die öffentlichen Belange der Denkmalpflege in der Bevölkerung bewußt zu machen – kein leichtes Unterfangen, wenn man bedenkt, daß demnächst die steuerlichen Entlastungen bei Häusersanierungen wegfallen sollen. Als erster hatte Oberbürgermeister Paul Kling die-

Präsentierten das neue Denkmalbuch über Nördlingen im Rathausgewölbe (von links): Norbert Palzer, Wolfgang Czysz, Bernd Vollmar, Generalkonservator Micael Petzet, Oberbürgermeister Paul Kling, Gerhard Ongyerth und Stadtbaumeister Wolfgang Stark.   Bild: Dieter Mack

sen „bedeutenden Band über ein bedeutendes Objekt" gewürdigt. Nördlingen und seine Ortsteile würden ganz neu erschlossen. Er sprach von einem „bleibenden literarischen Zeugnis". Immerhin hat die Stadt zu den Kosten in Höhe von 250 000 DM 109 000 DM beigesteuert, weitere Gelder kamen von der Messerschmitt Stiftung, aber auch von dem Nördlinger Bauunternehmen Eigner.

Denkmäler in Bayern – Stadt Nördlingen, Hrsg: Prof. Dr. Michael Petzet, erschienen im Verlag Karl Lipp in München, 456 Seiten, über 2000 Bilder, größtenteils schwarz-weiß, 89 DM.

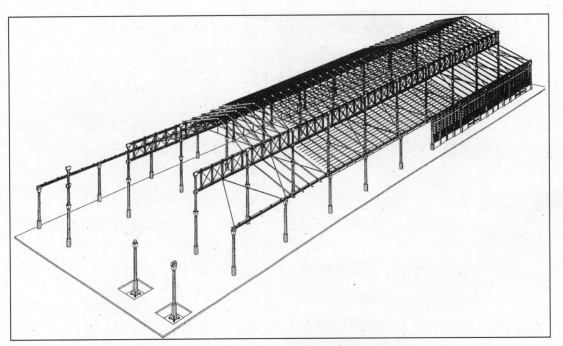

„Es ist zutiefst anrührend, daß die Schrannenhalle wirklich kommt"

D 'iedererrichtung der Schrannenhalle an der Blumenstraße ist wieder ein Stück näher gerückt: Gestern stimmte die Stadtgestaltungskommission mit großer Mehrheit den Plänen des Investors und der Architekten Ackermann und Partner zu, die filigrane Konstruktion aus dem 19. Jahrhundert (die Einzelteile sind zur Zeit eingelagert) zwischen der Freibank und einem neuen festen Gebäude aufstellen zu lassen. Vor allem dieser Kopfbau, dessen genaues Erscheinungsbild noch nicht feststeht, sorgte für Diskussionen, da er die basilikale Grundform der eigentlichen Halle (die Zeichnung zeigt den kunstvollen Aufbau) in den Hintergrund drängen könnte. OB Christian Ude überzeugte die Experten mit dem Argument, der Kopfbau löse die Statikprobleme und sei „die einzig realisierbare Variante". Generalkonservator Michael Petzet faßte die Stimmung zusammen: „Ich kämpfe seit 20 Jahren um die Halle. Ich bin zutiefst gerührt, daß sie nun wirklich kommen soll." Dafür könne man auch manche Bedenken zurückstellen. *M. Grill / Plan: Barthel&Maus*

Süddeutsche Zeitung
25. November 1998

Altes bewahren – Identität stärken
Landesdenkmalpflege feiert 25jähriges Bestehen – Über 5000 geschützte Objekte

Bozen (hof) – Vor 25 Jahren ging die Zuständigkeit für die Denkmalpflege vom Staat auf das Land über – Zeit für eine kurze Rückschau und einen Ausblick in die Zukunft: Von 1973 bis heute hat sich die Zahl der geschützten Baudenkmäler von 2000 auf 5000 erhöht. Das Bewußtsein um die Notwendigkeit und Sinnhaftigkeit der Denkmalpflege ist gestiegen. „In Zukunft sollen die Restaurierungen der Bevölkerung noch näher gebracht werden", meinte Landeskonservator Helmut Stampfer gestern bei der Feier im Pastoralzentrum.

Stampfer wünscht sich außerdem, daß die Gemeinden in Zukunft das Landesgesetz zum Ensembleschutz von 1996 noch stärker ausschöpfen.

Zurück zu den Anfängen: „Mit dem Dekret des Präsidenten vom 1. November 1973 kam die Zuständigkeit zum Land Südtirol", sagte Landesrat Bruno Hosp in seiner Ansprache. Die Aufgaben des Ministeriums werden seit damals von der Landesregierung ausgeübt. Die peripheren Aufgaben hingegen – für die Bau-, Kunst- und Bodendenkmäler – übernahm das neu zu errichtende Landesdenkmalamt. Dieses wurde mit einem Landesgesetz im Jahre 1975 formell errichtet. Es war in drei Dienste gegliedert: Boden-, Kunst- und Baudenkmäler, Volkskunde und Ortsna-

Ließen gestern 25 Jahre Denkmalpflege Revue passieren: (von links) Landeskonservator Helmut Stampfer, Karl Wolfsgruber, erster Landesdenkmalpfleger, und Referent Michael Petzet.
Foto: „D"/eg

mengebung, Archiv und historische Bibliotheken. „Der für Südtirol so wichtige Bereich der Toponomastik und der Aufbau des Volkskundemuseums für Dietenheim waren somit ebenfalls beim Landesamt angesiedelt", so Hosp in seinem Rückblick.

In den Jahren danach wurde in Südtirol sehr viel gebaut, und dabei kamen oft archäologisch bedeutende Funde zum Vorschein. Dann mußte den Grundstücksbesitzern klargemacht werden, daß Denkmalschutz vor Eigennutz ging. Das war nicht immer einfach. Darauf wies gestern Landeshauptmann Luis Durnwalder hin.

Über „Denkmalpflege im ausgehenden 20. Jahrhundert" referierte gestern der bayrische Generalkonservator Michael Petzet. Er betonte, daß es „ein ständig wachsendes Interesse gibt, die historisch gewachsene Umgebung zu erhalten". Immer mehr Bürger würden sich außerdem für Denkmalschutz engagieren. Oft werde kritisiert, zu viele Bauten würden unter Schutz gestellt. „Dabei sind es in Deutschland nur drei Prozent der heutigen Bausubstanz", sagte Petzet.

Bei der gestrigen Feier wurde auch erstmals der Film „25 Jahre Landesdenkmalpflege" vorgeführt, eine Koproduktion der RAI, Sender Bozen, und der Abteilung Denkmalpflege.

25 Jahre nach Inkrafttreten des Gesetzes
Denkmalpflege als Akt der Selbstbehauptung
Der Rat der bayerischen Experten ist sowohl im eigenen Lande als auch weltweit gefragt

Von Birgit Matuscheck-Labitzke

München – Die allgemeinen Globalisierungstendenzen auch in der Denkmalpflege fortsetzen zu wollen, scheint auf den ersten Blick ein Widerspruch in sich zu sein. Geht es in dieser Disziplin doch weniger um den möglichst schnellen und effizienten weltumspannenden Informations- oder Warenaustausch, als um die Bewahrung eines vielfältigen regional geprägten kulturellen Erbes. Für die Restaurierung der Passauer Altstadt zum Beispiel dürften ganz andere Kenntnisse und Fähigkeiten erforderlich sein, als für die Konservierung der chinesischen Tonarmee. Michael Petzet, Generalkonservator in Bayern, sieht in der Globalisierung dennoch „unerwartete neue Chancen einer weltweiten Denkmalpolitik", die gleichzeitig auswärtige Kulturpolitik sein könne. Er spricht aus Erfahrung, denn in Bayern wird Denkmalschutz auf globaler Ebene bereits seit Jahren praktiziert.

Es sei kein Zufall, daß der Freistaat als einziges Bundesland hier eine eigenständige Rolle spiele, meint der Chef des Landesamtes. Das hänge nicht nur mit den weltweit bekannten und anerkannten Restaurierungswerkstätten des Landesamtes für Denkmalpflege zusammen, sondern auch mit den in den letzten 25 Jahren seit Inkrafttreten des Denkmalschutzgesetzes entwickelten Standards bei der Betreuung von Denkmälern. So sei etwa die in der bayerischen Denkmalpflege entwickelte „begleitende Bauforschung" inzwischen auch von anderen Bundesländern übernommen worden, der Begriff „Bauforschung" sei wie „Kindergarten" weltweit verbreitet. Die im bayerischen Landesamt entwickelte und in der Archäologie eingesetzte Magnetometerprospektion (mit hochempfindlichen Geräten wird die Bodenmagnetik gemessen, aufgezeichnet und in Computergraphiken sichtbar gemacht) ist nicht nur ein Beispiel für den Einsatz modernster naturwissenschaftlicher Verfahren, sie sei wegen ihrer hervorragenden Ergebnisse auch weltweit gefragt. Die Forscher können so archäologische Befunde ohne Grabungen sichtbar machen.

Das Landesamt arbeitet nicht nur mit Ländern zusammen, die mit dem Freistaat Kulturabkommen haben, wie zum Beispiel Kroatien, wo die bayerischen Experten sich am Aufbau eines Restaurierungszentrums für vom Krieg in Mitleidenschaft gezogene Kunstdenkmäler beteiligen. Die bayerischen Fachleute werden auch bei Denkmälern von Weltrang gern zu Rat gezogen, wie zum Beispiel bei der Restaurierung der Samsarat al Mansurah in Sana'a oder bei dem Projekt der Gesellschaft für Technische Zusammenarbeit in Petra, wo es vor allem um Fragen der Steinkonservierung geht.

Das spektakulärste Engagement aber dürfte die seit fast zehn Jahren vom Bundesforschungsministerium geförderte Zusammenarbeit mit den Chinesen sein. In der Provinz Shaanxi geht es vor allem um die Entwicklung eines Konservierungskonzepts für die Farbfassung der weltberühmten Tonarmee des Kaisers Qin Shihuangdi in Lintong und die Sicherung des Grottentempels mit dem großen Buddha von Dafosi. Außerdem kooperieren die bayerischen Restaurierungswerkstätten mit dem *National Research Institute of Cultural Properties* in Tokio, um Probleme der Lackkonservierung zu lösen. Mehr denkmalpflegerisches Engagement fordert der Generalkonservator und ICOMOS-Präsident von den Touristikverbänden. Schließlich vermarkte der Fremdenverkehr die Denkmäler ja auch als Werbeträger. Bislang sei *American Express* das einzige Unternehmen, das eine entsprechende – allerdings sehr kleine – Stiftung eingerichtet habe.

In Bayern sei Denkmalpflege heute für Bürger und Politiker eine Selbstverständlichkeit. Eine der tragenden Säulen ist der mit dem Denkmalschutzgesetz geschaffene, von Staat und Kommunen gemeinsam finanzierte Entschädigungsfonds, aus dem Jahr für Jahr 40 Millionen Mark fließen. Daneben hat das Engagement einzelner Stiftungen, wie zum Beispiel der Bayerischen Landesstiftung, der Oberfrankenstiftung und der Messerschmitt Stiftung, entscheidend zu den Erfolgen der Denkmalpflege im Freistaat beigetragen.

DER GROSSE BUDDHA *der Tempelanlage Dafosi bei Binxian gehört zu den Denkmälern von Weltrang, an deren Sicherung und Konservierung bayerische Denkmalpfleger im Rahmen chinesisch-deutscher Zusammenarbeit maßgeblich beteiligt sind.*
Photo: Landesamt für Denkmalpflege

Süddeutsche Zeitung, 28. November 1998

◁ Dolomiten
Nr. 268
18. November 1998

25 Jahre nach Inkrafttreten des bayerischen Denkmalschutzgesetzes könne man feststellen, daß es sich bei der Denkmalpflege nicht um eine unter dem Schlagwort „Nostalgiewelle" abzuwertende Moderscheinung handelt, sondern um eine „in alle Bereiche der Kulturpolitik und darüber hinaus ausstrahlende Kraft des Bewahrens, fast ein Akt der Selbstbehauptung in einer sich wie nie zuvor wandelnden Welt", sagte Petzet kürzlich bei einem Vortrag.

◁

Frankfurter Allgemeine Zeitung
24. November 1998

Wilhelmshöhe
Verspielt Kassel Weltkulturerbe?

Mit heftiger Kritik und „Bestürzung" hat das Deutsche Nationalkomitee des Internationalen Rats für Denkmalpflege (Icomos) auf die Umbaupläne von Schloß Wilhelmshöhe in Kassel reagiert. In einem Brief an den hessischen Ministerpräsidenten Hans Eichel erneuerte Verbandspräsident Michael Petzet (München) seine Forderung nach einer denkmalgerechten Wiederherstellung des Mitteltrakts, insbesondere der im Krieg zerstörten Kuppel. Petzet, der als Gutachter für die Unesco mit Fragen des Weltkulturerbes befaßt ist, gibt zu bedenken, daß Schloß- und Parkanlage Denkmäler von Weltrang seien. Die Aufnahme des einzigartigen Ensembles in die Liste des Weltkulturerbes werde jedoch von der Stadt Kassel und dem Land Hessen „verspielt", wenn der geplante „völlig unpassende Glaskasten des Architekten Stephan Braunfels auf dem Dach des Schlosses dieses Ensemble in unerträglicher Weise verunstalte". Darüber hinaus wirft der Verbandspräsident der Landesregierung vor, nicht nur den Wunsch von 27000 Bürgern ignoriert zu haben, sondern auch die „einheitliche Meinung der internationalen Fachwelt".

Um ein denkmalgerechtes Konzept des Mittelbaus von Schloß Wilhelmshöhe, dem Sitz der Gemälde- und Skulpturengalerie der Staatlichen Museen Kassel, wird seit nunmehr sechs Jahren gestritten. Das erste Sanierungsprojekt des Münchner Architekten Stephan Braunfels, das den Verzicht auf eine Kuppel und statt ihrer ein durchgehendes, einer Attika gleichendes „Laternenschloß" vorsah, war für das Land Hessen aufgrund massiver kunsthistorischer Bedenken nicht durchsetzbar.

Nachdem Braunfels in einem zweiten Sanierungskonzept ein Glassatteldach vorschlug, ist seit August dieses Jahres unter erhöhtem Zeitdruck mit den Umbaumaßnahmen begonnen worden. Sie sollen mit Beginn der „Expo 2000", zu der sich Kassel und Nordhessen ein erhöhtes Fremdenverkehrsaufkommen versprechen, abgeschlossen werden. Bereits jetzt ist absehbar, daß der von der Hessischen Landesregierung gesetzte Finanzrahmen von 38,7 Millionen Mark durch außerplanmäßige Fundamentierungs- und Stützmaßnahmen kaum einzuhalten sein wird. Wie die Museumsleitung kürzlich mitteilte (F.A.Z. vom 13. November), werden die zusätzlichen Kosten zu Lasten des Innenausbaus gehen. Doch regt sich nun erneut öffentlicher Widerstand gegen das geplante Glassatteldach. Es wird befürchtet, die neuartige Konstruktion werde wesentlich voluminöser ausfallen als behauptet und die barocke Gesamtanlage von Schloß und Park beeinträchtigen. I.L.

Alt-Neuöttinger Anzeiger
4. Dezember 1998

Mc Donald's am Irschenberg: Massiver Protest

Irschenberg (mv). Protest löst das Vorhaben aus, an einem der schönsten Punkte Oberbayerns, am Irschenberg, ein Fastfood-Restaurant mit einem 12 Meter hohen, neonbeleuchteten Turm zu errichten.

Daß erhebliche denkmalpflegerische Bedenken gegen das Vorhaben der Mc-Donald's-Kette bestehen, erwähnte der Chef des Bayer. Landesamts für Denkmalpflege, Oberkonservator Dr. Michael Petzet, kürzlich auch in einem Grundsatzreferat über Denkmal- und Landschaftspflege, das er bei der Verleihung des Kulturpreises an den Altöttinger Kreisheimatpfleger Alois Stockner hielt. In die Diskussion hat sich jetzt auch Bezirksheimatpfleger Stefan Hirsch eingeschaltet. Er erhebt seine Stimme, weil der Irschenberg nicht nur einer der landschaftlich schönsten Punkte Oberbayerns, sondern auch einer der geschichtsträchtigsten sei: Die Kirche Wilparting ist die Begräbnisstätte der frühen Missionare Marinus und Anianus aus der Zeit vor der bonifazianischen Missionierungswelle. In barockisierten Kirche und der zugehörigen Veitskapelle ist noch der Kern mittelalterlicher Bauten feststellbar.

Die Welt, 1. Dezember 1998

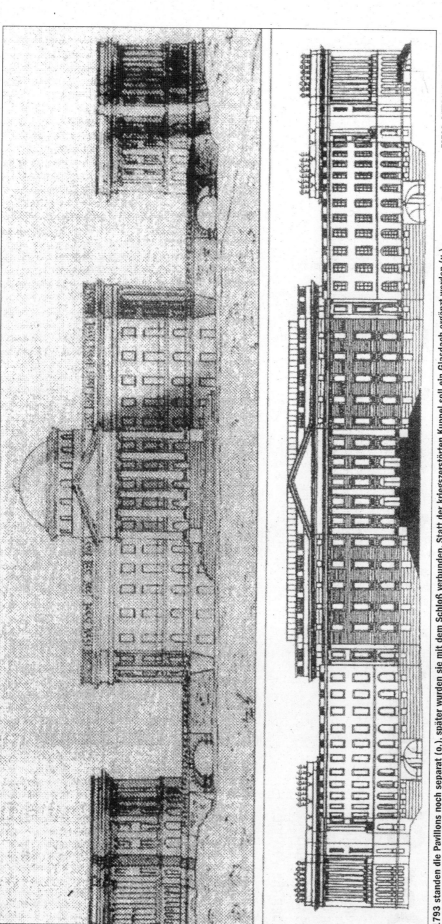

1793 standen die Pavillons noch separat (o.), später wurden sie mit dem Schloß verbunden. Statt der kriegszerstörten Kuppel soll ein Glasdach ergänzt werden (u.)

FOTOS: DITTSCHEID/BRAUNFELS

Heftiger Streit um den Ausbau von Schloß Wilhelmshöhe

VON DANKWART GURATZSCH

Kassel – Zuerst ging es nur um eine Renovierung. Inzwischen aber hat sich der Streit um die „Modernisierung" von Schloß Wilhelmshöhe zur größten kunstwissenschaftlichen Auseinandersetzung seit dem Abriß des Braunschweiger Residenzschlosses 1960 ausgeweitet. Sämtliche namhaften deutschen Institute der wissenschaftlichen Denkmalpflege haben sich in Protestschreiben an den hessischen Ministerpräsidenten Hans Eichel gewandt. Kasseler Bürger und Studenten haben Bürgerinitiativen gegründet und 27 000 Unterschriften gegen das Vorhaben der Landesregierung gesammelt – ein in Deutschland fast singulärer Fall. Dennoch hält die Landesregierung an ihrem Vorhaben fest.

Icomos, der Internationale Rat für Denkmalpflege, spricht offen von einer „Verunstaltung". Professor Wolfgang Petzet, München, Präsident des Deutschen Nationalkomitees von Icomos, kritisiert in einem Brief an den hessischen Ministerpräsidenten Hans Eichel die Ignoranz gegenüber der „einheitlichen Auffassung der internationalen Fachwelt". Zuvor hatten bereits das Max-Planck-Institut in Rom, die Pückler-Gesellschaft in Berlin, der sächsische Landeskonservator Magirius, der Freiburger Kunsthistoriker Forssman und die Regensburger Kunstwissenschaftler Traeger und Dittscheid gegen die Baupläne protestiert. Anlaß der Kritik ist „der völlig unpassende Glaskasten des Architekten Stefan Braunfels auf dem Dach des Schlosses" (Petzet). Braunfels, der zur Zeit in München die Pinakothek der Moderne und in Berlin den Alsenblock errichtet, hat den „Butterdosendeckel" konzipiert, um ein zusätzliches Geschoß zu gewinnen. Auf diese Weise sollen die im Schloß untergebrachte Gemäldegalerie bessere Ausstellungsmöglichkeiten erhalten und der Preis für den Umbau minimiert werden.

Aber der Glaskasten überragt die Balustrade und den Hauptgiebel des Schlosses und verändert, wie Studenten errechnet haben, dessen Proportionen. Vor allem aber verhindert er den Wiederaufbau der im Krieg zerstörten Kuppel des Barockarchitekten Johann Heinrich Jussow. Diese erste durchfensterte Panoramakuppel der Baugeschichte gilt der Kunstwissenschaft als unverzichtbar für die landschaftsbezogene Gestaltung von Schloß- und Parkanlage Wilhelmshöhe. Jussow hatte sie - wie das höchste deutsche Denkmalgremium, die Vereinigung der Landesdenkmalpfleger in der Bundesrepublik Deutschland, der hessischen Regierung eindringlich vor Augen geführt hat – „als point de vue absichtsvoll in die Hauptachse zwischen Stadt und Herkulesmonument gerückt".

Das Stadion kriegt eins aufs Dach

Olympia-Umbau – der Weg ist frei, das letzte Wort haben die Vereine

VON THOMAS MÜLLER

Stadion-Debatten haben in München Tradition, sind immer höchst emotional und leidenschaftlich. Was wohl daran liegt, daß es dabei immer auch um Fußball geht, der mit Vernunft und Verstand allein bekanntlich schwer zu fassen ist. Das war so, als die 60er im Sommer 1995 vom geliebten Grünwalder ins verhaßte Olympia-Stadion umzogen – ein paar Dutzend Hardcore-Fans boykottieren heute noch (!) die Spiele der Blauen. In Sachen Umbau-Diskussion des Olympiastadions verhält es sich da kaum anders.

Die Kehrtwende des Architekten Behnisch

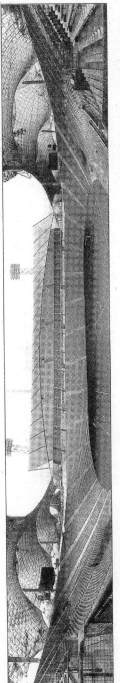
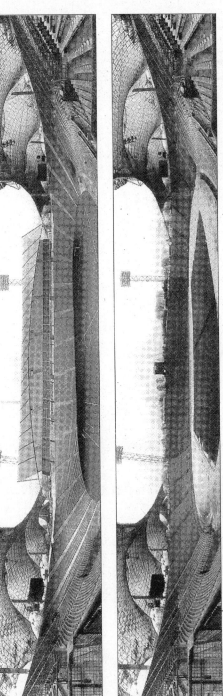

Sieht so eine Fußball-Arena aus? Der Blick von der Haupttribüne – unten, wie er sich dem Zuschauer bisher zeigt, oben, auf dem Computerbild, mit der geplanten neuen Haupttribüne auf der Gegengerade. Die Simulation berücksichtigt auch die zusätzlichen Sitzplätze am Spielfeldrand. Fotos: Süddeutsche Zeitung / Rakete GmbH

AZ (Abendzeitung), München
17. Dezember 1998

Da wimmelt es von orthodoxen Puristen und Professoren, die den Status Quo auf der einen und den Stadion-Neubau auf der anderen Seite des Mittleren Rings proklamieren. Im Chor übrigens mit vielen Bayern-Fans, die lieber heute als morgen aus dem ungeliebten Olympiastadion ausziehen, es gegen einen neuerbauten „Hexenkessel" eintauschen würden. Eine bizarre Koalition.

Daß der Verstand schon mal aussetzt, hat auch und vor allem Bayern-Manager Uli Hoeneß bewiesen, als er – noch ganz auf der Neubau-Schiene – für ein neues Stadion im Olympiapark plädierte. An Stelle der Hochschulsport-Anlage (ZHS) oder gar an Stelle des Schuttbergs –

Der Blick vom Park: Auf der einen Seite das geschwungene Dach, das das Olympiastadion berühmt machte, rechts der leicht kurvierte Logenriegel, der über die heute offenen Ostseite entstehen soll.

den könnte man auch wegreißen, was der noch soll, ist mir schleierhaft", so Hoeneß vor einem Jahr im Interview. Zum Glück konnte man ihm die historische Sinnhaftigkeit des Olympiabergs offenbar doch noch vermitteln.

Ob Olympiapark, Reitstadion in Riem oder Umlandgemeinden – die Suche der Bayern ließ letztes Jahr keinen Standort aus. Fast keinen zumindest: Der Standort Moosacher Straße, neben der Knorr-Bremse, gut 43 Hektar groß, bestückt mit einem gültigen Bebauungsplan (Gewerbe- und Kern-Gebiet) von 1994. „Ein idealer Platz", findet der Münchner Star-Architekt Peter Lanz, der das Stadion möglichst original erhalten möchte.

Was auch die Intention des Olympia-Architekten Günter Behnisch war, der sich jahrelang auf sein Urheberrecht zurückzog, sich gegen jeglichen Umbau wehrte. Bis zur plötzlichen Kehrtwende: „Durch einen Umbau wird das Denkmal kaputtgemacht. Wenn die Münchner den Umbau aber wirklich wollen, dann sorge ich als Architekt dafür, daß er gut wird", sagte er kürzlich in einem AZ-Interview. Die Frage freilich ist und bleibt: Wollen das die Münchner eigentlich?

47 Prozent der Münchner wollen was ändern

Offenbar wollen sie es. In einer von der Stadt kürzlich in Auftrag gegebenen Umfrage des Münchner Peinelt-Instituts sprachen sich immerhin 47,7 Prozent der Befragten für einen Umbau aus. Das Olympiastadion ist also nicht sakrosankt – jedenfalls für diejenigen, die hier schon mal ein Fußball-Spiel, ein Leichtathletik-Veranstaltung oder ein Rock-Konzert bei Sturm, Wind und Regen miterlebt haben. Das Olympiastadion ist architektonisch ein Traum – bleibt aber ein Schönwetter-Stadion.

Wie sagt doch Bayerns oberster Denkmalschützer Michael Petzet (unten): „Denkmalschutz ist immer ein Kompromiß im Sinne der Nutzung." Und so war es kein Wunder, daß gestern im Stadtrat alles auf den sogenannten „WM-tauglichen Ausbau" hinauslief: Der Beschluß einstimmig, daß sich München als Austragungsort für die Fußballweltmeisterschaft 2006 bewirbt – wenn die denn nach Deutschland kommen sollte.

Wie das dafür vorgesehene Münchner Olympiastadion letztlich aussehen soll, darüber wurde gestern nichts entschieden. Klar ist nur: Die beiden Münchner Stadtrats-Fußballvereine wollen kein eigenes Stadion mehr bauen, und die Stadt wird das Olympiastadion WM-mäßig aus- und umbauen. Einigkeit besteht im Stadtrat darin, daß die bisherigen Umbaupläne überarbeitet werden müssen. Walter Zöller: „Bei aller Hochschätzung für Professor Behnisch und Korrekturen an seinem Entwurf nötig". Die Stadt bezahlt nur die 140 Millionen Mark für den WM-Umbau. Die Mehrkosten für die Beckenbauer-Variante (insgesamt 400 Millionen Mark Baukosten) müssen sich die Vereine teilen. Endgültige Entscheidung: erst 1999. **Willi Bock**

Der Ball liegt beim Stadtrat

Wenn der Ball schon rollt, dann will der Münchner Stadtrat auch mitspielen. „Wir dürfen als bedeutendste Sportstadt Deutschlands nicht hinter Gelsenkirchen oder Kaiserslautern zurückfallen", mahnte Fußballfan Walter Zöller (CSU). Damit lief er bei den meisten Stadtratskollegen offene Türen ein: Der Rat beschloß einstimmig, daß sich München als Austragungsort für die Fußballweltmeisterschaft 2006 bewirbt – wenn die denn nach Deutschland kommen sollte.

Wie das dafür vorgesehene Münchner Olympiastadion letztlich aussehen soll, darüber wurde gestern nichts entschieden.

»Der Umbau ist Zerstörung!«

Über den Umbau des Olympiastadions sprach die AZ mit Michael Petzet, Chef des Landesamtes für Denkmalschutz.

AZ: Das Olympiastadion ist ein Denkmal von Weltrang. In der Umbau-Diskussion wurde Ihnen jetzt „politisches Schweigen" vorgeworfen.

MICHAEL PETZET: Der Vorwurf ist ein Schmarrn. Öffentlich habe ich mich bislang zwar noch nicht geäußert, weil die Diskussion ja noch im Gange ist und erst im Entwurf existiert. Aber in einem persönlichen Brief an OB Ude habe ich meinen Standpunkt klargestellt.

Und wie ist Ihr Standpunkt?

Der jetzt vorgelegte Entwurf widerspricht dem Geist und der Architektur-Auffassung des Stadions – die Maßstäblichkeit wird zerstört. Ein schwerwiegender Geländeeingriff, der vom Stadion nur sehr wenig übrig läßt. Im Grunde hat Behnisch sich und uns ohne Not in diese peinliche Situation gebracht.

Gibt's einen Ausweg?

Als Denkmalschützer arbeiten wir ständig mit Kompromissen im Sinne der Nutzung. Die Erhaltung des Stadions als reines Denkmal ist problematisch, es muß weiterhin genutzt werden. Aber: Wenn man erst drei Viertel des Stadions abreißt, dann ist das kein Kompromiß mehr, sondern Zerstörung – ob's nun der Behnisch macht oder ein anderer.

Was würden Sie beim Umbau besser machen?

Meine Lösung wäre: Die Rückbesinnung auf Pläne von 1970, die bereits eine Komplett-Überdachung der Gegengerade vorsahen, aus Kostengründen jedoch scheiterten.

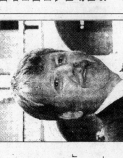

Michael Petzet, Chef im Amt für Denkmalpflege. Foto: Hübl

letzter Schluß.

Laut Stadtplanern und Olympiapark-GmbH ist hier das letzte Wort noch nicht gesprochen. Vielleicht besinnt man sich ja wirklich noch zurück auf die 1970 aus Kostengründen verworfenen Überdachungspläne der Gegengerade im alten „Zeltdach-Stil". Back to the roots auf der einen Seite – und trotzdem fit fürs nächste Jahrtausend und die Weltmeisterschaft auf der anderen Seite. Das wär's doch.

Langsam kommt Vernunft in die Debatte

Einem späteren, von den Bayern favorisierten Vollausbau des Stadions (VIP-Loungen, Abriß und Neubau der Gegengerade, neuer Presse- und Gastro-Bereich, 1200 Tiefgaragen-Plätze) stünde das Ganze nicht entgegen. Fraglich ist nur, wie die beiden Fußball-Vereine die dazu fehlenden 260 Millionen Mark auftreiben wollen.

Die zuschießende Landesbürgschaft steht nicht im Raum, ein Bundeszuschuß fließt wohl erst, wenn Deutschland die WM tatsächlich bekommt. Worauf keiner allzu fest bauen sollte.

Immerhin: Die Debatte um den Stadion-Umbau – so unsinnig, leidenschaftlich und emotional sie oft geführt wurde – scheint langsam auf den Boden der Vernunft angekommen zu sein. Ein Neubau ist aus Kosten-Gründen völlig vom Tisch. Alle, die Stadt und die Vereine, konzentrieren sich auf das Wesentliche und tatsächlich Machbare. Und: Der vorgelegte Behnisch-Entwurf ist auch noch nicht der Weisheit

Soviel ist anderen ihr Stadion wert

Der Stadtkämmerer hat recherchiert: Zur Diskussion um den Stadion-Umbau legte Klaus Jungfer eine Übersicht vor, die zeigt, mit welchen Summen der Stadionbau in anderen Städten gefördert wird.

WELCHES LAND?	WELCHES STADION?	WELCHE UNTERSTÜTZUNG?
Baden-Württemberg	Stuttgart	Landeszuschuß 25 Mio Mark f. Dachausbau in '93; keine Landeszuschüsse in Aussicht für Stadionausbau '99
Bayern	Nürnberg	Landeszuschuß 25 Mio Mark
Bund	Berlin	Bundeszuschuß 100 Mio Mark
	Leipzig (Ausbau geplant)	Bundeszuschuß 100 Mio Mark
Berlin	Berlin	Derzeit noch Verhandlungen über Landeszuschüsse
Hamburg	Hamburg	Grundstück und Gebäude (Stadion) wurden von der Stadt an eine Finanzierungsgesellschaft für 1,- DM verkauft (vom Liegenschaftsamt Hamburg tatsächlich ermittelter Grundstücks- und Gebäudewert: 50 Mio Mark). Landeszuschuß Stadt Hamburg: 21,3 Mio Mark
Nordrhein-Westfalen	Dortmund	Landesbürgschaft (Betrag konnte wegen Auskunftsverweigerung des Finanzministeriums nicht ermittelt werden)
	Gelsenkirchen	Landesbürgschaft über 180 Mio Mark
	Köln (Ausbau geplant)	Derzeit noch Verhandlungen über Landeszuschüsse
Rheinland-Pfalz	Kaiserslautern	Gesamtzuschüsse von Land und Stadt in Höhe von 43 Mio Mark für erste Ausbaustufe; über die zweite Ausbaustufe ist noch nicht entschieden
Sachsen	Leipzig (Ausbau geplant)	Derzeit noch Verhandlungen über Landeszuschüsse

Kreative Bewahrung von Denkmälern, Respekt vor der historischen Substanz

Was sich Bayerns Generalkonservator Professor Dr. Michael Petzet von der Architektenausbildung erwartet

Ein hofartiger Burgkomplex 30 Kilometer nördlich von Würzburg. Von der ehemaligen Burg Büchold (788), die von einem über achtzig Jahre alten Geschwisterpaar bewohnt wird und bis vor kurzem mit Wohnhaus und Wirtschaftsgebäuden aus dem 19. Jahrhundert landwirtschaftlich genutzt wurde, sind nur noch Bergfried, Gewölbekeller und Burgmauer erhalten.

Die umwaldete Burganlage in der unterfränkischen Gemeinde Arnstein soll nicht dem weiteren Verfall preisgegeben werden. Eine künftige Nutzung als „Jugendakademie mit Seminar-, Übernachtungs- und Freizeitbetrieb" müßte die denkmalgeschützten Gebäudeteile in Neuplanungen einbeziehen.

BFB-Studentenwettbewerb: durchwegs behutsames Vorgehen

Diese Entwurfsaufgabe stellte der Bayerische Förderkreis Bau (BFB), mit dem 22 Unternehmen der Baustoffindustrie seit 15 Jahren Aus- und Weiterbildung in der Bauwirtschaft fördern wollen, Studentinnen und Studenten bayerischer Fachhochschulen der Fachrichtung Architektur im Rahmen des BFB-Studentenwettbewerbs 1998/99. Mit den Entwürfen und Modellen, die durchwegs sehr behutsam und respektvoll mit dem historischen Erbe umgingen, zeigte sich die Jury hoch zufrieden, so BFB-Vertreter Siegfried Pröll, Vorstandsmitglied der BayWaAG. Die Ergebnisse „zeichnen sich durch Professionalität und Ideenreichtum aus - und sind preiswürdig".

Eine der beiden ersten Preisträger beispielsweise, Margarete Sporrer von der FH Nürnberg, setzte auf einen leicht wirkenden Holzskelettbau, entsprechend der Topographie und der Burgmauer gleichsam als schwebende Ringe konzipiert, unterstreichend den Kontrast zwischen alt und neu. Die ursprüngliche Tiefe des historisch und landschaftlich einmaligen Burggrabens solle wieder hergestellt werden, so Sporrers Vorschlag, eine Dachbegrünung den Eindruck des Gebäudes als Bestandteil der Landschaft unterstreichen. Nicht Theoriediskussionen, sondern solch eine sehr konkrete Auseinandersetzung mit einem praktischen Beispiel bereite den Architektennachwuchs in angemessener Weise auf Aufgaben in der Denkmalpflege vor, so Professor Dr. Michael Petzet, Generalkonservator des Bayerischen Landesamtes für Denkmalpflege, in seinem Festvortrag anläßlich der Preisverleihung während der Bau '99 im Internationalen Congress Center München.

Tätig sind heute viele Berufe in der Denkmalpflege, wie Petzet am Beispiel seiner Behörde belegte. Dort sind Historiker und Kunsthistorikerinnen, Archäologen und Restauratoren beschäftigt, aber beispielsweise auch ein Geologe und ein Jurist. Der ideale Denkmalpfleger bringt am besten von allen Bereichen etwas mit, Kunstgeschichte ebenso wie ein Ingenieurstudium, außerdem Praxiserfahrungen und ein jugendliches Alter unter 30 Jahren, versteht sich. Denkmalpflege ist schließlich nicht nur mit altehrwürdigen Burgmauern und gotischen Kirchen, sondern ebenso mit Feldkreuzen oder bereits historisch bedeutsamen Industrieanlagen befaßt.

„Einen perfekten Denkmalpfleger können die Hochschulen nicht liefern - und sollen sie wohl auch nicht", meint Petzet. Die in der Denkmalpflege Lehrenden berichteten im übrigen gerne von dem, wie sie selbst einst alles gemacht haben. Ihre Praxisferne sei aber ein Problem angesichts des laufenden tiefgreifenden Wandels in der Denkmalpflege.

Gefragt: Verantwortung für Denkmäler zu übernehmen

Mitgeben könnten die Universitäten dem Architektennachwuchs sehr wohl einiges: nämlich die Fähigkeit, die geschichtliche Bedeutung von Bauten zu erkennen, und die Kenntnis vielfältiger Herangehensweisen an bautechnische Probleme, außerdem das Wissen darum, wo für eine konkrete Bauaufgabe fehlendes Wissen zu beschaffen ist und wo für Einzelfragen Spezialisten zu bekommen sind. Fördern könnten die Hochschulen nach Ansicht von Petzet schließlich auch die Bereitschaft, sich mit Aufgaben der Denkmalpflege intensiv auseinanderzusetzen und Verantwortung zu übernehmen für geschichtliche Werte und ihren Erhalt. Das verlangt, sich mit städtebaulichen Vorgaben, baugeschichtlichen Traditionen des Ortes, der Historie und der Authentizität eines Objektes (Material, Form, Techniken, Nutzung) zu befassen. Was ist authentisch an einem Objekt? Das werde derzeit in der Theorie der Denkmalpflege diskutiert.

Auf jeden Fall gehört für Petzet der Geist eines Denkmals und seines Umfelds dazu, den es zu berücksichtigen gilt: Ein Freudenhaus gehört nicht in ein ehemaliges Kloster, selbst wenn diese Neunutzung wirtschaftlich tragfähig wäre.

Die Denkmalpflege gewinnt noch an Bedeutung

Ein Engagement in der Denkmalpflege steht für Architektinnen und Architekten in einem gewissen Gegensatz zur Künstlerschaft des Berufs, die die Ausbildung stark betont, die immer mehr die geniale Meisterschaft (und das sich selbst Verwirklichen) betone, und immer weniger die Baukunst lehre. „Dieser Anspruch kann beim Denkmal zu gewissen Problemen führen", so der Generalkonservator, wenn nämlich persönliche ästhetische Ansprüche höher gestellt werden als die Anforderungen, die aus einem Baudenkmal erwachsen. Andererseits können viel Kreativität und modernste Bautechniken nötig sein, um den Geist beispielsweise einer Industrieanlage

(Fortsetzung auf Seite 2)

Initiativkreis appelliert an Generalkonservator

Scharfer Einspruch gegen Knast-Abriß

ALTSTADT (RDF)

Bayerns oberster Denkmalschützer soll das 40-Millionen-Projekt eines neuen Justizzentrums hinter dem Gericht in der Ottostraße verhindern.

In scharfer Form hat sich der Initiativkreis zur Erhaltung historischer Denkmäler gegen den geplanten Abriß des ehemaligen Gefängnisses in der Ottostraße gewandt. In einem Brief hat der Initiativkreis-Vorsitzende Willi Dürrnagel Generalkonservator Prof. Dr. Michael Petzet in München um Hilfe.

Seit Ende 1996 steht das Gefängnis leer. Bei einem Architektenwettbewerb für die Neubebauung des Areals hinter dem Gericht siegte ein Magdeburger Architektenpaar. Wie berichtet, sollen die Arbeiten an einem modernen Justizzentrum mit Tiefgarage rund 40 Millionen Mark kosten und 2001 beginnen. Die Bauzeit wird auf vier Jahre geschätzt.

Nach Ansicht des Initiativkreises bilden Gericht und Gefängnis, die 1891/92 vom gleichen Architekten geplant und ausgeführt wurden, „ein Ensemble aus einer Form und aus einem Geist". Die monumentale Palastarchitektur des Justizgebäudes werde durch einen ebenso monumentalen Gefängnisbau ergänzt. Beide Häuser seien zudem in die Denkmalliste aufgenommen worden; ebenso gehörten beide zum Ensembleschutz des Ringparks.

Dürrnagel erinnert den Generalkonservator an dessen Aussage von 1996, wonach „das Landesamt für Denkmalpflege einem Abbruch des alten Gefängnisgebäudes bisher nicht zugestimmt" habe und dies auch „nicht zu tun beabsichtigt". Tatsächlich aber habe der zuständige Referent des Landesamtes in seinem Gutachten vor der Auslobung des Architektenwettbewerbs „geradezu fahrlässig" auf die Erhaltung des Baus verzichtet. Weder die Justizbehörden als Bauherr noch die staatliche Denkmalpflege hätten den grundsätzlichen Willen gezeigt, „aus der bestehenden Situation etwas zu machen".

Jeglicher Neubau aus Beton, Glas und Metall wäre für den Initiativkreis „ein Fremdkörper zwischen Hofgarten und Justizgebäude". In anderen Städten gebe es geglückte Beispiele für die Umwandlung ehemaliger Gefängnisse etwa in Wohnungen oder Hotels.

Willi Dürrnagel sieht in Würzburg grundsätzlich einen problematischen Umgang mit den Bauten des 19. Jahrhunderts. „Gegen alle Logik" seien beispielsweise das alte Postamt am Bahnhof und das Buchner'sche Palais (Deutsche Bank) am Kaisergärtchen abgerissen worden. Dürrnagel abschließend: „Dort, wo die Stadt wirklich großstädtisch ist, in den Ringbauten und beim Ringpark, sollte man sorgfältig überlegt werden, um die Weitsicht und Urbanität der Stadtplaner des vergangenen Jahrhunderts nicht durch unreflektierte Lösungen zu verwässern."

Mainpost (Würzburg), 13. Januar 1999

Kreative Bewahrung von Denkmälern ...

(Fortsetzung von Seite 1)

aus der Anfangszeit der Industrialisierung für die Zukunft zu retten.

Ebenso problematisch wie der Vorrang der künstlerischen Selbstverwirklichung des Architekten wäre die Konfrontation eines Denkmals mit einer schematischen Planfertigung. Und: Auch ein qualitätvoller Wolkenkratzer bedeutet, neben den Schiefen Turm von Pisa gestellt, eben keine Qualität, da er den Turm entwertet. Petzet: „Denkmalpflege braucht - neben vielen anderen Berufen - Architekten, die sich zurücknehmen können und sich fragen, wie sie dem historischen Bestand dienen können."

Sicherlich hat sich zu allen Zeiten das Bauwesen entwickelt, wurde immer Altes durch Neues ersetzt. Petzet verweist aber auf die Rasanz der Veränderungen im 20. Jahrhundert. Angesichts der Bauexplosion des zuende gehenden Jahrhunderts komme der Denkmalpflege heute eine weit größere Bedeutung zu als vielleicht in früheren Jahrhunderten.

Die Verantwortung, die dabei der Architektenschaft und ihrer Qualifikation zuwächst, steigt nach Ansicht von Petzet. Die starke Liberalisierung des Bauordnungsrechts erfordere einen stärkeren Einsatz der Architektinnen und Architekten bei der denkmalpflegerischer Detail-Abstimmung mit der Bauherrenschaft.

Um die Zukunft der Denkmalpflege ist Petzet nicht bang, war sie doch seit jeher eine Pionierin der Nachhaltigkeit und eines Umweltschutzes im weitesten Sinne. Sanieren und Reparieren im Bestand mache heute schon einen großen Teil der Bauaufgaben aus; ihr Anteil wird noch zunehmen.

Den Architektennachwuchs könne auf entsprechende Aufgaben vor allem die konkrete Auseinandersetzung mit einem praktischen Beispiel vorbereiten, wie sie der BFB-Studentenwettbewerb alle zwei Jahre ermöglicht, der dieses Mal im besonderen Maße im Spannungsfeld von „Bewahren und Verändern" stand. Die 31 Wettbewerbsarbeiten, für die neun Preise bzw. Anerkennungen vergeben wurden, belegten nach Ansicht von BFB-Vertreter Pröll, daß sich bei der Erhaltung und Nutzung wertvoller historischer Bausubstanz Tradition einerseits, Modernität und preiswertes Bauen andererseits keinesfalls ausschließen.

Auch die Auseinandersetzung mit den potentiellen Bauherren will gelernt werden. Auch dazu hatten die Wettbewerbsteilnehmerinnen und -teilnehmer bei ihren Umbauplanungen in Arnstein Gelegenheiten, wie 1. Bürgermeister Roland Metz berichtete: Die Burganlage wird, wie erwähnt, noch von sehr einfachen, schon etwas „skurilen" alten Geschwistern bewohnt, deren Ahnen 1806/12 das Anwesen kauften. Und auch die Gemeinde selbst bemühte sich, die Rolle der potentiellen Bauherren zu spielen.

Für den BFB ist der Erhalt historischer Substanz kein Gegensatz zum modernen Bauen. Eine Balance zwischen beiden ist das Ziel, wobei eine Entscheidung für den Erhalt eine wirtschaftlich tragfähige Nutzung voraussetzt. Darüber herrscht Konsens.

Neunutzung oder Nutzung nebenan?

Die Jury unter Jörg Nußberger, Ministerialrat a.D. in der Obersten Baubehörde, sah in den ausgezeichneten Arbeiten die klassische Doppelfunktion einer Burg, Wohnen und Wehren, gewahrt. Alle Beiträge erhalten entsprechend der Wettbewerbsvorgaben Graben, Mauer sowie Turm, weil denkmalgeschützt, und sehen vor, die landwirtschaftlichen Gebäude des letzten Jahrhunderts abzureißen, um eine Neunutzung innerhalb des Burggrabens einzufügen.

War dies die einzige mögliche Lösung? Dies fragte sich drei Monate nach der Juryentscheidung, die erstmals „vor Ort" in Arnsfeld getroffen wurde, im Vorfeld der Preisverleihung Jury-Vorsitzender Nußberger. Im Nachhinein, gestand er, hätte er eine Lösung bevorzugt, die die Akademie-Nutzung außerhalb der Anlage angesiedelte und die Burgrelikte erhielt, deren Umfang noch heute ausreiche, um zum Nachdenken über Wohnen und Wehren anzuregen.

Beatrix Körner

Ein König wird begehbar

Das Denkmal von Max I. Joseph hat in der Münze eine überraschende zweite Heimat gefunden

München ist seit ein paar Tagen um ein bedeutendes Kunstwerk des Klassizismus reicher. In der ehemaligen Münze, also dort, wo heute das Landesamt für Denkmalpflege residiert, hat der Maler Erich Lindenberg das aus Gips geformte Original des Max-Joseph-Denkmals aus den beschädigten Bruchstücken in einer höchst beschwingten, aufgelockerten Form neu zusammengefügt.

Schauplatz der monumentalen chirurgischen wie künstlerischen Aktion ist die schöne Treppenanlage aus den fünfziger Jahren, die sich um einen runden Schacht durch drei Stockwerke nach oben schwingt. Wer dieses helle Stiegenhaus vom Hofgraben aus, also quasi im Hochparterre betritt, der sieht das über drei Stockwerke gedehnte neue skulpturale Ensemble in eindrucksvoller Untersicht direkt vor und über sich. Er muß glauben, vor den Trümmern einer antiken Figur zu stehen, wenn er mit dem Blick die übereinander befestigten, mild vergilbten Gipsbrocken zu einer Figur zusammenzieht. Jedenfalls wird er kaum auf die Idee kommen, daß er die von Christian Daniel Rauch modellierte Originalfigur jenes friedlich auf seinem Thron sitzenden, sein Volk segnenden Königs Max I. Joseph auf dem gleichnamigen Münchner Platz vor sich hat.

Bis zum Krieg hatte das gut erhaltene Gipsmodell des Denkmals im Gartensaal des Schleißheimer Schlosses gestanden. Nach der Beschädigung im Krieg wurde der König zersägt und mit den teilweise zerfetzten Originalen der schönen Reliefplatten in einem Nebengebäude abgestellt, bis Generalkonservator Michael Petzet den gloriosen Einfall hatte, die in Schleißheim verschollenen Relikte restaurieren und in seinem eigenen Haus, also in jenem Gebäude, das Max Joseph zur Münze umgebaut hat, neu aufstellen zu lassen.

Für Erich Lindenberg war es nach Sicherung und Reinigung der zersägten Teile rasch klar, daß eine präzise Zusammenfügung der beschädigten Partikel nicht in Frage kam. Wichtige Stücke fehlten; eine Rekonstruktion hätte die aus Untersicht angelegte Figur im hohen Treppenhaus unangenehm schrumpfen lassen, den geöffneten Schädel aber in eine freiwillig komische Position gebracht. So entschloß sich Lindenberg zu einem künstlerischen Eingriff. In langen Versuchen erprobte er an einem Modell, wie sich die kolossalen Brocken des Rumpfs, der Beine, der Arme und des Kopfs so auseinanderziehen lassen, daß die sitzende Figur sich durch alle Geschosse streckt und sie gleichzeitig mit neuem plastischem und gestischem Leben auflädt. Nun sind die Einzelteile auf in lockerer Folge stehenden Stahlstützen befestigt, sie schweben also im Raum und verbinden sich für den, der hinauf- oder hinabschreitet, zu ständig wechselnden überraschenden Einheiten. Der König wird begehbar.

Der abgebildete Max Joseph selber hätte sicher seine Freude an diesem sanften dynamischen Wachstum gehabt. Die eigentümlich passive, antiabsolutistische Sitz-Position, die ihm Klenze schon zu Lebzeiten zugedacht hatte, wollte ihm nie richtig behagen. In der Münze kann er sich nun, trotz schwer lastenden Throns, zu seiner wahren Größe aufrichten. Durch die sanfte Dehnung im Treppenschacht wächst der Figur eine geradezu imperiale Macht zu.

In einer langsam kreisenden Bewegung, dem Lauf der Stufen folgend, entwickelt sich der Körper aus dem stählernen Säulenwald heraus. Die restaurierten Reliefplatten – sie zieren am Denkmal den Sarkophag, auf dem der Thron steht – sind im Untergeschoß so an den Wänden oder am Gestänge angebracht, daß ihre plastischen Botschaften gut zu lesen sind.

Lindenberg hat jen Treppenschacht also mit kreiselnder Bewegung gefüllt. Sieht man von unten durch den Säulenwald hinauf ins Innere der neu komponierten schwebenden Trümmerwelt, dann glaubt man, mit einem Fernrohr ins All zu blicken. Wie die Planeten eines Sonnensystems, das vor Abermillionen Jahren explodiert ist, scheinen sich die wuchtigen Fragmente der Skulptur in ewig gleichen Abständen zu umkreisen. Oder anders ausgedrückt: Die steinolichen Überreste des beliebten ersten bayerischen Königs – er hat seinem Land eine aufgeklärte Verfassung gegeben – schweben in schöner Harmonie gegeben durch den Raum.

Die schmerzhaften Brüche und Verletzungen, die das 20. Jahrhundert diesem wichtigen Zeugnis des Münchner Klassizismus zugefügt hat, werden den Besuchern erst beim Hinaufsteigen drastisch bewußt. Solange man die Hängebäckchen Max Josephs von unten sieht, hält man den König für relativ gesund. Doch irgendwann entdeckt man, daß dem Mann die Stirn und die Schädeldecke fehlen, daß der Kopf wie ein riesiger Aschenbecher offensteht – spätestens dann hat einen die Gegenwart eingeholt.

Für den Maler Erich Lindenberg, der mit fast meditativ stillen, farbigen Raumbeschwörungen bekannt geworden ist, hat dieser Wiederbelebungsversuch an einem skulpturalen Meisterwerk besondere Bedeutung. Wie oft ist er gefragt worden, ob er vielleicht mit Udo L. verwandt sei, der ja inzwischen auch recht erfolgreich den Pinsel schwingt; und wie oft mußte er sagen, daß er ältere Bruder sei und eigentlich schon lieber gemalt habe. Er kann nun etwas vorzeigen, was ihm der jüngere Bruder nicht so schnell nachmachen kann: Erich Lindenberg erweckt tote bayerische Fürsten zum Leben. Als nächster würde er gerne den reitenden Renaissance-Kurfürsten Maximilian I. – die Bronzeversion von Thorvaldsen steht auf dem Wittelsbacher Platz – in der Residenz wiedererstehen lassen. Eine wunderbare Idee. Man kann nur hoffen, daß die zuständigen staatlichen Ämter genug Phantasie besitzen, um sich die Wirkung des großen gleichen Reiters in den gewölbten Hallen auszumalen.

GOTTFRIED KNAPP

DER MONARCH IM TREPPENHAUS: *Erich Lindenberg hat die Gipsformen des Denkmals für Max I. Joseph in der Alten Münze, Hofgraben 4, wieder neu zusammengesetzt.*
Photo: Lindenberg

Süddeutsche Zeitung, 5. Februar 1999

Mammutprojekt am Irschenberg: jetzt drei Petitionen

Mc Donald's will noch in diesem Sommer Fastfood-Restaurant eröffnen – Scharfe Proteste von Natur-, Denkmal- und Heimatschützern

Von Mariele Vogl-Reichenspurner

Rosenheim. Nach dem Bayerischen Landesverband für Heimatpflege und dem Landesamt für Denkmalpflege hat nun auch der Bund Naturschutz (BN) gegen Baupläne von Mc Donald's für ein Restaurant sowie den Bau einer Lkw-Parkstelle mit Großparkplatz am Irschenberg größte Bedenken angemeldet.

Während der Rosenheimer Michael Heinritzi, der in der Region schon eine Reihe von Mc Donald's-Restaurants betreibt, am Irschenberg Großes vorhat und sein neues Restaurant mit „Rasthaus-Charakter" noch in diesem Sommer eröffnen möchte, regt sich gewaltiger Widerstand. Nur nicht in der Gemeinde Irschenberg, der die Baupläne vorliegen und die das Vorhaben unbeirrt vorantreibt. Vor Ort hat sich daher der Kreisvorsitzende des Bund Naturschutz Miesbach, Manfred Burger, eingeschaltet und zusammen mit dem Landesamt für Heimatpflege Petitionen eingereicht, in denen ein ordentliches Raumordnungsverfahren gefordert wird. Zuvor hatten sich, wie berichtet, schon der Vorsitzende des Landesverbands für Heimatpflege, Hans Roth, und der „oberste Denkmalschützer", Generalkonservator Dr. Michael Petzet, Chef des Landesamts für Denkmalpflege, entschieden gegen das geplante Projekt ausgesprochen. Ihre Befürchtungen: Die Sicht auf die Berge und die Wilpartinger Kirche, der Blickfang für alle Verkehrsteilnehmer auf der Autobahn München-Salzburg, werde zugebaut.

Dem widersprechen natürlich die Planer von Mc Donald's. Ihre Gegenargumente: Wer auf der A 8 in Richtung Süden fahre, sehe an der Steigung zum Irschenberg nur das Dach des 7,40 Meter hohen Restaurants mit einer 10,50 hohen Giebelspitze. Wenn der Autofahrer an der Ausfahrt Irschenberg vorbei sei, liege auch das Restaurant rechts hinter ihm. Erst dann erschließe sich der Blick auf die Wilpartinger Kirche, wenn er das bereits ausgebaute Rasthaus rechts liegen gelassen habe.

Nicht gelten lassen will dies der Bund Naturschutz, der sich jetzt neuerdings eingeschaltet hat und sogar Ministerpräsident Edmund Stoiber unterstellt, sich schon im Vorfeld in unzulässiger Weise „eingemischt" und Einfluß auf die nachgeordneten Behörden genommen zu haben. Er berief sich dabei auf einen Brief des Irschenberger Bürgermeisters Quirin Höß, demzufolge sich Stoiber schon 1997 zustimmend zu den umstrittenen Plänen am Irschenberg geäußert hat.

Nachdem am Irschenberg neben einem McDonald's Fast-Food-Restaurant und einem Museum mit Erlebnispark für den Autorennsport auch noch eine große Autobahntankstelle und ein Großparkplatz für Fernlaster entstehen soll, sieht sich der Bund Naturschutz gefordert. Zudem will die Autobahndirektion auch noch eine neue Autobahnausfahrt anlegen. Alles in allem sieht der Bund Naturschutz die Zerstörung einer „bayerischen Ikone".

Hubert Weiger weist auf das neugeschaffene Naturschutzgesetz hin, in dem es insbesondere auch um den Schutz der Alpen und ihres Vorlandes geht. Man könne nicht im Herbst ein solches Gesetz verabschieden, um dann wenige Monate später der Zerstörung eben dieser Landschaft zuzustimmen. Dem Landtag liegen nun drei Petitionen vor, die das Großprojekt am Irschenberg betreffen. Die Gemeindeverwaltung Irschenberg und das Landratsamt Miesbach hat der BN aufgefordert, die umstrittenen Projekte zurückzustellen, bis sich der Landtag mit den Petitionen befaßt habe.

Eine „Ikone" wird nach Meinung des BUND zerstört – die Wallfahrtskirche Wilparting am Irschenberg, falls McDonald's kommt.

Neu-Alt̃öttinger Anzeiger
12. Februar 1999

Neuer Chef für Denkmale

Führungswechsel in Bayern

Von unserem Redaktionsmitglied Angela Bachmair

Noch in diesem Frühling will Wissenschafts- und Kunstminister Zehetmair den Nachfolger des 66jährigen bayerischen Generalkonservators Prof. Michael Petzet berufen. Damit würde eine seit geraumer Zeit anhaltende Personaldebatte enden, die Denkmal- und Heimatpfleger beschäftigt.

Der amtierende „General", der seit seinem Amtsantritt vor 25 Jahren das Landesamt für Denkmalpflege mit Restaurierungswerkstätten und Sanierungserfolgen zu internationalem Renomée geführt hat, sieht das zwar anders und meint, es könne „noch dauern", bis er sein Büro am Münchner Hofgraben räumen werde. Doch Ministeriumssprecher Toni Schmid kündigt mit Bestimmtheit an, der Minister werde – ohne Ausschreibung der Stelle – den Nachfolger im März oder April benennen, und es werde auch wieder einen Generalkonservator geben. Damit tritt Schmid Spekulationen entgegen, das Landesamt solle umstrukturiert und ohne Chef enger an Ministerium oder Staatskanzlei gebunden werden.

Favorit aus Regensburg

Wenn Zehetmair seine Absicht der baldigen personellen Erneuerung wahrmacht, erwarten viele Kenner der denkmalpflegerischen Szene eine Berufung des derzeitigen Regensburger Kulturreferenten Dr. Egon Johannes Greipel. Der 50jährige Historiker und Kunsthistoriker mit Berufserfahrung am Haus der Bayerischen Geschichte, an der Münchner Universität und als Museumsplaner, der schon früh seinen Hut in den Ring geworfen hat, hofft das offenbar auch, denn bisher ließ er sich noch nicht zur Wiederwahl in der Regensburger Kommunalwahl im Mai aufstellen. Zugesichert sei ihm noch nichts, sagt Greipel auf Anfrage, aber wenn der Minister ihn fragen wolle, „würde ich mich freuen."

Augsburger Allgemeine
20. Februar 1999

Michael Petzet (li) und der Nachfolge-Favorit Egon Johannes Greipel. Bilder: Privat/Nübler

---

Greipl verläßt Regensburg im Mai

Kulturreferent wird im November neuer Chef im Landesamt für Denkmalpflege

VON UNSERER REDAKTEURIN MARIANNE SPERB

REGENSBURG. Seit gestern mittag ist's amtlich: Kulturreferent Dr. Egon J. Greipl übernimmt am 1. November '99 das Amt des Generalkonservators. Das Kabinett bestimmte ihn zum neuen Chef des Landesamts für Denkmalpflege.

Am 31. Mai läuft Greipls Amtszeit in Regensburg aus. Die Stadt wird die Stelle am kommenden Samstag in fünf Zeitungen bundesweit anbieten. „Wenn alles gut läuft", so Personalreferent Lothar Pöschl gestern, könnte der Stadtrat noch im Mai einen Nachfolger wählen.

Wissenschaftsminister Hans Zehetmair hatte Greipl gestern dem Kabinett vorgeschlagen. Ein zweiter Name fiel bei der gestrigen Sitzung nicht. Dennoch war sich der Kulturreferent bis zuletzt nicht sicher, wie die Entscheidung ausfallen würde. „Ich kenne die Unwägbarkeiten der Politik ja seit meinem Start in Regensburg." Greipl spielte auf seine Wahl '93 an: Damals war der erste Durchgang bei 25 Ja- und 25 Nein-Stimmen wegen einer ungültigen Stimme gescheitert.

Dem Kulturausschuß wird de Referent am 12. Mai eine Bilanz seiner sechs Jahre an der Spitze der Regensburger Kulturpolitik vorlegen; die Sitzung werde wohl sein letzter offizieller Termin in Regensburg sein. Von der Staatskanzlei hängt ab, ob der Oberstleutnant dann vier Monate, bis zum Oktober, das Kommando für ein Lager bei Sarajewo übernehmen wird. Greipl hat Geschichte, Kunstgeschichte und alte Sprachen studiert. Nach seiner Arbeit am Haus der bayerischen Geschichte und am Deutschen Historischen Institut in Rom kam er 1989 zur Landesstelle für die nichtstaatlichen Museen in Bayern. Als Chef dieser Stelle war er vier Jahre lang gleichzeitig Stellvertreter von Prof. Dr. Michael Petzet. Der Generalkonservator, der eigentlich im April '99 nach fast 30 Jahren seinen Stuhl räumen wollte, bleibt noch bis Ende Oktober im Amt. Der 66jährige saß gerade im Flugzeug nach China, wo er die bayerische Hilfe bei der Ausgrabung der Terrakotta-Armee von Kaiser Qin Shihoang betreut, als das Kabinett gestern seinen Beschluß faßte. Während Petzet dem Amt gewaltiges Gewicht auf internationalem Parkett verliehen habe, wolle er sich in den nächsten Jahren auf den bayerischen Rahmen konzentrieren, so Greipl. Er werde gegen Tendenzen, Budget und Personaldecke der Denkmalpflege zu beschneiden. Und er wolle der Denkmalpädagogik großen Stellenwert einräumen.

Als Kulturreferent hatte Greipl gut knapp 300 Beschäftigte führen, plus einige hundert Leute, die im Sommer bei Grabungen und anderen Projekten des Amts helfen. Die künftige Besoldung nach B 4 entspricht dem Verdienst, den der Referent in der zweiten Amtsperiode in Regensburg bezogen hätte. Bisher wurde Greipl nach B 3 eingestuft, was im Grundgehalt gut 9000 Mark bedeutet.

Hat gut lachen: Dr. Egon Greipl.

Mittelbayerische Zeitung (Regensburg)
17. März 1999

Süddeutsche Zeitung
3. März 1999

Denkmalpfleger planen neue Organisationsstruktur

Modernes Management für Archäologen

Konzentration von Personal und Geld auf Brennpunkte der Bodendenkmalpflege

Von Birgit Matuscheck-Labitzke

München – Die archäologische Denkmalpflege in Bayern steht vor einer umfassenden Neuorganisation. Die Strukturen, die sich bisher mit den Außenstellen an den Bezirksgrenzen orientierten, sollen flexibler werden und so gewährleisten, daß künftig für Schwerpunktmaßnahmen genügend qualifiziertes Grabungspersonal zur Verfügung steht. Mit einem neuen Finanzierungskonzept sollen die vorhandenen Geldmittel auf die Brennpunkte archäologischer Forschung konzentriert werden. Von einer Auflösung von Außenstellen könne jedoch keine Rede sein, beruhigt Michael Petzet, Leiter des Landesamtes für Denkmalpflege, nervöse Gemüter. Dreh- und Angelpunkt werde ein neu zu schaffendes Referat für archäologische Großund Plangrabungen sein. Der künftige Leiter, Karl-Heinz Rieder, ist seit über 15 Jahren für die Bodendenkmalpflege in einer der am schnellsten wachsenden Industrieregionen Bayerns, im Raum Ingolstadt, tätig. Er ist aufgrund seiner Erfahrung nach Ansicht von Petzet prädestiniert für diese Aufgabe.

Rieder steht den Plänen des Landesamtes allerdings noch ambivalent gegenüber. Einerseits ist er aufgrund der Erfahrungen in anderen Bundesländern überzeugt, daß solche Einrichtungen „in der Sache recht schlagkräftig" sein können. Andererseits befürchtet er, daß er zur „Feuerwehr" degradiert werden solle. Das Ganze mache jedoch nur Sinn, wenn die Logistik stimme und der Referatsleiter mit der entsprechenden Kompetenz ausgestattet sei, sagt Rieder.

Die Idee zu der Neuorganisation wurde aus der Not geboren: Mit der Einführung der Luftbildarchäologie in Bayern zu Beginn der achtziger Jahre hat die Anzahl der aus der Luft oder durch geophysikalische Methoden neuentdeckten archäologischen Monumente aus allen Epo-

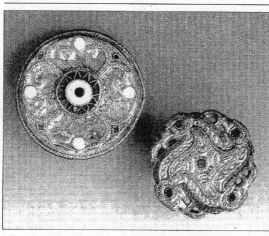

ZWEI FIBELN *aus dem sechsten und siebten Jahrhundert, die bei Grabungen in Aschheim (Kreis München) und Greding(Kreis Roth) gefunden wurden.*
Photo: BLfD/Rauch

chen der Menschheitsgeschichte rasant zugenommen. Hinzu kam ein starker Anstieg des Flächenverbrauchs, insbesondere durch Infrastrukturmaßnahmen wie ICE-Trassen. So sah das Landesamt immer weniger Möglichkeiten, das archäologische Erbe zu retten, es schnell und rationell, aber dennoch allen wissenschaftlichen Ansprüchen genügend auszugraben und zu dokumentieren. Die Erforschung der archäologischen Denkmäler beim Bau des Rhein-Main-Donau-Kanals habe gezeigt, „welch ungeheure wissenschaftliche Chancen in der flächendeckenden Erkundung bisher unberührter Fundlandschaften liegen", betont Petzet. Dieses Projekt habe Maßstäbe gesetzt, die auch in Zukunft, zum Beispiel bei den Grabungen an der ICE-Trasse zwischen Ingolstadt und Nürnberg, verbindlich sein sollten.

Die Erfolgsrezepte der Vergangenheit können nach Ansicht von Petzet allerdings nicht ohne weiteres auf die heutigen Anforderungen übertragen werden, zumal da auch die finanziellen Spielräume für die Archäologie seit den achtziger Jahren enger geworden seien. Deshalb habe das Landesamt ein ganzes Bündel von Maßnahmen geplant, deren Herzstück das neue Referat für archäologische Groß- und Plangrabungen sein solle. Dessen Leiter Karl-Heinz Rieder solle sich frei von sonstigen administrativen Verpflichtungen ausschließlich der Planung, Organisation und Koordination der vom Landesamt beziehungsweise unter fachlicher Aufsicht des Landesamtes von privaten Ausgrabungsfirmen ausgeführten Ausgrabungen von überregionaler Bedeutung widmen. Finanziert werden diese vom Freistaat, den Kommunen, der Bundesanstalt für Arbeit und von privaten Auftraggebern.

Da das bayerische Denkmalschutzgesetz keine Regelung der Kostenübernahme nach dem Verursacherprinzip kennt, müsse das Landesamt immer wieder versuchen, den Kostendruck zu mindern, betont Petzet. Im übrigen hält er archäologische Ausgrabungen für wenig sinnvoll, bei denen aus Kosten- und Personalgründen die Funde „auf Halde" produziert würden, ohne sie zu konservieren und die Ergebnisse zu dokumentieren und publizieren. Damit auch größere Fundkomplexe künftig zügig bearbeitet werden können, hat das Landesamt die Kapazität seiner Restaurierungswerkstätten deutlich verbessert.

Der neue Referatsleiter Rieder hat im Zusammenhang mit der Umstrukturierung nur einen Wunsch: „Das erfolgreiche Ingolstädter Modell auf der Basis der freiwilligen Kooperation soll auf ganz Bayern übertragen werden."

Namen im Gespräch

Während dem Favoriten zwar Erfahrungen in Politik und Personalführung sowie Nähe zur Regierungspartei CSU nachgesagt werden, gilt er in der Denkmalpflege als Neuling. Andere Kandidaten haben das denkmalpflegerische Handwerk in der Praxis gelernt:

● Dr. York Langenstein, als Greipels Nachfolger derzeit Leiter der Landesstelle für Nichtstaatliche Museen, betreute als Referent des Landesamts jahrelang Sanierungsobjekte.

● Dr. Werner Schiedermair, wie Langenstein Jurist und Kunsthistoriker, war beim Aufbau des Landesamts beteiligt, kümmerte sich dann im Kultusministerium um große denkmalpflegerische Projekte und gilt als hochqualifizierter Kenner der Materie. Obwohl Kommunalverbände, Landesverein für Heimatpflege und Landesdenkmalrat für Schiedermair eintreten, werden ihm wegen seines schlechten Verhältnisses zu Zehetmair wenig Chancen eingeräumt.

● Fraglich ist auch, ob der Landesamts-Referent für Franken, Augsburg und Nördlingen, Dr. Bernd Vollmar, zum Zuge kommen könnte. Er würde als Kunsthistoriker und Architekt städtebauliche und architektonische Qualitäten mitbringen, die in der kunstgeschichtlich dominierten Denkmalpflege oft vermißt werden.

● Auch der Berliner Landeskonservator Dr. Jörg Haspel soll schlechte Karten haben, weil er bayerische Verhältnisse wenig kenne.

Hochgestellte Erwartungen

Wer auch immer das Rennen ums Amt des obersten bayerischen Denkmalschützers machen wird, er sollte nach Ansicht von Experten wie Hans Roth (Landesverein für Heimatpflege), Prof. Hans Frei (Museumschef beim Bezirk Schwaben) oder Albert Graf Fugger (Landesdenkmalrat) über das Fähigkeiten verfügen, die dem jetzigen Amtsinhaber Petzet durchaus zugeschrieben werden: politisches Geschick und Kampfbereitschaft, um die Denkmalpflege gegenüber staatlichen Beschränkungen (etwa durch schlechtere steuerliche Abschreibungen oder Privatisierungstendenzen) zu verteidigen.

NUN GEHT ES ANS VERTEILEN: *Heute fällt die Entscheidung über die Zukunft des Alten Hofes; wahrscheinlich behält der Staat ein Drittel des Ensembles, der Rest soll an einen privaten Investor verpachtet werden.* Photo: Andreas Heddergott

Zwei Drittel Filet im Angebot

Rendite auf Biegen und Brechen: Der Ministerrat entscheidet heute über den Alten Hof

Heute ist der Tag der Entscheidung. Im Ministerrat wird, ohne dies der Öffentlichkeit groß mitzuteilen, die Zukunft des Alten Hofes beschlossen. Und die sieht nach Informationen, die der *SZ* vorliegen, wie folgt aus: Der nach Beamtendefinition historische Teil des Alten Hofes bleibt in der Hand des Staates, der Rest, etwa zwei Drittel des Filetgrundstückes zwischen Dallmayr und Sparkassenstraße, geht in Erbpacht an einen privaten Investor. Der kann mit dem Gebäude dann weitgehend machen, was er will.

Die Vorgeschichte: Der Freistaat Bayern – oder besser gesagt das Finanzministerium des Freistaates – versucht, eines der ältesten Bauwerke der Stadt, den Alten Hof, in einem Investorenmodell zu vermarkten. Ursprünglich war geplant, die gesamte Liegenschaft in Erbpacht an einen finanzkräftigen Immobilienkonzern abzugeben. Nach jahrzehntelanger Nutzung der Gebäude als Finanzamt waren massive und teuer zu behebende Schäden an Dachstühlen aufgetreten, die noch original aus dem 15. Jahrhundert stammen. Der mögliche Investor hätte – so die erste, von dem damaligen Finanzminister Erwin Huber anvisierte Lösung – diese Mängel beheben müssen, um dafür dann ein Filetgrundstück in der Innenstadt optimal verwerten zu können.

Auf den ersten Blick eine wunderbare, die Staatsfinanzen schonende Idee. Die Finanzverwaltung Alter Hof sollte ohnehin aufgelöst und nach Nürnberg und in Münchner Außenbezirke verlegt werden. Via Erbpacht wäre Geld in die Staatskassen geflossen. Und noch viel wichtiger: Die geschätzten Sanierungskosten in Höhe von 40 Millionen Mark hätte man sich auch gespart. Einziger Schönheitsfehler: Der Alte Hof ist nicht irgendeine Bruchbude, sondern ganz im Gegenteil ein – wenn nicht das wichtigste – Stück Münchner Stadthistorie. Dieses Hofgeviert markiert, in vielen Teilen noch original erhalten, die erste Wittelsbacher Stadtresidenz. Kaiser Ludwig der Bayer machte von hier aus Reichspolitik. Und bis zum Bau der Neuveste – heute die Residenz – planten hier die Herzöge des Spätmittelalters die Arrondierung ihrer bayerischen Herrschaftsgebiete. Ganz zu schweigen davon, daß 3000 Jahre alte archäologische Funde beweisen: Hier stand schon eine Siedlung, weit bevor München 1158 als kleiner Salzhandelsposten überhaupt gegründet war.

Im vergangenen Herbst wählte Bayern bekanntlich einen neuen Landtag. Das Finanzministerium wurde neu besetzt, und damit schien auch ein Umdenken im Finanzministerium erkennbar. Der neue Minister und gebürtige Münchner Kurt Faltlhauser erklärte die Angelegenheit zur Chefsache. Eine Planungsgruppe unter Mitwirkung des obersten bayerischen Denkmalpflegers Michael Petzet und der Stadtbaurätin Thalgott sollte helfen, eine bessere Lösung zu finden. Und die sieht so aus, wie eingangs beschrieben: also eine Eindrittel-Zweidrittelteilung, bei der der Löwenanteil an einen Privatinvestor abgetreten wird. Wobei eben auch nicht übersehen werden darf, daß mit diesem Schritt ein altes Ensemble zerrissen wird. Dazu der sarkastische Kommentar eines bundesweit äußerst erfolgreich tätigen Projektentwicklers, der aber nicht genannt werden will: „Ideal – unter den Voraussetzungen würde ich mich als Privatinvestor sofort hinsetzen und zu rechnen beginnen."

Verständlich, denn die historisch wertvollen und dementsprechend teuer zu behandelnden Teile der Residenz sind außerhalb der Kalkulation. Übrig bleiben mehr als 12 000 frei zu verplanende und gewinnbringend vermarktbare Quadratmeter in einzigartiger Innenstadtlage.

CHRISTOPH WIEDEMANN

Süddeutsche Zeitung
23. März 1999

Frankfurter Allgemeine, 23. März 1999

Hoch hinaus

München springt: Architekturpläne in Alpenhöhe

„Eine zwölf Stockwerke hohe Ablagerung von Ziegelsteinen!" – „Die schlechte Nachäffung amerikanischer Hochhäuser!" So erregt waren die Urteile beim Bau des ersten Münchner Hochhauses, des 1929 eröffneten Technischen Rathauses von Hermann Leitenstorfer. Die Vergrößerung der Bürofläche mache zusätzlichen Parkraum nötig, lautete eine andere, weitsichtigere Kritik. Und: Für ein ausgeglichenes Verhältnis Hochhaus zu Umgebung sei eine große innerstädtische Grünfläche nötig.

Streit und Bau, mit denen München zu den ersten „Hochhausstädten" Deutschlands zählte, blieben Episode. In den folgenden Jahrzehnten gab es lediglich Visionen, Entwürfe und Diskussionen. Eine Gesamtplanung unterblieb. Lediglich einzelne Hochhausprojekte in den Außenbezirken wurden verwirklicht. Doch in den sechziger Jahren schien die Zeit reif zu sein: Stolz waren die Münchner, und viel Lob wurde 1964 Rolf Schützes und Franz Harts Hertie-Hochhaus an der Münchner Freiheit in Schwabing zuteil; modern sei es, großstädtisch und elegant, eine städtebauliche Dominante. Doch die Euphorie wich bald massiver Kritik aus dem konservativen Lager. Mit Erfolg: Dreißig Jahre später wurde der „Schwarze Riese" abgebrochen.

Einen Dammbruch im Wall der Ressentiments hatte das Hertie-Hochhaus bei seiner Entstehung jedoch nicht bewirkt. Nur zögerlich entschied München sich 1968 für das Karl Schwanzer und 1975 für das Hypo-Hochhaus in der Arabellastraße von Walther und Bea Betz. Peinlich genau achteten die Münchner darauf, das geliebte Alpenpanorama nicht verstellen zu lassen und gebührenden Abstand zum historischen Stadtkern zu wahren. Die Höhe war durch die Türme der Frauenkirche vorgegeben, deren hundert Meter dann doch, aber nur knapp überschritten wurden.

Seit aber der Architekt Detlef Schreiber 1995 seine 1977 begonnene Hochhausstudie mit Ferdinand Stracke fortgeschrieben und so ernsthaft wie plausibel über Standorte von Münchner Hochhäusern nachgedacht hat, scheint der Weg frei: Schon 1993 wurde ein Wettbewerb für ein Hochhaus im Norden Münchens ausgeschrieben, den Udo Welter mit einem Entwurf für „Twin Towers" gewann. Aus wirtschaftlichen Gründen ging der Auftrag der Investorengesellschaft, der Hypo-Immobilientochter Hypo-Real, jedoch an den zweiten Preisträger, den Düsseldorfer Architekten Christoph Ingenhoven. Er hat inzwischen sein Projekt eines gläsernen Turms überarbeitet. Statt der ursprünglich geplanten Höhe von 104 Metern gibt Ingenhoven nun den Wahlspruch aus: „Je höher, desto schöner." Auch die 146 Meter, die nach einem Gutachten Detlef Schreibers gebilligt und im Bauantrag genehmigt wurden, ermöglichen laut Ingenhoven noch keinen, „wohlproportionierten Turm", der den griechischen Idealmaßen der Säule entspräche. Stadtgestalterisch böte sich München die große Chance einer neuen städtebaulichen Dominante.

Ingenhovens Visionen von 170 oder gar 223 Metern wären wahrlich beherrschend: „In dieser Höhe dominiert das Hochhaus nicht nur den unter Denkmalschutz stehenden großartigen Olympiapark Günter Behnischs, sondern attackiert auch das Rondell von Schloß Nymphenburg", warnt der Generalkonservator des Bayerischen Landesamtes für Denkmalpflege, Michael Petzet. Doch bisher bleibt jegliche Kritik unbeachtet. Selbst in der Stadtgestaltungskommission votierten die Mitglieder für eine Höhe bis zu zweihundert Metern. Die Münchner hat offensichtlich das Hochhausfieber gepackt. Bis der Bebauungsplan geändert ist, beginnt man derweil schon einmal mit dem Bau. Der Gebäudekern wurde so angelegt, daß sowohl eine Höhe von 146 als auch von 200 Metern realisierbar ist.

Doch momentan werden in München auch die Erfahrungen anderer Städte und Länder mit dem Hochhausbau diskutiert. Die Tatsache zum Beispiel, daß ein Hochhaus das nächste nach sich zieht, eine Höhe die folgende noch höher treibt. Sind erst die bisherigen städtebaulichen Maßstäbe Münchens gebrochen, so beginnt man zu fürchten, wird das Panorama bald nicht mehr zu retten sein. Und als Drohung steht die neue Studie der Investmentbank Dresdner Kleinwort Benson im Raum: „Weltrekorde bei Wolkenkratzern ziehen Wirtschaftscrashs fast schicksalhaft nach sich."

HILDEGARD SAHLER

AZ (Abendzeitung), München, 27./28. März 1999

Geheimtreffen: (v. r.) Kurt Faltlhauser, Ministerialrat Paul Bodensteiner, Michael Petzet, Egfried Hanfstaengl. Foto: Astrid Schmidhuber

Minister am Chinaturm erwischt

Es war ein geheimes Treffen, fast konspirativ – mit Treffpunkt Chinesischer Turm. Ausgerüstet mit vielen Plänen und Akten inspizierte Finanzminister Kurt Faltlhauser am Freitagnachmittag den Englischen Garten. In seiner Begleitung: Bayerns wichtigste Denkmalschützer – Michael Petzet, Präsident des Landesamtes für Denkmalpflege und Egfried Hanfstaengl, Chef der Bayerischen Schlösser-, Gärten- und Seenverwaltung. Der Grund wurde geheimgehalten. Aber: Wie zufällig wanderten sie die Route für die umstrittene Tram durch den Englischen Garten ab. Blüht Tram-Befürworter, OB Christian Ude (SPD), neues Wahlkampf-Ungemach von der CSU und der Staatsregierung? Die Denkmalschützer jedenfalls kämpfen gegen die Park-Tram. Schaun ma mal . . .

Zeichnung: Fr. Bilek
„ . . . warum net glei den Englischn Gartn zubetoniern und grün anstreichn!"

Der Müll und die Kunst

Denkmalamt: Nikolaus Lang und die Pfisterbach-Funde

Abfall aus alter Zeit. Mit unendlicher Geduld haben Herbert Hagn und seine Studenten die Relikte der Münchner Stadtgeschichte aus unscheinbaren, zusammengebackenen Brocken freigelegt, die vom Grund des Pfisterbachs geborgen wurden. Zu Tage kam allerhand von Münzen aus dem 14. Jahrhundert bis zu Granatsplittern aus dem letzten Krieg. Allein 500 Geldstücke wurden gefunden neben viel zerbrochenem Keramikgeschirr, Handwerkszeug wie Nadeln oder Zangen, Rohstoffen für Betriebe – Horn etwa zur Knopfherstellung oder Glasstangen für Glasbläser –, religiösen Dingen wie Anhängern, Pfahlspitzen der Bachbefestigung und Estensresten. Das Bayerische Landesamt für Denkmalpflege am Hofgraben 4 ließ diesen Schutt nicht einfach in Depots verschwinden, sondern daraus Kunst machen. Nach dem Umbau der Behörde in der Alten Münze stand Geld für „Kunst am Bau" zur Verfügung. Und Michael Petzet, Chef des Amts, wünschte sich „Kunst, die Bezug zu unserer Arbeit hat". Kein Wunder also, daß man auf den bayerischen Spurensicherer Nikolaus Lang kam. Er ist nicht nur bekannt geworden durch das Sammeln von Erden, deren unglaubliche Farb-Vielfalt ihn fasziniert, sondern auch als Bewahrer von Nachlässen, stummen Zeugen menschlichen Seins. Sein Vorgehen ist jedoch weder archäologisch noch museal, er gestaltet durchaus künstlerisch. So konnten jetzt sämtliche wichtigen Fundstücke aus dem Pfisterbach in einer großen Installation zusammengeführt werden. In einem (in den Renaissancebau eingefügten) neuen Treppenhaus hat Lang 43 flache, von oben einsehbare Eisenkästen plaziert, und zwar – als würden sie schweben – zwischen Geländer und Mauer beziehungsweise Fenster. Das ermöglicht schöne Blicke und Durchblicke von oben auf die Kästen aller Stockwerke. Solch eine Perspektive läßt das Denkmalpflegerische völlig verschwinden zugunsten des Kunstwerks.

Durch die einzelnen Funde gibt es aber auch viele kleine Geschichten zu entdecken. Die Austernschalen von der Riviera erzählen von Feinschmeckern, der Ehering von 1806 mit der Gravur GGG (Gott gebe Glück) vielleicht von einem schlimmen Streit und die Pestkreuze von schrecklicher Angst.

Alles zusammen aber erzählt von dem einst lebenswichtigen Bach, der die Pfistermühle antrieb, und der großen Stadt, die sich in den Jahrhunderten so sehr verändert hat. (Publikation mit informativen Aufsätzen zu Fund und Bach sowie mit Abbildungen von allen Kästen: 29 Mark)

Simone Dattenberger

Keine venezianische Impression: Sondern die Münchner Sparkassenstraße um 1907 mit dem Pfisterbach.

Münchner Merkur
27. März 1999

Nikolaus Lang in der Alten Münze

Seit Jahren ist der bayerische Künstler Nikolaus Lang (57) weltweit auf Spurensuche. Er sammelt Spuren menschlichen Alltagslebens oder Natur pur, die er in Form von Sand oder Steinabrieb so fein nach Farben sortiert, daß daraus Ensembles von verblüffender Schönheit entstehen. In den letzten Monaten war Lang mal wieder daheim tätig. Landeskonservator Michael Petzet hatte ihn eingeladen, im neuen Treppenhaus der Alten Münze, Sitz des Amts für Denkmalpflege, eine über alle Geschosse reichende archäologische Skulptur zu inszenieren. Die eindrucksvolle Arbeit ist ab heute zu sehen.

Das Material dafür stammt aus dem zugeschütteten Pfisterbach, der mal durch die Altstadt floß und einst die Wasserkraft für die Maschinen im Münzamt geliefert hat. Den Abraum aus dem Bachbett hat man in den 80er Jahren auf einer Deponie bei Neuried gekippt. Der Schutt barg unzählige historische Teile: Geschirr- und Ofenkeramik, Porzellan, Münzen, Medaillen, Gläser, Knöpfe, ein gravierter Ehering und sogar Austernschalen, was auf einen hohen kulinarischen Standard im mittelalterlichen München schließen läßt.

Nikolaus Lang hat die Bruchstücke nach Material und Farbe geordnet und in schlichte Eisenkästen gelegt, die das ganze Treppenhaus wie in einem Regal bestücken: sinnlich archivierte lokale Kulturgeschichte, ganz ohne wissenschaftlichen Anspruch. Die Installation ist ein zusätzlicher Anlaß, mal wieder einen Blick in die Alte Münze zu werfen. Immerhin gibt es dort einen der schönsten Renaissancehöfe nördlich der Alpen.

Gert Gliewe

Alte Münze, Hofgraben 4, Montag bis Donnerstag 8 bis 16.15 Uhr, Freitag 8 bis 14 Uhr

AZ (Abendzeitung), München
29. März 1999

Kulmbach als Paradebeispiel

Denkmalschützer tagen in der Stadthalle / Neues Buch über städtebauliches Erbe

KULMBACH
Von Katrin Geyer

Denkmalpfleger aus ganz Bayern und aus Thüringen werden sich am 6. und 7. Mai in Kulmbach über Grundsätze der denkmalpflegerischen Praxis informieren können. In der Stadthalle findet an den beiden Tagen die Jahrestagung des Landesamtes für Denkmalpflege statt.

Einzelheiten erläuterten gestern im Rahmen eines Pressegesprächs Vertreter des Landesamtes für Denkmalpflege und Oberbürgermeisterin Inge Aures, die die Tatsache, daß Kulmbach als Tagungsort ausgewählt wurde, als Beweis werte dafür, „daß unser Engagement in Sachen Denkmalschutz gewürdigt wird".

Dr. Bernd Vollmar von der Außenstelle der Behörde in Schloß Seehof bei Bamberg machte deutlich, daß Denkmalpflege nicht von einem Amt allein, sondern nur im Zusammenwirken mit Kommunen und Landkreisen, den Eigentümern und denkmalgeschützter Gebäude und weiteren Partnern wie beispielsweise Architekten und Handwerkern betrieben werden könne.

Nachdem man sich in der Vergangenheit bei den Jahrestagungen mit den unterschiedlichsten Themen wie etwa „Produkt Denkmalpflege", „Denkmalpflege und Tourismus" oder „Denkmalpflege und Naturschutz" befaßt habe, werde man sich in Kulmbach praxisbezogen mit den „Grundsätzen der denkmalpflegerischen Praxis" beschäftigen. Im Gegensatz zu bisherigen Veranstaltungen soll dabei auf lange Vorträge verzichtet werden; nach kurzen Statements soll ausreichend Zeit zur Diskussion bestehen.

Vorträge und Exkursionen

Eröffnet wird die Tagung am 6. Mai vom Generalkonservator des Bayerischen Landesamtes für Denkmalpflege, Dr. Michael Petzet. Referenten sind Experten der Landesämter für Denkmalpflege in Bayern und Thüringen sowie erfahrene Praktiker, die verschiedene Aspekte des Themas behandeln werden Ergänzt wird das Tagungsprogramm durch eine Reihe von Exkursionen etwa zu den Gebäuden, die an das „Hornschuch-Imperium" erinnern, und durch Besichtigungen, die den Fachleuten beispielsweise in der Lobinger-Villa, im Prinzessenhaus oder im Badhaus vor Augen führen werden, wie in Kulmbach Denkmalschutz betrieben wird.

Zum Rahmenprogramm gehört auch ein Empfang der Teilnehmer durch die Stadt Kulmbach.

Wie der Leiter der Außenstelle des Landesamtes für Denkmalschutz Schloß Seehof, Dr. Wolf Schmidt, deutlich machte, könne eine Stadt wie Kulmbach zwar nicht für alle Aspekte der Denkmalpflege repräsentativ sein. „Aber es gibt hier eine Reihe interessanter Denkmäler und denkmalpflegerischer Probleme, aus denen sich allgemeine Rückschlüsse ziehen lassen." Dies gelte beispielsweise für den Umgang mit ehemaligen Industriebauten oder für die Bewahrung eines alten Stadtkerns. Kulmbach biete hier mit dem Spinnereigelände sowie mit dem ehemaligen Feuerwehrhaus, dem Prinzessinnenhaus und dem Badhaus ideale Beispiele.

Rechtzeitig zu der Tagung in der Stadthalle soll auch das neue Arbeitsheft des Bayerischen Landesamtes für Denkmalpflege fertiggestellt sein, das die Behörde gemeinsam mit der Stadt Kulmbach und unterstützt von der Oberfrankenstiftung herausgibt. Wie Dr. Thomas Gunzelmann, einer der Autoren, erläuterte, werden darin auf etwa 300 Seiten, illustriert mit mehr als 500 Abbildungen, die Ergebnisse einer Studie über „Das städtebauliche Erbe" der Stadt Kulmbach dargestellt. In einer Ausstellung in der Kulmbacher Stadthalle waren vor geraumer Zeit bereits Einzelheiten aus jener Studie präsentiert worden.

„Die Augen öffnen"

Das Buch wird, so Dr. Gunzelmann, beim Landesamt für Denkmalpflege, beim Unternehmen Stadt Kulmbach und im örtlichen Buchhandel erhältlich sein. Während sich die Tagung selbst überwiegend an Fachpublikum richte, sei das Buch so konzipiert, daß es jedermann interessante Einblicke in das Thema ermögliche. „Den Bürgern werden hier die Augen geöffnet, welche Qualitäten in dieser Stadt stecken."

Historischer Schutt aus dem Pfisterbach: Nikolaus Lang schuf daraus eine Archäologie-Installation. Foto: Katalog

Bayerische Rundschau (Kulmbach)
14. April 1999

Die tonernen Soldaten bleichen aus

Vor 25 Jahren wurde die chinesische Tonkrieger-Armee entdeckt und teils ausgegraben. Nun versuchen die Restauratoren, ihre einstige Farbenpracht noch zu retten.

Von Matthias Hennies

Wer am frühen Abend nach Xi'an hineinfährt, in die Hauptstadt der chinesischen Provinz Shaanxi, kommt etwa so schnell vorwärts wie in London zur Rush Hour. Stossstange an Stossstange kriechen die Autos vorwärts. Je weiter man in die Stadtmitte kommt, desto mehr Einkaufszentren, Bürotürme und Apartmentblocks verdrängen die traditionellen Backsteinhäuser.

In Xi'an prallen Alt und Neu hart aufeinander. Die Region am Gelben Fluss gilt als eine Geburtsstätte der chinesischen Kultur. Vor rund 6000 Jahren wurden hier erstmals Menschen sesshaft. Vor etwa 2200 Jahren liess Kaiser Qin Shi Huangdi, der das Land zum ersten Mal vereinigt hat, an seinem Grab vor der Stadt eine vielköpfige Armee aus Ton aufstellen, zu seinem Schutz im Jenseits. Hier begann die Seidenstrasse, und während des glanzvollen chinesischen Mittelalters residierten in Xi'an, das damals Chang'an hiess, die Tang-Kaiser. Der Grabhügel des Kaisers Qin befindet sich wenige Kilometer jenseits der restaurierten Stadtmauer – und gleich daneben das so genannte Weltwunder»: Ausgrabungsstätte und Museum der Tonkrieger. Vor 25 Jahren haben Bauern beim Brunnenbohren die ersten Tonsoldaten entdeckt, heute ist daraus ein Touristenmagnet geworden.

Über eine Allee voller Verkaufsstände geht es zu den Kassenhäuschen. Die grösste Museumshalle sieht man von innen aus wie ein Flugzeughangar. Unter einem weiten Leichtbaudach stehen die

BILD MARTIN RÜTSCHI/KEYCOLOR

Stumm in Reih und Glied: Von der Armee aus 6000 Kriegern ist bisher nur ein kleiner Teil freigelegt worden.

Sobald die Figuren aus der Erde an die Luft kommen, verschwindet die Farbe.

manche lehnen aneinander, als müssten sie sich stützen. Der Boden zwischen ihnen ist von Tonscherben übersät.

Hinter ihnen spannt sich mehr als die Hälfte der Halle über unberührten Boden, denn von den mehr als 6000 Kriegern ist bisher nur ein kleiner Teil freigelegt und restauriert worden. Die Ausgrabung ist «eine Aufgabe für Generationen», wie der Münchener Denkmalpfleger Erwin Emmerling meint – und sie schadet den antiken Figuren: Ursprünglich zeigten sie nicht das einheitliche Gelbbraun des Tons, sondern leuchteten wird trocken, hart und haltbar. Der Lack der chinesischen Tonkrieger hielt jedoch nicht. Es zeigte sich: Die Hohlräume, in denen das Wasser war, dürfen nicht leer bleiben, sondern müssen durch eine andere Substanz gefüllt werden, damit der Lack stabil wird. Also griff man auf ein anderes Mittel aus der europäischen Restaurierungspraxis zurück: Man ersetzte das Wasser in den Poren des Grundierungslacks durch Polyethylenglykol. So liess sich die Bemalung erstmals festigen, und die chinesischen Denkmalpfleger waren begeistert.

Aber das Verfahren war nicht der Weisheit letzter Schluss: Das Polyethylenglykol wird nicht richtig fest, sodass die Figuren feucht, ja leicht fettig aussehen. «Zu-

Züricher Tagesanzeiger 21. April 1999

gierung einem strikten Prinzip: Man lässt Altertümer nicht ausgraben, wenn sie dadurch gefährdet werden. «In den Gräbern liegen viele Materialien wie Seide und Lack», sagt der Restaurierungsexperte Luo Zhewen aus Peking, «für die es keine gute Konservierung gibt. Darum darf man sie nicht ausgraben»

Als 1974 die ersten Tonkrieger ans Licht kamen, war man nicht so vorsichtig. Die gewaltige Armee, Zeugnis für die Macht des ersten Kaisers, mochte man weder den einheimischen noch den zahlungskräftigen ausländischen Touristen vorenthalten. Der Preis dafür war, dass die authentische Bemalung der Krieger verblasst ist.

Reisenden vor den Tonkriegern: mehrere Hundert überlebensgrosse Soldaten, in elf Marschsäulen formiert, immer vier Mann in einer Reihe. Die gelb-braunen Krieger stehen stramm wie in Hab-Acht-Stellung, die Augengeradeaus. Alle sind perfekt restauriert, bis hin zu den Nieten ihrer tönernen Panzer. Alle scheinen denselben leicht entrückten Gesichtsausdruck zu haben, doch bei näherem Hinsehen unterscheiden sie sich: Hier ein dünner Schnurrbart, da ein leichtes Lächeln, dort hat einer eine Kappe auf dem Kopf. Die Tonfiguren wurden zwar serienmässig hergestellt, aber ihre Gesichter sind einzeln nachmodelliert worden.

Auf einem erhöhten Gang kann man die unbewegliche Armee umkreisen und in ihren Rücken gelangen. Da sieht man einen Teil der Truppe noch so, wie er ausgegraben wurde: Pferde sind in die Knie gegangen, Krieger liegen auf dem Boden, andere stehen ohne Kopf oder ohne Arme in Reih und Glied. Manche sind seitwärts geneigt, als wären sie ins Wanken geraten, in kräftigen Farben. Bemalte Gesichter mit dunklen Augen und farbige Uniformen müssen den realistischen Ausdruck der Armee aus Ton noch erheblich verstärkt haben.

Aber die Farbe zerfällt, sobald eine Figur aus der feuchten Erde an die Luft kommt. Die Ursache hat das Bayerische Landesamt für Denkmalpflege in München gemeinsam mit chinesischen Fachleuten erforscht: Es liegt an der Grundierung, einem antiken Lack, der sich in über 2000 Jahren unter der Erde mit Wasser voll gesogen hat und gequollen ist. Bei der Ausgrabung beginnt er zu trocknen, schrumpft ein und löst sich von der Tonoberfläche. Zusammen mit dem Grundierungslack fällt auch die Bemalung ab.

Nach Gegenmitteln haben Chinesen und Deutsche in einer Forschungskooperation lange vergeblich gesucht. Zuerst hat man Versuche mit der Gefriertrocknung gemacht, die sich in Europa bei der Konservierung alter hölzerner Schiffe bewährt hat. Man entzieht den Poren des Holzes die Feuchtigkeit, und das Holz sätzlich bekommt man konservatorische Probleme, sobald die Luftfeuchtigkeit sich ändert», erklärt die Restauratorin Catharina Blänsdorf vom Bayerischen Landesamt für Denkmalpflege: «Das Konservierungsmittel zieht Wasser an, und ab einer Luftfeuchtigkeit von 70 Prozent kommt es zur Bildung von Tröpfchen an der Oberfläche.» Wenn man die Krieger mit dem Mittel behandelte, träten ihnen im feuchten, heissen Sommer Zentralchinas buchstäblich die Tropfen auf die Stirn. Ausserdem verschwindet das Mittel nach und nach wieder aus den Figuren.

Die Münchener Denkmalpfleger glauben, dass sie jetzt ein besseres Verfahren gefunden haben (siehe Kasten), doch für viele chinesische Restauratoren bleibt nach den erfolglosen Konservierungsversuchen nur ein Schluss: Man darf vorerst keine weiteren Tonkrieger mehr ausgraben – und das Grab des Kaisers Qin, das sie bewachen, auch nicht. Tatsächlich ist fast keines der vielen Kaisergräber in der Nähe Xi'ans geöffnet worden, denn seit einigen Jahren folgt die chinesische Re-

Begieriger Blick auf Altertümer

Auch heute ruhen die Grabungen bei der tönernen Armee nicht ganz, denn die Zurückhaltung schmeckt nicht allen. In Zeiten, in denen sich der chinesische Markt dem Kapitalismus öffnet, blicken vor allem Politiker aus der Provinz voller Begierde auf die Altertümer, die noch unter der Erde liegen – und ihnen so viele Touristen bringen könnten. Im Streit mit den Mächtigen vor Ort hat sich die Zentrale bisher durchgesetzt.

Das ist ganz im Sinn der meisten Wissenschafter, denn mit der Öffnung des Landes orientieren sie sich immer stärker an westlichen Methoden. So werden die Gräber der Tang-Kaiser, angelegt zwischen 600 und 900, in Kooperation mit dem Römisch-germanischen Zentralmuseum in Mainz erstmals vermessen und dokumentiert. Man fotografiert die Reste alter Mauern und die riesigen Steinfiguren in den Grabbezirken, aber niemand greift zum Spaten, um endlich einen Blick in die dunklen Grabkammern zu werfen.

Frisch lackiert: Fragment einer im Labor restaurierten Tonfigur.   BILD INGO ROGNER

Restaurierung lässt sich nicht rückgängig machen

Das neue Konservierungsverfahren für die Farben der Tonkrieger setzt da an, wo das letzte versagte: Man ersetzt das Wasser in den Poren des Grundierungslacks nicht durch Polyethylenglykol, sondern durch ein anderes Mittel. Ingo Rogner, Chemiker beim Bayerischen Landesamt für Denkmalpflege in München, ist auf Hydroxyethylmetacrylat gestossen, eine durchsichtige, unschädliche Flüssigkeit. Der Clou daran: Das Mittel besteht aus Monomeren, das heisst: Es wird flüssig in den Lack hineingebracht, und wenn es in den Poren sitzt, kann man es in einen festen Kunststoff umwandeln. Das behandelte Stück wird dafür in einer Spezialapparatur mit Elektronen bestrahlt. «Durch die Elektronen, die auf das Material auftreffen», sagt Ingo Rogner, «werden die Monomere polymerisiert.» Sie verbinden sich untereinander zu langen Molekülketten, also zu einem Kunststoff.

Den gefestigten Lack kann man endlich trocknen, ohne dass er abblättert. Die Farben, betont die Restauratorin Catharina Blänsdorf, verändern sich nicht. Sie werden nur etwas heller, wenn die Feuchtigkeit daraus weicht. Die Behandlung mit Elektronenstrahlen erfordert zwar eine aufwändige, leistungsstarke Apparatur – doch in Xi'an, am Standort der Tonarmee, soll die nötige Anlage bereits in einer Fabrik vorhanden sein.

Der Nachteil der Methode ist, dass man den Kunststoff nicht mehr aus den Poren des antiken Lacks zurückholen kann. Restauratoren wollen möglichst nur reversible Verfahren einsetzen, weil eine Behandlung immer schädliche Nebenfolgen haben kann. Obwohl es diese hohen Ansprüche nicht erfüllt, ruhen grosse Hoffnungen auf dem neuen Mittel aus München, denn offenbar gibt es nirgendwo Spezialisten, die eine bessere Lösung anbieten können.

Wie lange hält der Lack?

Nachdem die Münchener Experten ihr Konservierungsmittel bisher an drei Originalfragmenten getestet haben, stehen als Nächstes Versuche zur Haltbarkeit auf dem Programm. Noch ist offen, wie lange der stabilisierte Lack hält. Der Chemiker Rogner ist optimistisch, denn aus dem Kunststoff, den er ausgewählt hat, werden nicht nur Kontaktlinsen hergestellt, sondern man verwendet ihn auch zur Sanierung von Kanalrohren. «Und von einem Mittel, das dort eingesetzt wird», meint Rogner, «wird erwartet, dass es lange hält.» Eigene Alterungstests wird das Amt für Denkmalpflege im Laufe des Jahres durchführen. Die chinesischen Kooperationspartner werden im Mai entscheiden, wie viele Krieger-Figuren sie für die neue Behandlung zur Verfügung stellen. (mh.)

Schwabacher Tagblatt, 28. April 1999

Spätgotischer Altar aus Wendelstein wird restauriert

Kellerdasein ist vorbei

Der Dürer-Schüler Hans Süß von Kulmbach schuf ihn 1510 – Arbeiten dauern wahrscheinlich zwei Jahre und kosten 180 000 Mark

WENDELSTEIN (he) – Der spätgotische Dreikönigsaltar aus der St.-Georgs-Kirche wird jetzt restauriert. Die Projuvis-Stiftung bezahlt die Arbeiten. Der kunstgeschichtlich bedeutende Altar des Dürer-Schülers Hans Süß von Kulmbach entstand 1510 und stand seit der letzten Kirchenrenovierung 1987 zerlegt im Keller des Martin-Luther-Hauses.

Es handelt sich bei dem Dreikönigsaltar um ein Werk des Dürer-Schülers Hans Süß von Kulmbach aus dem Jahr 1510. Ein Täfelchen über der Darstellung des heiligen Antonius auf einer der Flügelaußenseiten liefert diese Daten, die Kunsthistoriker bestätigen.

Dreiteiliger Altar

Der Wendelaltar besteht aus Predella (Sockel), Schrein (Mittelstück) und einem Gesprenge (Aufsatz). Letzter stammt aus dem Jahr 1892 und wurde anläßlich einer Kirchenrenovierung von dem Nürnberger Architekten Böhner gefertigt. Der ursprüngliche Aufsatz ist verloren.

Grundsätzlich hat man sich darauf geeinigt, den Altar in den Zustand zu versetzen, den er 1892 hatte. Seit diesem Jahr diente der Dreikönigsaltar in der Wendelsteiner St.-Georgs-Kirche als Hochaltar. Im frühen 19. Jahrhundert war er noch als Seitenaltar gegenüber der Kanzel aufgestellt (vom ursprünglichen Hochaltar existieren im Germanischen Nationalmuseum noch zwei Flügel). 1987 wurde der Dreikönigsaltar abgebaut und zerlegt, weil in die Kirche eine Heizung eingebaut wurde.

Nach Ansicht der Kunstgeschichtler war der Dreikönigsaltar nicht von Anfang an in Wendelstein. Vieles deutet vielmehr darauf hin, dass er in Nürnberg stand, vielleicht im Heilig-Geist-Spital. Wie und wann er nach Wendelstein kam, ist unklar.

Vertreter des Landesamts für Denkmalpflege, der Projuvis-Stiftung, der mit der Restaurierung beauftragten Firmen berichteten der Presse, Pfarrer Horst D. Stanislaus und Mitgliedern des Kirchenvorstands über die bisherigen Erkenntnisse über den Dreikönigsaltar und erläuterten die geplante Restaurierung.

Pfarrer Stanislaus betonte die emotionale Verbundenheit der 5500-Seelen-Gemeinde zu ihrem Altar und freute sich, dass er wieder aufgestellt werden soll. Allerdings wurde deutlich, dass der Dreikönigsaltar wohl kaum mehr als Hochaltar in der Mitte des Gotteshauses stehen wird. Gut täte ihm eher das Raumklima in einer Seitenkapelle.

Prof. Dr. Michael Petzet, der Generalkonservator des Bayerischen Landesamts für Denkmalpflege, nannte den Dreikönigsaltar „ein interessantes Stück Kunstgeschichte für den Nürnberger Raum, das durch frühere Restaurierungen viel mitgemacht hat."

Großzügige Stiftung

Die 1994 gegründete Projuvis-Stiftung, eine Privat-Stiftung mit Sitz in Liechtenstein, bezahlt die gesamte auf 180 000 Mark veranschlagte Restaurierung. Stiftungs-Präsident Günther Dicker erklärte, die Stiftung habe ursprünglich Regelstudien von Hochbegabten finanzieren wollen, sich jedoch schließlich auf die Förderung der Denkmalpflege verlegt. Dass diese Stiftung in Bayern schon mehrfach Beiträge zum Erhalt des kulturellen Erbes geleistet hat, bestätigte Michael Petzet.

Matthias Exner, Gebietsreferent des Landesamts für Denkmalpflege, hob die kunstgeschichtliche Bedeutung des Altars heraus. „Es handelt sich um das älteste erhaltene, datierte Bildwerk von Hans Süß von Kulmbach." Hans von Kulmbach muss im 16. Jahrhundert in Nürnberg nach seinen Worten eine wichtige Rolle gespielt haben. Er sei zwischen 1500 und 1505 nach Nürnberg gekommen und habe in der Dürer-Werkstatt gearbeitet, bevor er sich selbständig machte, denn ab 1511 sei eine eigene Werkstatt nachweisbar.

Im Keller des Martin-Luther-Hauses stand der Dreikönigsaltar über ein Jahrzehnt. Das Gesprenge aus dem Jahr 1892 begutachten hier Prof. Dr. Michael Petzet, der Generalkonservator des Bayerischen Landesamts für Denkmalpflege, Pfarrer Horst D. Stanislaus und (von hinten) Restauratorin Eva Lehmler. Foto: Hess

Von Hans von Kulmbach stamme auch der Nikolausaltar in St. Lorenz, ebenfalls ein Frühwerk, allerdings undatiert. Der Dreikönigsaltar sei ein „wichtiger Eckstein für die Beschäftigung mit diesem Maler."

Das Ochsenfurter Restauratoren-Paar Eva und Jürgen Lehmler wird nun voraussichtlich zwei Jahre an dem Altar arbeiten. „Wir haben den letzten historische Zustand Ende des 19. Jahrhunderts als Restaurationsziel", erklärte Eva Lehmler. Sie umriss auch kurz den Zustand: Schreinkasten und Schnitzreliefs sind überarbeitet, die Tafelbilder noch original. Die Predella ist stark in Mitleidenschaft gezogen, die Bilder verfleckt. Aufgabe der Restauratoren ist es nun laut Lehmler, den Altar von Hinzufügungen zu befreien, ihn konservieren und dabei weitere historische Untersuchen *(siehe auch weitere Berichte zum Altar in den „Kultur-Notizen").*

Bei der 10. Jahrestagung des Bayerischen Landesamts für Denkmalpflege wurde gestern in Kulmbach die erste städtebaulich-denkmalpflegerische Analyse einer Stadt vorgestellt. Das Buch heißt „Kulmbach: Das städtebauliche Erbe". Von links: MdL Dieter Heckel, Generalkonservator Dr. Michael Petzet, Oberbürgermeisterin Inge Aures, Oberkonservator Dr. Wolf Schmidt und die Autoren Angelika Kühn, Christiane Reichert und Dr. Thomas Gunzelmann. Foto: BR/tir

Bewahren statt zerstören

Denkmalpfleger aus Bayern und Thüringen erörtern Grundsätze des Denkmalschutzes

KULMBACH
Von Stephan Tiroch

Grundsätze der praktischen Denkmalpflege erörtern seit gestern Denkmalpfleger aus Bayern und Thüringen in Kulmbach. Generalkonservator Dr. Michael Petzet betonte, daß durch die Bewahrung historischer Bausubstanz auch ein Beitrag zum Umweltschutz geleistet werde. „Wir können es uns nicht leisten, ständig abzubrechen und neu zu bauen. Die mittelalterliche Stadt, die heute noch ihren Dienst tut, ist ein Musterbeispiel für Nachhaltigkeit."

An der 10. Jahrestagung der Bayerischen Denkmalpflege, die heute zu Ende geht, nehmen Denkmalschützer, Restauratoren und Architekten aus Bayern und Thüringen teil.

Der Chef des Bayerischen Landesamts für Denkmalpflege, Professor Dr. Petzet, bezeichnete es als wichtigsten Grundsatz, „etwas zu bewahren und nicht zu zerstören". Diese uralte Idee werde auch in Zukunft ihre Gültigkeit behalten. Gerade angesichts der Globalisierung („McDonald's haben wir überall in der Welt") gewinne die Bewahrung der regionalen Eigenständigkeit eine immer größere Bedeutung.

Beispiel für Nachhaltigkeit

Unter dem Eindruck der zu Ende gehenden Ressourcen, so Dr. Petzet weiter, erfülle die Denkmalpflege seit langem Vorreiterfunktion. Sie beherrsche schon immer die Kunst, mit dem vorhandenen Bestand umzugehen. Die Erhaltung historischer Bausubstanz sei ein Beispiel für nachhaltiges Wirtschaften und damit Teil eines allgemeinen Umweltschutzes. „Wir können es uns nicht leisten, ständig abzubrechen und neu zu bauen", forderte er.

Dr. Petzet nannte es keinen Zufall, daß die Jahrestagung in Kulmbach stattfinde. Die Stadt trage die Anliegen des Denkmalschutzes mit. Er dankte ferner dem zuständigen Gebietsreferenten des Landesamts, Oberkonservator Dr. Wolf Schmidt, und seinen Abteilungsleitern Dr. Bernd Vollmar und Dr. Manfred Mosel für die Vorbereitung der Tagung.

Oberbürgermeisterin Inge Aures, die die Gäste auch namens des Landrats Klaus Peter Söllner begrüßte, versicherte, daß sich die Stadt Kulmbach der Verantwortung für ihre historische Bausubstanz bewußt sei. „Sonst könnte man es dem Bürger nicht begreiflich machen, sich um sein Baudenkmal zu kümmern". Die Stadt verstehe sich als Dienstleistungsunternehmen und begleite die Denkmalbesitzer von der ersten Untersuchung bis zum Sanierungsende.

Aures unterstrich den hohen Stellenwert des Denkmalschutzes in Kulmbach. „Ich werde es nicht zulassen, daß historisches Kulturgut zerstört wird, um modernen Gebäuden zu weichen", erklärte sie.

Nach den Worten von Regierungspräsident Hans Angerer sei es wichtig, das Bewußtsein in der Bevölkerung für den Wert von Baudenkmälern zu stärken. MdL Dieter Heckel, Mitglied des Bayerischen Denkmalrates, stellte „eine ausgeprägte Bereitschaft unserer Zeit" zur Pflege von Kulturgut fest.

Dr. Mosel zufolge sei gerade Kulmbach als Tagungsort ausgewählt worden, um mit dem städtebaulich-denkmalpflegerischen Leitbild für Kulmbach (siehe unten) und dem Arbeitsheft über Denkmalpflege und Dorferneuerung zwei neue Publikationen vorzustellen. Diese sollen Kommunen und Denkmalbesitzer mit grundlegenden Informationen versorgen, „damit sie in Partnerschaft mit dem Landesamt für Denkmalpflege autonom über ihr kulturelles Erbe entscheiden können". Stadtbaudirektor Gerd Belke sprach von einer „sehr guten Grundlage, mit der wir arbeiten können".

Ein einmaliges Werk

Neues Buch über das städtebauliche Erbe Kulmbachs

KULMBACH

Eine einmalige Untersuchung, die es sonst für keine andere bayerische Stadt gibt, wurde gestern vorgestellt. Das Buch heißt „Kulmbach: Das städtebauliche Erbe".

Die Autoren Dr. Thomas Gunzelmann, Angelika Kühn und Christiane Reichert haben die städtebaulich-denkmalpflegerische Entwicklung der Stadt Kulmbach analysiert. Die Arbeit umfaßt die Anfänge der Stadt bis zur Mitte des 20. Jahrhunderts. Dargestellt werden die wesentlichen Faktoren, die zur charakteristischen baulichen und räumlichen Ausprägung der Stadt geführt haben, wie die Auswirkungen der Industrialisierung.

Dargestellt werden weniger einzelne Bauten, sondern vielmehr die räumlichen Zusammenhänge ganzer Quartiere und ihre teilweise sehr komplexe Entwicklungsgeschichte.

Kulmbach: Das städtebauliche Erbe. 300 Seiten, 500 Abbildungen; 39 Mark. Erhältlich bei der Stadt Kulmbach und im Buchhandel.

Wurde gestern vorgestellt: „Kulmbach: Das städtebauliche Erbe." Das Buch analysiert die Entwicklung der Stadt Kulmbach von ihren Anfängen bis zur Mitte des 20. Jahrhunderts. Repro: BR

Bayerische Rundschau
(Kulmbach)
7. Mai 1999

Main-Echo
(Aschaffenburg)
9. Mai 1999

»Die vielleicht wichtigste Stadtausgrabung in Bayern«

Aschaffenburger Ausstellung »drunter und drüber« eröffnet

Aschaffenburg. Als die »vielleicht wichtigste Stadtausgrabung in Bayern seit langer Zeit« mit einem »außerordentlichen Ergebnis« wertet Professor Michael Petzet die Grabungen auf dem Aschaffenburger Theaterplatz. Der Generalkonservator am Bayerischen Landesamt für Denkmalpflege in München eröffnete am Freitag abend im Stiftsmuseum die Ausstellung »drunter und drüber«. Bis 31. Oktober zeigt sie Fundstücke aus der zweijährigen Grabungsphase.

»Aschaffenburg hat eine reiche Geschichte, ich freue mich, daß das in der Ausstellung so deutlich zu sehen ist«, sagte Petzet im festlich geschmückten Kreuzgang der Stiftskirche. Der war mit rund 200 Besuchern gut gefüllt. Sie bestaunten als erste die Funde, die in die ständige Ausstellung im Stolz, künftig seien ja weitaus mehr als 1000 Jahre Stadtgeschichte zu feiern. Reilands Dank galt besonders den beiden Archäologen Dr. Gerhard Ermischer und Markus Marquart, die die Grabungen geleitet hatten.

Den Interessenkollisionen bei innerstädtischen Grabungen widmete Petzet den ersten Teil der Festrede. Keine »denkmalpflegerische Käseglocke« wollte er über eine Stadt gestülpt sehen, »das wäre in Aschaffenburg auch nicht möglich«, betonte der Generalkonservator. Wohl aber gelte es, den Ausgleich zu suchen zwischen Entwicklung und Kontinuität. Eingriffe an historischen Stätten einer Stadt erforderten Methodik und Fachwissen, Respekt vor in Jahrhunderten gewachsenen Ensembles und Rücksicht auf deren authentischen Charakter.

Schließlich liefere die Geschichte Maßstäbe und Werte für Orientierung. »Das Streben nach Zukunft verliert ohne Geschichte an Bedeutung«, so Petzet. Echte Stadterhaltungspolitik müsse bewußtmachen, daß Stadt nicht nur eine Ansammlung von Baudenkmälern ist. Genauso bilde der Boden, auf dem die Stadt stehe, die »terra sancta«, ein Stück Stadtgeschichte. Für Archäologen wäre es »das Höchste, bliebe der Boden unberührt«. Petzet mit Blick auf die Aschaffenburger Diskussion um die Gestaltung des Theaterplatzes: »Eine Tiefgarage macht da schon Probleme.« Tatsächlich aber sei die Archäologie zu ständigen Notgrabungen und Notbergungen gezwungen.

Im weiteren Verlauf würdigte Petzet die Fundstücke. Die goldene Schleiernadel aus der Merowinger-Zeit lenke den Blick auf eine Quelle aus Ravenna, die im 7. Jahrhundert Ascapha als wichtigen Platz der Alamannen bezeichne. »Ein außerordentliches Ergebnis«, auch wenn von einer Residenz fränkischer Herzöge leider keine Spuren gefunden worden seien.

Vom Faustkeil eines Neandertalers über romanische Steinhäuser und den »Minne-

---

Donau-Kurier
(Ingolstadt)
15. Mai 1999

Beifall von Denkmal-, Pfiffe von Naturschützern

Streit um Straßenbahnlinie durch Englischen Garten nimmt an Schärfe zu

München (lb) Der politische Streit um den Bau einer Straßenbahnlinie durch den Englischen Garten in München nimmt weiter an Schärfe zu. Die SPD warf dem bayerischen Ministerpräsidenten, Edmund Stoiber (CSU) Wortbruch vor und sprach von einem „reinen Wahlkampfmanöver." Unterschiedlich reagierten Denkmalpfleger und Naturschützer auf das Umschwenken der Staatsregierung.

In einer Erwiderung auf die Kritik der Sozialdemokraten schrieb Staatskanzleichef Erwin Huber (CSU), es sei besser, jetzt unter Berücksichtigung aller Gesichtspunkte eine klare Entscheidung zu treffen als in eine jahrelange Auseinandersetzung zu gehen. Der Ministerpräsident sei „neuen Gesichtspunkten und guten Argumenten bei Fragen der Verkehrsentwicklung und Eingriffen in den Natur- und Denkmalschutz zugänglich".

Indessen begrüßte das Landesamt für Denkmalpflege die Initiative gegen den Straßenbahnbau. Das „Projekt einer den Park zerschneidenden Trambahn-Trasse" sei mit dem „Charakter dieses einzigartigen Gartendenkmals nicht vereinbar", erklärte Generalkonservator Michael Petzet in München.

Der Bund Naturschutz erklärte dagegen, die geplante Straßenbahnlinie zerstöre den Englischen Garten nicht. Der jetzige Widerruf der Genehmigung durch das Finanzministerium während des laufenden Planfeststellungsverfahrens diene offensichtlich Wahlkampfzwecken und stelle einen eindeutigen Rechtsbruch dar.

Münchner Merkur
19. Mai 1999

Denkmalpflege leicht gemacht

Die Denkmalpflege spielt bei der Dorferneuerung eine entscheidende Rolle. Das dokumentiert das neue Heft „Denkmalpflege und Dorferneuerung" des bayerischen Landesamtes für Denkmalpflege. Generalkonservator Professor **Michael Petzet** (re.) überreichte das erste Exemplar dem bayerischen Landwirtschaftsminister **Josef Miller**. Die in dem Heft dargestellten Erhebungsbögen sind eine wichtige Planungsgrundlage für die Dorferneuerung. **Foto: fkn**

Süddeutsche Zeitung
29./30. Mai 1999

Glück im Umglück für die Weltenburger Asam-Kirche

Das Kloster steht noch unter Wasser

Innenrestaurierung ist ohnehin für dieses Jahr geplant

Von Birgit Matuscheck-Labitzke

München – Die barocke Weltenburger Abteikirche – ein frühes Werk der Brüder Asam – hat das Hochwasser ohne dramatische Schäden überstanden. Landeskonservator Michael Petzet und Mitarbeiter des Landesamtes für Denkmalpflege waren in dieser Woche an Ort und Stelle, um sich ein Bild vom Ausmaß der Hochwasserkatastrophe zu machen. „Im Mittelgang hat sich der Boden an einer Stelle gesenkt", berichtete Petzet: „Das muß jetzt genauer untersucht werden." Die Statik ist aber nach Einschätzung des Denkmalpflege-Chefs nicht gefährdet. Auch den Hochaltar sei nichts passiert. Das alte Eichengestühl aus der Zeit um 1730 bis 1735 ohne Fassung und Furnier habe die Katastrophe ebenfalls gut überstanden. Schäden seien dagegen an furnierten Gegenständen in der Sakristei entstanden. Das praktisch ölfreie, relativ saubere Wasser habe im Kirchenraum „nur" 40 Zentimeter hoch gestanden und sei auch sehr schnell, bereits am Montag, wieder draußen gewesen. Um 1840 gab es einmal ein Hochwasser mit noch höherem Wasserstand.

Es sei fast ein Glücksfall, daß das Wasser jetzt, unmittelbar vor der geplanten großen Innenrestaurierung, gekommen sei. So könnten alle entstandenen Schäden gleich mit beseitigt werden. Die Baulast für die Klosterkirche liegt beim Staat. Den Kloster- und Gemeindeanteil in Höhe von 700 000 Mark wird die Schweizer Stiftung PROJUVIS übernehmen, berichtete Petzet. Größer seien die Schäden im Kloster selbst, das teilweise immer noch unter Wasser stehe. Klosterladen, Küche und Keller seien im Moment völlig unbenutzbar. Die Renovierungskosten müsse das Kloster allein tragen, da sich die Staatsbaulast ausschließlich auf die Kirche beziehe, sagte Petzet.

Der Grundstein für die nach Plänen von Cosmas Damian Asam errichtete Weltenburger Klosterkirche St. Georg und Martin wurde im Juni 1716 gelegt. Im Oktober 1718 wurde der Rohbau eingeweiht. Im selben Jahr begann die Innenausstattung, die sich mit Unterbrechungen bis etwa 1735 hinzog. Der äußerlich schlichte verputzte Rechteckbau war das erste gemeinsame Werk von Cosmas Damian Asam als Architekt und Maler und Egid Quirin Asam als Stukkator.

Der Hochaltar von Egid Quirin Asam wird dominiert vom Reiterstandbild des heiligen Georg, das silbergefaßt mit Gold und wenigen Farbakzenten auf einem hohen Sockel steht. Bunt gefaßt dagegen die von ihm befreite libysche Prinzessin Alexandra und der Drache. Im Halbdunkel zwischen Säulen sieht man Standfiguren, die als Interpreten des Kampfes dargestellt sind. In der Mitte leitet das große, von Engeln getragene kurfürstlich-bayerische Wappen zur Himmelfahrt Mariä über.

FESTREDNER zur Eröffnung der Ausstellung »drunter und drüber«: Professor Michael Petzet, Generalkonservator am Bayerischen Landesamt für Denkmalpflege in München. **Foto: Rogowsky**

pfand« aus dem Hochmittelalter bis zum Häusermodell des Stiftsberges und der Videoaufzeichnung der Grabungen schlug Petzet den Bogen. Sein Resümee: »Eine gelungene Ausstellung«, die zu Recht als erste Ausstellung Bayerns zum Jahr 2000 eröffnet wurde. Lob gab es auch für das Tempo der Aufarbeitung der Funde durch den Restaurator und die schnelle Präsentation.

Abschließend dankte Markus Marquart allen, die die Ausgrabungen unterstützt hatten. Neben dem OB nannte er Wissenschaftler und Studenten, Bürger der Stadt sowie Sponsoren und das Kultusministerium des Freistaates Bayern, die sich mit namhaften Summen beteiligt hatten. *luhi*

Stiftsmuseum integriert wurden (wir berichteten gestern). Nebenbei ergingen sich die Gäste in den Wandelgängen und ließen aufs Wohl der Archäologen die Gläser klingen.

»Es war nicht einfach, jahrelange Grabungen zu akzeptieren und städtebauliche Pläne zu verschieben«, räumte Oberbürgermeister Dr. Willi Reiland in seiner Begrüßung ein. Die Zeitverschiebung aber habe sich gelohnt, meinte er mit einem gewissen

HÖHER WAR DER WASSERSTAND *im Kloster Weltenburg, an einer Donauschleife gegen, nur einmal, und das war um 1840.* Photo: dpa

Mittelbayerische Zeitung (Schwandorf), 3. Juni 1999

Kein Patentrezept für Erhalt des Fronberger Schlosses

Generalkonservator in Schwandorf / Skepsis gegen Denkmal-Akademie

FRONBERG (hh). Auch Bayerns oberster Denkmalschützer hat kein Patentrezept für den Erhalt des Fronberger Schlosses: Bei einer Stippvisite in Schwandorf machte sich gestern Generalkonservator Dr. Michael Petzet ein Bild vom Zustand der historischen Gemäuer, die immer noch als Sitz einer „Denkmalschutz-Akademie" im Gespräch sind. In der Diskussion um dieses Zentrum zum Erhalt historischer Bausubstanz äußerte sich Petzet skeptisch; er zeigte sich aber optimistisch, daß es Zuschüsse für einzelne Sanierungsmaßnahmen geben könne.

Wie Hausherr Hubertus von Breidbach-Bürresheim bei einem Rundgang durch das Fronberger Schloß erläuterte, sind die finanziellen Mittel der Familie schon mit dem Versuch gebunden, das Schloß überhaupt bewohnbar zu halten. Weitere Sanierungsmaßnahmen seien jedoch dringend erforderlich: Von Breidbach verwies in diesem Zusammenhang vor allem auf den bekannt schlechten Zustand der Freitreppe beim „Neuen Schloß". In jüngster Zeit seien aber auch an der Grabenmauer, die den ehemaligen Schloßgraben umfaßt, massive Schäden entstanden. Auf 80 000 Mark veranschlagte der Schloßherr allein in diesem Bereich die Sanierungskosten. Sorgen bereitet der Familie auch der Zustand der Schloßkapelle, deren Fundamente an der Ostseite weit in den Boden gezogen wurden: Hier machen sich Feuchtigkeit und Schimmel immer mehr breit. Im benachbarten Turm an der Südostecke schließlich nehmen die Risse immer größere Ausmaße an.

Zusammen mit den betreuenden Architekten Hans Zweck und Stefan Schwetzenmayr aus Regensburg gab Hubertus von Breidbach-Bürresheim auch einen Einblick in die Räumlichkeiten, die für ein Zentrum zum Erhalt historischer Bausubstanz verwendet werden könnten – darunter die ehemaligen Stallungen im Alten Schloß mit einer Fläche von allein 1200 Quadratmetern sowie den Westflügel des Neuen Schlosses.

Wie die MZ ausführlich berichtete, ist für das Fronberger Schloß eine Art „Denkmal-Akademie" im Gespräch, seit sich die Hoffnungen der Bewohner auf die Einrichtung der Künstlerkolonie in den historischen Mauern zerschlagen haben. Die Künstlerkolonie wird in unmittelbarer Nähe der Kebbelvilla errichtet. Aber auch bei der Diskussion über das Zentrum ist weder die Trägerschaft die Frage des Standorts entschieden. Neben Fronberg kommen laut einem Gutachten auch das Kloster Schwarzhofen und der Pfarrhof für eine derartige Einrichtung in Frage.

Auch Bürgermeister Michael Kaplitz wies darauf hin, daß in Sachen Akademie „noch nichts entschieden ist". Er erinnerte die Abordnung vom Landesamt für Denkmalpflege daran, daß es seit der Absicherung des Dachs mit WAA-Ausgleichsmitteln in Höhe von 3,3 Millionen Mark keine Sanierungsmaßnahmen in dieser Größenordnung mehr gegeben habe. Er plädierte vehement für eine öffentliche Nutzung des Schlosses, denn sonst komme „nie was". Die Idee einer grenzüberschreitenden Kooperation mit Tschechien auf dem Gebiet praktischer Denkmalpflege bezeichnete er als schlüssig. Interesse bestehe von tschechischer Seite, eine Zusammenarbeit mit der Handwerkskammer biete sich wegen der Nähe zum Technologiezentrum Charlottenhof an. Die Handwerkskammer stehe dem Vorschlag „nicht euphorisch, aber auch nicht abgeneigt" gegenüber. Auch Hausherr

Hausherr Hubertus von Breidbach-Bürresheim erläutert Details im Innenhof des Alten Schlosses. Foto: Heinzl

von Breidbach sprach sich wegen des hohen Finanzbedarfs für ein Nutzungskonzept für das gesamte Schloß aus.

Zusagen für eine finanzielle Förderung der „Denkmalschutz-Akademie" machte Dr. Petzet allerdings nicht. Er erklärte, daß das Konzept sehr nahe an das bereits bestehende Bauarchiv im schwäbischen Thierhaupten angelehnt sei. Auch sei fraglich, wer die Trägerschaft übernehmen könne. Unabhängig davon stellte er jedoch Zuschüsse aus dem Entschädigungsfond oder der Landesstiftung für Denkmalpflege in Aussicht. Schließlich sei das Fronberger Schloß „eines der wichtigsten Schlösser in der ganzen Oberpfalz".

Straubinger Tagblatt, 23. Juni 1999

Römer-Siedlung durch Bebauungsplan bedroht
Generalkonservator Petzet: Bundesweit einmalig – „Verborgenes Archiv der Geschichte Augsburgs"

Augsburg. (dpa) Eine bundesweit einmalige Römer-Siedlung in Augsburg soll mit Wohnhäusern bebaut und so zerstört werden. „Angesichts der ungeheuren Bedeutung dieses Fundes wäre es verantwortungslos, diese historische Stätte zu vernichten", sagte der Generalkonservator des Bayerischen Landesamtes für Denkmalpflege, Michael Petzet, am Dienstag vor der Presse in Augsburg. Schließlich sei in keiner der römischen Provinzhauptstätte Köln, Mainz und Trier eine solch große zusammenhängende Bebauung erhalten geblieben.

Das rund 48 000 Quadratmeter große Areal im Norden der Stadt sei für die deutsche Archäologie einmalig und „ein verborgenes Archiv der Geschichte". Die Stadt Augsburg müsse den aktuellen Bebauungsplan aufgeben und das gesamte Gelände wissenschaftlich untersuchen lassen, sagte der Generalkonservator.

„Diese archäologischen Ausgrabungen müßten nicht sofort geschehen, sondern könnten auch irgendwann im nächsten Jahrtausend erfolgen", sagte Petzet. Grabungen dieser Größenordnung dauerten erfahrungsgemäß rund 20 Jahre und kosteten schätzungsweise mehr als über 50 Millionen Mark.

Wegen einer besonderen Lößschicht aus dem 14. Jahrhundert sei die Römersiedlung außerordentlich gut erhalten. Die Forscher hatten bei Probegrabungen „Im Pfannenstiel" bereits Reste einer Stadtmauer aus dem 1. Jahrhundert sowie Mosaike, ganze Fachwerkwände und Werkzeuge gefunden. „Die Geschichte dieses Platzes zeigt wie ein Spiegel die Entwicklung Augsburgs vom 1. bis zum 4. Jahrhundert", sagte der Direktor der Römisch-Germanischen Kommission des Deutschen Archäologischen Instituts, Siegmar von Schnurbein. Nun stelle sich die Frage, wie der Freistaat Bayern mit dem bedeutsamen historischen Erbe aus der Römerzeit umzugehen beabsichtige.

Weil die Funde zum Teil nur Zentimeter unter der Erde lägen, sei eine wie auch immer geartete Bebauung inakzeptabel, warnte Petzet. Bisher stand auf dem Areal eine Schrebergartensiedlung.

Nach den Plänen Petzets ist nach weiteren Ausgrabungen der Bau eines Museums denkbar. Vorerst gebe er sich aber schon damit zufrieden, wenn das Gelände in Zukunft unberührt bewahrt bliebe.

Bei ersten Ausgrabungen in Augsburg wurden bereits eine Reihe gut erhaltener Fundstücke römischer Herkunft aus dem zweiten und dritten Jahrhundert entdeckt.

Dr. Petzet versichert:
Keller in die Denkmalliste

SCHWANDORF (so). Die Schwandorfer Felsenkeller sollen in die Denkmalliste aufgenommen werden. Dies versicherte Generalkonservator Prof. Dr. Michael Petzet bei einem Rundgang durch vier der historischen Keller in der Schwandorfer Altstadt.

Schon vor einiger Zeit hatte die Stadt Schwandorf Unterlagen beim Landesamt für Denkmalschutz eingereicht, um die Felsenkeller, die teilweise bis zu 500 Jahre alt sind, in die Denkmalliste aufzunehmen. Mit der Zusage des Generalkonservators Petzet ist nun der Grundstock dazu gelegt. Bis man die Felsenkeller touristisch attraktiv präsentieren kann, wird es aber noch zwei bis drei Jahre dauern. Erst in letzter Zeit wurde man sich der Bedeutung der Schwandorfer Keller bewußt. Sind sie laut Generalkonservator Petzet etwas ganz Besonderes in Bayern. Die Stadt Schwandorf ist derzeit dabei, die rund 60 Keller zu erfassen, zu bearbeiten und zu katalogisieren.

AZ (Abendzeitung)
München
24. Juni 1999

Römerfunde
Scharfer Protest des OB

(aba). Empört reagierte OB Menacher auf die Präsentation archäologischer Funde vom Gelände Am Pfannenstiel. Weil weder er noch Kultur- und Baureferent zu der Veranstaltung des Landesdenkmalamtes eingeladen gewesen seien, legte er brieflich bei Wissenschaftsminister Zehetmair „schärfsten Protest" ein.

Er interpretiere das Vorgehen so, daß der Freistaat sich künftig in Augsburg selber um die Bodendenkmäler kümmern wolle, die die Stadt derzeit mit eigenen Archäologen untersucht. Das Grundstück Am Pfannenstiel solle der Freistaat am besten selber kaufen, schreibt Menacher, die MAN habe ihm bedeutet, daß sie verkaufen wolle.

„Stadt war vertreten"

Bayerns Generalkonservator Prof. Michael Petzet, gegen den sich der Protest richtet, mag die Aufregung nicht recht verstehen. Die Stadt sei bei der Präsentation durch die städtischen Archäologen durchaus vertreten gewesen. Man habe nichts hinterm Rücken der Stadt tun wollen, danke ihr vielmehr für die „vielen archäologischen Ergebnisse."

Archäologischer Glücksfall bringt Augsburg in Bedrängnis

Römischer Siedlung droht Gefahr

Der völlig unversehrte Stadtteil aus dem Altertum soll mit einer Luxuswohnanlage bebaut werden

Von Peter Richter

Augsburg – In Augsburgs Stadtmitte haben Archäologen einen aufsehenerregenden Fund gemacht. Dicht unter der Erdoberfläche einer 1998 aufgelassenen Schrebergartenkolonie stießen sie auf einen römischen Stadtteil, der seit der Antike völlig unversehrt geblieben ist. In den vergangenen Wochen sind im Zuge von Sondierungsgrabungen, die im vorigen Herbst begannen, Fundamente einer Stadtmauer, ein stattliches Steingebäude de von 45 Meter Länge sowie Reste von Holzhäusern freigelegt worden. Als „Sensation" wird die Entdeckung der antiken Stadtbefestigung gewertet, der ältesten nördlich der Alpen. Ihre fünf Wehrgräben gehen bis in die Zeit Kaiser Flavius (69 – 96) zurück. Die Holzhäuser hatte farbig bemalte Wände. Sie seien ein „eindrucksvolles Zeugnis" von der Ausstattung Augsburger Stadthäuser des 1. bis 3. Jahrhunderts, sagte Generalkonservator Michael Petzet. Gemeinsam mit dem Grabungsteam stellte er am Dienstag die Funde der Öffentlichkeit vor. Dazu mußten Petzet und die aus ganz Bayern angereisten Journalisten allerdings auf das nahegelegene Pfarrzentrum St. Sebastian ausweichen.

Betreten untersagt

Offenbar möchte der Grundeigentümer, die MAN AG, allzu großes Aufsehen vermeiden. Am Morgen hatte das Unternehmen überraschend von seinem Hausrecht Gebrauch gemacht und das Betreten des Grundstücks untersagt. „Auch wenn wir hier kein Pompeji haben", so Petzet, „ist schon das Wenige, was wir bisher ausgraben konnten, für die Wissenschaft von einzigartiger Bedeutung." Fest steht bereits, daß das römische Augsburg mit mindestens 80 Hektar viel größer war als bisher angenommen. Gleichzeitig äußerte sich Bayerns oberster Denkmalschützer bestürzt über Pläne des Raumfahrtunternehmens MAN Technologie, auf dem 4,8 Hektar großen Areal eine exklusive Wohnanlage bauen zu wollen.

Das Landesamt hat dieser Tage bei der Stadt sein Veto gegen den Bebauungsplan eingelegt. „Mit aller Entschiedenheit" müsse er das Vorhaben ablehnen, heißt es in dem Schreiben Petzets. Andernfalls droht für das Landesdenkmalamt, „die Vernichtung" einer der „bedeutendsten archäologischen Stätten der Bundesrepublik". Die Römerfunde keineswegs überraschend. Schon 1975 hatte

FUNDAMENTE EINER STADTMAUER haben die Archäologen im Zentrum Augsburgs ausgegraben. Die Firma MAN will das Gelände jedoch verwerten, um den Umzug des Firmensitzes in die Fuggerstadt zu finanzieren.   Photo: Fuchs

das bayerische Kultusministerium wertvollste Zeugnisse aus den Anfängen der Stadtgeschichte dort im Boden vermutet und deshalb das gesamte Gelände zum Grabungsschutzgebiet erklärt. Die auf 20 Jahre verhängte Schutzsperre lief 1995 aus und wurde von der Stadt nicht mehr verlängert.

Noch im Sommer 1998 hatte Generalkonservator Petzet beim Augsburger Oberbürgermeister Peter Menacher persönlich interveniert. Er bat darum, dem Unternehmen ein anderes Grundstück im Tausch anzubieten. Eine Bitte, die er jetzt vor der Presse wiederholte. Trotz der jüngsten Funde fordert Petzet, keineswegs sofort mit großangelegten Grabungen zu beginnen. Er weiß, daß dafür vermutlich das Geld fehlt. Die Archäolo-

gen haben vorgerechnet, daß eine wissenschaftliche Untersuchung des gesamten Geländes zwei Jahrzehnte in Anspruch nehmen wird und rund 50 Millionen Mark kosten dürfte. Und durch Notgrabungen das Notwendigste zu retten, lehnt das Landesamt ab. Petzet: „Dafür ist das Gelände zu bedeutend."

Was für die Archäologen ein Glücksfall ist, bringt Augsburgs Oberbürgermeister Peter Menacher in arge Bedrängnis. Das CSU-Stadtoberhaupt steht bei MAN-Konzernchef Rudolf Rupprecht im Wort, der pikanterweise von seiner direkt nebenan liegenden Villa auf das Grabungsgelände blicken kann. Als Gegenleistung für die 1997 vom Unternehmen versprochene Verlegung des Firmensitzes nach Augsburg, die der Stadt 600

neue Arbeitsplätze bringen soll, sagte Menacher zu, das der MAN gehörende Brachland zu teurem Bauland aufzuwerten. Mit den geschätzten 30 Millionen Mark an Einnahmen will MAN den Umzug finanzieren. Bei der Stadt wollte denn auch niemand zu dem jüngsten Erfolg der Archäologen Stellung nehmen. „Wir warten erst ab, bis uns schriftlich dazu etwas vorliegt", erklärte Stadtbaurat Karl Demharter. Dabei wird sie zu bedenken haben, daß sie einen Ruf als „Römerstadt" zu verlieren hat. Immerhin geht ihre Gründung vor 2000 Jahren auf die römischen Feldherren Drusus und Tiberius zurück. Es dauerte dann nur 100 Jahre, bis aus dem schlichten Militärcamp die Hauptstadt der römischen Provinz Rätien wurde.

Die Römerstadt unter den Schrebergärten

Archäologische Überraschung in Augsburg durchkreuzt Baupläne – Einzigartig für Deutschland

Von unserem Redaktionsmitglied Angela Bachmair

Augsburg

Schweres Geschütz fuhren die staatlichen Denkmalpfleger gestern auf, um ihrer Mitteilung Nachdruck zu verleihen. Wenn der MAN-Konzern sein Gelände „Am Pfannenstiel" wie geplant bebaut, dann stehen 20jährige Grabungen mit Kosten von 50 Millionen Mark bevor. Denn was auf dem Augsburger Areal entdeckt wurde, schreibt die Geschichte der ehemaligen Römerstadt neu.

Unisono forderten Bayerns Generalkonservator Prof. Michael Petzet, Landeskonservator Dr. Erwin Keller und der Direktor beim Deutschen Archäologischen Institut, Prof. Siegmar von Schnurbein, gestern, auf die Bebauung des fast fünf Hektar großen Geländes am Nordrand der Augsburger Altstadt zu verzichten. Dort hatten die Augsburger Stadtarchäologen, wie bereits kurz berichtet, in Probegrabungen auf drei Teilflächen Reste einer großen Römer-Siedlung gefunden und den genauen Verlauf der römischen Stadtmauer nachweisen können.

Das bislang unbekannte Wohngebiet im Norden der rätischen Provinzhauptstadt Augusta Vindelicum entstand ab dem Jahr 70 zunächst mit Fachwerk, später dann mit reich ausgestatteten Steinbauten. Man fand farbige Bodenmosaike mit Flechtbandmustern und figürlichen Darstellungen, bemalte Putzwände, Reste von Fußbodenheizungen und Gebrauchskeramik. All das lag verborgen unter einer dicken Erdschicht, weil das Gelände, auf dem sich zuletzt Schrebergärten befanden, seit dem Ende der Römerstadt nicht bebaut worden war.

Vorstellungen verändert

Keine andere römische Provinzhauptstadt in Deutschland – weder Mainz noch Trier oder Köln – verfügten über ein so großes geschlossenes Siedlungsgebiet, an dem sich 500 Jahre Stadtentwicklung ablesen ließen, betonten Petzet und von Schnurbein. „Unsere Vorstellungen vom römischen Augsburg haben sich verändert." Die Stadt war nach den neuen Funden schon kurz nach der Erhebung zur Provinzhauptstadt erheblich größer als bisher angenommen. Und auch keine Stadt nördlich

Das Luftbild zeigt die Größe der ehemaligen Schrebergärten-Kolonie, die sich jetzt als römische Siedlung erwies.

Archivbild: LA

der Alpen besitze eine so früh errichtete Wehrmauer, wie Augsburg sie nach den neuen Funden vorweisen könne. Entdeckt wurde jetzt nämlich, daß die Mauer inclusive vorgelagerter Wehrgräben schon ab dem 1. Jahrhundert gebaut wurde, weil Augusta Vindelicum sich seiner „geografisch vorgeschobenen Lage" wegen schützen wollte.

Weil sie den Funden „außerordentliche Bedeutung für die bayerische Landesgeschichte" und einzigartigen Erkenntniswert für die Erforschung der römischen Provinzen auf deutschem Boden zuschreiben, machen die Denkmalpfleger nun Front gegen die geplante Bebauung mit Reihen- und Doppelhäusern. Die Verwertung des Grundstücks war der MAN von der Stadt als Ausgleich dafür zugesichert worden, daß das Raumfahrt-Unternehmen MAN Technologie seine Produktion nach Augsburg verlegt. Wenn gebaut würde, dann müßte er eine gründliche Untersuchung des gesamten Geländes verlangen, wie sie das Denkmalschutzgesetz vorsieht, betonte Petzet. Punktuelle Notgrabungen hält der Generalkonservator wegen der Dichte und Vielfalt der Befunde nicht für möglich. „Das wäre ein verantwortungsloser Umgang mit der Geschichte."

Die extrem teure und langwierige Flächengrabung will Petzet indes nicht fordern; er schlägt vor, das Gelände weiterhin von jedem Eingriff zu verschonen und nur die bereits freigelegten Objekte auszustellen. Der MAN solle die Stadt ein Ersatzgrundstück für ihre Baupläne anbieten. Ob das möglich und akzeptabel ist, wollten gestern weder Oberbürgermeister Schmitz noch Augsburgs Oberbürgermeister-Sprecher Menacher sagen. Die Stadt muß demnächst über den entsprechenden Bebauungsplan entscheiden, doch vorher soll es laut Landeskonservator Keller Gespräche zwischen allen Beteiligten geben.

Ostasiatische und europäische Lacktechniken

Torte als Hommage an den Generalkonservator des BLfD

Maria Theresia Worch: »Geburtstagstorte für Prof. Dr. Michael Petzet«, Marzipan auf Sacher-, Grand-Marnier- und Nußtorte, Mai 1998
Die »Trägermaterialien« sind ungeschmückte Torten einer Konditorei. Die Figuren entstanden aus italienischem bzw. deutschem (Prunkbett) Marzipan. Die Textilhüllen sind aus Eß- bzw. Oblatenpapier, leicht angefeuchtet in Faltenwürfe drapiert. Für die Hecken zum Heckentheater wurden Zuckerkristalle an Holzstäben mit Papiergerüsten gezüchtet, Schloß Seehof bestand im Kern aus Javawaffeln, die Verputzung war Zuckerguß. Ebenso aus Zuckerguß mit Tragantzusatz (Rezept 18. Jh.) und Lebensmittelfarben gestalteten sich alle weiteren Dekorationen. Die erste Etage stellt das »le lever« mit Hofnarr, Konkubine, Zimmermädchen und Hofschranze dar. Die zweite Etage gibt das Menuett oder auch Heckentheater wieder. Die dritte Etage zeigt Schloß Seehof (als Außenstelle des Bayerischen Landesamtes für Denkmalpflege, BLfD) wieder mit Gärtner und Archäologe. Vor dem Eingang kniet ein Wachsoldat aus der Terrakottaarmee von Xian. Vor dem anderen Eingang liegt ein Kranz zur Erinnerung an die abgebrochene Remise von Seehof.

Teilnehmer aus achtzehn Ländern konnte ICOMOS-Präsident und Generalkonservator Prof. Dr. Michael Petzet bei der Eröffnung der Tagung »Ostasiatische und europäische Lacktechniken« begrüßen. Sie fand vom 11. bis 13. März 1999 in München statt. Die große Zahl der rund 400 Anmeldungen machte eine Verlegung vom ursprünglich vorgesehenen Säulensaal der Alten Münze in den festlichen Max-Joseph-Saal der Residenz notwendig. Veranstaltet wurde die Tagung vom deutschen Nationalkomitee von ICOMOS und dem Bayerischen Landesamt für Denkmalpflege in Zusammenarbeit mit dem Tokyo National Research Institute. Seit 1993 lief ein deutsch-japanisches Forschungsprojekt zur Untersuchung und Restaurierung historischer Lacke, das vom japanischen Kultusministerium und vom deutschen Bundesministerium für Bildung, Wissenschaft, Forschung und Technologie gefördert wurde. Die Zusammenarbeit beinhaltete den Austausch von Konservierungskonzepten und Technologien, die Förderung spezieller Forschungen auf dem Gebiet historischer Materialien und Restaurierungsmethoden, die Veröffentlichung der Resultate, sowie die Abhaltung von Workshops und, wie dieses Mal als Abschlußveranstaltung geschehen, von Kongressen.

Eine breite Palette von 28 Vorträgen widmete sich dem Thema Lacktechniken unter kunsthistorischen, naturwissenschaftlichen, kunsttechnologischen, konservierungswissenschaftlichen sowie konservierungs- und restaurierungstechnischen Gesichtspunkten.

Es wurde deutlich, wie unterschiedlich im europäischen Barock und Rokoko der Umgang mit den begehrten, ostasiatischen Importen war. Man verwendete beispielsweise japanische Teeschalen bei der Herstellung von Kerzenleuchtern, fügte Untergestelle an javanische Teetrommeln, um sie auf europäische Tischhöhe zu bringen, oder man ging sogar so weit, Lackplatten zu zersägen, um sie in neue, dem Zeitgeschmack entsprechende Möbel einzubauen. In Asien stellte man sich auf den Export vor allem nach Holland ein, indem man sich bei der Herstellung der Lackwaren den modischen Strömungen in Europa anpaßte.

Einer besonderen Behandlung bedürfen nasse, im Boden gefundene Lackarbeiten aus vorchristlicher Zeit, wofür neue und bewährte Methoden vorgestellt wurden. Der Identifikation der asiatischen Lacke, die Rückschlüsse auf die regionale Entstehung eines Stückes erlaubt, widmeten sich weitere Vorträge. Wie die Lacktechnik heute noch gepflegt wird, führten die Referenten aus Myanmar (Birma) und Thailand vor Augen. Aus Birma mitgebrachte Lackarbeiten konnten bewundert und sogar käuflich erworben werden. An Restaurierungen wurden die der Goldenen Halle in Chuson-ji, eines für den Export nach Portugal geschaffenen Nanban-Tragaltars und, als europäisches Beispiel, der Ausstattung der ehemaligen Jesuitenkirche in Landsberg/Lech erläutert.

Der Forschungsarbeit von Katharina Walch, leitende Möbelrestauratorin am Bayerischen Landesamt für Denkmalpflege, ist es zu verdanken, daß das eingangs erwähnte Projekt überhaupt ins Leben gerufen wurde. Sie zeigte Möglichkeiten und Grenzen der Abnahme von Beschichtungen auf Lackoberflächen, vor allem mit Lösungsmittelgelen nach Wolbers, auf. Wer gehofft hatte, Richard Wolbers in München in persona zu erleben, wurde allerdings enttäuscht, denn sein angekündigter Vortrag fiel leider aus.

DRV Mitteilungen
Juni 1999

Frankfurter Allgemeine Zeitung
24. Juni 1999

Das römische Augsburg
Sensationelle Funde belasten die Stadt

Verdienstorden für Petzet

Krailling – Professor Michael Petzet, Leiter des Landesamts für Denkmalpflege, erhält heute vom Ministerpräsidenten den Bayerischen Verdienstorden. Er ist einer der 64 neuen Preisträger. Petzet lebt in Krailling. ano/Repro: jroe

Süddeutsche Zeitung
7. Juli 1999

Mit aufsehenerregenden Nachrichten wartete der Bayerische Landeskonservator Michael Petzet jetzt in Augsburg auf. Er stellte die Ergebnisse der seit April 1998 laufenden Probegrabungen auf dem Augsburger Gelände „Am Pfannenstiel" vor. Die Sensation besteht darin, daß das römische Augsburg, dieses dreihundert Meter lange, ein- bis zweihundert Meter breite, 4,8 Hektar umfassende Areal am Rand der Augsburger Altstadt, seit römischer Zeit nie bebaut war. Hier stößt man schon in dreißig Zentimetern Tiefe auf Reste der römischen Siedlungsschicht. Sondierungsgrabungen ergaben, daß dieses Gelände innerhalb des Stadtgebiets des römischen Augusta Vindelicum lag.

Das mittelalterliche Augsburg ließ das auf einer hochgelegenen Fläche zwischen zwei Flüssen befindliche Areal unbebaut. Es kam vor die Stadtmauer zu liegen. Ein Teil des Geländes wurde mit dem Abhub des Stadtgrabens bedeckt, was die römische Siedlungsschicht versiegelte. Auf die Äcker, Wiesen, Obstgärten der Neuzeit folgte zuletzt eine Schrebergartenkolonie. Eigentümerin des Grundstücks ist die altansässige Augsburger Maschinenfabrik MAN. Zur Zeit läuft ein Planungsverfahren, das vorsieht, dieses Gebiet mit Wohnhäusern zu überbauen. Das Bayerische Landesamt für Denkmalpflege lehnt die Baupläne „mit aller Entschiedenheit" ab. Die Bedeutung des Geländes verlange eine systematische wissenschaftliche Flächengrabung. Denn eine so große zusammenhängende antike Siedlungsfläche sei selbst in den drei anderen römischen Provinzhauptstädten auf deutschem Boden, also Mainz, Köln und Trier, nicht mehr vorhanden.

Der Direktor der Römisch-Germanischen Kommission des Deutschen Archäologischen Instituts in Frankfurt, Siegmar von Schnurbein, wies auf die Einzigartigkeit dieses Geländes hin. Hier habe man in Deutschland die größte zusammenhängende und seit der Antike ungestörte Fläche einer Stadt. Bereits die Sondierungsgrabungen hätten ergeben, daß hier ein „Archiv" im Boden liege, das wie ein Spiegel die Geschichte Augsburgs vom ersten bis zum vierten Jahrhundert wiedergebe.

Gefunden wurden bisher die Relikte von Holzbauten, mit denen die anfangs wohl ärmliche römische Nordstadt im ersten und zweiten nachchristlichen Jahrhundert bebaut war. Doch schon bald muß sie zu vermehrtem Wohlstand gekommen sein, was Mosaikfußböden, farbige Fresken, Verzierungen aus Stuck und Marmor beweisen. Aus dem dritten Jahrhundert wurde ein Steinhaus mit Fußbodenheizung gefunden. Begeistert sind die Archäologen über eine verputzte, wohl nach einem Brand in ihrer Länge eingestürzte Lehmwand, die einen halben Meter hoch erhalten ist. Überhaupt sei der Erhaltungszustand der Funde „einmalig". Ein unerwartetes, von den Ausgräbern als Sensation bezeichnetes Ergebnis der Grabungsschnitte ist die Entdeckung einer Stadtbefestigung mit Mauer und mehreren vorgelagerten Wehrgräben. Im allgemeinen besaßen zivile Städte solche Bewehrungen nicht. Die Archäologen spekulieren, daß diese Anlage eventuell ein Prestigeobjekt war, das sich Augsburg anläßlich seiner Erhebung zum *municipium,* also zur Provinzhauptstadt von Rätien im Jahr 121 nach Christus zulegte.

Bei der Pressekonferenz wurden einige der ausgegrabenen Objekte gezeigt. Zu sehen waren ein ohne jede Schramme vollständig erhaltener, „wie neu" wirkender Weinkrug aus Ton, ein bronzenes Medusenhaupt, das wohl ein Möbelbeschlag war, ein winziger Würfel, eine zierliche Knochensäge, Fibeln, Münzen, Reste von Keramik- und Glasgeschirr sowie Teile der farbigen Wände und Fußböden. Die Besichtigung des Geländes hingegen hatte die MAN AG den Journalisten untersagt.

Für Augsburg, das sich gern auf seine römischen Wurzeln beruft, aber bislang keine wesentlichen antiken Stadtreste vorzeigen kann, sind die Entdeckungen der Archäologen eine freudige, aber auch eine belastende Überraschung. Petzet veranschlagt die Kosten einer umfassenden Grabung auf fünfzig Millionen Mark und eine Dauer von zwanzig Jahren. Jede Tasse Erde muß von Hand untersucht, jedes Fundstück geborgen, gereinigt, eventuell restauriert, klassifiziert und beschrieben werden. Augsburg, dessen Stadtarchäologen bereits alle Hände voll mit Rettungsgrabungen zu tun haben, die praktisch bei jeder Baumaßnahme im Altstadtgebiet anfallen, kann das allein nicht leisten. Aber selbst die Deutsche Forschungsgemeinschaft sei, wie von Schnurbein betonte, mit dieser Aufgabe überfordert. Nach Meinung von Landeskonservator Petzet besteht die sparsamste Lösung darin, zunächst das Gebiet zu belassen, wie es ist, die Dinge im Boden ruhen zu lassen. Es sei denkbar, daß hier später ein großer archäologischer Park entstehe. Die Grabungen aber seien eine Generationenaufgabe. Eine Überbauung müsse jedoch auf alle Fälle unterbleiben.

Augsburg muß sich bald entscheiden, wie es mit seiner Geschichte umgehen will. Ein Baugelände sollte nicht den Ausschlag geben, zumal Tauschgrundstücke, mit denen die MAN befriedigt werden könnte, offenbar vorhanden sind. Es steht zu hoffen, daß die Stadt dieses bedeutende Erbe annehmen wird. RENATE SCHOSTACK

Passanten kennen nur die barockisierte Straßenfassade des Hinteren Bach 3, vor dem auf unserem linken Bild Generalkonservator Prof. Dr. Petzet (dritter von rechts) mit einigen der Autoren des neuen Arbeitsheftes zu sehen ist: dem Ehepaar Sukale (links neben ihm), Architekt Reiner Bauernschmitt (zweiter von rechts) und Stadtheimatpflegerin Dr. Karin Dengler-Schreiber (rechts). Die Hofseite ist noch unverkennbar gotisch/romanisch geprägt. Heute sorgen gläserne Anbauten für mehr Licht und viel Lebensqualität in dem schmalen Haus (rechtes Bild). Fotos: Ronald Rinklef

Nur wenig jünger als der Dom

Fränkischer Tag (Bamberg) 26. Juni 1999

Haus Hinterer Bach 3 Paradebeispiel für Möglichkeiten der Bauforschung im Weltkulturerbe

Dem Haus Hinterer Bach 3 hat das Landesamt für Denkmalpflege in seiner Schriftenreihe ein eigenes Arbeitsheft gewidmet. Es dokumentiert Umfang und Möglichkeiten der Bauforschung in Bamberg am Beispiel des ältesten komplett erhaltenen bisher dokumentierten Steinbaus in der Weltkulturerbe-Stadt. Er stammt aus der Zeit um 1292, ist also wenig jünger als der 1237 geweihte Dom.

Die Instandsetzung dieses Gebäudes gilt laut Generalkonservator Prof. Dr. Michael Petzet als exemplarisch. Man wandte das gesamte Instrumentarium bauhistorischer Untersuchungsmöglichkeiten an und erlebte den Glücksfall, daß sich die archivalischen Nachrichten mit den Befunden am Objekt (noch) deckten.

Daß der Hintere Bach 3 zum Paradebeispiel der Bauforschung werden konnte, ist mehreren glücklichen Zufällen zu verdanken. Dazu gehört der Umstand, daß es über das Anwesen, zu dem ursprünglich die beiden Nachbarhäuser Hinterer Bach 1 und 5 gehörten, außergewöhnlich viel Archivmaterial gibt. Aber auch die Tatsache, daß die Vorbesitzer an dem Haus über eine lange Zeit nichts gemacht haben. So schlecht sein Zustand war, als Prof. Dr. Michael und Ilia Sukale es 1988 aus einer Zwangsversteigerung durch die Stadt erwarben, so unverdorben war doch seine Substanz. Schon die ersten vom Bauherrn in Auftrag gegebenen Untersuchungen ergaben, daß es sich nicht nur um ein barockes Gebäude mit gotischem Kern handelt, sondern um eine aus Backsteinen errichtete mittelalterliche, sogenannte Kemenate.

Bislang ging die Bauforschung davon aus, daß mittelalterliche Steinhäuser in Süddeutschland ausschließlich aus Sandstein errichtet wurden. Die Forschungsergebnisse aus dem Hinteren Bach 3 stellen den Gegenbeweis dar. Sie seien auch ein Beleg dafür, wie Stadtheimatpflegerin Dr. Karin Dengler-Schreiber meint, wie bedeutsam die vor einigen Monaten am Maxplatz 14 gefundenen Reste eines mittelalterlichen Steinhauses waren. Sie mußten – wie berichtet – dem Kaufhaus-Neubau weitestgehend weichen.

Gewidmet ist das Heft Hauptkonservator Dr. Peter Pause, bis zu seinem Tod am 12. November 1997 der für Bamberg zuständige Referent des Bayerischen Landesamts für Denkmalpflege. Die Dokumentation geht auf seine Idee zurück. Mit dieser Publikation erhält die Bamberger Öffentlichkeit nicht nur einen umfassenden Einblick in die Geschichte eines uralten Hauses aus der Sicht aller beteiligten Disziplinen. In dem Heft kommt auch der Hausherr zu Wort.

Und es beschreibt anschaulich die Entstehung des Neubaugebiets im Bach vor gut 700 Jahren: Das Siedlungsgebiet war, wie die Stadtheimatpflegerin darlegt, quasi zweite Wahl, denn die Grundstücke jenseits des Bachs lagen am steilen Hang zum Kaulberg hin, der ihnen zugleich die Südsonne nimmt: „Hier konnten keine großen Gärten angelegt werden wie auf der Dombergseite, sondern höchstens Höfe mit Hinterhäusern. Als allmählich die Häuser auf dem Kaulberg westlich des Ebracher Hofs entstanden, mußten diese mit einer starken Mauer gegen die bachwärts darunter gelegenen Anwesen abgestützt werden. Man darf daher annehmen, daß die Besiedlung dort erst erfolgte, als die Grundstücke auf der Dombergseite des neuen Baugebiets schon vergeben waren."

Das Heft Nr. 92 „Hinterer Bach 3, Bauforschung in Bamberg" ist über das Bayerische Landesamt für Denkmalpflege bzw. den Buchhandel zu beziehen.

Jutta Behr-Groh

„Die fetten Jahre sind vorbei"

Täglich ein Denkmal weniger

Zu wenig Geld für Erhaltung historischer Bauwerke

Von Fritz Riedl

Iphofen – Die Chancen und Risiken des bayerischen Denkmalschutzes werden an der Schwelle zum neuen Jahrtausend von seinen führenden Vertretern unterschiedlich beurteilt. Anläßlich der Jahrestagung des Bayerischen Landesdenkmalrates (LDR) im unterfränkischen Iphofen kam dessen Vorsitzender Erich Schosser zu dem Schluß, daß die fetten Jahre vorüber sind. Das Geld werde immer weniger, klagte er. Gesellschaft und mend, habe nach Inkrafttreten des Denkmalschutz-Gesetzes 1973 und insbesondere als Folge des Europäischen Denkmalschutzjahres 1975 ein Vierteljahrhundert lang „grandiose Erfolge" feiern können. Gerade in den vergangenen zwei, drei Jahren müsse er, im Gegensatz zum Generalkonservator, aber feststellen, daß der Rückhalt in der Bevölkerung wegbreche und die Sensibilität seitens der Politik nachlasse. „Zwischenzeitlich vergeht kein Tag, an dem nicht irgendwo in Bayern wieder ein erhaltenswertes Bauwerk zerstört wird", rügte Schosser.

Beklagenswert niedrig ist nach Schossers Worten auch die finanzielle Ausstattung des Denkmalschutzes. Die Haushaltsmittel für die Erhaltung und Sicherung von Kunst- und Geschichtsdenkmälern seien über die Jahre von 49 auf 29 Millionen gekürzt worden. Der Entschädigungsfond betrage unverändert 40 Millionen Mark. Der Schaden, der durch diesen Sparkurs entstehe, wiege doppelt schwer. Nunmehr bleibe das acht- bis zehnfache dessen aus, was aus anderen Quellen, zusätzlich zu jeder Mark des Staates, geflossen sei.

Skeptisch beurteilt der Landesdenkmalrat die Privatisierung staatlicher Denkmäler. Als Beispiel für das bedeutendste Objekt solcher Überlegungen zog Schosser den Alten Hof in München heran, der nach Protesten des LDR im vergangenen Jahr wenigstens zu einem Drittel vom Freistaat saniert und für kulturelle Einrichtungen genutzt werden soll. Man könne nur hoffen, daß ein privater Investor die anderen zwei Drittel so nutzt, wie es der geschichtlichen Bedeutung des Ortes entspreche, der „immerhin die Residenz des großen Kaisers Ludwig des Bayern war."

Große Sorgen bereiten Schosser die Schatzsucher, deren Zahl in Bayern ein „alarmierendes Maß" erreicht habe. Diese suchten mit elektromagnetischen Sonden nach Münzen, Schmuck und anderen Gegenständen und zerstörten dabei oft wertvolle archäologische Befunde. Leider gebe es gegen diese „barbarischen Akte" bisher keine wirkungsvollen Maßnahmen.

MEHR DAMPF für den Denkmalschutz fordert der Würzburger Stadtrat Willi Dürrnagel (rechts) von Landeskonservator Michael Petzet. Photo: Weißbach

Politik zeigten nachlassendes Interesse an der Erhaltung von Baudenkmälern.

Michael Petzet, Generalkonservator des Bayerischen Landesamtes für Denkmalpflege, möchte diese Bedenken nicht teilen: Er könne nicht feststellen, daß den Denkmalschützern der Wind ins Gesicht blase. Einig waren sich Schosser und Petzet darüber, daß der Vermarktung von Denkmälern jeder Art im Riegel vorgeschoben werden müsse, weil sonst das Erbe der Jahrhunderte vergeudet würde. Der Denkmalschutz in Bayern, so Schosser und Petzet übereinstim-

Süddeutsche Zeitung, 19. Juli 1999

Rettung der Römerfunde in Aussicht gestellt

Pfannenstiel: Optimismus nach Gespräch im Ministerium

Von unserem Redaktionsmitglied
Angela Bachmair

AZ-Bild: Fred Schöllhorn

Zuversichtlich gaben sich gestern Sprecher von Stadt und Wissenschaftsministerium im Hinblick auf die Erhaltung der Römerfunde am Pfannenstiel. Nach einem Gespräch im Ministerium, an dem neben OB Menacher und Minister Zehetmair auch MAN-Chef Rupprecht und der CSU-Abgeordnete Kränzle teilnahmen, sei man auf dem richtigen Weg, um sowohl die Funde zu sichern als auch MAN-Interessen zu wahren.

Zweierlei Lösungen sollen laut Stadt-Sprecher Uli Müllegger jetzt geprüft werden: entweder kauft der Staat der MAN das Gelände ab oder die Stadt bietet dem Konzern ein anderes Grundstück an. Denkbar sei auch, so Müllegger, eine „halbe-halbe-Lösung." Für den Fall des Kaufs hatte Michael Fontaine, bei MAN für Liegenschaften zuständig, einen „erheblichen Abschlag" von dem auf einen zweistelligen Millionenbetrag geschätzten Preis in Aussicht gestellt.

Keine Wohnhäuser?

Mit dem „positiven Gespräch" – so auch Ministeriums-Sprecher Toni Schmid – tritt der Plan in den Hintergrund, das Areal am Pfannenstiel mit Wohnhäusern zu bebauen. Bis vorgestern noch ging Menacher von einer Kompromiß-Bebauung aus, die möglichst wenig Eingriffe in den Boden erfordert – gemeint sind Häuser ohne Keller und auf Bohrpfählen – und damit die am Pfannenstiel entdeckten Reste der römischen Siedlung aus dem ersten Jahrhundert und der Stadtmauer nicht so stark beschädigt.

Für den bayerischen Generalkonservator Prof. Michael Petzet waren Menachers Vorstellungen „völlig absurd." Auf dem Grundstück seien solche Kompromißlösungen nicht möglich, dafür seien die Funde zu bedeutend. Eine Stadt, die Weltkulturerbe werden wolle, so Petzet in Anspielung auf Augsburgs Antrag, das Rathaus auf die Unesco-Liste setzen zu lassen, „kann es sich nicht leisten, das römische Erbe vor die Hunde gehen zu lassen." Wenn es zur Bebauung kommen sollte, dann werde er die gesamte Archäologenschaft Europas alarmieren.

Nach einem Gespräch im Kultusministerium sucht man jetzt nach einer Lösung, die Römerfunde am Pfannenstiel zu retten.

Verhalten positiv

Die Konfrontation zwischen Generalkonservator und Oberbürgermeister, die seit der Präsentation der Funde am Pfannenstiel bestand, dürfte sich entschärfen, wenn die bei dem Gespräch angedachte Lösung zum Tragen kommt. Aus dem Landesdenkmalamt reagierte gestern Landeskonservator Dr. Erwin Keller noch verhalten positiv. Er sei natürlich erleichtert, wenn die archäologischen Befunde geschont würden, wisse aber noch nichts.

Augsburger Allgemeine, 29. Juli 1999

Ein „Klassiker" rettet den Löwenturm

Das mittelalterliche Bauwerk wird nach Plänen von Peter C. von Seidlein völlig freigestellt

Von Michael Grill

Die Diskussion dauerte mehrere Jahre, der Realisierungswettbewerb nur noch sechs Monate – und nun gibt es eine Lösung für den Neubau an der Ecke Rindermarkt/Rosental, die rundherum für zufriedene Gesichter sorgt. Es geht dabei vor allem um die Frage, wie mit dem Löwenturm umgegangen wird, der aus der Zeit der ersten Stadtbefestigung stammt und somit einer der ältesten Münchner Wehrtürme sein soll. Wie bereits am vergangenen Montag berichtet, hat der Münchner Architekt Peter C. von Seidlein nach einer Überarbeitungsrunde den von der Deutschen Sparkassen-Immobilien-Anlage Gesellschaft (Despa) aus Frankfurt ausgelobten Wettbewerb gewonnen – gegen die starke Konkurrenz von Hans Kollhoff aus Berlin und Hans-Jürgen Schmidt-Schicketanz aus München. Nach dem ersten Bauentwurf, der von der Despa vor einigen Jahren vorgelegt worden war, wäre der Löwenturm vom Neubau regelrecht „eingemauert" worden, was unter anderem für Protest von Generalkonservator Michael Petzet gesorgt hatte: „Rettet den Löwenturm!"

Seidleins Entwurf sieht einen ganz klaren, klassisch modernen Baukörper vor, der dem Rosental neuen Schwung gibt, mit dem dominanten Gebäude des Stadtmuseums konkurrieren kann, und den Löwenturm völlig freistellt. Er habe die Bauaufgabe „eigentlich gar nicht so schwer gefunden", sagte Seidlein gestern bei der Präsentation des Wettbewerbsergebnisses, „da sich der Baukörper aus dem Grundstück quasi von selbst ergibt". Stadtbaurätin Christiane Thalgott lobte den Architekten und den Bauherrn, und wies auf strukturelle Aspekte hin: Der Stadt sei es sehr wichtig, daß auch neben Marienplatz und Fußgängerzone weitere attraktive Geschäftszonen entstünden. Dazu könne der Neubau an der Stelle der nie recht funktionierenden, eingeschossigen „Löwen-Passage" beitragen. Despa-Vorstand Claus Isendahl sagte, die Ecke am Rindermarkt sei „bislang keine Augenweide", weshalb auch die Stadt nun ein Interesse daran haben sollte, die Pläne nun möglichst schnell zu verwirklichen. Das Investitionsvolumen betrage etwa 35 Millionen Mark, gebaut werden soll von 2000 bis 2001. Was mit dem Turm selbst passieren soll, ist noch nicht ganz klar, da er kein Treppenhaus hat und – in seinem Inneren gibt es einige alte Fresken – aus konservatorischen Gründen auch nicht beheizt werden darf. Thalgott sagte ja doch noch, „irgend eine Form von Begehbarkeit herzustellen".

Die Ausstellung ist in der Löwenturmpassage, Rosental 3-4, werktags von 14 bis 20 und am Wochenende jeweils von 10 bis 18 Uhr zu sehen.

Klassische Moderne für die Altstadt, die auf das Stadtmuseum (rechts) und den Löwenturm (links) gleichermaßen eingeht: der Entwurf von Peter C. von Seidlein und seinen Partnern im Modell. Photo: Andreas Heddergott

Süddeutsche Zeitung
30. Juli 1999

Trostberger Tagblatt
6. August 1999

Vorsichtig wurde der Meilenstein aus der Erde gehoben.

Bergung des Meilensteines wurde zu einem Volksfest

Hebfeier: Lateinische Reden und Blasmusik

Seltener Fund aus dem Jahr 201 – Wonneberger wollen ihn behalten

Waging am See. Im Beisein von Generalkonservator Prof. Michael Petzet, Chef des Bayerischen Landesamtes für Denkmalpflege (LfD), und von Landrat Jakob Strobl wurde der von der archäologischen Fachwelt sehr hoch eingeschätzte im März vor der Kirche in Egerdach freigelegte römische Meilenstein geborgen. Dann, fotografierten das seltene Stück, befühlten die Schrift, versuchten zu entziffern und diskutierten in Gruppen das Woher und Wohin des Fundes.

▷

Süddeutsche Zeitung
31. Juli 1999

Lackforscher und Ludwig II.-Spezialisten

Sommerfest des Landesamtes für Denkmalpflege: Michael Petzet will Weltpräsident werden

Von Ulrike Heidenreich

Der Lampion kommt Sadatoshi Miura chinesisch vor. Michael Petzet (M.) und Taeko Miura beobachten die wissenschaftliche Studie. Photo: C. Hess

Es dauerte höchstens zwei Sekunden, dann hatte Sadatoshi Miura die Herkunft der bunten Papier-Lampions im Arkadenhof der Alten Münze zweifelsfrei identifiziert: „Die sind aus China, nicht aus Japan." Herr Miura, ein Mann der schönen Künste und derzeit als Lackforscher in Bayern unterwegs, hatte also einen schweren Stilbruch in dem schönen Renaissanceambiente

SZenario

festgestellt. Denn das Sommerfest des Landesamtes für Denkmalpflege am Donnerstag sollte ja eigentlich rein japanisch-bayerisch dekoriert sein: Drüben ein überdimensionaler Druck eines Barock-Engels von Candid, auf der anderen Seite drei Banner mit japanischer Schrift. Michael Petzet, scheidender Generalkonservator des Amtes, stellte zur Ehrenrettung dann noch lächelnd fest, daß wenigstens die Schriftzeichen orginal Nippon-Style seien und in korrektem Japanisch ein schönes Sommerfest wünschten.

Die Gästemischung jedenfalls war so bayerisch-japanisch, wie sie schöner nicht sein könnte. Drei Biertische voll besetzt mit anderen Lackforschern aus Tokio, überladen mit Augustiner-Maßkrügen. Sadatoshi Miura und seine Delegation vom *Tokyo National Research Institute of Cultural Properties* arbeiten derzeit mit den Bayern an einem Lackprojekt. „Hochinteressant", schwärmte Petzet, „wir profitieren davon, um beispielsweise das Miniaturenkabinett in der Residenz zu restaurieren, oder auch die Möbel in den Schlössern." Extrem bayerisch zudem, weil

da auch der ehemalige CSU-Politiker Maurer und MdL Gauweiler herumsaßen. Letzter ein Ludwig II.-Spezialist wie Petzet, der ihn nicht nur deswegen am liebsten zum Ehrenkonservator ernennen würde. „Peter Gauweiler hat uns als Innenstaatssekretär immens unterstützt, etwa bei der Restaurierung der Wies-Kirche."

Bayern in Ehren – Petzet, der seit 25 Jahren, länger als seine drei Vorgänger zusammen, oberster Denkmalpfleger des Freistaates ist, zieht es in die weite Welt. Nach seiner Pensionierung Ende Oktober will der 66jährige „World Präsident" werden. Chef der *ICOMOS*, einer Denkmalschutz-Vereinigung, der über hundert Länder angehören. „Ich würde die Organisation zu einer Art *Amnesty International* für Denkmäler machen. Ganze Kulturlandschaften ge-

hen vor die Hunde." Vorher jedoch muß er Stimmen sammeln. „Der weltweite Wahlkampf ist mühsam", so Petzet, „ich habe starke Konkurrenz aus Spanien, England und Mexiko."

Immerhin hat sich der Generalkonservator inzwischen mit dem Internet angefreundet („Ich habe schon zwei E-mail-Adressen"), spricht weltmännisch von seiner „election-platform" und hat einen Wahlkampfmanager bestellt. Die Stimmen der afrikanischen und osteuropäischen Länder seien ihm sicher, hofft er. Etliche aus Asien könnten noch dazukommen. Das Freibier in der Alten Münze dürfte die Sympathien der Japaner für den Münchner Gastgeber erheblich gestärkt haben.

SZenario Redaktion: Ulrike Heidenreich
Tel.: 2183-8771 Fax: 2183-8295

Wonnebergs Bürgermeister Josef Mayr hieß dazu vor der St. Margarethen-Kirche zahlreiche Gäste willkommen. Gut 200 Besucher waren es, die auf diese Weise bekundeten, dass sie die römisch-norische Vergangenheit des Rupertiwinkels und des Chiemgaus, greif- und sichtbar geworden am entdeckten Meilenstein, bei nicht Wenigen auf Interesse stößt. Mayr stellte kurz seine „kleine" Gemeinde vor, erinnerte an die alte Geschichte

200 Besucher dabei

Wonnebergs, die 1996 in großem Rahmen gefeiert worden war („1000 Jahre Wonneberg – 500 Jahre St. Leonhard") und konnte darauf verweisen, dass nun angesichts des Römersteins die heimatgeschichtlichen Wurzeln noch ein gutes Stück weiter zurück verfolgt werden könnten.

Bürgermeister Mayr brachte den deutlichen Willen zum Ausdruck, dass der Meilenstein am Fundort bleiben und dort in geeigneter Weise der Öffentlichkeit gezeigt werden solle. Unmittelbar an dem an der Egerdacher Kirche vorbeiführenden Chiemsee/Waginger See-Radrundweg aufgestellt, könnte sich die historische Meilensäule zu einer interessanten Wegmarke und zu einem echten Denkmal entwickeln. Die Egerdacher Dorfjugend, vertreten durch Dietmar Siglbauer, wollte dem Bürgermeister und der Öffentlichkeit zeigen, dass auch sie für den Verbleib „ihres Steines" im Heimatort eintreten und überreichte einen Spendenscheck über 600 Mark.

Landrat Jakob Strobl und Generalkonservator Michael Petzet hoben ebenfalls die Bedeutung des Meilensteins hervor. Professor Petzet sah die Bedeutung des Meilensteins vor allem darin, dass dieser eine greif- und sichtbare Verbindung zur römischen Vergangenheit Bayerns dokumentiere, die noch heute bayerisches Leben präge.

Als eigentlicher Fachmann trat nun Dr. Martin Pietsch, in eine römische Toga gekleidet, in römischer (lateinischer) Sprache an das Publikum. Er zitierte jene Verfügung des Kaisers Septimius Severus von 201 n. Chr., die die Wiederaufrichtung umgefallener oder zerbrochener Meilensteine vorschreibt. Genau aus dieser Zeit stamme nämlich der Egerdacher Stein, führte Dr. Pietsch aus. Von der Römerstraße Juvavum/Salzburg nach Augusta Vindelicum/Augsburg seien insgesamt nur 15 solcher Säulen bekannt geworden, wovon sich allerdings nur vier Exemplare wirklich – und zwar in Österreich – erhalten hätten.

Aus der Serie des Jahres 201 n. Chr. sei der Egerdacher Stein überhaupt das einzige in Bayern entdeckte Exemplar.

Welche Aussage hinter den drei auf dem Stein deutlich zu identifizierenden Wörtern „Pius", „Max" und „Ante" verborgen liege, könne im Moment noch nicht gesagt werden. Alle anderen Teile des ursprünglich 14-zeiligen Textes seien wohl

„Pius", „Max" und „Ante"

bewusst abgeschlagen worden, als man den Stein von der ehemaligen Römerstraße bei Lauter zur neu gebauten Egerdacher Kirche schleppte und dort verbaute oder aufstellte, vermutete Dr. Pietsch. Später, als die Egerdacher Kirche vergrößert wurde, stand der Meilenstein vielleicht im Weg und wurde beseitigt, wobei man ihn einfach vor dem Eingang eingrub.

Nach einem Musikstück der St. Leonharder Blaskapelle folgte der Moment, auf den alle Gäste gewartet hatten: Ein Lkw mit Kran fuhr rückwärts an die Fundgrube heran und hievte den mit Balken stabilisierten 1,3 Tonnen schweren Stein aus der Grube. Von Steinmetz Sepp Thaler fachmännisch verfolgt und dirigiert wurde dieser abgesetzt, um den Besuchern die Möglichkeit zu geben, ihn – ehe und zur weiteren Untersuchung und zur Restaurierung in die Werkstatt der Steinmetzfirma Zerle in Traunstein verfrachtet wurde – genauer zu betrachten.

Speziell das Wohin liegt den Wonnebergern sehr am Herzen, befürworten sie doch die Aufstellung des Fundes am Fundort. Allem Anschein nach kann diese Frage jedoch als geklärt betrachtet werden. Auch Professor Petzet gab sich in einer Diskussionsrunde als Befürworter der

„Unesco-Grundsatz"

Fundort-Ausstellungs-These zu erkennen. Es gebe, so Petzet, einen alten und international akzeptierten Unesco-Grundsatz, nach dem Funde möglichst am Fundort und nicht in einem fernen Museum der Öffentlichkeit präsentiert werden sollten.

Auch Hans Roth vom Historischen Verein Rupertiwinkel und Geschäftsführer des Landesvereins für Heimatpflege in München sowie Franz Patzelt, Ortsheimatpfleger von Waging, vertraten diese Auffassung. Hans Maier aus Unterwendling, der das Wonneberger Anliegen stellvertretend für viele leidenschaftlich vortrug, dürfte sich nach diesem Zuspruch bestärkt fühlen.

Um den Stein vor der St. Margarethen-Kirche und bei der alten Linde hatte die Egerdacher Dorfgemeinschaft für Bewirtung und die Blaskapelle für einen stimmigen musikalischen Rahmen gesorgt, die wesentlich zum Gelingen der „Hebefeier" beitrugen.

In lockerfestlicher Form war den Geschichts- und Archäologie-Interessierten so die Möglichkeit gegeben, Erfahrungen auszutauschen und aufs Neue festzustellen, dass die Geschichte, in welcher Form auch immer, interessant ist und die Menschen verbindet. Die wegen der laufenden Renovierung leer stehende Filialkirche könnte Fundament und die freigelegten Fundamente des Vorgängerbaus betrachtet werden.

Manche Gäste, denen Egerdach bislang völlig unbekannt war, zeigten sich überrascht von der Kunst (Kirche), der Geschichte (Stein) und dem Leben (Fest) mitten in der Abgeschiedenheit dieses Winkels auf dem

Eichstätter Kurier
6. August 1999

Schweinfurter Tagblatt ▷
28. August 1999

Entscheidung über Denkmal Marktgasse 2 im September

Gestern Spitzengespräch mit Petzet und Böhm

Eichstätt (hr) Nach der Sommerpause soll nun eine Entscheidung über Abbruch oder Weiterbestand des Gebäudes Marktgasse 2 (Kaufhaus Storg) in Eichstätt fallen. Darauf einigten sich gestern Vertreter des Stadtrats mit Oberbürgermeister Arnulf Neumeyer an der Spitze sowie der Präsident der Regierung von Oberbayern, Werner-Hans Böhm, der Chef des Bayerischen Landesamtes für Denkmalpflege, Dr. Michael Petzet, und Kaufhausbesitzer Heinrich Storg (Amberg).

Wie Neumeyer das Ergebnis des Gesprächs gegenüber unserer Zeitung erläuterte, soll bis dahin abermals eine detaillierte Auflistung aller erhaltenswerten Bestandteile des unter Denkmalschutz stehenden Gebäudes Marktgasse 2 erstellt werden. Außerdem wird in Zusammenarbeit mit Stadtbaumeister Andreas Mühlbauer und Vertretern des Landesamtes für Denkmalpflege sowie dem Architekten Storgs ein detaillierter Kostenplan aufgestellt. Dieser soll dann zusammen mit einer Kostenaufstellung für einen Neubau nach einem Abbruch der Regierung von Oberbayern vorgelegt werden, die dann über die Höhe möglicher Zuschussmittel aus dem Programm für Städtebauförderung entscheiden wird. Dem Kaufhausbesitzer Storg bleibt es dann Neumeyer zufolge vorbehalten zu sagen, ob er abbrechen und neu bauen oder das Denkmal-Anwesen sanieren will. Wie Neumeyer mitteilte, hat Regierungspräsident Werner-Hans Böhm aber klar zu erkennen gegeben, dass es eine 100-prozentige Förderung der durch Denkmalschutzauflagen anfallenden Mehrkosten nicht geben werde.

Damit bleibt es bei der bereits von der Stadt genehmigten Planung des Kaufhausbesitzers für eine Sanierung des Gebäudes. Denn nun hätten auch die Denkmalschützer erklärt, mit dieser Planung „leben zu können", so Neumeyer. Denkmalschutzchef Petzet hätte bei der gestrigen Sondersitzung im Rathaus noch einmal eindringlich dafür geworben, das Haus Marktgasse 2 unbedingt zu erhalten. Der Oberbürgermeister Neumeyer selbst ließ allerdings erneut erkennen, dass er, sollte Heinrich Storg finanziell nicht in der Lage sein, die nicht geförderten Mehrkosten zu tragen, einem Abbruch des Hauses Marktgasse 2 zustimmen werde. Er selbst halte auch wenig von dem zwischenzeitlich geäußerten Vorschlag, ein Kaufhaus auf der Seite des Bahnhofs in Nähe zum Herzogsteg zu errichten. Denn dadurch verlöre die Innenstadt einen Magneten. Einen Neubau beim Herzogsteg habe, so Neumeyer, auch Heinrich Storg abgelehnt.

Mit dem Thema Kaufhaus Storg beschäftigt sich der Stadtrat von Eichstätt nun bereits seit mehr als zehn Jahren. Denn 1988 hatte der Bauausschuss bereits dem Abbruchantrag des Amberger Unternehmers zugestimmt, als im Jahr 1990 nach langem Streit das Bayerische Innenministerium im Einvernehmen mit dem Kultusministerium entschied, dass das Haus erhalten werden müsse. Das Gebäude, so hieß es damals, könne „mit wirtschaftlich vertretbarem Aufwand erhalten und saniert" werden. Danach schlummerte das Vorhaben, bis Heinrich Storg 1997 erneut einen Abbruchantrag stellte, da er finanziell nicht in der Lage sei, die denkmalpflegerischen Mehrkosten zu tragen.

Das Haus Marktgasse 2 ist als „überregional bedeutsam" in der Denkmalliste verankert. Es stammt aus der ersten Hälfte des 18. Jahrhunderts.

Donau-Kurier
(Ingolstadt)
3. September 1999

Schmaizlerfabrik und Römerschau

München (lb) Wahre architektonische Schätze der bayerischen Kulturlandschaft zeigen sich am 12. September, dem „Tag des offenen Denkmals", wieder der Öffentlichkeit. Bereits zum siebten Mal werden mehr als 750 Denkmäler in Bayern ihre Türen dem interessierten Publikum öffnen, teilte das Landesamt für Denkmalpflege gestern mit.

Nach Aussagen des Generalkonservators Prof. Michael Petzet ist das Angebot in diesem Jahr noch umfangreicher und vielfältiger. Viele Städte, Gemeinden und auch Privatleute präsentieren ihre „Kleinodien", von der Schnupftabakfabrik in Regensburg über einen Archäologie-Spaziergang in Neu-Ulm bis hin zur Schlossbesichtigung in Castell. Neben vielen anderen Attraktionen wird das Landesamt in der Alten Münze mitten in der Münchner Innenstadt ein Programm mit Gladiatorenkämpfen und kulinarischen Köstlichkeiten zum Thema „Römer in München" anbieten.

Ziel des „Tags des offenen Denkmals" sei es, nicht oder nur mit Schwierigkeiten zugängliche Gebäude und Einrichtungen den Bürgern von Experten erklären zu lassen. Die Stadt Nördlingen wird zentraler Veranstaltungsort sein, dort eröffnet Wissenschaftsminister Zehetmair den Tag des offenen Denkmals. Das Gesamtprogramm kann beim Landesamt unter Tel. 089/2114-289 angefordert oder im Internet http://www.blfd.bayern.de eingesehen werden.

AZ (Abendzeitung), München ▷
3. September 1999

Der bayerische Generalkonservator Michael Petzet begutachtete den Landkreis Haßberge

Beeindruckt von den vielen Baudenkmälern

LKR. HASSBERGE (RED)

Der Landkreis Haßberge ist reich mit Bau- und Bodendenkmälern aus den verschiedensten Epochen gesegnet. Davon zeigte sich auch der bayerische Generalkonservator Prof. Michael Petzet beim letzten turnusgemäßen Besuch in seiner Amtszeit beeindruckt. Begleitet wurde er dabei von Landrat Rudolf Handwerker, der zuständigen Gebietsreferentin des Landratsamtes für Denkmalpflege Dr. Annette Faber, dem Leiter der unteren Denkmalschutzbehörde im Landratsamt Günter Grobe sowie den zuständigen Kreisheimatpflegern und Bürgermeistern.

Während beim Besuch von Generalkonservator Petzet in einigen der besuchten Baudenkmäler der Erfolg von bereits abgeschlossenen Instandsetzungen begutachtet wurde, ging es bei anderen Objekten um die Lösung von teils schwierigen Problemen.

In Königsberg als der ersten Station der Fahrt durch die Haßberge erläuterte Bürgermeister Kurt Sieber die Schritte der Stadt bei der Umnutzung des ehemaligen Brauhauses zum Kunsthandwerkerhof. Es ging aber auch um die jetzt bevorstehende Sanierung der Marienstraße, wobei das historische Pflasterbild erhalten bleiben soll. In der Pfaffengasse überzeugten sich die Vertreter des Landratsamtes von der denkmalpflegerischen Sorgfalt, mit der das Anwesen Nr. 7 derzeit von seinem Besitzer Dr. Rappert restauriert wird.

Im Hofheimer Stadtteil Goßmannsdorf machte Dr. Faber auf die kunsthistorische Bedeutung der Innenausstattung der katholischen Pfarrkirche St. Margarethen aufmerksam, die kürzlich innen renoviert wurde. Von der für eine Dorfkirche prachtvollen und wertvollen Ausstattung sind besonders die Seitenaltäre zu bemerken, die von der Hand des berühmten Würzburger Hofbildhauers Johann Peter Wagner stammen. Den Hauptaltar schuf 30 Jahre vor ihm sein ebenfalls bedeutender Vater Thomas Wagner. Auch das Deckengemälde von Max Roßmann ist kunsthistorisch wertvoll.

Graf Philipp zu Ortenburg berichtete vor Ort über den Stand der Renovierungsarbeiten am von ihm bewohnten Birkenfelder Schloss. In einem ersten Bauabschnitt wurde das baugeschichtlich äußerst wertvolle Gebäude aus der Mitte des 18. Jahrhunderts zunächst gesichert. Die Finanzierung der nun anstehenden Innenrenovierung wirft für Eigentümer und Denkmalamt noch einige Probleme auf.

Graf zu Ortenburg zeigte der Kommission auch einige der Höhepunkte der komplett erhaltenen Originalausstattung des Schlosses, so die gut erhaltenen Wandbemalungen und eine gemalte Tapisserie. Diskutiert wurde während des Besuchs ebenfalls die Farbgebung der Fassade.

Landrat Handwerker und Baudirektor Grobe informierten den Generalkonservator über die Pläne für die anstehende Sanierung der Burgruine Altenstein, die im Besitz des Landkreises ist. Hier soll die vorhandene Substanz gesichert und erhalten werden sowie die Anlage für Besucher besser erschlossen werden.

So soll vom Burggraben und einem dortigen Parkplatz aus ein zweiter Zugang zu den Burganlagen geschaffen werden. Auch eine baugeschichtliche Untersuchung ist geplant, deren Ergebnisse dann den Besuchern im Rahmen des burgkundlichen Lehrpfades durch den Landkreis vorgestellt und erläutert werden. Schließlich war Burg Altenstein eine der größten und bestbefestigsten Burgen weit und breit.

Letzte Station war die historische Schlosskapelle in Gleisenau. Sie ist besonders wegen ihrer gelungenen klassizistischen Fassade ein Denkmal von überregionaler Bedeutung. Dazu der Generalkonservator: „An der Leichtigkeit dieser Architektur merkt man, dass man hier in einem Sandsteingebiet ist." Bei dem Baudenkmal ist besonders die Dachsanierung wegen fortschreitenden Verfalls dringend geworden.

Die Pfarrei Ebelsbach, welche die Kirche noch in den sechziger Jahren nutzte, kann sich heute in der Gleisenauer Schlosskapelle nur noch eine begrenzte und isolierte Nutzung zu besonderen Festtagen vorstellen. Für die Gemeinde sind die Gesamtkosten von 300 000 Mark ohne Nutzungsmöglichkeiten ebenfalls derzeit nicht finanzierbar. Daher wurde die Gründung eines Vereins vorgeschlagen, um weitere Zuschüsse und Spenden für dieses Projekt sammeln zu können.

Die Kommission unter Führung des Generalkonservators Professor Michael Petzet (dritter von links) besichtigte die Burgruine Altenstein. FOTO LRA HASSBERGE

Alte Gemäuer und antike Spezialitäten

Am Tag des offenen Denkmals: 750 Bauten öffnen ihre Pforten

VON THOMAS MÜLLER

Ja, ja, die alten Römer. Waren sie nun an der Isar oder waren sie es nicht? Falls ja, wäre München nicht bloß 841 Jahre jung, sondern bereits knapp 2000 Jahre alt. Angeblich soll ja der Alte Peter auf antiken Fundamenten stehen – bewiesen ist aber nichts. „Wir wissen nicht, ob die Römer in München waren", sagt Generalkonservator Michael Petzet, „aber wir zeigen, dass sie in München sind." Und zwar im Rahmen des Antik-Spektakels „Römer in München".

Am 12. September zum „Tag des offenen Denkmals" steigt die Sause in der Alten Münze. Bodenfunde aus Aschheim werden präsentiert, römische Legionäre zu Fuß oder zu Pferd sowie Gladiatoren-Wettkämpfe werden zu bestaunen sein. Für die historische Authentizität bürgt Marcus Junkelmann. Der Archäologe bastelte Waffen und Rüstungen nach antiken Bodenfunden detailgetreu zusammen.

Auch antike Kulinaria wie etwa die Lucanicae (gewürzte Rauchwürste) oder dem Conditum Paradoxum (Würzwein) sollte man unbedingt probieren. Nur auf das „Garum", ein unsägliches Gebräu aus vergorenem Fisch – eine Art Ketchup der Antike – wurde verzichtet. Schließlich soll sich keiner den Magen verrenken.

Die Römer in München – nur ein kleiner Teil des Tags des offenen Denkmals. Gut 750 Denkmäler gibt's in ganz Bayern zu besichtigen. Darunter viele alte Gemäuer, zu denen sonst der Zutritt verboten ist. Und auch technische Industrie-Denkmäler, wie etwa das Walchensee-Kraftwerk (Kochel), eine Schnupftabak-Fabrik aus dem 19. Jahrhundert (Regensburg) oder der Sulzer-Bergwerksstollen (19. Jahrhundert) in Peißenberg. Infos über das gesamte Programm zum Denkmaltag gibt's unter ☎ 089/21 14-289 oder im Internet: www.blfd.bayern.de.

Hoch zu Ross präsentiert sich dieser römische Legionär am Tag des offenen Denkmals im Hof der alten Münze. Foto: Landesamt für Denkmalpflege

Am 12. September zu besichtigen: Die Maxburg, ein denkmalgeschützter Bau aus den 50er Jahren. Foto: Aus dem Buch „Münchner Bauten"

Offene Denkmäler in München

Gut 750 Denkmäler stehen am 12. September in ganz Bayern offen, in München sind es immerhin zwölf historische Bauten, in denen Führungen oder Veranstaltungen stattfinden. Unter anderem im Bundesfinanzhof (Ismaninger Straße 109), Giesinger Bahnhof, Herzog-Max-Burg (Lenbachplatz 7), Bayerisches Landesvermessungsamt (Liebigstraße 25), Regierung von Oberbayern (Maximilianstraße 39) oder Seidlvilla (Nikolaiplatz 1b). Führungen finden ebenfalls am Alten Südfriedhof oder am Nordfriedhof statt (jeweils 10 Uhr). Ein besonderes Schmankerl ist ein Konzert im Hof des Innenministeriums am Odeonsplatz (11 Uhr). Bis zur Zerstörung im Krieg stand hier das Odeon. Ein Konzertsaal, der die beste Akustik ganz Münchens hatte. Heute stehen nur noch dessen Umfassungsmauern. **tse**

Bereit zur Restaurierung liegt der Putto auf dem Tisch.

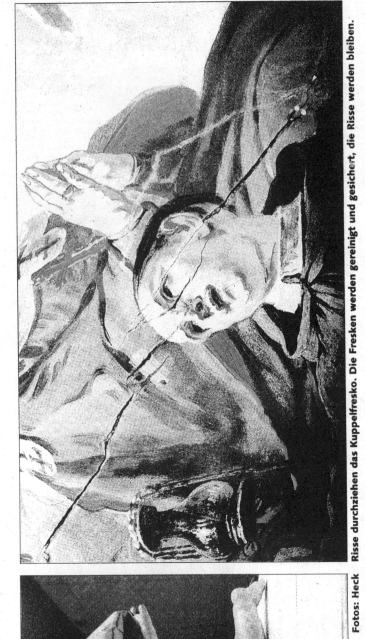

Risse durchziehen das Kuppelfresko. Die Fresken werden gereinigt und gesichert, die Risse werden bleiben.

Fotos: Heck

Hilfe für Heilige und Engel naht

Restaurierung der Rotter Klosterkirche geht jetzt in die Endphase – 2001 Fertigstellung?

Hilflos liegt der Engel auf dem Bauch. Die sonst so elegant gen Himmel weisenden Händchen greifen blind ins Leere, Flügelchen und Lendenschurz flattern etwas unmotiviert gen Decke. Das ganze Sphärenwesen scheint um sein inneres und äußeres Gleichgewicht zu ringen oder ohnmächtig um Hilfe zu winken. Die bekommen der Putto und seine Gefährten in der Rotter Klosterkirche nun auch: Die Restaurierung von Innenraum und Ausstattung, „eine der bedeutendsten Spätrokoko-Schöpfungen Süddeutschlands", so Professor Michael Petzet, geht nach ausführlicher Befunderhebung jetzt in die Umsetzung.

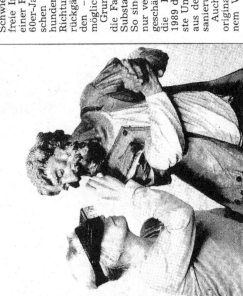

dabei unter anderem die Schwierigkeit ist: „Sehr freie Interpretationen" bei einer Restaurierung in den 60er-Jahren und Retouschen aus dem 19. Jahrhundert müssen wieder in Richtung Originalzustand rückgängig gemacht werden – soweit dies noch möglich ist.

Grundsätzlich, so stellten die Fachleute fest, ist die Substanz in Rott recht gut. So sind die Kuppelfresken nur verhältnismäßig wenig geschädigt. Ein Riss durch die Hauptkuppel hatte 1989 das Signal für die erste Untersuchung gegeben, aus der nun eine Gesamtsanierung wurde.

Auch viele Figuren sind original erhalten, von einem Wachsüberzug abge-

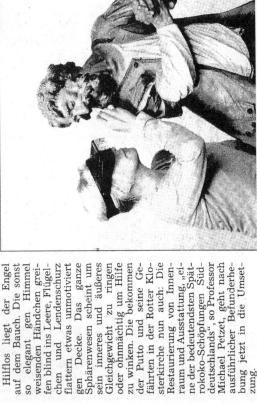

Oberbayerisches Volksblatt
(Rosenheim)
1. September 1999

Voraussichtlich noch bis zum Jahr 2001 wird die Glorie des Benediktinerhimmels auf dem Kuppelfresko verhüllt bleiben. Dann aber werden Gottvater, Maria, die Heiligen samt Drachen, Engel und allem irdischen Zubehör in wahrem Glanz erstrahlen und mit ihnen die ganze Rotter Kirche: Nach insgesamt zehn Jahren soll dann die grundlegende Sanierung und Restaurierung des 1759 bis 1763 von Johann Michael Fischer auf den Fundamenten einer romanischen Kirche gebauten Gotteshauses endlich abgeschlossen sein.

Wurden nach den alleine vier Jahre dauernden Voruntersuchungen im ersten Bauabschnitt Statik, Bausubstanz und Fassade der Kirche saniert, so geht es seit 1998 um die Innenausstattung. An ihr haben die sehen, der ihnen 1961 „zum Schutz" verpasst worden war. Der aber hatte die Oberflächenwirkung völlig verändert und wird nun wieder abgelöst.

Den originalen Farbton suchte man auch für die Wände und Ausmalungen, denn die ursprünglich „anspruchsvollere Oberfläche" war im Lauf der Jahrhunderte geglättet worden. Schlüsselfarbe ist dabei das zarte und doch glänzende „Smalteblau", das Rott von Stefan Enzinger selbst angemischt wird. Dafür wird wie im 18. Jahrhundert blau durchgefärbtes Glas gemahlen. Dieses Farbpigment, die „Smalte", wird dann mit Schlämmen aus Erden angerührt, die an originalen Förderstätten des 18. Jahrhunderts gegraben wurden.

Aufschlüsse über diese Materialien geben die Kloster-Journale der Bauzeit, in denen jede Lieferung fein säuberlich registriert ist. Trotzdem stehen die Restauratoren vor vielen offenen Fragen. Sollten die Farben der Raumschale wirklich an Materialien erinnern, beispielsweise an kühl-roten Marmor, wie Dr. Petzet entschieden, hat letztlich entschieden, wie welcher Heilige auszusehen hat? Wie war die Firniss der Altäre zusammengesetzt?

In einer Art Zwischenbilanz wurde Medienvertretern kürzlich erläutert, was

Das Bartkitzeln der Restauratorin scheint dem Heiligen nicht unangenehm zu sein.

bedeutendsten Künstler des Rokoko mitgewirkt: Die Fresken von Matthäus Günther und vor allem die Figuren und Altäre von Ignaz Günther fehlen in keinem Kunstführer über Süddeutschland.

Jetzt aber hat sich sein berühmter „Engel mit dem roten Hut" erst einmal ganz bescheiden eingereiht in die Schar der Heiligen, die an einem gut gesicherten Ort in Rott auf ihre Restaurierung warten: Marinus und Anianus, die Kirchenpatrone, wirken in ih- rem noblen, dunklen Silber selbst hier in der „Warteschlange" vornehm zurückhaltend. Und auch die anderen Heiligen zeigen gerade aus der Nähe die geniale Kunstfertigkeit von Iganz Günther: jede Nase hat einen besonderen Schwung, jeder Mantel fließt anders.

Die Qualität dieser Figuren, die auch schon bei Ausstellungen in München oder London die Besucher begeisterten, soll nach der Restaurierung noch mehr zur Geltung kommen: Nachdem mittlerweile alles registriert und untersucht ist, machen sich die Spezialisten des Landesamtes für Denkmalpflege und von Fachfirmen nun an ihr Werk, mit dem Ziel, „den Zustand des 18. Jahrhunderts so gut wie möglich wieder herzustellen", so Landeskonservator Dr. Michael Petzet.

Der Innenraum der Kirche gleicht zur Zeit einer Werkhalle.

Auch unter der Kuppel hat der Restaurator Helmut Zernickel ein Puzzle vor sich. Aus der Nähe werden die Schäden erst deutlich, die beispielsweise die Feuchtigkeit angerichtet hat, die durch eine undichte Dachluke eingedrungen war. Und es sind die „Tagwerke" sichtbar, in denen Matthäus Günther von 5. Juli bis 6. November 1763 sein Gemälde in den feuchten Putz malte, Stück für Stück, „wie Apfelschnitze", so Zernickel, denn der Künstler hatte wohl nur ein schmales Gerüst und natürlich kein Kunstlicht.

Solche Hilfsmittel stehen den Restauratoren jetzt in Perfektion zur Verfügung. Trotzdem werden sie länger an der Kuppel arbeiten als Günther. Die Fresken müssen vorsichtig, mit Dampf gereinigt, teilweise abblätternde Farbpartien gesichert werden. Die Risse aber werden bleiben und auch auf Rekonstruktionen will und kann man verzichten: Das Fresko wirkt immer noch gewaltig in seinen genialen Perspektiven.

Gewaltig sind allerdings auch die Kosten für die Gesamtinstandsetzung der Rotter Klosterkirche. Der Staat hat hier die Baulast, und so wird der Steuerzahler rund elf Millionen Mark investiert haben, bis voraussichtlich 2001, vielleicht auch erst 2002, in St. Marinus und Anianus der Eröffnungsgottesdienst gefeiert werden kann. Weitere 6,2 Millionen trägt die Kirche selbst bei, die für die Restaurierung der Innenausstattung zuständig ist. Für den Leiter des Landesdenkmalamtes, Professor Petzet, gibt es aber keine Frage, dass dieser Betrag in Rott gut eingesetzt ist: Dies sei im Moment eines der bedeutendsten Projekte seines Amtes, versichert er: „Rott ist uns das wahrhaftig wert."

Bleibt nur zu hoffen, dass dem „Jahrzehntwerk" der Renovierung in Rott ein längerer Erfolg beschieden ist als seinerzeit den Rotter Benediktinern mit ihrer Kirche. Die hatten erst 1791 die letzten beiden Altäre geweiht. Schon 1803 war die Pracht dann zu Ende: das Kloster wurde im Zuge der Säkularisation aufgehoben.

Karl Königbauer

Der Engel wartet noch auf seine Restaurierung.

Die Signatur von Matthäus Günther, der sich selbst Gündter schrieb, im Kuppelfresko der Kirche stammt aus dem Jahr 1763.

Schon in der Romanik stand in Rott eine große dreischiffige Basilika, deren Reste jetzt freigelegt wurden. Teilweise auf ihren Fundamenten baute Johann Michael Fischer die Rokoko-Kirche.

Münchner Merkur
13. September 1999

Gladiatoren im Renaissance-Hof

Gladiatoren schwangen im Renaissance-Hof der Alten Münze die Schwerter, Restauratoren zeigten, wie sie Grabungsfunde in neuem Glanz erstrahlen lassen, und in der Herzog-Max-Burg wurden ehemalige Gerichtssäle geöffnet.

Geschichtlich interessierte Münchner hatten gestern beim Tag des offenen Denkmals Gelegenheit, zwölf historische Stätten unter die Lupe zu nehmen, die der Öffentlichkeit sonst verschlossen bleiben.

„Schon um zehn Uhr in der Früh" strömten Hunderte Interessierte in das Bayerische Landesamt für Denkmalpflege", freute sich dessen Referent Johannes Hallinger. Das Thema: Römer in München. „Das ist Denkmalpflege zum Anfassen", schwärmte Besucher Ludwig Semmler. Archäologe Marcus Junkelmann, der selber als römischer Soldat im Kettenhemd auftrat, und „seine" Gladiatoren ließen keine Fragen offen. So erfuhren die wissbegierigen Besucher, welche Maskenhelme und Wurfspeere die Römer verwendeten und dass die Pferde keine Hufe trugen.

Wer wollte, sah sich auch die Restaurierungswerkstätten an. Dort werden derzeit die Funde aus dem römischen Vicus sowie vom bajuwarischen Gräberfeld in Aschheim bearbeitet. Zur Stärkung gab's Conditum Paradoxum (Würzwein) und Lucanicae (gewürzte Räu- cherwurst), dem kleinen Andreas jedoch ein bisschen zu feurig war.

Die Regierung von Oberbayern öffnete ihre Räume, um den Bürgern Einblick in ihre Aufgaben zu geben. Die Mitarbeiter informierten nicht nur über die Gebäude, sondern über Tierschutz, oberbayerische Seen und die familiengerechte Grundschule. „Einige Bürger kommen auch mit persönlichen Problemen", erzählte der Präsident der Regierung von Oberbayern, Werner-Hans Böhm. So klagte eine Dame, dass der Westpark nicht mehr zum Spazierengehen tauge.

Werner Pöllmann vom Staatlichen Hochbauamt München I erklärte in der Herzog-Max-Burg die Sanierung des Lenbachblocks. „Ich bin den ganzen Tag nur am Erzählen", lachte er. Denn über mangelnde Resonanz konnte er nicht jammern. Genau wie Marta Reichenberger, Geschäftsführerin des Seidlvilla-Vereins. Sie führte zweimal durchs Haus, erläuterte Geschichte und Architektur. Eines fiel ihr besonders auf: Viele Besucher kamen aus Münchens Randgebieten. Sie nahmen sich Zeit für den Denkmaltag und gingen auf Tour durch die Stadt. Nina Gut

Römische Gladiatoren präsentierten sich im Hof der Alten Münze in originalgetreu nachgebauten Kettenhemden, Helmen und Schildern. So waren sie gut gerüstet fürs spektakuläre Duell. Fotos: Klaus Haag

Zweierlei Schuhe an einem Gladiator: Da staunte auch das Zamperl.

Augsburger Allgemeine
11. September 1999

Kloster als Schatzkammer der Restauratoren

Bauarchiv in Thierhaupten dehnte sich weiter aus

Thierhaupten (ela). **Das ehemalige Kloster Thierhaupten (Kreis Augsburg) ist nach aufwendiger Sanierung nunmehr vollständig von neuen Nutzern belegt. Im Südflügel des Gebäudekomplexes wurde das 1989 eingerichtete Bayerische Bauarchiv des Landesamtes für Denkmalpflege noch einmal erheblich erweitert. Generalkonservator Professor Michael Petzet, der Ende Oktober in Ruhestand geht, stellte gestern das fast vollendete, vom Bezirk mitgetragene Werk der Öffentlichkeit vor.**

Petzet bezeichnete das Bauarchiv als „blühende Einrichtung", die allerdings „etwas mehr Personal" bräuchte. Zur Zeit arbeiten dort sechs Fachleute. Neben einer Sammlung von inzwischen 3000 exemplarisch bedeutsamen Bauteilen aus abgebrochenen Häusern Dachwerke aus Gundertshausen (Kreis Aichach-Friedberg) und Kempten sein. Als Blickfang wird zudem der Nachbau eines hölzernen Krans von Elias Holl installiert, der – vom TÜV abgenommen – auch funktioniert.

Im Mai 2000 wird die Klosteranlage eingeweiht. Das Bauarchiv sei ein „gewaltiges Element" des Komplexes, sagte Bezirkstagspräsident Simnacher. Für die Gemeinde Thierhaupten, die das Kloster 1983 in desolatem Zustand erworben hatte, äußerte sich Bürgermeister Franz Neher „glücklich und stolz" über diesen „letzten großen Meilenstein".

Das Bauarchiv biete vielen jungen Handwerkern die Chance, auf der Grundlage traditioneller Handwerkstechniken Existenzen zu begründen, betonte Simnacher. Es veranstaltet jährlich bis zu 40 Kurse und arbeitet eng mit der ebenfalls im Kloster tätigen Akademie

Fränkischer Tag
(Bamberg)
30. September 1999

Abschiedsbesuch bei der Truppe

Generalkonservator Michael Petzet letztmals offiziell als Chef in Schloss Seehof

Eingeladen hatte er zum Abschied „von einem mir so sehr am Herzen liegenden Schloss". Seehof. Dass das Scheiden Michael Petzet ein bisschen weh tat, verbarg der Generalkonservator des Bayerischen Landesamtes für Denkmalpflege am Dienstag Abend im Weißen Saal vor Mitarbeitern und Gästen keineswegs. Eng damit verwoben ein weiterer Bewegungsgrund: Dankabstattung an Stifter und Leihgeber zurückgekehrter Ausstattungsstücke. ten, voll „Freude, dass sich mir am Ende meiner Dienstzeit solche Träume erfüllen kann".

Ohne eigenen Ankaufsetat waren und sind die Denkmalpfleger auf Leihgeber und Spender angewiesen. Zu ihnen gehört das Metropolitan Museum in New York ebenso wie die Gesellschaft der Freunde von Seehof. Petzet verwies auf die Pilotfunktion von Schloss und Park. Dank auch an die Mitarbeiter; sie müssten „lauter glückliche Menschen" sein, da sie in

Schließlich eine kleine Führung. Launig präsentiert Michael Petzet die fürstbischöfliche Raumfolge um den Weißen Saal. Wie seine eigene Wohnung, jeder Sultan, jede Prinzessin in der Wand vertraute Mitbewohner, jeder Konsoltisch ein Stückchen Biografie. Eingeschlossen jener, den vielleicht einst Brigitte Bardot berührte – er stammt aus Gunther Sachs' Besitz. Stolz auch auf das jüngst rekonstruierte Baldachinhimmelbett.

Den Willkommensgruß zu dem von

beherbergt das Bauarchiv Restaurierungs- und Lehrwerkstätten für Holz, mineralische Werkstoffe und neuerdings ein Zentrum für Nassholzkonservierung.

Teile von Mühlradschaufeln von der ICE-Baustelle bei Greding werden dort ebenso vor dem Verfall gerettet wie Pfähle aus frühgeschichtlichen Siedlungen oder ein Brückenrost aus dem 18. Jahrhundert. Dass es möglich war, eine solche für die archäologische Denkmalpflege wichtige Werkstätte mit modernsten Geräten zu verwirklichen, sei „eine Sensation" in einer Zeit, in der überall das Geld fehlt, sagte Petzet. Metall- und Steinrestaurierung stehen jetzt noch auf der Wunschliste. Anschauungsobjekte bei Führungen in der Südscheune sollen neben Modellen auch originale für Handwerkerfortbildung in der Denkmalpflege zusammen.

Neues Arbeitsheft erschienen

Über die bisherige Entwicklung des Bauarchivs informiert der gestern ebenfalls vorgestellte Band 101 der Arbeitshefte des Bayerischen Landesamtes für Denkmalpflege. Titel: „Reparatur in der Baudenkmalpflege" (ISBN 3-87490-698-1). Er kann für 42 Mark im Buchhandel bezogen werden (Karl M. Lipp Verlag, Meglingerstraße 60, 81477 München). Gerhard Klotz-Warislohner, Martim Saar und Gert Th. Mader dokumentieren darin Restaurierungsbeispiele aus der Holzwerkstatt, der mineralischen Werkstatt und erläutern das Konzept des Bauarchivs Thierhaupten.

Ein Vierteljahrhundert war der Ende Oktober das Amt verlassende Petzet Bayerns oberster Denkmalschützer. Genau so lang liegt ihm Schloss Seehof am Herzen. 1975, als der Freistaat die von den Vorbesitzern ausgeplünderte Sommerresidenz der Bamberger Fürstbischöfe als Sitz der Außenstelle übernahm, war sie „vollkommen leer, erinnerte er sich in seinem Ansprache. Nicht zuletzt dank seinem Engagement konnten nach und nach zahlreiche Ausstattungsstücke zurückerworben werden. Nun vermitteln die Schauräume einen Eindruck einstiger repräsentativer Pracht fürstlicher Gemächer.

Jüngste Beispiele: Seit Montag steht ein Rokoko-Ofen am alten Platz im Audienzzimmer, Leihgabe des Bayerischen Nationalmuseums. Und vor allem „die großzügigste Stiftung in all diesen Jahren", 35 Einzelstücke, Kristall-Lüster, Kelch, Spiegel. Der Spenderin Elvira Schweiger konnte Petzet den Dank persönlich abstatten, einem so schönen Ambiente arbeiten dürften. Organisatorisch habe sich die Installation der Außenstelle für Franken sehr gut bewährt, wobei er Wert auf den Zusammenhalt mit der Zentrale gelegt habe. Fränkischen Separatismus, war herauszuhören, liebt der Generalkonservator nicht.

Dann das Eingeständnis persönlicher Verbundenheit, verpackt in leise Ironie. Viele schöne Erinnerungen. Daran etwa, „wie schön es war, als ich am Anfang ganz allein mit meiner Frau im verwunschenen Park an der verfallenden Kaskade saß". Oder den strömenden Regen bei der Grundsteinlegung der Kaskade, das „grauenvolle Unwetter" zu Händels Wassermusik. Bamberg wird der Ruheständler übrigens verbunden bleiben. Unter anderm als Honorarprofessor der Universität. Alles bestens? Keineswegs. Dringender Bedarf, mahnt Petzet, besteht für eine Remise. Und ein „Riesenproblem", für einen Parkplatz – Seehof sei inzwischen zu einem Publikumsmagneten geworden.

Grußworte namens der vielfältig erschienenen Prominenz aus Politik, Wissenschaft, Kultur und Wirtschaft von Oberfranken sprach der Bamberger Landrat Denzler, zugleich Vorsitzender der Seehof-Freunde, vom Memmelsdorfer Bürgermeister Bäuerlein. Finale mit Wein und Wasser und Weißbrothäppchen.

Gertrud Jemiller am Cembalo angemessen barock umperlten Abschiedsempfang hatte Alfred Schelter entboten, der in Seehof nach historisch korrekter see-höfischer Rangordnung gewissermaßen die Funktion des Kärntner Besitzungen des Hochstifts ausübt. Er würdigte Petzets Verdienste um das Schloss und die Konzeption, nicht nur eine Dienststelle einzurichten, sondern auch einen Teil des früheren Glanzes einer fürstbischöflichen Residenz wiedererstehen zu lassen. Einen Rosenstock und ein lutherisches Apfelbäumchen überreichte er auftrags der Kollegen.

Das Bayerische Bauarchiv in Thierhaupten ist um eine Werkstätte zur Nassholzkonservierung reicher. Generalkonservator Professor Michael Petzet (links) und der technische Leiter Christoph Rogalla von Bieberstein zeigen Grabungsfunde, die keinesfalls austrocknen dürfen. Bild: Anne Wall

Großzügige Spenderin: Elvira Schweiger (Zweite von rechts) inmitten von (von rechts) Generalkonservator Michael Petzet, Regierungspräsident Hans Angerer, Frau Petzet und Alfred Schelter, Leiter der Außenstelle. FT-Foto: Rinklef

Bayerns oberster Denkmalpfleger Michael Petzet auf Abschiedstour im Weißenburger Land

An Denkmälern reicher Landkreis

Visiten auf der Wülzburg, in Pappenheim und Sausenhofen – Kürzungen der Bundesmittel bedauert

WEISSENBURG/PAPPENHEIM (rit) – Die Festung Wülzburg hoch über Weißenburg, die alte Residenzstadt Pappenheim und das mit Baudenkmälern ungewöhnlich reich gesegnete Dorf Sausenhofen. Das waren die Stationen des gestrigen Abschiedsbesuches des obersten bayerischen Denkmalpflegers, Prof. Dr. Michael Petzet.

Nach mehr als 25 Jahren an der Spitze des Landesamtes für Denkmalpflege (LfD) geht er zum Monatsende in Ruhestand. Nicht Rothenburg ob der Tauber, nicht Dinkelsbühl und auch nicht Nürnberg hatte er ausgesucht, um sich stellvertretend von ganz Mittelfranken zu verabschieden, sondern Weißenburg-Gunzenhausen. „Dieser Landkreis lag mir immer besonders am Herzen, weil er einer der denkmälerreichsten in ganz Bayern ist", sagte Petzet in einem Gespräch mit dem *Weißenburger Tagblatt*.

Bestehenden Etat sichern

Zudem sei die Zusammenarbeit mit den örtlich Verantwortlichen immer gut gewesen. So sei er gerne entsprechenden Einladungen von OB Reinhard Schwirzer und Landrat Georg Rosenbauer gefolgt. Dessen Vorgänger Dr. Karl Friedrich Zink stieß am Nachmittag dazu; zur Gruppe gehörten unter anderem auch Stadtheimatpfleger Helmut Richter und Kreisheimatpfleger Gustav Mödl.

Station Nummer eins der Abschiedstour war die Wülzburg. Petzet hatte sich jahrelang für den Erhalt und die Sanierung der Festung stark gemacht, wie Schwirzer betonte. Dass der Bund ab 2000 seinen bisherigen 200 000-Mark-Jahreszuschuss streichen wird, bedauert der LfD-Chef außerordentlich. „Hätte man die Sanierungen im bisherigen Umfang noch fünf Jahre fortsetzen können, wären wir auf einem guten Stand", meinte er und riet Schwirzer dazu, alle anderen Zuschussgeber an einen Tisch zu holen. So solle Überzeugungsarbeit geleistet werden, damit nicht auch noch andere Stellen ihre Zuwendungen abbauen und womöglich auch noch der verbliebene 400 000-Mark-Jahresetat zusammenkracht. OB Schwirzer bedauerte zwar noch einmal die Kappung des Bundeszuschusses, äußerte aber zugleich „Verständnis angesichts der enormen Aufgaben im Bereich der Denkmalpflege in den neuen Bundesländern".

„Alles vorhanden"

Petzet, der in Gestalt von Dr. Giulio Marano und Dr. Michael Mette zwei weitere Experten seines Hauses und Kenner der hiesigen Denkmallandschaft im Schlepptau hatte, ließ sich von Schwirzer auch über den Stand der Arbeiten an der Andreaskirche informieren. Zu einer Besichtigung derselben fehlte allerdings die Zeit, denn nach der vormittäglichen Wülzburg-Visite stand am Nachmittag die Stadt Pappenheim an.

Auf engstem Raum würde sich dort ein historisch bedeutsames Baudenkmal an das andere reihen, schwärmte Marano bereits vorab. „Im kleinen Pappenheim ist alles vorhanden, was eine Residenzstadt ausmacht." Petzet trug sich dort in das Goldene Buch der Stadt ein. Bürgermeister Peter Krauß zeigte ihm dabei das für zwei Millionen Mark vorbildlich restaurierte „Haus des Gastes".

Dann ging es über den nach Ansicht von Fachleuten nicht minder mustergültig sanierten Kanonenweg hinauf zur Burg, wo ebenfalls in den vergangenen Jahren mit Unterstützung von Petzets Behörde reichlich Denkmalpflege betrieben wurde. Nächste Station war die Klosterstraße, welche Pappenheims Bürgermeister Krauß zufolge als nächstes Großprojekt in Angriff nehmen wird. Drei Millionen Mark wird die Sanierung kosten, wobei das Landesamt reichlich Zuschüsse locker machen wird. Krauß zufolge kann sich Pappenheim ohnehin nicht beklagen. „Unsere Zusammenarbeit mit dem LfD ist ausgezeichnet. Da wird zwar in der Sache hart diskutiert, aber am Ende gibt es immer einen tragbaren Kompromiss."

So auch bei der Klosterstraße, wo das LfD sich mit dem geforderten Erhalt der Mauer gegen Abrisspläne der Stadt durchsetzen konnte, aber umgekehrt nachgab, als es um eine Mittelrinne bei gleichzeitigem Verzicht auf einen Bürgersteig ging.

Ein neues gräfliches Großprojekt wird die Sanierung der Orangerie hinter dem neuen Schloss werden, die sich „derzeit in einem nicht nutzbaren Zustand befindet" (Krauß). Ein Millionenprojekt, bei dem auch siebenstellige Zuschüsse fließen sollen.

Wahlkampf ist angesagt

Am Abend schließlich machten Michael Petzet und seine Begleiter in Sausenhofen Station, wo sie vor allem den preisgekrönt sanierten Gasthof Gutmann besichtigen wollten. Zudem stand ein Abendessen auf dem Programm.

Der Wechsel in den Ruhestand bedeutet für Petzet übrigens nicht den generellen Abschied von der Denkmalpflege. In Kürze kandidiert er nämlich für den Posten des Weltpräsidenten der ICOMOS, einer globusumspannenden Organisation von Denkmalpflegern unter dem Dach der Unesco. Petzet: „Um das zu werden, muss ich aber noch kräftig Wahlkampf betreiben."

In der alten Tabak-Fabrik: Prof. Petzets letzte Tat

REGENSBURG (el). Bayerns oberster Denkmalschützer nimmt seine letzte Amtshandlung in Regensburg vor – dann vielleicht schon in neuer Funktion als Chef der Denkmalpflege weltweit. Prof. **Dr. Michael Petzet** hat Chancen auf den Posten als Präsident von ICOMOS, dem „International Council of Monuments and Sights". Der internationale Denkmal-Rat wählt seinen Vorsitzenden bei einer Tagung, zu der der Bayer von 14. bis 25. Oktober nach Mexiko reisen wird. Ein Termin in der Schnupftabakfabrik am 26. Oktober wird Petzets letzte „dienstliche Tat" als Chef des Landesamts für Denkmalpflege sein. Der Generalkonservator, dem am 1. November Regensburgs ehemaliger Kulturreferent **Dr. Egon Johannes Greipl** nachfolgt, wird am 27. Oktober im Münchner Cuvilliés-Theater verabschiedet. *(el)*

Mittelbayerische Zeitung (Regensburg)
2. Oktober 1999

Weißenburger Tagblatt
13. Oktober 1999

Weißenburger Tagblatt
11. Oktober 1999

Petzet kommt zum Abschied

WEISSENBURG / PAPPENHEIM – Der scheidende Chef des Landesamtes für Denkmalpflege, Professor Dr. Michael Petzet, kommt morgen zu einem Abschiedsbesuch in den Landkreis. Vormittags wird er die Wülzburg besichtigen, am Nachmittag stehen in Pappenheim nach einer Eintragung in das Goldene Buch der Stadt Visiten am Kanonenweg, in der Burg, der Augustinerkirche, der Klostergasse und der Orangerie hinter dem Neuen Schloss auf dem Besuchsprogramm. Hernach geht es nach Sausenhofen, wo im Gasthof Gutmann ein Abendessen geplant ist. Gastgeber für Petzet sind OB Reinhard Schwirzer und Landrat Georg Rosenbauer.

Süddeutsche Zeitung
13. Oktober 1999

Ein Oberstleutnant wird General

Egon Johannes Greipl wird Chef des Bayerischen Landesamtes für Denkmalpflege

Ein Amtswechsel steht bevor: Bayern bekommt einen neuen Generalkonservator und damit neuen Chef im Landesamt für Denkmalpflege. Nach 25-jähriger Dienstzeit wird Michael Petzet, der bisherige Leiter dieser in und für Bayern so identitätsstiftenden Behörde, verabschiedet. Sein Nachfolger vom 1. November an: Egon Johannes Greipl. Er befindet sich derzeit allerdings noch als Feldlagerkommandant und Oberstleutnant der Reserve im militärischen Einsatz in Bosnien-Herzegowina. Ein etwas exotisch wirkender Karrieresprung, der viele Fragen aufwirft. Da es einem Soldaten im Einsatz jedoch bekanntlich nicht erlaubt ist, sich von der Truppe zu entfernen, blieb keine andere Möglichkeit, als den derzeitigen Reserve-Oberstleutnant und künftigen bayerischen „General"- Konservator vor Ort im deutsch-französischen Feldlager Railovac zu besuchen.

Railovac ist ein kleines Dorf ungefähr acht Kilometer nordwestlich der ehemaligen Olympiastadt Sarajewo. Die Fahrt vom Flughafen zum Feldlager führt, fünf Jahre nach Kriegsende, noch immer vorbei an zerschossenen und gesprengten Ruinen. Kaum ein Haus, das nicht wenigstens Einschusslöcher aufweist. Die Spuren der bestialischen Bürgerkriegskämpfe in diesem Teil Ex-Jugoslawiens sind nach wie vor sichtbar. Wer hier lebt, lebt in permanentem Ausnahmezustand. Und das hat nicht nur damit zu tun, dass der Schwarzmarkt blüht, Geld nichts wert ist und die Verdienstmöglichkeiten praktisch bei Null liegen. Vielmehr ist der Krieg hier noch immer erschreckend physisch präsent. Bei der Einfahrt in das hochgesicherte SFOR-Feldlager Railovac fallen die vielen gelben, im Wind flatternden Plastikbänder auf. Ein Warnsignal dafür, dass hier Minen liegen. Ein todbringendes Relikt aus der Zeit, als in dieser ehemaligen k.u.k. Kavallerie-Kaserne serbische Truppen lagen, die sich gegen bosnische Angriffe durch vergrabene Sprengsätze zu sichern suchten. Im Inneren des Lagers, im obersten Stockwerk einer der ehemaligen österreich-ungarisch Offiziersvillen – dafür aber umgeben von Tretminen –, residiert Egon Johannes Greipl, der künftige oberste Denkmalschützer Bayerns. Was in aller Welt hat ihn an diesen gottverlassenen Ort verschlagen? Etwas gebeugt – die Dachschrägen in seinem Büro lassen wegen seiner Körpergröße einen aufrechten Gang nur stellenweise zu – kommt er einem entgegen. Es folgt eine jovial zivile Begrüßung in gebremst niederbayerischer Dialektfärbung.

Greipl ist gebürtiger Passauer, Jahrgang 1948. Der Vater war General, was die Neigung des Sohnes zu militärischem Corpsgeist erklärt. Trotzdem musste der Sohn studieren. Seine Fächer: Alte Sprachen, Geschichte und Kunstgeschichte. Nach Abschluss des Studiums mit Promotion folgte eine erfolgreiche akademische Laufbahn mit Studienaufenthalten in Rom, Lehraufträgen an verschiedenen Universitäten sowie einer vorübergehenden Anstellung im Denkmalamt. Zuletzt war Greipl Kulturreferent in Regensburg. Von dort beförderte ihn das bayerische Kultusministerium als Nachfolger von Michael Petzet an die Spitze des Landesamtes für Denkmalschutz. „Mein Traumjob", kommentiert der Kunsthistoriker in Camouflage diese sensationelle Beförderung und beginnt während der Führung durch „sein" Feldlager zu erklären, wie bei ihm Krieg und Kultur biografisch zusammen passen. Sein innigster Wunsch sei gewesen, eine Militärkarriere einzuschlagen. Und deshalb habe er schon parallel zum Studium alle nur möglichen Reserveübungen mitgemacht.

In Deutschland befehlige er ein Ersatz-Bataillon im fränkischen Raum. Und nachdem sich zwischen seiner zurückliegenden Tätigkeit als Kulturreferent von Regensburg und der neuen Stelle in München ein halbes Jahr Vakanz ergeben habe, habe er sich – um die Zeit sinnvoll auszufüllen – entschlossen, für einen viermonatigen SFOR-Einsatz nach Ex-Jugoslawien zu gehen. Lagerkommandant des deutschen SFOR-Kontingents im Feldlager Railovac – was bedeutet das? Er sei so etwas wie der Hausherr in dieser Anlage, in der 2600 vorwiegend deutsche, aber auch französische, ukrainische italienische und albanische Soldaten untergebracht sind. Vordringliche Aufgabe: Das Lager muss winterfest gemacht werden! Strom, Wasser und Abwasserversorgung, mit einem Wort: Die gesamte Infrastruktur müsse sich ändern. Denn bislang war alles provisorisch eingerichtet. Nunmehr sei jedoch klar, dass der gesamte SFOR-Einsatz in der bosnischen Föderation, ganz zu schweigen vom Kosovo, weitere „zehn Jahre plus X" dauere. Das bedeutet: Die noch immer minengesicherte Kaserne soll allmählich in das mehr oder weniger zivile bosnische Alltagsleben integriert werden.

Unversehens hat der Rundgang durchs Lager zwischen abgestellte Kampf- und Schützenpanzer geführt. Die Erinnerung bricht durch. Auf eines der älteren Modelle deutend, schwärmt der künftige Generalkonservator: „Auf dem habe ich noch als kleiner Panzergrenadier bei meiner Ausbildung in Roding gelernt." Denkmalschutzwürdiges Kriegsgerät, aber immer noch im Einsatz! Das ist das Stichwort, das uns zurück bringt auf kommende Realitäten: die Denkmäler Bayerns und eine Truppe von 300 hauptamtlichen Pflegern dieser Denkmäler, versammelt im Hauptquartier des Landesamtes in der renovierten alten Münze an der Burgstraße in der Münchner Altstadt. Leicht feixend meint der große Mann, er male sich im Scherz manchmal aus, was passierte, wenn das Landesamt trotz aller nötigen individuellen Freiräume der Mitarbeiter etwas militärischer durchstrukturiert würde. Das hieße dann statt Amts- eher Kommandoübergabe.

Die ersten Monate jedenfalls werde er – militärischen Gepflogenheiten folgend – damit verbringen, die Lage zu sondieren; durch Gespräche mit Landräten, Bürgermeistern, Pfarrern in ganz Bayern. Schließlich: „Was wäre Bayern ohne sein 140 000 registrierten Denkmäler?" Diese identitätsstiftenden Bauten wider alle Sparzwänge zu erhalten und zu bewahren, bedinge kämpferischen Einsatz. Soviel offen zur Schau getragenes Engagement legt den Schluss nahe: Bayerns Denkmäler werden bei diesem Mann, der Befehle zu erteilen, aber auch entgegenzunehmen gelernt hat, in den besten Händen sein. CHRISTOPH WIEDEMANN

Noch schiebt er Dienst in einer SFOR-Einheit in der Nähe von Sarajewo, von November an hütet er Bayerns Denkmäler: Egon Johannes Greipl. Foto: Stefan Walz

Instinkt für das gerade noch Machbare

Generalkonservator Prof. Dr. Michael Petzet geht in Pension

Einen einzigartigen Abschied feiert Kulturszene Bayerns nächste Woche (27. Oktober) in der Münchner Residenz: Prof. Dr. Michael Petzet tritt nach mehr als 25 Dienstjahren als Generalkonservator des Bayerischen Landesamtes für Denkmalpflege in den Ruhestand - und das sehr ungern, wie jeder weiß, der ihn kennt. Denn im Gegensatz zu vielen Trägern hoher Ämter, die unter der Last ihrer Verantwortung schwer zu tragen scheinen, hat Petzet seinen Beruf sichtlich wie ein Hobby geliebt: In Interviews nach seinem „Traumberuf" gefragt, antwortete er stets spontan: „Generalkonservator!" Seine Kraft schöpfte er aus der Gnade, seinen Beruf als Berufung zu leben.

Unvergesslich bleibt allen Petzets nie versiegender Humor, mit dem er viele heikle Situationen gemeistert und überspielt hat. Mit seiner treffsicheren Ironie ließ er so manchen aggressiven, verbissenen Gegner im Rededuell einfach gegen die Wand laufen. Auch in größten Turbulenzen zeigte er keine nennenswerten Anzeichen von Nervosität, Gereiztheit, Stress oder Überforderung. Mit untrüglichem Instinkt für das gerade noch Machbare steuerte er sein Amt durch alle Klippen, Stürme und Untiefen der öfters umstrittenen Denkmalpolitik. Ein Resümee unter sein Vierteljahrhundert „Denkmalherrschaft in Bayern" ist schnell gezogen: Rekordverdächtig wie seine Regierungsdauer sind auch seine Erfolge auf fast allen Gebieten der Denkmalpflege, wohl unüberbietbar sind seine Vielseitigkeit, Weltgewandtheit und Weltoffenheit und natürlich seine Weltreisen in Sachen Denkmalpflege.

Er ist in der Vielzahl der wissenschaftlichen Publikationen seines Amtes unerreichbar geworden, seine aktive Präsenz auf fast allen einschlägigen deutschsprachigen Symposien, Kongressen und Tagungen hat ihn zu einem Guru seines Faches werden lassen. Unter seiner Leitung wurde aus dem etwas verstaubten, welt- und realitätsfernen Amt eine wissenschaftliche Institution von Weltgeltung.

Während seiner ganzen Dienstzeit hat er dieses Amt auf- und umgebaut, zusammengeführt und erweitert, umstrukturiert und modernisiert; dazu gehörte auch die Gabe der Beharrlichkeit. Elf Jahre hat es zum Beispiel gedauert, bis das Amt aus einem muffigen kleinen Nebengebäude des Nationalmuseums endgültig in ein symbolträchtiges Baudenkmal im Altstadtkern umgesiedelt war: Die ehemalige Alte Münze mit ihrem berühmten Arkadenhof, als Kunstkammer der älteste Museumsbau der Renaissance nördlich der Alpen - heute Inbegriff weltweiter Denkmalpflege.

Als Petzet am 1. Juli 1974 zum Generalkonservator berufen wurde, stand eine gewaltige berufliche Herausforderung vor dem damals 41-jährigen. Erst neun Monate zuvor war das erste Bayerische Denkmalschutzgesetz von Juristen geboren worden, sein „Vollzug" war juristisches Neuland, die Theorie musste vorsichtig und umsichtig in die Praxis umgesetzt werden. Denn dieses Gesetz hatte den Denkmalbegriff stark ausgeweitet; nicht nur die klassischen Denkmale wie Kirchen, Klöster, Burgen, Schlösser und Rathäuser waren restauratorisch zu betreuen, sondern auch die unübersehbare Fülle an anonymer Architektur - alte Bürgerhäuser und Bauernhöfe, teilweise mit allen Nebengebäuden, dazu Denkmale der Sozial-, Wirtschafts- und Technikgeschichte.

Das gesamte nähere Umfeld dieser Baudenkmäler, mitunter sogar weitreichende Blickbeziehungen waren nunmehr zu schützen, alle Bauleitpläne, dazu Straßen- und Bahntrassenveränderungen bis hin zu neuen Autobahnprojekten türmten sich zu meterhohen Aktenstapeln auf den Tischen der Referenten. Eine gigantische Aufgabe war die nun vom Gesetz geforderte Inventarisierung - die listenmäßige Erfassung aller zum Denkmal erklärten Gebäude, die sich auf rund 110.000 einzelne Einträge und 900 Ensembles auswuchs. Der gewaltige Zuwachs an Arbeit konnte durch die Verdopplung der Mitarbeiter aufgefangen werden, der größte Kummer war das Misstrauen, die Skepsis und zuweilen barsche Ablehnung vieler Hausbesitzer, die sich von heute auf morgen durch ein amtliches Schema-Schreiben zu Denkmalbesitzern erklärt sahen; einige fühlten sich entrechtet, ja „enteignet" und machten ihrem Zorn lautstark Luft ... Die notwendige „Werbung", Beschwichtigung und Überzeugungsarbeit durch Vorträge, Diskussionsrunden und Gespräche mit Landräten, Bürgermeistern und Politikern füllten anfänglich Petzets Terminkalender auch über die ganzen Wochenenden.

Eine organisatorische Glanzleistung ist die Einrichtung einer großen „Filiale" des Amtes in Schloss Seehof bei Bamberg mit modernsten Werkstätten für Stein- und Textilrestaurierung. Dabei wurde diese schon recht marode Sommerresidenz der Bamberger Fürstbischöfe samt Schlosspark und Kaskade vorbildlich restauriert.

Auch einige teilweise neu begründete archäologische Außenstellen wurden in Baudenkmälern beheimatet. Petzet trieb auch den Ausbau der Restaurierungswerkstätten des Amtes intensiv voran, schuf ein Großraumatelier mit modernsten Hebevorrichtungen für schwerste Metallskulpturen und errichtete ein Zentrallabor zur Erforschung schadstoffbedingter Materialschäden an Glas und Stein. Diese Institutionen sind heute auf ihren Gebieten international führend, ebenso die archäologische Denkmalpflege mit der geophysikalischen Magnetometerprospektion. Einmalig ist auch das Bayerische Bauarchiv im ehemaligen Kloster Thierhaupten, in dessen Werkstätten Handwerker vieler Sparten für denkmalpflegerische Aufgaben ausgebildet werden.

Petzets gesamter Lebenslauf ist untrennbar mit seiner beruflichen Laufbahn und seiner dienstlichen Lebensleistung verbunden. Er wurde 1933 in künstlerisch-intellektuellem Milieu geboren. Für das Studium der Kunstgeschichte sprachen Neigung, Begabung und Gedächtnis. Nach nur zehn Semestern an den Universitäten in München und Paris promovierte er über ein Thema der französischen Kirchenbaukunst im Hochbarock. Sogar seine Ehefrau - sie hat Kunstgeschichte und Bühnenbildnerei studiert - fand Petzet im Umfeld seiner kunstwissenschaftlichen Neigungen. Aus den gemeinsamen Interessen ging das große Standardwerk über die Richard Wagner - Bühne König Ludwigs II hervor.

Diese ganze persönliche Begeisterung für den „Märchenkönig" entsprang einem der Schritte auf seiner Karriereleiter - der Arbeit für die Museumsabteilung der Bayerischen Schlösserverwaltung. In dieser Märchenwelt zwischen Neuschwanstein und Herrenchiemsee reifte Petzets unbestrittene Führungsrolle im Wissen um die Kunstbestrebungen Ludwig II. Die Rehabilitierung dieser umstrittenen und zuvor meist noch geächteten Kunst ist sein persönlicher Verdienst - wie überhaupt der Historismus erst unter Petzet volle Anerkennung in der denkmalpflegerischen Praxis erfuhr.

Sein Inszenierungs- und Organisationstalent konnte er schon früh beweisen: Die großen Ausstellungen „König Ludwig II

MICHAEL PETZET.

und die Kunst" 1968, die Olympia-Ausstellung „Bayern Kunst und Kultur" 1972, als Galeriedirektor des Lenbachhauses Ausstellungen der Werke Leibls, aber auch der Moderne waren Glanzleistungen in den Jahren seiner Warteschleifen zur großen Karriere. Aber auch mitten im aufreibenden Amtsbetrieb fand Petzet Zeit zur Selbstverwirklichung: Er wurde Honorarprofessor der Universität Bamberg für das Aufbaustudium Denkmalpflege. Auch der Studiengang „Restaurierung, Kunsttechnologie und Konservierungswissenschaften" an der Universität München geht auf seine Anregung zurück, hat seine praktische Basis in den Werkstätten des Landesamtes und bietet Restauratorenausbildung auf höchstem Niveau.

Trotz der enormen beruflichen Beanspruchung fand Petzet Zeit und Kraft, auch seine Liebhaberei für Ludwig II praktisch auszuleben: 1990 vollendete er die wissenschaftlich bis ins letzte Detail abgesicherte Rekonstruktion der Hundinghütte im Schlosspark von Linderhof - das 1946 zerstörte Bühnenbild Richard Wagners zur Walküre. Nur seinem persönlichen Eingreifen ist es zu verdanken, dass die rücksichtslose zerstörerische Vermarktung des noch unberührten Vorfeldes von Neuschwanstein verhindert werden konnte. Rechtzeitig zur Jahrtausendwende gelang ihm noch die zweite Rekonstruktion in Linderhof - die Einsiedelei des Gurnemanz, ein Bühnenbild aus Parsifal. Auch die Jugendliebe zur französischen Baukunst hat ihn bis heute nicht verlassen - seine grundlegende Monographie über den Architekten Claude Perrault und die Geschichte des Louvre unter Ludwig XIV ist sein großes wissenschaftliches Alterswerk geworden. ▷

Süddeutsche Zeitung
15. Oktober 1999

Petzet will jetzt die Welt retten
Eine Ära des Denkmalschutzes in Bayern geht zu Ende

Von Michael Grill

In seinem sonst so ordentlich aufgeräumten Büro auf der Nordseite der Alten Münze stapeln sich die Akten und Korrespondenzen, sogar auf dem Boden liegen kleine Häufchen mit der Aufschrift „Icomos". Er sei zur Zeit „fast im Delirium", seufzt Michael Petzet, schließlich ist nur noch ein Tag Zeit bis zum Abflug nach Mexiko, wo er sich nächste Woche zur Wahl stellen wird. Petzet will Präsident der internationalen Denkmalschutzorganisation Icomos werden, der wichtigsten Beraterin der Unesco in Sachen Weltkulturerbe, und seine Konkurrenz aus Mexiko und Spanien gilt als sehr stark. Doch der 66-Jährige will nicht nur die Weichen für einen möglichen Neuanfang stellen, auch der Abschied von der alten Aufgabe muss bewältigt werden: Nach gut 25 Jahren als Generalkonservator und damit Chef des Landesamtes für Denkmalschutz verlässt Michael Petzet die Behörde; gleich nach seiner Rückkehr aus Mittelamerika wird ihm der Freistaat im Cuvilliéstheater eine pompöse Abschiedsfeier bereiten.

Das Ende der Ära Petzet in München bietet eine gute Gelegenheit für einen Rückblick auf die Entwicklung des Denkmalschutzes. Petzet ist oft angeeckt, aber nicht, weil er besonders radikal gewesen wäre, sondern weil er gerade in den hitzigsten Debatten pragmatisch operierte. Legendär ist immer noch sein Auftritt beim Kampf um den Neubau der Staatskanzlei, als er sich den Satz von Franz-Josef Strauß „Denkmäler können auch in Neubauten einbezogen werden" zu eigen machte, und damit sämtliche Staatskanzlei-Gegner vor den Kopf stieß. Oder auch bei der Debatte um das Olympiastadion, als er nicht wie viele andere Fachleute einen Umbau von vorn herein ablehnen wollte. Oder auch beim noch anstehenden Projekt „Umgestaltung des Alten Hofs", wo er die pragmatische Investorenlösung des Freistaats unterstützt. Als Petzet seinen 65. Geburtstag feierte, sagte Kultusminister Hans Zehetmair, er habe „die Sache des Denkmalschutzes engagiert und vernünftig" vertreten. Auch mit Kollegen hat er sich in diesem Sinne gerne und oft angelegt. Während der Vorsitzende des Landesdenkmalrates, Erich Schosser, erst neulich wieder darüber klagte, dass „die fetten Jahre für den Denkmalschutz vorbei sind", weil „der Rückhalt in der Bevölkerung wegbricht und die Sensibilität seitens der Politik nachlässt", kommt Petzet zu einer ganz anderen Bilanz. Die Denkmalpflege sei in München und Bayern „voll und ganz akzeptiert", und die Erfolgsquote beim Kampf um den Erhalt schützenswerte Bauten „im Vergleich zu früheren Jahren einfach hervorragend". Oft gingen die Wünsche der Bürger über die Möglichkeiten der Behörde sogar weit hinaus, wenn etwa in Haidhausen der Abriss eines dörflichen Ensembles verhindert werden soll, das aber aus Sicht der Wissenschaft lediglich ein „Zeugnis des Wiederaufbaus" und damit nicht unbedingt denkmalwert sei: „Wir müssen abwägen, die Denkmaleigenschaft muss sich immer begründen lassen." Grundsätzlich sei aber in einer sich immer schneller verändernden Welt „die emotionale Basis" für den Denkmalschutz permanent besser geworden. Als er in den 60er Jahren eine neugotische Kirche schützen wollte, erzählt Petzet, habe ihn sein damaliger Chef „quasi für verrückt erklärt". Heute würden dagegen selbst Bauten der 50er Jahre als Denkmäler akzeptiert. Sollte er nun nicht Icomos-Präsident werden, so Petzet, habe er trotzdem in Zukunft genug zu tun: etwa mit Bücher schreiben oder durch Aufgaben in der Bayerischen Landesstiftung. Und wenn er gewählt wird? – „Dann werde ich versuchen, die Welt zu retten". Petzet schaut dabei todernst. Dann lächelt er wieder.

Bayerische Staatszeitung
22. Oktober 1999

Die Publikationen des Landesamtes aber haben unter Petzet eine Rekordmarke erreicht, an der sich wohl kein anderer wissenschaftlicher Herausgeber messen kann.

Einen Schlussstrich unter Petzets Aktivitäten kann man noch lange nicht ziehen – als Präsident des Deutschen Nationalkomitees von ICOMOS und als Mitglied des Vorstands der Bayerischen Landesstiftung wird er der bayerischen Denkmalpflege weiterhin dienen und auf der Bühne weltweiter Kulturpolitik agieren. *Paul Werner*

25 Jahre lang war er Bayerns oberster Denkmalschützer, nun greift er nach der Präsidentschaft einer Welt-Organisation: Michael Petzet. Foto: Weissbach

Substanz, was ist das?

Generalkonservator Michael Petzet über Erfolge, Niederlagen und Hoffnungen der Denkmalpflege

Nach 25 Jahren Amtszeit geht der Generalkonservator Michael Petzet Ende Oktober in den Ruhestand. Gleichzeitig kandidiert der umtriebige Kunsthistoriker für die Präsidentschaft des internationalen Denkmalrats ICOMOS. Über Entwicklungen, Aufgaben und Perspektiven der Denkmalpflege nicht nur in Bayern befragte ihn Ira Mazzoni.

SZ: Herr Petzet, als Sie 1974 Leiter des Bayerischen Landesamtes für Denkmalpflege wurden, war das bayerische Denkmalschutzgesetz gerade verabschiedet worden. Wie fällt nach 25 Jahren Ihre Bilanz zur Denkmalpflege aus?

Petzet: Vor 1975 stand die Denkmalpflege oft auf verlorenem Posten. Heute ist das Denkmalbewusstsein außerordentlich stark. Im Vergleich zu den rüden Auseinandersetzungen, die wir in den Anfangsjahren nach dem Erlass des Denkmalschutzgesetzes hatten, geht es uns hervorragend. Man hat sich an uns gewöhnt. Denkmalschutz ist ein selbstverständliches öffentliches Interesse. Das heißt nicht, dass wir uns in jedem Fall durchsetzen können. Geht es um wirtschaftliche Belange, wie bei der An-

Michael Petzet   Foto: SZ-Archiv

siedlung einer Fastfood-Filiale am Irschenberg, dann werden die denkmalpflegerischen Bedenken auch gerne mal vom Tisch gefegt.

Was war Ihr größter Erfolg? Was Ihre schmerzlichste Niederlage?

Es war schon ein Wunder, dass wir das Kurhaustheater in Augsburg-Göggingen mit seiner einzigartigen Eisenkonstruktion aus einer Brandruine in ein begeistert genutztes Etablissement verwandeln konnten. Ein Wunder war auch, dass nach vielen vergeblichen Anläufen ein Lehrstuhl für Konservierungswissenschaften an der Technischen Universität München eingerichtet werden konnte. Am meisten freut mich aber, dass es in Bayern gelungen ist, so viele historische Stadtkerne durch Haus-für-Haus-Reparaturen zu retten. Denken Sie an Nördlingen oder Bamberg. Selbst in Regensburg gab es zu Beginn meiner Amtszeit noch Ansätze zu Flächensanierungen.

Und Niederlagen? – Einmal wurde eine profanierte Kapelle in Passau abgerissen. Das hat mich ziemlich geärgert. Natürlich gibt es trotz jahrelanger Bemühungen immer noch Fälle, die zum Verzweifeln sind: Die Villa Leuchtenberg am Seeufer bei Lindau zum Beispiel. Oder das seit Jahrzehnten unbewohnte Schloss Höllrich in Unterfranken.

Viel Kritik haben Sie sich mit Ihrer Haltung beim Bau der Staatskanzlei eingehandelt. Wie beurteilen Sie die Situation am Hofgarten heute?

Als Leiter einer Behörde, die für den Hofgarten eigentlich gar nicht zuständig war, habe ich den Auftrag, allen Ärger auf mich zu ziehen, doch vorbildlich erfüllt. Nie ist mir so viel Hass entgegengeschlagen wie damals, als ich in einer Podiumsdiskussion in der Akademie der Schönen Künste Franz Josef Strauß zitierte. Im übrigen bin ich nach wie vor der Meinung, dass die Staatskanzlei – ich sage jetzt nichts zur Architektur – dort am richtigen Platz ist. Bei den damaligen Diskussionen bekam man den Eindruck, dass Manche die Staatskanzlei am liebsten in Großlappen gesehen hätten. Als Denkmalpfleger wollte ich jedenfalls von Anfang an die Kuppel des Armeemuseums erhalten, ein entscheidender Akzent in der Münchner Stadtsilhouette. Unsere Bauforschung hat dann jene berühmten Arkaden entdeckt, von denen heute kein Mensch mehr redet. Die Ruinenlösung jetzt ist auch nicht schlecht. Ich kann mich mit ihr abfinden, denn fast alle historischen Zeugnisse sind erhalten geblieben, auch der Hofgarten.

Nach anfänglicher Zurückhaltung und geheimer Diplomatie haben Sie sich auch für die Aufnahme von Bauten der Moderne in eine Denkmalliste eingesetzt. Wie steht es um die Bauten der fünfziger Jahre und welche Chancen hat das Olympiazentrum?

Das Olympiazentrum haben wir noch rechtzeitig unter Denkmalschutz gestellt, als Ensemble mit gesondert ausgewiesenen Einzeldenkmälern. Das war bisher unser weitester Vorstoß in die Moderne. Was den Um- beziehungsweise Neubau des Stadions betrifft, habe ich dem OB bereits zu Beginn der Diskussion einen Brief geschrieben. Bei der künftigen Nutzung sind wird aber durchaus kompromissbereit.

Wenn es um die Märchenwelt König Ludwigs II. geht, kann man mit Ihrem Engagement rechnen. Für Ludwig II. verlassen Sie auch mal ihre strengen Grundsätze und werden, wie bei der Ludwig-II.-Ausstellung in der Residenz, zu Bayerns kreativstem Bühnenbildner. Wie stehen Sie zu Rekonstruktionen?

Der Wiederaufbau der 1945 abgebrannten Hundinghütte in Linderhof war für mich eine wahre Freude. Die Hütte ist eine echte Attraktion geworden und gewinnt an Alterswert. Daneben rekonstruieren wir die Klause des Gurnemanz, die schon in den sechziger Jahren zusammengefallen ist. Es gibt auch konservatorische Gründe für diese Rekonstruktion. Für mich ist „Authentizität" ein zentraler Begriff. Authentisch ist nicht nur das Material, sondern ebenso der Entwurf und die Form, dann die Technik, die Nutzung, der historische Ort. Und dann gibt es natürlich noch den authentischen Geist.

Was ist das?

Der authentische Geist, der fasst Aura und Spur des Denkmals zusammen. Nehmen Sie das Goethe-Haus in Frankfurt, da hat es nach dem Zweiten Weltkrieg eine heftige Diskussion um den Wiederaufbau gegeben. Inzwischen haben dort sicher Tausende von Schulkindern etwas vom Geist Goethes gespürt. Rekonstruieren kann also unter Umständen durchaus eine Aufgabe der Denkmalpflege sein. Die endlose Rekonstruktions-Debatte ist eine sehr deutsche Diskussion. Rekonstruieren ist eine urmenschliche Eigenschaft. Ein Denkmalverständnis, das nur am Material klebt, ist der heutigen Situation nicht gewachsen. Was wird heute nicht alles unter Denkmalschutz gestellt! Zum Beispiel die Hochöfen der Völklinger Hütte, dieser gigantische Rosthaufen. Wie gehe ich damit um? Man kann solche Fälle nicht allein mit einem geistigen Instrumentarium der klassischen Denkmalpflege der letzten Jahrhundertwende bewältigen: „Nur konservieren, nicht restaurieren."

Mit anderen Worten, man braucht keine Verluste zu beklagen?

Die Klage über das Verlorene kann durchaus wichtig sein. Bei der Dresdner Frauenkirche war ich auch erst der Meinung, dass gerade der Trümmerhaufen ein ganz starkes Geschichtszeugnis ist. Doch auf Dauer hätte sich der Trümmerhaufen in einen Hügel verwandelt, die Reste der Kirche wären ohne Sicherung eingestürzt. Inzwischen bin ich überzeugt, dass der Wiederaufbau so sein muss. Die Dresdner Kollegen haben das jahrzehntelang vorbereitet. Da spielen außerdem Dinge hinein, die weit über die Denkmalpflege hinausgehen.

Das Berliner Schloss ist schon ein ganz anderer Fall, vor allem weil man einen über Jahrhunderte gewachsenen Zustand wieder herstellen will. Das ist unmöglich. Die Fassaden könnten rekonstruiert werden, allerdings nur als Kulissen. Als Vorsitzender der deutschen Landeskonservatoren musste ich in Berlin auch noch den Standpunkt vertreten, dass der Palast der Republik ein Geschichtszeugnis ist. Aber begeistern kann ich mich für den Bau nun wirklich nicht.

Sie sind Präsident von ICOMOS Deutschland. Die Weltorganisation der Denkmalpfleger berät die UNESCO fachlich bei der Benennung des Welterbes. Schon bei den deutschen Welterbestätten gibt es erhebliche Probleme. Wie geht ICOMOS damit um?

Die Vorschläge für die Welterbeliste kommen von den Staaten. ICOMOS als unabhängige, nichtstaatliche Organisation prüft diese Vorschläge. In Potsdam hat die Drohung mit der roten Liste deutlich geholfen. Kürzlich waren wir in Dessau und haben mit den Verantwortlichen über den konservatorischen Umgang mit dem berühmten Bauhauserbe diskutiert. Für die Völklinger Hütte fehlt trotz mehrfacher Mahnung immer noch ein denkmalpflegerisches Gesamtkonzept. Und in Quedlinburg fehlen einfach die Menschen, die in den Fachwerkhäusern der Altstadt wohnen.

Welche dringenden Aufgaben hat die Denkmalpflege, besonders die bayerische, noch zu lösen.

Nicht nur die Inventarisation, auch die Betreuung der Denkmäler ist ein Dauerprogramm. Die Suche nach besseren Methoden der Restaurierung geht weiter. Mit den Sünden unserer Vorgänger sind wir vollauf beschäftigt. Die Beratung unserer Kunden, der Denkmaleigentümer, müsste weiter intensiviert werden. Selbst wenn die unteren Denkmalschutzbehörden mit mehr Personal ausgestattet wären, hätten wir mit Beratungen mehr als genug zu tun. Aber es wird ja eher gespart. Auch bei uns.

Das Landesamt stand auch schon einmal auf der Kippe?

Nicht so ganz. Aber wir mussten schon gewisse Krisen durchstehen. Zum Glück gibt es in Bayern ja immer noch ein fundamentales Traditionsbewusstsein. Die moderne Denkmalpflege ist mit so komplexen Problemen befasst, dass jeder Kulturstaat sich zumindest eine solche Fachbehörde leisten können muss. Jede Teilung des Amtes, das auf die ständige Zusammenarbeit von Spezialisten aller Fachrichtungen angewiesen ist, wäre ein großer Verlust an fachlicher Kompetenz. Niedersachsen bietet ein trauriges Beispiel für eine solche Demontage.

Man darf auch nicht vergessen, dass die Leistungen des bayerischen Landesamts international gefragt sind. In China haben wir bei der Konservierung der berühmten Ton-Armee des ersten chinesischen Kaisers und bei der Sicherung des 20 Meter hohen Buddha von Dafosi geholfen. So trägt die bayerische Denkmalpflege auf ihre Art zur Erfolgsgeschichte von „Laptop und Lederhose" bei.

El Occidental (Mexico), 24 de Octubre de 1999

Dentro de la XIII Asamblea General de ICOMOS, el organismo de la UNESCO para la preservación de monumentos, se eligió nueva directiva.

El Alemán Michael Petzet, el Nuevo Presidente de Patrimonio Monumental

En Harare, Zimbabwe, la Próxima Reunión de Icomos

Por Carlos Alberto AMARAL

No fueron suficientes el tequila, los mariachis y el espléndido clima tapatío para inclinar la balanza en favor del candidato mexicano para encabezar ICOMOS, el organismo de la Unesco para la Preservación del Patrimonio Monumental: el alemán Michael Petzet se impuso en la votación final y será el nuevo presidente en sustitución de Roland Silva, de Sri Lanka.

En la recta final se quedaron Carlos Flores Marini de México y María Rosa Suárez Inclán de España, quienes completaban la terna para el periodo 1999-2002, al mismo tiempo que se anunció que será la ciudad de Harare, en la república de Zimbabwe -en el continente africano- la sede de la XIII Asamblea de ICOMOS del 14 al 21 de octubre precisamente del año 2002.

Al asumir su puesto, el nuevo presidente Michael Petzet atribuyó a deidades locales "como Quetzalcoatl" las causas de su victoria, agradeció a quienes apoyaron su candidatura, prometió ser un buen presidente y digno sucesor de Roland Silva, "quien durante nueve años sirvió a ICOMOS y lo hizo crecer".

Su plan de trabajo se basará en difundir qué es ICOMOS y sus metas, e invitó a los arquitectos, críticos y restauradores del mundo a cuestionar su programa de trabajo "y repeler lo que hago".

Señaló que en principio trabajará con los diversos comités científicos para que continúen esforzando y sobre todo con aquéllos que se encuentran aletargados y se comprometió entre otras cosas a aprender a hablar en castellano.

Petzet es el presidente de ICOMOS en Alemania, y ha sido conservador general de la Oficina Bávara de Conservación, presidente del comité consultivo de Icomos desde 1997, y ha sido presidente honorario de la Asociación de Conservación de la República Federal Alemana y Profesor Honorario de la Universidad de Bamberg.

La XII General de ICOMOS que concentró a todos los participantes que habían sesionado previamente en Guanajuato, Distrito Federal y Morelia, ratificó en su cargo al secretario general Jean Louis Luxen, mientras que el israelí Giori Solar fue designado director de finanzas.

Las cinco vicepresidencias fueron ocupadas por Sheridan Burke de Australia, Dawson Munjeri de Zimbabwe, Carlos Pernaut de Argentina, Ann Webster Smith de Estados Unidos y Christiane Schmuckle Mollar de Francia.

Spuren längst vergangenen Glücks

Nikolaus Lang hat Funde aus dem Pfisterbach in einer Installation verarbeitet

Nikolaus Lang ist ein Spurensicherer. Aber man frage ihn bitte nicht, was das ist. Der Kunsthistoriker Günter Metken soll den Begriff in den siebziger Jahren geprägt haben. Für eine Kunstrichtung, deren Spektrum von der Sammlung persönlicher Erinnerungsstücke bis zu „Archiven" mit dokumentarischem Charakter reicht, wie in den Arbeiten des „Erinnerungskünstlers" Christoph Boltanski. Vom „Versuch einer Orientierung und Zurechtfindung" sei damals die Rede gewesen. Vom „erlebnishaften Umgang mit vorgefundenen Spuren", der den entwurzelten Betrachter den Ursprüngen der Dinge wieder näher bringen sollte.

Lang, 1941 in Oberammergau geboren, hatte sein diesbezügliches Aha-Erlebnis 1970. Damals hielt sich der Student an der Münchner Akademie der Bildenden Künste als Stipendiat in London auf. Und entdeckte in Zeiten freier Liebe in einem Stadtpark ein verlassenes Liebesnest im Gebüsch. Dessen Spuren „sicherte" er und stellte sie in Schaukästen öffentlich aus. In jüngster Zeit ist Lang bevorzugt im Süden Australiens unterwegs, auf den Spuren der Aborigines.

Aber auch auf denjenigen von Tierkadavern, die Autofahrer auf Highways „erlegt" haben. „Roadkill 1999" heißt Langs Arbeit, mit der er derzeit in der Berliner Mega-Schau „Ein Jahrhundert Kunst in Deutschland" im Hamburger Bahnhof vertreten ist. Für dieses zeitgenössische „Jagdstilleben" hat Lang tote Dingos, Schlangen, Echsen und Kängurus mit dem „roten Zauberstoff" der Aborigines eingeockert. Und sie anschließend durch Abdrücke auf Leinwände zurück ins Leben geholt: „An der Wand dürfen sie wieder herumlaufen!"

Doch Lang muss nicht unbedingt nach Australien reisen, um nach Relikten überkommener Kulturen zu forschen und sie zu sichern. Im Rahmen eines Kunst-am-Bau-Projekts hatte ihn Generalkonservator Michael Petzet, der dieser Tage aus dem Amt scheidet, ins Bayerische Landesamt für Denkmalpflege geholt, um dort eine dauerhafte Installation einzurichten. Schließlich gebe es bei der Arbeit von Spurensicherern und Denkmalpflegern gewisse Parallelen – so Petzet, der Lang noch aus seiner Zeit als Direktor der Städtischen Galerie im Lenbachhaus kennt. Anders als bei Langs sonstigen Arbeiten war das Material für das Projekt in der Alten Münze bereits vorhanden: Als das Amt in den achtziger Jahren daran ging, das Bachbett des 1964 stillgelegten Pfisterbaches für den Neubau unterirdischer Räume und Gänge auszubaggern, deponierte man den Abraum auf einer Deponie bei Neuried.

Ende der Achtziger machte sich Professor Herbert Hagn vom Institut für Paläontologie und historische Geologie mit seinen Studenten daran, die Steinbrocken vom Grund des alten Münchner Stadtbachs, der einst die Wasserkraft für die Maschinen im Münzamt und die Pfistermühle lieferte, zu untersuchen. Dabei kamen zahlreiche Funde ans Tageslicht: Geschirr, Porzellan- und Glasscherben, Knöpfe, Nadeln, Schuhschnallen, alte Werkzeuge, Schlüssel, Granatsplitter, Zinnfiguren, religiöse Anhänger und natürlich zahlreiche Münzen, aus der Zeit des Mittelalters bis in die Gegenwart. Manche Dinge, wie ein Ehering aus der Zeit um 1800 mit der Gravur „GGG" (Gott gebe Glück), erzählen eine Geschichte für sich, in diesem Fall wohl die vom Ende einer nicht ganz so glücklichen Liaison. Andere Fundsachen, wie ein paar Austernschalen, liefern neue Erkenntnisse über die Münchner Stadtgeschichte: Schlecht haben sie nicht gegessen, die alten Münchner.

Lang hat einige der Funde aus dem Pfisterbach auf seine Art „gesichert". Er hat sie – ohne Rücksicht auf historische Zugehörigkeit – nach Material geordnet und in 43 Kästen in einer Art Setzkastenformat angeordnet. Diese Kästen bilden im Neuen Treppenhaus der Alten Münze eine über mehrere Etagen reichende „archäologische Skulptur". Schaut man von oben darauf, überlagern sich mehrere Schichten von Fundstücken zu einem sinnlichen Abbild, einem visuellen Gedächtnis Münchner Geschichte. Und das an einem Ort, an dem die „Generalsicherer" bayerischer Kulturzeugnisse täglich ein und aus gehen. *(Neues Treppenhaus im Landesamt für Denkmalpflege – Alte Münze –, Hofgraben 4. Geöffnet Montag bis Donnerstag 8 bis 16.15 Uhr, Freitag 8 bis 14 Uhr.)* ANDREA MÜHLBERGER

Im neuen Treppenhaus des Landesamtes für Denkmalpflege, der Alten Münze, hat Nikolaus Lang die Spuren Münchner Lebens gesichert. Foto: Stephan Rumpf

Süddeutsche Zeitung, 26. Oktober 1999

Aufschwung für das historische Erbe
Generalkonservator Prof. Michael Petzet: Ein Vierteljahrhundert für Bayerns Denkmale

Von unserem Redaktionsmitglied
Angela Bachmair

München
Wenn Michael Petzet am Mittwoch im Münchner Cuvilliestheater von Wissenschaftsminister Hans Zehetmair in den Ruhestand verabschiedet wird, geht in Bayern eine Ära zu Ende: ein Vierteljahrhundert, in dem das seit 1973 geltende Denkmalschutzgesetz zu einem ungeahnten Aufschwung der historischen Baukultur führte.

Das war 1974, als der damalige Direktor des Münchner Lenbachhauses zum Generalkonservator ernannt wurde, noch nicht abzusehen. Denn erst mal gab es Ärger: Franz Josef Strauß war gegen den progressiven Museumschef, Kultusminister Hans Maier drohte mit Rücktritt, um ihn durchzusetzen. „Ich bin Strauß richtig dankbar, dass er mit dem Streit den Denkmalschutz ins Gespräch brachte", schmunzelt der 66-Jährige, dessen äußeres Markenzeichen die kesse Mecki-Frisur ist.

Denn das Gesetz, das „alle Sachen, deren Erhaltung im Interesse der Allgemeinheit liegt" (wie es verkürzt in Artikel 1 heißt), sichern soll, war damals erst ein paar Monate alt und der junge „General" stand unter Beweiszwang, „dass es funktioniert". Mit damals nur 80 Mitarbeitern für ganz Bayern war da echte Pionierarbeit zu leisten. Auf dem Land habe es „wahre Aufstände gegen die langhaarigen Studenten" gegeben, die nichts im Sinn gehabt hätten, als Neubauten zu verhindern. In Oberstaufen, erinnert sich Petzet, sei er einmal zur Kirche gekommen, als der Mesner gerade die neugotischen Altäre zerhackte. Im Landtag habe es Vorstöße gegeben, „die Li-

Professor Dr. Michael Petzet, der 25 Jahre lang Bayerns oberster Denkmalschützer war, geht in den Ruhestand. Archivbild: Anne Wall

ste", das im Jahr 1900 begonnene Inventar aller Denkmale, zu reduzieren; mehrere Kommunen lehnten sie gleich ganz ab.

Bei den Kämpfen, die damals durchzustehen waren, kamen Petzet seine Erfahrungen bei der bayerischen Schlösser- und Seenverwaltung, beim Zentralinstitut für Kunstgeschichte und – gleich nach dem Studium – als Denkmalpfleger für Schwaben zugute. In vier Bänden hatte er damals die Kunstschätze von Kempten, Füssen, Sonthofen und Marktoberdorf dargestellt. Auch sein Renommee als Ausstellungsmacher half ihm, denn mit der Ludwig-II.-Ausstellung 1968 und mit der Ausstellung zur Olympiade 1972 hatte der Museumsmann weltweite Beachtung errungen.

Nicht zuletzt aber ist Petzets bester Helfer in kniffligen Angelegenheiten sein eigenes Naturell, das Zielstrebigkeit mit Bauernschläue, gewinnendem Auftreten und einer gehörigen Portion Humor verbindet. Dieser Mischung konnten auf Dauer weder Bürger noch Politiker widerstehen, und so es ging ab dem Denkmalschutzjahr 1975 „nur noch bergauf".

Die Bürger nahmen zunehmend mehr die von Petzet eingeführten die Sprechtage des Landesamtes an, bei denen die heute fast 300 Architekten und Kunsthistoriker des Amtes vor Ort Bauberatung machen. Prächtig renovierte alte Gebäude wirkten modellhaft, Politiker ließen sich gern vor örtlichen Sanierungserfolgen fotografieren.

So erweiterte sich die bayerische Denkmallandschaft auf 140 000 Objekte, zu denen das mittelalterliche Handwerkerhaus und die Barockkirche, das Schloss und die Fabrik gehören. Petzets „Lieblingsdenkmäler" sind diejenigen, die ihm am meisten Mühe bereiteten:
- das Augsburger Kurhaustheater, das eine Brandruine war,
- Schloss Seehof mit seinem über die ganze Welt verstreuten Inventar,
- die Regensburger Altstadt, wo Flächensanierung abzuwenden war,
- der Augsburger Dom, wo sich das Vorgehen als konfliktreich erwies.

Seinem Nachfolger Dr. Egon Johannes Greipl hinterlässt der Honorarprofessor freilich nicht nur Erfolge, sondern auch schwierige Fälle, etwa die Villa Leuchtenberg am Bodensee, die Kirchen in Ebrach und Rott am Inn, die Hotelpläne bei Schloss Neuschwanstein und die vielen schwäbischen Pfarrhöfe.

Augsburger Allgemeine, 25. Oktober 1999

Süddeutsche Zeitung
26. Oktober 1999

Schützer der Welt
Petzet neuer Icomos-Präsident

Der bisherige Generalkonservator des Bayerischen Landesamtes für Denkmalpflege, Michael Petzet, ist neuer Präsident der internationalen Denkmalschutzorganisation Icomos. Der 66-Jährige setzte sich nach Informationen der *SZ* bei der Wahl im mexikanischen Guadalajara gegen Konkurrenten aus dem Gastgeberland und Spanien durch; offizielle Mitteilungen lagen gestern noch nicht vor. Petzet war 25 Jahre lang Leiter des bayerischen Denkmalamtes, am morgigen Mittwoch wird er von Wissenschaftsminister Hans Zehetmair im Münchner Cuvilliéstheater verabschiedet. Bei Icomos ist Petzet Nachfolger von Roland Silva aus Sri Lanka, der neun Jahre lang Weltpräsident der Denkmalschützer gewesen ist. Der nichtstaatlichen Icomos gehören rund 100 Länder an, sie ist die wichtigste Beraterin der Unesco in Fragen des Weltkulturerbes. SZ

dpa, 26. Oktober 1999

bay 040 4 ku 100 lby 043 11:11
Denkmäler/Personalien/
Petzet neuer internationaler Denkmalpräsident =
München (dpa/lby) - Michael Petzet ist in Guadalajara (Mexico) zum neuen Präsidenten des Internationalen Rates für Denkmalpflege (ICOMOS) gewählt worden. Der frühere bayerische Generalkonservator tritt die Nachfolge von Prof. Roland Silva (Sri Lanka) an. Der Rat umfasst mehr als 100 nationale Komitees für Denkmalpflege und berät als eine nichtstaatliche Organisation die Unesco in Fragen des Weltkulturerbes, teilte das deutsche Nationalkomitee am Dienstag in München mit. Der 65-jährige international renommierte Denkmalexperte wird an diesem Mittwoch (27. Oktober) von Wissenschaftsminister Hans Zehetmair (CSU) offiziell verabschiedet. Gleichzeitig wird Egon Greipl als neuer Generalkonservator in sein Amt eingeführt. dpa/lby hb yy sm

Als Weltpräsident zu Besuch in der Schnupftabakfabrik

Generalkonservator Dr. Michael Petzet stellt heute ein Arbeitsheft über das gotische Gebäude und Industriedenkmal vor

VON UNSEREM REDAKTEUR GÜNTER SCHIESSL

REGENSBURG. Der frisch gekürte Weltpräsident des internationalen Rats für Denkmalpflege (ICOMOS), Generalkonservator Dr. Michael Petzet, kommt heute in die Schnupftabakfabrik der Gebrüder Bernard an der Gesandtenstraße. Als eine seiner letzten Amtshandlungen stellt er der Leiter des Landesamtes für Denkmalpflege ein Arbeitsheft über den mittelalterlichen Gebäudekomplex samt Industriedenkmal vor – und unterstreicht damit einmal mehr die Bedeutung dieser Regensburger Spezialität.

Wenn er zum Präsidenten der internationalen Denkmalorganisation ICOMOS gewählt werde, dann versuche er, die Welt zu retten, sagte Landeskonservator Dr. Michael Petzet vor kurzer Zeit schmunzelnd in einem Interview. Am Wochenende hat es der bayerische oberste Denkmalpfleger in Mexiko geschafft. Er ist Weltpräsident von ICOMOS geworden, einer im Jahre 1965 gegründeten Organisation mit Nationalkomitees in derzeit 100 Ländern der Erde und 17 internationalen wissenschaftlichen Komitees.

Gute Zusammenarbeit

Fast zeitgleich nimmt der 66-jährige Abschied vom Amt des Generalkonservators des Bayerischen Landesamtes für Denkmalpflege in München. Am Mittwoch wird der frischgebackene ICOMOS-Weltpräsident als oberster bayerischer Denkmalpfleger im Cuvilliéstheater in München verabschiedet und als sein Nachfolger der frühere Regensburger Kulturreferent Dr. Egon Johannes Greipl vorgestellt. Dr. Petzet nimmt heute einen Tag vor seinem offiziellen Abschied als Landeskonservator eine Aufgabe wahr, die ihm besonders wichtig ist: In den Räumen der Schnupftabakfabrik Bernard an der Gesandtenstraße stellt er der Öffentlichkeit ein Arbeitsheft des Landesamtes vor, das von zahlreichen Denkmalpflege-Experten erarbeitet worden ist und das sich ausschließlich den beiden mittelalterlichen Patrizierburgen mit dem Industriedenkmal Schnupftabakfabrik widmet. In Dr. Petzets Interesse liegt es, auch als „Weltenretter" an dem Erhalt der Schnupftabakfabrik mitzuarbeiten und den Aufbau eines Museums zu fördern.

Als Generalkonservator hat er Regensburg stets einen vorrangigen Stellenwert zuerkannt und dabei auch sein großes Interesse an dem Gebäudekomplex, dem Zant- und Ingolstetterhaus, und vor allem auch an dem darin untergebrachten Inventar der Schnupftabakfabrik bekundet.

So existiert beispielsweise von ihm eine Arbeit über eine besondere Rarität, das hölzerne Stampfwerk, das heute noch funktioniert und das es nach derzeitigem Kenntnisstand nirgendwo sonst noch gibt. Wie es mit den wertvollen Geräten weitergeht, die auch nach dem Verkauf der Gebäude an die Bauherrengemeinschaft Franz Nerb (Südfinanz AG) und Karl Schmid weiterhin der Schnupftabakfabrik Bernard gehören, darüber wird Dr. Petzet wenig sagen können. Zwar liegt – wie von der MZ ausführlich berichtet – eine Zusage der neuen Besitzer vor, im Hause eine Schnupftabakfabrik einzurichten, zu welchen Bedingungen dies aber geschieht, ist derzeit noch unklar.

Inventar wird digitalisiert

Im Augenblick ist die Untere Denkmalschutzbehörde der Stadt zusammen mit der Regensburger Außenstelle des Landesamtes für Denkmalpflege und Mitarbeitern der Abteilung nichtstaatlicher Museen in Bayern dabei, eine Bestandsaufnahme des gesamten Inventars vorzunehmen. Wie dazu Dr. Markus Harzenetter auf MZ-Anfrage betont, sei hier die Zusammenarbeit mit der Gebrüder Bernard AG außerordentlich erfreulich. Für die Bestandsaufnahme und Erfassung werden in Zusammenarbeit mit einer privaten Firma auch modernste Methoden der Digitalisierung angewandt.

Das Inventar der Schnupftabakfabrik wird gründlich unter die Lupe genommen.

Mittelbayerische Zeitung (Regensburg), 26. Oktober 1999

Foto: Nübler

Süddeutsche Zeitung
26. Oktober 1999

Eine anrüchige Vergangenheit

Aus dem fernen Mexiko drang gestern eine Nachricht, die die Münchner, wenn nicht gar alle Bayern, ein wenig stolz machen darf: Einer der unseren ist nun Weltpräsident! Michael Petzet, der 25 Jahre lang Chef des Landesamtes für Denkmalpflege in der Alten Münze gewesen ist, wurde von der Generalversammlung der internationalen Denkmalschutzorganisation Icomos zum neuen Präsidenten gewählt (Meldung siehe Feuilleton).

Damit ist Petzet sozusagen oberster Denkmalschützer des Planeten, denn die Icomos ist dafür zuständig, in enger Zusammenarbeit mit der Unesco die sogenannte Liste des Weltkulturerbes zu hegen und zu pflegen. Der Kunstexperte ist nun nicht mehr an weiß-blaue Grenzpfähle gebunden, sondern zuständig für die Tempel von Abu Simbel, die Ruinen des griechischen Olympia, den Speyerer Dom, den Tower von London oder den kanadische Nationalpark Wood Buffalo. So weit wird es Edmund Stoiber niemals bringen, und wahrscheinlich und zum Glück auch nicht Franz Beckenbauer.

Hallo, Herr Petzet, können Sie uns noch hören, da oben auf Wolke Sieben? Sagt Ihnen das Stichwort „Künstlerscheiße" noch etwas? So ein Zeitungsarchiv ist gnadenlos: Da steht sogar drin, dass damals, im März 1974, durch den heutigen Weltchefkulturerbepräsidenten eine mittlere Staatskrise in Bayern ausgelöst wurde. Der „Bube Petzet", wie man damals schrieb, hatte nämlich als Chef der Lenbachgalerie in einem Ausstellungskatalog eine – halten wir uns fest: – „Dose mit Künstlerscheiße" abbilden lassen. Die CSU tobte, der damalige Vorsitzende Strauß wutschnaubte, so einen könne man unmöglich die zerbrechlichen Kulturgüter Bayerns hegen und pflegen lassen. Ministerpräsident Goppel und Kultusminister Maier hielten an Petzet fest, wären aber fast aus dem Amt gestolpert wegen der anrüchigen Dose. Das waren noch Zeiten! Und heute? Keine Dosen mehr. Keine Provokation, die die Regierung schocken könnte. Und Petzet winkt zu uns herunter, von seiner Wolke Sieben.

Michael Grill

Mittelbayerische Zeitung (Regensburg), 27. Oktober 1999

Ein Blick in das einmalige Reich

Erlesenes Dokument zur Geschichte zweier Patrizierhäuser vorgestellt

VON UNSEREM REDAKTEUR
GÜNTER SCHIESSL

REGENSBURG. Eine große Schar von Gästen war gestern Vormittag in die gotische Eingangshalle der Schnupftabakfabrik Bernard an der Gesandtenstraße gekommen, um dabei zu sein, wenn Dr. Michael Petzet vom Landesamt für Denkmalpflege am letzten Tag seiner Amtszeit als Generalkonservator und am ersten Tag mit als Weltpräsident der Denkmalschutzorganisation ICOMOS das neue Arbeitsheft über die Schnupftabakfabrik vorstellt.

„Arbeitsheft", wie es als Herausgeber das Landesamt bescheiden nennt, ist gewaltig untertrieben. Auf 158 Seiten bietet sich mit 168 Schwarzweißabbildungen, 54 Farbbildern, 27 Plänen und einer Beilage ein faszinierender Blick in eine versunken scheinende Welt. So bunt gemischt wie die Tabaksorten wirken auch die unter den gotischen Gewölben der beiden großen mittelalterlichen Patrizierhäuser aufgebauten Gerätschaften.

„Eine großartige, altertümliche Industrieausstattung, sicherlich einmalig in Deutschland, wenn nicht in der Welt", erkennt Bauforscherin Heike Fastje an, die sich jahrelang

Dr. Michael Petzet (rechts) mit dem neuen Besitzer Franz Nerb vor dem Stampfwerk, einer besonderen Spezialität des Hauses Bernard. *Foto: Kober*

mit dem Gebäudekomplex befasst hat. Mit eben solcher Liebe und Fachkenntnis wie sie haben auch die anderen Autoren Dr. Harald Gieß, Dr. Helmut Eberhard Paulus und Karl Schnierungen an der Broschüre gearbeitet. Und der Blick der Fotografen, voran Dieter Komma und Peter Ferstl mit ihren Dokumentaraufnahmen und Clemens Mayer mit seinen Stimmungsbildern, hat Vergängliches unvergänglich festgehalten.

Den Sonnenkönig im Herzen

Hüter gebauter Träume: Michael Petzet, Bayerns oberster Denkmalpfleger, nimmt Abschied

Wenn Michael Petzet, der Chef der bayerischen Denkmalschutzbehörde, heute offiziell aus dem Amt verabschiedet wird, wartet bereits eine andere Verpflichtung auf ihn: Er ist der neu gewählte Präsident des Internationalen Rates für Denkmalpflege (Icomos). Der Mann ist eine Institution. In den 25 Jahren, da er dem Bayerischen Landesamt für Denkmalpflege als Generalkonservator vorstand, gewann diese Einrichtung weltweites Renommee.

Petzet, 1933 in München geboren, studierte bei Hans Sedlmayr in München und bei André Chastel in Paris Kunstgeschichte, promovierte über ein Thema des französischen Kirchenbaus im achtzehnten Jahrhundert. Der Architektur der Grande Nation, über die er sein Leben lang Spezialuntersuchungen vorgelegt hat, gilt sein Interesse bis heute. Soeben schloss er eine Monografie über Claude Perrault ab, den Erbauer des Louvre, Baumeister des Sonnenkönigs Ludwig XIV. Das zweite monumentale Werk Petzets, das er zusammen mit seiner Frau Detta verfasst hat, trägt den Titel „Die Richard-Wagner-Bühne Ludwigs II.".

Die Schlösser des bayerischen „Märchenkönigs" entdeckte Petzet als Konservator der Bayerischen Seen- und Schlösserverwaltung. Mit der großen, von ihm 1968 veranstalteten Ausstellung „König Ludwig II. und die Kunst" begann die Revision in der Beurteilung der Kunst des Historismus. Bis dahin hatte sie als Gipfel des Kitsches gegolten. Petzet verstand des „Kini" Architekturen als „Gebaute Träume", wie er einen Aufsatz betitelte. Auch als Denkmalschützer setzte er sich für diese Bauwerke ein. Noch vor kurzem verhinderte er im Umfeld von Neuschwanstein die Errichtung einer großen, das Blickfeld zerstörenden Hotelanlage.

In den siebziger Jahren stand Petzet als stellvertretender Direktor dem renommierten Zentralinstitut für Kunstgeschichte vor. Die repräsentative Ausstellung „Bayern – Kunst und Kultur", die während der Olympischen Spiele in München gezeigt wurde, war sein Werk. Ins damals verschlafene Lenbachhaus, das er seit 1972 leitete, brachte er mit viel beachteten Ausstellungen die zeitgenössische Kunst. Eine Schau, die Carlo Manzoni gewidmet war und bei der jene anrüchigen Dosen mit dem Titel „Merda d'Artista" gezeigt wurden, führte 1974 zu einer bayerischen Staatskrise. Franz Josef Strauß, bereits mächtiger Vorsitzender der CSU, versuchte den damaligen bayerischen Kultusminister Hans Maier zu bewegen, die gerade ergangene Ernennung Petzets zum Chef der Denkmalbehörde rückgängig zu machen. Maier drohte mit Rücktritt; selbst der Regierungschef Alfons Goppel dachte an Demission. Strauß gab sich geschlagen. Im bayerischen Landesdenkmalamt hatte Petzet bereits nach dem Studium mehrere Jahre lang Denkmäler inventarisiert. „Es war wunderschön", sagt er heute, „Museumsdirektor zu sein. Aber es war zu einfach." Er wollte kämpfen, für den Erhalt des historischen Erbes. Viele Jahre hat er das getan, verbindlich und mit Augenmaß, nicht aufs Rechthaben, noch weniger aufs Verlieren bedacht.

In seiner Ära wurden Kunstdenkmäler restauriert, die zu den schönsten und be-

Michael Petzet   Foto Erwin Keller

kanntesten in Deutschland gehören: die Wieskirche, Vierzehnheiligen, Schloss Pommersfelden, dazu die Dome in Regensburg und Augsburg, berühmte Gotteshäuser in Rott und Ebrach, das Kurhaus in Göggingen. Dazu kamen die Rettungsaktionen für Stadtensembles wie Regensburg, Bamberg, Nördlingen, Dinkelsbühl. Doch wichtiger als diese spektakulären Einzelmaßnahmen war Petzet die „flächendeckende Betreuung sämtlicher bayerischer Denkmäler". Bayern hat als einziges Bundesland alle seine 110 000 Denkmäler erfasst. Sie reichen vom schlichten Feldkreuz bis zum Dom. Hinzu kommen dreißig- bis vierzigtausend registrierte Bodendenkmäler.

Als Petzet sein Amt im Juli 1974 antrat, war das bayerische Denkmalschutzgesetz gerade einige Monate alt. Es war das fortschrittlichste seiner Art, das in der Bundesrepublik Schule machte. Ihm ist die „Demokratisierung" des Denkmalschutzes zu verdanken. Als Denkmal wurden nun nicht nur Kirche und Schloss verstanden, sondern auch die Arbeitersiedlung und die Fabrik, der Verwaltungsbau und der Bauernhof. Die Verantwortung für den Erhalt der Denkmäler wurde den Eigentümern übertragen. In Bayern sind drei Viertel in Privatbesitz. Ein Entschädigungsfonds, aus dem jährlich vierzig Millionen Mark fließen, unterstützt die privaten Initiativen.

Trotz der Geschichtsfeindlichkeit der fünfziger und sechziger Jahre tat sich der Denkmalschutz in diesem Bundesland mit seinem gewachsenen Traditionsverständnis leichter als anderswo. Schon 1835 hatte Ludwig I. einen Generalinspektor für die Monumente in Bayern bestellt. 1868 war das „Kgl. Generalkonservatorium der Kunstdenkmäler und Altertümer Bayerns" errichtet worden, eines der ersten seiner Art. Schon bald wurde Denkmalschutz auch als Wirtschaftsfaktor erkannt. Man schätzt, dass heute jährlich 300 Millionen Mark in Bayern dafür ausgegeben werden. Auch hatte die Politik schon früh begriffen, dass gepflegte Dörfer und Städte, schöne Kirchen und Schlösser dem bayerischen Image zum Vorteil gereichten.

Die Kehrseite, die Petzet durchaus sieht, aber nicht überbewertet wissen will: Industriedenkmäler kamen ein wenig zu kurz. Und der Umgang mit der Architektur der Nachkriegszeit ist wie überall bis heute nicht gelöst. Auch war sie, als das Gesetz Denkmäler als „Sachen aus vergangener Zeit" definierte, noch nicht im Blickfeld der Denkmalpfleger. Welcher Zeitraum ist damit gemeint? Petzet plädiert für den Abstand von einer Generation. Doch bei seiner Parforce-Tour, das Münchner Olympia-Gelände unter Ensembleschutz zu stellen, hat er diese Messschnur souverän außer Acht gelassen.

Bayerns Hauptproblem sind seine Bodendenkmäler. Für die arbeitsintensive, also teure Ausgrabung dieser wenig spektakulären, doch für die Erforschung der Vor- und Frühgeschichte wichtigen Anlagen steht nicht genug Geld zur Verfügung. Oft drängt auch die Zeit. In größter Geschwindigkeit wurden im Altmühltal, wo eine ICE-Trasse gebaut wird, Notgrabungen durchgeführt. Dabei stellte man fest, dass dieses Tal von der Steinzeit bis ins frühe Mittelalter lückenlos besiedelt war.

Denkmalpflege wurde in der Ära Petzet zu einem selbstverständlichen Anliegen

Frankfurter Allgemeine
Zeitung
27. Oktober 1999

der Öffentlichkeit. Unter ihm wuchs das Amt von hundert auf dreihundert Mitarbeiter an. Es residiert im Renaissancebauwerk des Alten Hofes, einst Teil der Herzogsresidenz, mitten in der Stadt München, was den Rang der Denkmalpflege sinnfällig vor Augen führt. Hier befinden sich das Zentrallabor und die Restaurierungswerkstätten, die dem Haus, besonders auf dem Gebiet der Stein-, Metall- und Lackkonservierung, einen internationalen Ruf eingetragen haben. In der Magnetometerprospektion, einem geophysikalischen Verfahren, Bauanlagen ohne Grabungen aufzuspüren, ist das Amt weltweit führend.

Die Terrakotta-Armeen des ersten chinesischen Kaisers, uralte Bronzekessel aus dem Jemen, japanische Lackkunstwerke wurden hier oder mit Hilfe der bayerischen Denkmalschützer restauriert. Auch in Jordanien und Ägypten, in der Ukraine und in Ländern des Balkans leisteten die Bayern Hilfe. Petzet begreift nicht, dass die deutsche kulturelle Außenpolitik nicht mehr mit diesem Exportschlager wuchere. So spiele etwa bei den Programmen des Goethe-Instituts Denkmalpflege kaum eine Rolle.

Diese ist heute, Petzet zufolge, viel komplizierter geworden, „einfach, weil wir mehr wissen und zugleich vorsichtiger geworden sind". Er war nie ein Befürworter von Fassadenkulissen oder „glanzvollen Rückrestaurierungen". Wesentlich ist ihm, die Substanz des authentischen Geschichtszeugnisses zu erhalten.

Für Michael Petzet ist die heutige Denkmalpflege Ausdruck eines gewandelten Umweltverständnisses. Wenn sechzig Prozent aller Abfälle Bauschutt seien, müsse man lernen, mit dem Bestand zu arbeiten, diesen zu nutzen. Wir müssten lernen, von einer Wegwerf- wieder zu einer Reparaturgesellschaft zu werden. Seiner Meinung nach kommt im Wunsch, Denkmäler zu erhalten, nach den Katastrophen des zwanzigsten Jahrhunderts die Überlebenssehnsucht der Menschen zum Ausdruck. Während beim Denkmalauflister Dehio an der Wende des vorigen Jahrhunderts nationale Überlegenheitsvorstellungen im Vordergrund gestanden hätten, beflügelten den Denkmalkult heute Stimmungs- und Gefühls-, ja sogar Unterhaltungswerte.

Petzet, der engagierte Anwalt von Kunst, Geschichte, Tradition, schreibt der Denkmalpflege eine moralische Qualität zu. Gegen die auf der ganzen Welt grassierende Umweltzerstörung gelte es, Denkmäler und ihre Kulturlandschaften zu bewahren. In diesem Sinn ist Denkmalpflege Bestandteil einer neuen Umweltethik.

RENATE SCHOSTACK

Mittelbayerische Zeitung
(Regensburg)
28. Oktober 1999

General der Denkmalpflege

GÜNTER SCHIESSL, MZ

Die Bayern haben sich über 25 Jahre lang einen „General" als obersten Denkmalpfleger des Freistaates gegönnt. Dem gestern aus dem Amt geschiedenen Leiter des Bayerischen Landesamtes für Denkmalpflege, Dr. Michael Petzet, von seinen Kollegen und Mitarbeitern hinter vorgehaltener Hand auch gerne „Tricky Micky" genannt, haftet äußerlich zwar wenig Militärisches an, aber auf dem politisch stark verminten Feld der Denkmalpflege hat er sich als gewiefter Taktiker und Stratege bewährt. Der Generalkonservator, sprich in anderen Bundesländern Landeskonservator, hat in einem Vierteljahrhundert verloren geglaubtes Terrain auch deshalb erobert, weil er instinktsicher begriff, wann er zum Angriff zu blasen und wann er die winzige, aber schlagkräftige Truppe der Denkmalexperten zurück zu pfeifen hatte.

Freund und Feind wusste er dabei oftmals zu täuschen. Wie ein erfolgreicher Feldherr kann er, wenn er jetzt durch Bayern fährt, auf viele gewonnene Schlachten zurückblicken. Er sieht dabei keine Ruinen vor sich, sondern, im Gegenteil, eine stattliche Anzahl von Denkmälern, die wenig kunstsinnige Landräte und Bürgermeister, aber auch hohe Landespolitiker bereits auf die Abschussliste gesetzt hatten.

Erobert haben die mit hoher Fachkompetenz ausgestatteten Konservatoren zusammen mit ihrem General die Zuwendung der Bevölkerung. Denkmalschutz reifte als öffentliches Anliegen zu „einer in viele Bereiche ausstrahlende Politik des Bewahrens" heran. Selbstbewusst stellte dies Dr. Petzet am Ende seiner Tage als Generalkonservator fest. Ein Zufall ist es, dass dem eher als Antimilitaristen eingeschätzten Landeskonservator, der die Mitarbeiter an einen friedlichen Teddybären erinnert, ein waschechter Oberstleutnant der Reserve folgt, der sich in Kampfstiefeln außergewöhnlich gut macht.

Dr. Egon Johannes Greipl, bis vor kurzem Regensburger Kulturreferent, bekannte sich dazu, ein inniger Wunsch von ihm sei es gewesen, eine Militärkarriere einzuschlagen. Mit zahlreichen Wehrübungen hat es der gelernte Kunsthistoriker zum Oberstleutnant gebracht, der bis vor wenigen Tagen einem Feldlager in Bosnien-Herzegowina vorstand.

Zu wünschen ist es dem zum bayerischen Generalkonservator beförderten Nachfolger Dr. Greipl auch im Interesse des mit 110 000 Baudenkmälern und 1000 städtebaulichen Ensembles gesegneten Landes, dass es ihm gelingt, in die Fußstapfen seines Vorgängers hinein zu wachsen. Strategisches Geschick wird er brauchen, Fingerspitzengefühl und Tapferkeit.

Auch wenn sich das Landesamt rühmen kann, auf einem weltweit anerkannten hohen Stand wissenschaftliche Denkmalpflege zu praktizieren und so im Verein mit den Heimatbewahrern den Begriff „Laptop und Lederhose" geradezu beispielhaft zu prägen, so hat es doch Tag für Tag neue Bewährungsproben zu bestehen.

Das Überleben der Landesbehörde ist keineswegs für alle Zeiten gesichert, denn Denkmalschutz steht vielen anderen Interessen im Wege. Als Generalkonservator kann Dr. Greipl, nahe am ursprünglichen militärischen Berufswunsch, strategische Verteidigungslinien zur Heimatverteidigung aufbauen. Wenn es um Bewahren oder Zerstören geht, muß er dabei allerdings auch den Mut zeigen, notfalls, ganz unsoldatisch, gegenüber den Vorgesetzten aus der Ministerriege den Befehl zu verweigern.

Mittelbayerische Zeitung (Regensburg), 27. Oktober 1999

Denkmalpflege-General übergibt an Oberstleutnant

Dr. Michael Petzet verabschiedet sich in Regensburg als Landeskonservator und stellt sich als Weltpräsident vor

VON UNSEREM REDAKTEUR GÜNTER SCHIESSL

REGENSBURG. Dienstagnachmittag im Runtingerhaus, der Regensburger Außenstelle des Landesamtes für Denkmalpflege in München. In den Räumen mit der gotischen Holzbohlenstube haben sich die Mitarbeiter versammelt, um sich von ihrem Chef Dr. Michael Petzet zu verabschieden. Als scheidender Generalkonservator ist dies sein letzter mit einem kleinen Umtrunk verbundener Besuch der Denkmalpflegerrunde. Als neuer Weltpräsident des Internationalen Rats für Denkmalpflege (ICOMOS) wird er in Regensburg jedoch noch öfter zu tun haben.

Soeben hat Dr. Petzet in der Schnupftabakfabrik Bernard AG in der Regensburger Stadtmitte eine mit vielen farbigen Stimmungsbildern und wissenschaftlichen Aufsätzen ausgestattete Broschüre vorgestellt, die die Bedeutung zweier mittelalterlichen Patrizierburgen unterstreicht, in denen zugleich aber auch ein Industriedenkmal der Jahrhundertwende von hoher Qualität untergebracht ist.

Siege und Niederlagen

Das Schicksal der Schnupftabakfabrik hat ihn ein Vierteljahrhundert lang begleitet, die komplette Zeitspanne, die er an der Spitze des Landesamtes für Denkmalpflege stand. Nach dem Tod des greisen Besitzers ist der gewaltige Baukomplex in die Hand privater Investoren übergegangen. So kommt es, dass Dr. Petzet als eine seiner letzten Amtshandlungen nochmals an der Stätte präsent ist, die mit dem „Schmalzlerfranzl" als Markenzeichen hohe Popularität besitzt und deren künftiges Schicksal in denkmalgerechte Bahnen gelenkt werden soll.

An seiner Abschiedsrede, die er heute im Cuvilliés-Theater in München vor hochrangigem Publikum halten wird, muss er erst noch schreiben, erzählt er am Dienstagnachmittag. Dann wird er seinen Schreibtisch am Amtssitz in München räumen und sein Aufgabengebiet an den ehemaligen Regensburger Kulturreferenten

Generalkonservator Dr. Michael Petzet einen Tag vor seinem Abschied in der Regensburger Schnupftabakfabrik. Foto: Kober

Dr. Egon Johannes Greipl übergeben, der bei dem heutigen Festakt zugleich als sein Nachfolger vorgestellt wird. Dr. Greipl war nach seinem Abschied von Regensburg die letzten Wochen über als Oberstleutnant der Reserve im militärischen Einsatz in Bosnien-Herzegowina. Als Generalkonservator wird Dr. Greipl künftig die Mitarbeiter des Landesamtes für Denkmalschutz befehligen.

Welche Niederlagen dem neuen General der Denkmalbewahrer bevorstehen, ist nicht abzusehen. Dr. Petzet rät zum Optimismus. Er hat den geplanten Schlag gegen das Landesamt abwehren können. Er hätte das Aus für eine Behörde bedeutet, die inzwischen weltweit Ansehen genießt. Die Experten, die als Konservatoren in München beschäftigt sind, werden auf dem internationalen Feld häufig um ihren Rat gefragt und bei schwierigen Entscheidungen auch um direkte Hilfe gebeten. So geschehen beispielsweise bei der Konservierung der berühmten Ton-Armee des ersten Kaisers von China.

Der Ruf der Fachbehörde hat Dr. Petzet dieser Tage auch entscheidend dazu verholfen, in Mexiko zum Präsidenten des Internationalen Rats für Denkmalpflege gewählt zu werden. Noch gezeichnet vom 31-stündigen Rückflug, der ihn erst am Montagabend zurück nach München führte, erzählt er vom „harten Wahlkampf", den er zu bestehen hatte. Vor allem die spanischsprachige Front der insgesamt 1000 Wahlberechtigten hatte er gegen sich. Mit 52 Prozent ging er, engagiert unterstützt vom Auswärtigen Amt und den Botschaftern, aus der Stichwahl gegen eine spanische Anwältin als Sieger hervor.

Jetzt will er in dem internationalen, unabhängigen Gremium mit inzwischen 107 Mitgliedsländern Überzeugungsarbeit leisten, wie wichtig es für jeden Kulturstaat ist, sich solche Fachbehörden zu leisten, wie sie Bayern mit dem Landesamt vorweisen kann. Einen weiteren Plan möchte er verwirklichen: Mit einer Art Prangerwirkung versucht er darzustellen, welche „Kulturlandschaften in der Welt vor die Hunde gehen". So etwas gebe es derzeit noch nicht. Als Mann an der Spitze von ICOMOS ist der 66-Jährige auch damit befasst, Gutachten für die UNESCO zum Weltkulturerbe ausarbeiten zu lassen. Hier schließt sich der Kreis zu Regensburg. Sein Wort wird besonderes Gewicht haben, wenn es darum geht, die weitgehend erhaltene mittelalterliche Stadt in den illustren Kreis aufzunehmen, dem die Partner Lübeck und Bamberg längst schon angehören.

Immerhin steht Regensburg jetzt auf der „Warteliste". „Die Chancen stehen gut", betont Dr. Petzet und verweist dabei auf die bedeutende Substanz „bis zurück in die Römerzeit".

Wichtige Bewährungsprobe

Der Besuch im Regensburger Runtingerhaus ist einen Tag vor seinem offiziellen Abschied vom Amt als Bayerns oberster Denkmalpfleger symbolhaft. Seit er vor 25 Jahren zum bayerischen Generalkonservator ernannt wurde, hat er Regensburg stets als einen Schwerpunkt der Denkmalpflege in Bayern betrachtet.

Zusammen mit engagierten Denkmalpflegern verteidigte er das von der City Center GmbH zum Abbruch vorgeschlagene Parkhotel Maximilian erfolgreich. Das war die Bewährungsprobe für das gerade in Kraft getretene Denkmalschutzgesetz. Dr. Petzet erinnert sich an viele ähnliche Kämpfe, die in Regensburg ausgefochten werden mussten, ehe statt der praktizierten Flächensanierung Ende der 60er, Anfang der 70er Jahre die Objektsanierung durchgesetzt war.

Mit gründlichen Befunduntersuchungen der einzelnen denkmalgeschützten Häuser habe Regensburg eine Vorreiterrolle übernommen. Heute seien diese Methoden in allen bayerischen Städte Standard, freut sich Dr. Petzet. An Niederlagen denkt er dabei auch: Der Verlust an Denkmälern in den Dörfern überall im Land sei lange nicht zu stoppen gewesen. Hier blickt der Generalkonservator a. D. und neue ICOMOS-Weltpräsident Dr. Petzet mit Wehmut zurück.

Süddeutsche Zeitung, 27. Oktober 1999

Heute wird der Oberstleutnant offiziell zum „General" ernannt

„Für die Fettnäpfchen habe ich noch meine Stiefel"

SZ-Gespräch mit dem neuen Chef des Landesamtes für Denkmalpflege, Egon Johannes Greipl

Egon Johannes Greipl wird heute als Nachfolger von Michael Petzet in das Amt des Generalkonservators am Bayerischen Landesamt für Denkmalpflege eingeführt. Erst am Montagnachmittag ist der Reserve-Oberstleutnant von einem SFOR-Einsatz in Bosnien-Herzegowina zurückgekehrt. Wir sprachen mit ihm über seine Pläne und Perspektiven im neuen Wirkungskreis.

Egon Johannes Greipl gibt seine militärische Ausrüstung in diesen Tagen zurück – bis auf die Stiefel und den Helm. Die will er behalten als Minimalausrüstung für bevorstehende Auseinandersetzungen, denen er nicht aus dem Weg gehen will. Zum Beispiel wird der Bau des Regensburger Kongresszentrums im Schlosspark nicht konfliktfrei über die Bühne gehen. Da braucht der neue Chef des Landesamtes für Denkmalpflege nicht nur die Unterstützung kompetenter Mitarbeiter, sondern auch starke Verbündete im ganzen Land.

SZ: *Wie fühlen Sie sich einen Tag nach Ihrer Rückkehr aus Bosnien-Herzegowina und einen Tag vor Ihrer feierlichen Amtseinführung im alten Residenztheater?*
Greipl: Ich muss wieder laufen lernen. Wissen Sie, wenn sie vier Monate in Battledress und Stiefeln über Schotter und schlechte Wege gesprungen sind, dann müssen sie erst auf dem Pflaster wieder laufen lernen. Auch die Sehgewohnheiten sind anders. Aber ich fühle mich ganz ausgezeichnet.

SZ: *Wann werden Sie ihre Arbeit im Landesamt aufnehmen?*
Greipl: Ich stehe nicht unter Zeitdruck und stelle auch keinen Zeitdruck her. Mein Vorgänger kann in Ruhe sein Büro aufräumen und ich werde am Donnerstag meinen Terminkalender für die nächsten Wochen mit Frau Fuchs, der Büroleiterin, abstimmen.

SZ: *Was wollen Sie als Erstes in Angriff nehmen?*
Greipl: Die ersten Aufgaben muss man sich, wenn man so ein schwieriges Amt antritt, ja selber stellen. Das Erste, was man tun muss, das Vertrauen der Mitarbeiter gewinnen, klarstellen was man selber gerne hätte. Ich arbeite und rede offen, das hat manchmal dann einen Hang zum Groben, und da bitte ich eben auch die Mitarbeiter um Offenheit und das kann auch bis zu Grobheit gehen, aber ich bin nicht nachtragend. Das Zweite: Im Militärischen heißt das Lagefeststellung. Bevor man anfängt, irgend etwas zu ändern, was man vielleicht schon im Kopf hat, sollte man erst mal schauen, wie die Strukturen sind. Das gilt für die Organisation im Amt aber auch für die Situation im Land. Ich werde daher in der ersten Zeit viel reisen müssen, nicht nur

„Man muss nicht jeden Unfug von Werbefuzzis unterstützen"

wegen der persönlichen Vorstellung, sondern auch, um die Referenten an Ort und Stelle und ihre Arbeitsweise in Denkmalpflegefragen kennenzulernen und zu erfahren, was sich auf Bezirks- und Landkreisebene abspielt. Wenn ich dann immer so komme, dass gerade Bürgermeisterbesprechung ist, dann kann ich den Punkt Lagefeststellung allmählich abarbeiten. Und drittens wird die Öffentlichkeitsarbeit, die ja unter Professor Petzet hervorragend aufgebaut worden ist, einer meiner Schwerpunkte bleiben, weil Sie das politische Verständnis für die Denkmalpflege und das Interesse der Bürger nur haben, wenn das mit einer guten Öffentlichkeitsarbeit vorbereitet worden ist. An der Universität habe ich jetzt einen Lehrauftrag bekommen, wo ich die jungen Leute an die Denkmalpflege heranführen kann. Und dann möchte ich natürlich das Gespräch mit der Presse offensiv führen. Das ist ein so wichtiger Bereich, dass ich mich darum auch selber kümmern möchte.

SZ: *Haben Sie schon inhaltliche Schwerpunkte oder Perspektiven entwickelt?*
Greipl: Die werden sich zum Teil aus der Lagefeststellung ergeben. Natürlich stehen auch denkmalpflegerische Fettnäpfchen bereit, wo es nicht einfach werden wird; beim Kongresszentrum Regensburg oder beim schönen Irschenberg zum Beispiel. Aber ich werde von meiner militärischen Ausrüstung für die Fettnäpfchen die Stiefel behalten, und wenn es dann ganz dick von oben kommt, dann habe ich auch noch meinen Helm. Da bin ich bestens gerüstet.

SZ: *Was halten Sie von der Idee, staatliche Denkmäler für Veranstaltungen mit McDonalds oder Mickey Mouse zu vermieten oder gar Schlösser an zahlungskräftige Unternehmen zu veräußern?*
Greipl: Diese Diskussion betrifft Objekte der Schlösser- und Seenverwaltung und den Alten Hof in München. Was die optimierte Schlösserverwertungsidee betrifft, denke ich, man muss, wie immer, die Dinge genau anschauen. Ein Denkmal ohne Nutzung wird dem Verfall preisgegeben. Die beste Nutzung ist immer die, die der ursprünglichen am nächsten kommt. Da wir keinen König oder Kurfürsten mehr haben, muss man für die großen Schlösser nach etwas anderem suchen. Wenn der Empfang des Landtagspräsidenten in Schloss Schleißheim stattfindet, dann halte ich das für adäquat. Wenn der bayerische Ministerpräsident nach dem Krieg in die Residenz eingezogen wäre, hätte ich gesagt, wunderbar. Das ist Kontinuität. Aber eine Nutzung des nackten Kommerzes lehne ich ab. Man muss ja nicht jeden Unfug, den sich irgendwelche Werbe- und Wirtschaftsfuzzis ausdenken, unterstützen. Ich habe Verständnis für die Bemühungen des Finanzministeriums, aber es gibt eine Grenze, die etwas mit Selbstachtung und der Identität des Staates zu tun hat.

SZ: *... Stichwort Kontinuität. Was werden sie denn ganz bestimmt ganz anders machen als ihr Vorgänger?*
Greipl: Auch hier ist Lagefeststellung angesagt. Ich war ja die letzten sechs Jahre relativ weit weg vom Wirkungskreis meines Vorgängers, aber davor war ich einer seiner Abteilungsleiter und einer seiner Vertreter. Ich kann mir vorstellen, dass ich vielleicht – ja wie soll ich das ausdrücken? – wenn ich sage Bürokrat, dann ist das ein sehr negativ besetztes Extremwort. Mein Vorgänger war das Gegenteil davon – ein kreativer Geist. Ich liege vielleicht ein bisschen mehr in der Mitte – ich lese gern Akten und kümmere mich sehr gern um Organisationsstrukturen in einem Amt und um deren Optimierung. Im übrigen braucht man schon sehr große Füße, um in die Schuhe, die mein Vorgänger hinterlässt, hineinzupassen. Wie er das Amt von einer kleinen Behörde zu seiner jetzigen Bedeutung mit den Werkstätten und den Labors aufgebaut hat, das nötigt mir schon Respekt ab.

SZ: *Haben Sie Angst, dass der Denkmalpflege in Bayern das Geld ausgehen könnte?*
Greipl: Ich glaube, heute gibt es in der Staatsverwaltung keinen, der nicht nachts von Mittelkürzungen träumt und schweißgebadet aufwacht. Da bildet die Denkmalpflege keine Ausnahme. Vor zu starken Einschnitten in diesem Bereich kann ich allerdings nur warnen, weil die historischen Denkmäler zur Identität des Freistaats gehören. Ein Japaner, der im Urlaub nach Bayern kommt, der will Neuschwanstein sehen und nicht irgendeinen High-Tech-Betrieb; den hat er zu Hause.

SZ: *Werden Sie die Bemühungen ihres Vorgängers um Aufnahme von Bauten der Moderne und der 50er Jahre in die Denkmalliste fortsetzen?*
Greipl: Wir werden hier dasselbe erleben, wie in den 60er Jahren, als man die Bauten des Historismus, also des ausgehenden 19. Jahrhunderts, völlig neu bewertet hat. Jetzt sind wir daran, die 50er Jahre neu zu bewerten. Und es ist ja nicht so, dass damit die Denkmalliste ins Unendliche anwachsen würde, wie manche befürchten. Es werden auch immer wieder Denkmäler gestrichen, weil sie verändert worden sind, verkommen oder abgebrannt sind.

SZ: *Wie stehen Sie zu Rekonstruktionen?*
Greipl: Von einer Totalrekonstruktion, wie sie beim Berliner Schloss diskutiert wurde, davon halte ich sehr wenig. Für vertretbar halte ich dagegen Rekonstruktionen mit pädagogischem Ziel. Ich denke da etwa an die Wiederherstellung eines Teils eines römischen Kastells, das Schüler sich so einfach besser vorstellen können, als wenn sie nur den Grundriss sehen und daneben noch eine Zeichnung, die zeigt, wie das vielleicht einmal ausgesehen hat. Auch bei einem Bauwerk, von dem noch Teile erhalten sind, kann man über eine Rekonstruktion nachdenken. Für nicht zulässig halte ich dagegen den Abriss von sehr schlechter Bausubstanz und den „originalgetreuen" Wiederaufbau. Da fehlt die Aura, die Substanz und der Geist des Denkmals.

Interview: Birgit Matuscheck-Labitzke;
Fotos: Stephan Rumpf, Rolf Thym

Wechsel der Wächter über 140 000 Denkmäler

Festakt im Cuvilliéstheater für den scheidenden Generalkonservator Michael Petzet und Nachfolger Egon J. Greipl

VON HORST HANSKE

MÜNCHEN/REGENSBURG. Kunstminister Hans Zehetmair hat für den Wechsel im Amt des Generalkonservators ein Münchner Kulturjuwel gewählt. Er lud die 546 Gäste zur Festveranstaltung in das Alte Residenztheater (Cuvilliéstheater). Dort, auf der Rokokobühne des französischen Baumeisters, verabschiedete gestern Mittag Hans Zehetmair in einer launig, herzlichen Rede den. obersten bayerischen Denkmalschützer Prof. Michael Petzet, der nach 25 Jahren und vier Monaten in den Ruhestand geht und begrüßte Petzets Nachfolger im Amt, Dr. Egon J. Greipl, der seit 1993 Regensburgs Kulturreferent war. Festtagssonne über der Münchner Residenz. Bayerns Kultur-Hautevolee von Würzburg bis Wasserburg erweist dem scheidenden Generalkonservator Michael Petzet die Reverenz und wünscht seinem Nachfolger Dr. Egon Greipl eine ähnlich gute Hand bei der Wacht über die bayerischen Denkmäler. Königliche Hoheiten, Botschafter, hohe Kleriker, Museumsdirektoren und all die Menschen, die sich dem Schutz und Erhalt der bayerischen Denkmäler verschrieben haben, wohnten dem Führungswechsel im wichtigen Amt bei.

Andernorts heißen sie „Landesdenkmalpfleger" oder „Präsident". Nur der Chef der Bayerischen Denkmalpflege darf sich „Generalkonservator" nennen. Dabei ist das Geschäft, das er ausübt, in Bayern nicht kriegerischer als andernorts.

„Aber an Scharmützeln, die es auszufechten gilt, ist die Denkmalpflege auch hierzulande nicht arm", sagte Staatsminister Hans Zehetmair, in seiner witzig und geistreich gehaltenen Rede. „Als General hat er das von ihm geleitete Landesamt für Denkmalpflege selbstbewusst geführt und seine Entwicklung im letzten Viertel des 20. Jahrhunderts maßgeblich mitbestimmt und im internationalen Vergleich auf höchstes Niveau gestellt", lobte Hans Zehetmair.

Michael Petzet antwortete auf die stark applaudierte Laudation seines obersten Chefs mit einer ebenso geistsprühenden Abschieds- und Dankesrede, obwohl er auch gestand, dass er des „Dauerabschieds nun doch etwas müde sei".

Der erste Wächter über die mittelalterliche Latrine bis zum Königsschloss, gestand, dass er dieser Job so mit sich brachte, in den meisten Fällen genoss. Und diesen Genuss sucht er nun auch als neuer Weltpräsident des Internationalen Rats für Denkmalpflege (ICOMOS) zu dem er „mit 52 Prozent der Stimmberechtigten aus aller Welt gewählt wurde", wie er mit saloppem Stolz anfügte.

Nach diesem beifallumrauschten Abschiedslob auf seinen Vorgänger hatte es Egon J. Greipl mit seinen Antrittsworten schwer.

Weil Kunstminister Zehetmair eigens auf seinen in der SZ geschilderten Soldatenschritt achtete, stieg der Oberstleutnant bewusst locker und zivilen Schrittes auf die Bühne. Der noch der über 100 000 Denkmäler nahestehen. Sie reihten sich im Theaterfoyer um den neuen Generalkonservator und koppelten den Glückwunsch zum Amtsantritt gleich mit Wünschen: „Ich würde mich freuen, wenn sie uns im Kloster besuchen würden, wir brauchen ein neues Dach und vieles andere", sagte ein Mönch und drückte Greipl die Hand.

Von Kulturschaffende kamen zwei Dutzend Kulturschaffende zum Amtswechsel ins Cuvilliéstheater. Im großen Händeschüttelreigen taten sie sich schwer gegen die oberbayerische

vor wenigen Tagen in Tarnanzug und Soldatenstiefeln als Feldlagerkommandant in Railovac in Bosnien-Herzegowina befehligte, bezeugte großen Respekt für die Arbeit von Michael Petzet und gestand, wie schwer es sein wird, so einer Persönlichkeit im Amt zu folgen. Seine schnell gesprochen Antrittsrede war kurz und gut.

Greipl, der gebürtige Passauer, sein Vater war General, was die Neigung des Sohnes zu militärischen Corpsgeist erklärt, musste nach dem Festakt viele Hände schütteln. Hände von Menschen, die in Bayern irgend einem Menschen, die in Bayern irgend einem

Von einigen Regensburgern wurde der neue oberste Denkmalpfleger auf die Wunschvorstellung einer Stadthalle im Thurn & Taxis'schen Schlosspark angesprochen. „Das ist für mich zu früh, ich kenn die Problematik, dazu kann ich noch nichts sagen", so Egon Greipl.

Die ersten Monate seiner Amtszeit will Generalkonservator Egon Greipl die Lage sondieren; durch Gespräche mit Landräten, den großen Denkmalbesitzern Bürgermeistern und Pfarrern in ganz Bayern. Denn was wäre Bayern, ohne seine über hunderttausend Denkmäler.

Antrittsapplaus im Cuvilliéstheater für den neuen Generalkonservator. In vorderer Reihe, Greipls Zwillingssöhne

Mittelbayerische Zeitung (Regensburg)
28. Oktober 1999

Mittelbayerische Zeitung
(Regensburg)
28. Oktober 1999

Die wahre Avantgarde

Denkmalpfleger Petzet verabschiedet sich im Cuvilliéstheater

Von Michael Grill

Eigentlich hätte er nach dem Wunsch seiner Eltern eine Karriere am Theater beginnen sollen, meinte Michael Petzet mit gespieltem Ernst, doch nachdem daraus nichts wurde, erfülle es ihm mit nicht wenig Stolz, dass es ihm nun doch noch gelungen ist, das Cuvilliéstheater wenigstens ein Mal zu füllen. Das war gestern Mittag in der Tat randvoll mit geladenen Gästen „aus allen Bereichen des gesellschaftlichen und kulturellen Lebens", wie es sein Stellvertreter Erwin Keller ausdrückte, so dass dem bisherigen Leiter des Landesamtes für Denkmalpflege Petzet nach mehr als 25 Jahren Amtszeit ein würdiger Abschied zuteil werden konnte.

Keller übrigens schien einen Rekord für die längste Gästebegrüßung aufstellen zu wollen, weshalb ihm Wissenschaftsminister Hans Zehetmair nach quälend langen 20 Minuten riet, falls er doch noch jemanden im Saal vergessen haben sollte, möge er sich persönlich entschuldigen. Doch dann wurde es unterhaltsam: Zehetmair berichtete launig von Petzets langer Karriere: Er habe einen Marsch durch die Institutionen angetreten, „aber nicht so, wie das damals ideologisch gemeint war, sondern ganz redlich". Petzet habe sich oft mitten ins Kreuzfeuer gestellt, „und dies –vermutlich sogar genossen", gleichzeitig aber auch den Vollzug des Bayerischen Denkmalschutzgesetzes mit Augenmaß und Vernunft vorangetrieben. „Er war unermüdlich", so der Minister. Petzet schien dies kurz darauf gleich beweisen zu wollen, als er auf die Bühne drängte, bevor die Musiker dort ihr Programm überhaupt beendet hatten.

Petzet ist ja, wie berichtet, vor wenigen Tagen in Mexiko zum neuen Präsidenten der Weltdenkmalschutz-Organisation Icomos gewählt worden, und gab zu seinem Abschied auch einen ersten Bericht über den Beginn des Neuen: Mit 52 Prozent der Delegiertenstimmen habe er es in der zweiten Wahlgang geschafft, es sei ein harter „Drachenkampf mit einer spanischen Kollegin" gewesen. Er wisse nun, dass er Politiker hätte werden sollen, „weil ich jede Wahl gewinnen würde". Außerdem sei die Denkmalpflege die wahre Avantgarde der Moderne und verstehe sich als perfekter Ausdruck des bayerischen Mottos von „Laptop und Lederhose", verkündete er in der ihm eigenen Mischung aus Ironie und gepflegter Provokation. Sein Amtsnachfolger, Egon J. Greipl, konnte nach dieser perfekten Abschiedsvorstellung nur noch in die tragische Rolle schlüpfen: „Es geht schon los: Da mit kann ich nicht konkurrieren."

Einer kommt, einer geht, einer bleibt: Greipl (l.) mit Petzet (r.) und Zehetmair. Foto: Heddergott

Süddeutsche Zeitung
28. Oktober 1999

Prof. Dr. Michael Petzet, Staatsminister Zehetmair und Dr. Egon J. Greipl

Wechsel im Amt des Generalkonservators

MÜNCHEN (mz). Kunstminister Hans Zehetmair (CSU) hat bei einer Festveranstaltung gestern im Münchner Cuvilliéstheater das Wirken des obersten bayerischen Denkmalschützers Michael Petzet gewürdigt, der nach mehr als 25 Jahren im Amt des Generalkonservators im November in den Ruhestand geht. Die Nachfolge tritt Egon Greipl an, der seit 1993 Kulturreferent in Regensburg war. Petzet habe in seiner Amtszeit eine schlagkräftige Denkmalschutzverwaltung aufgebaut. Ihm sei zu verdanken, dass die Inventarisierung von mehr als 100 000 Baudenkmälern und 700 Ensembles in Bayern weitgehend abgeschlossen wurde. „Nicht zuletzt danke ich Ihnen für die Erarbeitung unzähliger Kompromisse und damit die Schlichtung vieler Streitfälle mit denkmalfachlich achtbaren Ergebnissen", sagte der Minister.

AZ (Abendzeitung), München
28. Oktober 1999

Die Ikone der Denkmalschützer tritt ab

Generalkonservator Michael Petzet: Nach 25 Jahren im Amt geht er in den Ruhestand

VON THOMAS MÜLLER

Er ist eine Institution in Sachen Denkmalschutz: Bayerns Generalkonservator Michael Petzet. Nach 25 Jahren im Amt tritt die Ikone der Denkmalschützer ab. In einem Festakt vor über 500 geladenen Gästen aus Politik, Adel, Kirchen, Stiftungen und Freunden im Cuvilliés-Theater wurde der 66-jährige gestern in den Ruhestand verabschiedet. „Es hat mir Spaß gemacht", lautete Petzets fröhliches Fazit.

Ob nun der „wunderbare Streit" (so Petzet) um das Hotel vor Schloss Neuschwanstein, die vielen Scharmützel beim Bau der ICE-Trasse oder um den Erhalt alter Türstöcke, Feldkreuze und Römersteine: Denkmalpflege mit Augenmaß, Substanz-Fetischismus und Denkmalschutz-Exzessen. „Dass sich der Gedanke des Denkmalschutzes fest verwurzelt hat, ist Ihr Verdienst", so Wissenschaftsminister Hans Zehetmair in seiner laufigen Laudatio.

Seinem Amtsnachfolger Egon Greipl („Mein Traumjob!") hinterlässt Petzet („Ich bin froh, dass er kein Jurist ist") eine tolle Bilanz: 100 000 Denkmäler und 700 Ensembles sind bayernweit inventarisiert. Das Landesamt für Denkmalpflege selbst genießt weltweite Anerkennung in Sachen Metall- oder Lackkonservierung und ist in China genauso tätig wie in Japan oder Jemen.

Dass es kein ruhiger Ruhestand wird, dagegen hat Michael Petzet bereits vorgesorgt: Letzte Woche ließ er sich in Mexiko zum Weltpräsidenten des Denkmalschutz-Rates (ICOMOS) wählen. „Jetzt rette ich halt die Welt", sagte Petzet in der ihm eigenen Bescheidenheit. Und wer ihn kennt, ahnt, dass er damit auch künftig Spaß haben wird...

Minister Hans Zehetmair (Mitte) mit dem Generalkonservator Michael Petzet (r.) und dessen Nachfolger Egon Greipl. Foto: Ronald Zimmermann

Augsburger Allgemeine
28. Oktober 1999

Offiziell übergab gestern Kunstminister Zehetmair das oberste bayerische Denkmalamt von Michael Petzet (rechts) an Egon Johannes Greipl (links). Bild: Michael Kappeler

Kämpferisch für den Denkmalschutz

Generalkonservator Egon Greipl jetzt im Amt, Michael Petzet verabschiedet

München (aba). **Kein beschauliches Amt werde Dr. Egon Johannes Greipl antreten, prophezeite Kunstminister Zehetmair gestern im Münchner Cuvilliéstheater, als er den neuen Generalkonservator in sein Amt einführte.**

Das gelte nach wie vor, so der Minister vor Hunderten von Gästen aus Kultur, Kirche und Politik, obwohl der Gedanke des Denkmalschutzes in der Bevölkerung verankert sei und die Denkmalpflege heute in ruhigeren Bahnen verlaufe als nach der Einführung des Gesetzes vor 26 Jahren. Zehetmair erinnerte an den „erschreckenden" Fall des von einem Bürger gesprengten Achsheimer Pfarrhofs. Dem scheidenden Generalkonservator Prof. Michael Petzet dankte der Minister für die Schlichtung vieler Streitfälle und den Aufbau einer schlagkräftigen Denkmal-Verwaltung. Petzet könne eine „äußerst eindrucksvolle Bilanz" seiner 25-jährigen Tätigkeit vorweisen und habe „ein Stück Kulturgeschichte Bayerns geprägt".

Er werde auch im Ruhestand die Denkmalpflege nicht aus den Augen verlieren, kündigte Michael Petzet an. Erst kürzlich wurde der 66-Jährige zum Weltpräsidenten der internationalen Denkmalpflege-Vereinigung ICOMOS gewählt, außerdem ist er Vorsitzender der Bayerischen Landesstiftung. Wenn zum Beispiel gegenüber von Schloss Neuschwanstein ein „Disneyland" mit Hotels, Sport- und Vergnügungsanlagen entstehen sollte, dann werde er eingreifen.

Zum Beispiel Irschenberg

Kämpferisch gab sich auch Egon Johannes Greipl, als er versprach, sich in seinem neuen Amt für die Interessen des Denkmalschutzes einzusetzen und offensiv die Auseinandersetzungen führen. Kompromisse könnten erst am Schluß herauskommen und dürften nicht von Anfang an die Position der Denkmalpflege schwächen. Greipl sieht bereits einige Konflikte auf sich zukommen, etwa den Neubau eines Kongresszentrums im Regensburger Schlosspark oder die geplante McDonald's-Schnellgaststätte am Irschenberg. Für Fälle, in denen es ganz hart komme, habe er sich Militärstiefel und Helm bereitgestellt, hatte der 51-Jährige schon vor dem gestrigen Festakt gewitzelt. Der Oberstleutnant der Reserve tat bis vor drei Tagen bei einer SFOR-Truppe in Bosnien-Herzegowina Dienst.

„Es ist schwer, in Ihre großen Schuhe zu schlüpfen", sagte Greipl zu seinem Vorgänger und zollte ihm damit Respekt dafür, dass er dem bayerischen Landesamt mit seinen Labors und Restaurierungswerkstätten weltweite Bedeutung verschafft hatte. Wenn er am 2. November seinen Arbeitsplatz in der Alten Münze am Münchner Hofgraben eingenommen hat, dann will der neue Generalkonservator erst einmal durch Bayern reisen, die Arbeit der Denkmalpflege-Referenten vor Ort und die Probleme in den Gemeinden und Landkreisen kennenlernen. Er wolle mit Bürgermeistern und Landräten reden und sich besonders stark um die öffentliche Vermittlung des Denkmalschutzes kümmern.

Wissenschaftsminister Hans Zehetmair nahm an der 287. Sitzung der Konferenz der Kultusminister der Länder in der Bundesrepublik Deutschland in Husum teil, leitete die 106. Sitzung der Bund-Länder-Kommission für Bildungsplanung und Forschungsförderung in Bonn, nahm an der 2. Sitzung des „Forums Bildung" der Bund-Länder-Kommission für Bildungsplanung und Forschungsförderung teil, hielt die Festrede anlässlich des fünfjährigen Bestehens des Bayerischen Wirtschaftsarchivs, verabschiedete den Generaldirektor des Bayerischen Landesamts für Denkmalpflege, Professor Petzet, und führte seinen Nachfolger Dr. Greipl in sein neues Amt ein, führte ein Gespräch mit dem Bezirkstagspräsidenten von Schwaben und dem Oberbürgermeister der Stadt Augsburg und empfing den Intendanten des Bayerischen Staatsschauspiels zu einem Gespräch.

Bayerische Staatszeitung
29. Oktober 1999

Stoiber gratuliert Michael Petzet

Krailling – Herzlich gratuliert hat Ministerpräsident Edmund Stoiber gestern Michael Petzet. Der Kraillinger wurde bekanntlich zum Präsidenten des Internationalen Rats für Denkmalpflege gewählt. Als Generalkonservator des Bayerischen Landesamts für Denkmalpflege habe Petzet reiche Erfahrungen gesammelt. Für das neue Amt seien Durchsetzungskraft und der Wille zu konstruktiven Lösungen notwendig, schreibt Stoiber. „Über beide Eigenschaften verfügen Sie in reichem Maße." Fragen des Weltkulturerbes lägen bei Petzet „in den besten Händen". csn

Süddeutsche Zeitung
(Starnberg)
3. November 1999

Generalkonservator:
Michael Petzet im Ruhestand

München. Kunstminister Hans Zehetmair (CSU) hat bei einer Festveranstaltung in München das Wirken des obersten bayerischen Denkmalschützers Michael Petzet gewürdigt, der nach mehr als 25 Jahren im Amt des Generalkonservators im November in den Ruhestand geht. Die Nachfolge tritt Egon Greipl an, der seit 1993 als berufsmäßiger Stadtrat Kulturreferent in Regensburg war.

Petzet habe in seiner Amtszeit eine schlagkräftige Denkmalschutzverwaltung aufgebaut. Ihm sei zu verdanken, dass die Inventarisierung von mehr als 100 000 Baudenkmälern und 700 Ensembles in Bayern weitgehend abgeschlossen wurde. „Nicht zuletzt danke ich Ihnen für die Erarbeitung unzähliger Kompromisse und damit die Schlichtung vieler Streitfälle mit denkmalfachlich achtbaren Ergebnissen", sagte Minister Zehetmair.

Trostberger Tagblatt
29. Oktober 1999

---

dpa, 30. Oktober 1999

bay 024 4 ku 154 lby 023 11:19
UN/Denkmäler/
Deutscher Präsident des Internationalen Rats für Denkmalpflege =
Bonn (dpa/lby) - Neuer Präsident des Internationalen Rats für Denkmalpflege (Icomos) ist der deutsche Wissenschaftler Prof. Michael Petzet. Der Generalkonservator des Bayerischen Landesamtes für Denkmalpflege wurde auf der Generalversammlung des Rates in Guadalajara (Mexiko) gewählt, teilte die Unesco in Bonn mit. Icomos berät die Kulturorganisation der Vereinten Nationen bei der Aufnahme von Kulturdenkmälern in die Liste des Welterbes.
 Dem internationalen Fachverband Icomos gehören Nationalkomitees aus mehr als 90 Ländern an. Er befasst sich mit der Erforschung und Erhaltung historischer Monumente und Stätten. Der Weltverband setzt sich für internationale Standards für den Schutz, die Erhaltung und das Management von Kulturstätten ein. Icomos begutachtet für die Unesco die Anträge der Unesco-Mitgliedstaaten auf Aufnahme von Kulturdenkmälern in die «Liste des Kultur- und Naturerbes der Menschheit». Diese Denkmälern stehen dann unter dem besonderen Schutz der Unesco-Welterbekonvention. Der neue Icomos-Präsident Petzet ist auch Vorsitzender der Vereinigung der Landesdenkmalpfleger in Deutschland. dpa/lby ch yy ch uk

WECHSEL AN DER SPITZE DER BAYERISCHEN DENKMALPFLEGE
Dr. Egon Johannes Greipl folgt Prof. Dr. Michael Petzet als Generalkonservator nach

PORTRÄT

Michael Petzet

Denkmalpfleger auch noch im Ruhestand

Foto: Landesamt für Denkmalpflege

Als Generalkonservator Michael Petzet vor kurzem in den Ruhestand verabschiedete, ging eine Ära zuende. Nach der Berufung durch Kultusminister Hans Maier erwartete den gebürtigen Münchner eine schwierige Aufgabe: Er sollte das im Jahr zuvor verabschiedete Bayerische Denkmalschutzgesetz mit Leben erfüllen. Das bedeutete mühsame Überzeugungsarbeit an der Basis, denn der Denkmalbegriff umfasste neben Schlössern, Kirchen, Klöstern und Rathäusern jetzt auch Bürgerhäuser, bäuerliche Anwesen oder die Pfarrhöfe im kleinteilig strukturierten Schwaben. Dazu kamen Zeugnisse der Industrie- und Technikgeschichte, Ensembles, die das Ortsbild bestimmen, und Bodendenkmäler.

Die Bilanz nach Petzets 25 Amtsjahren ist beeindruckend: in der Fülle der Objekte – auf 120 000 ist die Denkmalliste inzwischen angewachsen –, in der fachlichen Beratung und Betreuung vor Ort, der Zahl der durchgeführten Restaurierungen und der wissenschaftlichen Publikationen. Nicht minder wichtig waren die Kirchenrestaurierungen wie zum Beispiel der Dom zu Passau, Augsburg und München, die Wieskirche oder auch des Gotteshauses in Violau. „Es gab in der Diözese Augsburg kein großes Projekt, das er nicht mit auf den Weg gebracht hätte", erinnert sich der Finanzdirektor der Diözese, Prälat Eugen Kleindienst.

Vor einigen Jahren haben die Denkmalpfleger eine weitere Dependance im ehemaligen Benediktinerkloster Thierhaupten nördlich von Augsburg bezogen. Dort sind eine archäologische Außenstelle und das Bayerische Bauarchiv des Landesamtes untergebracht, in dem Handwerker die alten Techniken studieren können. Die Münchner Zentrale fand 1986 eine angemessene Unterkunft in der Alten Münze am Hofgraben, deren Restaurierung 1996 abgeschlossen war. Petzet hat das Amt, das heute rund 280 Mitarbeiter zählt, mehrfach umstrukturiert. Er hat die Restaurierungswerkstätten ausgebaut, die Restauratoren-Ausbildung befördert und ein Zentrallabor zur Erforschung schadstoffbedingter Materialschäden an Glas und Stein eingerichtet.

Petzet setzte sich schon früh für die heute wieder gefährdete Architektur der 50-er Jahre ein. Die Stile des Historismus und der Neugotik hat er in der Denkmalpflege erst hoffähig gemacht. Als exzellenter Kenner der Schlösser König Ludwig II. und seines Kunstverständnisses rehabilitierte er auch dessen historisierenden Baustil.

Das profunde Wissen dazu erwarb Petzet, der über die französische Kirchenbaukunst des Barock promoviert hat, bei der Museumsabteilung der bayerischen Schlösserverwaltung – einer seiner beruflichen Stationen vor der Ernennung. 1968 sorgte seine Ausstellung „König Ludwig II. und die Kunst" für Aufsehen.

Dabei erwies sich Petzet als Pragmatiker mit Sinn für das praktisch Machbare. Heikle Situationen meisterte er mit Humor und Ironie. Auch im Ruhestand legt der Denkmalpfleger seine Hände nicht in den Schoß. So ließ sich der 66-Jährige in Mexiko zum Weltpräsidenten der internationalen Denkmalschutzbehörde „Icomos" wählen.

Helene M. Reischl

„Andernorts heißen sie ‚Landesdenkmalpfleger' oder ‚Präsident'. Nur der Chef der Bayerischen Denkmalpflege darf sich ‚Generalkonservator' nennen. Dabei ist das Geschäft, das er ausübt, in Bayern nicht etwa kriegerischer als andernorts. Aber an Scharmützeln, die es auszufechten gilt, ist die Denkmalpflege auch hierzulande nicht arm. So ist der ‚General' der Realität gewiß näher als der ‚Präsident' es wäre."

Diese Charakterisierung des höchsten Amtes im Aufgabenfeld der Erhaltung und Pflege der bayerischen Denkmallandschaft, wie sie von Staatsminister Hans Zehetmair in der aus Anlaß des 65. Geburtstags erschienenen großen Festschrift für Michael Petzet so treffend formuliert worden ist, kennzeichnet zugleich die Persönlichkeit des scheidenden bayerischen Generalkonservators: Als „General" hat er das von ihm geleitete Landesamt für Denkmalpflege selbstbewußt geführt und seine Entwicklung im letzten Viertel des 20. Jahrhunderts maßgeblich mitbestimmt. Um in der militärischen Begriffswelt zu bleiben: Strategie und Taktik, die Fähigkeit zur instinktsicheren Beurteilung der Lage sowie die realistische Einschätzung der Kräfte der eigenen Truppen und ihrer wechselnden Alliierten und Kombattanten bestimmten sein Handeln. Er sondierte das Terrain mit sicherem Blick und erkannte schnell, wo – und um welchen Preis – sich Geländegewinne erzielen lassen, wo man Verteidigungslinien aufbauen und sich gegebenenfalls auch eingraben muß, um Erreichtes zu sichern, bzw. wann der Rückzug anzutreten ist, wenn größere Verluste drohen. Dabei standen ihm ein scharfer Intellekt, hervorragende und vielseitige Fachkenntnisse, Phantasie und Präsenz, vor allem aber eine außergewöhnliche physische und psychische Belastbarkeit zu Gebote, wenn es darum ging, seine Gesprächspartner zu überzeugen oder seine Gegner zu ermüden.

Alles andere als militärisch war dagegen sein persönliches Auftreten: Sein schlenkernder Gang, die chronisch schief sitzende Krawatte, echte und gespielte Begeisterung über Denkmäler und andere Dinge dieser Welt, Auskosten von Situationskomik und Skurrilitäten, gegebenenfalls auch leutselige Gesprächsbereitschaft, lenkten davon ab, daß dieser scheinbar so harmlose große Teddybär immer sehr genau wußte was er wollte und daß er ständig wie ein Schachspieler seine Chancen nutzte, um Punkte zu machen. Seine pragmatische und ergebnisorientierte Bewältigung der jeweils aktuellen Probleme stand allerdings gelegentlich in einem gewissen Spannungsverhältnis zu kategorisch oder gar moralisch begründeten Positionen der Exponenten einer eher fundamental argumentierenden Denkmalpflege. Diese „andere Denkmalpflege" wurde innerhalb des Amtes vor allem von Professor Dr. Tilmann

Das Ulrichsbistum, SonntagsZeitung (Augsburg), 27./28. November 1999

Minenspiel: Staatsminister Hans Zehetmair zwischen dem scheidenden und dem neuen Generalkonservator

Breuer vertreten, an den hier als Weggefährten, Partner – aber auch als Widerpart – des scheidenden Generalkonservators erinnert werden soll.

Der Erfolg, der dem Chef der bayerischen Denkmalpflege in seiner mehr als 25jährigen Amtszeit von einigen Zwischengewittern abgesehen treu geblieben ist, hat ihm letztendlich recht gegeben: Das Bayerische Landesamt für Denkmalpflege genießt heute weltweites Ansehen als eine der leistungsfähigsten und fachlich kompetentesten Institutionen, die mit der Bewahrung unseres kulturellen Erbes betraut sind.

Unmittelbar vor Michael Petzets Amtsantritt am 1. Juli 1974 war das Bayerische Denkmalschutzgesetz in Kraft getreten, das in vielerlei Hinsicht zum Leitbild für die Regelungen des Denkmalschutzes und der Denkmalpflege in anderen deutschen Bundesländern geworden ist. Es war die große Chance und Herausforderung des 41 Jahre jungen Generalkonservators, den im Bayerischen Denkmalschutzgesetz formulierten Fürsorgeauftrag für die Denkmäler des Landes in der Praxis umzusetzen und innerhalb des Landesamtes die Voraussetzungen für einen effektiven Vollzug des Gesetzes zu schaffen. Nachfolgend lassen sich allerdings nur die wichtigsten Aufgaben und Stationen in Stichworten benennen.

Schwerpunkte der Ära Petzet sind die flächendeckende Erfassung der ca. 110 000 Baudenkmäler und etwa 1000 Ensembles in Bayern und Ihre Dokumentation in Denkmallisten, bebilderten Kurzinventaren der Reihe „Denkmäler in Bayern" sowie in den in seiner Amtszeit weitergeführten Großinventaren, weiterhin die Erfassung der Bodendenkmäler und ihre Dokumentation in einem umfangreichen Luftbildarchiv. Eine weltweit anerkannte Spitzenstellung im Bereich der Konservierung und Restaurierung nehmen heute die unter Michael Petzet konsequent ausgebauten Werkstätten des Amtes und das ihnen angeschlossene Zentrallabor für Denkmalpflege als wissenschaftliches Fachinstitut für die Untersuchung und Konservierung von Stein, Glas und Metall. Als eine eigene Disziplin zur wissenschaftlichen Dokumentation historischer Bauten und ihrer Gefüge durch verformungsgetreue Aufmaßpläne und durch den Bestand porträtierende „Raumbücher" sowie durch methodisch verfeinerte Befunduntersuchungen hat sich in der Amtszeit des scheidenden Generalkonservators die Bauforschung am Landesamt entwickelt. Das wichtigste Dokument der Ära Petzet sind allerdings die landesweit sichtbaren positiven Ergebnisse der fachlichen Fürsorge für die ebenso vielfältige wie reiche bayerischen Denkmallandschaft, von der Konservierung und Restaurierung so herausragender Bau- und Kunstdenkmäler wie etwa der berühmten Wieskirche bei Steingaden bis hin zu schlichten Bürger- und Bauernhäusern. Vor seiner Berufung zum Generalkonservator tätig als Chef der Städtischen Galerie im Lenbachhaus in München hat Michael Petzet auch das Handwerk des Museumsmanns erlernt. So überrascht es nicht, daß er auch weiterhin Interesse für die Entwicklung der Bayerischen Museen gezeigt und etwa bei der von ihm persönlich maßgeblich mitgestalteten Einrichtung des Ludwig II.-Museums in Schloß Herrenchiemsee unter Beweis gestellt hat.

Das Schaffen von Verbindungen – heute würde man vielleicht von Vernetzung sprechen – um sein Amt in ein produktives Geflecht von fachlichen und kulturpolitischen Beziehungen zu integrieren, zählte immer zu den zentralen Anliegen und zu den großen Fähigkeiten des scheidenden Generalkonservators. Das gilt für die Zusammenarbeit mit den Fachverbänden – etwa der Vereinigung der Landesdenkmalpfleger und des Deutschen Nationalkomitees von ICOMOS (International Council of Monuments and Sites), in denen er über lange Jahre den Vorsitz führte bzw. noch innehat – ebenso wie für die vielfältigen Kooperationen und Kontakte mit Institutionen wie dem Bayerischen Denkmalrat, dem Landesverein für Heimatpflege, den kommunalen Spitzenverbänden, den Kirchen, den Hochschulen und Forschungseinrichtungen, den Museen und weiterhin den Berufsverbänden im Bereich des Handwerks und des Restaurierungswesens.

Mehr kann und soll hier nicht gesagt werden. Zwar nicht alles – aber doch viel – über Lebensweg und Lebensleistung enthält die mehr als 1000 Seiten starke Festschrift, die Michael Petzet von Freunden und Weggefährten zum 65. Geburtstag am 12. April 1998 gewidmet worden war.

Es wird auch weiterhin Gelegenheit geben über Michael Petzet zu berichten, der sich mit der Versetzung in den Ruhestand nicht in das Privatleben zurückziehen wird. Den künftigen Kontakt zur Denkmalpflege sichern schon seine Bestellung als Mitglied des Vorstands der Bayerischen Landesstiftung sowie seine beratende Tätigkeit in weiteren der Denkmalpflege nahestehenden Institutionen und Stiftungen. Krönung seiner Laufbahn und Ausdruck der internationalen Anerkennung seiner Fachkompetenz als Autorität der Denkmalpflege bedeutet seine Wahl zum Präsidenten von ICOMOS als Organisation zur Erhaltung des kulturellen Welterbes. So verbindet sich der Dank für seinen engagierten und erfolgreichen Einsatz für die Denkmäler und Museen Bayerns mit unseren guten Wünschen für seine neue international ausgerichtete Aufgabe.

York Langenstein
Museum heute 18
(München)
Dezember 1999

Register

Abstrakte Malerei, S. 61, 62, 118

Agathazell/Kapelle St. Agatha, S. 495

Aichach/Stadtbefestigung, S. 146

Aiterhofen/frühgeschichtliche Befestigungsanlage, S. 236

Akademie für Handwerkerfortbildung, s. Thierhaupten

Allgäuer Heimatbund, S. 127

Alpenlandschaft, S. 176

Alt-Augsburg-Gesellschaft, S. 229, 332

Altdorf/Wichernhaus/Pallas-Athene-Brunnen, S. 743

Altenbaindt/Altes Pfarrhaus, S. 484

Altenstein/Burgruine, S. 789

Altenstein/Schloß, S. 521

Alterungsprozeß (musealen Guts), S. 46

Altötting (Panorama von) s. u. Panorama

Altstadtsanierung, S. 168, 169, 486

Amberg
  Altstadtsanierung, S. 228, 283
  Ensemble, S. 429
  Mariahilfbergkirche, S. 228
  Nabburger Tor, S. 228
  St. Georg, S. 228
  St. Sebastian, S. 228
  Stadttheater, S. 233

Amerang/Bauernhofmuseum, S. 202

Ammerland/sog. Pocci-Schloß, S. 629

Amorbach/Templerhaus, S. 530

Andechs/Drei-Hostien-Monstranz, S. 616

Ansbach
  „Herberge zur Heimat", S. 548
  Promenade (Kaufhausprojekt), S. 152, 153, 181,

Apfeldorf/Kath. Pfarrkirche, S. 226

Archäologische Reservate, S. 420, 475–478, 482, 486, 496, 514, 516, 717

Architektur der fünfziger Jahre, S. 466, 624, 640, 642, 812

Architektur der Nachkriegszeit, S. 804

Architektur des 19. Jahrhunderts (s. a. Kunst des Historismus), S. 16, 21, 274, 334

Arge Alp (Arbeitsgemeinschaft der Alpenländer), S. 733

Armutsham (Stadt Trostberg), S. 319

Arnstein/Burg Büchold, S. 762

Arte Povera, S. 60

Aschaffenburg
  Geschichts- und Kunstverein, S. 182, 184
  Stadtarchäologie (allg.), S. 776
  Stiftskapitelhaus, S. 464, 465

Aschaffenburger Tafelbild, S. 464, 465

Aschheim/Gräberfeld, S. 792

Ascholding/Haus Nr. 8, S. 629

Attel/Kapelle im Elend, S. 324

Aufhausen/Wallfahrtskirche Maria Schnee, S. 326

Augsburg
  Am Pfannenstiel/Römersiedlung, S. 779–801, 783, 785
  Augustusbrunnen, S. 229, 533, 562, 575, 583, 605, 650, 716
  Dom, S. 349, 801, 804, 812
  Dom/Baldachin im Westchor, S. 388, 389
  Dom/Südportal, S. 334, 363, 365, 724, 746
  Glaspalast, S. 742
  Herkulesbrunnen, S. 724
  Hugenottenhaus (Franzosenhaus), S. 304
  Kleiner Goldener Saal, S. 724
  Königsplatz, S. 305
  Rathaus, S. 229
  Rathaus/Goldener Saal, S. 269, 332, 522
  Römersiedlung, siehe Am Pfannenstiel
  St. Elisabeth, S. 624
  Schaezler-Palais, S. 724
  Schülesche Kattunfabrik, S. 600, 656
  Synagoge, S. 305, 417
  Wasserwerk am Hochauslaß, S. 613
  Zeughaus, S. 229

Augsburg-Göggingen/Kurhaustheater, S. 139, 250, 342, 369, 496, 529, 590, 613, 643, 652, 658, 798, 801, 804

Augsburg-Siebenbrunn/ehem. Gutshof, s. 648, 649, 653

Auhausen/Pfarrkirche, S. 146

Aura und Spur des Denkmals, S. 798

Ausstellungen
  Archäologie und Geschichte der Keramik in Schwaben, S. 490
  Bauernhäuser aus Niederbayern, die es nicht mehr gibt, S. 456
  Bayern – Kunst und Kultur, S. 35 – 41, 45, 46, 106, 423, 796, 801, 804
  Bayern – Land und Leute, S. 215
  Bischofsburg von Pećz – Archäologie und Forschung, S. 633
  Bürgerliche Dekorationsmalerei von der Gründerzeit bis nach dem Zweiten Weltkrieg, S. 460
  Das archäologische Jahr in Bayern 1981, S. 314, 315, 319
  Drunter und Drüber, S. 776, 777
  Eine Zukunft für unsere Vergangenheit, S. 133, 151, 164, 165, 166, 167, 196
  Farbige Architektur. Regensburger Häuser
  – Bauforschung und Dokumentation, S. 361, 362
  George-Segal-Schau, S. 48,
  Historische Bürgerhäuser – Wege und Möglichkeiten der Erhaltung, S. 390
  Japanische Landschaften, S. 54, 55, 57
  Jugendstilarchitektur in der Deutschen Demokratischen Republik, S. 515, 519
  Kandinsky – Aquarelle und Zeichnungen, S. 61, 62
  Kelten, Welfen, Wittelsbacher, S. 662
  König Ludwig II. und die Kunst, S. 9, 10, 11, 12, 13, 14, 16, 17, 18, 19, 21, 423, 796, 801, 804, 812
  Neue Gruppe, S. 56
  Richard-Hamilton-Schau, S. 65
  Richard Wagner in München 1855 – 1883, S. 346
  Römer in Schwaben, S. 390, 396-401, 412, 413
  Sammlung „H" (Jost Herbig), S. 50, 51, 52
  Schätze aus Bayerns Erde, S. 344, 345

Bad Aibling/Heimatmuseum, S. 113

Bad Königishofen, S. 645

Bad Reichenhall/Marienbad, S. 243

Bad Wiessee/Ignazhof, S. 212

Bad Wörishofen/Dominikanerinnenkloster-Kirche, S. 618

Bamberg
  Alte Fischerhäuser, S. 374
  Alte Hofhaltung, S. 136
  Bibrahaus, S. 149
  Concordia/Gartenanlage, S. 149
  Dom, S. 432
  Dom/Bischofsgruft, S. 564
  Egelseestraße 43, S. 149
  Hinterer Bach 3, S. 784
  Hochzeitshaus, S. 149
  Michaelsberg, S. 149
  Keßlerstraße 24, S. 149
  Museum für Frühislamische Kunst, S. 622
  Pfahlplätzchen Nr. 2, S. 149
  Riegelhofstraße 12, S. 149
  St.-Jakobs-Kirche, S. 269
  St. Martin, S. 374
  Unsere Liebe Frau (Tintoretto-Gemälde), S. 494
  Walkmühle, S. 149
  Willy-Lessing-Straße 7, S. 492

Banz/Kloster, S. 282, 432

Bauarchiv (bayerisches), s. Thierhaupten

Baudenkmäler im Zweiten Weltkrieg (Veröffentlichung), S. 638

Bauen als Umweltzerstörung, S. 139

Bauernhaus-Programm (für Niederbayern), S. 208, 234

Bauforschung, S. 360, 362, 456, 530, 555, 668, 757, 784

Bauhandwerk, s. Handwerk

Baumhof/Spiegelglasschleife und Getreidemühle, S. 230

Baurechtsnovellierung, S. 597, 621, 709

Bausteinverwitterung, S. 384

Bauten des Nationalsozialismus, S. 672

Bayerische Bauordnung, S. 157, 271,

Bayerische Landesstiftung, S. 268, 693, 738, 757

Bayerischer Bauernverband, S. 247

Bayerischer Gemeindetag, S. 210, 334

Bayerischer Städtetag, S. 211

Bayerischer Verdienstorden (für Petzet), S. 783

Bayerisches Landesamt für Denkmalpflege (75jähriges Bestehen des Amtes), S. 348, 349, 353, 364, s. auch Bauforschung, Bodendenkmalpflege, Landesstelle für die nichtstaatlichen Museen ..., Memmelsdorf, Restaurierungswerkstätten ..., Thierhaupten/Bayerisches Bauarchiv, Zentrallabor ...

Bayreuth/Schreibmaschinenmuseum, S. 539

Bedheim/Schloß, S. 521

Benediktbeuern/Klosteranlage Ausgrabungen, S. 506

Benehmen/Einvernehmen, S. 202, 203, 205, 206, 207, 211

Beratzhausen/Zehentstadel, S. 327

Berbling/Schmiedhof, S. 386

Berching, S. 233
  Kath. Pfarrkirche, S. 349

Berchtesgaden/Königliche Villa, S. 410

Berg/Schloß Berg, S. 27,

Berlin
  Palast der Republik, S. 672, 798
  Schloß, S. 798

BFB-Studentenwettbewerb, S. 762, 763

Bhaktapur/Pujari-Math-Kloster, S. 666, 667

Billenhausen/Pfarrhof, S. 311

Binswangen/Synagoge, S. 658

Birkenfeld/Schloß, S. 798

Bleiweiß/Bleikarbonat (drohendes Verbot), S. 514

Bodendenkmalpflege, S. 320, 328, 329, 349, 353, 355, 356, 393-5, 398, 398-400, 410, 411, 414, 415, 420, 439, 470, 475-477, 482, 493, 512, 513, 516, 548, 556, 597, 767, 804

Breitensee, S. 645

Breitwandbühne, S. 22

Buchbach/Alte Kirche, S. 357

Bürgerhäuser des Historismus, S. 126, 128, 129

Bürgstadt, S. 645

Bullachberg/Schloß, S. 743

Bund-Länder-Programm für Denkmalpflege, S. 657

Bundwerkstadel-Programm, S. 293, 302, 303, 319, 688, 689, 733,

Burgberg/Ruine, S. 671

Burgendenkmalpflege, S. 7, 174, 175, 671

Buttenheim/Wasserschloß, S. 223

Buxheim/ehem. Kartäuserkloster, S. 643
  Chorgestühl, S. 270, 272, 273, 355, 608, 669

Castell/Fürstl. Castellsches Schloß, S. 788

Cham/Luckner-Haus, S. 187

Charta der historischen Gärten, S. 712, 713

Charta von Venedig, S. 478

Coburg/Kaufhausprojekt, S. 370

Cottbus/Stadttheater, S. 515

Dafosi (großer Buddha von), S. 666, 667, 682, 798

Dehio-Handbücher
  Niederbayern, S. 497
  Oberbayern, S. 538
  Schwaben, S. 511
  Thüringen, S. 738

Denkmäler in Bayern/Denkmallisten
  Niederbayern, S. 439
  Oberbayern, S. 425
  Oberfranken, S. 442
  Oberpfalz, S. 429
  Stadt München, S. 404, 408
  Unterfranken, S. 418

Denkmäler in Bayern/Denkmaltopographien
  Lkr. Fürstenfeldbruck, S. 234
  Lkr. Miesbach, S. 444, 445, 448
  Lkr. München, S. 721, 722
  Lkr. Pfaffenhofen a. d. Ilm, S. 579
  Stadt Bad Kissingen, S. 754
  Stadt Eichstätt, S. 516
  Stadt Nördlingen, S. 755
  Stadt Regensburg, S. 602, 691
  Stadt Schwabach, S. 227

Denkmäler in Bayern/Ensembles in Oberbayern, S. 686, 687

Denkmalliste, S. 131, 157, 170, 183, 184, 195, 203, 204, 210, 221, 234, 245, 260, 278, 296, 298, 304, 330, 349, 404, 408, 418, 422, 425, 439, 442, 443, 454, 466, 491, 503, 519, 555, 611, 624, 641

Denkmalpflege als Wirtschaftsfaktor, S. 668, 669, 673-5, 681, 714, 715, 804

Denkmalschutzgesetz, S. 59, 116, 117, 120, 131, 132, 136, 138, 146, 149, 156, 170, 177, 184, 189, 202, 203, 204, 205, 206, 207, 208, 210, 211, 245, 249, 251, 260, 278, 312, 330, 349, 355, 361, 406, 408, 439, 443, 454, 478, 491, 496, 503, 583, 599, 686, 757, 785, 796, 798, 801, 804

Denkmalschutzjahr (Europäisches) 1975, S. 117, 120, 126, 132-136, 138, 140, 142, 144, 146, 147, 149, 150, 151, 155, 158, 159-162, 164-167, 176, 178, 180, 196, 238, 269, 283, 287, 312, 349, 361, 422, 432, 668, 785, 801

Denkmalschutzwettbewerb im Bezirk Mittelfranken, S. 188, 189

Dettelbach/Birklinger Hof, S. 709

Deutsche Stiftung Denkmalschutz, S. 615

Dießen/Beamtenturm, S. 226

Dillingen
  Hafenmarkt 10, S. 209, 221
  Heimatmuseum, S. 146, 209
  Studienkirche, S. 511

Disney-Land (bayerisches)/**Disney-Land-Kulisse**, S. 221, 247,

documenta IV, S. 110

documenta-Beirat, S. 113

Doerner-Institut, S. 697

Donauwörth/Tauferhaus, S. 304

Dorferneuerung, S. 226, 312, 372, 555, 776

Dorfprozelten, S. 645

Dr. Walter und Angelika Oschmann-Stiftung, S. 738

Drittes Reich (Bauten des), S. 130, 348,

Dubrovnik (Wiederaufbau), S. 641

Ebern, S. 645

Ebrach/Ehem. Abteikirche, S. 655, 724, 801, 804

Echenbrunn/Kirchenrenovierung, S. 331

Egling/Angermühle, S. 629

Eichstätt
Fürstbischöfliche Residenz, S. 200
Marktgasse 2, S. 788
Ostenstraße 29/sog. Hamperer-Haus, S. 723

Einersheim/Schockengasse 3, S. 572, 573

Einvernehmen/Benehmen, S. 202, 203, 205, 206, 207, 211

Eisenbahn und Denkmalpflege (Symposium), S. 521, 557

Eisenberg/Burgruine, S. 671

Eisingen/Riemenschneider-Kruzifix, S. 279

Ensembles/Ensembleschutz, S. 59, 116, 117, 120, 126, 132, 133, 151, 156, 157, 158, 177, 178, 206, 208, 231, 245, 260, 271, 278, 325, 343, 404, 409, 429, 502, 519, 555, 624, 667, 686, 687, 756,

Entschädigungsfonds, S. 144, 148, 149; 177, 178, 184, 220, 261, 267, 268, 327, 334, 353, 355, 361, 483, 502, 556, 574, 612, 655, 757, 785, 804

Environment, S. 48

Equites Singulares, S. 789

Erdbeben in der Region Friaul, S. 194

Ergolding/Karolingerzeitl. Dorf, S. 420

Erpfting/KZ-Außenlager, S. 613

Ettal/Madonnen-Figur, S. 616

Eurasburg/Schloß, S. 180,

Eyershausen, S. 645

Falkenstein (Schloßprojekt König Ludwigs II.), S. 17, 430

Faulbach/Rathaus, S. 287

Fertörakos, S. 580, 581

Feuchtbodenarchäologie, S. 412

Filme/Ein Bild von Bayern, S. 55

Flächensanierung, S. 184, 312, 518

Fledermausschutz, S. 432

Frauenzell/Kloster, S. 244

Freimann/Nikolauskirche, S. 301

Freiraumplanung, S. 242

Freising/Domkirche, S. 655, 717, 724

Freunde der Altstadt Regensburg, S. 269

Freutsmoos (Gde. Palling), S. 319

Fröttmaning/Heilig-Kreuz-Kirche, S. 310

Fronberg/Schloß, S. 778

Frühgeschichte, S. 261

Fürstenzell/ehem. Klosterkirche, S. 731, 752

Fürth
Bauerngasse, S. 249
Grüner Markt, S. 250
Gustavstraße, S. 249
Hornschuchpromenade, S. 250, 251
Ehem. Judenviertel, S. 250
Königstraße, S. 250
St.-Michaels-Kirche, S. 248

Füssen
Klosterhof, Hohes Schloß und Stadtbefestigung, S. 146
St. Mang/sog. Marmorkapelle, S. 654

Fußgängerzone, S. 210

Gabelbach/Pfarrhof, S. 750

Gallersöd, S. 303

Gars am Inn/Klosterkirche, S. 386

Gartenkunst des Barock (Veröffentlichung), S. 713

Gasthof-Programm, S. 220, 221

Gaustadt/Pfarrhaus, S. 149

Gebaute Träume (Veröffentlichung), S. 632

Gefährdete Kirchen in Vorpommern (Veröffentlichung), S. 680, 681

Gefrees/St.-Johannis-Kirche, S. 274

Generalkonservator (Ernennung zum/„Fall Petzet"/„Affäre Petzet"/„Frage Petzet"/„Krach um Petzet"), S. 59, 62–119

Generalkonservator (Nachfolge Michael Petzets), S. 711, 766, 767, 794

Generalkonservator (Ernennung Egon Johannes Greipls/Verabschiedung Michael Petzets), 795, 801, 805–814

Genremalerei des 19. Jahrhunderts, S. 44

Gerstruben, S. 346, 347

Gesellschaft für Archäologie, S. 411, 412

Giechburg, S. 163

Gimritz bei Halle/Gutshof, S. 675

Glas/Glasgemälde (Konservierung und Restaurierung), S. 336, 340, 348, 377, 384, 388, 439, 518, 533, 611,

Gleisenau/Schloßkapelle, S. 789

Glentleiten/Freilichtmuseum, S. 274

Görlitz/Kaufhaus an der Frauenkirche, S. 515

Greifenstein/Burg, S. 148, 149

Grünau/Altes Schloß, S. 265

Gründerzeit (Bauten der), S. 130, 274, 279, 313, 430

Grünmorsbach, S. 645

Grünwald/Burg Grünwald, S. 122, 123, 151,

Grundbesitzerverband, S. 251

Grundgesetz für die Bundesrepublik Deutschland/Art. 14, S. 278

Günzburg
Frauenkirche, S. 724, 731
Schloß, S. 146

Gundelfingen/Schloß Schlachtegg, S. 308, 310

Gunzenhausen/Limes, S. 302

Haag (Gde. Teisendorf)/Weberhaus, S. 505

Häusern (Gde. Siegsdorf), S. 315, 319

Haldenwang/Schloß, S. 273

Halfing/Kapellenzerstörung, S. 324, 386

Haltenburg/Burgruine, S. 355

Hammer/Wastlbauernhof, S. 243, 315

Hampton Court Palace, S. 617

Handwerk (und Denkmalpflege), S. 160, 179, 260, 278, 279, 334, 361, 364, 368, 372, 437, 522, 523, 525, 598, 599, 612, 644, 655, 668, 669, 672, 674–677, 681, 733,

Hanns-Seidel-Stiftung e. V., S. 478, 521

Harthausen/Schloß, S. 220

Hassenberg, S. 357

Haus der Bayerischen Geschichte, S. 520

Heiligenstadt/St. Paul, S. 432

Heiligenstadt (i. Niederbayern)/St. Salvator, S. 692

Heilsbronn
Münster/Hochaltar, S. 631

Heimatpflege, S. 120, 131, 150, 183, 403, 493

Heldburg/Veste, S. 521, 534, 535, 540

Helmbrechts/Johanniskirche, S. 274

Heroldingen/Zehnstadel, S. 221

Herrenchiemsee
Schloß, S. 12, 13, 16, 17, 26, 430
König-Ludwig-II-Museum, S. 423

Herrieden/Ensemble, S. 427

Hersbruck
Stadtpfarrkirche/Kirchenväteraltar, S. 721

Hetzelsdorf/Pfarrkirche, S. 274

Hochdorf/Altes Pfarrhaus, S. 484

Hochwasser-Katastrophe 1999, S. 777

Höchstadt/Rathaus/Kuhstall, S. 660

Höllrich/Schloß, S. 356, 798

Höslwang/Kapelle St. Bartholomäus, S. 324

Hof (Gde. Kirchanschöring), S. 319

Hofheim (Stadtteil Goßmanndorf)
Pfarrkirche St. Margarethen, S. 789

Hohenburg/Straßenmarkt, S. 233

Hohenfels/Schatzfund, S. 470

Hohenfreyberg/Burgruine, S. 671

Hohenschwangau, S. 17,

Hollfeld/Wittauer-Haus, S. 643

Hub (Gde. Großkarolinenfeld), S. 386

Hürben/Wasserschloß, S. 311

Hüttenheim/Kath. Pfarrkirche, S. 311

Huisheim/Gasthaus zum Löwen, S. 220

Hypo-Kulturstiftung, S. 485, 586

ICE-Trassen, S. 655, 669, 767, 804, 809

Ichenhausen
Kloster, S. 146
Synagoge, S. 411

ICOMOS, S. 135, 136, 157, 161, 162, 405, 516, 518, 519, 521, 544, 545, 554, 557, 579-581, 588, 611, 617, 653, 655, 666, 667, 669, 670, 672, 682, 712, 713, 734, 744, 757, 758, 782, 798

ICOMOS-Weltpräsidentschaft, S. 787, 794, 797, 799, 801-804, 806, 808, 809, 812

Illerbeuren/Bauernhofmuseum, S. 495

Illesheim/Schloß, s. 356

Immenstadt
Villa Edelweiß, S. 495, 574
Hofmühle, S. 495

Ingolstadt
Ickstatt-Haus, S. 309
Wunderlkasematte, S. 493

Iphofen/Rathaus, S. 709

Ippesheim/Schloß Lichtenstein, S. 325

Irschenberg/Mc-Donald's-Projekt, S. 758, 765, 798

Irsee/Kloster, S. 147, 275

Jahrestagungen der bayerischen Denkmalpflege
Denkmalpflege und Kirche, S. 506, 509
Denkmalpflege als Wirtschaftsfaktor, S. 714, 715
Erste Jahrestagung der bayerischen Denkmalpflege, S. 312, 314
Grundsätze der denkmalpflegerischen Praxis, S. 771
Umweltschutz und Denkmalschutz, S. 400, 402, 403, 405, 407
Vom modernen zum postmodernen Denkmalkultus, S. 596
10 Jahre bayerisches Denkmalschutzgesetz, S. 349, 352

Johanneskirchen (bei München)/Dorfkern, S. 404

Jugendstil, S. 279, 334, 347, 515, 519, 576

Kaisheim
Ehem. Kloster/Kaisersaal, S. 349

Karlstadt/Stadtsanierung, S. 467

Karlstein/Schloß, S. 244

Kaser/Rundumkaser, S. 243

Kassel/Schloß Wilhelmshöhe, S. 758, 759

Kastl (Ortsteil Straß), S. 688, 689

Kaufbeuren
Kapelle St. Blasius/Ledereraltar, s. 626, 628

Kelheim
Befreiungshalle, S. 678, 717
Zellstoff-Fabrik, S. 497, 499

Kempten
Alte Münze, S. 719
Altstadtsanierung, S. 168, 169, 172, 173
Archäologischer Park Cambodunum, S. 435, 493, 719
Chapuis-Schnitzer-Park, S. 613
Kaufhausprojekt, S. 719
Kloster/Fürstensaal, S. 146
Kronenstraße, S. 169, 719
Königsteiner Abkommen, S. 21
Mühlberg-Ensemble, S. 719
Ponikauhaus/Rokokosaal, S. 352, 719
Reichsstraße 8, S. 383
Reichsstraße 13, S. 383
Rotschlößle, S. 496
St. Lorenz, S. 378, 379, 385, 619, 630
Schützenstraße 11, S. 383

Kipfenberg/Grabfund, S. 551

Kirchenmaler/(-Fachtagung), S. 461, 543, 630, 655, 694

Kitzingen/Synagoge, S. 643

Klassifizierung der Denkmäler, S. 176, 177

Kleinheubach/Mikwe, S. 643

Klosterlangheim, S. 284

Königsberg
Ehem. Brauhaus, S. 789
Pfaffengasse 7, S. 789

Kommunistische Denkmäler, S. 579, 582, 588

Konkrete Kunst, S. 60

Konservierung der Moderne, S. 655, 672

Korrossionsschäden, S. 739

Krumbach
Hürbener Straße 15, S. 311
Rixner-Haus, S. 311

Künstlerscheisse 1961, S. 70–77, 82, 84, 96, 97, 101, 611, 804

Künzing/Kastellanlage, S. 792

Kürbsen (Gde. Wildpoldsried), S. 601

Kulmbach
Alter Friedhof/Jahnsche Gruft, S. 737
Altes Feuerwehrhaus, S. 736, 771
Badhaus, S. 771
Fronfeste, S. 736
Fußgängerzone, S. 218
Sog. „Hornschuch-Imperium", S. 771
Künßbergsches Schlößchen, S. 736
Lobinger Villa, S. 736, 771
Prinzessinenhaus, S. 218
Schießgraben Nr. 24, S, 218
Ehem. Spinnerei, S. 736
Wilhelm-Meußdoerfer-Straße 7, S. 736

Kulmbach – Das städtebauliche Erbe (Veröffentlichung), S. 775

Kulturpolitik, S. 502, 504, 519, 612, 735, 797

Kulturreferent der Stadt München (Amt des), S. 294, 295, 297

Kulturstiftung der Stadtsparkasse Nürnberg, S. 738

Kunst des Historismus, S. 804, 812

Kunst des 19. Jahrhunderts, S. 42

Kunstdenkmäler von Bayern (=Großinventare, Veröffentlichungen des Bayerischen Landesamtes für Denkmalpflege)
Bamberg/Bürgerliche Bergstadt, S. 683
Landsberg am Lech/Band I, S. 649
Landsberg am Lech/Band II, S. 720

Landertsham (Gde. Obing), S. 319

Landesdenkmalrat, S. 197, 245, 376, 419, 433, 494, 548, 608

Landesdenkmalrat (25jähriges Bestehen), S. 785

Landesentwicklungsplanung, S. 142

Landesstelle für die nichtstaatlichen Museen beim Bayerischen Landesamt für Denkmalpflege, S. 171, 478, 521, 530, 543, 556

Landesstelle für Volkskunde, S. 116

Landesverein für Heimatpflege, S. 624

Landsberg am Lech
Bayertor, S. 158, 159
Hauptplatz (Marienbrunnen), S. 158, 159
Rathaus, S. 158, 159
Stadtpfarrkirche, S. 226
Stadttheater, S. 226

Landschaftsbezogenes Bauen, S. 242

Landshut
Heilig-Geist-Kirche, S. 643
Landschaftsbau, S. 594, 595
Residenz, S. 663
St.-Martins-Kirche, S. 157
Schlachthof, S. 561
Vereinigte Kunstmühlen, S. 155, 157

Lascaux/Höhlenmalerei, S. 554

Lauenstein/Burg, S. 357

Lauf
Industriemuseum, S. 557
Stadtpfarrkirche St. Johannis/Kupferhaube, S. 741

Laufen
Alter Friedhof, S. 505
Kapuzinerkloster, S. 505
Tettenpacher-Haus, S. 505

Lauingen
Glockengießerhaus, S. 209
„Mauerfarb", S. 209
Spital, S. 209
St. Andreas, S. 331

Lauterbach
Deutschherrenhaus, S. 330
Pfarrhof, S. 209

Leesten/Alte Mühle, S. 222

Leipheim/Rathaus, S. 440

Leipzig/Hauptbahnhof, S. 5115

Leipziger Messe „Denkmal '96", S. 674, 675

Liberalisierung der Bayerischen Bauordnung, S. 271

Lichtenfels/Stadtschloß, S. 284, 285

Limbach/Alter Pfarrhof, S. 440

Lindau
Altes Rathaus, S. 178, 544
Cavazzen, S. 544
Königl. Villa Amsee, S. 382
Luitpold-Kaserne, S. 178, 545
Stiftskirche, S. 544, 545

Storchen, S. 382
Villa Elena, S. 382
Villa Leuchtenberg, S. 382, 798, 801
Villa Lindenhof, S. 382
Villa Wacker, S. 382

Lindenhardt/Grünewald-Altar, S. 273, 380, 381, 428

Linderhof (allg.), S. 10, 12, 13, 16, 17, 18, 26, 27, 554, 732
Einsiedelei des Gurnemanz, S. 632, 796
Hundinghütte, S. 423, 430, 524, 632, 796, 798
Marokkanisches Haus, S. 242

Lisberg/Burg, S. 148, 149

Liste zum Schutz gegen Abwanderung deutschen Kulturguts, S. 261

Lohr am Main/Fußgängerzone, S. 210

Ludbreg/Schloß Batthyany (Restaurierungszentrum in Kroatien), S. 638, 639, 667, 757

Lübeck (die Stadt als Weltkulturerbe), S. 653

Luftbildarchäologie, S. 276, 353, 356, 394, 420, 514, 611,

Luftverschmutzung, S. 282, 337, 340, 359, 384, 388, 402, 483, 531, 562, 574, 605,

Luxor/Tal der Könige, S. 554

Märchenkönig, S. 9, 10, 17, 19, 282, 518, 632, 704, 705, 796, 804

Magnetometerprospektion, S. 611, 682, 717, 757, 796, 805

Maihingen
Bauernmuseum, S. 146
Klosterkirche, S. 146, 263
Klosterkirche/Barockorgel, S. 541

Mainbernheim/Berggasse 6, S. 349-351

Malerei des 19. Jahrhunderts, S. 44,

Manching
Keltisches Oppidum, S. 328, 329
Museum, S. 489

Massentourismus, S. 732

Maria Gern/Schusterlehen, S. 243

Marienberg/Kath. Wallfahrtskirche, S. 269

Marktbreit
Rathaus, S. 282
Schloß, S. 572, 573

Marktl, S. 303

Marktschellenberg/Schebererlehen, S. 243

Massing/Bauernhofmuseum, S. 208

Mauthausen (Gde. Piding)/Laurentiuskirche, S. 410, 505

Meeder/Kreissparkasse, S. 138

Memmelsdorf
Schloß Seehof (Außenstelle des Bayerischen Landesamtes für Denkmalpflege) S. 174, 175, 177, 189–192, 235, 239, 240–242, 333, 366, 367, 371, 406, 407, 425, 432, 526, 527, 592, 593, 604, 611, 634–637, 669, 712, 792, 793, 796, 801
Schloß/Ferdinand-Tietz-Museum, S. 690
Synagoge, S. 679

Memmingen/Antonierhaus, S. 496, 625

Merkendorf/„Schäfn-Haus", S. 749

Merseburg/Peterskloster, S. 675

Messerschmitt Stiftung, S. 406, 445, 575, 583, 596, 605-607, 616, 626, 692, 693, 757

Metallrestaurierung, S. 439, 466, 483, 518, 532, 555, 562, 650, 716, 739, 743, 764

Michelfeld/Klosterkirche, S. 289

Milbertshofen/Pfarrkirche St. Georg, S. 301

Miltenberg/Heune-Säulen, S. 150

Mittwitz/Wasserschloß, S. 356, 357

Moderne Architektur, S. 151, 155, 231, 283, 306, 307, 405, 686,

Modernisierung der Dörfer, S. 242

Mönchröden/Abtshaus, S. 357

Mönchsondheim
Altes Rathaus, S. 709
Anwesen Hassold, S. 709

Moosham (Stadt Trostberg), S. 319

Mühlen („Alte Mühlen in Franken"-Wettbewerb), S. 379, 399

München
Ainmillerstraße 22, S. 124
Allerheiligen-Hofkirche, S. 123
Alte Haidhauser Kirche, S. 299
Alte Münze, S. 115, 117, 123, 125, 127, 131, 141, 164, 238, 434, 454, 498, 519, 537, 611, 639, 647, 679, 764
Alte Münze/Installation „Spurensicherung", S. 770, 771, 800
Alte Münze/Installation „Zerbrochene Figur", S. 664, 665, 679, 764
Alte Pinakothek, S. 336, 337,
Alter Hof, S. 662, 677, 768, 785, 797
Alter Südlicher Friedhof, S. 359, 362, 363, 388
Altes Hackerhaus, S. 460
Altstadtring, S. 137
An der Kreppe, S. 140
Armee-Museum, siehe Staatskanzlei
Asam-Kirche, S. 140, 147, 196, 216, 217, 296,
Asam-Schlößl, S. 134
Bayerisches Nationalmuseum, S. 58
Betonhochbunker, S. 182
BMW-Hochhaus, S. 769

Deroy-Denkmal, S. 739
Domkirche, S. 550, 551, 812
Dom/Epitaphien, S. 297, 298, 301
Dritte Pinakothek, S. 308, 517
Englischer Garten, S. 517
Englischer Garten/Trambahn durch den Englischen Garten, S. 769, 776
Europäisches Patentamt, S. 123, 139,
Fraunhofer-Denkmal, S. 739
Freibank, S. 296
Friedensengel, S. 290–292
Fürstenstraße 22, S. 129
Georgenstraße 8, S. 124
Glyptothek, S. 359, 363, 365
Gulbranson-Villa, S. 296
Hackerbrücke, S. 296
Sog. Herder-Haus, S. 662
Hertie-Hochhaus, S. 769
Hildebrand-Haus (Monacensia-Smlg.), S. 140, 298
Hochhausprojekt (an der Donnersberger Brücke), S. 560, 676, 677
Hochhausprojekt am Mittleren Ring, S. 769
Hofgarten, 416, 424, 435, 438, 439, 441–444, 448, 450, 451, 458, 462, 463, 500, 501,
Holbeinstraße 8, S. 129
Hypo-Hochhaus, S. 769
Ignaz-Günther-Haus, S. 133, 135, 154, 167, 182
Jakobs-Platz, S. 154,
Justizpalast, S. 337
Karmeliterkirche/Sakristei, S. 297, 298
Kaufingerstraße 32, S. 129
Kriechbaumhof, S. 140
Landesversorgungsamt (Heßstraße), S. 504
Löwenturm, S. 740, 751
Lusthaus Herzog Albrechts, S. 449
Marienhof, S. 677
Mariensäule, S. 533, 549, 562, 676
Maxburg, S. 624, 640
Maximilianstraße (Durchbruch), S. 133, 137, 143,
Max-Joseph-Denkmal, S. 664, 665
Neuwittelsbach (Ensemble), S. 320
Neuveste, S. 439, 448
Olympiastadion, S. 325, 760, 761
Olympiazentrum, S. 798, 804
Pfisterbach, S. 770, 771, 800
Platzlgassen, S. 517
Possartstraße 9, S. 128
Prinz-Karl-Palais, S. 133
Prinzregententheater, S. 297, 298, 336, 676
Regierung von Oberbayern, S. 792
Residenz, S. 617
Rumford-Denkmal, S. 739
St. Bonifaz, S. 141
St. Michael in Berg am Laim, S. 349
Schelling-Denkmal, S. 739
Schloß Nymphenburg, S. 8, 12, 26,
Schloßrondell 1, S. 321
Schrannenhalle, S. 296, 298, 677, 756
Seidenhauskaserne, S. 448
Seidl-Villa, S. 298
Staatskanzlei-Neubau, S. 198, 199, 281, 416, 424, 435, 438, 439, 441–444, 448, 450, 451, 455, 457–459, 462, 463, 472, 473, 500, 501, 520, 584, 585
Stadtmuseum, S. 20, 35–41, 45,
Städtische Galerie im Lenbachhaus, S. 28–34, 43, 44, 48–57, 60–65, 111, 112, 114, 115, 118, 119, 121, 130

Starnberger Bahnhof, S. 517
Stuck-Villa, S. 484, 485, 677
Technisches Rathaus, S. 769
Theatiner-Kirche, S. 140
Türkenkaserne, siehe Pinakothek der Moderne
Völkerkundemuseum, S. 558–560, 676
Wagmüllerstraße 18, S. 128
Widenmayerstraße 25, S. 129

München/Stadtgestaltungskommission, S. 560

Münchener Fassaden (Veröffentlichung), S. 81, 111, 117, 124

Münnerstadt
Deutschordensschloß, S. 685
Klosterkirche St. Michael, S. 282

Murnau/Bauprojekt am Kirchenberg, S. 747, 748

Museen in Bayern (Veröffentlichung), S. 543

Museumspädagogisches Zentrum, S. 34, 47

Nachkriegsarchitektur, S. 466, 624

Nachverdichtung in Siedlungen, S. 677

Naßanger/Rundbau, S. 284, 285

Nassenfels/Burg, S. 328, 329

Naßholzkonservierung, S. 793

Natternberg/Bergfried, S. 355

Naturdenkmäler, S. 405

Naturschutz, S. 117, 162, 163,

Neu-Ulm/Caponniere IV, S. 608, 609

Neuburg an der Donau
Alter Neuhof, S. 266
Bachmannhaus, S. 264
Harmonie, S. 265
Hofkirche, S. 265
Jesuitenkolleg (ehem.), S. 265
Marstall, S. 266
Provinzialbibliothek, S. 265
Reischhaus, S. 264
Schloß, S. 266
Zieglerhaus, S. 264, 266

Neuburg am Inn, S. 614, 752

Neuer Historismus, S. 248

Neues Bauen, S. 326, 686, 687

Neugotik, S. 7, 19, 274,

Neurokoko (zweites Rokoko), S. 10, 11, 225

Neusath-Perschen/Freilichtmuseum, S. 233, 539

Neuschwanstein/Schloß, S. 9, 11, 12, 13, 16, 17, 18, 26, 27, 430, 732, 743

Neuschwanstein/Golfplatz- und /Hotelprojekt, siehe unter Schwangau

Niederalteich, S. 312

Niederraunau/Pfarrkirche, S. 311

Nördlingen (allg.), S. 658
Alte Schranne, S. 657
Bräugasse, S. 620, 623
Feixsches Haus, S. 263
Gerberviertel, S. 657
Kloster Maria Stern, S. 263
Reihl-Haus, S. 657
Rieskrater-Museum, S. 657
Stadtpfarrkirche St. Georg, S. 146, 263, 724
„Scherbaum-Haus", S. 657

Nürnberg
Albrecht-Dürer-Platz 4, S. 147
Augustinerhof, S. 555
Hirsvogelsaal, S. 693, 724, 738
Neptunbrunnen, S. 376
St. Elisabeth, S. 147
St. Jakob, S. 147
Schürstab-Haus, S. 680
Stadtpfarrkirche St. Lorenz, S. 377, 386, 610
Englischer Gruß, S. 278
Stadtpfarrkirche St. Sebald, S. 142, 147, 377, 386
Stadtbefestigung, S. 377
Tucherschloß, S. 738
Tugendbrunnen, S. 562

Nürnberger Altstadtfreunde, S. 143, 269

Nußdorf/Alte Schmiede, S. 320

Oberbechingen/Schloß, S. 209

Oberfrankenstiftung, S. 411, 757, 771

Oberhofen (Gde. Altusried), S. 601

Obermauerbach/Altes Pfarrhaus, S. 484

Obermedlingen/Klosterkirche, S. 209

Oberschleißheim/Flughafen, S. 350, 351

Oberschönenfeld/Kloster und Bauernmuseum, S. 146

Oberschwappach/Schloß, S. 477

Oettingen
Altes Gymnasium, S. 258, 263
Nördlinger Straße 6, S. 258
Waisenhaus, S. 258, 263

Offenwang (Gde. Teisendorf)/Schmid-Hof, S. 505

Olympische Spiele 1972, S. 34,

Olympia-Ausstellung, s. Ausstellungen: Bayern – Kunst und Kultur

Oettingen/Schloß, S. 146

Ortenburg/Schloß, S. 355

Ortsbildpflege, S. 226, 313, 330,

Ortsbindung des Denkmals, S. 274

Ostasatische und europäische Lacktechniken (Tagung), S. 782

Osterbuch/Pfarrhof, S. 330, 331

Osterhofen (Gde. Bayrischzell)/ Paradieshäusl, S. 625

Ostheim vor der Rhön, S. 694

Otting/St. Richard, S. 259

Ottobeuren/Kloster/Kaisersaal, S. 146, 279,

Panorama (von Altötting), S. 356, 475

Pappenheim
 Augustinerkirche, S. 794
 Burg, S. 794
 Kanonenweg, S. 794
 Orangerie, S. 794

Passau
 Batterie Linde, S. 246
 Bischöfliche Residenz, S. 752, 753
 Dom, S. 246, 282, 349, 812
 Grabkapelle St. Georg, S. 342, 346, 347, 798
 Höllgasse/Sanierungsgebiet, S. 322
 Paulusbogen, S. 322
 Peichterturm, S. 355
 Schloß Hacklberg, S. 355
 „Stöckl", S. 322
 Veste Oberhaus, S. 246
 Wagnerhaus, S. 322
 Zinngießergasse 4, S. 322, 323

Passau-Niedernburg/Ausgrabungen, S. 246

Peigen/Reihengräberfeld, S. 414, 415

Perach, S. 303

Petra/Felsfassaden, S. 667, 682

Pfaffenham (Gde. Schnaitsee), S. 319

Pfarrhof-Programm (für Schwaben), S. 209, 750

Piding/Maier-Hof, S. 207

Pierrefonds, S. 18,

Pilsting/Gräberfeld, S. 420

Pipping/St. Wolfgang, S. 310

Pleiskirchen, S. 303

Politische Denkmalpflege, S. 312

Polling (Heiliges Kreuz von), S. 616

Pommersfelden/Schloß Weißenstein, S. 148, 149, 366, 367, 503, 612, 804

Pop-Art, S. 43, 60, 90, 110,

Possenheim/Schulstraße 11, S. 709

Possenhofen/Schloß, S. 254, 255,

Postmoderner Pluralismus, S. 596, S. 622

Potsdam-Sanssouci
 Belvedere auf dem Klausberg, S. 596

Praktische Denkmalpflege (Veröffentlichung), S. 599

Principles of Monument Conservation (Veröffentlichung), S. 611

Projuvis-Stiftung, S. 774, 777

Pürgen/Grabhügel, S. 476

Quedlinburg/Altstadt, S. 655, 798

Rain/Spitalkirche, S. 391

Rainertshausen/Alter Pfarrhof, S. 552, 553

Ramsau/Fernsebenlehen, S. 243

Raubgräber, S. 556, 785

Regensburg
 Alte Kapelle, S. 570, 612, 655
 Altes Rathaus, S. 148, 361
 Altstadt (allg.), S. 269, 801
 Arnulfsplatz/Wollwirkergasse, S. 574
 Deutschordenskommende, S. 148
 Dom, S. 804
 Dom/Bischofsgruft, S. 375, 392
 Erbprinzenhaus, S. 361
 Goldener Turm, S. 304, 360, 361
 Gravenreuther-Haus, S. 148
 Judenviertel, S. 646, 647
 Kepler-Wohnhaus, S. 148, 361, 362
 Lederergasse, S. 361
 Markthalle Arnulfsblock, S. 590
 Minoritenkirche, S. 224
 Neues Rathaus, S. 224
 Obermünster, S. 148
 Parkhaus, S. 224
 Parkhotel Maximilian, S. 224
 Prüfening (ehem. Kloster), S. 564
 Runtinger-Haus, S. 144, 148
 St. Magn, S. 144
 Sauseneck (Haus am), S. 225
 Schnupftabaksfabrik, S. 528, 590, 788, 802, 803, 806
 Schottenkirche/Gotischer Kruzifixus, S. 602, 603
 Schottenkirche/Portal, S. 354, 363, 365
 Stadtamhof (allg.), S. 426
 Tändlergasse 2, S. 304, 361
 Ulrichskirche am Dom (profaniert), S. 144, 148, 225
 Unterer Wöhrd (Hotelprojekt), S. 277
 Velodrom, S. 590
 Villa Lauser, S. 144, 148, 225
 Westnerwacht/Baualtersplan, S. 339

Regionalplanung, S. 170, 312

Reichertshofen (Ortsteil Dobl)/Kreuzerhof, S. 681

Reichertsried/Kapelle, S. 311

Reichmannsdorf/Schloß, S. 223

Rekonstruktion, S. 598, 599, 669

Reparatur (/-gesellschaft), S. 613, 622, 655, 668, 672, 672–675, 681

Reservate (archäologische) s. u. Archäologische ...

Restaurierung (Hochschulausbildung/Studiengang für), S. 421, 439, 496, 502, 503, 519, 555, 623, 682, 695–697, 724, 796, 812

Restaurierungswerkstätten des Bayerischen Landesamtes für Denkmalpflege, S. 117, 186, 256, 257, 259, 273, 320, 348, 349, 377, 380, 381, 384, 422, 519, 583, 626, 628, 655, 679, 746, 767, 805, 812

Rhein-Main-Donau-Kanal, S. 233, 411, 767

Richard-Wagner-Bühne König Ludwigs II. (Veröffentlichung), S. 22, 24, 25, 26, 423, 796, 804

Romantik, S. 19,

Rosenberg/Feste, S. 357

Rotary-Club, S. 739

Rothenburg ob der Tauber
 Hegereiter-Haus, S. 156
 Judenviertel, S. 548
 Pesthaus, S. 156
 Rödergasse 2/4, S. 157
 Stöberleinsturm, S. 156
 Wildbad, S. 469, 481
 Zehntscheune, S. 147, 156, 162

Rott am Inn/Ehem. Kloster und Klosterkirche, S. 386, 612, 790, 791, 801, 804

Rottenberg, S. 645

Rottenbuch/Klosterkirche, S. 386

Sächsenheim/Kath. Pfarrkirche, S. 282

Sana'a/Karawanserei, S. 555, 655, 667, 682, 757

Sanfter Tourismus, S. 617

Sankt Petersburg/Eremitage, S. 554

Saurer Regen, S. 336, 337, 340, 358, 363, 365, 388, 612

Schablonenmalerei, S. 460

Schatzregal, S. 556, 612

Schleißheim/Schloß, S. 26,

Schloß Seehof, s. Memmelsdorf

Schneizlreuth/Lenzenbauernhof, S. 410

Schönach/Schloß, S. 633

Schongau/Ferstlhaus, S. 316

Schutzverglasung, S. 384, 402

822

Schwabach
Stadtpfarrkirche St. Martin und
St. Johannes/Hochaltar, S. 185, 256, 257

Schwandorf
Gerber-/Färberhaus, S. 651, 652
Kelleranlagen, S. 779

Schwangau
Golfplatz-/Hotelprojekt, S. 698–707, 710, 711, 714, 715, 718, 725–729, 731, 732, 745, 746, 801, 804, 809

Schwefeldioxid/Schwefelsäure, S. 336, 337, 340, 341, 359, 362, 363, 365, 384, 388, 402, 739

Schweinfurt
Altes Gymnasium, S. 161
Altes Rathaus, S. 138
Altstadt (allg.), S. 486
Ebracher Hof, S. 161
Schloß Mainberg, S. 161

Schwenningen/St- Ulrich und St. Johannes d. T., S. 331

Schwürz/Austragshäuser, S. 433

Segritz/Ratssaal, S. 572, 573

Seßlach/Stadtbefestigung, S. 148

Sicherheit in Museen, S. 46

Skulpturenrestaurierung im Bayerischen Landesamt für Denkmalpflege, S. 550, 551

Smog, S. 159

Solln/Pfarrkirche St. Johannes, S. 310

Spurensicherung, S. 405, 770, 771, 800

Stadt als Lebensraum, S. 231, 283

Stadtbildpflege, S. 247, 249, 269, 433

Stadtentwicklung/Stadtsanierung, S. 59, 133, 143, 150, 151, 163, 228, 246, 248, 263, 264, 283, 312, 433, 491

Stadtgestaltung, S. 231, 247

Stadtreparatur, S. 516, 521

Städtebauförderung, S. 149, 176, 177, 220, 483, 496, 503, 788

Staffelalm (Wandskizzen Franz Marcs), S. 591–593

Starnberg
Dampfschiffstraße 1, S. 193
Hanfelder Straße 9, S. 193
Heimatmuseum, S. 643
Heimatmuseum/Prunkschiff König Ludwigs I., S. 280
Josef-Jägerhuber-Straße 5, S. 193

Steinfraß (s. a. u. Steinkonservierung), S. 486, 509

Steingaden/Klosterkirche, S. 386

Steinkonservierung (und -restaurierung), S. 278, 279, 334, 336, 341, 348, 363, 365, 377, 402, 439, 486, 509, 518, 532, 555, 611, 668, 796

Steuererleichterung (steuerliche Vergünstigungen), S. 130, 131, 228, 235, 239, 268, 298, 353, 433, 672–677

Stiftung Volkswagenwerk, S. 278, 363, 365, 483, 503, 611

Straubing
Fleischbank, S. 571
Gäubodenmuseum, S. 214
Herzogskasten, S. 214
Jesuitenkirche, S. 724
Karmeliterkloster, S. 215
Salzstadl, S. 571
St. Peter, S. 215
Stadtturm, S. 571

Sünching/Schloß, S. 326

Tännesberg/Berggasse 79, S. 252, 253

Tag des offenen Denkmals, S. 589, 590, 613–615, 643, 663, 668, 670, 744, 788, 789, 792

Tapfheim/Schloß, S. 221

Tegernsee
Hoinerhof, S. 211, 213
Ehem. Klosterkirche, S. 655, 730
Schloß, S. 132,

Textilrestaurierung (im Bayerischen Landesamt für Denkmalpflege), S. 240, 333, 393, 796

Theuern/Schloß, S. 231

Thierhaupten
Akademie für historische Handwerkstechniken, S. 644, 659, 793
Bayerisches Bauarchiv, S. 413, 437, 537, 540, 586, 587, 613, 644, 659, 671, 792, 793, 796, 812
Klosteranlage (allg.), S. 436
Klostermühle, S. 437

Thurn und Taxis (Auktion von Kulturgut), S. 565–569, 571, 585, 590, 591

Tiefflieger, S. 387, 397, 506–508, 553, 633

Tittmoning/Stadtplatz, S. 219

Tödting/St. Anna, S. 391

Tokyo National Research Institute of Cultural Properties (Lackprojekt), S. 757, 787

Tonarmee (des Kaisers Quin Shihuang Di), S. 546, 547, 555, 578, 578, 611, 627, 655, 666, 667, 682, 757, 772, 773, 798, 805

Toponomastik, S. 756

Trabelsdorf/Schloß, S. 222

Trieb/Schlößchen, S. 284, 285

Trostberg/ehem. Amtsgerichtsgebäude, S. 219

Tüchersfeld/Untere Burg (Fränkische Schweiz Museum), S. 335, 539

Türk (Stadt Bad Reichenhall)/Arma-Christi-Kreuz, S. 505

Tüßling/Schloß, S. 689

Tutzing/Midgard-Haus, S. 190, 195, 197

Umfrage zur Bewahrung des kulturellen Erbes, S. 272

Umweltbelastung, S. 313, 341, 519

Umweltbewegung/Umweltdiskussion, S. 126, 162, 163, 231,

Umwelteinflüsse, S. 334, 336, 340, 353, 358, 388, 408, 516, 612

Umweltethik, S. 405

Umweltgifte, S. 532

Umweltschäden, S. 496, 509

Umweltprobleme, S. 238

Umweltschutz, S. 151, 162, 163, 359, 384, 400, 402, 405, 408, 504, 519, 533,

Umweltverschmutzung, S. 282, 337, 359, 362, 363

Umweltverständnis (gewandeltes), S. 805

Umweltzerstörung, S. 504, 532

UNESCO-Liste des Kultur- und Naturerbes der Welt, S. 508, 510, 519, 553, 574, 602, 611, 641, 655, 678, 743, 744, 798

Unterbechingen/Schloß und Pfarrhof, S. 209

Unterminderdorf, S. 354

Unternehmen Museum (Museumstag 1993), S. 590

Unterneukirchen (Ortsteil Kammhub), S. 688, 689

Unterthingau/Schloß, S. 267, 275

Unwirtlichkeit der Trabantenstädte, S. 283

Urschalling/St. Jakobus, S. 349

Utting am Ammersee
Dorferneuerung, S. 226
Keltenschanze, S. 476

Vereinigung der Landesdenkmalpfleger in der Bundesrepublik Deutschland, S. 644, 691, 694, 695, 738

Verkehrsberuhigung, S. 242

Verödung der Städte, S. 150

Versailles, S. 18

Verwaltungsvereinfachung, S. 221, 271

Verwitterung, S. 384

Viereth/Zehntscheune, S. 222

Vierzehnheiligen/Wallfahrtskirche, S. 282, 286, 300, 357, 373, 385, 418, 431, 432, 445–447, 536, 804

Vilgertshofen/Wallfahrtskirche, S. 262

Violau/Pfarrkirche, S. 812

Völklinger Hochöfen, S. 798

Vorgeschichtskurs (bayerischer), S. 410

Wackersberg/Anwesen Kiefersau 123, S. 629

Wald (Gde. Teisendorf), S. 505

Walderbach/Kloster
Kapitelsaal, S. 563

Waldlerhäuser, S. 233, 426

Waldsassen/Kloster, S. 282

Waldsterben, S. 358, 384, 402

Walhalla, S. 247

Walldorf/Kirchenburg, S. 521

Wandern mit dem MVV, S. 187

Wartungsverträge mit Restauratoren, S. 479, 485

Weiden
Altstadt allg., S. 288
Kaufhausprojekt, S. 419, 433
Stadtmauer, S. 288
Unterer Markt, S. 406, 419, 710

Weidensees/Ehem. Schmiede, S. 433

Weipertshausen/St. Koloman, S. 397

Weißbach an der Alpenstraße
Gruberhof, S. 243
Solehochbehälter, S. 410

Weißenburg i. Bay.
Ellinger Tor, S. 474
Römerthermen, S. 261, 302, 368, 375, 393
Schatzfund von W., S. 261, 470
Wallgraben, S. 474
Wülzburg, S. 474

Weißenhorn/Stadtpfarrkirche und Theater, S. 146

Weißenregen/Haus Nr. 2, S. 233

Weitnau/Pfarrkirche, S. 630

Welden/St. Thekla, S. 146

Weltenburg/Kloster, S. 731, 777

Wemding
Kath. Wallfahrtskirche, S. 259
Umgehungsstraße, S. 259

Wendelstein
St.-Georgs-Kirche/Dreikönigsaltar, S. 774

Werneck/Schloßkapelle, S. 282

Wertingen/Marktplatz, S. 209

Wettenhausen, S. 311

Wetzhausen/Wasserburg, S. 355

Weyhern/Schloß, S. 234

Wien/Schloß Schönbrunn, S. 617, 715

Wieskirche (bei Steingaden), S. 205, 387, 397, 471, 506–510, 542, 543, 553, 554, 576, 577, 611, 669, 732, 804, 812

Windach/Schloß, S. 226

Winhöring/Pfarrhof, S. 689

Winnings (Gde. Wiggensbach), S. 601

Winterbach/Pfarrhof, S. 750

Winterbau (=Bauarbeiten während der Wintermonate), S. 268

Wörlitz, S. 617

Wörth/Schloß und Schloßstraße, S. 244

Wörth am Main, S. 645

Wohnraumkündigungsschutzgesetz (zweites), S. 251

Wolferstadt/Laurentiuskapelle, S. 259

Wolfthanning (Gde. Oberbergkirchen), S. 488

Wolframs-Eschenbach
Ehem. Försterherberge, S. 548
Altes Rathaus, S. 468

Wonneberg (Ortsteil Egerdach)/Kath. Pfarrkirche St. Margareta/Römischer Meilenstein, S. 786, 787

Würzburg
Altes Gefängnis, S. 763, 785
Augustinerkirche, S. 645
Festungsaufzugsprojekt, S. 486
Innenstadt (allg.), S. 684
Landelektragebäude, S. 452-454
Markuskirche, S. 454
St. Adalbero, S. 645
Schwanengelände, S. 197
Spiegeltor, S. 197

Zellberg (Gde. Anger)/Kerschallerhof, S. 505

Zentrallabor des Bayerischen Landesamtes für Denkmalpflege, S. 359, 363, 365, 422, 496, 502, 531, 537, 611, 796, 805, 812

Zersiedelung, S. 160

Ziegelsdorf/Mausoleum, 354, 356, 357

Zierputzfassaden, S. 487, 488

Zimmern/Kloster, S. 146

Zöschingen, S. 484
Pfarrhof, S. 331

Zuschüsse, S. 491, 502, 555, 612, 613, 672, 682, 688, 689, 734, 736, 788

Zwanziger Jahre (Bauten der), S. 130

Text- und Bildautoren

Aczel, George (Süddeutsche Zeitung, München) S. 363
ah (Rieser Nachrichten, Nördlingen) S. 541
aj (Mainpost, Würzburg) S. 525
akr (Eichstätter Kurier) 329
Amann, Thomas (Amberger Stadtnachrichten) S. 512 f.
Amaral, Carlos Alberto S. 799
amw (Münchner Merkur) S. 388
and (Abendzeitung, München) S. 413
Anger, Michael (Coburger Tageblatt) S. 445
aps (Allgäuer Zeitung, Füssen) S. 743
Armkreutz-Götz (Fränkisches Volksblatt, Würzburg) S. 467
Aschl, Werner (wa) (Wochenblatt, Landshut) S. 561
asp/pas (s. Späth, Arno) (Füssener Blatt) S. 698
Attlfellner, Rudi (Süddeutsche Zeitung, München) S. 531
Auer, Horst M. (Nürnberger Nachrichten) S. 302
Aumann, Jochen (Rieser Nachrichten, Nördlingen) S. 541, 657
axl (Süddeutsche Zeitung, Freising) S. 717

ba (Donau-Kurier, Ingolstadt) S. 493
ba (Lindauer Zeitung) S. 493
Bachenheimer, Stephan C. (Münchner Merkur) S. 485
Bachmair, Angela (aba) (Augsburger Allgemeine, Abendzeitung München) S. 483 f., 496, 511, 522 f., 540, 575, 587, 596, 605, 613, 624, 640, 648, 650, 708, 724, 732, 750, 766, 779, 781, 785, 801, 810
Bachmann, Erika (Allgäuer Zeitung, Kempten; Der Allgäuer) S. 172, 352 f., 378 f., 435, 490
Bachmann/Diekamp (Augsburger Allgemeine) S. 643
bak (Fränkisches Volksblatt) S. 344 f.
Barthel & Maus (Süddeutsche Zeitung, München) S. 756
Bauer Wilhelm (Nürnberger Nachrichten) S. 610, 693, 741
Bauer, Emil (Fränkischer Tag, Bamberg) S. 149, 192, 410, 634 f.
Bauer-Oltsch (Süddeutsche Zeitung, München) S. 293
Baur, Dieter (Süddeutsche Zeitung, München) S. 399
Baur-Callwey, Karl (KB) (Steinmetz + Bildhauer, München) S. 334
Bavaria (Bild, München) S. 728
Bayerische Verwaltung der staatlichen Schlösser, Gärten und Seen S. 8, 25
Bayerisches Landesamt für Denkmalpflege S. 220, 243, 251, 275, 279, 297, 301, 303, 309, 315, 365, 368 f., 404 (Otto Braasch), 415 (Otto Braasch), 425, 427 (Otto Braasch), 449, 476 f. (Otto Braasch), 481, 484, 494, 501, 503, 507, 526 f., 550, 575, 578, 579, 558 f., 604, 687, 696 f., 720 (Eberhard Lantz), 616, 619, 628, 633 (Dieter Komma), 648, 655, 665 (Erich Lindenberg), 687 f. (Holstein), 687 f. (Schmidt), 687 f. (Bauersachs), 706, 718, 734, 748 (Otto Braasch), 757, 767 (Johann Rauch), 789
Bayerisches Nationalmuseum S. 585 (Walter Haberland)
Beck, Willi (Abendzeitung, München) S. 761

Behr-Groh, Jutta (Fränkischer Tag, Bamberg) S. 784
ber (Münchner Merkur), S. 60
Berger (Mittelbayerische Zeitung, Regensburg) S. 224, 339, 361
Bergmann-Ehm, Ingrid (Augsburger Allgemeine; Augsburger Rundschau; Mittelschwäbische Nachrichten, Krumbach; Landsberger Tageblatt) S. 139, 226, 332, 342 f., 349, 369, 417
Bernau, Nikolaus (Tagesspiegel, Berlin) S. 691
bhi (Straubinger Tagblatt) S. 251
Biberger Erich L. (Süddeutsche Zeitung, München) S. 528
Bieberstein (Abendzeitung, München) S. 306 f.
Birg, Heinz (Süddeutsche Zeitung, München) S. 666 f. und Umschlag Bd. 2
Birgmann Manuel (Passauer Neue Presse) S. 552
Bleicher, Rainer (Münchner Merkur) S. 746
Blischke (Süddeutsche Zeitung, München) S. 371
Bloch, Max-Hermann (mhb) (Allgäuer Zeitung Kempten; Augsburger Allgemeine; Nürnberger Nachrichten) S. 62, 82, 104, 168 f.
bo (Mittelbayerische Zeitung, Regensburg) S. 361
Bock, Willi (Abendzeitung, München) S. 761
Bode, Peter M. (Abendzeitung, München) S. 198 f., 207, 424, 438 f., 441, 443, 451, 455, 459, 462, 472 f., 501
Böhm, Angela (Abendzeitung, München) S. 350 f.
Böhm, Ekkehard (Hannover'sche Zeitung) S. 659
Bollig, Jürgen (Münchner Merkur) S. 721
Bonkoß (Der Neue Tag, Weiden) S. 288
Bora, Alexandra (Münchner Merkur) S. 662, 664
Bornschlegel (Süddeutsche Zeitung, München; Stuttgarter Zeitung) S. 300, 373
Böttcher, Detlef (Günzburger Zeitung) S. 440
Bramsch (Münchner Merkur) S. 454
Brauner (Bild, München) S. 567
Braunfels, Stephan (Süddeutsche Zeitung, München) S. 560
Brehm, Friedl (Süddeutsche Zeitung, München) S. 195, 197
Breyer, Heinrich (Süddeutsche Zeitung, München) S. 111, 125, 140 f., 166 f., 182 f., 448 f., 460, 464 f., 484, 498 f., 500 f., 506, 515, 520, 538, 550 f., 558-561, 562, 578, 585, 586, 611, 616, 623, 632, 639, 642, 679
bru (Allgäuer Zeitung, Kempten) S. 490
Brunhuber, Ulrich (ub) (Neuburger Rundschau) S. 328 f.
Brunnengräber, Hans (grä) (Bergsträßer Anzeiger/Lorscher Einhäuser Tageszeitung) S. 670
Buch (Abendzeitung, München) S. 198
Bunz, Achim (Abendzeitung, München) S. 542 f.
Burmann, Hildegard (Süddeutsche Zeitung, München) S. 193
Burtscheid, Christine (burt) (Süddeutsche Zeitung, München) S. 569

Caspar, Helmut (Frankfurter Allgemeine Zeitung) S. 694 f.
Castor, Dietlind (Süddeutsche Zeitung, München) S. 577
cd (Weissenburger Tageblatt) S. 474
ch (Nürnberger Nachrichten) S. 738
Chastel, André (Le Monde) S. 18
Christlieb, Wolfgang (Abendzeitung, München) S. 24 f., 28, 31, 48, 50 f., 61, 63, 75, 90, 100 f., 115 f., 122 ff., 164 f.
ck (Schweinfurter Tageblatt) S. 477
clt (Münchner Merkur) S. 565
cmk (Handelsblatt) S. 675
Colberg, Klaus (Mannheimer Morgen) S. 110
cr (Isar-Loisachbote, Wolfratshausen) S. 629
cs (Neue Presse Coburg) S. 535
csch (Stuttgarter Zeitung) S. 77
csn (Süddeutsche Zeitung, Starnberg) S. 811

d/eg (Dolomiten) S. 756
Danner, J. (MKKZ) S. 301
Dattenberger, Simone (Münchner Merkur) S. 770
Dermühl, Peter (Abendzeitung, München) S. 291
diba (Fränkischer Anzeiger, Rothenburg) S. 408 f., 478 f.
Dick, Alexander (adi) (Nordbayerischer Kurier, Bayreuth) S. 744
Diekamp, Wolfgang (Augsburger Allgemeine; Neuburger Rundschau) S. 270, 436 f., 656
Dietl, Eduard (Passauer Neue Presse) S. 403
Dietrich, Vera (Münchner Merkur) S. 549
Dilloo, Rüdiger (Die Welt) S. 16 f.
Distler, Günter (Nordbayerische Nachrichten, Herzogenaurach) S. 660
Doinet, Rupp (Stern) S. 571
Dorfmeister, Gregor (Tölzer Kurier) S. 592 f.
dpa/lby/lb (Deutsche Presseagentur/Landesdienst Bayern) S. 178, 189, 202, 208, 211, 384 f., 388, 397, 399, 402 f., 409, 412, 425, 435, 442, 506, 515, 553, 566, 569, 576, 579, 675, 695, 699, 725, 726, 731, 776 f., 778, 788, 811
drr (Die Woche, Regensburg) S. 602 f.
ds (Süddeutsche Zeitung, München) S. 8, 444
dür (Günzburger Zeitung) S. 411
Dürr, Eckhard (edü) (Fränkische Landeszeitung, Ansbach) S. 631, 749
Dunte, Andreas (Leipziger Volkszeitung) S. 674 f.
dw (Die Welt) S. 691
dw (Münchner Merkur) S. 67, 91, 93

eba (Süddeutsche Zeitung, München) S. 262
edl (Abendzeitung, München) S. 310
Egginger, Karlheinz (Süddeutsche Zeitung, München; Abendzeitung, München) S. 308, 363, 520, 550, 562, 579, 582, 609, 611, 620 f., 662, 677, 739
Eichholz, Armin (Münchner Merkur) S. 92
Einwang, Matthias (Fränkischer Tag, Bamberg) S. 536
Eiswald, Edith (Abendzeitung, München) S. 207, 212 f., 215
el (Mittelbayerische Zeitung, Regensburg) S. 794
em (Abendzeitung, München) S. 47
Emmerich, Elisabeth (Abendzeitung, München; Landsberger Tageblatt; Bayerische Staatszeitung, München) S. 127, 146, 396 f., 400 f.

Engelfried, Fridolin (Nürnberger Nachrichten) S. 458
Engelhardt, Anita (Süddeutsche Zeitung, München) S. 619, 621
Enzwieser (Süddeutsche Zeitung, München; Münchner Merkur) S. 118, 119, 298
epd (Evangelischer Pressedienst) S. 242, 274, 509, 548
ew (Weilheimer Tagblatt) S. 274
ey (Süddeutsche Zeitung, München) S. 216, 610 f.

fabo (Straubinger Tagblatt) S. 236
Falk, Werner (fa) (Altmühlbote, Gunzenhausen) S. 468, 694
Ferber, Martin (Augsburger Allgemeine) S. 582
Ficker, Friedbert (Bayerische Staatszeitung) S. 46
Firgau, Walter (Süddeutsche Zeitung, München) S. 187
Firsching (Bayerische Staatszeitung, München) S. 735
Fisch, Ludwig (Süddeutsche Zeitung, München) S. 243, 293, 303, 315, 324, 410 f.
Fischer, Clemens (Pegnitz-Zeitung, Lauf a. d. Pegnitz) S. 478 f., 557
Fischer, Eva-Elisabeth (Süddeutsche Zeitung, München) S. 238 f.
Fischer, Otto (Süddeutsche Zeitung, München) S. 281
fkn (Münchner Merkur) S. 776
Flade, Roland (Mainpost, Würzburg) S. 452 f.
Flügel, Rolf (Münchner Merkur) S. 55
fqu (Mainpost Würzburg) S. 543
fr (Fränkischer Tag, Bamberg) S. 366 f., 406 f.
Frank, H. (Freies Wort, Hildburghausen) S. 535
Frank, Josef (jdt) (Wertinger Zeitung) S. 330 f.
Fritz, Peter (Allgäuer Zeitung, Kempten) S. 601
Fuchs, Anton (Starnberger Neueste Nachrichten/Süddeutsche Zeitung, München) S. 543, 742, 780

Gä (Neue Züricher Zeitung) S. 87, 88
Gärtner, Georg (ger) (Fürther Nachrichten) S. 427
gb (Augsburger Allgemeine) S. 77
gdl (Nürnberger Zeitung) S. 555
Gebhard, Heinz (Tageszeitung, München) S. 524
Geiss, Rudolf S. 630
Gerullis, Hagen (Nürnberger Zeitung) S. 348, 738
Geyer, Katrin (Bayerische Rundschau, Kulmbach) S. 736 f., 771
gi (Traunsteiner Wochenblatt) S. 733
Giannini, Cristina (Il Giornale dell'Arte) S. 647, 682
gk (Bonner Rundschau) S. 196
Gliewe, Gert (Abendzeitung, München; Tageszeitung, München) S. 43, 54 f., 167, 294, 770
Glössner-Möschk, Gertrud (Fränkischer Tag, Bamberg) S. 683
Glozer, Laszlo (lg) (Süddeutsche Zeitung, München) S. 52 f., 64
Goblirsch-Bürkert, Gisela (ggb) (Süddeutsche Zeitung, München) S. 681, 690
GOBUSpress (Nürnberger Zeitung) S. 358
Goldschmit, Rudolf (Süddeutsche Zeitung, München) S. 30 f.

Göllinger, Josef (Süddeutsche Zeitung, München; Bayerische Staatszeitung, München) S. 281, 371, 374, 387
Görl, Wolfgang (Süddeutsche Zeitung, München) S. 739
Grabellus, Bernd (Münchner Merkur) S. 549
Graupner, Heidrun (Süddeutsche Zeitung, München) S. 315, 363
Gretzke, Willi (Neue Presse) S. 338
Grill, Michael (Süddeutsche Zeitung, München) S. 662, 740, 756, 786, 797, 803, 809
Grillenberger, Jochen (Nordbayerische Nachrichten, Herzogenaurach) S. 660
Groner, Bert (Kreisbote München-N/O, Erding) S. 722
Großkopff, Rudolf (Frankfurter Rundschau) S. 78 f., 96
Grün, Hans (Fränkischer Tag, Bamberg) S. 433
Guder, Arno (gu) (Schwabacher Tageblatt) S. 227
Guratzsch, Dankwart (Die Welt) S. 759
Gut, Nina (Münchner Merkur) S. 792
Guttenberger, Erich (Nürnberger Zeitung) S. 376, 680

h (Straubinger Tagblatt) S. 214 f.
Haag, Klaus (Münchner Merkur) S. 792
Haase, Alfred A. (Abendzeitung, München) S. 350, 450 f., 537
Haberl, Sebastian (sh) (Süddeutsche Zeitung, München; Fränkische Landeszeitung, Ansbach) S. 475, 532
Hänseler, Gabi (hän) (Bayerische Rundschau, Kulmbach) S. 736
Häußler, Rudolf (rh) (Fränkischer Tag, Bamberg) S. 492
Hahne, Peter (Passauer Neue Presse) S. 497, 552
Haitzinger, Horst (Tageszeitung, München) S. 97
Hammann, Jörg (Bayernkurier) S. 508
Hanske, Horst (Süddeutsche Zeitung, München; Mittelbayerische Zeitung, Regensburg) S. 646, 808
Hatz, Oskar (Passauer Neue Presse) S. 102 f.
Hausmann (Süddeutsche Zeitung, München) S. 746
Haut, Wolfgang (Frankfurter Allgemeine Zeitung) S. 584 f.
Hecht, Martin (Straubinger Tageblatt) S. 594 f.
Heck (Oberbayerisches Volksblatt, Rosenheim) S. 790 f.
Heddergott, Andreas (Süddeutsche Zeitung, München) S. 568, 740, 767, 768, 787, 809
Heer (Süddeutsche Zeitung, München; Fränkisches Volksblatt, Würzburg; Mainpost, Würzburg) S. 345, 525
Heidenreich, Ulrike (Süddeutsche Zeitung, München) S. 708, 787
Heider, Richard (Amberger Zeitung) S. 372, 429
Heimatmuseum Bad Tölz S. 36
Heindl, Hannes (Süddeutsche Zeitung, München) S. 242
Heinzl (Mittelbayerische Zeitung, Schwandorf) S. 778
Henkel, Rolf (Kölner Stadt-Anzeiger/Kölnische Zeitung; Abendzeitung, München) S. 73, 457

Hennies, Matthias (Züricher Tagesanzeiger) S. 772 f.
Heß, Otto (ohe) (Augsburger Allgemeine) S. 96
Hess, Günther (Schwabacher Tageblatt) S. 774
Hess, Catherina (Süddeutsche Zeitung, München) S. 708, 787
Hesse (Süddeutsche Zeitung, München) S. 238
Heumann, Josef (jh) (Neuburger Rundschau) S. 264 ff.
Heußner (Fränkisches Volksblatt, Würzburg; Mainpost, Würzburg) S. 344, 390, 452 f.
Heyer (Allgäuer Zeitung Kempten) S. 169, 267
HG (Schweinfurter Tagblatt) S. 334
hh (Mittelbayerische Zeitung, Schwandorf) S. 778
hh (Oberbayerisches Volksblatt, Rosenheim) S. 320 f.
hi (Abendzeitung, München) S. 632
Hilpert, Wilhelm (Süddeutsche Zeitung, München) S. 120, S. 345
hk (Mittelschwäbische Nachrichten, Krumbach), S. 311
hm (Donau-Kurier, Ingolstadt) S. 489
ho (Grafenauer Anzeiger) S. 414 f.
hö (Trostberger Tagblatt) S. 714
Hörger, Horst (Neu-Ulmer Zeitung) S. 609
Höynck, Klaus M. (Fränkisches Volksblatt, Würzburg) S. 486
hof (Dolomiten) S. 756
Hofer, Christian (hc) (Süddeutsche Zeitung, München) S. 130
Hohlmann (Rieser Nachrichten) S. 258
Hohoff, Curt (Die Welt) S. 38 f.
Holzhauser (Süddeutsche Zeitung, München) S. 600
Hornig/X (Göttinger Tageblatt) S. 480
Hornstein, Nessa von (Abendzeitung, München) S. 12
Horseling, Gerd (Neuburger Rundschau, Neuburg a. d. Donau) S. 436 f.
hr (Eichstätt Kurier) S. 723, 788
HR (Fränkischer Tag, Bamberg) S. 326
hst (Grafenauer Anzeiger) S. 414 f.
Huber, Horst (Süddeutsche Zeitung, München) S. 618
Huber, Rudolf (Abendzeitung, München) S. 362
Huber, Werner (Süddeutsche Zeitung, München) S. 176, 225, 247
Hübl, Ludwig (Abendzeitung, München) S. 424, 438 f., 441, 459, 462, 472, 761
Hummel, Manfred (Süddeutsche Zeitung, München) S. 255
Hundrup, Ewald (Münchner Merkur) S. 72 f.
Hungershausen (Der Bote für Nürnberg-Land, Feucht) S. 743
Husemann, Ralf (Süddeutsch Zeitung) S. 132 ff., 159

ib (Süddeutsche Zeitung, München) S. 482
ig (Abendzeitung, München) S. 537
ikr (Fränkischer Tag, Bamberg) S. 222 f.
il (Frankfurter Allgemeine Zeitung) S. 758
il (Mittelbayerische Zeitung, Regensburg) S. 360
lr/lb (Mainpost, Würzburg) S. 197
is (Allgäuer Zeitung, Kempten) S. 352 f., 630
is (Münchner Merkur) S. 9
it (Fränkisches Volksblatt, Würzburg) S. 364

Jais, Johannes (jj) (Weilheimer Tageblatt) S. 471
jcs (Mitteldeutsche Zeitung) S. 617
je (Münchner Merkur) S. 721
jes (Eichstätter Kurier) S. 516
jg/lb (Augsburger Allgemeine) S. 725
jo (Der Allgäuer, Kempten) S. 413
job (Donau-Kurier, Ingolstadt) S. 353
jr (Mittelbayerische Zeitung, Regensburg) S. 326
jst (Memminger Zeitung) S. 346 f.
jw (Allgäuer Zeitung, Kempten) S. 169, 172 f., 378 f., 383, 435

Käser, Adolf (Mainpost, Würzburg) S. 452
Kaiser, Gustav (ka) (Der Neue Tag, Weiden) S. 252 f.
Kálmán, Brenner (Kisalföld, Ungarn) S. 580
Kapff, Dieter (Stuttgarter Zeitung) S. 597
Kappeler, Michael (Augsburger Allgemeine) S. 810
Karg, Jürgen (jk) (Schwabacher Tagblatt) S. 256 f.
Kat (Augsburger Allgemeine) S. 640
Katz, Anne Rose (Süddeutsche Zeitung, München/Starnberg) S. 416, 448 f., 649, 720
Keller, Erwin (Frankfurter Allgemeine Zeitung) S. 804 f.
Kestel, Ralf (Fränkischer Tag, Bamberg) S. 679
Keystone (Mannheimer Morgen) S. 110
Kinast, Florian (Abendzeitung, München) S. 702 f., 707
Kirsten, Ursula (Süddeutsche Zeitung, München) S. 278 f.
Kirzl, Dr. Gernot (ki) (Augsburger Allgemeine) S. 747
kj (Schweinfurter Tagblatt) S. 486
kl (Oberbayerisches Volksblatt, Rosenheim) S. 113
kla (Straubinger Tagblatt) S. 571
Klein, Stefan (Hallertauer Zeitung, Mainburg) S. 663
Klempnow, Bernd (Sächsische Zeitung) S. 672
Kletzin, Andreas (kl) (Amberger Stadtnachrichten) S. 512 f.
kls (Augsburger Allgemeine) S. 599
km (Mittelbayerische Zeitung, Regensburg) S. 327
Kmeni (Mittelschwäbische Nachrichten, Krumbach) S. 311
KNA (Katholische Nachrichtenagentur) S. 205, 308, 375, 386
Knab, Eva Maria (Augsburger Allgemeine) S. 656
Knapp, Gottfried (Süddeutsche Zeitung, München) S. 201, 231, 463, 764
Kober (Mittelbayerische Zeitung, Regensburg) S. 803
Kock, Peter Jakob (pjk) (Bayerische Staatszeitung, München) S. 476 f.
Königbauer, Karl (Oberbayerisches Volksblatt, Rosenheim) S. 790 f.
Körner, Beatrix (Bayerische Staatszeitung, München) S. 762 f.
Kolfhaus, Herbert (Münchner Merkur) S. 87
Kopp, Johannes (Unser Bistum, Kirchenzeitung für die Diözese Augsburg; Sonntags-Zeitung, Augsburg) S. 510, 626

Kovacs (Süddeutsche Zeitung, München) S. 254
Kozlik (Deutsche Tagespost Würzburg) S. 375
Krämer, Beate (Kitzinger Zeitung) S. 572 f.
Kramer, Kurt (Süddeutsche Zeitung, München; Ansbach Stadt und Land) S. 153, S. 181
Kreiner, Wolfgang (Fränkischer Tag, Bamberg) S. 432 f., 713
Kreis, Elfi (ek) (Der Tagesspiegel, Berlin) S. 596
Krieger, Hans (Bayerische Staatszeitung; Nürnberger Nachrichten) S. 71, 126 f., 138, 354 f., 408 f., 532 f., 735
kris (Allgemeine Laber-Zeitung, Lanquaid) S. 750 f.
KSch (Süddeutsche Zeitung, München) S. 19
Kuhn, Fritz (Süddeutsche Zeitung, München) S. 137
Kürschner, Gabi (gk) (Bayerische Rundschau, Kulmbach) S. 737
kw (Landkreis Amberg-Sulzach) S. 230

la (Augsburger Allgemeine) S. 781
lad (Süddeutsche Zeitung, München) S. 651, 730
Längsfeld, Wolfgang (Süddeutsche Zeitung, München) S. 57, 60
Lammel (Museumskurier, Sonderveröffentlichung des Nordbayerischen Kuriers, Bayreuth) S. 539, 608
Lammers, Marie-Helene (Bayern-Kurier) S. 352 f.
Landbauamt München S. 498
Landgraf, Dieter (Schweinfurter Tagblatt) S. 161
Landwehr, Bernhard (Süddeutsche Zeitung, München) S. 545
Lange, Gabi (hö) (Bayerische Rundschau, Kulmbach) S. 218
Langenstein, York (museum heute) S. 812 ff.
Langhans, Ruth (Münchner Merkur) S. 131, 158, 180
Laußer, Christoph (cl) (Rottaler Anzeiger, Eggenfelden) S. 692
ldp (Süddeutsche Zeitung, München) S. 716
Lechner, Richard (Augsburger Allgemeine) S. 623
Leuschner, Peter (Tageszeitung, München) S. 392, 659
Leyendecker, Hans (ley) (Süddeutsche Zeitung, München) S. 282
lgk (Kitzinger Zeitung) S. 572 f.
Li (Münchner Merkur) S. 661
Lienert, Ralf (Allgäuer Zeitung, Füssen; Augsburger Allgemeine) S. 654, 699
Limmer, Frank (fl) (Passauer Neue Presse) S. 752
Limmer, Sebastian (ls) (Süddeutsche Zeitung, München) S. 545
Link, Robert (Münchner Merkur) S. 131, 700
Linkenheil, Rolf (Bayerische Staatszeitung, München; Stuttgarter Zeitung) S. 365, 373
Loerzer, Sven (Süddeutsche Zeitung, München) S. 320 f.
Longardt, Christian (Lübecker Nachrichten) S. 653
Lorenz-Munkler, Susanne (lz) (Augsburger Allgemeine) S. 537
lr (Main Post, Würzburg) S. 80
lra Hassberge (Schweinfurter Tageblatt) S. 789

lsc (Die Kitzinger) S. 709
Lützel, Thomas (Neu-Ulmer Zeitung) S. 608 f.
Lutz-Hilgarth, Dora (luhi) (Main-Echo, Aschaffenburg) S. 776 f.

m (Donau-Zeitung) S. 310
Mack, Dieter (Rieser Nachrichten, Nördlingen) S. 755
Mader, Rudolf (Fränkischer Tag, Bamberg) S. 367, 406, 526, 592 f.
Mächler, Frank M. (Abendzeitung, München) S. 213
Mäuser, Thomas (Saale-Zeitung, Bad Kissingen) S. 754
mah (Mittelbayerische Zeitung, Regensburg) S. 633
Matuscheck/Matuscheck-Labitzke, Birgit (Süddeutsche Zeitung, München) S. 250, 269, 304 f., 388 f., 390, 621, 627, 638 f., 641, 643, 655, 667, 712, 757, 767, 777, 807
matz (Fränkisches Volksblatt, Würzburg) S. 467
Maurer, Manfred (rer) (Lindauer Zeitung) S. 382 f., 544
Maus, Matthias (Abendzeitung, München) S. 554
Maus, Sibylle (Stuttgarter Nachrichten) S. 84
Mayr, Manuela (ela) (Augsburger Allgemeine) S. 792 f.
Mazzoni, Ira (Süddeutsche Zeitung, München) S. 598 f., 696 f., 798
mb (Frankfurter Rundschau) S. 521
me (Fränkischer Tag, Bamberg) S. 536
me (Münchner Merkur; Passauer Neue Presse) S. 160, 246
Meier (Die Woche) S. 591
Merk (Bad Tölz-Wolfratshausen Neueste Nachrichten/Süddeutsche Zeitung, München) S. 422 f.
Merten, Klaus (Süddeutsche Zeitung, München) S. 128 f.
Merzenich, Hildegard (Münchner Merkur) S. 425
Metzger, Jens (Passauer Neue Presse) S. 753
Meyer, Knut (Fürther Nachrichten) S. 248 f.
mic (Abendzeitung, München) S. 438 f.
Michel (Weilheimer Tageblatt) S. 471
Miltenberger (Bote vom Untermain, Miltenberg) S. 530
Mitzel, Horst (Bayerische Rundschau) S. 189
mle (Fränkischer Tag) S. 491
Mönninger, Michael (Frankfurter Allgemeine Zeitung) S. 584 f.
Mohler, Armin (Die Welt) S. 44, 81
Moosburger (Mittelbayerische Zeitung, Regensburg) S. 602 f., 633
Moosburger, Uwe (Süddeutsche Zeitung, München) S. 528
mor (Rieser Nachrichten) S. 258
mst (Neue Züricher Zeitung) S. 40 f.
Mühlberger, Andrea (Süddeutsche Zeitung, München) S. 800
Müller, Elisabeth (Abendzeitung, München) S. 20, 35, 49, 542 f.
Müller, Michael (Münchner Merkur) S. 165, 454
Müller, Thomas (tse) (Abendzeitung, München) S. 727 f., 751, 760 f., 789, 809
Müller-Jentsch, Ekkehard (Süddeutsche Zeitung, München) S. 180

Müller-Mehlis, Reinhard (Münchner Merkur) S. 30, 63, 112, 134 f., 177, 231
Münchner Merkur (mm) S. 336, 524
Münchner Merkur Archiv S. 700
Muggenthaler, Christian (Hallertauer Zeitung, Mainburg) S. 663
Mundt (Mittelbayerische Zeitung, Regensburg) S. 327
Munichpress; Seeger Press S. 571
Murschetz (Süddeutsche Zeitung, München) S. 85
Museum Starnberg S. 41
mz (Mittelbayerische Zeitung, Regensburg) S. 809

N. (Süddeutsche Zeitung, München) S. 174
Natterer, Gertrud (Allgäuer Anzeiger, Immenstadt) S. 495
Nennecke, Charlotte (Süddeutsche Zeitung, München) S. 45, 133, 296, 336, 346
Neubeck, Peter von (Donau Zeitung, Dillingen) S. 209, 511
Neugebauer, Rosa (ron) (Donauwörther Zeitung; Neuburger Rundschau) S. 259, 391
Neumann, Conny (Süddeutsche Zeitung, München) S. 296 f., 540, 586
Neumann, Hubert (Süddeutsche Zeitung, München) S. 130, 269, 349
Neumann, Sabine (Süddeutsche Zeitung, München) S. 518 f.
Neumeister (Die Welt) S. 16
Neumeyer, Jürgen (ne) (Lindauer Zeitung) S. 400
Neuwirth, Fritz (Süddeutsche Zeitung, München) S. 62, 111, 118, 125, 141, 154, 166, 183, 297, 434
ni (Mittelbayerische Zeitung, Regensburg) S. 744
nü (Mittelbayerische Zeitung, Regensburg) S. 744
Nübler (Süddeutsche Zeitung, München; Mittelbayerische Zeitung, Regensburg; Augsburger Allgemeine) S. 237, 360 f., 461, 570, 691, 766, 802
Nürnberger Nachrichten Archiv S. 548, 569

Oberst, Günter (Münchner Merkur) S. 386
oh (Fränkischer Tag) S. 430 f.
Ostermeier, Andreas (ano) (Süddeutsche Zeitung, München) S. 783
Paetzmann, Erika (Süddeutsche Zeitung, München) S. 170
Palumbo, Enrico (Fränkischer Tag, Bamberg) S. 682
Patellis, Sigrid (Münchner Stadtanzeiger) S. 216 f.
Peers, Alexandra (Wall Street Journal) S. 590 f.
Peters, Karsten (Abendzeitung, München) S. 79
Peters, Ursula (Süddeutsche Zeitung, München) S. 221, 234, 245, 250, 261, 267, 268, 272 f., 275 f, 309, 314, 333, 337, 432 f., 356, 371, 374, 385, 466, 481, 514, 516, 521, 526 f., 529, 551, 555, 556, 577, 579, 583, 597, 604, 612, 618, 628, 633, 651, 671, 716, 717, 721, 730, 734
Petersen, Sönke (Abendzeitung, München) S. 74, 85, 100 f.
Petzet, Michael (Münchner Merkur; Landshuter Zeitung; Bayerische Staatszeitung; Süddeutche Zeitung, München; Nürnberger Zeitung; Museumskurier, Sonderveröffentlichung des Nordbayerischen Kuriers; do.co, mo.mo Journal) S. 7, 151, 156, 292, 358 f., 376 f., 517, 539, 588 f., 677, 680 f.
Petzoldt, Wulf (Abendzeitung, München) S. 302
Pfeiffer-Belli, Erich (Süddeutsche Zeitung, München) S. 10, 36 f.
pfk (Augsburger Allgemeine) S. 490
Pieterek, hubert (Die Kitzinger) S. 684
Plettenberg (Münchner Merkur) S. 538
pm/bac (Rieser Nachrichten, Nördlingen) S. 657
pn (Fränkisches Volksblatt, Würzburg) S. 418
Polypress (Abendzeitung, München) S. 473
Popp, Thomas (Passauer Neue Presse) S. 246, 317 f., 322
Pow (Volksblatt, Würzburg) S. 645
pp (Münchner Merkur) S. 67
Prähistorische Staatssammlung S. 261, 470
Prem, Martin (mp) (Tageszeitung, München) S. 699, 701
Prestel (Süddeutsche Zeitung, Freising) S. 717
prival (Freisinger Tagblatt) S. 316
Pröse, Tim (Abendzeitung, München) S. 664
Puchner (Süddeutsche Zeitung, München) S. 704, 705
pw (Freisinger Tagblatt) S. 316

Quack (Mainpost Würzburg) S. 543
Quast, Sigfried von (Abendzeitung, München) S. 124, 128, 174
Quellerman (Süddeutsche Zeitung, München) S. 721

r (Fränkischer Tag, Bamberg) S. 240 f.
r (Süddeutsche Zeitung, München) S. 88
ra (Neue Presse, Coburg) S. 370
Rabenstein, Edith (Alt-Neuöttinger Anzeiger; Passauer Neue Presse) S. 476, 614 f.
raf (Allgäuer Zeitung, Kempten) S. 719
Rasemann, Jürgen (Memminger Zeitung; Süddeutsche Zeitung, München) S. 608
rd (Landshuter Zeitung) S. 394 f., 456
rdf (Mainpost, Würzburg) S. 763
Redl, Hermann (rh) (Donau-Kurier, Ingolstadt) S. 76
Rehm, Martin (Süddeutsche Zeitung, München) S. 99, 260, 434
Reischl, Helene Maria (Bayerische Staatszeitung; Das Ulrichsbistum/Sonntagszeitung) S. 340 f., 812
Reiser, Rudolf (Süddeutsche Zeitung, München) S. 404, 470
Reithmaier-Hoiß, Sabine (Süddeutsche Zeitung, München) S. 591
Reuschel, Werner (Nordbayerischer Kurier, Bayreuth) S. 380 f.
Rg (Der Neue Weg, Tageszeitung für Sachsen-Anhalt) S. 521
RGK (Neuburger Rundschau) S. 329
Richardi, Hans-Günter (Süddeutsche Zeitung, München) S. 136, 148, 150, 152, 155, 159, 178 f., 187, 194, 517 ff.
Richter, Peter (Süddeutsche Zeitung, München) S. 780
Riedl, Fritz (Süddeutsche Zeitung, München) S. 785
ril (Rieser Nachrichten, Nördlingen) S. 755
Rinklef, Roland (Fränkischer Tag, Bamberg) S. 564, 636 f., 683, 713, 784, 793

rit (Weißenburger Tagblatt) S. 794
rk (Münchner Merkur) S. 450, 746
Röck (Süddeutsche Zeitung, München) S. 152
Roeder (Süddeutsche Zeitung, München) S. 567
Roegner, Inge (Süddeutsche Zeitung, München) S. 433
Röhrig, Hans-Günther (Fränkisches Volksblatt, Würzburg) S. 393
Rogner, Ingo (Züricher Tagesanzeiger) S. 773
Roider, Karl-Heinz (Passauer Neue Presse) S. 323, 614 f., 753
Roithmeier, Karl (Augsburger Allgemeine) S. 466
Roll, Evelyn (Süddeutsche Zeitung, München) S. 384
Roß, Andreas (aro) (Süddeutsche Zeitung, München) S. 590, 600, 625, 644, 649, 652, 653, 661, 704, 705, 714, 718, 726, 729, 742, 745 f.
Roßmann, Lutz (Main Post, Würzburg) S. 80
Rost (Schweinfurter Tagblatt) S. 161
rr (Bonner Rundschau) S. 196
rr (Frankenpost, Hof/Saale) S. 428
rr (Mittelbayer. Zeitung, Regensburg) S. 678
RSe (Trostberger Tagblatt) S. 219
rt (Mittelbayerische Zeitung, Regensburg) S. 461
rud (Fränkischer Tag, Bamberg) S. 284 f.
Rumpf (Fränkischer Tag, Bamberg) S. 734
Rumpf, Stephan (Süddeutsche Zeitung, München) S. 800, 807
Ruppert (Süddeutsche Zeitung, München) S. 419
Ruscheinsky-Rogl, Dagmar (Die Woche, Regensburg)
rzh (Süddeutsche Zeitung, München) S. 639

s (Nürnberger Nachrichten) S. 569
Sahler, Hildegard (Frankfurter Allgemeine Zeitung) S. 769
Samberger, Leo (LS in der Abendzeitung) S. 28 f.
Sandner, Reinhardt (Tageszeitung, München) S. 291
Sarring, Gert (Süddeutsche Zeitung, München) S. 190 f., 210, 280
Sauerer, Manfred (Mittelbayerische Zeitung, Regensburg) S. 232 f.
Schadewitz (Abendzeitung, München) S. 436 f.
Schäfer (Wöritz-Bote, Dinkelsbühl) S. 399
Schäffer, Gottfried (Passauer Neue Presse) S. 346 f.
Schätzl, Andreas (Süddeutsche Zeitung, München) S. 564, 567
Scharnitzky, Ralf (Abendzeitung, München) S. 294 f.
Schatz, Walter (ws) (Nürnberger Nachrichten) S. 693
Schauerte, Andrea (Allgäuer Zeitung, Füssen) S. 654
Schaumberger, Petra (Augsburger Allgemeine) S. 750
Schedel, Friedwald (Süddeutsche Zeitung, München) S. 357
Scheidler, Walter (ler) (Augsburger Allgemeine) S. 229
Scheppe, C. (Neue Presse Corburg) S. 535
Scherr (Mittelbayerische Zeitung, Regensburg) S. 678

schi (Die Woche, Regensburg) S. 574, 590
Schießl, Günter (Die Woche, Regensburg; Mittelbayerische Zeitung, Regensburg) S. 144 f., 406 f., 426 f., 652, 711, 802, 803, 805, 806
Schilberg (Eichstätter Kurier) S. 516
Schleyer, Winfried (Bayerische Staatszeitung; Fränkischer Tag, Bamberg) S. 247 f., 622, 792 f.
Schlüter, Martha (Abendzeitung, München) S. 664
Schmalz, Mike (Abendzeitung, München) S. 702 f., 707
Schmalz, Peter (Bild) S. 78
Schmeken, Regina (Augsburger Allgemeine) S. 599
Schmidhuber, Astrid (Passauer Neue Presse; Abendzeitung, München) S. 509, 769
Schmidt, Doris (Süddeutsche Zeitung, München) S. 58 f., 85, 116 f., 421
Schmidt, Kornelia (Bad Tölz-Wolfratshausen Neueste Nachrichten/Süddeutsche Zeitung, München) S. 422 f.
Schmidt, Otfried (Abendzeitung, München) S. 12
Schmidt-Rellstab, Renate (rr) (Passauer Neue Presse) S. 320, 322 f.
Schmitt, Peter (Süddeutsche Zeitung, München) S. 277, 304, 362, 419, 420, 533
Schneck, Jürgen (Münchner Merkur, Süddeutsche Zeitung) S. 98, S186
Schnee (Die Kitzinger) S. 709
Schneider, Bernhard (Volksblatt, Würzburg) S. 607
Schneider, Christian (Süddeutsche Zeitung, München) S. 204, 274
Schnetter, Gabi (gs) (Museumskurier, Sonderveröffentlichung des Nordbayerischen Kuriers, Bayreuth; Obermain Tagblatt, Lichtenfels) S. 286, 539
Schnetzer, Marlies (Abendzeitung, München) S. 751
Schödl (Abendzeitung, München) S. 28, 31, 35, 48, 51, 63, 90, 164, 295
Schöllhorn, Fred (Abendzeitung, München; Augsburger Allgemeine) S. 146, 322, 342, f. 369, 396 f., 401, 412, 413, 483, 496, 511, 522 f., 605, 613, 650, 785
Schollenbruch, Jörg (Augsburger Allgemeine) S. 706
Schostack, Renate (Frankfurter Allgemeine Zeitung) S. 506 f., 783, 804 f.
Schrmek, Petra (Abendzeitung, München) S. 291
Schubert, Michael (ms) (Fränkischer Tag, Bamberg) S. 526 f., 592 f., 634 f., 636, 637
Schumann, Karl (Süddeutsche Zeitung, München) S. 22 f.
Schuster, Hans von (Süddeutsche Zeitung, München) S. 271
Schwartz, Irmi (Münchner Merkur) S. 298, 450
Schwarz, Jürgen (Tageszeitung, München) S. 701
Schweer (Lindauer Zeitung) S. 544
sd (Mittelbayerische Zeitung, Regensburg) S. 244
Seeweg (Allgäuer Anzeigenblatt, Immenstadt) S. 574
Seidenfaden, Ingrid (sei) (Münchner Merkur; Bayerische Staatszeitung; Hannoversche Allgemeine Zeitung; Abendzeitung, München; Süddeutsche Zeitung, München) S. 21, 32, 33, 42, 49, 51, 64, 72, 121, 174 f., 202, 220, 295
Sessner (Die Welt) S. 16
Seubert, Kurt (Bote vom Untermain, Miltenberg) S. 286 f.
Seydek, Erich (Münchner Merkur) S. 368
sf (Allgäuer Zeitung, Kempten) S. 601
sf (Bayerische Staatszeitung) S. 11, 56
sh (Isar-Loisachbote, Wolfratshausen) S. 629
sh (Süddeutsche Zeitung, München) S. 101
Sienz (Süddeutsche Zeitung, München) S. 385
Sigmund, Jörg (jös) (Augsburger Allgemeine) S. 705 f.
sis S. 469 (Fränkischer Anzeiger, Nürnberg), 399 (Wörnitz-Bote, Dinkelsbühl)
Sisulak, Stefan (Donauwörther Zeitung; Neuburger Rundschau) S. 259, 391
sk (Abendzeitung, München) S. 94 f.
Skasa-Weiß, Ruprecht (Stuttgarter Zeitung) s. 546 f.
sm (Mittelbayerische Zeitung, Regensburg) S. 499
so (Mittelbayerische Zeitung, Schwandorf) S. 779
Sowein, Gerd (Süddeutsche Zeitung, München) S. 98
Späth, Arno (asp) (Augsburger Allgemeine; Allgäuer Zeitung, Füssen und Kempten) S. 699, 710, 729, 743
Sperb, Marianne (Mittelbayerische Zeitung, Regensburg) S. 568, 570, 766
Staatsbibliothek München S. 37
Stade, Heinz (Thüringer Allgemeine) S. 738
Stadtbauamt Nördlingen S. 621
Stadtmuseum München S. 39
Stäck (Marktbreiter Anzeiger) S. 282 ff.
Städtische Galerie im Lenbachhaus, München S. 37
Stammler, Robert (sta) (Amberger Zeitung) S. 372, 429
Stankiewitz, Karl (Süddeutsche Zeitung, München) S. 715
ste (Fränkischer Tag, Bamberg) S. 635
Steidl (Süddeutsche Zeitung, München) S. 112
Sternberg, Oda (Süddeutsche Zeitung, Tageszeitung) S. 45, 54
Stiftung Archiv der Akademie der Künste, Berlin S. 504
Stiller, Michael (Süddeutsche Zeitung, München) S. 66, 68 f., 86, 99, 105
Stock, Wolfgang Jean (Süddeutsche Zeitung, München) S. 442, 458, 504
Stöcker, Jürgen (Süddeutsche Zeitung, München) S. 346
Stöckerl, Eva (es) (Münchner Merkur; Murnauer Tagblatt) S. 747, 748
Störmer, S. (Freies Wort, Hildburghausen) S. 535
str (Obermain Tagblatt Lichtenfels) S. 247
Streibel, Hans (Schwabacher Tagblatt) S. 227, 256 f.
Stremel, Stefan (Mittelschwäbische Nachrichten, Krumbach) S. 270
SZ-Bildarchiv S. 69, 130, 162, 216, 336, 422 f., 554, 612 (Werner Stuhler), 641, 715, 745 (Hausmann/Egginger), 760, 761, 798

t&t Golfcenter (Allgäuer Zeitung, Kempten) S. 729
Tegeder, Tanja (Süddeutsche Zeitung, München) S. 548
Termolen, Rosel (Süddeutsche Zeitung, München) S. 300
Teufel, Alfred (at) (Main-Echo, Aschaffenburg) S. 482
Theml, Susanne (st) (Nürnberger Nachrichten) S. 711
Thym, Rolf (Süddeutsche Zeitung, München) S. 497, 646, 651, 807
Tiroch, Stephan (Bayerische Rundschau, Kulmbach) S. 775
Top Press S. 565
tr (Landshuter Zeitung) S. 394 f., 456
Tränkner, Ludwig M. (Tageszeitung, München) S. 70 f., 97
Treeck, Dr. Peter van (Bayerische Staatszeitung) S. 340
Tröger, Ernst (Süddeutsche Zeitung, München) S. 402
Tross, Hans (Münchner Merkur) S. 109
Truhlar (Straubinger Tageblatt) S. 594 f.
tt (Allgäuer Anzeiger, Immenstadt) S. 495

uc (Günzburger Zeitung) S. 440
Ude, Karl (Süddeutsche Zeitung, München) S. 62, 118, 163, 176, 186, 430, 574
uh (Neue Züricher Zeitung) S. 26 f.
Urban, Gerhard (Ur) (Fränkischer Tag, Bamberg) S. 190 f., 235, 240 f.
Urbanzyk, Michael (Lindauer Zeitung) S. 382 f.

Valogne, Catherine (Tribune de Lausanne – Le Matin) S. 14 f.
ve (Rieser Nachrichen, Nördlingen) S. 620
Vilser, Otto (Süddeutsche Zeitung, München) S. 137, 154
Völckers, Jürgen (Garmisch-Partenkirchner Tagblatt) S. 171
Völkl, Carl (Rieser Nachrichten, Nördlingen; Augsburger Allgemeine) S. 620, 622 f., 755
Vogl-Reichenspurner, Mariele (mv) (Alt-Neuöttinger Anzeiger) S. 487, 688 f., 758, 765
vr (Die Welt) S. 673

wa (Mittelbayerische Zeitung, Regensburg) S. 602 f., 691
Wagner, Uli (Augsburger Allgemeine) S. 724
Wall, Anne (Augsburger Allgemeine) S. 537, 793, 801
Walther, Rosemarie (Allgäuer Zeitung, Kempten) S. 267
Walz, Stefan (Süddeutsche Zeitung, München) S. 795
Wanner, Helmut (Mittelbayerische Zeitung, Regensburg) S. 603
Wanninger, Karl (Tageszeitung, München) S. 97
Weck (Schweinfurter Tageblatt) S. 477
Wedel, Michael (Tageszeitung, München) S. 337
wega (Mainpost, Würzburg) S. 390
Wegener, Dieter (Nürnberger Zeitung) S. 680
Weh, Claudia (Taunsteiner Wochenblatt) S. 319
Weich (Süddeutsche Zeitung, München) S. 180
Weidemann, Christoph (Süddeutsche Zeitung, München) S. 768, 795
Weigel, Joachim (Allgäuer Zeitung, Kempten) S. 173

Weinand, Brigitte (Abendzeitung, München) S. 413
Weißbach (Süddeutsche Zeitung, München) S. 785, 797
Welte, Johannes (Bild, München) S. 728
Wenzel/Borchert (Süddeutsche Zeitung, München) S. 627
Werner, Paul (Bayerische Staatszeitung, München) S. 796 f.
Wettach, Silke (Münchner Merkur) S. 638 f.
WF (Bayerische Staatszeitung) S. 350 f.
Wiedemann (Weilheimer Tagblatt) S. 275
Wiedemann, Christoph (Süddeutsche Zeitung, München) S. 768
Wieder, Josef (Der Neue Tag, Weiden) S. 710
Wiener, Renate (Schweinfurter Tageblatt) S. 486
Willke, Ursula (Süddeutsche Zeitung, München) S. 582
Wimmer, Monika (Kreisbote, Miesbach) S. 625
Winkler, Karin (kw) (Nürnberger Nachrichten) S. 610
Winterer, Paul (Fränkischer Tag, Bamberg) S. 727
Wintz, Diether (Münchner Merkur) S. 72 f.
Wirtz-Roegner (ir) (Der Neue Tag, Weiden) S. 288 f.
Witt, Alfons (Der Neue Tag, Weiden) S. 289
Wittmann, Dietmar (Nürnberger Zeitung) S. 142
wk (Fürstenfeldbrucker Tagblatt) S. 234
wm (Kötzinger Zeitung) S. 563
wms (Süddeutsche Zeitung, München) S. 320
wn (Isar-Loisachbote, Wolfratshausen) S. 629
Wohlhüter, Cornelia (me) (Passauer Neue Presse) S. 317
Wolbeck (Ebersberger Zeitung) S. 524
Woldert, Siegfried (sw) (Frankenpost, Hof/Saale) S. 442 f.
Wolf, Heinz (Donau-Kurier, Ingolstadt) S. 493
Wook, Fritz (wo) (Münchner Merkur) S. 661
ws (Landshuter Zeitung) S. 312 f.
Wyszenrad, Silvio (Augsburger Allgemeine) S. 417, 587
xt (Miesbacher Kurier) S. 445
Ybitsch, Georg (y) (Obermain Tageblatt, Lichtenfels) 446 f.
Zellner, Ingrid (Augsburger Allgemeine) S. 273
Zettl, Liane (liz) (Nürnberger Zeitung) S. 348
Zeune (Süddeutsche Zeitung, München) S. 671
Zeyen, Wolfgang (Leipziger Volkszeitung) S. 674 f.
zi (Fränkischer Anzeiger; Fränkische Landeszeitung) S. 188, 325
Ziegler, Paul (pz) (Saale-Zeitung, Bad Kissingen) S. 685
Zimmermann, Hans G. (Nürnberger Zeitung) S. 142 f.
Zimmermann, Ingrid (Süddeutsche Zeitung, München) S. 508, 576

Arbeitshefte des Bayerischen Landesamtes für Denkmalpflege

1. Inventarisation, Dokumentation und Pflege von Museumsgut, 1978 (vergriffen)

2. Die Lindenhardter Tafelbilder von Matthias Grünewald, 1978 (vergriffen)

3. Vom Glaspalast zum Gaskessel – Münchens Weg ins technische Zeitalter, 1978

4. Steinkonservierung, 1979 (vergriffen)

5. Torsten Gebhard, Denkmalpflege und Museum, 1979 (vergriffen)

6. Konservierung, Restaurierung, Renovierung – Grundsätze, Durchführung, Dokumentation, 1979 (vergriffen)

7. Bauen in München 1890-1950. Eine Vortragsreihe in der Bayerischen Akademie der Schönen Künste, 1980 (vergriffen)

8. Dieter Klein, Martin Dülfer – Wegbereiter der deutschen Jugendstilarchitektur, 1981, 2. erw. Aufl. 1993

9. Denkmalinventarisation in Bayern. Anfänge und Perspektiven, 1981 (vergriffen)

10. Heinrich Habel, Das Bayerische Armeemuseum in München, 1982

11. Der Schwabacher Hochaltar, 1982

12. Michael Kühlenthal/Martin Zunhamer, Der Passauer Dom und die Deckengemälde Carpoforo Tencallas, 1982 (vergriffen)

13. Dagmar Dietrich, Der Kirchenbau und seine Ausstattung, 1982, 2. Aufl. 1983

14. Das Kurhaustheater in Augsburg-Göggingen, 1982

15. Paul Werner, Der Zwiehof des Berchtesgadener Landes, 1983

16. Der Englische Gruß des Veit Stoß zu St. Lorenz in Nürnberg, 1983

17. Schätze aus Bayerns Erde, 1983

18. Denkmalpflege in Bayern, 75 Jahre Bayerisches Landesamt für Denkmalpflege, 1983 (vergriffen)

19. Hans Maier, Denkmalpflege in Bayern – eine Bilanz 1972–1982/Vierter Mehrjahresplan 1983–1985, 1983

20. Michael Kühlenthal, Irsee. Geschichte und Instandsetzung des ehem. Benediktiner-Reichsstifts, 1984

21. Farbige Architektur – Regensburger Häuser. Bauforschung und Dokumentation, 1984

22. Rolf Snethlage, Steinkonservierung. Forschungsprogramm des Zentrallabors für Denkmalpflege 1979–1983, 1984

23. Das Südportal des Augsburger Domes – Geschichte und Konservierung, 1984

24. Handwerk und Denkmalpflege, 1984 (vergriffen)

25. Rolf Snethlage/Wolf-Dieter Grimm, Adneter Rotmarmor. Vorkommen und Konservierung, 1984

26. Archäologische Denkmalpflege in Niederbayern – 10 Jahre Außenstelle des Bayerischen Landesamtes für Denkmalpflege in Landshut (1973–1983), 1985

27. Die Römer in Schwaben I: Katalog der Jubiläumsausstellung 2000 Jahre Augsburg, 1985 (vergriffen)

28. Die Römer in Schwaben II: Ausstellungsdokumentation der Jubiläumsausstellung 2000 Jahre Augsburg, 1986 (vergriffen)

29. Manfred Schuller, Die Kaskade von Seehof – Bauforschung und Dokumentation, 1986 (vergriffen)

30. Lusus Campanularum. Beiträge zur Glockenkunde, 1986

31. Natursteinkonservierung. Internationales Kolloquium in München am 21./22. Mai 1984, 1985

32. Glaskonservierung, 1985 (vergriffen)

33. Textile Grabfunde aus der Sepultur des Bamberger Domkapitels, 1987 (vergriffen)

34. Umweltbedingte Gebäudeschäden. Eine Bestandsaufnahme der Forschungstätigkeit in der Bundesrepublik Deutschland, 1986 (vergr.)

35. Hans Graßl, Monumente bayerischer Geschichte. Sieben Denkmäler von europäischem Rang, 1987

36. Silvia Codreanu-Windauer, Der romanische Schmuckfußboden in der Klosterkirche Benediktbeuern, 1988

37. Bernd-Peter Schaul, Das Prinzregententheater und die Reform des Theaterbaus um 1900. Max Littmann als Theaterarchitekt, 1987

38. Denkmalinventarisation. Denkmalerfassung als Grundlage des Denkmalschutzes, 1989

39. Harald Gieß, Fensterarchitektur und Fensterkonstruktion in Bayern vom ausgehenden 18. Jahrhundert bis zum Ersten Weltkrieg, 1990 (vergriffen)

40. Fritz Buchenrieder, Gefaßte Bildwerke, 1990 (vergriffen)

41. Denkmäler am Münchner Hofgarten. Forschung und Berichte zu Planungsgeschichte und historischem Baubestand, 1988

42. Die Bamberger „Himmelfahrt Mariä" von J. Tintoretto, 1988 (vergriffen)

43. Denkmäler jüdischer Kultur in Bayern, 1994

44. Wolf Schmidt, Das Raumbuch als Instrument denkmalpflegerischer Bestandsaufnahme und Sanierungsplanung, 1989 u. 1993 (vergriffen)

45. Konservierung und Restaurierung von verputzten Mauerflächen, 1990 (vergriffen)

46. Denkmalpflege und Kirche. Jahrestagung 1989 der Vereinigung der Landesdenkmalpfleger in der Bundesrepublik Deutschland, 1991

47. Paul Werner, Der Hof des Salzburger Flachgaus, 1992

48. Das Panorama in Altötting, 1990 (vergriffen)

49. Die Restaurierung der Wallfahrtskirche Vierzehnheiligen, 1990, 2 Bde.

50. Wolf-Dieter Grimm, Bildatlas wichtiger Denkmalgesteine der Bundesrepublik Deutschland, 1990 (vergriffen)

51. Detta und Michael Petzet, Die Hundinghütte König Ludwigs II., 1990

52. Die Barockorgel der Maihinger Klosterkirche, 1991 (vergriffen)

53. Wolf Schmidt, Das Templerhaus in Amorbach, 1991 (vergriffen)

54. Beiträge zur Heimatforschung. Wilhelm Neu zum 70. Geburtstag, 1991

55. Die Wies. Geschichte und Restaurierung/History and Restoration, 1992 (vergriffen)

56. Beiträge zur Denkmalkunde. Tilmann Breuer zum 60. Geburtstag, 1991

57. Industrie Museum Lauf. Spuren der Industriekultur im Landkreis Nürnberger Land, 1992 (vergriffen)

58. Forschungen zur Geschichte der Keramik in Schwaben, 1993

59. Helmut Becker, Archäologische Prospektion. Luftbildarchäologie und Geophysik, 1996

60. Michael Petzet, Denkmalpflege heute. Zwanzig Vorträge zu grundsätzlichen Fragen der Denkmalpflege 1974–1992, 1993

61. Hans Zehetmair, Denkmalschutz in Bayern. Zur Verleihung der Bayerischen Denkmalschutzmedaille 1991, 1993

62. Die Deckengemälde der Lindauer Stiftskirche. Rekonstruktion und Restaurierung, 1993

63. Heinrich Habel, Der Marstallplatz in München, 1993

64. Leonie von Wilckens, Der Paramentenschatz der Landsberger Jesuitenkirche Heiligkreuz, 1994

65. Klosterlangheim, 1994

66. Das Buxheimer Chorgestühl, 1994 (vergriffen)

67. Der heilige Alexius im Augsburger Maximilianmuseum, 1994

68. Jagdschlösser Balthasar Neumanns in den Schönbornlanden, 1994

69. Wilfried Lipp/Michael Petzet (Hrsg.), Vom modernen zum postmodernen Denkmalkultus, 1994

70. Michael Petzet/Wolf Koenigs (Hrsg.), Sana'a. Die Restaurierung der Samsarat al-Mansurah/The Restoration of the Samsarat al-Mansurah, 1995

71. Die Restaurierung von Schloß Oberschwappach, 1996

72. Die Restaurierung der Basilika St. Lorenz in Kempten, 1994

73. Holzschutz, Holzfestigung, Holzergänzung, 1995 (vergriffen)

74. Gerhard Ongyerth, Kulturlandschaft Würmtal, 1995

75. Holzschädlingsbekämpfung durch Begasung/Fumigation as a Means of Wood Pest Control, 1995

76. Brigitte Huber, Denkmalpflege zwischen Kunst und Wissenschaft, 1996

77. Karlheinz Hemmeter, Bayerische Baudenkmäler im 2. Weltkrieg, 1995 (vergriffen)

78. Salzschäden an Wandmalereien, 1996

79. Putzsicherung. Sicherung von Malereien auf gemauerten und hölzernen Putzträgern, 1996

80. Rolf Snethlage, Natursteinkonservierung in der Denkmalpflege (Verlag Ernst & Sohn GmbH, Berlin, ISBN 3-433-01248-2), 1996

81. Katharina Walch/Johann Koller, Lacke des Barock und Rokoko/Baroque and Rococo Lacquers, 1997 (vergriffen)

82. Der Große Buddha von Dafosi/The Great Buddha of Dafosi, 1996

83. Die Terrakottaarmee des Ersten Chinesischen Kaisers Qin Shihuang (in Bearbeitung)

84. Das Antonierhaus in Memmingen, 1996

85. Das Heilige Kreuz von Polling. Geschichte und Restaurierung, 1996

86. König Max I. Joseph. Modell und Monument, 1996

87. Michael Petzet, Die Alte Münze in München, 1996

88. St. Lukas in München, 1996

89. Erwin Emmerling/Cornelia Ringer (Hrsg.), Das Aschaffenburger Tafelbild. Studien zur Tafelmalerei des 13. Jahrhunderts, 1997

90. Susanne Fischer, Die Münchner Schule der Glasmalerei, 1997

91. Gabriele Wimböck, Der Ingolstädter Münsteraltar, 1998

92. Hinterer Bach 3. Bauforschung in Bamberg, 1998

93. Thomas Gunzelmann/Manfred Mosel/Gerhard Ongyerth, Denkmalpflege und Dorferneuerung. Der denkmalpflegerische Erhebungsbogen zur Dorferneuerung, 1999

94. Martin Mach (Hrsg.), Metallrestaurierung/Metal Restoration, 1998

95. Die Schatzkammer von St. Andreas in Weißenburg (in Bearbeitung)

96. Michael Kühlenthal (Hrsg./Ed.), Japanische und europäische Lackarbeiten/Japanese and European Lacquerware, 2000

97. Produkt Denkmal. Denkmalpflege als Wirtschaftsfaktor, 1998

98. Zinkguß. Die Konservierung von Denkmälern aus Zink, 1999

99. Nikolaus Lang. Spurensicherung, 1999

100. Monumental. Festschrift für Michael Petzet, 1998 (vergriffen)

101. Gerhard Klotz-Warislohner/Martim Saar, Reparatur in der Baudenkmalpflege. Das Bayerische Bauarchiv Thierhaupten, 1999

102. Thomas Gunzelmann/Angelika Kühn/Christiane Reichert, Kulmbach. Das städtebauliche Erbe, 1999

103. Die Gartenkunst des Barock, 1999

104. Konservierung von Wandmalerei (Arbeitstitel)

105. Michael Kühlenthal/Helge Fischer, Petra. Die Restaurierung der Grabfassaden/The Restoration of the Rockcut Tomb Façades, 2000

106. Das Portal der Hl.-Geist-Kirche in Landshut (Arbeitstitel)

107. Heike Fastje/Harald Gieß/Helmut-Eberhard Paulus/Karl Schnieringer, Vom Handelshaus zur Schnupftabakfabrik. Dokumente zur Geschichte zweier Regensburger Patrizierhäuser, 1999

108. Jörg W. E. Fassbinder/Walter E. Irlinger (Hrsg.), Archaeological Prospection. Third International Conference on Archaeological Prospection, 1999

109. Wandmalerei in Mittelfranken (Arbeitstitel)

110. Michael Petzet, z. A. Presse GK. Ein Vierteljahrhundert bayerische Denkmalpflege im Spiegel der Presse, 2000